OpenGL®
Super Bible 개정6판

게임과 3D 그래픽 애플리케이션을
만드는 궁극의 기술

OpenGL Super Bible(개정6판) :

게임과 3D 그래픽 애플리케이션을 만드는 궁극의 기술

초판 1쇄 발행 2015년 8월 1일
초판 3쇄 발행 2021년 2월 10일

지은이 그라함 샐러스, 리처드 S. 라이트 주니어, 니콜라스 히멜 / **옮긴이** 이중기, 최지호 / **펴낸이** 김태헌
펴낸곳 한빛미디어(주) / **주소** 서울시 서대문구 연희로2길 62 한빛미디어(주) IT출판부
전화 02-325-5544 / **팩스** 02-336-7124
등록 1999년 6월 24일 제25100-2017-000058호 / **ISBN** 978-89-6848-204-5   93000

총괄 전정아 / **책임편집** 김창수 / **기획** 최현우 / **편집** 김철수 / **진행** 김종찬
디자인 표지 김미현, 내지 김연정, 전산편집 백지선
영업 김형진, 김진불, 조유미 / **마케팅** 박상용, 송경석, 조수현, 이행은, 고광일 / **제작** 박성우, 김정우

이 책에 대한 의견이나 오탈자 및 잘못된 내용에 대한 수정 정보는 한빛미디어(주)의 홈페이지나 아래 이메일로
알려주십시오. 잘못된 책은 구입하신 서점에서 교환해드립니다. 책값은 뒤표지에 표시되어 있습니다.
한빛미디어 홈페이지 www.hanbit.co.kr / 이메일 ask@hanbit.co.kr

지금 하지 않으면 할 수 없는 일이 있습니다.
책으로 펴내고 싶은 아이디어나 원고를 메일(writer@hanbit.co.kr)로 보내주세요.
한빛미디어(주)는 여러분의 소중한 경험과 지식을 기다리고 있습니다.

OpenGL®
Super Bible 개정6판

그라함 샐러스,
리처드 S. 라이트 주니어,
니콜라스 히멜 **지음**
이중기, 최지호 **옮김**

게임과 3D 그래픽 애플리케이션을
만드는 궁극의 기술

Addison-Wesley · 한빛미디어 Hanbit Media, Inc.

가족과 친구들에게.
가르침을 주었던 모두에게.
배움을 사랑하는 사람들에게.

– 그라함 샐러스

나의 아내 리앤느에게,
꿈속에서 나를 죽이지 않은 것에 감사하며
(그럴 만한 일을 하였음에도).
리처드 S. 라이트 시니어를 떠올리며,
아버지 감사합니다, 절 컴퓨터에 몰두할 수 있게 해주셔서.

– 리처드 S. 라이트 주니어

나의 아내 안나에게,
끊임없는 사랑과 지지를 해주고,
요 몇 년 동안 나의 공학적 투정을 참아준 것에 감사하며.
그리고 격려와 내 두 팔로 감싸않을 수 없을 정도의 레고를
제공해주신 부모님께 감사하며.

– 니콜라스 히멜

옮긴이 소개

옮긴이 **이중기** joungkee.lee@gmail.com

서강대학교 물리과를 졸업하고, 삼성전자 공채 40기로 사회생활을 시작했다. 납 냄새를 마시다가 시드마이어의 문명 같은 게임을 만들고 싶어 늦은 소프트웨어 공부를 시작해, 유니아나에서 체감형 아케이드 게임 〈호그와일드〉와 〈S.A.P.T〉 상용화 프로젝트로 게임 업계에 입문했다. 그 후 소니 엔터테인먼트 코리아에서 〈글로레이스〉 상용화, 엔씨소프트에서 〈리니지3〉, 〈리니지 이터널〉 개발 프로젝트, 위메이드 크리에이티브에서 〈가위바위보 삼국지〉 상용화 팀에서 근무했다. 현재는 캡콤 엔터테인먼트 코리아에서 몬스터와 씨름 중이다.

옮긴이 **최지호** zho.choi@gmail.com

숭실대학교 전산학과를 졸업하고 동대학원 컴퓨터학과에서 컴퓨터 그래픽스를 전공했다. 트리거 소프트에서 〈로즈〉 온라인 게임의 엔진을 개발했고, 엔씨소프트와 SK C&C, 위메이드 바나나피쉬 스튜디오 등을 거쳐 현재는 엔비디아NVIDIA에서 게임 타이틀의 그래픽스 최적화 관련 업무를 담당하고 있다. 여전히 엔진 개발과 그래픽스에 관심이 있다.

지은이 소개

지은이 **그라함 샐러스** Graham Sellers

클래식광이다. 여섯 살 생일 바로 전에 그의 가족은 첫 번째 컴퓨터(BBC Model B)를 샀다. 그의 어머니와 아버지는 생일 축하곡을 연주하기 위해 밤새 프로그래밍을 했고, 그는 그것이 어떻게 동작하는지 알고 싶다는 열망과 결심에 사로잡혔다. 그 후 베이직 프로그래밍과 어셈블리 언어를 배웠다. 90년대 초반에 그의 첫 그래픽 관련 공식 작업인 '데모들demos'을 거쳐, 글라이드를 경험했으며, 90년대 말 마침내 OpenGL을 만났다. 영국 사우샘프턴Southampton 대학에서 공학석사 학위를 받았다.

현재 그라함은 AMD OpenGL 드라이버팀의 선임 관리자이자 소프트웨어 설계자다. ARB에서 AMD 대표로서 OpenGL의 핵심명세와 많은 확장 기능을 만드는 데 기여하고 있다. 그전에는 앱 손에서 팀 리더로서 일하면서, OpenGL ES와 임베디드 제품용 OpenVG 드라이버 구현을 담당했다. 컴퓨터 그래픽스와 이미지 프로세싱 분야의 몇 가지 관련 특허도 가지고 있다. OpenGL 관련 작업을 하지 않을 때는 예전 콘솔 비디오 게임을 디스어셈블과 역공학을 통해 분석하는 일을 즐긴다(그것들이 어떻게 동작하며, 그것으로 어떤 일을 할 수 있을지에 대한 단순한 호기심이다). 영국 태생으로 현재는 플로리다 올랜도에서 그의 아내와 두 명의 자녀와 함께 살고 있다.

지은이 **리처드 S. 라이트 주니어** Richard S. Wright, Jr

버전 1.1 이래로 18년 이상 OpenGL을 사용해왔고, 플로리다 올랜도 근처 풀세일Full Sail 대학의 게임 디자인 학위 프로그램에서 10년 이상 OpenGL 프로그래밍을 가르쳐왔다. 현재 소프트웨어 비스크Software Bisque의 선임 연구원으로, 3D 태양계 시뮬레이터와 완전한 돔형의 천체 투영관 제작을 위한 기술 리더와 제품 관리자 역할을 하고 있고, 모바일 제품과 과학 이미징 애플리케이션 분야에서 일하고 있다.

그전에는 Real 3D/Lockheed Martin에서 정규 OpenGL ARB 소속원으로 OpenGL 1.2 명세와 적합성 테스트에 기여했다. 그 후 복수 차원의 데이터베이스 시각화 작업, 게임 개발, 의료 진단 시각화 작업, 우주항공 시뮬레이션 분야에서 Windows, Linux, Mac OS X와 다양한 모바일 플랫폼으로 작업해왔다.

1978년인 8학년 때 페이퍼 터미널 위에서 프로그램을 배웠다. 16살 때 부모님이 잔디를 깎은 대가로 자동차 대신 컴퓨터를 사주었고, 그 후 일 년이 채 안 되어 그의 첫 번째 프로그램을 만들어서 팔았다(그것은 그래픽 프로그램이었다)! 고등학교를 졸업한 뒤 지역 소비자 교육 회사에서 프로그래밍과 컴퓨터 소양을 가르치는 일이 그의 첫 직업이었다. 루이빌에 있는 스피드 사이언티픽 스쿨Speed Scientific School 대학에서 전기 공학과 컴퓨터 공학을 공부했으며 고학년의 절반을 그곳에서 보낸 후 플로리다로 옮겨 그의 경력에 전성기가 만들어졌다. 켄터키의 루이빌 태생으로 현재 플로리다의 레이크 메리에 살고 있다. 프로그래밍을 하거나 폭풍을 피해 다니지 않을 때는 열정적인 아마추어 천문학자나 사진광이 된다. 그리고 자랑스러운 Mac 사용자다.

지은이 **니콜라스 히멜** Nicholas Haemel

OpenGL이 널리 쓰이게 된 이래로 15년 동안 함께 했다. 밀워키 공과대학에서 컴퓨터 공학을 전공했으며, 임베디드 시스템, 컴퓨터 하드웨어, 그리고 어떤 것이든 만드는 작업에 애정을 쏟았다. 졸업하자마자 ATI 3D 드라이버 그룹에서 일하며, 새로운 GPU의 작동과 그래픽 드라이버 개발에 그의 능력을 쏟아 부었다.

현재는 NVIDIA Tegra OpenGL 드라이버 개발부서 선임 관리자다. NVIDIA 모바일 그래픽 드라이버 파트의 소프트웨어 개발자팀을 리드하고 있으며, 크로노스Khronos 표준단체의 NVIDIA 대표이자, OpenGL 버전 3.0 이래 모든 명세와 OpenGL ES 3.0 명세까지 기여해왔고, 많은 OpenGL 확장 기능을 만들었다.

닉의 그래픽 이력은 9살 때 레고 라이터Logo Writer로 2D 그래픽 프로그램을 배우기 시작하면서부터다. 부모님이 최신 286 IBM 호환 PC를 사준 후, 곧 PC를 로봇팔 중앙제어유닛과 프로그램 이식 가능한 또 다른 원거리 디바이스로 탈바꿈시켰다. 지난 25년이 금방 지나간 듯이 느껴지도록 제어해온 디바이스는 손톱 크기보다 작지만 80억 개 이상의 트랜지스터가 있는 GPU와 SoC다. 경영 관리와 리더십에도 관심이 있어 위스콘신 대학교 매디슨 대학에서 MBA 과정을 수료하였다. 현재 캘리포니아 베이 지역에 거주한다. 그래픽의 진보된 미래를 위해 일하고 있지 않을 때는 요트 경주를 하거나, 등산, 스키 활강, 자전거 질주, 사진 촬영 등 아웃도어 스포츠를 즐긴다.

첫 직장상사에게서 '우리 회사 임원이 되려면 하드웨어를 해야 해'라는 말을 들은 적이 있었다. 그 당시 소프트웨어는 하드웨어에 들어가는 부속물처럼 취급되었으며, 하드웨어를 공부하고 그 스펙에 맞추어 소프트웨어를 개발하는 수순이었다. 하드웨어가 먼저고 소프트웨어가 따라가는 분위기였던 것이다. 그런데 지금은 그 상황이 역전되어 가는 느낌이다. 소프트웨어에서 비롯된 아이디어나 요구사항으로 인해 하드웨어 제작을 촉진하는 시절이 된 것이다. 콘텐츠가 있고, 그 콘텐츠를 즐길 소프트웨어를 만들고, 그 소프트웨어가 실행될 하드웨어를 설계하고 개발하는 흐름이라고 볼 수 있다.

이 흐름은 그래픽 프로세서에도 적용된다. 고정 파이프라인에서 쉐이더가 등장하고 더 나아가 GPU가 만들어지는 것도, 거기서 실행될 소프트웨어 기능의 자유도를 높이고 소프트웨어 개발자의 요구를 충족하기 위함이라 할 수 있다. 서두가 길었던 것은 OpenGL 발전도 그에 맞추어 진행되었음을 말하고 싶어서다.

이 책 번역을 계기로 경력 10년이 넘어선 게임 개발자로서 OpenGL의 위상에 대해 새삼 생각하게 되었다. 레고로 자신만의 스타워즈 세계를 만들려고 한다면, 레고 사에서 제공하는 부품 블록군 한도에서 우주선과 인공행성을 자유롭게 만들 수 있다. 그런데 만약 자신의 상상력을 발휘하여 알투디투의 후속 모델을 그럴듯하게 만들고 싶다면 자신만의 블록이 필요하게 된다. 게임 엔진의 역할은 그런 의미에서 레고 사에서 제공하는 블록군에 가깝고, OpenGL은 커스텀 렌더링 블록을 제작하는 도구로서 그 의미가 있다는 생각이 들었다. 상용화 게임 엔진의 블록을 열심히 조립하던 역자에게 이 책은 그 의미를 깨닫게 해준 각성제와 같은 존재였다.

언리얼이나 유니티 같은 게임 엔진을 무료로 사용할 수 있게 된 것은, 이제 콘텐츠 주도의 산업구조가 형성되었다는 반증이다. 콘텐츠가 하드웨어의 수요로 이어지는 시대에 자신의 상상을 구체화하려는 이들에게, 좀 더 구체적으로는 OpenGL로 자신의 생각을 화상으로 표현해보고 싶은 이들에게 이 책은 좋은 참고서가 될 거라 믿는다. 꿈을 가진 독자들에게 조금이나마 도움이 되고자 최대한 저자의 의도가 잘 전달될 수 있는 용어와 문장을 사용하려 애쓰며 번역했음을 밝힌다.

이중기

우선 이 책의 번역을 같이 할 수 있도록 소개해준 최지호 역자에게 감사의 말을 전합니다. 그리고 늦은 번역을 관대하게 받아주신 한빛미디어 관계자분들, 특히 최현우 팀장님께도 고맙다는 인사말을 드립니다. 대학 동기이자 선배 번역가로서 조언을 해준 배지은 님께도 감사인사 드립니다. 마지막으로 혼자 잘 놀아준 우리 씩씩한 아들 제경과 주말에 아빠 역할까지 담당해준 아내 윤주에게 지초면으로나마 사랑한다는 말을 전합니다.

최지호

『OpenGL Super Bible(개정6판)』이 출간되는 데 기여한 여러 선배 개발자에게 감사하고, 이 책이 있기까지 도움을 주신 최현우 팀장님, 배용석 이사님, 전태호 이사님, 그리고 여러 한빛미디어 관계자분들, 같이 번역한 이중기 역자에게 감사하고, 바로 옆에서 도와준 우리 예쁜 딸 신비와 사랑하는 아내 수정에게도 감사의 말을 전합니다.

『OpenGL Super Bible』은 오랫동안 3D 그래픽스 개발자들의 필수 참고 서적이었습니다. 이번 개정판은 특히 멀티 플랫폼의 중요성이 강조되는 터라 더 의의가 크다고 할 수 있습니다. 우리는 지금까지 고수준의 렌더링 알고리즘과 빠르게 발전하는 타깃 GPU 및 API 사이를 조율하기 위해 많은 노력을 했습니다. 우리의 총 경력은 실시간 그래픽 프로그래밍 분야에서 35년이 넘지만, 항상 배워야 할 것들이 있었습니다. 따라서 이 책의 새 개정판에 흥분하지 않을 수 없습니다.

90년대에 OpenGL을 사용했던 우리 세대의 많은 프로그래머는 윈도우 게임을 출시하기 위해서는 시장 변화에 맞추어 1995년에 처음 릴리즈된 Direct3D를 사용해야 했습니다. 초창기 Direct3D는 OpenGL을 흉내 내는 수준이었지만, 나중에는 발 빠르게 최신 GPU 기능을 적용하고, 특히 프로그래머블 그래픽스 하드웨어로 전환했습니다.

이러한 전환기에 마이크로소프트는 꾸준히 8년간 Direct3D의 새 버전을 내놓으며, 2002년에 DirectX 9을 출시했습니다. 하지만 DirectX 10에서는 DirectX의 새 버전이 새로운 윈도우에 종속되도록 출시 전략을 수정했습니다. 이는 제품 사용시기만의 문제가 아니라 기존 제품의 지원에 관한 내용을 포함하는 것입니다. 즉, DirectX의 새 버전이 더 자주 출시되지 않는 정도가 아니라, 최근 11년간 단 두 가지 메이저 버전만이 출시된 것입니다. 더군다나 그 제품들은 오래된 특정 버전의 윈도우에서는 지원되지 않았습니다. 자연적으로 마이크로소프트의 이러한 전략 변화는 GPU 협력업체들이 윈도우에 혁신적인 기능을 제공하는 데 제약적인 요소가 되었습니다.

다행히 이 기간에 OpenGL 아키텍처 검수 위원회^{Architecture Review Board}는 OpenGL을 다시 선두 위치로 끌어올렸습니다. 사실 최근 5년간 많은 변화가 있었으며 결과적으로 OpenGL이 다시 정점의 위치에 올라 게임 개발에 적합하게 된 것입니다. 특히 점점 더 많은 개발자가 OS X와 Linux 등을 포함하는 멀티 플랫폼 전략을 따르게 되었습니다.

OpenGL은 최신 GPU 기능을 DirectX 10이나 DirectX 11 등을 지원하는 최신 버전의 Windows뿐만 아니라 모든 Windows 버전에 제공하기 때문에, Windows를 메인 플랫폼으로 삼는 개발자들에게도 이점이 있습니다. 점점 커가는 아시아 시장을 예를 들자면, 아시아의 스팀^{Steam} 고객들은 서구의 고객들과 동일한 PC 하드웨어라고 하더라도 Windows XP를 사용하는 경우가 매우 많았습니다. Windows XP에서는 DirectX 10이나 DirectX 11을 사용할 수 없습니다. Direct3D와는 달리 OpenGL로 작성된 애플리케이션은 고객의 하드웨어에 맞는 최신 기능을 제공할 수 있기 때문에 Windows XP를 사용한다고 하더라도 품질이 떨어지는 렌더링 코드를 유지할 필요가 없었습니다.

개정6판은 여러 방면의 소프트웨어 개발자를 위한 중요한 자료가 될 것입니다. 올바른 방향으로 끌어줄 도움이 필요한 기본적인 수학 및 프로그래밍 지식을 가진 학생들뿐만 아니라 경험 많은 실무 개발자들도 특정 API 기능에 대한 핵심적인 내용을 자세히 습득할 수 있습니다. 특히 수년 만에 다시 OpenGL로 돌아오는 많은 경력자에게도 이 책은 매우 값진 자료가 될 것이라 확신합니다.

개정6판은 OpenGL 4.3의 많은 새로운 기능, 예를 들면 컴퓨트 쉐이더$^{compute\ shader}$, 텍스처 뷰$^{texture\ view}$, 간접 멀티 드로우$^{indirect\ multi-draw}$, 개선된 API 디버깅$^{enhanced\ API\ debugging}$ 등을 소개합니다. 이전 판의 독자들도 이 책은 API 설명 이상의 정보를 제공하며 주요 애플리케이션 기법을 소개하기 때문에 의미가 있을 것입니다. 최신 디버깅 기법, 그림자 매핑, 비실사 렌더링, 지연 렌더링 등에 관한 자세한 설명뿐 아니라 Linux, Mac OS X, Windows를 위한 플랫폼 특정 API 초기화 설명 등을 한곳에 모아놓았다는 것만 해도 이 책은 충분한 값어치가 있습니다.

가장 많은 사용자를 포함하기 위해 다양한 플랫폼에서 동작하는 3D 그래픽 코드를 작성하기 위한 OpenGL을 시작하는 것이 올바른 방향이라고 생각합니다. 그뿐만 아니라 지금이 경력자들도 다시 OpenGL로 돌아오기에 가장 좋은 시기라고 생각합니다.

리치 겔드라히 (Boss Fight Entertainment, CTO)
제이슨 미첼 (밸브 코퍼레이션, 소프트웨어 개발자)

이 책에 대하여

이 책은 OpenGL로 컴퓨터 그래픽스를 배우려는 사람 그리고 이미 그래픽스는 알지만 OpenGL을 배우려는 사람 모두를 위한 책이다. 컴퓨터 공학, 컴퓨터 그래픽스, 게임 디자인 등을 전공하는 학생, 실무 소프트웨어 개발자, 취미로 배우려는 사람, 또는 단지 새로운 것을 배우길 좋아하는 사람을 위한 책이다. 이 책은 독자가 컴퓨터 그래픽스나 OpenGL에 대해 전혀 모른다는 것을 전제로 하였다. 하지만 C++를 활용한 컴퓨터 프로그래밍에는 익숙해야 할 것이다.

이 책의 목표 중 하나는 사전지식이 전혀 필요 없거나 또는 최소한의 사전지식만으로도 충분히 공부할 수 있도록 하는 것이다. 이 책을 처음부터 끝까지 읽는다면 OpenGL이 어떻게 동작하는지 어떻게 하면 효과적으로 사용할 수 있는지 알게 된다. 이 책을 읽고 내용을 이해한 다음에는 더 어려운 고급 컴퓨터 그래픽스 연구 논문을 통해 공부할 수 있고 그 안의 기본 원리를 이해하는 데 자신이 생기고 OpenGL로 직접 구현하는 것도 가능해질 것이다.

이 책의 목표는 OpenGL의 모든 내용을 다루거나 명세에 나와 있는 모든 함수를 설명하거나 그 함수들의 모든 인자를 설명하는 것은 아니다. 그보다는 OpenGL에 대해 명확히 이해하고, 기본 이론을 설명하고, 독자가 OpenGL의 자세한 명세를 이해하는 데 도움을 주고, OpenGL을 직접 PC에서 테스트해보고, 확장extension(주 명세에 언급된 필수사항이 아닌 추가 기능)을 사용해보도록 하는 것이다.

이 책의 구성

이 책은 총 3부로 구성되어 있다. 1부에서는 OpenGL이 무엇인지, 그리고 어떻게 그래픽 파이프라인에 연결하는지에 대해 설명하고, 전체 시스템의 다른 파트에 대한 지식 없이도 각 섹션에 대해 충분히 이해할 수 있을 만한 최소한의 예제를 제공한다. 3D 컴퓨터 그래픽스의 기초를 설명하고, 애플리케이션 사용자들에게 멋진 경험을 제공하기 위해 OpenGL이 어떻게 대량의 데이터를 처리하는지 설명한다. 또한 OpenGL 애플리케이션의 핵심부분인 쉐이더 프로그래밍 모델도 설명할 것이다.

2부에서는 그래픽스 파이프라인의 여러 파트에 걸치는 필요한 지식을 먼저 알려주고 이미 소개된 개념과 관련 있는 OpenGL의 기능들을 소개한다. 이러한 방법을 통해 복잡한 주제를 쉽게 이해할 수 있고 더 자세한 내용을 위해서는 책의 뒷부분을 참조하면 된다. OpenGL 시스템을 다시 설명하는 것이기 때문에 OpenGL의 각 파트를 떠난 데이터가 어디(앞서 설명한 내용을 바탕으로 어떤 파트인지 개략적으로 알 수 있다)로 이동하는지 파악할 수 있다.

3부에서는 그래픽스 파이프라인을 깊이 다루면서 좀 더 고급 주제를 다루고 OpenGL의 여러 기능을 사용하는 많은 예제를 다룰 것이다. 많은 예제를 통해 여러 가지 다양한 렌더링 테크닉을 제공하고, OpenGL에 관한 제안 및 권고사항을 설명하고, 성능 관련 사항을 언급하고, 모바일 장치를 포함한 여러 가지 주요 개발 플랫폼에서 OpenGL을 사용하는 실무 방법에 대해 소개할 것이다.

1부에서는 앞으로 설명할 OpenGL의 내용에 대해 간략하면서도 자세하게 소개하고, 이 책의 나머지 부분에서 필요한 기본지식을 공부할 것이다. 다음과 같은 내용을 다룬다.

- **1장** 소개: OpenGL을 소개하고, 기원, 역사, 현재 상태 등에 대해 배운다.
- **2장** 나의 첫 번째 OpenGL 프로그램: OpenGL을 직접 다루며 이 책에서 제공하는 소스 코드를 사용하여 간단한 OpenGL 애플리케이션을 작성한다.
- **3장** 파이프라인 따라가기: OpenGL과 여러 가지 컴포넌트에 대해 상세히 살펴본다. 각각에 대해 자세히 소개하고 이전 장에서 설명했던 간단한 예제를 확장시킨다.
- **4장** 3D 그래픽스를 위한 수학: OpenGL 및 흥미로운 3D 그래픽스 애플리케이션을 만들기 위해 필수적인 수학의 기본을 소개한다.
- **5장** 데이터: OpenGL이 사용하거나 생성할 데이터를 관리하는 방법을 배운다.
- **6장** 쉐이더와 프로그램: 최신 그래픽 애플리케이션을 위해 필수적인 요소인 쉐이더를 자세히 살펴본다.

2부에서는 앞서 소개한 여러 가지 주제에 대해 좀 더 자세히 살펴본다. OpenGL의 각 주요 요소에 대해 심도 있게 다루고, 예제 애플리케이션을 통해 좀 더 복잡하고 재미있는 것을 만들 예정이다. 다음과 같은 내용을 다룬다.

- **7장** 버텍스 프로세싱 및 드로잉 커맨드: OpenGL의 입력과 원시 데이터raw data에 어떤 시맨틱이 적용되는지에 관한 원리를 다룬다.
- **8장** 프리미티브 프로세싱: OpenGL의 상위수준의 개념들을 다룬다. 연결 정보, 고차 서피스, 테셀레이션에 대해 다룬다.

- **9장** 프래그먼트 프로세싱 및 프레임버퍼: 고수준의 3D 그래픽스 정보가 OpenGL에서 2D 이미지로 변화되는 과정과 어떻게 애플리케이션이 화면에 표시될 객체의 외관을 결정하는지에 대해 확인한다.

- **10장** 컴퓨트 쉐이더: OpenGL을 그래픽스로만 사용하는 것이 아니라 최신 그래픽 카드에 잠재된 놀랄 만한 컴퓨팅 파워를 활용하는 방법을 배운다.

- **11장** 파이프라인 제어 및 모니터링: OpenGL이 커맨드를 어떻게 실행하는지(즉, 각 실행에 얼마나 걸리는지, 생성하는 데이터양이 어느 정도인지) 이해할 수 있다.

3부에서는 이 책의 2/3를 읽은 수준의 지식을 기반으로 OpenGL의 여러 가지 영역을 활용하는 예제 애플리케이션을 제작할 것이다. 또한 다소 큰 OpenGL 애플리케이션을 개발하는 데 있어서 필요한 실무 내용을 다루고 여러 플랫폼으로 배포하는 내용을 다룰 것이다.

- **12장** 렌더링 테크닉: 그래픽스 렌더링 목적으로 OpenGL을 사용하는 여러 가지 응용 분야에 대해 다룬다. 빛의 시뮬레이션으로부터 예술적 방법 및 비전형적인 테크닉까지 다룬다.

- **13장** 디버깅 및 성능 최적화: 애플리케이션을 에러 없이 빠르게 수행하는 방법에 관한 충고와 팁을 제공한다.

- **14장** 플랫폼 세부사항: 특정 플랫폼(Windows, Mac, Linux, 모바일 디바이스 등)과 관련된 이슈를 다룬다.

마지막으로 부록을 통해서 이 책에서 사용된 각종 툴과 파일 포맷을 설명하며, 더 많은 유용한 OpenGL 참고문헌 정보를 제공한다.

새로워진 내용

이번 판은 이 책의 6번째 개정판이다. 1판은 1996년도에 출간되었는데, 무려 15년 전이다. 시간이 흐름에 따라 OpenGL은 점점 더 진화해왔으며, 책의 독자도 그러했다. 2010년도에 출간된 5판에서도 많은 변화가 있었다. OpenGL은 점점 더 복잡해졌으며, 많은 다양한 기능이 추가되었고, 화면에 무언가를 출력하기 위해 사용자가 해야 할 일이 많아졌다. 이러한 점이 새로 시작하는 학생에게 장벽이 되었으며, 5판은 그 장벽을 낮추기 위해 자세한 부분을 대거 생략하고, 대신 유틸리티 클래스, 함수, 랩퍼, 라이브러리를 제공했다.

이번 개정6판에서는 독자에게 아무것도 감추지 않을 것이다. 이는 화면에 그럴듯한 것을 그리기 위해 시간을 꽤 소비해야 하며, OpenGL의 내부 및 그 하부의 그래픽스 하드웨어와의 상호 작용에 대해 이해하기 위해 추가적인 노력이 필요하다. 가장 기본적인 애플리케이션의 프레임워크만 제공할 것이며, 처음 몇 개의 프로그램은 전혀 감동적이지 않을 것이다. 하지만 책을 끝까지 읽고 나면 친구나 동료, 나아가서 미래의 회사에 자신 있게 무언가를 보여줄 수 있게 될 것이다.

개정6판에서는 OpenGL 레퍼런스 또는 man 페이지의 내용을 뺐다. 레퍼런스 페이지는 온라인 (http://www.opengl.org/sdk/docs/man4/)에서 확인할 수 있으며, 온라인 페이지는 항상 최신이다. 이 내용들을 프린트하는 것은 다소 불필요한 것이며, 에러의 소지도 있다. 실제로 5판을 인쇄한 뒤 레퍼런스 페이지에 몇몇 문제점이 발견되었으나 이미 프린트했기 때문에 수정 페이지를 배포할 방법이 없었다. 게다가 레퍼런스는 수백 페이지 분량이 되기 때문에 비용도 더 들고 부피도 커진다. 그래서 레퍼런스 대신 더 많은 내용을 채우고 나머지 부분에 대해서는 환경을 위해 나무 소비를 줄이는 방법을 택했다.

책의 구조도 약간 변경하여 OpenGL을 여러 번 반복하여 다룬다. 한 장을 한 가지 주제에 모두 할 당하는 대신, 작동하는 작은 예제를 통해 가능한 한 빨리 그리고 많이 OpenGL을 소개하고, 그 다음엔 여러 영역을 아우르는 기능을 설명한다. 이 방식을 사용하여 선참조나 순환참조의 횟수를 줄이고 '걱정하지 마라, 나중에 설명하겠다'라고 말하는 횟수를 줄일 것이다.

재미있게 즐겼으면 좋겠다.

샘플을 빌드하는 법

이 책의 웹사이트 http://www.openglsuperbible.com에서 또는 한빛미디어 예제 웹사이트 http://www.hanbit.co.kr/exam/2204에서 샘플 코드를 다운로드받고, 원하는 폴더에 압축을 풀고, HOWTOBUILD.TXT 파일을 참고하여 자신의 플랫폼에 맞는 절차를 수행한다. 책의 소스 코드는 마이크로소프트 Windows(Windows XP 이상 필요), Linux(주요 배포판), Mac OS X 에서 빌드 및 테스트했다. 운영체제의 시스템 갱신이 있다면 하는 것이 좋으며 자신의 그래픽 카드에 맞는 최신 그래픽 드라이버를 설치하기 바란다.

이 책에 프린트된 소스 코드와 파일 내의 소스 코드가 약간 다를 수 있다. 그 이유는 다음과 같다.

- 이 책은 이 글을 쓰는 시점에서 최신 버전인 OpenGL 4.3에 대해 다룬다. 따라서 이 책의 샘플들을 OpenGL 4.3이 각 타깃 플랫폼에서 가용하다고 가정하고 작성했다. 하지만 실제로는 운영체제, 그래픽스 드라이버, 플랫폼 등이 최신이 아닐 수 있다. 따라서 샘플을 약간 수정해서 OpenGL의 이전 버전에서도 동작하도록 했다.

- 이 책의 인쇄 확정 시점과 샘플 애플리케이션을 웹에 올린 시점 사이에는 약간의 시간 차이가 있었다. 그 시간에 새로운 버그를 잡거나, 플랫폼 의존성을 해결하거나, 최적화를 하는 등 수정을 가했다. 웹에 올린 최신 버전은 그러한 변경이 포함되어 있기 때문에 책에 인쇄된 내용과 다를 수 있다.

- 책의 소스 코드와 웹에 올라간 소스 코드가 일대일로 매핑되지는 않는다. 어떤 샘플은 여러 개념을 설명하는 데 활용되기도 하고 어떤 샘플은 책에 설명이 없는 것도 있다. 책에는 있지만 샘플 애플리케이션이 없는 경우도 있다.

감사의 글

제일 먼저 가장 소중한 아내와 멋진 두 아이, 제레미[Jeremy]와 에밀리[Emily]에게 기꺼이 감사를 표하고 싶다. 가족과 함께 즐거운 시간을 보내는 대신 랩톱 컴퓨터 앞에 쭈그리고 앉아 있거나 사무실에 틀어박혀 있어서, 끝없이 보이는 저녁시간과 주말과 휴일을 홀로 보낸 가족들의 인내에 경의를 표한다. 기술 검토위원인 피어스 다니엘르, 다니엘 코흐, 다니엘 레코스에게도 심심한 감사의 인사를 전한다. 당신들의 감탄스러운 일 덕분에 실수를 찾아내어 이 책을 정제할 수 있었다. 피드백은 특히 완벽했으며, 검토를 받은 후 이 책에 최소 백 페이지 분량의 내용이 채워졌다. 공동저자인 닉 히멜과 리처드 라이트 주니어에게도 감사드린다. 특히 이 책의 이번 판 작업을 할 수 있도록 믿고 소개해준 리처드에게 고맙다는 말을 전한다. 개정5판만큼 이번 판도 인정받기를 기원할 뿐이다. 로라 레윈, 올리비아 바세지오, 쉐리 카인, 그리고 에디슨 웨슬리의 나머지 스태프에게 언제나 나의 감정이 어떠하든 인내로 받아주고 일정과 절차를 엄청나게 무시한 것을 참아주어 감사드린다. 마지막으로 독자에게 감사를 전한다. 독자 없이는 책도 없기 때문이다.

그라함 샐러스

매우 훌륭한 공동저자인 닉과 그라함에게 감사드린다. 특히 개정6판의 리드 저자로서 책임을 맡아준 그라함에게 다시 한 번 감사드린다. 그가 이번 판의 대부분 교정과 관리의 책임을 맡아주지 않았다면 이 책이 쉽게 나오지 못했을 것이다. 에디슨 웨슬리는 4판을 'OpenGL 라이브러리' 라인업에 추가시켰고, 몇 년이 지났지만 거기에 참여하게 된 것에 대해 아직도 나는 감사의 표시를 하고 있다. 15년 이상 수많은 편집자와 검토위원 그리고 출판 관련 사람들이 나를 실제보다 멋지고 똑똑하게 보이게 해주었다. 이름을 나열하기에는 너무 많은 사람이 있지만, 이 책 역사의 반 이상을 독려해준 데브라 윌리엄스-코울리에게 대표로 감사드린다. 그리고 물론 데브라를 선택한 로라 레윈에게도... 정말 용감한 영혼의 소유자다!

현재까지 10년 이상 OpenGL을 가르치게 해주고 여전히 이 일을 본업으로 계속 할 수 있게 해준 풀세일 대학에 감사드린다. 특히 정기적으로 방해가 되는 일이 발생했을 때 막아주고, 한 번 이상 못 본 척 해준 롭 카토에게 감사드린다. 매우 좋은 친구들과 그래픽 분야의 동료들이 거기에 있고, 특히 학과장인 조나단 번사이드는 내 일정을 용인해주었다. 웬디 '키티' 존스에게 모든 태국 음식에 대한 감사를 전한다. 언제나 불평불만을 기꺼이 들어주며 영감과 격려를 끊임없이 전해준 나의 여신 칼리스토에게 매우 깊이 감사하고 있다. 어떤 이든지 요청할 수 있는 거의 완벽하고 훌륭한 주간(그리고 야간) 작업을 제공해주고, 매일 OpenGL로 '실제' 적용을 해볼 사례를 준 소프트웨어 비스크(스티브, 탐, 다니엘, 매트)에 심심한 감사를 드린다. 또한 나의 가족, 리앤느, 사라, 스테판, 알렉스에게도 고맙다는 말을 빼먹을 수 없다. 가족 모두 많은 기분 변화와 급격한 우선순위 변경, 예측할 수 없는 작업 일정을 잘 견뎌주었으며, 수년 동안 정말 필요로 할 때 엄청난 동기를 제공해주었다.

리처드 S. 라이트 주니어

리처드와 그라함에게 훌륭한 지침 콘텐츠를 만들어 OpenGL을 지원하는 또 하나의 프로젝트에서 협력하게 되어 감사의 말을 전한다. 당신들의 헌신과 노력이 없었다면 컴퓨터 그래픽을 배우는 학생들은 3D 그래픽을 배우기 위해 필요한 툴을 가질 수 없었을지도 모른다. 수년간 3D 그래픽과 특히 OpenGL 지원에 도움을 주는 일에 당신들과 함께 할 수 있어서 즐거웠다. 프로젝트를 지원해준 에디슨 웨슬리와 로라 레윈에게 감사드린다.

또한 3D 지평선을 넓혀준 훌륭한 경험을 하게 한 NVIDIA에 감사의 말을 전할 수 있어 기쁘다. OpenGL을 짜내어 믿을 수 없을 정도의 작은 산출물로 새로운 영역에 도전하는 것은 정말 훌륭한 기회였다. 작업해오던 모든 흥미로운 사실을 출시할 때까지 기다릴 수 없을 정도였다! 바르톨드 리히텐벨트 덕분에 그래픽스 영역으로 돌아올 수 있었고 현재까지 가장 흥미로운 몇 가지 기술에 대한 작업을 할 수 있는 기회가 제공되었다. 피어스 다니엘이 우리에게 격려와 올바른 길로 갈 수 있도록 도움을 주었고, 모든 상세가 올바를 수 있도록 확인시켜준 점에 대해 고맙다는 말을 전한다. 안드로이드 예제 코드에 대한 모든 도움을 준 NVIDIA 싸이 첸에게 특별한 감사를 드린다.

그리고 물론 나의 가족과 친구들의 지원 없이는 또 하나의 프로젝트를 완료할 수 없었을 것이다. 아내 안나는 요 몇 년 동안 나의 기술에 대한 모든 우상숭배를 참아내며, 동시에 혼자의 노력으로 생명을 구하며 약학계에 커다란 영향을 주었다. 당신의 인내와 지원에 감사드린다. 당신 없이는 결코 성공할 수 없었을 것이다.

니콜라스 히멜

CONTENTS

Part I OpenGL 기초

CHAPTER 1 소개

CHAPTER 2 나의 첫 번째 OpenGL 프로그램

CHAPTER 3 파이프라인 따라가기

CONTENTS

CHAPTER 4 3D 그래픽스를 위한 수학

 CHAPTER **5 데이터**

CONTENTS

CHAPTER 6 쉐이더와 프로그램

Part II OpenGL 심화

CHAPTER 7 버텍스 프로세싱 및 드로잉 커맨드

CHAPTER 8 프리미티브 프로세싱

CONTENTS

CHAPTER 10 컴퓨트 쉐이더

CHAPTER 11 파이프라인 제어 및 모니터링

CONTENTS

CONTENTS

부록

OpenGL 기초

Part I

OpenGL 기초

소개

이 책은 OpenGL에 관한 책이다. OpenGL은 애플리케이션이 그 하부에서 동작하는 장치의 그래픽스 서브시스템에 접근하고 제어하기 위해 사용하는 인터페이스다. 하이엔드 그래픽스 워크스테이션부터 일반 데스크톱 컴퓨터, 비디오 게임 콘솔, 심지어 모바일폰에 이르기까지 다양한 기기에 필요하다. 서브시스템에 대한 인터페이스를 표준화하면 이식성을 증대시킬 수 있고 소프트웨어 개발자들이 고품질의 제품을 생산하는 데 집중할 수 있다. 기반 플랫폼의 세부사항에 대해 고민하는 대신 흥미로운 콘텐츠를 제작하고, 애플리케이션의 성능을 향상시킬 수 있다. 이러한 표준화된 인터페이스를 애플리케이션 프로그래밍 인터페이스^{Application Programming Interface}(API)라고 부르며, 바로 OpenGL이 API다. 이 장은 OpenGL을 소개하고, OpenGL이 그 하위의 그래픽스 서브시스템과 어떻게 연결되는지, 그리고 기원과 진화에 대해 알아본다.

1.1 OpenGL과 그래픽스 파이프라인

고성능/대형 제품을 만들려면 확장성과 병렬화가 필요하다. 공장에서는 생산라인을 통해 이를 해결한다. 한 작업자가 자동차 엔진을 설치하는 동안, 다른 작업자는 문을 설치하고, 동시에 또 다른 작업자는 바퀴를 설치한다. 제품의 생산 단계를 중첩시킴으로써 숙련된 기술자의 역량을 한 번에 한 작업에만 집중시킨다. 각 단계는 더 효율적이고, 전체 생산성은 높아진다. 또한 여러 자동차를 동시에 만들기 때문에 공장에는 여러 작업자가 엔진, 바퀴, 문 등을 한 번에 설치하고 완성 수준이 다른 여러 자동차가 동시에 생산라인에 들어갈 수 있다.

컴퓨터 그래픽스도 마찬가지다. 프로그램에서 만들어진 명령들이 OpenGL에 전달되고, 하부의 그래픽스 하드웨어로 보내진다. 그래픽스 하드웨어는 각 명령을 가능한 한 빨리 그리고 효율적으로 원하는 결과로 만들어낸다. 하드웨어에서 실행하기 위한 명령어들이 많이 줄지어 있을 수 있다. 어떤 명령은 수행이 완료되지 않은 것도 있을 수 있다. 각 명령 수행이 중첩될 수도 있어서 한 명령의 다음 스테이지는 다른 명령의 이전 스테이지와 동시에 수행될 수도 있다. 게다가 컴퓨터 그래픽스는 보통 비슷한 작업을 많이 반복하는 일을 한다(한 픽셀이 어떤 색상을 가지게 되는지 등). 그리고 이러한 작업은 보통 다른 작업에 의존적이지 않다. 즉, 한 픽셀에 결정되는 색상은 다른 픽셀에 영향을 주지 않는다. 자동차 공장에서 여러 자동차를 동시에 생산할 수 있는 것처럼, OpenGL도 할당받은 작업들을 병렬화할 수 있는 기본 단위로 분할한다. **파이프라인 분할**과 **병렬화**를 조합하여 사용함으로써 최신 그래픽 프로세서의 놀랄만한 성능을 이루어낼 수 있는 것이다.

OpenGL의 목표는 애플리케이션과 그 하부의 그래픽스 서브시스템의 **추상화 레이어**를 제공하는 것이다. 그래픽스 서브시스템은 여러 고성능 프로세서로 이루어져 있으며, 전용 메모리, 디스플레이 출력 등을 가진다. 이 추상화 레이어를 통해 그래픽스 프로세스 유닛graphics processing unit (GPU) 제작사가 어디인지, 어떻게 동작하는지, 성능이 어떤지 알 필요가 없다. 사실 이러한 정보를 가져오는 것은 가능하지만, 애플리케이션은 알 필요가 없다는 점이 중요하다.

OpenGL의 설계 원칙은 너무 높지도 너무 낮지도 않은 추상화 수준의 균형을 이루는 것이다. 여러 제조사의 제품 간의 차이(또는 한 제조사의 여러 제품 간의 차이)를 감추어야 하며 화면 해상도, 프로세서 아키텍처, 설치된 운영체제 등의 차이도 감추어야 한다. 한편 추상화 수준은 충분히 낮아서 프로그래머들이 기반 하드웨어에 접근하고 최대한 활용할 수 있어야 한다. 만약 OpenGL이 너무 높은 수준의 추상화만 제공한다면 해당 모델에 적합한 프로그램을 작성하기는 쉬울 수 있어도 포함되지 않은 고급 그래픽스 하드웨어 기능을 사용하기는 매우 어렵다. 후술한(고급 그래픽스 하드웨어 기능을 사용하는) 모델에 해당하는 것이 게임 엔진 같은 소프트웨어다. 그래픽스 하드웨어의 새로운 기능을 사용하기 위해서는 게임이 사용하는 기반 엔진의 많은 부분을 수정해야 한다. 만약 추상화 수준이 너무 낮다면, 애플리케이션은 수행되는 아키텍처의 특성 때문에 고생할 것이다. 저수준의 추상화는 비디오 게임 콘솔에서 흔히 볼 수 있다. 하지만 모바일폰에서부터 고성능 전문 그래픽 워크스테이션에까지 활용되는 그래픽스 라이브러리에는 맞지 않을 것이다.

기술이 진보함에 따라 컴퓨터 그래픽스 분야에 점점 더 많은 연구가 수행되어 왔고, 최선의 방법들이 개발되었고, 병목점이나 요구사항이 변했다. 따라서 OpenGL도 발맞추어 변화해야 한다.

대부분의 OpenGL 구현이 지원하는 현재의 최신 그래픽 프로세싱 유닛은 수 테라플롭teraflop의 컴퓨팅 파워, 초당 수백 기가바이트의 속도로 액세스할 수 있는 기가바이트급의 메모리, 높은 화면 갱신율로 여러 개의 수 메가 픽셀 디스플레이를 컨트롤할 수 있는 능력을 가진다. GPU는 매우 유연해서 그래픽스와 관련 없는 물리 시뮬레이션, 인공지능, 오디오 프로세싱 등의 작업도 수행할 수 있다.

현재 GPU는 **쉐이더**라 불리는 작은 프로그램을 실행하는 쉐이더 코어(다수의 작은 프로그래밍 가능한 프로세서)로 이루어져 있다. 각 코어는 상대적으로 처리량이 낮고, 쉐이더의 인스트럭션 하나를 여러 클록 사이클로 수행하며, 보통 비순차적 명령 실행, 분기 예측이나 슈퍼 스칼라 이슈 등의 고급 기능이 부족하다. 하지만 각 GPU는 수십에서 수천의 코어 수를 가지며, 이를 통합하여 어마어마한 양의 일을 수행할 수 있다. 그래픽스 시스템은 여러 **스테이지**stage, 단계로 나뉜다. 각 스테이지는 쉐이더나 설정 가능한 프로세싱 블록인 고정 함수로 구분된다. [그림 1-1]은 그래픽스 파이프라인의 단순화된 구조다.

그림 **1-1** 단순화된 그래픽스 파이프라인

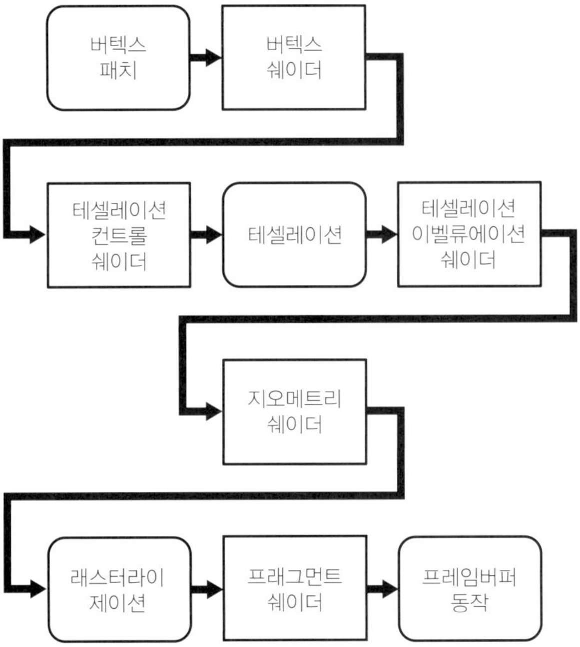

[그림 1-1]에서 둥근 박스는 **고정 함수** 스테이지고, 일반 박스는 프로그래밍 가능 스테이지다. 프로그래밍 가능 스테이지에서는 여러분이 제공한 쉐이더를 수행한다. 실제로는 일부 고정 함수 스테이지도 쉐이더로 구현되어 있을 수 있다. 직접 쉐이더를 제공하지는 않지만, GPU 제작사가 드라이버 차원에서 또는 펌웨어나 다른 시스템 소프트웨어를 통해 제공할 수 있다.

1.2 OpenGL의 기원과 진화

OpenGL은 실리콘 그래픽스 주식회사Silicon Graphics, Inc. (SGI)의 IRIS GL로 시작되었다. GL은 원래 (현재도 마찬가지지만) '그래픽스 라이브러리Graphics Library'라는 의미였으며, 많은 현대의 OpenGL

문서에도 'GL'은 '그래픽스 라이브러리'를 의미한다고 되어 있다. 실리콘 그래픽스는 고성능 그래픽스 워크스테이션 제조사였다.[1] 이러한 장비들은 매우 비쌌고, 그래픽스를 위해 비공개 API를 사용하는 것은 별 도움이 안 됐다. 다른 제조사들은 서로 호환되는 경쟁 API 상에서 구동되는 훨씬 더 저렴한 제품을 생산하고 있었다. 90년대 초, SGI는 이식성이 중요하다는 것을 깨닫고 IRIS GL을 정돈하고, API에서 시스템 의존적인 부분을 제거하고, 누구나 로열티 없이 사용할 수 있고 구현할 수 있도록 공개 표준으로 릴리즈했다. OpenGL의 첫 번째 버전은 1992년 6월에 릴리즈되었고 OpenGL 1.0으로 정해졌다.

그해 SGI는 OpenGL 아키텍처 검수 위원회Architectural Review Board (ARB)를 설립하는 데 중요한 역할을 했다. 초기 멤버 중에는 컴팩, DEC, IBM, 인텔, 마이크로소프트 등의 회사가 있었으며, 나중에 HP, 선마이크로시스템, 에반스&수더랜드, 인터그래프 등의 회사가 이 그룹에 참여했다. OpenGL ARB는 OpenGL 명세를 설계, 관리, 작성하는 주요 단체며, 현재는 크로노스 그룹Khronos Group에 속해 있다. 이 그룹은 많은 공개 표준의 개발을 관장하는 많은 회사의 컨소시엄이다. 이러한 원년 멤버 중 일부는 사라지거나(아마 파산하거나 다른 회사에 합병되어), 더 이상 그래픽스 관련 사업을 하지 않거나 다른 사업으로 전환하여 ARB의 멤버에서 빠지기도 했다. 일부 회사는 이름이 변경된 경우도 있지만, 20년 전 OpenGL의 첫 버전 개발 때부터 지금까지 남아 있다.

이 글을 작성하는 시점에 OpenGL 명세는 17개의 판이 있었으며, 버전 번호와 출간 시기를 [표 1-1]에 나타냈다. 이 책은 OpenGL 명세 4.3 버전을 다룬다.

표 1-1 OpenGL 버전 및 출간 시기

버전	출간 시기
OpenGL 1.0	1992년 1월
OpenGL 1.1	1997년 1월
OpenGL 1.2	1998년 3월
OpenGL 1.2.1	1998년 10월
OpenGL 1.3	2001년 8월
OpenGL 1.4	2002년 7월
OpenGL 1.5	2003년 7월
OpenGL 2.0	2004년 9월
OpenGL 2.1	2006년 7월
OpenGL 3.0	2008년 8월
OpenGL 3.1	2009년 3월
OpenGL 3.2	2009년 8월
OpenGL 3.3	2010년 3월

---

[1] 실리콘 그래픽스는, 엄밀히 말해 SGI는 2009년도에 파산했지만 지금도 존재한다. 그 자산과 브랜드는 라카블 시스템즈(Rackable Systems)가 샀고, 이 회사를 여전히 SGI라고 부르기도 하지만, 고성능 그래픽스 시장의 주자는 아니다.

버전	출간 시기
OpenGL 4.0	2010년 3월 [2]
OpenGL 4.1	2010년 7월
OpenGL 4.2	2011년 8월
OpenGL 4.3	2012년 8월

1.2.1 OpenGL 코어 프로파일

20년은 최신기술 개발에 있어서는 긴 시간이다. 1992년, 인텔 CPU의 최상위 제품은 80486이었다. 수학 보조프로세서는 여전히 옵션이었고, 펜티엄은 아직 발명되지 않았다(적어도 발표되진 않았다). 애플 컴퓨터는 여전히 모토롤라 68K 기반 프로세서를 사용하고 있었고, 파워피시PowerPC 프로세서로의 전환은 1992년 후반기에 가능했다. 당시 고성능 그래픽 가속기는 개인용 컴퓨터에는 일반적이지 않았다. 고성능 그래픽 워크스테이션에 접근할 수 없었다면 OpenGL을 사용할 방법이 없었다. 소프트웨어 렌더링이 대세였고, 퓨쳐 크루Future Crew의 **언리얼** 데모가 어셈블리 92년 데모 파티에서 우승했다. 개인용 컴퓨터에서 기대할 수 있는 것은 고작 기본적인 폴리곤이나 스프라이트 렌더링 정도였다. 1992년 개인용 컴퓨터 3D 그래픽스의 최고 수준은 [그림 1-2] 정도다.

그림 1-2 퓨쳐 크루의 언리얼 데모

시간이 흐름에 따라 그래픽스 하드웨어의 가격이 내려가고 성능은 향상되었다. PC의 가속 확장 보드의 낮은 비용과 비디오 게임 콘솔의 성능 증가가 영향을 주었다. 구매 가능한 그래픽스 프로세서에 새로운 기능이 추가되었고 OpenGL에도 추가되었다. 이러한 기능의 대부분은 OpenGL ARB 멤버에 의해 확장extension으로 제공되었다. 일부 기능은 기존 기능과 조화롭게 잘 동작하였지만, 일부는 그렇지 못했다. 또한 그래픽 시스템의 성능을 최적화할 수 있는 새롭고 더 나은 방법들이 고안되면 OpenGL에 쉽게 추가되었는데, 나중에는 같은 일을 하는 여러 가지 방법이 혼재하게 되었다.

---

2 그렇다. 두 버전이 동시에 나왔다!

수년 동안 ARB는 하위 버전 호환을 중요하게 생각해왔고 현재도 그러하다. 하지만 이러한 하위 버전 호환성은 비용이 크다. 상황이 변해서, 1990년대에는 문제가 되지 않았거나 성능에 거의 영향을 주지 않았던 것들이 현대 그래픽스 프로세서 아키텍처에는 맞지 않는 경우도 있다. 새로운 기능이 예전 기능과 어떻게 상호 작용하는지 정하는 것은 쉽지 않고, 많은 경우에는 새로운 기능을 OpenGL에 깔끔하게 제공하는 것이 거의 불가능한 경우도 있다. OpenGL을 구현하는 것은 매우 어려운 작업이어서 예상했던 것보다 훨씬 더 많은 드라이버 버그가 생기게 되는 경향이 있다. 그래픽 공급업체들은 그래픽스 발전에는 도움을 주지 못하는 이러한 기존 기능을 지원하는 데 많은 에너지를 쏟아야 하는 실정이다.

이러한 이유로 2008년에 ARB는 OpenGL을 두 가지 **프로파일**로 분리하게 되었다. 첫 번째는 **코어** 프로파일core profile, 핵심 프로파일인데, 현대 그래픽스 하드웨어로 가속하지 못하는 많은 기존 기능을 제거했다. 이 명세는 다른 버전인 **호환성** 프로파일compatibility profile에 비해 수백 페이지나 더 적다.[3] 호환성 프로파일은 OpenGL version 1.0까지의 모든 버전과 하위 호환성을 유지한다. 즉, 1992년도에 작성한 소프트웨어도 당시보다 수천 배 더 고성능의 최신 그래픽스 카드에서 컴파일되고 실행된다는 의미다.

호환성 프로파일이 존재하는 이유는 소프트웨어 개발자들이 기존 애플리케이션을 유지 보수할 때 새로운 API를 사용하기 위해 수년 동안의 작업을 제거하지 않아도 되도록 하기 위함이다. 하지만 새로운 애플리케이션을 개발할 때는 코어 프로파일 사용이 강력히 권고된다. 특히 특정 플랫폼에서 새로운 기능은 코어 프로파일을 사용해야 가능한 경우가 있다. 또한 코어 프로파일의 기능만 사용하는 동일한 소스 코드라도 호환성 프로파일보다 코어 프로파일을 사용하도록 한 경우가 더 빠른 경우도 있다. 마지막으로 호환성 프로파일에는 남아 있지만 코어 프로파일에서는 제거된 기능들은 충분한 이유로 그렇게 된 것이기 때문에 그 기능을 사용하지 않는 것이 바람직하다. 이 책은 OpenGL의 코어 프로파일만을 다룬다. 이 부분 이후부터는 호환성 프로파일에 대한 언급은 전혀 없을 것이다.

1.3 프리미티브, 파이프라인, 픽셀

이 글의 서두에서 밝혔듯이 OpenGL은 생산라인의 모델을 따른다. 이 모델에서 데이터는 단방향이며, 프로그램에서 호출한 명령이 데이터 형태로 파이프라인의 앞단에 들어오고 각 스테이지를 거쳐 최종 파이프라인에 도달한다. 쉐이더나 다른 고정 파이프라인 블록들이 파이프라인 내에서 버퍼나 텍스처 등으로부터 추가 데이터를 받아서 처리한다. 이러한 **버퍼**나 **텍스처** 등의 자료구조

---

3 코어 프로파일 명세는 여전히 700페이지나 될 정도로 길다.

는 렌더링 시에 사용할 정보를 저장하는 용도다. 파이프라인의 특정 스테이지에서는 이러한 버퍼나 텍스처에 데이터를 저장하기도 하는데, 이를 통해 애플리케이션이 데이터를 읽거나, 저장하거나, 저장한 데이터를 다시 읽을 수도 있다.

OpenGL 렌더링의 기본 단위는 **프리미티브**primitive다. OpenGL은 많은 타입의 프리미티브를 지원한다. 하지만 세 가지 기본 렌더링 가능 타입은 점, 선, 삼각형이다. 화면에 렌더링되는 모든 것은 (아마도 색상이 잘 입혀진) 점, 선, 삼각형의 조합일 것이다. 애플리케이션은 보통 복잡한 서피스를 많은 수의 삼각형으로 분할하고, OpenGL로 보내서 **래스터라이저**rasterizer라고 불리는 하드웨어 가속기를 사용하여 렌더링한다. 삼각형은 보통 그리기 쉽다고들 한다. 삼각형은 항상 **컨벡스**convex, 볼록하기 때문에 폴리곤을 그리는 규칙을 만들기도 쉽고 구현하기도 쉽다. 컨케이브concave, 오목한 폴리곤은 둘 이상의 삼각형으로 분할할 수 있기 때문에, 하드웨어는 삼각형 렌더링을 직접 지원하며, 다른 서브시스템[4]들을 통해 복잡한 지오메트리를 삼각형으로 분할할 수 있다. 래스터라이저는 3차원으로 표현된 삼각형을 화면에 그려질 일련의 픽셀로 변환하는 전용 하드웨어다.

점, 선, 삼각형은 각각 하나, 둘, 세 개의 점으로 이루어진다. **버텍스**vertex는 단순히 좌표 공간상의 하나의 점이다. 보통 좌표 공간은 3차원 좌표계를 이야기한다. 그래픽스 파이프라인은 두 개의 주요 파트로 분할된다. 첫 번째 파트는 **프론트엔드**front end라고 흔히 부르는 것으로 버텍스와 프리미티브를 처리하여 점, 선, 삼각형으로 구성하고 이들을 래스터라이저에 보내는 역할을 한다. 이는 **프리미티브 어셈블리**primitive assembly라고도 한다. 래스터라이저 이후에는 지오메트리가 벡터 형태에서 대량의 각각의 픽셀로 변환된다. 이들은 **백엔드**back end로 전달되고, 여기에는 깊이 및 스텐실 테스트, 프래그먼트 쉐이딩, 블렌딩, 출력 이미지 갱신 등의 작업이 포함된다.

이 책을 읽으면서 OpenGL이 동작하려면 어떤 식으로 대화해야 하는지 알게 될 것이다. 버퍼와 텍스처를 생성하는 방법 그리고 프로그램에 연결하는 방법 등을 알려줄 것이다. 데이터를 처리하기 위한 쉐이더를 작성하는 방법과 고정 함수 블록을 설정하는 방법 등도 알려줄 것이다. OpenGL은 사실 단순한 개념들이 얽히고설킨 거대한 집합체다. 기반을 이해하고 시스템의 **큰 그림**을 그리는 것이 필요하며, 다음 몇 장에서는 이러한 내용들을 설명할 것이다.

1.4 마치며

이 장에서는 OpenGL을 소개했고, 그 기원, 역사, 상태, 방향 등을 알게 되었다. OpenGL 파이프라인을 설명했고, 이 책의 진행 방법에 대해 설명했다. 그리고 이 책에서 사용할 용어를 언급했

---

4 이러한 서브시스템들은 여러 하드웨어 모듈로 구성될 수도 있고 드라이버 내에 소프트웨어로 구현되는 경우도 있다.

다. 이어지는 몇몇 장에서는 첫 OpenGL 프로그램을 작성하고, OpenGL 파이프라인의 각 스테이지에 대해 깊이 살펴보고, 컴퓨터 그래픽스 세계에서 유용한 몇몇 수학 기초에 대해서도 설명할 것이다.

CHAPTER 2

나의 첫 번째 OpenGL 프로그램

이 장에서 다루는 내용

◆ 쉐이더 코드를 생성하고 컴파일하는 방법

◆ OpenGL로 그리는 방법

◆ 이 책의 애플리케이션 프레임워크를 사용하여 프로그램을 초기화하고 정리하는 방법

이 장에서는 이 책의 거의 모든 예제에 사용되는 간단한 애플리케이션 프레임워크를 소개한다. 이 책의 애플리케이션 프레임워크를 통해 어떻게 메인 윈도우를 만드는지 살펴보고 거기에 간단한 그래픽스 렌더링을 해본다. 간단한 GLSL 쉐이더가 어떻게 생겼는지, 그 쉐이더를 사용하여 단순한 점들을 어떻게 렌더링하는지 살펴본다. 결국에는 직접 작성하는 첫 OpenGL 삼각형 렌더링 애플리케이션이 될 것이다.

2.1 간단한 애플리케이션 작성하기

이 책에서 사용될 애플리케이션 프레임워크를 소개하기 위해 우선 아주 단순한 예제 애플리케이션을 만들어보자. 소스 코드를 보면 처음에 sb6.h를 인클루드한다. 이 파일은 C++ 헤더 파일로서 sb6라는 네임스페이스를 정의하며, 그 안에 애플리케이션 클래스인 sb6::application에 대한 선언이 들어 있다. 예제에서는 이 애플리케이션 클래스를 상속받은 클래스를 사용한다. 프레임워크에는 다양한 유틸리티 함수와 간단한 수학 라이브러리가 들어 있다. vmath라는 수학 라이브러리는 OpenGL에 부족한 수학 관련 기능을 채우는 데 사용된다.

애플리케이션을 작성하려면 sb6.h 파일을 인클루드하고, sb6::application 클래스로부터 상속받고, DECLARE_MAIN 매크로의 인스턴스를 (소스 파일 중 하나에) 포함시킨다. 이 매크로는 애플리케이션의 메인 엔트리 포인트^{main entry point, 주 진입점}를 정의하며, 여기에서 클래스의 인스턴스(해당

타입이 매크로의 인자로 전달된다)를 생성하고, run( ) 메서드를 호출한다. 이 메서드가 애플리케이션의 메인 루프를 정의한다.

다음으로 startup( ) 메서드를 호출하여 초기화를 수행하고, render( ) 메서드를 루프 안에서 호출한다. 기본 구현에서는 두 메서드 모두 내용이 비어 있는 가상 함수다. 파생 클래스에서는 render( ) 메서드를 오버라이드하여 그 안에 렌더링 코드를 작성한다. 애플리케이션 프레임워크는 윈도우 생성, 입력 처리, 렌더링된 결과를 사용자에 표시하는 역할을 맡는다. 이 첫 번째 예제에 대한 전체 소스 코드는 [예제 2-1]에 있으며, 출력 결과는 [그림 2-1]이다.

예제 2-1 첫 번째 OpenGL 애플리케이션

```
// sb6.h 헤더 파일을 포함시킨다.
#include "sb6.h"

// sb6::application을 상속받는다.
class my_application : public sb6::application
{
public:
    // 렌더링 함수를 작성한다.
    void render(double currentTime)
    {
        // 단순히 윈도우를 빨간색으로 지운다.
        static const GLfloat red[] = { 1.0f, 0.0f, 0.0f, 1.0f };
        glClearBufferfv(GL_COLOR, 0, red);
    }
};

// DECLARE_MAIN의 하나뿐인 인스턴스
DECLARE_MAIN(my_application);
```

그림 2-1 첫 번째 OpenGL 애플리케이션의 출력 결과

[예제 2-1]은 전체 화면을 빨간색으로 채운다. 이때 사용하는 OpenGL 함수는 **glClearBufferfv( )**다. 프로토타입은 다음과 같다.

```
void glClearBufferfv(GLenum buffer,
                     GLint drawBuffer,
                     const GLfloat * value);
```

모든 OpenGL 함수는 gl로 시작하며, 해당 함수의 일부 인자 타입을 함수 이름 끝에 접미사로 줄여 쓰는 등 여러 가지 네이밍 컨벤션을 따른다. 이를 통해 특정 언어에서 오버로딩을 지원하지 않는 경우에도 제한된 형태의 **오버로딩**이 가능하다. 위 예에서 fv라는 접미사는 이 함수가 부동소수점floating point (f)값을 갖는 벡터vector (v)를 사용한다는 의미다. OpenGL에서는 배열(C 같은 언어에서 일반적으로 포인터로 접근되는)과 벡터는 동일한 의미로 혼용된다.

glClearBufferfv( ) 함수는 첫 번째 인자(이 경우에는 GL_COLOR)인 버퍼를 세 번째 인자의 값으로 지우라clear는 명령을 OpenGL에 내린다. 두 번째 인자 drawBuffer는 지울 출력 버퍼가 여럿일 때 사용한다. 여기서는 하나의 버퍼만 사용하며 drawBuffer는 0 기반의 인덱스를 사용하므로, 이 예제에서는 값을 0으로 설정한다. 여기서 색은 배열 red에 저장된다. 이 배열은 네 개의 부동소수점 값인 빨간색, 녹색, 파란색, 알파를 순서대로 가진다. 빨간색, 녹색, 파란색의 의미는 설명 안 해도 될 것이다. 알파는 color에 들어가는 네 번째 요소로서 흔히 프래그먼트의 **투명도**를 표현하는 데 사용된다. 이때 알파를 0으로 설정하면 프래그먼트는 완전히 투명transparent해지고, 1로 설정하면 완전히 불투명opaque해진다. 알파값은 눈으로 확인할 수는 없지만, 출력 이미지에 저장되어 OpenGL의 특정 계산 기능에 사용될 수 있다. 빨간색과 알파값은 1로 설정하고, 나머지는 0으로 설정하자. 그러면 불투명한 빨간색이 지정된다. 이 애플리케이션을 실행한 결과는 [그림 2-1]과 같다.

이 애플리케이션은 윈도우를 빨간색으로 칠하기만 할 뿐 그리 특별히 흥미롭지는 않다.[1] render( ) 함수는 currentTime이라는 인자를 하나 갖는다. 이 인자는 애플리케이션이 시작한 이후의 경과 시간을 초 단위로 나타낸 값이다. 이 값을 사용하면 간단한 애니메이션을 수행할 수 있다. 여기서는 이 값을 사용하여 배경을 지우는 color값을 변경해보겠다. [예제 2-2]는 수정한 render( ) 함수다.[2]

예제 2-2 시간에 따라 color 변화시키기

```
// 렌더링 함수
void render(double currentTime)
{
    const GLfloat color[] = { (float)sin(currentTime) * 0.5f + 0.5f,
                              (float)cos(currentTime) * 0.5f + 0.5f,
                              0.0f, 1.0f };
```

---

1 이 책에서는 결과 그림이 검은색으로 보이므로 이 예제가 그리 흥미롭지는 않을 것이다.
2 이 코드를 실행하려면 sin( )과 cos( ) 함수를 사용하기 위해 <math.h>를 인클루드해야 한다.

```
        glClearBufferfv(GL_COLOR, 0, color);
    }
```

이제 윈도우가 노란색, 오렌지색, 녹색, 다시 빨간색으로 점차 변한다. 아직도 재미가 없는가? 그러나 적어도 **뭔가는** 해내지 않았는가!

2.2 쉐이더 사용하기

1.1절 'OpenGL과 그래픽스 파이프라인'에서 언급했듯이, OpenGL은 쉐이더^{shader}라 불리는 여러 작은 프로그램을 고정 함수로 연결시켜 작동한다. 화면에 그릴 때 그래픽스 프로세서는 여러분이 작성한 쉐이더를 실행시키고 그 입력과 출력을 파이프라인으로 이동시켜 최종 픽셀이 그려지게 한다.[3] 화면에 무언가 그리기 위해서라면 적어도 쉐이더 몇 개는 작성해야 한다.

OpenGL 쉐이더는 OpenGL 쉐이딩 언어^{OpenGL Shading Language}(GLSL)로 작성한다. 이 언어는 C에 기반을 두지만 시간이 지남에 따라 그래픽스 프로세서에서 동작하도록 변화되었다. C에 친숙하다면 GLSL이 어렵지 않을 것이다. 이 언어의 컴파일러는 OpenGL에 내장되어 있다. 여러분이 작성한 쉐이더 소스 코드는 **쉐이더 객체**로 바뀌어 컴파일되고, 여러 쉐이더 객체들이 하나의 **프로그램 객체**로 링크된다. 하나의 프로그램 객체는 여러 쉐이더 스테이지^{shader stage, 쉐이더 단계}의 쉐이더들을 포함할 수 있다. OpenGL 쉐이더 스테이지에는 버텍스 쉐이더^{vertex shader, 정점 쉐이더}, 테셀레이션 컨트롤^{tessellation control} 및 이밸루에이션 쉐이더^{evaluation shader}, 지오메트리 쉐이더^{geometry shader, 기하 쉐이더}, 프래그먼트 쉐이더^{fragment shader}, 컴퓨트 쉐이더^{compute shader, 계산 쉐이더} 등이 있다. 웬만한 파이프라인은 적어도 하나의 버텍스 쉐이더[4](또는 하나의 컴퓨트 쉐이더)로 이루어진다. 하지만 화면에 픽셀을 그리려면 프래그먼트 쉐이더가 필요하다.

우리가 작성한 처음 몇 가지 쉐이더는 매우 단순하다. [예제 2-3]은 첫 버텍스 쉐이더다. 최대한 단순하게 만들어보았다. 첫 번째 라인에는 **#version 430 core** 선언이 있다. 이를 통해 쉐이더 컴파일러에 쉐이더 언어 version 4.3을 사용할 것이라는 것을 말해준다. core라는 키워드를 포함한 것을 주목하자. 이는 OpenGL의 코어 프로파일의 기능만 사용한다는 의미다.

다음은 main 함수를 정의한다. 여기가 쉐이더가 수행을 시작하는 부분이다. 일반적인 C 프로그램과 동일하다. 단, GLSL 쉐이더의 main 함수는 인자가 없다. main 함수 안에서 gl_Position에 값을 할당하는데, 이 부분이 쉐이더와 OpenGL의 나머지 부분을 연결한다. gl_로 시작하는 모든

---

3 OpenGL에서 화면에 픽셀을 그리지 않는 사용 예는 많다. 나중에 다루겠지만 지금은 화면에 그림을 그리는 데 집중하자.
4 파이프라인에 버텍스 쉐이더가 포함되어 있지 않았을 때 뭔가 그리려고 하면 그 결과는 알 수 없지만 확실히 원하는 결과는 아닐 것이다.

변수는 OpenGL의 일부며 쉐이더와 다른 부분 또는 고정 함수 기능의 여러 부분과 연결하는 역할을 한다. 버텍스 쉐이더에서 gl_Position은 버텍스^{vertex, 정점}의 출력 위치를 나타낸다. 값으로 vec4(0.0, 0.0, 0.5, 1.0)을 할당하면 버텍스가 OpenGL의 **클립 공간**^{clip space}의 중앙에 위치하게 된다. 클립 공간은 OpenGL 파이프라인의 다음 스테이지에서 적용되는 좌표계다.

예제 2-3 첫 번째 버텍스 쉐이더

```
#version 430 core

void main(void)
{
    gl_Position = vec4(0.0, 0.0, 0.5, 1.0);
}
```

다음 [예제 2-4]는 프래그먼트 쉐이더를 보여준다. 다시 말하지만, 이 코드는 매우 단순하다. 역시 **#version 430 core** 선언으로 시작하며, 다음으로 **out** 키워드를 사용하여 color를 출력 변수로 선언한다. 프래그먼트 쉐이더에서는 출력 변숫값을 윈도우나 화면으로 보낸다. main 함수에서는 상수를 출력으로 보낸다. 디폴트로 이 값들이 직접 화면에 전달되며, 이 값들은 네 개의 부동소수점값으로 **glClearBufferfv( )**에서처럼 각각 빨간색, 녹색, 파란색, 알파에 해당한다. 이 쉐이더에서는 **vec4**(0.0, 0.8, 1.0, 1.0)값을 사용했는데, 이는 청록색을 의미한다.

예제 2-4 첫 번째 프래그먼트 쉐이더

```
#version 430 core

out vec4 color;

void main(void)
{
    color = vec4(0.0, 0.8, 1.0, 1.0);
}
```

버텍스 쉐이더와 프래그먼트 쉐이더가 준비되었다. 이제 컴파일하고 OpenGL에서 실행될 수 있는 프로그램으로 링크시킬 차례다. 이 과정은 C++ 등의 언어에서 실행 파일을 얻기 위해 컴파일하고 링크하는 과정과 유사하다. 쉐이더를 프로그램 객체로 링크하는 코드를 [예제 2-5]에서 살펴볼 수 있다.

```
GLuint compile_shaders(void)
{
    GLuint vertex_shader;
    GLuint fragment_shader;
    GLuint program;

    // 버텍스 쉐이더 소스 코드
    static const GLchar * vertex_shader_source[] =
    {
        "#version 430 core                              \n"
        "                                               \n"
        "void main(void)                                \n"
        "{                                              \n"
        "    gl_Position = vec4(0.0, 0.0, 0.5, 1.0);    \n"
        "}                                              \n"
    };

    // 프래그먼트 쉐이더 소스 코드
    static const GLchar * fragment_shader_source[] =
    {
        "#version 430 core                              \n"
        "                                               \n"
        "out vec4 color;                                \n"
        "                                               \n"
        "void main(void)                                \n"
        "{                                              \n"
        "    color = vec4(0.0, 0.8, 1.0, 1.0);          \n"
        "}                                              \n"
    };

    // 버텍스 쉐이더를 생성하고 컴파일한다.
    vertex_shader = glCreateShader(GL_VERTEX_SHADER);
    glShaderSource(vertex_shader, 1, vertex_shader_source, NULL);
    glCompileShader(vertex_shader);

    // 프래그먼트 쉐이더를 생성하고 컴파일한다.
    fragment_shader = glCreateShader(GL_FRAGMENT_SHADER);
    glShaderSource(fragment_shader, 1, fragment_shader_source, NULL);
    glCompileShader(fragment_shader);

    // 프로그램을 생성하고 쉐이더를 어태치(attach, 부착)시키고 링크한다.
    program = glCreateProgram();
    glAttachShader(program, vertex_shader);
    glAttachShader(program, fragment_shader);
    glLinkProgram(program);
```

```
    // 이제 프로그램이 쉐이더를 소유하므로 쉐이더를 삭제한다.
    glDeleteShader(vertex_shader);
    glDeleteShader(fragment_shader);

    return program;
}
```

[예제 2-5]에서 사용한 새로운 함수들을 소개한다.

- **glCreateShader()**
  빈 쉐이더 객체를 생성한다. 이제 소스 코드를 받아서 컴파일하면 된다.

- **glShaderSource()**
  쉐이더 소스 코드를 쉐이더 객체로 전달해서 복사본을 유지한다.

- **glCompileShader()**
  쉐이더 객체에 포함된 소스 코드를 컴파일한다.

- **glCreateProgram()**
  쉐이더 객체에 어태치시킬 프로그램 객체를 생성한다.

- **glAttachShader()**
  쉐이더 객체를 프로그램 객체에 어태치시킨다.

- **glLinkProgram()**
  프로그램 객체에 어태치된 모든 쉐이더 객체를 링크한다.

- **glDeleteShader()**
  쉐이더 객체를 삭제한다. 쉐이더가 프로그램 객체에 링크되면, 프로그램이 바이너리 코드를 보관하며 쉐이더는 더 이상 필요 없게 된다.

[예제 2-3]과 [예제 2-4]의 쉐이더 소스 코드는 **glShaderSource()** 함수로 전달되는 상수 문자열에 포함되어 있다. 이 함수는 그 내용을 우리가 **glCreateShader()**로 생성한 쉐이더 객체로 복사한다. 쉐이더 객체는 쉐이더 코드의 복사본을 저장하며, **glCompileShader()**를 호출하면 GLSL 쉐이더 소스 코드를 중간 바이너리 형식으로 변환하여 이 역시 쉐이더 객체에 저장한다. 프로그램 객체는 렌더링에 사용할 링크된 실행 파일인 셈이다. **glAttachShader()**를 사용하여 쉐이더를 프로그램 객체에 어태치시키고 **glLinkProgram()**을 호출하면 그래픽스 프로세서에서 실행될 코드에 모든 객체를 링크시킨다. 쉐이더 객체를 프로그램 객체에 어태치시키면 그 쉐이더에 대한 참조^{reference}를 생성하기 때문에, 우리가 그 쉐이더를 삭제하더라도 프로그램 객체는 필요하다면 쉐이더의 내용을 유지한다. [예제 2-5]의 compile_shaders 함수는 새로 생성된 프로그램 객체를 반환한다.

이 함수를 호출할 때 반환된 프로그램 객체를 보관할 필요가 있다. 왜냐하면 그 객체를 그릴 때 필요할 수 있기 때문이다. 그뿐만 아니라 필요할 때마다 전체 프로그램을 재컴파일하고 싶지는 않을 것이다. 따라서 프로그램이 시작할 때 한 번만 호출되는 함수가 필요하다. sb6 애플리케이션 프레임워크는 application::startup()이라는 함수를 제공하므로 여러분의 샘플 애플리케이션에서 오버라이드하면 한 번만 수행되는 초기 작업을 수행할 수 있다.

화면에 그리기 전에 마지막으로 해야 할 일은 **버텍스 배열 객체**^{vertex array object}(VAO)를 생성하는 것이다. 이는 OpenGL 파이프라인의 버텍스 페치^{vertex fetch} 스테이지를 나타내는 객체며 입력을 버텍스 쉐이더에 공급하기 위해 사용된다. 우리 버텍스 쉐이더가 지금은 입력을 가지고 있지 않으므로, VAO에 대해서는 별로 할 일이 없다. 하지만 VAO를 생성해서 OpenGL이 그릴 때 사용하도록 해야 한다. VAO를 생성하려면 **glGenVertexArrays()**라는 OpenGL 함수를 호출하여 VAO를 콘텍스트에 어태치시키고 **glBindVertexArray()**를 호출해야 한다. 이 함수들의 프로토타입은 다음과 같다.

```
void glGenVertexArrays(GLsizei n,
                       GLuint * arrays);

void glBindVertexArray(GLuint array);
```

버텍스 배열 객체는 OpenGL 파이프라인의 입력과 관련된 모든 상태를 유지한다. 우리 startup() 함수에 **glGenVertexArrays()**와 **glBindVertexArray()** 함수 호출을 추가할 것이다.

다음 [예제 2-6]에서는 sb6::application 클래스의 startup() 멤버 함수를 오버라이드하여 그 안에 원하는 초기화 코드를 넣었다. 다시 언급하건데, render()와 마찬가지로 startup() 함수는 sb6::application 안에 빈 가상 함수로 정의되었고 run() 함수에 의해 자동적으로 호출된다. startup() 함수에서 compile_shaders를 호출하고 그 결과인 프로그램 객체를 클래스 멤버 변수인 rendering_program에 저장한다. 애플리케이션이 실행되면 직접 정리하는 코드도 작성해야 하는데, shutdown() 함수를 오버라이드하여 그 안에서 시작할 때 생성한 프로그램 객체를 삭제한다. 쉐이더 객체의 사용을 마치면 **glDeleteShader()**를 호출하고, 프로그램 객체의 사용을 마치면 **glDeleteProgram()**을 호출한다. shutdown() 함수에서는 startup() 함수에서 생성한 버텍스 배열 객체도 삭제한다.

예제 2-6 프로그램 멤버 변수 생성

```
class my_application : public sb6::application
{
public:
    // <생략>

    void startup()
    {
        rendering_program = compile_shaders();
```

```
        glGenVertexArrays(1, &vertex_array_object);
        glBindVertexArray(vertex_array_object);
    }

    void shutdown()
    {
        glDeleteVertexArrays(1, &vertex_array_object);
        glDeleteProgram(rendering_program);
        glDeleteVertexArrays(1, &vertex_array_object);
    }

private:
    GLuint rendering_program;
    GLuint vertex_array_object;
};
```

이제 프로그램이 준비되었으니 그 안의 쉐이더를 실행하여 실제로 화면에 뭔가를 그려보자. render() 함수를 수정하여 **glUseProgram()**을 호출한다. 이 함수는 OpenGL에 해당 프로그램 객체를 사용하여 렌더링시킨다. 그리고 우리의 첫 드로잉 명령인 **glDrawArrays()**를 호출한다. 갱신된 코드는 [예제 2-7]에 있다.

예제 2-7 한 점 렌더링하기

```
// 렌더링 함수
void render(double currentTime)
{
    const GLfloat color[] = { (float)sin(currentTime) * 0.5f + 0.5f,
                              (float)cos(currentTime) * 0.5f + 0.5f,
                              0.0f, 1.0f };
    glClearBufferfv(GL_COLOR, 0, color);

    // 렌더링을 위해 앞서 생성했던 프로그램 객체를 사용한다.
    glUseProgram(rendering_program);

    // 점을 하나 그린다.
    glDrawArrays(GL_POINTS, 0, 1);
}
```

glDrawArrays() 함수는 버텍스들을 OpenGL 파이프라인에 보낸다. 프로토타입은 다음과 같다.

```
void glDrawArrays(GLenum mode,
                  GLint first,
                  GLsizei count);
```

각 버텍스에 대해 (예제 2-3의) 버텍스 쉐이더가 수행된다. glDrawArrays( )의 첫 번째 인자인 mode는 어떤 타입의 그래픽스 프리미티브를 OpenGL로 렌더링할지 결정한다. 여기서는 GL_POINTS 를 설정했는데, 하나의 점을 그릴 것이기 때문이다. 두 번째 인자 first는 이 예제에서는 중요하지 않기 때문에 0으로 설정한다. 마지막 인자는 렌더링할 버텍스의 개수다. 각 점은 하나의 버텍스로 표현되며, OpenGL에 하나의 버텍스만 렌더링하도록 명령했기 때문에 하나의 점만 렌더링된다. 이 프로그램을 실행한 결과는 [그림 2-2]와 같다.

그림 2-2 점 렌더링하기

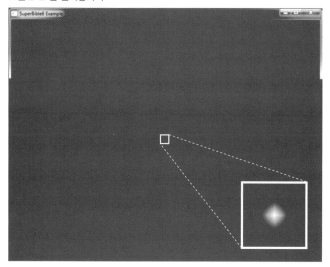

화면을 보면 윈도우 가운데에 작은 점이 하나 있다. 보기 편하게 점 주변을 확대하여 이미지 오른쪽 아래에 표시했다. 축하한다! 방금 첫 번째 OpenGL 렌더링을 수행했다. 비록 아직 매우 인상적이지 는 않지만, 기반 작업을 다져놓으면 점점 더 흥미로운 것들을 그릴 수 있게 된다. 이를 통해 우리가 작성한 애플리케이션 프레임워크와 처음 작성해본 쉐이더가 동작한다는 사실을 확인할 수 있다.

점이 더 잘 보일 수 있도록 OpenGL에 한 픽셀보다 더 크게 그리도록 할 수도 있다. **glPointSize( )** 함수를 호출하면 되는데, 프로토타입은 다음과 같다.

    void glPointSize(GLfloat size);

이 함수는 픽셀의 점의 지름을 원하는 크기(size)로 설정한다. 점에 지정할 수 있는 최댓값은 구현 에 따라 다르지만, OpenGL은 적어도 64픽셀까지 보장한다. 아래 라인을 [예제 2-7]에 추가하면 점의 지름이 40픽셀로 되어 [그림 2-3]의 이미지처럼 표시된다.

    glPointSize(40.0f);

그림 2-3 점을 더 크게 만들기

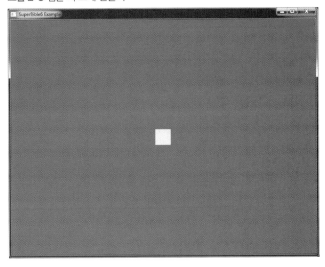

2.3 처음 그리는 삼각형

한 점을 그리는 것은 그리 멋지지 않다(점을 그리는 것이 대단한 일이라 하더라도!). 앞서 언급했듯이 OpenGL은 많은 프리미티브 타입을 제공하며, 그중에서 점, 선, 삼각형이 가장 중요하다. 앞의 예제에서 한 점을 그릴 때 GL_POINTS값을 **glDrawArrays( )** 함수에 제공했는데, 이제 선이나 삼각형을 넣어보자. **glDrawArrays( )**에 GL_LINES나 GL_TRIANGLES를 전달할 수도 있다. 하지만 여기에는 한 가지 문제가 있다. [예제 2-3]의 버텍스 쉐이더는 모든 버텍스를 같은 위치에 배치한다. 즉, 클립 공간의 한가운데에 점을 그려도 OpenGL이 그릴 영역을 확보해주므로 별문제가 없다. 하지만 선이나 삼각형의 경우에는 둘 이상의 버텍스가 동일한 위치에 있으면 **프리미티브가 취소**된다. 선의 길이나 삼각형의 면적이 0이 되기 때문이다. 이 쉐이더로 점이 아닌 다른 것을 그리려 하면 출력이 전혀 되지 않을 것이다. 왜냐하면 모든 프리미티브가 취소되기 때문이다. 이 문제를 해결하려면 버텍스 쉐이더를 수정하여 각 버텍스에 따라 다른 위치에 그려야 한다.

다행히도 GLSL은 버텍스 쉐이더에 gl_VertexID라는 특별한 입력을 사용할 수 있다. 이는 해당 시점에 처리될 버텍스의 인덱스다. gl_VertexID 입력값은 **glDrawArrays( )**에 입력으로 들어간 첫 번째 인자값부터 시작해서 (**glDrawArrays( )**의 세 번째 인자인) count만큼의 버텍스까지 한 버텍스에 대해 한 번에 하나씩 증가한다. GLSL의 많은 **내장 변수** 중 하나인 gl_VertexID는 OpenGL에 의해 생성된 데이터지만, 우리 쉐이더에서 생성해서 OpenGL에 넘기는 내장 변수들도 있다(앞서 언급한 gl_Position도 내장 변수다). 이 인덱스를 사용하여 각 버텍스에 대해 다른 위치를 지정할 수 있다. [예제 2-8]이 바로 이러한 작업을 수행한다.

```
#version 430 core

void main(void)
{
    // 하드코딩된 위치값들을 선언
    const vec4 vertices[3] = vec4[3](vec4(0.25, -0.25, 0.5, 1.0),
                                     vec4(-0.25, -0.25, 0.5, 1.0),
                                     vec4(0.25, 0.25, 0.5, 1.0));

    // gl_VertexID를 사용하여 배열 참조
    gl_Position = vertices[gl_VertexID];
}
```

[예제 2-8]의 쉐이더를 사용하면 gl_VertexID의 값에 기반하여 각 버텍스에 다른 위치를 할 당할 수 있다. vertices 배열의 점들은 삼각형을 구성한다. 렌더링 함수에서 [예제 2-9]처럼 **glDrawArrays( )** 함수에 GL_POINTS 대신 GL_TRIANGLES를 전달하면 [그림 2-4]와 같은 이미지를 얻을 수 있다.

예제 2-9 삼각형 그리기

```
// 렌더링 함수
void render(double currentTime)
{
    const GLfloat color[] = { 0.0f, 0.2f, 0.0f, 1.0f };
    glClearBufferfv(GL_COLOR, 0, color);

    // 앞서 렌더링에 사용한 프로그램 객체 사용
    glUseProgram(rendering_program);

    // 삼각형 그리기
    glDrawArrays(GL_TRIANGLES, 0, 3);
}
```

그림 2-4 우리의 첫 OpenGL 삼각형

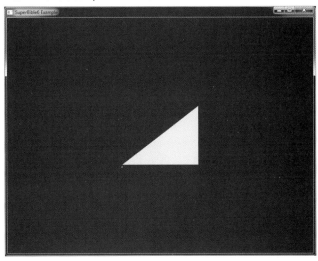

2.4 마치며

이것으로 우리의 첫 OpenGL 프로그램 제작을 마친다. 앞으로 애플리케이션에서 쉐이더로 데이터를 전달하는 방법, 버텍스 쉐이더로 입력을 전달하는 방법, 쉐이더 스테이지별로 데이터를 전달하는 방법 등을 공부할 것이다.

이 장에서는 sb6 애플리케이션 프레임워크를 간단히 소개했고, 쉐이더를 컴파일하는 방법, 윈도우를 클리어하는 방법, 점과 삼각형을 그리는 방법 등을 배웠다. **glPointSize( )**를 사용해서 점 크기를 바꾸는 방법을 배웠고, 첫 드로잉 명령인 **glDrawArrays( )**를 사용해봤다.

파이프라인 따라가기

이 장에서는 OpenGL 파이프라인의 시작부터 끝까지 두루 살피면서, 고정 함수 블록과 프로그래밍 가능한 쉐이더 블록을 포함하는 각 스테이지에 대해 알아본다. 이미 버텍스 쉐이더와 프래그먼트 쉐이더 스테이지에 대해서는 대충 살펴보았다. 하지만 2장에서 만든 애플리케이션은 단순히 정해진 위치에 삼각형 하나만 그렸을 뿐이다. OpenGL로 뭔가 그럴듯한 것을 그리려면 파이프라인과 관련된 필요한 지식을 더 많이 공부해야 한다. 이 장에서는 파이프라인의 각 파트에 대해 소개하고, 각각의 상호관계를 살펴보고, 각 스테이지에 대한 예제 쉐이더를 제공한다.

3.1 버텍스 쉐이더에 데이터 전달하기

버텍스 쉐이더는 OpenGL 파이프라인의 첫 번째 **프로그래밍 가능한** 스테이지며, 유일한 필수 스테이지이기도 하다. 하지만 버텍스 쉐이더가 실행되기 전에 **버텍스 페칭** 또는 **버텍스 풀링**(정점 풀링)이라는 고정 함수 스테이지가 실행된다. 이 작업은 자동적으로 버텍스 쉐이더에 입력을 제공하는 일을 수행한다.

3.1.1 버텍스 속성

GLSL에서 쉐이더로 데이터를 가져오거나 내보내는 작업은 in과 out 저장 지시어로 전역 변수를 선언하는 방식으로 수행한다. **out** 지시어에 대해서는 2장에서 간단히 소개한 바 있다. [예제 2-4]에서는 프래그먼트 쉐이더로부터 색상을 출력하는 데 **out** 지시어를 사용했다. OpenGL 파이프라인 시작 시 **in** 키워드를 사용하여 버텍스 쉐이더에 입력을 제공한다. 각 스테이지 사이에 **in**과 **out**을 사용하면 쉐이더 간의 연결선을 마련하여 그 선을 통해 데이터를 전달할 수 있다. 여기에 대해서 간단히 언급하겠다. 우선 버텍스 쉐이더로의 입력에 대해 **in** 저장 지시어를 사용하면 어떤 일이 발생하는지 살펴보자. 해당 변수는 버텍스 쉐이더의 입력으로 설정되는데, 이는 고정 함수 버텍스 페치 스테이지에 의해 그 내용이 자동적으로 채워진다는 의미다. 이 변수를 **버텍스 속성**이라고 부른다.

버텍스 속성은 버텍스 데이터가 OpenGL 파이프라인에 어떻게 소개될지 결정짓는다. 버텍스 속성을 선언하려면 저장 지시어로 버텍스 쉐이더에 변수를 선언하면 된다. [예제 3-1]을 살펴보면 변수 **offset**을 입력 속성으로 선언했다.

예제 3-1 버텍스 속성의 선언

```
#version 430 core

// offset이 입력 버텍스 속성이다.
layout (location = 0) in vec4 offset;

void main(void)
{
    const vec4 vertices[3] = vec4[3](vec4( 0.25, -0.25, 0.5, 1.0),
                                     vec4(-0.25, -0.25, 0.5, 1.0),
                                     vec4( 0.25,  0.25, 0.5, 1.0));

    // offset을 하드코딩된 버텍스 위치에 더한다.
    gl_Position = vertices[gl_VertexID] + offset;
}
```

[예제 3-1]에서 버텍스 쉐이더에 입력으로 **offset** 변수를 추가했다. 파이프라인의 첫 번째 쉐이더에 대한 입력이기 때문에 버텍스 페치 스테이지에서 자동적으로 내용이 채워진다. 이 스테이지는 **glVertexAttrib*( )**라는 버텍스 속성 함수의 많은 변종 중 하나를 사용해서 그 변수의 내용을 채울 수 있다. 예제에서 사용하는 **glVertexAttrib4fv( )** 함수의 프로토타입은 다음과 같다.

```
void glVertexAttrib4fv(GLuint index,
                       const GLfloat * v);
```

여기서 **index** 인자는 속성을 참조하기 위한 값이고, **v**는 속성에 넣을 새로운 데이터를 가리키는 포인터다. **offset** 속성을 선언할 때 **layout (location = 0)**이라는 코드를 보았을 것이다. 이 코드는 **레이아웃 지시어**를 사용하여 버텍스 속성의 **위치**를 0으로 설정한다. 이 위치값이 바로 해당 속성을 가리키는 index에 설정하는 값이다.

glVertexAttrib*( ) 함수를 호출할 때마다 버텍스 쉐이더에 전달하는 버텍스 속성의 값을 갱신한다. 이를 사용하여 삼각형을 애니메이션시킬 수도 있다. [예제 3-2]는 매 프레임마다 **offset**값을 갱신하는 렌더링 함수를 사용하는 예다.

예제 3-2 버텍스 속성 갱신하기

```
// 렌더링 함수
virtual void render(double currentTime)
{
    const GLfloat color[] = { (float)sin(currentTime) * 0.5f + 0.5f,
                              (float)cos(currentTime) * 0.5f + 0.5f,
                              0.0f, 1.0f };
    glClearBufferfv(GL_COLOR, 0, color);

    // 앞서 생성한 프로그램 객체를 사용하여 렌더링한다.
    glUseProgram(rendering_program);

    GLfloat attrib[] = { (float)sin(currentTime) * 0.5f,
                         (float)cos(currentTime) * 0.6f,
                         0.0f, 0.0f };

    // 입력 속성 0의 값을 갱신한다.
    glVertexAttrib4fv(0, attrib);

    // 삼각형을 그린다.
    glDrawArrays(GL_TRIANGLES, 0, 3);
}
```

[예제 3-2]의 렌더링 함수를 사용한 프로그램을 실행하면 삼각형이 윈도우 주변을 타원을 그리며 움직일 것이다.

3.2 스테이지 간 데이터 전달

지금까지 in 키워드를 사용하여 버텍스 속성을 생성하고 버텍스 쉐이더에 데이터를 전달하는 방법, 고정 함수 블록과 상호 작용하기 위해 gl_VertexID와 gl_Position 등의 내장 변수를 읽어들이고 저장하는 방법, out 키워드를 사용하여 프래그먼트 쉐이더로부터 데이터를 출력하는 방법을 살펴보았다. 하지만 한 쉐이더 스테이지에서 다른 쉐이더 스테이지로 동일한 변수에 in과 out 키워드를 사용하여 데이터를 보낼 수도 있다. 프래그먼트 쉐이더에서 색상값을 저장하기 위해 출력 변수를 생성할 때 **out** 키워드를 사용했던 것처럼, 버텍스 쉐이더에서도 **out** 키워드를 사용하여 출력 변수를 생성할 수 있다. 한 쉐이더에서 출력 변수에 저장하는 값은 다음 스테이지에서 **in** 키워드로 선언된 유사한 이름의 변수로 보내진다. 예를 들어 버텍스 쉐이더에서 vs_color라는 변수를 **out** 키워드로 선언했다면, 프래그먼트 쉐이더 스테이지에서는 **in** 키워드로 선언된 vs_color라는 이름의 변수를 연관시킬 것이다(그 사이에 다른 스테이지가 활성화되어 있지 않다면).

[예제 3-3]처럼 버텍스 쉐이더를 수정하여 vs_color를 출력 변수로 선언하고 [예제 3-4]처럼 프래그먼트 쉐이더를 수정하여 vs_color를 입력 변수로 선언하면, 버텍스 쉐이더로부터의 값을 프래그먼트 쉐이더로 전달할 수 있다. 이전처럼 하드코딩된 값을 출력하지 않고, 버텍스 쉐이더로부터 받은 값을 프래그먼트 쉐이더에서 간단히 색상값으로 출력할 수 있다.

예제 3-3 버텍스 쉐이더에서 출력하기

```
#version 430 core

// offset과 color는 입력 버텍스 속성이다.
layout (location = 0) in vec4 offset;
layout (location = 1) in vec4 color;

// vs_color는 다음 쉐이더 스테이지로 보내질 출력이다.
out vec4 vs_color;

void main(void)
{
    const vec4 vertices[3] = vec4[3](vec4( 0.25, -0.25, 0.5, 1.0),
                                     vec4(-0.25, -0.25, 0.5, 1.0),
                                     vec4( 0.25,  0.25, 0.5, 1.0));

    // 하드코딩된 버텍스 위치에 offset을 더한다.
    gl_Position = vertices[gl_VertexID] + offset;

    // vs_color에 고정값을 출력한다.
    vs_color = color;
}
```

[예제 3-3]에서 보다시피 버텍스 쉐이더에 color라는 두 번째 입력을 선언했다(이번에는 location 1에 설정했음). 그리고 그 값을 vs_output 출력에 저장했다. 이 값은 [예제 3-4]의 프래그먼트 쉐이더에서 받아서 프레임버퍼에 쓴다. 이로써 **glVertexAttrib*( )**로 설정한 버텍스 속성으로부터 버텍스 쉐이더를 거쳐 프래그먼트 쉐이더와 프레임버퍼까지 모든 경로를 거쳐 색상값을 설정하는 방법을 알게 되었다. 이제 삼각형을 다른 색으로 칠할 수 있게 되었다!

```
#version 430 core

// 버텍스 쉐이더로부터의 입력
in vec4 vs_color;

// 프레임버퍼로 출력
out vec4 color;

void main(void)
{
    // 버텍스 쉐이더로부터 받은 색상을 단순히 출력으로 저장한다.
    color = vs_color;
}
```

3.2.1 인터페이스 블록

인터페이스 변수를 한 번에 하나씩 설정하는 것은 아마도 쉐이더 스테이지 간 데이터 전송을 위한 가장 간단한 방법일 것이다. 하지만 대부분의 실제 애플리케이션에서는 많은 다른 종류의 데이터를 스테이지별로 전송한다. 이러한 데이터에는 배열, 구조체, 그리고 다른 복잡한 형태의 변수들이 포함된다. 이를 위해 여러 변수를 하나의 **인터페이스 블록**으로 그룹화할 수 있다. 인터페이스 블록을 선언하는 것은 구조체 선언과 매우 유사하다. 단, 쉐이더로의 입력인지 출력인지에 따라 **in** 또는 **out** 키워드를 사용하여 선언한다는 점이 다르다. [예제 3-5]에서 인터페이스 블록 선언의 예를 볼 수 있다.

예제 **3-5** 출력 인터페이스 블록을 사용하는 버텍스 쉐이더

```
#version 430 core

// offset은 입력 버텍스 속성이다.
layout (location = 0) in vec4 offset;
layout (location = 1) in vec4 color;

// VS_OUT을 출력 인터페이스 블록으로 선언한다.
out VS_OUT
{
    vec4 color;      // color를 다음 스테이지로 보낸다.
} vs_out;

void main(void)
{
    const vec4 vertices[3] = vec4[3](vec4( 0.25, -0.25, 0.5, 1.0),
```

```
                              vec4(-0.25, -0.25, 0.5, 1.0),
                              vec4( 0.25,  0.25, 0.5, 1.0));

    // offset을 하드코딩된 버텍스 위치에 더한다.
    gl_Position = vertices[gl_VertexID] + offset;

    // vs_color에 고정값을 출력한다.
    vs_out.color = color;
}
```

[예제 3-5]의 인터페이스 블록은 블록 이름(VS_OUT, 대문자)과 인스턴스 이름(vs_out, 소문자)
둘 다를 가진다. 스테이지 간의 인터페이스 블록은 블록 이름(여기에서는 VS_OUT)으로 매칭되지
만, 쉐이더 안에서 참조되는 것은 그 인스턴스 이름이다. 따라서 인터페이스 블록을 사용하려면 프
래그먼트 쉐이더를 [예제 3-6]과 같이 수정해야 한다.

예제 3-6 입력 인터페이스 블록을 사용하는 프래그먼트 쉐이더

```
#version 430 core

// VS_OUT을 입력 인터페이스 블록으로 선언한다.
in VS_OUT
{
    vec4 color;      // color를 다음 스테이지로 보낸다.
} fs_in;

// 프레임버퍼로 출력한다.
out vec4 color;

void main(void)
{
    // 버텍스 쉐이더로부터 받은 색상을 단순히 출력으로 저장한다.
    color = fs_in.color;
}
```

인터페이스 블록은 블록 이름을 사용하여 매칭시키지만, 블록 인스턴스는 각 쉐이더 스테이지별로
다른 이름을 가질 수 있는데, 그 이유는 크게 두 가지다. 첫 번째로 블록을 참조하는 이름이 각 스
테이지별로 다를 수 있게 하기 위함인데, 예를 들면 프래그먼트 쉐이더에서 vs_out이라는 이름을
사용하면 혼동될 수 있기 때문이다. 두 번째로 특정 쉐이더 스테이지 간에 걸쳐서 단일 아이템들이
배열로도 사용될 수 있는 인터페이스를 제공할 수 있기 때문이다. 예를 들면 버텍스 쉐이더 스테이
지와 잠시 후에 살펴볼 테셀레이션이나 지오메트리 쉐이더 스테이지들이 그러하다. 인터페이스 블
록은 쉐이더 스테이지 간에 데이터를 이동시킬 때만 사용된다는 점을 유의하자. 즉, 버텍스 쉐이더
에 대한 입력이나 프래그먼트 쉐이더의 출력은 그룹에 포함시킬 수 없다.

3.3 테셀레이션

테셀레이션(tessellation, 조각화)은 고차 프리미티브(OpenGL에서는 **패치**(patch)로 알려져 있다)를 더 작고, 단순한 여러 개의 렌더링 가능한 프리미티브(예를 들면 삼각형)로 분할하는 작업이다. OpenGL은 고정 함수며 설정 가능한 테셀레이션 엔진을 포함하는데, 이 테셀레이션 엔진은 사각형, 삼각형, 선들을 더 많고 더 작은 점, 선, 삼각형 등으로 분할한다. 이 분할된 프리미티브들은 일반적인 래스터라이제이션[1] 하드웨어에 의해 파이프라인을 따라 직접 처리될 수 있다. 이론적으로 테셀레이션 단계는 OpenGL 파이프라인에서 버텍스 쉐이딩 스테이지 바로 다음에 위치하며, 테셀레이션 컨트롤 쉐이더, 고정 함수 테셀레이션 엔진, 테셀레이션 이벨류에이션 쉐이더 등 세 부분으로 구성된다.

3.3.1 테셀레이션 컨트롤 쉐이더

세 가지 테셀레이션 단계 중 첫 번째는 테셀레이션 컨트롤 쉐이더다(컨트롤 쉐이더 혹은 TCS라고도 부른다). 이 쉐이더는 버텍스 쉐이더로부터 입력을 받아 주로 두 가지 일을 수행한다. 첫 번째는 테셀레이션 엔진에 보낼 테셀레이션의 레벨을 결정하는 일이고, 두 번째는 테셀레이션이 수행된 다음에 실행되는 테셀레이션 이벨류에이션 쉐이더에 보낼 데이터를 생성하는 일이다.

OpenGL에서 테셀레이션은 **패치**라고 부르는 고차 서피스를 점, 선, 삼각형 등으로 분할하는 일을 수행한다. 각 패치는 여러 **제어점**(control point, 컨트롤 포인트)으로 만든다. 패치당 제어점 개수는 변경이 가능한데, **glPatchParameteri()** 함수에 pname 인자를 GL_PATCH_VERTICES로 하고 value 인자를 패치당 생성할 제어점 개수로 하여 호출하면 된다. **glPatchParameteri()** 함수의 프로토타입은 다음과 같다.

```
void glPatchParameteri(GLenum pname,
                       GLint value);
```

기본적으로 패치당 제어점 개수는 3이다. 이 값을 원하면 위 함수를 호출할 필요가 없다(우리 예제에서처럼). 테셀레이션이 활성화될 때, 버텍스 쉐이더는 제어점당 한 번씩 수행되며, 테셀레이션 컨트롤 쉐이더는 제어점들의 그룹에 대해 배치로 수행된다. 이때 각 배치의 크기는 패치당 버텍스의 개수와 동일하다. 즉, 버텍스들이 제어점으로 사용되며, 버텍스 쉐이더의 결과는 배치 형태로 테셀레이션 컨트롤 쉐이더의 입력으로 전달된다. 패치당 제어점 개수는 변경 가능하기 때문에 테셀레이션 컨트롤 쉐이더가 출력하는 제어점 개수는 소비하는 제어점 개수와 다를 수 있다. 컨트롤 쉐이더가 생산하는 제어점 개수는 컨트롤 쉐이더 소스 코드에서 출력 레이아웃 지시어를 사용하여

----

1 역주_ 프리미티브를 픽셀로 변환하는 과정으로 이 장에서 설명한다.

결정된다. 레이아웃 지시어는 다음과 같이 사용한다.

```
layout (vertices = N) out;
```

여기서 N은 패치당 제어점 개수다. 컨트롤 쉐이더는 출력 제어점의 값을 계산하는 일과 고정 함수 테셀레이션 엔진으로 보내는 결과 패치에 대한 테셀레이션 인자를 설정하는 일을 담당한다. 출력 테셀레이션 인자는 gl_TessLevelInner와 gl_TessLevelOuter 내장 출력 변수로 저장된다. 반면 파이프라인으로 내려가는 다른 데이터들은 일반적인 경우처럼 사용자 지정 출력 변수(out 키워드로 선언된 변수이거나 특별 내장 gl_out 배열 변수)로 저장된다.

[예제 3-7]은 테셀레이션 컨트롤 쉐이더의 예다. 출력 제어점 개수를 3으로 설정한다(입력 제어점의 디폴트 개수와 동일하다). 이때 layout (vertices = 3) out;이라는 레이아웃 지시어를 사용한다. (내장 변수 gl_in과 gl_out을 사용하여) 입력을 출력으로 복사한다. 그리고 내부 및 외부 테셀레이션 레벨을 5로 설정한다. 내장 입력 변수 gl_InvocationID는 gl_in과 gl_out 배열에 대한 인덱스로 사용된다. 이 변수는 테셀레이션 컨트롤 쉐이더의 현재 호출에 의해 처리되는 패치 내의 제어점에 대한 0 기반 인덱스다.

예제 3-7 첫 테셀레이션 컨트롤 쉐이더

```
#version 430 core

layout (vertices = 3) out;

void main(void)
{
    if (gl_InvocationID == 0)
    {
        gl_TessLevelInner[0] = 5.0;
        gl_TessLevelOuter[0] = 5.0;
        gl_TessLevelOuter[1] = 5.0;
        gl_TessLevelOuter[2] = 5.0;
    }
    gl_out[gl_InvocationID].gl_Position = gl_in[gl_InvocationID].gl_Position;
}
```

3.3.2 테셀레이션 엔진

테셀레이션 엔진은 OpenGL 파이프라인의 고정 함수로서, 패치로 표현되는 고차 서피스를 점, 선, 삼각형 같은 작은 프리미티브로 분할하는 역할을 수행한다. 테셀레이션 엔진이 패치를 받기 전에 테셀레이션 컨트롤 쉐이더는 입력된 제어점들을 처리하고, 패치를 분할하기 위한 테셀레이션 인자를 설정한다. 테셀레이션 엔진이 출력 프리미티브들을 생성한 뒤, 해당 버텍스들은 테셀레이션 이벨류에이션 쉐이더로 전달된다. 테셀레이션 엔진은 테셀레이션 이벨류에이션 쉐이더의 호출에 사용될 인자를 생성하는 역할을 수행한다. 테셀레이션 이벨류에이션 쉐이더는 결과 프리미티브를 변환하여 래스터라이제이션 가능한 상태로 만든다.

3.3.3 테셀레이션 이벨류에이션 쉐이더

고정 함수 테셀레이션 엔진이 수행되면 생성한 프리미티브에 대한 여러 출력 버텍스가 생긴다. 이 버텍스들은 테셀레이션 이벨류에이션 쉐이더로 전달된다. 테셀레이션 이벨류에이션 쉐이더^{tessellation} evaluation shader(TES)는 테셀레이터에 의해 생성된 각 버텍스에 대해 한 번씩 호출을 수행한다. 테셀레이션 레벨이 높으면 테셀레이션 이벨류에이션 쉐이더가 매우 많이 수행되기 때문에, 복잡한 이벨류에이션 쉐이더와 높은 테셀레이션 레벨을 사용한다면 성능에 주의해야 한다.

[예제 3-7]의 컨트롤 쉐이더를 실행한 결과를 사용하여 테셀레이터에 의해 생성된 입력 버텍스들을 받아서 사용하는 테셀레이션 이벨류에이션 쉐이더 내용이 [예제 3-8]에 있다. 쉐이더 시작 부분에 보면 레이아웃 지시어로 테셀레이션 모드를 설정하는 것을 확인할 수 있다. 여기서는 삼각형을 사용하는 모드를 선택했다. 다른 지시어인 equal_spacing과 cw는 테셀레이트된 폴리곤 가장자리를 따라 동일한 간격으로 버텍스들이 생성되도록 하는 옵션과 시계 방향 버텍스 감기 순서를 사용하여 삼각형을 생성하도록 하는 옵션이다. 다른 옵션들은 8.1절 '테셀레이션'에서 설명하겠다.

쉐이더의 나머지 부분에서는 버텍스 쉐이더에서처럼 gl_Position에 값을 할당한다. 두 개 이상의 내장 변수의 내용을 사용하여 이 값을 계산한다. 첫 번째는 gl_TessCoord로서 테셀레이터가 생성한 버텍스의 **무게중심 좌표**다. 두 번째는 gl_in[] 구조체 배열의 gl_Position 멤버다. gl_in은 앞서 [예제 3-7]의 테셀레이션 컨트롤 쉐이더에서 저장한 gl_out 구조체와 매칭된다. 이 쉐이더는 간단한 통과 테셀레이션이다. 즉, 테셀레이션된 출력 패치는 원본 입력 삼각형 패치와 정확히 동일한 모양이다.

예제 3-8 첫 번째 테셀레이션 이벨류에이션 쉐이더

```
#version 430 core

layout (triangles, equal_spacing, cw) in;

void main(void)
{
    gl_Position = (gl_TessCoord.x * gl_in[0].gl_Position +
                   gl_TessCoord.y * gl_in[1].gl_Position +
                   gl_TessCoord.z * gl_in[2].gl_Position);
}
```

테셀레이터의 결과를 보려면 OpenGL이 결과 삼각형의 가장자리만 그리도록 할 필요가 있다. 이 때 **glPolygonMode( )**를 호출하면 되는데, 프로토타입은 다음과 같다.

```
void glPolygonMode(GLenum face,
                   GLenum mode);
```

face 인자는 어떤 타입의 폴리곤에 적용하는지 여부며, 여기서는 모두 적용하기를 원하기 때문에 GL_FRONT_AND_BACK으로 설정한다. 다른 모드들도 간단히 설명하겠다. mode는 폴리곤이 어떻게 그려질지에 대한 설정이다. 와이어프레임 모드로(즉, 선으로) 그리려면 mode를 GL_LINE으로 설정한다. [예제 3-7]과 [예제 3-8]의 두 쉐이더와 테셀레이션이 적용된 삼각형 그리기 예제의 결과는 [그림 3-1]이다.

그림 3-1 첫 번째 테셀레이션된 삼각형

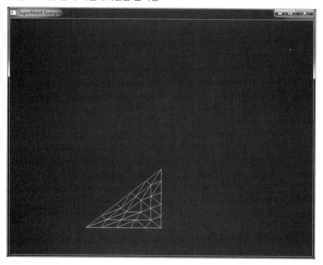

3.4 지오메트리 쉐이더

지오메트리 쉐이더geometry shader, 기하 쉐이더는 버텍스 스테이지와 테셀레이션 스테이지의 다음 단계에 그리고 래스터라이저 스테이지의 이전 단계에 위치한 개념적으로는 마지막 쉐이더 스테이지다. 지오메트리 쉐이더는 프리미티브당 한 번 수행되며, 수행되는 프리미티브를 구성하는 모든 버텍스에 대한 입력 버텍스 데이터에 접근할 수 있다. 또한 지오메트리 쉐이더는 프로그래밍을 통해 파이프라인 내 데이터 흐름의 양을 증가시키거나 감소시킬 수 있는 유일한 쉐이더 스테이지다. 테셀레이션 쉐이더도 파이프라인의 작업량을 증가/감소시킬 수 있지만, 패치에 대한 테셀레이션 레벨의 설정을 통해서만 암묵적으로 가능하다. 반면 지오메트리 쉐이더는 EmitVertex( )와

EndPrimitive( ) 함수를 통해 프리미티브 어셈블리 및 래스터라이제이션으로 보내는 버텍스를 명시적으로 생성할 수 있다.

지오메트리 쉐이더의 다른 고유한 기능으로 파이프라인 중간에 프리미티브의 모드를 변경하는 기능이 있다. 예를 들면 삼각형들을 입력으로 하여 여러 점이나 선을 출력으로 만들어낼 수 있다. 심지어는 개별 점들로부터 삼각형을 생성할 수도 있다. [예제 3-9]는 지오메트리 쉐이더의 예다.

예제 3-9 첫 번째 지오메트리 쉐이더

```
#version 430 core

layout (triangles) in;
layout (points, max_vertices = 3) out;

void main(void)
{
    int i;

    for (i = 0; i < gl_in.length(); i++)
    {
        gl_Position = gl_in[i].gl_Position;
        EmitVertex();
    }
}
```

[예제 3-9]의 쉐이더는 버텍스를 확인할 수 있게 삼각형을 점으로 변환하는 또 하나의 간단한 통과 쉐이더인 셈이다. 첫 번째 레이아웃 지시어는 지오메트리 쉐이더가 삼각형을 입력으로 받는다는 것을 알 수 있다. 두 번째 레이아웃 지시어는 지오메트리 쉐이더가 점을 생성할 때 각 쉐이더가 생성하는 점의 최대 개수가 3이라는 것을 OpenGL에 알린다. main 함수에서는 모든 gl_in 배열의 멤버를 루프를 돌면서 수행한다. 배열의 크기는 .length( ) 함수로 알 수 있다.

우리는 삼각형을 처리하고 있으며, 각 삼각형은 세 개의 버텍스를 갖기 때문에 사실 배열의 길이가 3이라는 것을 알고 있다. 지오메트리 쉐이더의 출력은 버텍스 쉐이더의 출력과도 유사하다. 특히 결과 버텍스의 위치를 설정하기 위해 gl_Position에 쓴다는 점이 비슷하다. 그 다음에는 EmitVertex( )를 호출하여 지오메트리 쉐이더의 출력으로 점을 생성한다. 지오메트리 쉐이더는 쉐이더 종료 시 자동적으로 EndPrimitive( )를 호출한다. 따라서 예제에서는 명시적으로 호출할 필요가 없다. 이 쉐이더를 수행한 결과는 세 버텍스가 생성되고 점으로 렌더링되는 것이다.

지오메트리 쉐이더를 우리의 간단한 테셀레이션 삼각형 예제에 추가하면 [그림 3-2]와 같은 이미지를 얻을 수 있다. 이 이미지를 만들려면 **glPointSize( )**를 호출하여 점 크기를 5.0으로 설정한다. 그러면 점들을 더 크게 그려서 보기 쉽게 만들 수 있다.

그림 3-2 지오메트리 쉐이더를 추가한 테셀레이션된 삼각형

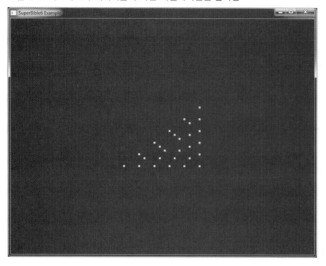

3.5 프리미티브 어셈블리, 클리핑, 래스터라이제이션

파이프라인의 프론트엔드(버텍스 쉐이딩, 테셀레이션, 지오메트리 쉐이딩 포함)가 수행된 후에는 파이프라인의 고정 함수 파트가 일련의 작업을 수행한다. 이때 우리의 장면을 버텍스 형태로 받아 일련의 픽셀들로 변환하고 차례로 색상을 결정하여 화면에 출력한다. 이 프로세스의 첫 번째 단계 가 프리미티브 어셈블리로, 버텍스들을 라인과 삼각형으로 그룹화하는 일을 수행한다. **프리미티브 어셈블리**가 점을 생성할 때도 수행되지만, 이러한 작업은 사소한 작업에 속한다. 각 버텍스들을 통 해 프리미티브가 구성되면, 보이는 영역에 대해 **클리핑**clipping, 절단된다. 보이는 영역은 보통 윈도우 나 화면을 의미하지만 **뷰포트**라 불리는 더 작은 영역일 수도 있다. 마지막으로 화면에 보이도록 일 부 프리미티브는 **래스터라이저**라는 고정 함수 서브시스템에 보내진다. 이 블록은 어떤 픽셀들이 프리미티브(점, 선, 삼각형)에 의해 가려지는지 결정하고, 그 픽셀들의 목록을 프래그먼트 쉐이딩 이라는 다음 스테이지로 보낸다.

3.5.1 클리핑

버텍스들이 버텍스 쉐이더를 떠날 때 그 위치는 **클립 공간**에 있다고 한다. 이것은 위치를 나타내는 좌표계 중 하나다. 버텍스, 테셀레이션, 지오메트리 쉐이더 등에서 gl_Position 변수를 저장할 때 **vec4** 타입이었던 것을 기억할 것이다. 지금까지 우리가 생성한 위치값들은 모두 4요소 벡터였다. 이것이 바로 **동차 좌표**Homogeneous coordinate라는 것이다. 동차 좌표계는 투영된 지오메트리에 사용되

는데, 많은 수학 계산이 일반적인 카테시안 공간보다 더 단순해진다. 동차 좌표는 카테시안 좌표보다 요소가 하나 더 필요하기 때문에, 3차원 공간 위치 벡터는 4요소 변수로 표현된다.

비록 프론트엔드의 출력이 4요소 동차 좌표라 하더라도, 클리핑은 카테시안 공간에서 수행되므로, 동차 좌표에서 카테시안 좌표로 변환하기 위해 OpenGL은 **원근 나눗셈**을 수행한다. 이는 그 위치의 4요소를 마지막 요소인 w로 나누는 작업을 말한다. w를 1.0으로 놓으면 동차 공간의 버텍스를 카테시안 공간으로 투영하는 효과가 있다. 지금까지의 모든 예제는 gl_Position의 w 요소를 1.0으로 설정했다. 즉, 나눗셈이 효과가 없다. 나중에 원근 지오메트리를 다루는 부분에서 w를 1이 아닌 다른 값으로 설정했을 때의 효과에 대해 논의하겠다.

원근 나눗셈 이후, 결과 위치는 이제 **정규화된 디바이스 공간**에 있게 된다. OpenGL에서는 정규화된 디바이스 공간의 보이는 영역은 x와 y 차원에서는 −1.0에서 1.0까지, z 차원에서는 0.0에서 1.0까지의 볼륨 영역이다. 이 영역에 포함된 지오메트리가 사용자에게 보이게 되며, 이 영역의 바깥은 무시된다. 이 볼륨의 여섯 면은 3차원 공간의 평면으로 정의된다. 평면은 좌표 공간을 둘로 나누기 때문에, 평면의 각 다른 면의 볼륨을 **반공간**^{half-space}이라고 부른다.

다음 스테이지로 프리미티브들을 보내기 전에, OpenGL은 각 프리미티브의 버텍스들이 이러한 평면들 중에 어떤 면에 놓여 있는지 판단하여 클리핑을 수행한다. 각 평면은 '바깥쪽'과 '안쪽'을 가진다. 만약 프리미티브의 모든 버텍스가 어떤 한 평면의 '바깥쪽'에 놓여 있다면 모두 버려진다. 만약 프리미티브의 모든 버텍스가 모든 평면의 '안쪽'에 있다면(따라서 뷰 볼륨의 안쪽에 있다면) 그대로 통과된다. 부분적으로 보이는, 즉 평면에 걸쳐 있다면 특별한 처리를 해야 한다. 이에 대한 더 자세한 설명은 7.4절 '클리핑'에서 하겠다.

3.5.2 뷰포트 변환

클리핑 후 지오메트리의 모든 버텍스는 x와 y 차원에 대해 −1.0과 1.0 사이의 좌표를 갖게 된다. z 좌표는 0.0과 1.0 사이의 값을 갖는다. 이것이 바로 **정규화된 디바이스 좌표**다. 하지만 그릴 대상 윈도우는 좌하단이 $(0, 0)$이고, 영역이 $(w - 1, h - 1)$인 좌표를 갖는다. 이때 w와 h는 각각 윈도우의 픽셀 단위 넓이와 높이다. 지오메트리를 윈도우 속으로 넣기 위해 OpenGL은 **뷰포트 변환**을 적용한다. 이 변환은 스케일과 오프셋을 적용하여 버텍스들을 정규화된 디바이스 좌표에서 **윈도우 좌표**로 이동시킨다. 적용할 스케일과 오프셋은 뷰포트 경계를 통해 결정할 수 있다. 이 경계는 **glViewport( )**와 **glDepthRange( )**를 호출하여 설정할 수 있다. 이 변환은 다음 식을 수행한다.

$$\begin{pmatrix} x_w \\ y_w \\ z_w \end{pmatrix} = \begin{pmatrix} \frac{p_x}{2} x_d + o_x \\ \frac{p_y}{2} y_d + o_y \\ \frac{f-n}{2} z_d + \frac{n+f}{2} \end{pmatrix}$$

여기서 x_w, y_w, z_w는 윈도우 공간상에서 버텍스의 결과 좌표며, x_d, y_d, z_d는 정규화된 디바이스 공간상에서 버텍스의 입력 좌표다. p_x, p_y는 각각 픽셀 단위의 뷰포트 넓이, 높이다. 그리고 n과 f는 각각 z 좌표에서 near와 far 평면의 거리다. 마지막으로 o_x, o_y, o_z는 뷰포트의 원점이다.

3.5.3 컬링

삼각형을 처리하기 전에 선택적으로 거치는 스테이지가 있는데, 그것은 바로 **컬링**^{culling} 스테이지로, 삼각형이 정면을 향해 있는지 아니면 뷰어^{viewer, 관측자}와 반대 방향인지 결정하여 이를 토대로 계속 진행하여 그릴지 여부를 판단한다. 만약 삼각형이 뷰어와 같은 방향을 향한다면 **정면 방향**이 되고, 그렇지 않으면 **후면 방향**이 된다. 보통 후면 방향이면 객체가 닫혀 있을 때 모든 후면 방향 삼각형은 다른 정면 방향 삼각형에 의해 가려질 것이다.

삼각형이 정면 방향인지 후면 방향인지 결정하기 위해 OpenGL은 윈도우 공간에서 **양의 면적**을 결정한다. 삼각형의 면적을 결정하는 방법은 두 모서리의 외적을 계산하는 것이다. 이에 대한 식은 다음과 같다.

$$a = \frac{1}{2} \sum_{i=1}^{n-1} x_w^i y_w^{i \oplus 1} - x_w^{i \oplus 1} y_w^i$$

여기서 x_w^i와 y_w^i는 윈도우 공간상에서 삼각형의 i번째 버텍스 좌표며, $i \oplus 1$은 $(i + 1)$ mod 3이다. 만약 면적이 양의 값이라면 삼각형은 정면 방향이고, 면적이 음의 값이라면 후면 방향이다. 이 계산은 **glFrontFace()** 함수에서 dir 인자를 GL_CW 또는 GL_CCW(CW는 시계 방향, CCW는 반시계 방향)로 설정하면 반대로 할 수 있다. 이것을 삼각형의 **감기 순서**라고 하며, 시계 방향 또는 반시계 방향이라는 용어는 버텍스들이 윈도우 공간상에서 그려지는 순서를 의미한다. 기본적으로 이 상태는 GL_CCW로 설정된다. 이는 반시계 방향의 순서로 그려지는 삼각형들은 정면 방향이 되고, 시계 방향의 삼각형들은 후면 방향이 된다는 것을 의미한다. 만약 상태가 GL_CW라면 컬링 프로세스 이전에 단순히 방향을 반대로 변경한다. [그림 3-3]은 이것을 그림으로 표현한 것이다.

그림 3-3 시계 방향(왼쪽)과 반시계 방향(오른쪽) 감기 순서

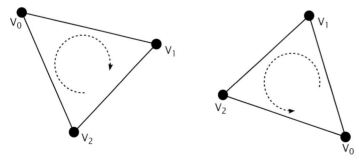

삼각형의 방향이 한 번 결정되면, OpenGL은 정면 방향이나 후면 방향 또는 심지어 두 방향의 삼각형들을 무시할 수 있게 된다. 기본적으로 OpenGL은 방향에 상관없이 모든 삼각형을 렌더링한다. 컬링을 활성화하려면 **glEnable()** 함수를 cap 인자를 GL_CULL_FACE로 설정하여 호출한다. 컬링을 활성화하면 OpenGL은 기본적으로 후면 방향의 삼각형들을 그리지 않을 것이다. 그리지 않을 삼각형들의 타입을 변경하려면 **glCullFace()** 함수의 face 인자를 GL_FRONT나 GL_BACK 또는 GL_FRONT_AND_BACK으로 설정하여 호출하면 된다.

점과 선은 기하 면적[2]을 가지지 않으므로 이 방향 계산이 적용되지 않으며 이 스테이지에서 컬링될 수 없다.

3.5.4 래스터라이제이션

래스터라이제이션[rasterization]은 어떤 프래그먼트들이 선이나 삼각형 등의 프리미티브에 의해 채워지는지 결정하는 작업이다. 이에 대한 알고리즘은 무수히 많지만, OpenGL 시스템은 삼각형에 대한 반공간 기반 방식을 사용하는데, 그 이유는 병렬화 구현에 적합하기 때문이다. 기본적으로 OpenGL은 윈도우 좌표 상에서 삼각형에 대한 바운딩 박스[bounding box]를 구하고 그 안의 모든 프래그먼트가 삼각형의 안쪽에 있는지 바깥쪽에 있는지 검사한다. 이를 위해 삼각형의 세 가장자리를 각각 윈도우를 둘로 나누는 반공간으로 간주한다.

세 가장자리 모두에 대해 안쪽의 프래그먼트들은 삼각형의 안쪽이라고 간주한다. 세 가장자리 중 하나에 대해서라도 바깥쪽에 있는 프래그먼트들은 삼각형의 바깥쪽이라고 간주한다. 점이 선의 어느 쪽에 있는지 판별하는 알고리즘은 상대적으로 단순하며 선의 끝점의 위치와 테스트하는 점의 위치만 알면 되기 때문에 많은 테스트를 동시에 수행할 수 있어서 대량의 병렬화가 가능하다.

3.6 프래그먼트 쉐이더

프래그먼트[3] 쉐이더는 OpenGL의 그래픽스 파이프라인에서 마지막으로 프로그래밍 가능한 스테이지다. 이 스테이지는 각 프래그먼트의 색상을 결정하여 나중에 프레임버퍼로 보내져 최종 윈도우에 그려질 수 있도록 한다. 래스터라이저가 프리미티브를 처리하고 나면, 색상이 입혀질 일련의

---

2 사실 화면에 렌더링되고 나면 점과 선도 면적을 가진다. 하지만 렌더링되지 않는다면 면적을 알 수 없다. 이러한 면적은 인위적인 것이며 버텍스 정보만으로는 직접 계산할 수 없다.

3 프래그먼트는 한 픽셀의 최종 색상에 절대적으로 적용되는 하나의 요소를 일컫는 용어다. 프래그먼트 쉐이더의 수행으로 생산된 색상은 최종 픽셀이 되지 않을 수도 있다. 왜냐 하면 깊이 테스트나 스텐실 테스트, 블렌딩, 멀티 샘플링 등 다른 많은 효과에 영향을 받기 때문이다. 이들에 대해서는 나중에 다루겠다.

프래그먼트가 프래그먼트 쉐이더로 보내진다. 여기서 파이프라인의 작업량이 폭발적으로 증가하는데, 각 삼각형이 수백, 수천, 심지어 수백만 개의 프래그먼트를 생산해내기 때문이다.

우리의 첫 번째 프래그먼트 쉐이더 소스 코드인 [예제 2-4]를 보자. 하나의 출력을 선언하고 고정값을 할당하는 매우 간단한 쉐이더였다. 실제 애플리케이션에서 프래그먼트 쉐이더는 훨씬 더 복잡한 라이팅lighting. 조명 계산, 재질 적용, 심지어는 프래그먼트의 깊이를 결정하는 일 등을 수행한다. 프래그먼트 쉐이더의 입력으로 여러 가지 내장 변수를 사용할 수 있다. 예를 들어 gl_FragCoord는 윈도우 안에서 프래그먼트의 위치를 가지고 있다. 이러한 변수를 사용하면 각 프래그먼트에 대해 고유한 색상을 부여할 수 있다.

[예제 3-10]은 gl_FragCoord로부터 출력 색상을 구하는 쉐이더다. [그림 3-4]는 앞서 작성한 단일 삼각형 프로그램에 이 쉐이더를 적용한 결과다.

예제 3-10 위치값으로 프래그먼트의 색상 구하기

```
#version 430 core

out vec4 color;

void main(void)
{
    color = vec4(sin(gl_FragCoord.x * 0.25) * 0.5 + 0.5,
                 cos(gl_FragCoord.y * 0.25) * 0.5 + 0.5,
                 sin(gl_FragCoord.x * 0.15) * cos(gl_FragCoord.y * 0.15),
                 1.0);
}
```

[그림 3-4]에서 각 픽셀의 색상은 위치 함수로 표현되었으며, 단순한 화면 정렬 패턴이 만들어졌다. [예제 3-10]의 쉐이더는 체크무늬 패턴을 출력한다.

그림 3-4 [예제 3-10]의 결과

gl_FragCoord 변수는 프래그먼트 쉐이더에서 사용하는 내장 변수 중 하나다. 하지만 다른 쉐이더 스테이지와 마찬가지로 프래그먼트 쉐이더에 대한 입력을 직접 정의할 수도 있다. 이 입력은 나중에 래스터라이제이션 이전에 수행되는 쉐이더에 의해서 채워진다. 예를 들어 버텍스 쉐이더와 프래그먼트 쉐이더만 있는 간단한 프로그램이라면 프래그먼트 쉐이더에서 버텍스 쉐이더로 데이터를 전달할 수 있다.

프래그먼트 쉐이더의 입력은 다른 스테이지의 입력과는 다소 차이점이 있는데, 다른 스테이지들은 OpenGL이 입력값을 렌더링되는 프리미티브에 따라 **보간**한다. 설명을 위해 [예제 3-3]의 버텍스 쉐이더를 수정하여 각 버텍스에 대해 다른 고정 색상을 할당하도록 만든 [예제 3-11]을 살펴보자.

예제 3-11 출력을 갖는 버텍스 쉐이더

```
#version 430 core

// vs_color는 다음 쉐이더 스테이지로 보내질 출력이다.
out vec4 vs_color;

void main(void)
{
    const vec4 vertices[3] = vec4[3](vec4( 0.25, -0.25, 0.5, 1.0),
                                     vec4(-0.25, -0.25, 0.5, 1.0),
                                     vec4( 0.25,  0.25, 0.5, 1.0));
    const vec4 colors[] = vec4[3](vec4(1.0, 0.0, 0.0, 1.0),
                                  vec4(0.0, 1.0, 0.0, 1.0),
                                  vec4(0.0, 0.0, 1.0, 1.0));

    // 하드코딩된 버텍스 위치에 offset을 더한다.
    gl_Position = vertices[gl_VertexID] + offset;

    // vs_color에 고정값을 출력한다.
    vs_color = colors[gl_VertexID];
}
```

[예제 3-11]에서 보는 바와 같이 두 번째 색상 상수 배열을 추가했고 gl_VertexID를 사용하여 참조하는 인덱스를 추가했다. 이를 통해 그 내용을 vs_color 출력에 저장한다. 이제 우리의 간단한 프래그먼트 쉐이더를 수정하여 해당 입력을 추가하고, 그 값을 출력에 저장하는 방법을 [예제 3-12]에서 확인하자.

```
#version 430 core

// vs_color는 버텍스 쉐이더에서 생성한 색상이다.
in vec4 vs_color;

out vec4 color;

void main(void)
{
    color = vs_color;
}
```

이 새로운 쉐이더 쌍을 사용한 결과가 [그림 3-5]다. 보다시피 색상이 삼각형 내에서 부드럽게 변한다.

그림 3-5 [예제 3-12]의 결과

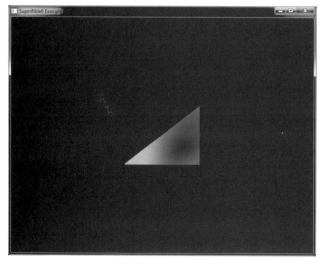

3.7 프레임버퍼 동작

프레임버퍼는 OpenGL 그래픽스 파이프라인의 마지막 스테이지에 해당한다. 화면의 보이는 영역을 나타내며, 색상 이외에도 픽셀당 값을 저장하기 위해 사용되는 여러 추가적인 메모리 영역에 해당한다. 많은 플랫폼에서 이는 데스크톱에 보이는 윈도우를 의미하며(또는 애플리케이션이 차지하는 전체 화면일 수도 있다), 운영체제가 소유한다(엄밀하게는 윈도우 시스템이 소유한다). 윈도우 시스템이 제공하는 프레임버퍼는 디폴트 프레임버퍼지만, 오프스크린^{off-screen, 화면외} 영역에 렌더링하는 등의 작업을 원한다면 직접 프레임버퍼를 제공하는 것도 가능하다. 프레임버퍼는 프래그먼트 쉐이더에 의해 쓰일 위치 및 포맷 등에 대한 상태 정보도 필요하다. 이러한 상태는 **프레임버퍼 객체**에 저장된다. 그리고 프레임버퍼와 관련되기는 하지만 프레임버퍼 객체에 저장되지 않는 픽셀 오퍼레이션 상태도 있다.

3.7.1 픽셀 오퍼레이션

프래그먼트 쉐이더가 출력을 생성한 후, 윈도우에 쓰이기 전까지 프래그먼트에는 많은 일이 일어난다. 예를 들어 해당 출력이 현재 윈도우에 포함되어야 하는지 판별하는 일 등이 그러하다. 이러한 모든 것은 애플리케이션으로 켜거나 끌 수 있다. 첫 번째로 일어나는 일은 **가위 테스트**^{scissor test}다. 이 테스트는 사용자가 정의한 사각형에 대해 프래그먼트를 테스트한다. 만약 사각형 안에 있다면 계속 진행하고, 바깥에 있다면 사라진다.

다음은 **스텐실 테스트**^{stencil test}다. 이 테스트는 애플리케이션에서 지정한 참조값과 스텐실 버퍼의 내용을 비교한다. 스텐실 버퍼는 각 픽셀당 하나의 값[4]을 저장한다. 스텐실 버퍼의 내용은 특별한 의미가 미리 지정되어 있지 않고 원하는 방식으로 사용할 수 있다.

스텐실 테스트가 수행된 후 두 번째 테스트는 **깊이 테스트**^{depth test}다. 깊이 테스트는 프래그먼트의 z 좌표와 **깊이 버퍼**의 내용을 비교한다. 깊이 버퍼는 스텐실 버퍼처럼 메모리 영역이며, 각 픽셀당 하나의 값을 가지는 프레임버퍼의 특정 영역이다. 각 픽셀의 깊이(사용자로부터의 거리에 상대적인)를 담고 있다.

보통 깊이 버퍼의 값은 0에서 1 사이다. 0이 가장 가까운 점이고 1이 가장 먼 점이다. 프래그먼트가 동일한 위치에 이미 렌더링된 다른 프래그먼트보다 가까운지 결정하기 위해 OpenGL은 깊이 버퍼에 저장된 값과 프래그먼트의 윈도우 공간 z 좌표를 비교하고, 기존값보다 작으면 그 프래그먼트는 보이게 된다. 이 테스트의 동작 방식은 변경될 수 있다. 예를 들어 OpenGL에 프래그먼트가 깊이 버퍼의 내용과 같은지, 다른지, 혹은 큰지 비교하게 요구할 수 있다. 깊이 테스트의 결과는 OpenGL이 스텐실 버퍼에 대해 수행하는 동작에 영향을 준다.

다음으로 프래그먼트의 색상은 프레임버퍼가 부동소수점을 저장하는지, 정규화되어 있는지, 정수값인지에 따라 블렌딩 또는 논리 동작 스테이지로 보내진다. 만약 프레임버퍼의 내용이 부동소수점값이거나 정규화된 정수값이라면 블렌딩이 적용된다. 블렌딩은 OpenGL에서 세부적으로 설정 가능한 스테이지로서 9.3.1절에서 자세히 다루겠다. 간단히 말하면, OpenGL은 프래그먼트 쉐이더의 출력 컴포넌트와 현재 프레임버퍼의 컴포넌트를 인자로 하는 여러 함수를 사용하여 새로운

---

4 **멀티 샘플링**을 사용하면 프레임버퍼에 픽셀당 여러 개의 깊이, 스텐실, 색상값을 저장할 수 있다. 이 내용은 나중에 다루겠다.

값을 계산하여 다시 프레임버퍼에 저장할 수 있다. 만약 프레임버퍼가 정규화되지 않은 정수값을 사용한다면 쉐이더의 출력과 기존 프레임버퍼 내용에 대한 논리곱(AND), 논리합(OR), 배타적 논리합(XOR) 등을 사용해서 새로운 값을 계산하여 프레임버퍼에 다시 저장할 수 있다.

3.8 컴퓨트 쉐이더

3.1절에서 OpenGL의 **그래픽 파이프라인**을 설명했지만, OpenGL은 다른 그래픽스 관련 스테이지와는 별개로 동작하는 파이프라인으로 **컴퓨트 쉐이더** 스테이지를 제공한다.

컴퓨트 쉐이더는 그래픽스 프로세서의 계산 파워를 사용하는 방법 중 하나다. 그래픽스 중심의 버텍스, 테셀레이션, 지오메트리, 프래그먼트 쉐이더와는 달리, 컴퓨트 쉐이더는 특별한 단일 스테이지 파이프라인이다. 컴퓨트 쉐이더의 각 호출은 **워크 아이템**work item, 작업 항목이라는 단일 구성 요소 작업에 대해 동작한다. 여러 아이템이 모여 **지역 작업 그룹**local work group이라는 작은 그룹을 형성한다. 이러한 작업 그룹들의 집합이 OpenGL의 컴퓨트 파이프라인으로 보내져 처리된다. 컴퓨트 쉐이더는 어떤 아이템에 대해 작업하는지 쉐이더에 알려주는 몇몇 내장 변수 외에는 고정 입력이나 출력을 가지지 않는다. 컴퓨트 쉐이더에 의한 모든 작업은 쉐이더에 의해 명시적으로 메모리에 저장되고, 다음에 진행할 파이프라인 스테이지에서는 활용되지 않는다. [예제 3-13]은 아주 기본적인 컴퓨트 쉐이더의 예다.

예제 3-13 아무 일도 하지 않는 간단한 컴퓨트 쉐이더

```
#version 430 core

layout (local_size_x = 32, local_size_y = 32) in;

void main(void)
{
    // 아무 일도 하지 않음
}
```

그 외에는 다른 쉐이더 스테이지와 크게 다르지 않다. 컴파일하기 위해 GL_COMPUTE_SHADER 타입으로 쉐이더 객체를 생성하고 GLSL 소스 코드를 **glShaderSource( )**로 어태치시키고, **glCompileShader( )**로 컴파일한 다음에, **glAttachShader( )**와 **glLinkProgram( )**을 사용하여 프로그램에 링크시킨다. 결과는 컴파일된 컴퓨트 쉐이더를 갖는 프로그램 객체가 되어 원하는 작업을 수행하게 된다.

[예제 3-13]의 쉐이더는 OpenGL에 지역 작업 그룹이 32 × 32개의 워크 아이템이 될 것이라는 것을 알리며, 아무 일도 하지 않는다는 내용이다. 컴퓨트 쉐이더가 실제로 유용한 뭔가를 하게 하려면 OpenGL에 대해 더 알아야 하기 때문에 나중에 다시 다루겠다.

3.9 마치며

이 장에서는 OpenGL의 그래픽스 파이프라인에 대해 아주 빠르게 살펴보았다. (아주) 간략하게 각 주요 스테이지에 대해 소개했고, 인상 깊지 않았을지도 모르지만 각 기능을 사용하는 프로그램을 작성해보았다. OpenGL의 주요 기능을 일부는 자세히 또 일부는 대충 넘어갔지만 렌더링에 대해 전혀 모르는 독자를 대상으로 가능한 한 적은 페이지로 설명하기 위함이었다. 이어지는 장들에서는 컴퓨터 그래픽스와 OpenGL의 더 기본적인 지식에 대해 배우겠다. 파이프라인을 다시 살펴보며, 이 장에서 다룬 내용들을 더 깊이 설명하고, 이 장에서 설명하지 않고 지나간 부분에 대해서도 일부 설명할 것이다.

3D 그래픽스를 위한 수학

이 장에서 다루는 내용

◆ 벡터란 무엇이며, 왜 필요한가?

◆ 행렬이란 무엇이며, 왜 더 배워야 하는가?

◆ 행렬과 벡터를 사용하여 지오메트리를 이동하는 방법

◆ OpenGL의 컨벤션 및 좌표 공간

지금까지는 점, 선, 삼각형을 어떻게 그리는지 배웠고, 하드코딩된 버텍스 데이터를 그대로 전달하는 간단한 쉐이더를 작성했다. 그런데 지금까지는 진정한 3D를 사용하지 않았다. 여러 모양을 일관성 있는 장면으로 바꾸려면 서로간의 관계 및 뷰어와의 관계를 정리해야 한다. 이 장에서는 먼저 모양과 객체를 좌표계 상에서 이동시켜 볼 것이다. 객체를 장면에 배치하고 회전시키는 기술은 3D 그래픽스 프로그래머에게 꼭 필요한 기술이다. 앞으로 살펴보겠지만, 이러한 일은 객체의 차원을 원점을 기준으로 정의하고 원하는 위치로 변환하면 수월하다.

4.1 이 장이 바로 그 무시무시한 수학 장인가?

3D 그래픽스 프로그래밍에 관한 대부분의 책에 포함된 수학 관련 장이 맞다. 하지만 걱정하지 않아도 된다. 이 책은 다른 책보다 더 부담 없는 방식을 따를 것이다.

쉐이더가 처리하는 기본적인 수학 연산 중 하나는 좌표 변환이며, 결국에는 벡터와 행렬의 곱이거나 형렬끼리의 곱이다. 객체와 좌표 변환의 핵심은 OpenGL 프로그래머들이 사용하는 두 가지 행렬 컨벤션이다. 이러한 행렬에 익숙해지도록, 이 장은 컴퓨터 그래픽 철학의 두 견해 사이에서 절충을 취할 것이다. '이 장을 읽기 전에 선형대수학 책을 먼저 읽어보시오' 또는 '이러한 복잡한 수학 공식을 몰라도 3D 그래픽스를 배울 수 있다'라는 말로 독자를 현혹시킬 수도 있지만, 이 책은 두 방식 모두 따르지 않는다.

실제로 3D 그래픽스를 깊이 이해하지 못해도 큰 문제는 없다. 마치 자동차 역학이나 엔진 연소 원리에 대해 전혀 몰라도 매일 운전하는 데 문제가 없듯이 말이다. 하지만 자동차에 대해 더 잘 안다면 오일 교환을 더 자주 하게 될 것이고, 기름도 정기적으로 잘 채울 것이고, 타이어 교환도 꼭 할 것이다. 이러한 지식은 책임감 있는 그리고 안전한 차주가 되게 한다. 책임감 있고 실력 있는 OpenGL 프로그래머가 되고 싶다면 같은 이론을 적용해야 한다. 적어도 자신이 하고 있는 일에 대해 더 잘 이해해야 하고 더 적합한 도구를 사용해야 할 것이다. 초보개발자라면 행렬 연산이나 벡터에 관해 더 공부하고 나서 이 장에서 소개한 내용을 살펴보면 더 잘 이해하고 사용하게 될 것이다.

따라서 두 행렬곱을 어떻게 계산하는지 모르는 독자라면 행렬이 무엇인지 OpenGL 3D 계산에 어떻게 활용하는지 알 필요가 있다. 하지만 오래된 선형대수학 교재(누구나 하나쯤은 가지고 있지 않는가?)에 대한 두려움을 먼저 떨쳐버리자. sb6 라이브러리에는 vmath라는 컴포넌트가 있다. 많은 유용한 클래스와 함수가 있어서 벡터와 행렬을 다루는 데 사용할 수 있다. OpenGL에 직접 사용해도 되고 문법은 GLSL(쉐이더에서 사용하는 언어)과 매우 유사하다. 따라서 행렬과 벡터 연산을 직접 작성할 필요는 없다. 물론 그 원리에 대해 아는 것은 중요하다!

4.2 3D 그래픽스 수학 속성 과정

3D 그래픽스 수학에 관한 좋은 책은 많이 있다. 그중 몇몇 좋은 책을 부록 A에 적어두었다. 여기서 중요한 내용을 모두 다룰 것이라고 단언하지는 않을 것이다. 알아야 하는 모든 것을 다루려고 하지도 않을 것이다. 이 장에서는 꼭 필요한 내용만 다룰 것이다. 만약 독자가 이미 수학 전문가라면, 이번 절은 건너뛰고 4.3절 '변환 이해하기'로 이동해도 된다. 이미 알고 있는 내용을 다루기 때문이기도 하고, 어떤 수학 애호가들은 그들이 좋아하는 동차 좌표계에 대해서 충분한 지면을 할애하지 않았다고 불평할 수 있기 때문이다. 악어가 우글거리는 늪지에서 탈출해야 하는 리얼리티 TV 쇼를 상상해보라. 얼마만큼의 3D 수학 지식이 생존에 도움을 줄까? 다음 두 절이 바로 3D 수학 생존 기술에 관한 것이다. 악어는 당신이 동차 좌표계에 대해 아는지 여부에는 관심이 없다.

4.2.1 벡터? 어느 방향?

OpenGL의 주요 입력은 버텍스다. 버텍스는 일반적으로 위치를 포함하며 그 외에도 많은 속성을 갖는다. 기본적으로 위치는 xyz 좌표 공간이며, 세 값의 조합은 xyz 공간상에서 유일하다. 세 개의 값은 벡터(수학적으로는 위치도 사실 벡터)로 표현할 수 있다. 벡터는 3D 지오메트리를 다루고 이해하는 데 있어서 가장 중요한 기본 개념일 것이다. 이러한 세 값(x, y, z)의 조합은 두 가지 중요한 값을 나타낸다. 방향^{direction}과 크기^{magnitude}다.

[그림 4-1]은 공간상의 (무작위) 점과 좌표계의 원점으로부터 그 점까지 화살표를 그린 것이다. 점을 삼각형을 이루는 버텍스라고 간주한다면, 화살표는 벡터라고 할 수 있다. 벡터는 원점으로부터 공간상의 점을 향하는 방향이다. 이것이 벡터가 표현할 수 있는 첫 번째 값이다. OpenGL에서는 방향성이 있는 양을 다룰 때 항상 벡터를 사용한다. 예를 들면 x 축은 벡터 $(1, 0, 0)$이다. 이는 x 방향으로 양의 1단위만큼, y와 z 방향으로는 0만큼의 이동을 의미한다. 벡터는 우리가 이동하려는 방향을 가리킬 때 사용한다. 예를 들면 카메라가 어떤 방향을 가리키는지, 또는 악어로부터 벗어나기 위해 이동해야 할 방향은 어느 쪽인지 가리킨다. OpenGL에 있어서 벡터는 매우 기본적인 기능이기 때문에 GLSL에서는 여러 사이즈의 벡터 타입을 기본적으로 지원한다. 그리고 예를 들면 **vec3**, **vec4**와 같은 이름을 사용한다(각각 3요소 벡터와 4요소 벡터를 의미한다).

그림 4-1 공간상의 점은 버텍스이기도 하고 벡터이기도 하다.

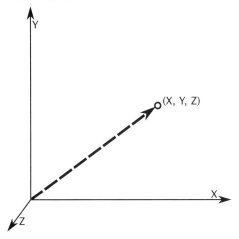

벡터가 표현할 수 있는 두 번째 값은 크기다. 벡터의 크기는 벡터의 길이다. x 축 벡터$(1, 0, 0)$에 대해 벡터의 크기는 1이다. 1의 길이를 갖는 벡터는 **단위 벡터**다. 만약 벡터가 단위 벡터가 아닐 때 1로 스케일하는 경우, 이를 **정규화**normalization라고 부른다. 벡터를 정규화하면 그 길이는 1이 되고 이제 그 벡터는 **정규화되었다**고 이야기한다. 단위 벡터는 방향만 필요하고 크기는 필요 없을 때 주로 쓰인다. 벡터의 길이가 공식에 나오는 경우, 그 길이가 1이면 공식이 더 단순해지기도 한다. 크기가 중요한 경우는 예를 들면 주어진 방향으로 이동하려면 얼마나 먼지 알고 싶을 때다. 즉, 악어로부터 벗어나려면 얼마나 멀리 도망쳐야 하는지 알고 싶을 때 필요하다.

벡터와 행렬은 3D 그래픽스에 매우 중요한 개념이어서 GLSL에서도 기본적으로 지원한다. GLSL은 여러분이 쉐이더를 작성할 때 사용하는 언어다. 이러한 타입은 C++ 같은 언어에서는 지원하지 않는다. C++ 프로그램에서 사용하려면 이 책에서 제공하는 소스 코드에 포함된 **vmath** 라이브러리를 사용해야 한다. 이 라이브러리를 통해 벡터와 행렬을 GLSL에서 사용하던 것처럼 동일하게 사용할 수 있다. 예를 들어 **vmath::vec3**는 3요소 부동소수점 벡터 (x, y, z)를 의미하고,

vmath::vec4는 4요소 부동소수점 벡터 (x, y, z, w)를 의미한다. w 좌표는 벡터를 **동차 좌표**로 만들기 위해 추가되었다. 하지만 일반적으로는 1.0으로 설정된다. x, y, z 값은 나중에 1.0인 w로 나뉜다. 결과적으로 x, y, z 값만 남는 셈이다. vmath의 클래스들은 실제로 템플릿으로 정의된 클래스며 단정밀도 부동소수점형, 배정밀도 부동소수점형, 부호 있는 정수형, 부호 없는 정수형과 같은 기본형을 지원한다. vmath::vec3와 vmath::vec4는 다음과 같이 정의되어 있다.

```
typedef Tvec3<float> vec3;
typedef Tvec4<float> vec4;
```

3요소 벡터를 선언하는 것은 다음처럼 쉽다.

```
sb6::vmath::vec3 vVector
```

만약 `using namespace` vmath를 소스 코드에 포함시키면 다음처럼 사용할 수도 있다.

```
vec3 vVector;
```

하지만 예제에서는 항상 vmath:: 네임스페이스를 통해 vmath 라이브러리를 사용한다는 것을 명시적으로 표현할 것이다. 모든 vmath 클래스는 많은 생성자constructor와 복사 연산자copy operator를 가지는데, 이는 벡터를 선언하고 초기화할 때 다음과 같이 할 수 있다는 것을 의미한다.

```
vec3 vVertex1(0.0f, 0.0f, 1.0f);
vec4 vVertex2 = vec4(1.0f, 0.0f, 1.0f, 1.0f);
vec4 vVertex3(vVertex1, 1.0f);
```

예를 들어 삼각형을 이루는 3요소 버텍스 배열은 다음과 같이 선언한다.

```
vec3 vVerts[] = { vec3(-0.5f, 0.0f, 0.0f),
                  vec3( 0.5f, 0.0f, 0.0f),
                  vec3( 0.0f, 0.5f, 0.0f) } ;
```

이는 2.3절 '처음 그리는 삼각형'에서 소개한 코드와 유사하다. vmath 라이브러리는 많은 수학 관련 함수와 벡터와 행렬의 더하기, 빼기, 곱하기, 전치 등 많은 클래스 연산자 오버로딩을 지원한다.

여기서 네 번째 요소인 W를 그냥 지나치지 않으려고 한다. 대부분의 경우 지오메트리의 버텍스 위치를 정의하기 위해 OpenGL에 저장하고 보내는 값은 3요소 버텍스면 충분하다. 대부분 방향 벡터도, 예를 들면 서피스 노말surface normal, 표면 법선 벡터(라이팅 계산을 위해 표면에 대해 수직인 방향을 가리키는 벡터)도 3요소 벡터면 충분하다. 하지만 이제 행렬의 세계로 들어가면 3D 벡터를 4×4 변환 행렬에 곱하여 변환할 경우가 생긴다. 4×4 행렬에는 반드시 4요소 벡터를 곱해야 한다. 4×4 행렬에 3요소 벡터를 곱한다면... 음, 악어한테 잡혀 먹힐 것이다! 관련 내용에 대해서는 잠시 후에 좀 더 자세히 설명하겠다. 기본적으로, 만약 벡터에 대해 직접 행렬 연산을 하려면 대부분 4요소 벡터가 필요할 것이다.

4.2.2 일반 벡터 연산자

벡터는 더하기, 빼기, 단항 부정 등의 연산을 수행할 수 있다. 이러한 연산은 요소별 계산이 필요하며 입력과 동일한 크기의 벡터 형식으로 결과가 나타난다. vmath 벡터 클래스는 더하기, 빼기, 단항 부정 연산자를 오버라이딩^{override, 재정의}하며, 유용한 다른 기능도 제공한다. 아래와 같이 코드를 작성할 수 있다.

```
vmath::vec3 a(1.0f, 2.0f, 3.0f);
vmath::vec3 b(4.0f, 5.0f, 6.0f);
vmath::vec3 c;

c = a + b;
c = a - b;
c += b;
c = -c;
```

하지만 다음에 설명할 수학적인 내용을 다루려면 벡터 관련 연산이 더 필요하다. 물론 이 기능들은 vmath 라이브러리에 구현되어 있으며 여기에서는 몇 가지만 설명하겠다.

내적

벡터는 단순히 개별 XYZ 요소를 더하고, 빼고, 스케일링하여 해당 연산을 수행할 수 있다. 두 벡터에 대해서만 가능한 연산으로 매우 재미있고 유용한 연산인 **내적 연산**^{dot product 또는 inner product}이 있다. 두 (3요소) 벡터에 대한 내적은 두 벡터 사이의 각에 대한 코사인을 두 벡터의 길이 곱으로 스케일한 스칼라^{scalar}(단 하나의 값)를 리턴한다. 만약 두 벡터가 단위 길이라면, 리턴값은 −1.0에서 1.0 사이의 값이며, 두 벡터 사이의 각에 대한 코사인과 동일하다. 물론 두 벡터 사이의 실제 각을 구하려면 이 값에 대한 역코사인^{inverse cosine 또는 arc-cosine}을 구하면 된다. 내적은 라이팅^{lighting, 조명} 계산에도 광범위하게 사용된다. 이것은 디퓨즈 라이팅 계산에서 서피스 노말 벡터와 광원 방향 벡터에 대해 사용된다. 이런 방식의 쉐이더 코드에 대해서는 12.1절 '라이팅 모델'에서 자세히 다룰 것이다. [그림 4-2]는 $v1$과 $v2$ 두 벡터에 대한 각 θ를 표현하는 그림이다.

그림 4-2 내적 – 두 벡터 사이의 각에 대한 코사인

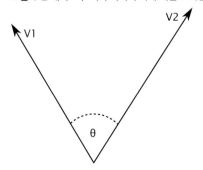

수학적으로 두 벡터 $v1$과 $v2$의 내적은 다음과 같이 계산된다.

$$v1 \times v2 = v1.x \times v2.x + v1.y \times v2.y + v1.z \times v2.z$$

vmath 라이브러리는 내적을 사용하는 유용한 함수들을 제공한다. 우선 두 벡터의 내적을 구하기 위해 vmath::dot를 사용하거나, vector 클래스의 dot 멤버 함수를 사용할 수 있다.

```
vmath::vec3 a(...);
vmath::vec3 b(...);

float c = a.dot(b);
float d = dot(a, b);
```

앞서 언급했듯이, 두 단위 벡터의 내적은 −1.0과 +1.0 사이의 값이며, 이 값은 두 벡터 사이의 각에 대한 코사인을 나타낸다. 좀 더 고수준 함수인 vmath::angle은 실제로 이 각을 라디안으로 리턴하는 함수다.

```
float angle(const vmath::vec3& u, const vmath::vec3& v);
```

외적

두 벡터 사이의 유용한 수학 연산으로 외적[cross product]이 있다. 이는 가끔 벡터 곱[vector product]이라고도 부른다. 두 벡터 사이의 외적은 처음 두 벡터가 놓인 평면에 수직인 세 번째 벡터다. 두 벡터 $v1$과 $v2$의 외적은 다음과 같이 정의된다.

$$v1 \times v2 = \|v1\|\|v2\|\sin(\theta)\vec{n}$$

여기서 $\vec{n}$은 $v1$과 $v2$에 모두 수직인 단위 벡터다. 이것은 외적의 결과를 정규화하면 평면에 수직인 벡터를 얻는다는 의미다. 만약 $v1$과 $v2$가 모두 단위 벡터고 서로 수직이라면, 결과 벡터를 정규화할 필요도 없다. 이미 단위 벡터이기 때문이다.

두 벡터 $v1$과 $v2$의 외적은 다음과 같이 계산된다.

$$\begin{bmatrix} v3.x \\ v3.y \\ v3.z \end{bmatrix} = \begin{bmatrix} v1.y \cdot v2.z - v1.z \cdot v2.y \\ v1.z \cdot v2.x - v1.x \cdot v2.z \\ v1.x \cdot v2.y - v1.y \cdot v2.x \end{bmatrix}$$

[그림 4-3]은 두 벡터 $v1$과 $v2$ 및 그 외적 $v3$를 보여준다.

그림 4-3 외적은 인자들에 대해 수직인 벡터를 리턴한다.

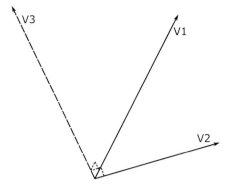

vmath 라이브러리는 두 벡터의 외적을 계산하여 결과 벡터를 리턴하는 함수(3요소 벡터 클래스의 멤버 함수 및 글로벌 함수)도 제공한다.

```
vec3 a(...);
vec3 b(...);

vec3 c = a.cross(b);
vec3 d = cross(a, b);
```

내적과 달리 두 벡터의 순서가 중요하다. [그림 4-3]에서 *v3*는 *v2* 외적 *v1*의 결과다. 만약 *v1*과 *v2*의 순서를 바꾸면 결과 벡터 *v3*는 반대 방향을 가리킨다. 외적의 사용 분야는 다양하다. 삼각형의 서피스 노말을 찾는 것에서부터 변환 행렬 생성에까지 두루 쓰인다.

벡터의 길이

이미 논의한 대로 벡터는 방향과 크기를 가진다. 벡터의 크기는 길이라고도 한다. 3차원 벡터의 크기는 다음과 같은 식으로 계산할 수 있다.

$$길이(v) = \sqrt{v.x^2 + v.y^2 + v.z^2}$$

벡터의 각 요소의 제곱을 모두 더한 값[1]에 대한 제곱근으로 표현한다. 2차원에 대해서만 고려해보면 단순히 피타고라스의 정리다. 빗변의 제곱은 다른 두 변의 제곱의 합과 같다. 이것을 다른 차원으로 확장하려면 vmath 라이브러리의 다음과 같은 함수를 사용한다.

```
template <typename T, int len>
static inline T length(const vecN<T,len>& v) { ... }
```

---

1 벡터 요소의 제곱의 총합은 그 벡터 자체에 대한 내적과 같다.

반사와 굴절

컴퓨터 그래픽스에서 주로 사용하는 연산으로 반사reflection와 굴절refraction 벡터가 있다. 주어진 벡터 R_{in}과 서피스에 대한 노멀 벡터 N이 있을 때, R_{in}이 반사되는 방향 $R_{reflect}$를 구하고 싶을 때가 있다. 그리고 특정 굴절 색인 η이 주어졌을 때, R_{in}이 어떤 방향으로 굴절될지 구하고 싶을 때가 있다. [그림 4-4]에서는 $R_{refract,\eta1}$에서 $R_{refract,\eta4}$까지 여러 가지 η에 대한 굴절 벡터를 볼 수 있다.

그림 4-4 반사 및 굴절

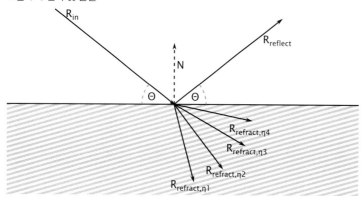

비록 [그림 4-4]가 2차원에 대한 설명이지만 우리는 3차원에 대해 관심이 있다. $R_{reflect}$를 계산하는 식은 다음과 같다.

$$R_{reflect} = R_{in} - (2N \cdot R_{in})N$$

주어진 η에 대한 $R_{refract}$를 계산하는 식은 다음과 같다.

$$k = 1 - \eta^2(1 - (N \cdot R)^2)$$

$$R_{refract} = \begin{cases} 0.0 & \text{만일 } k < 0.0 \\ \eta R - (\eta(N \cdot R) + \sqrt{k})N & \text{만일 } k \geq 0.0 \end{cases}$$

원하는 결과를 위해서는 R과 N 모두 단위 길이 벡터(즉, 호출 전에 미리 정규화해야 한다)이어야 한다. 두 vmath 함수 reflect( )와 refract( )는 이런 공식을 구현한 것이다.

4.2.3 행렬

매트릭스matrix, 즉 행렬은 할리우드 영화 〈매트릭스〉가 아니라 서로 복잡한 관계가 있는 변수들의 여러 공식을 매우 단순히 계산할 수 있는 매우 강력한 수학적 도구다. 행렬의 일반적인 예제 중 하나는 그래픽 프로그래머의 핵심인 좌표 변환이다. 예를 들어 x, y, z 좌표로 표현된 공간상의 한 점을 특정 점을 기준으로 몇 도 회전시킨 위치를 알고 싶다면 행렬을 사용해야 할 것이다. 왜냐하면 새로운 x 좌표는 이전 x 좌표 및 다른 회전 변수에 의존적이기 때문이다. 또한 y 및 z 좌표가 어떤 값이었는지도 영향을 준다. 이렇게 변수와 해법 사이에 의존성이 있는 경우가 바로 행렬을 사용하기 적합한 분야다. 영화 〈매트릭스〉는 수학적 성향이 있는 관객 입장에서는 꽤 적절한 영화 제목이 아닐 수 없다.

수학적으로 행렬은 동일한 형태의 행과 열로 배열된 숫자들의 집합일 뿐이다. 프로그래밍 용어로는 2차원 배열이다. 행렬은 정사각형일 필요는 없다. 하지만 모든 행은 동일한 개수의 요소를 가져야 하며, 모든 열은 동일한 개수의 요소를 가져야 한다. 다음은 행렬의 예다. 특별한 것은 없지만 행렬의 구조를 설명하고자 제시한 범례다. 행렬은 단 하나의 열이나 행만 가질 수도 있다. 단일 행이나 단일 열을 간단히 벡터라고 부른다. 사실 조만간 보겠지만, 어떤 행렬은 열벡터의 테이블이라고 생각할 수도 있다.

$$\begin{bmatrix} 1 & 4 & 7 \\ 2 & 5 & 8 \\ 3 & 6 & 9 \end{bmatrix} \begin{bmatrix} 0 & 42 \\ 1.5 & 0.877 \\ 2 & 14 \end{bmatrix} \begin{bmatrix} 1 \\ 2 \\ 3 \\ 4 \end{bmatrix}$$

행렬과 벡터는 3D 그래픽스 프로그래밍에서 자주 보는 중요한 용어다. 이러한 용어를 사용할 때 스칼라라는 용어도 함께 사용하게 된다. **스칼라**^{scalar}는 (전문 용어로 사용하기 전에도 일반적으로 간단하게 사용하던) 단순한 단일 숫자며, 크기 또는 특정 양을 나타낼 때 사용한다. 행렬은 행렬끼리 곱하거나 더할 수도 있지만, 벡터나 스칼라값과도 곱할 수 있다. 점(벡터로 나타낸)을 행렬(변환을 나타내는)과 곱해 변환된 새로운 점(다른 벡터)을 만들 수 있다는 의미다. 행렬 변환은 실제로는 이해하기 어렵지 않지만 처음 보면 어렵게 느껴진다. 행렬 변환을 이해하는 것은 많은 3D 작업의 기초이기 때문에 친숙해지도록 노력해야 한다. 다행히 조금만 이해해도 OpenGL로 매우 대단한 것을 충분히 만들 수 있다. 앞으로 많은 연습과 공부를 하면 이러한 수학적인 도구를 직접 마스터하게 될 것이다.

반면, 앞서 설명한 벡터처럼 vmath 라이브러리에는 여러 가지 유용한 행렬 함수와 기능이 있다. 이 라이브러리의 소스 코드는 이 책에서 제공한 source code 폴더의 vmath.h 파일에 들어 있다. 이러한 3D 수학 라이브러리를 사용하면 이 장의 많은 작업을 간단히 만들 수 있다. 이 라이브러리의 **장점** 중 하나는 최적화되어 있지 않다는 것이다. 그 결과 매우 확장성 있고 이해하기 쉽다. 또한 GLSL과 매우 유사한 문법을 사용하고 있다는 점도 알 수 있다.

OpenGL을 사용한 3D 프로그래밍에서는 2 × 2, 3 × 3, 4 × 4 세 가지 크기의 행렬을 주로 사용한다. vmath 라이브러리에는 GLSL에 대응하는 다음과 같은 행렬 데이터 타입이 정의되어 있다.

```
vmath::mat2 m1;
vmath::mat3 m2;
vmath::mat4 m3;
```

GLSL에서처럼 vmath의 행렬 클래스는 생성자, 비교 연산자뿐만 아니라 더하기, 빼기, 단항 부정, 곱하기, 나누기 등의 일반 연산자도 제공한다. 다시 말해, vmath의 행렬 클래스는 템플릿을 사용하여 만들었으며, 단정밀도 및 배정밀도 부동소수점, 부호 있는 정수 및 부호 없는 정수 타입을 사용하는 행렬 타입이 정의되어 있다.

4.2.4 행렬 생성자 및 연산자

OpenGL은 4×4 행렬을 부동소수점값의 2차원 배열로 나타내지 않고 16개의 부동소수점값으로 나타낸다. 기본적으로 OpenGL은 **열우선** 방식의 행렬을 사용한다. 즉, 4×4 행렬에 있어서 처음 4요소는 행렬의 첫 번째 열을 의미하고, 다음 4요소는 두 번째 열을 나타낸다. 이러한 접근 방식은 2차원 배열을 사용하는 다른 수학 라이브러리와는 다른 방식이다. 예를 들어 OpenGL은 다음 두 예제 중에서 첫 번째 방식을 선호한다.

```
GLfloat matrix[16];          // OpenGL 친화적 행렬

GLfloat matrix[4][4];          // OpenGL 프로그래머에게는 불편한 방식
```

OpenGL은 위 예제의 두 번째 방식도 사용할 수 있지만 첫 번째 방식이 더 효율적이다. 그 이유는 잠시 후에 알게 된다. 16개의 요소는 다음과 같은 4×4 행렬을 나타낸다. 배열 요소들이 행렬의 열을 따라서 위치하기 때문에 열우선 행렬 순서라고 한다. 2차원 배열의 4×4 행렬(두 번째 방식)은 메모리상에서 행우선 순서로 배치된다. 이 두 가지 방식은 수학적으로는 서로에 대해 전치되었다고 한다.

$$\begin{bmatrix} A_{00} & A_{10} & A_{20} & A_{30} \\ A_{01} & A_{11} & A_{21} & A_{31} \\ A_{02} & A_{12} & A_{22} & A_{32} \\ A_{03} & A_{13} & A_{23} & A_{33} \end{bmatrix}$$

위와 같은 행렬을 열우선 순서로 메모리상에 배치하면 다음 배열과 동일하다.

```
static const float A[] =
{
    A00, A01, A02, A03, A10, A11, A12, A13,
    A20, A21, A22, A23, A30, A31, A32, A33
};
```

반면 행우선 순서로 배치하면 다음과 같다.

```
static const float A[] =
{
    A00, A10, A20, A30, A01, A11, A21, A31,
    A20, A21, A22, A23, A30, A31, A32, A33,
};
```

여기서 신기한 것은 16개의 값이 공간상의 특정 위치와 뷰어에 관한 세 회전축을 표시할 수 있다는 것이다. 이러한 값의 의미를 파악하는 것은 어렵지 않다. 네 열은 4요소짜리 벡터를 의미한다.[2] 처음 세 열의 처음 세 요소만 눈여겨보면 이해하기 쉽다. 네 번째 열벡터는 변환된 좌표계의 원점 x, y, z 값을 의미한다.

처음 세 열의 처음 세 요소는 단순히 공간상의 x, y, z 회전축을 나타내는 방향 벡터다(여기서 벡터는 방향을 나타낸다). 대부분 이러한 세 벡터는 서로 90° 각을 이루며 (스케일이나 전단shear을 적용하지 않는다면) 단위 길이다. 수학적인 용어로는 벡터들이 단위 길이일 때는 직교orthonormal라고 하고, 단위 길이가 아닐 때는 수직orthogonal이라고 한다. [그림 4-5]는 각 요소를 표시한 4 × 4 변환 행렬이다. 행렬의 마지막 행이 마지막 요소가 1인 것만 제외하면 모두 0이다.

[그림 4-5]의 윗부분 3 × 3 부분행렬은 회전이나 좌표축을 의미한다. 행렬의 마지막 열은 이동이나 위치를 의미한다.

그림 4-5 회전과 이동을 나타내는 4 × 4 행렬

$$\begin{bmatrix} \alpha_{0,0} & \alpha_{1,0} & \alpha_{2,0} & \beta_0 \\ \alpha_{0,1} & \alpha_{1,1} & \alpha_{2,1} & \beta_1 \\ \alpha_{0,2} & \alpha_{1,2} & \alpha_{2,2} & \beta_2 \\ 0.0 & 0.0 & 0.0 & 1.0 \end{bmatrix}$$

신기하게도 좌표계의 위치와 회전축을 포함하는 4 × 4 행렬이 있을 때, 기본 좌표계 상의 버텍스를 (열 행렬이나 벡터로 만들어서) 이 행렬에 곱하면 새로운 좌표계로 변환된 버텍스를 얻을 수 있다. 이는 공간상의 어느 위치나 회전축도 4 × 4 행렬로 정의할 수 있다는 것을 의미한다. 만약 객체의 버텍스들을 모두 이 행렬에 곱하면, 전체 객체가 공간상의 해당 위치와 회전축으로 변환된다.

그뿐만 아니라 행렬을 통해 한 공간에서 다른 공간으로 변환된 객체의 버텍스들을 또 다른 행렬로 변환하면 또 다른 공간으로 변환하는 것이 된다. A와 B라는 행렬이 있고 벡터 v가 있을 때

$$A \cdot (B \cdot v)$$

는 아래와 같다.

$$(A \cdot B) \cdot v$$

2 사실 vmath 라이브러리는 내부적으로 행렬을 벡터 클래스의 배열로 정의한다. 각 벡터는 행렬의 열에 대응된다.

그 이유는 행렬곱은 **결합성**이 있기 때문이다. 여기서 신기한 점은 행렬들을 곱하고 곱해서 여러 변환을 누적시키면 하나의 최종 행렬이 만들어진다는 것이다.

장면이나 객체의 최종 내용은 모델링 변환이 어떤 순서로 적용되었는지에 의존적이다. 특히 이동이나 회전이 그러하다. 행렬곱의 결합 법칙과 교환 법칙에 대해 살펴보면, 행렬곱에서 자유롭게 그룹을 지을 수 있는 것은 결합 법칙이 성립하기 때문이고, 곱의 순서가 중요한 이유는 행렬곱은 교환 법칙이 성립하지 **않기** 때문이다.

[그림 4-6]에서 위쪽 그림은 정사각형을 z 축에 대해 먼저 회전시킨 후 x 축을 따라 이동시킨 것이고, 아래쪽 그림은 동일한 정사각형을 x 축에 따라 먼저 이동시키고 나중에 z 축에 대해 회전시킨 결과다. 둘은 마지막 위치가 다른데, 그 이유는 각 변환은 이전 변환과 관련이 있기 때문이다.

그림 4-6 모델링 변환(회전 후 이동과 이동 후 회전)

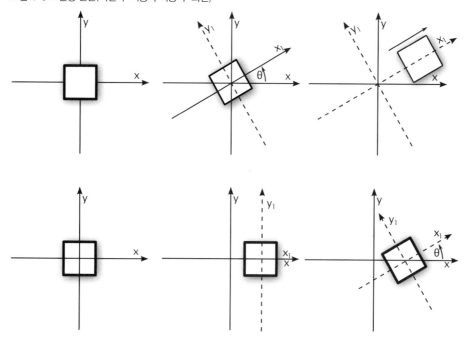

4.3 변환 이해하기

생각해보면 대부분의 3D 그래픽스는 진짜 3D가 아니다. 3D의 개념과 용어를 사용하여 설명하긴 하지만 3D 데이터를 2D 컴퓨터 화면에 찌그러뜨리는 것뿐이다. 3D 데이터를 2D 데이터로 찌그러뜨리는 작업을 **투영**이라고 한다. 버텍스 프로세싱 작업 동안 수행되는 이러한 (직교 혹은 원근) 변환 타입을 투영이라고 하지만 OpenGL에서 투영은 여러 변환 타입 중 하나일 뿐이다. 변환은 객체를 회전시키고, 이동시키고, 심지어는 늘리거나, 줄이거나, 휘감기도 한다.

4.3.1 OpenGL의 좌표 공간

하나 이상의 변환은 행렬로 나타낼 수 있고, 행렬의 곱은 벡터를 한 좌표 공간에서 다른 좌표 공간으로 효과적으로 이동시킬 수 있다. OpenGL 프로그래밍에서 사용할 수 있는 여러 가지 좌표 공간이 있다. 기하 변환은 버텍스를 정의하는 시점에 일어날 수도 있고, 화면에 보일 때 일어날 수도 있다. 하지만 일반적으로는 모델링, 뷰잉, 투영 시점에 일어난다. 이 절에서는 3D 컴퓨터 그래픽스에서 일반적으로 사용하는 좌표 공간에 대해 소개하고(표 4-1에 요약했다), 각 공간으로 벡터를 이동시킬 때 사용하는 변환에 대해 살펴본다.

표 4-1 3D 그래픽스에 사용되는 일반적인 좌표 공간

좌표 공간	내용
모델 공간	로컬 원점에 상대적인 위치. 때로는 **객체 공간**이라고도 한다.
월드 공간	글로벌 원점에 상대적인 위치(즉, 월드 내에서의 위치)
뷰 공간	뷰어에 상대적인 위치. 때로는 **카메라 공간** 또는 **눈 공간**이라고도 한다.
클립 공간(절단 공간)	투영 후 비선형 동차 좌표계에서의 버텍스들의 위치
정규화된 디바이스 좌표 공간	클립 공간 좌표를 w 요소로 나눈 버텍스 좌표를 정규화된 디바이스 좌표(NDC) 공간에 있다고 한다.
윈도우 공간	윈도우의 원점에 상대적인 픽셀상의 버텍스 위치

한 공간에서 다른 공간으로 좌표를 이동시키는 행렬은 보통 그 공간의 이름을 따라 사용한다. 예를 들어 객체의 버텍스들을 모델 공간에서 뷰 공간으로 변환하는 행렬을 보통 모델-뷰 행렬이라고 한다.

객체 좌표

여러분이 사용하는 대부분의 버텍스 데이터는 흔히 **모델 공간**이라고 알려진 **객체 공간**에서 시작한다. 객체 공간에서는 버텍스들의 위치가 로컬 원점에 상대적인 값으로 해석된다. 우주선 모델을 예로 들자. 모델의 원점은 아마도 우주선의 앞부분, 무게 중심, 아니면 파일럿이 앉는 자리 정도의 논리적인 어딘가가 될 것이다. 3D 모델링 프로그램에서는 원점으로 이동해서 적당히 축소하면 전체 우주선을 확인할 수 있다. 모델의 원점은 새로운 방향으로 회전시키기 위한 기준점으로 사용하는 경우가 많다. 원점을 모델의 바깥쪽에 두어 그 점을 기준으로 객체를 회전시키면 회전뿐만 아니라 꽤 큰 위치 이동도 함께 발생한다.

월드 좌표

다음으로 자주 사용되는 좌표 공간은 **월드 공간**이다. 고정된 전역 원점에 대한 상대적인 값으로 좌표가 저장된다. 우주선의 예를 다시 들면, 이 좌표 공간은 전장의 중심 또는 근처 행성 같은 다른 고정된 어떤 곳의 중심일 수 있다. 월드 공간으로 변환하면 모든 객체는 하나의 좌표계로 표현할 수 있다. 라이팅 계산이나 물리 계산이 일어나는 공간이기도 하다.

뷰 좌표

뷰 좌표는 중요한 개념이다. **카메라 좌표** 또는 **눈 좌표**라고도 한다. 뷰 좌표는 뷰어(카메라나 눈이라는 용어도 사용)의 위치에 상대적이다. '절대' 좌표라고 할 수 있는 다른 변환들을 포함할 수도 있긴 하다. 따라서 눈 좌표는 일반적으로 많이 사용되는 가상의 고정 좌표계를 나타낸다.

[그림 4-7]은 두 시점에서의 뷰 좌표계다. 왼쪽은 뷰 좌표계를 장면의 뷰어 입장에서 표현한다(즉, 모니터에 수직이다). 오른쪽은 뷰 좌표계가 z 축을 따라 조금 이동했다. 뷰어의 시점에서 보면 양의 x와 y는 각각 오른쪽과 위쪽을 가리킨다. 양의 z는 원점에서 시점 쪽을 가리키며, 음의 z는 시점에서 화면 쪽을 가리킨다. 화면은 z 좌표 0에 위치한다.

그림 4-7 뷰 좌표계의 두 관점

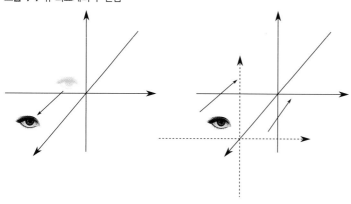

OpenGL에서 3D를 그릴 때는 카테시안 좌표계를 사용한다. 다른 변환이 없다면, 실제 사용되는 좌표계는 방금 설명한 눈 좌표계와 동일하다.

클립 공간 및 정규화된 디바이스 공간

클립 공간은 OpenGL이 클리핑^{clipping, 절단}을 수행하는 좌표 공간이다. 버텍스 쉐이더가 `gl_Position`에 쓸 때, 이 좌표계는 이제 클립 공간에 있다고 한다. 이 공간은 항상 4차원 동차 좌표계다. 클립 공간을 떠날 때 버텍스의 네 요소 모두 w 요소로 나누어진다. 이 과정 후에는 w가 1.0이 된다. 이 나누기 과정 전에 w가 1.0이 아닌 경우라면 x, y, z 요소는 w의 역으로 스케일되는 효과가 있다. 이는 원근 축소 및 투영 등의 효과를 갖는다. 나누기의 결과로 **정규화된 디바이스 좌표**^{normalized device coordinate}(NDC) 공간에 있게 된다. 만약 클립 공간 좌표의 w 요소가 1.0이라면 클립 공간과 NDC 공간은 동일하다.

4.3.2 좌표 변환

앞서 언급했듯이 벡터로 표현되는 좌표는 **변환 행렬**에 곱해져서 공간에서 공간으로 이동된다. 변환을 사용하면 특정 모델이나 객체를 다른 위치로 이동시키거나, 회전시키거나, 스케일시킬 수 있다. [그림 4-8]은 객체에 적용하는 가장 일반적인 모델링 변환 세 가지를 나타낸다. (a)는 이동을 나타낸다. 여기서 객체는 해당 축을 따라 이동한다. (b)는 회전을 나타낸다. 객체는 한 축을 따라 회전한다. (c)는 스케일링의 효과를 나타낸다. 객체의 크기가 커지거나 작아지거나 한다. 스케일링은 비균일하게(축별로 다른 스케일값이 적용됨) 일어날 수 있으며, 이를 통해 객체를 늘이거나 줄일 수 있다.

그림 4-8 모델링 변환

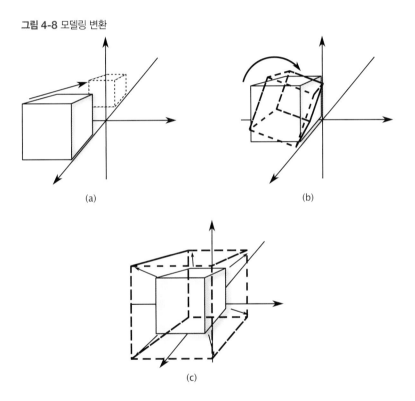

(a)　(b)

(c)

이러한 표준 변환들은 행렬로 표현할 수 있으며, 버텍스 좌표에 곱하면 변환 후 위치를 계산할 수 있다. 계속해서 이러한 행렬을 수학적으로 그리고 vmath 라이브러리의 함수를 사용하여 설명할 것이다.

단위 행렬

사용하기 전에 알아 두어야 할 중요한 변환 타입들이 있다. 그중 첫 번째가 바로 **단위 행렬**이다. 다음 쪽에서 볼 수 있듯이 단위 행렬은 대각의 요소들은 1이고 나머지는 모두 0이다. 다음은 4×4 단위 행렬이다.

$$\begin{bmatrix} 1.0 & 0.0 & 0.0 & 0.0 \\ 0.0 & 1.0 & 0.0 & 0.0 \\ 0.0 & 0.0 & 1.0 & 0.0 \\ 0.0 & 0.0 & 0.0 & 1.0 \end{bmatrix}$$

버텍스를 단위 행렬과 곱하면 1을 곱한 것과 마찬가지다. 즉, 똑같다.

$$\begin{bmatrix} 1.0 & 0.0 & 0.0 & 0.0 \\ 0.0 & 1.0 & 0.0 & 0.0 \\ 0.0 & 0.0 & 1.0 & 0.0 \\ 0.0 & 0.0 & 0.0 & 1.0 \end{bmatrix} \begin{bmatrix} v.x \\ v.y \\ v.z \\ v.w \end{bmatrix} = \begin{bmatrix} 1 \cdot v.x + 0 \cdot v.y + 0 \cdot v.z + 0 \cdot v.w \\ 0 \cdot v.x + 1 \cdot v.y + 0 \cdot v.z + 0 \cdot v.w \\ 0 \cdot v.x + 0 \cdot v.y + 1 \cdot v.z + 0 \cdot v.w \\ 0 \cdot v.x + 0 \cdot v.y + 0 \cdot v.z + 1 \cdot v.w \end{bmatrix} = \begin{bmatrix} v.x \\ v.y \\ v.z \\ v.w \end{bmatrix}$$

단위 행렬을 사용하여 렌더링하면 객체가 변환되지 않은 채로 남아 있다. 원래 위치와 동일하며, 각 x, y, z 축은 눈 좌표계와 동일하다.

2×2 행렬, 3×3 행렬 및 다른 차원의 행렬에 대한 단위 행렬이 존재하며, 그 대각이 모두 1이라는 사실은 분명하다. 모든 단위 행렬은 정방 행렬이다. 비정방 단위 행렬은 존재하지 않는다. 단위 행렬은 모두 전치 행렬과 동일하다. C++ 코드로 다음과 같이 OpenGL 단위 행렬을 만들 수 있다.

```
// 순수 배열을 사용하여
GLfloat m1[] = { 1.0f, 0.0f, 0.0f, 0.0f,     // X 열
                 0.0f, 1.0f, 0.0f, 0.0f,     // Y 열
                 0.0f, 0.0f, 1.0f, 0.0f,     // Z 열
                 0.0f, 0.0f, 0.0f, 1.0f };   // W 열


// 또는 vmath::mat4 생성자를 사용하여
vmath::mat4 m2( vmath::vec4(1.0f, 0.0f, 0.0f, 0.0f),     // X 열
                vmath::vec4(0.0f, 1.0f, 0.0f, 0.0f),     // Y 열
                vmath::vec4(0.0f, 0.0f, 1.0f, 0.0f),     // Z 열
                vmath::vec4(0.0f, 0.0f, 0.0f, 1.0f) };   // W 열
```

vmath 라이브러리에는 단위 행렬을 생성하는 단축 함수들이 존재한다. 각 행렬 클래스는 해당 차원의 단위 행렬을 생성하는 정적 멤버 함수를 가지고 있다.

```
vmath::mat2 m2 = vmath::mat2::identity();
vmath::mat3 m3 = vmath::mat3::identity();
vmath::mat4 m4 = vmath::mat4::identity();
```

기억을 되살려보면, 2장의 첫 번째 버텍스 쉐이더는 통과 쉐이더를 사용했다. 버텍스를 전혀 변환하지 않고, 단순히 하드코딩된 데이터를 기본 좌표계를 사용하여 그대로 전달했다. 이때 버텍스에 단위 행렬을 곱해도 결과는 같지만 그것은 쓸모없는 낭비 연산인 셈이다.

이동 행렬

이동 행렬은 단순히 버텍스를 세 축 중 하나 이상에 대해 이동시킨다. 예를 들면 [그림 4-9]처럼 정사각형을 y 축으로 10유닛만큼 이동시킬 수 있다.

그림 4-9 정사각형이 양의 y 방향으로 10유닛만큼 이동되었다.

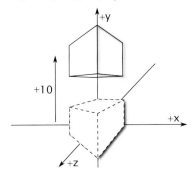

4×4 이동 행렬의 공식은 다음과 같다.

$$\begin{bmatrix} 1.0 & 0.0 & 0.0 & t_x \\ 0.0 & 1.0 & 0.0 & t_y \\ 0.0 & 0.0 & 1.0 & t_z \\ 0.0 & 0.0 & 0.0 & 1.0 \end{bmatrix}$$

여기서 t_x, t_y, t_z는 각각 x, y, z 축의 이동을 나타낸다. 이동 행렬의 구조를 보면 왜 3D 그래픽스에서 4차원 동차 좌표를 사용하여 위치를 표현하는지 알 수 있다. w 요소가 1.0인 위치 벡터 v가 있을 때, 위와 같은 이동 행렬을 곱하면 다음과 같은 결과가 된다.

$$\begin{bmatrix} 1.0 & 0.0 & 0.0 & t_x \\ 0.0 & 1.0 & 0.0 & t_y \\ 0.0 & 0.0 & 1.0 & t_z \\ 0.0 & 0.0 & 0.0 & 1.0 \end{bmatrix} \begin{bmatrix} v_x \\ v_y \\ v_z \\ 1.0 \end{bmatrix} \begin{bmatrix} v_x + t_x \\ v_y + t_y \\ v_z + t_z \\ 1.0 \end{bmatrix}$$

보이는 것처럼 t_x, t_y, t_z가 v의 각 요소에 더해져 이동을 수행한다. v의 w 요소가 1.0이 아니라면 t_x, t_y, t_z가 그 값으로 스케일되어 변환 결과에 영향을 줄 것이다. 실제로 위치 벡터는 대부분 w 요소가 1.0으로 저장된다. 반면 방향 벡터는 3요소로 저장하거나 w 요소가 0인 4요소로 저장하기도 한다. 결과적으로 4요소 방향 벡터를 이동 행렬에 곱하면 결과가 변하지 않고 그대로다. vmath 라이브러리는 3D 벡터를 또는 개별 요소를 인자로 하여 4×4 이동 행렬을 만드는 두 함수를 제공한다.

```
template <typename T>
static inline Tmat4<T> translate(T x, T y, T z) { ... }

template <typename T>
static inline Tmat4<T> translate(const vecN<T,3>& v) { ... }
```

회전 행렬

객체를 세 축 중 하나 또는 임의의 벡터에 대해 회전시키고자 할 때 **회전 행렬**이 필요하다. 회전 행렬의 형태는 회전시키고자 하는 축에 따라 다르다. x 축에 따라 회전시키려면 다음과 같은 행렬을 사용한다.

$$R_x(\theta) = \begin{bmatrix} 1.0 & 0.0 & 0.0 & 0.0 \\ 0.0 & \cos\theta & \sin\theta & 0.0 \\ 0.0 & -\sin\theta & \cos\theta & 0.0 \\ 0.0 & 0.0 & 0.0 & 1.0 \end{bmatrix}$$

여기서 $R_x(\theta)$는 x 축을 기준으로 θ각만큼의 회전을 의미한다. 마찬가지로 y나 z 축을 기준으로 회전시키려면 다음과 같은 행렬을 사용한다.

$$R_y(\theta) = \begin{bmatrix} \cos\theta & 0.0 & -\sin\theta & 0.0 \\ 0.0 & 1.0 & 0.0 & 0.0 \\ \sin\theta & 0.0 & \cos\theta & 0.0 \\ 0.0 & 0.0 & 0.0 & 1.0 \end{bmatrix} \quad R_z(\theta) = \begin{bmatrix} \cos\theta & -\sin\theta & 0.0 & 0.0 \\ \sin\theta & \cos\theta & 0.0 & 0.0 \\ 0.0 & 0.0 & 1.0 & 0.0 \\ 0.0 & 0.0 & 0.0 & 1.0 \end{bmatrix}$$

이 세 종류의 행렬을 함께 곱하면 세 축에 대해 주어진 양만큼 회전하는 하나의 합성 변환을 만들고 이를 통해 단일 행렬-벡터 곱 연산을 수행할 수 있다.

$$R_z(\varphi)R_y(\theta)R_x(\phi) = \begin{bmatrix} c_\theta c_\varphi & c_\phi s_\varphi + s_\phi s_\theta c_\varphi & s_\phi s_\varphi - c_\phi s_\theta c_\varphi & 0.0 \\ -c_\theta s_\varphi & c_\phi c_\varphi - s_\phi s_\theta s_\varphi & s_\phi c_\varphi + c_\phi s_\theta s_\varphi & 0.0 \\ s_\theta & -s_\phi c_\theta & c_\phi c_\theta & 0.0 \\ 0.0 & 0.0 & 0.0 & 1.0 \end{bmatrix}$$

여기서 s_φ, s_θ, s_ϕ는 각각 φ, θ, ϕ의 사인을 의미하고, c_ψ, c_θ, c_ϕ는 각각 φ, θ, ϕ의 코사인을 의미한다. 너무 복잡한 수학 같아 보이더라도 걱정하지 말자. vmath 함수가 도와줄 것이다.

```
template <typename T>
static inline Tmat4<T> rotate(T angle_x, T angle_y, T_angle_z);
```

벡터에 x, y, z 값을 설정하면 임의의 축에 대한 회전을 수행할 수 있다. 회전축을 확인하려면 원점에서 (x, y, z) 점까지 선을 그려보면 된다. vmath 라이브러리에는 각-축 표현 방식으로 회전 행렬을 만드는 코드가 들어 있다.

```
template <typename T>
static inline Tmat4<T> rotate(T angle, T x, T y, T z);

template <typename T>
static inline Tmat4<T> rotate(T angle, const vecN<T,3>& axis);
```

vmath:rotate의 두 함수 중 첫 번째 함수는 x, y, z로 지정한 축을 기준으로, 두 번째 함수는 v 벡터로 지정한 축을 기준으로 angle 각도만큼 회전 행렬을 정의한다. 따라서 x, y, z 인자로 지정한 벡터를 축으로 회전을 수행한다. 회전각은 시계 방향 각도며, 인자 angle로 설정한다. 가장 간단한 경우에는 좌표계의 주요 축($x, y,$ 또는 z) 하나에 대한 회전일 수도 있다.

예를 들어 다음 코드는 버텍스를 $(1, 1, 1)$로 지정한 임의의 축 주위로 [그림 4-10]처럼 45° 회전하는 회전 행렬을 생성한다.

```
vmath::mat4 rotation_matrix = vmath::rotate(45.0, 1.0, 1.0, 1.0);
```

그림 4-10 정육면체가 임의의 축에 대해 회전한다.

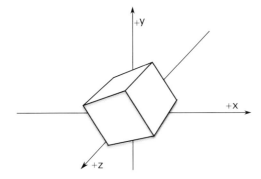

이 예제에서 도를 사용한 것을 주목하자. 이 함수는 내부적으로 도를 라디안으로 변환한다. 컴퓨터와는 달리 많은 프로그래머가 도를 더 선호하기 때문이다.

오일러 각

오일러 각$^{Euler\ angles}$은 공간상의 회전을 나타내는 세 각도[3]의 집합이다. 각 각도는 세 직교 벡터 중 하나 주변의 회전을 나타내며, 세 직교 벡터는 현재 좌표계(예를 들면 x, y, z 축)를 의미한다. 앞서 언급했듯이, 어떤 (회전 같은) 변환은 다른 순서로 수행하면 다른 결과를 만들 수 있기 때문에 행렬 변환이 수행되는 순서는 중요하다. 행렬곱에는 교환 법칙이 적용되지 않기 때문이다. 그렇다면 오일러 각의 집합이 주어졌을 때, x 축에 대해서 먼저 회전하고, y 축에 대해서 그리고 z 축에 대해서 회전할까, 아니면 반대 순서로 회전할까, 아니면 y 축을 먼저 회전할까? 일관적이기만 하다면 크게 문제될 것은 없다.

....
3 3차원 좌표계에서

세 각도의 집합으로 회전을 표현하면 이점이 있다. 예를 들어 이러한 표현 방식은 꽤 직관적이다. 특히 사용자 인터페이스에 각도를 설정하는 기능을 넣고자 할 때 그렇다. 또 다른 이점은 각도를 보간할 때 매우 직관적이다. 중간값들에 대해 회전 행렬을 만들면 부드럽고 일관적인 애니메이션이 가능하다. 하지만 오일러 각은 심각한 문제를 안고 있다. 그것은 바로 **짐벌락**gimbal lock이다.

짐벌락은 각에 대해 회전시킬 때, 한 축이 다른 축에 정렬되는 경우에 발생한다. 그 이후부터는 두 축의 회전이 결과적으로 동일한 변환이 되어 좌표계의 자유도가 줄어든다. 따라서 오일러 각은 변환을 조합하거나 회전을 누적시킬 때는 적합하지 않다.

이러한 현상을 피하기 위해 알아야 할 사실은 vmath::rotate 함수가 회전할 각도와 축을 인자로 받을 수도 있다는 점이다. 물론 x, y, z 축에 대해 각각 회전을 누적하는 오일러 각을 사용할 수도 있지만, 회전을 위해 각-축 방식이나 **쿼터니언** 방식으로 변환을 표현하고 필요시에 행렬로 변환하는 방법이 더 바람직하다.

스케일 행렬

우리가 알아야 할 마지막 '표준' 변환 행렬은 **스케일 행렬**이다. 크기 변환은 지정된 크기만큼 세 축을 따라 버텍스를 확대시키거나 축소시켜서 객체의 크기를 변경한다. 스케일 행렬은 다음과 같은 형태를 갖는다.

$$\begin{bmatrix} s_x & 0.0 & 0.0 & 0.0 \\ 0.0 & s_y & 0.0 & 0.0 \\ 0.0 & 0.0 & s_z & 0.0 \\ 0.0 & 0.0 & 0.0 & 1.0 \end{bmatrix}$$

여기서 s_x, s_y, s_z는 각각 x, y, z 차원의 스케일값을 나타낸다. vmath 라이브러리로 스케일 행렬을 만드는 것은 이동 행렬이나 회전 행렬을 만드는 방법과 유사하다. 다음 세 함수를 통해 만들 수 있다.

```
template <typename T>
static inline Tmat4<T> scale(T x, T y, T z) { ... }

template <typename T>
static inline Tmat4<T> scale(const Tvec3<T>& v) { ... }

template <typename T>
static inline Tmat4<T> scale(T x) { ... }
```

첫 번째 것은 x, y, z 축의 스케일값을 각 x, y, z 인자로 넘기는 방식이다. 두 번째는 내용은 동일하지만 스케일값으로 세 개의 개별 인자를 사용하는 것이 아니라 3요소 벡터를 하나 사용하는 방식이다. 마지막 함수는 동일한 값 x를 세 개의 차원 모두에 대해 스케일하는 방식이다. 스케일링이 균일할 필요는 없다. 각 방향에 따라 확대하거나 축소시킬 수 있다. 예를 들어 $10 \times 10 \times 10$짜리 정육면체를 x와 z 방향에 대해 2만큼 스케일한 결과는 [그림 4-11]이다.

그림 4-11 정육면체의 비균일 스케일링

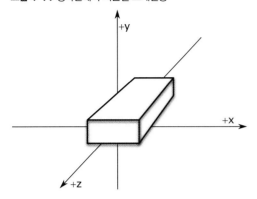

4.3.3 변환 연결하기

앞서 배웠다시피, 좌표 변환은 행렬로 표현되며, 벡터를 한 공간에서 다른 공간으로 변환하는 것은 단순한 행렬-벡터 곱 연산이다. 행렬을 연속적으로 곱하면 연속적인 변환을 적용하는 셈이다. 각 행렬-벡터 곱 연산 후 중간 벡터들은 저장할 필요가 없다. 그 대신, 연속적인 변환을 대표하는 최종 변환 행렬을 얻기 위해 이동이나 회전과 관련된 단일 묶음의 변환을 각각 구성하는 행렬을 모두 먼저 곱하는 방식이 가능하며 보통 선호된다. 이 행렬은 나중에 처음 좌표계로부터 최종 좌표계로 벡터를 직접 변환할 때 사용할 수 있다.

다시 한 번 말하지만, 순서는 중요하다. vmath나 OpenGL 코드를 작성할 때 벡터를 행렬에 곱하고, 변환 행렬들을 역순으로 확인한다. 예를 들어 다음과 같은 코드가 있다.

```
vmath::mat4 translation_matrix = vmath::translate(4.0f, 10.0f, -20.0f);
vmath::mat4 rotation_matrix = vmath::rotate(45.0f,
                                            vmath::vec3(0.0f, 1.0f, 0.0f));
vmath::vec4 input_vertex = vmath::vec4(...);

vmath::vec4 transformed_vertex = translation_matrix *
                                 rotation_matrix *
                                 input_vertex;
```

코드는 먼저 모델을 y 축에 대해 45°만큼 회전시킨다(`rotation_matrix`로 인하여). 그리고 x 축에 대해 4유닛만큼, y 축에 대해 10유닛만큼, 그리고 z 축에 대해 −20유닛만큼 이동시킨다 (`translation_matrix`로 인하여). 결과 모델은 특정 방향으로 회전하고 이동하게 된다. 이 변환들을 역순으로 읽어보면 연산 순서를 알 수 있다(회전 다음에 이동). 이 코드를 다음과 같이 다시 작성할 수 있다.

```
vmath::mat4 translation_matrix = vmath::translate(4.0f, 10.0f, -20.0f);
vmath::mat4 rotation_matrix = vmath::rotate(45.0f,
                                            vmath::vec3(0.0f, 1.0f, 0.0f));
vmath::mat4 composite_matrix = translation_matrix * rotation_matrix;
vmath::vec4 input_vertex = vmath::vec4(...);

vmath::vec4 transformed_vertex = composite_matrix *
                                 input_vertex;
```

여기서 composite_matrix는 이동 행렬에 회전 행렬을 곱한 행렬로서, 회전 다음에 이동을 하는 합성을 수행한다. 그 뒤부터는 이 행렬을 사용하여 여러 버텍스 또는 벡터를 변환하는 데 사용할 수 있다. 많은 개수의 버텍스를 변환할 때, 이 방식은 계산을 빠르게 할 수 있다. 각 버텍스는 두 개가 아닌 단 한 개의 행렬-벡터 곱만 필요하기 때문이다.

여기에서 주의할 사항이 있다. 코드를 작성할 때처럼 왼쪽에서 오른쪽으로 연속된 변환을 읽거나 쓰면 참 쉬울 것이다. 만약 이동과 회전 행렬을 이 순서대로 만든다면 첫 변환은 모델의 원점을 이동시키고 그 다음은 새 좌표에 대해 회전을 수행하기 때문에 아마도 모델이 멀리 날아가 버릴지도 모른다!

4.3.4 쿼터니언

쿼터니언quaternion은 복소수와도 일부 유사한 4차원 양quantity의 개념이다. 하나의 실수부가 있고 세 개의 허수부가 있다(복소수에서 하나의 허수부를 갖는 것과 비교해보라). 복소수가 허수부 i를 갖는 것처럼, 쿼터니언은 세 개의 허수부 i, j, k를 갖는다. 수학적으로 쿼터니언 q는 다음과 같이 표현한다.

$$q = (x + yi + zj + wk)$$

쿼터니언의 허수부는 복소수의 허수부와 유사한 속성을 갖는다.

$$i^2 = j^2 = k^2 = ikj = -1$$

뿐만 아니라 i, j, k 중 두 개의 곱은 나머지 다른 하나가 된다.

$$i = jk$$
$$j = ik$$
$$k = jk$$

이를 활용하면 다음과 같이 두 쿼터니언을 곱할 수 있다.

$$q_1 = (x_1 + y_1 i + z_1 j + w_1 k)$$

$$q_2 = (x_2 + y_2 i + z_2 j + w_2 k)$$

$$q_1 q_2 = x_1 x_2 - y_1 y_2 - z_1 z_2 - w_1 w_2$$
$$+ (x_1 y_2 + y_1 x_2 + z_1 w_2 - w_1 z_2) i$$
$$+ (x_1 z_2 - y_1 w_2 + z_1 x_2 + w_1 y_2) j$$
$$+ (x_1 w_2 + y_1 z_2 - z_1 y_2 + w_1 x_2) k$$

복소수와 마찬가지로, 쿼터니언의 곱은 교환 법칙이 성립하지 않는다. 쿼터니언의 덧셈과 뺄셈은 컴포넌트 단위의 더하기와 빼기를 통해 간단한 벡터 덧셈 및 뺄셈으로 정의할 수 있다. 단항 부정과 크기 등의 연산도 4요소 벡터와 같이 동작한다. 비록 쿼터니언이 4요소를 사용하지만 하나의 실수 스칼라부와 하나의 3요소 허수 벡터로 표현하는 것이 일반적이다. 이는 다음과 같이 적을 수 있다.

$$q = (r, \vec{v})$$

좋다. 하지만 이 정도로는 무시무시한 수학을 설명하는 장이라고 할 수는 없지 않는가? 이 책은 컴퓨터 그래픽스, OpenGL 및 모든 재미있는 내용에 관한 책이다. 그렇다. 쿼터니언이 유용한 분야가 있다. 각도와 축을 인자로 하는 회전 함수를 기억할 것이다. 이 두 가지 인자를 쿼터니언으로 표현할 수 있다. 각을 실수부로 하고 축을 벡터로 하면, 쿼터니언을 통해 특정 축을 기준으로 하는 회전을 정의할 수 있다.

연속적인 회전은 쿼터니언을 여러 개 곱하면 표현할 수 있다. 모든 쿼터니언을 하나의 쿼터니언으로 만든다. 특정 축을 중심으로 회전하는 여러 행렬을 하나로 곱하는 것이 가능한데, 이때 **짐벌락**이 생길 가능성이 있다. 하지만 동일한 작업을 쿼터니언으로 수행하는 경우에는 짐벌락이 발생하지 않는다. 여러분이 즐겁게 코딩할 수 있도록 vmath 라이브러리에 vmath::quaternion 클래스를 제공하여 여기에 설명된 대부분의 기능을 구현했다.

4.3.5 모델-뷰 변환

간단한 OpenGL 애플리케이션에서 가장 일반적인 변환은 모델 공간의 모델을 렌더링하기 위해 뷰 공간으로 이동시키는 것이다. 실제로는, 모델을 먼저 월드 공간(즉, 월드의 원점에 상대적인 위치로)으로 옮기고, 그 다음에 월드 공간에서 뷰 공간으로(뷰어의 상대적인 위치로) 이동시킨다. 이때 장면의 시점을 정하게 된다. 기본 설정으로, 원근 투영의 관측점은 원점$(0, 0, 0)$에서 음의 z 축 방향으로(모니터나 화면 쪽으로) 바라보는 방향이다. 특정 시점을 만들기 위해 이 관측점은 눈 좌표계에 상대적으로 이동한다. 관측점이 원점에 있다면 그리고 원근 투영이라면, 양의 z 값으로 그려지는 객체는 뷰어 뒤에 있게 된다. 하지만 직교 투영에서 뷰어는 양의 z 축에 대해 무한대로 멀리 있는 것으로 가정한다. 따라서 뷰 볼륨에 있는 모든 것이 보인다.

이 변환은 버텍스를 모델 공간(때로는 객체 공간이라고도 함)으로부터 직접 뷰 공간으로 변환하기 때문에 월드 공간을 건너뛴다. 이는 가끔 **모델-뷰 변환**이라고도 하며, 이 변환을 표현하는 행렬을 **모델-뷰 행렬**이라고 한다.

모델 변환은 기본적으로 객체를 월드 공간으로 이동시킨다. 각 객체는 아마도 자신의 모델 변환을 가지고 있을 텐데, 일반적으로 일련의 스케일, 회전, 이동 연산이 포함된다. 모델 공간의 버텍스 위치에 모델 변환을 곱한 결과는 월드 공간상의 위치다. 이 변환은 가끔 모델-월드 변환이라고도 부른다.

뷰 변환을 통해 원하는 관측점 위치와 방향을 잡을 수 있다. 뷰 변환을 결정하는 일은 장면에 카메라를 위치시키는 일과 유사하다. 넓은 관점에서 보면, 뷰 변환은 다른 모델링 변환보다 미리 적용해야 한다. 그 이유는 현재 작업 좌표계가 눈 좌표계에 기반을 두도록 변경되므로, 그 후에 일어나는 변환에 영향을 주기 때문이다. 좌표계를 월드 공간에서 뷰 공간으로 이동시키는 변환을 월드-뷰 변환이라고도 한다.

모델-월드 변환 행렬과 월드-뷰 변환 행렬을 곱하여 합성하면 모델-뷰 행렬(즉, 모델 공간에서 뷰 공간으로 좌표를 변환하는)이 만들어진다. 이렇게 하는 이점이 몇 가지 있다. 첫 번째로 장면 안에 많은 모델이 있고 각 모델에는 많은 버텍스가 있다. 하나의 합성 변환을 통해 모델 공간에서 뷰 공간으로 변환한다면 월드 공간으로 이동시킨 다음에 다시 뷰 공간으로 이동시키는 것보다는 더 효율적일 것이다. 두 번째 이점은 단정밀도 부동소수점 수의 수치 정밀도와도 많은 관계가 있다. 월드가 큰 경우에 월드 공간에서 수행되는 계산의 정밀도는 버텍스가 월드 원점으로부터 얼마나 멀리 떨어져 있는지에 따라 달라질 수 있다. 하지만 뷰 공간에서 동일한 계산을 수행할 때는 버텍스가 **뷰어로부터** 얼마나 멀리 떨어져 있는가에 따라 정밀도가 달라질 수 있다. 뷰어와 가까이 있는 객체에는 높은 정밀도가, 멀리 떨어져 있는 객체에는 낮은 정밀도가 부여된다.

룩앳 행렬

만약 원하는 관측 지점이 있다면, 가상의 카메라를 해당 위치에 놓고 원하는 방향을 바라보게 하면 된다. 카메라의 방향을 잡으려면 어떤 방향이 위 방향인지 알아야 한다. 그렇지 않으면 카메라가 전방을 축으로 돌 수도 있는데, 기술적으로는 그 방향이 올바른 방향일 경우도 있지만 아마도 대부분 원하는 방향이 아닐 것이다. 따라서 관심 지역에 대한 원점과 위 방향이 주어졌을 때, 카메라를 올바른 방향으로 보게 하고 원점을 카메라의 중심으로 이동하게 하는 변환을 하나의 행렬로 만들면 좋다. 이 행렬은 **룩앳 행렬**lookat matrix, 보기 행렬이라고 하며 지금까지 이 장에서 다룬 수학만으로도 만들 수 있다.

우선 두 위치 좌표를 서로 빼면 두 번째 위치에서 첫 번째 위치로 이동하는 벡터를 얻을 수 있고, 그 벡터를 정규화하면 방향을 얻을 수 있다. 따라서 원하는 점의 좌표를 구해서 카메라의 위치 좌표를 빼고, 그 벡터를 정규화하면, 카메라로부터 관심 지점까지 바라보는 새로운 방향 벡터를 구할 수 있다. 이를 **전방** 벡터라고 한다.

다음으로 두 개의 벡터(방금 계산한 **전방** 벡터와 위를 향하는 **위** 벡터)가 있고, 이 두 벡터를 외적하면 세 번째 벡터는 각각에 대해 직교하며 카메라 관점에서 옆 방향을 가리킨다(두 벡터의 외적을 계산하면 세 번째 벡터는 두 입력 벡터에 대해 직교한다는 사실은 알고 있을 것이다). 이를 **옆 방향**sideway 벡터라고 하자. 하지만 위 벡터와 전방 벡터는 꼭 서로에 대해 정확히 직교할 필요는 없다. 세 번째 직교 벡터를 통해 회전 행렬을 구할 수 있다. 이 벡터를 계산하기 위해 간단히 다음 절차를 따른다. 전방 벡터와 옆방향 벡터의 외적을 구해 두 벡터 모두에 직교하는 벡터를 구하고 카메라에 대해 **위** 방향을 나타내도록 한다.

이 세 벡터는 단위 길이를 가지며 서로에 대해 수직이다. 따라서 정규 직교 기저 벡터를 구성하며 뷰 좌표계를 이룬다. 이 세 벡터가 있으면 표준 카테시안 기저 위의 점을 카메라의 기저로 이동시키는 회전 행렬을 계산할 수 있다. 다음 수학식에서 e는 눈(또는 카메라)의 위치, p는 관심 지점, u는 위 벡터다.

우선 전방 벡터 f를 구하자.

$$f = \frac{p - e}{\| p - e \|}$$

다음으로 f와 u의 외적으로 옆방향 벡터 s를 구한다.

$$s = f \times u$$

이제 카메라 좌표계의 새로운 위 벡터 u'를 구한다.

$$u' = s \times f$$

마지막으로 새로 구한 정규 직교 기저로 회전시키는 회전 행렬을 구한다.

$$R = \begin{bmatrix} s.x & u'.x & f.x & 0.0 \\ s.y & u'.y & f.y & 0.0 \\ s.z & u'.z & f.z & 0.0 \\ 0.0 & 0.0 & 0.0 & 1.0 \end{bmatrix}$$

이제 거의 끝났다. 객체를 카메라 좌표계로 변환하기 위해서는 모든 것을 제대로 회전시키는 것뿐 아니라 카메라의 위치로 원점을 이동시켜야 한다. 이는 결과 벡터를 음의 카메라 위치로 이동시키면 간단히 해결된다. 행렬의 가장 오른쪽 열에 이동값들을 넣으면 이동 행렬을 구할 수 있다는 사실을 기억할 것이다. 그러므로 다음과 같이 하면 된다.

$$
T = \begin{bmatrix}
s.x & u'.x & f.x & -e.x \\
s.y & u'.y & f.y & -e.y \\
s.z & u'.z & f.z & -e.z \\
0.0 & 0.0 & 0.0 & 1.0
\end{bmatrix}
$$

마지막으로 룩앳 행렬 T가 완성되었다. 이 작업에 꽤 많은 단계가 필요하다고 생각할 수 있는데, 다행히도 우리에겐 vmath 라이브러리가 있다. 다음 함수를 사용하면 행렬을 구할 수 있다.

```
template <typename T>
static inline Tmat4<T> lookat(const vecN<T,3>& eye,
                              const vecN<T,3>& center,
                              const vecN<T,3>& up) { ... }
```

vmath::lookat 함수로 만든 행렬은 카메라 행렬의 기저로 사용할 수 있다. 이 행렬은 카메라의 회전과 이동을 나타낸다. 다른 말로 하면 뷰 행렬이다.

4.3.6 프로젝션 변환

프로젝션 변환은 모델-뷰 변환 후 버텍스들에 대해 적용된다. 이 프로젝션은 실제로 뷰 볼륨을 정의하고 클리핑 평면을 정의한다. 클리핑 평면은 OpenGL이 지오메트리가 보이는지 판단하기 위해 사용하는 3D 공간상의 평면 공식이다. 더 구체적으로 설명하자면, 투영 변환은 (모든 모델링이 끝난) 완성된 장면이 화면상의 최종 이미지로 어떻게 투영되는지 결정한다. 두 가지 종류의 투영, 즉 정사영orthographic과 원근 투영에 대해 더 자세히 살펴보자.

정사영 또는 평행 투영에서 모든 폴리곤은 면적에 비례해서 화면에 그려진다. 선과 폴리곤은 평행선을 따라 2D 화면에 직접 매핑된다. 즉, 얼마나 멀리 있는지에 상관없이 동일한 크기로 화면에 그대로 평면화되어 그려진다. 이런 투영 타입은 보통 정면, 위, 측면 등의 청사진을 2차원 이미지로 렌더링할 때, 또는 텍스트나 화면 내의 메뉴 등의 2차원 그래픽스를 렌더링할 때 쓰인다.

원근 투영은 장면을 청사진이 아닌 실제처럼 보이게 만든다. 원근 투영은 멀리 있는 객체를 동일한 크기의 가까운 객체보다 더 작게 그리는 원근 단축 효과가 그 특징이다. 3D 공간상의 평행한 선들은 뷰어에게는 평행해보이지 않을 수도 있다. 예를 들어 기찻길은 평행하지만 원근 투영에서는 멀리 있는 점에 수렴하는 것처럼 보인다. 원근 투영을 이용하면 라인이 어디로 수렴하게 만들지, 멀리 있는 객체를 얼마나 작게 그려져야 할지 직접 알아낼 필요가 없다는 장점이 있다. 필요한 작업은 단지 모델-뷰 변환을 사용하여 장면을 정의하고 그 다음에 원근 투영 행렬을 적용하면 된다. 선형 대수를 사용하면 이러한 작업을 해결할 수 있다.

[그림 4-12]는 정사영과 원근 투영의 두 장면을 비교한다. 보다시피 왼쪽 정사영에서는 정육면체가 뷰어로부터 멀어져도 크기가 변하지 않는다. 하지만 오른쪽 원근 투영에서는 정육면체가 뷰어로부터 멀어질수록 점점 더 작아진다.

그림 4-12 정사영과 원근 투영에 대한 각각의 예

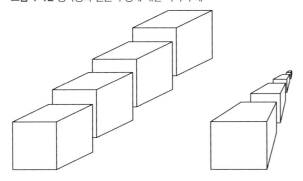

정사영은 대부분 2D 드로잉용으로 사용되는데, 이 경우에는 픽셀과 드로잉 유닛이 정확히 일치하도록 할 필요가 있다. 정사영은 설계도면, 텍스트, 또는 2D 그래픽 애플리케이션에 사용할 수 있다. 관측점으로부터의 거리에 비해 렌더링의 깊이가 매우 작은 경우에는 정사영을 3D 렌더링에도 사용할 수 있다. 원근 투영은 넓게 열린 공간을 포함하는 장면이나 거리에 따라 렌더링하거나 가까운 객체를 크게 그릴 필요가 있는 장면에 사용된다. 대부분 원근 투영은 3D 그래픽스에 사용된다. 사실 정사영으로 3D 객체를 그려보면 좀 어색해보일 수 있다.

원근 행렬

버텍스가 뷰 공간 안에 있다면, 원근 투영이나 정사영(또는 다른 투영도 함께)을 의미하는 프로젝션 행렬을 적용하여 얻어낼 수 있는 클립 공간에서 그 값들을 취할 필요가 있다. 일반적으로 사용되는 원근 행렬은 **절두체 행렬**$^{frustum\ matrix}$이라고도 한다. 절두체 행렬은 원근 투영을 만드는 투영 행렬로서, 클립 공간은 사각형 절두체 모양을 하고 있다. 절두체는 피라미드를 사각형으로 자른 모양을 말한다. 인자는 근거리 평면 및 원거리 평면에 대한 거리 및 왼쪽, 오른쪽, 위, 아래 클리핑 평면의 월드 공간 좌표다. 원근 행렬은 아래 형태를 가진다.

$$\begin{bmatrix} \dfrac{2 \cdot near}{right - left} & 0.0 & \dfrac{right + left}{right - left} & 0.0 \\[2ex] 0.0 & \dfrac{2 \cdot near}{top - bottom} & \dfrac{top + bottom}{top - bottom} & 0.0 \\[2ex] 0.0 & 0.0 & \dfrac{near + far}{near - far} & \dfrac{2 \cdot near \cdot far}{near - far} \\[2ex] 0.0 & 0.0 & -1.0 & 0.0 \end{bmatrix}$$

이를 위한 vmath 함수는 vmath::frustum이다.

```
static inline mat4 frustum(float left,
                           float right,
                           float bottom,
                           float top,
                           float n,
                           float f) { ... }
```

원근 행렬을 만드는 다른 일반적인 방법은 각도로 시야field of view, 종횡비(일반적으로 윈도우의 폭을 높이로 나눈 값), 그리고 근거리 평면 및 원거리 평면의 뷰 공간 위치를 직접 지정하는 것이다. 이것은 설정이 간단하긴 하지만 대칭적인 절두체만 만들 수 있다. 하지만 이 방식이 대부분 원하는 방식일 것이다. 이를 위한 vmath 함수는 vmath::perspective다.

```
static inline mat4 perspective(float fovy /* 도(degree) 단위 */
                               float aspect,
                               float n,
                               float f) { ... }
```

정사영 행렬

만약 장면에 대해 정사영을 사용하고 싶다면 (약간 더 간단한) 정사영 행렬을 생성하면 된다. 정사영 행렬은 뷰 공간 좌표를 클립 공간 좌표로 선형적으로 매핑하는 단순한 스케일링 행렬이다. 정사영 행렬을 생성하기 위한 인자들은 장면의 경계에 해당하는 뷰 공간의 왼쪽, 오른쪽, 위, 아래 좌표와 근거리 평면 및 원거리 평면의 위치다. 행렬의 형태는 다음과 같다.

$$\begin{bmatrix} \dfrac{2}{right - left} & 0.0 & 0.0 & \dfrac{left + right}{left - right} \\ 0.0 & \dfrac{2}{top - bottom} & 0.0 & \dfrac{bottom + top}{bottom - top} \\ 0.0 & 0.0 & \dfrac{2}{near - far} & \dfrac{near + far}{near - far} \\ 0.0 & 0.0 & 0.0 & 1.0 \end{bmatrix}$$

다시 말해, vmath 함수인 vmath::ortho를 통해 이 행렬을 쉽게 구할 수 있다.

```
static inline mat4 ortho(float left,
                         float right,
                         float bottom,
                         float top,
                         float near,
                         float far) { ... }
```

4.4 선, 곡선, 스플라인 보간하기

보간^{interpolation}은 알려진 점들의 중간값들을 찾는 작업을 의미하는 용어다. 점 A에서 점 B를 지나가는 선의 방정식을 생각해보자.

$$p = A \times t\vec{D}$$

여기서 P는 선 상의 어떤 점이고, $\vec{D}$는 A에서 B로 가는 벡터다.

$$\vec{D} = (B - A)$$

이 방정식을 다음과 같이 적을 수 있다.

$$P = A + t\,(B - A)$$

또는

$$P = (1 - t)A + tB$$

t가 0이면 P는 A가 되며, t가 1이면 P는 $A + B - A$, 즉 그냥 B가 된다는 사실은 쉽게 알 수 있다. 이러한 선은 [그림 4-13]과 같다.

그림 4-13 선에서 점 찾기

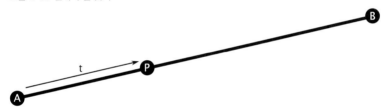

만약 t가 0.0과 1.0 사이에 있다면 P는 A와 B 중간 어딘가에 있을 것이다. t가 이 범위를 벗어난다면 P는 선 밖에 있게 된다. t가 부드럽게 변할 때 점 P는 A에서 B로 또는 반대로 이동한다는 것을 알 수 있다. 이것이 바로 **선형 보간**이다. A와 B의 값(즉, P)은 아무 차원의 값일 수 있다. 예를 들면 스칼라값일 수도 있고, 그래프상의 점과 같이 2차원값일 수도 있다. 그리고 3D 공간상의 좌표처럼 3차원값일 수도 있다. 즉, 행렬, 배열, 전체 이미지 같은 고차원값일 수 있다. 선형 보간이 적합하지 않은 경우(예를 들어 두 행렬 간의 선형 보간은 의미 있는 결과를 얻기 힘들다)도 많지만, 각도, 위치, 및 다른 좌표들은 일반적으로 안전하게 보간된다.

선형 보간은 그래픽에서는 보편적인 작업이기 때문에 GLSL에는 `mix`라는 내장 함수가 포함되어 있다.

```
vec4 mix(vec4 A, vec4 B, float t);
```

mix 함수는 여러 가지 다른 차원의 벡터 또는 스칼라를 A와 B의 입력 인자로 가지며, t에 대해서도 대응하는 벡터 또는 스칼라를 인자로 갖는 여러 버전이 있다.

4.4.1 곡선

만약 두 점 사이의 직선을 따라 움직이기만 한다면, 지금까지의 내용만으로 충분할 것이다. 하지만 실제로 객체들은 부드러운 곡선을 따라 움직이며 부드럽게 가속하거나 감속한다. 곡선은 세 개 또는 그 이상의 **제어점**^{control point, 컨트롤 포인트}이 필요하다. 대부분의 곡선은 세 개 이상의 제어점이 있으며, 그중 두 개는 종단점이 되며, 다른 것들은 곡선의 모양을 정의한다. [그림 4-14]의 단순한 곡선을 보자.

그림 4-14 간단한 베지어 곡선

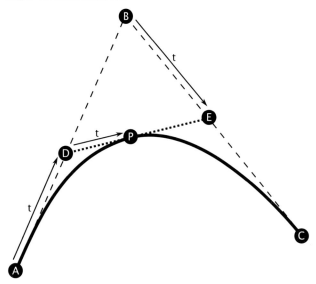

[그림 4-14]에서 곡선은 세 제어점 A, B, C를 가진다. A와 C는 곡선의 종단점이며 B는 곡선의 모양을 결정한다. 만약 점 A와 B를 한 선으로 합치고 점 B와 C를 다른 한 선으로 합친다면, 두 선에 대해 간단히 선형 보간을 통해 새로운 점들의 쌍 D와 E를 구할 수 있다. 이제 두 점이 주어졌을 때 다시 둘을 합치면 새로운 선을 만들 수 있고, 그 선을 보간하면 새로운 점 P를 구할 수 있다. 보간 인자 t를 다르게 조정하면 P는 부드러운 곡선을 따라 A에서 D로 이동하게 된다. 이를 수학적으로 표현하면 다음과 같다.

$$D = A + t(B - A)$$
$$E = B + t(C - B)$$
$$P = D + t(E - D)$$

D와 E를 치환하여 정리하면 다음과 같은 식을 도출할 수 있다.

$$P = A + t(B - A) + t((B + (t(C - B))) - (A + t(B - A))))$$
$$P = A + t(B - A) + tB + t^2(C - B) - tA - t^2(B - A)$$
$$P = A + t(B - A + B - A) + t^2(C - B - B + A)$$
$$P = A + 2t(B - A) + t^2(C - 2B + A)$$

이 식을 t에 대한 **2차** 방정식으로 보아야 한다. 이 식이 표현하는 곡선은 **2차 베지어 곡선**이다. 이 함수는 GLSL에서 mix 함수로 쉽게 구현할 수 있다. 이전의 두 보간 결과를 선형적으로 보간(mix를 활용)하면 끝이다.

```
vec4 quadratic_bezier(vec4 A, vec4 B, vec4 C, float t)
{
    vec4 D = mix(A, B, t);        // D = A + t(B - A)
    vec4 E = mix(B, C, t);        // E = B + t(C - B)

    vec4 P = mix(D, E, t);        // P = D + t(E - D)

    return P;
}
```

[그림 4-15]처럼 네 번째 제어점을 추가하면 차수를 증가시킨 **3차 베지어 곡선**을 만들 수 있다.

그림 4-15 3차 베지어 곡선

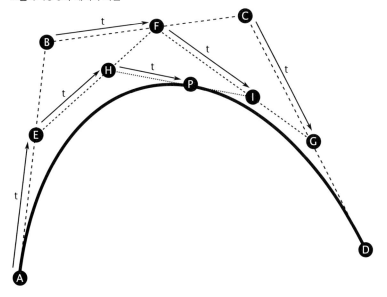

이제 네 제어점 A, B, C, D가 있다. 곡선을 구성하는 작업은 2차 베지어 곡선과 유사하다. A에서 B로 첫 번째 선을, B에서 C로 두 번째 선을, C에서 D로 세 번째 선을 구성한다. 세 개의 선을 각

각 보간하면 새로운 세 개의 점 E, F, G를 구할 수 있다. 이 세 점을 이용하면 두 개의 선(E에서 F로 하나, F에서 G로 하나)을 더 구성할 수 있다. 이 두 선을 따라 보간하면 점 H와 I를 구할 수 있고, 이들을 보간하면 최종점 P를 구할 수 있다. 즉, 아래와 같은 공식이 된다.

$$E = A + t(B - A)$$
$$F = B + t(C - B)$$
$$G = C + t(D - C)$$

$$H = E + t(F - E)$$
$$I = F + t(G - F)$$

$$P = H + t(I - H)$$

위 공식이 친근해 보일 수도 있다. 점 E, F, G는 2차 베지어 곡선을 구성하며, 최종점 P를 보간하기 위해 사용된다. E, F, G에 대한 공식을 H와 I에 대한 공식에 대입하여 P에 대한 공식을 구하여 정리하면 t^3의 항으로 정의된 3차 방정식, 즉 **3차 베지어 곡선**을 도출할 수 있다. 이 식도 GLSL에서 mix 함수를 이용하면 간단히 선형 보간으로 구현할 수 있다.

```
vec4 cubic_bezier(vec4 A, vec4 B, vec4 C, vec4 D, float t)
{
    vec4 E = mix(A, B, t);      // E = A + t(B - A)
    vec4 F = mix(B, C, t);      // F = B + t(C - B)
    vec4 G = mix(C, D, t);      // G = C + t(D - C)

    vec4 H = mix(E, F, t);      // H = E + t(F - E)
    vec4 I = mix(F, G, t);      // I = F + t(G - F)

    vec4 P = mix(H, I, t);      // P = H + t(I - H)

    return P;
}
```

3차 베지어 곡선에 대한 공식의 구조는 2차 곡선에 대한 방정식을 '포함'한다. 따라서 구현하는 코드도 마찬가지로 2차 곡선에 대한 코드를 포함한다. 사실 이 곡선들을 레이어로 구분하면 상위 레이어를 계산할 때 하위 레이어를 사용할 수 있다.

```
vec4 cubic_bezier(vec4 A, vec4 B, vec4 C, vec4 D, float t)
{
    vec4 E = mix(A, B, t);      // E = A + t(B - A)
    vec4 F = mix(B, C, t);      // F = B + t(C - B)
    vec4 G = mix(C, D, t);      // G = C + t(D - C)

    return quadratic_bezier(E, F, G, t);
}
```

이 패턴을 그대로 따르면 더 고차원의 곡선도 만들 수 있다. 예를 들어 **5차 베지어 곡선**(5개의 제어점이 있는)은 다음과 같이 구현할 수 있다.

```
vec4 quintic_bezier(vec4 A, vec4 B, vec4 C, vec4 D, vec4 E, float t)
{
    vec4 F = mix(A, B, t);       // F = A + t(B - A)
    vec4 G = mix(B, C, t);       // G = B + t(C - B)
    vec4 H = mix(C, D, t);       // H = C + t(D - C)
    vec4 I = mix(D, E, t);       // I = D + t(E - D)

    return cubic_bezier(F, G, H, I, t);
}
```

레이어링layering을 사용하면 어떤 개수의 제어점에도 적용할 수 있다. 하지만 실제로는 4개의 제어점 이상의 곡선은 일반적으로 사용하지 않는다. 그 대신 **스플라인**이 사용된다.

4.4.2 스플라인

스플라인spline은 여러 작은 곡선(베지어 등)으로 이루어진 긴 곡선이다. 작은 곡선은 지역적인 모양을 정의한다. 적어도 곡선의 끝을 나타내는 제어점은 세그먼트segment, 선분[4] 간에 공유된다. 그리고 보통 하나 또는 그 이상의 내부 제어점은 인접 세그먼트 간에 공유되거나 어떤 식으로든 연결된다. 이러한 방식으로 몇 개의 곡선이더라도 임의의 길이만큼 길게 연결할 수 있다. [그림 4-16]의 곡선을 보자.

[그림 4-16]에서 곡선은 A부터 J까지 열 개의 제어점으로 정의된다. 이것은 세 개의 3차 베지어 곡선을 구성한다. 첫 번째는 A, B, C, D로 정의되고, 두 번째는 D를 공유하며 E, F, G를 사용한다. 세 번째는 G를 공유하여 H, I, J를 추가한다. 이러한 타입의 스플라인은 **3차 베지어 스플라인**이라고 하는데, 그 이유는 3차 베지어 곡선들의 집합으로 구성되기 때문이다. 또한 **3차 B-스플라인**이라고도 하는데, 이 용어는 그래픽스를 많이 공부했던 사람에게는 친숙한 용어일 것이다.

점 P를 스플라인을 따라 보간하기 위해 t가 0.0에서 3.0 사이의 곡선을 다음과 같이 간단히 세 영역으로 나눈다. 0.0에서 1.0 사이의 t에 대해 A에서 D까지 이동하는 첫 번째 곡선을 따라 보간한다. 1.0과 2.0 사이의 t에 대해 D에서 G까지 이동하는 두 번째 곡선을 따라 보간한다. 2.0과 3.0 사이의 t에 대해 G에서 J까지 이동하는 마지막 곡선을 따라 보간한다.

따라서 t의 정수 부분은 보간할 곡선의 구간segment을 선택하고, t의 소수부분은 각 구간을 따라 얼마나 보간할지 결정한다. 물론 t를 원하는 대로 스케일할 수도 있다. 예를 들면 0.0에서 1.0 사이의

----

4 곡선들을 연결시켜 스플라인을 구성하는 요소다. 이들 제어점을 **웰드**(weld, 용접점)라고 하며, 중간의 제어점은 가끔 **나트**(knot, 매듭)라고 부르기도 한다.

값을 취하고, 곡선의 구간 번호를 곱하면, 곡선상의 제어점 개수와 상관없이 t에 대한 원래 영역 값을 사용할 수 있다.

그림 4-16 3차 베지어 스플라인

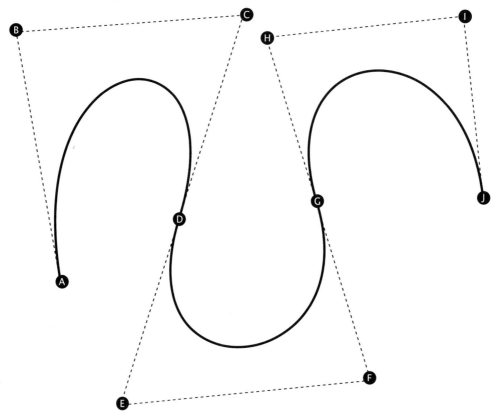

다음 코드는 열 개의 제어점을 사용하여(즉, 세 개의 구간) 3차 베지어 스플라인을 따라 벡터를 보간한다.

```
vec4 cubic_bspline_10(vec4 CP[10], float t)
{
    float f = t * 3.0;
    int i = int(floor(f));
    float s = fract(t);

    if (t <= 0.0)
        return CP[0];

    if (t >= 1.0)
        return CP[9];

    vec4 A = CP[i * 3];
```

```
        vec4 B = CP[i * 3 + 1];
        vec4 C = CP[i * 3 + 2];
        vec4 D = CP[i * 3 + 3];

        return cubic_bezier(A, B, C, D, s);
    }
```

스플라인을 사용하여 객체의 위치나 방향을 계산할 때, 움직임을 부드럽게 하려면 제어점의 위치를 결정할 때 유의해야 한다. 보간되는 점 P의 값에 대한 변화율(즉, 속도)은 t에 관한 곡선의 미분 방정식이다. 만약 이 함수가 불연속적이라면 P는 갑자기 방향을 바꾸고 객체는 튀어 보인다. 그 뿐만 아니라 P의 속도 변화율(즉, 가속도)은 t에 관한 스플라인의 2차 미분 방정식이다. 만약 가속도가 부드럽지 않다면 P는 갑자기 속도가 증가하거나 감소할 것이다.

연속적인 1차 미분을 갖는 함수는 C^1 연속적이라고 하며, 마찬가지로 연속적인 2차 미분을 갖는 곡선은 C^2 연속적이라고 한다. 베지어 곡선 구간은 모두 C^1 및 C^2 연속적이다. 하지만 스플라인의 연결점에 대해 연속성을 유지해야 한다는 점에 유의하자. 각 구간의 시작은 이전과 동일한 위치, 이동 방향, 변화율을 가져야 한다는 점에 유의하자. 즉, 특정 방향으로 이동하는 변화율은 단순히 속도다. 따라서 스플라인에 임의의 제어점을 할당하지 않고, 각 연결점에 속도를 할당할 수 있다. 만약 연결점의 양쪽 곡선 구간을 계산할 때 각 연결점에 동일한 속도를 갖는 곡선을 사용한다면, C^1 연속이면서 동시에 C^2 연속인 스플라인 함수를 구할 수 있다.

[그림 4-16]을 다시 확인해보면 알 수 있을 것이다. 보다시피 연결점들(점 D와 G)을 통과하는 어긋나지 않고 부드러운 곡선을 확인할 수 있다. 연결점의 양쪽 제어점을 보자. 예를 들어 점 D 주위의 점 C와 E를 보자. 점 C와 E는 직선을 구성하고, D는 그 중앙에 위치한다. 사실 D에서 E 라인 구간을 D에 대한 속도 또는 $\vec{V}_D$라고 할 수 있다. 점 D(연결점)의 위치와 D에서의 곡선 속도 $\vec{V}_D$가 주어진다면 C와 E는 다음과 같이 계산할 수 있다.

$$C = D - \vec{V}_D$$
$$E = D + \vec{V}_D$$

마찬가지로 $\vec{V}_A$는 A에서의 속도며, B는 다음과 같이 계산할 수 있다.

$$B = A + \vec{V}_A$$

즉, 3차 B-스플라인의 연결점에서 위치와 속도가 주어졌을 때, 다른 제어점도 실시간에 계산할 수 있다. 3차 B-스플라인은 이렇게(연결점의 위치 및 속도로) 정의되며, 이는 **3차 에르미트 스플라인** 또는 단순히 **C 스플라인**^{cspline}이라고도 한다. C 스플라인은 부드럽고 자연스러운 애니메이션을 위해 매우 유용한 도구다.

4.5 마치며

이 장에서는 OpenGL로 3D 장면을 만들기 위해 꼭 필요한 일부 수학 개념들을 배웠다. 비록 행렬을 마음대로 가지고 놀 수는 없다고 하더라도, 행렬이 무엇이며 여러 가지 변환을 어떻게 수행하는지 배웠다. 또한 뷰어 및 뷰포트 속성을 나타내기 위한 행렬을 어떻게 생성하고 다루는지 배웠다. 이제 장면에 객체를 배치하는 개념과 화면에 보이게 할지 말지 결정하는 원리를 이해했다. 이 장은 좌표계라는 강력한 개념도 소개했고, 좌표계를 다루고 다른 좌표계로 변환하는 것이 얼마나 쉬운지 이해했다.

마지막으로 이 책에서 제공하는 vmath 라이브러리를 소개했다. 이 라이브러리는 전부 이식 가능한 C++로 작성되었으며, 유용한 여러 가지 수학 함수와 OpenGL을 쉽게 사용하기 위한 함수를 제공한다.

놀랍게도 이 장 전체에서 새로운 OpenGL 함수는 전혀 다루지 않았다. 맞다. 이 장은 수학 장이다. 수학이 단순히 공식과 계산뿐이라고 생각했었다면, 아마 이 장이 수학 장이었다는 사실도 눈치채지 못했을 것이다. 벡터, 행렬, 애플리케이션은 OpenGL을 사용하여 3D 객체와 월드를 렌더링하기 위해 꼭 필요한 것들이다. 하지만 OpenGL은 특별한 수학 용례를 필요로 하지 않으며 어떤 수학 함수도 직접 제공하지 않는다. 비록 다른 3D 수학 라이브러리를 사용한다고 하더라도, 또는 직접 만들어서 사용하더라도, 이 장에서 설명한 패턴을 따라 지오메트리와 3D를 다룰 것이다. 이제 정말 뭔가 만들어보자!

CHAPTER 5

데이터

이 장에서 다루는 내용

◆ 프로그램이 접근할 수 있는 데이터를 저장하기 위한 버퍼와 텍스처를 만드는 방법

◆ OpenGL을 사용하여 버텍스 속성값을 자동으로 설정하는 방법

◆ 쉐이더에서 읽기 및 쓰기용으로 텍스처를 접근하는 방법

지금까지의 예제에서는 쉐이더에서 하드코딩된 데이터를 직접 사용하거나 한 번에 하나의 값만 쉐이더에 전달했다. 이 방식은 OpenGL 파이프라인을 설명하기에는 충분하지만, 최신 그래픽스 프로그래밍에는 적합하지 않다. 최신 그래픽스 프로세서는 스트리밍 프로세서로 설계되었다. 이는 많은 양의 데이터를 처리하고 생성할 수 있는 방식이다. OpenGL에 한 번에 적은 데이터만 전달하는 것은 매우 비효율적이다. OpenGL은 데이터를 저장하고 접근하기 위해 두 가지 형태의 데이터 스토리지storage, 저장소를 제공하는데, 그것은 바로 버퍼와 텍스처다. 이 장에서는 먼저 버퍼에 대해 소개할 것이다. 버퍼는 타입이 정해져 있지 않은 데이터의 연속 공간이다. 일반적인 메모리 할당과 유사하다. 그 다음에는 텍스처를 소개할 것이다. 텍스처는 다차원 데이터, 즉 이미지나 다른 타입의 데이터를 저장하기 위해 사용한다.

5.1 버퍼

OpenGL에서 버퍼는 여러 용도로 활용할 수 있는 연속적인 메모리 공간이다. 버퍼는 **이름**으로 구별된다. 이 이름은 기본적으로 OpenGL이 버퍼를 구별하기 위해 명시적으로 사용하는 핸들이다. 버퍼를 사용하기 전에 OpenGL을 통해 사용할 이름을 예약해야 한다. 그리고 그 이름을 사용해서 메모리를 할당하고 그 메모리에 데이터를 저장한다. 버퍼 객체를 위해 할당한 메모리를 **데이터 스토어**data store, 데이터 저장소라고 부른다. 버퍼의 이름을 알았다면, 이 이름을 OpenGL 콘텍스트에 어태

치시킬 수 있다. 어태치시키기 위해서는 그 이름을 버퍼 바인딩 포인트에 **바인딩**시켜야 한다. 바인 딩 포인트는 보통 **타깃**[1]이라고도 부른다. 두 용어는 혼용하기도 한다. OpenGL에는 많은 버퍼 바 인딩이 존재하는데, 각각 다른 용도로 사용된다. 예를 들어 버퍼의 내용이 버텍스 쉐이더의 입력으 로 자동 공급되도록 할 수도 있고, 쉐이더가 사용할 변수의 값으로 지정할 수도 있고, 아니면 쉐이 더가 생성하는 데이터를 저장할 공간으로 사용할 수도 있다.

5.1.1 버퍼를 사용하여 메모리 할당하기

버퍼 객체를 사용하여 메모리를 할당하기 위해 사용하는 함수는 **glBufferData( )**다. 프로토타입 은 다음과 같다.

```
void glBufferData(GLenum target,
                  GLsizeiptr size,
                  const GLvoid * data,
                  GLenum usage);
```

target 매개변수는 공간을 할당할 버퍼가 어떤 타깃에 바인딩될지 OpenGL이 알 수 있게 해준 다. 바인딩 포인터가 사용되는 예로 버텍스 속성들을 담을 데이터를 저장하는 버퍼가 필요할 때를 들 수 있다. 이러한 바인딩 포인트는 GL_ARRAY_BUFFER 바인딩 포인트라고 불린다. 종종 **버텍스 버 퍼**vertex buffer 또는 **유니폼 버퍼**uniform buffer 등의 용어가 사용되긴 하지만, 다른 그래픽스 라이브러리와 는 달리 OpenGL은 버퍼에 그러한 **타입**을 할당하지 않는다. 버퍼는 그냥 버퍼며 어느 시점에 어느 목적으로든 사용될 수 있다(그리고 원한다면, 심지어 동시에 여러 가지 용도로도 가능하다). size 매개변수는 OpenGL로 하여금 버퍼의 크기가 얼마나 커야 하는지 알리고, data 매개변수는 버 퍼에 어떠한 초깃값을 지정하기 위한 포인터이다. data 매개변수에 바로 값을 지정하지 않으려면 NULL을 지정할 수도 있다. 마지막으로 usage는 버퍼를 어떤 목적으로 사용할지 알려준다. usage 에는 수많은 값이 올 수 있으며 [표 5-1]에 나열했다.

표 5-1 버퍼 객체의 사용 목적

버퍼 사용 목적	설명
GL_STREAM_DRAW	버퍼 내용이 애플리케이션에 의해 한 번 설정되며, 드로잉을 위해 가끔(적은 횟수로) 사용될 것 이다.
GL_STREAM_READ	버퍼 내용이 OpenGL 커맨드의 출력으로 한 번 설정되며, 드로잉을 위해 가끔 사용될 것이다.
GL_STREAM_COPY	버퍼 내용이 OpenGL 커맨드의 출력으로 한 번 설정되며, 드로잉이나 다른 이미지로 복사될 때 가끔 사용될 것이다.
GL_STATIC_DRAW	버퍼 내용이 애플리케이션에 의해 한 번 설정되며, 드로잉이나 다른 이미지로 복사될 때 자주 (많은 횟수로) 사용될 것이다.

----

1 엄밀하게는 **타깃**과 **바인딩 포인트**를 혼용하는 것은 옳지 않다. 하나의 타깃이 여러 개의 바인딩 포인트를 가질 수도 있기 때문이다. 하지만 대부 분의 경우에는 혼용해도 무방하다.

버퍼 사용 목적	설명
GL_STATIC_READ	버퍼 내용이 OpenGL 커맨드의 출력으로 한 번 설정되며, 애플리케이션에 의해 자주 질의 query(값을 확인하기 위해 요청)될 것이다.
GL_STATIC_COPY	버퍼 내용이 OpenGL 커맨드의 출력으로 한 번 설정되며, 드로잉이나 다른 이미지로 복사될 때 자주 사용될 것이다.
GL_DYNAMIC_DRAW	버퍼 내용이 애플리케이션에 의해 자주 갱신되며, 드로잉이나 다른 이미지로 복사될 때 자주 사용될 것이다.
GL_DYNAMIC_READ	버퍼 내용이 OpenGL 커맨드의 출력으로 자주 갱신되며, 애플리케이션에 의해 자주 질의될 것이다.
GL_DYNAMIC_COPY	버퍼 내용이 OpenGL 커맨드의 출력으로 자주 갱신되며, 드로잉이나 다른 이미지로 복사될 때 자주 사용될 것이다.

다음 [예제 5-1]은 **glGenBuffers( )**를 호출하여 버퍼에 대한 이름을 예약하는 방법이다. 그리고 **glBindBuffer( )**를 사용하여 그 버퍼가 해당 콘텍스트에 어떻게 바인딩되는지, 또 **glBufferData( )**를 호출하여 어떻게 스토리지를 할당하는지 보인다.

예제 5-1 버퍼를 생성하고, 바인딩하고, 초기화하기

```
// OpenGL의 이름에 대한 타입은 GLuint다.
GLuint buffer;

// 버퍼에 대한 이름을 생성한다.
glGenBuffers(1, &buffer);

// GL_ARRAY_BUFFER 바인딩 포인트를 사용하여 콘텍스트에 바인딩한다.
glBindBuffer(GL_ARRAY_BUFFER, buffer);

// 버퍼에 사용하고자 하는 스토리지의 크기를 정한다.
glBufferData(GL_ARRAY_BUFFER, 1024 * 1024, NULL, GL_STATIC_DRAW);
```

[예제 5-1]이 실행되면 buffer는 어떤 용도일지는 모르지만 1메가바이트의 스토리지를 갖도록 초기화된 버퍼 객체의 이름을 담는다. 버퍼 객체를 참조하기 위해 GL_ARRAY_BUFFER 타깃을 사용하면, 이 버퍼는 버텍스 데이터를 저장하는 버퍼로 사용할 계획이라는 것을 OpenGL에 알리는 것이다. 그렇다고 이 버퍼를 나중에 다른 타깃에 바인딩시킬 수 없는 것은 아니다. 버퍼 객체에 데이터를 전달하는 방법은 여러 가지가 있다. [예제 5-1]에서 **glBufferData( )**의 세 번째 인자로 NULL 포인터를 전달한 것을 눈치 챘는가? NULL 대신 어떤 데이터를 가리키는 포인터를 전달했다면, 그 데이터를 사용하여 버퍼 객체를 초기화할 수 있다. 버퍼에 데이터를 전달하는 다른 방법은 OpenGL로 보내서 직접 데이터를 복사하도록 하는 것이다. 이를 위해서는 **glBufferSubData( )**를 사용한다. 버퍼에 저장할 데이터의 사이즈, 저장할 버퍼상의 위치offset, 그리고 버퍼에 저장할 메모리상의 데이터 포인터를 인자로 설정한다. **glBufferSubData( )**는 다음과 같이 선언된다.

```
void glBufferSubData(GLenum target,
                     GLintptr offset,
                     GLsizeiptr size,
                     const GLvoid * data);
```

[예제 5-2]는 [예제 3-1]에 원래 사용되었던 데이터를 어떻게 버퍼 객체에 저장하는지에 대한 내용
이다. 이 버퍼 객체는 버텍스 쉐이더에 자동으로 데이터를 전달하기 위한 첫 단계다.

예제 5-2 glBufferSubData()로 버퍼의 내용을 갱신하는 방법

```
// 버퍼 객체에 저장할 데이터
static const float data[] =
{
    0.25, -0.25, 0.5, 1.0,
   -0.25, -0.25, 0.5, 1.0,
    0.25,  0.25, 0.5, 1.0
};

// 버퍼상의 0 오프셋의 위치에 데이터 저장
glBufferSubData(GL_ARRAY_BUFFER, 0, sizeof(data), data);
```

버퍼 객체에 데이터를 전달하는 다른 방법으로 버퍼 객체에 해당하는 메모리 포인터를 OpenGL
에 요청하여 직접 데이터를 복사하는 방법이 있다. [예제 5-3]에 **glMapBuffer()** 함수를 사용한 이
러한 예를 보인다.

예제 5-3 glMapBuffer()를 사용하여 버퍼의 데이터 스토어를 매핑하는 방법

```
// 버퍼 객체에 저장할 데이터
static const float data[] =
{
    0.25, -0.25, 0.5, 1.0,
   -0.25, -0.25, 0.5, 1.0,
    0.25,  0.25, 0.5, 1.0
};

// 버퍼 데이터 스토어에 대한 포인터
void * ptr = glMapBuffer(GL_ARRAY_BUFFER, GL_WRITE_ONLY);

// 데이터를 복사
memcpy(ptr, data, sizeof(data));

// 포인터 사용을 마쳤다고 OpenGL에 통보
glUnmapBuffer(GL_ARRAY_BUFFER);
```

glMapBuffer() 함수는 함수 호출 당시 모든 데이터가 준비되지 않은 상황에서 유용하다. 예를 들어 데이터를 직접 생성하거나 파일로부터 읽을 경우가 그러하다. **glBufferSubData()**를 사용한다면(또는 **glBufferData()**에 초기화 포인터를 전달하는 경우), 데이터를 생성하거나 읽어서 임시 메모리에 담아놓고 OpenGL이 버퍼 객체의 내부에 그 복사본을 유지하도록 해야 한다. 버퍼를 맵^{map}하면 파일 내용을 매핑된 버퍼로 직접 읽어들일 수 있다. 버퍼를 언맵^{unmap}하면 OpenGL이 데이터 복사본을 유지하지 않도록 할 수 있다. **glBufferSubData()**를 사용하든 **glMapBuffer()**와 직접 버퍼 객체로의 복사를 사용하든 간에 이제 data[]의 복사본을 만들어 버텍스 쉐이더에 제공할 데이터로 사용할 수 있게 되었다.

5.1.2 버퍼에 데이터 채우기 및 복사하기

glBufferData()를 사용하여 버퍼 객체에 대한 저장 공간을 할당한 후, 다음 단계는 버퍼를 원하는 데이터로 채우는 것이다. **glBufferData()**의 data 인자를 사용하든, **glBufferSubData()**를 사용하여 버퍼에 초깃값을 전달하든, 또는 **glMapBuffer()**를 사용하여 버퍼의 데이터 스토어에 대한 포인터를 얻어 직접 채우든 간에 전체 버퍼 내용을 덮어쓰는 과정은 필요하다. 만약 버퍼에 저장하려는 데이터가 하나의 상수값이라면 **glClearBufferSubData()**를 사용하는 것이 더 효율적이다. 프로토타입은 다음과 같다.

```
void glClearBufferSubData(GLenum target,
                          GLenum internalformat,
                          GLintptr offset,
                          GLsizeiptr size,
                          GLenum format,
                          GLenum type,
                          const void * data);
```

glClearBufferSubData() 함수는 버퍼 객체를 전부 채울 값을 갖는 변수 포인터가 주어지면 해당 값을 internalformat으로 명시된 포맷으로 변환하고, 그 내용을 offset과 size(둘 다 바이트 단위)로 정해진 버퍼 데이터 스토어의 범위 영역 안에 복사한다. format과 type은 OpenGL에 data를 통해 그 데이터가 가리키는 포인터에 대한 정보를 알려준다. format은 예를 들어 1채널, 2채널, 3채널, 또는 4채널 데이터를 지징하기 위해 GL_RED, GL_RG, GL_RGB, 또는 GL_RGBA 중 하나로 지정할 수 있다. 게다가 type은 컴포넌트의 데이터 타입을 나타내야 한다. 예를 들면 그 값은 부호 없는 바이트 또는 부동소수점 데이터로 지정하기 위해 GL_UNSIGNED_BYTE 또는 GL_FLOAT가 될 수 있다. [표 5-2]는 OpenGL에 의해 지원되는 가장 일반적인 타입 및 상응하는 C 데이터 타입이다.

표 5-2 기본 OpenGL 타입 지시어 및 해당 C 타입

타입 지시어	C 타입
GL_BYTE	GLchar
GL_UNSIGNED_BYTE	GLuchar
GL_SHORT	GLshort
GL_UNSIGNED_SHORT	GLushort
GL_INT	GLint
GL_UNSIGNED_INT	GLuint
GL_FLOAT	GLfloat
GL_DOUBLE	GLdouble

일단 데이터가 GPU로 보내지면, 그 데이터를 버퍼 간에 공유하거나 한 버퍼의 결과를 다른 버퍼로 복사하기 원할지도 모른다. OpenGL에서 제공하는 **glCopyBufferSubData( )**를 통해 이 작업을 간단히 수행할 수 있다. 크기와 오프셋뿐만 아니라 어떤 버퍼를 다룰지 지정하면 된다.

```
void glCopyBufferSubData(GLenum readtarget,
                         GLenum writetarget,
                         GLintptr readoffset,
                         GLintptr writeoffset,
                         GLsizeiptr size);
```

readtarget과 writetarget은 서로 데이터를 복사할 두 버퍼가 바인딩된 타깃이다. 이 버퍼들은 가용한 버퍼 바인딩 포인트에 바인딩되어 있으면 된다. 하지만 버퍼 바인딩 포인트는 한 번에 오직 한 버퍼만 바인딩될 수 있다. 예를 들어 GL_ARRAY_BUFFER 타깃에 바인딩된 두 버퍼 간에는 복사를 할 수 없다. 즉, 복사를 수행할 때 두 개의 타깃을 선정하여 버퍼를 바인딩해야 한다. 그러나 이렇게 하면 OpenGL 상태가 혼란스러워진다.

이 문제를 해결하기 위해 OpenGL은 GL_COPY_READ_BUFFER와 GL_COPY_WRITE_BUFFER 타깃을 제공한다. 이 두 타깃은 의도하지 않은 부수효과 없이 한 버퍼에서 다른 버퍼로 데이터를 복사할 수 있도록 특별히 추가된 것이다. 이 두 타깃은 다른 용도로는 사용되지 않는다. 따라서 이 바인딩 포인트를 사용하여 읽거나 쓰면 다른 버퍼 타깃에 영향을 주지 않는다. readoffset과 writeoffset 인자는 OpenGL에 원본 버퍼와 타깃 버퍼의 어느 부분을 읽고 쓸지 알려준다. size 인자는 복사할 양이 얼마나 많은지 말해준다. 읽거나 쓸 범위가 버퍼의 범위 내에 있는지 주의하자. 그렇지 않으면 복사가 실패한다.

readoffset, writeoffset, size의 타입이 GLintptr과 GLsizeiptr인 것을 주목하자. 이 타입들은 포인터 변수를 담을 만큼 충분히 큰 정수형으로 정의된 특별한 타입이다.

5.1.3 버퍼로부터 버텍스 쉐이더에 입력 전달하기

2장에서는 버텍스 배열 객체^{vertex array object}(VAO)로의 입력을 버텍스 쉐이더에 전달하는 방법을 간단히 소개했었다. 비록 그때는 실제 입력을 버텍스 쉐이더에 사용하지 않고 대신 하드코딩된 데이터 배열을 사용했었다. 그리고 3장에서는 **버텍스 속성**의 개념을 소개했지만, 정적 값을 변경하는 방법만 논의했었다. 비록 버텍스 배열 객체는 이러한 정적 속성들을 저장하기도 하지만, 훨씬 더 많은 일을 할 수 있다. 진행하기에 앞서, 버텍스 배열 객체를 하나 만들어 버텍스 배열 상태를 저장하도록 하자.

```
GLuint vao;
glGenVertexArrays(1, &vao);
glBindVertexArray(vao);
```

지금까지 VAO를 생성했고 바인딩했다. 이제 상태를 설정할 차례. 버텍스 쉐이더에서 하드코딩된 데이터를 사용하지 않고, 대신 우리가 제공한 버퍼 객체에 저장된 데이터를 사용하여 버텍스 속성의 값에 따라 OpenGL이 자동적으로 채우게 할 수 있다. OpenGL에 데이터가 버퍼 객체의 어디에 있는지 알려주기 위해 `glVertexAttribPointer()` 함수[2]를 사용하고, 속성을 자동으로 채우도록 `glEnableVertexAttribArray()`를 호출한다. `glVertexAttribPointer()`와 `glEnableVertexAttribArray()`의 프로토타입은 다음과 같다.

```
void glVertexAttribPointer(GLuint index,
                           GLint size,
                           GLenum type,
                           GLboolean normalized,
                           GLsizei stride,
                           const GLvoid * pointer);

void glEnableVertexAttribArray(GLuint index);
```

`glVertexAttribPointer()`의 첫 번째 인자 index는 버텍스 속성의 인덱스다. 많은 개수의 속성을 버텍스 쉐이더의 입력으로 정의하고, 3.1.1절 '버텍스 속성'에 설명한 인덱스를 사용하여 속성을 참조할 수 있다. size는 각 버텍스에 대해 버퍼에 저장된 컴포넌트의 개수며, type은 데이터 타입으로 일반적으로 [표 5-2]에 있는 타입 중 하나다.

normalized 인자는 버텍스 쉐이더에 전달되기 전에 버퍼의 데이터가 정규화되어야(0.0에서 1.0 사이로 스케일되어야) 하는지 또는 그대로 전달되어야 하는지 OpenGL에 알려준다. 부동소수점

----

2 `glVertexAttribPointer()`의 이름이 그렇게 지어진 데에는 역사적인 이유가 있다. 예전에는 OpenGL에 버퍼 객체가 없었고 읽는 데이터는 모두 애플리케이션 메모리로부터 오는 것이었다. `glVertexAttribPointer()`를 호출할 때, 실제 데이터를 가리키는 포인터를 전달했었다. 현대 아키텍처에서 이러한 방식은 매우 비효율적이다. 특히 데이터가 한 번 이상 읽혀지는 경우에는 더욱 그렇다. 따라서 이제 OpenGL은 버퍼 객체에서만 데이터 읽기를 지원한다. 비록 함수 이름은 아직까지 그대로 남아 있지만, 포인터 인자는 실제로 버퍼 객체에 대한 오프셋으로 해석된다.

데이터에 대해서는 이 인자가 무시된다. 하지만 GL_UNSIGNED_BYTE 또는 GL_INT 같은 정수형 데이터에 대해서는 중요하다. 예를 들어 만약 GL_UNSIGNED_BYTE 데이터가 정규화되는 경우, 그 값은 버텍스 쉐이더에 부동소수점 입력으로 전달되기 전에 255(부호 없는 바이트의 최댓값)로 나누어진다. 따라서 쉐이더는 입력 속성에 대해 0.0에서 1.0 사이의 값을 받는다. 하지만 만약 데이터가 정규화되지 않는다면, 단순히 부동소수점으로 형변환되어 쉐이더는 0.0에서 255.0 사이의 숫자를 받는다. 비록 버텍스 쉐이더의 입력이 부동소수점이라 하더라도 동일하다.

stride 인자는 OpenGL에 얼마나 많은 바이트가 한 버텍스 데이터의 시작과 다음 버텍스 데이터의 시작 사이에 있는지 말해준다. 하지만 이 값을 0으로 하면 size와 type의 값에 기반하여 OpenGL이 자동으로 계산해준다.

마지막으로 pointer는 이름과는 달리 현재 GL_ARRAY_BUFFER에 바인딩된 버퍼상에서 버텍스 속성 데이터가 시작하는 위치에 대한 오프셋이다.

[예제 5-4]는 **glVertexAttribPointer()**를 사용하여 버텍스 속성을 설정하는 예다. pointer를 설정한 다음에 **glEnableVertexAttribArray()**를 호출한 것에 주목하자. 이 함수는 전달하는 데이터를 사용하지 말고 버퍼의 데이터를 사용하여 버텍스 속성을 채우라고 **glVertexAttrib*()** 함수를 사용해서 OpenGL에 지시한다.

예제 5-4 버텍스 속성 설정하기

```
// 우선 버퍼 객체를 GL_ARRAY_BUFFER에 바인딩한다.
// 다음의 glVertexAttribPointer 함수는 이 버퍼를 참조한다.
glBindBuffer(GL_ARRAY_BUFFER, buffer);

// 이제 OpenGL에 데이터를 설명한다. 데이터가 어디에 있는지 알려준다.
// 지정한 속성에 대해 자동 버텍스 페칭 기능을 활성화한다.
glVertexAttribPointer(0,              // 속성 0
                      4,              // 4 컴포넌트
                      GL_FLOAT,       // 부동소수점 데이터
                      GL_FALSE,       // 정규화 안 됨
                                      // (부동소수점 데이터는 정규화하지 않음)
                      0,              // 촘촘히 패킹되어 있음
                      NULL);          // 오프셋은 0(NULL 포인터)
glEnableVertexAttribArray(0);
```

[예제 5-4]가 실행된 후, OpenGL은 **glVertexAttribPointer()**가 실행될 당시 바인딩된 버퍼로부터 읽어온 데이터를 자동적으로 버텍스 쉐이더의 첫 번째 속성에 채운다.

```
#version 430 core

layout (location = 0) in vec4 position;

void main(void)
{
    gl_Position = position;
}
```

보다시피 [예제 5-5]의 쉐이더는 2장의 원본 쉐이더보다 훨씬 더 단순화되었다. 하드코딩된 데이터 배열이 사라졌을 뿐 아니라 버텍스 개수와 상관없이 동작할 수도 있다. 이론적으로는 수백만 개의 버텍스를 버퍼 객체에 넣고 **glDrawArrays( )**와 같은 함수 하나로 모두 그릴 수 있다.

버텍스 객체의 데이터를 사용하여 버텍스 속성 채우기를 마쳤다면, **glDisableVertexAttribArray( )** 함수를 호출하여 속성을 다시 비활성화할 수 있다. 프로토타입은 다음과 같다.

```
void glDisableAttribArray(GLuint index);
```

일단 버텍스 속성을 비활성화했다면, 다시 원래 상태로 돌아간 뒤 **glVertexAttrib*( )**를 사용하여 우리가 지정한 값을 쉐이더에 전달한다.

여러 개의 버텍스 쉐이더 입력 사용하기

앞서 배웠듯이 OpenGL을 사용하여 버텍스 쉐이더의 데이터를 전달할 수도 있고, 버퍼 객체를 사용하여 데이터를 전달할 수도 있다. 버텍스 쉐이더에 여러 개의 입력을 선언할 수도 있고, 각각을 고유한 위치location에 할당하여 참조할 수도 있다. 이 사실들을 토대로 종합하면, OpenGL을 사용하여 여러 버텍스 쉐이더 입력에 동시에 값을 전달할 수 있다. [예제 5-6]처럼 버텍스 쉐이더에 입력 선언을 해보자.

예제 5-6 버텍스 쉐이더에 두 개의 입력 선언하기

```
layout (location = 0) in vec3 position;
layout (location = 1) in vec3 color;
```

만약 버텍스 쉐이더가 여러 개의 입력을 가진 프로그램 객체를 링크했다면, 이러한 입력에 대한 위치를 다음과 같은 함수로 확인할 수 있다.

```
GLint glGetAttribLocation(GLuint program,
                          const GLchar * name);
```

여기서 program은 버텍스 쉐이더를 가지는 프로그램 객체의 이름이다. name은 버텍스 속성의 이름이다. [예제 5-6]에서 선언한 내용에 대해서 보면, "position"을 **glGetAttribLocation()**에 전달하면 0이 리턴된다. 그리고 "color"를 전달하면 1을 리턴한다. 버텍스 쉐이더 입력의 이름이 아닌 어떤 것을 전달하면 **glGetAttribLocation()**은 −1을 리턴한다. 물론 쉐이더 코드에서 버텍스 속성의 위치를 설정해주었다면, **glGetAttribLocation()**은 설정한 값을 리턴해야 한다. 만약 쉐이더 코드에 위치를 설정하지 않았다면 OpenGL이 대신 설정해준다. 그리고 이 위치값들은 **glGetAttribLocation()**의 리턴값으로 확인할 수 있다.

버텍스 쉐이더 입력을 애플리케이션 데이터로 연결시키는 두 가지 방식이 있다. 두 가지 방식은 **독립 속성**과 **인터리브 속성**이다. 속성이 독립이라는 의미는 다른 버퍼에 위치해 있을 수 있거나 적어도 동일한 버퍼에서 다른 위치에 있을 수 있다는 의미다. 예를 들어 두 개의 버텍스 속성에 데이터를 제공하고 싶다면, 두 개의 버퍼 객체를 생성하고, 첫 번째 버퍼를 GL_ARRAY_BUFFER 타깃에 바인딩하여 **glVertexAttribPointer()**를 호출하고, 두 번째 버퍼를 GL_ARRAY_BUFFER 타깃에 바인딩하여 **glVertexAttribPointer()**를 두 번째 속성에 대해 호출하면 된다. 다른 방법으로 데이터를 동일한 버퍼의 다른 오프셋 위치에 넣을 수도 있다. GL_ARRAY_BUFFER 타깃에 바인딩하고, **glVertexAttribPointer()**를 두 번 부른다. 한 번은 첫 번째 데이터 부분에 대한 오프셋을 설정하고, 다음은 두 번째 데이터 부분에 대한 오프셋을 설정한다. 이 내용은 [예제 5-7]에서 확인할 수 있다.

예제 5-7 여러 개의 독립 버텍스 속성

```
GLuint buffer[2];

static const GLfloat positions[] = { ... };
static const GLfloat colors[] = { ... };

// 두 개의 버퍼에 대한 이름을 얻는다.
glGenBuffers(2, &buffers);

// 첫 번째를 바인딩하고 초기화한다.
glBindBuffer(GL_ARRAY_BUFFER, buffer[0]);
glBufferData(GL_ARRAY_BUFFER, sizeof(positions), positions, GL_STATIC_DRAW);
glVertexAttribPointer(0, 3, GL_FLOAT, GL_FALSE, 0, NULL);
glEnableVertexAttribArray(0);

// 두 번째를 바인딩하고 초기화한다.
glBindBuffer(GL_ARRAY_BUFFER, buffer[1]);
glBufferData(GL_ARRAY_BUFFER, sizeof(colors), colors, GL_STATIC_DRAW);
glVertexAttribPointer(1, 3, GL_FLOAT, GL_FALSE, 0, NULL);
glEnableVertexAttribArray(1);
```

독립 속성의 두 가지 경우 모두, 두 속성에 값을 전달하기 위해 **촘촘히 패킹**된 데이터 배열을 사용했다. 이것을 배열–구조체structure-of-arrays (SoA) 데이터라고 한다. 촘촘히 패킹된 독립적인 데이터 배열을 사용한다. 하지만 구조체–배열array-of-structures (AoS) 형태로 데이터를 구성할 수도 있다. 다음 구조체를 사용하여 어떻게 단일 버텍스를 표현하는지 살펴보자.

```
struct vertex
{
    // 위치
    float x;
    float y;
    float z;

    // 색상
    float r;
    float g;
    float b;
};
```

버텍스 쉐이더에 두 개의 입력(위치와 색상)이 단일 구조체 안에 번갈아 들어 있다. 명확하게는, 이러한 구조체를 배열로 만들면 데이터는 구조체–배열 형태로 구성된다. 이러한 구성에 대해 **glVertexAttribPointer( )**를 호출하려면 stride 인자를 사용해야 한다. stride 인자는 OpenGL에 각 버텍스 데이터의 시작이 서로 얼마나 멀리 떨어져 있는지 **바이트**로 알려주는 것이다. 만약 0으로 하면, OpenGL에 이 데이터는 촘촘히 패킹되어 있으니 type과 stride 인자로 직접 계산하여 수행하고 하는 것이다. 하지만 버텍스 구조체가 위와 같이 선언되어 있다면 단순히 sizeof(vertex)를 사용하여 stride 인자를 계산할 수 있다. [예제 5-8]은 이 내용에 대한 예를 보인다.

예제 5-8 여러 개의 인터리브 버텍스 속성 사용하기

```
GLuint buffer;

static const vertex vertices[] = { ... };

// 버퍼 객체를 할당하고 초기화한다.
glGenBuffers(1, &buffer);
glBindBuffer(GL_ARRAY_BUFFER, buffer);
glBufferData(GL_ARRAY_BUFFER, sizeof(vertices), vertices, GL_STATIC_DRAW);

// 두 버텍스 속성을 설정한다. 첫 번째는 위치
glVertexAttribPointer(0, 3, GL_FLOAT, GL_FALSE,
                      sizeof(vertex), (void *)offsetof(vertex, x));
glEnableVertexAttribArray(0);
```

```
// 두 번째는 색상
glVertexAttribPointer(1, 3, GL_FLOAT, GL_FALSE,
                      sizeof(vertex), (void *)offsetof(vertex, r));
glEnableVertexAttribArray(1);
```

파일로부터 객체 로딩하기

하나의 버텍스 쉐이더에 많은 버텍스 속성을 사용할 수도 있다는 것을 알고 있을 것이다. 지금까지 여러 기법을 설명할 때, 보통 네 개나 다섯 개의 속성을 사용했지만, 그 이상도 가능하다. 이러한 속성으로 버퍼를 채우고, 버텍스 배열 객체를 설정하고, 모든 버텍스 속성 포인터를 설정하는 것은 지겹고 고된 작업이다. 게다가 애플리케이션에서 모든 지오메트리 데이터를 직접 생성한다는 것은 아무리 간단한 3D 모델에 대해서라도 현실적이지 않다. 따라서 모델 데이터를 파일에 저장하고 애플리케이션으로 로딩하는 것이 바람직하다. 수많은 모델 파일 포맷이 존재하며, 대부분의 모델링 프로그램은 그중 몇 가지 일반적인 포맷을 지원한다.

이 책을 위해 너무 단순하지도 않고 너무 기능이 많지도 않은 필요한 정보만 담은 .SBM이라는 단순한 객체 파일 포맷을 고안했다. 이 포맷에 대한 자세한 문서는 부록 B에 있다. sb6 프레임워크는 이 모델 포맷에 대한 로더도 포함한다. 로더의 이름은 sb6::object다. 객체 파일을 로딩하기 위해서는 sb6::object의 인스턴스를 생성하고, 다음과 같이 load 함수를 부른다.

```
sb6::object my_object;

my_object.load("filename.sbm");
```

성공하면 모델이 sb6::object의 인스턴스로 로딩되고 렌더링 가능해진다. 로딩하는 동안 객체의 버텍스 배열 객체를 설정하고, 모델 파일에 포함된 모든 버텍스 속성을 설정한다. 이 클래스는 render 함수를 제공하여 객체의 버텍스 배열 객체를 바인딩하고 해당 드로잉 커맨드들을 실행한다. 예를 들어 다음과 같이 호출하면,

```
my_object.render();
```

현재 쉐이더를 사용하여 하나의 객체의 복사본을 렌더링한다. 이 책의 나머지 부분의 많은 예제에서 이 객체 로더를 사용하여 객체 파일을 로딩하고(일부는 책의 소스 코드에 포함되어 있다) 렌더링할 것이다.

5.2 유니폼

비록 스토리지^{storage}의 형태는 아니지만, 유니폼^{uniform}은 쉐이더로 데이터를 전달하고 애플리케이션과 연결하기 위한 중요한 방법이다. 이미 버텍스 속성을 사용하여 버텍스 쉐이더로 데이터를 어떻게 전달하는지 보았으며, 인터페이스 블록을 사용하여 스토리지에서 스토리지로 어떻게 데이터를 전달하는지 보았을 것이다. 유니폼을 사용하면 애플리케이션이 직접 쉐이더 스테이지로 데이터를 전달할 수 있다. 어떻게 선언하느냐에 따라 두 가지 방식의 유니폼이 있다. 첫 번째는 디폴트 블록에 선언하는 것이고, 두 번째는 유니폼 블록에 선언하는 것이다. 유니폼 블록의 값은 버퍼 객체에 저장된다. 이 두 가지 방식에 대해 설명하겠다.

5.2.1 디폴트 블록 유니폼

속성은 위치, 서피스 노말, 텍스처 좌표 등 버텍스별로 필요한 데이터인데 반해, 유니폼은 전체 프리미티브 배치를 렌더링하는 동안 또는 그 후에도 변하지 않고 균일하게 남아 있는 데이터를 쉐이더에 전달하는 방법이다. 아마도 버텍스 쉐이더에 있어서 가장 일반적인 유니폼은 변환 행렬일 것이다. 변환 행렬은 버텍스 쉐이더에서 버텍스 위치나 벡터 등을 변환할 때 사용한다. 어떤 쉐이더 변수라도 유니폼으로 선언할 수 있으며, 유니폼은 어떤 쉐이더 스테이지에도(비록 이 장에서는 버텍스 쉐이더와 프래그먼트 쉐이더에 대해서만 얘기하고 있지만) 들어갈 수 있다. 유니폼을 만드는 것은 매우 쉽다. 변수 선언 시 앞에 **uniform**이라는 키워드를 넣기만 하면 된다.

```
uniform float fTime;
uniform int iIndex;
uniform vec4 vColorValue;
uniform mat4 mvpMatrix;
```

유니폼은 항상 상수로 간주된다. 쉐이더 코드에서 할당할 수 없다. 하지만 다음과 같이 선언 시에 디폴트값을 대입할 수 있다.

```
uniform answer = 42;
```

만약 동일한 유니폼을 여러 쉐이더 스테이지에 선언한다면, 각각의 스테이지는 동일한 유니폼값을 갖게 된다.

유니폼 설정하기

쉐이더가 컴파일되고 프로그램 객체에 링크된 다음에는 OpenGL에 정의된 여러 함수를 사용하여 값을 설정할 수 있다(쉐이더에서 정한 기본값이 아닌 다른 값을 사용한다고 가정한다). 버텍스 속성과 마찬가지로 이러한 함수들은 프로그램 객체 내의 **위치**^{location}를 통해 유니폼을 참조한다. 위치 **레이아웃 지시어**를 사용하면 유니폼의 위치를 쉐이더 코드 내에서 정하는 것도 가능하다. 이때 OpenGL은 유니폼의 위치를 쉐이더 코드에서 정한 값으로 설정하려고 시도한다. 위치 레이아웃 지시어는 다음과 같이 사용한다.

```
layout (location = 17) uniform vec4 myUniform;
```

유니폼을 위한 위치 레이아웃 지시어와 버텍스 쉐이더 입력을 위한 위치 레이아웃 지시어에는 공통점이 있다. 위 예에서 myUniform은 위치 17에 할당된다. 만약 쉐이더에서 유니폼의 위치를 설정하지 않는다면 OpenGL이 자동적으로 할당해준다. 어떤 위치가 할당되었는지 확인하려면 **glGetUniformLocation()** 함수를 호출하면 어떤 위치가 할당되었는지 확인할 수 있다. 프로토타입은 다음과 같다.

```
GLint glGetUniformLocation(GLuint program,
                           const GLchar* name);
```

이 함수는 program으로 지정한 프로그램에서 name으로 지정한 이름의 변수에 대해 그 위치를 부호 있는 정수로 리턴한다. 예를 들어 vColorValue라는 이름의 유니폼 변수 위치를 얻기 위해서는 다음과 같이 호출한다.

```
GLint iLocation = glGetUniformLocation(myProgram, "vColorValue");
```

앞선 예제에서 **glGetUniformLocation()**에 "myUniform"를 호출하면 17이라는 값이 리턴된다. 만약 우리가 쉐이더에서 유니폼의 위치를 직접 할당하여 유니폼의 위치를 미리 알고 있다면 **glGetUniformLocation()** 함수를 호출하여 검색할 필요 없다. 이 방식이 더 추천하는 방식이다.

만약 **glGetUniformLocation()** 함수의 리턴값이 −1이라면, 이는 유니폼 이름이 프로그램에 없다는 의미다. 비록 쉐이더가 정상적으로 컴파일되었다 하더라도, 어태치된 쉐이더들 중 그 유니폼을 직접 사용하는 쉐이더가 하나도 없다면 그 유니폼 이름은 프로그램에서 '사라질' 수 있다는 점을 유의해야 한다. 쉐이더 코드에서 명시적으로 위치를 할당해주는 경우에도 그렇다. 유니폼 변수의 최적화에 대해서는 걱정할 필요가 없다. 하지만 유니폼 변수를 선언하고 사용하지 않는다면 컴파일러가 없애버린다. 또한 쉐이더 변수 이름은 대소문자를 구별하므로, 위치를 검색하려는 유니폼 이름의 대소문자에 유의해야 한다.

스칼라 및 벡터 유니폼 설정하기

OpenGL은 쉐이딩 언어 및 API에서 많은 종류의 데이터 타입을 지원한다. 이는 원하는 모든 데이터를 전달할 수 있도록 하기 위함이다. 유니폼의 값을 설정하기 위한 많은 함수도 지원한다. 단일 스칼라 또는 벡터 데이터 타입은 다음과 같은 **glUniform*()** 함수의 변종을 통해서 설정 가능하다.

```
void glUniform1f(GLint location, GLfloat v0);
void glUniform2f(GLint location, Glfloat v0, GLfloat v1);
void glUniform3f(GLint location, GLfloat v0, GLfloat v1,
                 GLfloat v2);
void glUniform4f(GLint location, GLfloat v0, GLfloat v1,
                 GLfloat v2, GLfloat v3);
void glUniform1i(GLint location, GLint v0);
void glUniform2i(GLint location, GLint v0, GLint v1);
void glUniform3i(GLint location, GLint v0, GLint v1,
                 GLint v2);
void glUniform4i(GLint location, GLint v0, GLint v1,
                 GLint v2, GLint v3);
void glUniform1ui(GLint location, GLuint v0);
void glUniform2ui(GLint location, GLuint v0, GLuint v1);
void glUniform3ui(GLint location, GLuint v0, GLuint v1,
                  GLuint v2);
void glUniform4ui(GLint location, GLuint v0, GLuint v1,
                  GLuint v2, GLint v3);
```

예를 들어 쉐이더에 다음과 같은 네 개의 변수가 선언되었다고 하자.

```
uniform float fTime;
uniform int iIndex;
uniform vec4 vColorValue;
uniform bool bSomeFlag;
```

쉐이더에서 이 값들을 찾고 설정하는 C/C++ 코드는 다음과 같다.

```
GLint locTime, locIndex, locColor, locFlag;
locTime  = glGetUniformLocation(myShader, "fTime");
locIndex = glGetUniformLocation(myShader, "iIndex");
locColor = glGetUniformLocation(myShader, "vColorValue");
locFlag  = glGetUniformLocation(myShader, "bSomeFlag");
...
...
glUseProgram(myShader);
glUniform1f(locTime, 45.2f);
glUniform1i(locIndex, 42);
glUniform4f(locColor, 1.0f, 0.0f, 0.0f, 1.0f);
glUniform1i(locFlag, GL_FALSE);
```

`glUniform*()` 함수의 정수 버전을 사용하여 `bool`값을 설정한 것에 주목하자. 부울형은 `false`에 해당하는 부동소수점값인 0.0으로 설정할 수도 있다. 0이 아닌 값은 모두 **true**에 해당한다.

유니폼 배열 설정하기

`glUniform*()` 함수는 배열 형태로 들어 있는 값들에 대한 포인터를 인자로 가질 수도 있다.

```
void glUniform1fv(GLint location, GLuint count, const GLfloat* value);
void glUniform2fv(GLint location, GLuint count, const Glfloat* value);
void glUniform3fv(GLint location, GLuint count, const GLfloat* value);
void glUniform4fv(GLint location, GLuint count, const GLfloat* value);

void glUniform1iv(GLint location, GLuint count, const GLint* value);
void glUniform2iv(GLint location, GLuint count, const GLint* value);
void glUniform3iv(GLint location, GLuint count, const GLint* value);
void glUniform4iv(GLint location, GLuint count, const GLint* value);

void glUniform1uiv(GLint location, GLuint count, const GLuint* value);
void glUniform2uiv(GLint location, GLuint count, const GLuint* value);
void glUniform3uiv(GLint location, GLuint count, const GLuint* value);
void glUniform4uiv(GLint location, GLuint count, const GLuint* value);
```

여기서 count값은 각각의 x개짜리 컴포넌트 배열 안에 얼마나 많은 요소가 있는지 나타낸다. x는 함수 이름의 끝에 있는 숫자를 의미한다. 예를 들어 4요소 유니폼이 있다면 다음과 같이 선언하고,

```
uniform vec4 vColor;
```

C/C++에서는 부동소수점 배열로 나타낼 수 있다.

```
GLfloat vColor[4] = { 1.0f, 1.0f, 1.0f, 1.0f };
```

하지만 이것은 네 개의 값을 갖는 하나의 배열이기 때문에 다음과 같이 쉐이더로 전달할 수 있다.

```
glUniform4fv(iColorLocation, 1, vColor);
```

한편 쉐이더에서 색상값들을 배열로 선언했다면,

```
uniform vec4 vColors[2];
```

C++에서는 데이터를 다음과 같이 정의하고 전달할 수 있다.

```
GLfloat vColors[2][4] = { { 1.0f, 1.0f, 1.0f, 1.0f } ,
                          { 1.0f, 0.0f, 0.0f, 1.0f } };
...
glUniform4fv(iColorLocation, 2, vColors);
```

가장 간단하게는, 하나의 부동소수점 유니폼을 다음과 같이 설정할 수 있다.

```
GLfloat fValue = 45.2f;
glUniform1fv(iLocation, 1, &fValue);
```

행렬 유니폼 설정하기

마지막으로 행렬 유니폼을 설정하는 방법을 살펴보겠다. 쉐이더 행렬 데이터 타입은 단정밀도 및 배정밀도 부동소수점만 지원하는 함수를 사용한다. 즉, 함수 변종이 더 적다. 다음은 2×2, 3×3,

4×4 단정밀도 부동소수점 행렬 유니폼을 설정하는 함수들이다.

```
glUniformMatrix2fv(GLint location, GLuint count,
                   GLboolean transpose, const GLfloat *m);
glUniformMatrix3fv(GLint location, GLuint count,
                   GLboolean transpose, const GLfloat *m);
glUniformMatrix4fv(GLint location, GLuint count,
                   GLboolean transpose, const GLfloat *m);
```

마찬가지로 다음은 2×2, 3×3, 4×4 배정밀도 부동소수점 행렬 유니폼의 값을 설정하는 함수들이다.

```
glUniformMatrix2dv(GLint location, GLuint count,
                   GLboolean transpose, const GLdouble *m);
glUniformMatrix3dv(GLint location, GLuint count,
                   GLboolean transpose, const GLdouble *m);
glUniformMatrix4dv(GLint location, GLuint count,
                   GLboolean transpose, const GLdouble *m);
```

이 함수들은 모두 count라는 인자를 가지며, 이것은 포인터 인자 m이 가리키는 행렬 개수를 나타낸다(그렇다, 행렬의 배열이다). 불린 인자 transpose는 GL_FALSE로 설정하면 행렬이 열우선 순서(OpenGL이 선호하는 방식)로 저장되어 있다고 간주한다. 이 값을 GL_TRUE로 설정하면 쉐이더로 복사될 때 행렬이 전치된다. 이 기능은 행우선 방식을 따르는 행렬 라이브러리를 사용하는 경우(예를 들어 특정 그래픽 API가 행우선 순서를 따르는데, 이 그래픽 API에 최적화된 라이브러리를 사용하려고 하는 경우)에 유용한 기능이다.

5.2.2 유니폼 블록

언젠가는 아주 복잡한 쉐이더를 작성하게 될 것이다. 그중 일부는 많은 상수 데이터를 사용할 것이고, 이 모든 것을 유니폼을 사용해서 쉐이더로 전달하면 매우 비효율적이게 된다. 애플리케이션에서 많은 쉐이더를 사용한다면, 모든 쉐이더에 대해 유니폼을 설정해야 한다. 즉, 수많은 **glUniform*()** 함수를 호출하게 된다. 어떤 유니폼이 변경되는지 관리해야 할 필요도 있다. 어떤 유니폼은 매 객체마다 변경되고, 어떤 것은 매 프레임당 한 번만 변경되고, 어떤 것은 전체 프로그램에서 한 번만 초기화되면 변하지 않는 것도 있다. 이는 애플리케이션의 여러 상황에 맞추어 특정 유니폼을 갱신해야 하거나(관리하기 복잡해진다), 또는 모든 유니폼을 매번 변경해야 한다는(성능이 저하된다) 의미다.

glUniform*() 함수를 매번 호출하는 성능 저하를 막기 위해, 많은 유니폼을 업데이트하는 작업을 더 단순하게 하기 위해, 그리고 다른 프로그램들 간에 유니폼을 더 쉽게 공유하기 위해, OpenGL은 유니폼들을 **유니폼 블록**으로 그룹화할 수 있게 하고 블록 전체를 버퍼 객체에 저장할 수 있게 했다. 버퍼 객체는 이전에 설명한 것과 별반 다르지 않다. 버퍼 바인딩을 변경하거나 바인딩된 버퍼의 내용을 덮어쓰면, 유니폼 그룹 전체를 빠르게 설정할 수 있다. 프로그램을 변경해도, 버퍼 바인딩은 그대로 둘 수 있다. 그러면 새로운 프로그램은 현재 상태의 유니폼값들을 가진다. 이러한 기능은 유니폼 버퍼 객체^{uniform buffer object}(UBO)라고 부른다. 사실 지금까지 배운 유니폼은 디폴트 블록에 위치하는 것이었다. 쉐이더에서 전역 구간에 선언된 유니폼은 디폴트 유니폼 블록에 있게 된다. 디폴트 블록은 유니폼 버퍼 객체에 둘 수 없다. 이름 있는 유니폼 블록을 하나 이상 생성해야 한다.

유니폼들이 버퍼 객체 내에 저장되도록 선언하려면, 쉐이더에서 이름 있는 유니폼 블록을 사용해야 한다. 3.2.1절 '인터페이스 블록'에서 설명한 인터페이스 블록과 유사해보이지만, **in**이나 **out** 키워드 대신에 **uniform** 키워드를 사용한다. [예제 5-9]는 쉐이더 내에서 어떻게 사용되는지에 대한 예다.

예제 5-9 유니폼 블록 선언 예

```
uniform TransformBlock
{
    float scale;              // 모든 것에 적용할 전역 스케일
    vec3 translation;         // X, Y, Z 이동
    float rotation[3];        // X, Y, Z 축 회전
    mat4 projection_matrix;   // 스케일과 회전 후에 적용할 일반적인 프로젝션 행렬
} transform;
```

이 코드는 TransformBlock이라는 이름의 유니폼 블록을 선언한다. 또한 transform이라는 이름으로 그 블록에 대한 인스턴스를 하나 선언한다. 쉐이더 안에서는 그 인스턴스 이름인 transform을 사용하여 블록의 멤버(예를 들면 transform.scale 또는 transform.projection_matrix)를 참조할 수 있다. 하지만 블록을 채우기 위해 버퍼 객체의 데이터를 설정하기 위해서는 블록의 멤버 위치를 알아야 한다. 그러기 위해서는 블록 이름인 TransformBlock을 알아야 한다. 만약 블록 인스턴스가 여러 개 필요한 경우, 각 인스턴스는 자신만의 버퍼를 가지는데, 이를 위해 transform을 배열로 만들 수도 있다. 블록의 멤버들은 각 블록 안에서 동일한 위치를 갖는다. 하지만 쉐이더에서 참조할 블록의 인스턴스는 여러 개다. 블록의 데이터를 채울 때 블록 안에 멤버의 위치를 질의하는 것은 중요하다. 다음 절에서 설명하겠다.

유니폼 블록 만들기

이름 있는 유니폼 블록을 통해 쉐이더 내에서 접근한 데이터는 버퍼 객체 내에 저장된다. 일반적으로 애플리케이션의 임무는 **glBufferData( )**나 **glMapBuffer( )** 같은 함수를 사용하여 버퍼 객체에 데이터를 채우는 것이다. 그렇다면 문제는 '어떻게 버퍼의 데이터를 채울까'하는 것이다. 실제로

여기에는 두 개의 옵션이 있다. 어떤 것을 선택하든 장단점이 있다.

첫 번째 방법은 표준적인 방법으로, 데이터의 레이아웃에 의존한다. 이 말은 애플리케이션이 버퍼로 그냥 데이터를 복사하고 멤버의 블록 내 위치가 그대로 일치한다고 가정한다는 것이다. 심지어는 디스크에 미리 데이터를 저장해놓고 **glMapBuffer()**를 사용하여 그대로 버퍼에 매핑시킬 수도 있다. 표준 레이아웃 방식은 블록의 여러 멤버 사이에 빈 공간을 둘 여지가 있다. 실제 필요한 양보다 버퍼를 더 크게 잡아야 하는 경우도 있으며, 편의성에 비해 성능을 손해 볼 수도 있다. 하지만 이러한 표준 레이아웃 방식은 대부분의 경우에 안전한 방법이다.

다른 대안은 데이터가 어디에 위치할지 OpenGL이 결정하게 하는 방법이다. 이 방법은 가장 효율적인 쉐이더를 만들 수 있지만, OpenGL이 읽을 데이터가 어디에 위치하는지 애플리케이션이 알아내야 한다. 이 방식 하에서 유니폼 버퍼에 저장된 데이터는 **공유된** 레이아웃 형태로 정렬된다. 이것은 기본 레이아웃으로, OpenGL을 통해 특별히 명시적으로 요구하지 않으면 이 레이아웃 형태의 데이터를 받는다. 공유 레이아웃에서는 OpenGL이 결정한 실시간 성능 및 쉐이더 접근성에 최적화된 형태로 버퍼의 데이터가 배치된다. 이 방식으로 쉐이더 성능이 개선되기도 하지만, 애플리케이션 입장에서는 할 일이 더 많아진다. 공유 레이아웃이라고 불리는 이유는 OpenGL이 버퍼 상의 데이터를 정렬시켜서 여러 프로그램과 쉐이더가 동일한 유니폼 블록 선언을 공유할 수 있기 때문이다. 이를 통해 어떤 프로그램도 동일한 버퍼 객체를 사용할 수 있도록 해준다. 공유 레이아웃을 사용하기 위해서는 유니폼 블록 멤버에 대한 버퍼 객체 상의 위치를 애플리케이션이 결정해야 한다.

우선 표준 레이아웃을 설명하겠다. **표준** 레이아웃은 쉐이더 사용 시 권장되는(비록 기본은 아니지만) 방법이다. OpenGL에 표준 레이아웃을 사용한다고 하려면 유니폼 블록을 레이아웃 지시어로 선언해야 한다. [예제 5-10]은 TransformBlock 유니폼 블록의 선언에 표준 레이아웃 지시어 **std140**을 사용한 예다.

예제 5-10 유니폼 블록을 std140 레이아웃으로 선언하기

```
layout(std140) uniform TransformBlock
{
    float scale;                    // 모든 것에 적용할 전역 스케일
    vec3 translation;               // X, Y, Z 이동
    float rotation[3];              // X, Y, Z 축 회전
    mat4 projection_matrix;         // 스케일과 회전 후에 적용할 일반적인 프로젝션 행렬
} transform;
```

유니폼 블록이 일단 표준 또는 **std140**으로 선언되면, 각 블록의 멤버는 버퍼에 기정의된 양만큼의 공간을 차지하고, 규칙에 따라 오프셋만큼 지난 위치에서 시작한다. 규칙을 요약하면 다음과 같다.

버퍼에서 N바이트를 차지하는 타입은 그 버퍼의 N바이트 경계에서 시작한다. 즉, `int`, `float`, `bool` 같은(모두 32비트 또는 4바이트를 차지) 표준 GLSL 타입들은 4바이트의 배수 위치에서 시작한다. 이러한 타입들에 대한 2요소 벡터는 $2N$바이트 경계에서 시작한다. 예를 들어 `vec2`는 메모리에서 8바이트를 차지하며, 항상 8바이트 경계에서 시작한다. 3요소 및 4요소 벡터는 항상 $4N$바이트 경계에서 시작하는데, 예를 들어 `vec3`와 `vec4` 타입은 16바이트 경계에서 시작한다. 스칼라 또는 벡터 타입의 배열 각 멤버(예를 들면 `int s` 또는 `vec3 s`)는 동일한 규칙 하에 계산된 경계에서 시작하지만, `vec4`로 정렬되어 올림처리 된다. 특히 `vec4`(그리고 $N \times 4$ 행렬) 이외의 배열은 촘촘하게 패킹되지 않고 각 요소 사이에 빈틈이 있다는 것을 의미한다. 행렬들은 기본적으로 벡터들의 배열로 간주된다. 그리고 행렬의 배열은 매우 긴 벡터 배열로 간주된다. 마지막으로 구조체 및 구조체 배열은 추가적인 패킹 요구사항이 있다. 구조체 멤버 중에서 가장 큰 멤버에 의해 구조체 경계 시작이 결정되고, `vec4`의 크기로 올림처리 된다.

`std140` 레이아웃과 C++(또는 다른 애플리케이션 언어) 컴파일러가 따르는 패킹 룰 사이에는 차이가 있다는 사실을 염두에 두어야 한다. 특히 유니폼 블록의 배열은 꼭 촘촘하게 패킹될 필요는 없다. 이는 예를 들어 유니폼 블록에 `float`의 배열을 만들어 C 배열의 데이터를 그대로 복사할 수 없다는 것을 의미한다. 왜냐 하면 C 배열의 데이터는 패킹되지만, 유니폼 블록의 데이터는 그렇지 않기 때문이다.

이러한 내용이 복잡하다고 생각할 수도 있겠지만, 이 방식은 논리적이고 잘 정의되어 있어서 많은 그래픽 하드웨어가 유니폼 버퍼 객체를 효과적으로 구현할 수 있도록 해주고 있다. TransformBlock 예제로 다시 돌아와서, 이 규칙을 사용하여 버퍼상의 블록 멤버에 대한 오프셋을 구해보자. [예제 5-11]은 그 멤버들의 오프셋에 따른 유니폼 블록 선언에 대한 예다.

예제 5-11 유니폼 블록의 오프셋 예

```
layout(std140) uniform TransformBlock
{
    // 멤버                   기본 정렬      오프셋      정렬된 오프셋
    float scale;            // 4          0          0
    vec3 translation;       // 16         4          16
    float rotation[3];      // 16         28         32 (rotation[0])
                            //                       48 (rotation[1])
                            //                       64 (rotation[2])
    mat4 projection_matrix; // 16         80         80 (column 0)
                            //                       96 (column 1)
                            //                       112 (column 2)
                            //                       128 (column 3)
} transform;
```

여러 가지 타입에 따른 완벽한 정렬의 예는 ARB_uniform_buffer_object 확장명세 원본에 명시되어 있다.

만약 정말로 공유 레이아웃을 사용하고 싶다면, OpenGL이 블록 멤버에 할당한 오프셋을 알아내야 한다. 유니폼 블록의 각 멤버는 크기와 블록 내 위치를 찾기 위해 참조할 인덱스를 갖는다. 유니폼 블록 멤버의 인덱스를 얻기 위해서는 아래 함수를 호출한다.

```
void glGetUniformIndices(GLuint program,
                         GLsizei uniformCount,
                         const GLchar ** uniformNames,
                         GLuint * uniformIndices);
```

이 함수는 많은 유니폼의 인덱스들을 얻어온다. 이 하나의 함수로 프로그램의 모든 유니폼에 대한 인덱스를 얻을 수 있는데, 심지어는 다른 블록의 멤버여도 가능하다. 이 함수는 인덱스를 얻어올 유니폼의 개수(uniformCount)와 유니폼 이름의 배열(uniformNames)을 인자로 취하고, 인덱스는 배열(uniformIndices)로 돌려준다. [예제 5-12]는 앞서 선언한 TransformBlock의 멤버들에 대한 인덱스를 얻는 방법에 대한 예다.

예제 5-12 유니폼 블록 멤버들의 인덱스 얻어오기

```
static const GLchar * uniformNames[4] =
{
    "TransformBlock.scale",
    "TransformBlock.translation",
    "TransformBlock.rotation",
    "TransformBlock.projection_matrix"
};
GLuint uniformIndices[4];

glGetUniformIndices(program, 4, uniformNames, uniformIndices);
```

[예제 5-12]의 코드가 실행된 후 uniformIndices 배열 안에는 유니폼 블록의 네 멤버에 대한 인덱스가 들어간다. 이제 얻어온 인덱스를 사용하여 버퍼 내에서 블록 멤버의 위치를 찾을 수 있다. 이를 위해 아래 함수를 호출한다.

```
void glGetActiveUniformsiv(GLuint program,
                           GLsizei uniformCount,
                           const GLuint * uniformIndices,
                           GLenum pname,
                           GLint * params);
```

이 함수는 특정 유니폼 블록 멤버에 대한 많은 정보를 제공한다. 우리가 관심 있는 정보는 버퍼 내

멤버의 오프셋, (TransformBlock.rotation에 대한) 배열 스트라이드stride[3], (TransformBlock. projection_matrix에 대한) 행렬 스트라이드 등이다. 이러한 값들을 통해 버퍼 내 어디에 데이터를 저장하면 쉐이더에서 볼 수 있는지 알 수 있다. 이러한 값들은 pname에 각각 GL_UNIFORM_ OFFSET, GL_UNIFORM_ARRAY_STRIDE, GL_UNIFORM_MATRIX_STRIDE를 설정하면 OpenGL로부터 얻을 수 있다.

예제 5-13 유니폼 블록 멤버에 대한 정보 얻기

```
GLint uniformOffsets[4];
GLint arrayStrides[4];
GLint matrixStrides[4];
glGetActiveUniformsiv(program, 4, uniformIndices,
                      GL_UNIFORM_OFFSET, uniformOffsets);
glGetActiveUniformsiv(program, 4, uniformIndices,
                      GL_UNIFORM_ARRAY_STRIDE, arrayStrides);
glGetActiveUniformsiv(program, 4, uniformIndices,
                      GL_UNIFORM_MATRIX_STRIDE, matrixStrides);
```

[예제 5-13]의 코드가 실행되면, uniformOffsets는 TransformBlock 블록의 멤버들에 대한 오프셋을 담고, arrayStrides는 배열 멤버들(지금은 rotation밖에 없음)의 스트라이드를 담고, matrixStrides는 행렬 멤버들(projection_matrix밖에 없음)의 스트라이드를 담는다.

유니폼 블록 멤버에 대한 다른 정보로는 유니폼의 데이터 타입, 메모리에서 차지하는 바이트 단위 크기, 블록 내 행렬 및 배열과 관련된 레이아웃 정보 등이 있다. 쉐이더를 직접 작성했다면 멤버의 크기나 타입 등은 이미 알고 있겠지만, 복잡한 타입이 포함된 버퍼 객체를 초기화하기 위해서는 이러한 일부 정보를 얻어올 필요가 있다. [표 5-3]은 pname에 사용할 수 있는 다른 값과 얻는 정보를 설명한다.

표 5-3 glGetActiveUniformsiv()를 통한 유니폼 인자 질의

pname의 값	얻는 정보
GL_UNIFORM_TYPE	유니폼의 데이터 타입을 GLenum 형태로 얻는다.
GL_UNIFORM_SIZE	배열의 크기를 GL_UNIFORM_TYPE 단위로 얻는다. 만약 유니폼이 배열이 아니라면, 이 값은 항상 1이다.
GL_UNIFORM_NAME_LENGTH	유니폼 이름의 문자 길이
GL_UNIFORM_BLOCK_INDEX	유니폼이 속한 블록 내 인덱스
GL_UNIFORM_OFFSET	블록 내 유니폼의 오프셋
GL_UNIFORM_ARRAY_STRIDE	배열에서 다음 요소까지의 바이트 수. 유니폼이 배열이 아니라면, 이 값은 0이다.

----

3 역주_ 아배열 내 각 요소의 크기

pname의 값	얻는 정보
GL_UNIFORM_MATRIX_STRIDE	열우선 행렬의 각 열 또는 행우선 행렬의 각 행 첫 번째 요소들 간의 바이트 수. 유니폼이 행렬이 아니라면, 이 값은 0이다.
GL_UNIFORM_IS_ROW_MAJOR	출력 배열의 각 요소는 만약 유니폼이 행우선 행렬이라면 1, 열우선 행렬이거나 행렬이 아니라면 0이다.

만약 관심을 두는 유니폼의 타입이 **int**, **float**, **bool**, 또는 이러한 타입의 벡터(**vec4** 등) 같은 간단한 타입이라면 오프셋만 알면 된다. 버퍼 내 유니폼의 위치만 알면 **glBufferSubData( )**에 오프셋을 전달하여 적절한 위치의 데이터를 로드하거나 오프셋을 코드에서 직접 사용하여 메모리상에서 버퍼를 조합할 수 있다. 여기서는 후자를 설명할 텐데, 그 이유는 버텍스 정보가 버퍼에 저장되는 것처럼 유니폼이 메모리상에 저장된다는 개념을 잘 설명할 수 있기 때문이다. 또한 더 적은 OpenGL 함수를 호출하기 때문에 성능이 더 좋다. 이러한 예를 보이기 위해 애플리케이션의 메모리에 데이터를 조합하고, **glBufferData( )**를 사용하여 버퍼에 로드한다. 이 방법 대신 **glMapBuffer( )**를 사용하여 버퍼 메모리에 대한 포인터를 얻어 직접 데이터를 조합하는 방법도 있다.

먼저 TransformBlock 블록에 가장 간단한 유니폼인 scale을 설정해보자. 이 유니폼은 단일 부동소수점으로 uniformIndices 배열의 첫 번째 요소 위치에 저장된다. [예제 5-14]는 단일 부동소수점의 값을 설정하는 예다.

예제 5-14 유니폼 블록에서 단일 부동소수점 설정하기

```
// 버퍼에 대한 일부 메모리를 할당한다(나중에 잊지 말고 해제하자).
unsigned char * buffer = (unsigned char *)malloc(4096);

// 우리는 TransformBlock.scale이 블록의 uniformOffsets[0] 바이트에 위치한다는 것을 알고 있다.
// 따라서 버퍼 포인터를 그 값으로 조정하고 스케일값을 그 위치에 저장한다.
*((float *)(buffer + uniformOffsets[0])) = 3.0f;
```

다음으로 TransformBlock.translation에 대한 데이터를 초기화해보자. 이 데이터는 **vec3**로서 세 개의 부동소수점값으로 이루어져 있으며 메모리상에 촘촘히 패킹되어 있다. 이 데이터를 갱신하려면, 벡터의 첫 번째 요소에 대한 위치를 찾아서, 그 위치로부터 시작하는 메모리에 세 개의 부동소수점값을 저장한다. [예제 5-15]는 이에 대한 예다.

예제 5-15 유니폼 블록 멤버들에 대한 인덱스 얻기

```
// vec3를 갱신하기 위해 메모리상에 세 개의 연속적인 GLfloat값을 저장한다.
((float *)(buffer + uniformOffsets[1]))[0] = 1.0f;
((float *)(buffer + uniformOffsets[1]))[1] = 2.0f;
((float *)(buffer + uniformOffsets[1]))[2] = 3.0f;
```

이제 rotation 배열을 처리해보자. **vec3**를 사용할 수도 있지만, GL_UNIFORM_ARRAY_STRIDE 인자를 사용하는 예를 보이기 위해 3요소 배열을 사용해보았다. 공유(**shared**) 레이아웃을 사용하면, 배열은 바이트 단위 스트라이드로 구분되는 일련의 요소로 정의된다. 공유 레이아웃을 사용할 때, 배열은 구현물에서 정의한 바이트 단위의 스트라이드로 구분되는 일련의 요소로 정의된다. 이것은 버퍼에 저장할 데이터의 위치를 알기 위해서는 GL_UNIFORM_OFFSET과 GL_UNIFORM_ARRAY_STRIDE를 사용해야 함을 의미한다. 이에 관한 코드는 [예제 5-16]에 있다.

예제 5-16 유니폼 블록 상의 배열에 데이터 지정하기

```
// TransformBlock.rotations[0]은 버퍼 내 uniformOffsets[2] 바이트에 있다.
// 배열의 각 요소는 arrayStrides[2] 바이트의 배수마다 위치한다.

const GLfloat rotations[] = { 30.0f, 40.0f, 60.0f };
unsigned int offset = uniformOffsets[2];

for (int n = 0; n < 3; n++)
{
    *((float *)(buffer + offset)) = rotations[n];
    offset += arrayStrides[2];
}
```

마지막으로 TransformBlock.projection_matrix에 대한 데이터를 설정해보자. 유니폼 블록의 행렬은 벡터 배열과 유사하다. 열우선 행렬(디폴트임)의 경우 행렬의 각 열을 벡터처럼 다루는데, 이때 벡터의 길이는 행렬의 높이다. 이와 마찬가지로 행우선 행렬도 벡터의 배열처럼 다루는데, 각 행이 배열의 요소다. 일반 배열처럼 행렬의 각 열(또는 행)의 시작 오프셋은 OpenGL 구현체가 정의한 양으로 정의된다. 이 값은 **glGetActiveUniformsiv( )**에 GL_UNIFORM_MATRIX_STRIDE 인자를 제공하여 얻을 수 있다. 행렬의 각 열은 **vec3** TransformBlock.translation을 초기화할 때 사용했던 것과 유사한 코드를 사용하여 초기화할 수 있다. 설정 관련 코드를 [예제 5-17]에 보인다.

예제 5-17 유니폼 블록에서 행렬 설정하기

```
// TransformBlock.projection_matrix의 첫 번째 열은
// 버퍼의 uniformOffsets[3] 위치에 있다. 각 열은 서로
// matrixStride[3]만큼 떨어져 있고, 내부적으로는 vec4로 이루어져 있다.
// 이것이 원본 행렬이다. 열우선 행렬이라는 것을 기억하자.
const GLfloat matrix[] =
{
    1.0f, 2.0f, 3.0f, 4.0f,
    9.0f, 8.0f, 7.0f, 6.0f,
    2.0f, 4.0f, 6.0f, 8.0f,
    1.0f, 3.0f, 5.0f, 7.0f
};
```

```
for (int i = 0; i < 4; i++)
{
    GLuint offset = uniformOffsets[3] + matrixStride[3] * i;
    for (j = 0; j < 4; j++)
    {
        *((float *)(buffer + offset)) = matrix[i * 4 + j];
        offset += sizeof(GLfloat);
    }
}
```

어떤 레이아웃이더라도 이런 식으로 오프셋과 스트라이드를 질의할 수 있다. 공유 레이아웃에서는 이 방식밖에 없다. 하지만 다소 불편하다. 그리고 알겠지만 버퍼에 데이터를 제대로 배치하기 위해서는 코드가 꽤 많이 필요하다. 이것이 바로 **표준** 레이아웃을 권장하는 이유다. 표준 레이아웃에서는 OpenGL이 지원하는 여러 데이터 타입에 대해 크기와 정렬 방식을 정의하는 몇 가지 규칙에 기반하여 데이터가 버퍼 내 어디에 위치할지 유추할 수 있다. 그리고 직접 질의를 할 필요가 없다 (오프셋과 스트라이드를 질의해보면 결과는 동일할 것이다). 물론 이 방식을 사용하면 쉐이더 성능이 약간 떨어지긴 하겠지만, 코드 복잡도나 애플리케이션 성능면에서는 그만한 가치가 있다.

어떤 패킹 모드를 선택하더라도, 데이터 버퍼를 프로그램의 유니폼 블록에 바인딩할 수 있다. 이 작업을 수행하기 전에, 유니폼 블록의 인덱스를 먼저 얻어 와야 한다. 프로그램 내 각 유니폼 블록은 컴파일러가 할당한 인덱스를 갖는다. 하나의 프로그램이 사용할 수 있는 유니폼 블록의 최대 개수에는 제한이 있다. 특정 쉐이더 스테이지에서 사용할 수 있는 유니폼 블록의 최대 개수도 제한이 있다. 이 제한값들은 **glGetIntegerv( )**에 GL_MAX_UNIFORM_BUFFERS 인자를 전달하면(프로그램당 최대를 확인하기 위해) 확인할 수 있다. 버텍스, 테셀레이션 컨트롤, 테셀레이션 이벨류에이션, 지오메트리, 프래그먼트 쉐이더는 각각 GL_MAX_VERTEX_UNIFORM_BUFFERS, GL_MAX_TESS_CONTROL_UNIFORM_BUFFERS, GL_MAX_TESS_EVALUATION_UNIFORM_BUFFERS, GL_MAX_GEOMETRY_UNIFORM_BUFFERS, GL_MAX_FRAGMENT_UNIFORM_BUFFERS 인자를 전달하면 확인할 수 있다. 프로그램 내 유니폼 블록의 인덱스를 얻기 위해서는 다음 함수를 호출한다.

```
GLuint glGetUniformBlockIndex(GLuint program,
                             const GLchar * uniformBlockName);
```

이 함수는 해당 이름의 유니폼 블록의 인덱스를 리턴한다. 우리 유니폼 블록 선언 예제에서 uniformBlockName은 "TransformBlock"일 것이다. 유니폼 블록에 데이터를 제공하기 위해 버퍼를 바인딩할 바인딩 포인트는 여러 개 있을 수 있다. 버퍼를 유니폼 블록에 바인딩하기 위해서는 기본적으로 두 단계 과정이 필요하다. 유니폼 블록을 바인딩 포인트에 할당한 다음에, 이 바인딩 포인트에 버퍼를 바인딩하면, 결과적으로 버퍼가 유니폼 블록에 연결된다. 버퍼 바인딩을 변경하지 않고 다른 프로그램으로 교체하는 방식으로, 일부 유니폼이 자동적으로 새로운 프로그램에 보일 수 있다. 이와는 대조적으로 디폴트 블록의 유니폼값들은 프로그램별로 적용되는 상태다. 비록 두 개의 프로그램이 같은 이름의 유니폼을 가지고 있더라도, 그 값들은 각 프로그램마다 설정되며, 현재 활성화된 프로그램이 바뀌면 함께 바뀐다.

유니폼 블록에 바인딩 포인트를 할당하기 위해서는 다음 함수를 호출한다.

```
void glUniformBlockBinding(GLuint program,
                           GLuint uniformBlockIndex,
                           GLuint uniformBlockBinding);
```

여기서 program은 변경할 유니폼 블록이 위치하는 프로그램이다. uniformBlockIndex는 바인딩 포인트를 할당할 유니폼 블록에 대한 인덱스다. 그 인덱스는 **glGetUniformBlockIndex()**로 이미 얻은 값이다. uniformBlockBinding은 유니폼 블록 바인딩 포인트에 대한 인덱스다. OpenGL 구현은 지원하는 바인딩 포인트의 최대 개수가 정해져 있다. 이 제한값은 **glGetIntegerv()**에 GL_MAX_UNIFORM_BUFFER_BINDINGS를 전달하여 호출하면 확인할 수 있다.

대안으로 유니폼 블록의 인덱스를 쉐이더 코드 안에서 직접 지정할 수도 있다. 그렇게 하려면 이번에는 **binding** 키워드를 사용하여 레이아웃 지시어를 지정해야 한다. 예를 들어 TransformBlock 블록을 바인딩 2에 할당하려면 다음과 같이 선언한다.

```
layout(std140, binding = 2) uniform TransformBlock
{
    ...
} transform;
```

binding 레이아웃 지시어는 **std140**(또는 다른) 지시어와 함께 사용할 수 있다는 점을 주목하자. 쉐이더 코드에서 바인딩을 할당하는 방식은 **glUniformBlockBinding()**을 호출하지 않아도 되고, 애플리케이션에서 블록 인덱스를 몰라도 되기 때문에 블록 위치를 할당하는 가장 편한 방법이다. **glUniformBlockBinding()** 함수를 사용하든 아니면 레이아웃 지시어를 사용하든, 일단 프로그램의 유니폼 블록에 바인딩 포인트를 할당하기만 하면 해당 바인딩 포인트에 버퍼를 바인딩하여 버퍼상의 데이터를 유니폼 블록에 보이게 할 수 있다. 이를 위해 다음 함수를 호출한다.

```
glBindBufferBase(GL_UNIFORM_BUFFER, index, buffer);
```

여기서 GL_UNIFORM_BUFFER는 OpenGL에 지금 유니폼 버퍼 바인딩 포인트들 중 하나에 버퍼를 바인딩하고 있다는 것을 알리는 것이다. index는 바인딩 포인트에 대한 인덱스며 쉐이더에 지정한 값 또는 **glUniformBlockBinding()**에 uniformBlockBinding으로 지정한 값과 같아야 한다. buffer는 어태치시키려는 버퍼 객체의 이름이다. index는 유니폼 블록에 대한 인덱스 (**glUniformBlockBinding()**의 uniformBlockIndex)가 아니라 유니폼 버퍼 바인딩 포인트에 대한 인덱스라는 점이 중요하다. 보통 여기에서 실수를 많이 하며 헷갈리기 쉽다.

[그림 5-1]은 유니폼 블록 인덱스와 바인딩 포인트를 연결하는 내용이다.

그림 5-1 버퍼 및 유니폼 블록을 바인딩 포인트에 바인딩하기

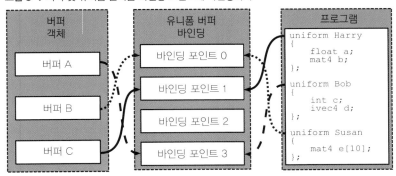

[그림 5-1]을 보면 세 개의 유니폼 블록(Harry, Bob, Susan)이 있고, 세 개의 버퍼 객체(A, B, C)가 있다. Harry는 바인딩 포인트 1에 할당되어 있고, 버퍼 C는 바인딩 포인트 1에 바인딩되어 있다. 따라서 Harry의 데이터는 버퍼 C에서 온다. 같은 식으로 Bob은 바인딩 포인트 3에 할당되어 있고, 버퍼 A는 바인딩 포인트 3에 바인딩되어 있다. 따라서 Bob의 데이터는 버퍼 A에서 온다. 마지막으로 Susan은 바인딩 포인트 0에 할당되어 있고, 버퍼 B는 바인딩 포인트 0에 바인딩되어 있다. 따라서 Susan의 데이터는 버퍼 B에서 온다. 바인딩 포인트 2는 사용하지 않고 있다는 점을 주목하자. 물론 이것은 문제가 되지 않는다. 버퍼가 바인딩되어 있을 수도 있지만, 프로그램에서는 사용하지 않을 수 있다.

설정하는 코드는 간단하며 [예제 5-18]에 들어 있다.

예제 5-18 유니폼 블록에 대한 바인딩 설정하기

```
// glGetUniformBlockIndex를 사용하여 유니폼 블록의 인덱스를 얻는다.
GLuint harry_index = glGetUniformBlockIndex(program, "Harry");
GLuint bob_index   = glGetUniformBlockIndex(program, "Bob");
GLuint susan_index = glGetUniformBlockIndex(program, "Susan");

// 그 인덱스를 사용하여 버퍼 바인딩을 유니폼 블록에 할당한다.
glUniformBlockBinding(program, harry_index, 1);
glUniformBlockBinding(program, bob_index, 3);
glUniformBlockBinding(program, susan_index, 0);

// 버퍼를 바인딩 포인트에 할당한다.
// 바인딩 0, 버퍼 B, Susan의 데이터
glBindBufferBase(GL_UNIFORM_BUFFER, 0, buffer_b);
// 바인딩 1, 버퍼 C, Harry의 데이터
glBindBufferBase(GL_UNIFORM_BUFFER, 1, buffer_c);
```

```
// 바인딩 2를 건너뛰었음을 주의하라.
// 바인딩 3, 버퍼 A, Bob의 데이터
glBindBufferBase(GL_UNIFORM_BUFFER, 3, buffer_a);
```

만약 쉐이더 코드 안에서 바인딩(binding) 레이아웃 지시어를 사용하여 유니폼 블록에 대한 바인
딩을 설정하면 [예제 5-18]의 **glUniformBlockBinding()** 함수 호출이 필요 없다. [예제 5-19]는
이에 대한 예다.

예제 5-19 유니폼 블록 바인딩 레이아웃 지시어

```
layout (binding = 1) uniform Harry
{
    // ...
};

layout (binding = 3) uniform Bob
{
    // ...
};

layout (binding = 0) uniform Susan
{
    // ...
};
```

[예제 5-19]에서 선언한 쉐이더를 컴파일하고 프로그램 객체에 링크하면 Harry, Bob, Susan 유니
폼 블록에 대한 바인딩은 [예제 5-18]을 실행한 결과와 동일하다. 쉐이더에 유니폼 블록 바인딩을
설정하는 방식은 여러 가지 이유로 유용하다. 첫 번째로 애플리케이션이 OpenGL에 대해 호출하
는 함수가 더 적다. 두 번째로 애플리케이션이 이름을 몰라도 특정 바인딩 포인트에 유니폼 블록을
연결할 수 있다. 이것은 버퍼에 데이터가 표준 레이아웃으로 들어 있지만 다른 쉐이더에서 다른 이
름으로 참조하고 싶을 때 유용하다.

유니폼 블록은 보통 임시 상태와 고정 상태를 분리할 때 사용하곤 한다. 모든 프로그램을 위한 바
인딩을 표준 컨벤션으로 설정하고, 프로그램을 변경할 때 버퍼는 바인딩된 채로 둘 수 있다. 예를
들어 상대적으로 고정된 상태(프로젝션 행렬, 뷰포트 크기, 프레임별로 한 번 또는 그 미만으로 변
하는 그 외 여러 가지)가 있다면, 그러한 정보는 바인딩 포인트 0에 바인딩된 버퍼에 둔다. 그리고
모든 프로그램에 대해 고정 상태에 대한 바인딩을 0으로 설정한다면, **glUseProgram()**으로 프로
그램 객체를 변경하더라도 유니폼은 그대로 버퍼에 남아 있어서 사용 가능하다.

이제 어떤 재질(즉, 옷감 또는 철 등)을 시뮬레이션하는 프래그먼트 쉐이더가 있을 때, 재질에 대한 인자를 다른 버퍼에 둘 수 있다. 재질의 쉐이딩을 계산하는 프로그램에서, 재질 인자를 포함하는 유니폼 블록을 바인딩 포인트 1에 바인딩한다. 각 객체는 그 서피스의 인자를 포함하는 버퍼 객체를 관리한다. 각 객체를 렌더링할 때, 공통 재질 쉐이더를 사용하고 간단히 그 인자 버퍼를 버퍼 바인딩 포인트 1에 바인딩한다.

유니폼 블록을 사용하는 마지막 중대한 이점은 유니폼 블록은 크기가 커도 된다는 것이다. 유니폼 블록의 최대 크기는 GL_MAX_UNIFORM_BLOCK_SIZE 인자로 **glGetIntegerv( )**를 호출하면 얻을 수 있다. 또한 단일 프로그램이 접근할 수 있는 유니폼 블록의 개수는 GL_MAX_UNIFORM_BLOCK_BINDINGS 인자로 **glGetIntegerv( )**를 호출하면 얻을 수 있다. OpenGL은 최소 64KB 크기를 보장한다. 그리고 하나의 프로그램이 최소 14개를 참조할 수 있다. 앞의 예제를 발전시켜, 프로그램이 사용하는 모든 재질의 모든 속성을 하나로 합쳐 큰 구조체 배열을 사용하는 큰 유니폼 블록으로 만들어보자. 장면에 객체를 렌더링할 때 원하는 재질의 배열에 대한 인덱스만 있으면 된다. 이 인덱스를 얻기 위해 정적 속성이나 일반 유니폼 등을 사용할 수 있다. 이 방식은 버퍼 객체의 내용을 교체하거나 객체 간 유니폼 버퍼 바인딩을 변경하는 방법보다 훨씬 더 빠르다. 또한 여러 재질을 갖는 여러 서피스로 이루어진 객체를 단 하나의 드로잉 명령을 사용하여 렌더링할 수도 있다.

5.2.3 유니폼을 사용하여 지오메트리 변환하기

4장 '3D 그래픽스를 위한 수학'에서 스케일, 이동, 회전 등 여러 가지 일반 변환 행렬을 어떻게 만드는지, sb6::vmath 라이브러리를 사용하여 이러한 작업을 어떻게 대신할 수 있는지 배웠다. 여러 변환을 조합하는 행렬을 만들기 위한 행렬곱에 대해서도 배웠다. 관심 위치와 카메라 위치 및 방향이 주어졌을 때, 객체를 뷰어 공간의 좌표로 변환하는 행렬을 만들 수 있다. 또한 화면에 원근 투영 및 정사영을 나타내는 행렬을 만들 수도 있다.

거기에 더해 이 장에서는 버퍼 객체로부터 얻은 데이터를 버텍스 쉐이더 데이터에 제공하는 방법, 유니폼을 사용하여(디폴트 유니폼 블록이나 유니폼 버퍼를 사용하는 방식을 통해) 쉐이더에 데이터를 전달하는 방법을 배웠다. 이제 모든 것을 종합하여 변환 안 된 버텍스를 전달하는 것보다 좀 더 복잡한 것을 해보자.

예제 프로그램에서는 전통적인 회전하는 정육면체를 만들어볼 것이다. 원점에 위치하는 단위 정육면체에 대한 지오메트리를 만들어 버퍼 객체에 저장한다. 그리고 버텍스 쉐이더를 사용하여 여러 변환을 적용하고 월드 공간에서 이동시킨다. 기본 뷰 행렬을 만들고, 모델 및 뷰 행렬을 곱해서 모델-뷰 행렬을 만들고, 카메라의 몇몇 속성을 가지는 원근 변환 행렬을 만든다. 마지막으로 이러한 것들을 유니폼을 사용하여 간단한 버텍스 쉐이더에 전달하고 화면에 정육면체를 그린다.

우선 버텍스 배열 객체를 사용하여 정육면체 지오메트리를 설정하자. 이를 위한 코드는 [예제 5-20]이다.

예제 5-20 정육면체 지오메트리 설정

```
// 우선 버텍스 배열 객체를 만들고 바인딩한다.
glGenVertexArrays(1, &vao);
glBindVertexArray(vao);

static const GLfloat vertex_positions[] =
{
    -0.25f,  0.25f, -0.25f,
    -0.25f, -0.25f, -0.25f,
     0.25f, -0.25f, -0.25f,

     0.25f, -0.25f, -0.25f,
     0.25f,  0.25f, -0.25f,
    -0.25f,  0.25f, -0.25f,

    /* 실제로는 여기에 더 많은 데이터가 있다. */

    -0.25f, 0.25f, -0.25f,
     0.25f, 0.25f, -0.25f,
     0.25f, 0.25f,  0.25f,

     0.25f, 0.25f,  0.25f,
    -0.25f, 0.25f,  0.25f,
    -0.25f, 0.25f, -0.25f
};

// 이제 일부 데이터를 생성하고 버퍼 객체에 집어넣는다.
glGenBuffers(1, &buffer);
glBindBuffer(GL_ARRAY_BUFFER, buffer);
glBufferData(GL_ARRAY_BUFFER,
             sizeof(vertex_positions),
             vertex_positions,
             GL_STATIC_DRAW);
// 버텍스 속성을 설정한다.
glVertexAttribPointer(0, 3, GL_FLOAT, GL_FALSE, 0, NULL);
glEnableVertexAttribArray(0);
```

다음에는 매 프레임에 대해 정육면체의 위치와 회전을 계산하고 그에 대한 행렬을 계산한다. 간단히 z 방향으로 이동시킨 카메라 행렬을 만든다. 일단 이러한 행렬이 만들어지면, 함께 곱해서 버텍스 쉐이더의 유니폼으로 전달한다. 이 작업 대한 코드는 [예제 5-21]이다.

예제 5-21 회전하는 정육면체를 위한 모델-뷰 행렬 만들기

```
float f = (float)currentTime * (float)M_PI * 0.1f;
vmath::mat4 mv_matrix =
    vmath::translate(0.0f, 0.0f, -4.0f) *
    vmath::translate(sinf(2.1f * f) * 0.5f,
                     cosf(1.7f * f) * 0.5f,
                     sinf(1.3f * f) * cosf(1.5f * f) * 2.0f) *
    vmath::rotate((float)currentTime * 45.0f, 0.0f, 1.0f, 0.0f) *
    vmath::rotate((float)currentTime * 81.0f, 1.0f, 0.0f, 0.0f);
```

투영 행렬은 윈도우 크기가 변할 때마다 재계산될 필요가 있다. sb6::application 프레임워크는 크기 재조정^{resize} 이벤트를 처리하는 onResize라는 함수를 제공한다. 이 함수를 재정의하면 윈도우 크기가 변할 때마다 호출되고, 이때 투영 행렬을 재계산할 수 있다. 이 값을 유니폼으로 설정하면 렌더링 루프에서도 할 수 있다. 윈도우 크기가 변할 때 **glViewport()**를 호출하여 뷰포트를 갱신할 수도 있다. 일단 모든 행렬을 유니폼에 넣으면 **glDrawArrays()** 함수로 정육면체 지오메트리를 그릴 수 있다. 투영 행렬을 갱신하는 코드는 [예제 5-22]고, 렌더링 루프는 [예제 5-23]이다.

예제 5-22 회전하는 정육면체를 위한 투영 행렬 갱신하기

```
void onResize(int w, int h)
{
    sb6::application::onResize(w, h);
    aspect = (float)info.windowWidth / (float)info.windowHeight;
    proj_matrix = vmath::perspective(50.0f,
                                     aspect,
                                     0.1f,
                                     1000.0f);
}
```

예제 5-23 회전하는 정육면체에 대한 렌더링 루프

```
// 프레임버퍼를 어두운 녹색으로 지운다.
static const GLfloat green[] = { 0.0f, 0.25f, 0.0f, 1.0f };
glClearBufferfv(GL_COLOR, 0, green);

// 프로그램을 활성화시킨다.
glUseProgram(program);

// 모델-뷰 및 투영 행렬 설정
glUniformMatrix4fv(mv_location, 1, GL_FALSE, mv_matrix);
glUniformMatrix4fv(proj_location, 1, GL_FALSE, proj_matrix);
```

```
// 3개의 버텍스를 가지는 2개의 삼각형으로 구성된 6개의 면을 그린다(총 36개의 버텍스).
glDrawArrays(GL_TRIANGLES, 0, 36);
```

실제로 렌더링하기 전에, 주어진 행렬을 사용하여 버텍스 위치를 변환하고 정육면체가 평평해 보이지 않도록 컬러 정보를 전달하는 간단한 버텍스 쉐이더를 작성해보자. 버텍스 쉐이더는 [예제 5-24]며, 프래그먼트 쉐이더는 [예제 5-25]다.

예제 5-24 회전하는 정육면체 버텍스 쉐이더

```
#version 430 core

in vec4 position;

out VS_OUT
{
    vec4 color;
} vs_out;

uniform mat4 mv_matrix;
uniform mat4 proj_matrix;

void main(void)
{
    gl_Position = proj_matrix * mv_matrix * position;
    vs_out.color = position * 2.0 + vec4(0.5, 0.5, 0.5, 0.0);
}
```

예제 5-25 회전하는 정육면체 프래그먼트 쉐이더

```
#version 430 core

out vec4 color;

in VS_OUT
{
    vec4 color;
} fs_in;

void main(void)
{
    color = fs_in.color;
}
```

[그림 5-2]는 결과 애플리케이션의 몇 프레임이다.

그림 5-2 회전하는 정육면체 애플리케이션의 몇 프레임

물론 이제 버퍼 객체에 정육면체 지오메트리가 있고 모델-뷰 행렬이 유니폼에 있으니, 유니폼을 갱신하고 한 프레임에 여러 정육면체를 그리지 못할 이유가 없다. [예제 5-26]에 수정한 렌더링 함수를 통해 새로운 모델-뷰 행렬을 여러 번 계산해서 정육면체를 반복해서 그리는 예를 보인다. 뿐만 아니라 이 예제에서는 많은 정육면체를 그리기 때문에 깊이 버퍼를 지운 뒤 프레임을 렌더링해야 한다. 여기에서는 보이지 않지만, startup 함수도 변경해서 깊이 테스트를 활성화했으며 깊이 테스트 함수를 GL_LEQUAL로 설정했다. 수정된 프로그램의 렌더링 결과는 [그림 5-3]이다.

그림 5-3 많은 정육면체!

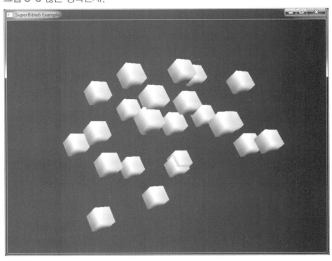

```
// 프레임버퍼를 어두운 녹색으로 지우고, 깊이 버퍼를 1.0으로 초기화한다.
static const GLfloat green[] = { 0.0f, 0.25f, 0.0f, 1.0f };
static const GLfloat one = 1.0f;
glClearBufferfv(GL_COLOR, 0, green);
glClearBufferfv(GL_DEPTH, 0, &one);

// 프로그램을 활성화한다.
glUseProgram(program);

// 모델-뷰 및 투영 행렬을 설정한다.
glUniformMatrix4fv(proj_location, 1, GL_FALSE, proj_matrix);

// 24개의 정육면체를 그린다.
for (i = 0; i < 24; i++)
{
    // 각각에 대해 새로운 모델-뷰 행렬을 계산한다.
    float f = (float)i + (float)currentTime * 0.3f;
    vmath::mat4 mv_matrix =
        vmath::translate(0.0f, 0.0f, -20.0f) *
        vmath::rotate((float)currentTime * 45.0f, 0.0f, 1.0f, 0.0f) *
        vmath::rotate((float)currentTime * 21.0f, 1.0f, 0.0f, 0.0f) *
        vmath::translate(sinf(2.1f * f) * 2.0f,
                         cosf(1.7f * f) * 2.0f,
                         sinf(1.3f * f) * cosf(1.5f * f) * 2.0f);

    // 유니폼 갱신하기
    glUniformMatrix4fv(mv_location, 1, GL_FALSE, mv_matrix);

    // 그리기. 투영 행렬을 갱신하지 않는 것에 주목하자.
    glDrawArrays(GL_TRIANGLES, 0, 36);
}
```

5.3 쉐이더 스토리지 블록

유니폼 블록이 제공하는 버퍼 객체를 읽기 전용으로만 사용하지 않고, **쉐이더 스토리지 블록**을 사용하면 쉐이더에서 쓰기 공간으로 사용할 수도 있다. 유니폼 블록과 비슷하게 선언할 수 있고, 버퍼 객체를 GL_SHADER_STORAGE_BUFFER 타깃에 바인딩하여 내용을 채워 넣는다. 하지만 유니폼 블록과 쉐이더 스토리지 블록 사이의 가장 큰 차이점은 쉐이더가 쉐이더 스토리지 블록에 **쓸 수 있다**는 점이다. 뿐만 아니라 쉐이더 스토리지 공간의 멤버에 대해 **어토믹 연산**[4]을 수행할 수도 있다. 쉐이더 스토리지 블록은 크기 제한값이 훨씬 더 크다.

----

4 역주_ 더 이상 분해할 수 없는 단위의 연산

쉐이더 스토리지 블록을 선언하려면, 유니폼 블록을 선언하듯이 쉐이더에서 블록을 선언하면 된다. 하지만 **uniform** 키워드를 사용하지 않고 대신 **buffer** 지시어를 사용한다. 유니폼 블록처럼 쉐이더 스토리지 블록은 **std140** 패킹 레이아웃 지시어를 지원하지만, **std430**[5] 패킹 레이아웃 지시어도 지원한다. 이 지시어는 촘촘하게 패킹된 정수 배열 및 부동소수점 변수(그리고 그에 대한 구조체)도 지원한다(아쉽게도 이 기능은 **std140**에 빠져 있다). 이 방식은 메모리를 더 효율적으로 사용하고 C++ 같은 언어를 통해 만들어진 구조체 레이아웃과 더 잘 호환된다. [예제 5-27]은 쉐이더 스토리지 블록 선언에 대한 예다.

예제 5-27 쉐이더 스토리지 블록 선언 예제

```
#version 430 core

struct my_structure
{
    int         pea;
    int         carrot;
    vec4        potato;
};

layout (binding = 0, std430) buffer my_storage_block
{
    vec4            foo;
    vec3            bar;
    int             baz[24];
    my_structure    veggies;
};
```

쉐이더 스토리지 블록의 멤버는 일반 변수를 참조하듯이 참조할 수 있다. 예를 들어 함수에 인자로 사용하기 위해 값을 읽거나, 그 값을 쓰기 위해 할당하면 된다. 변수가 표현식에 사용될 때, 데이터 원본은 버퍼 객체며, 변수를 통해 할당된 데이터는 버퍼 객체에 쓰여진다. **glBufferData()** 같은 함수를 사용하여 버퍼에 데이터를 전달할 수도 있다. 유니폼 블록에서 했던 것과 동일한 방식이다. 쉐이더를 통해 버퍼에 값을 쓸 수 있기 때문에 **glMapBuffer()**를 GL_READ_ONLY(또는 GL_READ_WRITE) 접근 모드를 사용하여 호출하면 쉐이더에서 생산한 데이터를 읽을 수 있다.

쉐이더 스토리지 블록 및 그 버퍼 객체는 유니폼 블록에 비해 추가적인 이점을 제공한다. 예를 들어 크기 제한이 없다. 물론 너무 큰 값을 할당하면 OpenGL이 메모리 할당에 실패할 수 있다. 하지만 쉐이더 스토리지 블록 크기에 대한 명시적인 상한선은 없다. 또한 std430의 새로운 패킹 규칙을 통해 애플리케이션 데이터는 유니폼 블록보다 더 효율적으로 패킹되며 더 직접적인 접근이 가능하다.

---

5 std140과 std430 패킹 레이아웃은 처음에 쉐이딩 언어 버전의 이름을 따라 지어졌다. std140은 GLSL 1.40(OpenGL 3.1에 포함)을 따랐고, std430은 OpenGL 4.3과 함께 릴리즈된 GLSL 4.30을 따랐다.

이는 유니폼 블록의 정렬이 더 엄격하고 최소 크기가 더 작기 때문이며, 쉐이더 스토리지 블록과 유니폼 블록을 다르게 처리하는 일부 하드웨어에서는 읽을 때 더 효율적인 처리가 가능하다. [예제 5-28]은 버텍스 쉐이더에서 일반 입력 대신 쉐이더 스토리지 블록을 사용하는 예를 보인다.

예제 5-28 버텍스 속성 대신 쉐이더 스토리지 블록 사용하기

```
#version 430 core

struct vertex
{
    vec4        position;
    vec3        color;
};

layout (binding = 0, std430) buffer my_vertices
{
    vertex      vertices[];
};

uniform mat4 transform_matrix;

out VS_OUT
{
    vec3        color;
} vs_out;

void main(void)
{
    gl_Position = transform_matrix * vertices[gl_VertexID].position;
    vs_out.color = vertices[gl_VertexID].color;
}
```

쉐이더 스토리지 블록이 많은 이점을 제공하기 때문에 유니폼 블록이나 버텍스 속성이 불필요하다고 생각할지도 모르지만, 이러한 모든 융통성 때문에 OpenGL이 스토리지 블록을 접근하는 것을 최적화하기가 더 어려워진다. 예를 들어 어떤 OpenGL 구현은 내용이 상수로만 구성된 유니폼 블록에 더 빠르게 접근하도록 만들 수 있다. 또한 버텍스 속성에 대한 입력 데이터는 항상 버텍스 쉐이더가 실행하기 한참 전에 수행하여 OpenGL의 메모리 서브시스템에 적재할 수 있다. 쉐이더 중간에 버텍스 데이터를 읽는 작업은 성능을 저해하는 요소가 될 수 있기 때문이다.

어토믹 메모리 연산

메모리를 단순히 읽고 쓰는 것뿐 아니라 쉐이더 스토리지 블록을 통해 메모리에 대한 **어토믹 연산**

을 수행할 수도 있다. 어토믹 연산이란 메모리 읽기와 쓰기 중간에 인터럽트가 일어나지 않아 결과가 보장되는 것을 말한다. 예를 들어 두 개의 쉐이더 호출이 m = m + 1;의 연산을 수행할 때, m이라는 동일한 메모리 위치의 값을 사용한다. 각 호출은 m의 메모리 위치에 저장된 현재값을 읽는다. 그 값에 1을 더하고, 동일한 위치의 메모리에 값을 쓴다.

만약 각 호출이 동시에 수행되면, 그 작업이 어토믹 연산이 아니라면 메모리에 잘못된 값이 들어갈 것이다. 그 이유는 첫 번째 호출이 메모리에서 값을 읽고 두 번째 호출이 **동일한** 값을 읽었는데, 두 호출 모두 복사본값을 증가시키면, 첫 번째 호출이 증가된 값을 메모리에 쓰고 난 다음에, 두 번째 호출이 그 값을 덮어쓰기 때문이다. 이 문제는 동시에 두 개 이상의 호출이 있을 때 더 잘 발생한다.

이 문제를 해결하려면 어토믹 연산에 대해 다른 호출이 메모리를 읽기 전에 한 호출이 완전히 읽기-수정-쓰기 사이클을 완료해야 한다. 이론적으로는, 여러 쉐이더 호출이 서로 다른 메모리 위치에 대해 어토믹 연산을 수행하는 경우에는 그냥 m = m + 1;을 쉐이더에서 수행한 것만큼 빠르게 문제없이 동작해야 한다. 만약 두 호출이 동일한 메모리 위치를 접근하는 경우에는(이를 **컨텐션** contention, 충돌이라고 부름), 이 작업들은 **직렬화**되고 한 번에 하나씩만 수행된다. 쉐이더 스토리지 블록의 멤버에 대해 어토믹 연산을 수행하기 위해서는 [표 5-4]에 있는 어토믹 메모리 함수를 사용해야 한다.

표 5-4 쉐이더 스토리지 블록에 대한 어토믹 연산

어토믹 함수	설명
atomicAdd(mem, data)	mem을 읽어 data에 더한다. 결과를 mem에 쓰고, 원래 mem에 저장되어 있던 값을 리턴한다.
atomicAnd(mem, data)	mem을 읽어 data와 논리 AND 연산을 수행한다. 결과를 mem에 쓰고, 원래 mem에 저장되어 있던 값을 리턴한다.
atomicOr(mem, data)	mem을 읽어 data와 논리 OR 연산을 수행한다. 결과를 mem에 쓰고, 원래 mem에 저장되어 있던 값을 리턴한다.
atomicXor(mem, data)	mem을 읽어 data와 배타적 OR을 수행한다. 결과를 mem에 쓰고, 원래 mem에 저장되어 있던 값을 리턴한다.
atomicMin(mem, data)	mem을 읽고 data와 비교하여 최솟값을 결정한다. 결과를 mem에 쓰고, 원래 mem에 저장되어 있던 값을 리턴한다.
atomicMax(mem, data)	mem을 읽고 data와 비교하여 최댓값을 결정한다. 결과를 mem에 쓰고, 원래 mem에 저장되어 있던 값을 리턴한다.
atomicExchange(mem, data)	mem을 읽고 data의 값을 mem에 쓴다. 원래 mem에 저장되어 있던 값을 리턴한다.
atomicCompSwap(mem, comp, data)	mem을 읽고 그 값을 comp와 비교하여 만약 두 값이 같다면 data를 mem에 쓴다. 항상 원래 mem에 저장되어 있던 값을 리턴한다.

[표 5-4]의 모든 함수는 정수(int) 버전과 부호 없는 정수(uint) 버전이 있다. 정수 버전에서, mem은 inout int mem;으로 선언되고, data와 comp(atomicCompSwap에 대해)는 int data와 int comp로 선언된다. 모든 함수의 리턴값은 int다. 마찬가지로 부호 없는 정수 버전에 대해 모든 인자는 uint로 선언되고, 함수의 리턴 타입은 uint다. 부동소수점 변수, 벡터, 행렬, 32비트가 아닌 정수값 등에 대해서는 어토믹 연산이 없다는 점을 유의하자. [표 5-4]의 모든 어토믹 메모리 접근 함수는 어토믹 연산이 수행되기 **전에** 메모리에 있던 값을 리턴한다. 어토믹 연산이 쉐이더의 여러 호출에 의해 동시에 동일한 위치에 대해 발생하는 경우, 각 호출은 **직렬화**된다. 즉, 차례대로 수행된다. 이는 어토믹 메모리 연산의 결과값에 대한 예측이 보장되지 않는다는 의미다.

5.3.1 메모리 접근 동기화하기

버퍼로부터 읽기만 한다면, 데이터는 **거의** 항상 원할 때 접근 가능하며, 쉐이더 내에서 읽는 순서에 대해 걱정할 필요가 없다. 하지만 쉐이더에서 버퍼 객체에 데이터를 쓸 때는, 쉐이더 스토리지 블록에 데이터를 쓰든지 메모리에 쓰는 어토믹 연산을 명시적으로 호출하든지, 신경 쓰지 않으면 **문제**가 발생하는 여러 가지 경우가 있다.

메모리 관련 문제는 대략 다음의 세 가지로 분류할 수 있다.

■ 쓰기-후-읽기Read-After-Write (RAW) 문제는 프로그램이 메모리 위치에 쓴 다음에 읽기를 시도할 때 발생할 수 있다. 시스템 아키텍처에 따라 읽기 및 쓰기는 실제로 순서가 재조정되어 쓰기가 완료되기 **전에** 읽기가 수행될 수도 있다. 결과적으로 예전 데이터가 애플리케이션에 전달될 수 있다.

■ 쓰기-후-쓰기Write-After-Write (WAW) 문제는 프로그램이 동일한 메모리 위치를 연달아 두 번 쓸 때 발생할 수 있다. 처음에 썼던 내용은 나중에 쓴 내용으로 덮어 써지고 그 내용이 메모리에 있기를 기대하겠지만, 어떤 아키텍처에서는 이것이 보장되지 않을 수 있다. 특정 상황에서는 **첫 번째**로 쓴 데이터가 끝까지 메모리에 남아 있을 수도 있다.

■ 읽기-후-쓰기Write-After-Read (WAR) 문제는 (그래픽스 프로세서와 같은) 병렬 처리 시스템에서만 발생할 수 있는데, 스레드 실행(쉐이더 호출 같은) 시 다른 스레드가 예상하는 쓰기 시점이후에 메모리 쓰기가 수행되어야 하는 경우에 발생한다. 만약 이러한 연산의 순서가 바뀌어버리면, 읽기를 수행하는 스레드가 예상과는 달리 두 번째 스레드가 이미 쓴 데이터를 가져오는 현상이 발생한다.

OpenGL이 실행되는 시스템은 복잡하게 연결된 순차적 구조와 대규모 병렬성때문에 메모리 문제를 피하기 위한 여러 가지 방법이 사용된다. 이러한 기능이 없다면 OpenGL 구현은 쉐이더 순서 조정 및 병렬화에 대해 매우 소극적일 수밖에 없다. 메모리 문제를 해결하기 위한 좋은 방법으로 **메모리 베리어**memory barrier, 메모리 장벽를 들 수 있다.

메모리 베리어는 기본적으로 OpenGL에 '이봐, 순서 조정하는 건 괜찮은데, 이 시점 이후부터 특정 시점 이전까지는 하지 말아 주었으면 좋겠어'라고 말하는 것과 같다. 애플리케이션에서 OpenGL의 함수를 통해 베리어를 추가할 수도 있고 쉐이더 내에서 할 수도 있다.

애플리케이션에서 베리어 사용하기

베리어를 추가하는 함수는 **glMemoryBarrier()**며, 프로토타입은 다음과 같다.

```
void glMemoryBarrier(GLbitfield barriers);
```

glMemoryBarrier() 함수는 GLbitfield 인자 barriers를 취한다. 이는 어떤 OpenGL 메모리 서브시스템이 베리어를 따를 것인지 또는 따르지 않을 것인지 결정한다. 베리어는 barriers로 설정한 범주 내에 있는 메모리 연산의 순서에 영향을 준다. 만약 OpenGL에 모든 것을 동기화하라고 하려면 GL_ALL_BARRIER_BITS를 barriers에 설정하면 된다. 하지만 동기화할 내용을 좀 더 세부적으로 설정할 수 있는 여러 가지 옵션이 있다. 몇 가지 예를 들면 다음과 같다.

- GL_SHADER_STORAGE_BARRIER_BIT를 포함하면, 이 베리어 이전에 쉐이더에서 수행된 모든 접근(특히 쓰기)은 이 베리어 이후 쉐이더가 데이터를 액세스하기 전에 모두 완료하라고 OpenGL에 말한다. 즉, 쉐이더에서 쉐이더 스토리지 버퍼에 쓰기를 한 다음에 barriers에 포함된 GL_SHADER_STORAGE_BARRIER_BIT로 **glMemoryBarrier()**를 호출하면, 베리어 이후에 실행하는 쉐이더는 모두 그 쓰여진 데이터를 보게 된다. 이 베리어가 없다면 이것이 보장되지 않는다.

- barriers에 GL_UNIFORM_BARRIER_BIT를 추가하면, 방금 데이터를 쓴 메모리가 이 베리어 이후에 유니폼 버퍼로 사용될 예정이니, 버퍼에 쓰는 쉐이더가 작업을 완료할 때까지 기다렸다가 유니폼 버퍼를 사용하는 쉐이더를 수행하라고 OpenGL에 말한다. 예를 들면 쉐이더 내에서 쉐이더 스토리지 블록을 사용하여 버퍼에 쓰기를 할 때, 그 버퍼를 나중에 유니폼 버퍼로 사용하고 싶다면 이 옵션을 사용할 수 있다.

- GL_VERTEX_ATTRIB_ARRAY_BARRIER_BIT를 사용하면 버텍스 속성을 통해 버텍스 데이터 원본으로 버퍼를 사용하기 전에 그 버퍼에 쓰는 쉐이더들의 작업 완료를 기다리라고 OpenGL에 말한다. 예를 들어 쉐이더 스토리지 블록을 통해 버퍼에 쓴 다음에, 이 버퍼를 버텍스 배열의 일부로 사용하여 버텍스 쉐이더에 데이터를 전달해서 다음 드로우 명령에 사용하고자 할 때 이 옵션을 사용할 수 있다.

OpenGL의 다른 서브시스템에 대해 쉐이더 순서 조정을 제어할 수 있는 더 많은 옵션이 있으며, 각 서브시스템을 다룰 때 더 자세히 소개하겠다. **glMemoryBarrier()**의 핵심은 barriers에 포함된 아이템은 **목표** 서브시스템이며, 베리어가 적용되기 전에 갱신한 데이터는 믿을 수 없다는 것이다.

쉐이더에서 베리어 사용하기

애플리케이션 코드에 메모리 베리어를 추가하여 애플리케이션에 상대적으로 쉐이더가 수행하는 메모리 액세스 순서를 조정한 것처럼, 쉐이더에 베리어를 추가하여 OpenGL이 메모리 읽기 및 쓰기 순서를 조정하지 못하도록 할 수 있다. 기본적인 GLSL 메모리 베리어 함수는 다음과 같다.

```
void memoryBarrier();
```

쉐이더 코드에서 memoryBarrier( )를 호출하면, 기존에 수행했던 메모리 읽기나 쓰기는 모두 이 함수가 리턴하기 전에 완료된다. 즉, 이 시점부터는 방금 쓴 데이터를 읽어도 안전하다는 의미다. 이 베리어가 없다면, 방금 쓴 메모리 위치를 읽어도 새로 쓴 값이 아니라 **이전** 값이 리턴될 수 있다!

어떤 종류의 메모리 접근 순서를 제어할지 더 구체적으로 정하기 위해, memoryBarrier( )의 더 세분화된 버전을 제공한다. 예를 들어 memoryBarrierBuffer( )는 버퍼에 대한 읽기 및 쓰기에 관해서만 순서를 조정하고, 나머지는 그냥 둔다. 다른 베리어 함수들은 보호할 데이터 타입에 대해서 이야기할 때 다루겠다.

5.4 어토믹 카운터

어토믹 카운터atomic counter는 여러 쉐이더 호출에 걸쳐 공유되는 스토리지를 표현하는 특별한 변수 타입이다. 이 스토리지는 버퍼 객체에 의해 채워진다. GLSL에서 제공하는 함수들은 버퍼에 저장된 값을 증가시키거나 감소시키는 함수다. 이 연산은 **어토믹**하다는 특징이 있으며, 쉐이더 스토리지 블록의 멤버들에 대해 함수들(표 4-5에 있다)과 마찬가지로 수정되기 이전의 원래 카운터값을 리턴한다. 다른 어토믹 연산처럼, 두 쉐이더 호출이 동일한 카운터를 동시에 증가시키면, OpenGL은 그것들을 차례대로 수행한다. 한 쉐이더 호출은 카운터의 원래 값을 받고, 다른 쉐이더 호출은 원래 값에 1을 더한 값을 받으며, 그 다음 호출은 원래 값에 2를 더한 값을 받는다. 또한 쉐이더 스토리지 블록의 어토믹과 마찬가지로, 이러한 연산이 수행되는 순서는 보장되지 않으므로, 특정 값을 받을 것이라고 기대하면 안 된다.

쉐이더에서 어토믹 카운터를 선언하려면 다음과 같이 한다.

```
layout (binding = 0) uniform atomic_uint my_variable;
```

OpenGL은 어토믹 카운터의 값을 저장할 버퍼를 바인딩할 수 있는 여러 가지 바인딩 포인트를 제공한다. 뿐만 아니라 각 어토믹 카운터는 버퍼 객체의 특정 오프셋 위치에 저장할 수 있다. 버퍼 바인딩 인덱스 및 버퍼 내 오프셋은 **binding** 및 **offset** 레이아웃 지시어로 설정할 수 있다. 이 지시어는 어토믹 카운트 유니폼 선언에서 설정한다. 예를 들어 my_variable이 어토믹 카운터 바인딩 포인트 3에 바인딩된 버퍼 내에 오프셋 8의 위치에 있다면, 다음과 같이 적는다.

```
layout (binding = 3, offset = 8) uniform atomic_uint my_variable;
```

어토믹 카운터에 스토리지를 제공하기 위해 버퍼 객체를 GL_ATOMIC_COUNTER_BUFFER 인덱스 바인딩 포인트에 바인딩할 수 있다. [예제 5-29]에 그 예가 있다.

예제 5-29 어토믹 카운터 버퍼 설정하기

```
// 버퍼 이름을 생성한다.
GLuint buf;
glGenBuffers(1, &buf);

// 일반적인 GL_ATOMIC_COUNTER_BUFFER 타깃에 바인딩하고,
// 그 스토리지를 초기화한다.
glBindBuffer(GL_ATOMIC_COUNTER_BUFFER, buf);
glBufferData(GL_ATOMIC_COUNTER_BUFFER, 16 * sizeof(GLuint),
             NULL, GL_DYNAMIC_COPY);

// 이제 네 번째 인덱스인 어토믹 카운터 버퍼 타깃을 바인딩한다.
glBindBufferBase(GL_ATOMIC_COUNTER_BUFFER, 3, buf);
```

쉐이더에서 어토믹 카운터를 사용하기 전에, 먼저 리셋하면 좋다. 그렇게 하려면 카운터를 리셋할 값을 가지고 있는 변수의 주소를 **glBufferSubData()**에 넘겨 호출한다. 그리고 **glMapBufferRange()**로 버퍼를 매핑하여 직접 값을 쓰거나 **glClearBufferSubData()**를 호출한다. [예제 5-30]은 이러한 세 가지 방법을 보인다.

예제 5-30 어토믹 카운터 버퍼 설정하기

```
// 버퍼를 일반적인 어토믹 카운터 버퍼 바인딩 포인트에
// 바인딩한다.
glBindBuffer(GL_ATOMIC_COUNTER_BUFFER, buf);

// 방법 1 - glBufferSubData를 사용하여 어토믹 카운터를 리셋한다.
const GLuint zero = 0;
glBufferSubData(GL_ATOMIC_COUNTER_BUFFER, 2 * sizeof(GLuint),
                sizeof(GLuint), &zero);

// 방법 2 - 버퍼를 매핑하여 직접 값을 쓴다.
GLuint * data =
    (GLuint *)glMapBufferRange(GL_ATOMIC_COUNTER_BUFFER,
                               0, 16 * sizeof(GLuint),
                               GL_MAP_WRITE_BIT |
                               GL_MAP_INVALIDATE_RANGE_BIT);
```

```
data[2] = 0;
glUnmapBuffer(GL_ATOMIC_COUNTER_BUFFER);

// 방법 3 - glClearBufferSubData를 사용한다.
glClearBufferSubData(GL_ATOMIC_COUNTER_BUFFER,
                     GL_R32UI,
                     2 * sizeof(GLuint),
                     sizeof(GLuint),
                     GL_RED_INTEGER, GL_UNSIGNED_INT,
                     &zero);
```

이제 버퍼를 만들었고 어토믹 카운터 버퍼 타깃에 바인딩했다. 쉐이더에 어토믹 카운터 유니폼을 선언했고, 드디어 뭔가 카운트를 해볼 수 있게 되었다. 우선 아래 함수를 통해 어토믹 카운터를 증가시켜보자.

```
uint atomicCounterIncrement(atomic_uint c);
```

이 함수는 어토믹 카운터의 현재값을 읽고, 1을 더해, 새 값을 다시 어토믹 카운터에 저장한다. 그리고 읽은 원래 값을 리턴한다. 그리고 이 모든 것을 어토믹하게 수행한다. 쉐이더의 다른 호출들 간의 순서는 정의되지 않았기 때문에, atomicCounterIncrement를 두 번 연속으로 호출한다고 해서 두 개의 연속된 값을 얻지는 않는다. 어토믹 카운터를 감소시키려면 아래 함수를 호출한다.

```
uint atomicCounterDecrement(atomic_uint c);
```

이 함수는 어토믹 카운터의 현재값을 읽고, 거기에서 1을 빼고, 그 값을 다시 어토믹 카운터에 저장하고, 카운터의 새 값을 리턴한다. 이 함수는 atomicCounterIncrement와 반대라는 것을 주목하자. 만약 오직 하나의 쉐이더 호출이 실행되고 있다면, atomicCounterIncrement 다음에 atomicCounterDecrement를 호출하면, 두 함수 모두 동일한 값을 리턴할 것이다. 하지만 대부분의 경우, 쉐이더의 여러 호출은 병렬적으로 수행되기 때문에 실제로는 이러한 함수를 쌍으로 호출해도 동일한 값을 얻지는 못할 것이다. 만약 단순히 어토믹 카운터의 값을 얻고자 한다면 아래 함수를 호출한다.

```
uint atomicCounter(atomic_uint c);
```

이 함수는 단순히 어토믹 카운터 c에 저장된 현재값을 리턴한다. 어토믹 카운터의 사용 예로, [예제 5-31]은 실행할 때마다 매번 어토믹 카운터를 증가시키는 단순한 프래그먼트 쉐이더를 보인다. 이것은 이 쉐이더로 렌더링되는 객체들의 화면 공간 영역을 어토믹 카운터를 사용하여 표시하는 효과를 얻는다.

예제 5-31 어토믹 카운터를 사용하여 영역 카운팅

```
#version 430 core

layout (binding = 0, offset = 0) uniform atomic_uint area;

void main(void)
{
    atomicCounterIncrement(area);
}
```

[예제 5-31]의 쉐이더를 보면 일반적인 출력(**out** 스토리지 지시어로 선언된 변수)이 없으며, 프레임버퍼에 아무 데이터도 쓰지 않는다는 사실을 알 수 있다. 사실 이 쉐이더를 실행하는 동안에는 프레임버퍼에 쓰기를 비활성화할 것이다. 프레임버퍼에 쓰기를 비활성화하려면 아래 함수를 호출한다.

```
glColorMask(GL_FALSE, GL_FALSE, GL_FALSE, GL_FALSE);
```

프레임버퍼에 쓰기를 다시 활성화하려면 아래 함수를 호출한다.

```
glColorMask(GL_TRUE, GL_TRUE, GL_TRUE, GL_TRUE);
```

어토믹 카운터는 버퍼에 저장되기 때문에 어토믹 카운터를 다른 버퍼 타깃, 즉 GL_UNIFORM_BUFFER 타깃에 바인딩하여 쉐이더에서 값을 얻는 것이 가능하다. 이를 통해 어토믹 카운터의 값을 사용하여 프로그램이 나중에 실행하는 쉐이더의 수행을 제어할 수 있다. [예제 5-32]는 유니폼 블록을 통해 어토믹 카운터를 읽고 출력 컬러의 계산에 활용하는 예를 보인다.

예제 5-32 유니폼 블록의 어토믹 카운터 결과 사용하기

```
#version 430 core

layout (binding = 0) uniform area_block
{
    uint counter_value;
};

out vec4 color;

uniform float max_area;

void main(void)
{
    float brightness = clamp(float(counter_value) / max_area,
                             0.0, 1.0);
    color = vec4(brightness, brightness, brightness, 1.0);
}
```

[예제 5-31]의 쉐이더를 실행하면 렌더링되는 지오메트리의 영역을 계산한다. [예제 5-32]에서 그 영역은 area_block 유니폼 버퍼 블록의 유일한 멤버로 선언되어 있다. 그 값을 최대 기대 영역으로 나누고 지오메트리의 밝기로 사용한다. 이 두 쉐이더로 렌더링할 때 어떤 일이 일어나는지 보자. 만약 객체가 뷰어에 가까이 있다면, 영역은 크게 보이고 화면 영역을 많이 차지한다. 그러므로 어토믹 카운트의 값이 클 것이다. 만약 객체가 뷰어에서 멀다면, 그 영역은 작을 것이며 어토믹 카운터도 작은 값일 것이다. 어토믹 카운터의 값은 두 번째 쉐이더의 유니폼 블록에 적용되어, 렌더링하는 지오메트리의 밝기에 영향을 미친다.

5.4.1 어토믹 카운터 접근 동기화하기

어토믹 카운터는 버퍼 객체의 위치를 나타낸다. 쉐이더가 실행될 때, 그 값은 그래픽스 프로세서 내부의 특별한 메모리 영역에 위치할 수도 있다(이러한 경우에는 쉐이더 스토리지 블록의 멤버에 대한 간단한 어토믹 메모리 연산보다 더 빠를 수 있다). 하지만 쉐이더가 실행될 때 어토믹 카운터의 값이 메모리에 다시 쓰여진다. 따라서 어토믹 카운터를 증가시키거나 감소시키는 것은 메모리 연산의 형태로 간주되고, 이 장 앞부분에서 언급한 **문제가 발생**할 수 있다. 사실 **glMemoryBarrier()** 함수는 OpenGL의 다른 부분으로부터 어토믹 카운터에 대한 동기화된 접근을 지원하는 특별한 함수다.

```
glMemoryBarrier(GL_ATOMIC_COUNTER_BARRIER_BIT);
```

위 함수는 버퍼 객체의 어토믹 카운터에 접근하고 쉐이더에서 그 버퍼를 갱신할 수 있도록 보장해준다. 버퍼에 뭔가가 쓰여졌을 때 어토믹 카운터의 값이 반영되기를 원한다면 GL_ATOMIC_COUNTER_BARRIER_BIT 인자로 **glMemoryBarrier()**를 호출한다. 만약 어토믹 카운터를 사용하여 버퍼의 값을 갱신하고 그 버퍼를 다른 목적으로 사용하려 한다면 GL_ATOMIC_COUNTER_BARRIER_BIT를 포함하지 않는 다른 값으로 **glMemoryBarrier()**의 barriers 인자를 설정하면 된다.

마찬가지로 memoryBarrier()의 GLSL 버전인 memoryBarrierAtomicCounter()를 사용하면 이 함수가 리턴하기 전에 어토믹 카운터 연산이 완료된다는 것을 보장할 수 있다.

5.5 텍스처

텍스처texture는 쉐이더가 읽기도 하고 쓰기도 하는 구조화된 스토리지 형식을 갖는다. 대부분 이미지 데이터를 저장할 때 사용되지만, 여러 다른 용도로 사용할 수도 있다. 아마도 가장 일반적인 텍스처 레이아웃은 2차원일 것이다. 하지만 텍스처는 1차원이나 3차원 레이아웃으로, 배열 형태로

(여러 텍스처가 논리적인 객체를 구성하기 위해 함께 묶인), 또는 정육면체 등의 형태로 생성할 수 있다. 텍스처는 생성할 수 있고, **텍스처 유닛**에 바인딩되고, 관리할 수 있는 객체 형태로 표현된다. 텍스처를 생성하려면, 우선 **glGenTextures( )**를 호출하여 OpenGL에 이름을 예약한다. 이 시점에서 이름은 생성할 텍스처 객체일 뿐이며, **텍스처 타깃**에 바인딩되는 시점에야 비로소 텍스처로 태어난다고 할 수 있다. 이것은 버퍼 객체를 버퍼 바인딩 포인트에 바인딩하는 것과 유사하다. 하지만 일단 텍스처 이름이 텍스처 타깃에 바인딩되면, 소멸할 때까지 해당 타깃의 **타입**이 유지된다.

5.5.1 텍스처 생성 및 초기화

텍스처를 생성하려면 이름을 생성하고, 그 이름을 텍스처 타깃에 바인딩하고, OpenGL에 저장할 이미지 사이즈를 알려줘야 한다. [예제 5-33]은 **glGenTextures( )**를 사용하여 어떻게 텍스처 객체의 이름을 생성하는지, **glBindTexture( )**를 사용하여 어떻게 GL_TEXTURE_2D 타깃(여러 텍스처 타깃 중 하나)에 바인딩하는지, **glTexStorage2D( )**를 사용하여 어떻게 텍스처 스토리지를 할당하는지 알려준다.

예제 5-33 텍스처 생성, 바인딩, 초기화하기

```
// OpenGL에서 이름의 타입은 GLuint다.
GLuint texture;

// 텍스처 이름을 생성한다.
glGenTextures(1, &texture);

// 이제 GL_TEXTURE_2D 바인딩 포인트를 사용하여 콘텍스트에 바인딩한다.
glBindTexture(GL_TEXTURE_2D, texture);

// 텍스처에 사용할 스토리지의 양을 정한다.
glTexStorage2D(GL_TEXTURE_2D,      // 2D 텍스처
               1,                  // 1 밉맵 레벨
               GL_RGBA32F,         // 32비트 부동소수점 RGBA 데이터
               256, 256);          // 256 × 256 텍셀
```

[예제 5-33]과 [예제 5-1]을 비교해보면, 얼마나 비슷한지 알 수 있다. 두 경우 모두, 객체 이름을 예약하고, 타깃에 바인딩하고, 담을 데이터에 대한 스토리지를 정의한다. 텍스처의 경우, 사용한 함수는 **glTexStorage2D( )**다. 이 함수는 target 인자에 텍스처를 바인딩하기 위해 사용하는 동작을 설정하고, levels로 밉맵에서 사용할 레벨의 수를 설정하고(여기에서는 자세히 설명하지 않는다. 잠시 후에 설명한다), 텍스처의 **내부 포맷**(여기에서는 네 채널 부동소수점 포맷인 GL_RGBA32F를 선택한다), 텍스처의 넓이와 높이를 설정한다. 이 함수를 호출할 때 OpenGL은 해당 차원의

텍스처를 저장할 충분한 메모리를 할당한다. 다음으로 텍스처의 일부 데이터를 지정한다. 이를 위해 [예제 5-34]에 있는 **glTexSubImage2D( )**를 사용한다.

예제 5-34 glTexSubImage2D()를 사용하여 텍스처 데이터 갱신하기

```
// 텍스처에 업로드할 일부 데이터를 정의한다.
float * data = new float[256 * 256 * 4];

// generate_texture()는 메모리를 이미지 데이터로 채우는 함수다.
generate_texture(data, 256, 256);

// 텍스처는 이미 GL_TEXTURE_2D 타깃에 바인딩되었다고 가정한다.
glTexSubImage2D(GL_TEXTURE_2D,        // 2D 텍스처
                0,                    // 레벨 0
                0, 0,                 // 오프셋 0, 0
                256, 256,             // 256 × 256 텍셀, 전체 이미지를 덮어씀
                GL_RGBA,              // 네 채널 데이터
                GL_FLOAT,             // 부동소수점 데이터
                data);                // 데이터에 대한 포인터

// 이전에 할당했던 메모리를 해제. 이제 OpenGL이 데이터를 가지고 있음.
delete [] data;
```

5.5.2 텍스처 타깃과 타입

[예제 5-34]는 GL_TEXTURE_2D로 지정한 2D 텍스처 타깃에 새로운 이름을 바인딩하여 2D 텍스처를 만드는 방법에 대해 설명한다. 이 타깃은 텍스처에 바인딩할 수 있는 여러 타깃 중 하나일 뿐이다. 새로운 텍스처 객체는 처음 바인딩된 타깃에 기반하여 그 타입이 정해진다. 따라서 텍스처 타깃과 타입은 보통 혼용되기도 한다. [표 5-5]는 가용한 타깃을 나열하고, 새로운 이름이 그 타깃에 바인딩될 때 생성되는 텍스처 타입에 대해 설명한다.

표 5-5 텍스처 타깃 및 설명

텍스처 타깃(GL_TEXTURE_*)	설명
1D	1차원 텍스처
2D	2차원 텍스처
3D	3차원 텍스처
RECTANGLE	사각형 텍스처
1D_ARRAY	1차원 배열 텍스처
2D_ARRAY	2차원 배열 텍스처
CUBE_MAP	큐브 맵 텍스처
CUBE_MAP_ARRAY	큐브 맵 배열 텍스처

텍스처 타깃(GL_TEXTURE_*)	설명
BUFFER	버퍼 텍스처
2D_MULTISAMPLE	2차원 멀티 샘플 텍스처
2D_MULTISAMPLE_ARRAY	2차원 배열 멀티 샘플 텍스처

GL_TEXTURE_2D 텍스처 타깃을 가장 많이 사용할 것이다. 이 타깃은 객체를 둘러싸는 2차원 이미지로 표준적으로 사용되는 타깃이다. GL_TEXTURE_1D와 GL_TEXTURE_3D 타입도 각각 1차원 및 3차원 텍스처를 생성한다. 1D 텍스처는 높이가 1인 2D 텍스처처럼 동작한다. 한편 3D 텍스처는 **볼륨**을 표현하는 데 사용할 수 있으며, 실제로 3차원 텍스처 좌표를 갖는다. 사각형 텍스처[6]는 2D 텍스처의 특별한 케이스로 쉐이더에서 읽는 방식과 어떤 인자를 지원하는지가 조금 다르다.

GL_TEXTURE_1D_ARRAY와 GL_TEXTURE_2D_ARRAY 타입은 단일 객체로 합쳐진 텍스처 이미지 배열을 나타낸다. 이 장 후반부에서 더 자세히 설명하겠다. 이와 같이 큐브 맵 텍스처는 (텍스처 이름을 GL_TEXTURE_CUBE_MAP 타깃에 바인딩하면 생성되는) 정육면체를 구성하는 6개의 정사각형 이미지의 집합으로 표현된다. 이 정육면체는 라이팅 환경을 시뮬레이션하는 데도 사용할 수 있다. GL_TEXTURE_1D_ARRAY 및 GL_TEXTURE_2D_ARRAY가 1D 및 2D 이미지의 배열인 1D 및 2D 텍스처를 나타내는 것처럼, GL_TEXTURE_CUBE_MAP_ARRAY는 큐브 맵의 배열인 텍스처를 나타낸다.

버퍼 텍스처는 GL_TEXTURE_BUFFER 타깃으로 나타내는데, 1D 텍스처와 유사하지만 스토리지가 실제 버퍼 객체로 표현되는 특별한 텍스처 타입이다. 그리고 최대 크기가 1D 텍스처의 크기보다 훨씬 더 크다는 점이 1D 텍스처와 다른 점이다. OpenGL 명세에 있는 최소 요구사항은 65536 텍셀이지만, 실제로 대부분의 구현은 훨씬 더 큰 버퍼를 생성할 수 있다. 보통 수백 메가바이트 범위다. 버퍼 텍스처는 필터링 및 밉맵 기능 같은 1D 텍스처가 지원하는 기능 중 일부가 지원되지 않는다.

마지막으로 GL_TEXTURE_2D_MULTISAMPLE 및 GL_TEXTURE_2D_MULTISAMPLE_ARRAY 멀티 샘플 텍스처 타입은 **멀티 샘플 안티에일리어싱**을 위해 사용된다. 이 기법은 이미지 퀄리티를 향상시키기 위한 기법이며, 특히 라인과 폴리곤의 경계선에서 효과가 두드러진다.

5.5.3 쉐이더에서 텍스처 읽기

일단 텍스처 객체를 생성했고 그 안에 데이터를 넣었다면, 쉐이더에서 그 데이터를 읽어서 컬러 프래그먼트에 적용할 수도 있다. 텍스처는 쉐이더에서 **샘플러 변수**sampler variable로 사용되며 샘플러 타입으로 유니폼을 선언하면 외부에서도 접근할 수 있다. 여러 차원의 텍스처가 있고, 여러 텍스처 타

---

6 사각형 텍스처는 2의 정수 제곱승 크기가 아닌 텍스처를 지원하지 못하는 하드웨어가 있었을 당시 OpenGL에 소개되었다. 현대 그래픽 하드웨어는 대부분 이 기능을 지원하기 때문에 사각형 텍스처는 기본적으로 2D 텍스처의 일부 기능이 되었으며, 2D 텍스처 대신 사용할 필요는 크게 없어졌다.

깃으로 생성하고 사용할 수 있는 것처럼, GLSL에서 사용할 수 있는 샘플러 변수 타입도 여러 종류가 있다. 2차원 텍스처를 나타내는 샘플러 타입은 **sampler2D**다. 쉐이더에서 텍스처를 액세스하려면, **sampler2D** 타입으로 유니폼 변수를 생성하고, texelFetch 내장 함수를 그 유니폼과 텍스처를 읽을 위치인 텍스처 좌표를 사용하여 호출하면 된다. [예제 5-35]는 GLSL에서 텍스처를 읽는 예다.

예제 5-35 GLSL에서 텍스처 읽기

```
#version 430 core

uniform sampler2D s;

out vec4 color;

void main(void)
{
    color = texelFetch(s, ivec2(gl_FragCoord.xy), 0);
}
```

[예제 5-35]의 쉐이더는 내장 변수 gl_FragCoord로부터 구한 텍스처 좌표를 사용하여 유니폼 샘플러로부터 읽는 간단한 쉐이더다. gl_FragCoord 변수는 프래그먼트 쉐이더의 입력으로 전달되는 변수로 윈도우 좌표로 계산된 프래그먼트의 부동소수점 좌표를 담는다. 하지만 texelFetch 함수는 (0, 0)에서 텍스처의 넓이, 높이까지의 정수형 좌표를 입력으로 받는다. 따라서 gl_FragCoord의 x와 y 요소로부터 2요소 정수 벡터(**ivec2**)를 생성한다. texelFetch의 세 번째 인자는 텍스처의 밉맵 레벨이다. 이 예제에서 텍스처는 한 레벨밖에 없으므로 0으로 설정한다. [그림 5-4]는 이 쉐이더를 앞서 삼각형을 그리는 예제에 사용한 결과다.

그림 5-4 텍스처가 적용된 간단한 삼각형

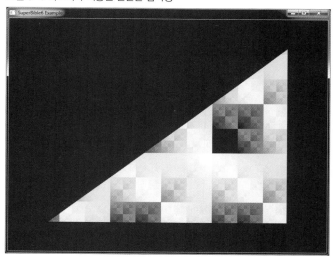

샘플러 타입

텍스처의 각 차원마다 해당 텍스처 객체가 바인딩될 수 있는 타깃이 존재한다는 내용은 이전 절에서 소개했다. 그리고 각 타깃은 쉐이더에서 사용할 수 있는 해당 샘플러 타입도 존재한다. [표 5-6]은 기본 텍스처 타깃 및 쉐이더에서 액세스할 수 있는 샘플러 타입이다.

표 5-6 기본 텍스처 타깃 및 샘플러 타입

텍스처 타깃	샘플러 타입
GL_TEXTURE_1D	sampler1D
GL_TEXTURE_2D	sampler2D
GL_TEXTURE_3D	sampler3D
GL_TEXTURE_RECTANGLE	sampler2DRect
GL_TEXTURE_1D_ARRAY	sampler1DArray
GL_TEXTURE_2D_ARRAY	sampler2DArray
GL_TEXTURE_CUBE_MAP	samplerCube
GL_TEXTURE_CUBE_MAP_ARRAY	samplerCubeArray
GL_TEXTURE_BUFFER	samplerBuffer
GL_TEXTURE_2D_MULTISAMPLE	sampler2DMS
GL_TEXTURE_2D_MULTISAMPLE_ARRAY	sampler2DMSArray

위 표를 보면 1D 텍스처를 생성하고 쉐이더에서 사용하기 위해서는 새로운 텍스처 이름을 GL_TEXTURE_1D 타깃에 바인딩하고 쉐이더의 sampler1D 변수를 사용하여 읽어야 한다는 것을 알 수 있다. 마찬가지로 2D 텍스처를 위해서는 GL_TEXTURE_2D와 sampler2D를 사용하고, 3D 텍스처를 위해서는 GL_TEXTURE_3D와 sampler3D를 사용하는 식이다.

sampler1D, sampler2D 등의 GLSL 샘플러 타입은 부동소수점 데이터를 나타낸다. 텍스처 안에 부호 없는 또는 부호 있는 정수 데이터를 담을 수 있고 쉐이더에서 접근할 수 있다. 텍스처가 부호 있는 정수형 데이터를 표현하도록 하려면 부동소수점 샘플러 타입에 i를 접두어로 붙이면 된다. 유사한 방식으로, 부호 없는 정수형 데이터를 담는 텍스처를 표현하려면 부동소수점 샘플러 타입에 u 접두사를 붙이면 된다. 예를 들어 부호 있는 정수형 데이터를 담는 2D 텍스처는 isampler2D 타입의 변수로 표현하며, 부호 없는 정수형 데이터는 usampler2D 타입의 변수로 표현한다.

[예제 5-35]에서 소개한 것처럼, 쉐이더에서 텍스처를 읽을 때 texelFetch 내장 함수를 사용한다. 실제로 이 함수는 **오버로딩**할 수 있는 많은 변종이 있다. 즉, 각기 다른 함수 인자를 사용하는 여러 버전의 함수가 존재한다는 것이다. 각 함수는 첫 번째 인자로 샘플러 변수를 취하는데, 이를 통해 샘플러 타입을 구분할 수 있다. 이 함수의 다른 인자는 각 샘플러 타입에 따라 다르다. 특히 텍스처 좌표에서 요소의 개수는 샘플러의 차원에 따라 다르다. 함수의 리턴값도 샘플러의 타입에 따라 다르다 (부동소수점, 부호 있는 정수, 또는 부호 없는 정수). 예를 들어 texelFetch 함수의 모든 선언은 다음과 같다.

```
vec4 texelFetch(sampler1D s, int P, int lod);
vec4 texelFetch(sampler2D s, ivec2 P, int lod);
ivec4 texelFetch(isampler2D s, ivec2 P, int lod);
uvec4 texelFetch(usampler3D s, ivec3 P, int lod);
```

sampler1D 샘플러 타입을 취하는 버전의 texelFetch는 1차원 텍스처 좌표인 int P를 사용한다. 하지만 sampler2D를 취하는 버전은 2차원 좌표인 ivec2 P를 사용한다. texelFetch의 리턴값은 그 함수가 취하는 샘플러 타입에 영향을 받는다는 것을 알 수 있다. sampler2D를 취하는 texelFetch 함수는 부동소수점 벡터를 리턴하는 데 반해, isampler2D 샘플러를 취하는 버전은 정수형 벡터를 리턴한다. 이러한 방식의 오버로딩은 C++ 언어에서 지원하는 방식과 유사하다. 즉, 리턴 타입을 인자로 결정할 수 없는 경우, 리턴 타입이 아닌 인자 타입에 따라 오버로딩되는 함수가 결정된다.

모든 텍스처 함수는 4요소 벡터를 리턴하는데, 그 벡터는 부동소수점 벡터일 수도 있고 정수형 벡터일 수도 있다. 그리고 이 리턴 타입은 샘플러 변수로 참조하는 텍스처 유닛에 바인딩되는 텍스처 객체의 포맷과도 무관하다. 만약 네 채널보다 적은 개수의 채널을 포함하는 텍스처로부터 읽을 때 녹색, 파란색 채널에는 디폴트값인 0이 채워지고 알파 채널에는 1이 채워진다. 리턴된 데이터 중에 쉐이더에서 사용되지 않는 채널이 있어도 상관없다. 쉐이더 컴파일러가 최적화하여 불필요한 코드는 없애버린다.

5.5.4 파일로부터 텍스처 로딩하기

앞의 간단한 예제에서는 텍스처 데이터를 애플리케이션에서 직접 생성했다. 하지만 실제 애플리케이션에서는 그렇게 하지 않을 것이다. 이미지는 보통 디스크에 저장되거나 네트워크로부터 다운 받을 것이다. 텍스처를 하드코딩된 배열로 변환하거나(그렇다, 이 작업을 대신 해주는 유틸리티가 있다), 파일로부터 애플리케이션에 로딩하거나 해야 한다.

많은 이미지 파일 포맷이 존재하며, 압축을 할 수도 있고 안 할 수도 있다. 어떤 포맷은 사진에 적합하며, 어떤 포맷은 선 그리기나 텍스트에 적합하다. 하지만 OpenGL의 모든 포맷을 제대로 지원하며, 밉맵이나 큐브 맵 등의 고급 기능을 지원하는 포맷은 찾기 힘들다. 그러한 포맷은 .KTX라는 포맷으로, **크로노스 텍스처 포맷**Khronos TeXture format이라고도 하며, OpenGL 텍스처로 표현되는 모든 것을 표현하고 저장할 수 있도록 특별히 고안된 포맷이다. 사실 .KTX 파일 포맷은 **glTexStorage2D( )** 및 **glTexSubImage2D( )** 등의 텍스처 함수에 전달할 대부분의 인자를 포함하기 때문에 파일의 텍스처를 직접 로딩할 수 있다.

[예제 5-36]은 .KTX 파일 헤더의 구조다.

```
struct header
{
    unsigned char      identifier[12];
    unsigned int       endianness;
    unsigned int       gltype;
    unsigned int       gltypesize;
    unsigned int       glformat;
    unsigned int       glinternalformat;
    unsigned int       glbaseinternalformat;
    unsigned int       pixelwidth;
    unsigned int       pixelheight;
    unsigned int       pixeldepth;
    unsigned int       arrayelements;
    unsigned int       faces;
    unsigned int       miplevels;
    unsigned int       keypairbytes;
};
```

이 헤더 파일에서 identifier는 여러 바이트를 차지하는데, 이를 통해 이 파일이 적합한 .KTX 파일인지 애플리케이션이 확인할 수 있다. endianness는 파일을 생성한 머신이 리틀엔디안little-endian인지 또는 빅엔디안big-endian인지에 따라 다른 값을 갖는다. glformat, glinternalformat, glbaseinternalformat 필드는 사실 GLenum 타입의 값으로 텍스처를 로딩할 때 사용된다. gltypesize 필드는 gltype 타입의 데이터에 대한 한 요소 크기를 바이트 단위로 저장한 것이며, 파일의 엔디안과 로딩하는 머신의 기본 엔디안이 다른 경우에 사용된다. 이 경우 텍스처의 각 요소는 로딩 시 바이트 단위로 교환swap된다. 나머지 필드인 pixelwidth, pixelheight, pixeldepth, arrayelements, faces, miplevels는 텍스처 차원에 관한 정보를 저장한다. 마지막으로 keypairbytes 필드는 애플리케이션이 헤더와 텍스처 데이터 사이에 추가 정보를 저장하는 경우에 사용된다. 이 정보 다음에는 텍스처 데이터 자체가 들어간다.

.KTX 파일 포맷은 OpenGL 기반의 애플리케이션을 위해 특별히 고안된 것이기 때문에 .KTX 파일을 로딩하는 코드는 매우 직관적이다. 게다가 .KTX 파일에 대한 기본 로더는 이 책의 소스 코드에 포함되어 있다. 로더를 사용하려면 **glGenTextures()**를 사용하여 새로운 텍스처 이름을 예약하고, .KTX 파일 이름과 함께 로더에 전달하기만 하면 된다. 원한다면 텍스처의 OpenGL 이름을 생략할 (또는 0을 전달할) 수 있다. 이 경우에는 로더가 **glGenTextures()**를 대신 호출해준다. .KTX 파일의 내용을 확인한 후, 로더는 텍스처를 해당 타깃에 바인딩하고 .KTX 파일로부터 데이터를 로딩한다. [예제 5-37]은 이것에 대한 예다.

```
// 텍스처 이름을 생성
glGenTextures(1, &texture);

// 파일로부터 텍스처 로딩
sb6::ktx::file::load("media/textures/icemoon.ktx", texture);
```

[예제 5-37]이 너무 간단해 보이는가? 맞다. .KTX 로더가 거의 모든 세부 작업을 대신 해준다. 만약 로더가 로딩을 성공적으로 수행하고 텍스처를 할당하면 전달한(또는 생성한) 텍스처의 이름을 리턴한다. 만약 실패한다면 0을 리턴한다. 로더가 리턴한 후에는 호출할 당시에 활성화된 텍스처 유닛에 텍스처가 바인딩된 상태다. 즉, **glActiveTexture( )**를 호출한 다음에 sb6::ktx::file::load를 호출하면 텍스처는 선택한 텍스처 유닛에 바인딩된다. 사용을 마치면 .KTX 로더가 리턴한 이름으로 **glDeleteTextures( )**를 호출하여 텍스처를 꼭 삭제해야 한다. 예제에서 로딩한 텍스처를 전체 뷰포트에 적용한 것이 [그림 5-5]다.

그림 5-5 .KTX 파일로부터 로딩한 풀스크린 텍스처

텍스처 좌표

이 장 앞부분의 간단한 예제에서는 프래그먼트의 윈도우 공간 좌표를 위치로 사용하고 이 위치의 텍스처를 읽었다. 프래그먼트 쉐이더에서는 아무 값이나 사용할 수 있지만, 보통은 OpenGL에 의해 각 프리미티브 사이에 부드럽게 보간된 입력값 중 하나를 사용한다. 이러한 좌표값을 생성하는 것이 버텍스 쉐이더(또는 지오메트리 쉐이더나 테셀레이션 이벨류에이션 쉐이더)의 역할이다. 버텍스 쉐이더는 일반적으로 텍스처 좌표를 버텍스 입력으로부터 얻어 와서 그대로 전달한다. 프래그

먼트 쉐이더에서 여러 텍스처를 사용하는 경우, 각 텍스처별로 고유한 텍스처 좌표를 사용할 수도 있지만, 대부분의 애플리케이션은 모든 텍스처에 대해 하나의 텍스처 좌표만 사용한다.

[예제 5-38]은 하나의 텍스처 좌표를 받아서 그대로 프래그먼트 쉐이더로 전달하는 간단한 버텍스 쉐이더고, [예제 5-39]는 그에 대응하는 프래그먼트 쉐이더다.

예제 5-38 하나의 텍스처 좌표를 사용하는 버텍스 쉐이더

```
#version 430 core

uniform mat4 mv_matrix;
uniform mat4 proj_matrix;

layout (location = 0) in vec4 position;
layout (location = 4) in vec2 tc;

out VS_OUT
{
    vec2 tc;
} vs_out;

void main(void)
{
    // 각 버텍스의 위치를 계산
    vec4 pos_vs = mv_matrix * position;

    // 텍스처 좌표를 변형하지 않고 그대로 전달
    vs_out.tc = tc;

    gl_Position = proj_matrix * pos_vs;
}
```

[예제 5-39]의 쉐이더는 버텍스 쉐이더에 의해 생성된 텍스처 좌표를 입력으로 받아 비균일하게 스케일한다. 텍스처 래핑 모드는 GL_REPEAT로 설정하는데, 이는 텍스처가 객체 주위로 여러 번 반복된다는 의미다.

예제 5-39 단일 텍스처 좌표를 사용하는 프래그먼트 쉐이더

```
#version 430 core

layout (binding = 0) uniform sampler2D tex_object;

// 버텍스 쉐이더로부터의 입력
in VS_OUT
```

```
{
    vec2 tc;
} fs_in;

// 프레임버퍼로의 출력
out vec4 color;

void main(void)
{
    // 단순히 (스케일된) 좌표의 텍스처를 읽어서
    // 쉐이더의 출력으로 할당한다.
    color = texture(tex_object, fs_in.tc * vec2(3.0, 1.0));
}
```

각 버텍스의 텍스처 좌표를 전달하면 객체 주위로 텍스처를 **감쌀** 수 있다. 텍스처 좌표는 오프라인으로 절차적으로 생성할 수도 있고 아티스트가 모델링 프로그램을 사용하여 수작업으로 할당하여 파일로 저장할 수도 있다. 간단한 체크보드 패턴 텍스처를 로딩해서 객체에 적용하면 텍스처가 객체 주위를 어떻게 감싸는지 확인할 수 있다. 해당 예제가 [그림 5-6]이다. 왼쪽은 객체 주위로 체크보드 패턴을 사용한 예고, 오른쪽은 동일한 객체에 파일로부터 로딩한 텍스처를 사용한 예다.

그림 5-6 간단한 텍스처로 객체 감싸기

5.5.5 텍스처 데이터 읽는 방식 제어하기

OpenGL은 텍스처로부터 데이터를 읽어서 쉐이더에 전달하는 방식이 매우 유연하다. 일반적으로 텍스처 좌표는 정규화된다. 즉, 범위가 0.0에서 1.0 사이다. OpenGL은 이 범위를 벗어나는 텍스처 좌표에 대해 어떻게 처리할지 제어할 수 있다. 이것을 소위 샘플러의 **래핑 모드**라고 한다. 또한 실제 샘플들의 중간값을 어떻게 계산할지도 정할 수 있다. 이것을 샘플러의 **필터링 모드**라고 한다. 샘플러의 래핑 및 필터링 모드를 제어하는 인자들은 **샘플러 객체**에 저장된다.

하나 이상의 샘플러 객체를 생성하기 위해서는 다음 함수를 호출한다.

```
void glGenSamplers(GLsizei n, GLuint * samplers);
```

여기서 n은 생성할 샘플러 객체의 수고, samplers는 새로 생성된 샘플러 객체의 이름을 저장하는 최소 n개의 부호 없는 정수형 변수에 대한 주소다.

샘플러 객체는 OpenGL의 다른 객체와는 약간 다르게 사용된다. 샘플러 객체의 인자를 설정하기 위해 사용할 두 개의 주요 함수는 다음과 같다.

```
void glSamplerParameteri(GLuint sampler,
                         GLenum pname,
                         GLint param);
```

와

```
void glSamplerParameterf(GLuint sampler,
                         GLenum pname,
                         GLfloat param);
```

glSamplerParameteri()와 **glSamplerParameterf()** 함수 모두 샘플러 객체 이름을 첫 번째 인자로 사용한다. 즉, 타깃에 먼저 바인딩하지 않고 샘플러 객체를 직접 수정할 수 있다는 의미다. 샘플러 객체를 사용하려면 먼저 바인딩해야 하는데, 이때는 텍스처와 마찬가지로 텍스처 유닛에 바인딩한다. 샘플러 객체를 텍스처 유닛에 바인딩하는 함수는 **glBindSampler()**며, 프로토타입은 다음과 같다.

```
void glBindSampler(GLuint unit, GLuint sampler);
```

glBindSampler()는 텍스처 타깃을 인자로 전달하지 않고, 샘플러 객체를 바인딩할 대상 텍스처 유닛에 대한 인덱스를 사용한다. 텍스처 유닛에 바인딩된 샘플러 객체와 텍스처 객체는 쉐이더에서 사용할 텍셀에 관한 인자와 데이터를 구성하기 위해 함께 사용된다. 텍스처 데이터로부터 텍스처 샘플러의 인자를 분리함으로써 세 가지 중요한 기능을 제공한다.

- 텍스처 개수가 많은 경우에도 각 텍스처마다 인자를 지정할 필요 없이 동일한 샘플링 인자를 사용할 수 있다.
- 텍스처 유닛에 바인딩된 텍스처를 변경할 때, 샘플러 인자는 변경하지 않아도 된다.
- 동일한 텍스처를 여러 다른 샘플러 인자를 사용해서 동시에 읽을 수 있다.

비록 실제 애플리케이션에서는 자신만의 샘플러 객체를 사용하겠지만, 각 텍스처는 샘플러 객체가 해당 텍스처 유닛에 바인딩되지 않았을 경우에 대비해서 그 텍스처에서 사용할 내장 샘플러 객체를 포함하고 있다. 이 개념을 텍스처의 기본 샘플링 인자라고 보아도 무방하다. 텍스처 객체 안에 저장된 샘플러 객체를 사용하기 위해서는 타깃에 바인딩한 후 다음 함수를 호출하면 된다.

```
void glTexParameterf(GLenum target,
                     GLenum pname,
                     GLfloat param);
```

또는

```
void glTexParameteri(GLenum target,
                     GLenum pname,
                     GLint param);
```

이 경우 target 인자는 사용할 텍스처가 바인딩된 타깃으로 지정하고, pname 인자와 param 인자는 **glSamplerParameteri()**와 **glSamplerParameterf()**에서와 동일한 의미다.

여러 텍스처 사용하기

하나의 쉐이더에서 여러 텍스처를 사용하려면 여러 샘플러 유니폼을 만들고 각각 다른 텍스처 유닛을 참조하도록 설정하면 된다. 이때 여러 텍스처를 한꺼번에 콘텍스트에 바인딩해야 한다. 이를 위해 OpenGL은 다중 텍스처 유닛을 제공한다. 지원되는 유닛 개수를 얻으려면 다음과 같이 GL_MAX_COMBINED_TEXTURE_IMAGE_UNITS 인자를 사용하여 **glGetIntegerv()**를 호출하면 된다.

```
GLint units;
glGetIntegerv(GL_MAX_COMBINED_TEXTURE_IMAGE_UNITS, &units);
```

이를 통해 모든 쉐이더 스테이지에서 사용할 수 있는 최대 동시 텍스처 유닛 개수를 얻을 수 있다. 텍스처를 특정 텍스처 유닛에 바인딩하려면, 우선 활성화 텍스처 유닛 선택자를 변경해야 한다. **glActiveTexture()**를 텍스처 유닛 식별자와 함께 호출하면 된다. 이 식별자는 GL_TEXTURE0 토큰에 원하는 텍스처 유닛의 인덱스를 더한 값이다. 예를 들어 텍스처 유닛 5를 선택하려면 다음과 같이 호출한다.

```
glActiveTexture(GL_TEXTURE0 + 5);
```

편의를 위해 표준 OpenGL 헤더 파일에는 GL_TEXTURE0에 1부터 31까지 더한 값인 GL_TEXTURE1에서 GL_TEXTURE31까지의 토큰을 미리 정의해놓았다. 즉, 현재 콘텍스트에 세 개의 텍스처를 바인딩하려면 다음과 같이 하면 된다.

```
GLuint textures[3];

glGenTextures(3, &textures);

glActiveTexture(GL_TEXTURE0);
glBindTexture(GL_TEXTURE_2D, textures[0]);

glActiveTexture(GL_TEXTURE1);
```

```
glBindTexture(GL_TEXTURE_2D, textures[1]);

glActiveTexture(GL_TEXTURE2);
glBindTexture(GL_TEXTURE_2D, textures[2]);
```

일단 여러 텍스처를 콘텍스트에 바인딩했다면, 쉐이더 내에서 샘플러 유니폼이 각각의 텍스처 유닛을 참조하도록 해야 한다. 여기에는 두 가지 방법이 있다. 첫 번째는 **glUniform1i()** 함수를 사용하여 애플리케이션 코드에서 직접 샘플러 유니폼의 값을 설정하는 방법이다. 쉐이더 코드에서 샘플러는 유니폼으로 선언되기 때문에 **glGetUniformLocation()**으로 그 위치를 찾아 값을 수정할 수 있다. 샘플러 변수가 쉐이더 내에서 실제로 정수로 읽혀지는 값은 아니지만, 해당 텍스처 유닛을 설정하는 목적 하에 정수 유니폼처럼 다룰 수 있으며 **glUniform1i()**를 사용한다. 샘플러 유니폼으로 텍스처 유닛을 참조하기 위한 두 번째 방법은 쉐이더 컴파일 시점에 값을 설정하는 것이다. 쉐이더 코드에서 **binding** 레이아웃 지시어를 사용하면 된다. 텍스처 유닛 0, 1, 2를 참조하는 세 개의 샘플러 유니폼을 생성하려면 다음과 같이 한다.

```
layout (binding = 0) uniform sampler2D foo;
layout (binding = 1) uniform sampler2D bar;
layout (binding = 2) uniform sampler2D baz;
```

이 코드를 컴파일하고 프로그램 객체에 링크하면, 샘플러 foo는 텍스처 유닛 0을, bar는 유닛 1을, baz는 유닛 2를 참조한다. 샘플러 유니폼이 참조하는 유닛은 프로그램이 링크된 후에도 **glUniform1i()** 함수를 호출하여 변경할 수 있다. 하지만 쉐이더 코드에서 직접 유닛을 설정하는 방식이 훨씬 더 간편하고 애플리케이션 소스 코드를 수정하지 않아도 되는 장점이 있다. 이 책의 나머지 장에서는 대부분 이 방식을 사용할 것이다.

텍스처 필터링

텍스처 맵의 텍셀과 화면의 픽셀이 일대일 상관관계가 성립되는 경우는 거의 없다. 세심한 프로그래머가 그러한 결과를 내는 경우도 있지만, 화면상에 텍셀과 픽셀이 일치하도록 미리 신경 써서 텍스처링을 하는 경우에만 가능하다(사실 OpenGL을 이미지 프로세싱 애플리케이션에 사용하는 경우는 가능하다). 결과적으로 텍스처 이미지는 항상 늘어나거나 줄어들어 지오메트리 서피스에 적용된다. 지오메트리의 방향에 따라 객체의 서피스는 늘어나거나 줄어든다.

지금까지의 예제에서는 texelFetch() 함수를 사용했다. 이 함수는 선택한 텍스처로부터 특정 정수 텍스처 좌표를 사용하여 하나의 텍셀을 읽어온다. 따라서 프래그먼트 대 텍셀 비율이 정수가 아닌 경우에는 이 함수를 사용하지 않는다. 더 융통성 있는 함수인 texture()를 사용할 수 있다. texelFetch()처럼 여러 가지 오버로딩된 프로토타입이 있다.

```
vec4 texture(sampler1D s, float P);
vec4 texture(sampler2D s, vec2 P);
ivec4 texture(isampler2D s, vec2 P);
uvec4 texture(usampler3D s, vec3 P);
```

알아챘을지도 모르겠지만, texelFetch( ) 함수와는 달리 texture( ) 함수는 **부동소수점** 텍스처 좌표를 인자로 받는다. 각 차원에 대해 0.0에서 1.0의 범위가 텍스처에 그대로 매핑된다. 텍스처 좌표는 범위 내에 있는 값일 수도 있지만, 0.0과 1.0 범위 밖에 있는 값일 수도 있다. 다음 절에서 는 OpenGL이 이러한 부동소수점 수를 사용하여 쉐이더의 텍셀값을 계산하는 방식에 대해 설명 한다.

늘어나거나 줄어든 텍스처 맵으로부터 컬러 프래그먼트를 계산하는 작업을 **텍스처 필터링**이라고 한다. 텍스처를 늘리는 작업은 **확대**라고 하며, 텍스처를 줄이는 작업은 **축소**라고 한다. 샘플러 인 자 함수를 사용하면 OpenGL에서 확대 및 축소 필터를 사용할 수 있다. 이 두 필터를 위한 인자는 GL_TEXTURE_MAG_FILTER와 GL_TEXTURE_MIN_FILTER다. 현재로서는 GL_NEAREST와 GL_LINEAR 두 가지 기본 텍스처 필터 중에서 선택할 수 있는데, 각각 최단 인접 필터링과 선형 필터링에 해당한 다. GL_TEXTURE_MIN_FILTER에 대해서는 항상 이 두 가지 필터 중 하나를 선택해야 한다. 밉맵이 없으면 기본 필터 설정은 동작하지 않는다(다음의 '밉맵' 절에서 확인).

최단 인접 필터링은 가장 단순하며 가장 빠른 필터링 방식이다. 텍스처 좌표는 텍스처 텍셀에 대해 계산되는데, 좌표가 어떤 텍셀에 해당하는지에 따라 그 컬러가 프래그먼트 텍스처 컬러에 사용된 다. 최단 인접 필터링은 텍스처가 매우 크게 늘어나는 경우 큰 블록 모양의 픽셀을 만든다. 그 예는 [그림 5-7]의 왼쪽이다. 텍스처 필터링을 확대 및 축소 필터 모두에 설정할 수도 있다. 다음 두 함 수를 사용하면 된다.

```
glSamplerParameteri(sampler, GL_TEXTURE_MIN_FILTER, GL_NEAREST);
glSamplerParameteri(sampler, GL_TEXTURE_MAG_FILTER, GL_NEAREST);
```

선형 필터링은 최단 인접 필터링보다 더 많은 작업이 필요하지만, 추가 오버헤드를 감수할 만하다. 요즈음 판매되는 하드웨어들은 일반적으로 선형 필터링의 추가 비용이 0이다. 선형 필터링은 텍스 처 좌표에 가장 가까운 텍셀을 구할 뿐 아니라 텍스처 좌표 주변 텍셀의 가중치 평균(선형 보간)을 계산한다. 이 보간된 프래그먼트와 텍셀 컬러를 정확히 매칭시키기 위해서는 텍스처 좌표가 텍셀 의 중심에 위치해야 한다. 선형 필터링은 텍스처가 늘어날 때 '흐려짐' 효과를 보인다. 이 흐려짐 효 과는 보통 삐죽삐죽한 사각형이 보이는 최단 인접 필터링보다 더 사실적이고 덜 인공적인 화면을 보여준다. [그림 5-7]의 오른쪽이 선형 필터링의 예다. 선형 필터링을 설정하려면 다음과 같이 하 면 된다.

```
glSamplerParameteri(sampler, GL_TEXTURE_MIN_FILTER, GL_LINEAR);
glSamplerParameteri(sampler, GL_TEXTURE_MAG_FILTER, GL_LINEAR);
```

그림 5-7 텍스처 필터링 – 최단 인접 필터(왼쪽)와 선형 필터(오른쪽)

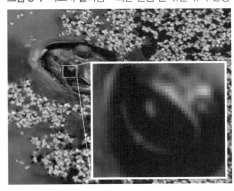
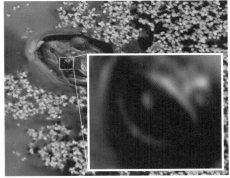

밉맵

밉맵^{mipmap}은 렌더링 성능과 비주얼 퀄리티를 모두 향상시킬 수 있는 강력한 텍스처 기법이다. 표준 텍스처 매핑에는 잘 알려진 두 가지 문제가 있다. 첫 번째는 반짝거림 현상^{scintillation}(또는 계단 현상)으로, 적용된 텍스처의 크기에 비해 매우 작은 크기로 화면에 렌더링되는 객체의 서피스에 나타나는 현상이다. 반짝거림 현상은 텍스처 맵의 샘플링 영역이 화면 크기에 비례해서 변하지 않을 때 발생한다. 반짝거림 현상의 부작용은 카메라 또는 객체가 움직일 때 더 잘 확인할 수 있다.

두 번째 문제는 성능에 관련된 것이지만 반짝거림 현상과 동일한 환경에서 발생한다. 즉, 텍스처를 담기 위해 많은 텍스처 메모리가 사용되는 경우, 화면상의 인접 프래그먼트가 실제 텍스처 공간상에서 멀리 떨어진 텍셀들과 근접하는 경우가 발생한다. 텍스처 크기가 크고 드문드문 액세스하는 경우에는 텍스처링 성능이 더 낮아진다.

이 두 가지 문제에 대한 해결책은 간단히 더 작은 텍스처 맵을 사용하는 것이다. 하지만 이 솔루션은 새로운 문제를 일으킨다. 객체가 가까운 경우 크게 렌더링되어야 하는데, 텍스처 맵이 작으면 늘어나게 되어 너무 뭉개져버리거나 블록 현상이 두드러지게 된다. 이 문제에 대한 해결책은 **밉맵을 사용**하는 것이다. 밉맵은 라틴 어구인 *multum in parvo*에서 왔는데, '작은 공간에 많은 것을'이라는 의미다. 기본적으로 텍스처 객체에 하나의 이미지만 로딩하지 않고 크기에 따라 여러 이미지를 사용하여 하나의 '밉맵' 텍스처를 로딩한다. OpenGL은 일련의 필터 모드를 사용하여 해당 지오메트리에 대해 가장 적합한 텍스처를 선택한다. 메모리(및 프로세싱 작업)를 추가해서 깜박거림 현상과 멀리 있는 객체의 텍스처 메모리 성능 저하 문제를 동시에 해결할 수 있다. 게다가 필요한 경우 높은 해상도의 텍스처도 유지할 수 있다.

밉맵 텍스처는 여러 텍스처 이미지로 구성된다. 각 이미지는 이전 단계의 이미지에 비해 각 축에 대해 절반 크기이거나 픽셀 개수로는 4분의 1에 해당한다. 이 내용을 [그림 5-8]에 설명했다. 밉맵 레벨은 정방형일 필요는 없지만, 각 차원에 대해 절반 크기로 줄여나가면 결국 마지막 이미지는 1×1

텍셀이 된다. 한 차원이 1이 되면, 그다음부터는 다른 차원만 나눈다. 2D 텍스처의 경우, 정방형 밉맵을 사용하면 밉맵을 사용하지 않는 경우에 비해 메모리가 3분의 1 가량 더 필요하다.

그림 5-8 밉맵 이미지

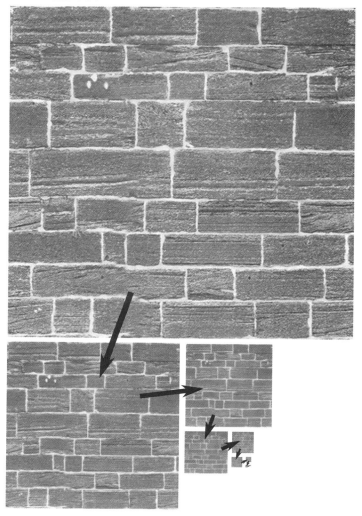

밉맵 레벨은 (2D 텍스처의 경우) **glTexSubImage2D( )**로 로딩한다. level 인자가 필요한데, 이는 어떤 밉맵 레벨로 이미지 데이터가 로딩되는지 알아야 하기 때문이다. 첫 번째 레벨은 0이고, 다음은 1, 2 식이다. 만약 밉맵이 사용되지 않는다면 레벨 0만 사용하면 된다. **glTexStorage2D( )**(또는 할당하려는 텍스처 타입에 적합한 다른 함수)를 사용하여 텍스처를 할당할 때 levels 인자에 텍스처에 포함할 레벨 개수를 지정할 수 있다. 그 다음에 해당 텍스처에 대한 밉맵을 사용할 수 있게 된다. GL_TEXTURE_BASE_LEVEL과 GL_TEXTURE_MAX_LEVEL 텍스처 인자를 사용하여 기본 레벨 및 최대 레벨을 지정하면 렌더링 시 사용할 밉맵 레벨의 개수를 제한할 수 있다. 예를 들어 밉맵 레벨

0에서 4까지만 사용하도록 하려면 glTexParameteri를 다음과 같이 두 번 호출하면 된다.

```
glTexParameteri(GL_TEXTURE_2D, GL_TEXTURE_BASE_LEVEL, 0);
glTexParameteri(GL_TEXTURE_2D, GL_TEXTURE_MAX_LEVEL, 4);
```

밉맵 필터링

밉맵 처리로 인해 GL_NEAREST 및 GL_LINEAR 두 개의 기본 텍스처 필터링 방식 외에 4개의 밉맵을 활용한 필터링 모드가 추가된다. [표 5-7]을 확인하자.

표 5-7 텍스처 필터(밉맵 필터 포함)

상수	설명
GL_NEAREST	기본 밉 레벨에 대해 최단 인접 필터링을 수행한다.
GL_LINEAR	기본 밉 레벨에 대해 선형 필터링을 수행한다.
GL_NEAREST_MIPMAP_NEAREST	가장 가까운 밉 레벨을 선택하여 최단 인접 필터링을 수행한다.
GL_NEAREST_MIPMAP_LINEAR	밉 레벨 간에 선형 보간을 수행하고 최단 인접 필터링을 수행한다.
GL_LINEAR_MIPMAP_NEAREST	가장 가까운 밉 레벨을 선택하고 선형 필터링을 수행한다.
GL_LINEAR_MIPMAP_LINEAR	밉 레벨 간에 선형 보간을 수행하고, 선형 필터링을 수행한다. 삼중선형 필터링 이라고도 한다.

glTexStorage2D( )로 밉 레벨을 로딩한다고 해서 그 자체로 밉맵이 활성화되는 것은 아니다. 만약 텍스처 필터를 GL_LINEAR나 GL_NEAREST로 설정하였다면 기본 텍스처 레벨만 사용되고, 로딩된 밉 레벨은 무시된다. 로딩된 밉 레벨을 사용하려면 밉맵 필터를 선택해야 한다. 이 상수는 GL_<필터>_ MIPMAP_<선택자>의 형태를 갖는다. 여기서 <필터>는 밉 레벨 선택에 사용할 텍스처 필터다. <선택자> 는 어떤 방식으로 밉 레벨을 선택할 것인지 지정한다. 예를 들어 NEAREST는 가장 가까운 밉 레벨을 선택한다. 선택 방식으로 LINEAR를 사용하면 두 개의 가장 가까운 밉 레벨 간에 선형 보간을 수행 한다. 즉, 선택한 텍스처 필터로 다시 필터링한다.

어떤 필터를 선택하는지는 애플리케이션에 따라 다르고 어떤 성능 요구사항이 필요한지에 따라 다 르다. 예를 들어 GL_NEAREST_MIPMAP_NEAREST는 성능이 매우 좋고 에일리어싱(반짝거림 현상) 이 적다. 하지만 최단 인접 필터링은 일반적으로 보기에 좋다고 할 수는 없다. GL_LINEAR_MIPMAP_ NEAREST가 일반적으로 게임에 많이 사용되는데, 그 이유는 더 좋은 선형 필터링이 사용되며, 다 른 크기의 밉 레벨 간에 밉맵 선택(최단)이 빠르기 때문이다. GL_<*>_MIPMAP_<*> 필터 모드는 GL_ TEXTURE_MIN_FILTER 설정에만 사용할 수 있다는 점에 유의하자. GL_TEXTURE_MAG_FILTER 설정 은 항상 GL_NEAREST 아니면 GL_NEAREST이어야 한다.

밉맵 선택 방식으로 최단^{nearest}을 선택하면(앞 문단의 두 예제에서처럼) 의도치 않은 시각적 결함 이 발생할 수 있다. 비스듬한 각도의 뷰로 볼 때, 객체의 서피스에 밉 레벨 간의 전이 부분이 확인되는 경우가 있다. 한 레벨에서 다른 레벨로 이동하는 부분에 일그러진 선 또는 날카로운 전이 구간이 보인다. GL_LINEAR_MIPMAP_LINEAR 및 GL_NEAREST_MIPMAP_LINEAR 필터는 이 전이 구간을 없애기 위해 밉 레벨 간에 추가적인 보간을 수행한다. 하지만 이 추가적인 연산으로 인해 매우 큰 오버헤드가 발생한다. GL_LINEAR_MIPMAP_LINEAR 필터는 보통 삼중선형trilinear 밉맵이라고도 하는데, 더 나은 이미지 필터링 기법들도 있긴 하지만, 매우 좋은 결과를 내는 방식이다.

밉 레벨 생성하기

이전에 언급했듯이, 2D 텍스처의 밉맵은 기본 텍스처 이미지에 비해 대략 1/3의 추가 텍스처 메모리가 필요하다. 뿐만 아니라 기본 텍스처 이미지의 더 작은 버전들도 로딩해야 하는데, 때로는 작은 해상도의 이미지들이 프로그래머한테 없거나 소프트웨어 사용자한테 없을 수도 있기 때문에 불편하다. 미리 계산된 밉 레벨이 있으면 가장 좋은 결과를 내겠지만, 일반적으로는 OpenGL에 생성해 달라고 요청한다. 일단 레벨 0의 텍스처가 로딩되었다면, **glGenerateMipmap()**을 사용하여 나머지 모든 밉 레벨을 생성할 수 있다.

```
void glGenerateMipmap(GLenum target);
```

target 인자는 GL_TEXTURE_1D, GL_TEXTURE_2D, GL_TEXTURE_3D, GL_TEXTURE_CUBE_MAP, GL_TEXTURE_1D_ARRAY, GL_TEXTURE_2D_ARRAY 중 하나를 사용한다(뒤의 세 개는 나중에 설명한다). 작은 텍스처를 생성할 때 사용하는 필터의 품질은 OpenGL 구현에 따라 다를 수 있다. 뿐만 아니라 밉맵을 실시간에 생성하는 것은 미리 만들어진 밉맵을 로딩하는 것보다 더 느리다. 성능에 민감한 애플리케이션에서는 이 점도 생각해보아야 한다. 가장 좋은 품질(일관성도 고려하여)을 위해서는 미리 생성한 자체 밉맵을 로딩하는 것이 가장 좋다.

밉맵 사용하기

tunnel 예제 프로그램은 이번 장에서 소개한 밉맵을 사용하여 서로 다른 필터링 및 밉맵 모드의 차이를 보여준다. 이 예제 프로그램은 시작 시 세 개의 텍스처를 로딩하고 터널을 렌더링할 때 각각을 전환하여 보여준다. 미리 필터링된 이미지들은 텍스처 데이터와 함께 .KTX 파일에 저장되어 있다. 터널은 벽돌 패턴의 벽이 있고, 바닥과 천장에는 다른 재질을 사용한다. 텍스처 축소 모드에 GL_LINEAR_MIPMAP_LINEAR를 사용한 터널 화면은 [그림 5-9]다. 보다시피 텍스처는 터널을 따라 멀어질수록 뿌옇게 보인다.

그림 5-9 세 개의 텍스처와 밉맵을 사용하여 렌더링한 터널

텍스처 랩

보통 텍스처 좌표는 텍스처 맵 안의 텍셀을 참조하기 위해 0.0에서 1.0 사이로 지정한다. 만약 텍스처 좌표가 이 범위를 벗어나면, OpenGL은 샘플러 객체에 지정된 현재 텍스처 래핑 모드에 따라 다르게 처리한다. 텍스처 좌표의 각 요소에 대한 래핑 모드는 인자 이름에 GL_TEXTURE_WRAP_S, GL_TEXTURE_WRAP_T, 또는 GL_TEXTURE_WRAP_R을 사용하여 **glSamplerParameteri()**를 호출하여 각각 지정한다. 래핑 모드는 GL_REPEAT, GL_MIRRORED_REPEAT, GL_CLAMP_TO_EDGE, GL_CLAMP_TO_BORDER 중 하나를 사용하여 지정한다. GL_TEXTURE_WRAP_S의 값은 1D, 2D, 3D 텍스처에 영향을 준다. GL_TEXTURE_WRAP_T는 2D와 3D 텍스처에만 영향을 준다. GL_TEXTURE_WRAP_R은 3D 텍스처에만 영향을 준다.

GL_REPEAT 래핑 모드는 텍스처 좌표가 1.0 이상일 때 단순히 그 방향으로 계속 반복한다. 텍스처를 매 정수 텍스처 좌표마다 다시 반복한다. 이 모드는 작은 타일 텍스처를 큰 지오메트리 서피스에 적용할 때 유용하다. 이음새 없이 잘 만든 텍스처를 사용하면 비용이 적은 작은 텍스처 이미지로도 매우 큰 텍스처처럼 보이게 할 수 있다. GL_MIRRORED_REPEAT 모드도 유사하지만, 텍스처의 각 요소가 1.0을 넘으면, 2.0이 될 때까지 텍스처의 반대 방향으로 진행한다. 2.0마다 반복하는 셈이다. 반복이 없는 모드는 말 그대로 '고정^{clamped}' 모드다.

만약 래핑 모드가 텍스처 반복 여부에 관한 모드라면, 단 두 개의 래핑 모드(반복 및 고정)만 있으면 될 것 같다. 하지만 텍스처 모드는 텍스처 맵의 경계 부분에 대해 텍스처 필터링을 어떻게 할지와 매우 관련 있다. GL_NEAREST 필터링은 래핑 모드와 상관없다. 왜냐하면 텍스처 좌표가 항상 텍스처 내의 특정 텍셀에 딱 맞아떨어지기 때문이다. 하지만 GL_LINEAR 필터는 텍스처 좌표 주위의 픽셀 평균을 취하기 때문에 텍스처 경계 주변 텍셀에 대해 문제가 발생한다. 이 문제는 래핑 모드

를 GL_REPEAT로 하면 깔끔하게 해결된다. 다음 행이나 열에서 텍셀 샘플을 취하기 때문에, 반복 모드에서는 텍스처의 다른 쪽 끝을 감싸게 된다. 이 모드는 객체 주위를 감싸 반대편까지 감싸는 (구와 같이) 텍스처에 매우 잘 동작한다.

고정 텍스처 래핑 모드는 텍스처 경계를 처리하는 여러 옵션을 제공한다. GL_CLAMP_TO_BORDER는 텍스처 경계 색상을 사용하여(GL_TEXTURE_BORDER_COLOR를 인자로 **glSamplerParameterfv( )**를 호출하면 설정 가능하다) 원하는 텍셀을 얻는다. GL_CLAMP_TO_EDGE 래핑 모드는 범위를 벗어난 텍스처 좌표에 대해 마지막 유효한 텍셀의 행 또는 열을 따라 샘플링한다.

[그림 5-10]은 여러 텍스처 래핑 모드에 대한 간단한 예다. 동일한 모드를 텍스처 좌표의 S 및 T 요소에 대해 사용했다. 네 개의 정사각형 이미지를 동일한 텍스처를 적용한 것이지만, 다른 텍스처 래핑 모드를 적용했다. 텍스처는 오른쪽 위를 가리키는 9개의 화살표가 있고, 오른쪽 및 위쪽에 밝은 색 띠가 있는 간단한 정사각형 이미지다. 왼쪽 위 정사각형에는 GL_CLAMP_TO_BORDER가 적용되었다. 경계 색상을 어두운 색상으로 설정했기 때문에 OpenGL에서 텍스처 데이터가 없는 부분이 어디인지 쉽게 확인할 수 있다. 반면 왼쪽 아래 정사각형은 GL_CLAMP_TO_EDGE를 적용했고, 밝은 띠가 텍스처 데이터의 위와 오른쪽으로 계속 이어졌다.

그림 5-10 텍스처 좌표 래핑 모드의 예제

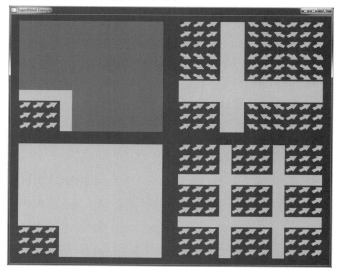

오른쪽 아래는 GL_REPEAT를 사용했는데, 이는 텍스처를 계속 반복하여 래핑하는 모드다. 보다시피 화살표 텍스처가 여러 번 복사되었으며, 모든 화살표가 동일한 방향을 가리키고 있다. 이 모드를 GL_MIRRORED_REPEAT를 사용하는 [그림 5-10]의 오른쪽 위 사각형과 비교해보면, 텍스처가 반복된다는 점을 동일하지만, 첫 번째 이미지 복사본은 같은 방향인 반면, 두 번째 복사본은 반대 방향이다. 또 그 다음은 원래 방향이고 계속 이러한 패턴이다.

5.5.6 배열 텍스처

앞에서 다른 텍스처 유닛을 사용하면 여러 텍스처를 동시에 접근할 수 있다고 했다. 여러 샘플러 유니폼을 선언하면 쉐이더에서 동시에 여러 텍스처 객체를 접근할 수 있기 때문에 이 방식은 매우 강력하고 유용하다. 실제로 **배열 텍스처** 기능을 사용하면 그 이상의 것도 할 수 있다. 배열 텍스처 기능을 사용하면 여러 1D, 2D, 또는 큐브 맵 이미지를 단일 텍스처 객체에 로딩할 수 있다. 한 텍스처에 하나 이상의 이미지를 갖는다는 개념이 새로운 것은 아니다. 밉맵에서 각 밉 레벨은 서로 다른 이미지다. 큐브 맵에서 각 면은 하나의 이미지를 가지며, 각 이미지는 밉 레벨을 포함한다. 하지만 텍스처 배열에서는 전체 텍스처 이미지 배열을 하나의 텍스처 객체에 바인딩하고 쉐이더에서 각각에 대한 인덱스를 사용할 수 있다. 따라서 애플리케이션에서 동시에 사용할 수 있는 텍스처 개수가 늘어난다.

대부분의 텍스처 타입은 해당 배열 타입을 가진다. 1D 및 2D 배열 텍스처를 생성할 수 있고, 심지어는 큐브 맵 배열 텍스처도 생성할 수 있다. 하지만 3D 배열 텍스처는 OpenGL에서 아직 지원하지 않는다. 큐브 맵 배열 텍스처는 밉맵도 가질 수 있다. 다른 흥미로운 점은 만약 쉐이더에서 샘플러 유니폼의 배열을 생성하면, 그 배열에 대한 인덱스로 사용하는 값은 유니폼이어야 한다는 것이다. 하지만 텍스처 배열에서는 텍스처 맵에 대한 인덱스가 배열의 다른 요소로부터의 값이어도 된다. 텍스처의 배열에 대한 요소와 배열 텍스처의 요소를 구별하기 위해 보통 요소를 **레이어**로 표현하기도 한다.

여전히 2D 배열 텍스처와 3D 텍스처 간의 차이점이 궁금할 수도 있다(또는 1D 배열 텍스처와 2D 텍스처의 차이점도). 가장 큰 차이점은 배열 텍스처의 레이어 간에는 필터링이 적용되지 않는다는 것이다. 뿐만 아니라, 예를 들어 OpenGL 구현에서 지원하는 배열 텍스처 레이어의 최대 개수는 최대 3D 텍스처 크기보다 더 클 것이다.

2D 배열 텍스처 로딩하기

2D 배열을 생성하려면 새로운 텍스처 객체를 만들어서 GL_TEXTURE_2D_ARRAY 타깃에 바인딩하고, `glTexStorage3D( )`를 사용하여 스토리지를 할당한 다음에 `glTexSubImage3D( )`를 한 번 이상 호출하여 이미지를 로딩하기만 하면 된다. 여기서 텍스처 스토리지와 데이터 함수의 3D 버전을 사용한 점을 주목하자. 그 이유는 함수에 전달하는 깊이와 z 좌표가 배열 요소 또는 **레이어**의 역할을 하기 때문이다. 2D 배열 텍스처를 로딩하는 간단한 코드는 [예제 5-40]이다.

```
GLuint tex;

glGenTextures(1, &tex);
glBindTexture(GL_TEXTURE_2D_ARRAY, tex);

glTexStorage3D(GL_TEXTURE_2D_ARRAY,
               8,
               GL_RGBA8,
               256,
               256,
               100);

for (int i = 0; i < 100; i++)
{
    glTexSubImage3D(GL_TEXTURE_2D_ARRAY,
                    0,
                    0, 0,
                    i,
                    256, 256,
                    1,
                    GL_RGBA,
                    GL_UNSIGNED_BYTE,
                    image_data[i]);
}
```

친절하게도 .KTX 파일 포맷은 배열 텍스처도 지원하기 때문에 독자들은 디스크로부터 직접 읽을 수도 있다. 간단히 sb6::ktx::file::load만 호출하면 파일로부터 배열 텍스처를 로딩할 수 있다.

텍스처 배열을 설명하기 위해, 외계인이 대량으로 비처럼 내리는 화면을 렌더링하는 프로그램을 만들 것이다. 이 프로그램은 배열 텍스처를 사용하는데, 배열 텍스처의 각 단면은 총 64개의 외계인 이미지 중 하나에 해당한다. 배열 텍스처는 alienarray.ktx라는 하나의 .KTX 파일로 패킹되었다. 이 파일이 하나의 텍스처 객체로 로딩된다. 비처럼 내리는 외계인을 렌더링하기 위해 화면에 정렬된 사각형을 만드는 네 개의 버텍스 삼각형 스트립을 수백 개의 인스턴스로 그린다. 텍스처 배열의 인덱스로 인스턴스 번호를 사용하면 같은 명령으로 렌더링해도 각 사각형이 다른 텍스처를 가질 수 있다. 뿐만 아니라 유니폼 버퍼를 사용하면 인스턴스당 회전, x 오프셋, y 오프셋을 저장할 수 있다. 이 값들은 애플리케이션에서 설정한다.

이 예제에서 버텍스 쉐이더는 버텍스 속성이 없으며, 모든 코드는 [예제 5-41]에 있다.

```
#version 430 core

layout (location = 0) in int alien_index;

out VS_OUT
{
    flat int alien;
    vec2 tc;
} vs_out;

struct droplet_t
{
    float x_offset;
    float y_offset;
    float orientation;
    float unused;
};

layout (std140) uniform droplets
{
    droplet_t droplet[256];
};

void main(void)
{
    const vec2[4] position = vec2[4](vec2(-0.5, -0.5),
                                     vec2( 0.5, -0.5),
                                     vec2(-0.5,  0.5),
                                     vec2( 0.5,  0.5));
    vs_out.tc = position[gl_VertexID].xy + vec2(0.5);
    float co = cos(droplet[alien_index].orientation);
    float so = sin(droplet[alien_index].orientation);
    mat2 rot = mat2(vec2(co, so),
                    vec2(-so, co));
    vec2 pos = 0.25 * rot * position[gl_VertexID];
    gl_Position = vec4(pos.x + droplet[alien_index].x_offset,
                       pos.y + droplet[alien_index].y_offset,
                       0.5, 1.0);
}
```

버텍스 쉐이더에서 버텍스의 위치와 텍스처 좌표는 하드코딩된다. 인스턴스당 회전 행렬 rot를 통해 외계인을 회전시킨다. 텍스처 좌표 vs_out.tc는 gl_InstanceID(모듈로$^{\text{modulo. 나머지 연산}}$ 64)의 값으로 vs_out.alien을 통해 프래그먼트 쉐이더에 전달된다. 프래그먼트 쉐이더에서 간단히 입력 값을 사용하여 텍스처 샘플을 구하고, 출력에 저장한다. 프래그먼트 쉐이더는 [예제 5-42]이다.

```
#version 430 core

layout (location = 0) out vec4 color;

in VS_OUT
{
    flat int alien;
    vec2 tc;
} fs_in;

layout (binding = 0) uniform sampler2DArray tex_aliens;

void main(void)
{
    color = texture(tex_aliens, vec3(fs_in.tc, float(fs_in.alien)));
}
```

텍스처 배열 접근하기

프래그먼트 쉐이더(예제 5-42)에서 2D 배열 텍스처에 대한 샘플러 **sampler2DArray**를 선언했다. 이 텍스처를 샘플링하려면 평소처럼 texture 함수를 사용하지만, 3요소 텍스처 좌표를 전달한다. 이 텍스처 좌표의 처음 두 요소 s와 t는 전형적인 2차원 텍스처 좌표로 사용된다. 세 번째 요소 p는 실제로는 텍스처 배열에 대한 정수 인덱스다. 이 값을 버텍스 쉐이더에서 설정했던 것을 기억하자. 이 값은 각 외계인에 대해 0부터 63까지 서로 다른 값을 갖는다.

외계인 비 예제의 전체 렌더링 루프는 [예제 5-43]이다.

예제 5-43 외계인 비 예제에 대한 렌더링 루프

```
void render(double currentTime)
{
    static const GLfloat black[] = { 0.0f, 0.0f, 0.0f, 0.0f };
    float t = (float)currentTime;

    glViewport(0, 0, info.windowWidth, info.windowHeight);
    glClearBufferfv(GL_COLOR, 0, black);

    glUseProgram(render_prog);

    glBindBufferBase(GL_UNIFORM_BUFFER, 0, rain_buffer);
    vmath::vec4 * droplet =
        (vmath::vec4 *)glMapBufferRange(
                            GL_UNIFORM_BUFFER,
                            0,
```

```
                            256 * sizeof(vmath::vec4),
                            GL_MAP_WRITE_BIT |
                            GL_MAP_INVALIDATE_BUFFER_BIT);

    for (int i = 0; i < 256; i++)
    {
        droplet[i][0] = droplet_x_offset[i];
        droplet[i][1] = 2.0f - fmodf((t + float(i)) *
                                    droplet_fall_speed[i], 4.31f);
        droplet[i][2] = t * droplet_rot_speed[i];
        droplet[i][3] = 0.0f;
    }
    glUnmapBuffer(GL_UNIFORM_BUFFER);

    int alien_index;
    for (alien_index = 0; alien_index < 256; alien_index++)
    {
        glVertexAttribI1i(0, alien_index);
        glDrawArrays(GL_TRIANGLE_STRIP, 0, 4);
    }
}
```

보다시피 렌더링 함수에는 간단한 루프 안에 하나의 드로잉 커맨드만 있다. 매 프레임마다 rain_buffer 버퍼 객체의 데이터값을 갱신한다. 이 버퍼 객체를 사용하여 각 droplet에 대한 값을 저장한다. 그리고 나서 **glDrawArrays( )**를 256번 호출하는 루프를 수행한다. 이 함수는 256개의 외계인을 그린다. 루프가 매번 실행될 때마다 버텍스 쉐이더의 alien_index 입력을 갱신한다. 버텍스 쉐이더에 대한 정수 입력이 필요하기 때문에 **glVertexAttrib*( )**의 변종인 **glVertexAttribI*( )**를 사용한다는 점을 주목하자. 외계인 비 예제 프로그램의 최종 출력은 [그림 5-11]이다.

그림 5-11 외계인 비 예제의 출력 결과

5.5.7 쉐이더에서 텍스처에 출력하기

텍스처 객체는 이미지 집합으로서, 밉맵 체인이 포함된 경우 필터링과 텍스처 좌표 래핑 등을 지원한다. OpenGL은 이러한 텍스처 읽기 기능만 제공하는 것이 아니라 쉐이더에서 텍스처를 읽거나 텍스처로 직접 쓸 수도 있게 해준다. 쉐이더에서 전체 텍스처를 접근하기 위해 샘플러 변수와 해당 샘플러 인자를 사용한 것처럼(샘플러 객체를 사용했든 아니면 텍스처 객체 자체에서 읽었든 간에), 하나의 **이미지** 변수를 사용하여 텍스처의 한 이미지를 대표할 수 있다.

이미지 변수는 샘플러 유니폼처럼 선언한다. 여러 타입의 이미지 변수가 있어서 서로 다른 데이터 타입과 이미지 차원을 지정할 수 있다. [표 5-8]은 OpenGL에서 사용할 수 있는 이미지 타입이다.

표 5-8 이미지 타입

이미지 타입	설명
image1D	1D 이미지
image2D	2D 이미지
image3D	3D 이미지
imageCube	큐브 맵 이미지
imageCubeArray	큐브 맵 배열 이미지
imageRect	사각형 이미지
image1DArray	1D 배열 이미지
image2DArray	2D 배열 이미지
imageBuffer	버퍼 이미지
image2DMS	2D 멀티 샘플 이미지
image2DMSArray	2D 멀티 샘플 배열 이미지

우선 이미지 변수를 유니폼으로 선언하여 **이미지 유닛**과 연결시켜야 한다.

```
uniform image2D my_image;
```

일단 이미지 변수가 있다면 imageLoad 함수를 사용하여 읽고 imageStore 함수를 사용하여 쓸 수 있다. 이 두 함수는 **오버로딩**되어 있어서 여러 인자 타입에 대해 각각 여러 버전이 있다. **image2D** 타입에 대한 버전은 다음과 같다.

```
vec4 imageLoad(readonly image2D image, ivec2 P);
void imageStore(image2D image, ivec2 P, vec4 data);
```

imageLoad() 함수는 P로 지정한 좌표의 image 데이터를 읽고 쉐이더에 리턴한다. 이와 유사하게 imageStore() 함수는 data에 전달한 값을 취해서 P 위치의 image에 저장한다. P의 타입이 **정수** 타입(2D 이미지인 경우에는 정수 벡터 타입)인 점을 주목하자. 이때는 texelFetch() 함수와 비슷하다. 로딩 시 필터링이 전혀 수행되지 않는다. 필터링은 저장과는 무관하다. P의 차원과 함수의 리턴 타입은 image 인자의 타입과 관련이 있다.

샘플러 타입과 마찬가지로, 이미지 변수는 부동소수점 데이터를 이미지로 저장할 수 있다. 하지만 부호 있는 정수 및 부호 없는 정수도 이미지에 저장할 수 있다. 이 경우 이미지 타입 이름에는 각각 i 또는 u가 (`iimage2D`와 `uimage2D`처럼) 앞에 붙는다. 정수 이미지 변수가 사용되면 imageLoad 함수의 리턴 타입과 imageStore 함수의 data 인자 데이터 타입도 따라서 변한다. 예를 들면 다음과 같다.

```
ivec4 imageLoad(readonly iimage2D image, ivec2 P);
void  imageStore(iimage2D image, ivec2 P, ivec4 data);
uvec4 imageLoad(readonly uimage2D image, ivec2 P);
void  imageStore(uimage2D image, ivec2 P, uvec4 data);
```

로딩과 저장을 위해 텍스처를 바인딩하려면 **glBindImageTexture()** 함수를 사용하여 **이미지 유닛**에 바인딩해야 한다. 프로토타입은 다음과 같다.

```
void glBindImageTexture(GLuint unit,
                        GLuint texture,
                        GLint level,
                        GLboolean layered,
                        GLint layer,
                        GLenum access,
                        GLenum format);
```

이 함수는 인자가 많지만, 모두 자명한 것들이다. unit 인자는 이미지를 바인딩할 이미지 유닛[7]의 0 기반 인덱스다. texture 인자는 **glGenTextures()**를 사용하여 생성하고 **glTexStorage2D()** (또는 사용하기 원하는 텍스처 타입의 적절한 함수)로 스토리지를 할당한 텍스처 객체의 이름이다. level은 쉐이더에서 어떤 밉맵 레벨을 접근할지 지정한다. 베이스 레벨에 대해서는 0이며, 이미지의 밉맵 레벨 수준에 따라 값이 올라간다.

배열 텍스처의 한 레이어만 일반 1D 또는 2D 이미지로 바인딩하려면 layered 인자를 GL_FALSE 로 설정해야 한다. 이 경우 layer 인자는 해당 레이어의 인덱스를 지정한다. 반면 layered를 GL_TRUE로 하면 배열 텍스처의 전체 레벨이 (레이어는 무시되고) 이미지 유닛에 바인딩된다.

마지막으로 access와 format 인자는 이미지 데이터를 어떻게 사용할지에 대한 것이다. access는 GL_READ_ONLY, GL_WRITE_ONLY, GL_READ_WRITE 중 하나로 각각 읽기만 할지, 쓰기만 할지, 아니면 둘 다 할지 정하는 것이다. format 인자는 이미지 데이터를 어떤 포맷으로 해석하는가에 대한 것이다. 이것은 매우 유동적이긴 하지만, 한 가지 중요한 요구사항은 이미지의 내부 포맷(**glTexStorage2D()** 로 지정한)은 format 인자로 지정한 것과 같은 클래스여야 한다는 점이다. [표 5-9]는 허용되는 이미지 포맷과 클래스를 나타낸 것이다.

---

7 glActiveImageUnit이라는 함수는 존재하지 않으며, 이미지 유닛에 대한 선택자도 없다는 사실을 주목하자. 이미지는 유닛에 직접 바인딩 해야 한다.

표 5-9 이미지 데이터 포맷 클래스

포맷	클래스
GL_RGBA32F	4x32
GL_RGBA32I	4x32
GL_RGBA32UI	4x32
GL_RGBA16F	4x16
GL_RGBA16UI	4x16
GL_RGBA16I	4x16
GL_RGBA16_SNORM	4x16
GL_RGBA16	4x16
GL_RGBA8UI	4x8
GL_RGBA8I	4x8
GL_RGBA8_SNORM	4x8
GL_RGBA8	4x8
GL_R11F_G11F_B10F	(a)
GL_RGB10_A2UI	(b)
GL_RGB10_A2	(b)
GL_RG32F	2x32
GL_RG32UI	2x32
GL_RG32I	2x32
GL_RG16F	2x16
GL_RG16UI	2x16
GL_RG16I	2x16
GL_RG16_SNORM	2x16
GL_RG16	2x16
GL_RG8UI	2x8
GL_RG8I	2x8
GL_RG8	2x8
GL_RG8_SNORM	2x8
GL_R32F	1x32
GL_R32UI	1x32
GL_R32I	1x32
GL_R16F	1x16
GL_R16UI	1x16
GL_R16I	1x16
GL_R16_SNORM	1x16
GL_R16	1x16
GL_R8UI	1x8
GL_R8I	1x8
GL_R8	1x8
GL_R8_SNORM	1x8

[표 5-9]를 보면 GL_RGBA32F, GL_RGBA32I, GL_RGBA32UI 등의 포맷은 동일한 포맷 클래스(4x32)인 것을 알 수 있다. 이는 GL_RGBA32F 내부 포맷으로 된 텍스처에 대해 그 레벨 중 하나를 GL_RGBA32I나 GL_RGBA32UI 이미지 포맷으로 이미지 유닛에 바인딩할 수 있다는 의미다. 이미지에 저장할 때는 원본 데이터로부터 적정 개수의 비트만 잘라내어 이미지에 저장한다. 하지만 이미지로부터 읽을 때는 쉐이더 코드에서 **포맷 레이아웃 지시어**를 사용하여 해당 이미지 포맷을 제공해야 한다.

GL_R11F_G11F_B10F 포맷은 클래스에 (a) 표시가 되어 있고, GL_RGB10_A2UI와 GL_RGB10_A2는 클래스에 (b) 표시가 되어 있다. GL_R11F_G11F_B10F는 다른 포맷과 호환되지 않으며, GL_RGB10_A2UI와 GL_RGB10_A2는 그 둘끼리만 호환된다.

각 이미지 포맷에 대한 적절한 포맷 레이아웃 지시어는 [표 5-10]에 있다.

표 5-10 이미지 데이터 포맷 클래스

포맷	포맷 지시어
GL_RGBA32F	rgba32f
GL_RGBA32I	rgba32i
GL_RGBA32UI	rgba32ui
GL_RGBA16F	rgba16f
GL_RGBA16UI	rgba16ui
GL_RGBA16I	rgba16i
GL_RGBA16_SNORM	rgba16_snorm
GL_RGBA16	rgba16
GL_RGB10_A2UI	rgb10_a2ui
GL_RGB10_A2	rgb10_a2
GL_RGBA8UI	rgba8ui
GL_RGBA8I	rgba8i
GL_RGBA8_SNORM	rgba8_snorm
GL_RGBA8	rgba8
GL_R11F_G11F_B10F	r11f_g11f_b10f
GL_RG32F	rg32f
GL_RG32UI	rg32ui
GL_RG32I	rg32i
GL_RG16F	rg16f
GL_RG16UI	rg16ui
GL_RG16I	rg16i
GL_RG16_SNORM	rg16_snorm
GL_RG16	rg16
GL_RG8UI	rg8ui
GL_RG8I	rg8i
GL_RG8_SNORM	rg8_snorm

포맷	포맷 지시어
GL_RG8	rg8
GL_R32F	r32f
GL_R32UI	r32ui
GL_R32I	r32i
GL_R16F	r16f
GL_R16UI	r16ui
GL_R16I	r16i
GL_R16_SNORM	r16_snorm
GL_R16	r16
GL_R8UI	r8ui
GL_R8I	r8i
GL_R8_SNORM	r8_snorm
GL_R8	r8

[예제 5-44]는 이미지 로딩 및 저장 기능을 사용하여 한 이미지에서 다른 이미지로 데이터를 모두 논리적 인버트invert. 반전하는 프래그먼트 쉐이더 예제다.

예제 5-44 이미지 로딩 및 저장을 수행하는 프래그먼트 쉐이더

```
#version 430 core

// 유니폼 이미지 변수:
// 입력 이미지(로딩하는 것이기 때문에 포맷 지시어를 사용한 것을 주목하자.)
layout (binding = 0, rgba32ui) readonly uniform uimage2D image_in;
// 출력 이미지
layout (binding = 1) uniform writeonly uimage2D image_out;

void main(void)
{
    // 프래그먼트 좌표를 이미지 좌표로 사용한다.
    ivec2 P = ivec2(gl_FragCoord.xy);

    // 입력 이미지로부터 읽는다.
    uvec4 data = imageLoad(image_in, P);

    // 데이터를 인버트하여 출력 이미지로 저장한다.
    imageStore(image_out, P, ~data);
}
```

[예제 5-44]의 쉐이더는 매우 단순해 보인다. 하지만 이미지 로딩 및 저장의 진정한 힘은 한 쉐이더에 여러 번 사용해도 되고 그 좌표도 원하는 대로 설정할 수 있다는 것이다. 즉, 프래그먼트 쉐이

더는 프레임버퍼의 지정된 위치에 저장해야 하는 것이 아니고, 이미지의 어느 위치에나 쓸 수 있고 여러 이미지 유니폼을 사용하여 여러 이미지에 쓸 수도 있다. 그리고 프래그먼트 쉐이더뿐만 아니라 어느 쉐이더 스테이지라도 이미지에 데이터를 쓸 수 있다. 비록 이 힘은 책임도 따른다는 점을 명심하자. 여러 쉐이더 호출이 이미지의 동일한 위치에 쓴다면, 쉐이더에서 쓴 데이터가 사라질 수 있다. 어토믹을 사용하지 않는다면 결과를 예상하기 힘들다. 이미지에서 사용할 수 있는 **어토믹**에 대해서는 다음 절에서 설명할 것이다.

이미지에 대한 어토믹 연산

5.3절의 '어토믹 메모리 연산'에서 설명한 쉐이더 스토리지 블록처럼, **어토믹 연산**은 이미지 형태의 데이터에 대해서도 수행할 수 있다. 다시 말해, 어토믹 연산은 읽기, 수정, 쓰기의 연속으로 원하는 결과를 얻기 위해서는 더 이상 나누어질 수 없어야 한다. 또한 쉐이더 스토리지 블록의 멤버에 대한 어토믹 연산처럼 이미지에 대한 어토믹 연산은 GLSL의 내장 함수를 사용한다. 그 함수들을 [표 5-11]에 나타냈다.

표 5-11 이미지에 대한 어토믹 연산

어토믹 함수	설명
imageAtomicAdd	P 위치의 image를 읽어, data에 더하고, 결과를 다시 P 위치의 image에 저장한다. 그리고 P 위치의 image에 저장되어 있던 값을 리턴한다.
imageAtomicAnd	P 위치의 image를 읽어, data와 논리 AND 연산을 수행하고, 결과를 다시 P 위치의 image에 저장한다. 그리고 P 위치의 image에 저장되어 있던 값을 리턴한다.
imageAtomicOr	P 위치의 image를 읽어, data와 논리 OR 연산을 수행하고, 결과를 다시 P 위치의 image에 저장한다. 그리고 P 위치의 image에 저장되어 있던 값을 리턴한다.
imageAtomicXor	P 위치의 image를 읽어, data와 논리적으로 배타적 논리합을 수행하고, 결과를 다시 P 위치의 image에 저장한다. 그리고 P 위치의 image에 저장되어 있던 값을 리턴한다.
imageAtomicMin	P 위치의 image를 읽어, 읽은 값과 data 중 최솟값을 구해, 결과를 다시 P 위치의 image에 저장한다. 그리고 P 위치의 image에 저장되어 있던 값을 리턴한다.
imageAtomicMax	P 위치의 image를 읽어, 읽은 값과 data 중 최댓값을 구해, 결과를 다시 P 위치의 image에 저장한다. 그리고 P 위치의 image에 저장되어 있던 값을 리턴한다.
imageAtomicExchange	P 위치의 image를 읽어, data의 값을 P 위치의 image에 쓰고, P 위치의 image에 저장되어 있던 값을 리턴한다.
imageAtomicCompSwap	P 위치의 iimage를 읽어, 읽은 값과 comp를 비교하여, 동일한 값이면 결과를 다시 P 위치의 image에 저장한다. 그리고 P 위치의 image에 저장되어 있던 값을 리턴한다.

imageAtomicCompSwap을 제외한 모든 함수가 [표 5-11]에 나열되어 있다. 인자는 image 변수, coordinate 변수, 데이터의 일부다. coordiate의 차원은 image 변수의 타입에 따라 다르다. 1D 이미지는 하나의 정수 좌표를 사용하며, 2D 이미지와 1D 배열 이미지는 2D 정수 벡터(즉, ivec2)를 사용하며, 3D 이미지와 2D 배열 이미지는 3D 정수 벡터(즉, ivec3)를 사용한다.

예를 들면 아래와 같은 함수가 있다.

```
uint imageAtomicAdd(uimage1D image, int P, uint data);
uint imageAtomicAdd(uimage2D image, ivec2 P, uint data);
uint imageAtomicAdd(uimage3D image, ivec3 P, uint data);
```

imageAtomicCompSwap은 유일하게 comp라는 추가 인자를 갖는다. 이 함수는 메모리상에서 기존 내용과 비교한다. 만약 comp의 값이 메모리상의 기존값과 동일하다면 data의 값으로 교체된다. imageAtomicCompSwap의 프로토타입은 다음 함수들을 포함한다.

```
uint imageAtomicCompSwap(uimage1D image, int P, uint comp, uint data);
uint imageAtomicCompSwap(uimage2D image, ivec2 P, uint comp, uint data);
uint imageAtomicCompSwap(uimage3D image, ivec3 P, uint comp, uint data);
```

모든 어토믹 함수는 연산을 수행하기 전에 메모리상에 있던 기존값을 리턴한다. 예를 들어 이 기능은 리스트에 데이터를 추가하고 싶을 때 유용하다. 리스트에 추가할 아이템이 몇 개인지 결정한 다음에 그 아이템의 개수를 사용하여 imageAtomicAdd를 호출하면, 그 함수가 리턴한 값에 해당하는 메모리상의 위치에 새로운 데이터를 쓰면 된다. 어토믹 카운터에 임의의 수를 더할 수는 없지만 (한 쉐이더에서 지원되는 어토믹 카운터의 개수도 그리 많지 않다), 유사한 작업을 쉐이더 스토리지 버퍼를 통해 할 수 있다는 점을 주목하자.

쓰려는 메모리는 쉐이더 스토리지 버퍼이거나 다른 이미지 변수일 수 있다. 만약 이 '채워진 개수' 변수를 담는 이미지가 0으로 초기화되어 있다면, 첫 번째 쉐이더 호출이 리스트에 추가될 때는 0을 받을 것이고, 값을 쓰고, 다음 호출은 처음에 추가한 값을 받을 것이며, 그 다음은 두 번째에 추가한 값이 더해진 값을 받을 것이다. 이와 같은 방식으로 계속된다.

어토믹을 사용하는 다른 예는 메모리상에서 연결 리스트와 같은 데이터 구조를 구성하는 경우다. 쉐이더에서 연결 리스트를 만들기 위해서는 세 개의 스토리지가 필요하다. 첫 번째는 리스트 아이템을 저장하고, 두 번째는 아이템 개수를 저장하고, 세 번째는 리스트의 마지막 아이템 인덱스인 '헤드 포인터'를 저장한다. 다시 말해, 쉐이더 스토리지 버퍼를 사용하여 연결 리스트의 아이템을 저장할 수도 있고, 어토믹 카운터를 사용하여 현재 아이템 카운트를 저장하고, 이미지를 사용하여 리스트에 대한 헤드 포인터를 저장할 수도 있다. 리스트에 아이템을 추가하기 위해서는 다음 세 단계를 거친다.

1. 어토믹 카운터를 증가시키고, atomicCounterIncrement가 리턴하는 이전 값을 저장한다.

2. imageAtomicExchange를 사용하여 갱신된 카운터값을 현재 헤드 포인터와 교환한다.

3. 데이터를 데이터 스토어에 저장한다. 각 요소에 대한 구조체는 **다음** 인덱스를 포함하는데, 이 값은 단계 2에서 저장한 헤드 포인터의 이전 값으로 채운다.

만약 '헤드 포인터' 이미지가 프레임버퍼 크기의 2D 이미지라면, 이 방식을 사용하여 프래그먼트의 픽셀당 리스트를 생성할 수 있다. 나중에 이 리스트를 순회하면서 원하는 연산을 수행할 수 있다. [예제 5-45]의 쉐이더는 2D 이미지로 저장된 헤드 포인터와 어토믹 카운터인 채움 횟수를 사용하여 쉐이더 스토리지 버퍼에 저장된 연결 리스트에 프래그먼트를 추가하는 방법을 설명한다.

예제 5-45 프래그먼트 쉐이더에서 연결 리스트 채우기

```
#version 430 core

// 채워진 크기에 대한 어토믹 카운터
layout (binding = 0, offset = 0) uniform atomic_uint fill_counter;

// 헤드 포인터를 저장할 2D 이미지
layout (binding = 0) uniform uimage2D head_pointer;

// 추가된 프래그먼트를 담는 쉐이더 스토리지 버퍼
struct list_item
{
    vec4        color;
    float       depth;
    int         facing;
    uint        next;
};

layout (binding = 0, std430) buffer list_item_block
{
    list_item   item[];
};

// 버텍스 쉐이더로부터의 입력
in VS_OUT
{
    vec4 in;
} fs_in;

void main(void)
{
    ivec2 P = ivec2(gl_FragCoord.xy);

    uint index = atomicCounterIncrement(fill_counter);

    uint old_head = imageAtomicExchange(head_pointer, P, index);

    item[index].color = fs_in.color;
    item[index].depth = gl_FragCoord.z;
    item[index].facing = gl_FrontFacing ? 1 : 0;
    item[index].next = old_head;
}
```

gl_FrontFacing 내장 변수를 사용한 것을 볼 수 있는데, 이 값은 프래그먼트 쉐이더에 대한 부울 입력값으로 후면 컬링 스테이지에 의해 생성된 값이다. 이에 대해서는 3.5절 '프리미티브 어셈블리, 클리핑, 래스터라이제이션'에서 설명한 적이 있다. 후면 컬링이 비활성화되었더라도, 폴리곤이 전면 방향이라면 이 변수의 값은 **true**고, 반대의 경우에는 **false**다.

이 쉐이더를 실행하기 전에, 리스트의 아이템 인덱스로 사용할 수 없는 값으로 헤드 포인터 이미지를 초기화한다(예를 들면 부호 없는 정수의 최댓값을 사용할 수 있다). 그리고 어토믹 카운터는 0으로 리셋한다. 처음으로 추가된 아이템은 아이템 0이 되고, 그 값은 헤드 포인터에 저장된다. 헤드 포인터 이미지의 리셋값이 **다음** 인덱스에 저장된다. 다음 값이 리스트에 추가되면 인덱스 1에 위치하며, 헤드 포인터에 저장되고, 이전 값(0)이 **다음** 인덱스에 저장된다. 계속해서 이런 방식으로 진행된다. 리스트에 추가된 마지막 아이템의 인덱스가 헤드 포인터 이미지의 결과다. 각 아이템은 이전에 추가된 아이템에 대한 인덱스를 갖는데, 아이템의 다음 인덱스가 헤드 이미지를 지울 때 처음 사용했던 값이라면, 리스트의 끝임을 알 수 있다.

리스트를 순회하기 위해서는 첫 번째 아이템의 인덱스를 헤드 포인터 이미지로부터 로딩해서 쉐이더 스토리지 버퍼로부터 읽는다. 각 아이템마다 **다음** 인덱스만 따라가면 리스트의 끝에 다다를 수 있다. 또는 프래그먼트의 최대 개수까지만 순회하도록(리스트의 끝을 벗어나지 못하도록) 할 수 있다. [예제 5-46]이 그 예다. 쉐이더는 연결 리스트를 순회하여 각 픽셀에 저장된 프래그먼트의 깊이에 대한 총합을 기록한다. 전면 방향 프리미티브의 깊이값은 총합에 더하고, 후면 방향 프리미티브의 깊이값은 총합에서 뺀다. 결과는 컨벡스 객체의 내부에 채워진 깊이의 총합이다. 이 값은 볼륨과 내부가 채워진 공간을 렌더링할 때 사용할 수 있다.

예제 5-46 프래그먼트 쉐이더에서 연결 리스트 탐색하기

```
#version 430 core

// 헤드 포인터를 저장할 2D 이미지
layout (binding = 0, r32ui) coherent uniform uimage2D head_pointer;

// 추가된 프래그먼트를 담는 쉐이더 스토리지 버퍼
struct list_item
{
    vec4        color;
    float       depth;
    int         facing;
    uint        next;
};

layout (binding = 0, std430) buffer list_item_block
{
    list_item item[];
};
```

```
layout (location = 0) out vec4 color;

const uint max_fragments = 10;

void main(void)
{
    uint frag_count = 0;
    float depth_accum = 0.0;
    ivec2 P = ivec2(gl_FragCoord.xy);

    uint index = imageLoad(head_pointer, P).x;

    while (index != 0xFFFFFFFF && frag_count < max_fragments)
    {
        list_item this_item = item[index];

        if (this_item.facing != 0)
        {
            depth_accum -= this_item.depth;
        }
        else
        {
            depth_accum += this_item.depth;
        }

        index = this_item.next;
        frag_count++;
    }

    depth_accum *= 3000.0;

    color = vec4(depth_accum, depth_accum, depth_accum, 1.0);
}
```

[예제 5-45]와 [예제 5-46]의 쉐이더로 렌더링한 결과는 [그림 5-12]다.

그림 5-12 처리된 프래그먼트별 연결 리스트

5.5.8 이미지에 대한 접근 동기화하기

이미지는 메모리의 많은 영역을 표현한다는 것을 알았고, 이제 쉐이더에서 이미지로 직접 쓰는 방법을 알게 되었으니, 메모리 접근을 동기화할 수 있는 메모리 베리어 타입이 궁금할 수도 있다. 버퍼와 어토믹 카운터처럼 다음 함수를 호출할 수 있다.

```
glMemoryBarrier(GL_SHADER_IMAGE_ACCESS_BIT);
```

이미지에 뭔가 쓰여졌는데, 나중에 또는 다른 쉐이더에서 그 이미지를 읽어야 한다면 GL_SHADER_IMAGE_ACCESS_BIT를 사용하여 **glMemoryBarrier()**를 호출해야 한다.

유사하게 memoryBarrier() 함수의 GLSL 버전인 memoryBarrierImage()도 있다. 이 함수는 쉐이더 내에서 함수 리턴 전에 해당 이미지에 대한 동작이 완료되는 것을 보장한다.

5.5.9 텍스처 압축

텍스처는 어마어마한 공간을 차지한다! 최신 게임들 중에는 한 레벨에 1GB 이상의 텍스처를 사용하는 경우도 있다. 매우 많은 데이터를 사용한다! 그렇다면 이 많은 데이터를 어디에 저장할까? 텍스처는 다채롭고, 현실적이고, 인상적인 화면을 위해 중요하다. 하지만 모든 데이터를 GPU에 로딩할 수는 없다. 불가능하지는 않더라도 렌더링이 매우 느려질 것이다. 많은 양의 텍스처 데이터를 다루는 방법 중 하나는 압축하는 것이다. 압축된 텍스처는 두 가지 장점이 있다. 첫 번째 장점은 이미지 데이터에서 요구하는 저장 공간이 줄어든다는 것이다. 하지만 OpenGL에서 지원하는 텍스처 포맷은 공간 효율이 매우 높은 JPEG 포맷처럼 압축률이 높지는 않다. 두 번째(그리고 아마도 더 중요한) 장점은 압축 텍스처를 사용하면 그래픽스 프로세서가 압축 텍스처로부터 페칭^{fetching, 가져오기}할 때 더 적은 데이터만 읽어도 되기 때문에 더 적은 **메모리 대역폭**을 필요로 한다는 것이다.

OpenGL이 지원하는 압축 텍스처 포맷은 매우 많다. 모든 OpenGL 구현은 적어도 [표 5-12]의 압축 타입을 지원한다.

표 5-12 OpenGL 기본 텍스처 압축 포맷

포맷(GL_COMPRESSED_*)	타입
RED	Generic
RG	Generic
RGB	Generic
RGBA	Generic
SRGB	Generic
SRGB_ALPHA	Generic
RED_RGTC1	RGTC

포맷(GL_COMPRESSED_*)	타입
SIGNED_RED_RGTC1	RGTC
RG_RGTC2	RGTC
SIGNED_RG_RGTC2	RGTC
RGBA_BPTC_UNORM	BPTC
SRGB_ALPHA_BPTC_UNORM	BPTC
RGB_BPTC_SIGNED_FLOAT	BPTC
RGB_BPTC_UNSIGNED_FLOAT	BPTC
RGB8_ETC2	ETC2
SRGB8_ETC2	ETC2
RGB8_PUNCHTHROUGH_ALPHA1_ETC2	ETC2
SRGB8_PUNCHTHROUGH_ALPHA1_ETC2	ETC2
RGBA8_ETC2_EAC	ETC2
SRGB8_ALPHA8_ETC2_EAC	ETC2
R11_EAC	EAC
SIGNED_R11_EAC	EAC
RG11_EAC	EAC
SIGNED_RG11_EAC	EAC

[표 5-12]의 처음 여섯 개의 포맷은 일반 타입이며, OpenGL 드라이버가 어떤 압축 메커니즘을 사용할지 결정한다. 즉, 드라이버가 현재 상황에 가장 알맞은 포맷을 사용한다. 이 말은 포맷이 구현에 따라 다르기 때문에, 많은 플랫폼에서 동작하는 코드라 하더라도 렌더링한 결과가 다를 수 있다는 의미다.

RGTC^{Red-Green Texture Compression. 적-녹 텍스처 압축} 포맷은 텍스처를 4 × 4 텍셀 블록으로 분할하고, 일련의 코드를 사용하여 블록 내에서 채널별로 압축한다. 이 압축 모드는 한 채널 또는 두 채널짜리 부호 있는 또는 부호 없는 텍스처에 대해서만 동작하며, 특정 텍셀 포맷에 대해서만 동작한다. 압축 코드를 작성할 생각이 아니라면 정확한 압축 방식에 대해 고민할 필요는 없다. RGTC를 사용하여 얻는 이득이 50%라는 것만 알면 된다.

BPTC^{Block Partitioned Texture Compression. 블록 분할 텍스처 압축}도 텍스처를 4 × 4 텍셀 블록으로 분할하고, 각 블록은 128비트(16바이트)의 메모리 데이터를 차지한다. 블록은 다소 복잡한 방식을 사용하여 인코딩된다. 이 방식은 두 개의 끝점을 구하고, 그 두 끝점을 잇는 선 상의 점으로 값을 표현한다. 이 끝점들을 사용하면 각 텍셀에 대한 출력으로 다양한 값을 가질 수 있다. BPTC 포맷은 채널당 8비트의 정규화된 데이터와 채널당 32비트의 부동소수점 데이터를 압축할 수 있다. BPTC 포맷의 압축률은 RGBA 부동소수점 데이터에 대해 25%에서 RGB 8비트 데이터에 대해 33%까지다.

다른 포맷들도 있는데, 에릭슨 텍스처 압축Ericsson Texture Compression(ETC2)과 에릭슨 알파 압축Ericsson Alpha Compression(EAC)[8]은 저대역폭 포맷으로 OpenGL ES 3.0[9]에서 사용할 수 있다. 이 포맷들은 모바일 기기처럼 매우 낮은 픽셀당 비트 수를 갖는 애플리케이션을 위해 고안되었다. 모바일 기기는 데스크톱 및 워크스테이션 컴퓨터에서 사용하는 고성능 GPU보다 훨씬 낮은 메모리 대역폭을 갖는다.

구현에 따라 S3TC[10] 및 ETC1과 같은 다른 압축 포맷도 지원할 수 있다. OpenGL의 필수 포맷이 아닌 경우에는 사용하기 전에 포맷 지원 여부를 직접 확인해야 한다. 이를 위한 가장 좋은 방법은 관련 확장을 지원하는지 확인하는 것이다. 예를 들어 해당 OpenGL 구현이 S3TC를 지원한다면 GL_EXT_texture_compression_s3tc 확장 문자열을 출력할 것이다.

압축 사용하기

텍스처 로딩 시 OpenGL에 특정 포맷으로 압축하라고 요청할 수 있다. 하지만 직접 텍스처를 압축하여 파일로 저장하는 것이 더 바람직하다. OpenGL이 지원하는 경우, 내부 포맷으로 압축 포맷을 지정하면 로딩 시 OpenGL이 비압축 데이터를 압축하여 텍스처 이미지로 만든다. 압축 텍스처와 비압축 텍스처는 사용 방식이 동일하다. 텍스처 샘플링 시 GPU가 변환하는 것이다. 텍스처를 만들 때 사용하는 여러 이미지 툴은 직접 압축 포맷으로 저장할 수 있는 기능을 제공하기도 한다.

.KTX 파일 포맷은 압축 데이터를 저장할 수도 있다. 이 책의 텍스처 로더는 압축 이미지를 그대로 애플리케이션에 제공한다. 텍스처가 압축된 포맷인지는 **glGetTexLevelParameteriv()**의 두 인자 중 하나를 사용하여 확인할 수 있다. 텍스처의 GL_TEXTURE_INTERNAL_FORMAT 인자를 확인하면 압축 포맷을 사용하는지 확인할 수 있다. 이렇게 하려면 애플리케이션에 알려진 포맷에 대한 참조 테이블을 만들거나 **glGetInternalFormativ()**를 GL_TEXTURE_COMPRESSED 인자와 함께 호출한다. 그 외에도 간단히 **glGetTexLevelParameteriv()**에 GL_TEXTURE_COMPRESSED 인자를 사용하면 텍스처가 압축된 경우에는 GL_TRUE를, 아닌 경우에는 GL_FALSE를 리턴한다.

일단 비일반 압축 내부 포맷을 사용하는 텍스처를 로딩했다면, **glGetCompressedTexImage()**를 호출하여 압축 이미지를 다시 받을 수 있다. 텍스처 타깃과 원하는 밉맵 레벨만 선택하면 된다. 이미지가 어떻게 압축되었는지 또는 어떤 포맷이 사용되었는지는 모를 수도 있기 때문에 이미지 크기를 확인하여 전체 서피스를 위한 충분한 공간을 가지고 있는지 미리 확인해야 한다. GL_TEXTURE_COMPRESSED_IMAGE_SIZE를 사용하여 **glGetTexParameteriv()**를 호출하면 된다.

....

8 비록 공식적인 축약 표현이긴 하지만, EAC가 알파만 사용할 수 있는 것은 아니기 때문에 좋은 이름은 아니다.

9 EAC와 ETC2 포맷은 데스크톱과 모바일 버전의 API 일관성을 위해 OpenGL 4.3에 추가되었지만, 이 책을 작성하는 시점에서는 데스크톱 GPU가 실제로 이 포맷을 직접 지원하는 경우는 많지 않으므로, 대부분의 OpenGL 구현은 내부적으로 압축 해제를 한다. 따라서 사용에 유의해야 한다.

10 S3TC는 DXT 포맷의 초기 버전으로 알려져 있다.

```
Glint imageSize = 0;
glGetTexParameteriv(GL_TEXTURE_2D,
                    GL_TEXTURE_COMPRESSED_IMAGE_SIZE,
                    &imageSize);
void *data = malloc(imageSize);
glGetCompressedTexImage(GL_TEXTURE_2D, 0, data);
```

이 책의 .KTX 로더를 사용하지 않고 압축 텍스처 이미지를 직접 로딩하려면, 텍스처 공간을 할당하기 위해 원하는 압축 내부 포맷을 사용하여 **glTexStorage2D( )** 또는 **glTexStorage3D( )**를 호출한 다음에, **glCompressedTexSubImage2D( )** 또는 **glCompressedTexSubImage3D( )**를 사용하여 데이터를 업로드하면 된다. 이때 xoffset, yoffset, 및 다른 인자들은 텍스처 포맷 관련 규칙을 따라야 한다. 특히 대부분의 텍스처 압축 포맷은 텍셀 블록을 압축한다. 이 블록은 보통 4×4 텍셀 크기다. **glCompressedTexSubImage2D( )**로 갱신할 영역이 이러한 포맷을 위해 블록 경계에 정렬되어야 한다.

공유 지수

공유 지수shared exponent 텍스처는 엄밀하게는 진정한 압축 포맷은 아니지만, 부동소수점 텍스처 데이터를 사용하는 경우에는 저장 공간을 절약할 수 있다. R, G, B값 각각에 대해 지수를 저장하는 대신 공유 지수 포맷은 전체 텍셀에 대해 동일한 지수를 사용한다. 각 값의 분수부와 지수부는 정수로 저장되고 텍스처가 샘플링될 때 조합된다. GL_RGB9_E5 포맷의 경우 각 컬러를 저장하기 위해 9비트가 사용되며, 모든 채널에 대한 공통 지수를 위해 5비트가 사용된다. 이 포맷은 세 개의 부동소수점값을 32비트로 묶는다. 즉, 67%를 절약한다! 공유 지수를 사용하기 위해서는 콘텐츠 저장 도구를 사용하여 텍스처 데이터를 이 포맷으로 저장하거나, 부동소수점 RGB값을 공유 지수 포맷으로 변환하는 변환 툴을 직접 작성해야 한다.

5.5.10 텍스처 뷰

보통 텍스처를 사용할 때, 사용할 텍스처 포맷은 무엇이며, 어떤 용도로 사용할지 미리 알아야 쉐이더에서 가져오는 데이터와 매칭시킬 수 있다. 예를 들어 2D 배열 텍스처로부터 읽는 쉐이더는 샘플러 유니폼을 sampler2DArray로 선언해야 한다. 마찬가지로 정수 포맷 텍스처로부터 읽을 쉐이더는 해당 샘플러를 isampler2D로 선언해야 한다. 하지만 쉐이더에서 기대하는 텍스처와 매칭되지 않는 텍스처를 만들어 로딩하는 경우도 많다. 이 경우에는, **텍스처 뷰**를 사용하면 텍스처 객체 간에 텍스처 데이터를 재사용할 수 있다. 이에 대한 두 가지 사용 예가 있다(실제로는 더 많다).

- 텍스처 뷰를 특정 타입의 텍스처가 다른 텍스처 타입의 텍스처인 것처럼 '위장'하는 데 사용할 수 있다. 예를 들어 2D 텍스처를 받아서 뷰를 만들면 한 레이어만 존재하는 2D 배열 텍스처인 것처럼 사용할 수 있다.

- 텍스처 뷰를 텍스처 객체의 데이터가 메모리상에 저장된 것과 다른 포맷인 것처럼 위장하는 데 사용할 수 있다. 예를 들어 GL_RGBA32F(즉, 텍셀당 네 개의 32비트 부동소수점 요소) 내부 포맷을 사용하는 텍스처를 받아서 뷰를 만들면 GL_RGBA32UI(텍셀당 네 개의 32비트 부호 없는 정수형 요소)인 것처럼 보이게 하여 텍셀의 개별 비트를 얻을 수 있다.

물론 이러한 두 개념을 동시에 적용할 수도 있다. 즉, 텍스처를 받아서 다른 포맷이면서 다른 타입인 뷰를 만들 수 있다.

텍스처 뷰 만들기

텍스처 뷰를 만들려면 다음과 같은 프로토타입을 갖는 **glTextureView( )** 함수를 사용한다.

```
void glTextureView(GLuint texture,
                   GLenum target,
                   GLuint origtexture,
                   GLenum internalformat,
                   GLuint minlevel,
                   GLuint numlevels,
                   GLuint minlayer,
                   GLuint numlayers);
```

첫 번째 인자 texture는 뷰로 만들 텍스처 객체의 이름이다. 이 이름을 사용하여 **glGenTextures( )** 를 호출한다. 다음으로 target은 어떤 **타입**의 텍스처를 만들지 결정한다. 아무 텍스처 타깃이나 사용할 수 있다(예를 들어 GL_TEXTURE_1D, GL_TEXTURE_CUBE_MAP, GL_TEXTURE_2D_ARRAY 등). 하지만 origtexture 이름으로 지정한 원래 텍스처 타입과 **호환되는** 타입이어야 한다. 여러 타깃 간의 호환성은 [표 5-13]에 있다.

표 5-13 텍스처 뷰 타깃 호환성

만약 origtexture가 ...라면(GL_TEXTURE_*)	...로 뷰를 생성할 수 있다(GL_TEXTURE_*).
1D	1D 또는 1D_ARRAY
2D	2D 또는 2D_ARRAY
3D	3D
CUBE_MAP	CUBE_MAP, 2D, 2D_ARRAY, 또는 CUBE_MAP_ARRAY
RECTANGLE	RECTANGLE
BUFFER	없음
1D_ARRAY	1D 또는 1D_ARRAY
2D_ARRAY	2D 또는 2D_ARRAY

만약 origtexture가 ...라면(GL_TEXTURE_*)	...로 뷰를 생성할 수 있다(GL_TEXTURE_*).
CUBE_MAP_ARRAY	CUBE_MAP, 2D, 2D_ARRAY, 또는 CUBE_MAP_ARRAY
2D_MULTISAMPLE	2D_MULTISAMPLE 또는 2D_MULTISAMPLE_ARRAY
2D_MULTISAMPLE_ARRAY	2D_MULTISAMPLE 또는 2D_MULTISAMPLE_ARRAY

보다시피 대부분의 텍스처 타깃은 최소한 동일한 타깃의 텍스처 뷰는 만들 수 있다. 단, 버퍼 텍스처는 예외다. 버퍼 텍스처는 기본적으로 버퍼 객체의 뷰이기 때문이다. 즉, 단순히 동일한 버퍼 객체를 다른 버퍼 텍스처에 어태치시키기만 하면 그 데이터의 다른 뷰를 얻을 수 있다.

internalformat 인자는 새로운 텍스처 뷰에 대한 내부 포맷을 지정한다. 이 값은 원래 텍스처(origTexture)의 내부 포맷과 호환되어야 한다. 다소 이해하기 어려울 수 있기 때문에 잠시 후에 부연 설명하겠다.

마지막 네 개의 인자는 원래 텍스처 데이터의 **부분집합**에 해당하는 뷰를 만들기 위해 필요한 내용이다. minlevel과 numlevels 인자는 뷰에 포함될 첫 번째 밉맵 레벨과 밉맵 레벨의 개수를 지정한다. 이를 통해 다른 텍스처의 전체 밉맵 피라미드 중 일부에 해당하는 텍스처 뷰를 생성할 수 있다. 예를 들어 다른 텍스처의 기본 레벨(레벨 0)만 포함하는 텍스처를 생성하려면 minlevel을 0으로, numlevels를 1로 설정한다. 10레벨짜리 텍스처의 가장 낮은 해상도의 4개의 밉맵만 포함하는 뷰를 생성하려면 minlevel을 6으로, numlevels를 4로 설정한다.

유사하게 minlayer와 numlayers는 배열 텍스처의 레이어 일부에 대한 뷰를 생성할 때 사용한다. 예를 들어 20레이어짜리 배열 텍스처의 중간 4개의 레이어에 해당하는 배열 텍스처 뷰를 생성하고자 할 때, minlayer는 8로 numlayers는 4로 설정할 수 있다. minlevel, numlevels, minlayer, numlayers 등의 인자는 어떤 값을 설정하든지 간에 원본 및 대상 텍스처에 일관성을 가져야 한다. 예를 들어 배열 텍스처의 단일 레이어에 해당하는 비배열 텍스처 뷰를 생성하고자 할 때, minlayer는 실제 원본 텍스처에 존재하는 레이어로 설정하고, numlayers는 1로 설정해야 한다. 왜냐하면 대상 텍스처는 레이어가 존재하지 않기 때문이다(사실은 1개의 레이어가 존재하는 셈이다).

원본 텍스처와 새로운 텍스처 뷰의 내부 포맷(internalformat 인자로 지정하는)은 서로 호환되어야 한다는 내용을 언급한 적이 있다. 호환되려면 두 포맷이 동일한 **클래스**여야 한다. 여러 포맷 클래스와 각 클래스 멤버인 내부 포맷을 [표 5-14]에 나열했다.

표 5-14 텍스처 뷰 포맷 호환성

포맷 클래스	클래스의 구성 요소
128-비트	GL_RGBA32F, GL_RGBA32UI, GL_RGBA32I
96-비트	GL_RGB32F, GL_RGB32UI, GL_RGB32I
64-비트	GL_RGBA16F, GL_RG32F, GL_RGBA16UI, GL_RG32UI, GL_RGBA16I, GL_RG32I, GL_RGBA16, GL_RGBA16_SNORM
48-비트	GL_RGB16, GL_RGB16_SNORM, GL_RGB16F, GL_RGB16UI, GL_RGB16I
32-비트	GL_RG16F, GL_R11F_G11F_B10F, GL_R32F, GL_RGB10_A2UI, GL_RGBA8UI, GL_RG16UI, GL_R32UI, GL_RGBA8I, GL_RG16I, GL_R32I, GL_RGB10_A2, GL_RGBA8, GL_RG16, GL_RGBA8_SNORM, GL_RG16_SNORM, GL_SRGB8_ALPHA8, GL_RGB9_E5
24-비트	GL_RGB8, GL_RGB8_SNORM, GL_SRGB8, GL_RGB8UI, GL_RGB8I
16-비트	GL_R16F, GL_RG8UI, GL_R16UI, GL_RG8I, GL_R16I, GL_RG8, GL_R16, GL_RG8_SNORM, GL_R16_SNORM
8-비트	GL_R8UI, GL_R8I, GL_R8, GL_R8_SNORM
RGTC1_RED	GL_COMPRESSED_RED_RGTC1, GL_COMPRESSED_SIGNED_RED_RGTC1
RGTC2_RG	GL_COMPRESSED_RG_RGTC2, GL_COMPRESSED_SIGNED_RG_RGTC2
BPTC_UNORM	GL_COMPRESSED_RGBA_BPTC_UNORM, GL_COMPRESSED_SRGB_ALPHA_BPTC_UNORM
BPTC_FLOAT	GL_COMPRESSED_RGB_BPTC_SIGNED_FLOAT, GL_COMPRESSED_RGB_BPTC_UNSIGNED_FLOAT

상대 클래스와 포맷이 매칭되어야 하는 것뿐 아니라 원본과 동일한 포맷의 텍스처 뷰를 생성해야 한다. 심지어는 [표 5-14]에 없는 포맷들도 해당된다.

일단 텍스처 뷰를 생성했다면, 새로운 타입의 다른 텍스처처럼 사용할 수 있다. 예를 들어 2D 배열 텍스처를 가지고 있을 때, 그 레이어 중 하나에 대한 2D 비배열 텍스처 뷰를 생성했다면, **glTexSubImage2D( )**를 호출하여 데이터를 뷰에 넣을 수 있고, 배열 텍스처의 해당 레이어에도 동일한 데이터가 들어 있을 것이다. 다른 예로, 2D 배열 텍스처의 단일 레이어에 대한 2D 비배열 텍스처 뷰를 생성하여, 쉐이더에서 **sampler2D** 유니폼으로 액세스할 수 있다. 이와 마찬가지로 2D 비배열 텍스처에 대한 단일 레이어 2D 배열 텍스처 뷰를 생성하여 쉐이더에서 **sampler2DArray** 유니폼으로 액세스할 수 있다.

5.6 마치며

이 장에서는 OpenGL이 그래픽스 렌더링에 필요한 방대한 데이터를 어떻게 다루는지에 대해 배웠다. 파이프라인의 시작 부분에서는 버퍼 객체를 사용하여 버텍스 쉐이더에 어떻게 자동적으로 데이터를 전달하는지 알게 되었다. 유니폼이라고 하는 상수값을 쉐이더에서 사용하는 방법에 대해서도 설명했다. 처음에는 버퍼를 사용하는 방식을 설명했고 나중에는 **디폴트 유니폼 블록**을 사용했다. 이 블록은 텍스처, 이미지, 스토리지 버퍼 등을 나타내는 유니폼이 위치하는 곳이며, 이 유니폼을 사용하여 쉐이더에서 텍스처나 버퍼를 사용하여 읽고 쓰는 방법에 대해 배웠다. 텍스처를 실제로는 다른 타입 또는 다른 데이터 포맷의 텍스처 일부인 것처럼 만드는 방법에 대해서도 살펴보았다. 현대 그래픽스 프로세서의 대량 병렬 기능을 활용하는 어토믹 연산에 대해서도 공부했다.

CHAPTER 6

쉐이더와 프로그램

> **이 장에서 다루는 내용**
> ◆ OpenGL 쉐이딩 언어의 기본
> ◆ 쉐이더 컴파일 확인 및 문제점 확인하기
> ◆ 컴파일된 쉐이더의 바이너리 얻기, 캐싱하기, 나중에 렌더링 시 사용하기

지금까지 OpenGL 파이프라인에 대해 공부했고, 간단한 OpenGL 프로그램을 작성해보았으며, 렌더링도 해보았다. 기본적인 컴퓨터 그래픽 원리에 대해 다루었고, 약간의 3D 수학을 공부했다. 최신 그래픽 애플리케이션은 쉐이더 실행에 대부분의 시간을 할애한다. 그래픽 프로그래머는 쉐이더를 작성하는 데 많은 시간을 할애한다. 실제로 그럴듯한 프로그램을 작성하기 전에 쉐이더, OpenGL 프로그래밍 모델, 그래픽 프로세서가 잘 수행하는(그리고 잘 못하는) 연산의 타입에 대해 이해해야 한다. 이 장에서는 GLSL이라고도 하는 OpenGL 쉐이딩 언어에 대해 깊이 다룰 예정이다. 많은 기능과 세부 요소를 다루고 실전에 활용할 수 있는 단단한 기초를 확립할 것이다.

6.1 언어 개요

GLSL은 'C 언어'와 유사하다고 할 수 있는 부류의 언어다. 즉, 문법과 모델은 C 언어와 유사한 점이 많지만, 그래픽과 병렬 실행에 더 적합한 언어라는 차이점이 있다. C와 GLSL의 큰 차이점 중 하나는 행렬과 벡터 타입이 기본 타입이라는 것이다. 이는 그 타입들이 언어에 내장되어 있다는 의미다. 다른 주요 차이점으로 GLSL은 대규모 병렬 실행을 염두에 두고 설계되었다는 점을 들 수 있다. 대부분의 그래픽 프로세서는 동시에 수천 개 이상의 쉐이더 복사본(또는 **호출**invocation)이 실행된다. 이러한 기능을 위해 GLSL에는 몇 가지 제약사항이 있다. 예를 들어 재귀호출이 허용되지 않으며, 부동소수점 수에 대한 정밀도 요구사항에 있어서 대부분의 C 구현이 준수하는 것만큼 IEEE 표준을 엄격하게 준수하지는 않는다.

6.1.1 데이터 타입

GLSL은 스칼라 및 벡터 데이터 타입, 배열, 구조체, 그리고 텍스처 및 다른 데이터 구조체를 나타내는 여러 명확한 데이터 타입을 지원한다.

스칼라 타입

GLSL에서 지원하는 스칼라 데이터 타입은 32비트와 64비트 부동소수점, 32비트 부호 있는 그리고 부호 없는 정수, 불린값이다. C에서 사용할 수 있는 다른 일반적인 타입들, 예를 들어 short, char, string 등은 지원하지 않는다. 뿐만 아니라 GLSL은 포인터나 32비트보다 큰 정수 타입은 지원하지 않는다. 지원하는 스칼라 타입은 [표 6-1]과 같다.

표 6-1 GLSL의 스칼라 타입

타입	정의
bool	true이거나 false인 불린값
float	IEEE-754 형식의 32비트 부동소수점값
double	IEEE-754 형식의 64비트 부동소수점값
int	2의 보수를 사용하는 32비트 부호 있는 정수
unsigned int	32비트 부호 없는 정수

부호 있는 정수 및 부호 없는 정수는 C 프로그램과 동일하게 동작한다. 즉, 부호 있는 정수는 2의 보수를 사용하여 저장되고, −2,147,483,648부터 2,147,483,647의 범위를 갖는다. 부호 없는 정수는 0에서 4,294,967,295 사이의 값을 갖는다. 만약 두 수를 합하여 범위를 벗어나면, 반대쪽 끝에서 계속 진행한 값이 된다.

부동소수점 수는 IEEE-754 표준과 동일하게 정의되어 있다. 즉, 32비트 부동소수점 수는 1개의 부호 비트, 8개의 지수 비트, 23개의 가수 비트로 이루어져 있다. 값이 음수면 부호 비트는 1로 설정되고, 양수면 0이 된다. 8개의 지수 비트는 −127에서 +127까지의 값을 표현한다. 이 값은 127이 더해져서 0에서 254로 조정된다. 가수는 유효 자릿수를 나타낸다. 총 23개가 있으며, 24번째 자리에 이진수 한 자리가 더 있는 것으로 가정한다. 부호 비트 s, 지수 e, 가수 m이 주어졌을 때, 32비트 부동소수점 수의 실제 값은 다음과 같이 계산된다.

$$n = (-1)^8 (1 + \sum_{i=1}^{23} b_{-1} 2^{-i}) \times 2^{(e-127)}$$

유사하게 배정밀도 수도 IEEE-754 표준을 따른다. 1개의 부호 비트, 11개의 지수 비트, 52개의 가수 비트를 갖는다. 부호 비트는 32비트 부동소수점과 동일하고, 지수는 −1022에서 1023 사이의 값을, 52비트 가수는 유효 자릿수를 나타낸다. 53번째 위치에 추가적인 1이 있는 것으로 간주한다. 64비트 배정밀도 부동소수점 수의 실제 값은 다음과 같이 계산된다.

$$n = (-1)^8 (1 + \sum_{i=1}^{52} b_{-1} 2^{-i}) \times 2^{(e-1023)}$$

GLSL은 IEEE-754 표준을 엄격히 준수하지는 않는다. 대부분의 연산에 대해서는 정밀도가 충분하며, 어떻게 동작할지 잘 정의되어 있다. 하지만 NaN^{Not a Number, 숫자가 아님}, 무한값, 비정규값 등이 발생하는 경우에는 그렇지 않다. 하지만 보통 NaN이나 무한값의 정확한 행동 양식에 의존하는 것은 좋은 생각이 아니다. 많은 프로세서가 이러한 값을 잘 처리하지 못하기 때문이다. GLSL은 삼각 함수와 같은 내장 함수에 대해서는 더 느슨하다. 마지막으로 GLSL은 예외를 지원하지 않는다. 즉, 0으로 나누기 같은 잘못된 작업을 수행해도 쉐이더 결과가 잘못되기만 할 뿐, 그전에는 알 수 없다.

벡터와 행렬

GLSL에는 지원하는 모든 스칼라 타입에 대한 벡터, 그리고 단정밀도 및 배정밀도 부동소수점형의 행렬이 지원된다. 벡터와 행렬 타입 이름에는 해당 스칼라 타입의 이름이 포함된다. 부동소수점 벡터와 행렬은 예외다. 이 경우에는 타입 이름이 포함되지 않는다. [표 6-2]는 GLSL에서 지원하는 모든 벡터와 행렬 타입이다.

표 6-2 GLSL의 벡터와 행렬 타입

차원	스칼라 타입				
스칼라	bool	float	double	int	unsigned int
2요소 벡터	bvec2	vec2	dvec2	ivec2	uvec2
3요소 벡터	bvec3	vec3	dvec3	ivec3	uvec3
4요소 벡터	bvec4	vec4	dvec4	ivec4	uvec4
2 × 2 행렬	—	mat2	dmat2	—	—
2 × 3 행렬	—	mat2x3	dmat2x3	—	—
2 × 4 행렬	—	mat2x4	dmat2x4	—	—
3 × 2 행렬	—	mat3x2	dmat3x2	—	—
3 × 3 행렬	—	mat3	dmat3	—	—
3 × 4 행렬	—	mat3x4	dmat3x4	—	—
4 × 2 행렬	—	mat4x2	dmat4x2	—	—
4 × 3 행렬	—	mat4x3	dmat4x3	—	—
4 × 4 행렬	—	mat4	dmat4	—	—

벡터는 내용을 채울 수 있는 필드값이 있기만 하다면, 다른 벡터 또는 단일 스칼라 또는 일련의 스칼라 또는 스칼라와 적절한 타입의 벡터들의 조합으로 생성될 수 있다. 따라서 다음 경우는 유효한 생성 예다.

```
vec3 foo = vec3(1.0);
vec3 bar = vec3(foo);
vec4 baz = vec4(1.0, 2.0, 3.0, 4.0);
vec4 bat = vec4(1.0, foo);
```

벡터의 요소는 배열처럼 접근할 수 있다. 즉, 네 개의 요소로 이루어진

```
vec4 foo;
```

는 다음과 같이 접근할 수 있다.

```
float x = foo[0];
float y = foo[1];
float z = foo[2];
float w = foo[3];
```

배열로 접근하는 것뿐 아니라, 벡터는 각 요소가 필드로 대응되는 구조체로도 접근할 수 있다. 첫 번째 요소는 .x, .s, 또는 .r 필드로 접근할 수 있다. 두 번째 요소는 .y, .t, 또는 .g 필드로 접근할 수 있다. 세 번째 요소는 .z, .p, 또는 .b 필드로 접근할 수 있다. 마지막으로 네 번째 요소는 .w, .q, 또는 .a 필드로 접근할 수 있다. 헷갈릴 수도 있지만 x, y, z, w는 위치나 방향을 표현할 때 자주 사용되는 방식이다. r, g, b, a는 색상을 표현할 때 일반적으로 사용된다. s, t, p[1], q[2]는 텍스처 좌표를 표현할 때 사용된다. 만약 벡터의 구조체를 C로 작성한다면, 다음과 같이 보일 것이다.

```
typedef union vec4_t
{
    struct
    {
        float x;
        float y;
        float z;
        float w;
    };
    struct
    {
        float s;
        float t;
        float p;
        float q;
    };
    struct
    {
        float r;
        float g;
        float b;
```

---

1 p가 텍스처 좌표의 세 번째 요소로 사용되는 이유는 r은 이미 색상에 쓰이기 때문이다.

2 q가 텍스처 좌표의 네 번째 요소로 사용되는 이유는 p 다음의 알파벳이기 때문이다.

```
            float a;
        };
    } vec4;
```

하지만 이걸로 끝이 아니다. 벡터는 **스위즐링**swizzling, 휘젓기이라는 것을 지원한다. 이는 특정 필드들을 묶어 벡터로 표현하는 것이다. 예를 들면 (vec4 타입인) foo의 처음 세 개 요소는 foo.xyz (또는 foo.rgb 또는 foo.stp)로 표현하여 얻을 수 있다. 원하는 순서대로 필드를 지정할 수 있다는 점은 강력한 기능이다. 반복도 가능하다. 따라서 foo.zyx로 foo의 x와 z 필드가 교환된 3요소 벡터를 만들 수 있다. foo.rrrr은 foo의 모든 필드를 r 요소로 채운 4요소 벡터를 만든다. x, y, z, w 필드를 다른 개념인 s, t, p, q나 r, g, b, a 필드와 섞어 쓸 수 없다는 점을 주의하자. 즉, foo.xyba 등은 사용할 수 없다.

행렬은 GLSL에서 기본적으로 지원되는 내장 타입이며 배열처럼 다룰 수 있다. GLSL에서 행렬은 마치 벡터의 배열인 것처럼 보인다. 그리고 배열의 각 요소(즉, 벡터)는 행렬의 열을 의미한다. 이 벡터들은 배열로 다룰 수 있기 때문에 행렬의 각 열은 배열처럼 사용할 수 있다. 행렬은 2차원 배열처럼 다룰 수 있다. 예를 들어 bar를 **mat4** 타입으로 선언하면, bar[0]은 첫 번째 열을 나타내는 **vec4**다. bar[0][0]은 그 벡터의 첫 번째 요소(bar[0].x와 동일)다. bar[0][1]은 그 벡터의 두 번째 요소(bar[0].y와 동일)다. 다음도 마찬가지다. 다음으로 bar[1]은 두 번째 열이며, bar[2]는 세 번째 열이다. 다음도 마찬가지다. 만약 이 행렬을 C로 작성한다면 다음과 같이 표현할 수 있다.

```
    typedef vec4 mat4[4];
```

표준 연산자인 +와 − 등은 벡터와 행렬에 대해서도 정의되어 있다. 곱셈 연산자(*)는 두 벡터 간에 요소 단위로 정의되어 있고, 행렬 대 행렬 및 행렬 대 벡터에 대해서는 행렬-행렬 또는 행렬-벡터 곱 연산으로 정의되어 있다. 벡터와 행렬에 대한 스칼라 나눗셈은 예상대로 정의되어 있고, 벡터나 행렬에 대한 다른 벡터나 행렬로의 나눗셈은 요소 단위로 수행된다. 즉, 두 피연산자는 동일한 차원이어야 한다.

배열과 구조체

타입들의 조합에 배열을 사용할 수도 있고, 구조체를 사용할 수도 있다. 구조체의 배열도 가능하고 배열의 구조체도 가능하다. 구조체 타입은 C++에서처럼 선언한다. GLSL에 **typedef** 키워드는 없지만, GLSL에서는 구조체 정의를 통해 C++에서처럼 암묵적으로 새로운 타입을 선언할 수 있다. 구조체 타입은 **struct my_structure**처럼 전방 선언이 가능하다. 여기서 my_structure는 새롭게 선언되는 구조체의 이름이다.

GLSL에서 배열을 선언하는 방식에는 두 가지가 있다. 첫 번째는 C나 C++와 유사하다. 배열의 크기는 변수 이름 다음에 지정한다. 다음은 이러한 타입의 선언 예다.

```
float foo[5];
ivec2 bar[13];
dmat3 baz[29];
```

두 번째 방식은 배열의 크기를 변수 이름 뒤가 아닌 **요소 타입**의 뒤에 지정하는 것이다. 위 선언을 아래와 같이 작성해도 동일하다.

```
float[5] foo;
ivec2[13] bar;
dmat3[29] baz;
```

C 프로그래머에게는 이상하게 보일지도 모르지만, 이 기능은 사실 막강하다. GLSL에서 지원하지 않는 **typedef** 키워드 없이도 타입의 암묵적 정의를 가능케 한다. 예를 들어 이 기능을 사용하면 배열을 리턴하는 함수를 다음과 같이 선언할 수 있다.

```
vec4[4] functionThatReturnsArray()
{
    vec4[4] foo = ...

    return foo;
}
```

배열 타입을 이렇게 선언하면 배열 생성자를 다음과 같이 암묵적으로 지정할 수도 있다.

```
float[6] var = float[6](1.0, 2.0, 3.0, 4.0, 5.0, 6.0);
```

하지만 GLSL의 최신 버전[3]은 전통적인 방식도 허용한다. 아래와 같은 C 스타일 배열 초기화 문법도 사용할 수 있다.

```
float var[6] = { 1.0, 2.0, 3.0, 4.0, 5.0, 6.0 };
```

배열은 구조체에 포함될 수 있다. 구조체 타입(자신이 구조체를 포함할 수도 있다)의 배열도 만들 수 있다. 예를 들어 다음과 같은 구조체와 배열의 선언은 GLSL에서 허용된다.

```
struct foo
{
    int a;
    vec2 b;
    mat4 c;
};

struct bar
{
    vec3 a;
```

---

3 중괄호 { ... } 스타일 초기화 리스트는 OpenGL 4.2와 함께 GLSL 4.20에서 소개되었다. 만약 GLSL의 초기 버전에서도 동작하는 쉐이더를 작성해야 한다면 암묵적 배열 타입 초기화를 통한 생성 방식을 고수해야 할 것이다.

```
        foo[7] b;
    };

    bar[29] baz;
```

위 코드에서 baz는 bar의 29개 인스턴스를 갖는 배열이다. bar는 1개의 **vec3**와 7개의 foo 인스턴스를 가지며, foo는 1개의 **int**, 1개의 **vec2**, 1개의 **mat4**를 갖는다.

배열은 특별한 **메서드[4]**인 .length()를 포함한다. 이 메서드는 배열의 요소 개수를 리턴한다. 예를 들어 이 메서드를 사용하면 배열의 모든 요소를 도는 루프를 만들 수 있다. GLSL에서 벡터와 배열은 이중성이 있다는 점을 주목하자. .length() 함수는 벡터에 대해서도 동작한다(당연히 그 크기를 리턴한다). 그리고 행렬은 기본적으로 벡터의 배열이기 때문에 .length()가 행렬에 사용되면 행렬의 열의 개수를 리턴한다. 다음은 .length() 함수의 몇 가지 예다.

```
float a[10];                  // 10개의 요소를 갖는 배열의 선언
float b[a.length()];          // 동일한 크기를 갖는 배열의 선언
mat4 c;
float d = float(c.length());  // d는 4
int e = c[0].length();        // e는 c의 높이(4)

int i;

// 이 루프는 10번 반복된다.
for (i = 0; i < a.length(); i++)
{
    b[i] = a[i];
}
```

비록 GLSL은 공식적으로 다차원 배열을 지원하지는 않지만, 배열의 배열을 지원한다. 이는 배열 타입을 배열에 넣을 수 있다는 것을 의미한다. 첫 번째 배열의 인덱스를 사용하면 배열을 얻고, 이 배열에 인덱스를 사용하면 또 배열을 얻을 수 있다. 그 다음도 마찬가지다. 따라서 다음과 같이 사용할 수 있다.

```
float a[10];            // a는 10개의 float 배열이다.
float b[10][2];         // b는 10개의 float 배열의 2개의 배열이다.
float c[10][2][5];      // c는 10개의 float 배열의 2개의 배열의 5개의 배열이다.
```

여기서 a는 일반적인 1차원 배열이다. b는 2차원 배열처럼 보이지만, 실제로는 배열의 1차원 배열이다. 배열의 각 요소는 10개 요소를 갖는다. 여기에 중요한 차이점이 있다. 특히 b[1].length() 라고 적는다면 10을 리턴한다. 다음으로 c는 두 요소를 갖는 5개의 1차원 배열의 1차원 배열이다. 여기서 두 요소를 갖는 1차원 배열의 각 요소는 10개의 요소를 갖는 1차원 배열이다. c[3]. length()는 2를 리턴하고, c[3][1].length()는 10을 리턴한다.

---

4 GLSL은 전통적인 C++ 개념의 멤버 함수를 지원하지 않지만, 이 경우는 예외다.

6.1.2 내장 함수

GLSL에는 사실 수백 가지 내장 함수가 있다. 많은 함수가 텍스처와 메모리를 위한 것이며, 이에 대해서는 해당 내용을 다룰 때 소개하겠다. 여기서는 데이터에 직접 관련된 함수만 살펴보겠다. 기본적인 수학, 행렬, 벡터, 데이터 패킹 및 언패킹 함수도 다룰 것이다.

용어

GLSL이 지원하는 타입은 아주 많기 때문에, GLSL은 함수 **오버로딩**을 지원한다. 즉, 함수가 여러 개의 정의를 가질 수 있으며, 각 함수는 다른 인자 집합을 가질 수 있다. 각 함수에 대해 모든 타입을 확인하는 대신, GLSL 명세는 일부 표준 용어를 사용하여 데이터 타입의 범주를 분류하여 더 명확히 지정할 수 있도록 했다. 이 책에서는 때에 따라 이러한 용어를 사용할 것이다. 다음은 이 책과 GLSL 명세에서 사용하는 용어다.

- genType은 단일 정밀도 부동소수점 스칼라 또는 벡터, 또는 `float`, `vec2`, `vec3`, `vec4` 중 하나를 의미한다.
- genUType은 부호 없는 정수 스칼라 또는 벡터, 또는 `uint`, `uvec2`, `uvec3`, `uvec4` 중 하나를 의미한다.
- genIType는 부호 있는 정수 스칼라 또는 벡터, 또는 `int`, `ivec2`, `ivec3`, `ivec4` 중 하나를 의미한다.
- genDType는 배정밀도 부동소수점 스칼라 또는 벡터, `double`, `dvec2`, `dvec3`, `dvec4` 중 하나를 의미한다.
- mat는 단정밀도 부동소수점 행렬을 의미한다. 예를 들어 `mat2`, `mat3`, `mat4`, 또는 다른 비정방 행렬 등이 해당된다.
- dmat는 배정밀도 부동소수점 행렬을 의미한다. 예를 들어 `dmat2`, `dmat3`, `dmat4`, 또는 다른 비정방 행렬 등이 해당된다.

내장 행렬 및 벡터 함수

일부 설명하긴 했지만, 벡터와 행렬은 GLSL에서 기본적으로 지원한다. +, -, *, /와 같은 내장 연산자도 당연히 벡터와 행렬 타입을 직접 지원한다. 하지만 벡터와 행렬을 특별히 처리하는 많은 함수도 제공된다.

`matrixCompMult()` 함수는 두 행렬 간에 요소 단위의 곱셈을 수행한다. GLSL에서 두 행렬 간의 * 연산자는 전통적인 행렬곱을 수행한다는 사실을 기억하자. 물론 `matrixCompMult()`의 두 행렬 인자는 동일한 크기여야 한다.

행렬은 내장 함수인 transpose ( )로 전치^{transpose}시킬 수 있다. 만약 비정방 행렬을 전치시키면 단순히 차원이 교환된다.

역행렬을 구하려면 GLSL의 inverse ( ) 내장 함수를 이용하면 된다. **mat2**, **mat3**, **mat4** 타입 및 배정밀도 행렬인 **dmat2**, **dmat3**, **dmat4**에 대해서 사용할 수 있다. 하지만 역행렬을 계산하는 것은 매우 비싼 연산임을 알아야 한다. 따라서 행렬이 고정값이라면 애플리케이션에서 역을 구한 뒤 쉐이더에서 유니폼으로 로딩하면 된다. 비정방 행렬은 역이 없으므로 inverse ( ) 함수가 지원되지 않는다. 마찬가지로 determinant ( ) 함수는 정방 행렬의 행렬식을 계산한다. 특이 행렬의 경우 행렬식과 역이 존재하지 않으므로, 그러한 행렬에 대해 inverse ( )나 determinant ( )를 호출하면 정의되지 않은 결과를 초래한다.

outerProduct ( ) 함수는 두 벡터의 외적을 수행한다. 실제로는 두 벡터를 입력으로 받아 첫 번째 인자는 $N \times 1$ 행렬로 간주하고, 두 번째 인자는 $1 \times N$ 행렬로 간주하여 둘을 곱한다. 결과로 $N \times N$ 행렬이 리턴된다.

만약 두 벡터를 서로 비교하고 싶다면, 요소별 비교가 가능한 여러 내장 함수를 이용하면 된다. lessThan ( ), lessThanEqual ( ), greaterThan ( ), greaterThanEqual ( ), equal ( ), notEqual ( ) 등의 함수가 존재한다. 이 함수들은 동일한 타입과 크기를 갖는 두 벡터를 인자로 취하여 이름으로 예상할 수 있는(순서대로 작은, 작거나 같은, 큰, 크거나 같은, 같은, 같지 않은) 연산을 수행하고 함수 인자와 동일한 크기의 부울 타입의 벡터를 리턴한다(즉, **bvec2**, **bvec3**, 또는 **bvec4**). 이 부울 벡터의 각 요소는 입력 인자들의 해당 요소에 대한 비교 결과를 갖는다.

부울 벡터에 대해, 그중 한 요소라도 **true**인지는 any ( ) 함수를 사용하여 검사할 수 있고, **모든** 요소가 **true**인지는 all ( ) 함수를 사용하여 검사할 수 있다. not ( ) 함수를 사용하면 부울 벡터의 값을 반전시킬 수 있다.

GLSL에는 벡터와 관련해서 많은 내장 함수가 있다. 그중에는 벡터의 길이를 리턴하는 length ( ) 함수도 있고, 두 점 간의 거리를 리턴하는 (한 점에서 다른 점을 뺀 벡터의 길이와 동일한) distance ( ) 함수도 있다. normalize ( ) 함수는 벡터를 그 길이로 나누는 함수다. 결과로 길이가 1인 벡터를 만들며, 원본과 동일한 방향을 가리킨다. dot ( )와 cross ( ) 함수는 각각 두 벡터의 내적과 외적을 계산한다.

reflect ( )와 refract ( ) 함수는 입력 벡터와 평면에 대한 노말 벡터를 입력으로 받아 각각 반사된 벡터와 굴절된 벡터를 만든다. refract ( )는 입력 벡터와 노말 벡터 외에 추가로 *eta*라는 인자로 굴절 색인을 취한다. 여기에 사용된 수학은 4.2.2절 '일반 벡터 연산자'의 '반사와 굴절'에서 설명했다.

마찬가지로 faceforward ( ) 함수는 입력 벡터 하나와 두 개의 서피스 노말 벡터를 입력으로 받아서, 만약 입력 벡터와 두 번째 노말 벡터의 내적이 음수라면 첫 번째 노말 벡터를 리턴하고, 그렇지 않다면 첫 번째 노말 벡터의 반대 벡터를 리턴한다. 이름으로 유추할 수 있듯이, 이 함수는 평면이 특정 뷰 방향에 대해 정면 방향인지 후면 방향인지 결정하는 데 사용할 수 있다. 방향성에 관해서는 3장 '파이프라인 따라가기'에서 다룬 적이 있다.

내장 수학 함수

GLSL은 수학 연산과 변수 데이터를 다루기 위한 많은 내장 함수를 지원한다. 일반적인 수학 함수로는 abs( ), sign( ), ceil( ), floor( ), trunc( ), round( ), roundEven( ), fract( ), mod( ), modf( ), min( ), max( ) 등이 있다. 대부분 이러한 함수들은 스칼라뿐 아니라 벡터에 대해서도 동작한다. 하지만 그렇지 않은 경우에는 C 표준 라이브러리에 대응하는 함수와 동일한 방식으로 동작한다. roundEven( ) 함수는 C에 동일한 함수가 없는데, 인자를 가장 가까운 정수로 반올림한다. 하지만 소수점부가 0.5인 경우에는 가장 가까운 **짝수**로 반올림한다. 즉, 7.5와 8.5는 모두 8로 반올림하고, 42.5는 42로, 43.5는 44로 반올림한다.

clamp( ) 함수의 두 가지 선언을 보자.

```
vec4 clamp(vec4 x, float minVal, float maxVal);
vec4 clamp(vec4 x, vec4 minVal, vec4 maxVal);
```

이 함수는 입력 벡터 x를 minVal과 maxVal(스칼라 또는 벡터)로 지정한 범위로 고정한다. 예를 들어 minVal을 0.0으로 maxVal을 1.0으로 지정하면 x를 0.0에서 1.0 범위로 제한하는 것이다. 이 범위로 제한하는 것은 매우 흔한 일이어서 그래픽스 하드웨어는 이 범위에 대해 특별히 처리하기도 하며, 일부 쉐이딩 언어는 이 범위로 고정하는 경우에 대한 별도 내장 함수를 가지기도 한다.

mix( ), step( ), smoothstep( ) 같은 특별한 함수가 더 있다. mix( )는 두 입력에 대해 선형 보간을 수행하는데, 세 번째 인자를 가중치 인자로 사용한다. 다음과 같이 구현할 수 있다.

```
vec4 mix(vec4 x, vec4 y, float a)
{
    return x + a * (y - x);
}
```

다시 말하지만, 이러한 작업은 그래픽스에서는 흔한 연산이기 때문에 쉐이딩 언어에 내장 함수가 존재하며, 그래픽스 하드웨어는 이를 직접 지원하기 위한 특별한 기능을 가지고 있기도 하다.

step( ) 함수는 두 입력에 기반하여 계단 함수(값이 0.0이거나 1.0인 함수)를 생성한다. 다음과 같이 선언되어 있다.

```
vec4 step(vec4 edge, vec4 x);
```

만일 x < edge면 0.0을 리턴하고, x >= edge면 1.0을 리턴한다. smoothstep( ) 함수는 그렇게 극단적이지는 않고, 두 입력값 사이의 부드러운 중간값을 리턴한다. 세 번째 인자가 처음 두 개의 인자 사이 어디쯤에 위치하는가에 기반한 값을 계산한다. 다음과 같이 선언되어 있다.

```
vec4 smoothstep(vec4 edge0, vec4 edge1, vec4 x);
```

smoothstep( )은 실제로는 다음과 같이 구현되어 있다.

```
vec4 smoothstep(vec4 edge0, vec4 edge1, vec4 x)
{
    vec4 t = clamp((x - edge0) / (edge1 - edge0), 0.0, 1.0);

    return t * t * (vec4(3.0) - 2.0 * t);
}
```

smoothstep( )이 그리는 모양은 허밋 곡선이라고 하며, **허밋 보간**을 수행한다. 이 곡선의 일반적인 모양은 [그림 6-1]과 같다.

그림 6-1 허밋 곡선의 모양

fma( ) 함수는 단일 곱셈 누산 연산을 수행한다. 즉, 처음 두 개의 인자를 곱한 다음에 세 번째 인자를 더한다. 연산의 중간 결과는 일반적으로 원본 피연산자들보다 더 높은 정밀도를 유지하기 때문에 코드로 직접 두 연산을 작성하여 얻은 결과보다 더 정확하다. 일부 그래픽스 프로세서에서는 개별 곱셈 및 덧셈을 하는 것보다 단일 곱셈 누산 함수가 더 효율적이기도 하다.

GLSL에서 대부분의 수학 함수는 쉐이더 코드에서 주로 부동소수점 수를 사용한다고 가정한다. 하지만 정수를 사용하는 경우도 있을 텐데, GLSL에는 매우 큰 정수(또는 고정소수점 수)에 대한 연산을 위해 설계된 유용한 함수가 있다. 특히 uaddCarry( )와 usubBorrow( )는 자리올림[carry]을 사용한 덧셈 및 빌림[borrow]을 사용한 뺄셈 연산을 수행한다. imulExtended( )와 umulExtended( )는 각각 32비트 부호 있는 또는 부호 없는 정수값 두 개를 곱해서 두 개의 32비트값으로 표현된 64비트 결과를 만들어내는 함수다.

이러한 로우 레벨 연산 기능 외에도 GLSL은 주로 사용하는 삼각 함수들도 지원한다. 예를 들면 sin(), cos(), tan() 및 그 역함수인 asin(), acos(), atan() 등이 있으며, 이 함수들의 쌍곡선 형태의 함수인 sinh(), cosh(), tanh(), asinh(), acosh(), atanh() 등도 지원한다. pow(), exp(), log(), exp2(), log2(), sqrt(), inversesqrt()와 같은 지수 함수도 지원한다. 각을 다룰 때 도^{degree}가 편한 경우도 있겠지만, 대부분의 GLSL 함수는 **라디안**^{radian}을 사용한다. GLSL은 radians() 함수(도 단위의 각도를 취하고 라디안으로 변환하는)와 degrees() 함수(라디안 단위의 각도를 취하고 도 단위로 변환하는)도 제공한다.

내장 데이터 처리 함수

실제 계산을 수행하는 함수들 뿐 아니라, GLSL에는 데이터의 내부를 들여다보기 위한 내장 함수도 많다. 예를 들어 frexp()를 사용하면 부동소수점 수를 지수부와 가수부를 분리하여 얻을 수 있으며, ldexp()로 원하는 지수와 가수를 통해 새로운 부동소수점 수를 만들 수도 있다. 이러한 기능을 통해 부동소수점 수의 값을 직접 다룰 수 있다.

부동소수점 수를 더 깊이 제어하고 싶다면 intBitsToFloat()와 uintBitsToFloat()를 사용하여 각각 부호 있는 또는 부호 없는 정수를 취하고 그 비트를 그대로 재해석하여 32비트 부동소수점 수를 만들 수도 있다. 반대로 floatBitsToInt()와 floatBitsToUint()는 부동소수점 수를 취하여 각각 부호 있는 또는 부호 없는 정수로 만든다. 이들 네 함수는 부동소수점 수를 분리하고, 비트를 재해석하고, 다시 원래대로 합치는 작업을 수행할 수 있도록 한다. 하지만 모든 비트 조합이 항상 유효한 부동소수점 수를 만들어내는 것은 아니기 때문에, 이러한 작업을 할 때는 조심해야 한다. NaN$^{Not-a-Number, 숫자가 아님}$, 비정규값 또는 무한값을 만들 수 있기 때문이다. 부동소수점 수가 NaN인지 또는 무한값인지 테스트하려면 isnan()이나 isinf() 함수를 사용하면 된다.

부동소수점 수를 분리하고 다시 합치는 것 외에도 GLSL에는 부동소수점 벡터를 취해서 여러 가지 비트 깊이(8 또는 16비트값 같은)로 스케일한 다음에, 하나의 32비트값으로 합치는 함수도 있다. 예를 들어 packUnorm4x8()과 packSnorm4x8() 함수는 **vec4**값을 각각 네 개의 부호 없는 또는 부호 있는 8비트 정수값으로 묶고, 네 개의 8비트값을 하나의 **uint**로 묶는다. unpackUnorm4x8()과 unpackSnorm4x8()은 반대의 일을 수행하는 함수다. packUnorm2x16(), packSnorm2x16(), unpackUnormx16(), unpackSnorm16() 함수는 **vec2** 변수를 취하여 16비트값을 하나의 **uint**로 묶거나 푸는 함수다.

이 함수들에 사용된 norm이라는 단어는 **정규화**라는 의미다. 여기서 사용된 정규화의 의미는 값이 새로운 범위로 매핑되도록 스케일링한다는 의미다. 부동소수점값은 부호 없는 정규화된 데이터에 대해서는 0.0에서 1.0의 범위를 갖고, 부호 있는 정규화된 데이터에 대해서는 −0.0에서 1.0의 범위를 갖는다. 입력 범위의 양끝 값은 출력 범위의 가장 작은 값과 가장 큰 값에 매핑된다. 즉, 부호 없는 8비트 데이터에 대해서, 부호 없는 바이트 0의 값은 부동소수점의 0.0에 매핑되고, 부호 없는 바이트 255(부호 없는 8비트의 최댓값)의 값은 1.0에 매핑된다.

packDouble2x32()와 unpackDouble2x32() 함수는 배정밀도double 변수에 대해 앞서 설명한 동작을 수행한다. 그리고 packHalf2x16() 함수는 앞서 설명한 동작을 16비트 부동소수점값에 대해 수행한다. GLSL은 16비트 부동소수점 변수를 직접 지원하지 않는다는 점에 주목하자. 단, 메모리 상에는 이 포맷으로 데이터를 저장할 수 있기 때문에, GLSL에는 그 값을 쉐이딩 언어에서 사용 가능한 데이터 타입으로 풀 수 있는 기능이 있다.

만약 부호 있는 또는 부호 없는 정수의 특정 부분의 비트만 얻고 싶다면 bitfieldExtract() 함수를 사용하여 부호 없는 정수(또는 부호 없는 정수의 벡터)의 특정 비트만 얻을 수 있다. 만약 이 함수의 입력값이 부호 있는 정수라면 결과는 부호값이 확장된 값이 되고, 아니라면 0이 확장된 값이 된다. 일단 비트를 처리했다면 bitfieldInsert() 함수를 통해 다시 정수 안에 집어넣을 수 있다.

GLSL이 지원하는 다른 비트필드 연산으로 bitfieldReverse(), bitCount(), findLSB(), findMSB() 등이 있다. 각각 정수의 일부 비트의 순서를 역으로 하거나, 정수의 특정 비트 개수를 세거나, 정수의 최하위 비트least significant bit (LSB)의 인덱스 또는 최상위 비트most significant bit (MSB)의 인덱스를 얻는 데 사용된다.

6.2 프로그램 컴파일, 링킹, 테스트하기

모든 OpenGL 구현은 컴파일러와 링커를 가지는데, 이들을 통해 쉐이더 코드를 받아서 내부 바이너리 형태로 컴파일하고, 링크시켜서 그래픽스 프로세서 상에서 동작할 수 있게 된다. 이러한 작업은 여러 가지 이유로 인해 실패할 수도 있는데, 어째서 실패했는지 파악할 수 있어야 한다. 컴파일이나 링크 스테이지에서 실패할 수도 있지만, 성공하더라도 어떤 요인에 의해 프로그램이 이상하게 동작하는 경우도 있다.

6.2.1 컴파일러로부터 정보 얻기

지금까지 이 책에서 설명한 모든 쉐이더는 버그 없이 완벽하게 테스트했다. 양이 많지 않아서, 에러가 있었더라도 별 문제 없을 거라는 추측 하에 진행할 수 있었다. 하지만 실제 세계에서는 적어도 개발하는 동안에는 여러분이 작성하는 쉐이더에는 버그도 있고, 오타도 있고, 에러도 있을 것이며, 이때 쉐이더 컴파일러가 그 문제를 발견하도록 도와줄 것이다. 그 첫 번째 단계는 쉐이더 컴파일 여부를 확인하는 것이다. 쉐이더 소스를 준비하고 glCompileShader()를 호출하면

glGetShaderiv( ) 함수를 통해 컴파일 결과를 바로 확인할 수 있다. 프로토타입은 다음과 같다.

```
void glGetShaderiv(GLuint shader,
                   GLenum pname,
                   GLint * params);
```

여기서 shader는 확인하고자 하는 쉐이더 객체의 이름이다. pname은 쉐이더 객체로부터 얻고자 하는 인자며, params는 OpenGL이 결과를 넣어줄 변수의 주소다. 쉐이더가 성공적으로 컴파일되었는지 확인하려면 pname에 GL_COMPILE_STATUS를 넣으면 된다. 만약 쉐이더가 컴파일에 실패하면 params가 가리키는 변수는 0으로 설정된다. 그리고 성공하면 1로 설정된다. 1과 0은 GL_TRUE와 GL_FALSE의 숫자값이기 때문에 원한다면 이 정의값들을 사용하여 테스트할 수도 있다.

glGetShaderiv( )의 인자 pname에 사용할 수 있는 다른 값들은 다음과 같다.

- GL_SHADER_TYPE는 쉐이더 객체의 타입(GL_VERTEX_SHADER, GL_FRAGMENT_SHADER 등)을 리턴한다.
- GL_DELETE_STATUS는 **glDeleteShader( )**가 쉐이더 객체에 대해 호출한 것인지 아닌지에 따라 GL_TRUE나 GL_FALSE를 리턴한다.
- GL_SHADER_SOURCE_LENGTH는 해당 쉐이더 객체의 소스 코드 전체 길이를 리턴한다.
- GL_INFO_LOG_LENGTH는 쉐이더 객체에 포함된 로그 기록의 길이를 리턴한다.

마지막 토큰인 GL_INFO_LOG_LENGTH는 쉐이더 객체가 포함하는 정보 로그의 길이를 리턴하는데, 이 정보 로그는 쉐이더가 컴파일될 때 생성된다. 기본적으로는 아무 내용도 없지만, 쉐이더 컴파일러가 파싱하고 쉐이더를 컴파일하면, 일반적인 컴파일러가 출력하는 것과 유사한 정보를 기록한다. **glGetShaderInfoLog( )**를 호출하여 쉐이더 객체로부터 로그를 확인하고 진행할 수 있다. 프로토타입은 다음과 같다.

```
void glGetShaderInfoLog(GLuint shader,
                        GLsizei bufSize,
                        GLsizei * length,
                        GLchar * infoLog);
```

다시 말하지만, shader는 로그를 얻고자 하는 쉐이더 객체의 이름이며, infoLog는 OpenGL이 쓸 로그가 담길 버퍼를 가리켜야 한다. 이 버퍼는 전체 로그를 담을 수 있을 만큼 커야 한다. 그 크기는 앞의 **glGetShaderiv( )**로 얻을 수 있다. 만약 로그의 처음 몇 줄만 원한다면 infoLog에 고정 크기 버퍼를 사용할 수도 있다. 아무튼 사용할 버퍼의 크기는 bufSize로 지정해야 한다. OpenGL에 의해 infoLog에 실제로 써진 데이터의 양은 length 인자가 가리키는 포인터 변수에 저장된다. [예제 6-1]은 쉐이더 객체의 로그를 얻는 방법에 관한 예다.

```
// 쉐이더를 생성하고, 소스를 어태치시키고, 컴파일한다.
GLuint fs = glCreateShader(GL_FRAGMENT_SHADER);
glShaderSource(fs, 1, &source, NULL);
glCompileShader(fs);

// 로그 길이를 얻는다.
GLint log_length;
glGetShaderiv(fs, GL_INFO_LOG_LENGTH, &log_length);

// 스트링을 할당한다.
std::string str;

str.reserve(log_length);

// 로그를 얻는다.
glGetShaderInfoLog(fs, log_length, NULL, str.c_str());
```

만약 쉐이더에 에러가 있거나 컴파일러 경고를 생성할 만큼 의심되는 코드라면 OpenGL 쉐이더 컴파일러가 그 내용을 로그에 출력할 것이다. 다음 쉐이더는 의도적인 에러를 포함하고 있다.

```
#version 430 core

layout (location = 0) out vec4 color;

uniform scale;
uniform vec3 bias;

void main(void)
{
    color = vec4(1.0, 0.5, 0.2, 1.0) * scale + bias;
}
```

이 쉐이더를 저자의 머신에서 컴파일하니 다음과 같은 로그를 출력했다. 여러분의 머신에서도 유사한 코드가 출력될 것이다.

```
ERROR: 0:5: error(#12) 의도치 않은 지시어
ERROR: 0:10: error(#143) 선언하지 않은 식별자: scale
WARNING: 0:10: warning(#402) 크기: 4에서 크기: 3으로의 암묵적 벡터 잘림
ERROR: 0:10: error(#162) 잘못된 피연산자 타입: 다음에 해당하는 "+" 연산자 없음(또는 가능한 변환 없음). 왼쪽 피연산자 타입 "vec4의 4요소 벡터"와 오른쪽 피연산자 타입 "vec3의 유니폼 3요소 벡터".
ERROR: error(#273) 3 컴파일 에러. 코드 생성 안 됨.
```

보다시피 여러 에러와 경고가 생성되어 쉐이더의 정보 로그에 기록되었다. 여기에 사용된 특정 컴파일러의 경우, 에러 메시지의 포맷은 ERROR 또는 WARNING 다음에 문자열 인덱스가 오고

(**glShaderSource ( )**는 여러 소스 문자열을 하나의 쉐이더 객체에 어태치시킬 수 있다는 것을 기억하자), 그 다음에 줄 번호가 오는 방식이다. 에러 메시지를 하나씩 확인하자.

> ERROR: 0:5: error(#12) 의도치 않은 지시어

쉐이더의 5번째 줄은 다음과 같다.

```
uniform scale;
```

아마도 scale 유니폼의 타입을 빼먹은 것 같다. scale의 타입(**vec4**이어야 함)을 지정하면 해결할 수 있다. 다음 세 개의 이슈는 동일한 줄에서 발생한다.

> ERROR: 0:10: error(#143) 선언하지 않은 식별자: scale
> WARNING: 0:10: warning(#402) 크기: 4에서 크기: 3으로의 암묵적 벡터 잘림
> ERROR: 0:10: error(#162) 잘못된 피연산자 타입: 다음에 해당하는 "+" 연산자 없음(또는 가능한 변환 없음). 왼쪽 피연산자 타입 "vec4의 4요소 벡터"와 오른쪽 피연산자 타입 "vec3의 유니폼 3요소 벡터".

첫 번째 줄은 scale이 지정되지 않은 식별자라고 하는 것으로, 컴파일러는 scale이 무엇인지 알지 못한다는 의미다. 이는 5번째 줄의 첫 번째 에러 때문이다. 아직 scale을 실제로 정의하지 않았다. 다음은 4요소 타입을 3요소 타입의 벡터로 변환할 때 잘림 현상이 발생한다는 경고다. 이는 심각하지 않은 문제로, 컴파일러가 동일한 줄의 다른 에러의 영향임을 알지 못해서 일 수 있다. 이 에러는 'vec3와 vec4를 더하는 +연산자 버전이 존재하지 않는다'라고 말하고 있다. 이는 scale을 **vec4** 타입으로 지정하더라도 bias가 **vec3**로 선언되어서 **vec4** 변수에 더해질 수 없기 때문이다. bias의 타입을 **vec4**로 변경하여 해결할 수 있다. 이러한 해결 방안을 [예제 6-1]의 쉐이더에 적용하면 다음과 같을 것이다.

```
#version 430 core

layout (location = 0) out vec4 color;

uniform vec4 scale;
uniform vec4 bias;

void main(void)
{
    color = vec4(1.0, 0.5, 0.2, 1.0) * scale + bias;
}
```

일단 쉐이더를 갱신하고, GL_COMPILE_STATUS를 pname 인자로 주어 **glGetShaderiv ( )**를 호출하면 GL_TRUE를 호출하여 성공할 것이다. 이제 새로운 정보 로그는 내용이 없거나 단순히 성공이라는 내용일 것이다.

6.2.2 링커로부터 정보 얻기

일단 컴파일이 실패하면 프로그램의 링크도 실패하거나 우리가 원하는 대로 동작하지 않을 것이다. **glCompileShader( )**를 호출할 때 컴파일러가 정보 로그를 생성한 것과 마찬가지로, **glLinkProgram( )**을 호출할 때도 링커는 궁금한 질의에 대한 로그를 생성할 수 있다. 뿐만 아니라 프로그램 객체는 링크 상태, 리소스 사용예 등에 관한 여러 속성을 얻을 수 있다. 사실 링크된 프로그램은 컴파일된 쉐이더보다 더 많은 상태를 가지는데, **glGetProgramiv( )**를 사용하여 모두 얻을 수 있다. 프로토타입은 다음과 같다.

```
void glGetProgramiv(GLuint program,
                    GLenum pname,
                    GLint * params);
```

glGetProgramiv( )는 **glGetShaderiv( )**와 매우 유사하다는 것을 알 수 있다. 첫 번째 인자 program은 얻을 정보가 들어 있는 프로그램 객체의 이름이다. 마지막 인자 params는 OpenGL이 정보를 쓸 변수의 주소다. **glGetShaderiv( )**처럼 **glGetProgramiv( )**도 pname이라는 인자를 취하는데, 이는 정보를 얻을 프로그램 객체다. 프로그램 객체에 사용하는 pname에는 유효한 값이 더 있는데, 우선 다음의 값들을 살펴보자.

- GL_DELETE_STATUS는 쉐이더의 경우와 동일한 속성으로, 프로그램 객체에 대해 **glDeleteProgram( )**이 호출되었는지 여부를 리턴한다.

- GL_LINK_STATUS는 쉐이더의 GL_COMPILE_STATUS 속성과 유사하며, 프로그램 링크가 성공했는지 여부를 알려준다.

- GL_INFO_LOG_LENGTH는 프로그램의 정보 로그 길이를 리턴한다.

- GL_ATTACHED_SHADERS는 프로그램에 어태치된 쉐이더의 개수를 리턴한다.

- GL_ACTIVE_ATTRIBUTES는 프로그램의 버텍스 쉐이더가 실제로 사용하는[5] 속성의 개수를 리턴한다.

- GL_ACTIVE_UNIFORMS는 프로그램이 사용하는 유니폼의 개수를 리턴한다.

- GL_ACTIVE_UNIFORM_BLOCKS는 프로그램이 사용하는 유니폼 블록의 개수를 리턴한다.

GL_LINK_STATUS의 값을 갖는 pname 인자를 사용하여 **glGetProgramiv( )**를 호출하면 프로그램이 성공적으로 링크되었는지 확인할 수 있다. 만약 params의 값에 GL_TRUE를 리턴하면 링크가 성공한 것이다. 쉐이더에서 한 것처럼 프로그램으로부터 정보 로그를 얻을 수도 있다. 다음과 같은 프로토타입을 갖는 **glGetProgramInfoLog( )**를 호출하면 된다.

----

5 더 엄밀하게는, 버텍스 쉐이더가 사용한다고 컴파일러가 예상하는

```
void glGetProgramInfoLog(GLuint program,
                         GLsizei bufSize,
                         GLsizei * length,
                         GLchar * infoLog);
```

glGetProgramInfoLog( )에 대한 인자들은 **glGetShaderInfoLog( )**와 유사하게 동작한다. 단, 쉐이더의 경우 로그를 읽고자 하는 프로그램 객체의 이름인 program이 추가되었다. 이제 [예제 6-2]의 쉐이더를 보자.

예제 6-2 외부 함수 선언이 있는 프래그먼트 쉐이더

```
#version 430 core

layout (location = 0) out vec4 color;

vec3 myFunction();

void main(void)
{
    color = vec4(myFunction(), 1.0);
}
```

[예제 6-2]에는 외부 함수 선언이 들어 있다. 함수의 실제 정의는 다른 소스 파일에 들어간다는 점이 C 프로그램과 유사하다. OpenGL은 myFunction의 본체가 프로그램 객체에 어태치된 프래그먼트 쉐이더 중 하나에 정의되어 있을 것이라고 가정한다(하나의 프로그램 객체에 동일한 타입의 여러 쉐이더를 어태치시켜 함께 링크할 수 있다는 것을 기억하자). **glLinkProgram( )**을 호출할 때, OpenGL은 모든 프래그먼트 쉐이더를 뒤져 myFunction이라는 함수를 찾는다. 그리고 없다면 링크 에러를 출력한다. 단순히 이 프래그먼트 쉐이더만 프로그램 객체에 링크하면 다음과 같은 결과를 얻는다.

버텍스 쉐이더(들)가 링크에 실패함, 프래그먼트 쉐이더(들)가 링크에 실패함. ERROR: 에러(#401) 함수: myFunction( )은 구현되지 않았음.

이 에러를 해결하기 위해 myFunction의 본체를 [예제 6-2]의 쉐이더 내에 포함시키거나 함수 본체를 포함하는 두 번째 프래그먼트 쉐이더를 동일한 프로그램 객체에 어태치시키면 된다.

6.2.3 분리 프로그램

지금까지는 모든 프로그램을 **단일** 프로그램 객체라고 가정했다. 즉, 활성화된 각 스테이지에 대해 하나의 쉐이더가 있는 경우다. 하나의 버텍스 쉐이더, 하나의 프래그먼트 쉐이더, 또는 테셀레이션

이나 지오메트리 쉐이더를 하나의 프로그램 객체에 어태치시키고 glLinkProgram( )을 호출하여 전체 프로그램 객체에 링크시켜 전체 파이프라인을 구성했다. 이러한 형태의 링크는 컴파일러가 스테이지 간 최적화를 가능하게 한다. 예를 들어 버텍스 쉐이더 코드의 출력이 다음 스테이지인 프래그먼트 쉐이더에 절대 사용되지 않는 경우 해당 버텍스 쉐이더 코드를 제거하는 등의 최적화 작업을 말한다. 하지만 이러한 방식은 융통성이 떨어질 수 있으며 애플리케이션 성능에 지장을 줄 가능성도 있다. 버텍스, 프래그먼트, 및 다른 쉐이더들의 모든 조합에 대해 고유한 프로그램 객체를 만들어야 하며, 이 모든 프로그램을 링크하는 비용은 결코 적지 않다.

예를 들어 프래그먼트 쉐이더만 변경하는 경우를 생각해보자. 단일 프로그램 구조에서는 동일한 버텍스 쉐이더를 둘 이상의 다른 프래그먼트 쉐이더에 링크할 필요가 생긴다. 이때 새로운 프로그램 객체를 만들어 각 조합을 처리해야 한다. 만약 여러 프래그먼트 쉐이더 및 여러 버텍스 쉐이더가 있다면 각 쉐이더 조합에 대한 프로그램 객체가 필요할 것이다. 이 문제는 쉐이더를 추가하면 할수록 쉐이더 스테이지를 혼합하면 할수록 더 나빠진다. 결국 쉐이더 조합이 수천 가지 이상의 조합으로 폭발해버릴 것이다.

이 문제를 경감시키기 위해 OpenGL은 프로그램 객체의 **분리** 모드 링크를 지원한다. 이 방식으로 링크된 프로그램은 파이프라인 상에서 오직 한 스테이지 또는 특정 몇몇 스테이지에 대한 쉐이더를 포함한다. OpenGL 파이프라인의 각 섹션에 해당하는 여러 프로그램 객체가 하나의 **프로그램 파이프라인 객체**에 어태치되고, 링크 시점이 아닌 실시간에 합쳐진다. 하나의 프로그램 객체에 어태치된 쉐이더들은 여전히 스테이지 간 최적화의 이점을 볼 수 있는 동시에, 프로그램 파이프라인 객체에 어태치된 프로그램 객체도 상대적으로 적은 성능 부하만으로 원하는 변경이 가능하다.

프로그램 객체를 분리 모드로 사용하려면 **glProgramParameteri( )** 호출 시(pname에 GL_PROGRAM_SEPARABLE를, value에 GL_TRUE를 설정하여 호출한다) OpenGL에 **미리** 알려야 한다. 이를 통해 쉐이더에서 사용하지 않는다고 판단된 출력이더라도 OpenGL이 제거하지 않도록 한다. 또한 내부 데이터 레이아웃 구조를 조정하여 프로그램 객체의 마지막 쉐이더가 동일한 입력 레이아웃을 사용하는 다른 프로그램 객체의 첫 번째 쉐이더와 통신할 수 있도록 한다. 그 다음에는 **glGenProgramPipelines( )**를 사용하여 프로그램 파이프라인 객체를 생성하고, 프로그램들을 어태치시켜 사용할 파이프라인의 섹션들을 구성한다. 이를 위해서는 **glUseProgramStages( )**를 호출해야 한다. 프로그램 파이프라인 객체, 사용할 스테이지들에 대한 비트필드, 해당 스테이지들을 포함하는 프로그램 객체의 이름 등을 인자로 설정한다.

[예제 6-3]은 두 개의 프로그램(하나는 버텍스 쉐이더만 가지고, 다른 하나는 프래그먼트 쉐이더만 가지는)을 통해 프로그램 파이프라인 객체를 설정하는 예다.

```
// 버텍스 쉐이더 생성
GLuint vs = glCreateShader(GL_VERTEX_SHADER);

// 소스 어태치 및 컴파일
glShaderSource(vs, 1, vs_source, NULL);
glCompileShader(vs);

// 버텍스 스테이지를 위한 프로그램을 생성하고 버텍스 쉐이더를 어태치시킨다.
GLuint vs_program = glCreateProgram();
glAttachShader(vs_program, vs);

// 중요한 부분 - GL_PROGRAM_SEPARABLE 플래그를 GL_TRUE로 설정하고, *그 다음에* 링크
glProgramParameteri(vs_program, GL_PROGRAM_SEPARABLE, GL_TRUE);
glLinkProgram(vs_program);

// 이제 프래그먼트 쉐이더로 동일한 작업 수행
GLuint fs = glCreateShader(GL_FRAGMENT_SHADER);
glShaderSource(fs, 1, fs_source, NULL);
glCompileShader(fs);
GLuint fs_program = glCreateProgram();
glAttachShader(fs_program, vs);
glProgramParameteri(fs_program, GL_PROGRAM_SEPARABLE, GL_TRUE);
glLinkProgram(fs_program);

// 프로그램 파이프라인은 사용할 프로그램들의 집합이다.
// 여기서 이름을 생성.
GLuint program_pipeline;
glGenProgramPipelines(1, &program_pipeline);

// 이제 첫 번째 프로그램의 버텍스 쉐이더를 사용하고,
// 두 번째 프로그램의 프래그먼트 쉐이더를 사용한다.
glUseProgramStages(program_pipeline, GL_VERTEX_SHADER_BIT, vs_program);
glUseProgramStages(program_pipeline, GL_FRAGMENT_SHADER_BIT, fs_program);
```

비록 이 간단한 예제에서는 각각 하나의 쉐이더만 사용하는 두개의 프로그램 객체만 사용했지만, 더 복잡한 조합도 가능하다. 두 개 이상의 객체를 사용할 수도 있고, 하나 이상의 프로그램 객체가 하나 이상의 쉐이더를 포함할 수도 있다. 예를 들어 테셀레이션 컨트롤 및 테셀레이션 이벨류에이션 쉐이더는 보통 아주 밀접하게 연관되어 있기 때문에 다른 하나가 없이는 존재하기 힘들다. 뿐만 아니라 테셀레이션이 사용되는 경우 통과 버텍스 쉐이더를 사용하고, 실제 버텍스 쉐이더는 테셀레이션 컨트롤 쉐이더나 테셀레이션 이벨류에이션 쉐이더에서 하는 경우도 많다. 그러한 경우에는 버텍스 쉐이더와 두 테셀레이션 쉐이더를 하나의 프로그램 객체에 연관시킬 수 있는데, 이를 통해 프래그먼트 쉐이더를 실시간에 교체하는 것이 가능하다.

만약 한 프로그램 객체에 하나의 쉐이더 객체만 들어 있는 간단한 프로그램 객체를 생성하고 싶다면 다음 함수를 통해 한 번에 할 수 있다.

```
GLuint glCreateShaderProgramv(GLenum type,
                              GLsizei count,
                              const char ** strings);
```

glCreateShaderProgramv() 함수는 컴파일하려는 쉐이더 타입(GL_VERTEX_SHADER, GL_FRAGMENT_SHDAER 등), 소스 문자열의 개수, 문자열 배열의 포인터(**glShaderSource()**과 동일) 를 인자로 취하여 이 문자열들을 새로운 쉐이더 객체로 컴파일한다. 그 다음에는 내부적으로 이 쉐이더 객체를 새로운 프로그램 객체에 어태치시키고, 분리 힌트 속성을 true로 하고, 링크시키고, 쉐이더 객체를 삭제하고, 프로그램 객체를 리턴한다. 이제 이 프로그램 객체를 프로그램 파이프라인 객체에서 사용할 수 있다.

일단 여러 쉐이더 스테이지를 가진 프로그램 파이프라인 객체가 프로그램 객체로 컴파일되어 어태치되면, **glBindProgramPipeline()**을 사용하여 현재 파이프라인으로 설정할 수 있다.

```
void glBindProgramPipeline(GLuint pipeline);
```

여기서 pipeline은 사용할 프로그램 파이프라인 객체의 이름이다. 일단 프로그램 파이프라인 객체가 바인딩되면, 그 프로그램이 렌더링이나 컴퓨트 연산에 사용된다.

인터페이스 매칭

GLSL에는 한 쉐이더 스테이지의 출력이 어떻게 다음 스테이지의 해당 입력과 매칭되는지에 대한 특정 규칙이 존재한다. 일련의 쉐이더를 모두 하나의 프로그램 객체에 링크시킬 때, 제대로 매칭되지 않는 경우 OpenGL의 링커가 알려준다. 하지만 각 스테이지에 대해 분리 프로그램 객체를 사용하면 프로그램 객체를 교체할 때 매칭이 일어나지 않기 때문에, 제대로 연결되지 않으면 프로그램에 사소한 오류가 생기거나 전혀 동작하지 않을 수도 있다. 따라서 이러한 규칙을 지켜서 문제를 피하는 것이 중요하다. 분리 프로그램 객체를 사용할 때는 특히 그러하다.

일반적으로 한 쉐이더 스테이지의 출력 변수는 이름과 타입이 동일하면 다음 스테이지의 입력에 연결된다. 변수는 다른 조건도 매칭되어야 한다. 인터페이스 블록의 경우, 인터페이스의 두 블록은 동일한 이름과 동일한 순서의 멤버를 가져야 한다. 구조체도 (입력으로 사용되건 출력으로 사용되건, 또는 인터페이스 블록의 멤버로 사용되건) 마찬가지다. 만약 인터페이스 변수가 배열이라면 양쪽 인터페이스는 동일한 개수의 배열 요소로 선언해야 한다. 한 가지 예외는 테셀레이션 및 지오메트리 쉐이더의 입력 및 출력이다. 이들은 한 요소에서 배열로 변경이 가능하기 때문이다.

만약 여러 스테이지에 대한 쉐이더들을 모두 하나의 프로그램 객체에 링크시키면, OpenGL은 인터페이스 멤버가 필요하지 않다는 것을 알고 쉐이더에서 제거한다. 예를 들어 만약 버텍스 쉐이더가 특정 출력에 상수를 출력하기만 하고, 프래그먼트 쉐이더는 그 데이터를 입력으로 받아서 처리하는 경우, OpenGL은 버텍스 쉐이더에서 상수를 생성하는 코드를 제거하고, 대신 직접 프래그먼트 쉐이더에서 상수를 사용하도록 할 수 있다. 분리 프로그램을 사용하면 OpenGL은 이 같은 작업을 할 수 없으며, 인터페이스의 모든 부분을 고려하여 활성화시키고 사용해야 한다.

애플리케이션의 모든 쉐이더에서 입력/출력 변수들의 이름을 동일하게 맞추는 작업을 까먹지 않는 것은 고통스러운 작업이다. 특히 쉐이더 개수가 늘어나거나 더 많은 개발자가 쉐이더 작업을 하게 되면 더욱 그렇다. 하지만 레이아웃(layout) 지시어를 사용하여 여러 쉐이더 안에서 각 입력과 출력의 위치를 지정하는 것은 가능하다. 가능하다면 OpenGL은 각 입력과 출력의 위치를 사용하여 서로를 매칭시킬 수 있다. 이 경우 변수 이름은 상관없고, 타입과 지시어만 매칭되면 된다.

glGetProgramInterfaceiv()와 **glGetProgramResourceiv()**를 호출하면 프로그램 객체의 입력과 출력 인터페이스를 질의하는 것이 가능하다. 프로토타입은 다음과 같다.

```
void glGetProgramInterfaceiv(GLuint program,
                             GLenum programInterface,
                             GLenum pname,
                             GLint * params);
```

와

```
void glGetProgramResourceiv(GLuint program,
                            GLenum programInterface,
                            GLuint index,
                            GLsizei propCount,
                            const Glenum * props,
                            GLsizei bufSize,
                            GLsizei * length,
                            GLint * params);
```

여기서 program은 인터페이스 속성을 확인할 프로그램 객체의 이름이며, programInterface는 GL_PROGRAM_INPUT이나 GL_PROGRAM_OUTPUT 중 하나로, 각각 알고자 하는 프로그램의 입력이나 출력에 해당한다.

glGetProgramInterfaceiv()의 경우, pname은 GL_ACTIVE_RESOURCES여야 하며, program의 분리 입력이나 출력의 개수는 params가 가리키는 변수에 저장된다. 그 다음에 **glGetProgramResourceiv()**의 index 인자에 리소스 인덱스를 전달하면 입력이나 출력의 리스트를 읽는 것이 가능하다. **glGetProgramResourceiv()**는 한 번의 함수 호출에 여러 속성을 리턴한다. 리턴할 속성의 개수는 propCount로 지정한다. props는 어떤 속성을 얻을 것인지 지정하는 토큰들의 배열이다. 이러한 속성은 배열에 써지는데, 그 주소는 params로 지정하며, 크기(요소 개수)는 bufSize로 지정한다. 만약 length가 NULL이 아니라면 이 변수가 가리키는 위치에 속성의 실제 개수가 써진다.

props의 값은 다음 중 하나다.

- GL_TYPE은 params의 해당 요소 안에 있는 인터페이스 멤버의 타입을 리턴한다.

- GL_ARRAY_SIZE는 인터페이스 배열이라면 그 길이를, 아니라면 0을 리턴한다.

- GL_REFERENCED_BY_VERTEX_SHADER, GL_REFERENCED_BY_TESS_CONTROL_SHADER, GL_REFERENCED_BY_TESS_EVALUATION_SHADER, GL_REFERENCED_BY_GEOMETRY_SHADER, GL_REFERENCED_BY_FRAGMENT_SHADER, GL_REFERENCED_BY_COMPUTE_SHADER는 입력 또는 출력이 각각 버텍스, 테셀레이션 컨트롤/이벨류에이션, 지오메트리, 프래그먼트, 또는 컴퓨트 쉐이더 스테이지에 의해 참조되는지에 따라 0또는 0이 아닌 값을 리턴한다.

- GL_LOCATION은 params의 해당 요소 안에서 입력 또는 출력에 대한 쉐이더에서 지정한 또는 OpenGL이 생성한 위치를 리턴한다.

- GL_LOCATION_INDEX는 programInterface가 GL_PROGRAM_OUTPUT일 때만 사용되며, 프래그먼트 쉐이더의 출력 인덱스를 리턴한다.

- GL_IS_PER_PATCH는 테셀레이션 컨트롤 쉐이더의 출력 또는 테셀레이션 이벨류에이션 쉐이더의 입력이 패치당$^{per-patch}$ 인터페이스로 선언되었는지 알려준다.

glGetProgramResourceName( )을 호출하면 입력 또는 출력의 이름을 알 수 있다.

```
void glGetProgramResourceName(GLuint program,
                              GLenum programInterface,
                              GLuint index,
                              GLsizei bufSize,
                              GLsizei * length,
                              char * name);
```

앞서와 마찬가지로 program, programInterface, index는 **glGetProgramResourceiv( )**와 동일한 의미다. bufSize는 name이 가리키는 버퍼의 크기다. length가 NULL이 아니라면 length가 가리키는 변수에 실제 name의 길이가 저장된다. [예제 6-4]는 프로그램 객체의 활성화된 출력에 대한 정보를 출력하는 간단한 프로그램이다.

예제 6-4 인터페이스 정보 출력

```
// outputs의 개수를 얻는다.
GLint outputs;
glGetProgramInterfaceiv(program, GL_PROGRAM_OUTPUT,
                        GL_ACTIVE_RESOURCES, &outputs);
```

```
// 질의할 속성들에 대한 토큰 목록
static const GLenum props[] = { GL_TYPE, GL_LOCATION };

// 여러 가지 지역 변수
GLint i;
GLint params[2];
GLchar name[64];
const char * type_name;

for (i = 0; i < outputs; i++)
{
    // 출력의 이름을 얻는다.
    glGetProgramResourceName(program, GL_PROGRAM_OUTPUT, i,
                             sizeof(name), NULL, name);

    // 출력의 다른 속성을 얻는다.
    glGetProgramResourceiv(program, GL_PROGRAM_OUTPUT, i,
                           2, props, 2, NULL, params);

    // type_to_name()은 enum값의 GLSL 이름을 리턴하는 함수다.
    type_name = type_to_name(params[0]);

    // 결과를 출력한다.
    printf("Index %d: %s %s @ location %d.\n",
           i, type_name, name, params[1]);
}
```

다음 프래그먼트 쉐이더 코드에서 출력 선언을 살펴보자.

```
out vec4 color;
layout (location = 2) out ivec2 data;
out float extra;
```

위와 같은 선언을 사용할 때 [예제 6-4]의 코드는 다음과 같은 결과를 출력한다.

```
Index 0: vec4 color @ location 0.
Index 1: ivec2 data @ location 2.
Index 2: float extra @ location 1.
```

활성화된 출력들의 목록이 선언된 순서대로 표시된다는 것을 알 수 있다. 하지만 출력 위치 2를 data에 명시적으로 지정했기 때문에 GLSL 컴파일러는 거꾸로 가서 위치 1을 extra에 지정했다. 또한 위 코드를 이용하여 출력의 타입을 정확히 확인할 수도 있었다. 자신이 개발한 애플리케이션에서는 모든 출력의 타입과 이름을 알 수 있지만, 사용하는 쉐이더의 원본을 확인할 수 없는 개발 툴이나 디버거에 있어서 이러한 기능은 유용하다.

6.2.4 쉐이더 서브루틴

프로그램이 분리 모드로 링크되는 경우에도 프로그램 객체 간의 전환은 성능면에서 꽤 비싸다. 대신 **서브루틴 유니폼**을 사용하는 것도 가능하다. 특별한 타입의 유니폼이 존재하는데, 이는 C의 함수 포인터와 유사하게 동작한다. 서브루틴 유니폼을 사용하려면, 서브루틴 타입을 선언하고, 하나 이상의 호환 가능한 서브루틴(기본적으로 특별한 선언 형식을 갖는 함수)을 선언하고, 서브루틴 유니폼을 이러한 함수들에 '연결'시키면 된다. [예제 6-5]에 간단한 예를 보였다.

예제 6-5 서브루틴 유니폼 선언 예제

```
#version 430 core

// 우선 서브루틴 타입을 선언한다.
subroutine vec4 sub_mySubroutine(vec4 param1);

// 다음으로 서브루틴으로 사용할 함수들을 선언한다.
subroutine (sub_mySubroutine)
vec4 myFunction1(vec4 param1)
{
    return param1 * vec4(1.0, 0.25, 0.25, 1.0);
}

subroutine (sub_mySubroutine)
vec4 myFunction2(vec4 param1)
{
    return param1 * vec4(0.25, 0.25, 1.0, 1.0);
}

// 마지막으로 그 선언과 매칭되는 서브루틴에 '연결'할
// 서브루틴 유니폼을 선언한다.
subroutine uniform sub_mySubroutine mySubroutineUniform;

// 색상을 출력한다.
out vec4 color;

void main(void)
{
    // 유니폼을 통해 서브루틴을 호출한다.
    color = mySubroutineUniform(vec4(1.0));
}
```

서브루틴을 포함하는 프로그램을 링크하면 각 스테이지의 각 서브루틴에는 인덱스가 할당된다. 만약 GLSL 버전 430(OpenGL 4.3과 함께 출시된 버전)이나 그 이상을 사용한다면 인덱스 레이아웃 지시어를 사용하여 인덱스를 직접 쉐이더 코드에서 할당할 수 있다. 그러므로 [예제 6-5]의 서브루틴을 다음과 같이 선언할 수 있다.

```
layout (index = 2)
subroutine (sub_mySubroutine)
vec4 myFunction1(vec4 param1)
{
    return param1 * vec4(1.0, 0.25, 0.25, 1.0);
}

layout (index = 1);
subroutine (sub_mySubroutine)
vec4 myFunction2(vec4 param1)
{
    return param1 * vec4(0.25, 0.25, 1.0, 1.0);
}
```

GLSL 버전 430 이전을 사용한다면 OpenGL이 인덱스를 할당해주는 값을 그대로 사용할 수밖에 없다. 반대로 다음 함수를 통해 인덱스가 어떤 것을 가리키는지 확인할 수 있다.

```
GLuint glGetProgramResourceIndex(GLuint program,
                                 GLenum programInterface,
                                 const char * name);
```

여기서 program은 서브루틴을 포함하는 링크된 프로그램의 이름이다. programInterface는 GL_VERTEX_SUBROUTINE, GL_TESS_CONTROL_SUBROUTINE, GL_TESS_EVALUATION_SUBROUTINE, GL_GEOMETRY_SUBROUTINE, GL_FRAGMENT_SUBROUTINE, GL_COMPUTE_SUBROUTINE 중 하나로, 어떤 쉐이더 스테이지를 확인하려는지 나타낸다. name은 서브루틴의 이름이다. 만약 name이라는 이름의 서브루틴이 프로그램의 해당 스테이지에 없다면, 이 함수는 GL_INVALID_VALUE를 리턴한다. 반대로, 프로그램에 서브루틴의 인덱스가 주어졌을 때, 다음과 같은 함수로 이름을 확인할 수 있다.

```
void glGetProgramResourceName(GLuint program,
                              GLenum programInterface,
                              GLuint index,
                              GLsizei bufSize,
                              GLsizei * length,
                              char * name);
```

여기서 program은 서브루틴을 포함하는 링크된 프로그램의 이름이다. programInterface는 **glGetProgramResourceIndex()**에서 사용하는 값들과 동일하다. index는 프로그램 내 서브루틴의 인덱스다. bufSize는 name이 가리키는 버퍼의 크기다. length는 name에 실제로 쓰여진 문자들의 개수가 쓰여지는 변수의 주소다. **glGetProgramStageiv()**를 호출하면 프로그램의 특정 스테이지에서 활성화된 서브루틴의 개수를 알 수 있다.

```
void glGetProgramStageiv(GLuint program,
                         GLenum shadertype,
                         GLenum pname,
                         GLint *values);
```

다시 설명하자면, program은 쉐이더를 포함하는 프로그램 객체의 이름이며, shadertype은 확인할 프로그램의 스테이지를 나타낸다. 프로그램의 관련 스테이지에 활성화되어 있는 서브루틴 개수를 알려면 pname을 GL_ACTIVE_SUBROUTINES로 설정해야 한다. 그 결과는 values로 지정한 주소의 변수에 쓰여진다. **glGetActiveSubroutineName()**을 호출할 때, index는 0에서 이 값보다 1만큼 작은 값 사이의 값이어야 한다. 일단 프로그램의 서브루틴 이름들을 알았다면(쉐이더를 직접 작성했거나 names를 질의하는 방법을 통해) 다음 함수로 그 값을 설정할 수 있다.

```
void glUniformSubroutinesuiv(GLenum shadertype,
                             GLsizei count,
                             const GLunit *indices);
```

이 함수는 활성화된 프로그램의 shadertype 인자로 정해지는 쉐이더 스테이지 내의 서브루틴 유니폼의 개수를 count로 정한다. indices 포인터 인자가 가리키는 배열의 첫 번째 위치에서 count 수까지의 요소를 서브루틴으로 지정한다. 서브루틴 유니폼은 여러 가지 면에서 다른 유니폼과 다르다.

■ 서브루틴 유니폼의 상태는 프로그램 객체에 저장되기보다는 현재 OpenGL 콘텍스트에 저장된다. 이를 통해 서브루틴 유니폼은 다른 콘텍스트에서 사용되는 경우에는 프로그램 객체가 같더라도 다른 값을 가질 수 있다.

■ 서브루틴 유니폼의 값이 사라지는 경우는, **glUseProgram()**을 사용하여 현재 프로그램 객체가 변경되거나, **glUseProgramStages()**나 **glBindProgramPipeline()**을 호출하거나, 현재 프로그램 객체를 다시 링크하는 경우다. 즉, 새로운 프로그램을 사용하거나 새로운 프로그램 스테이지를 사용할 때마다 매번 리셋해야 한다는 것이다.

■ 프로그램 객체의 스테이지 내 서브루틴 유니폼들 중 일부만 값을 변경하는 것은 불가능하다. **glUniformSubroutinesuiv()**로 0부터 시작하는 유니폼의 개수를 설정할 수 있다. 이 개수이상의 유니폼들은 이전 값 그대로 남는다. 다시 한 번 말하지만, 서브루틴 유니폼의 기본값은 정의되어 있지 않기 때문에, 전혀 설정하지 않는다면 예측하지 못한 문제가 발생할 수 있다.

우리의 간단한 예제에서는, 프로그램 객체를 링크한 다음에, 다음 코드를 수행하면 쉐이더에서 명시적으로 위치를 할당하지 않는 경우에도 서브루틴 함수들의 인덱스를 확인할 수 있다.

```
subroutines[0] = glGetProgramResourceIndex(render_program,
                                           GL_FRAGMENT_SHADER_SUBROUTINE,
                                           "myFunction1");
subroutines[1] = glGetProgramResourceIndex(render_program,
                                           GL_FRAGMENT_SHADER_SUBROUTINE,
                                           "myFunction2");
```

이제 렌더링 루프는 [예제 6-6]과 같다.

```
void subroutines_app::render(double currentTime)
{
    int i = (int)currentTime;

    glUseProgram(render_program);

    glUniformSubroutinesuiv(GL_FRAGMENT_SHADER, 1, &subroutines[i & 1]);

    glDrawArrays(GL_TRIANGLE_STRIP, 0, 4);
}
```

이 함수는 프로그램 객체에 링크되어 있는 간단한 버텍스 쉐이더를 사용하여 사각형을 그린다. **glUseProgram()**을 사용하여 현재 프로그램을 설정한 뒤, 프로그램의 서브루틴 유니폼의 값들만 설정한다. 모든 서브루틴 유니폼의 값은 현재 프로그램을 변경할 때 '사라진다'라는 것을 기억하자. 유니폼을 가리키는 서브루틴은 매 초마다 달라진다. [예제 6-5]의 프래그먼트 쉐이더를 사용하면, 화면이 1초 동안 빨간색으로 렌더링되다가, 1초는 파란색으로, 그리고 다시 빨간색으로 반복된다.

일반적으로 하나의 서브루틴 유니폼의 값을 변경하는 것이 프로그램 객체를 변경하는 것보다 더 적은 시간이 소요될 것이라고 예상할 수 있다. 따라서 여러 개의 유사한 쉐이더가 있을 때, 모두 하나로 합치고, 서브루틴 유니폼을 사용하여 어떤 패스를 따를지 결정하도록 할 수도 있다. 여러 버전의 (다른 이름의) main() 함수를 선언하여 그 함수들 중 하나를 가리킬 수 있는 서브루틴 유니폼을 생성하고, 실제 main() 함수에서 호출하게 할 수도 있다.

6.2.5 프로그램 바이너리

일단 프로그램을 컴파일하고 링크했다면 OpenGL에 그 프로그램의 내부 버전에 해당하는 바이너리 객체를 요청할 수도 있다. 나중에는 애플리케이션이 그 바이너리를 다시 OpenGL에 넘겨서 컴파일 및 링크 과정을 생략할 수도 있다. 이러한 기능을 사용하려면 **glLinkProgram()**을 호출하기 전에 **glProgramParameteri()** 함수를 pname에 GL_PROGRAM_BINARY_RETRIEVABLE_HINT를, value에 GL_TRUE를 설정하여 호출해야 한다. 이는 OpenGL로부터 그 바이너리 데이터를 다시 받을 계획이니 바이너리를 잘 보관하다가 필요할 때 달라고 하는 것이다.

프로그램 객체에 대한 바이너리를 얻기 전에, 얼마나 오래 걸릴지 확인하고 저장할 메모리를 할당해야 한다. 이를 위해서는 **glGetProgramiv()**를 호출하는데, pname에는 GL_PROGRAM_BINARY_LENGTH를 설정한다. params에 쓰지는 결과값은 프로그램 바이너리를 위해 확보해야 할 바이트 수다.

그 다음에는 **glGetProgramBinary( )**를 호출하여 프로그램 객체의 바이너리 형태 데이터를 실제로 받을 수 있다. 프로토타입은 다음과 같다.

```
void glGetProgramBinary(GLuint program,
                        GLsizei bufsize,
                        GLsizei * length,
                        GLenum * binaryFormat,
                        void * binary);
```

program에는 프로그램 객체의 이름을 지정하며, binary가 가리키는 메모리에 프로그램의 바이너리 형태가 쓰여지고, 프로그램 바이너리의 포맷을 나타내는 토큰은 binaryFormat에 써진다. 메모리 영역의 크기는 bufsize에 설정하며, 전체 프로그램 바이너리를 저장할 수 있을 만큼 커야 한다. 때문에 바이너리 크기를 **glGetProgramiv( )**로 먼저 확인해야 한다. 쓰여진 실제 바이트 수는 length로 전달한 주소가 가리키는 변수에 저장된다. 바이너리의 포맷은 내부 포맷이며, OpenGL 드라이버를 제작하는 업체에 따라 다르다. 하지만 binaryFormat에 쓰여진 값을 가지고 있을 필요가 있는데, 이는 나중에 다시 로딩하기 위해 OpenGL에 이 값을 바이너리 내용과 함께 전달할 경우가 있기 때문이다. [예제 6-7]은 OpenGL로부터 프로그램 바이너리를 요청하는 간단한 방법을 보이는 예다.

예제 6-7 프로그램 바이너리 요청하기

```
// 버텍스 쉐이더만 가지고 있는 간단한 프로그램
static const GLchar source[] = { ... };

// 먼저 쉐이더를 생성하고 컴파일한다.
GLuint shader;
shader = glCreateShader(GL_VERTEX_SHADER);
glShaderSource(shader, 1, source, NULL);
glCompileShader(shader);

// 프로그램을 생성하고 쉐이더를 어태치시킨다.
GLuint program;
program = glCreateProgram();
glAttachShader(program, shader);

// 바이너리 요청 힌트를 설정하고 프로그램을 링크한다.
glProgramParameteri(program, GL_PROGRAM_BINARY_RETRIEVABLE_HINT, GL_TRUE);
glLinkProgram(program);

// 프로그램 바이너리의 예상 크기를 얻는다.
GLint binary_size = 0;
glGetProgramiv(program, GL_PROGRAM_BINARY_SIZE, &binary_size);
```

```
// 프로그램 바이너리를 저장할 메모리를 할당한다.
unsigned char * program_binary = new unsigned char [binary_size];

// 프로그램 객체로부터 바이너리를 요청한다.
GLenum binary_format = GL_NONE;
glGetProgramBinary(program, binary_size, NULL, &binary_format,
                   program_binary);
```

일단 프로그램 바이너리를 받았다면, 디스크에 (아마도 압축해서) 저장할 수도 있고, 다음번 프로그램 시작 시 사용할 수도 있다. 이렇게 하면 렌더링을 시작하기 전에 쉐이더 컴파일과 프로그램 링크 시간을 절약할 수 있다. 프로그램 바이너리 포맷은 아마도[6] 그래픽 카드 공급업체에 따라 다르며 기계별로 이식이 가능하지 않다는 사실을 알아야 한다. 심지어 동일한 머신이라도 드라이버 버전에 따라 다를 수 있다. 이 기능은 현재 배포를 고려하여 설계된 것이 아니라 캐싱 정도만 고려하여 설계되었기 때문이다.

이는 매우 큰 제약점처럼 보이며, 이 책에서 설명하는 간단한 애플리케이션에서는 마치 프로그램 바이너리가 별 필요 없는 것이라고 생각될지도 모른다. 하지만 예를 들면 비디오 게임과 같은 매우 큰 애플리케이션은 수백에서 수천 개의 쉐이더를 포함하고 있으며, 이러한 쉐이더들의 여러 변종을 컴파일해야 한다. 많은 비디오 게임은 시작 시간이 매우 길며, 컴파일된 쉐이더를 사용하는 프로그램 바이너리를 사용하면 실행 시 많은 시간을 절약할 수 있다. 하지만 복잡한 애플리케이션을 괴롭히는 또 다른 문제는 쉐이더 실시간 재컴파일이다.

OpenGL의 많은 기능은 현대 그래픽 프로세서에 의해 직접 지원된다. 하지만 일부 기능은 쉐이더에서 일정 작업이 필요하다. 애플리케이션이 쉐이더를 컴파일할 때, OpenGL 구현은 대부분의 일반적인 경우의 상태를 예상하고, 쉐이더가 그 상황에서 사용될 것이라고 예상하며 컴파일한다. 만약 쉐이더가 쉐이더의 기본 컴파일로 처리하지 못하는 방식으로 사용되면 OpenGL 구현은 그 다른 경우를 처리하기 위해 적어도 쉐이더의 일부를 재컴파일할 수도 있다. 이는 애플리케이션 실행 시 눈치 챌 수 있을 만큼의 멈춤 현상을 발생시키기도 한다.

이 같은 이유로 쉐이더를 컴파일하고 링크할 때 GL_PROGRAM_BINARY_RETRIEVABLE_HINT를 GL_TRUE로 하는 것이 강력하게 추천된다. 하지만 바이너리를 요청하기 전에 실제 렌더링을 위해 전술한 과정을 몇 번씩 시도해 보는 것이 좋다. 이렇게 하면 OpenGL 구현이 필요한 쉐이더를 재컴파일하고 각 프로그램에 대해 여러 버전을 한 바이너리에 저장할 수 있기 때문이다. 다음에 바이너리를 로드하면, OpenGL 구현은 프로그램의 특별한 변종이 필요하다는 것을 알고, 로드한 바이너리 내에서 이미 컴파일된 버전을 찾을 것이다.

---

6 하나 이상의 OpenGL 공급업체가 함께 모여 여러 업체가 함께 사용할 수 있는 표준 바이너리 포맷을 확장으로 정의하려는 생각을 하는 것 같으나, 이 책을 쓰는 시점에는 아직 그러한 일이 일어나지 않았다.

일단 프로그램 바이너리를 OpenGL에 전달할 준비가 되었다면, 새로 만든 프로그램 객체에 대해 binaryFormat을 지정하고, **glGetProgramBinary()**를 통해 받은 값으로 length를 설정하고, 바이너리 형태의 버퍼로 데이터를 로드하여 **glProgramBinary()**를 호출한다. 이렇게 하면 프로그램 객체는 지난번 애플리케이션 실행 시 요청한 바이너리로 프로그램 객체를 재로딩할 것이다. 만약 OpenGL 드라이버가 여러분이 전달한 바이너리를 인식하지 못하거나, 어떤 이유로 로딩에 실패하면, **glProgramBinary()**는 실패할 것이다. 이 경우에는 쉐이더에 대한 원본 GLSL 소스를 사용하여 재컴파일해야 한다.

6.3 마치며

이 장에서는 쉐이더에 대해 다루었다. 쉐이더가 어떻게 동작하는지 배웠고, GLSL 프로그래밍 언어에 대해서도 다루었고, OpenGL이 어떻게 쉐이더를 사용하는지, 그래픽스 파이프라인의 어느 부분에 사용되는지 등등을 배웠다. 프로그램에 사용할 쉐이더 작성에 관한 기본 개념을 잘 이해했을 것이다. 또한 OpenGL로부터 바이너리 쉐이더를 얻어 애플리케이션이 캐싱하고 나중에 사용하기 위해 저장하는 방법에 대해서도 배웠다. 쉐이더가 동작하지 않으면(애플리케이션 개발 시에는 항상 일어나는 상황이다) 무엇이 문제인지 확인하기 위해 OpenGL로부터 정보를 얻는 방법도 배웠다. 이 책의 앞부분에서 다룬 약간의 실전 내용과 주제는 흥미로운 OpenGL 프로그램을 작성하는 데 도움이 될 것이다.

OpenGL 심화

Part II

OpenGL 심화

CHAPTER 7

버텍스 프로세싱 및 드로잉 커맨드

이 장에서 다루는 내용

◆ 애플리케이션에서 데이터를 가져와서 그래픽스 파이프라인의 앞 단계에 전달하는 방법

◆ OpenGL의 여러 드로잉 커맨드가 무엇인지 그리고 어떤 인자들이 있는지

◆ 변환된 지오메트리가 어떻게 애플리케이션 윈도우에 도달하는지

3장에서는 OpenGL 파이프라인을 시작에서 끝까지 따라갔고, 각 쉐이더 스테이지에 대해 동작하는 최소한의 예제로 간단한 애플리케이션을 만들어보았다. 아무것도 하지는 않지만 간단한 컴퓨트 쉐이더도 확인했다. 그 결과는 점으로 표현된 하나의 테셀레이션된 삼각형이었다. 지금까지 3D 컴퓨터 그래픽스에 관련한 일부 수학 개념도 배웠고, 파이프라인을 설정해서 하나 이상의 삼각형도 그려봤고, OpenGL 쉐이딩 언어인 GLSL에 대해서도 어느 정도 살펴봤다. 이 장에서는 OpenGL 파이프라인의 처음 몇 개의 스테이지를 더 깊이 살펴볼 것이다. 즉, 버텍스 어셈블리 및 버텍스 쉐이딩에 대해 알아본다. 어떻게 드로잉 커맨드들이 구성되는지, 어떻게 이들을 사용하여 OpenGL 파이프라인에 작업을 전달하는지, 그리고 어떻게 프리미티브를 처리하여 래스터라이제이션을 수행할 수 있도록 하는지 살펴볼 것이다.

7.1 버텍스 프로세싱

OpenGL 파이프라인의 첫 번째 프로그래밍 가능한(즉, 직접 쉐이더를 작성할 수 있는) 스테이지는 버텍스 쉐이더다. 쉐이더가 수행되기 전에 OpenGL은 앞으로 설명할 버텍스 페치 스테이지에서 입력을 버텍스 쉐이더로 가져간다. 버텍스 쉐이더는 버텍스의 위치[1]를 파이프라인의 다음 스테이지로 가져가는 것이 목적이다. 뿐만 아니라 OpenGL에 버텍스에 대한 추가 정보에 해당하는 다른 여러 사용자 정의 및 내장 출력도 설정할 수 있다.

---

1 어떤 상황에서는 이를 생략할 수도 있다.

7.1.1 버텍스 쉐이더 입력

OpenGL 그래픽스 파이프라인의 첫 번째 단계는 버텍스 페치 스테이지다. 버텍스 속성을 받지 않도록 설정되어 있지만 않다면 말이다. 이 경우는 이전 예제에서 다룬 바 있다. 이 스테이지는 버텍스 쉐이더가 실행되기 전에 수행되며, 입력을 구성하는 것이 목적이다. **glVertexAttribPointer()** 함수를 설명했었는데, 그때 어떻게 버퍼의 데이터를 버텍스 쉐이더 입력으로 연결하는지 배웠다. 이제는 버텍스 속성에 대해 더 자세히 살펴볼 것이다.

지금까지의 예제 프로그램에서는 단일 버텍스 속성만 사용했고, 4요소 부동소수점 데이터로 채웠다. 유니폼, 유니폼 블록, 하드코딩된 상수에 대해 사용했던 데이터 타입도 모두 동일하다. 하지만 OpenGL은 많은 종류의 버텍스 속성을 지원한다. 각 속성은 자체 포맷을 가지며, 데이터 타입, 컴포넌트 수 등이 다를 수 있다. 또한 OpenGL은 다른 버퍼 객체로부터 각 속성에 대한 데이터를 읽을 수 있다. **glVertexAttribPointer()**라는 편리한 방법을 통해 버텍스 속성에 대한 거의 모든 것을 설정할 수 있다. 하지만 다음 몇 가지 저수준 함수의 상위에 위치한 도움 함수로 간주할 수도 있다. 저수준 함수는 **glVertexAttribFormat()**, **glVertexAttribBinding()**, **glBindVertexBuffer()** 등이다. 프로토타입은 다음과 같다.

```
void glVertexAttribFormat(GLuint attribindex, GLint size,
                          GLenum type, GLboolean normalized,
                          GLuint relativeoffset);

void glVertexAttribBinding(GLuint attribindex,
                           GLuint bindingindex);

void glBindVertexBuffer(GLuint bindingindex,
                        GLuint buffer,
                        GLintptr offset,
                        GLintptr stride);
```

이 함수들이 어떻게 동작하는지 이해하기 위해, 먼저 여러 입력을 선언하는 간단한 버텍스 쉐이더를 보자. [예제 7-1]에서 위치 레이아웃 지시어를 사용하여 입력 위치를 명시적으로 쉐이더 코드에서 설정했다.

예제 7-1 여러 버텍스 속성 선언하기

```
#version 430 core

// 여러 버텍스 속성을 선언한다.
layout (location = 0) in vec4 position;
layout (location = 1) in vec3 normal;
layout (location = 2) in vec2 tex_coord;
```

```
// 여기에서 location 3을 의도적으로 생략했다.
layout (location = 4) in vec4 color;
layout (location = 5) in int material_id;
```

[예제 7-1]의 쉐이더 코드는 다섯 개의 입력 position, normal, tex_coord, color, material_id를 선언한다. 이제 버텍스들을 다음과 같이 C 언어의 구조체를 사용하여 표현해보자.

```
typedef struct VERTEX_t
{
    vmath::vec4    position;
    vmath::vec3    normal;
    vmath::vec2    tex_coord;
    GLubyte        color[3];
    int            material_id;
} VERTEX;
```

C로 작성한 버텍스 구조체는 vmath 타입과 전통의 단순 데이터 타입(color에 대해)을 사용하는 것을 주목하자.

첫 번째 속성은 표준적이며, 아마도 친숙한 속성일 것이다. 바로 버텍스의 위치로, 4요소 부동소수점 벡터로 지정되어 있다. **glVertexAttribFormat()** 함수로 이 입력을 선언하려면 size를 4로 하고 type을 GL_FLOAT로 한다. 두 번째는 버텍스에 대한 지오메트리 노말로, **glVertexAttribFormat()** 에는 size를 3으로 type은 GL_FLOAT로 설정한다. 마찬가지로 tex_coord는 2차원 텍스처 좌표로 사용되며, size는 2로 type은 GL_FLOAT로 설정한다.

이제 버텍스 쉐이더의 color 입력은 **vec4**로 선언하는데, VERTEX 구조체의 color 멤버는 실제로 3바이트의 배열이다. size(요소의 개수)와 데이터 타입이 다르다. OpenGL은 데이터를 버텍스 쉐이더로 읽을 때 그것을 변환해준다. 3바이트 color 멤버를 4요소 버텍스 쉐이더 입력으로 연결하려면 **glVertexAttribFormat()** 을 size를 3으로 type을 GL_UNSIGNED_BYTE로 설정하여 호출한다. 여기에 normalized 인자가 필요하다. 아마도 아는 내용이겠지만, 부호 없는 바이트로 표현할 수 있는 범위는 0에서 255까지다. 하지만 버텍스 쉐이더에서 원하는 값은 아니다. 즉, color를 0.0에서 1.0 범위의 값으로 표현하고 싶다. 만약 normalized를 GL_TRUE로 설정하면 OpenGL은 자동적으로 입력의 각 요소를 가능한 최대 양수값으로 나눈다. 즉, **정규화**한다.

2의 보수 숫자는 양의 숫자보다 음의 숫자가 크기가 더 크기 때문에 −1.0보다 작은 값은(GLbyte에 대해서는 −128, GLshort에 대해서는 −32,768, GLint에 대해서는 −2,147,483,648) 하나의 값으로 처리한다. 가장 작은 음의 숫자는 특별히 처리하여 정규화 시 부동소수점 −1.0으로 고정한다. 만약 normalized가 GL_FALSE라면 값은 그대로 부동소수점으로 변환되어 버텍스 쉐이더에 전달된다. 부호 없는 바이트 데이터의 경우(color처럼), 그 값은 0.0에서 255.0 사이가 될 것이다.

[표 7-1]은 type 인자로 사용할 수 있는 값 및 대응하는 OpenGL 타입, 표현할 수 있는 값의 범위를 나타낸다.

표 7-1 버텍스 속성 타입

타입	OpenGL 타입	범위
GL_BYTE	GLbyte	−128에서 127
GL_SHORT	GLshort	−32,768에서 32767
GL_INT	GLint	−2,147,483,648에서 2,147,483,647
GL_FIXED	GLfixed	−32,768에서 32767
GL_UNSIGNED_BYTE	GLubyte	0에서 255
GL_UNSIGNED_SHORT	GLushort	0에서 65535
GL_UNSIGNED_INT	GLuint	4,294,967,295
GL_HALF_FLOAT	GLhalf	—
GL_FLOAT	GLfloat	—
GL_DOUBLE	GLdouble	—

[표 7-1]에서 부동소수점형(GLhalf, GLfloat, 및 GLdouble)은 정규화될 수 없기 때문에 범위를 가지지 않는다. GLfixed 타입은 특별한 경우다. 이 타입은 32비트로 구성되어 있으며, 이진 소수점이 16비트(숫자의 반에 해당)에 위치한 **고정소수점** 데이터를 표현하기 때문에, 부동소수점형처럼 다루며 정규화될 수 없다.

[표 7-1]에 있는 스칼라 타입들뿐 아니라 **glVertexAttribFormat()**은 하나의 정수를 사용하여 여러 요소를 저장하는 **합쳐진**^{packed} 데이터 포맷도 몇 가지 지원한다. OpenGL이 지원하는 두 개의 합쳐진 데이터 포맷은 GL_UNSIGNED_INT_2_10_10_10_REV와 GL_INT_2_10_10_10_REV다. 둘 다 4요소를 하나의 32비트 워드로 합친다.

GL_UNSIGNED_INT_2_10_10_10_REV 포맷은 벡터의 각 x, y, z 요소에 대해 10비트를 제공한다. 그리고 w 요소는 2비트를 할당한다. 모두 부호 없는 숫자다. 범위는 x, y, z에 대해 0에서 1023까지고, w는 0에서 3까지다. 마찬가지로 GL_INT_2_10_10_10_REV는 x, y, z에 대해 10비트씩 할당하고, w에 대해서는 2비트를 할당한다. 하지만 이 경우 각 요소는 부호 있는 숫자로 간주된다. 즉, x, y, z는 −512에서 511까지의 범위를 갖고, w는 −2에서 1까지의 범위를 갖는다. 아주 유용할 것 같지는 않아 보이지만, 3요소 벡터에 대해 8비트 이상의 정밀도(모두 24비트)가 필요하지만, 16비트의 정밀도(총 48비트)는 필요 없는 경우가 많이 존재한다. 마지막 두 비트를 사용하지 않더라도 요소당 10비트의 정밀도가 제공된다.

합쳐진 데이터 타입들(GL_UNSIGNED_INT_2_10_10_10_REV 또는 GL_INT_2_10_10_10_REV) 중 하나를 지정하면, size는 4 또는 특별한 값인 GL_BGRA로 지정해야 한다. 이렇게 하면 자동으로 입력 데이터를 스위즐swizzle하여 입력 벡터의 r, g, b (x, y, z와 동일) 요소의 순서를 반대로 만든다. 즉, 쉐이더를 수정하지 않고도 이 순서로[2] 저장된 데이터와 호환될 수 있다.

마지막으로 예제 버텍스 선언을 다시 보자. 정수 타입인 material_id 필드를 사용했다. 이 경우에는 정수값을 그대로 버텍스 쉐이더에 전달하길 원하기 때문에 **glVertexAttribFormat( )**의 변종인 **glVertexAttribIFormat( )**을 사용할 것이다. 프로토타입은 다음과 같다.

```
void glVertexAttribIFormat(GLuint attribindex,
                           GLint size,
                           GLenum type,
                           GLuint relativeoffset);
```

마찬가지로 attribindex, size, type, relativeoffset 인자는 각각 속성 인덱스, 요소 개수, 요소 타입, 버텍스 속성 시작 위치의 오프셋을 설정한다. 하지만 normalized 인자가 빠져 있는 것을 눈치 챘을 것이다. 그 이유는 이 버전의 **glVertexAttribFormat( )**은 정수 타입에 대해서만 사용되기 때문이다. type은 정수 타입(GL_BYTE, GL_SHORT, GL_INT, 앞의 타입 각각에 대한 부호 없는 타입 중의 한 타입, 또는 합쳐진packed 데이터 포맷들 중 한 타입) 중 하나여야 한다. 버텍스 쉐이더에 대한 정수 입력은 절대 정규화되지 않는다. 따라서 예제 버텍스 포맷을 기술하는 완전한 코드는 다음과 같다.

```
// position
glVertexAttribFormat(0, 4, GL_FLOAT, GL_FALSE, offsetof(VERTEX, position));

// normal
glVertexAttribFormat(1, 3, GL_FLOAT, GL_FALSE, offsetof(VERTEX, normal));

// tex_coord
glVertexAttribFormat(2, 2, GL_FLOAT, GL_FALSE, offsetof(VERTEX, texcoord));

// color[3]
glVertexAttribFormat(4, 3, GL_UNSIGNED_BYTE, GL_TRUE, offsetof(VERTEX, color));

// material_id
glVertexAttribIFormat(5, 1, GL_INT, offsetof(VERTEX, material_id));
```

버텍스 속성 포맷을 설정했다. 이제 OpenGL에 어떤 버퍼를 사용하여 데이터를 읽을지 말해주어야 한다. 만약 유니폼 블록에 대한 내용과 어떻게 버퍼에 매핑하는지 기억난다면, 버텍스 속성에 간단한 로직을 적용할 수 있다. 각 버텍스 쉐이더는 아무 개수의(구현에 따른 제한) 입력 속성을 가질 수 있고, OpenGL은 아무 개수의(역시 제한 개수 내의) 버퍼로부터 읽어서 그 데이터를 제공할 수 있다. 일부 버텍스 속성은 버퍼 내 공간을 공유할 수 있다. 다른 속성은 다른 버퍼 객체에 있을 수도 있다. 각 버텍스 쉐이더 입력에 대해 개별적으로 어떤 버퍼 객체를 사용할지 지정하는 대신, 입

---

2 BGRA 순서는 일부 이미지 포맷에 일반적으로 사용되기 때문에, 일부 그래픽스 API에서는 기본 순서로 사용된다.

력들을 함께 그룹지어 그룹을 버텍스 바인딩 포인트에 연관시킬 수 있다. 그러고 나서 이러한 바인 딩 포인트에 바인딩된 버퍼를 변경하면, 그 바뀐 버퍼를 사용하여 바인딩 포인터에 매핑된 모든 속성에 데이터를 제공하게 된다.

버텍스 쉐이더 입력과 버퍼 바인딩 포인트 간에 매핑을 만들기 위해서는 **glVertexAttribBinding()** 을 호출하면 된다. 이 함수의 첫 번째 인자는 attribindex로 버텍스 속성의 인덱스다. 두 번째 인자는 bindingindex로 버퍼 바인딩 포인트 인덱스다. 예제에서는 모든 버텍스 속성을 하나의 버퍼에 저장할 것이다. 이를 위해 각 속성에 대해 **glVertexAttribBinding()**을 한 번씩 호출하고, 매번 bindingindex 인자에 0을 설정하기만 하면 된다.

```
void glVertexAttribBinding(0, 0);    // position
void glVertexAttribBinding(1, 0);    // normal
void glVertexAttribBinding(2, 0);    // tex_coord
void glVertexAttribBinding(4, 0);    // color
void glVertexAttribBinding(5, 0);    // material_id
```

하지만 더 복잡한 바인딩 구조도 가능하다. 예를 들어 position, normal, tex_coord를 하나의 버퍼에, color는 두 번째 버퍼에, material_id는 세 번째 버퍼에 저장하고 싶다고 하자. 그러면 다음과 같이 설정할 수 있다.

```
void glVertexAttribBinding(0, 0);    // position
void glVertexAttribBinding(1, 0);    // normal
void glVertexAttribBinding(2, 0);    // tex_coord
void glVertexAttribBinding(4, 1);    // color
void glVertexAttribBinding(5, 2);    // material_id
```

마지막으로 버퍼 객체를 매핑에 사용될 각 바인딩 포인트에 바인딩해야 한다. 이를 위해서는 **glBindVertexBuffer()**를 호출한다. 이 함수는 bindingindex, buffer, offset, stride 등 네 개의 인자를 가진다. 첫 번째는 버퍼를 바인딩하고자 하는 버퍼 바인딩 포인트의 인덱스다. 두 번째는 바인딩할 버퍼 객체의 이름이다. offset은 버텍스 데이터가 시작하는 버퍼 객체 상의 오프셋이다. stride는 버퍼 내에서 각 버텍스 데이터의 시작 위치 간의 바이트 단위 거리다. 만약 데이터가 매우 밀접하게 합쳐져 있다면(즉, 버텍스 간에 공간이 전혀 없다면), 이 값을 버텍스 데이터의 전체 크기(예제에서는 **sizeof**(VERTEX))로 설정하면 된다. 그렇지 않다면 버텍스 데이터의 크기에 사이 공간의 크기를 더한 값이 될 것이다.

7.1.2 버텍스 쉐이더 출력

버텍스 쉐이더가 어떤 버텍스 데이터를 다룰지 결정했다면, 그 데이터를 출력으로 보내야 한다. 이미 앞에서 gl_Position이라는 내장 출력 변수를 다루었다. 또한 다음 스테이지로 전달할 쉐이더의 출력을 어떻게 생성하는지도 배웠다. gl_Position 외에도 OpenGL은 gl_PointSize와 gl_ClipDistance[] 두 가지 출력 변수를 더 정의하며, 이 변수들을 감싸는 gl_PerVertex라는 인터 페이스 블록이 있다. 선언은 다음과 같다.

```
out gl_PerVertex
{
    vec4 gl_Position;
    float gl_PointSize;
    float gl_ClipDistance[];
};
```

아마도 gl_Position은 친숙할 것이다. gl_ClipDistance[]는 클리핑을 위해 사용되며, 7.4절에서 자세히 다룰 것이다. 다른 출력인 gl_PointSize는 렌더링될(수도 있는) 점들의 크기를 제어하는 데 사용된다.

가변 점 크기

기본적으로 OpenGL은 점을 한 프래그먼트의 크기로 그린다. 하지만 2장에서 다루었듯이 **glPointSize()**를 호출하여 OpenGL이 그리는 점의 크기를 변경할 수 있다. OpenGL이 그릴 수 있는 점의 최대 크기는 구현마다 다르다. 하지만 최소 64픽셀 이상은 된다. 실제 최댓값은 GL_POINT_SIZE_RANGE의 값을 **glGetIntegerv()**에 전달하여 호출하면 알 수 있다. 이 함수는 두 정수값을 output 변수에 쓰기 때문에, 두 개 정수 배열에 대한 포인터를 제공해야 한다. 배열의 첫 번째 요소는 최소 점 크기(대부분 1)로, 두 번째 요소는 최대 점 크기로 채워진다.

모든 점을 크게 만든다고 해서 멋진 이미지가 만들어지지는 않는다. 버텍스 쉐이더에서(또는 프론트엔드의 마지막 스테이지 아무데서나) 점 크기를 프로그래밍적으로 설정할 수 있다. 이를 위해서는 원하는 점 지름값을 내장 변수 gl_PointSize에 쓰면 된다. 쉐이더에서 이렇게 했다면, 다음 함수를 통해 OpenGL에 이 크기를 점 크기 변수에 사용하고 싶다고 하면 된다.

```
glEnable(GL_PROGRAM_POINT_SIZE);
```

이렇게 하는 일반적인 경우는 뷰어로부터의 거리에 기반하여 점의 크기를 결정하는 경우다. **glPointSize()** 함수를 사용하여 점의 크기를 결정한다면, 모든 점은 위치에 상관없이 동일한 크기를 가진다. gl_PointSize의 값을 선택하기 위해 원하는 함수를 구현하면 매 드로잉 커맨드로 생성한 점은 다른 크기를 가질 수 있다. 이는 지오메트리 쉐이더로 만든 점이나, 테셀레이션 엔진으로(테셀레이션 이벨류에이션 쉐이더에서 point_mode를 지정한 경우) 만든 점도 포함된다.

다음은 거리 기반의 점 크기 감쇄를 구현할 때 자주 사용되는 공식이다. 여기서 d는 눈으로부터 점의 거리며, a, b, c는 2차 방정식에 대한 설정 변수다. 이들을 유니폼에 저장하여 애플리케이션에서 갱신하도록 할 수 있다. 원하는 값이 있다면 버텍스 쉐이더에서 상수로 설정할 수도 있다. 예를 들어 상수 크기를 원한다면, a를 0이 아닌 값으로 하고, b와 c는 0으로 한다. 만약 a와 c가 0이고 b가 0이 아니라면 점 크기는 거리에 따라 선형적으로 감소할 것이다. 마찬가지로 a와 b가 0이고 c가 0이 아니라면 점 크기는 거리에 따라 2차 함수 형태로 감소할 것이다.

$$\text{크기} = \text{clamp}\left(\sqrt{\frac{1.0}{a + b \times d + c \times d^2}}\right)$$

7.2 드로잉 커맨드

지금까지는 모든 예제를 하나의 드로잉 커맨드(**glDrawArrays()**)를 사용해서 작성했다. 하지만 OpenGL은 여러 드로잉 커맨드를 제공한다. 일부는 다른 것의 상위 개념이기도 하지만, 일반적으로 인덱스된 또는 인덱스되지 않은 그리고 직접 또는 간접 등으로 분류할 수 있다.

7.2.1 인덱스된 드로잉 커맨드

glDrawArrays() 커맨드는 인덱스되지 않은 드로잉 커맨드다. 즉, 버텍스가 순서대로 처리되며, 버퍼에 저장된 버텍스 속성과 연관된 어떤 버텍스 데이터도 단순히 버퍼에 나타나는 순서대로 버텍스 쉐이더에 제공된다. 한편 인덱스된 드로우는 버퍼의 각 데이터를 배열로 간주하고, 그 배열에 대한 연속적인 인덱스를 사용하는 대신, 다른 인덱스의 배열을 사용하여 읽는다. 인덱스를 읽은 다음에, OpenGL은 이 인덱스를 사용하여 그 배열을 참조한다. 인덱스된 드로잉 커맨드를 사용하기 위해서는 버퍼를 GL_ELEMENT_ARRAY_BUFFER 타깃에 바인딩해야 한다. 이 버퍼에는 그리고자 하는 버텍스들의 인덱스가 들어 있다. 다음에는 인덱스된 드로잉 커맨드들 중 하나를 호출한다. 이 커맨드들은 이름에 Elements가 포함되어 있다. 예를 들어 **glDrawElements()**는 이러한 함수들 중에서 가장 간단한 형태며, 프로토타입은 다음과 같다.

```
void glDrawElements(GLenum mode,
                    GLsizei count,
                    GLenum type,
                    const GLvoid * indices);
```

glDrawElements()를 호출할 때 mode와 type은 **glDrawArrays()**와 동일한 의미를 갖는다. type은 각 인덱스를 저장할 때 사용하는 데이터의 타입을 지정한다. 그 값은 인덱스당 하나의 바이트를 사용하는 GL_UNSIGNED_BYTE, 인덱스당 16비트를 사용하는 GL_UNSIGNED_BYTE, 인덱스당 32비트를 사용하는 GL_UNSIGNED_BYTE 중 하나다. 비록 indices는 포인터로 정의되어 있지만, 실제로는 현재 GL_ELEMENT_ARRAY_BUFFER로 바인딩되어 있는 버퍼에 대해 첫 번째 인덱스가 저장된 오프셋으로 해석된다. [그림 7-1]은 **glDrawElements()** 함수 호출에 지정된 indices가 어떻게 OpenGL에 의해 사용되는지 보인다.

그림 7-1 인덱스된 드로우에 사용된 인덱스들

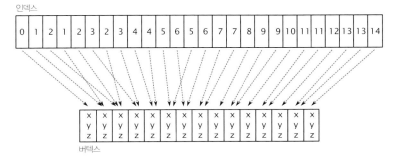

glDrawArrays()와 **glDrawElements()** 커맨드는 실제로 OpenGL의 직접 드로잉 커맨드의 모든 기능 중 일부 기능을 지원한다. 가장 일반적인 OpenGL 드로잉 커맨드를 [표 7-2]에 나타냈다. 모든 다른 OpenGL 드로잉 커맨드는 이 함수들로 표현할 수 있다.

표 7-2 드로우 타입 매트릭스

드로우 타입	커맨드
직접, 인덱스되지 않은	glDrawArraysInstancedBaseInstance()
직접, 인덱스된	glDrawElementsInstancedBaseVertexBaseInstance()
간접, 인덱스되지 않은	glMultiDrawArraysIndirect()
간접, 인덱스된	glMultiDrawElementsIndirect()

5장의 회전하는 정육면체 예제와 관련해서 [예제 5-20]에서 수행한 지오메트리 설정을 기억해보자. 정육면체를 그리기 위해 12개의 삼각형을 그렸고(정육면체의 각 면에 대해 두 개씩), 총 36개의 버텍스를 사용했다. 하지만 정육면체는 실제로 8개의 꼭짓점만 필요하기 때문에 8개의 버텍스 정보만 있으면 된다. 그렇지 않은가? 이제 인덱스된 드로우를 사용하여 버텍스 데이터 개수를 현저히 줄일 수 있다. 특히 많은 버텍스를 갖는 지오메트리에 대해 더욱 그렇다. [예제 5-20]의 설정 코드를 재작성하면 정육면체의 8개 꼭짓점만 지정하면 된다. 하지만 36개의 인덱스를 정의하여 OpenGL이 어떤 꼭짓점을 사용하여 각 삼각형의 버텍스를 구성하는지 알 수 있도록 해야 한다. 새로운 설정 코드는 다음과 같다.

```
static const GLfloat vertex_positions[] =
{
    -0.25f, -0.25f, -0.25f,
    -0.25f,  0.25f, -0.25f,
     0.25f, -0.25f, -0.25f,
     0.25f,  0.25f, -0.25f,
     0.25f, -0.25f,  0.25f,
     0.25f,  0.25f,  0.25f,
    -0.25f, -0.25f,  0.25f,
    -0.25f,  0.25f,  0.25f,
};

static const GLushort vertex_indices[] =
{
    0, 1, 2,
    2, 1, 3,
    2, 3, 4,
    4, 3, 5,
    4, 5, 6,
    6, 5, 7,
    6, 7, 0,
    0, 7, 1,
    6, 0, 2,
    2, 4, 6,
    7, 5, 3,
    7, 3, 1
};

glGenBuffers(1, &position_buffer);
glBindBuffer(GL_ARRAY_BUFFER, position_buffer);
glBufferData(GL_ARRAY_BUFFER,
             sizeof(vertex_positions),
             vertex_positions,
             GL_STATIC_DRAW);
glVertexAttribPointer(0, 3, GL_FLOAT, GL_FALSE, 0, NULL);
glEnableVertexAttribArray(0);

glGenBuffers(1, &index_buffer);
glBindBuffer(GL_ELEMENT_ARRAY_BUFFER, index_buffer);
glBufferData(GL_ELEMENT_ARRAY_BUFFER,
             sizeof(vertex_indices),
             vertex_indices,
             GL_STATIC_DRAW);
```

[예제 7-2]에서 보다시피 정육면체를 그리기 위해 필요한 전체 데이터양이 매우 감소했다. 108개의 부동소수점값(36개의 삼각형 × 각 3요소 = 432바이트)이 24개의 부동소수점값(8개의 꼭짓

점에 각각 3요소 = 72바이트)과 36개의 16비트 정수(추가로 72바이트)로, 즉 총 144바이트로 3분의 2가 감소했다. vertex_indices에 있는 인덱스 데이터를 사용하려면 GL_ELEMENT_ARRAY_ BUFFER에 버퍼를 바인딩하고, 버텍스 데이터에 대해 했던 것처럼 인덱스를 그 안에 넣으면 된다. [예제 7-2]는 버텍스 위치를 포함하는 버퍼를 설정한 다음에 해야 할 작업이다.

일단 버텍스들이 있고, 그 인덱스를 메모리에 가지고 있다면, 렌더링 코드를 **glDrawArrays( )** 대신 **glDrawElements( )**(또는 더 발전된 버전 중 하나)를 사용하도록 수정해야 한다. 회전하는 정육면체 예제의 새로운 렌더링 루프는 [예제 7-3]이다.

예제 7-3 인덱스된 정육면체 지오메트리 그리기

```
// 프레임버퍼를 어두운 녹색으로 지운다.
static const GLfloat green[] = { 0.0f, 0.25f, 0.0f, 1.0f };
glClearBufferfv(GL_COLOR, 0, green);

// 프로그램을 활성화한다.
glUseProgram(program);

// 모델 - 뷰 및 프로젝션 행렬을 설정한다.
glUniformMatrix4fv(mv_location, 1, GL_FALSE, mv_matrix);
glUniformMatrix4fv(proj_location, 1, GL_FALSE, proj_matrix);

// 각각 3개의 버텍스를 가진 2개의 삼각형으로 이루어진 6개의 면을 그린다. 총 36개의 버텍스.
glDrawElements(GL_TRIANGLES, 36, GL_UNSIGNED_SHORT, 0);
```

여전히 36개의 버텍스를 그리고 있는 점에 유의하자. 하지만 36개의 **인덱스**를 사용하여 오직 8개의 고유한 버텍스로 이루어진 배열을 참조하게 된다. 두 개의 버퍼에 대한 버텍스 인덱스와 위치 데이터를 사용하여 **glDrawElements( )**로 렌더링한 결과는 [그림 5-2]와 동일하다.

베이스 버텍스

추가 인자를 취하는 **glDrawElements( )**의 첫 번째 고급 버전은 **glDrawElementsBaseVertex( )** 며, 프로토타입은 다음과 같다.

```
void glDrawElementsBaseVertex(GLenum mode,
                             GLsizei count,
                             GLenum type,
                             GLvoid * indices,
                             GLint basevertex);
```

glDrawElementsBaseVertex( )를 호출할 때, OpenGL은 GL_ELEMENT_ARRAY_BUFFER에 바인딩된 버퍼로부터 버텍스 인덱스를 가져온 다음에, 버텍스들의 배열에 대한 인덱스로 사용하기 전에

basevertex를 더한다. 이렇게 하면 동일한 버퍼에 다른 지오메트리 조각을 저장하고 basevertex를 사용하여 해당 위치에 대한 오프셋을 지정할 수 있다. [그림 7-2]는 인덱스된 드로잉 커맨드에서 basevertex가 버텍스들에 어떻게 더해지는지에 대한 설명이다.

그림 7-2 인덱스된 드로우에 사용된 베이스 버텍스

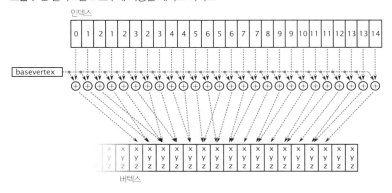

[그림 7-2]에서 보다시피 버텍스 인덱스는 추가적인 연산을 통해 가져온다. 이 추가적인 연산은 내부 버텍스 데이터를 가져오기 전에 OpenGL이 basevertex를 인덱스에 더하는 연산을 말한다. 만약 basevertex가 0이라면 **glDrawElementsBaseVertex()**는 **glDrawElements()**와 동일하다. 사실 **glDrawElements()**를 호출하는 것은 basevertex가 0인 **glDrawElementsBaseVertex()**를 호출하는 것과 동일하다고 보면 된다.

프리미티브 재시작을 통해 지오메트리 합치기

지오메트리를 '스트립strip화'하는 툴은 많이 나와 있다. 이러한 툴의 개념은 '삼각형 수프soup', 즉 연결되지 않은 삼각형들의 큰 집합을 취하여 하나의 삼각형 스트립으로 합쳐서 성능을 향상시킨다는 것이다. 이것이 가능한 이유는 각 삼각형에는 세 개의 버텍스가 필요하지만, 삼각형 스트립은 삼각형당 하나의 버텍스만(스트립의 첫 번째 삼각형은 제외) 있으면 되기 때문에 버텍스 개수가 줄어든다. 지오메트리를 삼각형 수프에서 삼각형 스트립으로 변환하면 더 적은 지오메트리 데이터만 처리하면 되므로 더 빨라진다. 만약 툴이 이 작업을 잘 수행하고 많은 삼각형을 포함하는 적은 수의 긴 스트립을 만들어낸다면 잘 동작한다고 할 수 있다. 이러한 알고리즘에 많은 연구가 이루어졌고, 새로운 방법의 성공 여부는 새로운 '스트립화 툴'에 잘 알려진 모델을 적용하여 측정할 수 있다. 새로운 툴을 통해 만들어진 스트립 개수 및 평균 길이를 기존의 최신 스트립화 툴과 비교하면 된다.

이러한 연구에도 불구하고 **glDrawArrays()** 또는 **glDrawElements()**를 사용하여 삼각형 수프를 렌더링하는 것이 현실이다. 하지만 여기서 소개할 기능을 사용하지 않는다면 스트립들을 렌더링하기 위해 추가적인 OpenGL 호출이 필요하다. 즉, 스트립화된 지오메트리를 사용하는 프로그램에서

더 많은 함수 호출이 필요할 수 있다는 의미다. 만약 스트립 애플리케이션이 잘 처리하지 못하거나 모델이 스트립에 적합하지 않은 경우에는 스트립 사용 시 성능 저하가 일어날 수 있다.

이를 해결하기 위한 기능은 **프리미티브 재시작**^{primitive restart}이다. 프리미티브 재시작은 GL_TRIANGLE_STRIP, GL_TRIANGLE_FAN, GL_LINE_STRIP, GL_LINE_LOOP 등의 지오메트리 타입에 적용할 수 있다. 이를 사용하면 언제 하나의 스트립(또는 팬이나 루프)이 끝나고 언제 다른 스트립이 시작하는지 OpenGL에 알려줄 수 있다. 지오메트리에서 하나의 스트립이 어디에서 종료되고 다시 시작하는지 그 위치를 지정하기 위해 요소 배열에 미리 정한 값으로 특별한 마커를 설정한다. OpenGL이 요소 배열에서 버텍스 인덱스를 가져올 때, 이 특별한 인덱스값을 확인하고, 그 값이 나타날 때마다 현재 스트립을 끝내고 다음 버텍스로 새로운 스트립에 시작한다. 이 모드는 기본적으로 비활성화되어 있지만, 다음 함수로 활성화시킬 수 있다.

```
glEnable(GL_PRIMITIVE_RESTART);
```

그리고 다음 함수로 다시 비활성화시킬 수 있다.

```
glDisable(GL_PRIMITIVE_RESTART);
```

프리미티브 재시작 모드가 활성화되면 OpenGL은 요소 배열 버퍼에서 값을 가져올 때 그 특별한 인덱스값을 지켜보고 있다가, 그 값이 나타나면 현재 스트립을 멈추고 새로운 스트립을 시작한다. OpenGL이 지켜볼 인덱스를 설정하기 위해서는 다음 함수를 호출한다.

```
glPrimitiveRestartIndex(index);
```

OpenGL은 index로 지정한 값을 지켜보게 되며, 그 값을 프리미티브 재시작 마커로 사용한다. 마커는 버텍스 인덱스이기 때문에 프리미티브 재시작은 인덱스된 드로잉 함수, 즉 **glDrawElements()**를 사용할 때 적합하다. 만약 **glDrawArrays()** 같은 인덱스되지 않은 드로잉 커맨드로 그릴 때는 프리미티브 재시작 인덱스는 그냥 무시된다.

프리미티브 재시작 인덱스의 기본값은 0이다. 이 값은 아마도 거의 모든 모델에 포함된 실제 버텍스의 인덱스이기 때문에 프리미티브 재시작 모드를 사용할 때는 재시작 인덱스를 새로운 값으로 설정하는 것이 좋다. 사용하는 인덱스 타입의 최대 표현 값을 사용하는 것도 좋은 방법이다(GL_UNSIGNED_INT에 대해서는 0xFFFFFFFF를, GL_UNSIGNED_SHORT에 대해서는 0xFFFF를, GL_UNSIGNED_BYTE에 대해서는 0xFF를). 왜냐하면 이 값들은 버텍스의 유효한 인덱스로 절대 사용되지 않기 때문이다. 많은 스트립핑 툴은 별도의 스트립을 생성하거나 하나의 스트립에 재시작 인덱스를 포함할지 선택할 수 있는 기능을 가지고 있다. 스트립핑 툴은 미리 정의한 인덱스를 사용하거나 아니면 모델의 스트립 버전을 생성할 때 사용한 인덱스를(예를 들면 모델의 버텍스 개수보다 하나 더 큰 값) 출력해주는 기능을 가지고 있을 수 있다. 툴에서 출력한 이 값을 사용하여 애플리케이션에서 **glPrimitiveRestartIndex()** 함수를 호출하면 된다. [그림 7-3]은 프리미티브 재시작 기능을 설명한 것이다.

그림 7-3 프리미티브 재시작을 사용한 삼각형 스트립과 사용하지 않은 삼각형 스트립

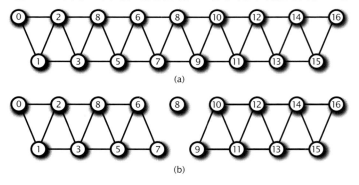

[그림 7-3]에서 삼각형 스트립은 버텍스에 그 인덱스를 함께 표시했다. (a)는 17개의 버텍스들로 구성된 스트립이며 하나의 연결된 스트립에 총 15개의 삼각형을 생성한다. 프리미티브 재시작 모드를 활성화하고 프리미티브 인덱스를 8로 설정하면, 8번째 인덱스(8인 값을 갖는 모든 인덱스)는 OpenGL에 의해 특별한 재시작 마커로 인식되어, 삼각형 스트립은 버텍스 7에서 종료된다. 그 결과는 (b)에 보인다. 버텍스 8의 실제 위치는 무시된다. 이 버텍스는 OpenGL이 실제 버텍스의 인덱스로 인식하지 못하기 때문이다. 다음 버텍스(버텍스 9)가 새로운 삼각형 스트립의 시작이 된다. 17개 버텍스들이 OpenGL로 보내지기 때문에, 그 결과 8개 버텍스와 6개 삼각형으로 구성된 두 개의 독립적인 삼각형 스트립이 만들어진다.

7.2.2 인스턴싱

아마도 동일한 객체를 여러 번 반복해서 그려야 하는 상황이 많이 발생할 것이다. 우주선 함대 또는 잔디 등을 상상해보자. 기본적으로는 동일하지만 인스턴스별로 약간만 다른 지오메트리의 수천 개 복사본이 있다고 하자. 간단한 애플리케이션은 모든 개별 잔디 잎을 루프로 반복해서 각각 렌더링할 수도 있다. 각 잎에 대해 **glDrawArrays()**를 호출하고 매번 쉐이더 유니폼을 갱신해야 할 것이다. 잔디의 각 잎이 네 개의 삼각형으로 이루어진 스트립으로 이루어져 있다면 코드는 [예제 7-4]와 비슷할 것이다.

```
glBindVertexArray(grass_vao);
for (int n = 0; n < number_of_blades_of_grass; n++)
{
    SetupGrassBladeParameters();
    glDrawArrays(GL_TRIANGLE_STRIP, 0, 6);
}
```

땅에 얼마나 많은 잔디 잎이 있을까? number_of_blades_of_grass의 값이 얼마일까? 수천일 수도 있고, 수백만일 수도 있다. 잔디의 각 잎은 화면에서 매우 작은 영역을 차지할 것이며, 잎을 표현하는 버텍스 개수는 매우 적을 것이다. 그래픽 카드는 잔디의 한 잎을 렌더링하기 위해 많은 일을 하지는 않을 것이며, 대부분의 시간을 실제로 렌더링하는 대신 OpenGL에 커맨드를 보내는 데 소비할 것이다. OpenGL은 이 문제를 인스턴싱을 사용한 렌더링을 통해 해결할 수 있다. 즉, 동일한 지오메트리의 많은 복사본을 그리도록 요청하는 것이다.

인스턴스 렌더링은 OpenGL에 의해 제공되며, 한 번의 함수 호출로 동일한 지오메트리에 대한 여러 복사본을 그리도록 할 수 있다. 이 기능은 다음과 같은 인스턴스 렌더링 함수를 통해 사용할 수 있다.

```
void glDrawArraysInstanced(GLenum mode,
                           GLint first,
                           GLsizei count,
                           GLsizei instancecount);
```

와

```
void glDrawElementsInstanced(GLenum mode,
                             GLsizei count,
                             GLenum type,
                             const void * indices,
                             GLsizei instancecount);
```

이 두 함수는 **glDrawArrays( )**와 **glDrawElements( )**처럼 동작하는데, OpenGL에 지오메트리의 복사본을 instancecount만큼 렌더링하라고 하는 것만 다르다. 각 함수의 처음 인자들은 (**glDrawArraysInstanced( )**에 대해서는 mode, first, count, **glDrawElementsInstanced( )**에 대해서는 mode, count, type, indices) 일반 비인스턴스 버전의 함수에서와 동일한 의미다. 이 함수들 중 하나를 호출하면, OpenGL은 지오메트리를 그릴 준비(버텍스 데이터를 그래픽스 카드의 메모리로 복사하는 등)는 한 번만 하고, 동일한 버텍스를 여러 번 렌더링한다.

instancecount를 1로 설정하면 **glDrawArraysInstanced( )**와 **glDrawElementsInstanced( )**는 지오메트리의 인스턴스를 한 번만 그린다. 이는 **glDrawArrays( )**나 **glDrawElements( )**

를 호출하는 것과 동일하다. 반대로 표현하자면 **glDrawArrays()**는 instancecount를 1로 하여 **glDrawArraysInstanced()**를 호출하는 것과 동일하다. 마찬가지로 **glDrawElements()**는 instancecount를 1로 하여 **glDrawElementsInstanced()**를 호출하는 것과 동일하다. 하지만 **glDrawElements()**는 basevertex를 0으로 하여 **glDrawElementsBaseVertex()**를 호출하는 것과 동일하다. 사실 basevertex와 instancecount를 모두 합쳐서 호출하는 드로잉 커맨드도 있다. 그 함수는 **glDrawElementsInstancedBaseVertex()**며, 프로토타입은 다음과 같다.

```
void glDrawElementsInstancedBaseVertex(GLenum mode,
                                       GLsizei count,
                                       GLenum type,
                                       GLvoid * indices,
                                       GLsizei instancecount,
                                       GLint basevertex);
```

따라서 사실 **glDrawElements()**는 instancecount를 1로 basevertex를 0으로 하여 **glDrawElementsInstancedBaseVertex()**를 호출하는 것과 동일하다. 마찬가지로 **glDraw ElementsInstanced()**는 basevertex를 0으로 하여 **glDrawElementsInstancedBaseVertex()**를 호출하는 것과 동일하다.

마지막으로 **glDrawElementsBaseVertex()**와 **glDrawElementsInstancedBaseVertex()**에 basevertex 인자를 전달한 것처럼, baseinstance 인자를 인스턴스 드로잉 커맨드의 버전에 전달할 수 있다. 그러한 함수는 **glDrawArraysInstancedBaseInstance()**, **glDrawElementsInstancedBaseInstance()**, 그리고 매우 긴 이름을 가진 **glDrawElementsInstancedBaseVertexBaseInstance()**다. 이 마지막 함수는 basevertex와 baseinstance 인자를 모두 가진다. 이제 직접 드로잉 커맨드들을 모두 소개했고, 그 커맨드들은 모두 **glDrawArraysInstancedBaseInstance()**와 **glDrawElementsInstancedBaseVertexBaseInstance()**의 부분집합임을 알 수 있다. 생략된 인자 basevertex와 baseinstance는 0이라고 가정하며, instancecount는 1이라고 가정한다.

만약 이 함수들이 수행하는 작업이 **glDrawArrays()**나 **glDrawElements()**를 짧은 루프에서 호출한 것과 마찬가지로 동일한 버텍스들의 복사본을 OpenGL로 보내는 것뿐이라면 그다지 유용하지는 않을 것이다. 인스턴스 렌더링이 유용하고 강력한 이유 중 하나는 특별한 GLSL 내장 변수인 gl_InstanceID 때문이다. gl_InstanceID 변수는 버텍스에 들어 있는데, 마치 정적 정수 버텍스 속성처럼 보인다. 버텍스의 첫 번째 복사본이 OpenGL로 보내지면 gl_InstanceID는 0이다. 지오메트리의 각 복사본마다 1씩 증가해서 최종적으로는 instancecount − 1이 된다.

glDrawArraysInstanced() 함수는 기본적으로 [예제 7-5]의 코드가 실행된 것과 동일하게 동작한다.

예제 7-5 `glDrawArraysInstanced()`의 의사코드

```
// 모든 인스턴스를 루프로 돌린다(instancecount만큼).
for (int n = 0; n < instancecount; n++)
{
    // gl_InstanceID 속성을 설정한다. 여기서 gl_InstanceID는 C 변수로,
    // '가상의' gl_InstanceID 입력의 위치를 담고 있다.
    glVertexAttrib1i(gl_InstanceID, n);

    // 이제 glDrawArrays를 호출할 때 쉐이더의 gl_InstanceID 변수는
    // 렌더링되는 인스턴스의 인덱스를 담는다.
    glDrawArrays(mode, first, count);
}
```

마찬가지로 **glDrawElementsInstanced()** 함수는 [예제 7-6]의 코드와 유사하게 동작한다.

예제 7-6 `glDrawElementsInstanced()`의 의사코드

```
for (int n = 0; n < instancecount; n++)
{
    // gl_InstanceID의 값을 설정한다.
    glVertexAttrib1i(gl_InstanceID, n);

    // glDrawElements에 대한 일반적인 호출을 수행한다.
    glDrawElements(mode, count, type, indices);
}
```

물론 gl_InstanceID는 실제 버텍스 속성이 아니며, **glGetAttribLocation()**을 호출하여 그 위치를 얻을 수도 없다. gl_InstanceID의 값은 OpenGL에 의해 관리되며 대부분 하드웨어에서 생성될 것이다. 즉, 성능면에서 거의 공짜라고 할 수 있다. 인스턴스 렌더링의 힘은 이 변수를 어떻게 잘 활용하는지에 달려 있다. 인스턴스 배열도 있지만 잠시 후에 설명하겠다.

gl_InstanceID의 값은 쉐이더 함수에 대한 입력으로 직접 사용할 수도 있고, 텍스처나 유니폼 배열과 같은 데이터에 대한 인덱스로 사용할 수도 있다. 잔디 바닥의 예로 돌아가서 gl_InstanceID로 어떤 것을 할 수 있는지 생각해보자. 지금은 똑같은 수천 개의 잎이 동일한 점에서 자라고 있다. 각각의 잎은 네 개의 삼각형으로 이루어진 작은 삼각형 스트립으로 이루어져 있으며, 전부 6개의 버텍스로 구성되어 있다. 모두 다르게 보이도록 하기는 쉽지 않아 보인다. 하지만 쉐이더 마법을 통해 각 잎을 다르게 보이도록 할 수 있다. 여기에 쉐이더 코드를 보이지는 않겠지만, 어떻게 gl_InstanceID를 사용하여 화면에 변화를 줄 수 있는지 몇 가지 아이디어를 설명할 것이다.

먼저 각 잔디 잎이 다른 위치를 갖도록 할 필요가 있다. 그렇지 않으면 모두 겹쳐져서 그려질 것이다. 각 잔디 잎을 규칙적으로 배열해보자. 만약 렌더링할 잎의 개수가 2의 n승이라면, gl_InstanceID의 비트의 반만 사용하여 잎의 x 좌표를 표현할 수 있고, 나머지 반으로 z 좌표(바닥이 xz 평면에 놓여 있고, y는 높이인 경우)를 표현할 수 있다. 이 예제에서 2^{20} 또는 백만 개 이상의 (실제로는 1,048,576개지만, 누가 세어볼까?) 잔디 잎을 렌더링한다. 10개의 하위 비트를(비트 9에서 0까지) x 좌표로 사용하고, 상위 10비트를(19에서 10까지) z 좌표로 사용하여 일정한 간격의 잔디 잎 격자를 구성한다. [그림 7-4]를 보면 지금까지 이야기한 내용을 확인할 수 있다.

그림 7-4 인스턴스를 사용한 잔디 바닥의 첫 번째 시도

잔디의 일정한 격자 때문에 마치 매우 세심한 정원사가 하나하나 손으로 심은 것처럼 단조로워 보인다. 격자의 정사각형 내에서 약간의 난수만큼 각 잔디 잎을 이동시키는 것이 좋을 것 같다. 그렇게 하면 바닥이 덜 일정해보일 것이다. 난수를 생성하는 가장 간단한 방법은 큰 값을 시드seed값에 곱하고, 그 결과값의 일부 비트를 취하여, 함수의 입력으로 사용하는 것이다. 우리는 완벽한 분포가 필요한 것은 아니기 때문에 간단한 난수 발생기도 상관없다. 보통 이러한 알고리즘은 시드값을 다음번 난수 이터레이션의 입력으로 재사용한다. 하지만 이 경우에는 gl_InstanceID를 직접 사용해도 되는데, 그 이유는 gl_InstanceID를 사용한 다음에도 몇 번 더 의사난수를 발생기기 때문이다. 의사난수 함수를 몇 번 수행하면 꽤 난수적인 분포를 얻을 수 있다. x와 z 축으로 이동시키기 때문에 gl_InstanceID로 두 개의 연속적인 난수를 발생시켜 그 값으로 평면의 잔디 잎을 이동시킨다. [그림 7-5]가 지금까지 설명한 결과다.

그림 7-5 살짝 이동시킨 잔디 잎들

지금까지는 잔디 바닥에서 각 잔디 잎을 난수 위치만큼 고르게 이동시켰다. 하지만 모든 잔디 잎이 같아 보인다(사실 그림은 동일한 난수 발생기를 사용하여 각 잔디 잎에 살짝 다른 색상을 적용한 것이다). 바닥에 대해 약간의 변화를 주면 각 잎이 살짝 달라 보일 수 있을 것이다. 아마도 이 부분은 직접 제어가 필요한 부분일 수 있으니, 잔디 잎에 대한 정보를 텍스처에 담기로 하자.

각 잔디 잎에 대한 x와 z 좌표는 gl_InstanceID로 직접 계산한 격자 좌표를 기반으로 하여 발생시킨 난수를 더해 위치를 조정한 것이다. 각 좌표쌍은 2D 텍스처의 텍셀을 참조하기 위한 좌표로 사용할 수도 있다. 그 텍셀에는 원하는 정보를 넣으면 된다. 이제 텍스처를 사용하여 잔디 길이를 조정해보자. 길이 인자를 텍스처에 넣고(빨간색 채널을 사용하자), 잔디 지오메트리의 각 버텍스의 y 좌표에 곱하면 길거나 짧은 잔디를 만들 수 있다. 텍스처에서 0의 값은 매우 짧은(또는 안 보이는) 잔디를 생성하고, 1의 값은 최대 길이를 갖는 잔디를 생성한다. 이제 각 텍셀이 잔디의 길이를 조정하는 텍스처를 그려보자. 외계인이 그린 것 같은 크롭 서클crop circle도 만들 수 있다.

이제 잔디가 바닥에 고루 분포되었고, 각기 다른 길이를 갖도록 제어할 수도 있다. 하지만 잔디 잎이 여전히 다른 잎과 크기만 다를 뿐이다. 더 변화가 필요할 것 같다. 이제 텍스처의 다른 인자를 통해 각 잔디 잎을 그 축을 중심으로 회전시켜보자. 텍스처의 녹색 채널에 잔디 잎이 y 축으로 회전해야 하는 각도를 저장하자. 0은 회전이 없는 것이고, 1은 360도 회전하는 것이다. 그렇게 해도 여전히 버텍스 쉐이더에서 한 번의 텍스처 페치fetch, 가져오기만 사용하며, 쉐이더의 입력은 gl_InstanceID뿐이다. 모두 합친 결과는 [그림 7-6]과 같을 것이다.

그림 7-6 잔디의 길이와 방향 제어

바닥이 여전히 단조로워 보인다. 잔디도 그대로 서 있을 뿐 움직이지 않는다. 실제 잔디는 바람에 따라 흔들리고, 위에서 뒹굴면 납작해진다. 잔디는 휘어질 수 있어야 하며, 그 정도를 조정하면 좋을 것 같다. 구부림 정도를 위해 텍스처의 다른 채널(파란색 채널)을 사용하면 어떨까? 녹색 채널의 회전을 적용하기 전에, 다른 각도값을 사용하여 잔디를 x 축 주위로 회전시킬 수 있다. 이렇게 하면 잔디를 텍스처의 인자에 기반하여 구부릴 수 있다. 0을 사용하면 전혀 구부러지지 않으며(잔디가 그대로 서 있다), 1을 사용하면 잔디가 완전히 납작해진다. 잔디는 부드럽게 흔들리기 때문에 일반적으로 그 인자는 낮은 값일 것이다. 잔디가 납작하다는 것은 매우 큰 값이라는 것이다.

마지막으로 잔디의 색상을 조정할 수 있다. 큰 텍스처에 잔디의 색상을 저장하는 것도 바람직한 생각일 수 있다. 만약 선, 표시, 또는 광고 등이 있는 스포츠 구장을 그리려는 경우, 괜찮은 아이디어일지 모르지만, 잔디가 그냥 녹색에 음영이 들어간 수준이라면 큰 도움은 안 될 것이다. 대신 1D 텍스처에 잔디의 팔레트를 만들어서 인자 텍스처의 최종 채널(알파 채널)에 그 팔레트에 대한 인덱스를 저장하는 방식을 사용할 수 있다. 팔레트의 한쪽 끝에는 죽어가는 노란색 잔디를 다른 한쪽 끝에는 풍성한 진한 녹색 잔디를 저장할 수 있다. 이제 인자 텍스처로부터 모든 인자와 알파 채널을 읽어서 1D 텍스처에 대한 인덱스로 사용하면(즉, 의존적인 텍스처 페치) 최종적인 바닥은 [그림 7-7]과 같을 것이다.

그림 7-7 잔디 운동장 완성

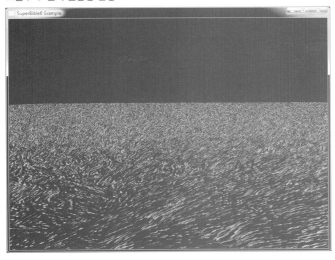

이제 잔디 운동장은 수백만 개의 잔디 잎으로 구성되었다. 잘 분포되어 있고, 애플리케이션에서 길이, '납작한 정도', 구부러짐 방향, 흔들림, 색상 등을 설정할 수 있다. 잔디 잎을 구분 짓는 단 하나의 쉐이더 입력은 gl_InstanceID며, OpenGL로 보내지는 전체 지오메트리는 6개의 버텍스뿐이며, 모든 잔디를 그리는 전체 코드는 **glDrawArraysInstanced()** 한 줄 뿐이라는 것을 기억하자.

인자 텍스처를 읽기 위해 선형 텍스처링을 사용하면 잔디 영역 간에 부드러운 전이가 가능하다. 이는 저해상도에서도 가능하다. 만약 잔디를 바람에 흔들리게 한다든가 군대가 이동할 때 눌리게 한다든가 하려면 매 프레임 텍스처를 애니메이션하여 잔디를 렌더링하기 전에 새 버전을 업로드해야 할 것이다. 또한 gl_InstanceID가 난수를 발생하기 위해 사용되기 때문에, 난수 발생기에 전달하기 전에 오프셋을 추가하면, 다르지만 어느 정도 예상할 수 있는 '무작위' 잔디를 동일한 쉐이더로 생성할 수 있다.

데이터 자동으로 얻기

glDrawArraysInstanced()나 **glDrawElementsInstanced()** 같은 인스턴스 드로잉 커맨드를 호출할 때, 내장 변수인 gl_InstanceID를 쉐이더에서 사용하면 어떤 인스턴스를 작업하고 있는지 알 수 있는데, 새로운 지오메트리 인스턴스를 렌더링할 때마다 이 값은 1씩 증가한다. 이 값은 인스턴스 드로잉 함수를 사용하지 않을 때도 사용할 수 있다. 이 경우에는 단순히 0일 것이다. 즉, 동일한 쉐이더를 인스턴스나 비인스턴스 렌더링 모두에 사용할 수 있다.

렌더링할 인스턴스 개수와 동일한 길이의 배열이 있을 때 인덱스로 gl_InstanceID를 사용할 수 있다. 예를 들어 텍스처의 텍셀을 참조하거나 유니폼 배열에 대한 인덱스로 사용할 수 있다. 실제로 이렇게 하면 배열을 마치 '인스턴스 속성'으로 간주하는 것이다. 즉, 렌더링할 각 인스턴스마다 새로운 속성값을 사용할 수 있게 하는 것이다. OpenGL에서 인스턴스 배열이라는 기능을 사용하면 이 데이터를 쉐이더에 자동적으로 제공할 수 있다. 인스턴스 배열을 사용하기 위해서는 쉐이더에 대한 입력을 평소처럼 선언한다. 입력 속성은 **glVertexAttribPointer()**와 같은 함수에 사용할 수 있는 인덱스를 갖는다. 일반적으로 버텍스 속성은 버텍스별로 읽어서 새로운 값을 쉐이더에 제공한다. 하지만 OpenGL이 인스턴스당 한 번씩 배열로부터 속성을 읽도록 하려면 다음 함수를 호출해야 한다.

```
void glVertexAttribDivisor(GLuint index,
                           GLuint divisor);
```

함수의 속성 인덱스를 index에 설정하고, 배열로부터 읽을 각각의 새로운 값 사이에 몇 개의 인스턴스가 있는지 divisor에 설정한다. 만약 divisor가 0이라면 배열은 버텍스마다 새로운 값을 갖는 일반 버텍스 속성 배열이 된다. divisor가 0이 아니라면 매 divisor 개의 인스턴스마다 새로운 데이터를 배열에서 읽는다. 예를 들어 divisor를 1로 설정하면 매 인스턴스마다 배열로부터 새로운 값을 얻어온다. 만약 divisor를 2로 설정하면 매 두 번째 인스턴스마다 배열로부터 새로운 값을 얻어온다. divisor를 잘 조정하면 매 속성에 대해 다른 값을 설정할 수 있다. 이 기능을 사용하는 예는 몇 개의 객체를 다른 색상으로 그리고자 할 때다. [예제 7-7]과 같은 간단한 버텍스 쉐이더를 생각해보자.

예제 7-7 버텍스마다 다른 색상을 사용하는 간단한 버텍스 쉐이더

```
#version 430 core

in vec4 position;
in vec4 color;

out Fragment
{
    vec4 color;
} fragment;

uniform mat4 mvp;

void main(void)
{
    gl_Position = mvp * position;
    fragment.color = color;
}
```

보통 color 속성은 버텍스마다 한 번 읽히고, 따라서 각 버텍스는 다른 색상을 갖게 된다. 애플리케

이션은 모델의 버텍스 개수만큼 많은 요소를 갖는 색상 배열을 제공해야 한다. 뿐만 아니라 객체의 모든 인스턴스가 다른 색상을 가질 수는 없다. 왜냐하면 쉐이더는 인스턴싱에 대해 알지 못하기 때문이다. 다음과 같이 호출하면 color를 인스턴스 배열로 지정할 수 있다.

```
glVertexAttribDivisor(index_of_color, 1);
```

여기서 index_of_color는 color 속성이 바인딩된 슬롯의 인덱스다. 이제 color의 새로운 값을 버텍스 배열로부터 인스턴스마다 한 번씩 얻어오게 된다. 특정 인스턴스 내에 있는 모든 버텍스는 동일한 color값을 받고, 그 결과로 객체의 각 인스턴스마다 다른 색상으로 렌더링하는 것이 가능하다. 색상에 대한 데이터를 담는 버텍스 배열의 크기는 렌더링할 인덱스의 개수 만큼이면 된다. 만약 divisor의 값을 증가시키면 배열로부터 새로운 데이터를 읽을 횟수는 더 적어진다. 만약 divisor가 2라면 color의 새로운 값은 매 두 번째 인스턴스마다 갱신된다. 만약 divisor가 3이라면 color는 매 세 번째 인스턴스마다 갱신된다. 계속 이런 식이다. 만약 지오메트리를 이 간단한 쉐이더로 렌더링한다면 각 인스턴스는 다른 인스턴스 위에 그려진다. 각 인스턴스의 위치를 조정해서 각각을 볼 수 있도록 해야 한다. 이를 위해 다른 인스턴스 배열을 사용하면 된다. [예제 7-8] 은 [예제 7-7]의 버텍스 쉐이더를 간단히 수정한 것이다.

예제 7-8 간단한 인스턴스 버텍스 쉐이더

```
#version 430 core

in vec4 position;
in vec4 instance_color;
in vec4 instance_position;

out Fragment
{
    vec4 color;
} fragment;

uniform mat4 mvp;

void main(void)
{
    gl_Position = mvp * (position + instance_position);
    fragment.color = instance_color;
}
```

이제 버텍스별 위치뿐 아니라 인스턴스별 위치도 지정했다. 버텍스 쉐이더에서 모델-뷰-프로젝션 행렬을 곱하기 전에 이 값들을 합칠 수 있다. 다음 함수로 인스턴스 배열에 instance_position 입력 속성을 설정한다.

```
glVertexAttribDivisor(index_of_instance_position, 1);
```

다시 설명하자면, index_of_instance_position은 instance_position 속성이 바인딩된 위치의
인덱스다. 입력 속성의 타입은 glVertexAttribDivisor를 사용하여 인스턴스화된다. 이 예제는
간단한 예라서 이동만 사용한다(instance_position에 있는 값). 좀 더 복잡한 애플리케이션에서
는 행렬 버텍스 속성을 사용하거나, 변환 행렬을 유니폼에 넣어놓고 인스턴스 배열에 행렬 가중치
를 전달하는 방법도 사용할 수 있다. 애플리케이션에서는 이를 사용하여 다른 자세를 취하는 군인
들을 렌더링할 수도 있고, 우주선들이 다른 방향으로 날아가는 장면을 연출할 수도 있다.

이제 이 간단한 쉐이더를 실제 프로그램에 연결해보자. 먼저 쉐이더를 보통처럼 로딩하고 프로그
램에 링크하자. 버텍스 쉐이더는 [예제 7-8]과 같으며, 프래그먼트 쉐이더는 color 입력을 출력에
그대로 전달하며, 애플리케이션 코드는 [예제 7-9]와 같이 이들을 연결한다. 코드를 보면, 일부 데
이터를 선언하고, 그 데이터들을 버퍼에 로딩한다. 그리고 그 버퍼를 버텍스 배열 객체에 어태치시
킨다. 일부 데이터는 버텍스별 위치로 사용되며, 나머지는 인스턴스별 색상 및 위치로 사용된다.

예제 7-9 인스턴스 렌더링 준비

```
static const GLfloat square_vertices[] =
{
    -1.0f, -1.0f, 0.0f, 1.0f,
     1.0f, -1.0f, 0.0f, 1.0f,
     1.0f,  1.0f, 0.0f, 1.0f,
    -1.0f,  1.0f, 0.0f, 1.0f
};

static const GLfloat instance_colors[] =
{
    1.0f, 0.0f, 0.0f, 1.0f,
    0.0f, 1.0f, 0.0f, 1.0f,
    0.0f, 0.0f, 1.0f, 1.0f,
    1.0f, 1.0f, 0.0f, 1.0f
};

static const GLfloat instance_positions[] =
{
    -2.0f, -2.0f, 0.0f, 0.0f,
     2.0f, -2.0f, 0.0f, 0.0f,
     2.0f,  2.0f, 0.0f, 0.0f,
    -2.0f,  2.0f, 0.0f, 0.0f
};

GLuint offset = 0;

glGenVertexArrays(1, &square_vao);
glGenBuffers(1, &square_vbo);
```

```
glBindVertexArray(square_vao);
glBindBuffer(GL_ARRAY_BUFFER, square_vbo);
glBufferData(GL_ARRAY_BUFFER,
             sizeof(square_vertices) +
             sizeof(instance_colors) +
             sizeof(instance_positions), NULL, GL_STATIC_DRAW);
glBufferSubData(GL_ARRAY_BUFFER, offset,
                sizeof(square_vertices),
                square_vertices);
offset += sizeof(square_vertices);
glBufferSubData(GL_ARRAY_BUFFER, offset,
                sizeof(instance_colors), instance_colors);
offset += sizeof(instance_colors);
glBufferSubData(GL_ARRAY_BUFFER, offset,
                sizeof(instance_positions), instance_positions);
offset += sizeof(instance_positions);

glVertexAttribPointer(0, 4, GL_FLOAT, GL_FALSE, 0, 0);
glVertexAttribPointer(1, 4, GL_FLOAT, GL_FALSE, 0,
                      (GLvoid *)sizeof(square_vertices));
glVertexAttribPointer(2, 4, GL_FLOAT, GL_FALSE, 0,
                      (GLvoid *)(sizeof(square_vertices) +
                                 sizeof(instance_colors)));

glEnableVertexAttribArray(0);
glEnableVertexAttribArray(1);
glEnableVertexAttribArray(2);
```

이제 남은 것은 instance_color와 instance_position에 대한 버텍스 속성 divisor^{분리자}를 설정하는 일이다.

```
glVertexAttribDivisor(1, 1);
glVertexAttribDivisor(2, 1);
```

이제 전에 버퍼에 넣었던 지오메트리의 네 인스턴스를 그릴 차례다. 각 인스턴스는 네 개의 버텍스로 구성되어 있으며, 각 버텍스는 위치값을 가지고 있는데, 이는 각 인스턴스의 동일한 버텍스는 동일한 위치값을 갖는다는 것을 의미한다. 하지만 한 인스턴스의 모든 버텍스는 각각 동일한 instance_color와 instance_position을 갖지만, 각 새로운 인스턴스마다 새로운 값이 할당된다. 렌더링 루프는 다음과 같다.

```
static const GLfloat black[] = { 0.0f, 0.0f, 0.0f, 0.0f };
glClearBufferfv(GL_COLOR, 0, black);

glUseProgram(instancingProg);
glBindVertexArray(square_vao);
glDrawArraysInstanced(GL_TRIANGLE_FAN, 0, 4, 4);
```

결과는 [그림 7-8]과 같다. 그림에서 확인할 수 있듯이, 네 개의 사각형이 렌더링된다. 각각은 다른 위치와 색상을 갖는다. 이 방식으로 수천 또는 수백만 인스턴스도 가능하다. 최신 그래픽 하드웨어는 이 정도는 문제없이 처리 가능하다.

그림 7-8 인스턴스 렌더링 결과

버텍스 속성들을 인스턴스화했을 때, **glDrawArraysInstancedBaseInstance( )**와 같은 드로잉 커맨드에 대한 baseInstance 인자를 사용하면 해당 버퍼에서 데이터를 읽을 **오프셋**을 지정할 수 있다. 이를 0으로 설정하면(또는 이 인자가 없는 함수를 호출하면) 첫 번째 인스턴스의 데이터는 배열의 첫 번째로부터 온다. 하지만 0이 아닌 값으로 설정하면 데이터를 가져오는 인스턴스 배열의 인덱스는 그 값만큼 오프셋된다. 이는 앞서 설명했었던 baseVertex 인자와 매우 유사하다.

속성을 어느 인덱스로부터 가져올지 계산하는 실제 공식은 다음과 같다.

$$\left\lfloor \frac{\text{인스턴스 수}}{\text{분리자 수}} \right\rfloor + \text{기초 인스턴스 인덱스}$$

다음에 설명할 일부 예제에서는 baseInstance 인자를 사용하여 인스턴스 버텍스 배열의 오프셋을 지정하겠다.

7.2.3 간접 드로우

지금까지는 직접 드로잉 커맨드만 다루었다. 이 경우에는 버텍스 개수나 인스턴스 개수 같은 인자를 드로우 명령에 직접 전달했다. 하지만 각 드로우의 인자를 버퍼 객체에 저장할 수 있도록 하는 드로잉 커맨드도 있다. 즉, 애플리케이션이 드로잉 커맨드를 호출하는 시점에는 이러한 인자를 알지 못하고, 인자가 저장된 버퍼의 위치만 안다. 이렇게 하면 몇 가지 재미있는 것이 가능하다. 예를 들어 보자.

- 애플리케이션이 드로잉 커맨드의 인자를 미리 생성할 수 있다. 오프라인으로도 가능하며, 버퍼에 로드하여 그릴 준비가 되면 OpenGL에 보낼 수 있다.

- OpenGL을 사용하여 인자를 실시간에 생성하여 쉐이더에서 버퍼 객체에 저장할 수도 있다. 나중에 장면의 일부를 렌더링할 때 사용할 수 있다.

OpenGL에는 네 개의 간접 드로잉 커맨드가 있다. 이 중 두 개는 직접 드로잉 커맨드와 동등하다. **glDrawArraysIndirect()**는 **glDrawArraysInstancedBaseInstance()**와 동일한 간접 버전이고, **glDrawElementsIndirect()**는 **glDrawElementsInstancedBaseVertexBaseInstance()**와 동일한 간접 버전이다. 이러한 간접 함수들의 프로토타입은 다음과 같다.

```
void glDrawArraysIndirect(GLenum mode,
                          const void * indirect);
```

와

```
void glDrawElementsIndirect(GLenum mode,
                            GLenum type,
                            const void * indirect);
```

두 함수 모두 mode 인자는 GL_TRIANGLES나 GL_PATCHES와 같은 프리미티브 모드를 지정한다. **glDrawElementsIndirect()**의 경우, type은 사용할 인덱스의 타입이며(**glDrawElements()**의 type 인자와 동일) GL_UNSIGNED_BYTE, GL_UNSIGNED_SHORT, 또는 GL_UNSIGNED_INT로 설정해야 한다. 다시 말해, 두 함수 모두 indirect는 GL_DRAW_INDIRECT_BUFFER 타깃에 바인딩된 버퍼 객체에 대한 오프셋을 의미한다. 하지만 이 주소가 가리키는 버퍼의 내용은 어떤 함수에 대해 사용했는지에 따라 다르다. **glDrawArraysIndirect()**의 경우 버퍼의 데이터 포맷을 C 스타일의 구조체로 정의하면 다음과 같다.

```
typedef struct {
    GLuint vertexCount;
    GLuint instanceCount;
    GLuint firstVertex;
    GLuint baseInstance;
} DrawArraysIndirectCommand;
```

glDrawElementsIndirect()의 경우 버퍼의 데이터 포맷은 다음과 같다.

```
typedef struct {
    GLuint vertexCount;
    GLuint instanceCount;
    GLuint firstIndex;
```

```
    GLint baseVertex;
    GLuint baseInstance;
} DrawElementsIndirectCommand;
```

glDrawArraysIndirect( )를 호출하면 OpenGL은 마치 **glDrawArraysIndirect( )**에 전달한 mode로 **glDrawArraysInstancedBaseInstance( )**를 호출한 것처럼 동작한다. 단, count, first, instancecount, baseinstance 등의 인자는 indirect 인자만큼의 오프셋 위치에 있는 버퍼 객체에 저장된 DrawArraysIndirectCommand 구조체의 vertexCount, firstVertex, instanceCount, baseInstance 등의 필드값으로 설정된다.

마찬가지로 **glDrawElementsIndirect( )**를 호출하면 OpenGL은 마치 그 mode와 type 인자를 사용하여 **glDrawElementsInstancedBaseVertexBaseInstance( )**를 호출한 것처럼 동작한다. 단, count, instancecount, basevertex, baseinstance 등의 인자는 버퍼에 저장된 DrawElementsIndirectCommand 구조체의 vertexCount, instanceCount, baseVertex, baseInstance 등의 필드로 설정된다.

하지만 여기서 한 가지 차이점은 firstIndex 인자는 바이트 단위가 아니라 indices 단위라는 것이다. 따라서 **glDrawElements( )**의 indices 인자로 전달되는 오프셋을 구성하기 위해 인덱스 타입의 크기만큼 곱해야 한다.

이 작업을 훨씬 더 쉽게 수행할 수 있으며, 이 기능을 더 강력하게 만드는 기능으로 이 두 함수의 **멀티** 버전이 있다. 두 함수는 다음과 같다.

```
void glMultiDrawArraysIndirect(GLenum mode,
                               const void * indirect,
                               GLsizei drawcount,
                               GLsizei stride);
```

와

```
void glMultiDrawElementsIndirect(GLenum mode,
                                 GLenum type,
                                 const void * indirect,
                                 GLsizei drawcount,
                                 GLsizei stride);
```

이 두 함수는 **glDrawArraysIndirect( )** 및 **glDrawElementsIndirect( )**와 매우 유사하게 동작한다. 하지만 아마 알아차렸을지도 모르지만, 각 함수에는 두 개의 추가 인자가 있다. 두 함수 모두 기본적으로는 비멀티 버전과 동일한 연산을 수행하지만, DrawArraysIndirectCommand나 DrawElementsIndirectCommand 구조체의 배열에 대해 루프를 돈다는 차이점이 있다. drawcount 에는 배열의 구조체 개수를 지정하고, stride에는 버퍼 객체 내 각 구조체들의 시작 위치 사이의 바이트 수를 지정한다. 만약 stride가 0이라면 배열들은 빈틈없이 빽빽하게 합쳐진 것으로 간주된다. 0이 아니라면 구조체 사이에 추가 데이터가 포함되어 있다고 간주하여 OpenGL은 배열을 순회할 때 그 데이터는 건너뛸 것이다.

이러한 함수들을 사용하여 여러 드로잉 커맨드를 일괄 처리할 수 있는 실제 한계는 저장할 메모리 공간의 제한뿐이다. drawcount 인자는 글자 그대로라면 수십억의 범위를 갖지만, 각 명령어는 16 또는 20바이트를 차지하기 때문에, 십억 개의 드로잉 커맨드는 20기가바이트 정도의 메모리를 차지할 것이고, 수행하려면 아마 수 초 또는 수 분이 걸릴 것이다. 하지만 수천에서 수만 개 정도의 드로잉 커맨드를 하나의 버퍼로 합치는 것은 전혀 문제될 것이 없다. 이러한 경우, 많은 드로잉 커맨드를 위한 인자들을 버퍼 객체에 미리 로딩할 수도 있고, 많은 커맨드를 GPU에서 생성할 수도 있다. GPU를 사용하여 드로잉 커맨드에 대한 인자를 직접 버퍼 객체로 생성할 때, 그 인자들을 처리할 간접 드로잉 커맨드를 호출하기 전에 버퍼 객체가 준비될 때까지 기다릴 필요는 없다. 인자들은 GPU에서 애플리케이션으로 왔다가 다시 돌아가는 것이 아니다.

[예제 7-10]은 **glMultiDrawArraysIndirect( )**를 사용하는 간단한 예다.

예제 7-10 간접 드로잉 커맨드의 사용 예

```
typedef struct {
    GLuint vertexCount;
    GLuint instanceCount;
    GLuint firstVertex;
    GLuint baseInstance;
} DrawArraysIndirectCommand;

DrawArraysIndirectCommand draws[] =
{
    {
        42,       // 버텍스 수
        1,        // 인스턴스 수
        0,        // 첫 번째 버텍스
        0         // 베이스 인스턴스
    },
    {
        192,
        1,
        327,
        0,
    },
    {
        99,
        1,
        901,
        0
    }
};
```

```
// draws[]를 버퍼 객체에 넣는다.
GLuint buffer;

glGenBuffers(1, &buffer);
glBindBuffer(GL_DRAW_INDIRECT_BUFFER, buffer);
glBufferData(GL_DRAW_INDIRECT_BUFFER, sizeof(draws),
             draws, GL_STATIC_DRAW);

// 이 함수는 3개의 드로우(draws[]의 요소 수)를 생성하며,
// 각 드로잉은 바인딩된 버텍스 배열을 나누어 처리한다.
glMultiDrawArraysIndirect(GL_TRIANGLES,
                          NULL,
                          sizeof(draws) / sizeof(draws[0]),
                          0);
```

사실 단순히 세 드로잉 커맨드를 일괄 처리하는 것은 그리 대단한 일이 아니다. 간접 드로잉 커맨드의 강력함을 보이기 위해 소행성 배경을 렌더링할 것이다. 이 배경은 30,000개의 개별 소행성으로 이루어져 있다. 우선 sb6::object 클래스의 여러 메시를 한 파일로 저장하는 기능을 사용할 것이다. 이 파일은 디스크로부터 읽어들여, 모든 버텍스 데이터를 하나의 버퍼 객체로 로딩하고, 하나의 버텍스 배열 객체에 연결시킨다. 각 하위 객체는 시작 버텍스와 버텍스 수를 갖는다. 이 값들은 객체 로더로부터 sb6::object::get_sub_object_info()를 사용하여 얻을 수 있다. .sbm 파일의 하위 객체의 전체 개수는 sb6::object::get_sub_object_count() 함수로 얻을 수 있다. 따라서 [예제 7-11]의 코드를 사용하여 소행성 배경을 위한 간접 드로우 버퍼를 생성할 수 있다.

예제 7-11 소행성을 위한 간접 드로우 버퍼 설정

```
object.load("media/objects/asteroids.sbm");

glGenBuffers(1, &indirect_draw_buffer);
glBindBuffer(GL_DRAW_INDIRECT_BUFFER, indirect_draw_buffer);
glBufferData(GL_DRAW_INDIRECT_BUFFER,
             NUM_DRAWS * sizeof(DrawArraysIndirectCommand),
             NULL,
             GL_STATIC_DRAW);

DrawArraysIndirectCommand * cmd = (DrawArraysIndirectCommand *)
    glMapBufferRange(GL_DRAW_INDIRECT_BUFFER,
                     0,
                     NUM_DRAWS * sizeof(DrawArraysIndirectCommand),
                     GL_MAP_WRITE_BIT | GL_MAP_INVALIDATE_BUFFER_BIT);

for (i = 0; i < NUM_DRAWS; i++)
{
```

```
        object.get_sub_object_info(i % object.get_sub_object_count(),
                                   cmd[i].first,
                                   cmd[i].count);
        cmd[i].primCount = 1;
        cmd[i].baseInstance = i;
    }

    glUnmapBuffer(GL_DRAW_INDIRECT_BUFFER);
```

다음은 어떤 소행성을 그릴지 버텍스 쉐이더에 알리는 작업을 해야 한다. 간접 드로잉 커맨드로부터 쉐이더로 이 정보를 직접 제공할 수 있는 방법은 없다. 하지만 모든 드로잉 커맨드가 실제로는 인스턴스 드로잉 커맨드라는 사실이 도움이 될 수 있다. 여기서 인스턴스 드로잉 커맨드란 객체의 복사본 하나만 그리면 하나의 인스턴스를 그리는 명령이다. 따라서 인스턴스 버텍스 속성을 설정하고, 버텍스 쉐이더로 전달할 데이터의 속성 배열 내 인덱스를 간접 드로잉 명령 구조체의 baseInstance 필드에 지정하면 된다. 그리고 나중에 원하는 데이터를 사용하면 된다. [예제 7-11]에서는 각 구조체의 baseInstance 필드를 루프 카운터로 설정한 것을 확인할 수 있다.

다음에는 해당 입력을 버텍스 쉐이더에 설정한다. 소행성 배경 렌더러를 위한 입력 선언은 [예제 7-12]에 있다.

예제 7-12 소행성을 위한 버텍스 쉐이더 입력

```
#version 430 core

layout (location = 0) in vec4 position;
layout (location = 1) in vec3 normal;

layout (location = 10) in uint draw_id;
```

보통 때처럼 위치와 노말 입력이 있다. 하지만 location 10에 draw_id라는 속성을 사용하여 드로우 인덱스를 저장한다. 이 속성은 인스턴스화될 예정이고, 버퍼에 연결되어 고유의 매핑을 위해 사용된다. sb6::object 로더의 함수를 사용하여 추가 버텍스 속성 삽입을 위해 그 버텍스 배열 객체를 접근/수정할 것이다. 이에 대한 코드는 [예제 7-13]에 있다.

예제 7-13 간접 드로우 속성별 설정

```
    glBindVertexArray(object.get_vao());

    glGenBuffers(1, &draw_index_buffer);
    glBindBuffer(GL_ARRAY_BUFFER, draw_index_buffer);
```

```
glBufferData(GL_ARRAY_BUFFER,
             NUM_DRAWS * sizeof(GLuint),
             NULL,
             GL_STATIC_DRAW);

GLuint * draw_index =
    (GLuint *)glMapBufferRange(GL_ARRAY_BUFFER,
                               0,
                               NUM_DRAWS * sizeof(GLuint),
                               GL_MAP_WRITE_BIT |
                               GL_MAP_INVALIDATE_BUFFER_BIT);

for (i = 0; i < NUM_DRAWS; i++)
{
    draw_index[i] = i;
}

glUnmapBuffer(GL_ARRAY_BUFFER);

glVertexAttribIPointer(10, 1, GL_UNSIGNED_INT, 0, NULL);
glVertexAttribDivisor(10, 1);
glEnableVertexAttribArray(10);
```

일단 draw_id 버텍스 쉐이더 입력을 설정했으면, 그 입력을 사용하여 각 메시를 고유하게 만들 수 있다. 이 입력이 없으면 각 소행성은 단순히 원점에 위치한 바위일 뿐이다. 이 예제에서는 draw_id를 사용하여 직접 방향과 위치 행렬을 버텍스 쉐이더에서 생성할 것이다. 완전한 버텍스 쉐이더는 [예제 7-14]에 있다.

예제 7-14 소행성 배경 버텍스 쉐이더

```
#version 430 core

layout (location = 0) in vec4 position;
layout (location = 1) in vec3 normal;

layout (location = 10) in uint draw_id;

out VS_OUT
{
    vec3 normal;
    vec4 color;
} vs_out;

uniform float time = 0.0;

uniform mat4 view_matrix;
```

```
uniform mat4 proj_matrix;
uniform mat4 viewproj_matrix;

const vec4 color0 = vec4(0.29, 0.21, 0.18, 1.0);
const vec4 color1 = vec4(0.58, 0.55, 0.51, 1.0);

void main(void)
{
    mat4 m1;
    mat4 m2;
    mat4 m;
    float t = time * 0.1;
    float f = float(draw_id) / 30.0;

    float st = sin(t * 0.5 + f * 5.0);
    float ct = cos(t * 0.5 + f * 5.0);

    float j = fract(f);
    float d = cos(j * 3.14159);

    // y 축 주위로 회전
    m[0] = vec4(ct, 0.0, st, 0.0);
    m[1] = vec4(0.0, 1.0, 0.0, 0.0);
    m[2] = vec4(-st, 0.0, ct, 0.0);
    m[3] = vec4(0.0, 0.0, 0.0, 1.0);

    // XZ 평면에서 위치 이동
    m1[0] = vec4(1.0, 0.0, 0.0, 0.0);
    m1[1] = vec4(0.0, 1.0, 0.0, 0.0);
    m1[2] = vec4(0.0, 0.0, 1.0, 0.0);
    m1[3] = vec4(260.0 + 30.0 * d, 5.0 * sin(f * 123.123), 0.0, 1.0);

    m = m * m1;

    // x 축 주위로 회전
    st = sin(t * 2.1 * (600.0 + f) * 0.01);
    ct = cos(t * 2.1 * (600.0 + f) * 0.01);

    m1[0] = vec4(ct, st, 0.0, 0.0);
    m1[1] = vec4(-st, ct, 0.0, 0.0);
    m1[2] = vec4(0.0, 0.0, 1.0, 0.0);
    m1[3] = vec4(0.0, 0.0, 0.0, 1.0);

    m = m * m1;

    // z 축 주위로 회전
    st = sin(t * 1.7 * (700.0 + f) * 0.01);
    ct = cos(t * 1.7 * (700.0 + f) * 0.01);

    m1[0] = vec4(1.0, 0.0, 0.0, 0.0);
```

```
    m1[1] = vec4(0.0, ct, st, 0.0);
    m1[2] = vec4(0.0, -st, ct, 0.0);
    m1[3] = vec4(0.0, 0.0, 0.0, 1.0);

    m = m * m1;

    // 비유니폼(non-uniform) 스케일
    float f1 = 0.65 + cos(f * 1.1) * 0.2;
    float f2 = 0.65 + cos(f * 1.1) * 0.2;
    float f3 = 0.65 + cos(f * 1.3) * 0.2;

    m1[0] = vec4(f1, 0.0, 0.0, 0.0);
    m1[1] = vec4(0.0, f2, 0.0, 0.0);
    m1[2] = vec4(0.0, 0.0, f3, 0.0);
    m1[3] = vec4(0.0, 0.0, 0.0, 1.0);

    m = m * m1;

    gl_Position = viewproj_matrix * m * position;
    vs_out.normal = mat3(view_matrix * m) * normal;
    vs_out.color = mix(color0, color1, fract(j * 313.431));
}
```

[예제 7-14]의 버텍스 쉐이더에서 소행성의 회전, 위치, 색상을 draw_id로부터 직접 계산한다. 먼저 draw_id를 부동소수점으로 변환하고 스케일한다. 그 다음에 그 값과 time 유니폼값을 사용하여 이동, 스케일, 회전 행렬의 값을 계산한다. 이 행렬들이 모두 합쳐져서 모델 행렬 m이 된다. 위치는 먼저 모델 행렬로 변환되고, 다음에 뷰-프로젝션 행렬로 변환된다. 버텍스의 노말은 모델과 뷰 행렬로 변환된다. 마지막으로 출력 색상은 두 색상(하나는 초콜릿 갈색이고, 다른 하나는 모래 회색이다) 사이를 보간하여 버텍스별로 계산되어 최종 소행성 색상을 결정한다. 프래그먼트 쉐이더에서 간단한 라이팅을 적용하여 소행성에 깊이감을 부여한다.

이 애플리케이션의 렌더링 루프는 매우 간단하다. 우선 뷰 및 프로젝션 행렬을 설정하고, 하나의 **glMultiDrawArraysIndirect( )** 함수로 모든 모델을 렌더링한다. 렌더링 코드는 [예제 7-15]에 있다.

예제 7-15 소행성 그리기

```
glBindVertexArray(object.get_vao());

if (mode == MODE_MULTIDRAW)
{
    glMultiDrawArraysIndirect(GL_TRIANGLES, NULL, NUM_DRAWS, 0);
}
```

```
else if (mode == MODE_SEPARATE_DRAWS)
{
    for (j = 0; j < NUM_DRAWS; j++)
    {
        GLuint first, count;
        object.get_sub_object_info(j % object.get_sub_object_count(),
                                   first, count);
        glDrawArraysInstancedBaseInstance(GL_TRIANGLES,
                                          first,
                                          count,
                                          1, j);
    }
}
```

[예제 7-15]에서 볼 수 있듯이 먼저 object.get_vao()로 객체의 버텍스 배열 객체를 바인딩하고, 그 결과를 glBindVertexArray()에 전달한다. mode가 MODE_MULTIDRAW라면 전체 장면을 glMultiDrawArraysIndirect() 한 번의 호출로 그릴 수 있다. 하지만 만약 mode가 MODE_SEPARATE_DRAWS라면 모든 로딩된 하위 객체를 루프로 돌리고, 간접 드로우 버퍼에 로딩된 것과 동일한 인자를 glDrawArraysInstancedBaseInstance()에 직접 전달하여 개별적으로 그려야 한다. OpenGL 구현에 따라 개별 드로우 모드가 매우 느릴 수도 있다. 테스트 결과는 [그림 7-9]에 있다.

그림 7-9 소행성 렌더링 프로그램의 결과

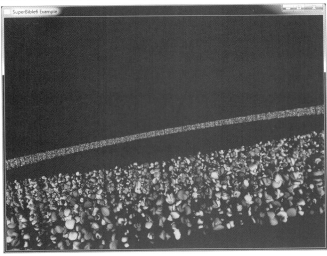

예제에서, 대중적인 그래픽 카드에서는 30,000개의 고유[3] 모델에 대해 초당 60프레임을 얻을 수 있었다. 이는 180만 번의 드로잉 커맨드를 매 초마다 수행하는 것과 동일하다. 각 메시는 대략 500개

---

3 이 예제의 소행성은 진정으로 고유한 것은 아니다. 일련의 고유한 바위 모델로부터 선택하여, 각각에 다른 스케일과 색상을 적용한 것이다. 동일한 모양, 동일한 크기, 동일한 색상을 갖는 두 바위를 찾을 확률은 매우 작다.

의 버텍스를 가진다. 이는 초당 거의 10억 개의 버텍스를 렌더링한다는 것을 의미한다. 이때 드로잉 커맨드를 전송하는 부분에서 전혀 병목 현상이 일어나지 않는다.

draw_id 입력을(또는 다른 인스턴스 버텍스 속성을) 잘 활용하면 더 복합한 변종을 활용하여 더 흥미로운 지오메트리를 렌더링할 수 있다. 예를 들어 텍스처 매핑을 사용하여 서피스를 더 자세히 만들거나, 여러 다른 서피스를 배열 텍스처에 저장하고 draw_id로 레이어를 선택하도록 할 수 있다. 뿐만 아니라 간접 드로우 버퍼의 내용을 정적으로 할 필요도 없다. 사실 애플리케이션이 관여하지 않고, 그래픽스 프로세서에서 여러 간단한 동적 렌더링 기법을 사용하면 직접 그 내용을 생성할 수도 있다.

7.3 변환된 버텍스 저장하기

OpenGL에서 버텍스, 테셀레이션 이벨류에이션, 지오메트리 쉐이더 등의 결과를 하나 이상의 버퍼 객체에 저장하는 것이 가능하다. 이는 **변환 피드백**이라고 하는 기능이며, 프론트엔드의 실질적인 마지막 스테이지다. 이는 프로그래밍 가능하지는 않지만, 많은 설정이 가능한 OpenGL 파이프라인의 고정 함수 스테이지다. 변환 피드백이 사용되면, 현재 쉐이더 파이프라인(버텍스, 테셀레이션 이벨류에이션, 또는 지오메트리 쉐이더)의 마지막 스테이지에서 나온 일련의 속성 출력이 하나의 버퍼 집합으로 저장된다.

지오메트리 쉐이더가 존재하지 않으면, 버텍스 쉐이더와 아마 테셀레이션 이벨류에이션 쉐이더에 의해 처리된 버텍스들이 기록된다. 지오메트리 쉐이더가 존재한다면, EmitVertex( )로 생성된 버텍스들이 저장되며, 어떤 쉐이더인가에 따라 가변 크기의 데이터도 기록될 수 있다. 버텍스 쉐이더와 지오메트리 쉐이더의 출력을 기록할 때 사용하는 버퍼를 변환 피드백 버퍼라고 부른다. 일단 데이터가 변환 피드백을 사용하여 버퍼에 들어가면, **glGetBufferSubData( )**와 같은 함수로 읽거나, **glMapBuffer( )**로 애플리케이션의 주소 공간으로 매핑하여 직접 읽을 수도 있다. 또한 이어지는 드로잉 커맨드의 원본 데이터로 사용할 수도 있다. 이 절의 나머지 부분에서는 프론트엔드의 마지막 스테이지를 버텍스 쉐이더로 가정할 것이다. 하지만 지오메트리 쉐이더나 테셀레이션 이벨류에이션 쉐이더가 존재한다면 마지막 스테이지가 변환 피드백으로 저장되는 출력이 될 것이다.

7.3.1 변환 피드백 사용하기

변환 피드백을 설정하려면 OpenGL에 프론트엔드의 어떤 출력을 기록하기 원하는지 알려주어야 한다. 프론트엔드의 마지막 스테이지로부터의 출력을 가끔 **베어링**varying이라고도 부른다. OpenGL

에 어떤 것을 기록할지 알리는 함수는 **glTransformFeedbackVaryings( )**며, 프로토타입은 다음과 같다.

```
void glTransformFeedbackVaryings(GLuint program,
                                 GLsizei count,
                                 const GLchar * const * varying,
                                 GLenum bufferMode);
```

glTransformFeedbackVaryings( )의 첫 번째 인자는 프로그램 객체의 이름이다. 변환 피드백 베어링 상태는 실제로는 프로그램 객체의 일부로 관리된다. 이는 다른 프로그램이라면 비록 동일한 버텍스 또는 지오메트리 쉐이더를 사용하더라도 다른 버텍스 속성을 기록할 수 있다는 의미다. 두 번째 인자는 기록할 출력(또는 베어링)의 개수며, 세 번째 인자 varying 포인터가 가리키는 배열의 길이다. 세 번째 인자는 단순히 C 스타일 문자열 배열로서 베어링의 이름이 기록되어 있다. 이는 버텍스 쉐이더의 out 변수들의 이름이다. 마지막 인자(bufferMode)는 베어링을 기록할 때 사용하는 모드를 지정하는데, GL_SEPARATE_ATTRIBS 또는 GL_INTERLEAVED_ATTRIBS 중 하나를 지정한다. 만약 bufferMode가 GL_INTERLEAVED_ATTRIBS라면 베어링은 단일 버퍼에 연속적으로 기록된다. 만약 bufferMode가 GL_SEPARATE_ATTRIBS라면 각 베어링은 고유의 버퍼에 기록된다. 다음의 버텍스 쉐이더 코드는 출력 베어링을 선언하는 코드다.

```
out vec4 vs_position_out;
out vec4 vs_color_out;
out vec3 vs_normal_out;
out vec3 vs_binormal_out;
out vec3 vs_tangent_out;
```

베어링을 지정하려면 vs_position_out, vs_color_out 등을 단일 인터리브 변환 피드백 버퍼에 저장해야 한다. 다음 C 코드를 애플리케이션에서 작성한다.

```
static const char * varying_names[] =
{
    "vs_position_out",
    "vs_color_out",
    "vs_normal_out",
    "vs_binormal_out",
    "vs_tangent_out"
};

const int num_varyings = sizeof(varying_names) /
                         sizeof(varying_names[0]);

glTransformFeedbackVaryings(program,
                            num_varyings,
                            varying_names,
                            GL_INTERLEAVED_ATTRIBS);
```

버텍스(또는 지오메트리) 쉐이더의 출력 모두를 변환 피드백 버퍼에 저장할 필요는 없다. 버텍스 쉐이더 출력의 일부분만 변환 피드백 버퍼에 저장하고 프래그먼트 쉐이더에는 보간을 위해 더 전송할 수 있다. 마찬가지로 버텍스 쉐이더의 일부 출력을 프래그먼트 쉐이더에서 사용되지 않는 변환 피드백 버퍼에 저장하는 것도 가능하다. 이 때문에 활성화되지 않은(프래그먼트 쉐이더에서 사용하지 않기 때문에) 버텍스 쉐이더의 출력이 변환 피드백 버퍼에 저장되었다는 이유로 활성화될 수도 있다. 따라서 **glTransformFeedbackVaryings( )**를 사용하여 새로운 변환 피드백 베어링들을 지정하면 다음과 같이 프로그램 객체를 링크할 필요가 있다.

```
glLinkProgram(program);
```

만약 변환 피드백으로 기록된 베어링들을 변경하면 프로그램 객체를 다시 링크해야 한다. 그렇지 않으면 변경사항이 적용되지 않을 것이다. 일단 변환 피드백 베어링들을 지정하고 프로그램을 링크 시키면 평소처럼 동작한다. 기록이 수행되기 전에 버퍼를 생성하여 인덱스된 변환 피드백 버퍼 바인딩 포인트에 바인딩해야 한다. 물론 데이터를 버퍼에 쓰기 전에 버퍼에 공간이 할당되어야 한다. 데이터를 지정하지 않고 공간을 할당하려면 다음과 같이 한다.

```
GLuint buffer;
glGenBuffers(1, &buffer);
glBindBuffer(GL_TARNSFORM_FEEDBACK_BUFFER, buffer);
glBufferData(GL_TRANSFORM_FEEDBACK_BUFFER, size, NULL, GL_DYNAMIC_COPY);
```

버퍼에 대한 공간을 할당할 때, usage 인자에 대한 값은 많이 있지만, GL_DYNAMIC_COPY가 아마도 변환 피드백 버퍼를 위한 가장 좋은 값일 것이다. DYNAMIC 부분은 데이터가 자주 변하고 매 갱신 중간에 여러 번 사용될 수 있다는 것을 OpenGL에 알린다. COPY 부분은 OpenGL 기능(변환 피드백 같은)을 활용하여 버퍼의 데이터를 갱신할 계획이며, 그 데이터를 다시 다른 연산(그리기와 같은)을 위해 사용할 것이라는 것을 OpenGL에 알린다.

변환 피드백 모드를 GL_INTERLEAVED_ATTRIBS로 설정하면, 모든 저장된 버텍스 속성이 단일 버퍼에 하나씩 저장된다. 어떤 버퍼에 변환 피드백 데이터가 저장될지 지정하려면 버퍼를 인덱스된 변환 피드백 바인딩 포인트 중 하나에 바인딩해야 한다. 실제로는 이 목적을 위해 여러 GL_TRANSFORM_FEEDBACK_BUFFER 바인딩 포인트가 존재한다. 이들은 개념적으로는 별개지만, 일반 바인딩 포인트인 GL_TRANSFORM_FEEDBACK_BUFFER와 관련 있다. 관계를 그리자면 [그림 7-10]과 같다.

버퍼를 인덱스된 바인딩 포인트에 바인딩하려면 다음을 호출한다.

```
glBindBufferBase(GL_TRANSFORM_FEEDBACK_BUFFER, index, buffer);
```

앞서와 마찬가지로 GL_TRANSFORM_FEEDBACK_BUFFER는 OpenGL에 변환 피드백의 결과를 저장하기 위해 버퍼 객체를 바인딩할 것이라는 것을 알리는 것이며, 마지막 인자 buffer는 바인딩할 버퍼 객체의 이름이다. 추가 인자 index는 GL_TRANSFORM_FEEDBACK_BUFFER 바인딩 포인트의 인덱스다. 여기서 중요한 점은 **glBindBufferBase( )**로 제공받은 추가 바인딩 포인트의 주소를 **glBufferData( )**나 **glCopyBufferSubData( )** 등의 함수를 통해 직접 접근할 수 없다는 것이다. 하지만 **glBindBufferBase( )**를 호출할 때 실제로는 버퍼를 인덱스된 바인딩 포인트와 일반 바인딩 포인트에 바인딩한다. 따라서 **glBindBufferBase( )**를 호출한 다음에 일반 바인딩 포인트를 사용하고자 한다면, 버퍼의 공간을 할당하기 위해 추가 바인딩 포인트를 사용할 수 있다.

그림 7-10 변환 피드백 바인딩 포인트들의 관계

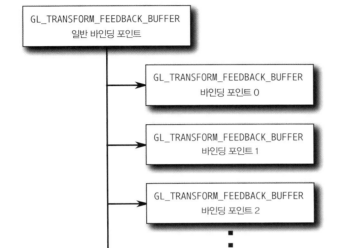

glBindBufferBase( )의 약간 진보한 버전은 **glBindBufferRange( )**며, 프로토타입은 다음과 같다.

```
void glBindBufferRange(GLenum target,
                       GLuint index,
                       GLuint buffer,
                       GLintptr offset,
                       GLsizeiptr size);
```

glBindBufferRange( ) 함수를 사용하면 버퍼의 일부를 인덱스된 바인딩 포인트에 바인딩할 수 있다. 반면 **glBindBuffer( )**와 **glBindBufferBase( )**는 한 번에 전체 버퍼만 바인딩할 수 있다. 처음 세 개의 인자(target, index, buffer)는 **glBindBufferBase( )**와 동일한 의미다. offset 과 size 인자는 각각 바인딩할 버퍼의 일부분에 대한 시작 및 길이를 지정하기 위해 사용한다. 동

일한 버퍼의 다른 부분을 다른 인덱스된 바인딩 버퍼에 동시에 바인딩할 수도 있다. 이를 사용하면 GL_SEPARATE_ATTRIBS 모드의 변환 피드백을 사용하여 출력 버텍스들의 각 속성을 단일 버퍼의 별도 부분에 쓸 수 있다. 만약 애플리케이션이 모든 속성을 하나의 버텍스 버퍼로 합치고, **glVertexAttribPointer( )**를 사용하여 0이 아닌 오프셋을 버퍼에 지정하면, 변환 피드백의 출력을 버텍스 쉐이더의 입력에 매핑시키는 것이 가능하다.

만일 **glTransformFeedbackVaryings( )**에 GL_INTERLEAVED_ATTRIBS 인자를 사용하여 모든 속성을 하나의 변환 피드백 버퍼에 기록하도록 지정했다면, 데이터는 빈틈없이 패킹되어 첫 번째 GL_TRANSFORM_FEEDBACK_BUFFER 바인딩 포인트(인덱스가 0인)에 바인딩된 버퍼에 쓰여진다. 하지만 만일 변환 피드백에 대한 모드를 GL_SEPARATE_ATTRIBS로 지정하면 각 버텍스 쉐이더 출력은 개별 버퍼에(또는 **glBindBufferRange( )**를 사용했다면 버퍼의 일부에) 기록된다. 이 경우에는 여러 버퍼를 또는 버퍼 부분을 변환 피드백 버퍼로 바인딩해야 한다. index 인자는 변환 피드백 모드를 사용하여 별도 버퍼에 기록될 수 있도록 0과 최대 베어링 개수 빼기 1 사이의 값이어야 한다. 이러한 제한은 그래픽스 하드웨어와 드라이버에 의존적이며, **glGetIntegerv( )**를 GL_MAX_TRANSFORM_FEEDBACK_SEPARATE_ATTRIBS 인자를 사용하여 호출함으로써 확인할 수 있다. 이 제한은 **glTransformFeedbackVaryings( )**의 count 인자에도 적용된다.

GL_INTERLEAVED_ATTRIBS 모드로 변환 피드백 버퍼에 저장할 수 있는 개별 베어링의 최대 개수에는 특별한 제한이 없다. 하지만 버퍼에 쓸 수 있는 최대 요소 개수에는 제한이 있다. 예를 들어 변환 피드백을 사용하여 버퍼에 쓸 때 **vec4** 베어링보다는 **vec3** 베어링을 더 많이 쓸 수 있다. 다시 말해, 이 제한은 그래픽스 하드웨어에 의존적이며, **glGetIntegerv( )**에 GL_MAX_TRANSFORM_FEEDBACK_INTERLEAVED_COMPONENTS 인자를 사용하여 확인할 수 있다.

필요하다면 변환 피드백 버퍼에 저장된 출력 구조체 사이에 빈 공간을 추가할 수 있다. 이렇게 하면 OpenGL은 출력 버퍼에 몇 개의 요소를 쓴 다음에, 일부 공간을 건너뛰고, 또 몇 개의 요소를 쓰고, 이렇게 할 수 있다. 이때 버퍼에서 사용하지 않은 공간은 변경되지 않는다. 이렇게 하려면 '가상' 베어링 이름인 gl_SkipComponents1, gl_SkipComponents2, gl_SkipComponents3, gl_SkipComponents4 중 하나를 포함해야 한다. 각각 출력 버퍼에서 1, 2, 3, 4개 요소들의 크기에 해당하는 저장 공간을 건너뛴다.

마지막으로 일련의 출력 베어링을 하나의 버퍼에 인터리브 형태로 쓰면서 동시에 일부 속성을 다른 버퍼에 쓰는 것도 가능하다. 이렇게 하려면 특수한 '가상' 베어링 이름인 gl_NextBuffer를 사용하여 **glTransformFeedbackVaryings( )**에 다음 버퍼 바인딩 인덱스로 이동하라고 알려주어야 한다. gl_NextBuffer를 사용하면 bufferMode 인자는 GL_INTERLEAVED_ATTRIBS이어야 한다. 예를 들어 다음 코드가 있다고 하자.

```
static const char * varying_names[] =
{
    "carrots",
    "peas",
    "gl_NextBuffer",
    "beans",
    "potatoes"
};

const int num_varyings = sizeof(varying_names) / sizeof(varying_names[0]);

glTransformFeedbackVaryings(program,
                            num_varyings,
                            varying_names,
                            GL_INTERLEAVED_ATTRIBS);
```

이 코드를 수행한 다음에 **glLinkProgram( )**을 호출하면 변환 피드백 스테이지는 carrots와 peas
를 첫 번째 변환 피드백 버퍼에 쓰고 beans와 potatoes는 두 번째에 쓴다. 첫 번째 베어링 이름을
gl_NextBuffer로 하면 첫 번째 버퍼 바인딩조차 건너뛸 수 있다.

7.3.2 변환 피드백을 시작, 일시 정지, 끝내기

일단 변환 피드백의 결과를 담을 버퍼가 바인딩되었다면, 변환 피드백 모드는 다음 함수로 활성화
시킬 수 있다.

```
void glBeginTransformFeedback(GLenum primitiveMode);
```

이제 버텍스가 OpenGL의 프론트엔드를 통과했고, 마지막 쉐이더로부터의 출력 베어링이 변
환 피드백 버퍼에 쓰여진다. 함수의 인자 primitiveMode는 OpenGL에 어떤 지오메트리 타입인
지 알린다. 가능한 인자는 GL_POINTS, GL_LINES, GL_TRIANGLES 등이다. **glDrawArrays( )**나 다
른 OpenGL 드로잉 함수를 호출할 때는 기본 지오메트리 타입이 변환 피드백 프리미티브 모드
로 지정한 것과 매칭되거나, 지오메트리 쉐이더가 해당 프리미티브 타입을 출력해야 한다. 예를 들
어 primitiveMode가 GL_TRIANGLES라면, 프론트엔드의 마지막 스테이지는 삼각형을 생성해야 한
다. 이는 지오메트리 쉐이더가 있다면 triangle_strip 프리미티브를 출력해야 한다는 의미이다.
만약 테셀레이션 이벨류에이션 쉐이더가 있다면(그리고 지오메트리 쉐이더가 없다면) 출력 모드
는 triangles이어야 한다. 만약 둘 다 없다면 **glDrawArrays( )**를 GL_TRIANGLES, GL_TRIANGLE_
STRIP, 또는 GL_TRIANGLE_FAN으로 호출해야 한다. 변환 피드백 프리미티브 모드와 드로우 타입과
의 매핑은 [표 7-3]과 같다.

표 7-3 primitiveMode의 값

primitiveMode의 값	허용되는 드로우 타입
GL_POINTS	GL_POINTS
GL_LINES	GL_LINES, GL_LINE_STRIP, GL_LINE_LOOP
GL_TRIANGLES	GL_TRIANGLES, GL_TRIANGLE_STRIP, GL_TRIANGLE_FAN

[표 7-3]의 모드 외에도, 드로잉 커맨드의 mode 인자로 **GL_PATCHES**를 사용할 수 있는데, 테셀레이션 이벨류에이션 쉐이더나 지오메트리 쉐이더가 적당한 타입의 프리미티브를 출력하도록 설정되어야 한다. 일단 변환 피드백 모드가 활성화되었다면, OpenGL은 프론트엔드에서 선택한 출력을 변환 피드백 버퍼에 기록한다. 임시적으로 이 기록을 멈추고 싶다면 다음 함수를 호출한다.

```
void glPauseTransformFeedback();
```

변환 피드백 모드가 일시 정지되었을 때, 다시 시작하려면 다음 함수를 호출한다.

```
void glResumeTransformFeedback();
```

이때 OpenGL은 남은 프론트엔드의 출력을 변환 피드백 버퍼에 계속 기록할 것이다. 변환 피드백이 일시 정지되지 않는 한, 버텍스는 변환 피드백 모드가 끝나거나 변환 피드백 버퍼에 할당된 공간을 모두 써버릴 때까지 계속 변환 피드백 버퍼에 기록된다. 변환 피드백 모드를 종료하려면 다음 함수를 호출한다.

```
glEndTransformFeedback();
```

glBeginTransformFeedback( )과 **glEndTransformFeedback( )** 사이에서 일어나는 모든 렌더링은 데이터가 현재 바인딩된 변환 피드백 버퍼에 기록되도록 한다. **glBeginTransformFeedback( )**을 호출할 때마다 OpenGL은 변환 피드백으로 바인딩한 버퍼의 시작 위치에 데이터를 쓰기 시작하는데, 이때 기존에 있던 데이터를 덮어쓴다. 변환 피드백이 활성화되는 동안에는 조심할 점이 있다. **glBeginTransformFeedback( )**과 **glEndTransformFeedback( )** 중간에 변환 피드백 상태를 변경하는 것은 허용되지 않는다. 예를 들어 변환 피드백 모드가 활성화되었을 때는 변환 피드백 버퍼 바인딩을 변경하거나 변환 피드백 버퍼의 크기를 조정하거나 재할당하는 것은 불가능하다. 뿐만 아니라 변환 피드백이 일시 정지되었을 경우, 그리고 심지어 이 구간 동안 기록을 하지 않는 경우에도 마찬가지다.

7.3.3 변환 피드백으로 파이프라인 종료하기

변환 피드백을 사용하는 많은 애플리케이션에서, 변환 피드백 스테이지가 생산하는 버텍스를 저장만 하고, 실제로는 **그리지 않는** 경우가 있다. 변환 피드백은 OpenGL 파이프라인에서 논리적으로는 래스터라이제이션 바로 앞에 위치하기 때문에 OpenGL에 다음 함수를 호출하여 래스터라이제이션(그리고 그 후에 있는 다른 것도)을 끄도록 하면 된다.

```
glEnable(GL_RASTERIZER_DISCARD);
```

이렇게 하면 OpenGL은 변환 피드백이 실행된 다음에 더 이상 프리미티브 처리를 하지 않는다. 결과적으로 버텍스들은 출력 변환 피드백으로 기록되지만, 실제로는 아무것도 렌더링되지 않는다. 래스터라이제이션을 다시 켜려면 아래 함수를 호출한다.

```
glDisable(GL_RASTERIZER_DISCARD);
```

이렇게 하면 래스터라이저를 무시하는 것을 비활성화하여 래스터라이제이션을 활성화시킨다.

7.3.4 변환 피드백 예제 – 물리 시뮬레이션

springmass 예제에서 우리는 스프링과 질량을 갖는 메시[mesh, 그물]의 물리 시뮬레이션을 할 예정이다. 각 버텍스는 무게를 가지며, 고무줄로 네 인접 버텍스와 연결되어 있다. 이 예제는 버텍스별로 돌며, 각 버텍스를 버텍스 쉐이더에서 처리한다. 예제에는 여러 고급 기능이 사용된다. 텍스처 버퍼 객체[Texture Buffer Object](TBO)를 사용하여 일반 속성 배열 외에 버텍스 위치 데이터를 저장한다. 동일한 버퍼가 TBO에도 바인딩되고, 버텍스 쉐이더의 위치 입력에 해당하는 버텍스 속성에도 바인딩된다. 이렇게 하면 시스템의 다른 버텍스들의 현재 위치도 무작위로 접근할 수 있게 된다. 또한 정수 버텍스 속성에는 인접 버텍스들의 인덱스를 담는다. 뿐만 아니라 알고리즘을 반복할 때마다 각 질량의 위치와 속도를 변환 피드백을 사용하여 저장한다.

각 버텍스에 대해 위치, 속도, 질량을 알아야 한다. 위치와 질량을 하나의 버텍스 배열에 합치고, 속도는 다른 배열에 넣는다. 위치 배열의 각 요소는 실제로는 **vec4**다. x, y, z 요소는 버텍스의 3차원 좌표를 가지며, w 요소는 버텍스의 가중치를 담는다. 속도 배열은 단순한 **vec3** 배열이다. 추가적으로 **ivec4** 배열을 사용하여 각각을 연결하는 스프링에 대한 정보를 담는다. 각 버텍스에는 하나의 **ivec4**가 있으며, 벡터의 4요소 각각은 스프링의 양쪽 끝에 연결되는 버텍스에 대한 인덱스를 담는다. 이를 연결 벡터라고 부른다. 이는 각 질량을 네 개의 다른 질량과 연결할 수 있다는 의미이다. 연결이 없는 경우에는 연결 벡터의 해당 요소에 −1을 저장한다(그림 7-11 참조).

그림 7-11 스프링-질량 시스템에서 버텍스의 연결

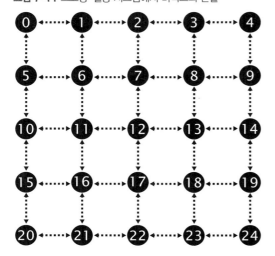

버텍스 12를 보자. ⟨7, 13, 17, 11⟩을 포함하는 **ivec4** 연결 벡터가 연결된다. 이 숫자는 연결되는 버텍스들의 인덱스다. 마찬가지로 버텍스 13에 대한 연결 벡터는 ⟨8, 14, 18, 12⟩다. 버텍스 12와 13 사이에는 양방향 연결이 이루어져 있다. 메시의 가장자리에 있는 버텍스는 스프링들이 모두 연결되어 있지 않다. 즉, 버텍스 14는 ⟨9, −1, 19, 13⟩의 연결 벡터를 갖는다. 벡터의 y 요소는 −1을 갖는데, 그곳에는 스프링이 없다는 의미다.

각 연결 벡터에 대해 연결된 경우에는 버텍스의 인덱스를 저장하고, 연결되지 않은 경우에는 −1을 저장하기 때문에, 각 연결 벡터 요소에 −1을 저장하면 버텍스 위치를 고정시킬 수 있다. 힘이 어떻게 동작하든 간에, 그 위치는 갱신되지 않는다. 이를 통해 특정 버텍스의 위치를 고정시키고 구조를 유지시킬 수 있다. 만약 연결 벡터의 모든 요소가 −1이라면, 해당 버텍스에 대한 힘을 0으로 설정하여 버텍스의 위치와 속도를 갱신하는 계산을 생략할 수 있다. [예제 7-16]은 스프링-질량 시스템에서 각 노드의 초기 위치와 속도, 그리고 연결 벡터를 설정하는 코드다.

예제 7-16 스프링-질량 시스템 버텍스 설정

```
vmath::vec4 * initial_positions = new vmath::vec4 [POINTS_TOTAL];
vmath::vec3 * initial_velocities = new vmath::vec3 [POINTS_TOTAL];
vmath::ivec4 * connection_vectors = new vmath::ivec4 [POINTS_TOTAL];

int n = 0;

for (j = 0; j < POINTS_Y; j++)
{
    float fj = (float)j / (float)POINTS_Y;
    for (i = 0; i < POINTS_X; i++)
    {
```

```
        float fi = (float)i / (float)POINTS_X;

        initial_positions[n] = vmath::vec4((fi - 0.5f) * (float)POINTS_X,
                                           (fj - 0.5f) * (float)POINTS_Y,
                                           0.6f * sinf(fi) * cosf(fj),
                                           1.0f);
        initial_velocities[n] = vmath::vec3(0.0f);

        connection_vectors[n] = vmath::ivec4(-1);

        if (j != (POINTS_Y - 1))
        {
            if (i != 0)
                connection_vectors[n][0] = n - 1;

            if (j != 0)
                connection_vectors[n][1] = n - POINTS_X;

            if (i != (POINTS_X - 1))
                connection_vectors[n][2] = n + 1;

            if (j != (POINTS_Y - 1))
                connection_vectors[n][3] = n + POINTS_X;
        }
        n++;
    }
}

glGenVertexArrays(2, m_vao);
glGenBuffers(5, m_vbo);

for (i = 0; i < 2; i++)
{
    glBindVertexArray(m_vao[i]);

    glBindBuffer(GL_ARRAY_BUFFER, m_vbo[POSITION_A + i]);
    glBufferData(GL_ARRAY_BUFFER,
                 POINTS_TOTAL * sizeof(vmath::vec4),
                 initial_positions, GL_DYNAMIC_COPY);
    glVertexAttribPointer(0, 4, GL_FLOAT, GL_FALSE, 0, NULL);
    glEnableVertexAttribArray(0);

    glBindBuffer(GL_ARRAY_BUFFER, m_vbo[VELOCITY_A + i]);
    glBufferData(GL_ARRAY_BUFFER,
                 POINTS_TOTAL * sizeof(vmath::vec3),
                 initial_velocities, GL_DYNAMIC_COPY);
    glVertexAttribPointer(1, 3, GL_FLOAT, GL_FALSE, 0, NULL);
    glEnableVertexAttribArray(1);
```

```
        glBindBuffer(GL_ARRAY_BUFFER, m_vbo[CONNECTION]);
        glBufferData(GL_ARRAY_BUFFER,
                     POINTS_TOTAL * sizeof(vmath::ivec4),
                     connection_vectors, GL_STATIC_DRAW);
        glVertexAttribIPointer(2, 4, GL_INT, 0, NULL);
        glEnableVertexAttribArray(2);
    }

    delete [] connection_vectors;
    delete [] initial_velocities;
    delete [] initial_positions;

    // 버퍼를 한 쌍의 TBO에 어태치시킨다.
    glGenTextures(2, m_pos_tbo);
    glBindTexture(GL_TEXTURE_BUFFER, m_pos_tbo[0]);
    glTexBuffer(GL_TEXTURE_BUFFER, GL_RGBA32F, m_vbo[POSITION_A]);
    glBindTexture(GL_TEXTURE_BUFFER, m_pos_tbo[1]);
    glTexBuffer(GL_TEXTURE_BUFFER, GL_RGBA32F, m_vbo[POSITION_B]);
```

시스템을 업데이트하기 위해, 일반적인 버텍스 속성을 사용하여 자신의 위치와 연결 벡터를 얻는 버텍스 쉐이더를 실행한다. 그 다음에 연결 벡터(이 역시 일반 버텍스 속성이다)의 요소를 사용하여 TBO의 인덱스를 구하고, 그 인덱스를 통해 연결된 버텍스들의 현재 위치를 얻어온다. TBO를 초기화하는 코드는 [예제 7-16]의 끝부분에 있다.

각 연결된 버텍스들에 대해, 쉐이더는 서로간의 거리, 즉 가상 스프링의 늘어난 길이$_{extension}$를 계산한다. 이를 통해 스프링에 의해 적용되는 힘을 계산하고, 버텍스 질량에 대한 가속도를 계산하고, 다음 반복에 사용될 새로운 위치와 속도 벡터를 계산한다. 복잡해보이지만, 그렇지 않다. 그냥 뉴턴 물리와 후크의 법칙일 뿐이다.

후크의 법칙은 다음과 같다.

$$F = -kx$$

여기서 F는 스프링에 의해 발휘된 힘이고, k는 스프링 상수(스프링이 얼마나 뻣뻣한지)며, x는 스프링이 늘어난 길이다. 스프링이 늘어난 길이는 정지 길이에 상대적이다. 이 시스템에서 스프링의 정지 길이는 모두 동일하며 유니폼에 저장한다. 스프링이 늘어난 길이는 양의 x며, 줄어든 길이는 음의 x다. 스프링의 현재 길이는 단순히 한쪽 끝에서 다른 쪽 끝까지의 벡터의 길이다. 이것을 버텍스 쉐이더에서 계산한다. 선형 힘 F를 스프링 방향에 곱하면 힘에 방향을 부여할 수 있다. 여기서 변수 $\vec{d}$는 단순히 스프링을 따라 정규화된 방향이다.

$$\vec{F} = \vec{d}F$$

이를 통해 스프링이 늘어나거나 줄어들 때 질량에 적용되는 힘을 계산할 수 있다. 만약 단순히 이 힘을 질량에 적용하면, 시스템은 수치적 부정확성 때문에 진동하다가 결국에는 불안정해질 것이다. 실제 스프링 시스템에서는 마찰로 인한 값의 감소가 일어나는데, 이는 댐핑^{damping, 제동}을 힘의 공식에 포함시켜 적용하면 된다. 댐핑에 따른 힘은 다음 공식으로 계산한다.

$$\vec{F_d} = -c\vec{v}$$

여기서 c는 댐핑 계수를 나타낸다. 이상적으로는 각 스프링에 대해 댐핑 힘을 계산하지만, 여기서는 질량의 속도에 기반해서 단일 힘을 계산한다. 또한 매 시간 간격 초기 속도를 통해 이 공식에 필요한 연속적인 미분에 대한 근사치를 계산한다. 쉐이더에서는 댐핑 힘을 계산하여 F를 초기화하고 질량의 각 스프링에 대해 발휘된 힘을 누적시킨다. 마지막으로 시스템에 중력을 적용하는데, 이는 각 질량에 작용하는 추가적인 힘으로 간단히 계산한다. 중력은 상수 힘으로, 일반적으로는 아랫방향으로 작용한다. 질량에 작용하는 초기 힘에 더하기만 하면 된다.

$$F_{total} = G - \vec{d}kx - c\vec{v}$$

일단 전체 힘을 구했으면, 간단히 뉴턴의 법칙을 적용하면 된다. 우선 뉴턴의 제2법칙으로 질량의 가속도를 계산할 수 있다.

$$F = m\vec{a}$$

$$\vec{a} = \frac{\vec{F}}{m}$$

여기서 F는 중력과 댐핑계수, 후크의 법칙을 사용하여 방금 계산한 힘이다. m은 (위치 속성의 w 요소에 저장된) 버텍스의 질량이다. 그리고 a는 결과 가속도다. 초기 속도(다른 속성 배열에서 계산한다)가 주어졌을 때, 그 값을 다음의 운동방정식에 적용하면 고정시간 내의 최종 속도와 이동 거리를 계산할 수 있다.

$$\vec{v} = \vec{u} + \vec{a}t$$

$$\vec{s} = \vec{u} + \frac{\vec{a}t^2}{2}$$

여기서 u는 초기 속도(속도 속성 배열에서 읽은 값)며, v는 최종 속도, t는 시간 간격^{time-step}(애플리케이션에서 제공), s는 이동한 거리다. a, u, v, s는 모두 벡터임을 잊지 말자. 이제 남은 것은 쉐이더를 작성하고 애플리케이션에 연결하는 작업뿐이다. [예제 7-17]은 이에 대한 버텍스 쉐이더 내용이다.

```
#version 430 core

// 이 입력 벡터는 버텍스 위치를 xyz에,
// 버텍스의 질량을 w에 저장한다.
layout (location = 0) in vec4 position_mass;
// 버텍스의 현재 속도
layout (location = 1) in vec3 velocity;
// 연결 벡터
layout (location = 2) in ivec4 connection;

// position_mass 입력 속성과 동일한 버퍼에 바인딩될 TBO
layout (binding = 0) uniform samplerBuffer tex_position;

// 버텍스 쉐이더의 출력은 입력과 동일하다.
out vec4 tf_position_mass;
out vec3 tf_velocity;

// 시간 간격을 저장할 유니폼. 애플리케이션에서 갱신한다.
uniform float t = 0.07;

// 글로벌 스프링 상수
uniform float k = 7.1;

// 중력
const vec3 gravity = vec3(0.0, -0.08, 0.0);

// 글로벌 댐핑 상수
uniform float c = 2.8;

// 스프링 정지 길이
uniform float rest_length = 0.88;

void main(void)
{
    vec3 p = position_mass.xyz;     // p는 위치다.
    float m = position_mass.w;      // m은 버텍스의 질량이다.
    vec3 u = velocity;              // u는 초기 속도다.

    vec3 F = gravity * m - c * u;   // F는 질량에 대한 힘이다.
    bool fixed_node = true;         // 힘이 적용되면 false다.

    for (int i = 0; i < 4; i++)
    {
        if (connection[i] != -1)
        {
            // q는 다른 버텍스의 위치다.
            vec3 q = texelFetch(tex_position, connection[i]).xyz;
```

```
            vec3 d = q - p;
            float x = length(d);
            F += -k * (rest_length - x) * normalize(d);
            fixed_node = false;
        }
    }

    // 만약 고정 노드라면 힘을 0으로 재설정
    if (fixed_node)
    {
        F = vec3(0.0);
    }

    // 힘으로 인한 가속도
    vec3 a = F / m;

    // 이동
    vec3 s = u * t + 0.5 * a * t * t;

    // 최종 속도
    vec3 v = u + a * t;

    // 시간 간격당 이동의 절댓값을 제한한다.
    s = clamp(s, vec3(-25.0), vec3(25.0));

    // 출력을 저장한다.
    tf_position_mass = vec4(p + s, m);
    tf_velocity = v;
}
```

코드가 그리 어렵지는 않을 것이다. 쉐이더를 실행하기 위해, 이전에 버퍼로 들어간 각 버텍스마다 반복한다. 위치와 속도 정보에 대해 이중 버퍼를 사용할 필요가 있는데, 이 정보들은 한쪽 버퍼에서 읽어들여서 다른 패스에 다른 쪽 버퍼에 저장한다. 그리고 버퍼를 교환하여 데이터를 한 버퍼에서 다른 버퍼로 왔다갔다 이동시킨다. 연결 정보는 매 패스에 대해 동일하기 때문에 상수로 한다. 이렇게 하려면 앞서 설정한 두 개의 VAO를 사용해야 한다. 첫 번째 VAO에는 일련의 위치와 속도 속성이 공통 연결 정보와 함께 어태치된다. 다른 VAO에는 다른 위치와 속도 속성이 어태치되고, 동일한 공통 연결 정보가 어태치된다.

VBO 외에도 두 개의 TBO가 필요하다. 각 버퍼를 위치 VBO로도 사용하고 동시에 TBO로도 사용한다. 좀 이상하게 들릴지도 모르겠지만, OpenGL에서는 전혀 문제가 없다. 결국 두 개의 다른 방식을 사용하여 동일한 버퍼로부터 읽는 것이다. 이것을 설정하려면 두 개의 텍스처를 생성하여 GL_TEXTURE_BUFFER 바인딩 포인트에 바인딩하고, 앞서 설명한 방식대로 **glTexBuffer( )**를 사용하여 버퍼들을 어태치시킨다. VAO A를 바인딩할 때 텍스처 A도 바인딩한다. VAO B를 바인딩할 때 텍스처 B도 바인딩한다. 그렇게 하면 동일한 데이터가 위치 버텍스 속성과 tex_position samplerBuffer 버퍼 텍스처에 동시에 나온다.

설정하는 코드는 그리 복잡하지 않지만 반복되는 코드가 많다. 완전한 구현은 한빛미디어 예제 웹 사이트(www.hanbit.co.kr/exam/2204)에 있다. 예제 애플리케이션에는 버퍼를 생성하고 초기화하는 코드, 더블 버퍼링을 수행하는 코드, 결과를 가시화하는 코드가 포함되어 있다. 애플리케이션은 한 쌍의 버텍스를 고정시켜 전체 시스템이 화면 아래로 떨어지지 않도록 한다. 일단 모든 버퍼가 연결되었다면 **glDrawArrays( )**를 호출하여 시스템을 시간 간격만큼 시뮬레이션할 수 있다. 시스템의 각 노드는 하나의 GL_POINTS 프리미티브로 표현한다. 만약 시스템을 초기화하고 실행하면 [그림 7-12]와 같은 결과를 보인다.

그림 7-12 스프링으로 연결된 점들의 시뮬레이션

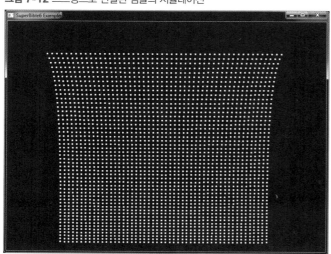

매 프레임마다 물리 시뮬레이션을 여러 번 실행하고, 각 반복마다 VAO와 TBO를 교환한다. 이 반복 루프는 [예제 7-18]에 있다. 각 루프의 반복은 모든 노드의 위치와 속도를 한 번에 갱신한다. 시뮬레이션에 있어서 한 번에 큰 시간 간격을 사용하지 않고 시뮬레이션을 여러 번 반복하면 더 안정적으로 만들 수 있고 노드가 덜 진동하게 만들 수 있다. 그 결과 시각적으로도 더 나은 결과를 만든다.

예제 7-18 스프링-질량 시스템 반복 루프

```
int i;
glUseProgram(m_update_program);

glEnable(GL_RASTERIZER_DISCARD);
```

```
for (i = iterations_per_frame; i != 0; --i)
{
    glBindVertexArray(m_vao[m_iteration_index & 1]);
    glBindTexture(GL_TEXTURE_BUFFER, m_pos_tbo[m_iteration_index & 1]);
                m_iteration_index++;
    glBindBufferBase(GL_TRANSFORM_FEEDBACK_BUFFER, 0,
                    m_vbo[POSITION_A + (m_iteration_index & 1)]);
    glBindBufferBase(GL_TRANSFORM_FEEDBACK_BUFFER, 1,
                    m_vbo[VELOCITY_A + (m_iteration_index & 1)]);
    glBeginTransformFeedback(GL_POINTS);
    glDrawArrays(GL_POINTS, 0, POINTS_TOTAL);
    glEndTransformFeedback();
}

glDisable(GL_RASTERIZER_DISCARD);
```

반복하는 동안 **래스터라이저 디스카드**discard, 버리다 기능을 켠다. 즉, 데이터를 변환 피드백 스테이지 다음의 파이프라인으로 진행시키는 것을 멈춘다. 그리고 반복을 마치면 래스터라이저 디스카드 기능을 비활성화하여 결과 시스템을 화면에 렌더링한다. 충분한 반복을 수행한 뒤, 이제 시스템의 점들을 원하는 방식으로 렌더링할 수 있다. 렌더링을 위해 간단한 프로그램을 사용하면, 시스템의 노드는 포인트로, 그 사이의 연결선은 선으로 그릴 수 있다. 이에 대한 코드는 [예제 7-19]에 있다. 결과 이미지는 [그림 7-12]에 있다.

예제 7-19 스프링-질량 시스템 렌더링 루프

```
static const GLfloat black[] = { 0.0f, 0.0f, 0.0f, 0.0f };

glViewport(0, 0, info.windowWidth, info.windowHeight);
glClearBufferfv(GL_COLOR, 0, black);

glUseProgram(m_render_program);

if (draw_points)
{
    glPointSize(4.0f);
    glDrawArrays(GL_POINTS, 0, POINTS_TOTAL);
}

if (draw_lines)
{
    glBindBuffer(GL_ELEMENT_ARRAY_BUFFER, m_index_buffer);
    glDrawElements(GL_LINES, CONNECTIONS_TOTAL * 2,
                GL_UNSIGNED_INT, NULL);
}
```

[그림 7-12]가 그리 멋져 보이지는 않지만, 시뮬레이션이 제대로 동작한다는 사실은 알 수 있다. 더 시각적으로 그럴듯하게 만들려면 점 크기를 더 큰 값으로 설정하고, **glDrawElements()**를 사용하여 두 번째 인덱스 드로우를 수행하고, GL_LINES 프리미티브로 노드 간의 연결선을 시각화한다. 동일한 버텍스 위치는 두 번째 패스의 입력으로 사용할 수 있다는 것을 주목하자. 하지만 각 스프링의 끝에 있는 버텍스들에 대한 인덱스를 담기 위해 GL_ELEMENT_ARRAY 바인딩을 사용하여 추가 버퍼를 생성해야 한다. 이 추가 단계도 예제 프로그램에 포함되어 있다. [그림 7-13]은 최종 결과에 대한 이미지다.

그림 7-13 스프링-질량 시스템의 스프링을 가시화한 것

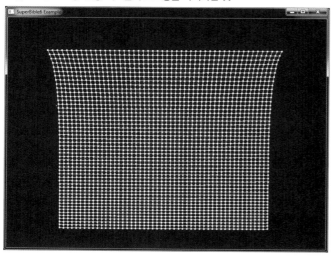

물론 물리 시뮬레이션(그리고 그 결과인 버텍스 데이터)은 다른 것에도 사용할 수 있다. 이 특별한 시스템은 기초 단계이긴 하지만 옷감을 근사하기 위한 시스템으로 사용할 수도 있다. 실제와 같은 옷감 시뮬레이션을 위한 내부 상호 작용 등은 처리하지 않았다. 하지만 입자들이 결정론적인 방식으로 상호 작용하는 많은 시스템은 버텍스 쉐이더와 변환 피드백만으로도 시뮬레이션이 가능하다.

7.4 클리핑

3장 '파이프라인 따라가기'에서 설명한 대로, 클리핑은 어떤 프리미티브가 완전히 또는 부분적으로 보이는지 결정하고, 그로부터 뷰포트 안에 들어가는 일련의 프리미티브를 구성하는 것이다.

점에 대한 클리핑은 단순하다. 만약 점의 좌표가 영역 안에 있다면 그 점은 계속 처리할 대상이다. 반면 점이 영역 밖에 있다면 버린다. 선에 대한 클리핑은 조금 더 복잡하다. 만약 선의 양 끝점이

클리핑 볼륨의 평면 밖에 놓인다면(예를 들어 선의 양쪽 끝의 x 요소가 모두 -1.0보다 작다면) 그 선은 간단히 버려진다. 만약 선의 두 끝점이 클리핑 볼륨 안에 놓인다면 그 선은 간단히 통과된다. 만약 선의 한쪽 끝점이 클리핑 볼륨 안에 있거나 선의 끝점들이 클리핑 볼륨을 자르는 위치에 놓여 있다면 그 선은 그 볼륨에 대해 클리핑되어 내부에 더 짧은 선들이 생성되어야 한다.

[그림 7-14]는 간단히 통과된 경우, 간단히 버려진 경우, 간단하지 않게 클리핑된 경우의 선을 이해하기 쉽게 2차원으로 표현한 것이다.

그림 7-14 선 클리핑

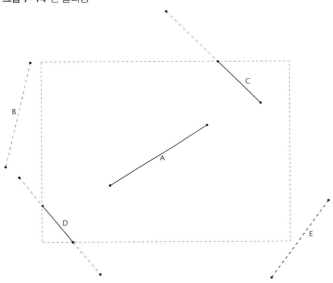

[그림 7-14]에서 A로 표시된 선은 양쪽 끝점이 뷰포트(점선 사각형으로 표현했다) 안에 있어서 간단히 통과되었다. B로 표시된 선은 양쪽 끝점이 뷰포트 왼쪽 가장자리 바깥에 있기 때문에 간단히 버려진다. 선 C는 뷰포트 위 가장자리에 대해 클리핑된다. 선 D는 뷰포트 왼쪽 가장자리와 아래 가장자리에 대해 클리핑된다. 이 경우는 간단하지 않으며, 버텍스들을 선을 따라 움직여 뷰포트에 맞도록 해야 한다. 선 E는 특수한 경우다. 첫 번째 끝점은 뷰포트 오른쪽 가장자리 바깥에 있지만, 두 번째 끝점은 오른쪽 가장자리 안쪽에 있다. 반면 E의 두 번째 끝점은 뷰포트 아래쪽 가장자리 바깥에 있지만, 첫 번째 끝점은 아래쪽 가장자리 안쪽에 있다. OpenGL은 이 선도 버릴 것이다. 하지만 내부적으로는 선을 뷰포트 한쪽 가장자리에 대해 임시적으로 클리핑하여 그릴 게 있는지 없는지 확인한다.

삼각형의 클리핑은 더 복잡한 문제점이 있다. 하지만 비슷한 방식으로 해결할 수 있다. 선과 마찬가지로 삼각형도 모든 버텍스가 동일 클리핑 평면의 바깥에 위치하면 간단히 버릴 수 있고, 모든 버텍스가 클리핑 볼륨 안에 있으면 간단히 통과될 수 있다. 만약 삼각형이 클리핑 볼륨의 안과 밖에 부분적으로 놓여 있다면 여러 작은 삼각형을 볼륨에 맞도록 잘라 클리핑시켜야 한다. [그림 7-15]는 이 작업을 처리하는 내용을 2차원으로 보인다. 실제 OpenGL에서는 3차원으로 처리된다.

그림 7-15 삼각형 클리핑

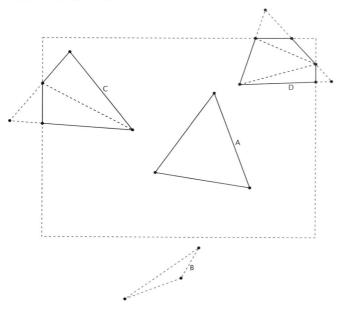

보다시피 [그림 7-15]에 A로 표시된 삼각형은 간단히 통과된다. 모든 버텍스가 뷰포트 안에 있기 때문이다. 삼각형 B는 간단히 버려진다. 삼각형의 모든 버텍스가 뷰포트의 각 가장자리의 바깥에 놓여 있기 때문이다. 삼각형 C는 뷰포트 왼쪽 가장자리를 가로지르기 때문에 클리핑되어야 한다. OpenGL에 의해 추가적인 버텍스가 생성된다. 원래의 삼각형은 두 조각으로 나누어진다. 삼각형 D는 뷰포트의 오른쪽 가장자리와 위쪽 가장자리에 대해 클리핑된다. 추가적인 버텍스가 각 클리핑된 가장자리에 대해 생성된다. 새로 구성된 폴리곤 모양을 채우기 위해 새로운 삼각형들이 생성된다. 실제로, 삼각형이 클리핑되는 각 가장자리에 대해 하나의 추가 버텍스와 하나의 추가 삼각형이 생성된다.

보호 띠

[그림 7-15]에서 보다시피 뷰포트 가장자리에 대해 클리핑되어 부분적으로 보이는 삼각형은 구현에 따라 여러 작은 삼각형으로 분할될 수 있다. 이 작업은 삼각형을 일정하게 처리해야 하는 GPU에서 성능 저하 요인이 될 수 있다. 어떤 경우에는 이러한 삼각형들을 클리핑 단계에서 그대로 보내고 대신 래스터라이저에서 보이지 않는 부분을 버리는 방식이 더 빠를 수 있다. 이러한 방식대로 구현하기 위해 특정 GPU는 **보호 띠** 개념을 사용하기도 한다. 이 띠는 클립 공간 밖의 영역으로 이

영역 안에 있는 삼각형들은 보이지 않는 경우이더라도 그대로 통과한다. [그림 7-16]에 보호 띠를 나타냈다.

그림 7-16 보호 띠를 사용하여 삼각형 클리핑하기

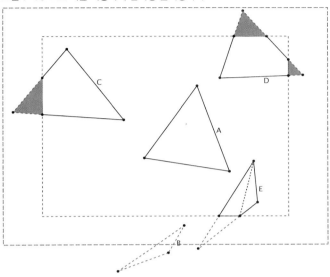

보호 띠는 간단히 통과하거나 간단히 버려진 삼각형에는 영향을 주지 않는다. 그러한 삼각형은 이전과 마찬가지로 그대로 통과하거나 버려진다. 하지만 뷰포트의 하나 이상의 가장자리에 대해 클리핑되지만 보호 띠 안에 들어오는 삼각형은 간단히 통과하는 것으로 간주하여 분할하지 않는다. 뷰포트 밖으로 삐져나오고 보호 띠의 하나 이상의 가장자리에 대해 클리핑되는 삼각형만 여러 삼각형으로 분할된다. [그림 7-16]을 보면, 삼각형 A는 이전처럼 간단히 통과되고, 삼각형 B도 이전처럼 간단히 버려진다. 하지만 삼각형 C와 D는 이번에는 분할되지 않는다. 분할되지 않고 오히려 그대로 통과되어 나중에 음영 부분만 래스터라이저 단계에서 버려진다. 새로 소개된 삼각형 E는 래스터라이제이션을 위해 세부 삼각형으로 분할된다. 이는 뷰포트(안쪽 점선 사각형)에도 클리핑되고, 보호 띠(바깥쪽 점선 사각형)에도 클리핑되기 때문이다.

실제로 보호 띠의 폭(내부 점선 사각형과 외부 점선 사각형 사이의 공간)은 매우 넓다. 보통 뷰포트 자체만큼 커서 양쪽 사각형에 모두 걸치려면 매우 큰 삼각형을 그려야 한다. 이들은 프로그램의 결과 이미지에는 영향을 주지 않지만, 성능에는 영향을 주기 때문에 매우 유용한 정보다.

7.4.1 사용자 정의 클리핑

평면의 어떤 쪽에 점이 놓여 있는지 결정하는 방법은 해당 점과 평면 사이의 부호 있는 거리를 계산하는 것이다. 점과 평면 사이의 부호 있는 거리를 안다면, 그 절댓값으로 점과 평면의 거리를 알

수 있고, 부호를 통해 평면의 어느 쪽에 점이 위치해 있는지 알 수 있다. 따라서 거리의 부호를 사용하여 평면의 안쪽인지 바깥쪽인지 결정할 수 있다. OpenGL이 실제로 이 방식을 사용하여 뷰 볼륨 클리핑을 사용할지 여부는 알 수 없지만, 이 방식을 사용하여 자신만의 클리핑 알고리즘을 구현할 수 있다.

뷰 절두체를 구성하는 6개의 표준 클리핑 평면에 대한 6개의 거리뿐만 아니라, 애플리케이션은 일련의 추가 거리값을 버텍스 쉐이더나 지오메트리 쉐이더 안에서 기록할 수 있다. 버텍스 쉐이더에서 내장 변수 gl_ClipDistance[]를 사용해서 클립 거리값을 쓸 수 있다. 이 변수는 부동소수점값의 배열이다. 이 장에서 배웠듯이 gl_ClipDistance[]는 gl_PerVertex 블록의 멤버로, 버텍스 쉐이더, 테셀레이션 이벨류에이션, 또는 지오메트리 쉐이더에서(이들 중 마지막 쉐이더에서) 기록할 수 있다. 클립 거리의 개수는 OpenGL 구현에 따라 다르다. 이 거리는 내장 클립 거리와 동일하게 해석된다. 만약 쉐이더 작성 시 사용자 정의 클립 거리가 필요하다면 다음 함수를 통해 애플리케이션에서 활성화시켜야 한다.

```
glEnable(GL_CLIP_DISTANCE0 + n);
```

여기서 n은 활성화시킬 클립 거리의 인덱스다. GL_CLIP_DISTANCE1, GL_CLIP_DISTANCE2, 그리고 GL_CLIP_DISTANCE5까지의 상수값들은 보통 표준 OpenGL 헤더 파일에 정의되어 있다. 하지만 n의 최댓값은 구현에 따라 다르며 **glGetIntegerv()**를 GL_MAX_CLIP_DISTANCES 상수 인자로 호출하면 확인할 수 있다. 같은 상수 인자로 **glDisable()**을 호출하면 사용자 정의 클립 거리를 비활성화시킬 수 있다. 만약 특정 인덱스의 사용자 정의 거리가 비활성화되었다면, 해당 인덱스의 gl_ClipDistance[]에 쓰여지는 값도 무시된다.

내장 클리핑 평면에 대해 gl_ClipDistance[] 배열에 써지는 거리의 부호를 사용하면 버텍스가 사용자 정의 클리핑 볼륨의 안쪽에 있는지 바깥쪽에 있는지 판별할 수 있다. 만약 한 삼각형의 모든 버텍스에 대해 모든 거리의 부호가 음수라면, 삼각형이 클리핑된다. 만약 삼각형이 부분적으로 보인다고 판별되면, 클립 거리들은 삼각형 내에서 선형 보간되어 가시성 판별을 각 픽셀별로 수행한다. 따라서 렌더링된 결과는 버텍스 쉐이더에서 수행하는 버텍스별 거리 함수에 대한 선형 추정값이다. 이를 통해 버텍스 쉐이더가 임의의 평면들(평면에 대한 점의 거리는 간단한 내적으로 계산할 수 있다)에 대해 지오메트리를 클리핑할 수 있게 된다.

gl_ClipDistance[] 배열을 프래그먼트 쉐이더의 입력으로 사용할 수도 있다. gl_ClipDistance[]의 어떤 요소에 음의 값이 존재하는 프래그먼트는 클리핑되어 프래그먼트 쉐이더에 도달하지 못한다. 하지만 gl_ClipDistance[]에 양의 값이 존재하는 프래그먼트는 그대로 프래그먼트 쉐이더로 전달된다. 그리고 이 값은 쉐이더에서 읽어 다른 목적으로 사용할 수 있다. 이 기능을 사용하는 예제는 클립 거리에 기반하여 알파값을 0으로 감소시켜 프래그먼트를 점진적으로 희미해지게 만드는 것이다. 이를 통해 버텍스 쉐이더에 의해 한 평면에 클리핑되는 큰 프리미티브의 경계를 칼같이 잘려지게 하지 않고, 대신 프래그먼트 쉐이더에 의해 부드럽게 희미해지게 만들거나 안티에일리어싱되게 만들 수 있다.

만약 단일 프리미티브(점, 선, 또는 삼각형)를 구성하는 모든 버텍스가 동일한 평면에 대해 클리핑된다면 전체 프리미티브가 제거된다. 이는 문제가 없고 일반 폴리곤 메시에 대해서 기대하는 바다. 하지만 점이나 선을 사용할 때 주의가 필요하다. 점을 하나의 버텍스로 렌더링할 때, 이 버텍스의 gl_PointSize 인자가 1.0보다 큰 값으로 설정되어서 여러 픽셀에 걸치는 경우가 있다. gl_PointSize가 크면 버텍스 주위에 큰 점이 렌더링된다. 이는 큰 점이 천천히 화면 가장자리로 이동한다면, 점의 중앙이 뷰 볼륨을 빠져나가서 점을 대표하는 버텍스가 클리핑되면 점이 갑자기 사라지게 된다는 것을 의미한다. 마찬가지로 OpenGL은 두꺼운 선을 렌더링할 수 있는데, 만약 선의 버텍스가 모두 클리핑 평면의 바깥에 있는 경우에는 보여야 하는데, 아무것도 렌더링되지 않을 수 있다. 따라서 주의하지 않으면 갑자기 사라지는 문제가 발생할 수 있다.

[예제 7-20]은 버텍스 쉐이더가 두 개의 클립 거리에 쓰는 예를 보인다. 첫 번째 클립 거리는 4요소 벡터 clip_plane으로 정의된 평면에 대한 객체-공간 버텍스의 거리로 계산한다. 두 번째 거리는 각 버텍스의 구에 대한 거리로 계산한다. 이는 뷰 공간 버텍스에서 구의 중심점으로의 벡터의 길이를 구하고 거기에서 구의 반지름(clip_sphere의 w 요소에 저장되어 있다)을 빼면 계산할 수 있다.

예제 7-20 평면과 구에 대한 객체의 클리핑

```
#version 430 core

// 추가 유니폼은 여기에

// 클립 평면
uniform vec4 clip_plane = vec4(1.0, 1.0, 0.0, 0.85);
uniform vec4 clip_sphere = vec4(0.0, 0.0, 0.0, 4.0);

void main(void)
{
    // 라이팅 코드는 여기에

    // 클립 거리를 쓴다.
    gl_ClipDistance[0] = dot(position, clip_plane);
    gl_ClipDistance[1] = length(position.xyz / position.w -
                                clip_sphere.xyz) - clip_sphere.w;

    // 각 버텍스에 대한 클립 공간 위치를 계산한다.
    gl_Position = proj_matrix * P;
}
```

[예제 7-20]에 있는 쉐이더의 렌더링 결과는 [그림 7-17]이다.

[그림 7-17]에서 보다시피 용은 평평한 평면에 대해 클리핑될 뿐 아니라 구의 곡면에 대해서도 클리핑된다. 하지만 만약 클립 거리가 구와 같은 곡면에 대해 선형적으로 보간된다면, 결과 클리핑 지오메트리는 곡면에 대한 선형 보간 근사치라는 것을 알아야 한다. 좋은 결과를 위해서는 원본 지오메트리가 꽤 자세해야 한다.

그림 7-17 사용자 클립 거리를 사용하여 렌더링하기

7.5 마치며

이 장에서는 사용자가 제공한 버퍼로부터 OpenGL이 어떻게 버텍스 데이터를 읽고, 버텍스 쉐이더의 입력을 어떻게 매핑하는지에 대한 자세한 내용을 살펴보았다. 또한 버텍스 쉐이더가 어떤 일을 수행하는지, 사용할 수 있는 어떤 내장 출력 변수가 있는지에 대해서도 다루었다. 버텍스 쉐이더가 생성하는 버텍스의 최종 위치를 설정하는 것뿐 아니라, 렌더링될 점의 크기도 결정하고, 임의의 모양에 대해 객체를 자를 수 있는 클리핑 처리를 제어할 수 있다는 사실도 알게 되었다.

버텍스 쉐이더를 통해 임의의 데이터를 버퍼에 저장할 수 있는 OpenGL의 강력한 스테이지인 변환 피드백에 대해서도 배웠다. 윈도우의 보이는 영역에 대해 OpenGL이 어떻게 프리미티브를 클리핑하는지에 대해서도 살펴보았다. 그리고 프리미티브가 어떻게 클립 공간에서 단일 뷰포트뿐 아니라 여러 뷰포트로도 이동할 수 있는지 알게 되었다. 다음 장에서는 테셀레이션과 지오메트리 쉐이더의 프론트엔드 스테이지를 살펴볼 예정이다. 이들은 버텍스 쉐이더와 약간 비슷하게 동작하기 때문에 이 장에서 배운 지식이 도움이 될 것이다.

CHAPTER 8

프리미티브 프로세싱

이 장에서 다루는 내용

◆ 테셀레이션을 사용하여 장면에 지오메트리 디테일을 추가하는 방법

◆ 지오메트리 쉐이더를 사용하여 전체 프리미티브를 처리하고 수행 중에 지오메트리를 생성하는 방법

지금까지 OpenGL 파이프라인에 대해 공부했고, 각 스테이지의 기능에 대해 간단하게나마 소개했다. 버텍스 쉐이더 스테이지에 대해 자세히 다루었는데, 입력을 어떻게 구성하고 출력으로 어떻게 전달되는지 알게 되었다. 버텍스 쉐이더는 OpenGL에 전달한 각 버텍스에 대해 수행되며, 각각에 대한 출력을 생산한다. 파이프라인의 다음 스테이지들은 얼핏 보면 버텍스 쉐이더와 유사하다. 하지만 실제로는 **프리미티브 프로세싱 스테이지**라고 할 수 있다. 우선 두 개의 테셀레이션 쉐이더 스테이지와 고정 함수 테셀레이터가 함께 **패치**를 처리한다. 다음으로 지오메트리 쉐이더가 전체 프리미티브(점, 선, 삼각형)를 처리하고, 각각에 대해 한 번씩 수행된다. 이 장에서는 테셀레이션과 지오메트리 쉐이딩을 모두 다루며, 이들을 활용하는 OpenGL 기능에 대해 살펴볼 것이다.

8.1 테셀레이션

3.3절 '테셀레이션'에서 소개한대로, 테셀레이션은 **패치**^patch로 제공된 큰 프리미티브를 렌더링 전에 많은 작은 프리미티브로 쪼개는 작업이다. 테셀레이션은 여러 용도로 사용될 수 있지만, 가장 일반적인 경우는 적은 폴리곤 메시에 지오메트리 디테일을 추가하는 것이다. OpenGL에서 테셀레이션은 파이프라인에서 세 개의 개발 스테이지를 사용하여 생성된다. 바로 테셀레이션 컨트롤 쉐이더(TCS), 고정 함수 테셀레이션 엔진, 테셀레이션 이벨류에이션 쉐이더(TES)다. 논리적으로 이 세 스테이지는 버텍스 쉐이더와 지오메트리 쉐이더 스테이지 사이에 위치한다. 테셀레이션이 활성화되면, 먼저 일반적인 버텍스 쉐이더에 의해 입력 버텍스 데이터가 처리되고, 그룹으로 테셀레이션 컨트롤 쉐이더에 전달된다.

테셀레이션 컨트롤 쉐이더는 한 번에 32개[1]에 달하는 버텍스의 그룹에 대해 수행된다. 이 그룹을 패치라고 부른다. 테셀레이션에서는 입력 버텍스를 **제어점**control point, 컨트롤 포인트이라고 부른다. 테셀레이션 컨트롤 쉐이더는 다음 세 가지를 생성할 책임이 있다.

- 패치당 내부 및 외부 테셀레이션 인자
- 각 출력 제어점에 대한 위치 및 기타 속성
- 패치당 사용자 정의 베어링

테셀레이션 인자는 고정 함수 테셀레이션 엔진으로 보내진다. 이 엔진을 사용하여 어떻게 패치를 더 작은 프리미티브로 쪼갤지 결정한다. 테셀레이션 인자 외에도, 테셀레이션 컨트롤 쉐이더의 출력은 새로운 패치(즉, 새로운 버텍스들의 집합)며, 이 패치는 테셀레이션 엔진에 의해 테셀레이션된 다음에 테셀레이션 이벨류에이션 쉐이더로 전달된다. 만약 일부 데이터가 모든 출력 버텍스에 공통으로 사용된다면(즉, 패치의 색상 같이) 그 데이터는 **패치별로 사용될 데이터**라고 따로 표시해놓을 수 있다. 고정 함수 테셀레이터가 실행되면 테셀레이션 인자와 테셀레이션 모드에 의해 패치 내에 새로운 버텍스들의 세트를 생성한다. 테셀레이션 모드는 테셀레이션 이벨류에이션 쉐이더의 레이아웃 선언을 사용하여 지정한다. OpenGL이 제공하는 테셀레이션 이벨류에이션 쉐이더의 유일한 입력은 일련의 좌표로서 패치 내에 버텍스들이 어디 위치하는지에 대한 정보다. 테셀레이터가 삼각형을 생성할 때, 그 좌표들은 **중심좌표계**를 따른다. 테셀레이션 엔진이 선 또는 삼각형을 생성할 때, 그 좌표들은 단순히 정규화된 값의 쌍으로 상대적인 버텍스의 위치를 나타낸다. 이 값들은 gl_TessCoord 입력 변수에 저장된다. [그림 8-1]에 그 구성을 보인다.

그림 8-1 OpenGL 테셀레이션의 구성

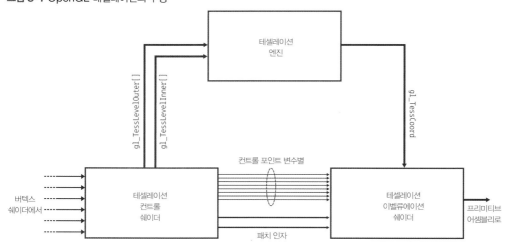

---

1 OpenGL 명세에서 지원하는 패치당 버텍스의 최소 개수는 32다. 하지만 상한은 정의되어 있지 않기 때문에 GL_MAX_PATCH_VERTICES를 통해 확인해야 한다.

8.1.1 테셀레이션 프리미티브 모드

테셀레이션 모드는 OpenGL이 패치를 래스터라이제이션으로 전달하기 전에 어떻게 여러 프리미티브로 쪼개는지 결정하는 데 사용된다. 이 모드는 테셀레이션 이벨류에이션 쉐이더의 입력 레이아웃 지시어를 사용하여 설정하고, 사각형(quads), 삼각형(triangles), 등치선(isolines) 중 하나다. 프리미티브 모드는 테셀레이터에 의해 생성된 프리미티브의 형태를 제어할 뿐 아니라 테셀레이션 이벨류에이션 쉐이더의 gl_TessCoord 입력 변수를 어떻게 해석할지도 결정한다.

사각형을 사용하여 테셀레이션하기

테셀레이션 모드를 사각형(quads)으로 선택하면, 테셀레이션 엔진은 사변형(또는 사각형)을 생성하고, 그 사각형을 일련의 삼각형으로 쪼갠다. gl_TessLevelInner[]의 두 요소는 테셀레이션 컨트롤 쉐이더로 작성해야 하며, 사각형의 내부 영역에 적용할 테셀레이션의 레벨을 결정한다. 첫 번째 요소는 테셀레이션의 수평(u) 방향의 레벨을 결정하고, 두 번째 요소는 테셀레이션의 수직(v) 방향의 레벨을 결정한다. 또한 gl_TessLevelOuter[] 배열의 4요소도 테셀레이션 컨트롤 쉐이더로 작성해야 하는데, 사각형의 바깥쪽 가장자리에 적용될 테셀레이션 레벨을 결정한다. [그림 8-2]에 그 내용을 보인다.

그림 8-2 사각형 테셀레이션의 테셀레이션 인자들

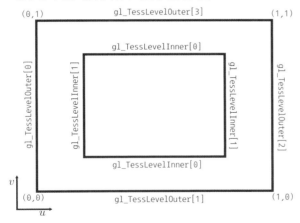

사각형이 테셀레이션될 때, 테셀레이션 엔진은 사각형 내에 정규화된 2차원 영역에 대해 버텍스들을 생성한다. 테셀레이션 이벨류에이션 쉐이더로 전달된 gl_TessCoord 입력 변수의 값은 사각형 내의 정규화된 버텍스 좌표를 담는 2차원 벡터(즉, gl_TessCoord의 x와 y 요소만 유효하다)가 된다. 테셀레이션 이벨류에이션 쉐이더는 테셀레이션 컨트롤 쉐이더로부터 전달받은 입력으로부터 출력을 생성할 때 이 좌표들을 사용할 수 있다. tessmodes 샘플 애플리케이션이 사용하는 사각형 테셀레이션 예제는 [그림 8-3]과 같다.

그림 8-3 사각형 테셀레이션 예제

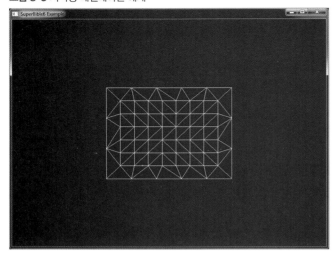

[그림 8-3]에서 내부 테셀레이션 인자는 u와 v 방향에 대해 각각 9.0과 7.0으로 설정되었다. 외부 테셀레이션 인자는 u 방향과 v 방향에 대해 각각 3.0과 5.0으로 설정되었다. 이것은 [예제 8-1]에서처럼 매우 간단한 테셀레이션 컨트롤 쉐이더로 수행할 수 있다.

예제 8-1 간단한 사각형 테셀레이션 컨트롤 쉐이더 예제

```
#version 430 core

layout (vertices = 4) out;

void main(void)
{
    if (gl_InvocationID == 0)
    {
        gl_TessLevelInner[0] = 9.0;
        gl_TessLevelInner[1] = 7.0;
        gl_TessLevelOuter[0] = 3.0;
        gl_TessLevelOuter[1] = 5.0;
        gl_TessLevelOuter[2] = 3.0;
        gl_TessLevelOuter[3] = 5.0;
    }

    gl_out[gl_InvocationID].gl_Position =
        gl_in[gl_InvocationID].gl_Position;
}
```

이 방식으로 테셀레이션 인자들을 설정한 결과는 [그림 8-3]과 같다. 자세히 보면, 수평 외부 가장자리를 따라 다섯 개로 나뉘어 있고, 수직 가장자리를 따라 세 개로 나뉘어 있는 것을 확인할 수 있다. 내부를 보면, 수평축을 따라 9개로 나뉘어 있고, 수직축을 따라 7개로 나뉘어 있다.

[그림 8-3]의 결과를 출력하는 테셀레이션 이벨류에이션 쉐이더는 [예제 8-2]에 있다. 테셀레이션 모드는 테셀레이션 이벨류에이션 쉐이더의 앞쪽에 quads 입력 레이아웃 지시어를 사용하여 설정한다. 그리고 그 쉐이더는 gl_TessCoordinate의 x와 y 요소를 사용하여 버텍스 위치의 보간을 직접 수행한다. 여기서 gl_in[] 배열은 (예제 8-1의 컨트롤 쉐이더에 지정되어 있듯이) 4요소다.

예제 8-2 간단한 사각형 테셀레이션 이벨류에이션 쉐이더 예제

```
#version 430 core

layout (quads) in;

void main(void)
{
    // 테셀레이션 좌표의 x 요소를 사용하여
    // 아래쪽 가장자리를 보간한다.
    vec4 p1 = mix(gl_in[0].gl_Position,
                  gl_in[1].gl_Position,
                  gl_TessCoord.x);
    // 테셀레이션 좌표의 x 요소를 사용하여
    // 위쪽 가장자리를 보간한다.
    vec4 p2 = mix(gl_in[2].gl_Position,
                  gl_in[3].gl_Position,
                  gl_TessCoord.x);
    // 테셀레이션 좌표의 y 요소를 사용하여
    // 두 결과를 보간한다.
    gl_Position = mix(p1, p2, gl_TessCoord.y);
}
```

삼각형을 사용한 테셀레이션

테셀레이션 모드가 삼각형(triangles)으로 설정되면(다시 말하지만, 테셀레이션 컨트롤 쉐이더의 입력 레이아웃 지시어를 사용하여), 테셀레이션 엔진은 많은 더 작은 삼각형으로 쪼개진 삼각형을 생성한다. gl_TessLevelInner[] 배열의 첫 번째 요소만 사용되고, 이 레벨이 테셀레이션된 삼각형의 내부 영역에 전체적으로 적용된다. gl_TessLevelOuter[] 배열의 처음 세 요소가 삼각형의 세 가장자리에 대한 테셀레이션 인자를 설정하기 위해 사용된다. 이 내용이 [그림 8-4]에 있다.

그림 8-4 삼각형 테셀레이션에 대한 테셀레이션 인자들

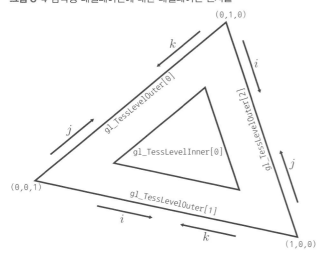

테셀레이션 엔진이 테셀레이션된 삼각형에 대응하는 버텍스를 생성할 때, 각 버텍스는 **중심좌표계**라고 불리는 3차원 좌표로 정의된다. 중심좌표계의 3요소를 세 입력에 대한 가중치 합의 형태로 사용하여 삼각형 내에 선형 보간된 값을 얻을 수 있다. [그림 8-5]는 삼각형 테셀레이션의 예다.

그림 8-5 삼각형 테셀레이션 예제

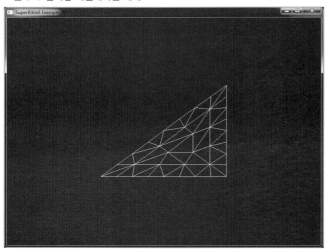

[그림 8-5]를 생성하는 테셀레이션 컨트롤 쉐이더는 [예제 8-3]에 있다. 상수를 테셀레이션 레벨의 내부와 외부에 쓰고, 제어점 위치를 그대로 통과시키는 [예제 8-1]과 얼마나 유사한지 확인하자.

예제 8-3 간단한 삼각형 테셀레이션 컨트롤 쉐이더 예제

```
#version 430 core

layout (vertices = 3) out;

void main(void)
{
    if (gl_InvocationID == 0)
    {
        gl_TessLevelInner[0] = 5.0;
        gl_TessLevelOuter[0] = 8.0;
        gl_TessLevelOuter[1] = 8.0;
        gl_TessLevelOuter[2] = 8.0;
    }

    gl_out[gl_InvocationID].gl_Position =
        gl_in[gl_InvocationID].gl_Position;
}
```

[예제 8-3]은 내부 테셀레이션 레벨을 5.0으로, 세 개의 외부 테셀레이션 레벨을 모두 8.0으로 설정한다. [그림 8-5]를 자세히 보면, 테셀레이션된 삼각형의 각 외부 가장자리는 8개로 분할되었고, 내부 가장자리는 5개로 분할되었다. [그림 8-5]를 생성하는 테셀레이션 이벨류에이션 쉐이더는 [예제 8-4]에 있다.

예제 8-4 간단한 삼각형 테셀레이션 이벨류에이션 쉐이더 예제

```
#version 430 core

layout (triangles) in;

void main(void)
{
    gl_Position = (gl_TessCoord.x * gl_in[0].gl_Position) +
                  (gl_TessCoord.y * gl_in[1].gl_Position) +
                  (gl_TessCoord.z * gl_in[2].gl_Position);
}
```

다시 말하자면, 테셀레이션 엔진에 의해 형성된 각 버텍스에 대한 위치를 생성하기 위해서는 간단히 입력 버텍스들의 가중치 합을 계산하면 된다. 이때 가장 외부의 테셀레이션된 삼각형의 세 버텍스에 대한 상대적인 가중치를 나타내는 gl_TessCoord의 3요소를 모두 사용한다. 이 중심좌표계 값, 테셀레이션 컨트롤 쉐이더의 입력, 그리고 이벨류에이션 쉐이더에서 접근할 수 있는 다른 데이터는 원하는 방식대로 사용할 수 있다.

등치선을 사용하는 테셀레이션

등치선 테셀레이션은 삼각형을 생성하지 않고 대신 테셀레이션 영역의 동일한 v 좌표의 선을 따라 실제 라인 프리미티브를 생성하는 테셀레이션 엔진의 모드다. 각 선은 u 방향을 따라 쪼개진다. gl_TessLevelOuter[]의 처음 두 요소에 저장되는 두 개의 외부 테셀레이션 인자는 각각 선의 개수와 선당 조각의 개수를 나타낸다. 그리고 내부 테셀레이션 인자(gl_TessLevelInner[])는 전혀 사용되지 않는다. 이 내용이 [그림 8-6]에 있다.

그림 8-6 등치선 테셀레이션을 위한 테셀레이션 인자

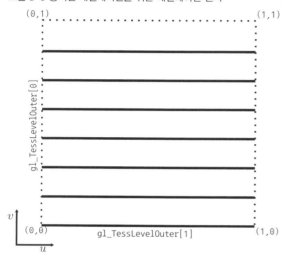

[예제 8-5]의 테셀레이션 컨트롤 쉐이더는 단순히 두 외부 테셀레이션 레벨을 모두 5.0으로 설정하고, 내부 테셀레이션 레벨은 설정하지 않는다. 해당 테셀레이션 이벨류에이션 쉐이더는 [예제 8-6]이다.

예제 8-5 간단한 등치선 테셀레이션 컨트롤 쉐이더 예제

```
#version 430 core

layout (vertices = 4) out;

void main(void)
{
    if (gl_InvocationID == 0)
    {
        gl_TessLevelOuter[0] = 5.0;
        gl_TessLevelOuter[1] = 5.0;
    }

    gl_out[gl_InvocationID].gl_Position =
```

```
            gl_in[gl_InvocationID].gl_Position;
    }
```

[예제 8-6]은 입력 프리미티브 모드가 **isolines**로 설정된 것만 제외하면 [예제 8-2]와 사실상 동일하다

예제 8-6 간단한 등치선 테셀레이션 이벨류에이션 쉐이더 예제

```
#version 430 core

layout (isolines) in;

void main(void)
{
    // 테셀레이션 좌표의 x 요소를 사용하여
    // 아래쪽 가장자리를 보간한다.
    vec4 p1 = mix(gl_in[0].gl_Position,
                  gl_in[1].gl_Position,
                  gl_TessCoord.x);

    // 테셀레이션 좌표의 x 요소를 사용하여
    // 위쪽 가장자리를 보간한다.
    vec4 p2 = mix(gl_in[2].gl_Position,
                  gl_in[3].gl_Position,
                  gl_TessCoord.x);

    // 테셀레이션 좌표의 y 요소를 사용하여
    // 두 결과를 보간한다.
    gl_Position = mix(p1, p2, gl_TessCoord.y);
}
```

매우 간단한 등치선 테셀레이션 예제의 결과는 오른쪽 [그림 8-7]과 같다.

그림 8-7 등치선 테셀레이션 예제

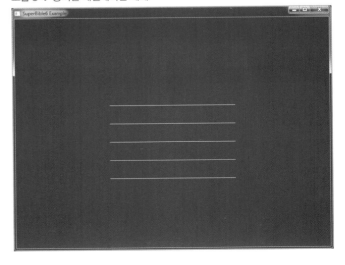

[그림 8-7]은 사실 그리 멋있어 보이지 않는다. 또한 각각의 수평선이 실제로는 여러 조각으로 나뉘어 있다는 사실조차 알기 힘들다. 하지만 [예제 8-7]과 같이 테셀레이션 이벨류에이션 쉐이더를 변경하면 [그림 8-8]과 같은 이미지를 얻을 수 있다.

예제 8-7 등치선 나선형 테셀레이션 이벨류에이션 쉐이더

```
#version 430 core

layout (isolines) in;

void main(void)
{
    float r = (gl_TessCoord.y + gl_TessCoord.x / gl_TessLevelOuter[0]);
    float t = gl_TessCoord.x * 2.0 * 3.14159;
    gl_Position = vec4(sin(t) * r, cos(t) * r, 0.5, 1.0);
}
```

[예제 8-7]의 쉐이더는 입력 테셀레이션 좌표를 극형식으로 변경한다. 이때 반지름 r은 0에서 1로 부드럽게 커지고, 각도 t는 테셀레이션 좌표의 x 요소를 스케일하여 사용한다. 이를 통해 각 동치선마다 하나의 회전을 만들 수 있게 된다. 결과적으로 [그림 8-8]과 같이 선의 조각들이 또렷이 보이는 나선형 패턴을 만든다.

그림 8-8 테셀레이션된 등치선 나선형 예제

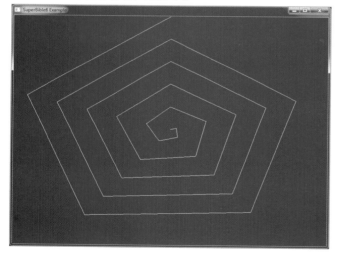

테셀레이션 점 모드

테셀레이션된 패치를 삼각형이나 선으로 렌더링할 수 있는 것뿐 아니라 생성된 버텍스들을 개별

점으로 렌더링하는 것도 가능하다. 이는 **점 모드**라고 하며, 다른 테셀레이션 모드와 마찬가지로 테셀레이션 이벨류에이션 쉐이더의 point_mode 입력 레이아웃 지시어를 사용하여 활성화시킨다. 점 모드를 사용하라고 지정하면 결과 프리미티브는 점이 된다. 하지만 quads, triangles, 또는 isolines 레이아웃 지시어를 사용하는 것에는 영향을 주지 않는다. 즉, point_mode를 다른 레이아웃 지시어와 함께 **추가로** 지정해야 한다는 것이다. 여전히 quads, triangles, isolines 등으로 gl_TessCoord의 생성과 내부와 외부 테셀레이션 레벨을 제어한다. 예를 들어 gl_TessCoord는 테셀레이션 모드가 quads라면 2차원 벡터며, 테셀레이션 모드가 triangles라면 3차원 중심좌표계다. 마찬가지로 테셀레이션 모드가 isolines라면 외부 테셀레이션 레벨만 사용되고, triangles나 quads라면 내부 테셀레이션 레벨도 사용된다.

[그림 8-9]는 [그림 8-5]를 점 모드로 렌더링한 버전이다. 그 옆에는 원본 이미지가 있다. 오른쪽 이미지를 생성하기 위해 간단히 [예제 8-4]의 입력 레이아웃 지시어를 다음과 같이 변경했다.

```
layout (triangles, point_mode) in;
```

보다시피 버텍스들의 레이아웃은 [그림 8-9]의 양쪽 모두에서 동일하다. 하지만 오른쪽의 경우, 각 버텍스가 단일 점으로 렌더링되었다.

그림 8-9 점 모드를 사용하여 테셀레이션된 삼각형

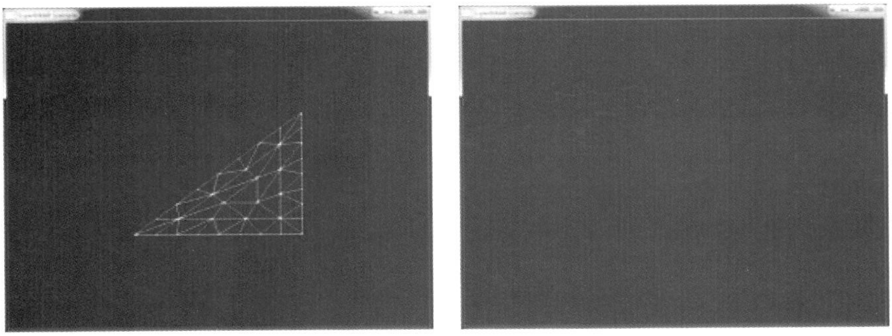

8.1.2 테셀레이션 분할 모드

테셀레이션 엔진은 삼각형이나 사각형 프리미티브를 생성하고, 테셀레이션 컨트롤 쉐이더를 사용하여 생성한 내부 및 외부 테셀레이션 인자를 사용하여 각 가장자리를 여러 부분으로 분할하는 작업을 수행한다. 그리고 나서 생성한 버텍스들을 점, 선, 또는 삼각형 등으로 그룹화하여 다음 처리 단계로 보낸다. 테셀레이션 엔진에 의해 생성될 프리미티브의 타입뿐 아니라 생성할 프리미티브의 가장자리를 분할하는 방식을 제어하는 여러 가지 옵션을 설정할 수 있다.

기본적으로 테셀레이션 엔진은 각 가장자리를 여러 동일한 크기의 조각으로 분할한다. 이때 분할

개수는 해당 테셀레이션 인자로 지정한다. 이 인자는 equal_spacing 모드라고 하며, 디폴트이긴 하지만, 다음과 같이 명시적으로 테셀레이션 이벨류에이션 쉐이더의 레이아웃 지시어에 포함시킬 수 있다.

```
layout (equal_spacing) in;
```

동일 간격 모드는 아마 가장 이해하기 쉬운 모드일 것이다. 이 모드로 테셀레이션 인자를 설정하면 간단히 패치 프리미티브를 각 가장자리를 따라서 지정한 개수로 분할하도록 한다. 그리고 나머지는 테셀레이션 엔진이 처리한다. 간단한 반면, equal_spacing 모드는 큰 단점이 있다. 테셀레이션 인자를 변경할 때, 항상 다음의 가장 가까운 정수로 반올림되기 때문에 각 레벨 간에 갑작스런 시각적인 차이가 보인다. 다른 두 모드는 분할되는 조각의 길이가 동일하지 않아도 되기 때문에, 이 문제가 덜 발생한다. 이 모드들은 fractional_even_spacing과 fractional_odd_spacing이다. 이 모드들도 다음과 같이 입력 레이아웃 지시어를 사용하여 포함시킬 수 있다.

```
layout (fractional_even_spacing) in;
// 또는
layout (fractional_odd_spacing) in;
```

단편 짝수 간격을 사용하면 테셀레이션 인자가 작은 다음 짝수 정수값으로 버림되어 가장자리가 마치 그 값으로 설정된 것처럼 분할된다. 단편 홀수 간격을 사용하면 테셀레이션 인자가 작은 다음 홀수 정수값으로 버림되어 가장자리가 마치 그 값으로 설정된 것처럼 분할된다. 물론 두 방식 모두 다른 조각들과 길이가 다른 작은 남은 조각이 존재한다. 그 나머지 조각은 반으로 잘리고, 각각은 동일한 길이를 가지기 때문에 크기가 **작은** 단편이 된다.

[그림 8-10]은 왼쪽에는 equal_spacing 모드로 테셀레이션된, 가운데는 fractional_even_spacing 모드로 테셀레이션된, 오른쪽에는 fractional_odd_spacing 모드로 테셀레이션된 동일한 삼각형을 보인다.

그림 8-10 서로 다른 분할 모드를 사용한 테셀레이션

[그림 8-10]의 세 이미지는 내부 및 외부 테셀레이션 인자가 5.3으로 설정되었다. 가장 왼쪽의 이미지는 equal_spacing 모드를 사용한다. 삼각형의 각 외부 가장자리를 따라 부분들의 조각 개수가 6인 것을 확인할 수 있다. 5.3의 다음 정수는 6이다. 가운데 이미지는 fractional_even_spacing

모드다. 4개(5.3보다 작은 다음 짝수 정수는 4이므로)의 동일한 크기의 조각이 있고, 더 작은 두 개의 추가 조각이 있다. 마지막으로 오른쪽 이미지는 fractional_odd_spacing 모드를 설명하는 것으로, 5개(5.3보다 작은 다음 홀수 정수는 5이므로)의 동일한 크기의 조각이 있고, 매우 작은 두 개의 추가 조각이 나머지를 구성한다.

유니폼의 값을 명시적으로 올리거나 내리면서 또는 테셀레이션 컨트롤 쉐이더에서 계산해서 테셀레이션 레벨을 애니메이션해보면 동일한 크기의 조각과 두 개의 사이 조각의 길이가 부드럽게 실시간으로 변하는 것을 확인할 수 있다. fractional_even_spacing을 선택하든 fractional_odd_spacing을 선택하든 애플리케이션에서 보는 데는 별 차이가 없을 것이다. 보통 어느 것이 더 좋다고 할 수도 없다. 하지만 테셀레이션된 가장자리가 동일한 크기의 조각일 필요가 없거나 테셀레이션 레벨이 변할 때 튀는 현상이 발생하지 말아야 한다면 일반적인 실시간 애플리케이션에서는 equal_spacing을 사용하는 것보다는 fractional_even_spacing이나 fractional_odd_spacing을 사용하는 것이 더 보기 좋다.

감기 순서 제어하기

3장 '파이프라인 따라가기'에서 컬링을 소개했고, 프리미티브의 **감기 순서**winding order가 OpenGL의 렌더링 여부를 결정하는 데 어떤 영향을 주는지 공부했다. 일반적으로 프리미티브의 감기 순서는 애플리케이션이 버텍스들을 OpenGL에 보내는 순서에 의해 결정된다. 하지만 테셀레이션이 활성화되는 경우, OpenGL은 모든 버텍스와 그 연결 정보를 생성한다. 결과 프리미티브의 감기 순서를 결정하기 위해, 버텍스가 시계 방향으로 생성될지 아니면 반시계 방향으로 생성될지 지정할 수 있다. 다시 말해, 테셀레이션 이벨류에이션 쉐이더에서는 입력 레이아웃 지시어를 사용해서 이를 지정할 수 있다. 시계 방향 감기 순서를 원한다면 다음의 레이아웃 지시어를 사용하면 된다.

```
layout (cw) in;
```

테셀레이션 엔진에 의해 생성되는 프리미티브의 감기 순서를 반시계 방향으로 지정하려면 다음과 같이 한다.

```
layout (ccw) in;
```

테셀레이션 컨트롤 쉐이더에서 cw와 ccw 레이아웃 지시어는 다른 레이아웃 지시어와 함께 지정할 수 있다. 기본 감기 순서는 반시계 방향이기 때문에, 그대로 사용하고 싶다면 레이아웃 지시어를 생략할 수 있다. 또한 당연히 감기 순서는 삼각형에만 적용되기 때문에 애플리케이션이 등치선이나 점을 생성할 때는 감기 순서가 무시된다. 쉐이더에 감기 순서 레이아웃 지시어를 포함할 수 있지만 사용되지는 않을 것이다.

8.1.3 테셀레이션 쉐이더 간 데이터 전달

지금까지 사각형, 삼각형, 점 프리미티브 모드를 위한 내부 및 외부 테셀레이션 레벨을 어떻게 설정하는지 살펴보았다. 하지만 [그림 8-3]에서 [그림 8-8]까지의 결과 이미지들은 그리 흥미로워 보이지 않는다. 결과 버텍스들의 위치를 계산하고 결과 프리미티브를 흰색으로 쉐이딩했을 뿐이기 때문이다. 사실 이 모든 이미지는 **glPolygonMode()** 함수를 GL_LINE 폴리곤 모드를 지정하여 선을 렌더링한 것이다. 좀 더 그럴듯하게 만들려면 더 많은 데이터를 파이프라인에 전달할 필요가 있다.

테셀레이션 컨트롤 쉐이더가 실행되기 전에, 각 버텍스는 제어점을 나타내며, 버텍스 쉐이더는 각 입력 제어점에 대해 한 번만 수행된다. 그리고 보통 때와 마찬가지로 그 결과를 생성한다. 그 다음에 버텍스들은(또는 제어점들은) 그룹 지어져서 테셀레이션 컨트롤 쉐이더로 함께 전달된다. 테셀레이션 컨트롤 쉐이더는 이 제어점 그룹을 처리하여 새로운 제어점들의 그룹을 생성한다. 이 새로운 그룹은 동일한 원본 그룹과 동일한 개수의 요소를 가지지 않을 수도 있다. 테셀레이션 컨트롤 쉐이더는 실제로 **출력** 그룹의 각 제어점에 대해 한 번씩만 수행된다. 하지만 테셀레이션 컨트롤 쉐이더의 매 호출^{invocation}에서는 모든 입력 제어점을 접근할 수 있다. 때문에 모든 테셀레이션 컨트롤 쉐이더로의 입력과 출력은 배열로 표현된다. 입력 배열은 각 패치의 제어점 개수만큼의 크기를 갖는다. 개수는 다음 함수로 설정한다.

```
glPatchParameteri(GL_PATCH_VERTICES, n);
```

여기서 n은 패치당 버텍스 개수다. 기본적으로 패치당 버텍스 개수는 3이다. 테셀레이션 컨트롤 쉐이더에서 입력 배열의 크기는 이 인자로 설정된다. 그리고 그 내용은 버텍스 쉐이더에서 온다. 내장 변수 gl_in[]은 항상 사용할 수 있으며, gl_PerVertex 구조체의 배열로 선언된다. 버텍스 쉐이더에서 내장 출력에 쓰면 그 내용이 이 구조체에 들어간다. 버텍스 쉐이더의 모든 다른 출력도 테셀레이션 컨트롤 쉐이더에서는 배열로 된다. 특히 버텍스 쉐이더에서 출력 블록을 사용하면, 그 블록의 인스턴스가 테셀레이션 컨트롤 쉐이더의 인스턴스 배열이 된다. 따라서 예를 들면 다음 내용이

```
out VS_OUT
{
    vec4    foo;
    vec3    bar;
    int     baz;
} vs_out;
```

테셀레이션 이벨류에이션 쉐이더에서는 다음과 같이 된다.

```
in VS_OUT
{
    vec4    foo;
    vec3    bar;
    int     baz;
} tcs_in[];
```

테셀레이션 컨트롤 쉐이더의 출력도 배열이다. 하지만 그 크기는 쉐이더의 앞부분에 버텍스 출력 레이아웃 지시어로 설정된다. 입력과 출력 버텍스 개수를 동일한 값으로 설정하는 것이 일반적이다 (예를 들면 이 절의 앞부분에 있는 예제와 같이). 그리고 입력을 직접 테셀레이션 컨트롤 쉐이더의 출력으로 보낸다. 하지만 꼭 그럴 필요는 없다. 테셀레이션 컨트롤 쉐이더의 출력 배열의 크기는 GL_MAX_PATCH_VERTICES 상수값에 의해 결정된다.

테셀레이션 컨트롤 쉐이더의 출력은 배열이기 때문에, 테셀레이션 이벨류에이션 쉐이더의 입력 또한 비슷한 크기의 배열이다. 테셀레이션 이벨류에이션 쉐이더는 생성된 버텍스별로 한 번씩 수행되며, 테셀레이션 컨트롤 쉐이더와 마찬가지로 패치의 모든 버텍스에 대한 모든 데이터에 접근 가능하다.

테셀레이션 컨트롤 쉐이더에서 테셀레이션 이벨류에이션 쉐이더로 버텍스별 데이터를 배열 형태로 전달할 수 있을 뿐 아니라, 전체 패치에 걸쳐 동일한 데이터를 직접 스테이지 간에 전달할 수도 있다. 이렇게 하려면 간단히 테셀레이션 컨트롤 쉐이더의 출력 변수와 테셀레이션 이벨류에이션 쉐이더의 해당 입력을 patch 키워드를 사용하여 선언하면 된다. 이 경우 패치당 오직 하나의 인스턴스만 존재하기 때문에 변수를 배열로 선언할 필요는 없다(patch 지시어 변수를 배열로 해도 무방하다).

테셀레이션 컨트롤 쉐이더 없이 렌더링하기

테셀레이션 컨트롤 쉐이더의 목적은 테셀레이션 이벨류에이션 쉐이더에 대한 패치당 입력값을 계산하고, 고정 함수 테셀레이터에서 사용할 내부 및 외부 테셀레이션 레벨의 값을 계산하는 등의 작업을 수행하는 것이다. 하지만 어떤 간단한 애플리케이션에서는 테셀레이션 이벨류에이션 쉐이더에 대한 패치당 입력이 없어서 테셀레이션 컨트롤 쉐이더에서 테셀레이션 레벨에 상수만 써도 되는 경우가 있다. 이 경우 테셀레이션 이벨류에이션 쉐이더만 있고 테셀레이션 컨트롤 쉐이더는 없는 프로그램을 설정하는 것이 가능하다.

테셀레이션 컨트롤 쉐이더가 없을 때, 모든 내부 및 외부 테셀레이션 레벨의 기본값은 1.0이다. 이 값을 glPatchParameterfv()로 변경할 수 있다. 프로토타입은 다음과 같다.

```
void glPatchParameterfv(GLenum pname,
                        const GLfloat * values);
```

pname이 GL_PATCH_DEFAULT_INNER_LEVEL일 때, values는 두 개의 부동소수점값의 배열에 대한 포인터여야 한다. 테셀레이션 컨트롤 쉐이더가 없는 경우 이 값들이 새로운 디폴트 내부 테셀레이션 레벨을 위해 사용된다. 마찬가지로 pname이 GL_PATCH_DEFAULT_OUTER_LEVEL일 때, values는 네 개의 부동소수점값의 배열에 대한 포인터여야 한다. 테셀레이션 컨트롤 쉐이더가 없는 경우 이 값이 새로운 디폴트 외부 테셀레이션 레벨을 위해 사용된다.

테셀레이션 컨트롤 쉐이더가 현재 파이프라인에 없는 경우, 테셀레이션 이벨류에이션 쉐이더에 제공되는 제어점 개수는 glPatchParameteri()로 설정한 패치당 제어점의 개수가 된다. 이때 pname은 GL_PATCH_VERTICES으로 설정한다. 이 경우 테셀레이션 이벨류에이션 쉐이더의 입력은 버텍스 쉐이더로부터 직접 전달된다. 즉, 테셀레이션 이벨류에이션 쉐이더의 입력은 패치를 생성하는 버텍스 쉐이더 호출의 결과로 구성된 배열이다.

8.1.4 쉐이더 호출 간 통신

비록 테셀레이션 이벨류에이션 쉐이더로 데이터를 전달하는 것이 테셀레이션 컨트롤 쉐이더의 출력 변수들의 주목적이지만, 다른 목적도 있다. 즉, 컨트롤 쉐이더 호출 간에 데이터를 전달하는 것이다. 알다시피, 테셀레이션 컨트롤 쉐이더는 한 패치 내 각 **출력** 제어점에 대해 한 번씩 호출을 수행한다. 따라서 테셀레이션 컨트롤 쉐이더의 출력 변수는 출력 패치의 제어점 개수 크기의 배열이다. 일반적으로 테셀레이션 컨트롤 쉐이더의 매 호출은 이 배열의 한 요소에 출력하는 것이 임무다.

테셀레이션 컨트롤 쉐이더가 실제로 출력 변수(다른 호출에 의해 쓰여지는 것도 포함)를 **읽을** 수 있는지는 분명치 않다. 테셀레이션 컨트롤 쉐이더는 호출이 병렬로 수행될 수 있다는 것을 전제로 설계되었다. 하지만 실제로 어떤 순서로 이 쉐이더들이 수행되는지에 대한 순서는 정해지지 않았다. 즉, 언제 다른 호출의 출력 변수를 읽고, 언제 그 호출이 실제로 그 데이터에 쓰여지는지에 대한 순서를 보장할 수 없다.

이를 해결하기 위해 GLSL은 barrier() 함수를 제공한다. 이 함수는 흐름 제어 베리어라고 하며, 여러 쉐이더 호출의 실행에 상대적인 순서를 강제한다. barrier() 함수는 실제로 컴퓨트 쉐이더에서 사용할 때 더 활용가치가 높다. 여기에 대해서는 나중에 설명하겠다. 하지만 테셀레이션 컨트롤 쉐이더에서도 제한적으로 사용 가능하다. 특히 테셀레이션 컨트롤 쉐이더에서 barrier()는 main() 함수에서만 직접 호출할 수 있고, 다른 제어 흐름 구조(예를 들면 if, else, while, switch 등) 안에서는 사용할 수 없다.

barrier()를 호출하면 테셀레이션 컨트롤 쉐이더 호출은 정지하고, 동일한 패치의 다른 호출이 따라올 때까지 기다린다. 다른 모든 호출이 해당 위치에 도달할 때까지 계속 실행을 멈춘다. 즉, 테셀레이션 컨트롤 쉐이더에서 출력 변수에 쓴 다음에 barrier()를 호출하면, barrier()가 리턴하기 전에 다른 모든 호출도 동일한 작업을 완료했다는 것을 확신할 수 있다. 즉, 계속 진행하여 다른 호출의 출력 변수를 읽어도 안전하다는 의미다.

8.1.5 테셀레이션 예제 – 지형 렌더링

테셀레이션의 사용예를 설명하기 위해 사변형 패치와 **변위 맵**을 사용한 간단한 지형 렌더링 시스템을 다룰 것이다. 이 예제의 코드는 dispmap 예제의 일부다. 변위 맵은 매 위치마다의 서피스 높이를 담는 텍스처다. 각 패치는 대응되는 화면 공간 영역에 따라 테셀레이트되는 지형의 일부를 나타낸다. 각 테셀레이트된 버텍스는 서피스의 접선을 따라 변위 맵에 저장된 값만큼 이동된다. 이를 통해 각 테셀레이트된 버텍스에 대한 위치를 명시적으로 저장하지 않고도 기하학적 세밀함을 서피스에 추가할 수 있다. 반면, 평평한 지역에 대해 상대적인 높이만 저장하고, 실시간에 테셀레이션 이벨류에이션 쉐이더에서 계산된다. 이 예제에 사용한 변위 맵(높이 맵이라고도 한다)은 [그림 8-11]에 있다.

그림 8-11 지형 예제에 사용된 변위 맵

첫 번째 단계는 간단한 버텍스 쉐이더를 설정하는 것이다. 각 패치는 실제로 간단한 사각형이다. 사각형을 위해 버텍스 배열을 설정하지 않고 대신 네 개의 버텍스를 나타내기 위해 쉐이더에서 상수로 설정해도 된다.

완전한 쉐이더는 [예제 8-8]에 있다. 이 쉐이더는 인스턴스 번호(gl_InstanceID에 저장되어 있음)를 사용하여 패치의 오프셋을 계산한다. 이 패치는 xz 평면에 1 유닛 크기의 정방형이며, 중심이 원점에 있다. 이 애플리케이션에서는 64×64 그리드 패치를 렌더링하기 때문에, 패치의 x 및 y 오프셋은 gl_InstanceID 모듈로^{modulo} 64 연산과 gl_InstanceID 나누기 64로 계산된다. 버텍스 쉐이더는 패치의 텍스처 좌표도 계산한다. 이 텍스처 좌표는 vs_out.tc 테셀레이션 컨트롤 쉐이더에 전달된다.

```
#version 430 core

out VS_OUT
{
    vec2 tc;
} vs_out;

void main(void)
{
    const vec4 vertices[] = vec4[](vec4(-0.5, 0.0, -0.5, 1.0),
                                   vec4( 0.5, 0.0, -0.5, 1.0),
                                   vec4(-0.5, 0.0,  0.5, 1.0),
                                   vec4( 0.5, 0.0,  0.5, 1.0));

    int x = gl_InstanceID & 63;
    int y = gl_InstanceID >> 6;
    vec2 offs = vec2(x, y);

    vs_out.tc = (vertices[gl_VertexID].xz + offs + vec2(0.5)) / 64.0;
    gl_Position = vertices[gl_VertexID] + vec4(float(x - 32), 0.0,
                                               float(y - 32), 0.0);
}
```

다음은 테셀레이션 컨트롤 쉐이더다. 다시 말하지만, 완전한 쉐이더는 [예제 8-9]에 있다. 이 예제에서, 대부분의 렌더링 알고리즘은 테셀레이션 컨트롤 쉐이더에 구현되어 있고, 대부분의 코드는 처음 호출에서만 수행된다. gl_InvocationID가 0인지 확인하면 첫 번째 호출인지 확인할 수 있다. 첫 번째 호출인지 확인한 다음에 전체 패치에 대한 테셀레이션 레벨을 계산한다. 우선 패치의 모서리들을 정규화된 디바이스 좌표계에 투영한다. 이때 입력 좌표를 모델-뷰-프로젝션 행렬로 곱하고 각 네 개의 점을 자신의 .w 요소로 나누면 된다.

다음으로 정규화된 디바이스 공간의 네 가장자리 각각에 대해 z 요소를 무시하여 xy 평면에 투영한 다음에 길이를 계산한다. 그리고 쉐이더는 간단한 스케일과 바이어스를 사용한 길이의 함수로 패치의 각 가장자리의 테셀레이션 레벨을 계산한다. 마지막으로 내부 테셀레이션 인자들을 간단히 수평 또는 수직 방향에 대한 가장자리 길이로 계산한 외부 테셀레이션 인자들의 최솟값으로 설정한다.

[예제 8-9]의 일부 코드는 투영된 제어점들의 모든 z 좌표가 0보다 작은지 체크하고, 만약 그렇다면 외부 테셀레이션 레벨을 모두 0으로 설정한다. 이는 뷰어 뒤쪽[2]에 있는 모든 패치를 컬링하는 최적화 방법이다.

---

2 이 최적화 방법은 실제로는 그리 간단하지 않다. 만약 뷰어가 매우 높은 절벽의 아래에 서 있고, 바로 위를 쳐다보고 있다면, 기본 패치의 모든 모서리는 뷰어의 뒤쪽에 있지만, 절벽은 패치 위로 확장되어 뷰어의 시야 내에 들어온다.

```
#version 430 core

layout (vertices = 4) out;

in VS_OUT
{
    vec2 tc;
} tcs_in[];

out TCS_OUT
{
    vec2 tc;
} tcs_out[];

uniform mat4 mvp;

void main(void)
{
    if (gl_InvocationID == 0)
    {
        vec4 p0 = mvp * gl_in[0].gl_Position;
        vec4 p1 = mvp * gl_in[1].gl_Position;
        vec4 p2 = mvp * gl_in[2].gl_Position;
        vec4 p3 = mvp * gl_in[3].gl_Position;
        p0 /= p0.w;
        p1 /= p1.w;
        p2 /= p2.w;
        p3 /= p3.w;
        if (p0.z <= 0.0 ||
            p1.z <= 0.0 ||
            p2.z <= 0.0 ||
            p3.z <= 0.0)
        {
            gl_TessLevelOuter[0] = 0.0;
            gl_TessLevelOuter[1] = 0.0;
            gl_TessLevelOuter[2] = 0.0;
            gl_TessLevelOuter[3] = 0.0;
        }
        else
        {
            float l0 = length(p2.xy - p0.xy) * 16.0 + 1.0;
            float l1 = length(p3.xy - p2.xy) * 16.0 + 1.0;
            float l2 = length(p3.xy - p1.xy) * 16.0 + 1.0;
            float l3 = length(p1.xy - p0.xy) * 16.0 + 1.0;
            gl_TessLevelOuter[0] = l0;
            gl_TessLevelOuter[1] = l1;
            gl_TessLevelOuter[2] = l2;
```

```
                gl_TessLevelOuter[3] = l3;
                gl_TessLevelInner[0] = min(l1, l3);
                gl_TessLevelInner[1] = min(l0, l2);
            }
        }

        gl_out[gl_InvocationID].gl_Position = gl_in[gl_InvocationID].gl_Position;
        tcs_out[gl_InvocationID].tc = tcs_in[gl_InvocationID].tc;
    }
```

일단 테셀레이션 컨트롤 쉐이더가 패치에 대한 테셀레이션 레벨을 계산했다면, 간단히 그 입력을
출력으로 복사한다. 이 작업은 인스턴스별로 수행되며, 결과 데이터는 테셀레이션 이벨류에이션 쉐
이더로 전달된다. 그 내용이 [예제 8-10]에 있다.

예제 8-10 지형 렌더링을 위한 테셀레이션 이벨류에이션 쉐이더

```
#version 430 core

layout (quads, fractional_odd_spacing) in;

uniform sampler2D tex_displacement;

uniform mat4 mvp;
uniform float dmap_depth;

in TCS_OUT
{
    vec2 tc;
} tes_in[];

out TES_OUT
{
    vec2 tc;
} tes_out;

void main(void)
{
    vec2 tc1 = mix(tes_in[0].tc, tes_in[1].tc, gl_TessCoord.x);
    vec2 tc2 = mix(tes_in[2].tc, tes_in[3].tc, gl_TessCoord.x);
    vec2 tc = mix(tc2, tc1, gl_TessCoord.y);

    vec4 p1 = mix(gl_in[0].gl_Position,
                  gl_in[1].gl_Position,
                  gl_TessCoord.x);
    vec4 p2 = mix(gl_in[2].gl_Position,
                  gl_in[3].gl_Position,
```

```
                        gl_TessCoord.x);
        vec4 p = mix(p2, p1, gl_TessCoord.y);

        p.y += texture(tex_displacement, tc).r * dmap_depth;

        gl_Position = mvp * p;
        tes_out.tc = tc;
    }
```

우선 [예제 8-10]의 테셀레이션 이벨류에이션 쉐이더는 [예제 8-9]의 테셀레이션 컨트롤 쉐이더에서 전달받은 텍스처 좌표들(예제 8-8의 버텍스 쉐이더에서 먼저 생성된)을 선형 보간하여 생성되는 버텍스들의 텍스처 좌표를 계산한다. 그 다음에는 유사한 보간을 입력 제어점 위치에 대해 수행하여 출력 버텍스의 위치를 계산한다. 하지만 이 작업이 일단 수행되면, 버텍스를 y 방향으로 오프셋 이동시키기 위해 계산했던 텍스처 좌표를 사용할 수 있다. 그 다음에는 그 결과를 모델-뷰-프로젝션 행렬(이는 테셀레이션 컨트롤 쉐이더에서 사용했던 것과 동일하다)에 곱한다. 계산된 텍스처 좌표를 tes_out.tc의 값에 넣어 프래그먼트 쉐이더에도 전달한다. 프래그먼트 쉐이더는 [예제 8-11]에 있다.

예제 8-11 지형 렌더링을 위한 프래그먼트 쉐이더

```
#version 430 core

out vec4 color;

layout (binding = 1) uniform sampler2D tex_color;

in TES_OUT
{
    vec2 tc;
} fs_in;

void main(void)
{
    color = texture(tex_color, fs_in.tc);
}
```

[예제 8-11]의 프래그먼트 쉐이더는 매우 간단하다. 테셀레이션 이벨류에이션 쉐이더가 제공한 텍스처 좌표를 사용하여 프래그먼트의 색상을 참조하는 것이 전부다. 이 쉐이더들을 사용한 렌더링 결과는 [그림 8-12]다.

그림 8-12 테셀레이션을 사용한 지형 렌더링

물론 작업을 제대로 수행하지 못하면 지오메트리가 제대로 테셀레이션되지 않을 것이다. [그림 8-13]의 와이어프레임 버전을 보면, 지형의 삼각형 메시를 확인할 수 있다. 이 프로그램의 목적은 화면에 그려지는 모든 삼각형을 대략적으로 유사한 크기의 화면 공간 영역을 차지하게 하고, 테셀레이션 레벨의 변화를 렌더링 이미지에서 눈치 채지 못하게 하는 것이다.

그림 8-13 와이어프레임으로 본 테셀레이션된 지형

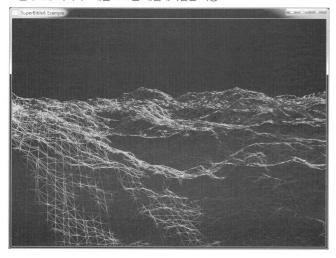

8.1.6 테셀레이션 예제 – 3차 베지어 패치

변위 맵 예제에서는 평평한 서피스에 대한 변위를 추출하기 위해 (매우 큰) 텍스처를 사용했고,

장면의 폴리곤 개수를 증가시키기 위해 테셀레이션을 사용한 것이 전부다. 이는 일종의 단순 무식한 방식이며, 지오메트리의 복잡도에 대한 데이터 주도 접근 방식이라고 할 수 있다. 여기서 설명하는 cubicbezier 예제에서는 수학을 사용하여 지오메트리를 변형시키는 방식을 사용할 것이다. 즉, **3차 베지어 패치**를 사용하여 렌더링할 것이다. 여기에서 필요한 수학 관련 내용은 이미 4장에서 모두 다뤘다.

3차 베지어 패치는 일종의 **고차 서피스**의 일종이며, 여러 **제어점**^{control point, 컨트롤 포인트}[3]을 서피스의 모양을 정의하는 여러 보간 함수의 입력으로 사용한다. 베지어 패치는 16개의 제어점을 가지며, 이들은 4×4 그리드를 구성한다. 보통(이 예제를 포함하여) 이 점들은 2차원 공간상에서 동일한 간격을 이루며 공유하는 평면에 대한 거리만 다르다. 하지만 그럴 필요는 없다. 자유 형태 베지어 패치는 매우 강력한 모델링 도구며, 많은 모델링 및 설계 소프트웨어에서 직접적으로 사용된다. OpenGL 테셀레이션을 사용하면 이를 직접 렌더링하는 것이 가능하다.

베지어 패치를 렌더링하는 가장 간단한 방법은 패치의 각 행에 있는 네 개의 제어점을 하나의 3차 베지어 곡선의 제어점으로 간주하는 것이다. 3차 베지어 곡선은 4장에서 다루었다. 4×4 그리드의 제어점이 주어지면, 이는 네 개의 곡선을 이루며, 각각의 곡선을 동일한 t의 값으로 보간하면, 네 개의 새로운 점이 생성된다. 이 네 개의 점을 두 번째 3차 베지어 곡선의 제어점으로 사용한다. 이 두 번째 곡선을 새로운 t값으로 보간하면 패치 상에 놓이는 두 번째 점을 얻을 수 있다. t의 두 값(t_0와 t_1이라고 하자)은 패치의 **영역**에 속하며, 테셀레이션 이벨류에이션 쉐이더에 gl_TessCoord.xy로 전달된다.

이번 예제에서는 테셀레이션을 뷰 공간으로 수행할 것이다. 즉, 버텍스 쉐이더에서 패치의 제어점들을 모델-뷰 행렬에 곱하여 뷰 공간으로 변환한다. 이것이 전부다. 간단한 버텍스 쉐이더가 [예제 8-12]에 있다.

예제 8-12 3차 베지어 패치 버텍스 쉐이더

```
#version 430 core

in vec4 position;

uniform mat4 mv_matrix;

void main(void)
{
    gl_Position = mv_matrix * position;
}
```

---

3 이제 테셀레이션 컨트롤 쉐이더의 이름이 어디에서 왔는지 알 수 있을 것이다.

일단 제어점들이 뷰 공간으로 변환되면, 테셀레이션 컨트롤 쉐이더로 전달된다. 좀 더 복잡한[4] 알고리즘에서는, 제어점들을 화면 공간으로 투영하여 곡선의 길이를 결정하고, 테셀레이션 인자들을 적절히 설정할 수도 있을 것이다. 하지만 이 예제에서는 간단한 고정 테셀레이션 인자로 설정한다.

이전 예제에서처럼 테셀레이션 인자들은 gl_InvocationID가 0일 때만 설정하고, 다른 모든 데이터는 매 호출마다 한 번씩 전달한다. 테셀레이션 컨트롤 쉐이더는 [예제 8-13]에 있다.

예제 8-13 3차 베지어 패치 테셀레이션 컨트롤 쉐이더

```
#version 430 core

layout (vertices = 16) out;

void main(void)
{
    if (gl_InvocationID == 0)
    {
        gl_TessLevelInner[0] = 16.0;
        gl_TessLevelInner[1] = 16.0;
        gl_TessLevelOuter[0] = 16.0;
        gl_TessLevelOuter[1] = 16.0;
        gl_TessLevelOuter[2] = 16.0;
        gl_TessLevelOuter[3] = 16.0;
    }

    gl_out[gl_InvocationID].gl_Position =
        gl_in[gl_InvocationID].gl_Position;
}
```

다음은 테셀레이션 이밸류에이션 쉐이더로 넘어간다. 여기가 이 알고리즘의 내용이 적용되는 부분이다. 전체 쉐이더는 [예제 8-14]에 있다. cubic_bezier와 quadratic_bezier 함수는 4장에서 확인할 수 있다. evaluate_patch 함수는 입력 패치 좌표와 패치 내 버텍스 위치가 주어졌을 때 버텍스 좌표를 이밸류에이션[evaluation, 평가][5]하는 것이 목적이다.

예제 8-14 3차 베지어 패치 테셀레이션 이밸류에이션 쉐이더

```
#version 430 core

layout (quads, equal_spacing, cw) in;
```

---

4 제대로 하려면 베지어 곡선의 각 길이를 계산할 필요가 있다. 이는 비폐쇄 형태(non-closed form)에 대한 적분을 계산해야 하는데... 조금 어렵다.

5 왜 테셀레이션 이밸류에이션 쉐이더 이름이 그렇게 지어졌는지 알 수 있다.

```glsl
uniform mat4 mv_matrix;
uniform mat4 proj_matrix;

out TES_OUT
{
    vec3 N;
} tes_out;

vec4 quadratic_bezier(vec4 A, vec4 B, vec4 C, float t)
{
    vec4 D = mix(A, B, t);
    vec4 E = mix(B, C, t);

    return mix(D, E, t);
}

vec4 cubic_bezier(vec4 A, vec4 B, vec4 C, vec4 D, float t)
{
    vec4 E = mix(A, B, t);
    vec4 F = mix(B, C, t);
    vec4 G = mix(C, D, t);

    return quadratic_bezier(E, F, G, t);
}

vec4 evaluate_patch(vec2 at)
{
    vec4 P[4];
    int i;

    for (i = 0; i < 4; i++)
    {
        P[i] = cubic_bezier(gl_in[i + 0].gl_Position,
                            gl_in[i + 4].gl_Position,
                            gl_in[i + 8].gl_Position,
                            gl_in[i + 12].gl_Position,
                            at.y);
    }

    return cubic_bezier(P[0], P[1], P[2], P[3], at.x);
}

const float epsilon = 0.001;

void main(void)
{
    vec4 p1 = evaluate_patch(gl_TessCoord.xy);
    vec4 p2 = evaluate_patch(gl_TessCoord.xy + vec2(0.0, epsilon));
    vec4 p3 = evaluate_patch(gl_TessCoord.xy + vec2(epsilon, 0.0));
```

```
    vec3 v1 = normalize(p2.xyz - p1.xyz);
    vec3 v2 = normalize(p3.xyz - p1.xyz);

    tes_out.N = cross(v1, v2);

    gl_Position = proj_matrix * p1;
  }
```

테셀레이션 이벨류에이션 쉐이더에서, 관련 점에 매우 가까운 두 점에 대한 패치 위치를 평가하여 패치에 대한 서피스 노말을 계산한다. 이때 추가점들을 사용하여 패치 상의 두 벡터를 계산하고 그 외적을 구한다. 이 값이 [예제 8-15]의 프래그먼트 쉐이더에 전달된다.

예제 8-15 3차 베지어 패치 프래그먼트 쉐이더

```
#version 430 core

out vec4 color;

in TES_OUT
{
    vec3 N;
} fs_in;

void main(void)
{
    vec3 N = normalize(fs_in.N);

    vec4 c = vec4(1.0, -1.0, 0.0, 0.0) * N.z +
            vec4(0.0, 0.0, 0.0, 1.0);

    color = clamp(c, vec4(0.0), vec4(1.0));
}
```

이 프래그먼트 쉐이더는 서피스 노말의 z 요소를 사용하여 매우 간단한 라이팅 계산을 수행한다. 이 쉐이더를 사용한 렌더링 결과는 [그림 8-14]에 있다.

[그림 8-14]에 렌더링된 패치는 부드럽기 때문에, 이 모양에 적용되는 테셀레이션을 확인하기는 어렵다. [그림 8-15]의 왼쪽에는 테셀레이션된 패치의 와이어프레임을 보이며, 오른쪽에는 패치의 제어점(컨트롤 포인트) 및 컨트롤 새장cage을 보인다. 이는 제어점의 선 그리드를 생성하면 확인할 수 있다.

그림 8-14 3차 베지어 패치의 최종 렌더링

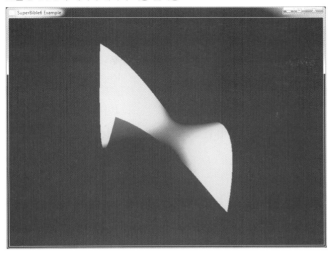

그림 8-15 베지어 패치 및 그 컨트롤 새장

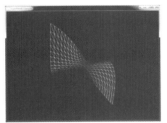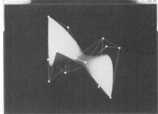

8.2 지오메트리 쉐이더

지오메트리 쉐이더가 다른 쉐이더 타입과 구별되는 점은, 전체 프리미티브(삼각형, 선, 또는 점)를 한 번에 처리하며 실제로 OpenGL 파이프라인의 데이터양을 프로그래밍적으로 변경하는 것이 가능하다는 것이다. 버텍스 쉐이더는 한 번에 한 버텍스를 처리한다. 다른 버텍스 정보는 접근할 수 없으며, 오직 하나의 버텍스가 입력으로 들어가서 하나의 출력으로 나온다. 즉, 새로운 버텍스들을 생성할 수 없으며, OpenGL에 의해 버텍스 처리를 멈출 수 없다. 테셀레이션 쉐이더는 패치별로 수행되며, 테셀레이션 인자들을 설정하지만, 패치를 어떻게 테셀레이션시킬지에는 덜 관여한다. 그리고 분리된 프리미티브로 만들어낼 수 없다. 마찬가지로 프래그먼트 쉐이더는 한 번에 하나의 프래그먼트를 처리하며, 다른 프래그먼트에 속한 데이터는 접근할 수 없고, 새로운 프래그먼트를 생성할 수도 없으며, 프래그먼트를 폐기하여 없앨 수만 있다. 반면 지오메트리 쉐이더는 프리미티브의 모든 (GL_TRIANGLES_ADJACENCY와 GL_TRIANGLE_STRIP_ADJACENCY 프리미티브 모드에서는 6개까지) 버텍스를 접근할 수 있으며, 프리미티브의 타입을 변경시킬 수도 있으며, 심지어 프리미티브를 생성하거나 폐기할 수도 있다.

지오메트리 쉐이더는 OpenGL 파이프라인의 선택적인 부분이다. 지오메트리 쉐이더가 없으면, 버텍스나 테셀레이션 이벨류에이션 쉐이더의 출력은 렌더링되는 프리미티브에 걸쳐 보간되어 프래그먼트 쉐이더에 직접 전달된다. 하지만 지오메트리 쉐이더가 존재하면, 버텍스 쉐이더나 테셀레이션 이벨류에이션 쉐이더의 출력은 지오메트리 쉐이더의 입력이 되며, 지오메트리 쉐이더의 출력은 보간되어 프래그먼트 쉐이더에 전달된다. 지오메트리 쉐이더는 버텍스 쉐이더나 테셀레이션 이벨류에이션 쉐이더의 출력을 계속해서 처리할 수도 있고, 만약 새로운 프리미티브를 생성한다면 (이를 확장^amplification이라고 부른다), 생성하는 각 프리미티브에 다른 변환을 적용할 수도 있다.

8.2.1 통과 지오메트리 쉐이더

3장 '파이프라인 따라가기'에서 설명했듯이, 렌더링할 수 있는 가장 간단한 지오메트리 쉐이더는 통과 쉐이더다. [예제 8-16]은 이에 대한 예다.

예제 8-16 간단한 지오메트리 쉐이더를 위한 소스 코드

```
#version 430 core

layout (triangles) in;
layout (triangle_strip) out;
layout (max_vertices = 3) out;

void main(void)
{
    int i;

    for (i = 0; i < gl_in.length(); i++)
    {
        gl_Position = gl_in[i].gl_Position;
        EmitVertex();
    }
    EndPrimitive();
}
```

이는 아주 간단한 통과 지오메트리 쉐이더다. 입력을 출력으로 수정하지 않고 그대로 보낸다. 버텍스 쉐이더와 비슷해 보이지만 몇 가지 차이점이 있다. 쉐이더를 몇 줄 잘 들여다보면 모든 것이 명확해진다. 첫 번째 줄은 다른 쉐이더처럼 쉐이더의 버전 번호(430)를 설정하는 것뿐이다. 다음 몇 줄은 첫 번째 지오메트리 쉐이더의 특정 부분이다. [예제 8-17]에 다시 보인다.

```
#version 430 core

layout (triangles) in;
layout (triangle_strip) out;
layout (max_vertices = 3) out;
```

여기서는 입력과 출력 프리미티브 모드를 레이아웃 지시어를 사용하여 설정한다. 이 특별한 쉐이더에서는 입력으로 **triangles**를 사용하고, 출력으로 **triangle_strip**을 사용한다. 레이아웃 지시어와 함께 사용하는 다른 프리미티브 타입들은 나중에 다루겠다. 지오메트리 쉐이더의 출력으로 프리미티브 타입만 지정하는 것이 아니라, 쉐이더에 의해 생성되는 최대 버텍스 개수도 지정한다 (**max_vertices** 지시어를 통해). 이 쉐이더는 개별 삼각형(아주 짧은 트라이앵글 스트립으로 생성된)을 생성하기 때문에, 여기서는 3을 지정했다.

다음은 main( ) 함수로, 버텍스 쉐이더나 프래그먼트 쉐이더의 것과 유사하다. 쉐이더는 루프를 포함하며, 루프는 gl_in 내장 배열의 길이만큼 횟수를 반복한다. 이것도 지오메트리 쉐이더 특화 변수 중 하나다. 지오메트리 쉐이더는 입력 프리미티브의 모든 버텍스를 접근할 수 있기 때문에, 입력은 배열로 선언된다. 버텍스 쉐이더가 출력하는 모든 내장 변수들(예를 들면 gl_Position)은 구조체에 들어가며, 이러한 구조체의 배열이 gl_in이라는 지오메트리 쉐이더의 변수로 표현된다.

gl_in[] 배열의 길이는 입력 프리미티브 모드에 의해 결정된다. 왜냐하면 여기에서의 쉐이더에서는 **triangles**가 입력 프리미티브 모드이기 때문에 gl_in[]의 크기는 3이다. 내부 루프는 [예제 8-18]에 있다.

예제 8-18 gl_in[]의 요소들에 대해 반복하기

```
for (i = 0; i < gl_in.length(); i++)
{
    gl_Position = gl_in[i].gl_Position;
    EmitVertex();
}
```

루프 내에서 단순히 gl_in[]의 요소들을 지오메트리 쉐이더의 출력에 복사하며 버텍스들을 생성한다. 지오메트리 쉐이더의 출력은 버텍스 쉐이더의 출력과 유사하다. 여기서는 gl_Position에 쓰는데, 버텍스 쉐이더에서와 유사하다. 새로운 버텍스의 속성들을 모두 설정했다면 EmitVertex( )를 호출한다. 이는 지오메트리 쉐이더에 특화된 내장 함수로, 이 버텍스의 작업을 마쳤으니 모든 정보를 저장하고 다음 버텍스를 설정할 준비를 하라는 의미다.

마지막으로 루프가 실행을 마치며, 다른 특별한 지오메트리 전용 함수인 EndPrimitive()를 호출한다. EndPrimitive() 함수는 쉐이더에 현재 프리미티브를 위한 버텍스들의 생성을 마쳤으니 다음으로 넘어가라고 말한다. 여기서는 쉐이더의 출력으로 **triangle_strip**을 지정했기 때문에, EmitVertex()를 세 번 이상 호출하면, OpenGL은 계속해서 삼각형을 삼각형 스트립에 추가할 것이다. 만약 지오메트리 쉐이더가 독립, 개별 삼각형을 생성하거나, 또는 여러 개의 연결되지 않은 삼각형 스트립을 생성하려면(지오메트리 쉐이더는 새로운 지오메트리를 생성하거나 확장시킬 수 있다는 것을 기억하자), 그 경계를 지정하기 위해 매번 EndPrimitive()를 호출해야 한다. 만약 쉐이더 어딘가에서 EndPrimitive()를 호출하지 않는다면 쉐이더 종료 시 자동적으로 프리미티브를 종료시킨다.

8.2.2 애플리케이션에서 지오메트리 쉐이더 사용하기

지오메트리 쉐이더도 다른 쉐이더 타입과 마찬가지로 **glCreateShader()** 함수에 GL_GEOMETRY_SHADER를 쉐이더 타입으로 지정하여 아래와 같이 생성한다.

```
glCreateShader(GL_GEOMETRY_SHADER);
```

일단 쉐이더가 생성되면, 다른 쉐이더 객체처럼 사용할 수 있다. **glShaderSource()**를 사용하여 OpenGL에 쉐이더 코드를 넘겨, **glCompileShader()**로 쉐이더를 컴파일하고, **glAttachShader()**로 프로그램 객체에 어태치시킨다. 그 다음에 그 프로그램은 **glLinkProgram()** 함수로 보통 때처럼 링크된다. 이제 지오메트리 쉐이더가 링크된 프로그램 객체가 준비되었으니, **glDrawArrays()** 같은 함수를 사용하여 지오메트리를 그린다. 버텍스 쉐이더는 버텍스당 한 번 수행된다. 지오메트리 쉐이더는 프리미티브(점, 선, 삼각형)당 한 번 수행된다. 프래그먼트 쉐이더는 프래그먼트당 한 번 수행된다. 지오메트리 쉐이더로부터 받은 프리미티브는 그 입력 프리미티브 모드와 일치해야 한다. 테셀레이션이 비활성화되어 있다면, 드로잉 커맨드에서 사용하는 프리미티브 모드는 지오메트리 쉐이더의 입력 프리미티브 모드와 일치해야 한다. 예를 들어 만약 지오메트리 쉐이더의 입력 프리미티브 모드가 points라면 **glDrawArrays()**를 호출할 때 GL_POINTS만 사용할 수 있다. 만약 지오메트리 쉐이더 입력 프리미티브 모드가 triangles라면 **glDrawArrays()**를 호출할 때 GL_TRIANGLES, GL_TRIANGLE_STRIP, 또는 GL_TRIANGLE_FAN을 사용해야 한다. 지오메트리 쉐이더 입력 프리미티브 모드의 완전한 목록 및 허용 지오메트리 타입은 [표 8-1]에 있다.

표 8-1 지오메트리 입력 모드에 대해 허용되는 드로우 모드

지오메트리 쉐이더 입력 모드	허용되는 드로우 모드
points	GL_POINTS
lines	GL_LINES, GL_LINE_LOOP, GL_LINE_STRIP

지오메트리 쉐이더 입력 모드	허용되는 드로우 모드
triangles	GL_TRIANGLES, GL_TRIANGLE_FAN, GL_TRIANGLE_STRIP
lines_adjacency	GL_LINES_ADJACENCY
triangles_adjacency	GL_TRIANGLES_ADJACENCY

테셀레이션이 활성화되었을 때, 드로잉 커맨드에서 사용하는 모드는 항상 GL_PATCHES이어야 한다. OpenGL은 테셀레이션이 처리될 때 패치들을 점, 선, 삼각형 등으로 변환한다. 이 경우 지오메트리 쉐이더의 입력 프리미티브 모드는 테셀레이션 프리미티브 모드와 일치해야 한다. 입력 프리미티브 타입은 레이아웃 지시어를 사용하여 지오메트리 쉐이더의 본체에 지정된다. 입력 레이아웃 지시어의 일반적인 형태는 다음과 같다.

```
layout (primitive_type) in;
```

primitive_type은 지오메트리 쉐이더가 처리할 입력 프리미티브 타입이며, primitive_type은 지원되는 프리미티브 모드인 **points**, **lines**, **triangles**, **lines_adjacency**, 또는 **triangles_adjacency** 중 하나여야 한다. 지오메트리 쉐이더는 프리미티브당 한 번씩 수행된다. 이는 GL_POINTS에 대해서는 점당 한 번씩, GL_LINES, GL_LINE_STRIP, GL_LINE_LOOP에 대해서는 선당 한 번씩, GL_TRIANGLES, GL_TRIANGLE_STRIP, GL_TRIANGLE_FAN에 대해서는 삼각형당 한 번씩 수행된다는 의미이다. 지오메트리 쉐이더의 입력은 입력 프리미티브를 구성하는 모든 버텍스를 포함하는 배열로 표현된다. 기정의된 입력들은 내장 배열인 gl_in[]에 저장되는데, 이는 [예제 8-19]에 정의된 구조체의 배열이다.

예제 8-19 gl_in[]의 정의

```
in gl_PerVertex
{
    vec4  gl_Position;
    float gl_PointSize;
    float gl_ClipDistance[];
} gl_in[];
```

이 구조체의 멤버는 버텍스 쉐이더에 쓰여진 gl_Position, gl_PointSize, gl_ClipDistance[] 내장 변수들이다. 이 구조체는 이 장 앞부분에서 설명한 버텍스 쉐이더의 output 블록으로 선언된 구조체와 유사하다. 이 변수들은 버텍스 쉐이더의 전역 변수로 표현된다. 왜냐하면 블록이 인스턴스 이름을 가지지 않기 때문이다. 하지만 지오메트리 쉐이더에 표현될 때는 그 값들이 블록 인스턴스의 gl_in[] 배열에 들어 있게 된다. 버텍스 쉐이더가 쓰는 다른 변수들도 지오메트리 쉐이더에서는 배열이 된다. 개별 베어링의 경우에는 버텍스 쉐이더의 출력이 평소처럼 선언되고, 지오메트리 쉐이더의 입력도 비슷하게 선언된다. 단지 배열이라는 차이뿐이다. 버텍스 쉐이더가 아래와 같은 출력을 정의한다고 하자.

```
out vec4 color;
out vec3 normal;
```

지오메트리 쉐이더에 대응되는 입력은 다음과 같다.

```
in vec4 color[];
in vec3 normal[];
```

color와 normal 베어링은 모두 지오메트리 쉐이더에서는 배열이 되었다. 버텍스 쉐이더에서 지오메트리 쉐이더로 대량의 데이터를 전달하려면, 버텍스 쉐이더에서 지오메트리 쉐이더로 전달하려는 버텍스당 정보를 인터페이스 블록으로 감싸는 것이 더 편하다. 이 경우 버텍스 쉐이더는 다음과 같은 정의를 가질 것이다.

```
out VertexData
{
    vec4 color;
    vec3 normal;
} vertex;
```

그리고 지오메트리 쉐이더에 대응되는 입력은 다음과 같다.

```
in VertexData
{
    vec4 color;
    vec3 normal;
    // 버텍스당 속성이 더 있다면 여기에 추가한다.
} vertex[];
```

이러한 선언을 통해 지오메트리 쉐이더에서 버텍스당 데이터를 vertex[n].color처럼 접근할 수 있다. 지오메트리 쉐이더의 입력 배열의 길이는 처리할 프리미티브의 타입에 의존적이다. 예를 들어 점은 단일 버텍스로 만들며, 배열은 단 하나의 요소만 가진다. 삼각형은 세 개의 버텍스로 만들며, 배열에는 3요소가 들어 있게 된다. 만약 특정 프리미티브 타입만 처리할 목적으로 작성된 지오메트리 쉐이더라면, 입력 배열을 명시적으로 지정하여 사소하지만 컴파일 시간 오류 체크의 이점을 얻을 수 있다. 그럴 필요가 없다면, 프리미티브 타입 레이아웃 지시어를 사용하여 배열을 자동적으로 조정할 수 있다. 입력 프리미티브 모드와 입력 배열의 결과 크기에 대한 자세한 매핑은 [표 8-2]에 있다.

표 8-2 지오메트리 쉐이더의 입력 배열 크기

입력 프리미티브 타입	입력 배열 크기
points	1
lines	2
triangles	3
lines_adjacency	4
triangles_adjacency	6

또한 지오메트리 쉐이더가 생성할 프리미티브 타입을 직접 지정할 경우도 있다. 다시 말하자면, 이는 아래와 같은 레이아웃 지시어를 통해 가능하다.

```
layout (primitive_type) out;
```

이는 입력 프리미티브 타입 레이아웃 지시어와 유사한데, 차이점은 out 키워드로 쉐이더 출력을 선언한다는 것뿐이다. 지오메트리 쉐이더에 허용되는 출력 프리미티브 타입은 **points**, **line_strip**, **triangle_strip**이다. 지오메트리 쉐이더는 스트립 프리미티브 타입만 지원한다는 사실에 주목하자(점은 제외다. 점 스트립 같은 것은 없다).

마지막 레이아웃 지시어는 지오메트리 쉐이더를 설정하기 위해 필요하다. 지오메트리 쉐이더는 버텍스당 데이터를 변경 가능한 양만큼 생성 가능해야 하기 때문에 지오메트리 쉐이더가 생성할 최대 버텍스 개수를 지정하여 데이터에 얼마나 많은 공간을 할당할 수 있는지 OpenGL에 알려야 한다. 이를 위해 다음과 같은 레이아웃 지시어를 사용한다.

```
layout (max_vertices = n) out;
```

이를 통해 지오메트리 쉐이더가 생성할 최대 버텍스 개수를 n으로 설정한다. OpenGL은 버퍼 공간을 할당하여 각 버텍스에 대한 중간 결과를 저장할 수 있기 때문에 가능한 한 가장 작은 값을 설정하여 애플리케이션이 제대로 동작할 수 있도록 해야 한다. 예를 들어 점들을 사용하여 한 번에 한 라인씩 생성하려면 이 값을 2로 하면 안전하다. 이를 통해 쉐이더 하드웨어가 최적의 속도로 수행될 수 있도록 하는 것이다. 만약 입력 지오메트리에 대해 테셀레이션을 많이 사용할 예정이라면, 성능 저하가 있더라도 이 값을 훨씬 높은 값으로 설정하길 원할 것이다. 지오메트리 쉐이더가 생성할 수 있는 최대 버텍스 개수는 OpenGL 구현에 따라 다르다. 적어도 256개까지는 보장하지만, 최댓값은 **glGetIntegerv()** 함수를 GL_MAX_GEOMETRY_OUTPUT_VERTICES 인자로 호출하여 얻을 수 있다.

하나 이상의 레이아웃 지시어를 한 줄에 선언하려면 다음과 같이 표현식을 쉼표로 분리하면 된다.

```
layout (triangle_strip, max_vertices = n) out;
```

이러한 레이아웃 지시어들과 반복적인 #version 선언, 빈 main() 함수 등을 사용하면, 컴파일되고 링크되지만 아무것도 안 하는 지오메트리 쉐이더를 만들 수 있다. 사실 전송하는 지오메트리는 폐기되고, 애플리케이션에는 아무것도 안 그려질 것이다. 여기서 두 가지 중요한 함수 EmitVertex()와 EndPrimitive()를 소개하지 않을 수 없다. 이 함수들을 호출하지 않으면 아무것도 안 그려진다. EmitVertex()는 지오메트리 쉐이더에 이제 이 버텍스에 대한 모든 정보를 채웠다고 알리는 것이다. 버텍스를 설정하는 것은 버텍스 쉐이더가 동작하는 방식과 유사하다. 내장 변수인 gl_Position에 쓸 필요가 있다. 이를 통해 버텍스 쉐이더처럼 지오메트리 쉐이더가 생성하는 버텍스의 클립 공간 좌표를 설정한다. 지오메트리 쉐이더에서 프래그먼트 쉐이더로 전달할 다른 속성들은 인터페이스 블록에 선언하거나 지오메트리 쉐이더의 전역 변수로 선언할 수 있다. EmitVertex를 호출할 때마다 지오메트리 쉐이더는 그 값들을 모든 출력 변수에 저장하고 그 값들을 사용하여 새로운 버텍스를 생성한다. 지오메트리 쉐이더에서 EmitVertex()를 **max_vertices** 레이아웃 지시어에 정의한 한계 내에서 원하는 만큼 여러 번 호출할 수 있다. 새로운 버텍스를 생성하기 위해 출력 변수에 매번 새로운 값을 지정한다.

EmitVertex()에 대해 주목할 점은, 이 함수는 출력 변수들(예를 들면 gl_Position)의 값을 미정의 상태로 만든다는 것이다. 예를 들어 삼각형을 단일 색상으로 방출^{emit}하고 싶다면 그 색상을 모든 버텍스에 써야 한다. 그렇지 않으면 미정의 결과를 얻게 된다.

EmitPrimitive()는 프리미티브 끝까지 버텍스 추가를 완료했다라고 알리는 것이다. 지오메트리 쉐이더는 스트립 프리미티브 타입(**line_strip**과 **triangle_strip**)만 지원한다는 것을 잊지 말자. 만약 출력 프리미티브 타입이 **triangle_strip**이고 EmitVertex()를 세 번 이상 호출하면, 지오메트리 쉐이더는 여러 삼각형을 스트립으로 생성할 것이다. 마찬가지로 출력 프리미티브 타입이 **line_strip**이고 EmitVertex()를 두 번 이상 호출하면 여러 개의 선을 얻는다. 지오메트리 쉐이더에서 EndPrimitive()는 스트립과 관계있다. 즉, 개별 선이나 삼각형을 그리고 싶다면 매 두 개 또는 세 개의 버텍스 다음에 EndPrimitive()를 호출하면 된다. 여러 스트립들을 그리려면 EndPrimitive()를 여러 번 호출하는 중간에 EmitVertex()를 여러 번 호출하면 된다.

지오메트리 쉐이더에서의 EmitVertex()와 EndPrimitive() 호출과 관련해서 한 가지 더 말하자면, 하나의 프리미티브를 생성하기 위한 충분한 버텍스를 생성하지 못했다면(즉, **triangle_strip** 출력을 생성할 때 두 개의 버텍스 다음에 EndPrimitive()를 호출했다면), 해당 프리미티브에 대해 아무것도 생성되지 않고 기존에 생성한 버텍스들도 그냥 없어져버린다.

8.2.3 지오메트리 쉐이더에서 지오메트리 폐기하기

프로그램에서 지오메트리 쉐이더는 프리미티브당 한 번씩 수행된다. 프리미티브로 무엇을 할지는 전적으로 사용자에게 달렸다. 두 함수 EmitVertex()와 EndPrimitive()를 통해 프로그램적으로 새로운 버텍스를 삼각형이나 라인 스트립에 추가하고 새로운 스트립을 시작할 수 있다. 이 함수들은 원하는 만큼 많이 호출할 수 있다(구현에 정의된 최댓값만큼). 이 함수들을 전혀 호출하지 않을 수도 있다. 그렇게 하면 지오메트리를 자르고 프리미티브들을 폐기할 수 있다. 지오메트리 쉐이더가 실행될 때 특정 프리미티브에 대해 EmitVertex( )를 호출하지 않았다면 아무것도 그려지지 않을 것이다. 마치 공간상의 임의의 점에서 바라보는 것처럼 지오메트리를 컬링하는 사용자 정의 후면 컬링 함수를 구현할 수 있다. 이는 gsculling 예제에서 구현되었다.

우선 쉐이더 버전을 설정하고 지오메트리 쉐이더가 삼각형을 받아서 삼각형 스트립을 생성하도록 선언한다. 백페이스 컬링은 선이나 점에는 맞지 않는다. 또한 사용자 정의 시점을 월드 공간으로 갖는 유니폼을 정의한다. 이러한 내용을 [예제 8-20]에 보인다.

예제 8-20 사용자 정의 컬링 지오메트리 쉐이더 설정

```
#version 330

// 입력이 triangles라면, 출력은 삼각형 스트립이다. 하나의 입력당
// 하나의 삼각형 출력을 생성하는 1 입력 1 출력 쉐이더이기 때문에
// 여기서 max_vertices는 3이다.
layout (triangles) in;
layout (triangle_strip, max_vertices=3) out;

// 사용자 정의 시점과 모델-뷰 행렬을 담는 유니폼 변수
uniform vec3 viewpoint;
uniform mav4 mv_matrix;
```

이제 main( ) 함수에서 삼각형의 면^face 노말을 구한다. 이는 삼각형의 평면에서 두 벡터를 외적하면 된다. 이를 위해 삼각형의 가장자리를 사용할 것이다. [예제 8-21]에 어떻게 했는지 보인다.

예제 8-21 지오메트리 쉐이더에서 면 노말 구하기

```
// 입력 삼각형의 평면에서 두 벡터를 계산한다.
vec3 ab = gl_in[1].gl_Position.xyz - gl_in[0].gl_Position.xyz;
vec3 ac = gl_in[2].gl_Position.xyz - gl_in[0].gl_Position.xyz;
vec3 normal = normalize(cross(ab, ac));
```

이제 노말을 구했으니, 그 면이 사용자 정의 시점을 바라보는지 반대로 향하는지 결정할 수 있다. 이를 위해서는 노말을 시점과 동일한 좌표 공간, 즉 월드 공간으로 변환할 필요가 있다. 모델-뷰 행렬을 유니폼으로 가지고 있다고 가정하고, 간단히 노말을 이 행렬에 곱해주면 된다. 좀 더 정확하게는, 이 벡터를 모델-뷰 행렬의 왼쪽 위 3 × 3 서브행렬의 전치의 역으로 곱해야 한다. 이것을

노말 행렬이라고 부르며, 원하는 대로 구현해서 이 행렬을 원하는 유니폼에 지정하면 된다. 하지만 모델-뷰 행렬이 이동, 유니폼 스케일(시어shear, 엇갈림 변환, 전단 변환는 없음), 회전만 포함한다면 직접 사용해도 된다. 노말은 3요소 벡터고 모델-뷰-행렬은 4×4 행렬이라는 것을 기억하자. 이 둘을 곱하려면 노말을 4요소 벡터로 확장해야 한다. 그리고 그 결과 벡터를 시점에서 삼각형의 한 점으로 향하는 벡터와 내적을 취하면 된다.

이 내적의 부호가 음수라면 노말이 뷰어와 반대 방향을 향하는 것이므로 삼각형은 컬링되어야 한다. 만약 양수라면 삼각형의 노말이 뷰어를 바라보고 있는 것이므로 그 삼각형을 진행시켜야 한다. 면 노말을 변환하고, 내적을 수행하고, 결과의 부호를 테스트하는 코드는 [예제 8-22]에 있다.

예제 8-22 지오메트리 쉐이더에서 조건적으로 지오메트리 방출하기

```
// 변환된 면 노말과 뷰 방향 벡터를 계산한다.
vec3 transformed_normal = (vec4(normal, 0.0) * mv_matrix).xyz;
vec3 vt = normalize(gl_in[0].gl_Position.xyz - viewpoint);

// 뷰 방향과 노말을 내적한다.
float d = dot(vt, normal);

// 내적의 부호가 양수인 경우에만 프리미티브를 방출한다.
if (d > 0.0)
{
    for (int i = 0; i < 3; i++)
    {
        gl_Position = gl_in[i].gl_Position;
        EmitVertex();
    }
    EndPrimitive();
}
```

[예제 8-22]에서 내적이 양수라면 입력 버텍스들을 지오메트리 쉐이더의 출력에 복사하고, 각각에 대해 EmitVertex( )를 호출한다. 만약 내적이 음수라면 단순히 아무것도 안 한다. 결과적으로 입력 삼각형이 폐기되고 아무것도 그려지지 않는다.

이 특정 예제에서는 지오메트리 쉐이더에 매 삼각형 입력에 대해 한 개의 삼각형 출력만 생성했다. 비록 지오메트리 쉐이더의 출력이 삼각형 스트립이더라도, 여기서의 스트립은 오직 하나의 삼각형만 가진다. 따라서 반드시 EmitPrimitive( )를 호출할 필요는 없다. 여기서는 완벽성을 기하기 위해 남겨놓았다.

[그림 8-16]은 이 쉐이더의 결과다.

그림 8-16 다른 시점에 대해 컬링된 지오메트리

[그림 8-16]에서 가상 뷰어를 다른 위치로 옮겨보았다. 보다시피 모델의 다른 부분이 지오메트리 쉐이더에 의해 컬링되었다. 이 예제가 매우 유용할 것 같지는 않지만, 지오메트리 쉐이더를 통해 애플리케이션 정의 방식으로 지오메트리 컬링을 수행할 수 있다는 것을 보여주었다.

8.2.4 지오메트리 쉐이더에서 지오메트리 수정하기

이전 예제에서는 지오메트리를 폐기하거나 또는 수정하지 않고 통과시켰다. 지오메트리 쉐이더를 통과시킬 때 새로운 변형된 모양을 갖도록 버텍스를 수정하는 것도 가능하다. 비록 지오메트리 쉐이더가 버텍스들을 일대일로(즉, 확장이나 컬링을 수행하지 않고) 통과시키지만, 버텍스 쉐이더만으로는 불가능한 것들을 수행할 수도 있다. 예를 들어 입력 지오메트리가 삼각형 스트립이나 팬이라면, 결과 지오메트리에는 공유 버텍스와 공유 가장자리가 있을 것이다. 버텍스 쉐이더를 사용하여 공유 버텍스를 이동시키면 버텍스를 공유하는 모든 삼각형이 이동된다. 버텍스 쉐이더만으로는 원본 지오메트리의 한 가장자리를 공유하는 두 삼각형을 분리하는 것이 불가능하다. 하지만 지오메트리 쉐이더에서는 간단히 할 수 있다.

삼각형을 받아서 출력으로 **triangle_strip**을 생성하는 지오메트리 쉐이더가 있다고 하자. **glDrawArrays( )**로 호출하든 **glDrawElements( )**로 호출하든 그리고 프리미티브 타입이 GL_TRIANGLES든 GL_TRIANGLE_STRIP이든 GL_TRIANGLE_FAN이든 상관없이 삼각형을 받는 지오메트리 쉐이더의 입력은 개별 삼각형들이다. 지오메트리 쉐이더의 출력이 세 버텍스 이상만 아니면, 결과는 독립적인 분리된 삼각형들이다.

다음 예제에서는 모든 폴리곤을 면 노말을 따라 밀어 '폭발'시킨다. 원본 모델이 개별 삼각형으로 그려지든 삼각형 스트립이나 팬으로 그려지든 상관없다. 이전 예제에서처럼 입력은 **triangles**고, 출력은 **triangle_strip**이며, 지오메트리 쉐이더로 생성되는 최대 버텍스 개수는 셋이다. 왜냐하면 지오메트리를 확장시키거나 삭제하지는 않기 때문이다. 설정 관련 코드는 [예제 8-23]이다.

```
#version 330

// 입력은 삼각형이며, 출력은 삼각형 스트립이다. 입력 하나마다
// 하나의 삼각형 출력을 생성하는 1 입력 1 출력 쉐이더이기 때문에,
// 여기서 max_vertices는 3이다.
layout (triangles) in;
layout (triangle_strip, max_vertices = 3) out;
```

삼각형을 바깥쪽으로 투영시키기 위해서는 각 삼각형의 면 노말을 계산해야 한다. 다시 말해, 이를 위해 삼각형의 평면상의 두 벡터(삼각형의 두 가장자리)의 외적을 계산해야 한다. 여기서는 [예제 8-21]의 코드를 재사용하자. 이제 삼각형의 면 노말을 얻었으니, 버텍스들을 노말을 따라 애플리케이션에서 설정한 양만큼 투영시킬 수 있다. 그 양은 유니폼(explode_factor라고 하자)에 저장되고, 애플리케이션이 갱신한다. 이 간단한 코드는 [예제 8-24]에 있다.

예제 8-24 면을 노말을 따라 바깥으로 밀어보내기

```
for (int i = 0; i < 3; i++)
{
    gl_Position = gl_in[i].gl_Position +
                    vec4(explode_factor * normal, 0.0);
}
```

모델에 대해 이 지오메트리 쉐이더를 수행한 결과는 [그림 8-17]이다. 모델은 분해되어 개별 삼각형들이 보이게 된다.

그림 8-17 지오메트리 쉐이더를 사용하여 모델 폭발시키기

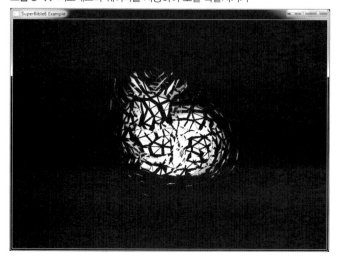

8.2.5 지오메트리 쉐이더에서 지오메트리 생성하기

지오메트리 쉐이더에서 출력을 생성하지 않아도 된다면 EmitVertex()나 EndPrimitive()를 전혀 호출하지 않아도 되는 것처럼, 새로운 지오메트리 생성에 필요한 만큼 EmitVertex()와 EndPrimitive()를 여러 번 호출하는 것도 가능하다. 즉, 지오메트리 쉐이더의 시작 부분에 선언한 출력 버텍스 최대 개수까지는 가능하다. 이 기능은 여러 입력의 복사본을 만드는 경우나 입력을 작은 조각으로 쪼개는 경우에 사용할 수 있다. 이것은 다음 예제의 주제로서, 이 책에서 제공하는 소스 코드의 gstessellate 예제에 해당한다. 쉐이더의 입력은 원점이 중앙에 있는 사면체^{tetrahedron}다. 사면체의 각 면은 하나의 삼각형으로 구성되어 있다. 입력 삼각형의 각 가장자리를 반으로 자르는 새로운 삼각형을 생성하여 테셀레이션시킨다. 그리고 모든 결과 버텍스를 원점으로부터 서로 다른 거리값을 갖도록 이동시킨다. 이를 통해 사면체를 삐쭉삐쭉한 모양으로 만든다.

지오메트리 쉐이더는 객체 공간상에서 동작하기 때문에(사면체의 버텍스들은 중심이 원점에 있다는 것을 기억하자), 버텍스 쉐이더에서 좌표 변환을 할 필요가 없다. 대신 새로운 버텍스들을 생성한 다음에 지오메트리 쉐이더에서 변환한다. 이를 위해 간단한 통과 버텍스 쉐이더면 충분하다. [예제 8-25]는 간단한 통과 버텍스 쉐이더다.

예제 8-25 통과 버텍스 쉐이더

```
#version 330

in vec4 position;

void main(void)
{
    gl_Position = position;
}
```

이 쉐이더는 버텍스 위치를 지오메트리 쉐이더로 전달하는 것뿐이다. 버텍스에 연관된 다른 속성, 예를 들면 텍스처 좌표나 노말 등이 있다면, 마찬가지로 버텍스 쉐이더에서 지오메트리 쉐이더로 전달하면 된다.

이전 예제에서처럼 삼각형을 지오메트리 쉐이더의 입력으로 받아 삼각형 스트립을 생성한다. 매 삼각형마다 스트립을 분해하기 때문에 독립적인 개별 삼각형들을 생성한다. 이 예제에서는 매 입력 삼각형마다 네 개의 출력 삼각형을 생성한다. 최대 출력 개수로 12(네 개의 삼각형 곱하기 세 개의 버텍스)를 선언한다. 버텍스들을 생성한 다음에는 변환이 필요하므로 지오메트리 쉐이더에서 모델-뷰 변환 행렬을 저장하기 위한 유니폼 행렬을 선언해야 한다. [예제 8-26]이 해당 코드다.

예제 8-26 '테셀레이터' 지오메트리 쉐이더 설정

```
#version 430 core

layout (triangles) in;
layout (triangle_strip, max_vertices = 12) out;

// 모델-뷰-투영 행렬을 저장할 유니폼
uniform mat4 mvp;
```

우선 입력 버텍스 좌표를 지역 변수에 복사한다. 그러고 나서 원본, 입력 버텍스들의 평균을 구해서 각 모서리의 중점을 찾는다. 하지만 이 경우 단순히 2로 나누지 않고, 스케일 인자를 곱하는데, 이 스케일 인자로 결과 객체의 **뾰족함**을 조정할 수 있다. 해당 코드는 [예제 8-27]이다.

예제 8-27 지오메트리 쉐이더에 새로운 버텍스 생성

```
// 입력 버텍스 위치를 지역 변수에 복사한다.
vec3 a = gl_in[0].gl_Position.xyz;
vec3 b = gl_in[1].gl_Position.xyz;
vec3 c = gl_in[2].gl_Position.xyz;

// 중간점의 스케일된 버전을 구한다.
vec3 d = (a + b) * stretch;
vec3 e = (b + c) * stretch;
vec3 f = (c + a) * stretch;

// 이제 중점 스케일의 역을 통해 원본 버텍스를 스케일한다.
a *= (2.0 - stretch);
b *= (2.0 - stretch);
c *= (2.0 - stretch);
```

거의 동일한 코드로 여러 삼각형을 생성할 것이기 때문에, 그 코드를 함수로 만들어(예제 8-28에 있다) 메인 테셀레이션 함수에서 호출한다.

예제 8-28 지오메트리 쉐이더에서 한 삼각형 방출하기

```
void make_face(vec3 a, vec3 b, vec3 c)
{
    vec3 face_normal = normalize(cross(c - a, c - b));
    vec4 face_color = vec4(1.0, 0.2, 0.4, 1.0) * (mat3(mvMatrix) * face_normal).z;
    gl_Position = mvpMatrix * vec4(a, 1.0);
    color = face_color;
    EmitVertex();
```

```
        gl_Position = mvpMatrix * vec4(b, 1.0);
        color = face_color;
        EmitVertex();

        gl_Position = mvpMatrix * vec4(c, 1.0);
        color = face_color;
        EmitVertex();

        EndPrimitive();
    }
```

make_face 함수는 면 색상을 면의 노말에 기반하여 계산하고, 그 버텍스 위치를 방출한다는 것을 주목하자. 이제 메인 함수에서 make_face 함수를 네 번 호출하기만 하면 된다. 그 내용이 [예제 8-29]에 있다.

예제 8-29 지오메트리 쉐이더에서 함수를 사용하여 면 생성하기

```
make_face(a, d, f);
make_face(d, b, e);
make_face(e, c, f);
make_face(d, e, f);
```

[그림 8-18]은 이 간단한 지오메트리 쉐이더 기반 테셀레이션 프로그램의 결과다.

그림 8-18 지오메트리 쉐이더를 사용한 기본적인 테셀레이션

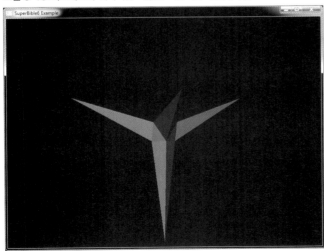

테셀레이션이 많이 필요할 때 지오메트리 쉐이더를 사용하는 것은 성능면에 있어서 최적이라고 할 수 없다. 만약 이 예제보다 더 복잡한 것이 필요하다면 OpenGL의 하드웨어 테셀레이션 기능을 사용하는 것이 가장 좋다. 하지만 매 입력 프리미티브에 대해 두 개나 네 개의 출력 프리미티브 정도의 간단한 확장이 필요한 경우라면 아마 지오메트리 쉐이더가 좋을 수도 있다.

8.2.6 지오메트리 쉐이더에서 프리미티브 타입 변경하기

지금까지 다룬 모든 지오메트리 쉐이더 예제는 삼각형을 입력으로 하고 삼각형 스트립을 출력으로 생성했다. 이때 지오메트리 타입을 변경한 것이 아니다. 지오메트리 쉐이더는 서로 다른 지오메트리 타입을 입력과 출력으로 사용할 수 있다. 예를 들어 점을 삼각형으로 또는 삼각형을 점으로 변환할 수 있다. 다음에 다룰 normalviewer 예제에서 지오메트리 타입을 삼각형에서 선으로 변경할 것이다. 쉐이더의 매 버텍스 입력에 대해 버텍스 노말을 구하고 그것을 사용하여 선을 표현할 것이다. 면 노말도 구해서 다른 선을 표현할 것이다. 이를 통해 모델의 노말을 보여주는 기능을 만들 수 있다. 각 버텍스와 각 면에 모두 노말을 표시할 수 있다. 하지만 원본 모델 위에 노말을 그리는 것이기 때문에, 모든 것을 두 번 그려야 한다. 지오메트리 쉐이더로 노말을 그릴 때 한 번, 지오메트리 쉐이더 없이 모델을 그릴 때 한 번. 하나의 지오메트리 쉐이더로 두 개의 서로 다른 프리미티브를 혼합하여 출력할 수는 없다.

지오메트리 쉐이더에서 gl_in 구조체의 멤버 외에 버텍스 노말이 추가로 필요한데, 이는 버텍스 쉐이더로부터 전달되어야 한다. [예제 8-25]의 수정된 통과 버텍스 쉐이더는 [예제 8-30]이다.

예제 8-30 노말이 추가된 통과 버텍스 쉐이더

```
#version 330

in vec4 position;
in vec3 normal;

out Vertex
{
    vec3 normal;
} vertex;

void main(void)
{
    gl_Position = position;
    vertex.normal = normal;
}
```

위치 속성은 gl_Position 내장 변수에 직접 넣고, 노말은 출력 블록에 넣는다.

지오메트리 쉐이더의 설정 코드는 [예제 8-31]이다. 이 예제에서는 삼각형을 받아서 각 선에 대해 선 스트립을 생성한다. 보여줄 각 노말에 대해 개별 선을 출력하기 때문에 각 버텍스에 대해 두 개의 버텍스를 소비한다. 면 노말에 대해서는 추가로 두 개가 더 필요하다. 따라서 입력 삼각형당 출력하는 최대 버텍스 수는 여덟 개다. 버텍스 쉐이더에서 선언한 Vertex 출력 블록과 일치시키기 위해 대응하는 입력 인터페이스 블록을 지오메트리 쉐이더에 선언해야 한다. 지오메트리 쉐이더에서 객체 공간에서 월드 공간으로의 변환을 수행할 것이기 때문에 mvp라는 이름의 mat4 유니폼을 선언하여 모델-뷰-투영 행렬을 정의한다. 이 행렬은 선을 표현하는 새로운 버텍스들을 생성하기 전까지는 버텍스 위치를 노말과 동일한 좌표계로 유지하기 위해 필요하다.

예제 8-31 '노말 비주얼라이저' 지오메트리 쉐이더 설정하기

```
#version 330

layout (triangles) in;
layout (line_strip) out;
layout (max_vertices = 8) out;

in Vertex
{
    vec3 normal;
} vertex[];

// 모델-뷰-투영 행렬을 담을 유니폼
uniform mat4 mvp;

// 보여줄 노말의 길이를 저장할 유니폼
uniform float normal_length;
```

각 입력 버텍스는 최종 위치로 변환되고, 지오메트리 쉐이더에서 방출된다. 그런 후 입력 버텍스를 노말 방향으로 이동시키고, 마찬가지로 최종 위치로 변환하면 두 번째 버텍스가 만들어진다. 이때 모든 노말의 길이는 1이 되지만, 모델-뷰-투영 행렬에 들어 있는 스케일 요소도 모델과 함께 적용된다. 노말을 애플리케이션에서 제공한 유니폼인 normal_length로 곱하면 모델에 적합한 스케일을 갖도록 할 수 있다. 내부 루프는 [예제 8-32]와 같다.

예제 8-32 지오메트리 쉐이더에서 노말로부터 선 생성하기

```
gl_Position = mvp * gl_in[0].gl_Position;
gs_out.normal = gs_in[0].normal;
gs_out.color = gs_in[0].color;
EmitVertex();

gl_Position = mvp * (gl_in[0].gl_Position +
                     vec4(gs_in[0].normal * normal_length, 0.0));
gs_out.normal = gs_in[0].normal;
gs_out.color = gs_in[0].color;
EmitVertex();
EndPrimitive();
```

이것으로 매 버텍스마다 노말 방향의 짧은 선 조각을 생성할 수 있다. 이제 면 노말을 만들어보자. 노말을 그릴 적당한 위치를 구해야 하며, 지오메트리 쉐이더에서 선을 따라 그릴 면 노말 자체를 계산해야 한다.

[예제 8-33]에서처럼 삼각형의 두 가장자리의 외적을 계산하여 면 노말을 구한다. 선을 그릴 시작 위치를 선택하기 위해 삼각형의 중점을 구한다. 이는 간단히 입력 버텍스들의 좌표 평균이다. [예제 8-33]은 쉐이더 코드다.

예제 8-33 지오메트리 쉐이더에서 면 노말 그리기

```
vec3 ab = gl_in[1].gl_Position.xyz - gl_in[0].gl_Position.xyz;
vec3 ac = gl_in[2].gl_Position.xyz - gl_in[0].gl_Position.xyz;
vec3 face_normal = normalize(cross(ab, ac));

vec4 tri_centroid = (gl_in[0].gl_Position +
                     gl_in[1].gl_Position +
                     gl_in[2].gl_Position) / 3.0;

gl_Position = mvp * tri_centroid;
gs_out.normal = gs_in[0].normal;
gs_out.color = gs_in[0].color;
EmitVertex();

gl_Position = mvp * (tri_centroid +
                     vec4(face_normal * normal_length, 0.0));
gs_out.normal = gs_in[0].normal;
gs_out.color = gs_in[0].color;
EmitVertex();
EndPrimitive();
```

이제 모델을 렌더링하면 [그림 8-19]와 같은 이미지를 얻을 수 있다.

그림 8-19 지오메트리 쉐이더를 사용하여 모델의 노말 보여주기

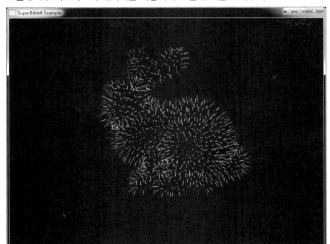

8.2.7 스토리지 다중 스트림

버텍스 쉐이더만 있는 경우에는 쉐이더로 들어오는 버텍스들 간에 단순한 1 입력 1 출력 관계가 성립하며 버텍스들은 변환 피드백에 저장된다. 지오메트리 쉐이더가 있다면, 각 쉐이더 호출은 0, 1, 또는 그 이상의 버텍스를 바인딩된 변환 피드백 버퍼에 저장할 수 있다. 뿐만 아니라 네 개까지의 출력 **스트림**을 설정하여 지오메트리 쉐이더에서 그 출력을 원하는 곳에 전달할 수도 있다. 예를 들어 지오메트리를 정렬하거나, 다른 지오메트리를 변환 피드백 버퍼에 저장하는 동안 일부 프리미티브를 렌더링하는 경우를 들 수 있다. 지오메트리 쉐이더에서 여러 출력 스트림을 사용하는 경우 몇 가지 큰 제약사항이 있다. 첫째로 모든 스트림에 대한 지오메트리 쉐이더의 출력 프리미티브 모드는 점으로 설정되어야 한다. 둘째로 지오메트리를 렌더링하면서 동시에 데이터를 변환 피드백 버퍼에 저장할 수는 있지만 오직 첫 번째 스트림만 렌더링된다. 다른 스트림은 저장만 가능하다. 만약 애플리케이션이 이러한 제약사항을 허용한다면 매우 강력한 기능이 될 수 있다.

지오메트리 쉐이더에서 여러 출력 스트림을 설정하기 위해서는 스트림 레이아웃 지시어를 사용하여 네 스트림 중 하나를 선택한다. 다른 출력 레이아웃 지시어와 마찬가지로, 스트림 지시어는 직접 하나의 출력에 사용할 수도 있고 출력 블록에 사용할 수도 있다. 또한 출력 변수를 선언하지 않고 직접 **out** 키워드에 적용할 수도 있다. 이 경우에는 다른 스트림 레이아웃 지시어를 만나기 전까지는 그 이후 출력 선언에 모두 영향을 미치게 된다. 예를 들어 다음 지오메트리 쉐이더의 출력 선언을 살펴보자.

```
out vec4                        foo;        // foo는 스트림 0(기본)에 있다.
layout (stream = 2) out vec4    bar;        // bar는 스트림 2의 일부.
out vec4                        baz;        // baz는 다시 스트림 0에 있다.
layout (stream = 1) out;                    // 여기부터는 모두 스트림 1.
out int                         apple;      // apple과 orange는
out int                         orange;     // 스트림 1의 일부.
layout (stream = 3) out MY_BLOCK            // MY_BLOCK의 모든 것이 스트림 3에 있다.
{
    vec3                        purple;
    vec3                        green;
};
```

지오메트리 쉐이더에서 EmitVertex( )를 호출하면, 버텍스는 첫 번째 출력 스트림(스트림 0)에 기록된다. 마찬가지로 EndPrimitive( )를 호출하면 스트림 0에 프리미티브를 기록하는 것을 끝낸다. 하지만 EmitStreamVertex( )와 EndStreamPrimitive( )를 호출할 수도 있다. 두 함수 모두 정수 인자를 통해 출력을 보낼 스트림을 지정할 수 있다.

```
void EmitStreamVertex(int stream);
```

```
void EndStreamPrimitive(int stream);
```

stream 인자는 컴파일 시점 상수여야 한다. 래스터라이제이션이 활성화되어 있는 경우, 스트림 0으로 보내지는 모든 프리미티브가 래스터라이즈된다.

8.2.8 지오메트리 쉐이더로 소개하는 새로운 프리미티브 타입

지오메트리 쉐이더와 함께 새로운 네 가지 타입 GL_LINES_ADJACENCY, GL_LINE_STRIP_ADJACENCY, GL_TRIANGLES_ADJACENCY, GL_TRIANGLE_STRIP_ADJACENCY를 소개한다. 이 프리미티브 타입들은 지오메트리 쉐이더가 활성화된 상태에서 렌더링을 하는 경우에만 유용한 타입이다. 새로운 인접 프리미티브 타입을 사용하면, 지오메트리 쉐이더에 전달된 각 선 또는 삼각형에 대해 프리미티브를 정의하는 버텍스들만 접근할 수 있는 것이 아니라, 현재 처리하고 있는 프리미티브의 옆에 있는 프리미티브의 버텍스들도 접근할 수 있다.

GL_LINES_ADJACENCY로 렌더링할 때, 각 선 조각은 활성화된 속성 배열에서 네 개의 버텍스를 소비한다. 가운데 두 개의 버텍스는 선을 구성하고, 첫 번째와 마지막 버텍스는 인접 버텍스로 간주된다. 따라서 지오메트리 쉐이더의 입력은 4요소 배열이다. 사실 지오메트리 쉐이더의 입력과 출력 타입은 서로 달라도 상관없기 때문에 GL_LINES_ADJACENCY를 사용하여 일반화된 네 버텍스 프리미티브를 지오메트리 쉐이더로 보낼 수 있다. 지오메트리 쉐이더는 그 버텍스들을 자유롭게 원하는 대로 변환할 수 있다. 예를 들어 지오메트리 쉐이더는 각각의 네 버텍스를 두 삼각형으로 구성된 삼각형 스트립으로 변환할 수도 있다. 그러면 GL_LINES_ADJACENCY 프리미티브를 사용하여

사각형들을 렌더링할 수 있다. GL_LINES_ADJACENCY를 사용하여 렌더링할 때 지오메트리 쉐이더가 활성화되어 있지 않다면, 각 네 버텍스의 가장 내부에 있는 두 버텍스를 사용하여 일반적인 선이 그려진다. 가장 바깥에 있는 버텍스들은 폐기되고, 버텍스 쉐이더는 그 버텍스들을 전혀 실행하지 않을 것이다.

GL_LINE_STRIP_ADJACENCY를 사용해도 비슷한 효과를 낼 수 있다. 다른 점은 전체 스트립이 프리미티브로 간주되기 때문에 각 끝에 추가 버텍스가 있다는 것이다. 만약 OpenGL에 여덟 개의 버텍스를 GL_LINES_ADJACENCY를 사용하여 보내면, 지오메트리 쉐이더가 두 번 실행되는 반면, 동일한 버텍스를 GL_LINE_STRIP_ADJACENCY를 사용해서 보내면, 지오메트리 쉐이더가 다섯 번 수행된다. [그림 8-20]을 보면 더 명확해질 것이다. 위쪽 행의 여덟 개 버텍스는 GL_LINES_ADJACENCY 프리미티브 모드를 사용하여 OpenGL로 보내지는 것이다. 이때 지오메트리 쉐이더는 매번 네 개의 버텍스에 대해 두 번(ABCD와 EFGH) 수행된다. 두 번째 행에서는 GL_LINE_STRIP_ADJACENCY 프리미티브 모드를 사용하여 동일한 여덟 개의 버텍스가 OpenGL로 보내진다. 이번에는 지오메트리 쉐이더가 ABCD, BCDE, 그리고 계속 같은 식으로 EFGH까지 다섯 번 수행된다. 각각의 경우 실선 화살표는 지오메트리 쉐이더가 없는 경우에 그려지는 라인이다.

그림 8-20 인접 프리미티브가 있는 선을 사용하여 생성된 선들

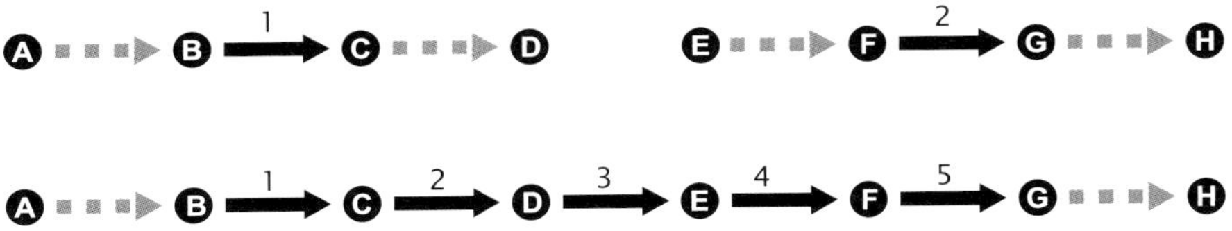

GL_TRIANGLES_ADJACENCY 프리미티브 모드는 GL_LINES_ADJACENCY 모드와 유사하게 동작한다. 활성화된 속성 배열의 각 여섯 개의 버텍스에 대해 하나의 삼각형이 지오메트리 쉐이더로 보내진다. 첫 번째, 세 번째, 그리고 다섯 번째 버텍스는 실제 삼각형을 구성하는 용도고, 두 번째, 네 번째, 여섯 번째 버텍스는 삼각형 버텍스 사이에 있는 것으로 간주된다. 이는 지오메트리 쉐이더에 대한 입력이 6요소 배열이라는 의미이다. 이전처럼 지오메트리 쉐이더를 사용하여 버텍스에 대해 원하는 작업을 수행할 수 있다. GL_TRIANGLES_ADJACENCY를 사용하면 임의의 여섯 개의 버텍스 프리미티브를 지오메트리 쉐이더로 보낼 수 있다. [그림 8-21]이 이를 설명한다.

그림 8-21 GL_TRIANGLES_ADJACENCY를 사용하여 생성한 삼각형들

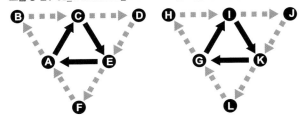

마지막으로, 아마도 가장 복잡한(또는 가장 이해하기 어려운) 프리미티브 타입은 GL_TRIANGLE_STRIP_ADJACENCY일 것이다. 이 프리미티브는 삼각형 스트립으로 매 두 번째 버텍스(첫 번째, 세 번째, 다섯 번째, 일곱 번째, 아홉 번째 등)가 스트립을 구성한다. 중간 버텍스들은 인접 버텍스다. [그림 8-22]는 그 원리를 설명한다. 그림에서 A에서 P까지의 버텍스는 OpenGL로 보내는 16개의 버텍스를 표현한다. 삼각형 스트립은 매 두 번째 버텍스(A, C, E, G, I 등)로부터 생성되고, 그 사이의 버텍스(B, D, F, H, J 등)는 인접 버텍스다.

그림 8-22 GL_TRIANGLE_STRIP_ADJACENCY를 사용하여 생성한 삼각형들

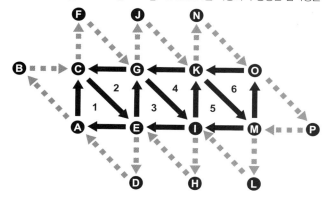

스트립의 처음과 끝 삼각형의 경우에는 특별한 처리가 필요하지만, 일단 스트립이 시작되면 이 버텍스들도 [그림 8-23]에서처럼 일반적인 패턴을 따른다.

그림 8-23 GL_TRIANGLE_STRIP_ADJACENCY의 버텍스 순서

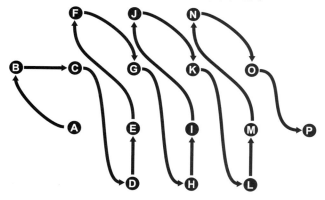

GL_TRIANGLE_STRIP_ADJACENCY의 순서에 대한 규칙은 OpenGL 명세에 명확히 정의되어 있다. 특히 여기에서 언급한 특별한 경우도 포함되어 있다. 만약 이 프리미티브 타입을 사용해야 한다면 명세에서 해당 부분을 읽기 바란다.

지오메트리 쉐이더를 사용하여 사각형 렌더링하기

컴퓨터 그래픽스에서 **사각형**quad이라는 단어는 사변형quadrilateral(변이 네 개인 도형)을 표현할 때 사용한다. 현대 그래픽스 API들은 사각형 렌더링을 직접 지원하지 않는다. 현대 그래픽스 하드웨어가 사각형을 지원하지 않기 때문이다. 모델링 프로그램에서 사각형으로 객체를 생성하는 경우, 지오메트리 데이터를 익스포트할 때 각 사각형을 삼각형 쌍으로 변환하겠느냐는 옵션을 제공하는 경우가 많다. 이 삼각형들은 그래픽스 하드웨어가 직접 렌더링할 수 있다. 일부 그래픽스 하드웨어들은 사각형을 지원하기도 한다. 하지만 내부적으로 하드웨어가 사각형을 삼각형 쌍으로 자동 변환해주는 것이다.

많은 경우, 사각형을 삼각형 쌍으로 분해하면 잘 동작하고, 이미지 결과도 사각형을 직접 지원하는 경우와 크게 차이가 없다. 하지만 사각형을 삼각형 쌍으로 분해했을 때 정확한 결과를 생성하지 않는 많은 경우가 존재한다. [그림 8-24]를 보자.

그림 8-24 삼각형 쌍으로 사각형 렌더링하기

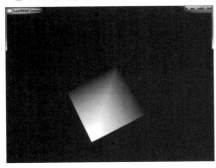 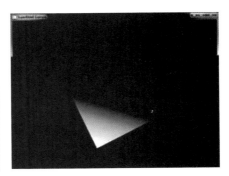

[그림 8-24]에서는 사각형을 한 쌍의 삼각형으로 렌더링했다. 두 이미지 모두 동일한 순서의 버텍스 감기winding가 사용되었다. 세 개의 검은색 버텍스가 있고 한 개의 흰색 버텍스가 있다. 왼쪽 이미지는 삼각형들에 의해 발생한 분리 부분이 사각형을 수직으로 가르고 있다. 가장 위쪽 버텍스 및 옆의 두 버텍스는 모두 검은색이며, 가장 아래의 버텍스는 흰색이다. 두 삼각형 사이의 경계가 밝은 선으로 뚜렷하게 보인다. 오른쪽 이미지는 사각형이 수평으로 분리되었다. 위쪽 삼각형은 검은색 버텍스들만 있기 때문에 전체가 검은색이다. 아래쪽 삼각형은 하나의 흰색 버텍스와 두개의 검은색 버텍스가 있기 때문에 검은색에서 흰색으로 점진적으로 변화한다.

그 이유는 프래그먼트 쉐이더로 전달된 버텍스별 색상 보간 및 래스터라이제이션 동안에는 하나의 삼각형만 렌더링하기 때문이다. 그 시점에는 오직 세 개의 버텍스에 관한 정보만 주어지며, 사각형의 다른 버텍스들은 고려할 수 없다.

분명한 것은, 두 이미지 모두 정확하지 않고, 둘 중 어떤 방식에 낫다고 할 수 없다는 것이다. 또한 두 이미지는 근본적으로 서로 다르다. 만약 툴을 사용하여 익스포트하거나, 심하게는 런타임 라이브러리를 사용하여 익스포트한다면, 사각형을 자를 때 두 이미지 중 어떤 것을 얻을지 제어할 수 없을 것이다. 그렇다면 어떻게 해야 할까? 음, 지오메트리 쉐이더에서 GL_LINES_ADJACENCY 타입을 사용하는 프리미티브를 입력으로 하면, 이들 각각은 네 개의 버텍스를 가진다. 이는 사각형을 표현하기에 충분하다. 이는 인접 정보를 갖는 선을 사용하면 적어도 지오메트리 쉐이더에서는 네 버텍스에 대한 정보를 모두 가지고 있다는 것을 의미한다.

다음으로 래스터라이저를 고려할 필요가 있다. 이전에도 말했듯이 지오메트리 쉐이더의 출력은 점, 선, 삼각형만 가능하다. 따라서 우리가 할 수 있는 최선은 각 사각형(lines_adjacency 프리미티브로 표현되는)을 한 쌍의 삼각형으로 분해하는 것이다. 이를 이전에 했던 것과 동일한 방식으로 수행할 수도 있다. 하지만 이번에는 프래그먼트 쉐이더에 필요한 모든 정보를 전달할 수 있다는 이점이 있다.

사각형을 제대로 렌더링하기 위해 색상을(또는 다른 속성을) 보간할 때 어떤 도메인^{domain}의 인자화 방식^{parameterization}을 사용할지 고려해야 한다. 삼각형에 대해서는 중심좌표계를 사용한다. 이는 3차원 좌표로, 삼각형의 각 모서리의 가중치를 위해 사용된다. 하지만 사각형에 대해서는 2차원 인자화 방식을 사용한다. [그림 8-25]의 사각형을 보자.

그림 8-25 사각형의 인자화

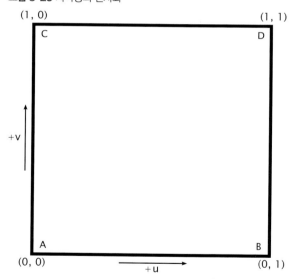

사각형의 도메인 인자화 방식은 2차원이며 2차원 벡터로 표현할 수 있다. 이를 사용하면 사각형에 대해 부드럽게 보간된 결과를 구하여 그 안의 어느 지점이든 벡터의 값으로 표현할 수 있다. 사각형의 네 점 A, B, C, D에 대해 벡터의 값은 각각 (0,0), (0,1), (1,0), (1,1)이다. 지오메트리 쉐이더에서 버텍스별로 이러한 값들을 생성할 수 있으며, 프래그먼트 쉐이더로 전달할 수 있다.

이 벡터를 사용하여 다른 프래그먼트당 속성들에 대한 보간된 값을 얻기 위해서는 다음을 고려해야 한다. 보간점은 벡터의 *x* 요소를 사용하여 버텍스 *A*와 *B* 사이를 그리고 버텍스 *C*와 *D* 사이를 부드럽게 이동한다. 마찬가지로 선분 *AB* 상의 값도 선분 *CD* 상의 값으로 부드럽게 이동할 것이다. 따라서 *A*에서 *D*에 해당하는 버텍스들의 속성값이 있을 때, 도메인 인자들을 사용하면 사각형 내 원하는 점에 대한 각 속성값을 보간할 수 있다.

즉, 지오메트리 쉐이더는 버텍스당 속성들을 변경하지 않은 채 그대로 프래그먼트 쉐이더의 단순 출력으로 전달할 수 있다. 이때 부드럽게 변하는 버텍스별 도메인 인자들도 함께 전달한다. 그 다음에 프래그먼트 쉐이더는 해당 도메인 인자와 **모든 네** 버텍스당 속성을 사용하여 직접 보간을 수행한다.

[예제 8-34]는 지오메트리 쉐이더고, [예제 8-35]는 프래그먼트 쉐이더다. 둘 다 gsquads 예제에서 온 것이다. 마지막으로 [그림 8-24]의 동일한 지오메트리를 렌더링한 결과는 [그림 8-26]이다.

예제 8-34 사각형을 렌더링하는 지오메트리 쉐이더

```
#version 430 core

layout (lines_adjacency) in;
layout (triangle_strip, max_vertices = 6) out;

in VS_OUT
{
    vec4 color;
} gs_in[4];

out GS_OUT
{
    flat vec4 color[4];
    vec2 uv;
} gs_out;

void main(void)
{
    gl_Position = gl_in[0].gl_Position;
    gs_out.uv = vec2(0.0, 0.0);
    EmitVertex();

    gl_Position = gl_in[1].gl_Position;
    gs_out.uv = vec2(1.0, 0.0);
    EmitVertex();

    gl_Position = gl_in[2].gl_Position;
    gs_out.uv = vec2(1.0, 1.0);
```

```
    // 여기에 마지막 버텍스에 대한 출력 색상만 적는다.
    // 왜냐하면 이들은 (보간 없이) 그대로 전달되는 속성이며,
    // 마지막 버텍스가 기본 유발(provoking) 버텍스이기 때문이다.
    gs_out.color[0] = gs_in[1].color;
    gs_out.color[1] = gs_in[0].color;
    gs_out.color[2] = gs_in[2].color;
    gs_out.color[3] = gs_in[3].color;
    EmitVertex();

    EndPrimitive();

    gl_Position = gl_in[0].gl_Position;
    gs_out.uv = vec2(0.0, 0.0);
    EmitVertex();

    gl_Position = gl_in[2].gl_Position;
    gs_out.uv = vec2(1.0, 1.0);
    EmitVertex();

    gl_Position = gl_in[3].gl_Position;
    gs_out.uv = vec2(0.0, 1.0);

    // 다시 마지막 버텍스에 대한 출력 색상만 적는다.
    gs_out.color[0] = gs_in[1].color;
    gs_out.color[1] = gs_in[0].color;
    gs_out.color[2] = gs_in[2].color;
    gs_out.color[3] = gs_in[3].color;
    EmitVertex();

    EndPrimitive();
}
```

예제 8-35 사각형을 렌더링하는 프래그먼트 쉐이더

```
#version 430 core

in GS_OUT
{
    flat vec4 color[4];
    vec2 uv;
} fs_in;

out vec4 color;

void main(void)
{
    vec4 c1 = mix(fs_in.color[0], fs_in.color[1], fs_in.uv.x);
    vec4 c2 = mix(fs_in.color[2], fs_in.color[3], fs_in.uv.x);
```

```
        color = mix(c1, c2, fs_in.uv.y);
    }
```

그림 8-26 지오메트리 쉐이더를 사용하여 그린 사각형

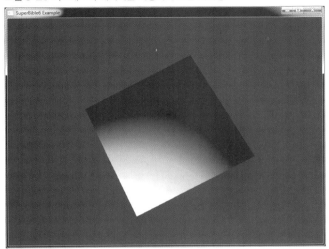

8.2.9 여러 뷰포트 변환

3.5.2절 '뷰포트 변환'에서 뷰포트 변환에 대해서 배웠고, 어떻게 **glViewport( )**와 **glDepthRange( )**로 렌더링할 윈도우 사각형 영역을 지정하는지 배웠다. 일반적으로 전체 윈도우나 화면에 대한 뷰포트 차원을 지정할 때는 애플리케이션이 데스크톱에서 실행되는지 아니면 전체 디스플레이를 사용하는지 고려한다. 하지만 뷰포트를 이동시켜 하나의 큰 프레임버퍼를 갖는 여러 가상 윈도우에 그리는 것도 가능하다. 뿐만 아니라 OpenGL에서는 여러 뷰포트를 동시에 사용하는 것도 가능하다. 이는 뷰포트 배열이라는 기능이다.

뷰포트 배열을 사용하려면 사용할 뷰포트들의 범위를 OpenGL에 알려주어야 한다. 이를 위해 **glViewportIndexedf( )**나 **glViewportIndexedfv( )**를 사용할 수 있는데, 프로토타입은 다음과 같다.

```
    void glViewportIndexedf(GLuint index,
                            GLfloat x,
                            GLfloat y,
                            GLfloat w,
                            GLfloat h);

    void glViewportIndexedfv(GLuint index,
                             const GLfloat * v);
```

glViewportIndexedf( )와 **glViewportIndexedfv( )**에서 index는 수정할 뷰포트의 인덱스다. 인덱스된 뷰포트 함수에 대한 뷰포트 인자들은 **glViewport( )**에서처럼 정수가 아니라 부동소수점 값이라는 점을 주목하자. OpenGL은 최소 16개의 뷰포트[6]를 지원하므로 index는 0에서 15의 범위다.

마찬가지로 각 뷰포트는 자체 깊이 범위도 가지는데, 이는 **glDepthRangeIndexed( )**로 설정할 수 있다. 프로토타입은 다음과 같다.

```
void glDepthRangeIndexed(GLuint index,
                         GLdouble n,
                         GLdouble f);
```

다시 말하지만 index는 0과 15 사이의 값이다. 사실 **glViewport( )**는 모든 뷰포트의 크기를 이 범위로 설정하는 것이며, **glDepthRange( )**는 모든 뷰포트의 깊이를 이 범위로 설정하는 것이다. 만약 동시에 한 개 이상의 뷰포트를 설정하려면 **glViewportArrayv( )**와 **glDepthRangeArrayv( )** 를 사용하는 것이 좋다. 프로토타입은 다음과 같다.

```
void glViewportArrayv(GLuint first,
                      GLsizei count,
                      const GLfloat * v);

void glDepthRangeArrayv(GLuint first,
                        GLsizei count,
                        const GLdouble * v);
```

이 함수들은 first 인자로 인덱싱된 뷰포트를 시작으로 count 개의 뷰포트에 대해 v 배열 안에 있는 인자값들을 사용하여 뷰포트의 크기를 설정하거나 깊이 범위를 설정한다. **glViewportArrayv( )** 에 대해, 배열은 x, y, width, height값을 순서대로 포함한다. **glDepthRangeArrayv( )**에 대해, 배열은 n, f 쌍을 순서대로 포함한다.

일단 뷰포트를 지정했다면 지오메트리를 지정해야 한다. 이 작업은 지오메트리 쉐이더에서 수행한다. 내장 변수인 gl_ViewportIndex에 렌더링할 뷰포트를 쓴다. [예제 8-36]은 해당 지오메트리 쉐이더가 어떻게 생겼는지 보여준다.

예제 8-36 지오메트리 쉐이더에서 여러 뷰포트에 렌더링하기

```
#version 430 core

layout (triangles, invocations = 4) in;
layout (triangle_strip, max_vertices = 3) out;
```

---

[6] OpenGL에서 지원하는 뷰포트의 실제 개수는 GL_MAX_VIEWPORTS의 값을 질의해서 확인할 수 있다.

```
layout (std140, binding = 0) uniform transform_block
{
    mat4 mvp_matrix[4];
};

in VS_OUT
{
    vec4 color;
} gs_in[];

out GS_OUT
{
    vec4 color;
} gs_out;

void main(void)
{
    for (int i = 0; i < gl_in.length(); i++)
    {
        gs_out.color = gs_in[i].color;
        gl_Position = mvp_matrix[gl_InvocationID] *
                        gl_in[i].gl_Position;
        gl_ViewportIndex = gl_InvocationID;
        EmitVertex();
    }
    EndPrimitive();
}
```

[예제 8-36]의 쉐이더를 실행하면 쉐이더를 네 번 호출invocation한다. 매 호출마다 gl_ViewportIndex
의 값을 gl_InvocationID의 값으로 설정한다. 직접 지오메트리 쉐이더 인스턴스의 결과를 개별 뷰
포트로 지정한다. 또한 매 호출마다 개별 모델-뷰-투영 행렬을 사용하는데, 이는 transform_block

유니폼 블록에서 얻어온다. 물론
더 복잡한 쉐이더를 작성할 수
있지만, 변환된 지오메트리를 여
러 뷰포트로 보내는 예제로는 이
정도로 충분하다. 이 코드를 사
용하여 multipleviewport 예제
를 작성했다. 이 쉐이더를 사용
하여 간단한 정육면체를 회전시
킨 결과는 [그림 8-27]에 있다.

그림 8-27 여러 뷰포트에 렌더링한 결과

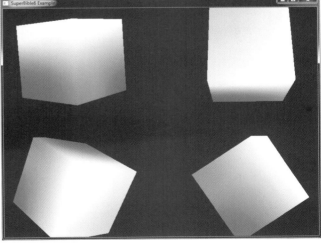

[그림 8-27]에서 [예제 8-36]으로 렌더링한 네 개의 정육면체를 볼 수 있다. 각각은 개별 뷰포트로 렌더링되기 때문에 개별로 클리핑되었으며, 정육면체가 해당 뷰포트의 가장자리를 벗어나는 경우 OpenGL의 클리핑 스테이지에 의해 모서리가 잘리게 된다.

8.3 마치며

이 장에서는 두 개의 테셀레이션 쉐이더 스테이지, 고정 함수 테셀레이션 엔진, 서로 상호 작용하는 방식에 대해 살펴보았다. 또한 지오메트리 쉐이더에 대해 살펴보았으며, 테셀레이션 쉐이더와 지오메트리 쉐이더가 어떻게 OpenGL 파이프라인의 데이터양을 변경하는지 살펴보았다. 또한 테셀레이션과 지오메트리 쉐이더를 사용하여 접근할 수 있는 OpenGL의 추가 기능들도 일부 살펴보았다. 테셀레이션 쉐이더와 지오메트리 쉐이더가 버텍스들을 어떻게 그룹으로 처리하는지에 대한 개념도 살펴보았다. 테셀레이션 쉐이더의 경우 이 그룹들은 **패치**를 구성하며, 지오메트리 쉐이더의 경우 이 그룹들은 선과 삼각형 같은 전통적인 프리미티브를 구성한다. 지오메트리 쉐이더에서 접근할 수 있는 특별한 **인접** 프리미티브 타입들도 살펴보았다. 지오메트리 쉐이더가 끝나면, 프리미티브들은 래스터라이저로 보내지고, 프래그먼트당 작업을 수행한다. 이는 다음 장의 주제다.

CHAPTER 9

프래그먼트 프로세싱 및 프레임버퍼

이 장에서 다루는 내용

◆ 어떻게 데이터를 프래그먼트 쉐이더로 전달하는지, 어떻게 보내는 방법을 제어하는지, 전달한 데이터로 어떤 일을 할 수 있는지

◆ 어떻게 자신만의 프레임버퍼를 생성할 수 있는지, 그리고 어떻게 저장하는 데이터의 포맷을 제어하는지

◆ 어떻게 단일 프래그먼트 쉐이더에서 여러 출력을 생성할 수 있는지

◆ 어떻게 프레임버퍼에서 데이터를 가져와서 텍스처, 버퍼, 애플리케이션 메모리로 전달할 수 있는지

이 장은 **백엔드**back end에 관한 내용이다. 백엔드란 래스터라이제이션 이후의 모든 작업을 말한다. 프래그먼트 쉐이더에서 할 수 있는 몇 가지 재미있는 내용, 프래그먼트 쉐이더를 떠난 데이터에 어떤 일이 일어나는지, 어떻게 다시 애플리케이션으로 그 내용을 가져올 수 있는지 등에 대해 깊이 살펴볼 예정이다. 고 동적 범위high dynamic range를 사용하는 렌더링, 안티에일리어싱 기술(디스플레이의 픽셀화 현상을 보정하는), 대안적인 컬러 공간 등 애플리케이션이 생성하는 이미지의 질을 향상시킬 수 있는 여러 가지 방법에 대해서도 살펴볼 것이다.

9.1 프래그먼트 쉐이더

프래그먼트 쉐이더 스테이지에 대한 소개는 이미 한 바 있다. 이 스테이지는 쉐이더 코드가 각 프래그먼트의 색상을 결정하는 파이프라인 내 스테이지로, 프레임버퍼에 합성composition을 위해 보내지기 전 단계다. 프래그먼트 쉐이더는 프래그먼트별로 수행된다. 프래그먼트는 처리를 위한 가상의 요소로서 결국에는 픽셀의 최종 색상에 기여하게 된다. 그 입력은 래스터라이제이션의 일부로 수행되는 고정 함수 보간 단계에 의해 생성된다. 기본적으로 프래그먼트 쉐이더에 대한 입력 블록의 모든 멤버는 래스터라이즈되는 프리미티브에 걸쳐 부드럽게 보간된다. 보간의 끝점들은 프론트엔드의 이전 스테이지(버텍스, 테셀레이션 이벨류에이션, 또는 지오메트리 쉐이더 스테이지일 수 있다)

에 의해 제공된다. 하지만 보간이 어떻게 수행될지 제어할 수 있으며 심지어 보간을 수행할지 여부
자체도 제어할 수 있다.

9.1.1 보간 및 저장 지시어

이미 이전 장들에서 GLSL이 지원하는 저장 지시어에 대해 일부 배웠다. 고급 렌더링에 사용되는
보간을 제어할 때 사용할 수 있는 몇 가지 저장 지시어가 있다. 그중 `flat`과 `noperspective`가 있
는데, 여기서 각각에 대해 간단히 살펴보겠다.

보간 비활성화시키기

프래그먼트 쉐이더에 입력을 선언할 때, 그 입력은 렌더링될 프리미티브에 걸쳐서 생성되거나 보간
된다. 하지만 프론트엔드에서 백엔드로 정수를 전달할 때는 보간이 비활성화되어야 한다. OpenGL
은 정수를 부드럽게 보간할 수 없기 때문에, 이는 자동적으로 수행된다. 또한 부동소수점 프래그먼
트 쉐이더 입력에 대해서 명시적으로 보간을 비활성화시킬 수도 있다. 보간이 비활성화된 프래그
먼트 쉐이더 입력은 **평평한 입력**^{flat input}(OpenGL에 의해 일반적으로 수행되는 부드러운 보간이
적용된 **부드러운 입력**^{smooth input}과 대조적)이라고도 한다. 프래그먼트 쉐이더에 보간이 수행되지
않는 평평한 입력을 생성하려면 다음과 같이 그 입력을 `flat` 저장 지시어[1]를 사용하여 선언한다.

```
flat in vec4 foo;
flat in int bar;
flat in mat3 baz;
```

입력 블록에 대해서도 보간 지시어를 적용할 수 있다. `smooth` 지시어를 사용하여 간단히 설정할 수
있다. 블록에 적용하는 보간 지시어는 그 멤버들에 대해 상속된다. 즉, 자동적으로 블록의 모든 멤버
에 대해 적용된다. 하지만 블록 멤버에 대해 개별 지시어를 적용할 수도 있다. 다음 코드를 보자.

```
flat in INPUT_BLOCK
{
    vec4      foo;
    int       bar;
    smooth mat3 baz;
};
```

여기서 foo는 부모 블록의 `flat` 지시어를 상속받기 때문에 보간이 비활성화된다. bar는 정수이기
때문에 자동적으로 `flat`이 적용된다. 하지만 baz는 `flat` 보간 지시어를 사용하는 블록의 멤버임
에도 불구하고 `smooth` 보간 지시어를 멤버 레벨에서 적용했기 때문에 부드럽게 보간된다.

----

1 실제로는 부동소수점 프래그먼트 쉐이더 입력을 smooth 저장 지시어를 사용하여 명시적으로 선언하는 것이 맞다. 하지만 기본 옵션이기 때문
에 불필요하다.

여기서 프래그먼트 쉐이더 입력을 이야기할 때, 프론트엔드에서 대응하는 출력에 사용되는 저장 및 보간 지시어도 프래그먼트 쉐이더의 입력에 사용된 것과 일치해야 한다는 것을 잊지 말기 바란다. 즉, 프론트엔드의 마지막 스테이지가 버텍스 쉐이더든, 테셀레이션 이밸류에이션 쉐이더든, 지오메트리 쉐이더든 간에 해당 출력을 flat 지시어로 선언해야 한다는 것이다.

프래그먼트에 평평한 입력이 사용될 때, 그 값은 프리미티브의 버텍스들 중 하나로부터 온다. 렌더링되는 프리미티브가 단일 점이라면 데이터를 얻는 곳은 단 하나뿐이다. 하지만 렌더링되는 프리미티브가 선이나 삼각형이라면 프리미티브의 첫 번째 또는 마지막 버텍스가 사용된다. 평평한 프래그먼트 쉐이더 입력을 얻어올 버텍스를 유발^{provoking} 버텍스라고 하며, 다음 함수를 통해 첫 번째 버텍스인지 마지막 버텍스인지 결정할 수 있다.

```
void glProvokingVertex(GLenum provokeMode);
```

여기에 provokeMode는 어떤 버텍스가 사용되어야 할지 지정하며, 유효한 값은 GL_FIRST_VERTEX_CONVENTION과 GL_LAST_VERTEX_CONVENTION이다. 기본값은 GL_LAST_VERTEX_CONVENTION이다.

원근 보정 없이 보간하기

이미 배웠듯이 OpenGL은 프래그먼트 쉐이더 입력의 값들을 프리미티브의 면, 예를 들면 삼각형에 대해 보간하고 프래그먼트 쉐이더의 매 호출에 새로운 값을 제공한다. 기본적으로 보간은 렌더링되는 프리미티브의 공간에서 부드럽게 수행된다. 즉, 평평한 곳에 놓인 삼각형을 보고 있다고 가정하면, 쉐이더 입력이 서피스에서 이동하는 간격은 일정하다. 하지만 OpenGL은 픽셀에서 픽셀로 이동할 때 화면 공간에서 보간을 수행한다. 삼각형이 화면에 정면으로 보여지는 경우는 매우 드물기 때문에 원근 축소가 발생한다. 즉, 픽셀 간의 각 베어링^{varying}의 단계가 일정하지 않아서 화면 공간에서 선형적이 아니라는 의미다. OpenGL은 이것을 **원근 보정 보간**을 사용하여 고친다. 이를 구현하려면 화면 공간에서 선형적인 값을 보간하고 그 값을 사용하여 각 픽셀에 대한 쉐이더 입력의 실제 값을 구해야 한다.

삼각형에 걸쳐 보간되는 텍스처 좌표 uv를 생각해보자. u도 v도 화면 공간에서는 선형적이 아니다. 하지만(이 절의 범위를 벗어나는 수학이 필요함) $\frac{u}{w}$와 $\frac{v}{w}$는 화면 공간상에서 선형적이다. $\frac{1}{w}$ (프래그먼트의 좌표의 네 번째 요소)처럼 말이다. 따라서 OpenGL이 실제로 보간하는 것은 다음과 같다.

$$\frac{u}{w}, \frac{v}{w}, \text{ 그리고 } \frac{1}{w}$$

각 픽셀에서 $\frac{1}{w}$를 받아서 w를 구하고, 여기에 $\frac{u}{w}$와 $\frac{v}{w}$를 곱하여 u와 v를 구한다. 일반적으로 이것이 원하는 것이다. 하지만 때로는 이것을 원하는 것이 아닐 경우가 있다. 만약 프리미티브의 방향에 상관없이 화면 공간상에서 보간을 수행하고 싶다면 **noperspective** 저장 지시어를 아래와 같이 사용하면 된다. 다음은 버텍스 쉐이더에서(또는 파이프라인의 마지막 프론트엔드에서) 사용한 예다.

```
noperspective out vec2 texcoord;
```

다음은 프래그먼트 쉐이더에서 사용한 예다.

```
noperspective in vec2 texcoord;
```

원근 보정을 사용한 결   과와 화면 공간 선형(**noperspective**) 렌더링 방식을 사용한 결과는 [그림 9-1]과 같다.

그림 9-1 원근 보정과 선형 보간 비교

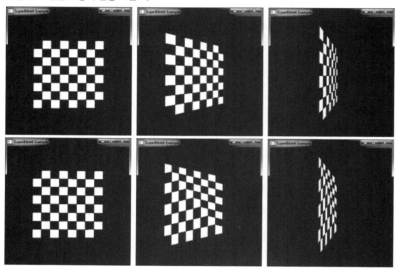

[그림 9-1]의 위쪽 이미지는 원근 보정 보간을 한 쌍의 삼각형에 적용한 결과를 뷰어의 각도가 변함에 따라 보여준 이미지다. 아래쪽 이미지는 **noperspective** 저장 지시어를 텍스처 좌표의 보간에 적용한 이미지다. 삼각형 쌍과 뷰어와의 각도가 수직에 가까워질수록 텍스처가 점점 더 일그러져 보인다.

9.2 프래그먼트별 테스트

프래그먼트 쉐이더가 실행되면 OpenGL은 생성된 프래그먼트로 무엇을 할지 알아야 한다. 지오메트리가 클리핑되었고, 정규화된 디바이스 공간으로 변환되었으므로, 래스터라이제이션에 의해 생성되는 모든 프래그먼트는 화면상(또는 윈도우 내)에 있을 것이다. 하지만 OpenGL은 프래그먼트에 대해 많은 다른 테스트를 수행하여 실제로 프레임버퍼에 써질지 여부 및 어떻게 써질지 결정한다. 이러한 테스트들은 (논리적인 순서대로) **가위 테스트**, **스텐실 테스트**, **깊이 테스트**다. 이 내용들은 다음 절에서 파이프라인 순서대로 설명할 것이다.

9.2.1 가위 테스트

가위 사각형은 화면 좌표로 지정하는 임의의 사각형으로, 특정 영역만 렌더링하도록 클리핑할 때 사용할 수 있다. 뷰포트와는 달리, 가위 사각형에 대해 지오메트리를 직접 클리핑시키는 것이 아니라, 래스터라이제이션 이후[2] 처리의 일부로서 개별 프래그먼트를 그 사각형에 대해 테스트한다. 뷰포트 사각형에 대해 OpenGL은 가위 사각형들의 배열을 지원한다. 설정하려면 **glScissorIndexed()**나 **glScissorIndexedv()**를 호출하면 되는데, 프로토타입은 다음과 같다.

```
void glScissorIndexed(GLuint index,
                      GLint left,
                      GLint bottom,
                      GLsizei width,
                      GLsizei height);

void glScissorIndexedv(GLuint index,
                       const GLint * v);
```

두 함수에 대해 index 인자는 어떤 가위 사각형을 변경할지 지정한다. left, bottom, width, height 인자는 가위 사각형을 정의하는 윈도우 좌표 영역을 지정한다. **glScissorIndexedv()**에 대해 left, bottom, width, height 인자는 (순서대로) 배열에 저장되며 그 주소를 v로 지정한다.

가위 사각형을 선택하려면 지오메트리 쉐이더의 gl_ViewportIndex 내장 출력(맞다, 뷰포트를 선택할 때 사용했던 것과 같은 것이다)을 사용한다. 즉, 뷰포트의 배열과 가위 사각형의 배열이 주어지면 동일한 index를 두 배열에 대해 사용한다. 가위 테스트를 활성화하려면 아래 함수를 호출한다.

```
glEnable(GL_SCISSOR_TEST);
```

비활성화하려면 아래 함수를 호출한다.

```
glDisable(GL_SCISSOR_TEST);
```

가위 테스트는 기본적으로 비활성화되어 있다. 따라서 사용하지 않는다면 아무 설정도 필요 없다. 만약 다시 [예제 8-36]의 쉐이더를 사용하여 인스턴스화된 지오메트리 쉐이더가 gl_ViewportIndex를 출력하게 하고, 가위 테스트를 활성화시키고, 가위 사각형을 설정하면, 특정 영역을 마스킹하여

---

2 일부 OpenGL 구현은 가위 테스트를 지오메트리 스테이지의 마지막에 적용하는 경우도 있다. 또는 래스터라이제이션의 앞부분에 놓을 수도 있다. 여기서는 논리적인 OpenGL 파이프라인을 설명하고 있다.

렌더링하지 않을 수 있다. [예제 9-1]은 multiscissor 예제의 일부 코드로서, 가위 사각형을 설정한다. [그림 9-2]는 이 코드를 사용하여 렌더링한 결과다.

예제 9-1 가위 사각형 배열 설정

```
// 가위 테스트를 켠다.
glEnable(GL_SCISSOR_TEST);

// 각 사각형은 화면의 7/16을 차지한다.
int scissor_width = (7 * info.windowWidth) / 16;
int scissor_height = (7 * info.windowHeight) / 16;

// 네 사각형 - 먼저 왼쪽 아래
glScissorIndexed(0, 0, 0, scissor_width, scissor_height);

// 오른쪽 아래
glScissorIndexed(1,
                info.windowWidth - scissor_width, 0,
                info.windowWidth - scissor_width, scissor_height);

// 왼쪽 위
glScissorIndexed(2,
                0, info.windowHeight - scissor_height,
                scissor_width, scissor_height);

// 오른쪽 위
glScissorIndexed(3,
                info.windowWidth - scissor_width,
                info.windowHeight - scissor_height,
                scissor_width, scissor_height);
```

그림 9-2 네 개의 다른 가위 사각형을 렌더링한 결과

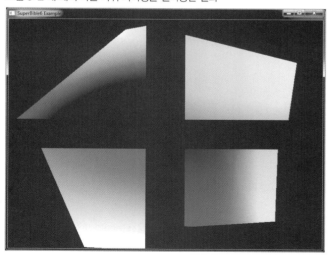

가위 테스트에 대해 중요한 점은 **glClear()**나 **glClearBufferfv()**로 프레임버퍼를 지울 때도 첫 번째 가위 사각형이 적용된다는 것이다. 즉, 프레임버퍼의 임의의 사각형을 가위 사각형을 사용하여 지울 수 있다는 의미다. 하지만 프레임의 마지막에 가위 테스트가 활성화된 채로 남겨둔다면 다음 프레임의 프레임버퍼를 지울 때 에러가 발생할 수도 있다.

9.2.2 스텐실 테스트

프레임버퍼 파이프라인의 다음 단계는 스텐실 테스트다. 스텐실 테스트는 판지에서 모양을 오려낸 다음에 벽에 대고 스프레이 페인트를 뿌리는 것으로 생각할 수 있다. 판지에서 뚫린 부분만 벽에 페인트가 칠해진다. 만약 프레임버퍼의 픽셀 포맷이 스텐실 버퍼를 포함한다면, 이와 같이 프레임버퍼에 그리는 내용을 마스킹할 수 있다. **glEnable()** 함수와 cap 인자에 GL_STENCIL_TEST를 지정하면 스텐실을 활성화시킬 수 있다. 대부분의 구현은 8비트 스텐실 버퍼만 지원하기도 한다. 하지만 어떤 설정에서는 더 적은 비트만 사용하기도 한다(또는 더 많은 비트를 사용할 수도 있지만, 그런 경우는 극히 드물다).

드로잉 명령은 스텐실 버퍼에 직접 영향을 준다. 그리고 스텐실 버퍼의 값은 그리는 픽셀들에 직접 영향을 준다. 스텐실 버퍼와 상호 작용하는 방식을 제어하기 위해 OpenGL은 두 가지 명령을 제공한다. **glStencilFuncSeparate()**와 **glStencilOpSeparate()**다. OpenGL은 전면 방향과 후면 방향 지오메트리에 대해 각각 독립적으로 설정한다. **glStencilFuncSeparate()**와 **glStencilOpSeparate()**의 프로토타입은 다음과 같다.

```
void glStencilFuncSeparate(GLenum face,
                           GLenum func,
                           GLint ref,
                           GLuint mask);

void glStencilOpSeparate(GLenum face,
                         GLenum sfail,
                         GLenum dpfail,
                         GLenum dppass);
```

우선 **glStencilFuncSeparate()**는 스텐실 테스트가 성공하는지 실패하는지에 대한 조건을 제어한다. 이 테스트는 전면 방향과 후면 방향 프리미티브에 대해 각각 적용된다. 각각 개별 상태가 있으며, 면에 대해 GL_FRONT, GL_BACK, GL_FRONT_AND_BACK 중 하나를 지정하여 어떤 지오메트리가 적용될지 알려준다. func의 값은 [표 9-1]의 값 중 하나다. 이 값을 통해 어떤 조건 하에 지오메트리가 스텐실 테스트를 통과할지 지정한다.

표 9-1 스텐실 함수

함수	통과 조건
GL_NEVER	테스트를 절대 통과 못함
GL_ALWAYS	테스트를 항상 통과함
GL_LESS	참조값이 버퍼값보다 작은 경우
GL_LEQUAL	참조값이 버퍼값보다 작거나 같은 경우
GL_EQUAL	참조값이 버퍼값과 같은 경우
GL_GEQUAL	참조값이 버퍼값보다 크거나 같은 경우
GL_GREATER	참조값이 버퍼값보다 큰 경우
GL_NOTEQUAL	참조값이 버퍼값과 다른 경우

ref값은 성공이나 실패의 값을 계산할 때 사용할 참조값이다. mask 인자는 참조값의 어떤 비트들이 버퍼의 값과 비교될지 제어한다. 스텐실 테스트의 연산은 다음과 같은 의사코드로 구현할 수 있다.

```
GLuint current = GetCurrentStencilContent(x, y);
if (compare(current & mask,
            ref & mask,
            front_facing ? front_op : back_op))
{
    passed = true;
}
else
{
    passed = false;
}
```

다음 단계는 **glStencilOpSeparate()**를 사용하여 스텐실 테스트가 통과하거나 실패하면 무엇을 할지 OpenGL에 알리는 작업이다. 이 함수는 네 개의 인자를 취하는데, 첫 번째 인자는 어떤 면이 영향을 받는지 설정한다. 다음 세 인자는 스텐실 테스트 후에 수행되는 작업을 제어한다. 가능한 값이 [표 9-2]에 있다. 두 번째 인자 sfail은 스텐실 버퍼가 실패하면 취할 작업이다. dpfail 인자는 깊이 버퍼 테스트가 실패하면 취할 작업이다. 마지막 dppass 인자는 깊이 버퍼 테스트가 성공하면 취할 작업이다. 스텐실 테스트가 깊이 테스트(잠시 후에 다루겠다) 이전에 수행되기 때문에, 스텐실 테스트가 실패하면 프래그먼트가 바로 제거되고 더 이상의 작업은 수행되지 않는다는 것을 주목하자. 따라서 네 개의 연산이 아닌 세 개의 연산만 존재한다.

표 9-2 스텐실 연산

함수	결과
GL_KEEP	스텐실 버퍼를 수정하지 않는다.
GL_ZERO	스텐실 버퍼값을 0으로 설정한다.
GL_REPLACE	스텐실값을 참조값으로 교체한다.

함수	결과
GL_INCR	스텐실값을 한계 조정하여 증가시킨다.
GL_DECR	스텐실값을 한계 조정하여 감소시킨다.
GL_INVERT	스텐실값을 비트 단위로 반전시킨다.
GL_INCR_WRAP	스텐실값을 한계 조정 없이 증가시킨다.
GL_DECR_WRAP	스텐실값을 한계 조정 없이 감소시킨다.

그렇다면 이 작업은 실제로 어떻게 작동할까? 간단한 사용예가 [예제 9-2]에 있다. 첫 번째 단계는 **glClearBufferiv( )**를 호출하여 스텐실 버퍼를 0으로 지우는 것이다. 이때 buffer 인자를 GL_STENCIL로 설정하고, drawBuffer 인자를 0으로 설정하고, value 인자를 0의 값을 갖는 변수를 가리키게 한다. 다음에는 플레이어의 점수 및 통계와 같은 세부 내용을 담을 윈도우 경계를 그린다. **glStencilFuncSeparate( )**를 사용하여 스텐실 테스트를 참조값 1로 하고 항상 통과하는 것으로 설정한다. 다음에는 **glStencilOpSeparate( )**를 호출하여 깊이 테스트가 통과할 때만 스텐실 버퍼의 값을 교체할 수 있도록 한 뒤 경계 지오메트리를 렌더링한다. 이를 통해 경계 영역 픽셀들은 1이 되고, 나머지 프레임버퍼 내용은 0으로 남는다. 마지막으로 스텐실 상태를 설정하여 스텐실 테스트가 스텐실 버퍼값이 0일 때만 통과하도록 한다. 그리고 장면의 나머지를 렌더링한다. 결과적으로 경계 상에 그려지는 모든 픽셀은 스텐실 테스트를 실패하여 프레임버퍼에 그려지지 않을 것이다. [예제 9-2]는 스텐실을 사용하는 예다.

예제 9-2 스텐실 버퍼 사용 및 경계 이미지 예제

```
// 스텐실 버퍼를 0으로 지운다.
const GLint zero;
glClearBufferiv(GL_STENCIL, 0, &zero);

// 경계 렌더링을 위해 스텐실 상태를 설정한다.
glStencilFuncSeparate(GL_FRONT, GL_ALWAYS, 1, 0xff);
glStencilOpSeparate(GL_FRONT, GL_KEEP, GL_ZERO, GL_REPLACE);

// 경계 이미지를 그린다.
...
// 이제 경계 이미지 픽셀들은 스텐실값 1을 갖고,
// 다른 모든 픽셀은 스텐실값 0을 갖는다.

// 일반 렌더링을 위한 스텐실 상태를 설정한다.
// 픽셀이 경계를 덮어쓰는 경우에는 실패한다.
glStencilFuncSeparate(GL_FRONT_AND_BACK, GL_LESS, 1, 0xff);
glStencilOpSeparate(GL_FRONT, GL_KEEP, GL_KEEP, GL_KEEP);

// 장면의 나머지를 렌더링한다. 스텐실 경계 위에는
// 렌더링되지 않을 것이다.
...
```

스텐실 관련 함수가 두 개 더 있다. `glStencilFunc()`와 `glStencilOp()`다. 이 함수들은 `glStencilFuncSeparate()`와 `glStencilOpSeparate()`에 face 인자를 GL_FRONT_AND_BACK으로 설정하는 것과 동일하다.

스텐실 버퍼 갱신 제어하기

스텐실 연산 모드를 잘 설정하면(모두 동일한 값으로 설정하거나, GL_KEEP을 신중하게 설정하는 등) 스텐실 버퍼에 대한 매우 유연한 연산을 수행할 수 있다. 하지만 여기에서 더 나아가, 스텐실 버퍼의 개별 비트들에 대한 갱신을 제어할 수도 있다. `glStencilMaskSeparate()` 함수는 스텐실 버퍼의 어떤 비트필드들이 갱신될지 아닐지 제어할 수 있다. 프로토타입은 다음과 같다.

```
void glStencilMaskSeparate(GLenum face, GLuint mask);
```

스텐실 테스트 함수에서처럼 두 종류의 상태가 있다. 하나는 정면 방향 프리미티브고, 다른 하나는 후면 방향 프리미티브다. `glStencilFuncSeparate()`와 마찬가지로 face 인자는 어떤 타입의 프리미티브가 영향을 받는지 지정한다. mask 인자는 스텐실 버퍼의 비트들에 매핑되는 비트빌드다. 만약 스텐실 버퍼가 32비트보다 작다면(대부분의 OpenGL 구현에서는 8비트가 최대다) mask에서 그만큼의 하위 비트들만 적용된다. 만약 mask 비트가 1로 설정되었다면 스텐실 버퍼의 해당 비트가 갱신될 수 있다. 그러나 만약 mask 비트가 0이라면 스텐실 버퍼의 해당 비트는 쓰이지 않는다. 예를 들어 다음과 같은 코드를 보자.

```
GLuint mask = 0x000F;
glStencilMaskSeparate(GL_FRONT, mask);
glStencilMaskSeparate(GL_BACK, ~mask);
```

이전 예제에서, `glStencilMaskSeparate()`의 첫 번째 호출은 정면 방향 프리미티브에 영향을 주며, 스텐실 버퍼의 하위 네 비트만 활성화시키고 나머지는 비활성화시킨다. `glStencilMaskSeparate()`의 두 번째 호출은 후면 방향 프리미티브들에 영향을 준다. 이를 통해 두 개의 스텐실값을 합쳐서 8비트 스텐실 버퍼에 저장할 수 있다. 하위 네 비트는 정면 방향 프리미티브에 사용되고, 상위 네 비트는 후면 방향 프리미티브에 사용된다.

9.2.3 깊이 테스트

스텐실 연산이 완료된 후 깊이 테스트가 활성화되면, OpenGL은 프래그먼트의 깊이값을 깊이 버퍼의 기존값과 비교한다. 만약 깊이값 쓰기 기능이 활성화되어 있고, 프래그먼트가 깊이 테스트를 통과하면, 깊이 버퍼는 프래그먼트의 깊이값으로 갱신된다. 만약 깊이 테스트가 실패하면, 프래그먼트는 폐기되고 다음 프래그먼트 연산으로 전달되지 않는다.

프리미티브 어셈블리로의 입력은 프리미티브를 구성하는 버텍스 위치들의 집합이다. 각각은 z 좌표가 있다. 이 좌표는 스케일^{scale}되고 이동^{bias}되기 때문에, 일반적으로 보이는 값의 범위는 0에서 1 사이다.[3] 실제로 이 값이 깊이 버퍼에 통상적으로 저장되는 값이다. 깊이 테스팅 동안 OpenGL은 현재 프래그먼트의 좌표에 해당하는 프래그먼트의 깊이값을 깊이 버퍼로부터 읽어서, 처리 중인 프래그먼트에서 생성한 깊이값과 비교한다.

프래그먼트가 깊이 테스트를 '통과'하는지 확인할 때 사용할 비교 연산자를 원하는 대로 지정할 수 있다. 깊이 비교 연산자(또는 **깊이 함수**)를 설정하려면 **glDepthFunc( )**를 호출한다. 프로토타입은 다음과 같다.

```
void glDepthFunc(GLenum func);
```

여기서 func는 깊이 비교 연산자 중 하나다. func에 사용할 수 있는 값과 그 의미는 [표 9-3]에 있다.

표 9-3 깊이 비교 함수

함수	의미
GL_ALWAYS	깊이 테스트가 항상 통과한다. 모든 프래그먼트가 깊이 테스트를 통과한다고 가정한다.
GL_NEVER	깊이 테스트가 절대 통과하지 않는다. 모든 프래그먼트가 깊이 테스트를 실패한다고 가정한다.
GL_LESS	만약 새로운 프래그먼트의 깊이값이 이전 프래그먼트의 깊이값보다 작다면 깊이 테스트가 통과한다.
GL_LEQUAL	만약 새로운 프래그먼트의 깊이값이 이전 프래그먼트의 깊이값보다 작거나 같다면 깊이 테스트가 통과한다.
GL_EQUAL	만약 새로운 프래그먼트의 깊이값이 이전 프래그먼트의 깊이값과 같다면 깊이 테스트가 통과한다.
GL_NOTEQUAL	만약 새로운 프래그먼트의 깊이값이 이전 프래그먼트의 깊이값과 같지 않다면 깊이 테스트가 통과한다.
GL_GREATER	만약 새로운 프래그먼트의 깊이값이 이전 프래그먼트의 깊이값보다 크다면 깊이 테스트가 통과한다.
GL_GEQUAL	만약 새로운 프래그먼트의 깊이값이 이전 프래그먼트의 깊이값보다 크거나 같다면 깊이 테스트가 통과한다.

만약 깊이 테스트가 비활성화되면 깊이 테스트가 항상 통과하는 것(즉, 깊이 함수를 GL_ALWAYS로 설정한 경우)과 같다. 단, 깊이 버퍼는 깊이 테스트가 활성화되었을 때만 갱신된다. 만약 지오메트리가 깊이 버퍼에 꼭 써져야만 한다면, 깊이 테스트를 활성화시키고 깊이 함수를 GL_ALWAYS로 설정해야 한다. 기본적으로 깊이 테스트는 비활성화된다. 활성화시키려면 다음 함수를 호출한다.

```
glEnable(GL_DEPTH_TEST);
```

다시 그리려면 **glDisable( )** 함수를 GL_DEPTH_TEST 인자와 함께 호출하면 된다. 보통 깊이 테스트를 비활성화하고, 갱신되기를 기대하는 실수를 많이 하곤 한다. 다시 말해, 깊이 테스트가 활성화되지 않으면 깊이 버퍼도 갱신되지 않는다.

---

3 이 가시화 확인 기능을 끄고 모든 프래그먼트가 보인다고 가정할 수도 있다. 비록 깊이 버퍼에 저장되어 있는 0에서 1 사이의 범위를 벗어나는 경우에도 말이다.

깊이 버퍼 갱신 제어하기

깊이 버퍼에 쓰는 것은 깊이 테스트의 결과와는 상관없이 활성화되거나 비활성화될 수 있다. 깊이 버퍼는 깊이 테스트가 활성화되었을 때만 갱신된다는 것을 기억하자(깊이 테스트가 필요하지 않고 깊이 버퍼만 갱신하고 싶은 경우, 테스트 함수를 GL_ALWAYS로 설정할 수 있다). `glDepthMask()` 함수는 불린 플래그를 GL_TRUE로 하면 깊이 버퍼에 쓰기를 활성화시킬 수 있고, GL_FALSE로 하면 비활성화시킬 수 있다. 예를 들어 다음 함수는 깊이 테스트의 결과에 상관없이 깊이 버퍼에 쓰기를 끈다.

```
glDepthMask(GL_FALSE);
```

예를 들어 이 함수를 사용하여 지오메트리를 그리면 깊이 버퍼에 대해 테스트는 하지만 갱신은 하지 않을 수 있다. 기본적으로 깊이 마스크는 GL_TRUE로 설정된다. 이는 깊이 테스트를 사용하고 일반적인 쓰기를 원하는 경우 변경할 필요가 없다는 뜻이다.

깊이 고정

OpenGL은 각 프래그먼트의 깊이를 0에서 1로 스케일한 유한한 값으로 표현한다. 깊이가 0인 프래그먼트는 근거리 평면(실제라면 바로 눈앞을 찌르는 거리)과 교차하고, 깊이가 1인 프래그먼트는 무한히 먼 거리는 아니지만 표현할 수 있는 가장 먼 거리에 있다. 원거리 평면을 사용하지 않고 임의의 거리에 뭔가를 그리고 싶다면 깊이 버퍼에 임의의 큰 값을 저장해야 한다. 이 값은 실제로는 가능하지 않은 값일 수 있다. 이를 처리하기 위해 OpenGL은 근거리 평면 및 원거리 평면에 대한 클리핑을 끄고 대신 생성된 깊이값을 0에서 1 사이의 범위로 고정하는 옵션을 제공한다. 이는 근거리 평면 앞으로 튀어나온 지오메트리 또는 원거리 평면을 벗어나는 지오메트리도 평면에 투영되도록 한다는 의미다. 깊이 고정을 활성화시키려면(그리고 근거리 평면 및 원거리 평면에 대한 클리핑도 동시에 끄고 싶다면) 다음 함수를 호출한다.

```
glEnable(GL_DEPTH_CLAMP);
```

그리고 깊이 고정을 비활성화시키려면 다음을 호출한다.

```
glDisable(GL_DEPTH_CLAMP);
```

[그림 9-3]은 깊이 고정을 활성화시킨 효과와 근거리 평면과 교차하는 프리미티브를 보인다.

그림 9-3 근거리 평면에서의 깊이 고정 효과

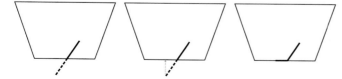

이를 2차원으로 표현하면 더 간단하다. [그림 9-3]의 왼쪽을 보면 뷰 절두체는 위에서 그대로 내려다본 것처럼 그려져 있다. 검은 선은 근거리 평면에 대해 클리핑된 프리미티브를 표현한다. 점선은 클리핑되어 없어지는 프리미티브 조각을 표현한다. 깊이 고정이 활성화되면, 프리미티브를 클리핑하는 것이 아니라, 0에서 1 사이를 벗어나는 깊이값들을 이 범위로 고정시켜, 프리미티브를 근거리 평면에(또는 원거리 평면에) 효과적으로 투영시킨다. [그림 9-3]의 가운데 그림은 그 투영을 표현한다. 실제로 렌더링되는 것은 [그림 9-3]의 오른쪽이다. 검은 선은 실제로 깊이 버퍼에 써지는 값을 표현한 것이다. [그림 9-4]는 실제 애플리케이션에서 활용되는 예다.

그림 9-4 깊이 고정을 사용한 그리고 사용하지 않은 클리핑된 객체

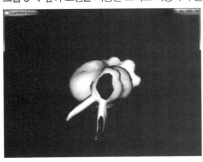

[그림 9-4]의 왼쪽 이미지를 보면 지오메트리가 뷰어에 매우 가까워서 근거리 평면에 대해 일부가 클리핑되었다. 결과적으로 근거리 평면을 벗어나는 일부 폴리곤은 그려지지 않고, 모델에 큰 구멍이 생겼다. 객체를 통과하여 다른 쪽 면까지 볼 수 있게 되어 이미지는 시각적으로 옳지 않다고 할 수 있다. [그림 9-4]의 오른쪽을 보면 깊이 고정이 활성화되었다. 보다시피 왼쪽 이미지에서 빠진 지오메트리가 복구되었고, 객체의 구멍이 메워졌다. 깊이 버퍼의 값은 기술적으로는 맞지 않지만, 시각적으로는 큰 문제가 없고, 왼쪽 이미지보다 더 보기 좋은 결과를 낸다.

9.2.4 이른 테스팅

논리적으로 깊이 테스트와 스텐실 테스트는 프래그먼트가 쉐이딩된 후에 수행된다. 하지만 대부분의 그래픽 하드웨어는 이 테스트를 쉐이더가 수행되기 전에 수행할 수도 있으며, 이 테스트가 실패하면 해당 쉐이더를 수행하는 비용을 절약할 수 있다. 하지만 쉐이더가 부수효과(예를 들면 직접 텍스처에 쓰는 등)를 포함하거나, 다른 원인들이 테스트의 결과에 영향을 주는 경우, OpenGL은 테스트를 먼저 수행할 수 없고, 항상 쉐이더를 수행해야 한다. 뿐만 아니라 깊이 테스트나 스텐실 버퍼를 갱신하기 전에 쉐이더가 수행을 마치길 기다려야 한다.

OpenGL이 쉐이더 수행 전에 깊이 테스트를 하지 않도록 하게 하는 특별한 예 중의 하나는 쉐이더 안에서 내장 gl_FragDepth 출력에 쓰도록 하는 것이다.

특수 내장 변수인 gl_FragDepth는 갱신된 깊이값을 쓸 때 사용한다. 만약 프래그먼트 쉐이더가 이 변수에 값을 쓰지 않는다면, OpenGL에 의해 보간된 깊이값이 프래그먼트의 깊이값으로 사용될 것이다. 프래그먼트 쉐이더는 gl_FragDepth의 값을 완전히 새로 계산할 수도 있고, gl_FragDepth.z값으로부터 직접 계산할 수도 있다. 이 새로운 값은 OpenGL에서 깊이 테스트를 위한 참조값으로도 사용할 수 있고 깊이 버퍼에 쓰여져서 깊이 테스트에 사용할 수도 있다. 예를 들어 깊이 버퍼의 값을 약간 조정하여 새로운 물리적으로 울퉁불퉁한 서피스를 생성할 수도 있다. 물론 서피스를 울퉁불퉁하게 보이도록 쉐이딩도 조정해야 하지만, 새로운 객체들이 깊이 버퍼에 대해 테스트되는 경우에도 쉐이딩과 일치하는 결과를 낼 수 있다.

gl_FragDepth에 쓰는 경우에는 쉐이더가 프래그먼트의 깊이값을 변경하기 때문에, OpenGL이 깊이 테스트를 쉐이더 수행 전에 미리 수행할 수는 없다. 어떤 값이 들어올지 모르기 때문이다. 이런 상황을 위해 OpenGL은 특정 레이아웃 지시어를 제공하여 깊이값을 사용할 예정이라는 것을 알릴 수 있다.

깊이 버퍼가 0.0과 1.0 사이의 범위에 있다는 것과 깊이 테스트 비교 연산자들은 GL_LESS와 GL_GREATER 등을 포함한다는 사실을 기억하자. 이제 예를 들어 깊이 테스트 함수를 GL_LESS로 설정하고(현재 프레임버퍼에 있는 값보다 뷰어에 **가까운** 프래그먼트들이 통과할 것이다), gl_FragDepth를 더 작은 값으로 설정한다면, 프래그먼트는 쉐이더가 어떤 값을 설정하든 깊이 테스트를 통과할 것이고, 원래 테스트 결과도 유효하게 된다. 이 경우 OpenGL은 이제 프래그먼트 쉐이더를 수행하기 전에 깊이 테스트를 수행할 수 있다는 것을 알 수 있다. 비록 논리적 파이프라인은 나중에 수행하는 것으로 되어 있지만 말이다.

깊이와 관련해서 어떤 것을 하고 싶다는 것을 OpenGL에 알리는 레이아웃 지시어는 gl_FlagDepth에 대한 **재선언**에 적용한다. gl_FragDepth의 재선언은 다음 형태를 따른다.

```
layout (depth_any) out float gl_FragDepth;
layout (depth_less) out float gl_FragDepth;
layout (depth_greater) out float gl_FragDepth;
layout (depth_unchanged) out float gl_FragDepth;
```

만약 depth_any 레이아웃 지시어를 사용하면 gl_FragDepth에 **아무** 값이나 쓸 수 있다는 것을 OpenGL에 알리는 것이다. 이것은 사실 기본값이다. 만약 여러분의 쉐이더가 gl_FragDepth에 값을 쓰는 경우, OpenGL은 어떤 값인지 알 수 없으며 그 결과를 예측할 수 없다. 만약 depth_less를 사용하면, gl_FragDepth에 쓰는 값은 항상 프래그먼트의 깊이값보다 **작은** 값이 될 거라고 선언하는 셈이다. 이 경우 GL_LESS와 GL_LEQUAL 비교 함수의 결과는 그대로 유효하다. 마찬가지로 depth_greater를 사용하는 경우 쉐이더가 프래그먼트 깊이값을 원래 값보다 항상 크도록 만들어주기 때문에 GL_GREATER와 GL_GEQUAL 테스트 결과도 그대로 유효하다.

마지막 지시어인 depth_unchanged는 좀 특별하다. gl_FragDepth로 어떤 작업을 하든 간에 깊이 테스트의 결과가 달라지는 값은 쓰지 않았다고 OpenGL이 가정할 수 있도록 한다. depth_any, depth_less, depth_greater의 경우에는 특정 상황에서 쉐이더가 실행하기 전에 OpenGL이 깊이 테스트를 수행할 수 있더라도 쉐이더를 반드시 실행하고 끝나기를 기다려야 하는 경우가 생길 수 있다. depth_unchanged의 경우에는, 프래그먼트의 깊이값을 가지고 무엇을 하든지, 테스트의 원래 결과가 그대로 유지된다고 OpenGL에 말하는 것이다. 프래그먼트의 깊이값을 살짝만 수정하는 경우에는 사용할 수 있겠지만, 장면의 다른 지오메트리와 교차하는 경우에는 사용할 수 없다 (결과에 신경 쓰지 않는다면 상관없지만).

gl_FragDepth의 재선언에 어떤 레이아웃 지시어를 사용하고 OpenGL이 어떻게 하기로 결정하든 간에, gl_FragDepth에 쓰이는 값은 0.0에서 1.0 사이로 잘려서 깊이 버퍼에 저장된다.

9.3 색상 출력

색상 출력 스테이지는 OpenGL 파이프라인에서 프래그먼트가 프레임버퍼에 쓰이기 전의 마지막 부분이다. 여기서는 프래그먼트 쉐이더를 떠나서 최종적으로 사용자에게 표시되기 전까지 색상 데이터에 어떤 일이 일어날지 결정한다.

9.3.1 블렌딩

프래그먼트별 테스트를 통과한 프래그먼트에 대해 **블렌딩**이 수행된다. 블렌딩을 사용하면 제공되는 여러 혼합 공식을 사용하여 기존 색상 버퍼값이나 상수값을 입력 원본 색상과 혼합할 수 있다. 그리고자 하는 버퍼가 고정소수점 수라면 블렌딩 연산이 수행되기 전에 입력 원본 색상은 0.0에서 1.0 사이로 잘릴 것이다. 블렌딩은 다음 함수 호출로 활성화시킬 수 있다.

```
glEnable(GL_BLEND);
```

그리고 다음 함수를 통해 비활성화시킬 수 있다.

```
glDisable(GL_BLEND);
```

OpenGL의 블렌딩 기능은 강력하며 많은 설정이 가능하다. 원본 색상(쉐이더에서 생성한 값)에 **원본 인자**를 곱하고, 프레임버퍼의 색상에 **대상 인자**를 곱한 다음에, 그 곱의 결과들을 원하는 **블렌딩 공식**을 사용하여 혼합할 수 있다.

블렌딩 함수

OpenGL이 쉐이더의 결과와 프레임버퍼의 값을 곱할 때, 어떤 원본 인자와 대상 인자를 사용할지 결정하려면 **glBlendFunc( )**나 **glBlendFuncSeparate( )**를 호출한다. **glBlendFunc( )**를 사용하면 데이터의 네 채널(빨간색, 녹색, 파란색, 알파)에 대해 원본 및 대상 인자를 설정할 수 있다. 반면 **glBlendFuncSeparate( )**를 사용하면 빨간색, 녹색, 파란색 채널에 대해 원본 및 대상 인자를 설정할 수 있고, 알파에 대해서는 다른 값을 설정할 수 있다.

```
glBlendFuncSeparate(GLenum srcRGB, GLenum dstRGB,
                    GLenum srcAlpha, GLenum dstaAlpha);

glBlendFunc(GLenum src, GLenum dst);
```

사용할 수 있는 값에 대해서는 [표 9-4]를 보면 된다.

표 9-4 블렌딩 함수

블렌딩 함수	RGB	알파
GL_ZERO	$(0, 0, 0)$	0
GL_ONE	$(1, 1, 1)$	1
GL_SRC_COLOR	(R_{s0}, G_{s0}, B_{s0})	A_{s0}
GL_ONE_MINUS_SRC_COLOR	$(1, 1, 1) - (R_{s0}, G_{s0}, B_{s0})$	$1 - A_{s0}$
GL_DST_COLOR	(R_d, G_d, B_d)	A_d
GL_ONE_MINUS_DST_COLOR	$(1, 1, 1) - (R_d, G_d, B_d)$	$1 - A_d$
GL_SRC_ALPHA	$(A_{s0}, A_{s0}, AA_{s0})$	A_{s0}
GL_ONE_MINUS_SRC_ALPHA	$(1, 1, 1) - (A_{s0}, AA_{s0}, AA_{s0})$	$1 - A_{s0}$
GL_DST_ALPHA	(A_d, A_d, A_d)	A_d
GL_ONE_MINUS_DST_ALPHA	$(1, 1, 1) - (A_d, A_d, A_d)$	$1 - A_d$
GL_CONSTANT_COLOR	(R_c, G_c, B_c)	A_c
GL_ONE_MINUS_CONSTANT_COLOR	$(1, 1, 1) - (R_c, G_c, B_c)$	$1 - A_c$
GL_CONSTANT_ALPHA	(A_c, A_c, A_c)	A_c
GL_ONE_MINUS_CONSTANT_ALPHA	$(1, 1, 1) - (A_c, A_c, A_c)$	$1 - A_c$
GL_ALPHA_SATURATE	(f, f, f) $f = \min(A_{s0}, 1 - A_d)$	1
GL_SRC1_COLOR	(R_{s1}, G_{s1}, B_{s1})	A_{s1}
GL_ONE_MINUS_SRC1_COLOR	$(1, 1\,1) - (R_{s1}, G_{s1}, B_{s1})$	$1 - A_{s1}$
GL_SRC1_ALPHA	(A_{s1}, A_{s1}, A_{s1})	A_{s1}
GL_ONE_MINUS_SRC1_ALPHA	$(1, 1, 1) - (A_{s1}, A_{s1}, A_{s1})$	$1 - A_{s1}$

블렌딩 함수에 사용할 수 있는 원본 데이터는 네 가지가 있다. 이들은 첫 번째 원본 색상(R_{s0}, G_{s0}, B_{s0}, A_{s0}), 두 번째 원본 색상(R_{s1}, G_{s1}, B_{s1}, A_{s1}), 대상 색상(R_d, G_d, B_d, A_d), 상수 블렌딩 색상(R_c, G_c, B_c, A_c)이다. 마지막 값인 상수 블렌딩 색상은 **glBlendColor( )**로 설정할 수 있다.

```
glBlendColor(GLfloat red, GLfloat green,
             GLfloat blue, GLfloat alpha);
```

이러한 원본값뿐만 아니라 상수값인 0과 1도 연산값으로 사용할 수 있다.

간단한 예로 [예제 9-3]의 코드를 살펴보자. 이 코드는 프레임버퍼를 연한 오렌지 색상으로 지우고, 블렌딩을 활성화하여 블렌딩 색상을 연한 파란색으로 설정한 다음에, 모든 가용한 원본 및 대상 블렌딩 함수를 조합하여 작은 정육면체를 그린다.

예제 9-3 모든 블렌딩 함수를 사용하여 렌더링하기

```
static const GLfloat orange[] = { 0.6f, 0.4f, 0.1f, 1.0f };
glClearBufferfv(GL_COLOR, 0, orange);

static const GLenum blend_func[] =
{
    GL_ZERO,
    GL_ONE,
    GL_SRC_COLOR,
    GL_ONE_MINUS_SRC_COLOR,
    GL_DST_COLOR,
    GL_ONE_MINUS_DST_COLOR,
    GL_SRC_ALPHA,
    GL_ONE_MINUS_SRC_ALPHA,
    GL_DST_ALPHA,
    GL_ONE_MINUS_DST_ALPHA,
    GL_CONSTANT_COLOR,
    GL_ONE_MINUS_CONSTANT_COLOR,
    GL_CONSTANT_ALPHA,
    GL_ONE_MINUS_CONSTANT_ALPHA,
    GL_SRC_ALPHA_SATURATE,
    GL_SRC1_COLOR,
    GL_ONE_MINUS_SRC1_COLOR,
    GL_SRC1_ALPHA,
    GL_ONE_MINUS_SRC1_ALPHA
};
static const int num_blend_funcs = sizeof(blend_func) /
                                   sizeof(blend_func[0]);
static const float x_scale = 20.0f / float(num_blend_funcs);
static const float y_scale = 16.0f / float(num_blend_funcs);
const float t = (float)currentTime;
```

```
glEnable(GL_BLEND);
glBlendColor(0.2f, 0.5f, 0.7f, 0.5f);
for (j = 0; j < num_blend_funcs; j++)
{
    for (i = 0; i < num_blend_funcs; i++)
    {
        vmath::mat4 mv_matrix =
            vmath::translate(9.5f - x_scale * float(i),
                             7.5f - y_scale * float(j),
                             -50.0f) *
            vmath::rotate(t * -45.0f, 0.0f, 1.0f, 0.0f) *
            vmath::rotate(t * -21.0f, 1.0f, 0.0f, 0.0f);

        glUniformMatrix4fv(mv_location, 1, GL_FALSE, mv_matrix);

        glBlendFunc(blend_func[i], blend_func[j]);

        glDrawElements(GL_TRIANGLES, 36, GL_UNSIGNED_SHORT, 0);
    }
}
```

[예제 9-3]의 렌더링 결과는 [그림 9-5]다. 이 이미지는 컬러 화보에도 있으며, `blendmatrix` 예제 애플리케이션으로 만들었다.

그림 9-5 블렌딩 함수의 모든 가능한 조합(컬러 화보 참조)

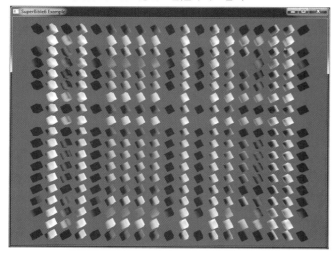

이중 원본 블렌딩

[표 9-4]의 인자들을 보면 일부는 원본 0 색상(R_{s0}, G_{s0}, B_{s0}, A_{s0})을 사용하고, 나머지는 원본 1

색상$(R_{s1}, G_{s1}, B_{s1}, A_{s1})$을 사용하는 것을 알 수 있다. 쉐이더는 해당 색상 버퍼에 대한 하나 이상의 최종 색상을 출력할 수 있다. 쉐이더에 설정된 출력을 설정할 때 그 인덱스에 인덱스 레이아웃 지시어를 사용하면 된다. 다음은 이에 대한 예제다.

```
layout (location = 0, index = 0) out vec4 color0;
layout (location = 0, index = 1) out vec4 color1;
```

여기서 GL_SRC_COLOR 인자에 대해서는 color0_0이 사용되고, GL_SRC1_COLOR에 대해서는 color0_1이 사용된다. 이중 원본 블렌딩 함수를 사용할 때는 사용할 수 있는 개별 색상 버퍼의 개수가 제한될 수 있다. 얼마나 많은 이중 출력 버퍼가 지원되는지는 GL_MAX_DUAL_SOURCE_DRAW_BUFFERS를 질의하여 확인할 수 있다.

블렌딩 공식

일단 원본 인자와 대상 인자에 원본 색상과 대상 색상을 곱하면, 그 둘의 결과를 합쳐야 한다. 이러한 작업은 **glBlendEquation()**이나 **glBlendEquationSeparate()**를 호출하여 설정한 공식을 사용하여 수행할 수 있다. 블렌딩 함수와 마찬가지로 빨간색, 녹색, 파란색 채널에 대해 하나의 블렌딩 공식을 설정하고 알파 채널에 대해서 별도의 블렌딩 공식을 설정할 수 있다. **glBlendEquationSeparate()**를 사용하면 된다. 동일한 공식을 두 공식에 적용하려면 **glBlendEquation()**을 호출하면 된다.

```
glBlendEquation(GLenum mode);

glBlendEquationSeparate(GLenum modeRGB,
                        GLenum modeAlpha);
```

glBlendEquation() 함수에서 mode 인자는 빨간색, 녹색, 파란색, 알파에 대해 모두 동일한 모드를 설정한다. **glBlendEquationSeparate()** 함수는 (modeRGB에 지정된) 빨간색, 녹색, 파란색 채널에 대해 한 공식을 설정하고, (modeAlpha에 지정된) 알파 채널에 대해서는 다른 공식을 설정할 수 있다. 두 함수에 전달하는 값은 [표 9-5]에 있다.

표 9-5 블렌딩 공식

공식	RGB	Alpha
GL_FUNC_ADD	$S_{rgb} * RGB_s + D_{rgb} * RGB_d$	$S_a * A_s + D_a * A_d$
GL_FUNC_SUBTRACT	$S_{rgb} * RGB_s - D_{rgb} * RGB_d$	$S_a * A_s - D_a * A_d$
GL_FUNC_REVERSE_SUBTRACT	$D_{rgb} * RGB_d - S_{rgb} * RGB_s$	$Da * Ad - Sa * As$
GL_MIN	$\min(RGB_s, RGB_d)$	$\min(A_s, A_d)$
GL_MAX	$\max(RGB_s, RGB_d)$	$\max(A_s, A_d)$

[표 9-5]에서 RGB_s는 원본 빨간색, 녹색, 파란색 값을 나타내며, RGB_d는 대상 빨간색, 녹색, 파란색 값을 나타낸다. A_s와 A_d는 원본 및 대상 알파값을 나타낸다. S_{rgb}와 D_{rgb}는 원본 및 대상 블렌딩 인자를 나타낸다. 그리고 S_a와 D_a는 원본 및 대상 알파 인자(**glBlendFunc( )**나 **glBlendFuncSeparate( )**로 선택)를 나타낸다.

9.3.2 논리 연산

일단 픽셀 색상이 프레임버퍼와 동일한 포맷과 비트 깊이를 갖게 되면, 최종 결과에 영향을 주는 두 단계가 더 남아 있다. 첫 번째는 픽셀 색상에 논리 연산을 적용하는 단계다. 이 단계가 활성화되면 블렌딩의 효과가 무시된다. 논리 연산은 부동소수점 버퍼에는 적용되지 않는다. 논리 연산은 다음 함수를 통해 활성화시킬 수 있다.

```
glEnable(GL_COLOR_LOGIC_OP);
```

또한 다음 함수로 비활성화시킬 수 있다.

```
glDisable(GL_COLOR_LOGIC_OP);
```

논리 연산은 입력 픽셀의 값과 기존 프레임버퍼의 값을 사용하여 최종값을 계산한다. 최종값을 계산하는 연산으로 어떤 연산을 사용할지는 **glLogicOp( )**를 호출하여 설정할 수 있다. 가능한 옵션을 [표 9-6]에 나타냈다. **glLogicOp( )**의 프로토타입은 다음과 같다.

```
glLogicOp(GLenum op);
```

여기서 op는 [표 9-6]의 값 중 하나다.

표 9-6 논리 연산

연산	결과
GL_CLEAR	모든 값을 0으로 설정
GL_AND	원본 & 대상
GL_AND_REVERSE	원본 & ~대상
GL_COPY	원본
GL_AND_INVERTED	~원본 & 대상
GL_NOOP	대상
GL_XOR	원본^대상
GL_OR	원본	대상
GL_NOR	~(원본 | 대상)
GL_EQUIV	~(원본 ^ 대상)
GL_INVERT	~대상
GL_OR_REVERSE	원본	~대상

연산	결과
GL_COPY_INVERTED	~원본
GL_OR_INVERTED	~원본 | 대상
GL_NAND	~(원본 & 대상)
GL_SET	모든 값을 1로 설정

논리 연산은 각 색상 채널에 대해 개별적으로 적용되며, 원본과 대상을 혼합하는 연산은 색상값에 대해 비트 단위로 수행된다. 논리 연산이 현대의 그래픽스 애플리케이션에서는 일반적으로 사용되지 않더라도, 일반 GPU에 그 기능이 여전히 지원되기 때문에 OpenGL에서도 지원한다.

9.3.3 색상 마스킹

프래그먼트가 쓰이기 전에 마지막으로 수정할 수 있는 단계는 **마스킹**이다. 지금까지는 프래그먼트 쉐이더로 세 가지의 데이터 타입이 있다는 것을 알 수 있었다. 색상, 깊이, 스텐실 데이터다. 스텐실과 깊이 버퍼에 대한 갱신을 마스킹할 수 있고, 색상 버퍼에 대한 갱신도 마스킹할 수 있다.

색상 쓰기를 마스킹하거나 색상 쓰기 자체를 아예 막으려면 **glColorMask( )**나 **glColorMaski( )**를 사용하면 된다. 앞선 5장에서 프레임버퍼에 대한 쓰기를 활성화시키거나 비활성화시키기 위한 **glColorMask( )**를 간단히 소개했었다. 하지만 모든 색상 채널을 한 번에 마스킹할 필요는 없다. 예를 들어 파란색 채널은 쓰게 하면서 빨간색과 녹색 채널은 마스킹할 수 있다. 각 함수는 네 개의 불린 인자를 사용하여 색상 버퍼의 빨간색, 녹색, 파란색, 알파 채널 각각에 대한 갱신 여부를 제어할 수 있다. 이 인자들 중 하나에 GL_TRUE를 설정하면 해당 채널에 쓰기를 허용하는 것이며, GL_FALSE를 설정하면 이러한 쓰기를 끄는 것이다. 첫 번째 함수인 **glColorMask( )**는 현재 렌더링에 활성화된 모든 버퍼를 마스킹하는 것인 반면, 두 번째 함수인 **glColorMaski( )**는 특정 색상 버퍼(오프스크린off-screen, 화면외 렌더링을 하는 경우에는 여러 개일 수 있다)에 대해서만 마스킹하는 것이다. 이 함수들의 프로토타입은 다음과 같다.

```
glColorMask(GLboolean red,
            GLboolean green,
            GLboolean blue,
            GLboolean alpha);

glColorMaski(GLuint index,
             GLboolean red,
             GLboolean green,
             GLboolean blue,
             GLboolean alpha);
```

두 함수 모두 red, green, blue, alpha 인자는 GL_TRUE 또는 GL_FALSE로 설정해서 빨간색, 녹색, 파란색, 알파 채널이 프레임버퍼에 써질지 여부를 결정할 수 있다. **glColorMaski()**에서 index는 마스킹이 적용될 색상 어태치먼트의 인덱스다. 각 색상 어태치먼트는 자신의 색상 마스크 설정을 가질 수 있다. 따라서 예를 들면 어태치먼트 0의 빨간색 채널에만 쓰거나, 어태치먼트 1의 녹색 채널에만 쓰는 등의 작업이 가능하다.

마스크 사용법

쓰기 마스크는 여러 가지 상황에 사용될 수 있다. 예를 들어 그림자 볼륨에 깊이 정보를 채워 넣고 싶을 때, 중요한 것은 깊이 정보뿐이기 때문에 모든 색상 쓰기를 마스크하여 없앨 수 있다. 또는 데칼decal을 화면 공간에 직접 그리고 싶다면 깊이 쓰기를 비활성화시켜서 깊이 데이터가 변경되는 것을 막을 수 있다. 마스킹에서 중요한 점은 마스킹을 설정한 뒤 일반 렌더링을 바로 호출할 수 있다는 것이다. 즉, 마스크 상태에 대한 정보를 모르는 상태에서 일반적으로 하는 것처럼 필요한 버퍼 상태를 설정하고 모든 색상, 깊이, 스텐실 데이터를 설정하면 된다. 특정 값을 쓰지 않기 위해 쉐이더를 변경할 필요도 없고, 버퍼를 디태치detach할 필요도 없고, 활성화된 드로우 버퍼를 변경할 필요도 없다. 렌더링 단계의 나머지 부분은 마스킹에 신경 쓰지 않아도 원하는 결과를 얻을 수 있다.

9.4 오프스크린 렌더링

지금까지 작성한 프로그램의 모든 렌더링은 직접 윈도우 또는 컴퓨터의 주 디스플레이에 수행되었다. 프래그먼트 쉐이더의 출력은 일반적으로 애플리케이션이 수행되는 윈도우 시스템이나 운영체제가 관리하는 **백버퍼**로 들어가서 최종적으로 사용자에게 보여진다. 관련 인자들은 렌더링 콘텍스트에 대한 포맷을 선택하는 시점에 설정된다. 플랫폼 의존적인 작업이므로 실제 내부 저장 포맷에 대해서는 깊이 관여할 수 없다. 이 책의 예제는 많은 플랫폼에서 동작할 수 있도록 하기 위해 애플리케이션 프레임워크가 이 설정을 대신하게 했고 많은 세부내용을 감췄다.

하지만 OpenGL은 자신의 프레임버퍼를 설정할 수 있는 여러 기능을 제공하며, 그 기능들을 사용하여 직접 텍스처에 그릴 수 있다. 이러한 텍스처는 렌더링이나 프로세싱을 위해 나중에 사용할 수도 있다. 또한 프레임버퍼의 포맷이나 레이아웃에 관한 많은 제어가 가능하다. 예를 들어 기본 프레임버퍼를 사용하면 암묵적으로 윈도우나 디스플레이 크기로 만들어지며, 디스플레이 바깥에 대한 렌더링(예를 들면 윈도우가 가려지거나 화면 끝으로 드래그되는 경우)은 해당 픽셀의 프래그먼트 쉐이더가 실행되지 않기 때문에 어떤 결과가 될지 모른다. 하지만 사용자 제공 프레임버퍼를 사용하면 렌더링하는 텍스처의 최대 크기는 수행하는 OpenGL의 구현이 지원하는 최대 크기에만 제한받으므로 그 안 어떤 위치에 렌더링을 하든지 언제나 유효하다.

사용자 제공 프레임버퍼는 OpenGL의 **프레임버퍼 객체**로 표현된다. OpenGL의 다른 대부분의 객체들처럼, 프레임버퍼 객체는 생성 전에 이름을 예약해야 한다. 실제 객체는 처음 바운딩될 때 초기화된다. 따라서 첫 번째 할 일은 프레임버퍼 객체의 이름을 예약하고 그것을 콘텍스트로 바인딩하여 초기화하는 것이다. 프레임버퍼 객체의 이름을 생성하려면 **glGenFramebuffers( )**를 호출한다. 그리고 **glBindFramebuffer( )**를 사용하여 프레임버퍼를 콘텍스트에 바인딩한다. 이러한 함수의 프로토타입은 다음과 같다.

```
void glGenFramebuffers(GLsizei n,
                       GLuint * ids);

void glBindFramebuffer(GLenum target,
                       GLuint framebuffer);
```

glGenFramebuffers( ) 함수는 n에 개수를 설정하면 프레임버퍼 객체로 사용할 수 있는 이름들의 목록을 ids에 돌려준다. **glBindFramebuffer( )** 함수는 애플리케이션에서 제공한 프레임버퍼 객체를 현재 프레임버퍼로 (기본 버퍼 대신에) 설정한다. framebuffer 인자는 **glGenFramebuffers( )** 호출을 통해 얻은 이름으로 설정하며, target 인자는 보통 GL_FRAMEBUFFER로 설정한다. 동시에 두 개의 프레임버퍼를 하나는 읽기용으로 다른 하나는 쓰기용으로 바인딩하는 것도 가능하다.

프레임버퍼를 읽기 전용으로 바인딩하려면 target을 GL_READ_FRAMEBUFFER로 설정한다. 마찬가지로, 프레임버퍼를 렌더링 전용으로 바인딩하려면 target을 GL_DRAW_FRAMEBUFFER로 설정한다. 드로잉용으로 바인딩된 프레임버퍼는 모든 렌더링(스텐실 및 깊이 테스팅을 위한 값과 블렌딩 시 읽혀지는 색상값을 포함하여)의 대상이 된다. 읽기용으로 바인딩된 프레임버퍼는 픽셀 데이터를 읽기 원하거나 프레임버퍼에서 텍스처로 데이터를 복사하는 경우 데이터 원본이 된다. 여기에 대해서는 나중에 간단히 설명하겠다. target을 GL_FRAMEBUFFER로 설정하면 객체를 읽기와 드로잉용 프레임버퍼 타깃으로 바인딩하는데, 보통 이것을 원할 것이다.

일단 프레임버퍼 객체를 생성하고 바인딩하면 텍스처를 어태치시켜 렌더링용 저장 공간으로 사용할 수 있다. 프레임버퍼에서 지원하는 세 가지 어태치먼트 타입이 있다. 깊이, 스텐실, 색상 어태치먼트가 있으며, 각각 깊이, 스텐실, 색상 버퍼로 사용된다. 텍스처를 프레임버퍼에 어태치시키려면 **glFramebufferTexture( )**를 호출하면 되는데, 프로토타입은 다음과 같다.

```
void glFramebufferTexture(GLenum target,
                          GLenum attachment,
                          GLuint texture,
                          GLint level);
```

glFramebufferTexture( )에서 target은 텍스처에 어태치시킬 프레임버퍼 객체의 바인딩 포인트다. 이 값은 GL_READ_FRAMEBUFFER, GL_DRAW_FRAMEBUFFER, 또는 그냥 GL_FRAMEBUFFER일
수 있다. 이때 GL_FRAMEBUFFER는 GL_DRAW_FRAMEBUFFER와 같은 의미인데, 이 토큰을 사용하면
OpenGL이 그 텍스처를 GL_DRAW_FRAMEBUFFER 타깃에 바인딩된 프레임버퍼 객체에 어태치시킬
것이다.

attachment는 어떤 어태치먼트에 텍스처를 어태치시킬 것인지 OpenGL에 알려준다. GL_DEPTH_
ATTACHMENT를 사용하면 텍스처를 깊이 버퍼 어태치먼트에 어태치시키는 것이고, GL_STENCIL_
ATTACHMENT를 사용하면 텍스처를 스텐실 버퍼 어태치먼트에 어태치시키는 것이다. 깊이와 스텐실
값을 함께 묶어서 사용하는 텍스처 포맷도 여럿 있기 때문에, attachment를 GL_DEPTH_STENCIL_
ATTACHMENT로 설정하면 OpenGL이 동일한 텍스처를 깊이와 스텐실 버퍼 모두에 사용할 수 있게
한다.

텍스처를 색상 버퍼로 어태치시키려면 attachment를 GL_COLOR_ATTACHMENT0으로 설정한다. 사실
attachment를 GL_COLOR_ATTACHMENT1, GL_COLOR_ATTACHMENT2 등으로 설정하면 여러 텍스처를
렌더링에 사용할 수 있다. 조만간 그렇게 사용하겠지만, 우선은 하나의 프레임버퍼 객체를 렌더링
에 사용하는 설정 예제를 살펴보자. 마지막으로 texture는 프레임버퍼에 어태치시킬 텍스처의 이
름이고, level은 렌더링할 텍스처의 밉맵 레벨이다. [예제 9-4]는 깊이 버퍼를 갖는 프레임버퍼 객
체와 렌더링할 텍스처를 설정하는 완전한 예제다.

예제 9-4 간단한 프레임버퍼 객체 설정

```
// 프레임버퍼 객체를 생성하고 바인딩한다.
glGenFramebuffers(1, &fbo);
glBindFramebuffer(GL_FRAMEBUFFER, fbo);

// 색상 버퍼에 대한 텍스처를 생성한다.
glGenTextures(1, &color_texture);
glBindTexture(GL_TEXTURE_2D, color_texture);
glTexStorage2D(GL_TEXTURE_2D, 1, GL_RGBA8, 512, 512);

// 읽을 텍스처지만 밉맵이 없으므로,
// 이 텍스처에 대한 밉맵을 비활성화시킨다.
glTexParameteri(GL_TEXTURE_2D, GL_TEXTURE_MIN_FILTER, GL_LINEAR);
glTexParameteri(GL_TEXTURE_2D, GL_TEXTURE_MAG_FILTER, GL_LINEAR);

// FBO의 깊이 버퍼가 될 텍스처를 생성한다.
glGenTextures(1, &depth_texture);
glBindTexture(GL_TEXTURE_2D, depth_texture);
glTexStorage2D(GL_TEXTURE_2D, 1, GL_DEPTH_COMPONENT32F, 512, 512);

// 이제 색상 및 깊이 텍스처를 FBO에 어태치시킨다.
glFramebufferTexture(GL_FRAMEBUFFER,
```

```
                              GL_COLOR_ATTACHMENT0,
                              color_texture, 0);
glFramebufferTexture(GL_FRAMEBUFFER,
                              GL_DEPTH_ATTACHMENT,
                              depth_texture, 0);

// 프레임버퍼의 색상 어태치먼트에 그릴 것이라고
// OpenGL에 알린다.
static const GLenum draw_buffers[] = { GL_COLOR_ATTACHMENT0 };
glDrawBuffers(1, draw_buffers);
```

이 코드가 실행된 후에 필요한 것은 다시 **glBindFramebuffer( )**를 호출하고 새로 생성된 프레임 버퍼 객체를 전달하는 것이다. 모든 렌더링이 깊이 및 색상 텍스처에 직접 수행될 것이다. 일단 자체 프레임버퍼에 렌더링이 끝나면 결과 텍스처를 일반 텍스처로 사용하여 쉐이더에서 읽으면 된다. [예제 9-5]는 그 예를 보인다.

예제 9-5 텍스처에 렌더링

```
// 오프스크린 FBO를 바인딩한다.
glBindFramebuffer(GL_FRAMEBUFFER, fbo);

// 뷰포트를 설정하고 깊이 및 색상 버퍼를 지운다.
glViewport(0, 0, 512, 512);
glClearBufferfv(GL_COLOR, 0, green);
glClearBufferfv(GL_DEPTH, 0, &one);

// 첫 번째 비텍스처 프로그램을 활성화한다.
glUseProgram(program1);

// 유니폼을 설정하고 정육면체를 그린다.
glUniformMatrix4fv(proj_location, 1, GL_FALSE, proj_matrix);
glUniformMatrix4fv(mv_location, 1, GL_FALSE, mv_matrix);
glDrawArrays(GL_TRIANGLES, 0, 36);

// 이제 기본 프레임버퍼로 돌아간다.
glBindFramebuffer(GL_FRAMEBUFFER, 0);

// 뷰포트를 윈도우 넓이와 높이로 재설정하고,
// 깊이 및 색상 버퍼를 지운다.
glViewport(0, 0, info.windowWidth, info.windowHeight);
glClearBufferfv(GL_COLOR, 0, blue);
glClearBufferfv(GL_DEPTH, 0, &one);

// 방금 렌더링한 텍스처를 읽기용으로 바인딩한다.
glBindTexture(GL_TEXTURE_2D, color_texture);
```

```
// 텍스처로부터 읽을 프로그램을 활성화시킨다.
glUseProgram(program2);

// 유니폼을 설정하고 그린다.
glUniformMatrix4fv(proj_location2, 1, GL_FALSE, proj_matrix);
glUniformMatrix4fv(mv_location2, 1, GL_FALSE, mv_matrix);
glDrawArrays(GL_TRIANGLES, 0, 36);

// 텍스처를 언바인드한다.
glBindTexture(GL_TEXTURE_2D, 0);
```

[예제 9-5]의 코드는 basicfbo 예제의 일부로서, 먼저 사용자 정의 프레임버퍼에 바인딩하고, 뷰
포트를 프레임버퍼의 해상도로 설정하고, 색상 버퍼를 어두운 녹색으로 지운다. 그리고 나서 간단
한 정육면체 모델을 그린다. 결과로 이전에 프레임버퍼의 GL_COLOR_ATTACHMENT0 어태치먼트에
어태치시킨 텍스처에 정육면체가 렌더링되는 것을 볼 수 있다. 다음으로 FBO를 언바인드하면 윈
도우를 나타내는 기본 프레임버퍼로 돌아간다. 다시 정육면체를 그리는데, 이번에는 방금 렌더링
대상으로 사용했던 텍스처를 사용한 쉐이더로 그린다. 결과는 첫 번째로 렌더링한 정육면체가 두 번
째 정육면체의 각 면에 보이는 이미지다. 프로그램의 결과는 [그림 9-6]이다.

그림 9-6 텍스처에 렌더링한 결과

9.4.1 다중 프레임버퍼 어태치먼트

이전 절에서 사용자 정의 프레임버퍼를 소개했다. FBO로도 알려져 있는데, FBO는 애플리케이션
에서 생성한 텍스처에 렌더링할 수 있게 한다. 텍스처는 OpenGL이 소유하며 할당하기 때문에,
운영체제나 윈도우 시스템과는 분리되어 있고 따라서 매우 유동적이다. 예를 들어 크기에 대한 제

한은 OpenGL에 의존적이며 어태치된 디스플레이와는 무관하다. 그 포맷에 대해서도 완전히 제어가 가능하다.

사용자 정의 프레임버퍼의 다른 유용한 기능으로 다중 어태치먼트 지원을 들 수 있다. 즉, 여러 텍스처를 하나의 프레임버퍼에 어태치시켜 하나의 프래그먼트 쉐이더로 해당 텍스처들에 동시에 렌더링할 수 있다. 텍스처를 FBO에 어태치시킬 때 **glFramebufferTexture()**에 attachment 인자로 GL_COLOR_ATTACHMENT0를 설정했던 것을 기억하자. 이때 GL_COLOR_ATTACHMENT1, GL_COLOR_ATTACHMENT2 등을 설정할 수도 있다고 했었다. 사실 OpenGL은 하나의 FBO에 적어도 8개까지의 텍스처를 어태치시킬 수 있다. [예제 9-6]은 FBO에 세 개의 색상 어태치먼트를 설정하는 예다.

예제 9-6 다중 어태치먼트로 FBO 설정

```
static const GLenum draw_buffers[] =
{
    GL_COLOR_ATTACHMENT0,
    GL_COLOR_ATTACHMENT1,
    GL_COLOR_ATTACHMENT2
};

// 우선 프레임버퍼 객체를 생성하고 바인딩한다.
glGenFramebuffers(1, &fbo);
glBindFramebuffer(GL_FRAMEBUFFER, fbo);

// 세 개의 텍스처 이름을 생성한다.
glGenTextures(3, &color_texture[0]);

// 각각에 대해
for (int i = 0; i < 3; i++)
{
    // 바인딩하고 저장 공간을 할당한다.
    glBindTexture(GL_TEXTURE_2D, color_texture[i]);
    glTexStorage2D(GL_TEXTURE_2D, 9, GL_RGBA8, 512, 512);

    // 기본 필터 인자들을 설정한다.
    glTexParameteri(GL_TEXTURE_2D,
                    GL_TEXTURE_MIN_FILTER, GL_LINEAR);
    glTexParameteri(GL_TEXTURE_2D,
                    GL_TEXTURE_MAG_FILTER, GL_LINEAR);

    // 프레임버퍼 객체에 색상 어태치먼트로 어태치시킨다.
    glFramebufferTexture(GL_FRAMEBUFFER,
                         draw_buffers[i], color_texture[i], 0);
}

// 깊이 텍스처를 생성한다.
glGenTextures(1, &depth_texture);
```

```
glBindTexture(GL_TEXTURE_2D, depth_texture);
glTexStorage2D(GL_TEXTURE_2D, 9, GL_DEPTH_COMPONENT32F, 512, 512);

// 깊이 텍스처를 프레임버퍼에 어태치시킨다.
glFramebufferTexture(GL_FRAMEBUFFER, GL_DEPTH_ATTACHMENT,
                     depth_texture, 0);

// FBO에 대한 드로우 버퍼를 색상 어태치먼트에 대한 포인터로 설정한다.
glDrawBuffers(3, draw_buffers);
```

다중 어태치먼트를 하나의 프래그먼트 쉐이더로 렌더링하려면, 쉐이더에 여러 출력을 선언하고 각 각을 어태치먼트 포인트에 연결시켜야 한다. 이를 위해서는 **레이아웃 지시어**를 사용하여 각 출력 위치를 지정해야 한다. 여기서 위치는 출력이 보내질 어태치먼트의 인덱스를 참조하기 위해 사용하는 용어다. [예제 9-7]이 그 예다.

예제 9-7 프래그먼트 쉐이더에서 다중 출력 선언하기

```
layout (location = 0) out vec4 color0;
layout (location = 1) out vec4 color1;
layout (location = 2) out vec4 color2;
```

일단 프래그먼트 쉐이더에서 다중 출력을 선언하고 각각에 대해 다른 데이터를 쓰면, 출력 위치 인 덱스를 사용하여 데이터가 프레임버퍼 색상 어태치먼트에 직접 전달된다. 그렇다고 해도 프래그먼트 쉐이더는 래스터라이제이션 시 생성된 각 프래그먼트에 대해 한 번씩만 실행한다. 그리고 쉐이더의 각 출력에 써지는 데이터는 해당 프레임버퍼 어태치먼트 각각에 대해 동일한 위치에 써진다.

9.4.2 레이어 렌더링

5.5.6절 '배열 텍스처'에서 배열 텍스처라는 텍스처 형태에 대해 설명한 적이 있다. **배열 텍스처**란 쉐이더에서 인덱스로 참조할 수 있는 **레이어**의 배열로 구성된 2D 텍스처들의 집합이다. 배열 텍스처를 프레임버퍼 객체에 어태치시키고 지오메트리 쉐이더를 사용하여 어떤 레이어에 결과 프리미티브를 렌더링할지 지정하여 배열 텍스처에 렌더링하는 것도 가능하다. [예제 9-8]은 gslayered 예제의 일부로서 2D 배열 텍스처를 색상 어태치먼트로 사용하는 프레임버퍼 객체를 설정하는 방법을 설명한다. 이러한 프레임버퍼는 **레이어 프레임버퍼**라고도 한다. 색상 어태치먼트를 사용하는 배열 텍스처를 생성하는 것뿐만 아니라, 깊이 또는 스텐실 포맷을 갖는 배열 텍스처를 생성하여 프레임버퍼 객체의 깊이 또는 스텐실 어태치먼트 포인트에 어태치시키는 것도 가능하다. 그 텍스처는 나중에 깊이 또는 스텐실 버퍼가 되어, 레이어 프레임버퍼에 대한 깊이 및 스텐실 테스팅을 수행할 수도 있다.

```
// 색상 어태치먼트에 대한 텍스처를 생성하고, 바인딩하고, 저장 공간을 할당한다.
// 16개의 레이어를 갖는 512 × 512 크기로 설정한다.
GLuint color_attachment;
glGenTextures(1, &color_attachment);

glBindTexture(GL_TEXTURE_2D_ARRAY, color_attachment);
glTexStorage3D(GL_TEXTURE_2D_ARRAY, 1, GL_RGBA8, 512, 512, 16);

// 동일한 작업을 깊이 버퍼 어태치먼트에 대해 수행한다.
GLuint depth_attachment;
glGenTextures(1, &depth_attachment);

glBindTexture(GL_TEXTURE_2D_ARRAY, depth_attachment);
glTexStorage3D(GL_TEXTURE_2D_ARRAY, 1, GL_DEPTH_COMPONENT, 512, 512, 16);

// 이제 프레임버퍼 객체를 생성하고, 그곳에 텍스처를 바인딩한다.
GLuint fbo;
glGenFramebuffers(1, &fbo);
glBindFramebuffer(GL_FRAMEBUFFER, fbo);

glFramebufferTexture(GL_FRAMEBUFFER, GL_COLOR_ATTACHMENT0,
                     color_attachment, 0);
glFramebufferTexture(GL_FRAMEBUFFER, GL_DEPTH_ATTACHMENT,
                     depth_attachment, 0);

// 마지막으로 색상 어태치먼트로 렌더링할 것이라고
// OpenGL에 말한다.
static const GLuint draw_buffers[] = { GL_COLOR_ATTACHMENT0 };

glDrawBuffers(1, draw_buffers);
```

일단 배열 텍스처를 생성했고 프레임버퍼 객체에 어태치시켰다면, 일반적인 경우처럼 그곳에 렌더링할 수 있다. 지오메트리 쉐이더를 사용하지 않았다면, 모든 렌더링은 배열의 첫 번째 레이어(인덱스 0인 부분)로 들어간다. 하지만 다른 레이어에 렌더링하고 싶다면 지오메트리 쉐이더를 작성해야 한다. 지오메트리 쉐이더에서 내장 변수 gl_Layer는 출력으로 사용할 수 있다. gl_Layer에 값을 쓰면, 그 값은 레이어 프레임버퍼의 인덱스로 사용되어 어태치먼트의 어떤 레이어에 렌더링할지 선택할 수 있다. [예제 9-9]는 16개의 입력 지오메트리 복사본을 렌더링하는 간단한 지오메트리 쉐이더다. 각각 다른 모델-뷰 행렬을 사용하며, 배열 텍스처로 렌더링하고, 프래그먼트 쉐이더에서 호출별로 색상을 지정한다.

```glsl
#version 430 core

// 지오메트리 쉐이더 16번 호출.
// 삼각형 입력과 삼각형 출력 사용.
layout (invocations = 16, triangles) in;
layout (triangle_strip, max_vertices = 3) out;

in VS_OUT
{
    vec4 color;
    vec3 normal;
} gs_in[];

out GS_OUT
{
    vec4 color;
    vec3 normal;
} gs_out;

// 하나의 프로젝션 행렬과 16개의 모델-뷰 행렬에 대한
// 유니폼 블록을 선언한다.
layout (binding = 0) uniform BLOCK
{
    mat4 proj_matrix;
    mat4 mv_matrix[16];
};

void main(void)
{
    int i;

    // 지오메트리를 렌더링할 때 사용하는 16개의 색상
    const vec4 colors[16] = vec4[16](
        vec4(0.0, 0.0, 1.0, 1.0), vec4(0.0, 1.0, 0.0, 1.0),
        vec4(0.0, 1.0, 1.0, 1.0), vec4(1.0, 0.0, 1.0, 1.0),
        vec4(1.0, 1.0, 0.0, 1.0), vec4(1.0, 1.0, 1.0, 1.0),
        vec4(0.0, 0.0, 0.5, 1.0), vec4(0.0, 0.5, 0.0, 1.0),
        vec4(0.0, 0.5, 0.5, 1.0), vec4(0.5, 0.0, 0.0, 1.0),
        vec4(0.5, 0.0, 0.5, 1.0), vec4(0.5, 0.5, 0.0, 1.0),
        vec4(0.5, 0.5, 0.5, 1.0), vec4(1.0, 0.5, 0.5, 1.0),
        vec4(0.5, 1.0, 0.5, 1.0), vec4(0.5, 0.5, 1.0, 1.0)
    );

    for (i = 0; i < gl_in.length(); i++)
    {
        // 모든 지오메트리를 그대로 통과시킨다.
        gs_out.color = colors[gl_InvocationID];
        gs_out.normal = mat3(mv_matrix[gl_InvocationID]) * gs_in[i].normal;
```

```
        gl_Position = proj_matrix *
                      mv_matrix[gl_InvocationID] *
                      gl_in[i].gl_Position;
        // gl_InvocationID를 gl_Layer로 할당하여 해당 레이어에
        // 직접 렌더링한다.
        gl_Layer = gl_InvocationID;
        EmitVertex();
    }
    EndPrimitive();
}
```

[예제 9-9]의 지오메트리 쉐이더를 실행한 결과로 각 슬라이스마다 모델의 다른 뷰가 들어 있는 배열 텍스처가 생성된다. 배열 텍스처의 내용을 직접 표시할 수 없기 때문에, 다른 쉐이더에서 이 텍스처를 데이터 원본으로 사용해야 한다. [예제 9-10]의 버텍스 쉐이더와 [예제 9-11]의 해당 프래그먼트 쉐이더는 배열 텍스처의 내용을 표시한다.

예제 9-10 배열 텍스처 표시하기 – 버텍스 쉐이더

```
#version 430 core

out VS_OUT
{
    vec3 tc;
} vs_out;

void main(void)
{
    int vid = gl_VertexID;
    int iid = gl_InstanceID;
    float inst_x = float(iid % 4) / 2.0;
    float inst_y = float(iid >> 2) / 2.0;

    const vec4 vertices[] = vec4[](vec4(-0.5, -0.5, 0.0, 1.0),
                                   vec4( 0.5, -0.5, 0.0, 1.0),
                                   vec4( 0.5, 0.5, 0.0, 1.0),
                                   vec4(-0.5, 0.5, 0.0, 1.0));

    vec4 offs = vec4(inst_x - 0.75, inst_y - 0.75, 0.0, 0.0);

    gl_Position = vertices[vid] *
                  vec4(0.25, 0.25, 1.0, 1.0) + offs;
    vs_out.tc = vec3(vertices[vid].xy + vec2(0.5), float(iid));
}
```

```
#version 430 core

layout (binding = 0) uniform sampler2DArray tex_array;

layout (location = 0) out vec4 color;

in VS_OUT
{
    vec3 tc;
} fs_in;

void main(void)
{
    color = texture(tex_array, fs_in.tc);
}
```

[예제 9-10]의 버텍스 쉐이더는 버텍스 인덱스에 기반하여 사각형을 생성한다. 뿐만 아니라 인스턴스 인덱스의 함수를 사용하여 사각형을 조금씩 이동시켜 16개의 인스턴스를 렌더링하는 방식으로 4 × 4 그리드의 사각형들을 생성한다. 마지막으로 텍스처 좌표를 설정하는데, 버텍스의 x 요소와 y 요소를 사용하고, 세 번째 요소는 인스턴스 인덱스를 사용한다. 이 좌표를 통해 배열 텍스처로부터 값을 가져올fetch, 페치 때 세 번째 요소를 사용하여 레이어를 선택한다. [예제 9-11]의 프래그먼트 쉐이더는 제공된 텍스처 좌표를 통해 배열 텍스처에서 값을 읽고 그 결과를 색상 버퍼에 보낸다.

프로그램의 결과는 [그림 9-7]과 같다. 보다시피 16개의 도넛 모양이 렌더링되며, 각각 다른 색상과 방향을 갖는다. 16개의 복사본 각각은 배열 텍스처의 개별 레이어에서 읽어 윈도우에 렌더링된다.

그림 9-7 레이어 렌더링 예제의 결과(컬러 화보 참조)

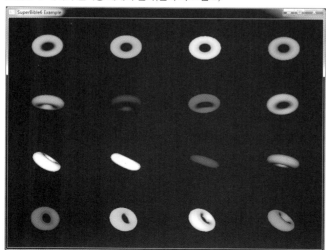

3D 텍스처로 렌더링하는 것도 거의 동일한 방식이다. 단순히 전체 3D 텍스처를 하나의 색상 어태치먼트로 프레임버퍼 객체에 어태치시키고, 보통처럼 gl_Layer 출력을 설정하면 된다. gl_Layer에 쓰는 값은 3D 텍스처 슬라이스의 z 좌표가 된다. 프래그먼트 쉐이더가 생성한 데이터는 이 3D 텍스처에 쓰여진다. 동일한 텍스처(배열 또는 3D)의 여러 슬라이스에 동시에 렌더링하는 것도 가능하다. 그렇게 하려면 **glFramebufferTextureLayer( )**를 호출해야 한다. 프로토타입은 다음과 같다.

```
void glFramebufferTextureLayer(GLenum target,
                               GLenum attachment,
                               GLuint texture,
                               GLint level,
                               GLint layer);
```

glFramebufferTextureLayer( ) 함수는 **glFramebufferTexture( )**처럼 작동한다. 단, layer라는 추가 인자가 하나 필요한데, 이를 통해 프레임버퍼에 어태치시킬 텍스처 레이어를 지정한다. 예를 들어 [예제 9-12]의 코드는 여덟 개의 레이어를 갖는 2D 배열 텍스처를 생성하고 각 레이어를 프레임버퍼 객체의 해당 색상 어태치먼트에 어태치시킨다.

예제 9-12 텍스처 레이어를 프레임버퍼에 어태치시키기

```
GLuint tex;
glGenTextures(1, &tex);
glBindTexture(GL_TEXTURE_2D_ARRAY, tex);
glTexStorage3D(GL_TEXTURE_2D_ARRAY, 1, GL_RGBA8, 256, 256, 8);

GLuint fbo;
glGenFramebuffers(1, &fbo);
glBindFramebuffer(GL_FRAMEBUFFER, fbo);

int i;
for (i = 0; i < 8; i++)
{
    glFramebufferTextureLayer(GL_FRAMEBUFFER,
                              GL_COLOR_ATTACHMENT0 + i,
                              tex,
                              0,
                              i);
}

static const GLenum draw_buffers[] =
{
    GL_COLOR_ATTACHMENT0, GL_COLOR_ATTACHMENT1,
    GL_COLOR_ATTACHMENT2, GL_COLOR_ATTACHMENT3,
    GL_COLOR_ATTACHMENT4, GL_COLOR_ATTACHMENT5,
    GL_COLOR_ATTACHMENT6, GL_COLOR_ATTACHMENT7
};

glDrawBuffers(8, &draw_buffers[0]);
```

이제 [예제 9-12]의 프레임버퍼에 렌더링하면 프래그먼트 쉐이더는 여덟 개까지의 출력을 가질 수 있으며, 각각은 다른 텍스처 레이어에 쓰여질 것이다.

큐브 맵에 렌더링하기

OpenGL에 있어서 큐브 맵은 사실 특별한 형태의 배열 텍스처다. 하나의 큐브 맵은 단순히 여섯 개의 슬라이스로 구성된 배열이며, 큐브 맵 배열 텍스처는 여섯 개의 슬라이스가 정수배만큼 들어 있는 배열이다. 큐브 맵 텍스처를 프레임버퍼 객체에 [예제 9-8]과 똑같은 방법으로 어태치시킨다. 단, 2D 배열 텍스처를 생성하는 대신 큐브 맵 텍스처를 생성한다. 큐브 맵은 여섯 개의 면을 갖는다. 각각은 양의 x와 음의 x, 양의 y와 음의 y, 양의 z와 음의 z며, 배열 텍스처에 이 순서대로 들어 있다. 지오메트리 쉐이더에서 gl_Layer에 0을 쓰면 큐브 맵의 양의 x 면에 렌더링된다. gl_Layer 에 1을 쓰면 음의 x 면에 출력되며, 2를 쓰면 양의 y 면에 출력된다. 계속 마찬가지로 해서, 마지막 으로 5를 쓰면 음의 z 면에 출력된다.

큐브 맵 배열 텍스처를 생성하여 프레임버퍼 객체에 어태치시키면, 처음 여섯 개 레이어에 대한 쓰 기는 첫 번째 큐브에 렌더링되고, 다음 여섯 개의 레이어는 두 번째 큐브에 렌더링된다. 계속 마찬가 지다. 따라서 gl_Layer에 6을 설정하면 배열에서 두 번째 큐브의 양의 x 면에 쓰게 된다. gl_Layer 를 1234로 설정하면 205번째 면의 양의 z 면에 렌더링할 것이다.

2D 배열 텍스처와 마찬가지로, 개별 면을 하나의 프레임버퍼 객체의 여러 어태치먼트 포인트에 어 태치시키는 것도 가능하다. 이 경우 **glFramebufferTexture2D( )** 함수를 사용하는데, 프로토타입 은 다음과 같다.

```
void glFramebufferTexture2D(GLenum target,
                            GLenum attachment,
                            GLenum textarget,
                            GLuint texture,
                            GLint level);
```

다시 말하자면, 이 함수는 **glFramebufferTexture( )** 함수처럼 동작하지만, textarget이라는 추 가 인자가 있다. 이 인자를 이용해서 큐브 맵의 어떤 면을 어태치먼트에 어태치시킬지 지정할 수 있 다. 큐브 맵의 양의 x 면을 어태치시키려면 이 인자를 GL_CUBE_MAP_POSITIVE_X로 설정한다. 음의 x 면을 어태치시키려면 GL_CUBE_MAP_NEGATIVE_X로 설정한다. y와 z 면에 대해서도 유사한 이름의 토큰이 사용된다. 이 인자를 사용하면 큐브 맵의 모든 면[4]을 프레임버퍼 어태치먼트 포인트에 바인 딩할 수 있고, 동시에 그 모두로 렌더링할 수 있다.

---

4 확실히 가능하긴 하지만, 동일한 내용을 큐브 맵의 모든 면에 렌더링하는 경우는 드물다.

9.4.3 프레임버퍼 완전성

프레임버퍼 객체를 끝내기 전에, 중요한 주제가 하나 더 있다. FBO를 원하는 대로 잘 설정했다고 해서 OpenGL 구현이 렌더링할 준비가 끝났다고 생각하면 오산이다. FBO가 제대로 설정되었는지 그리고 구현이 사용할 수 있는지 확인하는 유일한 방법은 **프레임버퍼 완전성**을 확인하는 것뿐이다. 프레임버퍼 완전성은 텍스처 완전성과 동일한 개념이다. 텍스처에 필요한 모든 밉맵 레벨을 지정된 크기, 포맷 등으로 설정하지 않았다면, 그 텍스처는 불완전하며 사용할 수 없다. 완전성에는 어태치먼트 완전성 및 전체 프레임버퍼 완전성 등 두 가지 범주가 있다.

어태치먼트 완전성

FBO의 각 어태치먼트 포인트가 완전성을 갖는다고 하려면 특정 기준에 부합해야 한다. 만약 어태치먼트 포인트가 불완전하다면 전체 프레임버퍼도 불완전할 것이다. 어태치먼트가 불완전한 경우는 다음과 같다.

- 이미지가 어태치된 객체에 연결되지 않았다.
- 어태치된 이미지의 넓이나 높이가 0이다.
- 비색상 렌더링 포맷이 색상 어태치먼트에 어태치되었다.
- 비깊이 렌더링 포맷이 깊이 어태치먼트에 어태치되었다.
- 비스텐실 렌더링 포맷이 스텐실 어태치먼트에 어태치되었다.

전체 프레임버퍼 완전성

각 어태치먼트 포인트가 유효하고 특정 기준에 부합함은 물론 전체 프레임버퍼 객체도 완전해야 한다. 기본 프레임버퍼(만약 있다면)는 항상 완전할 것이다. 전체 프레임버퍼가 불완전한 일반적인 경우는 다음과 같다.

- `glDrawBuffers()`로 출력을 FBO 어태치먼트에 매핑했는데, 이미지가 어태치되지 않은 경우
- 내부 포맷의 조합을 OpenGL 드라이버에서 지원하지 않는 경우

프레임버퍼 확인하기

FBO 설정을 마쳤다고 생각되면 그 완전성을 다음 함수를 통해 확인할 수 있다.

```
GLenum fboStatus = glCheckFramebufferStatus(GL_DRAW_FRAMEBUFFER);
```

만약 `glCheckFramebufferStatus()`가 GL_FRAMEBUFFER_COMPLETE를 리턴하면 모든 것이 잘 되어서 FBO를 사용할 수 있는 경우다. 프레임버퍼가 완전하지 않은 경우 `glCheckFramebufferStatus()`

의 리턴값을 통해 어떤 것이 문제인지 확인할 수 있다. [표 9-7]에서 모든 가능한 리턴값과 그 의미를 설명한다.

표 9-7 프레임버퍼 완전성 리턴값

리턴값(GL_FRAMEBUFFER_*)	설명
UNDEFINED	현재 FBO 바인딩이 0이지만, 기본 프레임버퍼가 존재하지 않는다.
COMPLETE	사용자 정의 FBO가 바인딩되었고 완전하다. 렌더링해도 된다.
INCOMPLETE_ATTACHMENT	렌더링을 위해 활성화된 버퍼 중 하나가 불완전하다.
INCOMPLETE_MISSING_ATTACHMENT	FBO에 버퍼가 어태치되지 않았고, 어태치먼트 없는 렌더링용으로 설정되지 않았다.
UNSUPPORTED	내부 버퍼 포맷의 조합이 지원되지 않는다.
INCOMPLETE_LAYER_TARGETS	모든 색상 어태치먼트가 레이어 텍스처가 아니거나 동일한 타깃에 바인딩되지 않았다.

이 리턴값들은 애플리케이션을 디버깅할 때는 도움이 되지만 애플리케이션이 출시된 후에는 크게 유용하지 않을 것이다. 그럼에도 불구하고 첫 번째 예제 애플리케이션에서는 이러한 조건들이 전혀 발생하지 않는 것을 확인한다. FBO를 사용하는 애플리케이션에서 이러한 확인을 통해 OpenGL 구현에 의한 제약사항에 위배되지 않는지 체크할 수 있다. 어떤 식으로 확인하는지는 [예제 9-13]을 보면 알 수 있다.

예제 9-13 프레임버퍼 객체의 완전성 확인

```
GLenum fboStatus = glCheckFramebufferStatus(GL_DRAW_FRAMEBUFFER);
if(fboStatus != GL_FRAMEBUFFER_COMPLETE)
{
    switch (fboStatus)
    {
    case GL_FRAMEBUFFER_UNDEFINED:
        // 아차, 윈도우가 없는가?
        break;
    case GL_FRAMEBUFFER_INCOMPLETE_ATTACHMENT:
        // 각 어태치먼트의 상태를 확인한다.
        break;
    case GL_FRAMEBUFFER_INCOMPLETE_MISSING_ATTACHMENT:
        // 적어도 하나의 버퍼를 FBO에 어태치시킨다.
        break;
    case GL_FRAMEBUFFER_INCOMPLETE_DRAW_BUFFER:
        // glDrawBuffers로 활성화된 모든 어태치먼트가
        // FBO에 존재하는지 확인한다.
        break;
    case GL_FRAMEBUFFER_INCOMPLETE_READ_BUFFER:
        // glReadBuffer로 지정한 버퍼가 FBO에
        // 존재하는지 확인한다.
        break;
```

```
        case GL_FRAMEBUFFER_UNSUPPORTED:
            // 어태치된 버퍼에 대한 포맷을 확인한다.
            break;
        case GL_FRAMEBUFFER_INCOMPLETE_MULTISAMPLE:
            // 각 어태치먼트의 샘플 개수가 동일한지 확인한다.
            break;
        case GL_FRAMEBUFFER_INCOMPLETE_LAYER_TARGETS:
            // 각 어태치먼트에 대한 레이어 수가
            // 동일한지 확인한다.
            break;
    }
}
```

불완전한 FBO가 바인딩된 상태에서 프레임버퍼에서 읽거나 쓰는 명령을 수행하려 하면 해당 명령은 GL_INVALID_FRAMEBUFFER_OPERATION이라는 에러를 출력한다. 이 에러는 **glGetError()**를 통해 얻을 수 있다.

프레임버퍼 읽기도 역시 완전해야 한다!

이전 예제에서 드로우 버퍼 바인딩 포인트인 GL_DRAW_FRAMEBUFFER에 어태치된 FBO를 확인했다. 하지만 GL_READ_FRAMEBUFFER에 어태치된 프레임버퍼도 어태치먼트 완전성을 확보해야 하며, 전체 읽기용 프레임버퍼 완전성도 있어야 동작한다. 동시에 오직 하나의 읽기 버퍼만 활성화될 수 있기 때문에, FBO가 읽기용으로 완전한지 확인하는 것이 더 쉽다.

9.4.4 스테레오 렌더링

대부분의 인간은 두 개의 눈은 가졌다.[5] 이 두 개의 눈을 사용하여 시차(두 눈이 보는 이미지의 작은 차이)에 의한 거리를 판단할 수 있다. 시점을 이동시킬 때 객체의 상대적인 이동, 라이팅lighting, 조명의 차이, 그리고 초점에서 비롯된 깊이를 포함하여 많은 깊이 큐들이 존재한다. 디스플레이 장치에 의존적이지만 OpenGL은 이미지의 쌍을 생성할 수 있다. 이 이미지의 쌍은 각각 두 눈을 나타내며 이미지 깊이의 인지를 향상시킨다. 두 눈binocular 디스플레이(각 눈에 대해 각각의 물리적 디스플레이가 있는 장치), 셔터shutter 및 편광polarized 디스플레이(보기 위해 안경이 필요한), 얼굴에 아무 장치도 쓸 필요 없는 오토스테레오스코픽autostereoscopic 디스플레이 등을 포함하여 많은 디스플레이가 존재한다. OpenGL은 이미지가 어떻게 디스플레이되는지에 대해서는 관여하지 않는다. 오직 장면의 두 뷰만 렌더링해주면 된다. 하나는 왼쪽 눈을 위한 것이고, 다른 하나는 오른쪽 눈을 위한 것이다.

---

5 눈이 하나인 독자는 다음 절로 넘어가도 좋다.

이미지를 스테레오로 디스플레이하려면 윈도우나 운영체제와 약간의 상호 작용이 필요하다. 따라서 스테레오 디스플레이를 생성하는 방식은 플랫폼 의존적이다. 플랫폼 관련 내용은 14장에서 상세히 다룰 것이다. 우선은 sb6 애플리케이션 프레임워크의 스테레오 윈도우 생성 기능을 사용하자. [예제 9-14]처럼 애플리케이션에서 sb6::application::init 함수를 오버라이드하고, 베이스 클래스 함수를 호출하고, info.flags.stereo를 1로 설정한다. 일부 OpenGL 구현은 애플리케이션이 전체 디스플레이를 차지해야(풀스크린 렌더링이라고도 함) 하는 경우가 있으므로 애플리케이션이 풀스크린 윈도우를 사용하도록 init 함수에서 info.flags.fullscreen 플래그를 설정한다.

예제 9-14 스테레오 윈도우 생성하기

```
void my_application::init()
{
    info.flags.stereo = 1;
    info.flags.fullscreen = 1;   // OpenGL 구현이 스테레오 렌더링을 위해
                                 // 풀스크린을 강제하는 경우
                                 // 이 값을 설정한다.
}
```

모든 디스플레이가 스테레오 출력을 지원하는 것은 아니고 모든 OpenGL 구현이 스테레오 윈도우 생성을 허용하지 않는다. 하지만 해당 디스플레이와 OpenGL 구현에 접근할 수 있다면 스테레오로 동작하는 윈도우를 생성할 수 있다. 이제 그 윈도우에 렌더링을 해야 한다. 스테레오로 렌더링하는 가장 간단한 방법은 전체 장면을 두 번 그리는 것이다. 왼쪽 눈 이미지를 렌더링하기 전에 아래 함수를 호출한다.

```
glDrawBuffer(GL_BACK_LEFT);
```

오른쪽 눈 이미지를 렌더링하려면 아래 함수를 호출한다.

```
glDrawBuffer(GL_BACK_RIGHT);
```

두드러진 깊이 효과를 갖는 두 이미지를 만들려면 왼쪽 눈과 오른쪽 눈에서 관측한 뷰에 해당하는 변환 행렬을 생성해야 한다. 모델 행렬은 모델을 월드 공간으로 변환하는 행렬이라는 것을 기억하자. 월드 공간은 전역 공간이라서 뷰어의 위치에 상관없이 적용된다. 하지만 뷰 행렬은 기본적으로 월드를 뷰어의 좌표 공간으로 변환한다. 뷰어는 각 눈에 대해 다른 위치에 있기 때문에, 뷰 행렬은 각각의 눈에 대해 달라야 한다. 따라서 왼쪽 뷰에 렌더링할 때는 왼쪽 뷰 행렬을 사용하고, 오른쪽 뷰에 렌더링할 때는 오른쪽 뷰 행렬을 사용한다.

스테레오 뷰 행렬 쌍의 가장 단순한 형태는 왼쪽과 오른쪽 뷰를 서로 수평축 반대 방향으로 이동시키는 것이다. 또는 뷰 행렬을 뷰의 중심 쪽으로 회전시키는 방법이 있다. 또는 vmath::lookat 함수

를 사용하여 뷰 행렬을 직접 생성할 수도 있다. 왼쪽 눈 위치(뷰 위치의 약간 왼쪽)와 관심 객체의 중심을 사용하여 왼쪽 뷰 행렬을 생성하고, 오른쪽 눈 위치를 동일한 방법으로 사용해서 오른쪽 뷰 행렬을 생성할 수 있다. [예제 9-15]는 이 방법에 대한 내용이다.

예제 9-15 스테레오 윈도우 그리기

```cpp
void my_application::render(double currentTime)
{
    static const vmath::vec3 origin(0.0f);
    static const vmath::vec3 up_vector(0.0f, 1.0f, 0.0f);
    static const vmath::vec3 eye_separation(0.01f, 0.0f, 0.0f);

    vmath::mat4 left_view_matrix =
        vmath::lookat(eye_location - eye_separation,
                      origin,
                      up_vector);

    vmath::mat4 right_view_matrix =
        vmath::lookat(eye_location + eye_separation,
                      origin,
                      up_vector);

    static const GLfloat black[] = { 0.0f, 0.0f ,0.0f, 0.0f };
    static const GLfloat one = 1.0f;

    // 드로우 버퍼를 GL_BACK으로 설정하면 백 왼쪽(back left) 버퍼 및
    // 백 오른쪽(back right) 버퍼 모두에 그리게 된다. 양쪽 모두 지운다.
    glDrawBuffer(GL_BACK);
    glClearBufferfv(GL_COLOR, 0, black);
    glClearBufferfv(GL_DEPTH, 0, &one);

    // 이제 드로우 버퍼를 백 왼쪽으로 설정한다.
    glDrawBuffer(GL_BACK_LEFT);

    // 왼쪽 모델-뷰 행렬을 설정한다.
    glUniformMatrix4fv(model_view_loc, 1,
                       left_view_matrix * model_matrix);

    // 장면을 그린다.
    draw_scene();

    // 드로우 버퍼를 백 오른쪽으로 설정한다.
    glDrawBuffer(GL_BACK_RIGHT);

    // 오른쪽 모델-뷰 행렬을 설정한다.
    glUniformMatrix4fv(model_view_loc, 1,
                       right_view_matrix * model_matrix);
```

```
    // 다시 장면을 그린다.
    draw_scene();
}
```

[예제 9-15]의 코드는 전체 장면을 두 번 렌더링한다. 장면의 복잡도에 따라 이 방식은 매우 비쌀 수 있다. 장면을 렌더링하는 비용이 두 배가 된다. GL_BACK_LEFT와 GL_BACK_RIGHT 드로우 버퍼를 번 갈아가며 장면의 모든 객체를 렌더링하는 방식도 생각해볼 수 있다. 이 방식을 사용하면 상태 갱신 (즉, 텍스처 바인딩이나 프로그램 변경 등)이 한 번만 수행된다. 하지만 다른 상태 변경 함수뿐 아니라 드로우 버퍼를 변경하는 것도 매우 비싸다. 이 장의 앞에서 배웠듯이, 프래그먼트 쉐이더에서 두 벡터를 하나 이상의 버퍼에 동시에 렌더링하는 것이 가능하다. 실제로 두 개의 출력을 갖는 프래 그먼트 쉐이더가 있다면 다음과 같이 할 수 있다.

```
static const GLenum buffers[] = { GL_BACK_LEFT, GL_BACK_RIGHT }
glDrawBuffers(2, buffers);
```

이렇게 한 다음에 프래그먼트 쉐이더의 첫 번째 출력은 왼쪽 눈 버퍼에 써지고, 두 번째 출력은 오 른쪽 눈 버퍼에 써진다. 굉장하다! 이제 동시에 두 눈을 렌더링할 수 있다! 그런데 잠깐, 비록 프래 그먼트 쉐이더가 여러 다른 드로우 버퍼에 출력할 수 있다고 해도, 그 버퍼상의 위치는 똑같을 것이 다. 어떻게 다른 이미지를 각 버퍼에 그릴 수 있을까?

가능한 방법은 지오메트리 쉐이더를 사용하여 두 레이어를 갖는 레이어 프레임버퍼에 하나는 왼쪽 눈으로 다른 하나는 오른쪽 눈으로 렌더링하는 것이다. 지오메트리 쉐이더 인스턴싱을 사용하여 지 오메트리 쉐이더를 두 번 실행하고, 호출 인덱스를 레이어에 써서 데이터의 두 복사본을 직접 프레 임버퍼의 두 레이어에 보낸다. 지오메트리 쉐이더의 각 호출에서, 두 모델-뷰 행렬 중 하나를 선택 하고 버텍스 쉐이더에서 하는 모든 작업을 수행한다. 전체 장면을 모두 렌더링한 후, 프레임버퍼의 두 레이어는 왼쪽 이미지와 오른쪽 이미지를 갖게 된다. 남은 것은 배열 텍스처의 두 레이어로부터 읽어서 그 결과를 두 출력에 쓰는 프래그먼트 쉐이더를 사용하여 풀스크린 사각형을 렌더링하는 것이다. 이 두 출력은 각각 왼쪽 눈 및 오른쪽 눈 뷰로 들어간다.

[예제 9-16]은 애플리케이션에서 사용할 간단한 지오메트리 쉐이더로, 양쪽 스테레오 장면 뷰를 한 패스에 렌더링한다.

예제 9-16 지오메트리 쉐이더로 두 레이어에 렌더링하기

```
#version 430 core

layout (triangles, invocations = 2) in;
layout (triangle_strip, max_vertices = 3) out;
```

```glsl
uniform matrices
{
    mat4 model_matrix;
    mat4 view_matrix[2];
    mat4 projection_matrix;
};

in VS_OUT
{
    vec4 color;
    vec3 normal;
    vec2 texture_coord;
} gs_in[];

out GS_OUT
{
    vec4 color;
    vec3 normal;
    vec2 texture_coord;
} gs_out;

void main(void)
{
    // 현재 눈에 대한 모델-뷰 행렬을 계산한다.
    mat4 model_view_matrix = view_matrix[gl_InvocationID] *
                             model_matrix;

    for (int i = 0; i < gl_in.length(); i++)
    {
        // 출력 레이어는 호출 ID를 사용한다.
        gl_Layer = gl_InvocationID;
        // 모델 행렬을 곱하고, 해당 눈에 대한 뷰 행렬을 곱하고,
        // 투영 행렬을 곱한다.
        gl_Position = projection_matrix *
                      model_view_matrix *
                      gl_in[i].gl_Position;
        gs_out.color = gs_in[i].color;
        // 노말도 변환하는 것을 잊지 말자.
        gs_out.normal = mat3(model_view_matrix) * gs_in[i].normal;
        gs_out.texcoord = gs_in[i].texcoord;
        EmitVertex();
    }
    EndPrimitive();
}
```

이제 장면을 두 레이어 프레임버퍼에 렌더링했다. 해당 배열 텍스처를 어태치시키고, 하나의 쉐이더를 사용하여 풀스크린 사각형을 그려 결과를 왼쪽 및 오른쪽 백버퍼에 복사한다. 해당 쉐이더는 [예제 9-17]이다.

```
#version 430 core

layout (location = 0) out vec4 color_left;
layout (location = 1) out vec4 color_right;

in vec2 tex_coord;

uniform sampler2DArray back_buffer;

void main(void)
{
    color_left = texture(back_buffer, vec3(tex_coord, 0.0));
    color_right = texture(back_buffer, vec3(tex_coord, 1.0));
}
```

[그림 9-8]의 사진은 이 애플리케이션을 실행한 화면을 찍은 것이다. 사진을 찍은 이유는 스크린샷으로는 양쪽 스테레오 이미지를 보여줄 수 없기 때문이다. 사진으로는 스테레오 렌더링으로 만든 이중 이미지를 명확히 확인할 수 있다.

그림 9-8 스테레오 디스플레이에 렌더링한 스테레오 결과

9.5 안티에일리어싱

에일리어싱$^{aliasing, 계단 현상}$은 데이터를 **언더 샘플링**$^{under-sampling}$**[6]**할 때 발생하는 문제로, 신호 처리 분야에서 일반적으로 사용하는 용어다. 음성 신호에서 에일리어싱이 발생하면 고음의 울림 현상이나 뚝뚝 끊어지는 소리가 들린다. 고전 비디오 게임이나 음성 축하 카드, 유아용 장난감 등의 저가 재

---

6 역주_ 원본보다 적은 개수의 샘플을 추출하는 것

생 장치에서 흔히 들을 수 있다. 에일리어싱은 신호가 샘플링되는 비율이 원래 신호보다 매우 낮을 때 발생하는 현상이다. 원본의 내용을 (대부분) 유지하기 위해서는 신호의 가장 높은 주파수보다 두 배 더 높은 주파수로 캡처해야 한다는 나이키스트율^{Nyquist rate}을 따라야 한다. 이미지 용어에서 에일리어싱은 색상 차이가 큰 영역에 삐쭉삐쭉한 가장자리가 보이는 경우를 말한다. 이러한 경계를 **계단 현상**이라고도 한다.

에일리어싱을 처리하는 두 가지 접근 방식이 있다. 첫 번째는 샘플링 이전 또는 중간에 신호의 고주파수 영역을 제거하는 필터링 기법이다. 두 번째는 샘플링 비율을 증가시켜 고주파 내용을 캡처하는 방식이다. 캡처된 추가 샘플들은 나중에 저장용 또는 재생성용으로 사용할 수 있다. 에일리어싱을 제거하거나 줄이는 방식을 안티에일리어싱 기법이라고 한다. OpenGL에는 장면에 안티에일리어싱을 적용할 수 있는 여러 가지 방법이 있다. 렌더링될 때 지오메트리를 필터링하거나 여러 형태의 추가 샘플링도 가능하다.

9.5.1 필터링으로 안티에일리어싱하기

에일리어싱 문제를 처리하는 첫 번째 가장 간단한 방법은 그릴 때 프리미티브들을 필터링하는 방법이다. 이를 위해 OpenGL은 프리미티브(점, 선, 삼각형)가 차지하는 픽셀의 양을 계산하고, 그 값을 사용하여 각 프래그먼트의 알파값을 생성한다. 이 알파값은 쉐이더에서 생성한 프래그먼트의 알파값에 곱해져서, 원본 또는 대상 블렌딩 인자가 원본 알파값을 포함하는 블렌딩과 같은 효과를 갖는다. 이제 프래그먼트는 화면에 그려질 때 픽셀 커버리지^{coverage, 차지율}의 함수를 사용하여 기존 내용과 블렌딩된다.

이런 방식의 안티에일리어싱을 활성화하려면 두 가지가 필요하다. 첫 번째로 블렌딩을 활성화시키고 적절한 블렌딩 함수를 선택해야 한다. 두 번째로 GL_LINE_SMOOTH를 활성화시켜 선에 안티에일리어싱을 적용하거나, GL_POLYGON_SMOOTH를 활성화시켜서 삼각형에 안티에일리어싱을 적용한다. [그림 9-9]는 그 결과다.

그림 9-9 선 스무딩을 활용한 안티에일리어싱

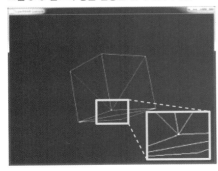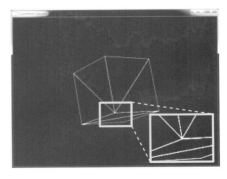

[그림 9-9]의 왼쪽은 회전하는 정육면체를 선 모드로 그린 것으로 여러 가장자리가 서로 겹치는 이미지 일부를 확대했다. 확대한 이미지를 보면 에일리어싱 문제가 확연히 보인다. 삐뚤삐뚤한 선들이 보인다. [그림 9-9]의 오른쪽 이미지는 선 스무딩^{line smoothing, 선 부드럽게 하기} 기능과 블렌딩을 활성화한 것이다. 장면은 그대로다. 선들이 얼마나 부드러워졌는지 얼마나 덜 삐뚤삐뚤해졌는지 확인할 수 있다. 확대한 그림을 보면 선들이 약간 블러^{blur, 뿌옇게 뭉개짐}된 것을 볼 수 있다. 선들의 커버리지를 계산해서 그 값을 배경 색상과 블렌딩하여 만든 필터링 효과 때문이다. 이 이미지를 만들 때 사용한 안티에일리어싱과 블렌딩 설정 코드는 [예제 9-18]이다.

예제 9-18 선 스무딩 켜기

```
glEnable(GL_BLEND);
glBlendFunc(GL_SRC_ALPHA, GL_ONE_MINUS_SRC_ALPHA);
glEnable(GL_LINE_SMOOTH)
```

[예제 9-18]은 무척 간단하다. 그렇지 않은가? 맞다. 매우 간단하다. 원하는 지오메트리에 대해 이 기능을 활성화시키면 모든 것이 더 좋아 보인다. 그런가? 실은 그렇지 않다. 이러한 형태의 안티에일리어싱은 [그림 9-9]의 경우처럼 제한된 경우에만 작동한다. [그림 9-10]의 이미지를 보자.

그림 9-10 폴리곤 스무딩을 사용한 안티에일리어싱

 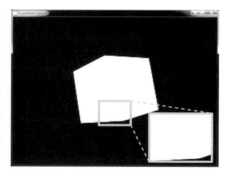

[그림 9-10]의 왼쪽 이미지는 흰색 단색으로 렌더링한 정육면체다. 개별 삼각형 주변에는 중간에 계단 현상이 보이지 않지만, 정육면체의 가장자리에는 매우 선명한 에일리어싱 현상을 볼 수 있다. [그림 9-10]의 오른쪽 이미지에는 [예제 9-18]의 코드와 유사한 방식으로 폴리곤 스무딩을 활성화시켰다. GL_LINE_SMOOTH 대신 GL_POLYGON_SMOOTH로 교체했을 뿐이다. 이제 정육면체의 가장자리가 부드러워지고 계단 현상이 거의 없어졌다. 내부 가장자리들은 어떻게 되었을까? 모두 보인다!

두 인접 삼각형 사이의 가장자리가 픽셀 중간을 정확히 반으로 자르면 어떻게 될까? 먼저 애플리케이션은 프레임버퍼를 검은색으로 지운다. 그리고 첫 번째 흰색 삼각형이 그 픽셀을 차지한다. OpenGL은 삼각형이 그 픽셀의 절반만큼 차지한다고 계산하고, 블렌딩 공식에 0.5의 알파를 사

용한다. 이렇게 하면 흰색과 검은색이 반반씩 섞여 중간 회색 픽셀이 된다. 다음으로 두 번째 인접 삼각형이 들어와서 그 픽셀의 다른 반쪽을 차지한다. 다시 OpenGL은 그 픽셀이 새로운 삼각형에 의해 반이 차지된다고 계산하고, 삼각형의 흰색을 기존 프레임버퍼 색상과 혼합한다. 단, 프레임버퍼는 이미 50% 회색이다. 흰색과 50% 회색을 섞으면 75% 회색이 된다. 이것이 바로 삼각형 사이의 선에 나타나는 색상이다.

폴리곤 가장자리가 픽셀을 통과하고 화면에 써질 때마다 OpenGL은 어떤 부분이 차지되었고 어떤 부분이 차지되지 않았는지 알 수 없다. 그 결과 [그림 9-10]과 같은 현상이 발생한다. 이 방식의 또 다른 큰 문제는 각 픽셀에 하나의 깊이값만 써진다는 것이다. 이는 삼각형이 픽셀의 아직 차지되지 않은 부분에 들어갈 때 이미 더 가까운 삼각형이 동일한 픽셀의 다른 부분을 차지하고 있다면, 깊이 테스트를 실패하고 전혀 색상에 관여하지 못한다는 것이다.

이러한 문제를 해결하기 위해 좀 더 고급 안티에일리어싱 기법이 필요하다. 그러한 방식들은 모두 샘플 개수를 늘리는 방식이다.

9.5.2 멀티 샘플 안티에일리어싱

이미지의 샘플율을 증가시키기 위해 OpenGL은 화면상의 각 픽셀에 대해 여러 샘플을 저장하는 방식을 지원한다. 이 기법을 **멀티 샘플 안티에일리어싱**multi-sample antialiasing (MSAA)이라고 부른다. 각 프리미티브를 한 번만 샘플링하지 않고, OpenGL은 픽셀 내 여러 위치에서 프리미티브를 샘플링한다. 만약 그중에서 아무 샘플이라도 걸리면 쉐이더를 실행한다. 쉐이더가 생성한 색상은 걸린 해당 샘플 모두에 써진다. 각 픽셀의 실제 샘플 위치는 OpenGL 구현마다 다를 수 있다. [그림 9-11]은 1, 2, 4, 8 샘플 배치에 대한 예제 샘플 위치 배치다.

그림 9-11 안티에일리어싱 샘플 위치

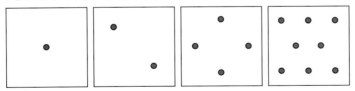

기본 프레임버퍼의 MSAA를 활성화시키는 방법은 플랫폼에 따라 다를 수 있다. 대부분의 경우 렌더링 윈도우를 설정할 때 기본 프레임버퍼에 대한 멀티 샘플 포맷을 지정할 수 있다. 이 책에 포함된 샘플 프로그램에서 사용하는 애플리케이션 프레임워크가 이 작업을 대신 해준다. sb6::application을 사용하여 멀티 샘플링을 활성화하려면, 단순히 sb6::application::init() 함수를 오버라이드하고, 베이스 클래스의 메서드를 호출한 다음에, info 구조체의 samples 멤버를 원하는 샘플 개수로 설정하면 된다. [예제 9-19]가 그 예다.

예제 9-19 8-샘플 안티에일리어싱 선택하기

```
virtual void init()
{
    sb6::application::init();

    info.samples = 8;
}
```

8-샘플 안티에일리어싱을 선택한 다음에 회전하는 정육면체를 렌더링하면 [그림 9-12]와 같은 이미지를 얻을 수 있다.

그림 9-12 안티에일리어싱 없음(왼쪽)과 8-샘플 안티에일리어싱(가운데 및 오른쪽)

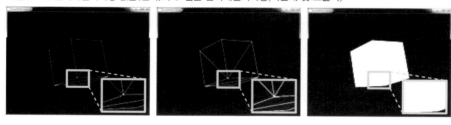

[그림 9-12]의 왼쪽 이미지는 안티에일리어싱이 적용되지 않은 것이고, 평소대로 계단 현상이 발생한다. 가운데 이미지는 안티에일리어싱이 선에 적용되었지만, [그림 9-9]의 `GL_LINE_SMOOTH`를 활성화시킨 이미지와 크게 다르지 않아 보인다. 하지만 진정한 차이점은 [그림 9-12]의 오른쪽 이미지에서 볼 수 있다. 여기서는 폴리곤의 가장자리를 따라 좋은 품질의 안티에일리어싱이 수행되고 있으며, 내부 삼각형들이 인접한 가장자리는 더 이상 회색 문제가 발생하지 않는다.

멀티 샘플 프레임버퍼를 생성하면 멀티 샘플링이 기본적으로 활성화된다. 하지만 멀티 샘플링 없이 렌더링하길 원한다면, 현재 프레임버퍼가 멀티 샘플 포맷이라 하더라도 다음 함수를 통해 멀티 샘플링을 끌 수 있다.

```
glDisable(GL_MULTISAMPLE);
```

그리고 물론 다음 함수로 다시 켤 수 있다.

```
glEnable(GL_MULTISAMPLE);
```

멀티 샘플링이 비활성화되면 OpenGL은 마치 프레임버퍼가 일반 단일 샘플 프레임버퍼인 것처럼 동작하며 각 프래그먼트는 한 번만 샘플링한다. 쉐이딩 결과가 픽셀의 모든 샘플에 써진다는 점만 다르다.

9.5.3 멀티 샘플 텍스처

이미 프레임버퍼 객체를 사용하여 오프스크린 텍스처에 렌더링하는 방법에 대해서 살펴본 바 있다. 그리고 멀티 샘플링을 사용하여 안티에일리어싱을 수행하는 방법에 대해서도 배웠다. 하지만 멀티 샘플 색상 버퍼는 윈도우 시스템이 소유하고 있다. 이 두 가지 기능을 묶어서 오프스크린 멀티 샘플 색상 버퍼를 생성하여 렌더링하는 것도 가능하다. 이를 위해서는 **멀티 샘플 텍스처**를 생성하고 프레임버퍼 객체에 어태치시켜 렌더링하면 된다.

멀티 샘플 텍스처를 생성하려면 텍스처 이름을 평소처럼 생성하고 멀티 샘플 텍스처 타깃인 GL_TEXTURE_2D_MULTISAMPLE이나 GL_TEXTURE_2D_MULTISAMPLE_ARRAY에 바인딩하면 된다. 그러고 나서 **glTexStorage2DMultisample()**이나 **glTexStorage3DMultisample()**(배열 텍스처의 경우)을 사용하여 저장 공간을 할당한다. 이 함수들의 프로토타입은 다음과 같다.

```
void glTexStorage2DMultisample(GLenum target,
                               GLsizei samples,
                               GLenum internalformat,
                               GLsizei width,
                               GLsizei height,
                               GLboolean fixedsamplelocations);

void glTexStorage3DMultisample(GLenum target,
                               GLsizei samples,
                               GLenum internalformat,
                               GLsizei width,
                               GLsizei height,
                               GLsizei depth,
                               GLboolean fixedsamplelocations);
```

이 두 함수는 **glTexStorage2D()** 및 **glTexStorage3D()**와 매우 유사하게 동작하지만, 추가 인자들이 있다. 우선 samples는 텍스처에 얼마나 많은 샘플이 있어야 하는지 OpenGL에 알린다. 두 번째로 fixedsamplelocations는 텍스처의 모든 텍셀에 대해 표준 샘플 위치를 사용할지 아니면 텍스처 내 샘플 위치를 다르게 할 수 있을지 OpenGL에 알린다. 일반적으로 OpenGL이 이를 결정하도록 하면 이미지 품질을 더 향상시킬 수 있지만, 일관성이 없어질 수 있기 때문에, 프레임버퍼의 위치에 상관없이 정확히 동일한 방식으로 객체가 렌더링되어야 하는 경우에는 애플리케이션에 시각적 문제가 발생할 수도 있다.

일단 텍스처에 저장 공간을 할당했다면, 보통처럼 **glFramebufferTexture()**로 프레임버퍼에 어태치시킬 수 있다. 깊이 및 색상 멀티 샘플 텍스처를 생성하는 방법은 [예제 9-20]에 있다.

```
GLuint color_ms_tex;
GLuint depth_ms_tex;

glGenTextures(1, &color_ms_tex);
glBindTexture(GL_TEXTURE_2D_MULTISAMPLE, color_ms_tex);
glTexStorage2DMultisample(GL_TEXTURE_2D_MULTISAMPLE,
                          8, GL_RGBA8, 1024, 1024, GL_TRUE);
glGenTextures(1, &depth_ms_tex);
glBindTexture(GL_TEXTURE_2D_MULTISAMPLE, depth_ms_tex);
glTexStorage2DMultisample(GL_TEXTURE_2D_MULTISAMPLE,
                          8, GL_DEPTH_COMPONENT, 1024, 1024, GL_TRUE);

GLuint fbo;

glGenFramebuffers(1, &fbo);
glBindFramebuffer(GL_FRAMEBUFFER);
glFramebufferTexture(GL_FRAMEBUFFER, GL_COLOR_ATTACHMENT0,
                     color_ms_tex, 0);
glFramebufferTexture(GL_FRAMEBUFFER, GL_DEPTH_ATTACHMENT,
                     depth_ms_tex, 0);
```

멀티 샘플 텍스처는 여러 가지 제약이 있다. 첫 번째로 1D나 3D 멀티 샘플 텍스처가 존재하지 않으며, 두 번째로 멀티 샘플 텍스처는 밉맵이 없다는 것이다. **glTexStorage3DMultisample()** 함수는 2D 멀티 샘플 배열 텍스처에 대한 저장 공간storage을 할당하는 용도로만 사용되며, 이 함수와 **glTexStorage2DMultisample()**은 모두 levels 인자를 받지 않는다. 결과적으로 **glFramebufferTexture()**에 level 인자로 0만 전달할 수 있다. 게다가 멀티 샘플 텍스처를 다른 텍스처처럼 사용할 수도 없으며, 필터링도 지원하지 않는다. 대신 특별한 멀티 샘플 샘플러 타입을 선언하여 쉐이더에서 멀티 샘플 텍스처로부터 텍셀을 명시적으로 읽어야 한다. GLSL에서 멀티 샘플 샘플러 타입은 sampler2DMS와 sampler2DMSArray가 있다. 이들은 각각 2D 멀티 샘플과 멀티 샘플 배열 텍스처다. 추가적으로 isampler2DMS와 usampler2DMS 타입도 있는데, 이들은 부호 있는 또는 부호 없는 정수 멀티 샘플 텍스처고, isampler2DMSArray와 usampler2DMSArray는 배열 형식을 지원하는 타입이다.

쉐이더에서 멀티 샘플 텍스처로부터 샘플링을 하는 전형적인 경우는 사용자 정의 리졸브 연산[7]을 수행하는 경우다. 윈도우-시스템-소유한 멀티 샘플 백버퍼에 렌더링할 때, 한 픽셀에 기여하는 샘플들의 색상값을 합하여 최종 색상을 생성하는 OpenGL의 내부 구현에 대해 크게 관여할 수는 없다. 하지만 멀티 샘플 텍스처에 렌더링하고 텍스처의 샘플을 얻어 직접 코드에서 혼합하는 프래그

---

7 역주_ 멀티 샘플 텍스처를 단일 샘플 텍스처로 복사하는 연산

먼트 쉐이더를 사용하여 풀스크린 사각형을 그린다면, 원하는 알고리즘을 사용하여 직접 구현할 수도 있다. [예제 9-21]의 예제는 각 픽셀에 포함된 샘플 중 가장 밝은 값을 취하는 예다.

예제 9-21 간단한 멀티 샘플 '최댓값' 리졸브

```
#version 430 core

uniform sampler2DMS input_image;

out vec4 color;

void main(void)
{
    ivec2 coord = ivec2(gl_FragCoord.xy);
    vec4 result = vec4(0.0);
    int i;

    for (i = 0; i < 8; i++)
    {
        result = max(result, texelFetch(input_image, coord, i));
    }

    color = result;
}
```

샘플 커버리지

커버리지coverage란 한 프래그먼트가 한 픽셀의 얼마나 많은 영역을 '차지'하는지에 대한 용어다. 프래그먼트의 커버리지는 보통 OpenGL의 래스터라이제이션 과정 중에 계산된다. 하지만 이를 변경하여 프래그먼트 쉐이더에서 새로운 커버리지 정보를 생성할 수도 있다. 이는 세 가지 방법을 통해 가능하다.

첫 번째로 OpenGL을 통해 프래그먼트의 알파값을 직접 커버리지값으로 변경해서, 그 프래그먼트가 프레임버퍼의 얼마나 많은 샘플을 갱신할지 결정할 수 있게 한다. 이를 위해서는 GL_SAMPLE_ALPHA_TO_COVERAGE 인자를 glEnable() 에 전달하면 된다. 프래그먼트에 대한 커버리지값은 얼마나 많은 서브샘플이 써질지 결정하는 데 사용된다. 예를 들어 알파값이 0.4인 프래그먼트는 40%의 커버리지값을 생성한다. 이 방법을 사용하면 OpenGL은 먼저 각 픽셀의 각 샘플들에 대한 커버리지를 계산하여 **샘플 마스크**를 생성한다. 그 다음에 쉐이더에서 생성한 알파값을 사용하여 두 번째 마스크를 계산하고, 입력 샘플 마스크와 논리 AND 연산을 수행한다. 예를 들어 OpenGL이 한 프리미티브가 픽셀의 66%를 차지한다고 계산했고, 여러분이 생성한 알파값이 40%라면, 출력 샘플 마스크는 40% × 66%로 약 25%가 된다. 따라서 8-샘플 MSAA 버퍼에 대해서는 그 픽셀의 샘플들 중 두 개만 써진다.

얼마나 많은 서브샘플이 써질지 결정하는 데 이미 알파값이 사용되었기 때문에, 이 서브샘플들은 동일한 알파값으로 블렌딩을 하면 문제가 될 수 있다. 블렌딩이 활성화되었을 때 서브픽셀이 블렌딩에도 사용되는 것을 막기 위해 **glEnable()**을 GL_SAMPLE_ALPHA_TO_ONE으로 호출하면 이 샘플들에 대해 알파값을 1로 강제하는 것이 가능하다.

알파-투-커버리지를 사용하면 단순한 블렌딩 외에 여러 이점이 있다. 멀티 샘플 버퍼에 렌더링할 때, 알파 블렌딩은 일반적으로 전체 픽셀에 균일하게 적용된다. 알파-투-커버리지를 사용하면 알파 마스크된 가장자리가 안티에일리어싱되기 때문에 훨씬 더 자연스럽고 부드러운 결과를 만든다. 특히 덤불, 나무, 밀집한 숲 등을 렌더링할 때 일부 영역이 알파 반투명을 사용하는 경우 유용하다.

다음 방법은 **glSampleCoverage()**를 호출하여 샘플 커버리지를 수동으로 설정하는 것이다. 프로토타입은 다음과 같다.

```
void glSampleCoverage(GLfloat value,
                      GLboolean invert);
```

픽셀의 커버리지값을 수동으로 적용하는 것은 알파-투-커버리지에 대한 마스크가 적용된 이후에 수행된다. 이 작업을 위해서는 샘플 커버리지를 다음 함수를 통해 활성화시켜야 한다.

```
glEnable(GL_SAMPLE_COVERAGE);
glSampleCoverage(value, invert);
```

value 인자로 들어가는 커버리지값은 0과 1 사이다. invert 인자는 결과 마스크가 반전되어야 하는지 OpenGL에 알린다. 예를 들어 겹쳐진 두 개의 나무를 그리는데, 하나는 커버리지가 60%고, 다른 하나는 40%일 때, 한 커버리지값을 반전시키면 두 개의 드로우 호출에 대해 동일한 마스크가 사용되지 않게 할 수 있다.

```
glSampleCoverage(0.5, GL_FALSE);
// 첫 번째 지오메트리 셋을 그린다.
...
glSampleCoverage(0.5, GL_TRUE);
// 두 번째 지오메트리 셋을 그린다.
...
```

커버리지 정보를 생성하는 세 번째 방법은 프래그먼트 쉐이더에서 명시적으로 설정하는 것이다. 이를 위해 프래그먼트 쉐이더에서 두 개의 내장 변수 gl_SampleMaskIn[]과 gl_SampleMask[]를 사용하면 된다. 첫 번째는 입력으로 래스터라이제이션 시 OpenGL이 생성한 커버리지 정보를 포함한다. 두 번째 변수는 커버리지를 갱신하기 위해 쉐이더에서 쓸 수 있는 출력이다. 배열의 각 요소의 각 비트는 하나의 샘플에 해당한다(최하위 비트부터 시작). 만약 OpenGL 구현이 단일 프레임버퍼에서 32개의 이상의 샘플을 지원한다면, 배열의 첫 번째 요소는 첫 32개의 샘플에 대한 커버리지 정보를 담고, 두 번째 요소는 다음 32비트에 대한 정보를 담는다. 계속 이런 식이다.

gl_SampleMaskIn[]의 비트들은 특정 샘플이 차지된다고 OpenGL에 의해 계산되면 1로 설정된다. 이 배열을 직접 gl_SampleMask[]로 복사하여 그대로 전달하면 커버리지에 아무 영향을 주지 못한다. 하지만 이 작업 중간에 샘플들을 0으로 설정하면, 샘플들은 폐기discard될 것이다. gl_SampleMaskIn[]에서 1이 아니었던 비트들을 gl_SampleMask[]에서 1로 하는 것은 아무 효과가 없다. OpenGL이 다시 0으로 설정하기 때문이다. 임시방편으로 이를 우회하는 방법은, 전에 설명한 대로 **glDisable( )**을 GL_MULTISAMPLE로 호출하여 멀티 샘플링을 비활성화시키는 것이다. 이제 쉐이더에서 gl_SampleMaskIn[]은 모든 샘플이 차지되는 것으로 알기 때문에 원하는 대로 비트들을 0으로 설정할 수 있다.

9.5.4 샘플별 쉐이딩

멀티 샘플 안티에일리어싱은 언더 샘플링 지오메트리와 관련된 여러 가지 문제를 해결한다. 특히 지오메트리의 디테일을 살려주며, 부분적으로 차지하는 픽셀, 겹치는 지오메트리, 선과 삼각형의 경계에서 나타나는 다른 문제들을 해결한다. 하지만 쉐이더에서 발생하는 문제는 제대로 해결하지 못한다. 일반적인 상황에서, OpenGL이 삼각형이 픽셀을 건드린다고 결정하면, 쉐이더를 한 번 수행하고, 그 삼각형이 차지하는 모든 샘플에 그 결과 출력을 전달한다. 이 방식은 고주파 쉐이더의 결과를 정확히 표현해주지는 못한다. 예를 들어 [예제 9-22]의 프래그먼트 쉐이더를 보자.

예제 9-22 고주파 출력을 생성하는 프래그먼트 쉐이더

```
#version 430 core

out vec4 color;

in VS_OUT
{
    vec2 tc;
} fs_in;

void main(void)
{
    float val = abs(fs_in.tc.x + fs_in.tc.y) * 20.0f;
    color = vec4(fract(val) >= 0.5 ? 1.0 : 0.25);
}
```

이 매우 단순한 쉐이더는 가는 줄무늬를 생성한다(고주파 신호를 생성한다). 쉐이더 호출에 대해, 밝은 흰색 아니면 어두운 회색을 입력 텍스처 좌표에 따라 출력한다. [그림 9-13]의 왼쪽 이미지를 보면 계단 현상이 다시 발생하는 것을 볼 수 있다. 정육면체의 경계는 아직 부드럽지만, 삼각형 **내부**에는 쉐이더에 의해 줄무늬에 심한 계단 현상이 발생한다.

그림 9-13 고주파 쉐이더 출력의 안티에일리어싱 현상

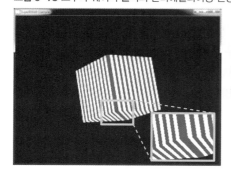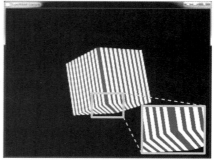

[그림 9-13]의 오른쪽 이미지를 생성할 때는 **샘플별 쉐이딩**을 활성화했다. 이 모드에서 OpenGL 은 프리미티브가 건드리는 모든 샘플에 대해 각각 쉐이더를 실행한다. 하지만 8-샘플 버퍼라면 쉐 이더는 8배 이상 느려지는 셈이다! 샘플당 쉐이딩 기능을 활성화시키려면 다음과 같이 호출한다.

```
glEnable(GL_SAMPLE_SHADING);
```

그리고 샘플별 쉐이딩을 비활성화시키려면 다음과 같이 호출한다.

```
glDisable(GL_SAMPLE_SHADING);
```

일단 샘플별 쉐이딩을 활성화시켰다면, OpenGL이 샘플의 어떤 부분에 대해 쉐이더를 수행해야 하 는지 알려주어야 한다. 기본적으로 샘플별 쉐이딩을 활성화시키기만 해서는 안 되고, OpenGL이 각 픽셀에 대해 한 번씩 쉐이더를 수행하도록 해야 한다. 개별로 쉐이딩하려는 샘플들을 OpenGL에 알려주려면 **glMinSampleShading( )**을 호출한다. 프로토타입은 다음과 같다.

```
void glMinSampleShading(GLfloat value);
```

예를 들어 프레임버퍼 샘플들 중 최소 반 이상에 대해 OpenGL이 쉐이더를 수행하도록 하려면 value 인자를 0.5f로 설정한다. 지오메트리가 건드리는 모든 샘플에 대해 각각 쉐이딩하려면 value 를 1.0f로 설정한다. [그림 9-13]의 오른쪽 이미지를 보면 정육면체 내부에 계단 현상이 사라졌다. 이 이미지를 생성할 때 최소 샘플링값을 1.0으로 했다.

9.5.5 중심 샘플링

OpenGL이 프래그먼트 쉐이더로의 입력을 보간할 때, 픽셀 내부 어느 위치를 기준으로 보간할지 결정하기 위해 centroid 저장 지시어를 사용할 수 있다. 이는 멀티 샘플 프레임버퍼로 렌더링하는 경우에만 사용 가능하다. centroid 저장 지시어는 입력이나 출력 변수에 적용하는 다른 저장 지시어 처럼 사용할 수 있다. centroid 저장 지시어를 사용하는 베어링을 생성하려면 우선 버텍스, 테셀레 이션 컨트롤, 또는 지오메트리 쉐이더에서 centroid 키워드를 사용하여 출력을 선언해야 한다.

```
centroid out vec2 tex_coord;
```

그리고 프래그먼트 쉐이더에서 동일한 입력을 **centroid** 키워드로 선언한다.

```
centroid in vec2 tex_coord;
```

또한 **centroid** 지시어를 인터페이스 블록에 적용하여 모든 블록 멤버가 프래그먼트의 중심으로 보간되도록 한다.

```
centroid out VS_OUT
{
    vec2 tex_coord;
} vs_out;
```

이제 tex_coord(또는 vs_out.tex_coord)는 **centroid** 저장 지시어를 사용하여 정의되었다. 단일 샘플 드로우 버퍼라면 바뀌는 것은 없으며 프래그먼트 쉐이더에 도달하는 입력은 픽셀 중앙으로 보간된다. 중심 샘플링이 유용한 경우는 멀티 샘플 드로우 버퍼로 렌더링하는 경우다. OpenGL 명세에 따르면 중심 샘플링이 (기본으로) 지정되지 않을 때, 프래그먼트 쉐이더 베어링은 '픽셀의 중앙, 또는 픽셀의 아무 위치, 또는 픽셀의 샘플들 중 하나'로 보간될 수 있다. 이는 기본적으로 픽셀의 아무 위치나 가능하다는 의미다. 큰 삼각형의 중간에 있는 픽셀들의 경우는 상관없다. 삼각형의 가장자리에 놓인 픽셀을 쉐이딩할 때는 중요하다. 이때 삼각형의 가장자리는 픽셀을 가로지른다. [그림 9-14]는 OpenGL이 삼각형에 대한 샘플링을 어떤 식으로 하는지 보여주는 예다.

그림 9-14 부분적으로 가려지는 멀티 샘플 픽셀

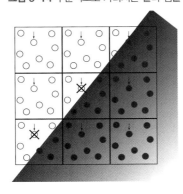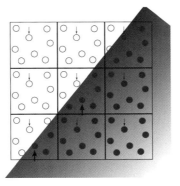

[그림 9-14]의 왼쪽을 보면 삼각형의 가장자리가 여러 픽셀을 가로지른다. 검은색 점은 삼각형이 가리는 샘플을 표현하며, 흰색 점은 가리지 않는 샘플이다. OpenGL은 프래그먼트 쉐이더 입력을 픽셀의 중앙에 가장 가까운 샘플로 보간한다. 이러한 샘플들은 작은 아래 화살표로 표시했다.

왼쪽 위 픽셀들은 상관없다. 전혀 가려지지 않으며 이 픽셀들에 대해서는 프래그먼트 쉐이더가 수행되지 않는다. 마찬가지로 오른쪽 아래 픽셀들은 모두 가려진다. 프래그먼트 쉐이더가 수행되지

만, 어떤 샘플이 수행되는지는 무관하다. 하지만 삼각형의 가장자리에 있는 픽셀들은 문제가 있다. OpenGL은 픽셀 중앙에 가장 가까운 샘플을 선택하기 때문에, 프래그먼트 쉐이더 입력들은 실제로 삼각형 **바깥**에 놓인 점으로 보간하게 된다! 이러한 샘플들은 X로 표시했다. 이 입력을 사용하여 텍스처 샘플을 얻어온다면 어떤 일이 발생할까? 텍스처가 정렬되어 그 가장자리가 삼각형의 가장자리와 매칭되어야 한다면, 텍스처 좌표는 텍스처의 바깥에 놓일 것이다. 살짝만 부정확한 이미지를 얻는 정도라면 별 것 아닐 수 있지만, 최악의 상황에서는 눈에 띄는 심각한 시각적 문제를 발생할 수도 있다.

입력을 centroid 저장 지시어로 선언하면, OpenGL 명세에서는 '값은 픽셀과 렌더링되는 프리미티브 모두에 놓여 있는 점으로 보간되거나, 프리미티브 내부의 픽셀 샘플들 중 하나로 보간된다'라고 정의한다. 즉, OpenGL이 각 픽셀에 대해 확실히 삼각형 내에 있는 샘플을 선택하여 이 샘플을 통해 모든 베어링을 보간한다는 것이다. 프래그먼트 쉐이더에 입력을 원하는 대로 사용할 수 있으며, 이 값들은 유효하고 삼각형 밖에 있는 점으로는 보간되지 않았다고 확신할 수 있다.

[그림 9-14]의 오른쪽을 보면, OpenGL은 여전히 완전히 가려진 픽셀들에 대해서 프래그먼트 쉐이더 입력들을 픽셀 중앙에 가장 가까운 샘플들로 보간한다. 하지만 부분적으로 가려진 픽셀들에 대해서는 삼각형 내에 있는 다른 샘플(큰 화살표로 표시한)을 선택한다. 즉, 프래그먼트 쉐이더로 들어오는 입력들이 유효하며 삼각형 내의 점들을 참조한다는 것을 의미한다. 그 입력들을 텍스처 샘플링에 사용할 수도 있고, 특정 범위 내에서만 원하는 결과를 내는 어떤 의미 있는 함수에 사용할 수도 있다.

centroid 저장 지시어를 사용하면 프래그먼트 쉐이더에서 유효한 결과를 얻을지 보장할 수 있고, 사용하지 않으면 입력이 프리미티브 외부와 보간된다면, 왜 항상 centroid 샘플링을 사용하지 않는 것일까 궁금해 할 수 있다. 음, centroid 샘플링을 사용할 때의 단점이 약간 있다.

가장 큰 단점은 OpenGL은 프래그먼트 쉐이더에 입력에 대한 그래디언트(또는 미분)를 제공할 수 있다는 데 있다. 구현마다 다르지만, 대부분 인접 픽셀에서 동일한 입력의 값들의 차이를 계산하는 이산 미분을 사용한다. 이 계산은 각 픽셀에 대해 입력들이 동일한 위치로 보간될 때는 문제없이 작동한다. 이 경우 어떤 샘플 위치를 선택하는지는 상관없지만, 샘플들은 항상 정확히 한 픽셀 위치만큼 차이가 난다. 하지만 입력에 대해 centroid 샘플링을 사용하는 경우, 인접 픽셀들의 값은 픽셀 내 다른 위치로 보간된다. 즉, 샘플들이 정확히 한 픽셀 떨어진 것이 아니기 때문에 프래그먼트 쉐이더의 이산 미분 계산이 정확하지 않을 수 있다. 만약 프래그먼트 쉐이더에서 정확한 그래디언트를 사용하려면 centroid 샘플링을 사용하지 않는 것이 바람직하다. OpenGL이 밉매핑 시 수행하는 계산들은 텍스처 좌표의 그래디언트에 의존적이며, 따라서 밉맵을 사용하는 텍스처에 대해 텍스처 좌표 원본으로 centroid를 적용한 입력을 사용하면 부정확한 결과를 낼 수 있다는 사실을 잊지 말자.

경계선 검출에 중심 샘플링 사용하기

중심 샘플링에 유용한 사용예는 하드웨어 가속을 받는 경계선 검출이다. 방금 전에 **centroid** 저장 지시어를 사용하면 입력이 렌더링되는 프리미티브 내에 놓이는 점들로 보간되는 것을 보장한다는 사실을 배웠다. 이때 OpenGL은 삼각형 내에 놓인다고 판단한 샘플을 선택해야 하는데, 그 샘플을 통해 입력들을 보간할 때, 픽셀이 완전히 가려질 때 선택한 샘플과 **centroid** 저장 지시어가 사용되지 않았을 때 선택한 샘플이 다를 수 있다. 이 정보를 잘 활용하면 도움이 되는 경우가 있다.

여기서 경계선 정보를 추출하려면 프래그먼트 쉐이더에 두 입력을 선언한다. 하나는 **centroid** 저장 지시어를 사용하고, 다른 하나는 사용하지 않는다. 그리고 버텍스 쉐이더에서 그들 각각에 대해 동일한 값을 할당한다. 값은 어떤 값이라도 상관없다. 매 버텍스마다 다른 값이기만 하면 된다. 변환된 버텍스 위치의 x와 y 요소를 사용하는 것도 좋은 방법이다. 보이는 삼각형의 모든 버텍스마다 서로 다른 값이기 때문이다. 다음과 같이 하면 삼각형 밖의 점으로 보간될 수 있는 비-**centroid** 입력을 돌려주고,

```
out vec2 maybe_outside;
```

다음과 같이 하면 예상한 대로 삼각형 내에 위치한 **centroid** 샘플 입력을 돌려준다.

```
centroid out vec2 certainly_inside;
```

프래그먼트 쉐이더 내에서 두 베어링의 값을 비교할 수 있다. 만약 픽셀이 삼각형에 의해 전부 가려지면 OpenGL은 두 입력에 대해 동일한 값을 출력한다. 하지만 픽셀이 삼각형에 의해 부분적으로 가려지면 OpenGL은 maybe_outside에 대해서는 일반적인 샘플을 사용하고 certainly_inside에 대해서는 확실히 삼각형 내부에 있는 샘플을 선택한다. 이렇게 하면 maybe_outside에 대해 다른 샘플을 취하여 두 입력이 서로 다른 값을 가지게 된다. 이제 두 값을 비교하면 프리미티브의 경계인지 결정할 수 있다.

```
bool may_be_on_edge = any(notEqual(maybe_outside,
                                    certainly_inside));
```

이는 절대로 안전한 방법이 아니다. 픽셀이 삼각형의 경계에 있더라도 OpenGL의 원래 샘플링 선택에 채택되어서 maybe_outside와 certainly_inside가 동일한 값을 가질 수도 있다. 하지만 대부분의 경계 픽셀을 표시해준다.

이 정보를 사용하려면, 프레임버퍼에 어태치된 텍스처에 그 값을 쓰고, 그 다음에 그 텍스처를 사용하여 처리하면 된다. 다른 방안은 스텐실 버퍼에만 쓰는 방법이다. 스텐실 참조값을 1로 설정하고, 스텐실 테스트를 비활성화시키고, 스텐실 연산을 GL_REPLACE로 설정한다. 경계를 만나면, 프래그먼트 쉐이더는 계속 진행한다. 경계가 아닌 픽셀을 만나면, 쉐이더에서 **discard** 키워드를 사용하여 그 픽셀이 스텐실 버퍼에 써지는 것을 막는다. 결과로 장면의 경계에서는 1이고, 경계가 아

닌 곳에서는 0이 되는 스텐실 버퍼를 얻을 수 있다. 그 다음에는 복잡한 프래그먼트 쉐이더를 사용하여 풀스크린 사각형을 렌더링한다. 이 쉐이더는 지오메트리의 경계를 표현하는 픽셀들에 대해서만 수행한다. 이 영역은 스텐실 테스트를 활성화시켰을 때 삼각형 바깥쪽에 있는 샘플에 해당한다. 스텐실 테스트를 활성화시킬 때는 GL_EQUAL로 설정하고, 참조값을 1로 설정한다. 쉐이더는 각 픽셀에 대해 이미지 처리 연산을 수행한다. 합성곱 연산을 사용하여 가우시안 블러를 적용하면 장면의 폴리곤들의 가장자리를 부드럽게 할 수 있다. 결국 애플리케이션에서 직접 안티에일리어싱을 수행하는 셈이다.

9.6 고급 프레임버퍼 포맷

지금까지는 윈도우 시스템 제공 프레임버퍼(즉, 기본 프레임버퍼)를 사용하거나 자신의 프레임버퍼를 사용하여 텍스처에 렌더링했다. 하지만 프레임버퍼에 어태치시킨 텍스처들은 GL_RGBA8 포맷이다. 즉, 8비트 부호 없는 정규화된 포맷이다. 이 포맷은 0.0과 1.0 사이의 값을 256단계로 표현할 뿐이다. 하지만 프래그먼트 쉐이더의 출력은 부동소수점 벡터 요소 네 개로 구성된 vec4로 선언할 수 있다. OpenGL은 실제로 상상할 수 있는 거의 모든 포맷에 렌더링할 수 있고, 프레임버퍼 어태치먼트로 하나, 둘, 셋, 또는 네 개의 요소를 가질 수 있으며, 이들은 부동소수점형이나 정수형일 수 있고, 음수도 저장할 수 있고, 8비트보다 큰 수도 가능하고, 여러 다양한 형태가 가능하다.

이 절에서는 고급 포맷을 몇 개 알아보고, 이 포맷들을 프레임버퍼 어태치먼트에 사용해서 쉐이더에서 생성할 수 있는 정보들을 더 활용할 수 있도록 할 것이다.

9.6.1 어태치먼트 없이 렌더링하기

여러 텍스처를 하나의 프레임버퍼에 어태치시키고 한 쉐이더에서 모두 렌더링했던 것과 마찬가지로, 프레임버퍼를 하나 생성해서 텍스처에 전혀 어태치시키지 않고 사용하는 것도 가능하다. 이상하게 생각할 수도 있을 것이다. 데이터가 어디로 가는지 궁금할 것이다. 프래그먼트 쉐이더에서 선언한 출력들은 아무 영향을 미치지 못한다. 써진 모든 데이터들은 폐기된다. 하지만 프래그먼트 쉐이더는 출력을 쓰는 일 외에도 여러 다른 일을 할 수 있다. 예를 들면 imageStore 함수를 사용해서 메모리에 쓰는 것도 가능하고, atomicCounterIncrement와 atomicCounterDecrement 함수를 사용해서 어토믹 카운터를 증가시키거나 감소시킬 수도 있다.

보통 프레임버퍼 객체에 하나 이상의 어태치먼트가 있을 때, 최대 넓이와 높이, 레이어 개수, 샘플 개수 등을 해당 어태치먼트로부터 가져온다. 이러한 속성들은 뷰포트를 정의하는 크기 등을 설정할 때 사용된다. 프레임버퍼 객체는 어태치먼트가 없다면, 예를 들면 텍스처 메모리양의 제한이 없어질 수 있다. 하지만 프레임버퍼는 이 정보를 다른 곳으로부터 얻어 와야 한다. 각 프레임버퍼 객체는 어태치먼트가 없을 때는 그 어태치먼트로부터 얻어오던 인자들을 직접 설정해야 한다. 이러한 인자들을 수정하려면 **glFramebufferParameteri()**를 호출해야 한다. 프로토타입은 다음과 같다.

```
void glFramebufferParameteri(GLenum target,
                             GLenum pname,
                             GLint param);
```

target은 어떤 프레임버퍼 객체가 바인딩되는지 결정한다. GL_DRAW_FRAMEBUFFER, GL_READ_FRAMEBUFFER, 또는 간단히 GL_FRAMEBUFFER를 사용할 수 있다. 다시 말하자면, GL_FRAMEBUFFER로 설정하면 이는 GL_DRAW_FRAMEBUFFER와 동일하며, GL_DRAW_FRAMEBUFFER 바인딩 포인트에 바인딩된 프레임버퍼 객체가 변경된다. pname은 어떤 인자를 변경할지 지정하고, param은 변경할 값을 지정한다. pname은 다음 값들 중 하나다.

- GL_FRAMEBUFFER_DEFAULT_WIDTH는 어태치먼트가 없을 때 param이 프레임버퍼의 넓이를 갖는다고 알린다.

- GL_FRAMEBUFFER_DEFAULT_HEIGHT는 어태치먼트가 없을 때 param이 프레임버퍼의 높이를 갖는다고 알린다.

- GL_FRAMEBUFFER_DEFAULT_LAYERS는 어태치먼트가 없을 때 param이 프레임버퍼의 레이어 개수를 갖는다고 알린다.

- GL_FRAMEBUFFER_DEFAULT_SAMPLES는 어태치먼트가 없을 때 param이 프레임버퍼의 샘플 개수를 갖는다고 알린다.

- GL_FRAMEBUFFER_DEFAULT_FIXED_SAMPLE_LOCATIONS는 param이 프레임버퍼가 고정된 기본 샘플 위치를 사용하는지 여부를 지정한다는 것을 알린다. 만약 param이 0이 아니라면 OpenGL의 기본 샘플 패턴이 사용된다. 0이라면 OpenGL이 고급 샘플 배치를 사용할 수 있도록 한다.

어태치먼트가 없는 프레임버퍼의 최대 크기는 매우 크다. 왜냐하면 그 어태치먼트에 대한 실제 저장장치가 필요 없기 때문이다. [예제 9-23]은 10,000픽셀 넓이 × 10,000픽셀 높이를 사용하는 가상 프레임버퍼를 초기화하는 방법을 보인다.

```
// 프레임버퍼 이름을 생성하고 바인딩한다.
Gluint fbo;

glGenFramebuffers(1, &fbo);
glBindFramebuffer(GL_FRAMEBUFFER, fbo);

// 기본 넓이와 높이를 10000으로 설정한다.
glFramebufferParameteri(GL_FRAMEBUFFER_DEFAULT_WIDTH, 10000);
glFramebufferParameteri(GL_FRAMEBUFFER_DEFAULT_HEIGHT, 10000);
```

[예제 9-23]에서 생성한 프레임버퍼 객체로 바인딩하여 렌더링하면, **glViewport( )**로 뷰포트 크기를 10,000픽셀짜리 높이와 넓이로 설정할 수 있다. 프레임버퍼에 어태치먼트가 없긴 하지만, OpenGL은 마치 프레임버퍼가 실제로 해당 크기로 있는 것처럼 프리미티브들을 래스터라이징할 것이다. 그리고 프래그먼트 쉐이더도 수행한다. gl_FragCoord 변수의 x와 y 요소의 값은 0에서 9,999가 된다.

9.6.2 부동소수점 프레임버퍼

가장 유용한 프레임버퍼 기능 중 하나는 부동소수점 포맷의 어태치먼트를 사용할 수 있다는 것이다. 비록 OpenGL 파이프라인은 내부적으로 부동소수점 데이터와도 잘 동작하지만, 원본(텍스처)과 타깃(프레임버퍼 어태치먼트)은 보통 정밀도가 낮은 고정소수점 포맷을 사용하곤 한다. 결국에는 고정소수점 포맷으로 저장해야 하기 때문에, 파이프라인의 많은 부분이 모든 값을 0에서 1 사이로 고정한다.

버텍스 쉐이더로 전달한 데이터 타입은 지정하기 나름이지만 보통 네 개의 부동소수점 벡터인 **vec4**로 선언한다. 버텍스 쉐이더에서 **out**으로 선언되는 출력 변수들도 마찬가지다. 이러한 출력들은 지오메트리에 따라 보간되며 프래그먼트 쉐이더로 전달된다. 전체 파이프라인에 걸쳐 색상으로 사용하기로 결정한 데이터 타입도 지정할 수 있다. 하지만 일반적으로 부동소수점을 사용한다. 버텍스 배열로부터 최종 출력까지 모든 포맷에 대해 제어할 수 있다.

256개의 값 대신, 색상과 쉐이딩에 1.18×10^{-38}개에서 3.4×10^{38}개에 이르는 값들을 사용할 수 있다! 만약 색상당 8비트만 지원하는 윈도우나 모니터에 그리면 어떻게 되는지 궁금해 할 것이다. 불행히도 출력은 0에서 1 사이의 값으로 잘리며, 고정소수점값으로 매핑된다. 안타깝다! 누군가 부동소수점 데이터를 이해하고 표현할 수 있는 모니터나 디스플레이[8]를 발명해내기 전까지는, 여전히 최종 출력 장치에 제한받을 수밖에 없다.

....
[8] 최근에는 일부의 매우 고가 모니터가 채널당 10비트나 12비트의 데이터를 해석할 수 있다. 하지만 너무 고가고, 연구실을 제외하고는 부동소수점 데이터를 보여줄 수 있는 디스플레이는 시중에 없다.

그렇다고 해서 부동소수점 렌더링이 유용하지 않다는 것은 아니다. 그 반대다! 여전히 완전한 부동소수점 정밀도로 텍스처에 렌더링할 수 있다. 뿐만 아니라 부동소수점 데이터가 고정소수점 출력 포맷에 어떻게 매핑되는지도 제어할 수 있다. 이는 최종 결과에 큰 영향을 미치며, 일반적으로 고동적 범위^high dynamic range(HDR)라고 알려져 있다.

부동소수점 포맷 사용하기

애플리케이션을 부동소수점 버퍼를 사용하도록 업그레이드하는 것은 생각하는 것보다 쉽다. 사실 새로운 함수를 호출할 필요도 전혀 없다. 대신 두 개의 새로운 토큰을 통해 버퍼를 생성하면 된다. 그 토큰들은 GL_RGBA16F와 GL_RGBA32F다. 이 값들은 텍스처 저장 공간을 생성할 때 사용한다.

```
glTexStorage2D(GL_TEXTURE_2D, 1, GL_RGBA16F, width, height);
glTexStorage2D(GL_TEXTURE_2D, 1, GL_RGBA32F, width, height);
```

전통적인 RGBA 포맷뿐만 아니라 부동소수점 텍스처를 생성할 때 사용할 수 있는 다른 포맷도 [표 9-8]에 나열했다. 많은 부동소수점 포맷 중에서 애플리케이션이 생성하는 데이터에 가장 적합한 포맷을 선택하면 된다.

표 9-8 부동소수점 텍스처 포맷

포맷	내용
GL_RGBA32F	4개의 32비트 부동소수점 요소
GL_RGBA16F	4개의 16비트 부동소수점 요소
GL_RGB32F	3개의 32비트 부동소수점 요소
GL_RGB16F	3개의 16비트 부동소수점 요소
GL_RG32F	2개의 32비트 부동소수점 요소
GL_RG16F	2개의 16비트 부동소수점 요소
GL_R32F	1개의 32비트 부동소수점 요소
GL_R16F	1개의 16비트 부동소수점 요소
GL_R11F_G11F_B10F	2개의 11비트 부동소수점 요소와 1개의 10비트 부동소수점 요소

보다시피 한 채널, 두 채널, 세 채널, 네 채널짜리 16비트 및 32비트 부동소수점 포맷이 있다. 특별한 포맷도 있다. GL_R11F_G11F_B10F는 2개의 11비트 부동소수점 요소와 1개의 10비트 요소로 구성된다. 이들 세 요소가 하나의 32비트 워드를 구성한다. 5비트 지수와 6비트 가수를 11비트 요소에 담는 부호 없는 부동소수점 포맷[9]도 있고, 5비트 지수와 가수를 10비트 요소에 담는 부호 없는 부동소수점 포맷도 있다.

---

9 부동소수점 데이터는 거의 항상 부호 있는 타입이지만, 양수값들만 저장된다면 부호 비트를 희생할 수 있다.

[표 9-8]에 있는 포맷 외에도, 텍스처를 GL_DEPTH_COMPONENT32F나 GL_DEPTH_COMPONENT32F_STENCIL8 포맷으로 생성할 수도 있다. 첫 번째 것은 깊이 정보를 저장할 때 사용하는데 이러한 텍스처는 프레임버퍼의 깊이 어태치먼트로 사용될 수 있다. 두 번째 것은 깊이와 스텐실 정보를 단일 텍스처에 담는 포맷이다. 이 포맷은 프레임버퍼 객체의 깊이 어태치먼트와 스텐실 어태치먼트 모두에 사용할 수 있다.

고 동적 범위

대부분의 최신 게임 애플리케이션은 부동소수점 렌더링을 사용하여 멋진 눈요깃거리를 만들어낸다. 라이트 블룸 효과라든가 렌즈 플레어, 라이트 반사, 라이트 굴절, 석양 광선, 먼지나 구름 등의 입자 효과는 부동소수점 버퍼 없이는 불가능한 것들이다. 부동소수점 버퍼에 대한 고 동적 범위high dynamic range (HDR) 렌더링은 장면의 밝은 부분을 실제로 밝게 하고, 그림자 영역은 매우 어둡게 할 수 있으면서도 양쪽의 디테일을 함께 볼 수 있게 한다. 결국 사람의 눈은 최신 디스플레이의 능력을 뛰어넘는 매우 대비가 큰 값을 인식할 수 있는 대단한 능력을 지녔다.

우리 예제 프로그램에서는 많은 지오메트리와 라이팅이 있는 복잡한 장면은 그리지 않고 대신 어떻게 효과적으로 HDR을 수행하는지 보일 것이다. 작업을 단순화하기 위해 이미 HDR로 생성된 이미지를 사용할 것이다. 첫 번째 예제 프로그램인 hdr_imaging은 HDR(부동소수점) 이미지를 .KTX 파일로 읽는다. 이 파일에는 원본, 부동소수점 데이터를 원시 형태로 저장한다. 이러한 이미지들은 다른 노출값으로 장면을 여러 번 촬영하고 하나의 HDR 결과로 합하여 얻는다.

낮은 노출값은 장면의 밝은 영역에 대한 디테일을 기록하고, 높은 노출값은 장면의 어두운 영역에 대한 디테일을 기록한다. [그림 9-15]는 밝은 장식 라이트들에 의해 빛을 받는 나무에 대한 네 개의 뷰다(컬러 화보에서도 확인할 수 있다).

그림 9-15 한 HDR 이미지의 여러 뷰(컬러 화보 참조)

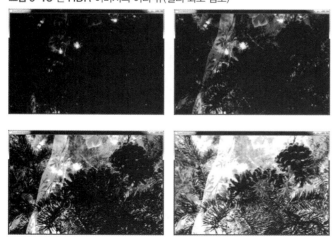

왼쪽 위 이미지는 매우 낮은 노출을 사용하여 렌더링한 것이며, 매우 밝은 라이트의 경우에도 모든 디테일을 보여준다. 오른쪽 위 이미지는 노출을 더 증가시켜 리본 모양도 볼 수 있다. 왼쪽 아래 이미지는 노출을 더 증가시켜 솔방울의 디테일도 볼 수 있다. 마지막으로 오른쪽 아래 이미지는 앞쪽의 가지에 있는 디테일도 명확해질 정도로 노출을 높였다. 네 개의 이미지는 하나의 이미지에 저장될 수 있는 엄청난 디테일과 색 범위를 보인다.

단일 이미지에 이렇게 많은 디테일을 저장할 수 있는 유일한 방법은 부동소수점 데이터를 사용하는 것뿐이다. OpenGL에 렌더링되는 장면이, 특히 매우 밝거나 어두운 영역에 대해 0에서 1 사이로 고정하여 256 값으로 나누는 대신, 트루컬러 출력을 유지할 수 있다면 더 현실적으로 보일 것이다.

톤매핑

이제 부동소수점 렌더링을 사용한 이점에 대해서 알게 되었지만, 어떻게 그러한 데이터를 사용하여 여전히 0에서 255의 값으로 표시되는 동적 이미지를 생성할 수 있을까? 톤매핑$^{tone\ mapping}$은 일련의 색상 데이터를 다른 색상 데이터로 또는 한 색상 공간에서 다른 색상 공간으로 매핑하는 작업을 말한다. 직접 부동소수점 데이터를 디스플레이에 표현할 수 없기 때문에, 표시할 수 있는 색상 공간으로 톤매핑을 수행해야 한다.

첫 번째 예제 프로그램인 hdrtonemap은 세 가지 방식을 통해 고화질 출력을 저화질 화면에 매핑한다. 첫 번째 방식은 1 키를 눌러 활성화시킬 수 있는데, 간단하고 직접적인 텍스처링을 통해 부동소수점 이미지를 화면에 매핑한다. [그림 9-15]의 HDR 이미지 히스토그램을 [그림 9-16]에 보인다. 그래프를 보면, 이미지 데이터 대부분은 0.0에서 1.0 사이에 있으며, 많은 중요한 하이라이트 부분은 1.0을 넘는 것을 볼 수 있다. 사실 이 이미지의 가장 높은 밝기^{luminance}값은 거의 5.5다!

그림 9-16 treelights.ktx의 히스토그램

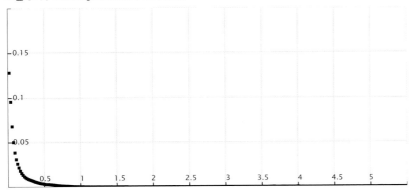

만약 이 이미지를 직접 일반 8비트 정규화된 백버퍼에 보내면, 그 결과는 클램프^{clamp}되어 밝은 부분이 모두 흰색으로 보일 것이다. 게다가 데이터의 대부분이 범위의 첫 4분의 1 영역, 또는 8비트로

직접 매핑하면 0에서 63 사이의 값이 되기 때문에, 그 영역의 값들은 모두 검은색으로 보일 것이다. [그림 9-17]은 그 결과를 보인다. 등처럼 밝은 영역은 흰색으로 보이고, 솔방울 같이 어두운 부분은 거의 검은색으로 보인다.

그림 9-17 클램핑을 사용한 단순한 톤매핑

같은 프로그램의 두 번째 방식은 이미지의 '노출'을 변화시키는 것이다. 카메라가 환경에 따라 노출을 달리하는 방식과 유사하다. 각 노출 레벨은 텍스처 데이터에 대해 서로 약간씩 다른 범위를 갖는다. 낮은 노출은 장면의 매우 밝은 영역의 디테일을 보이며, 높은 노출은 검은 영역의 디테일은 보이지만 밝은 부분은 날려버린다. 이 방식은 [그림 9-15]에서 왼쪽 위의 낮은 노출 이미지와 오른쪽 아래의 높은 노출 이미지와 유사하다. 톤매핑 패스에서 hdrtonemap 예제 프로그램은 부동소수점 텍스처를 읽어서 8비트 백버퍼를 갖는 기본 프레임버퍼에 쓴다. 이때 HDR에서 저 동적 범위^{low dynamic range}(LDR)로 변환하는데, 픽셀 대 픽셀로 처리하여 텍셀이 밝은 곳에서 어두운 곳에 대해 보간될 때 발생하는 시각적 문제를 감소시킨다. 일단 LDR 이미지가 생성되면 사용자에게 표시될 수 있다. [예제 9-24]는 간단한 노출 쉐이더를 보인다.

예제 9-24 HDR 이미지에 간단한 노출 상수 적용하기

```
#version 430 core

layout (binding = 0) uniform sampler2D hdr_image;

uniform float exposure = 1.0;

out vec4 color;

void main(void)
{
```

```
    vec4 c = texelFetch(hdr_image, ivec2(gl_FragCoord.xy), 0);
    c.rgb = vec3(1.0) - exp(-c.rgb * exposure);
    color = c;
}
```

예제 애플리케이션에서 숫자 키패드의 +키와 −키를 사용하면 노출을 조정할 수 있다. 이 프로그램의 노출 범위는 0.01에서 20.0이다. 이미지의 서로 다른 위치에 있는 디테일 레벨이 노출 레벨값에 따라 어떻게 변하는지 확인하자. 사실 [그림 9-15]의 이미지들은 이 예제 프로그램의 노출을 다른 레벨로 조정하여 생성한 것이다.

첫 번째 예제 프로그램에서 사용한 마지막 톤매핑 쉐이더는 장면의 다른 부분에 대한 상대적인 밝기에 기반하여 노출 레벨을 동적으로 조정한다. 먼저, 쉐이더는 톤매핑될 현재 텍셀 근처 영역에 대한 상대적인 밝기를 알아야 한다. 쉐이더는 이 작업을 현재 텍셀 주위로 25개 텍셀을 샘플링하여 수행한다. 주위의 샘플들을 모두 밝기값으로 변환하고, 가중치를 적용하여 더한다. 예제 프로그램은 비선형 함수를 사용하여 밝기값을 노출값으로 변환한다. 이 예제에서 기본 곡선은 다음 함수로 정의되었다.

$$y = \sqrt{8.0/(x + 0.25)}$$

곡선의 모양은 [그림 9-18]과 같다.

그림 9-18 적응적 톤매핑의 전이 곡선(컬러 화보 참조)

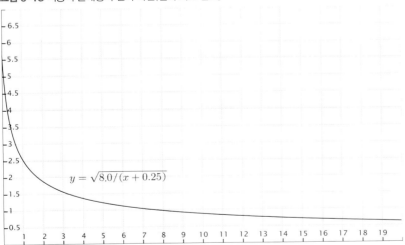

[예제 9-24]에 있는 표현식을 사용하여 HDR 텍셀을 LDR값으로 변환할 때 노출값이 사용된다. [예제 9-25]는 적응적 HDR 쉐이더이다.

```
#version 430 core
// hdr_adaptive.fs
//
//

in vec2 vTex;

layout (binding = 0) uniform sampler2D hdr_image;

out vec4 oColor;

void main(void)
{
    int i;
    float lum[25];
    vec2 tex_scale = vec2(1.0) / textureSize(hdr_image, 0);

    for (i = 0; i < 25; i++)
    {
        vec2 tc = (2.0 * gl_FragCoord.xy +
                3.5 * vec2(i % 5 - 2, i / 5 - 2));
        vec3 col = texture(hdr_image, tc * tex_scale).rgb;
        lum[i] = dot(col, vec3(0.3, 0.59, 0.11));
    }

    // 영역의 가중치 색상을 계산한다.
    vec3 vColor = texelFetch(hdr_image,
                        2 * ivec2(gl_FragCoord.xy), 0).rgb;

    float kernelLuminance = (
        (1.0 * (lum[0] + lum[4] + lum[20] + lum[24])) +
        (4.0 * (lum[1] + lum[3] + lum[5] + lum[9] +
                lum[15] + lum[19] + lum[21] + lum[23])) +
        (7.0 * (lum[2] + lum[10] + lum[14] + lum[22])) +
        (16.0 * (lum[6] + lum[8] + lum[16] + lum[18])) +
        (26.0 * (lum[7] + lum[11] + lum[13] + lum[17])) +
        (41.0 * lum[12])
        ) / 273.0;

    // 해당 노출을 계산한다.
    float exposure = sqrt(8.0 / (kernelLuminance + 0.25));

    // 이 텍셀의 노출을 적용한다.
    oColor.rgb = 1.0 - exp2(-vColor * exposure);
    oColor.a = 1.0f;
}
```

이미지에 대한 하나의 노출을 계산할 때, 전체 범위에 대한 값의 평균을 구하면 최적의 결과를 낼 수 있다. 이 방법을 사용해도 밝은 부분과 어두운 부분에 대해 많은 디테일을 잃어버리긴 한다. 적응적 프래그먼트 쉐이더에서 사용한 비선형 전이 함수를 사용하면 [그림 9-19]와 같이 이미지의 밝은 영역과 어두운 영역 모두에 대한 디테일을 살릴 수 있다. 전이 함수는 로그자^{logarithmic scale}를 사용하여 밝기값을 노출 레벨로 매핑한다. 이 함수를 변경하여 사용된 노출 범위를 늘리거나 줄이면, 다른 동적 명암 범위에 대한 결과 디테일 정도를 변화시킬 수 있다.

그림 9-19 적응적 톤매핑 프로그램의 결과(컬러 화보 참조)

이제 HDR 파일에 대한 이미지 프로세싱을 어떻게 수행하는지 알게 되었다. 하지만 전형적인 OpenGL 프로그램에서는 어떤 이점이 있을까? 많다! OpenGL의 모든 라이트 있는 장면을 HDR 이미지라고 생각할 수 있다. 많은 OpenGL 게임과 애플리케이션들은 이제 HDR 장면과 다른 콘텐츠를 부동소수점 프레임버퍼 어태치먼트에 렌더링하고, 앞서 설명한 것과 유사한 기술을 사용하여 최종 패스를 수행하여 결과를 디스플레이한다. 방금 배운 방식과 동일한 방식을 사용하여 HDR로 렌더링하면 훨씬 더 사실감 있는 라이트 환경을 생성할 수 있고, 동적 범위를 통해 매 프레임마다 디테일을 표현할 수 있다.

장면에 블룸 효과 넣기

고 동적 범위 이미지와 잘 어울리는 효과 중 하나로 블룸 효과(환하게 번지는 효과)가 있다. 태양 또는 밝은 라이트가 자신과 광원 사이의 나뭇가지나 다른 객체를 에워싸는 경험을 해본 적이 있는가? 이것이 바로 **라이트 블룸 효과**다. [그림 9-20]은 어떻게 라이트 블룸이 실내 장면에 영향을 주는지 보인다.

그림 9-20 이미지에 대한 라이트 블룸 효과

[그림 9-20]의 왼쪽 이미지에서는 낮은 노출의 디테일을 모두 확인할 수 있다. 오른쪽 이미지는 더 높은 노출을 사용하며, 스테인드글라스의 격자가 라이트 블룸에 가려진다. 오른쪽 이미지의 기둥이 블룸에 가려 더 작아 보인다. 장면에 블룸을 추가하면 특정 영역에 대해 밝기를 더 증가시킬 수 있다. 밝은 광원에 의한 이 블룸 효과를 시뮬레이션할 수 있다. 8비트 정밀도 버퍼를 사용하여 이 효과를 수행할 수도 있지만, 고 동적 범위에 대해 부동소수점 버퍼를 사용하면 더 효과적일 것이다.

첫 번째 단계에서는 장면을 고 동적 범위로 그린다. hdrbloom 예제 프로그램에서는 프레임버퍼를 두 개의 부동소수점 텍스처로 색상 어태치먼트에 바인딩했다. 장면은 보통처럼 첫 번째 바인딩된 텍스처에 렌더링된다. 두 번째 바인딩된 텍스처는 배경의 밝은 영역만 받는다. hdrbloom 예제 프로그램은 하나의 쉐이더로 한 패스에 두 텍스처를 모두 채운다(예제 9-26 참조). 출력 색상은 보통처럼 계산되고, color0 출력으로 보낸다. 그 다음에는 색상의 밝기값^brightness을 계산하고 한계값을 적용한다. 가장 밝은 데이터만 블룸 효과를 생성하는 데 사용하며, 두 번째 출력 color1에 저장된다. 한계값은 변경 가능한 한 쌍의 유니폼 bloom_thresh_min과 bloom_thresh_max다. 밝은 영역을 분리 처리하기 위해 smoothstep 함수를 사용하여 bloom_thresh_min보다 작은 프래그먼트는 0으로, bloom_thresh_max보다 큰 프래그먼트는 원본 색상 출력보다 네 배 더 큰 값으로 부드럽게 수렴하도록 한다.

예제 9-26 블룸 프래그먼트 쉐이더. 밝은 데이터를 별도 버퍼에 출력

```
#version 430 core

layout (location = 0) out vec4 color0;
layout (location = 1) out vec4 color1;

in VS_OUT
{
```

```glsl
    vec3 N;
    vec3 L;
    vec3 V;
    flat int material_index;
} fs_in;

// 머티리얼 속성들
uniform float bloom_thresh_min = 0.8;
uniform float bloom_thresh_max = 1.2;

struct material_t
{
    vec3 diffuse_color;
    vec3 specular_color;
    float specular_power;
    vec3 ambient_color;
};

layout (binding = 1, std140) uniform MATERIAL_BLOCK
{
    material_t material[32];
} materials;

void main(void)
{
    // 입력 N, L, V 벡터를 정규화한다.
    vec3 N = normalize(fs_in.N);
    vec3 L = normalize(fs_in.L);
    vec3 V = normalize(fs_in.V);

    // R을 지역적으로 계산한다.
    vec3 R = reflect(-L, N);

    material_t m = materials.material[fs_in.material_index];

    // 각 프래그먼트에 대해 디퓨즈와 스페큘러 요소를 계산한다.
    vec3 diffuse = max(dot(N, L), 0.0) * m.diffuse_color;
    vec3 specular = pow(max(dot(R, V), 0.0), m.specular_power)
                    * m.specular_color;
    vec3 ambient = m.ambient_color;

    // 최종 색상을 계산하기 위해 엠비언트, 디퓨즈, 스페큘러를 더한다.
    vec3 color = ambient + diffuse + specular;

    // 최종 색상을 프레임버퍼에 쓴다.
    color0 = vec4(color, 1.0);

    // 밝기를 계산한다.
    float Y = dot(color, vec3(0.299, 0.587, 0.144));
```

```
    // 밝기값에 기반하여 한계 처리를 하고 두 번째 출력에 쓴다.
    color = color * 4.0 * smoothstep(bloom_thresh_min, bloom_thresh_max, Y);
    color1 = vec4(color, 1.0);
}
```

첫 번째 쉐이더를 실행하면 [그림 9-21]과 같은 두 개의 이미지를 얻는다. 렌더링한 장면은 단순히 여러 재질 속성이 적용된 구^{sphere}가 많이 있는 장면이다. 일부는 실제로 빛을 발산하는 속성으로 설정되었기 때문에, 라이팅 효과와 상관없이 프레임버퍼에 1보다 큰 값이 저장될 수 있다. 왼쪽 이미지는 블룸이 없는 장면을 렌더링한 것이다. 밝기에 상관없이 모든 영역이 또렷이 렌더링되었다. 오른쪽 이미지는 한계값이 적용된 버전으로 블룸 필터의 입력으로 사용할 것이다.

그림 9-21 블룸 예제의 원본(왼쪽) 및 한계치를 적용한 출력(오른쪽)

 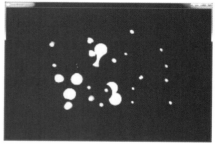

이제 장면을 렌더링했지만, 아직 밝은 패스를 완성하기 위해 할일이 좀 남아 있다. 밝은 데이터는 블룸 효과를 적용하기 위해 블러링되어야 한다. 이를 구현하려면 분리 가능 가우시안 필터를 사용한다. 분리 가능 필터는 두 패스로 분리할 수 있는 필터를 말한다. 일반적으로 수평축과 수직축에 하나씩 사용한다. 이 예제에서는 각 차원에 대해 25개의 탭^{tap}을 사용하는데, 필터 중심 주위로 25개의 샘플을 샘플링하여 각 텍셀을 정해진 개수의 가중치로 곱한다. 분리 가능 필터를 적용하기 위해 두 개의 패스를 만든다. 첫 번째 패스에서는 수평축으로 필터링한다. 그러나 필터 커널 중심을 계산할 때 gl_FragCoord.yx를 사용한 것을 확인하자. 즉, 필터링 시 이미지를 **전치**시킨 셈이다. 하지만 두 번째 패스에서도 동일한 필터를 다시 적용한다. 즉, 수평축으로 필터링하면 원래 이미지의 수직축으로 필터링하는 것과 동일하다. 출력 이미지는 다시 전치되어 원래 방향이 된다. 2D 가우시안 필터를 25샘플 반경에 적용하여 전체 샘플 개수는 625가 된다. 이를 구현한 쉐이더가 [예제 9-27]이다.

```glsl
#version 430 core

layout (binding = 0) uniform sampler2D hdr_image;

out vec4 color;

const float weights[] = float[](0.0024499299678342,
                                0.0043538453346397,
                                0.0073599963704157,
                                0.0118349786570722,
                                0.0181026699707781,
                                0.0263392293891488,
                                0.0364543006660986,
                                0.0479932050577658,
                                0.0601029809166942,
                                0.0715974486241365,
                                0.0811305381519717,
                                0.0874493212267511,
                                0.0896631113333857,
                                0.0874493212267511,
                                0.0811305381519717,
                                0.0715974486241365,
                                0.0601029809166942,
                                0.0479932050577658,
                                0.0364543006660986,
                                0.0263392293891488,
                                0.0181026699707781,
                                0.0118349786570722,
                                0.0073599963704157,
                                0.0043538453346397,
                                0.0024499299678342);

void main(void)
{
    vec4 c = vec4(0.0);
    ivec2 P = ivec2(gl_FragCoord.yx) - ivec2(0, weights.length() >> 1);
    int i;

    for (i = 0; i < weights.length(); i++)
    {
        c += texelFetch(hdr_image, P + ivec2(0, i), 0) * weights[i];
    }

    color = c;
}
```

[그림 9-21]의 오른쪽에 있는 한계치 이미지에 블러를 적용하면 [그림 9-22]가 된다.

그림 9-22 한계치를 적용한 블룸 색상에 블러 적용

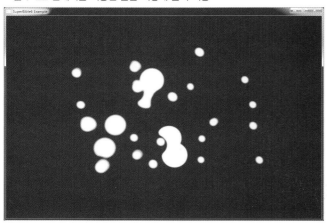

블러링 패스가 완료된 후, 블러 결과는 장면의 전체 색상 텍스처와 합쳐져 최종 결과를 생성한다. [예제 9-28]을 보면 최종 쉐이더가 어떻게 두 텍스처, 즉 원본 전체 색상 텍스처와 밝은 패스를 블러시킨 버전의 텍스처를 참조하는지 알 수 있다. 원본 색상과 블러된 결과를 더하여 블룸 효과를 만들고, 이 효과를 사용자 정의 유니폼으로 곱한다. 최종 고 동적 범위 색상 결과는 노출 계산에 사용된다. 지난 예제 프로그램에서 이 계산을 본 기억이 날 것이다.

[예제 9-28]의 노출 쉐이더를 사용하여 화면 크기의 텍스처 사각형을 윈도우에 그린다. 이것이 전부이다! 취향대로 블룸 이펙트를 조정해보자.

예제 9-28 블룸 효과를 장면에 적용

```
#version 430 core

layout (binding = 0) uniform sampler2D hdr_image;
layout (binding = 1) uniform sampler2D bloom_image;

uniform float exposure = 0.9;
uniform float bloom_factor = 1.0;
uniform float scene_factor = 1.0;

out vec4 color;

void main(void)
{
    vec4 c = vec4(0.0);

    c += texelFetch(hdr_image, ivec2(gl_FragCoord.xy), 0) * scene_factor;
```

```
        c += texelFetch(bloom_image, ivec2(gl_FragCoord.xy), 0) * bloom_factor;

        c.rgb = vec3(1.0) - exp(-c.rgb * exposure);
        color = c;
    }
```

[그림 9-23]은 높은 블룸 레벨값을 사용한 hdrbloom 예제 프로그램의 결과다.

그림 9-23 블룸 프로그램의 결과(컬러 화보 참조)

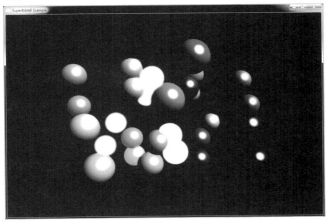

이 프로그램에 대해 블룸을 사용한 버전과 사용하지 않은 버전을 비교한 결과는 컬러 화보를 참조한다.

9.6.3 정수 프레임버퍼

기본적으로 윈도우 시스템은 애플리케이션에 **고정소수점** 백버퍼를 제공한다. 프래그먼트 쉐이더에서 (vec4처럼) 부동소수점 출력을 선언하면, OpenGL은 그 출력에 쓴 데이터를 프레임버퍼의 저장 공간에 적합한 고정소수점 형식으로 변환한다. 이전 절에서 부동소수점 프레임버퍼 어태치먼트를 다루었는데, 이를 통해 임의의 부동소수점값을 프레임버퍼에 저장할 수 있었다. 정수 내부 포맷을 사용하는 텍스처를 생성하여 프레임버퍼 객체에 어태치시키면 **정수** 프레임버퍼 어태치먼트를 생성하는 것도 가능하다. 이때 ivec4나 uvec4 같은 정수 요소 타입의 출력을 사용할 수도 있다. 정수 프레임버퍼 어태치먼트를 사용할 때, 출력 변수의 비트 패턴이 그대로 텍스처로 들어간다. 비정규값, 음수 영, 무한대값, 또는 부동소수점 버퍼를 사용할 때 문제가 될 수 있는 다른 특수 비트 패턴에 대해 걱정할 필요는 없다.

정수 프레임버퍼 어태치먼트를 생성하려면 내부 포맷으로 정수 요소를 갖는 텍스처를 생성하여 프레임버퍼 객체에 어태치시키면 된다. 내부 포맷은 보통 I나 UI로 끝나는 정수로 구성된 타입을 사용하면 된다. 예를 들어 GL_RGBA32UI는 텍셀당 네 개의 부호 없는 32비트 정수로 구성된 포맷이고, GL_R16I는 텍셀당 하나의 부호 있는 16비트 요소로 구성된 포맷이다. 프레임버퍼 어태치먼트를 내부 포맷 GL_RGBA32UI로 생성하는 코드는 [예제 9-29]다.

예제 9-29 정수 프레임버퍼 어태치먼트 생성하기

```
// 텍스처와 FBO에 대한 변수들
GLuint tex;
GLuint fbo;

// 텍스처 객체를 생성
glGenTextures(1, &tex);

// 2D 타깃에 바인딩하고 저장 공간을 할당한다.
glBindTexture(GL_TEXTURE_2D, tex);
glTexStorage2D(GL_TEXTURE_2D, 1, GL_RGBA32UI, 1024, 1024);

// 이제 FBO를 생성하고 평소처럼 텍스처를 어태치시킨다.
glGenFrambuffers(1, &fbo);
glBindFramebuffer(GL_FRAMEBUFFER, fbo);

glFramebufferTexture(GL_FRAMEBFUFFER,
                     GL_COLOR_ATTACHMENT0,
                     tex,
                     0);
```

glGetFramebufferAttachmentParameteriv( )의 pname 인자에 GL_FRAMEBUFFER_ATTACHMENT_ COMPONENT_TYPE을 지정하여 호출하면 프레임버퍼 어태치먼트의 요소 타입을 얻어올 수 있다. params에 리턴된 값은 색상 어태치먼트의 내부 포맷에 따라 GL_FLOAT, GL_INT, GL_UNSIGNED_ INT, GL_SIGNED_NORMALIZED, GL_UNSIGNED_NORMALIZED 중 하나일 것이다. 프레임버퍼 객체의 어태치먼트가 모두 동일한 타입일 필요는 없다. 즉, 어태치먼트의 조합이 가능하다는 것으로, 일부는 부동소수점이나 고정소수점을 사용하고 일부는 정수 포맷을 사용할 수 있다.

정수 프레임버퍼 어태치먼트로 렌더링할 때, 프래그먼트 쉐이더에 선언된 출력은 어태치먼트의 요소 타입과 매칭되어야 한다. 예를 들어 프레임버퍼 어태치먼트가 GL_RGBA32UI 같은 부호 없는 정수 포맷이라면, 그 색상 어태치먼트에 대응하는 쉐이더의 출력 변수도 **unsigned int**, **uvec2**, **uvec3**, **uvec4** 등 부호 없는 정수 포맷이어야 한다. 마찬가지로 부호 있는 정수 포맷에 대해서는 출력이 **int**, **ivec2**, **ivec3**, **ivec4** 등이 되어야 한다. 요소 포맷은 매칭되어야 하지만, 요소 개수가 매칭될 필요는 없다.

만약 프레임버퍼 어태치먼트의 요소 넓이가 32비트보다 작다면, 렌더링할 때 그 위의 최상위 비트들은 잘려나간다. GLSL 함수인 floatBitsToInt(또는 floatBitsToUint)나 packUnorm2x16 같은 패킹 함수를 사용하면, 직접 부동소수점 데이터를 정수 색상 버퍼에 쓸 수도 있다.

정수 프레임버퍼 어태치먼트가 일반 고정소수점 또는 부동소수점 프레임버퍼에 비해(특히 부동소수점 데이터를 쓸 수 있다는 점에서) 더 융통성이 있긴 하지만, 단점도 있다. 첫 번째이자 가장 큰 문제는 정수 프레임버퍼에는 블렌딩이 지원되지 않는다는 것이다. 또 다른 문제로 정수 내부 포맷을 사용하면 이미지를 렌더링한 결과 텍스처는 필터링할 수 없다는 점을 들 수 있다.

9.6.4 sRGB 색상 공간

옛날 옛적, 컴퓨터 사용자들은 CRT^{cathode ray tubes, 음극선관}라고 부르는 진공 유리병을 사용한 아주 크고 투박한 모니터를 사용하던 시절이 있었다. 이러한 장치는 전자들을 형광 화면에 쏘아 빛나게 하는 원리를 사용했다. 불행히도 화면에서 방출되는 빛의 양은 전달되는 전압에 선형적으로 비례하지 않았다. 실제로 빛의 출력량과 입력 전압과의 관계는 매우 비선형적이다. 빛의 출력량은 아래와 같은 멱승 형태다.

$$L_{out} = V_{in}^{\gamma}$$

더 안 좋은 것은 γ값이 항상 동일한 것이 아니라는 점이었다. NTSC 시스템(북아메리카, 일부 남아메리카, 일부 아시아 등에서 사용한 텔레비전 표준)은 γ로 약 2.2를 사용했다. 하지만 SECAM과 PAL(유럽, 오스트레일리아, 아프리카, 일부 아시아)에서는 2.8을 사용했다. 즉, CRT 기반의 디스플레이에 최대 전압의 절반에 해당하는 전압을 넣으면 최대 빛 출력의 4분의 1보다 더 적은 값이 출력된다.

이를 보상하기 위해 컴퓨터 그래픽스에서는 **감마 보정**(감마는 멱함수에 사용된 용어)을 사용한다. 감마 보정은 선형값을 작은 멱승값으로 올리고, 결과를 스케일하고, 오프셋을 주는 작업이다. 결과 색상 공간은 sRGB라고 하는데, 선형값을 sRGB값으로 변환하는 의사코드는 다음과 같다.

```
if (cl >= 1.0)
{
    cs = 1.0;
}
else if (cl <= 0.0)
{
    cs = 0.0;
}
else if (cl < 0.0031308)
{
    cs = 12.92 * cl;
```

```
    }
    else
    {
        cs = 1.055 * pow(cl, 0.41666) - 0.055;
    }
```

또한 sRGB를 선형 색상 공간으로 변환하려면 다음 의사코드로 설명하는 변환을 적용하면 된다.

```
    if (cs >= 1.0)
    {
        cl = 1.0;
    }
    else if (cs <= 0.0)
    {
        cl = 0.0;
    }
    else if (cs <= 0.04045)
    {
        cl = cs / 12.92;
    }
    else
    {
        cl = pow((cs + 0.0555) / 1.055), 2.4)
    }
```

두 경우 모두 cs는 sRGB 색상 공간 값이고, cl은 선형값이다. 변환에는 짧은 선형 구간과 작은 바이어스를 포함한다. 실제로 이 과정은 선형 색상값을 2.2승으로(sRGB에서 선형으로) 또는 $\frac{1}{2.2}$에 해당하는 0.454545승으로(선형에서 sRGB로) 올리는 것과 거의 같아서, 몇몇 임플리먼테이션에서는 이 방식을 사용하기도 한다. [그림 9-24]는 선형을 sRGB로 변환하는 함수와 sRGB를 다시 선형으로 변환하는 함수를 왼쪽에 보였고, 멱승값 2.2 및 0.45454를 사용하는 간단한 멱함수 곡선을 오른쪽에 보였다. 이들 곡선의 모양은 거의 구별하기 힘들 정도로 유사하다는 점을 확인할 수 있다.

그림 9-24 sRGB와 간단한 멱승에 관한 감마 곡선

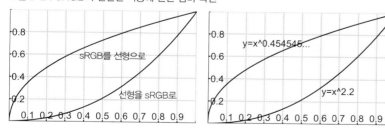

OpenGL에서 sRGB 색상 공간을 사용하려면 SRGB 내부 포맷을 사용하여 텍스처를 생성한다. 예를 들어 GL_SRGB8_ALPHA8은 빨간색, 녹색, 파란색 요소는 sRGB 감마 램프를 사용하며, 알파 채

널은 선형이라는 의미다. 평소처럼 데이터를 텍스처로 로딩하면 된다. 쉐이더에서 sRGB 텍스처를 읽을 때, 텍스처 샘플링 단계에서 sRGB 포맷이 RGB로 변환되고, 그 후 필터링이 적용된다. 즉, 이중선형^{bilinear} 필터링이 활성화된 경우, 입력 텍셀들은 sRGB에서 선형으로 변환된 다음, 선형 샘플들을 함께 블렌딩하여 최종값을 쉐이더에 돌려준다. 그리고 RGB 요소만 개별적으로 변환되며, 알파는 변하지 않고 그대로다.

프레임버퍼도 sRGB 저장 공간 포맷을 지원한다. 특히 GL_SRGB8_ALPHA8은 필수로 지원한다. 즉, 내부 포맷이 sRGB인 텍스처도 프레임버퍼 객체에 어태치시키고, 거기에 렌더링할 수 있다는 뜻이다. 방금 sRGB 포맷이 선형이 아니라는 것을 배웠기 때문에, sRGB 프레임버퍼 어태치먼트에 선형값을 쓰고 싶지 않을 것이다. 그렇게 하면 원래 목적에 반하는 것이 된다. 다행히 쉐이더가 출력하는 선형 색상값을 sRGB값으로 OpenGL이 자동 변환해준다. 하지만 이 기능은 기본이 아니며, 이 기능을 사용하려면 GL_FRAMEBUFFER_SRGB값을 사용하여 **glEnable()**을 호출해야 한다. 이 기능은 sRGB 서피스를 포함하는 색상 어태치먼트에 대해서만 작동한다는 사실을 기억하자. **glGetFramebufferAttachmentParameteriv()**를 GL_FRAMEBUFFER_ATTACHMENT_COLOR_ENCODING으로 호출하면 어태치된 서피스가 sRGB인지 확인할 수 있다. sRGB 서피스들은 GL_SRGB를 리턴하며, 다른 서피스들은 GL_LINEAR를 리턴한다.

9.7 포인트 스프라이트

포인트 스프라이트^{point sprite}라는 용어는 보통 텍스처가 입혀진 점들을 지칭한다. OpenGL에서는 각 점을 단일 버텍스로 표현하기 때문에, 다른 프리미티브 타입들처럼 텍스처 좌표를 지정하여 보간할 수 없다. 이를 위해 OpenGL은 보간된 텍스처 좌표를 만들어 사용할 수 있도록 해준다. 포인트 스프라이트를 사용하면 하나의 3D 점으로 2D 텍스처가 입혀진 이미지를 원하는 화면 위치에 그릴 수 있다.

포인트 스프라이트의 가장 일반적인 응용 분야는 파티클 시스템이다. 점을 사용하여 대량의 파티클이 화면에서 움직이도록 하면 여러 시각 효과를 만들 수 있다. 이러한 점들을 겹치는 2D 이미지로 표현하면 멋지게 애니메이션되는 불빛도 표현할 수 있다. 예를 들어 [그림 9-25]는 파티클 효과를 사용하는 매킨토시의 유명한 스크린 세이버다.

포인트 스프라이트를 사용하지 않고 이러한 효과를 만들려면 대량의 텍스처를 입힌 사각형(또는 삼각형 팬)들을 화면에 그려야 한다. 그렇게 하려면 개별 면들이 카메라를 향하도록 회전시키는 비싼 연산을 수행해야 한다. 또는 모든 파티클을 2D 직교 투영으로 그려야 한다. 포인트 스프라이트를 사용하면 화면에 완벽히 정렬된 2D 텍스처를 입힌 사각형을 단일 3D 버텍스만으로 그릴 수 있다.

사각형의 네 점을 전송하는 대신 4분의 1의 대역폭만 소비하며, 3D 사각형이 카메라를 향하도록 하는 행렬 연산도 필요 없다. 포인트 스프라이트는 매우 강력하고 효과적인 OpenGL 기능이다.

그림 9-25 스크린 세이버의 파티클 효과

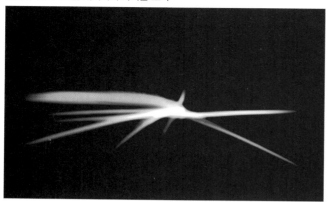

9.7.1 점에 텍스처 입히기

포인트 스프라이트는 사용하기 쉽다. 애플리케이션에서 할 일은 단순히 2D 텍스처를 바인딩하고 프래그먼트 쉐이더에서 내장 변수인 gl_PointCoord로 읽으면 끝이다. 이 변수는 두 요소짜리 벡터로, 포인트 내 텍스처 좌표를 보간한다. [예제 9-30]은 PointSprites 예제 프로그램의 프래그먼트 쉐이더다.

예제 9-30 프래그먼트 쉐이더에서 포인트 스프라이트 텍스처링하기

```
#version 430 core

out vec4 vFragColor;

in vec4 vStarColor;

layout (binding = 0) uniform sampler2D starImage;

void main(void)
{
    vFragColor = texture(starImage, gl_PointCoord) * vStarColor;
}
```

다시 말해, 포인트 스프라이트에서는 OpenGL이 자동으로 gl_PointCoord를 만들어주므로 좌표를 속성으로 보낼 필요가 없다. 포인트는 단일 버텍스이기 때문에 점들 간에 값을 보간할 수 없다.

물론 그렇다고 해서 직접 텍스처 좌표를 계산할 수 없는 것은 아니고, 직접 보간 기능을 구현할 수 없는 것도 아니다.

9.7.2 별우주 렌더링하기

이제 지금까지 논의한 포인트 스프라이트 기능을 사용하는 예제 프로그램을 살펴보자. starfield 예제 프로그램은 우주공간에서 이동할 때 애니메이션되는 별들을 생성하는 프로그램이다. 많은 점을 시야 앞에 무작위로 위치시키고 시간값을 유니폼으로 버텍스 쉐이더에 전달한다. 이 시간값을 사용하여 점 위치를 시간에 따라 눈앞으로 이동시키고 근거리 평면을 지나면 다시 절두체 뒤로 이동시킨다. 추가로, 별의 크기를 스케일하여 작은 별로 시작했다가 뷰어에 가까워질수록 점점 커지게 한다. 결과적으로 매우 사실감 있는 효과가 된다... 천문관이나 우주 영화 음악 정도만 깔아주면 그만이다!

[그림 9-26]은 점에 적용되는 별 텍스처 맵이다. 단순한 .KTX 파일로서 지금까지의 다른 2D 텍스처를 읽는 것과 동일한 방식으로 읽으면 된다. 점 또한 밉맵이 적용될 수 있어, 매우 적거나 매우 크게 보일 때 대응할 수 있으려면 활용하는 편이 좋을 것이다.

그림 9-26 별 텍스처 맵

별우주 효과를 설정하는 내용은 꽤 반복적이기 때문에 자세히 다루지는 않을 것이다. 어떻게 난수를 발생시키는지에 관한 코드를 보고 싶으면 소스를 직접 확인하기 바란다. 여기서 중요한 것은 render 함수의 실제 렌더링 코드다.

```
void render(double currentTime)
{
    static const GLfloat black[] = { 0.0f, 0.0f, 0.0f, 0.0f };
    static const GLfloat one[] = { 1.0f };
    float t = (float)currentTime;
    float aspect = (float)info.windowWidth /
                   (float)info.windowHeight;
```

```
        vmath::mat4 proj_matrix = vmath::perspective(50.0f,
                                                      aspect,
                                                      0.1f,
                                                      1000.0f);


        t *= 0.1f;
        t -= floor(t);

        glViewport(0, 0, info.windowWidth, info.windowHeight);
        glClearBufferfv(GL_COLOR, 0, black);
        glClearBufferfv(GL_DEPTH, 0, one);

        glEnable(GL_PROGRAM_POINT_SIZE);
        glUseProgram(render_prog);

        glUniform1f(uniforms.time, t);
        glUniformMatrix4fv(uniforms.proj_matrix, 1, GL_FALSE, proj_matrix);

        glEnable(GL_BLEND);
        glBlendFunc(GL_ONE, GL_ONE);

        glBindVertexArray(star_vao);

        glDrawArrays(GL_POINTS, 0, NUM_STARS);
    }
```

더하기 블렌딩을 사용하여 별들을 배경과 블렌딩할 것이다. 텍스처의 어두운 부분은 검은색이기 때문에(색상 공간에서는 0), 그릴 때 단순히 색상을 더하기만 하면 된다. 알파로 반투명을 지정하려면 별들을 깊이별로 정렬해야 하며, 비용이 비싸서 힘들다. 점 크기 프로그램 모드(GL_PROGRAM_POINT_SIZE 사용)를 활성화시키고, 쉐이더를 바인딩하고 유니폼을 설정한다. 여기서 중요한 점은 현재 시간을 사용한다는 것인데, 이 시간은 나중에 별들의 z 위치가 되며, 0부터 1까지 부드럽게 변할 수 있도록 재활용된다. [예제 9-31]은 버텍스 쉐이더 코드다.

예제 9-31 별우주 효과의 버텍스 쉐이더

```
#version 430 core

layout (location = 0) in vec4 position;
layout (location = 1) in vec4 color;

uniform float time;
uniform mat4 proj_matrix;

flat out vec4 starColor;

void main(void)
```

```
    {
        vec4 newVertex = position;

        newVertex.z += time;
        newVertex.z = fract(newVertex.z);

        float size = (20.0 * newVertex.z * newVertex.z);

        starColor = smoothstep(1.0, 7.0, size) * color;

        newVertex.z = (999.9 * newVertex.z) - 1000.0;
        gl_Position = proj_matrix * newVertex;
        gl_PointSize = size;
    }
```

time 유니폼을 사용하여 버텍스 z 요소를 이동시킨다. 그 결과 별들이 눈앞으로 이동하는 애니메이션이 만들어진다. 값을 더한 다음에 소수점 부분만을 사용하기 때문에, 뷰어에 가까워지다가 다시 원거리 평면에서 시작한다. 현재 쉐이더에서 z 좌표가 0.0인 버텍스들은 원거리 평면상에 있는 것이고, z 좌표가 1.0인 버텍스들은 근거리 평면상에 있는 것이다. 버텍스의 z 좌표의 제곱을 사용하여 gl_PointSize 변수의 최종 크기를 설정하면 가까워질 때의 별 크기를 훨씬 더 크게 만들 수 있다. 만약 별들의 크기가 너무 작으면 깜박거림이 나타날 수 있기 때문에 smoothstep 함수를 사용하여 점진적으로 어둡게 할 수 있다. 1.0보다 작은 크기의 점들은 검은색이 되고, 7픽셀 크기가 되면 제일 밝은 색이 된다. 이 방식을 사용하면 원거리 클리핑 평면 근처에서 튀는 현상이 발생하지 않고 부드럽게 사라지게 할 수 있다. 별 색상은 [예제 9-32]의 프래그먼트 쉐이더로 전달된다. 이 쉐이더는 단순히 별 색상 텍스처로부터 읽어서 결과를 계산한 별 색상으로 곱하는 쉐이더이다.

예제 9-32 별우주 효과를 위한 프래그먼트 쉐이더

```
    #version 430 core

    layout (location = 0) out vec4 color;

    uniform sampler2D tex_star;
    flat in vec4 starColor;

    void main(void)
    {
        color = starColor * texture(tex_star, gl_PointCoord);
    }
```

starfield 프로그램의 최종 출력은 [그림 9-27]과 같다.

그림 9-27 포인트 스프라이트를 사용하여 우주를 날아다니기

9.7.3 점 인자

포인트 스프라이트의 여러 기능(그리고 일반적인 점과 관련된 기능)은 **glPointParameteri( )** 함수로 세밀하게 설정할 수 있다. [그림 9-28]은 포인트 스프라이트에 적용하는 텍스처의 두 가지 원점(0,0) 위치를 보인다. 왼쪽 그림은 포인트 스프라이트의 왼쪽 위를 원점으로 하는 것이고, 오른쪽 그림은 왼쪽 아래를 원점으로 하는 것이다.

그림 9-28 포인트 스프라이트에 적용할 수 있는 두 가지 텍스처 원점

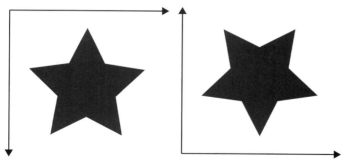

포인트 스프라이트의 기본 원점은 GL_UPPER_LEFT다. GL_POINT_SPRITE_COORD_ORIGIN 인자를 GL_LOWER_LEFT로 설정하면 텍스처 좌표계의 원점을 점의 왼쪽 아래 모서리로 설정하는 것이다.

```
glPointParameteri(GL_POINT_SPRITE_COORD_ORIGIN, GL_LOWER_LEFT);
```

포인트 스프라이트 원점을 기본값인 GL_UPPER_LEFT로 설정하면, 화면에 보이는 점의 왼쪽 위 gl_PointCoord는 0.0, 0.0이 된다. 하지만 OpenGL에서 윈도우 좌표는 윈도우의 왼쪽 아래에서 시

작한다고 볼 수 있다. 예를 들어 gl_FragCoord도 이 방식대로 동작한다. 따라서 포인트 스프라이트를 윈도우 좌표 방식대로 하고 gl_FragCoord와 맞추려면 포인트 스프라이트 좌표 원점을 GL_LOWER_LEFT로 설정한다.

9.7.4 모양 있는 점

텍스처 좌표에 gl_PointCoord를 사용하여 텍스처를 적용하는 것 말고도 포인트 스프라이트로 할 수 있는 일들은 더 있다. gl_PointCoord를 사용하여 텍스처 좌표 외에도 여러 다른 일을 할 수 있다. 예를 들어 원하는 점 모양 밖에 있는 프래그먼트를 없애기 위해 프래그먼트 쉐이더에서 **discard** 키워드를 사용하여 정방형이 아닌 점을 만들 수 있다. 다음의 프래그먼트 쉐이더 코드는 간단한 도넛 모양 점을 생성한다.

```
vec2 p = gl_PointCoord * 2.0 - vec2(1.0);
if (dot(p, p) > 1.0)
    discard;
```

아니면 재미있는 꽃 모양도 만들 수 있다.

```
vec2 temp = gl_PointCoord * 2.0 - vec2(1.0);
if (dot(temp, temp) > sin(atan(temp.y, temp.x) * 5.0))
    discard;
```

이러한 간단한 코드 조각으로 임의 모양의 점을 렌더링할 수 있다. [그림 9-29]는 같은 방식으로 몇 가지 재미있는 모양을 만들어본 예다.

그림 9-29 분석적으로 생성한 포인트 스프라이트 모양

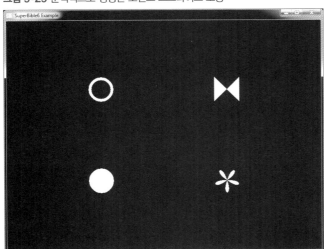

[그림 9-29]를 만들려면 [예제 9-33]의 프래그먼트 쉐이더를 사용한다.

예제 9-33 모양 있는 점을 생성하는 프래그먼트 쉐이더

```glsl
#version 430 core

layout (location = 0) out vec4 color;

flat in int shape;

void main(void)
{
    color = vec4(1.0);
    vec2 p = gl_PointCoord * 2.0 - vec2(1.0);

    if (shape == 0)
    {
        // 간단한 도넛 모양
        if (dot(p, p) > 1.0)
            discard;
    }
    else if (shape == 1)
    {
        // 속이 빈 원
        if (abs(0.8 - dot(p, p)) > 0.2)
            discard;
    }
    else if (shape == 2)
    {
        // 꽃 모양
        if (dot(p, p) > sin(atan(p.y, p.x) * 5.0))
            discard;
    }
    else if (shape == 3)
    {
        // 나비넥타이
        if (abs(p.x) < abs(p.y))
            discard;
    }
}
```

텍스처를 사용하지 않고 대신 프래그먼트 쉐이더에서 분석적으로 점의 모양을 계산하는 방법의 장점은 회전 및 스케일 시에도 모양이 정확하다는 것이다. 다음 절에서 확인할 수 있다.

9.7.5 점 회전하기

OpenGL에서 점은 축정렬된 정사각형으로 렌더링되기 때문에, 포인트 스프라이트를 회전시키려면 스프라이트의 텍스처를 읽거나 분석적으로 모양을 계산할 때 사용하는 텍스처 좌표를 변경해야한다. 이렇게 하려면 단순히 프래그먼트 쉐이더에서 2D 회전 행렬을 생성하여 gl_PointCoord로 곱하고 z 축을 중심으로 회전시키면 된다. 회전 각도는 버텍스 쉐이더나 지오메트리 쉐이더에서 프래그먼트 쉐이더로 넘어온 보간된 변수를 사용하면 된다. 변수의 값은 버텍스 쉐이더나 지오메트리 쉐이더에서 매번 계산하거나 버텍스 속성을 통해 제공할 수 있다. [예제 9-34]는 점의 중심을 기준으로 회전하는 약간 복잡한 포인트 스프라이트 프래그먼트 쉐이더다.

예제 9-34 단순한 버전의 회전하는 포인트 스프라이트 프래그먼트 쉐이더

```
#version 430

uniform sampler2D sprite_texture;

in float angle;

out vec4 color;

void main(void)
{
    const float sin_theta = sin(angle);
    const float cos_theta = cos(angle);
    const mat2 rotation_matrix = mat2(cos_theta, sin_theta,
                                      -sin_theta, cos_theta);
    const vec2 pt = gl_PointCoord - vec2(0.5);
    color = texture(sprite_texture, rotation_matrix * pt + vec2(0.5));
}
```

이 예제를 통해 회전된 포인트 스프라이트를 생성할 수 있다. 하지만 각도값은 포인트 스프라이트 내의 프래그먼트 쉐이더마다 변경되는 것은 아니다. 즉, sin_theta와 cos_theta는 상수며, 이를 통해 계산된 결과 회전 행렬도 점의 모든 프래그먼트에 대해 동일할 것이다. 따라서 sin_theta와 cos_theta를 버텍스 쉐이더에서 계산하여 프래그먼트 쉐이더의 변수 쌍으로 넘기는 것이 각 프래그먼트에서 계산하는 것보다 훨씬 효율이 좋다. 여기에서는 회전된 포인트 스프라이트를 그리는 갱신된 버텍스와 프래그먼트 쉐이더를 보여준다. 먼저 버텍스 쉐이더를 [예제 9-35]에서 보여준다.

예제 9-35 회전하는 포인트 스프라이트 버텍스 쉐이더

```
#version 430 core

uniform matrix mvp;

in vec4 position;
in float angle;

flat out float sin_theta;
flat out float cos_theta;

void main(void)
{
    sin_theta = sin(angle);
    cos_theta = cos(angle);
    gl_Position = mvp * position;
}
```

그리고 프래그먼트 쉐이더는 [예제 9-36]에서 보여 준다.

예제 9-36 회전하는 포인트 스프라이트 프래그먼트 쉐이더

```
#version 430 core

uniform sampler2D sprite_texture;

flat in float sin_theta;

flat in float cos_theta;

out vec4 color;

void main(void)
{
    mat2 m = mat2(cos_theta, sin_theta,
                  -sin_theta, cos_theta);
    const vec2 pt = gl_PointCoord - vec2(0.5);
    color = texture(sprite_texture, rotation_matrix * pt + vec2(0.5));
}
```

보면 알 수 있듯이 비용이 큰 sin과 cos 함수를 프래그먼트 쉐이더에서 빼내 버텍스 쉐이더로 옮겼다. 점 크기가 큰 경우, 이 쉐이더 쌍은 프래그먼트에서 회전 행렬을 그냥 계산하던 이전 버전보다 훨씬 빠르게 수행된다.

비록 gl_PointCoord로부터 계산한 좌표를 회전시키기는 하지만, 점 자체는 아직도 정방형이다. 텍

스처나 분석적 모양이 점 내부 단위 반경 원을 벗어나는 경우에는 포인트 스프라이트를 더 크게 만들고 텍스처 좌표를 축소해야 모든 회전각에서 모양이 점을 벗어나지 않을 것이다. 물론 동그란 모양의 텍스처를 사용한다면 전혀 걱정하지 않아도 된다.

9.8 이미지에서 얻어오기

일단 모든 것이 렌더링되었다면, 일반적으로 애플리케이션은 그 결과를 사용자에게 보여준다. 이런 내용은 플랫폼 독립적[10]이기 때문에 이 책의 애플리케이션 프레임워크가 이 작업을 대신 수행한다. 하지만 사용자에게 그 결과를 보여주는 것만이 전부가 아닌 경우도 있다. 렌더링된 이미지를 애플리케이션에서 직접 접근해야 하는 경우도 많다. 예를 들어 이미지를 프린트하거나 스크린샷으로 저장하거나 나중에 오프라인 처리를 위해 사용할 수도 있을 것이다.

9.8.1 프레임버퍼 읽기

프레임버퍼에서 픽셀 데이터를 읽을 수 있도록 OpenGL은 **glReadPixels( )**라는 함수를 제공한다. 프로토타입은 다음과 같다.

```
void glReadPixels(GLint x,
                  GLint y,
                  GLsizei width,
                  GLsizei height,
                  GLenum format,
                  GLenum type,
                  GLvoid * data);
```

glReadPixels( ) 함수는 현재 GL_READ_FRAMEBUFFER 타깃에 바인딩된 프레임버퍼의 일부 영역 또는 사용자 정의 프레임버퍼 객체가 바인딩되어 있지 않은 경우 기본 프레임버퍼의 일부 영역에 대한 데이터를 읽어서 애플리케이션의 메모리나 버퍼 객체에 쓴다. x와 y 인자는 영역의 왼쪽 아래 모서리에 대한 윈도우 좌표의 오프셋을 지정하고, width와 height는 읽을 영역의 넓이와 높이를 지정한다. 윈도우 좌표의 원점(0, 0)은 **왼쪽 아래** 모서리라는 것을 기억하자. format과 type 인자는 OpenGL에 어떤 포맷으로 데이터를 읽을지 알려준다. 이 인자들은 **glTexSubImage2D( )**와 같은 함수에 전달하는 format과 type 인자와 동일한 의미다. 예를 들어 format은 GL_RED나 GL_RGBA를 사용하고 type은 GL_UNSIGNED_BYTE나 GL_FLOAT를 사용할 수 있다. 결과 픽셀 데이터는 data로 지정한 영역에 써진다.

---

10 14장에서는 여러 가지 주요 플랫폼에 대해 이러한 작업을 자세히 설명한다.

만약 GL_PIXEL_PACK_BUFFER 타깃에 바인딩된 버퍼 객체가 없다면, data는 애플리케이션의 메모리에 대한 단순 포인터로 인식한다. 하지만 버퍼가 GL_PIXEL_PACK_BUFFER 타깃에 바인딩되었다면, data는 버퍼 데이터 스토어에 대한 오프셋으로 간주되어 이미지 데이터가 해당 위치에 저장된다. 특정 위치의 데이터를 원하는 경우, **glMapBufferRange( )**에 GL_MAP_READ_BIT를 설정하여 버퍼를 읽기로 매핑하면 데이터에 접근할 수 있다. 다른 옵션을 설정하면 다른 목적으로 버퍼를 사용할 수 있다.

색상 데이터를 어디에서 얻어올지 지정하려면 GL_BACK이나 GL_COLOR_ATTACHMENTi를 사용하여 **glReadBuffer( )**를 호출하면 된다. 여기서 i는 어떤 색상 어태치먼트를 사용하여 읽을지 결정한다. **glReadBuffer( )**의 프로토타입은 다음과 같다.

```
void glReadBuffer(GLenum mode);
```

사용자 정의 프레임버퍼 객체를 사용하지 않고 기본 프레임버퍼를 사용하는 경우, mode는 GL_BACK이어야 한다. 이 값은 기본값으로, 애플리케이션에서 프레임버퍼 객체를 전혀 사용하지 않는 경우에는(또는 기본 프레임버퍼에서만 읽으면 되는 경우에는) **glReadBuffer( )**를 전혀 호출하지 않아도 된다. 하지만 사용자 정의 프레임버퍼 객체는 여러 어태치먼트를 가질 수 있기 때문에 어떤 어태치먼트에서 읽을지 지정해야 한다. 따라서 자체 프레임버퍼 객체를 사용하는 경우에는 **glReadBuffer( )**를 호출해야 한다.

format 인자를 GL_DEPTH_COMPONENT로 설정하여 **glReadPixels( )**를 호출하면 읽은 데이터는 깊이 버퍼에서 온다. 만약 format이 GL_STENCIL_INDEX라면 데이터는 스텐실 버퍼에서 온다. 특별한 값인 GL_DEPTH_STENCIL을 사용하면 깊이 버퍼와 스텐실 버퍼를 동시에 읽을 수 있다. 하지만 이 방식을 사용하면 type 인자는 GL_UNSIGNED_INT_24_8이나 GL_FLOAT_32_UNSIGNED_INT_24_8_REV 중 하나여야 한다. 이 인자들을 사용하면 패킹된 데이터를 얻기 때문에 깊이와 스텐실 정보를 얻기 위해서는 내용을 해석해야 한다.

OpenGL이 애플리케이션의 메모리 또는 GL_PIXEL_PACK_BUFFER 타깃에 바인딩된 버퍼 객체에 데이터를 쓸 때 y 좌표가 증가하는 방향으로 왼쪽에서 오른쪽으로 쓴다. 이때 y 좌표는 윈도우의 아래쪽에 원점이 있고 위 방향으로 증가한다는 것을 기억하자. 기본적으로 이미지의 각 행은 이전 행에 대해 4바이트의 배수 위치의 오프셋에서 시작한다. 읽을 영역의 넓이와 픽셀당 바이트 수의 곱이 4의 배수라면 아무 문제가 없이 결과 데이터가 빈틈없이 패킹될 것이다. 하지만 그렇지 않은 경우 출력에 공백이 생길 것이다. **glPixelStorei( )**를 호출하면 그 방식을 변경할 수 있다. 프로토타입은 다음과 같다.

```
void glPixelStorei(GLenum pname,
                   GLint param);
```

pname에 GL_PACK_ALIGNMENT를 사용하면 param의 값은 이미지의 각 행 사이의 바이트 단위의 거리를 올림할 때 사용된다. param에 1을 설정하면 한 바이트만 올림되어 사실상 올림이 무시된다. 다른 값으로 2, 4, 또는 8을 설정할 수 있다.

스크린샷 찍기

[예제 9-37]은 실행되고 있는 애플리케이션의 스크린샷screenshot을 찍어 .TGA 파일로 저장하는 방법을 설명한다. 이 포맷은 상대적으로 단순한 이미지 파일 포맷으로 만들기 쉽다.

예제 9-37 glReadPixels()로 스크린샷 찍기

```
int row_size = ((info.windowWidth * 3 + 3) & ~3);
int data_size = row_size * info.windowHeight;
unsigned char * data = new unsigned char [data_size];

#pragma pack (push, 1)
struct
{
    unsigned char identsize;      // 다음 ID 필드의 크기
    unsigned char cmaptype;       // 색상 맵 타입 0 = none
    unsigned char imagetype;      // 이미지 타입 2 = rgb
    short cmapstart;              // 팔레트의 첫 번째 엔트리
    short cmapsize;               // 팔레트의 엔트리 개수
    unsigned char cmapbpp;        // 팔레트 엔트리당 비트 수
    short xorigin;                // X 원점
    short yorigin;                // Y 원점
    short width;                  // 픽셀 단위 넓이
    short height;                 // 픽셀 단위 높이
    unsigned char bpp;            // 픽셀당 비트 수
    unsigned char descriptor;     // 설명 비트
} tga_header;
#pragma pack (pop)

glReadPixels(0, 0,                                          // 원점
             info.windowWidth, info.windowHeight,          // 크기
             GL_BGR, GL_UNSIGNED_BYTE,                      // 포맷, 타입
             data);                                        // 데이터

memset(&tga_header, 0, sizeof(tga_header));
tga_header.imagetype = 2;
tga_header.width = (short)info.windowWidth;
tga_header.height = (short)info.windowHeight;
tga_header.bpp = 24;

FILE * f_out = fopen("screenshot.tga", "wb");
fwrite(&tga_header, sizeof(tga_header), 1, f_out);
```

```
    fwrite(data, data_size, 1, f_out);
    fclose(f_out);

    delete [] data;
```

.TGA 포맷은 단순히 헤더(tga_header로 정의된)와 원시 픽셀 데이터로 구성된다. [예제 9-37]의
예제는 파일에 헤더를 채우고 바로 뒤에 원시 데이터를 쓴다.

9.8.2 프레임버퍼 간 데이터 복사하기

이렇게 오프스크린 프레임버퍼에 렌더링하는 것도 좋지만, 궁극적으로는 이 결과를 통해 뭔가를 해
야 할 것이다. 전통적으로 그래픽스 API들은 애플리케이션이 픽셀을 읽거나 버퍼 데이터를 읽어서
다시 시스템 메모리에 보내는 것을 허용하고 그 내용을 다시 화면에 그릴 수 있는 방법을 제공한다.
이러한 방법이 제공되기는 하지만, 그렇게 하려면 데이터를 GPU에서 CPU 메모리로 복사하고 다
시 반대로 복사하는 과정이 필요하다. 이것은 매우 비효율적인 방법이다! 이제는 블릿 명령을 통해
픽셀 데이터를 한 곳에서 다른 곳으로 빠르게 복사할 수 있다. **블릿**blit이란 직접적으로 또 효율적으
로 수행하는 비트 수준의 데이터/메모리 복사를 칭하는 용어다. 이 용어의 기원에 관한 많은 가설
들이 있지만, 가장 그럴듯한 것은 비트 단위 이미지 전송 또는 블록 전송 정도다. 블릿의 어원이 무
엇이든 간에 수행하는 작업은 동일하다. 사용하는 방법도 단순하다. 함수는 다음과 같다.

```
void glBlitFramebuffer(GLint srcX0, Glint srcY0,
                       GLint srcX1, Glint srcY1,
                       GLint dstX0, Glint dstY0,
                       GLint dstX1, Glint dstY1,
                       GLbitfield mask, GLenum filter);
```

이 함수가 'blit'이라는 이름을 포함하기는 하지만, 단순한 비트 단위 복사 이상의 일을 수행한다. 사
실 이것은 자동화된 텍스처 연산에 가깝다. 복사의 원본은 **glReadBuffer( )**로 지정한 읽기 프레임
버퍼의 읽기 버퍼며, 복사할 영역은 (srcX0, srcY0)와 (srcX1, srcY1)으로 정의한 영역이다.
마찬가지로 복사의 대상은 **glDrawBuffer( )**로 지정한 현재 그리기 프레임버퍼의 그리기 버퍼며,
복사할 영역은 (dstX0, dstY0)와 (dstX1, dstY1)으로 정의한 영역이다. 원본과 대상 사각형은
동일한 크기일 필요는 없다. 이 함수를 사용하면 복사할 픽셀들에 스케일이 적용된다. 만약 읽기 버
퍼와 그리기 버퍼를 동일한 FBO로 설정하고 동일한 FBO를 GL_DRAW_FRAMEBUFFER와 GL_READ_
FRAMEBUFFER 바인딩에 바인딩한다면, 프레임버퍼의 한 쪽에서 다른 쪽으로(영역이 겹치지 않도
록 주의한다면) 데이터를 복사하는 것도 가능하다.

mask 인자는 GL_DEPTH_BUFFER_BIT, GL_STENCIL_BUFFER_BIT, GL_COLOR_BUFFER_BIT 중 하나거나 모두다. 필터는 GL_LINEAR나 GL_NEAREST를 사용할 수 있지만, 깊이나 스텐실 데이터 또는 정수 포맷의 색상 데이터를 복사한다면 GL_NEAREST를 사용해야 한다. 이러한 필터들은 텍스처링에 사용했던 것과 동일한 의미를 갖는다. 다음 예제는 비정수 색상 데이터만 복사하는 경우라서 선형 필터를 사용할 수 있다.

```
GLint width = 800;
GLint height = 600;

GLenum fboBuffs[] = { GL_COLOR_ATTACHMENT0 };

glBindFramebuffer(GL_DRAW_FRAMEBUFFER, readFBO);
glBindFramebuffer(GL_READ_FRAMEBUFFER, drawFBO);

glDrawBuffers(1, fboBuffs);
glReadBuffer(GL_COLOR_ATTACHMENT0);
glBlitFramebuffer(0, 0, width, height,
                  (width * 0.8), (height * 0.8),
                  width, height,
                  GL_COLOR_BUFFER_BIT, GL_LINEAR );
```

이 코드에서는 바인딩된 FBO 어태치먼트의 넓이와 높이가 800과 600이라고 가정한다. 이 코드는 readFBO의 첫 번째 색상 어태치먼트의 전체 복사본을 생성하여 전체 크기의 80%로 스케일을 줄이고, drawFBO의 첫 번째 색상 어태치먼트의 왼쪽 위 모퉁이에 위치시킨다.

데이터를 텍스처에 복사하기

이전 절에서 설명한 대로 **glReadPixels( )**를 사용하여 프레임버퍼에서 데이터를 읽어 애플리케이션 메모리(또는 버퍼 객체)로 보내거나, **glBlitFramebuffer( )**를 사용하여 한 프레임버퍼에서 다른 프레임버퍼로 데이터를 보낼 수 있다. 만약 이 데이터를 텍스처로 사용하고 싶다면, 데이터를 단순히 프레임버퍼에서 텍스처로 직접 복사하는 것이 더 합리적일 것이다. 그러한 일을 하는 함수는 **glCopyTexSubImage2D( )**며, **glTexSubImage2D( )**와 유사하다. 단, 애플리케이션 메모리나 버퍼 객체에서 원본 데이터를 얻는 것이 아니라, 원본 데이터를 프레임버퍼에서 얻는다. 프로토타입은 다음과 같다.

```
void glCopyTexSubImage2D(GLenum target,
                         GLint level,
                         GLint xoffset,
                         GLint yoffset,
                         GLint x,
                         GLint y,
                         GLsizei width,
                         GLsizei height);
```

target 인자는 대상 텍스처가 바인딩될 텍스처 타깃이다. 일반 2D 텍스처에 대해서는 GL_TEXTURE_2D겠지만, 다음 값들을 사용하면 프레임버퍼에서 큐브 맵의 면 중 하나로 복사할 수 있다. GL_TEXTURE_CUBE_MAP_POSITIVE_X, GL_TEXTURE_CUBE_MAP_NEGATIVE_X, GL_TEXTURE_CUBE_MAP_POSITIVE_Y, GL_TEXTURE_CUBE_MAP_NEGATIVE_Y, GL_TEXTURE_CUBE_MAP_POSITIVE_Z, GL_TEXTURE_CUBE_MAP_NEGATIVE_Z. width와 height는 복사할 영역의 크기를 나타낸다. x와 y는 프레임버퍼의 사각형 왼쪽 아래 모서리 좌표다. xoffset과 yoffset은 대상 텍스처의 사각형 텍셀 좌표다.

만약 애플리케이션이 텍스처에 직접 렌더링하면(텍스처를 프레임버퍼 객체에 어태치시켜), 이 함수는 그다지 유용하지 않을지 모른다. 하지만 만약 애플리케이션이 대부분 기본 프레임버퍼에 렌더링하는 경우라면, 이 함수를 사용하여 출력의 일부를 텍스처로 이동시킬 수 있다. 반면 텍스처 데이터를 **다른** 텍스처로 복사하려는 경우에는 **glCopyImageSubData()**를 호출하면 된다. 이 함수의 프로토타입은 좀 어마어마하다.

```
void glCopyImageSubData(GLuint srcName,
                        GLenum srcTarget,
                        GLint srcLevel,
                        GLint srcX,
                        GLint srcY,
                        GLint srcZ,
                        GLuint dstName,
                        GLenum dstTarget,
                        GLint dstLevel,
                        GLint dstX,
                        GLint dstY,
                        GLint dstZ,
                        GLsizei srcWidth,
                        GLsizei srcHeight,
                        GLsizei srcDepth);
```

OpenGL의 다른 함수와는 달리, 이 함수는 타깃에 바인딩된 객체가 아니라 이름으로 지정한 텍스처 객체에 대해 **직접** 수행한다. srcName과 srcTarget은 원본 텍스처의 이름과 타입이며, dstName과 dstTarget은 대상 텍스처의 이름과 타입이다. 여기에는 어떠한 타입의 텍스처도 가능하며, 원본 및 대상 영역의 넓이, 높이, 깊이에 대해 각각 x, y, z 좌표를 사용한다. srcX, srcY, srcZ는 원본 영역의 좌표며, dstX, dstY, dstZ는 대상 영역의 좌표다. 복사할 영역의 넓이, 높이, 깊이는 srcWidth, srcHeight, srcDepth로 지정한다.

만약 복사할 텍스처가 특정 차원을 갖지 않는다면(예를 들어 2D 텍스처는 z차원이 없음), 해당 좌표를 0으로 설정하고, 크기를 1로 해야 한다.

만약 텍스처가 밉맵을 가진다면, 원본 및 대상 밉맵 레벨을 srcLevel과 dstLevel에 각각 지정해야 한다. 그렇지 않으면 이 값들을 0으로 설정한다. 대상 넓이, 높이, 깊이가 없는 점을 주목하자. 즉, 대상 영역이 원본 영역과 동일한 크기며, 늘이거나 줄이는 것이 불가능하다. 만약 텍스처의 일부 크기를 조정하거나 그 결과를 다른 텍스처에 쓰고 싶다면, 그 두 텍스처를 프레임버퍼 객체에 어태치시키고 glBlitFramebuffer()를 사용하면 된다.

9.8.3 텍스처 데이터 다시 읽기

프레임버퍼에서 데이터를 읽을 수 있는 것뿐 아니라 적당한 텍스처 타깃에 텍스처를 바인딩하여 그 텍스처의 이미지 데이터를 읽을 수도 있다. 아래 함수를 호출하면 된다.

```
void glGetTexImage(GLenum target,
                   GLint level,
                   GLenum format,
                   GLenum type,
                   GLvoid * img);
```

glGetTexImage() 함수는 glReadPixels() 함수와 유사하게 동작한다. 단, 텍스처 레벨의 일부 작은 영역을 읽을 수 있는 것이 아니라, 한 레벨 전체를 한 번에 읽는 것만 가능하다. format과 type 인자는 glReadPixels()에서와 동일한 의미며, img 인자는 glReadPixels()의 data 인자와 동일한데, 클라이언트 메모리 포인터로 사용할 수도 있고 GL_PIXEL_PACK_BUFFER 타깃에 바인딩된 버퍼에 대한 오프셋으로 사용할 수도 있다는 점 또한 동일하다. 비록 텍스처의 한 레벨 전체를 한 번에 읽는 것만 가능하다는 점이 단점처럼 보이지만, glGetTexImage()는 여러 가지 장점이 존재한다. 첫째로 텍스처의 모든 밉맵 레벨을 직접 접근할 수 있다는 점이 있다. 둘째로 텍스처 객체에서 데이터를 읽는 경우 glReadPixels()를 사용할 때처럼 프레임버퍼 객체를 만들어 텍스처에 어태치시킬 필요가 없다는 점이다.

대부분 텍스처에 데이터를 처음 저장할 때는 glTexSubImage2D()와 같은 함수를 사용할 것이다. 하지만 텍스처에 데이터를 넣기 위해 명시적으로 쓰거나 프레임버퍼를 사용하여 그리지 않는 방법도 있다. 예를 들어 glGenerateMipmap()을 호출하면 높은 해상도 밉맵으로부터 더 낮은 해상도 밉맵을 생성한다. 또는 직접 쉐이더에서 이미지로 쓰는 것도 가능하다. 이 방법은 5.5.7절 '쉐이더에서 텍스처에 출력하기'에서 설명한 바 있다.

9.9 마치며

이 장은 OpenGL의 뒤쪽 부분에 대해 많이 다뤘다. 첫 번째로 프래그먼트 쉐이더, 보간, 프래그먼트 쉐이더에서 사용할 수 있는 여러 내장 변수를 설명했다. 그리고 깊이 및 스텐실 버퍼를 사용하여 수행하는 고정 함수 테스팅 연산들을 살펴봤다. 다음으로 색상 출력을 다뤘는데, 색상 마스킹, 블렌딩, 논리 연산 등은 모두 프래그먼트 쉐이더가 생성하는 데이터를 프레임버퍼에 쓸 때 영향을 미치는 것들이다.

기본 프레임버퍼에 적용할 수 있는 함수들을 살펴본 다음에, 고급 프레임버퍼 포맷을 살펴봤다. 사용자 정의 프레임버퍼(또는 프레임버퍼 객체)의 장점은 다중 어태치먼트를 사용할 수 있고 이 어태치먼트들을 부동소수점, sRGB, 순수 정수 등의 고급 포맷이나 색상 공간에 사용할 수 있다는 것이다. 또한 안티에일리어싱과 같은 해상도 제한을 극복하는 여러 방법도 다뤘다. 예를 들어 블렌딩, 알파-투-커버리지, MSAA 등을 다뤘고, 각각의 장단점을 살펴봤다.

마지막으로, 렌더링된 데이터를 가져오는 방법에 대해 다뤘다. 텍스처를 프레임버퍼에 어태치시키고 그곳에 렌더링하면 자연스럽게 데이터가 텍스처에 들어간다. 뿐만 아니라 프레임버퍼에서 텍스처로, 프레임버퍼에서 프레임버퍼로, 텍스처에서 텍스처로, 그리고 프레임버퍼에서 애플리케이션의 자체 메모리나 버퍼 객체로 데이터를 복사하는 방법도 살펴봤다.

CHAPTER 10

컴퓨트 쉐이더

> **이 장에서 다루는 내용**
>
> ◆ 컴퓨트 쉐이더를 생성하고, 컴파일하고, 디스패치하는 방법
>
> ◆ 컴퓨트 쉐이더 호출 간 데이터를 전달하는 방법
>
> ◆ 컴퓨트 쉐이더들을 동기화하고 순서대로 동작하게 하는 방법

컴퓨트 쉐이더^{compute shader}는 OpenGL을 지원하는 그래픽스 프로세서의 강력한 계산 능력을 활용할 수 있는 방법이다. OpenGL의 다른 쉐이더들과 마찬가지로, GLSL로 작성하며 수많은 데이터를 동시에 처리할 수 있는 여러 병렬 그룹을 통해 수행된다. 텍스처링, 스토리지 버퍼, 어토믹 메모리 연산과 같이 다른 쉐이더에서 사용할 수 있는 기능들 외에도 컴퓨트 쉐이더는 서로 간에 동기화할 수도 있고 일반 계산을 더 쉽게 할 수 있도록 그들 간에 데이터를 공유할 수도 있다. 컴퓨트 쉐이더는 OpenGL 파이프라인과는 다른 방식으로 동작하며 애플리케이션 개발자에게 가능한 한 많은 융통성을 제공하도록 설계되었다. 이 장에서는 컴퓨트 쉐이더를 설명하고, OpenGL의 다른 쉐이더 타입과의 공통점과 차이점을 설명하고, 컴퓨트 쉐이더만의 고유한 속성과 기능을 설명한다.

10.1 컴퓨트 쉐이더 사용하기

현대의 그래픽스 프로세서는 대량의 수치 계산을 수행할 수 있는 매우 강력한 장치다. 3장에서 비그래픽스 작업을 위한 컴퓨트 쉐이더를 활용하는 아이디어에 대해서 간단히 소개한 바 있다. 하지만 정말 껍데기만 살짝 다룬 정도였다. 사실 컴퓨트 쉐이더 스테이지는 OpenGL의 나머지 부분과 다소 분리된 자체 파이프라인인 셈이다. 고정 입력이나 출력도 없고 다른 고정 함수 파이프라인 스테이지에 대한 인터페이스도 없다. 매우 유동적이고, 다른 스테이지에는 없는 기능들도 있다.

컴퓨트 쉐이더는 프로그래밍 관점에서 보면 다른 쉐이더와 유사하다. GLSL로 작성하며, 쉐이더

객체로 표현되며, 프로그램 객체에 링크된다. 컴퓨트 쉐이더를 생성할 때, GL_COMPUTE_SHADER 인자로 **glCreateShader( )**를 호출한다. 이 호출의 결과로 새로운 쉐이더 객체를 얻고, 이를 사용하여 **glShaderSource( )**로 쉐이더 코드를 로드하고, **glCompileShader( )**로 컴파일하고, **glAttachShader( )**로 프로그램 객체에 어태치시킨다. 그리고 다른 그래픽스 프로그램과 마찬가지로 **glLinkProgram( )**으로 프로그램 객체를 링크한다.

컴퓨트 쉐이더는 다른 타입의 쉐이더와 함께 사용할 수 없다. 즉, 예를 들면 컴퓨트 쉐이더를 버텍스 쉐이더나 프래그먼트 쉐이더가 어태치되어 있는 프로그램 객체에 어태치시키고 링크할 수 없다. 만약 이를 시도하면 링크가 실패할 것이다. 따라서 링크된 프로그램 객체는 컴퓨트 쉐이더만 포함하거나 다른 그래픽스 쉐이더(버텍스, 테셀레이션, 지오메트리, 또는 프래그먼트)만 포함해야 한다. 이 둘의 조합은 안 된다. 링크된 프로그램 객체가 컴퓨트 쉐이더만 참조하는 경우에는 **컴퓨트 프로그램**이라고 부른다(반대로 그래픽스 쉐이더만 포함하는 경우에는 **그래픽스 프로그램**이라고 부른다).

[예제 10-1]은 아무 작업도 하지 않는 간단한 컴퓨트 쉐이더를 컴파일하고 링크하는 예다.

예제 10-1 컴퓨트 쉐이더를 생성하고 컴파일하기

```
GLuint compute_shader;
GLuint compute_program;

static const GLchar * compute_source[] =
{
    "#version 430 core                              \n"
    "                                               \n"
    "layout (local_size_x = 32, local_size_y = 32) in;   \n"
    "                                               \n"
    "void main(void)                                \n"
    "{                                              \n"
    "    // 아무 작업도 하지 않음                     \n"
    "}                                              \n"
};

// 쉐이더를 생성하고, 소스를 어태치시키고, 컴파일한다.
compute_shader = glCreateShader(GL_COMPUTE_SHADER);
glShaderSource(compute_shader, 1, compute_source, NULL);
glCompileShader(compute_shader);

// 프로그램을 생성하고, 쉐이더를 어태치시키고, 링크한다.
compute_program = glCreateProgram();
glAttachShader(compute_program, compute_shader);
glLinkProgram(compute_program);

// 사용을 마친 쉐이더를 삭제한다.
glDeleteShader(compute_shader);
```

[예제 10-1]의 코드를 수행하면 compute_program의 컴퓨트 프로그램을 수행할 준비가 된다. 컴퓨트 프로그램은 다른 프로그램처럼 유니폼, 유니폼 블록, 쉐이더 스토리지 등을 사용할 수 있다. **glUseProgram()**으로 현재 프로그램으로 설정할 수 있다. 일단 현재 프로그램 객체로 설정되면 **glUniform4fv()**와 같은 함수를 사용하여 평소처럼 상태를 변경할 수 있다.

10.1.1 컴퓨트 쉐이더 수행하기

컴퓨트 프로그램을 현재 프로그램으로 설정하고, 접근할 리소스들을 설정했다면, 이제 실행하면 된다. 이를 위한 한 쌍의 함수가 있다.

```
void glDispatchCompute(GLuint num_groups_x,
                       GLuint num_groups_y,
                       GLuint num_groups_z);
```

와

```
void  glDispatchComputeIndirect(GLintptr indirect);
```

glDispatchComputeIndirect() 함수와 **glDispatchCompute()** 함수의 관계는 **glDrawArraysIndirect()** 함수와 **glDrawArraysInstancedBaseInstance()** 함수의 관계와 같다. 즉, indirect 인자는 **glDispatchCompute()**에 전달되는 일련의 인자들을 포함하는 버퍼 객체에 대한 오프셋으로 해석된다. 코드에서 이 구조체는 다음과 같다.

```
typedef struct {
    GLuint num_groups_x;
    GLuint num_groups_y;
    GLuint num_groups_z;
} DispatchIndirectCommand;
```

하지만 이러한 인자들을 효과적으로 사용하려면 어떻게 해석되는지 알아야 한다.

전역 및 지역 작업 그룹

컴퓨트 쉐이더는 소위 **작업 그룹**^{work group}이라고 불리는 단위로 수행된다. **glDispatchCompute()** 나 **glDispatchComputeIndirect()**를 한 번 호출하면 하나의 **전역 작업 그룹**[1]이 OpenGL로 보내져 처리된다. 전역 작업 그룹은 여러 **지역 작업 그룹**으로 나뉜다. 지역 작업 그룹의 양은 x, y, z 차원 각각에 대해 num_groups_x, num_groups_y, num_groups_z 인자로 설정한다. 작업 그룹은 기

---

1 OpenGL 명세에서는 하나의 명령으로 수행되는 전체 작업을 명시적으로 **전역 작업 그룹**이라고 부르지 않고, 덜 구체적인 용어인 **작업 그룹**으로 **지역 작업 그룹**을 표현하며, 전역 작업 그룹이라는 용어는 전혀 언급하지 않는다.

본적으로 **작업 아이템**의 3D 블록으로 구성되며, 각 작업 아이템은 코드를 수행하는 컴퓨트 쉐이더의 한 호출에 의해 처리된다. 각 지역 워크 그룹의 x, y, z차원 크기는 쉐이더 소스 코드의 입력 레이아웃 지시어로 설정한다. 앞서 소개한 간단한 컴퓨트 쉐이더 예제에서 볼 수 있듯이 다음과 같이 정의한다.

```
layout (local_size_x = 4,
        local_size_y = 7,
        local_size_z = 10) in;
```

이 예제에서 지역 작업 그룹의 크기는 $4 \times 7 \times 10$개의 작업 아이템 또는 지역 작업 그룹당 총 280개의 작업 아이템에 대한 호출이라고 할 수 있다. 작업 그룹의 최대 크기는 GL_MAX_COMPUTE_WORK_GROUP_SIZE 또는 GL_MAX_COMPUTE_WORK_GROUP_INVOCATIONS 인자를 통해 질의하면 알 수 있다. 이중 첫 번째 값을 **glGetIntegeri_v()**의 target 인자로 설정하여 질의할 수 있는데, 이때 x, y, z차원에 대해 각각 0, 1, 2를 index 인자로 설정한다. 최댓값은 x와 y차원에 대해서는 최소 1024개 아이템이고 z차원에 대해서는 최소 64개 아이템일 것이다. GL_MAX_COMPUTE_WORK_GROUP_INVOCATIONS로 질의하면 단일 작업 그룹에서 허용하는 최대 호출 개수를 얻을 수 있다. 이 최대 호출 개수는 x, y, z차원 또는 지역 작업 그룹의 **볼륨**의 최대 곱이다. 그 값은 적어도 1024개 아이템일 것이다.

단순히 y나 z차원(또는 둘 다)을 1로 설정하면, 1D 또는 2D 작업 그룹을 수행하는 것도 가능하다. 사실 모든 차원에 대한 기본 크기는 1이며 입력 레이아웃 지시어에 포함하지 않으면 3보다 작은 차원의 작업 그룹 크기를 생성한다. 예를 들어 다음은 $512 (\times 1 \times 1)$개의 아이템을 갖는 1D 지역 작업 그룹을 생성하며

```
layout (local_size_x = 512) in;
```

다음은 $64 \times 64 (\times 1)$개의 아이템을 갖는 2D 지역 작업 그룹을 생성한다.

```
layout (local_size_x = 64,
        local_size_y = 64) in;
```

지역 작업 그룹 크기는 프로그램을 링크할 때 프로그램이 실행하는 작업 그룹의 크기와 차원을 결정할 때 사용된다. 프로그램의 컴퓨트 쉐이더 지역 작업 그룹 크기는 **glGetProgramiv()** 함수에 pname 인자를 GL_COMPUTE_WORK_GROUP_SIZE로 설정하면 얻을 수 있다. 리턴하는 값은 세 개의 정수로, 작업 그룹의 크기를 나타낸다. 예를 들면 다음과 같이 쓸 수 있다.

```
int size[3];

glGetProgramiv(program, GL_COMPUTE_WORKGROUP_SIZE, size);

printf("Work group size is %d x %d % xd items.\n",
       size[0], size[1], size[2]);
```

지역 작업 그룹 크기를 정의하면, 작업 그룹의 3D 블록을 디스패치[2]하여 작업을 수행할 수 있다. 이 블록의 크기는 num_groups_x, num_groups_y, num_groups_z 인자를 **glDispatchCompute( )**에 설정하거나, GL_DISPATCH_INDIRECT_BUFFER에 바인딩된 버퍼 객체의 DispatchIndirectCommand 구조체의 동일한 멤버들을 설정하면 된다. 이 지역 작업 그룹들의 블록을 **전역 작업 그룹**이라고 부른다. 이것의 차원은 지역 작업 그룹과 동일할 필요는 없다. 즉, 1D 지역 작업 그룹들로 구성된 3D 전역 작업 그룹을 디스패치하거나, 3D 지역 작업 그룹들로 구성된 2D 전역 작업 그룹을 디스패치할 수 있다는 의미다. 다른 차원에 대해서도 마찬가지다.

컴퓨트 쉐이더 입력 및 출력

첫 번째로 가장 중요한 점은, 컴퓨트 쉐이더는 **내장 출력이 없다**는 것이다. 그렇다. 말 그대로다. 내장 출력이 전혀 없고, 다른 쉐이더 스테이지에서처럼 사용자 정의 출력을 정의할 수도 없다. 이는 컴퓨트 쉐이더는 일종의 단일 스테이지 파이프라인으로 그 전과 후에 아무 스테이지도 없기 때문이다. 하지만 다른 그래픽스 쉐이더와 마찬가지로 몇 개의 내장 입력 변수가 있다. 이 변수들을 사용하면 현재 어떤 지역 작업 그룹에 있는지 그리고 어떤 더 큰 전역 작업 그룹에 속해 있는지 알 수 있다.

첫 번째 변수인 gl_LocalInvocationID는 지역 작업 그룹 내 쉐이더 호출의 인덱스다. 암묵적으로 쉐이더에 **uvec3** 입력으로 선언되어 있으며, 각 요소의 범위는 0에서 해당 차원(x, y, 또는 z)에 대한 지역 작업 그룹 크기보다 1 작은 값까지다. 지역 작업 그룹 크기는 gl_WorkGroupSize 변수에 저장되는데, 이 변수는 암묵적으로 **uvec3** 타입으로 정의되어 있다. 다시 말해, 지역 작업 그룹 크기를 1D나 2D로 선언하더라도 작업 그룹은 여전히 3D다. 하지만 사용하지 않는 차원의 크기는 1로 설정된다. 즉, gl_LocalInvocationID와 gl_WorkGroupSize는 여전히 **uvec3** 변수로 선언되지만, gl_LocalInvocationID의 y와 z 요소는 0이며, gl_WorkGroupSize도 1이다.

gl_WorkGroupSize와 gl_LocalInvocationID가 지역 작업 그룹의 크기와 작업 그룹 내 현재 쉐이더 호출의 위치를 저장하는 것과 마찬가지로, gl_NumWorkGroups와 gl_WorkGroupID는 각각 작업 그룹의 개수와 전체 작업 그룹 중에서 현재 작업 그룹의 인덱스를 나타낸다. 또한 모두 암묵적으로 **uvec3** 변수로 선언된다. gl_NumWorkGroups의 값은 **glDispatchCompute( )**나 **glDispatchComputeIndirect( )** 명령으로 설정하며, 변수의 세 요소는 num_groups_x, num_groups_y, num_groups_z의 값으로 구성된다. gl_WorkGroupID의 요소의 범위는 0에서 gl_NumWorkGroups의 해당 요소들의 값에서 1을 뺀 값까지다.

[그림 10-1]은 이러한 변수들을 표현한 것이다. 그림을 보면, 전역 작업 그룹에서 x차원에는 세 개

---

2 역주_ 작업을 처리하도록 할당한다는 의미

의 작업 그룹이 있고, y차원에는 네 개의 작업 그룹이 있고, z차원에는 여덟 개의 작업 그룹이 있다. 각 지역 작업 그룹은 x차원에는 6개의 아이템, y차원에는 4개의 아이템으로 구성된 2D 배열의 작업 아이템들로 구성된다.

그림 10-1 전역 및 지역 컴퓨트 작업 그룹 차원

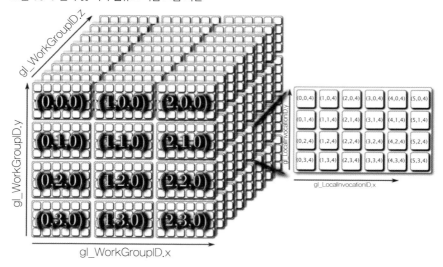

gl_WorkGroupID와 gl_LocalInvocationID를 사용하여 현재 쉐이더 호출이 전체 작업 아이템 중에서 어디에 위치하는지 알 수 있다. 마찬가지로 gl_NumWorkGroups와 gl_WorkGroupSize를 통해 전체 호출 개수를 알 수 있다. 하지만 OpenGL은 gl_GlobalInvocationID를 통해 계산된 전역 호출 인덱스를 제공한다. 이 값은 다음과 같이 계산된다.

```
gl_GlobalInvocationID = gl_WorkGroupID * gl_WorkGroupSize +
                        gl_LocalInvocationID;
```

마지막으로 gl_LocalInvocationIndex 내장 변수는 gl_LocalInvocationID의 '펼친flattened' 형태를 띤다. 즉, 3D 변수가 다음과 같은 코드를 통해 1D 인덱스로 변환된다.

```
gl_LocalInvocationIndex =
    gl_LocalInvocationID.z * gl_WorkGroupSize.x * gl_WorkGroupSize.y +
    gl_LocalInvocationID.y * gl_WorkGroupSize.x +
    gl_LocalInvocationID.x;
```

이러한 변수에 저장된 값으로 쉐이더가 지역 및 전역 작업 그룹 어디에 위치했는지 알 수 있고, 그 값들은 데이터 배열에 대한 인덱스, 텍스처 좌표, 난수 시드, 또는 다른 목적으로 사용할 수 있다.

이제 출력에 관해 살펴보자. 이 절을 시작할 때 컴퓨트 쉐이더는 출력이 없다고 언급했었다. 사실이다. 하지만 컴퓨트 쉐이더가 어떤 데이터도 출력할 수 없다는 것은 아니다. 예를 들면 단지 내장 출

력 변수로 표현되는 **고정** 출력이 없다는 의미다. 컴퓨트 쉐이더도 데이터를 생산하지만, 쉐이더 코드에서 명시적으로 메모리에 저장해야 하는 것은 아니다. 예를 들어 컴퓨트 쉐이더에서 쉐이더 스토리지 블록에 쓸 수도 있고, imageStore나 어토믹 같은 이미지 함수를 사용할 수도 있고, 어토믹 카운터의 값을 증가시키거나 감소시킬 수도 있다. 이러한 연산들은 메모리의 내용을 변경시키거나 외부에 노출되는 결과를 일으키기 때문에 **부수 효과**를 동반한다고 할 수 있다.

[예제 10-2]의 쉐이더를 보자. 한 이미지에서 읽고, 데이터를 논리 역으로 변환하고, 다시 데이터를 다른 이미지에 쓴다.

예제 10-2 컴퓨트 쉐이더 이미지 역변환

```
#version 430 core

layout (local_size_x = 32,
        local_size_y = 32) in;

layout (binding = 0, rgba32f) uniform image2D img_input;
layout (binding = 1) uniform image2D img_output;

void main(void)
{
    vec4 texel;
    ivec2 p = ivec2(gl_GlobalInvocationID.xy);

    texel = imageLoad(img_input, p);
    texel = vec4(1.0) - texel;
    imageStore(img_output, p, texel);
}
```

이 쉐이더를 실행하려면, 컴파일하여 프로그램 객체에 링크시키고, 텍스처 객체의 레벨을 처음 두 이미지 유닛에 바인딩한다. [예제 10-2]에서 보다시피 지역 작업 그룹 크기는 x와 y에 대해 각각 32 호출이다. 이미지들은 32텍셀의 정수곱 넓이와 높이를 가지는 것이 이상적이다. 이미지들이 바인딩되었다면, **glDispatchCompute()**를 호출하여 num_groups_x와 num_groups_y 인자를 이미지의 넓이와 높이를 32로 나눈 값으로 설정하고, num_groups_z를 1로 설정한다. 이 과정에 대한 코드는 [예제 10-3]이다.

예제 10-3 이미지 복사 컴퓨트 쉐이더 디스패치하기

```
// 입력 이미지 바인딩
glBindImageTexture(0, tex_input, 0, GL_FALSE,
                   0, GL_READ_ONLY, GL_RGBA32F);
```

```
// 출력 이미지 바인딩
glBindImageTexture(1, tex_output, 0, GL_FALSE,
                   0, GL_WRITE_ONLY, GL_RGBA32F);

// 컴퓨트 쉐이더 디스패치
glDispatchCompute(IMAGE_WIDTH / 32, IMAGE_HEIGHT / 32, 1);
```

10.1.2 컴퓨트 쉐이더 통신

컴퓨트 쉐이더는 테셀레이션 컨트롤 쉐이더가 패치의 제어점들에 대해 수행한 것처럼 작업 그룹상의 작업 아이템들에 대해 수행한다.[3] 작업 그룹과 패치는 모두 그룹 호출을 통해 생성된다. 단일 패치 내에서 테셀레이션 컨트롤 쉐이더는 **patch** 스토리지 지시어로 한정된 변수에 쓰며, 제대로 동기화되었다면 동일한 패치의 다른 호출이 쓴 값을 읽게 된다. 이와 같은 형태로, 제한적이지만 단일 패치 내에서 테셀레이션 컨트롤 쉐이더 호출 간에 통신을 하는 셈이다. 하지만 이때 중요한 제약 사항이 있다. 예를 들어 **patch** 스토리지 지시어로 한정된 변수는 매우 제한적이어서 단일 패치 내 제어점들의 개수는 매우 작은 값이다.

컴퓨트 쉐이더도 유사한 방식을 제공하지만, 훨씬 더 융통성 있고 강력하다. 테셀레이션 컨트롤 쉐이더에서 **patch** 스토리지 지시어를 사용하여 변수를 선언한 것처럼, **shared** 스토리지 지시어를 사용하여 변수를 선언할 수 있다. 이 지시어를 사용하면 **동일한 지역 작업 그룹** 내 컴퓨트 쉐이더 호출들 간에 변수를 **공유**할 수 있다. **shared** 스토리지 지시어를 사용하여 선언한 변수를 **공유 변수**라고 한다. 공유 변수를 접근하는 것은 이미지나 스토리지 블록으로 주메모리를 접근하는 것보다 훨씬 빠르다. 따라서 컴퓨트 쉐이더를 여러 번 호출하여 동일한 데이터를 접근한다면, 데이터를 주메모리에서 공유 변수로(또는 배열로) 복사하여 접근하고, 아마도 그 위치에서 갱신도 하고, 나중에 그 결과를 다시 주메모리로 복사할 수 있다.

하지만 공유 변수의 개수에는 제한이 있다는 사실을 알아야 한다. 현대 그래픽스 카드들은 수 기가바이트의 주메모리를 가지지만, **shared** 변수 스토리지 공간은 몇 킬로바이트밖에 안 된다. 컴퓨트 쉐이더에서 사용할 수 있는 공유 메모리양은 **glGetIntegerv( )**를 pname에 GL_MAX_COMPUTE_SHARED_MEMORY_SIZE를 설정하여 호출하면 얻을 수 있다. OpenGL에서 지원하는 최소 공유 메모리양은 32KB뿐이다. 따라서 여러분의 OpenGL 구현은 이보다 큰 값일 것이다. 하지만 이 값보다 훨씬 큰 값일 거라고 가정할 수는 없다.

---

3 이것은 지오메트리 쉐이더의 행동 양식과도 유사하다. 하지만 중요한 차이점이 있다. 컴퓨트 쉐이더와 테셀레이션 컨트롤 쉐이더는 각각 작업 아이템당 호출 또는 제어점당 호출을 수행한다. 하지만 지오메트리 쉐이더는 각 프리미티브별로 호출을 수행하며, 각 호출은 그 프리미티브의 모든 입력 데이터에 접근할 수 있다.

컴퓨트 쉐이더 동기화하기

작업 그룹의 호출은 대부분 병렬로 수행된다. 이것이 바로 그래픽스 프로세서의 방대한 계산 능력의 원천이다. 프로세서는 각 지역 작업 그룹을 여러 작은[4] 청크chunk, 덩어리로 분할하고, 단일 청크 내 호출들을 동시에 실행한다. 이러한 청크는 프로세서의 연산 자원에 따라 **시간 분할**되고, 정해진 순서에 따라 각 시간 조각timeslice이 할당된다. 동일 지역 작업 그룹 내 다른 청크들이 작업을 시작하기 전에 한 청크의 호출이 완료되는 경우도 있지만, 대부분의 경우는 여러 '살아 있는' 청크들이 프로세서 상에 동시에 존재할 것이다.

이러한 청크들은 순서 없이 효율적으로 수행되지만, 서로 커뮤니케이션할 수도 있기 때문에, 메시지를 받는 사람이 그것이 최근 메시지라는 것을 보장할 방법이 있어야 한다. 예를 들어 당신이 다른 사람의 사무실을 방문해서 그 사무실 칠판에 적힌 임무를 수행해야 한다고 가정하자. 그 사람들은 매일 칠판에 새로운 메시지를 적지만, 당신은 그들이 언제 적었는지 모른다. 사무실에 방문했다면, 그 메시지가 수행할 작업인지 어떻게 알 수 있을까? 그 메시지가 어제 남긴 메시지일 수도 있지 않을까? 그렇다면 곤란하다. 이제 사무실의 주인이 메시지를 적고 문을 잠그고 나갔는데, 문은 주인이 돌아올 때까지 잠겨 있다고 하자. 당신이 도착했는데 문이 잠겨 있다면 사무실 밖에서 기다려야 한다. 이것이 바로 **베리어**barrier다. 문이 열리면 메시지를 볼 수 있다. 문이 잠겼다면 사람이 도착해서 열 때까지 기다려야 한다.

유사한 메커니즘이 컴퓨트 쉐이더에도 있다. 그것은 바로 barrier() 함수다. 이 함수는 **흐름 제어 베리어**를 수행한다. 컴퓨트 쉐이더에서 barrier()를 호출하면 동일한 지역 작업 그룹 내 다른 모든 쉐이더 호출들이 해당 위치에 도달할 때까지 블록된다. 이 내용은 8.1.4절 '쉐이더 호출 간 통신'에서 다룬 바 있다. 그곳에서는 barrier() 함수의 행동양식을 테셀레이션 컨트롤 쉐이더의 관점에서 설명했었다. 시간 분할 아키텍처에서 barrier() 함수를 수행한다는 의미는 쉐이더가 그 시간 조각을(그 쉐이더가 포함된 청크도 함께) 포기하여 다른 호출이 그 베리어에 도달할 때까지 수행될 수 있도록 한다는 것이다. 일단 지역 작업 그룹 내 모든 다른 호출이 그 베리어에 도달하면(또는 호출이 수행되기 전에 이미 도달해 있었다면) 평소와 같이 수행된다.

공유 메모리를 사용하는 경우 흐름 제어 베리어가 유용할 수 있다. 같은 지역 작업 그룹 내 다른 쉐이더 호출이 현재 호출과 동일한 위치에 언제 도달하는지 알 수 있기 때문이다. 만약 현재 호출이 특정 공유 메모리 변수에 썼고, 모든 다른 호출도 자신들의 변수에 썼다는 것을 확인했다면, 이제 계속 진행하여 다른 호출들이 쓴 데이터를 읽어도 안전하다. 베리어가 없다면 공유 변수에 써질 예정인 데이터가 실제로 써졌는지 확인할 방법이 없다. 결국에는 애플리케이션이 **경쟁 상태**race condition에 처하거나, 심지어는 전혀 동작을 안 할 수도 있다. 예를 들어 [예제 10-4]와 같은 쉐이더가 있다고 하자.

---

[4] 16, 32, 또는 64요소 청크 크기가 일반적이다.

```
#version 430 core

layout (local_size_x = 1024) in;

layout (binding = 0, r32ui) uniform uimageBuffer image_in;
layout (binding = 1) uniform uimageBuffer image_out;

shared uint temp_storage[1024];

void main(void)
{
    // 입력 이미지 읽기
    uint n = imageLoad(image_in, gl_LocalInvocationID.x).x;

    // 공유 스토리지에 저장하기
    temp_storage[gl_LocalInvocationID.x] = n;

    // 경쟁 상태를 피하려면 아래 주석을 제거하시오.
    // barrier();
    // memoryBarrierShared();

    // 바로 왼쪽 호출이 쓴 데이터 읽기
    n = temp_storage[(gl_LocalInvocationID.x - 1) & 1023];

    // 새 데이터를 버퍼에 쓰기
    imageStore(image_out, gl_LocalInvocationID.x, n);
}
```

이 쉐이더는 버퍼 이미지에서 공유 변수로 데이터를 로딩한다. 쉐이더의 각 호출은 하나의 아이템을 버퍼에서 로드하여 공유 변수 배열 내 자신만의 '슬롯'에 쓴다. 그리고 나서 그 호출이 소유하는 슬롯의 왼쪽에서 읽어 버퍼 이미지에 데이터를 쓴다. 결과적으로 버퍼의 데이터가 한 요소만큼 **이동**하는 것을 **원한다**. 하지만 실제로 일어나는 일은 [그림 10-2]와 같다.

보다시피 여러 쉐이더 호출은 하나의 계산 자원으로 시간 분할된다. t0에서 호출 A는 쉐이더의 처음 몇 줄을 수행하고 그 값을 temp_storage에 쓴다. t1에서 호출 B는 한 줄을 수행하고, t2에서 호출 C가 수행되어 쉐이더의 동일한 처음 두 줄을 수행한다. t3에서 호출 A가 그 시간 조각을 다시 얻고 쉐이더 수행을 완료한다. 하지만 다른 호출은 작업이 아직 끝나지 않았다. t4에서 호출 D가 마침내 자신의 차례를 얻지만 바로 호출 C에 인터럽트당한다. 호출 C는 temp_storage를 읽는다. 이때 문제가 발생한다. 호출 C는 호출 B가 쓴 공유 스토리지의 데이터를 읽을 것이라고 예상한다. 하지만 호출 B는 아직 쉐이더의 해당 위치에 도달하지 못했다! 그 사실을 모른 채 수행은 계속되고, 호출 D, C, B는 모두 쉐이더를 완료한다. 하지만 C가 저장한 데이터는 쓰레기값이다.

그림 10-2 컴퓨트 쉐이더의 경쟁 상태 효과

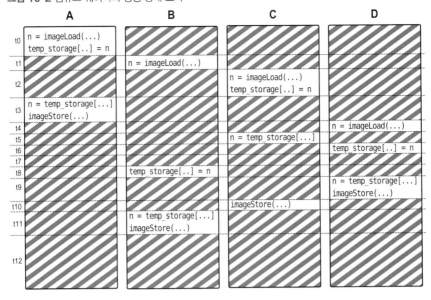

이런 상황을 **경쟁 상태**라고 부른다. 쉐이더 내 동일 지점까지 각 호출이 경쟁하고, 어떤 호출은 다른 호출이 데이터를 쓰기 전에 temp_storage 공유 변수를 읽는다. 결과적으로 이전 값을 얻게 되고, 그 다음 출력 버퍼 이미지에 쓴다. [예제 10-4]의 barrier() 호출 부분의 주석을 제거하면 [그림 10-3]과 같은 실행 흐름을 얻게 된다.

그림 10-3 경쟁 상태에 barrier()를 사용한 효과

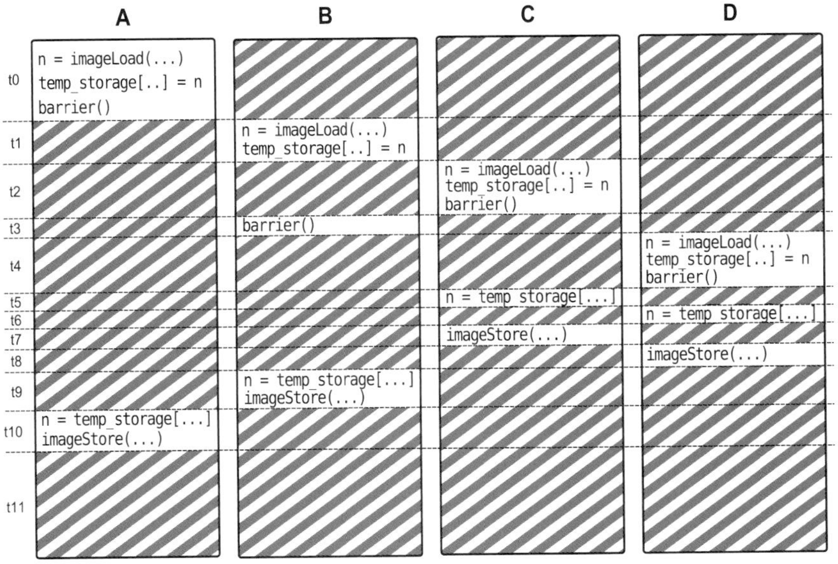

[그림 10-2]와 [그림 10-3]을 비교하면, 두 그림 모두 네 개의 쉐이더 호출이 시간 분할되어 같은 계산 자원을 사용하지만, [그림 10-3]은 경쟁 상태를 일으키지 않는다. [그림 10-3]을 보면, 마찬가지로 쉐이더 호출 A가 쉐이더의 처음 몇 줄을 수행하고 나서 barrier() 함수를 호출한다. 이를 통해 그 시간 조각을 다른 호출에 양보한다. 다음으로 호출 B가 처음 몇 줄을 수행하고, 다시 양보한다. 그 다음에는 호출 C가 barrier() 함수를 만날 때까지 수행하고 양보한다. 호출 B가 그 배리어를 수행하지만 호출 D가 아직 barrier() 함수까지 도달하지 못했기 때문에 계속 진행하지 못한다. 마침내 호출 D가 수행되고, 이미지 버퍼를 읽고, 그 데이터를 공유 스토리지 영역에 쓴다. 그 다음에 barrier()를 호출한다. 이때 다른 호출들에 이제 계속 수행해도 된다고 신호한다.

호출 D가 베리어를 수행한 바로 다음에, 다른 호출들도 다시 실행될 수 있다. 호출 C가 공유 스토리지에서 읽고, 그 다음 D가 읽고, 그 다음 C와 D가 결과를 이미지에 저장한다. 마지막으로 호출 A와 B는 공유 스토리지에서 읽어 그 결과를 메모리에 저장한다. 보다시피 어떠한 호출도 아직 쓰지 않은 데이터를 읽지 않는다. barrier() 함수가 있기 때문에 호출들을 차례대로 수행할 수 있다. 이 그림에서 네 개의 호출이 하나의 자원을 위해 경쟁하는 예를 보여주지는 못하지만, 실제 OpenGL 구현 내부에서는 수많은 스레드가 수십 개의 리소스에 대해 경쟁하게 된다. 그러한 상황에서는 경쟁 상태로 인해 데이터가 깨지는 현상이 발생할 가능성도 높다.

10.2 예제

이번 절에서는 컴퓨트 쉐이더를 활용하는 여러 예제를 살펴본다. 첫 번째 **병렬 접두합**parallel prefix sum 예제에서는 한 알고리즘(얼핏 보면 매우 직렬적인 방식으로 보이는)을 효율적인 병렬 방식으로 구현하는 방법을 설명한다. 두 번째 예제에서는 전통적인 **플로킹** 알고리즘flocking algorithm (**보이드**boids 라고도 함)[5]을 설명한다. 두 예제 모두 지역 및 전역 작업 그룹을 사용하며, barrier() 명령을 사용한 동기화 및 컴퓨트 쉐이더에서만 사용할 수 있는 기능인 공유 지역 변수 등을 사용한다.

10.2.1 컴퓨트 쉐이더 병렬 접두합

접두합 연산prefix sum operation은 입력값들의 배열이 주어졌을 때, 현재 배열 요소까지의(현재 요소의 포함 여부는 선택적) 모든 입력 배열값의 합을 각 출력 배열 요소에 저장하는 새로운 배열을 계산하는 알고리즘이다. 현재 요소를 포함하는 접두합 연산은 **포괄적**inclusive 접두합이라고 부르고, 포함하지 않는 접두합 연산은 **배타적**exclusive 접두합이라고 부른다. 예를 들어 [예제 10-5]의 코드는 포괄적 또는 배타적 접두합 함수를 간단히 C++로 구현한 코드다.

---

5 역주_ 새 떼의 이동을 시뮬레이션하는 알고리즘

```cpp
void prefix_sum(const float * in_array,
                float * out_array,
                int elements,
                bool inclusive)
{
    float f = 0.0f;
    int i;

    if (inclusive)
    {
        for (i = 0; i < elements; i++)
        {
            f += in_array[i];
            out_array[i] = f;
        }
    }
    else
    {
        for (i = 0; i < elements; i++)
        {
            out_array[i] = f;
            f += in_array[i];
        }
    }
}
```

포괄적 접두합과 배타적 접두합의 차이는 입력 배열의 총합 계산을 출력 배열에 쓰기 전에 하는지 후에 하는지의 차이뿐이다. [그림 10-4]는 배열에 대해 포괄적 접두합을 수행하는 작업을 설명한 그림이다.

그림 10-4 접두합 연산의 입력 및 출력 예

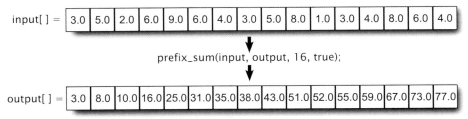

입력 및 출력 배열의 요소 개수가 증가하면 더하기 연산의 개수가 매우 크게 증가한다는 사실을 알 아야 한다. 또한 출력 배열의 각 요소에 쓰는 결과가 그 앞의 모든 요소의 합이기 때문에(즉, 모든 요소에 의존적인), 이러한 종류의 알고리즘은 병렬화가 쉽지 않아 보인다. 하지만 이 경우에는 그렇지 않다. 접두합 연산은 매우 병렬화 가능한 연산이다. 핵심은, 접두합은 단순히 인접 배열 요소들의 많은 덧셈일 뿐이라는 것이다. 예를 들어 I_0에서 I_3까지의 네 개의 입력 요소의 접두합은 O_0에서 O_3까지의 출력 배열을 생성한다. 결과는 다음과 같다.

$$O_0 = I_0$$
$$O_1 = I_0 + I_1$$
$$O_2 = I_0 + I_1 + I_2$$
$$O_3 = I_0 + I_1 + I_2 + I_3$$

병렬화의 핵심은 큰 태스크를 다른 태스크에 완전히 독립적으로 수행할 수 있는 작은 그룹으로 분할한다는 것이다. 위 식을 보면 O_2와 O_3를 계산할 때 I_0와 I_1의 합을 사용하는데, 이것으로 O_1의 계산도 필요하다는 것을 알 수 있다. 따라서 이 연산을 여러 단계로 분할한다면 첫 번째 단계에 다음과 같은 계산이 필요하다.

$$O_0 = I_0$$
$$O_1 = I_0 + I_1$$
$$O_2 = I_2$$
$$O_3 = I_2 + I_3$$

그리고 나서 두 번째 단계에서 다음과 같이 계산한다.

$$O_2 = O_2 + O_1$$
$$O_3 = O_3 + O_1$$

이제 O_1과 O_3의 계산은 첫 번째 단계의 다른 작업들과 무관하다. 따라서 병렬로 수행하고, 두 번째 단계에서 O_2와 O_3의 값을 갱신하면 된다. 자세히 보면, 첫 번째 단계에서는 4요소 접두합을 간단히 계산할 수 있는 한 쌍의 2요소 접두합으로 분할한다. 두 번째 단계에서는 이전 결과를 사용하여 내부합의 결과를 갱신한다. 사실 어떠한 크기의 접두합이더라도 직접 내부합을 계산할 수 있는 수준까지 계속 더 작은 청크들로 분할할 수 있다. 이 과정은 [그림10-5]에서 확인할 수 있다.

[그림 10-5]를 보면 이 알고리즘이 재귀호출을 사용한다는 것을 알 수 있다. 이 기법에 필요한 덧셈 개수는 사실 접두합 알고리즘을 직렬로 계산할 때에 비해 더 많다. 이 예제에서 직렬 알고리즘을 사용하여 접두합 계산을 할 때는 15개의 덧셈이 필요한 반면, 병렬 알고리즘에서는 각 단계별로 8개의 덧셈을 네 단계에 대해 수행했으므로 총 32개의 덧셈이 필요하다. 하지만 각 단계에서 8번의 덧셈을 병렬로 수행할 수 있기 때문에 15단계가 아닌 4단계로 수행하여 직렬 방식보다 거의 네 배나 더 빠르게 수행할 수 있다.

그림 10-5 접두합을 더 작은 청크들로 분할하기

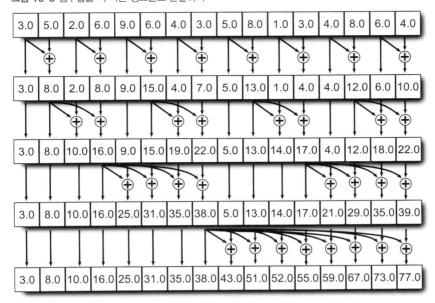

입력 배열의 요소 개수가 증가하면 속도 증가가 더 클 것으로 예상된다. 예를 들어 입력 배열을 32 요소로 확장하면 15개의 덧셈을 5단계로 수행하는데, 직렬 방식에는 31개의 덧셈이 필요하다. 한 번에 16개의 덧셈을 처리할 수 있는 충분한 계산 리소스가 있다면 31개가 아닌 5개의 단계로 수행하여 6배 빠르게 수행할 수 있다. 마찬가지로 입력 배열 개수가 64라면 63개의 직렬 덧셈 대신 32개의 덧셈을 6단계로 수행할 수 있기 때문에 10배나 더 빠르다! 물론 병렬로 수행할 수 있는 최대 덧셈 개수에는 제한이 있고, 입력 및 출력 배열을 읽고 쓸 때 필요한 메모리 대역폭 등에도 제한이 있을 수 있다.

이를 컴퓨트 쉐이더에서 구현하려면, 입력 데이터를 공유 변수에 로딩하고, 내부합을 계산하고, 다른 호출과 동기화하고, 그 결과를 누적하는 등의 작업을 하면 된다. [예제 10-6]은 이 알고리즘을 구현한 컴퓨트 쉐이더 예다.

예제 10-6 컴퓨트 쉐이더를 사용하여 구현한 접두합 계산

```
#version 430 core

layout (local_size_x = 1024) in;

layout (binding = 0) coherent buffer block1
{
    float input_data[gl_WorkGroupSize.x];
};
```

```
layout (binding = 1) coherent buffer block2
{
    float output_data[gl_WorkGroupSize.x];
};

shared float shared_data[gl_WorkGroupSize.x * 2];

void main(void)
{
    uint id = gl_LocalInvocationID.x;
    uint rd_id;
    uint wr_id;
    uint mask;

    // 단계 수는 작업 그룹 크기의 log(밑이 2인)다.
    // 이때 작업 그룹 크기는 2의 승수다.
    const uint steps = uint(log2(gl_WorkGroupSize.x)) + 1;
    uint step = 0;

    // 각 호출은 출력 배열의 두 요소에 대한 내용을 처리한다.
    shared_data[id * 2] = input_data[id * 2];
    shared_data[id * 2 + 1] = input_data[id * 2 + 1];

    // 모든 요소가 입력 배열에서 로딩한 데이터로 shared_data[]의
    // 각 요소를 초기화했다는 것을 보장하기 위해 동기화한다.
    barrier();
    memoryBarrierShared();

    // 각 단계별로
    for (step = 0; step < steps; step++)
    {
        // 공유 배열의 읽기 및 쓰기 인덱스를 계산한다.
        mask = (1 << step) - 1;
        rd_id = ((id >> step) << (step + 1)) + mask;
        wr_id = rd_id + 1 + (id & mask);

        // 현재 요소에 읽기 데이터를 누적한다.
        shared_data[wr_id] += shared_data[rd_id];

        // 모두 여기까지 수행하도록 다시 동기화한다.
        barrier();
        memoryBarrierShared();
    }

    // 마지막으로 데이터를 출력 이미지에 쓴다.
    output_data[id * 2] = shared_data[id * 2];
    output_data[id * 2 + 1] = shared_data[id * 2 + 1];
}
```

[예제 10-6]의 쉐이더는 지역 작업 그룹 크기가 1024인데, 이는 각 호출이 출력 배열의 두 요소를 계산하므로 2048개의 요소를 갖는 배열을 처리한다는 것을 의미한다. 공유 변수인 shared_data 는 작업 중인 데이터를 저장하는데, 실행 초기에 쉐이더가 입력 배열에서 두 개의 인접 요소를 로드하여 이 배열에 넣는다. 다음에는 barrier() 함수를 수행한다. 이 함수를 통해 내부 루프 시작 전에 모든 쉐이더 호출이 자신의 데이터를 공유 배열에 로드했다는 것을 확신할 수 있다.

내부 루프의 매 반복마다 알고리즘을 한 단계씩 수행한다. 이 루프는 $\log_2(N)$번 수행하는데, 여기 서 N은 배열의 요소 개수다. 매 호출마다 쉐이더는 합산할 첫 번째와 두 번째 요소의 인덱스를 계산 하고, 합을 계산한 다음에, 결과를 다시 공유 배열에 쓴다. 루프의 마지막에는 barrier()를 다시 호출하는데, 이는 다음 루프를 반복하기 전에 그리고 루프를 완전히 빠져나가기 전에 호출이 완전히 동기화된다는 것을 의미한다. 마지막으로 결과를 출력 버퍼에 쓴다.

접두합 알고리즘은 **개별적으로** 이미지나 볼륨과 같은 다차원 데이터 집합에 대해서도 적용할 수 있 다. 9장의 블룸 예제에서 이미 가우시안 필터링을 사용한 개별 알고리즘의 예를 확인한 바 있다. 접 두합을 이미지에 대해 수행하려면, 먼저 접두합 알고리즘을 이미지의 픽셀 행에 대해 수행하고, 다 음으로 그 결과의 각 열에 대해 접두합을 다시 수행하면 된다. 이 두 단계의 출력은 새로운 2D 그리 드 형태로서 각 점의 값은 원점과 해당 점이 이루는 **사각형** 내의 모든 값의 합이 된다. [그림 10-6] 은 그 원리를 설명한다.

그림 10-6 2D 접두합

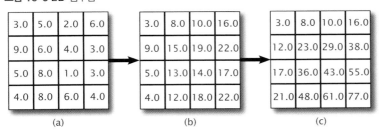

[그림 10-6]을 보면 (a)의 입력이 주어졌고, 첫 단계는 단순히 이미지의 행에 대한 접두합의 값을 계산하고, 출력 이미지는 (b)의 접두합을 구성한다. 두 번째 단계는 중간 이미지의 열에 대한 접 두합을 수행하고, (c)처럼 원본 이미지의 2D 접두합을 담는 출력을 생성한다. 이러한 이미지는 **영역합 테이블**이라고 부르는데, 컴퓨터 그래픽스 분야에서 매우 중요한 자료 구조 중 하나다.

[예제 10-6]의 쉐이더를 수정하여 쉐이더 스토리지 버퍼 대신에 이미지 변수의 행들에 대한 접두 합을 계산하도록 할 수 있다. 수정한 쉐이더는 [예제 10-7]이다. 최적화 방법으로, 쉐이더가 이미 지의 행을 읽어 이미지의 **열**에 쓰도록 할 수 있다. 이는 출력 이미지가 입력에 대해 전치되는 결과 다. 하지만 이 쉐이더를 두 번 적용하면 이미지가 두 번 전치되어 원래 방향으로 돌아오기 때문에

최종 출력은 원래 입력 방향과 같은 방향이 된다. 만약 전치 연산을 원치 않는다면 행을 처리하는 쉐이더와 열을 처리하는 쉐이더를 따로 만들어야 한다(아니면 이미지의 인덱스를 다르게 처리할 추가 작업이 필요하다). 이 방식을 사용하면 두 패스에 대해 동일한 쉐이더를 사용할 수 있다.

예제 10-7 2D 접두합을 생성하는 컴퓨트 쉐이더

```
#version 430 core

layout (local_size_x = 1024) in;

shared float shared_data[gl_WorkGroupSize.x * 2];

layout (binding = 0, r32f) readonly uniform image2D input_image;
layout (binding = 1, r32f) writeonly uniform image2D output_image;

void main(void)
{
    uint id = gl_LocalInvocationID.x;
    uint rd_id;
    uint wr_id;
    uint mask;
    ivec2 P = ivec2(id * 2, gl_WorkGroupID.x);

    const uint steps = uint(log2(gl_WorkGroupSize.x)) + 1;
    uint step = 0;

    shared_data[id * 2] = imageLoad(input_image, P).r;
    shared_data[id * 2 + 1] = imageLoad(input_image,
                                        P + ivec2(1, 0)).r;

    barrier();
    memoryBarrierShared();

    for (step = 0; step < steps; step++)
    {
        mask = (1 << step) - 1;
        rd_id = ((id >> step) << (step + 1)) + mask;
        wr_id = rd_id + 1 + (id & mask);

        shared_data[wr_id] += shared_data[rd_id];

        barrier();
        memoryBarrierShared();
    }

    imageStore(output_image, P.yx, vec4(shared_data[id * 2]));
    imageStore(output_image, P.yx + ivec2(0, 1),
            vec4(shared_data[id * 2 + 1]));
}
```

[예제 10-7]의 쉐이더에서 각 지역 작업 그룹은 여전히 1차원이다. 하지만 첫 번째 패스에서 쉐이더를 수행할 때, 이미지의 행 개수만큼의 지역 작업 그룹을 포함하는 1차원 전역 작업 그룹을 생성하고, 두 번째 패스에서는 이미지의 열 개수(사실 쉐이더에서 전치 연산을 하므로 이 역시 행 개수)만큼의 지역 작업 그룹을 생성한다. 각 지역 작업 그룹은 전역 작업 인덱스로 참조하는 이미지의 행 또는 열을 처리한다.

이미지의 영역합 테이블이 주어지면, 그 이미지의 임의의 사각형 내의 요소들의 합을 계산할 수 있다. 이를 위해서는 단순히 각 테이블의 네 값만 필요하다. 각각은 원점에서 해당 범위의 사각형 내에 포함된 요소들의 합이다. 왼쪽 위 및 오른쪽 아래 좌표로 정의된 관심 사각형에 대해, 왼쪽 위 및 오른쪽 아래 좌표의 영역합 테이블의 값들을 더하고, 오른쪽 위 및 왼쪽 아래 좌표의 값들을 뺀다. 어떻게 동작하는지는 [그림 10-7]을 참조하자.

그림 10-7 영역합 테이블에서 한 사각형의 합 계산하기

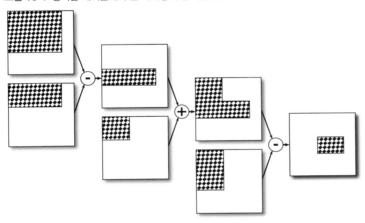

사각형의 면적은 영역합 테이블의 사각형 내 픽셀 개수로 간단히 표현할 수 있다. 이때 사각형 내에 포함된 모든 요소의 합을 취해서 그 면적으로 나누면, 사각형 내 요소들의 **평균**값이 된다. 여러 값의 평균을 구하는 것은 **박스 필터**box filter로 알려진 일종의 필터링 방식으로, 매우 단순한 방식이지만 특정 애플리케이션 등에는 유용할 수 있다. 특히 이미지 내 임의 점 주변 특정 개수의 픽셀에 대한 평균을 구할 때는 가변 크기 필터를 사용할 수 있다. 가변 크기 필터란 픽셀별로 필터링 사각형의 차원을 변경할 수 있는 필터를 말한다.

[그림 10-8]은 가변 크기 필터를 적용한 이미지의 예다. 이미지를 보면 왼쪽은 조금 필터링되었고 오른쪽은 많이 필터링되었다. 결과적으로 이미지의 오른쪽은 왼쪽보다 좀 더 흐려 보인다.

그림 10-8 가변 필터링을 이미지에 적용한 예

이와 같은 단순한 필터링 효과도 매우 유용하지만, 이러한 기법을 사용하면 더 재미있는 결과를 얻을 수도 있다. 그중 하나는 **피사계 심도**depth of field 효과다. 카메라는 이 효과와 관련 있는 두 가지 속성을 갖는다. **초점 거리**와 **초점 깊이**다. 초점 거리는 카메라로부터 완벽히 초점이 맞아야 하는 물체 간의 거리를 말한다. 초점 깊이는 물체가 초점이 맞는 위치에서 맞지 않는 위치로 변화하는 비율을 말한다.

이러한 예는 [그림 10-9]의 사진[6]에서 볼 수 있다. 카메라에 가까운 유리컵은 포커스가 잘 맞아 있다. 하지만 앞쪽에서 뒤쪽으로 놓인 잔들을 보면 점점 포커스가 흐려지는 것을 알 수 있다. 배경의 오렌지 바구니를 보면 포커스가 많이 흐려져 있다. 아웃 오브 포커스out of focus로 이미지가 흐려 보이는 현상의 원인은 복잡한 광학 현상 때문이지만, 기본 박스 필터만으로도 비슷하게 흉내 낼 수 있다.

그림 10-9 사진의 피사계 심도

----
6 사진 출처 http://www.cookthestory.com

피사계 심도 효과를 시뮬레이션하려면, 먼저 장면을 보통 때와 같이 렌더링하는데, 이때 각 프래그먼트의 깊이값(대략적으로 카메라로부터의 거리와 동일하다)을 저장한다. 이 깊이값이 시뮬레이션한 카메라의 초점 거리와 동일하다면, 이미지는 선명할 것이고 포커스가 맞게 된다. 컴퓨터 그래픽스에서 렌더링한 일반 이미지와 같아 보일 것이다. 픽셀의 깊이가 이 정확한 깊이와 다르면 이미지에 적용하는 블러의 양도 함께 증가할 것이다.

dof 예제에서 이 기법을 구현했다. 프로그램을 보면 렌더링한 이미지를 [예제 10-7]의 컴퓨트 쉐이더를 통해 영역합 테이블로 변환한다. 픽셀당 단일 부동소수점값을 사용하지 않고 대신 **vec3** 데이터에 동작하도록 조금 수정한 버전이다. 또한 이미지를 렌더링할 때 픽셀당 뷰 공간 깊이를 이미지의 네 번째 **알파** 채널에 저장한다. 그 값은 [예제 10-8]의 프래그먼트 쉐이더에서 사용한다. 프래그먼트 쉐이더는 현재 픽셀에 대한 착란confusion(블러되는 범위의 정도를 나타내는 전문 용어)의 넓이를 계산하고 그 값을 사용하여 필터 넓이(m)를 계산한다. 그리고 데이터를 영역합 테이블에서 읽어 블러된 픽셀을 생성한다.

예제 10-8 영역합 테이블을 사용한 피사계 심도

```
#version 430 core

layout (binding = 0) uniform sampler2D input_image;

layout (location = 0) out vec4 color;

uniform float focal_distance = 50.0;
uniform float focal_depth = 30.0;

void main(void)
{
    // s는 SAT(영역합 테이블) 이미지에서 데이터를 참조하기 전에
    // 텍스처 좌표를 스케일링하기 위해 사용한다.
    vec2 s = 1.0 / textureSize(input_image, 0);
    // C는 필터의 중심이다.
    vec2 C = gl_FragCoord.xy;

    // 우선 필터의 중심에 대한 SAT의 값을 얻어온다.
    // 이 값의 마지막 채널은 픽셀의 뷰 공간 깊이를 저장한다.
    vec4 v = texelFetch(input_image, ivec2(gl_FragCoord.xy), 0).rgba;

    // m은 필터 커널의 반지름이다.
    float m;

    // 이 애플리케이션에서는 깊이 이미지에 렌더링하기 전에 깊이 이미지를
    // 0으로 지운다. 현재값이 0이라는 것은, 이미지에 렌더링한 적이 없는
    // 경우이기 때문에, 반지름을 0.5(즉, 지름은 1.0)로 하여 진행한다.
    if (v.w == 0.0)
```

```
    {
        m = 0.5;
    }
    else
    {
        // 착란원(circle of confusion)을 계산한다.
        m = abs(v.w - focal_distance);

        // 단순한 smoothstep 스케일 및 바이어스.
        // 최소 반지름은 0.5(지름 1.0)며, 최댓값은 8.0이다.
        // 16픽셀보다 큰 박스 필터 커널은 그다지 좋아 보이지 않는다.
        m = 0.5 + smoothstep(0.0, focal_depth, m) * 7.5;
    }

    // 샘플을 얻어올 영역의 네 모서리 위치를 계산한다.
    vec2 P0 = vec2(C * 1.0) + vec2(-m, -m);
    vec2 P1 = vec2(C * 1.0) + vec2(-m, m);
    vec2 P2 = vec2(C * 1.0) + vec2(m, -m);
    vec2 P3 = vec2(C * 1.0) + vec2(m, m);

    // 좌표를 스케일한다.
    P0 *= s;
    P1 *= s;
    P2 *= s;
    P3 *= s;

    // 네 모서리에 대한 SAT값을 가져온다.
    vec3 a = textureLod(input_image, P0, 0).rgb;
    vec3 b = textureLod(input_image, P1, 0).rgb;
    vec3 c = textureLod(input_image, P2, 0).rgb;
    vec3 d = textureLod(input_image, P3, 0).rgb;

    // 커널 내 모든 픽셀에 대한 합을 계산한다.
    vec3 f = a - b - c + d;

    // 반지름을 지름으로 스케일한다.
    m *= 2;

    // 면적으로 나눈다.
    f /= float(m * m);

    // 최종 색상을 출력한다.
    color = vec4(f, 1.0);
}
```

[예제 10-8]의 쉐이더는 각 픽셀의 깊이를 담는 텍스처와 앞에서 계산한 이미지의 영역합 테이블, 그리고 시뮬레이션된 카메라의 인자들을 입력으로 받는다. 픽셀의 깊이와 카메라의 초점 거리 간 차이의 절댓값이 증가함에 따라, 이 값을 사용하여 필터링 사각형의 크기(착란 면적으로 알려져 있

다)를 계산한다. 그 다음에는 사각형 각 모서리에 대한 영역합 테이블의 네 값을 읽고, 그 내용에 대한 평균값을 계산하여 프레임버퍼에 쓴다. 결과적으로 이상적인 초점 거리에서 '멀리' 떨어진 픽셀은 더 많이 블러되고, 가까운 픽셀은 덜 블러된다. 이 쉐이더의 결과는 [그림 10-10]이다. 이 이미지는 컬러 화보에도 있다.

그림 10-10 이미지에 피사계 심도 적용하기(컬러 화보 참조)

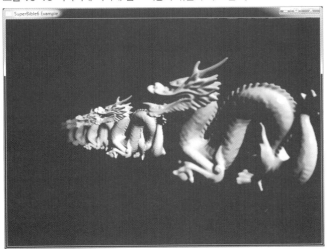

[그림 10-10]을 보면 피사계 심도 효과가 줄서 있는 용에 적용되었다. 이미지를 보면, 제일 앞에 있는 용은 살짝 블러되고 초점이 살짝 벗어나 있고, 두 번째 용은 초점이 맞아 있으며, 그 뒤의 용들은 다시 점점 초점을 잃고 있다. [그림 10-11]은 동일한 프로그램으로 만든 결과들을 더 보인다. [그림 10-11]의 가장 왼쪽 이미지를 보면, 가장 가까운 용은 선명하게 초점이 맞아 있으며, 용들이 점점 더 멀어질수록 더 흐려진다. [그림 10-11]의 중간 이미지를 보면, 가장 먼 용에 초점이 맞아 있으며, 가장 가까운 용이 가장 블러되었다. 이러한 효과를 위해서는 시뮬레이션된 카메라의 피사계 심도가 매우 얕아야 한다. 카메라의 피사계 심도를 증가시키면 [그림 10-11]의 오른쪽 이미지를 얻게 된다. 이때는 효과를 감지하기가 훨씬 더 힘들어진다. 하지만 이 세 이미지 모두 동일한 프로그램으로 실시간으로 생성되었으며, 초점 거리와 피사계 심도 이 두 인자에 따라 다른 결과를 보인다.

그림 10-11 피사계 심도로 얻을 수 있는 효과들

이 예제를 단순화시키기 위해 모든 이미지의 모든 요소에 대해 32비트 부동소수점 데이터를 사용했다. 따라서 정밀도 문제를 걱정하지 않아도 된다. 데이터의 크기가 커질수록 부동소수점 데이터의 정밀도가 낮아지기 때문에 영역합 테이블에 정밀도 손실로 인한 문제가 생길 수 있다. 이미지의 모든 픽셀값을 합산하기 때문에 영역합 테이블에 저장된 값은 매우 커질 수 있다. 그러면 출력 이미지가 재구성될 때 여러(아마도 값이 큰) 부동소수점값의 차이 때문에 결국 노이즈가 발생할 수 있다.

이 알고리즘의 구현을 개선하려면 다음을 참조한다.

- 완전한 32비트 정밀도보다는 16비트 부동소수점을 초기 이미지에 렌더링한다.
- 프래그먼트의 깊이를 개별 텍스처에 저장하면(또는 깊이 버퍼로부터 재구성하면), 임시 이미지에 저장할 필요가 없다.
- 렌더링된 이미지를 −0.5만큼 미리 조정하면, 정밀도를 향상시켜 큰 이미지에 대해서도 영역합 테이블값을 0에 가깝게 유지할 수 있다.

10.2.2 컴퓨트 쉐이더 플로킹

이번 예제에서는 컴퓨트 쉐이더를 사용하여 플로킹 알고리즘을 구현한다. 플로킹 알고리즘은 큰 그룹의 개별 멤버의 속성을 다른 멤버와 독립적으로 갱신할 때 돌발 행동양식을 보여주는 알고리즘이다. 이러한 종류의 행동양식은 자연에서 흔히 볼 수 있는 현상으로 벌 떼, 새 떼, 물고기 떼는 그룹의 멤버끼리 전체적으로 소통하지 않으면서도 함께 이동한다. 즉, 각 개별 멤버의 결정이 그룹의 인근 멤버들에 대한 인식에만 기반한다. 하지만 특정 결정에 대해 멤버들 간의 협력이 필요한 것은 아니다. 물고기 떼 같은 경우에는 리더도 없다. 그룹의 각 멤버가 사실 독립적이기 때문에 개별 속성의 새로운 값은 병렬로 계산할 수 있다. GPU로 구현하기에 이상적인 방식이다.

이제 플로킹 알고리즘을 컴퓨트 쉐이더로 구현해보자. 무리의 각 멤버를 쉐이더 스토리지 버퍼에 저장된 단일 요소로 표현한다. 각 멤버는 위치와 속도를 가지며, 이 값들은 현재값을 한 버퍼에서 읽어 다른 버퍼에 결과를 쓰는 컴퓨트 쉐이더에 의해 갱신된다. 그 버퍼는 버텍스 버퍼로 바인딩되어 버텍스 쉐이더 렌더링의 인스턴스 입력으로 사용된다. 무리의 각 멤버는 드로우 명령의 한 인스턴스가 된다. 버텍스 쉐이더는 첫 번째 버텍스 쉐이더에서 계산한 위치와 방향으로 메시(여기서는 단순한 종이비행기 모델)를 변환한다. 그 다음에 다시 컴퓨트 쉐이더부터 알고리즘을 반복하여 이전 패스에서 계산한 위치와 속도를 재사용한다. 어떠한 데이터도 그래픽 카드의 메모리를 떠나지 않으며, CPU는 계산에 전혀 사용되지 않는다.

한 쌍의 버퍼를 사용하여 무리의 멤버들의 현재 위치를 저장한다. 일련의 VAO를 사용하여 각 패스의 버텍스 배열 상태를 표현하고 그 결과 데이터를 렌더링한다. 이러한 VAO들은 멤버들을 표시할 모델에 대한 버텍스 데이터도 담는다. 무리의 위치와 속도는 더블버퍼를 사용해야 하는데, 위치나 속도 버퍼를 드로우 명령의 원본으로 사용하면서 동시에 부분적으로 갱신하는 것을 막기 위함이다. [그림 10-12]는 알고리즘이 사용하는 패스를 설명한다.

그림 10-12 반복적인 플로킹 알고리즘의 각 스테이지

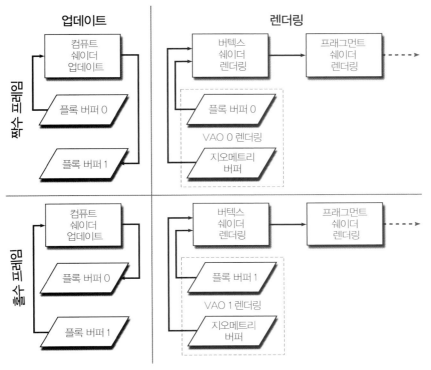

왼쪽 위를 보면 짝수 프레임에 대한 업데이트를 수행한다. 위치 및 속도를 담은 첫 번째 버퍼는 컴퓨트 쉐이더에서 읽을 쉐이더 스토리지 버퍼에 바인딩된다. 두 번째 버퍼는 컴퓨트 쉐이더에서 쓰기 목적으로 바인딩된다. 다음으로 렌더링을 하는데, [그림 10-12]의 오른쪽 위를 보면 업데이트 패스에 사용한 동일한 버퍼들을 입력으로 사용한다. 업데이트 패스와 렌더링 패스에 이 버퍼들을 입력으로 사용하기 때문에 렌더링 패스는 업데이트 패스와 의존성이 없다. 즉, 업데이트 패스가 끝나기 전에 OpenGL이 렌더링 패스를 시작해도 된다는 의미다. 무리 멤버들의 위치와 속도는 원본 인스턴스 버텍스 속성에 사용되며, 추가 지오메트리 버퍼로 버텍스 위치 데이터를 제공한다.

다음 프레임으로 넘어가서 [그림 10-12]의 왼쪽 아래를 보자. 버퍼들을 서로 바꾸었다. 두 번째 버퍼가 이제 컴퓨트 쉐이더의 입력이 되고, 첫 번째는 컴퓨트 쉐이더의 쓰기 목적으로 사용된다. 마지막으로 [그림 10-12]의 오른쪽 아래를 보면, 홀수 프레임을 렌더링한다. 두 번째 버퍼는 버텍스 쉐이더의 입력으로 사용된다. 비록 flock_geometry 버퍼가 두 렌더링 VAO의 멤버이기는 하지만, 동일한 데이터를 두 패스에 모두 사용하기 때문에 복사본을 두 개 유지할 필요는 없다.

지금까지의 설정 내용은 [예제 10-9]에 있다. 그리 복잡하지는 않지만, 반복이 꽤 있어서 길다. 예제에는 초기화 코드도 많이 포함되어 있다.

예제 10-9 플로킹을 위해 쉐이더 스토리지 버퍼 초기화하기

```
glGenBuffers(2, flock_buffer);
glBindBuffer(GL_SHADER_STORAGE_BUFFER, flock_buffer[0]);
glBufferData(GL_SHADER_STORAGE_BUFFER,
             FLOCK_SIZE * sizeof(flock_member),
             NULL,
             GL_DYNAMIC_COPY);
glBindBuffer(GL_SHADER_STORAGE_BUFFER, flock_buffer[1]);
glBufferData(GL_SHADER_STORAGE_BUFFER,
             FLOCK_SIZE * sizeof(flock_member),
             NULL,
             GL_DYNAMIC_COPY);

glGenBuffers(1, &geometry_buffer);
glBindBuffer(GL_ARRAY_BUFFER, geometry_buffer);
glBufferData(GL_ARRAY_BUFFER, sizeof(geometry), geometry, GL_STATIC_DRAW);

glGenVertexArrays(2, flock_render_vao);

for (i = 0; i < 2; i++)
{
    glBindVertexArray(flock_render_vao[i]);
    glBindBuffer(GL_ARRAY_BUFFER, geometry_buffer);
    glVertexAttribPointer(0, 3, GL_FLOAT, GL_FALSE,
                          0, NULL);
    glVertexAttribPointer(1, 3, GL_FLOAT, GL_FALSE,
                          0, (void *)(8 * sizeof(vmath::vec3)));

    glBindBuffer(GL_ARRAY_BUFFER, flock_buffer[i]);
    glVertexAttribPointer(2, 3, GL_FLOAT, GL_FALSE,
                          sizeof(flock_member), NULL);
    glVertexAttribPointer(3, 3, GL_FLOAT, GL_FALSE,
                          sizeof(flock_member),
                          (void *)sizeof(vmath::vec4));
    glVertexAttribDivisor(2, 1);
    glVertexAttribDivisor(3, 1);

    glEnableVertexAttribArray(0);
    glEnableVertexAttribArray(1);
    glEnableVertexAttribArray(2);
    glEnableVertexAttribArray(3);
}
```

[예제 10-9]의 코드를 실행하는 것뿐 아니라, 무리 위치를 난수 벡터로 초기화하고 모든 속도값을 0으로 초기화하는 코드도 필요하다.

이제 렌더링 루프에서 무리 위치를 갱신하고 무리의 멤버들을 그린다. 데이터를 VAO에 추상화시 켰기 때문에 이 작업은 매우 간단하다. 렌더링 루프는 [예제 10-10]에 있다. 두 개의 패스를 수행 하는 것을 명확히 확인할 수 있다. 첫 번째 패스에는 update_program이 활성화되어 무리 멤버들 의 위치와 속도를 업데이트한다. 목표 위치를 업데이트하고, 스토리지 버퍼들을 첫 번째와 두 번째 GL_SHADER_STORAGE_BUFFER 바인딩 포인트에 각각 읽기 및 쓰기용으로 바인딩한 다음에, 컴퓨트 쉐이더를 디스패치한다.

이제 윈도우를 깨끗이 지우고, 렌더링 프로그램을 활성화시킨다. 변환 행렬을 업데이트하고, VAO 를 바인딩하고, 그린다. 인스턴스의 개수는 시뮬레이션된 무리의 멤버 개수고, 버텍스의 개수는 단 순히 종이비행기를 표현할 지오메트리의 개수다.

예제 10-10 flocking 예제의 렌더링 루프

```
glUseProgram(flock_update_program);

vmath::vec3 goal = vmath::vec3(sinf(t * 0.34f),
                               cosf(t * 0.29f),
                               sinf(t * 0.12f) * cosf(t * 0.5f));

goal = goal * vmath::vec3(15.0f, 15.0f, 180.0f);

glUniform3fv(uniforms.update.goal, 1, goal);

glBindBufferBase(GL_SHADER_STORAGE_BUFFER, 0, flock_buffer[frame_index]);
glBindBufferBase(GL_SHADER_STORAGE_BUFFER, 1, flock_buffer[frame_index ^ 1]);

glDispatchCompute(NUM_WORKGROUPS, 1, 1);

glViewport(0, 0, info.windowWidth, info.windowHeight);
glClearBufferfv(GL_COLOR, 0, black);
glClearBufferfv(GL_DEPTH, 0, &one);

glUseProgram(flock_render_program);

vmath::mat4 mv_matrix =
    vmath::lookat(vmath::vec3(0.0f, 0.0f, -400.0f),
                  vmath::vec3(0.0f, 0.0f, 0.0f),
                  vmath::vec3(0.0f, 1.0f, 0.0f));
vmath::mat4 proj_matrix =
    vmath::perspective(60.0f,
                       (float)info.windowWidth / (float)info.windowHeight,
```

```
                        0.1f,
                        3000.0f);
    vmath::mat4 mvp = proj_matrix * mv_matrix;

    glUniformMatrix4fv(uniforms.render.mvp, 1, GL_FALSE, mvp);

    glBindVertexArray(flock_render_vao[frame_index]);

    glDrawArraysInstanced(GL_TRIANGLE_STRIP, 0, 8, FLOCK_SIZE);

    frame_index ^= 1;
```

위 코드는 프로그램 관점에서 볼 때 매우 흥미롭다. 이번에는 쉐이더의 관점에서 살펴보자. 플로킹 알고리즘은 무리의 각 멤버에 대해 일련의 규칙을 적용하여 이동할 방향을 결정한다. 각 규칙은 무리 멤버의 현재 속성과 무리 내 다른 멤버들의 속성이 개별적으로 업데이트된다고 가정한다. 대부분의 규칙은 다른 멤버의 위치와 속도 데이터를 접근해야 하기 때문에, update_program은 쉐이더 스토리지 버퍼를 사용하여 해당 정보를 담는다. [예제 10-11]은 업데이트 컴퓨트 쉐이더의 처음 부분이다. 시뮬레이션 동안에 사용할 유니폼[7]들을 나열하고, 무리 멤버를 선언하고, 두 버퍼를 입력과 출력으로 사용하고, 마지막으로 업데이트 동안 사용할 멤버들의 shared 배열을 선언한다.

예제 10-11 flocking 예제의 업데이트에 대한 컴퓨트 쉐이더

```
#version 430 core

layout (local_size_x = 256) in;

uniform float closest_allowed_dist2 = 50.0;
uniform float rule1_weight = 0.18;
uniform float rule2_weight = 0.05;
uniform float rule3_weight = 0.17;
uniform float rule4_weight = 0.02;
uniform vec3 goal = vec3(0.0);
uniform float timestep = 0.5;

struct flock_member
{
    vec3 position;
    vec3 velocity;
};

layout (std430, binding = 0) buffer members_in
```

---

7 이러한 유니폼들 대부분은 예제 프로그램에 연결되어 있지 않지만, 기본값들은 쉐이더에서 수정할 수 있다.

```
{
    flock_member member[];
} input_data;

layout (std430, binding = 1) buffer members_out
{
    flock_member member[];
} output_data;

shared flock_member shared_member[gl_WorkGroupSize.x];
```

일단 쉐이더의 모든 입력을 선언한 다음에, 업데이트에 사용할 규칙을 정의해야 한다. 이 예제에서 사용할 규칙은 다음과 같다.

- 멤버들은 서로 부딪히지 않으려고 한다. 항상 적어도 최소 거리는 유지한다.
- 멤버들은 근처에 있는 멤버들과 동일한 방향으로 날아가려고 노력한다.
- 무리의 멤버들은 공통의 목표에 도달하려고 노력한다.
- 멤버들은 무리의 나머지와 함께 있으려고 노력한다. 무리의 중심 방향으로 난다.

처음 두 규칙은 멤버 간 규칙이다. 즉, 멤버들 각각에 대한 각 멤버의 효과를 개별적으로 고려해야 한다. [예제 10-12]는 첫 번째 규칙에 대한 쉐이더 코드다. 만약 예상했던 것보다 다른 멤버와 더 가까워진다면, 간단히 그 멤버로부터 멀어지게 한다.

예제 10-12 플로킹의 첫 번째 규칙

```
vec3 rule1(vec3 my_position,
           vec3 my_velocity,
           vec3 their_position,
           vec3 their_velocity)
{
    vec3 d = my_position - their_position;
    if (dot(d, d) < closest_allowed_dist2)
        return d;
    return vec3(0.0);
}
```

두 번째 규칙의 쉐이더는 [예제 10-13]이다. 이 함수는 속도 변화에 각 멤버 간 거리를 역제곱한 값을 가중치로 곱한 결과를 리턴한다. 멤버 간 제곱 거리에 작은 값을 추가하여 분모가 너무 작은 값이 되지 않도록 하여(그리고 가속도도 너무 크지 않도록 하여), 시뮬레이션을 안정적으로 만든다.

```
vec3 rule2(vec3 my_position,
           vec3 my_velocity,
           vec3 their_position,
           vec3 their_velocity)
{
    vec3 d = their_position - my_position;
    vec3 dv = their_velocity - my_velocity;
    return dv / (dot(d, d) + 10.0);
}
```

세 번째 규칙(무리의 멤버들이 공통의 목표에 도달하려고 노력하는)은 멤버별로 한 번씩 적용된다. 네 번씩 규칙(멤버들이 무리의 중심 방향으로 날아가려고 노력하는)도 멤버별로 한 번씩 적용되지만, 무리 멤버들 모두의 평균 위치(무리의 총 멤버 개수에 대해)를 계산해야 한다.

프로그램의 메인에는 알고리즘의 핵심 내용이 들어 있다. 무리는 그룹으로 분할하고 각 그룹은 하나의 지역 작업 그룹(256개 요소 크기로 정의함)에 해당된다. 무리의 각 멤버는 다른 멤버와 어떤 식으로든 상호 작용해야 하기 때문에, 이 알고리즘은 $O(N^2)$ 알고리즘이라고 할 수 있다. 즉, N개 무리 멤버 각각은 다른 N개 멤버의 위치와 속도를 모두 읽고, N개 멤버 각각의 위치와 벡터는 N번씩 읽힌다. 매 무리 멤버마다 입력 쉐이더 스토리지 버퍼의 전체를 읽는 대신 지역 작업 그룹에 필요한 데이터들의 복사본을 공유 스토리지 버퍼에 저장하면, 그 지역 복사본을 사용하여 각 멤버를 업데이트할 수 있다. 모든 무리 멤버에 대해 입력 쉐이더 스토리지 버퍼 전체를 읽는 대신, 지역 작업 그룹의 데이터만 공유 스토리지 버퍼에 복사하고, 이 지역 복사본을 사용하여 멤버 각각을 업데이트한다.

각 무리 멤버에 대해(컴퓨트 쉐이더의 한 호출에 해당), 작업 그룹의 개수만큼 반복하여 하나의 무리 멤버의 데이터를 공유 지역 복사본(shared_member 배열로 [예제 10-11]의 쉐이더 위쪽에 선언되어 있다)에 복사한다. 256개의 지역 쉐이더 호출 각각은 한 요소를 공유 배열에 복사하고 그 다음 barrier( ) 함수를 실행하여 모든 호출이 동기화되어 그 데이터들이 모두 공유 배열에 복사된 것을 확인한다. 그러고 나서 공유 배열에 저장된 모든 데이터를 루프로 돌면서 멤버 간 규칙들을 차례로 적용하고, 결과 벡터를 합하고, 그 다음 barrier( )를 또 실행한다. 이를 통해 다시 지역 작업 그룹 내 스레드들을 동기화하여 모든 호출이 공유 배열 사용을 마치는 것을 확인한다. 그 다음에 루프를 재실행하여 다시 쓰기를 계속한다. 이 작업에 대한 코드는 [예제 10-14]다.

예제 10-14 플로킹 업데이트 컴퓨트 쉐이더 메인 본체

```
void main(void)
{
```

```glsl
uint i, j;
int global_id = int(gl_GlobalInvocationID.x);
int local_id  = int(gl_LocalInvocationID.x);

flock_member me = input_data.member[global_id];
flock_member new_me;
vec3 acceleration = vec3(0.0);
vec3 flock_center = vec3(0.0);

for (i = 0; i < gl_NumWorkGroups.x; i++)
{
    flock_member them =
        input_data.member[i * gl_WorkGroupSize.x +
                            local_id];
    shared_member[local_id] = them;
    memoryBarrierShared();
    barrier();
    for (j = 0; j < gl_WorkGroupSize.x; j++)
    {
        them = shared_member[j];
        flock_center += them.position;
        if (i * gl_WorkGroupSize.x + j != global_id)
        {
            acceleration += rule1(me.position,
                                  me.velocity,
                                  them.position,
                                  them.velocity) * rule1_weight;

            acceleration += rule2(me.position,
                                  me.velocity,
                                  them.position,
                                  them.velocity) * rule2_weight;
        }
    }
    barrier();
}

flock_center /= float(gl_NumWorkGroups.x * gl_WorkGroupSize.x);
new_me.position = me.position + me.velocity * timestep;
acceleration += normalize(goal - me.position) * rule3_weight;
acceleration += normalize(flock_center - me.position) * rule4_weight;
new_me.velocity = me.velocity + acceleration * timestep;
if (length(new_me.velocity) > 10.0)
    new_me.velocity = normalize(new_me.velocity) * 10.0;
new_me.velocity = mix(me.velocity, new_me.velocity, 0.4);
output_data.member[global_id] = new_me;
}
```

처음 두 규칙을 멤버별로 적용하고 공통 목표 및 무리 중심 쪽으로 날아갈 수 있도록 가속도를 조정하는 것 외에 몇 가지 규칙을 더 적용하면 시뮬레이션을 안정적으로 수행할 수 있다. 첫 번째로 무리 멤버의 속도가 너무 높으면 최대 허용값으로 고정할 수 있다. 두 번째로 새로운 속도를 그대로 출력하지 않고 이전 속도와의 가중치 평균을 수행한다. 이를 통해 단순한 저주파 필터^{low-pass filter}를 구성하여 무리 멤버들이 너무 빨리 가속되거나 감속되지 않도록 한다. 더 중요한 것은 방향을 너무 급선회하지 않도록 한다.

이 모든 것을 함께 통합하면 프로그램의 업데이트 단계를 완성할 수 있다. 이제 무리를 렌더링하는 쉐이더를 작성해야 한다. 이 프로그램은 컴퓨트 쉐이더로 계산한 위치와 속도 데이터를 인스턴스 버텍스 배열로 사용하고, 정해진 개수의 버텍스들을 개별 멤버의 위치와 속도에 기반하여 위치 변환한다. [예제 10-15]는 쉐이더 입력이다.

예제 10-15 무리 렌더링 버텍스 쉐이더에 대한 입력

```
#version 430 core

layout (location = 0) in vec3 position;
layout (location = 1) in vec3 normal;

layout (location = 2) in vec3 bird_position;
layout (location = 3) in vec3 bird_velocity;

out VS_OUT
{
    flat vec3 color;
} vs_out;

uniform mat4 mvp;
```

이 쉐이더에서 위치와 노말은 지오메트리 버퍼에 대한 일반적인 입력과 다름없다. 이 예제에서는 단순한 종이비행기 모델을 사용한다. bird_position과 bird_velocity 입력은 인스턴스화된 속성들로, 컴퓨트 쉐이더에 의해 제공되며, 인스턴스 제수^{divisor}는 **glVertexAttribDivisor( )** 함수로 설정한다. 여기에서 사용하는 [예제 10-16]의 쉐이더는 무리 멤버들의 속도를 사용하여 **룩앳** 행렬을 구성한다. 이 행렬로 비행기 모델의 방향을 결정하여 항상 앞쪽으로 날아갈 수 있도록 한다.

예제 10-16 플로킹 버텍스 쉐이더 본체

```
mat4 make_lookat(vec3 forward, vec3 up)
{
    vec3 side = cross(forward, up);
    vec3 u_frame = cross(side, forward);
```

```
    return mat4(vec4(side, 0.0),
                vec4(u_frame, 0.0),
                vec4(forward, 0.0),
                vec4(0.0, 0.0, 0.0, 1.0));
}

vec3 choose_color(float f)
{
    float R = sin(f * 6.2831853);
    float G = sin((f + 0.3333) * 6.2831853);
    float B = sin((f + 0.6666) * 6.2831853);

    return vec3(R, G, B) * 0.25 + vec3(0.75);
}

void main(void)
{
    mat4 lookat = make_lookat(normalize(bird_velocity),
                              vec3(0.0, 1.0, 0.0));
    vec4 obj_coord = lookat * vec4(position.xyz, 1.0);
    gl_Position = mvp * (obj_coord + vec4(bird_position, 0.0));

    vec3 N = mat3(lookat) * normal;
    vec3 C = choose_color(fract(float(gl_InstanceID / float(1237.0))));

    vs_out.color = mix(C * 0.2, C, smoothstep(0.0, 0.8, abs(N).z));
}
```

룩앳 행렬을 구성할 때는 4장 '3D 그래픽스를 위한 수학'에서 설명한 방식과 유사한 방법을 사용한다. 일단 이 행렬로 메시의 방향을 결정한 다음에, 무리 멤버들의 위치를 더하고, 모델-뷰-프로젝션 행렬을 사용하여 전체를 변환한다. 또한 룩앳 행렬로 객체의 노말도 회전시키는데, 이를 통해 매우 간단한 라이팅 계산을 수행할 수 있다. 현재 인스턴스 ID(메시별로 고유한 값)에 기반하여 객체의 색상을 결정하고, 그 색상을 사용하여 최종 출력 색상을 결정한다. 이 값을 버텍스 쉐이더 출력에 쓴다. 프래그먼트 쉐이더는 단순한 통과 쉐이더로, 이 입력 색상을 그대로 프레임버퍼에 쓴다. 무리를 렌더링한 결과는 [그림 10-13]이다.

이 프로그램을 개선할 방법으로 룩앳 행렬을 컴퓨트 쉐이더에서 수행하는 것을 생각해볼 수 있다. 여기서는 버텍스 쉐이더에서 계산했기 때문에 매 버텍스마다 중복 계산이 된 셈이다. 이 예제에서는 그 점이 크게 중요한 것은 아닌데, 왜냐하면 메시가 단순하기 때문이다. 하지만 인스턴스 메시가 더 복잡하다면, 컴퓨트 쉐이더에서 행렬 연산을 수행하고 다른 인스턴스 버텍스 속성들과 함께 전달하는 것이 더 빠를 수 있다. 또한 단순한 규칙만 적용하는 것이 아니라 더 물리적인 시뮬레이션을 수행할 수도 있다. 예를 들어 중력을 시뮬레이션하면 위로 날아가는 것보다 내려가는 것이 더 쉬워질 수 있다. 지면에 부딪히면 다시 튕겨나갈 수 있도록 할 수도 있다. 하지만 이 예제에서는 이 정도만 해도 충분하다.

그림 10-13 컴퓨터 쉐이더 플로킹 프로그램의 출력

10.3 마치며

이 장에서는 컴퓨트 쉐이더를 깊이 다뤘다. '단일 스테이지 파이프라인'으로 현대 그래픽스 프로세서의 계산 성능을 사용하여 컴퓨터 그래픽스 이상의 작업을 수행할 수 있다. 또한 작업 그룹, 동기화, 작업 그룹 내 통신 등 컴퓨트 쉐이더의 수행 모델에 대해 다뤘다. 그리고 나서 컴퓨트 쉐이더의 여러 응용 분야에 대해서도 다뤘다. 우선 컴퓨트 쉐이더를 이미지 프로세싱에 사용하는 예를 보였다. 이는 컴퓨터 그래픽스에 적합한 분야다. 다음으로 플로킹 알고리즘을 구현할 때 컴퓨트 쉐이더를 사용하여 물리 시뮬레이션을 수행하는 방법을 살펴봤다. 이러한 과정을 통해 인공지능, 프리 프로세싱 및 포스트 프로세싱, 또는 오디오 애플리케이션 같은 여러분의 애플리케이션에도 컴퓨트 쉐이더를 사용할 수 있을 것이다.

CHAPTER 11

파이프라인 제어 및 모니터링

이 장에서 다루는 내용

◆ OpenGL을 통해 특정 커맨드가 그래픽스 파이프라인 상의 어느 부분까지 진행했는지 확인하는 방법

◆ 커맨드가 실행에 걸리는 시간을 측정하는 방법

◆ OpenGL과 애플리케이션을 동기화하는 방법 및 여러 OpenGL 콘텍스트를 서로 동기화하는 방법

이 장은 OpenGL 파이프라인에 관한 장으로 여러분의 커맨드가 어떻게 실행되는지 살펴본다. 애플리케이션이 OpenGL 함수 호출을 수행하면 그 작업은 OpenGL 파이프라인에 들어가고 한 번에 한 스테이지씩 진행된다. 이 작업은 시간이 필요한 작업으로, 그 시간을 측정할 수도 있다. 애플리케이션이 복잡도를 조정하여 그래픽스 시스템의 성능에 적합하도록 할 수도 있고, 실시간 애플리케이션에 적합하도록 지연 시간을 측정하고 조정할 수 있다. 또한 수행한 OpenGL 커맨드와 애플리케이션의 실행을 동기화시키는 방법을 배우고, 여러 OpenGL 콘텍스트를 서로 동기화하는 방법도 다룰 예정이다.

11.1 질의

질의query는 그래픽스 파이프라인에 어떤 일이 일어나고 있는지 OpenGL에 묻는 기능이다. OpenGL이 여러분에게 알려줄 수 있는 많은 정보가 있다. 어떤 것을 질의할지 그리고 어떻게 질의할지만 알면 된다.

학교 다닐 때를 회상해보자. 선생님이 질문이 있으면 손을 들어보라고 한다. 이러한 과정은 질문을 할 수 있는 줄에 서는 것과 같은 행동이다. 선생님은 아직 질문이 무엇인지 알지 못하며, 단지 질문이 있다는 것만 알 뿐이다. OpenGL도 비슷하다. 질문을 하기 전에 예약을 하여 OpenGL이 질문이 올 것이라는 것을 알게 한다. OpenGL에서 질문은 질의 객체로 표현된다. 이 객체는

OpenGL의 다른 객체와도 유사하다. 질의 객체는 예약되거나 생성되어야 한다. 이 작업을 위해 **glGenQueries( )**를 호출한다. 이때 예약을 원하는 질의의 개수와 변수(또는 배열)의 주소를 전달한다. 여기서 변수는 질의 객체들의 이름이 들어갈 변수다.

```
void glGenQueries(GLsizei n,
                  GLuint *ids);
```

이 함수는 질의 객체들을 예약하여 나중에 참조할 수 있는 이름들을 전달한다. 필요한 만큼의 여러 질의 객체를 한 번에 생성할 수 있다.

```
GLuint one_query;
GLuint ten_queries[10];
glGenQueries(1, &one_query);
glGenQueries(10, ten_queries);
```

이 예제에서 첫 번째 **glGenQueries( )** 호출은 하나의 질의 객체를 생성하며, 그 이름을 변수 one_query에 리턴한다. 두 번째 **glGenQueries( )** 호출은 10개의 질의 객체를 생성하며, ten_queries 배열에 10개의 이름을 리턴한다. 총 11개의 질의 객체가 생성되었고, OpenGL은 11개의 고유한 이름을 예약했다. 드물긴 하겠지만, OpenGL이 질의를 생성할 수 없는 경우도 있다. 이 경우에는 질의 이름에 0을 리턴한다. 잘 작성된 애플리케이션은 요청한 질의 객체의 이름에 대해 항상 **glGenQueries( )**가 0이 아닌 값을 리턴하는지 체크한다. 만약 실패했다면, OpenGL은 그 원인을 기록해두기 때문에 **glGetError( )** 함수 호출로 확인할 수 있다.

모든 질의 객체는 작지만 측정 가능한 리소스를 OpenGL로부터 예약한다. 이러한 리소스들은 OpenGL에 반환해야 한다. 그렇지 않으면 OpenGL은 질의할 공간이 부족해서 나중에 다른 애플리케이션이 질의에 실패할 수 있다. OpenGL에 리소스를 반환하려면 **glDeleteQueries( )**를 호출한다.

```
void glDeleteQueries(GLsizei n,
                     const GLuint *ids);
```

이 함수도 **glGenQueries( )**처럼 작동한다. 삭제할 질의 객체 개수와 그 이름을 담는 변수 또는 배열의 주소를 인자로 전달한다.

```
glDeleteQueries(10, ten_queries);
glDeleteQueries(1, &one_query);
```

질의가 삭제되면 실제로 완전히 없어지는 것이다. **glGenQueries( )**를 재호출해서 같은 이름을 얻기 전에는 질의 이름을 재사용할 수 없다.

11.1.1 오클루전 질의

일단 **glGenQueries()** 로 예약을 완료했다면, 질문을 할 수 있다. OpenGL은 그려진 픽셀 개수를 자동적으로 관리하지 않는다. 개수를 세라고 직접 지시해야 하며, 언제 시작할지도 지정해야 한다. 이때 **glBeginQuery()** 를 호출한다. **glBeginQuery()** 함수에는 두 개의 인자가 있는데, 첫 번째는 물어볼 질문이고, 두 번째는 앞서 예약한 질의 객체의 이름이다.

```
glBeginQuery(GL_SAMPLES_PASSED, one_query);
```

GL_SAMPLES_PASSED는 물어보는 질문을 나타낸다. '깊이 테스트에 얼마나 많은 샘플들이 통과되었나?'라고 묻는 것이다. 이때 OpenGL이 샘플 개수를 세도록 하는 이유는 다중 샘플 디스플레이 포맷에 렌더링하는 경우 픽셀당 여러 샘플이 존재할 수 있기 때문이다. 일반적인 단일 샘플 포맷의 경우에는 픽셀당 하나의 샘플만 있기 때문에 샘플 대 픽셀이 일대일 매핑된다. 샘플이 깊이 테스트를 지나는 경우마다(즉, 이전 스테이지인 프래그먼트 쉐이더 내에서 폐기되지 않았다는 것을 의미) OpenGL이 개수를 1씩 증가시킨다. 렌더링할 때 모든 샘플을 더하고, 그 값을 질의 객체의 예약된 공간에 저장한다. 최종적으로 화면에 보일(깊이 테스트를 통과했기 때문에) 샘플의 개수를 세는 질의 객체를 보통 **오클루전 질의**라고 부른다.

이제 OpenGL이 샘플 개수를 세고 있으며, 보통 때처럼 렌더링하면 OpenGL은 갱신되는 모든 샘플을 확인한다. 렌더링한 모든 것이 총합에 계산된다. 심지어 블렌딩이나 다른 샘플에 가려지는 등의 이유로 최종 이미지에 기여하지 못하는 샘플도 포함된다. 개수를 세라고 명령한 이후에 렌더링된 샘플의 총 개수를 알고 싶은 시점에 **glEndQuery()** 를 호출하면 멈춘다.

```
glEndQuery(GL_SAMPLES_PASSED);
```

위와 같이 하면 OpenGL은 프래그먼트 쉐이더에서 폐기되지 않고 깊이 테스트를 통과하는 샘플의 개수 세기를 마친다. **glBeginQuery()** 와 **glEndQuery()** 호출 사이에서 모든 드로잉 커맨드로 생성한 모든 샘플이 합산된다.

질의 결과 얻기

이제 드로잉 커맨드로 생성한 픽셀의 개수를 세었다면, 그 값을 OpenGL을 통해 얻어 와야 한다. 다음과 같이 호출하면 된다.

```
glGetQueryObjectuiv(the_query, GL_QUERY_RESULT, &result);
```

여기서 the_query는 샘플의 개수를 셀 때 사용한 질의 객체의 이름이며, result는 OpenGL이 그 결과를 쓸 변수다(변수의 **주소**를 전달한다는 점에 주의하자). 이 명령을 통해 OpenGL은 질의 객체에 대한 결과를 변수에 쓴다. 만약 질의 객체에 대해 최근 호출한 **glBeginQuery()** 와

glEndQuery() 사이에 드로잉 명령의 결과로 생성된 픽셀이 전혀 없다면 결과는 0일 것이다. 프래그먼트 쉐이더가 종료되기 전에 폐기되지 않고 남은 픽셀들이 있다면, 결과는 그때까지의 샘플 개수가 된다. **glBeginQuery()**와 **glEndQuery()** 사이에 객체를 렌더링하고 그 결과가 0인지 아닌지 확인하면, 실제로 객체가 보이는지 아닌지 확인할 수 있다.

OpenGL은 파이프라인으로 동작하기 때문에, 여러 드로잉 커맨드가 큐에 들어가면 순서대로 처리되기를 기다린다. 마지막 **glEndQuery()**가 픽셀을 처리하기 전에 모든 드로잉 커맨드가 수행되지 않을 수도 있다. 사실, 일부는 시작도 되지 않았을 수 있다. 이러한 경우 **glGetQueryObjectuiv()**를 호출하면 OpenGL이 **glBeginQuery()**와 **glEndQuery()** 사이의 모든 것이 렌더링될 때까지 기다리게 하여 정확한 개수를 셀 수 있다. 만약 질의 객체를 성능 최적화에 사용하려 한다면, 그것은 좋은 생각이 아니다. 이러한 짧은 지연들이 모이면 나중에는 애플리케이션이 느려질 수도 있기 때문이다! 그래도 다행인 점은, 질의 결과에 영향을 줄 수 있는 모든 렌더링을 완료했는지 OpenGL에 물을 수 있다는 것이다. 다음과 같이 호출하면 그 결과를 얻을 수 있다.

```
glGetQueryObjectuiv(the_query, GL_QUERY_RESULT_AVAILABLE, &result);
```

만약 질의 객체의 결과를 바로 얻을 수 없고 OpenGL이 현재 작업을 완료할 때까지 기다려야 한다면, result는 GL_FALSE가 된다. 만약 OpenGL이 바로 준비가 되어 결과를 얻을 수 있다면, result는 GL_TRUE가 된다. 이 값으로 OpenGL로부터 얻는 결과가 지연을 발생하는지 아닌지 확인할 수 있다. 이제 OpenGL이 픽셀 개수를 세는 것을 기다리면서 유용한 작업을 할 수도 있다. 또는 결과를 얻을 수 있는지에 기반하여 어떤 판단을 내릴 수도 있다. 예를 들어 result가 0인 경우 어떤 것을 렌더링하지 않으려고 했다면, 질의 결과를 기다리기보다는 그냥 렌더링해 버리는 것을 선택할 수도 있다.

질의 결과 사용하기

이제 이 정보를 사용해서 어떤 것들을 할 수 있을까? 오클루전 질의를 사용하는 일반적인 경우는 불필요한 작업을 생략하여 애플리케이션의 성능을 최적화하는 것이다. 매우 자세한 객체가 있다고 하자. 이 객체는 많은 삼각형과 많은 텍스처 참조 및 복잡한 수학 연산을 사용하는 복잡한 프래그먼트 쉐이더를 사용한다. 아마도 많은 버텍스 속성과 텍스처가 있고, 애플리케이션이 그 객체를 그리기 위해 할 일도 많다. 그 객체는 렌더링하기에는 비용이 매우 크다. 화면에 보이지 않을 가능성도 있다. 다른 무언가에 의해 완전히 가려질 수 있다. 화면 밖으로 벗어나는 경우도 있다. 이러한 정보를 미리 알고 있다면 사용자에게 보여지지 않는 경우 그리지 않는 것이 좋다.

오클루전 질의는 이러한 작업을 위해 매우 좋은 방법이다. 복잡하고, 비용이 큰 객체에 대해 훨씬 더 낮은 비용의 버전을 만들자. 보통 단순한 바운딩 박스 정도로도 할 수 있다. 오클루전 질의를 시작하고, 바운딩 박스를 렌더링하고, 오클루전 질의를 끝내고, 그 결과를 얻는다. 만약 객체의 바운딩 박스가 아무 픽셀도 생성하지 않았다면, 더 자세한 버전의 객체는 보이지 않는 경우며, OpenGL에 보낼 필요가 없다.

물론 실제로 바운딩 박스가 최종 화면에 보이는 것은 아니다. OpenGL이 실제로 바운딩 박스를 그리지 않도록 하는 방법은 많다. 가장 단순한 방법은 **glColorMask()**의 모든 인자에 GL_FALSE를 전달하고 호출하여 색상 버퍼에 쓰기를 비활성화시키는 것이다. **glDrawBuffer()**를 사용하여 현재 드로우 버퍼를 GL_NONE으로 설정할 수도 있다. 어떤 방법을 사용하든 프레임버퍼 쓰기를 다시 원래대로 돌려놓는 것을 잊지 말자!

[예제 11-1]은 **glGetQueryObjectuiv()**를 사용하여 질의 객체의 결과를 얻는 방법에 대한 간단한 예다.

예제 11-1 질의 객체로부터 결과 얻기

```
glBeginQuery(GL_SAMPLES_PASSED, the_query);
RenderSimplifiedObject(object);
glEndQuery(GL_SAMPLES_PASSED);
glGetQueryObjectuiv(the_query, GL_QUERY_RESULT, &the_result);
if (the_result != 0)
    RenderRealObject(object);
```

RenderSimplifiedObject는 단순 버전의 객체를 렌더링하는 함수며, RenderRealObject는 상세 버전의 객체를 렌더링하는 함수다. 이제 RenderRealObject는 RenderSimplifiedObject로 최소한 픽셀 이상 그려지는 경우에만 호출된다. glGetQueryObjectuiv를 호출할 때 질의 결과가 준비되지 않으면 애플리케이션이 기다린다는 것을 기억하자. RenderSimplifiedObject가 수행하는 렌더링이 단순한 경우(이 예제처럼), 기다릴 것이다. 만약 원하는 것이 특정 렌더링을 생략해도 무방한지 판단하는 것이라면, 질의 결과가 가용한지 확인하여, 만약 결과가 가용하지 않은 경우(즉, 보일 수도 있고 가려질 수도 있는 경우) 또는 객체 결과가 가용하고 0이 아닌 경우(즉, 객체가 확실히 보이는 경우), 더 복잡한 객체를 렌더링한다. [예제 11-2]는 실제 개수를 묻기 전에 질의 객체 결과가 준비되었는지 확인하여 질의 결과의 가용성 및 값에 기반한 판단을 내리는 과정을 보여준다.

예제 11-2 오클루전 질의 결과가 준비되었는지 확인하기

```
GLuint the_result = 0;

glBeginQuery(GL_SAMPLES_PASSED, the_query);
RenderSimplifiedObject(object);
glEndQuery(GL_SAMPLES_PASSED);
```

```
glGetQueryObjectuiv(the_query, GL_QUERY_RESULT_AVAILABLE, &the_result);

if (the_result != 0)
    glGetQueryObjectuiv(the_query, GL_QUERY_RESULT, &the_result);
else
    the_result = 1;

if (the_result != 0)
    RenderRealObject(object);
```

위 새로운 예제에서 결과가 가용한지 판단하고, 만약 그렇다면 OpenGL에서 결과를 받는다. 만약 가용하지 않다면 결과 변수에 1의 개수를 설정하여 상세 버전의 객체가 렌더링되도록 한다.

겹치지만 않는다면 그래픽스 파이프라인 내에 여러 오클루전 질의를 동시에 수행하는 것도 가능하다. 여러 질의 객체를 사용하는 방법도 애플리케이션이 OpenGL을 기다리지 않도록 하는 또 다른 방법 중 하나다. OpenGL은 한 번에 하나의 질의 객체에만 결과를 합산할 수 있다. 하지만 여러 질의 객체를 관리할 수 있고 많은 질의를 순서대로 수행할 수 있다. 앞의 예제를 확장하여 여러 객체를 여러 오클루전 질의를 사용하여 렌더링하도록 할 수 있다. 만약 열 개의 객체 배열을 렌더링하는 경우, 각각의 객체가 단순 버전을 포함하고 있다면, [예제 11-3]과 같이 다시 작성할 수 있다.

예제 11-3 애플리케이션 단에서 구현한 단순한 조건부 렌더링

```
int n;

for (n = 0; n < 10; n++)
{
    glBeginQuery(GL_SAMPLES_PASSSED, ten_queries[n]);
    RenderSimplifiedObject(&object[n]);
    glEndQuery(GL_SAMPLES_PASSED);
}

for (n = 0; n < 10; n++)
{
    glGetQueryObjectuiv(ten_queries[n], GL_QUERY_RESULT, &the_result);
    if (the_result != 0)
        RenderRealObject(&object[n]);
}
```

앞서 논의한 바대로, OpenGL은 파이프라인으로 구성되어 있으며 많은 작업이 동시에 수행된다. 만약 바운딩 박스처럼 단순한 것을 그린다면, 질의 결과를 요청한 시점에 파이프라인의 끝에 도달하지 못할 가능성이 높다. 즉, **glGetQueryObjectuiv( )**를 호출할 때, 애플리케이션이 결과를 받아

서 그 결과에 기반한 작업을 수행하기에 앞서 OpenGL이 바운딩 박스에 대한 작업을 끝낼 때까지 잠깐 동안 기다려야 한다.

두 번째 예제에서는 첫 번째 질의 결과를 요청하기 전에 10개의 바운딩 박스를 렌더링한다. 즉, OpenGL의 파이프라인이 채워지고, 수행할 작업이 많이 생기기 때문에, 첫 번째 질의 결과를 요청하기 전에 첫 번째 바운딩 박스에 대한 작업을 끝마쳤을 가능성이 높다. 짧게 말하자면, OpenGL이 요청한 작업을 완료할 시간을 더 많이 줄수록 질의 결과를 받을 가능성은 더 높아지고 애플리케이션이 결과를 기다릴 가능성은 더 낮아진다. 일부 복잡한 애플리케이션은 이러한 방식을 매우 극한으로 사용하는데, 이전 프레임의 질의 결과를 사용하여 새 프레임의 판단을 수행하기도 한다.

마지막으로 두 기법을 하나의 예제로 함께 묶으면 [예제 11-4]와 같이 된다.

예제 11-4 질의 결과가 준비되지 않았을 때 렌더링하기

```
int n;

for (n = 0; n < 10; n++)
{
    glBeginQuery(GL_SAMPLES_PASSSED, ten_queries[n]);
    RenderSimplifiedObject(&object[n]);
    glEndQuery(GL_SAMPLES_PASSED);
}

for (n = 0; n < 10; n+)
{
    glGetQueryObjectuiv(ten_queries[n],
                        GL_QUERY_RESULT_AVAILABLE,
                        &the_result);
    if (the_result != 0)
        glGetQueryObjectuiv(ten_queries[n],
                            GL_QUERY_RESULT,
                            &the_result);
    else
        the_result = 1;
    if (the_result != 0)
        RenderRealObject(&object[n]);
}
```

RenderRealObject가 OpenGL로 보내는 작업의 양은 RenderSimplifiedObject가 보내는 작업의 양보다 꽤 많기 때문에 두 번째, 세 번째, 네 번째, 그리고 추가 질의 객체의 결과를 요청하기 전까지 OpenGL 파이프라인에 더 많은 작업을 보낼수록 질의 결과가 준비될 가능성이 크다. 그러한 이유로 더 복잡한 장면을 그리고 더 많은 질의 객체를 사용할수록 성능 개선의 효과가 클 수 있다.

OpenGL을 사용해서 판단하기

앞의 예제에서 OpenGL에 픽셀 개수를 요청하는 방법과 애플리케이션에서 결과를 받아 다음에 할 일을 결정하는 방법을 배웠다. 하지만 이 애플리케이션에서 우리는 실제 결과값이 무엇인지에 대해서는 크게 신경 쓰지 않는다. 단지 그 값을 사용하여 OpenGL에 작업을 더 보낼지 아니면 다른 식으로 변경하여 더 렌더링하게 할지 판단한다. 그 결과는 아마도 CPU 버스를 통해 또는 원격 렌더링 시스템을 사용한다면 네트워크 연결을 통해 OpenGL에서 애플리케이션으로 보내져서, 애플리케이션이 더 많은 명령을 보낼지 말지 결정한다. 이러한 방식은 지연을 발생시키고 성능을 저하시킬 수 있다. 심지어는 질의를 사용하는 이점을 무의미하게 만들 수도 있다.

일단 모든 렌더링 명령을 OpenGL에 보낸 다음에 질의 객체의 결과에 기반해서 판단할 수 있다면 더 좋을 것이다. 이 기능은 예측이라고 부르며, 다행히도 **조건부 렌더링**이라는 기술을 통해 가능하다. 조건부 렌더링을 통해 OpenGL 드로잉 커맨드들을 묶어서 질의 객체와 함께 OpenGL에 보내면 '만약 질의 객체에 저장되는 결과가 0이라면 이 모든 것을 무시하라'고 메시지를 보내는 것과 같다. 일련의 명령에 대한 시작을 표시하기 위해서는 다음과 같이 한다.

```
glBeginConditionalRender(the_query, GL_QUERY_WAIT);
```

끝을 표시하기 위해서는 다음과 같이 한다.

```
glEndConditionalRender();
```

glBeginConditionalRender()와 **glEndConditionalRender()** 사이에 호출되는 **glDrawArrays()**, **glClearBufferfv()**, **glDispatchCompute()**와 같은 함수들을 포함한 어떠한 드로잉 커맨드도 질의 객체의 결과(**glGetQueryObjectuiv()**로 얻을 수 있는 것과 동일한 값)가 0이라면 무시된다. 질의 결과는 애플리케이션으로 다시 전달할 필요가 없다. 그래픽스 하드웨어가 여러분 대신 결정을 내려줄 것이다. 하지만 텍스처를 바인딩한다든가, 블렌딩을 켜거나 끄는 등의 상태 변화는 여전히 OpenGL에서 실행되며 오직 렌더링 명령들만 무시된다. 이전 예제를 조건부 렌더링을 사용하여 수정한 것이 [예제 11-5]다.

예제 11-5 기본 조건부 렌더링 예제

```
// 오클루전 질의 시작과 끝 사이에 렌더링된
// 샘플 개수를 OpenGL에 요청한다.
glBeginQuery(GL_SAMPLES_PASSED, the_query);
RenderSimplifiedObject(object);
glEndQuery(GL_SAMPLES_PASSED);

// 오클루전 질의가 무언가 렌더링되었다고 하는 경우에만
// 다음 명령들을 수행한다.
glBeginConditionalRender(the_query, GL_QUERY_WAIT);
```

```
RenderRealObject(object);
glEndConditionalRender();
```

두 함수 RenderSimplifiedObject( )와 RenderRealObject( )는 각각 객체의 단순화(예를 들면 바운딩 박스 정도)된 버전과 더 복잡한 상세 버전을 렌더링하는 예제 애플리케이션이다. 이제 **glGetQueryObjectuiv( )**를 호출하지도 않고 OpenGL로부터 어떤 정보(질의 객체의 결과를 얻는 등)도 얻지 않는다.

눈치 빠른 독자는 이미 GL_QUERY_WAIT 인자를 **glBeginConditionalRender( )**에 전달한 것을 눈치 챘을 것이다. 이 함수가 어떤 일을 하는지 궁금할 것이다. 결과적으로 애플리케이션은 더 이상 결과가 준비되기를 기다릴 필요가 없다. 앞서 언급했듯이, OpenGL은 파이프라인으로 동작하기 때문에 **glBeginConditionalRender( )**를 호출하기 전이나 RenderRealObject의 첫 번째 드로잉 함수가 파이프라인의 시작에 도달하기 전에 RenderSimplifiedObject에 대한 처리가 완료되지 못할 수도 있다. 이 경우 OpenGL은 애플리케이션이 보낸 커맨드들을 처리할지 말지 결정하기 위해 RenderSimplifiedObject의 모든 호출이 파이프라인의 끝에 도달하기를 기다릴 수도 있고 결과가 제 시간에 도착하지 않으면 계속 진행하여 RenderRealObject를 시작할 수도 있다. 결과가 가용하지 않을 경우 기다리지 말고 계속 진행하라고 OpenGL에 말하려면 다음을 호출한다.

```
glBeginConditionalRender(the_query, GL_QUERY_NO_WAIT);
```

이는 '질의 결과가 아직 가용하지 않다면, 기다리지 말고 계속 진행하여 렌더링하라'고 OpenGL에 말하는 것이다. 이 기법은 오클루전 질의가 성능 향상에 사용되는 매우 좋은 예다. 오클루전 질의 결과를 기다리게 되면 앞서 얻은 시간 이득을 소비해 버리게 된다. 따라서 GL_QUERY_NO_WAIT 플래그를 사용하면 결과가 제 시간에 도착하는 경우에는 오클루전 질의를 최적화 목적으로 활용할 수 있고, 결과가 준비되지 않은 경우에는 질의를 전혀 사용하지 않은 것처럼 동작하게 할 수 있다. GL_QUERY_NO_WAIT를 사용하는 방식은 앞의 예제에서 GL_QUERY_RESULT_AVAILABLE을 사용했던 것과 유사하다. GL_QUERY_NO_WAIT를 사용하면 실제 렌더링되는 지오메트리는 질의 객체에 기반하는 커맨드들이 실행을 완료했는지 여부에 따라 달라질 수 있다. 애플리케이션이 실행되고 있는 장비의 성능에 따라 다르고 실행할 때마다 다를 수도 있다. 따라서 프로그램의 결과가 두 번째 지오메트리에 의존적이지 않도록(의도한 바가 아니라면) 하는 것이 중요하다. 만약 그렇게 된다면, 느린 시스템과 빠른 시스템에서 서로 다른 프로그램 결과를 초래하게 된다.

물론 조건부 렌더링을 여러 질의 객체에 사용하는 것도 가능한데, 이 절에서 언급한 기법들을 통합한 최종 예제를 [예제 11-6]에 보인다.

```
// 단순화 버전 객체 10개를 렌더링한다.
// 각각은 자신만의 오클루전 질의를 갖는다.
int n;

for (n = 0; n < 10; n++)
{
    glBeginQuery(GL_SAMPLES_PASSSED, ten_queries[n]);
    RenderSimplifiedObject(&object[n]);
    glEndQuery(GL_SAMPLES_PASSED);
}

// 상세 버전의 객체들을 렌더링한다.
// 오클루전 질의 결과가 가용하고 값이 0이라면 생략한다.
for (n = 0; n < 10; n++)
{
    glBeginConditionalRender(ten_queries[n], GL_QUERY_NO_WAIT);
    RenderRealObject(&object[n]);
    glEndConditionalRender();
}
```

이 예제에서는 단순화 버전의 10개 객체가 먼저 렌더링된다. 각각은 자신만의 오클루전 질의를 갖는다. 일단 단순화 버전의 객체들이 렌더링되면 상세 버전의 객체들은 그 오클루전 질의 결과에 기반하여 조건부로 렌더링된다. 만약 단순화 버전의 객체들이 보이지 않는다면 상세 버전은 생략되고, 따라서 성능이 향상될 것이다.

고급 오클루전 질의

GL_SAMPLES_PASSED 질의 타깃을 설정하면 깊이 테스트를 통과한 샘플의 정확한 개수를 얻을 수 있다. 의미 있는 렌더링이 발생하지 않더라도, 픽셀이 차지하는 개수를 세거나 얼마나 많은 픽셀이 깊이 테스트와 스텐실 테스트를 통과하는지 확인하려면 실제로 래스터라이즈 해보아야 한다. 심지어 프래그먼트 쉐이더가 결과에 영향을 전혀 주지 않는 경우라도(discard 명령을 사용하거나 프래그먼트의 깊이값을 수정하는 등을 통해), 매 픽셀마다 쉐이더를 수행해야 한다. 때로는 이러한 방식이 원하는 것일 수도 있다. 하지만 대부분, 깊이 및 스텐실 테스트를 통과하는지 혹은 통과하는 샘플이 존재하는지 여부만 필요한 경우가 많다.

이러한 기능을 제공하기 위해 OpenGL은 두 가지 추가 오클루전 질의 타깃을 지원한다. GL_ANY_SAMPLES_PASSED와 GL_ANY_SAMPLES_PASSED_CONSERVATIVE가 그것이다. 이 타깃을 **불린 타입**의 오클루전 질의라고 한다.

이 타깃들의 첫 번째인 GL_ANY_SAMPLES_PASSED는, 깊이 및 스텐실 테스트를 통과하는 샘플이 하나도 없다면 0(또는 GL_FALSE)의 결과를, 또는 깊이 테스트를 통과는 샘플이 하나라도 있다면 1(GL_TRUE)의 결과를 만든다. 특정 상황에서 GL_ANY_SAMPLES_PASSED 질의 타깃을 사용하면 성능이 향상되는데, 그 이유는 샘플이 깊이 및 스텐실 테스트를 통과하자마자 OpenGL이 샘플 개수 세기를 멈출 수 있기 때문이다. 하지만 샘플이 깊이 및 스텐실 테스트를 통과하지 못하는 경우에는 전혀 이점이 없다.

두 번째 불린 타입 오클루전 질의 타깃인 GL_ANY_SAMPLES_PASSED_CONSERVATIVE를 사용하면 조금 더 정확한 값을 구할 수 있다. 샘플이 깊이 테스트 및 스텐실 테스트를 통과할 때마다 바로 개수를 세기 때문이다. 많은 OpenGL 구현은 일종의 계층적 깊이 테스트 방식을 구현하는데, 이때 화면의 특정 영역에 대한 가장 가까운 깊이값과 가장 먼 깊이값을 저장하고, 프리미티브가 래스터라이즈될 때 이 계층적 정보를 사용하여 큰 블록의 깊이값을 검사하여, 해당 영역 내에 래스터라이즈를 계속할지 여부를 판단한다. 보수적 오클루전 질의란 단순히 이 큰 영역에 대한 개수만 세고 실제로 쉐이더를 수행하지 않는 것을 의미한다. 비록 쉐이더에서 프래그먼트를 폐기하거나 최종 깊이값을 수정하더라도 말이다.

11.1.2 타이머 질의

렌더링이 얼마나 오랫동안 수행되고 있는지 확인할 수 있는 질의 타입은 **타이머 질의다**. 타이머 질의는 **glBeginQuery()**와 **glEndQuery()**의 target 인자에 GL_TIME_ELAPSED 질의 타입을 지정하면 사용할 수 있다. **glGetQueryObjectuiv()**를 호출하여 확인하는 질의 객체의 결과값은 **glBeginQuery()**와 **glEndQuery()** 사이에 OpenGL이 명령을 수행할 때 걸린 시간의 나노초[1] 단위의 값이다. 예를 들어 이 값을 사용하면 장면에서 가장 비용이 큰 부분이 어떤 것인지 확인할 수 있다. [예제 11-7]의 코드를 보자.

예제 11-7 타이머 질의를 사용하는 시간 측정 연산

```
// 변수 선언
GLuint queries[3];        // 사용할 세 질의 객체
GLuint world_time;        // 월드를 그릴 때 걸린 시간
GLuint objects_time;      // 월드의 객체들을 그릴 때 걸린 시간
GLuint HUD_time;          // HUD 및 다른 UI 요소들을 그릴 때 걸린 시간

// 세 질의 객체를 생성
glGenQueries(3, queries);
```

---

1 역주_ 십억 분의 1초, 즉 10^{-9}초를 의미한다.

```
// 첫 번째 질의 시작
glBeginQuery(GL_TIME_ELAPSED, queries[0]);

// 월드 렌더링
RenderWorld();

// 첫 번째 질의를 멈추고 두 번째를 시작.
// 주의: 질의값은 아직 읽지 않는다.
glEndQuery(GL_TIME_ELAPSED);
glBeginQuery(GL_TIME_ELAPSED, queries[1]);

// 월드의 객체들을 렌더링한다.
RenderObjects();

// 두 번째 질의를 멈추고 세 번째를 시작한다.
glEndQuery(GL_TIME_ELAPSED);
glBeginQuery(GL_TIME_ELAPSED, queries[2]);

// HUD를 렌더링한다.
RenderHUD();

// 마지막 질의를 멈춘다.
glEndQuery(GL_TIME_ELAPSED);

// 이제 세 질의에서 결과를 얻을 수 있다.
glGetQueryObjectuiv(queries[0], GL_QUERY_RESULT, &world_time);
glGetQueryObjectuiv(queries[1], GL_QUERY_RESULT, &objects_time);
glGetQueryObjectuiv(queries[2], GL_QUERY_RESULT, &HUD_time);

// 완료. world_time, objects_time, hud_time 등은 이제 원하는 값을 갖는다.
// 질의를 정리한다.
glDeleteQueries(3, queries);
```

이 코드가 실행된 후 world_time, objects_time, HUD_time은 각각 월드, 월드 내 모든 객체, 헤드업 디스플레이heads-up display(HUD)를 렌더링하는 데 걸린 나노초 시간을 나타낸다. 이 값을 사용하여 장면의 각 요소를 렌더링하는 데 걸리는 그래픽스 하드웨어의 시간을 확인할 수 있다. 이 값은 개발 단계에서 코드 성능 측정 시 유용하다. 애플리케이션의 어떤 부분이 가장 비용이 큰지 확인할 수 있으며, 어느 부분을 최적화해야 할지 알 수 있다. 또한 이 값을 런타임에 사용하면, 애플리케이션의 행동양식을 수정하여 그래픽스 서브시스템의 성능을 최적으로 활용할 수 있다. 예를 들면 objects_time의 상대적인 값에 기반하여 장면의 객체 수를 증가시키거나 감소시킬 수 있다. 그래픽스 하드웨어의 성능에 기반하여 장면의 요소들에 대해 더 복잡한 쉐이더를 사용하도록 또는 더 단순한 쉐이더를 사용하도록 동적으로 전환할 수도 있다. OpenGL을 통해 두 지점 사이에 얼마나 많은 시간이 소비되었는지 확인하려면 **glQueryCounter()**를 사용하면 된다. 프로토타입은 다음과 같다.

```
void glQueryCounter(GLuint id, GLenum target);
```

id에는 GL_TIMESTAMP를, target에는 앞서 생성한 질의 객체의 이름을 설정한다. 이 함수는 질의를 OpenGL 파이프라인에 그대로 넣어, 파이프라인의 끝에 질의가 도달하는 시간을 질의 객체에 저장한다. 0의 시간은 실제로는 정의되어 있지 않다. 단지 과거의 특정 시간을 가리킬 뿐이다. 이 기능을 효과적으로 활용하려면, 애플리케이션은 여러 타임스탬프 간의 차이값을 계산해야 한다. **glQueryCounter()**를 사용하여 앞 예제를 구현하려면, [예제 11-8]처럼 코드를 작성한다.

예제 11-8 glQueryCounter()를 사용한 시간 연산

```
// 변수 선언
GLuint queries[4];      // 이제 네 개의 질의 객체를 사용
GLuint start_time;      // 애플리케이션 시작 시간
GLuint world_time;      // 월드를 그리는 데 걸린 시간
GLuint objects_time;    // 월드 내 객체들을 그리는 데 걸린 시간
GLuint HUD_time;        // HUD와 UI 요소들을 그리는 데 걸린 시간

// 네 개의 질의 객체를 생성한다.
glGenQueries(4, queries);

// 시작 시간을 얻는다.
glQueryCounter(GL_TIMESTAMP, queries[0]);

// 월드를 렌더링한다.
RenderWorld();

// RenderWorld가 완료된 시간을 얻는다.
glQueryCounter(GL_TIMESTAMP, queries[1]);

// 월드 내 객체들을 렌더링한다.
RenderObjects();

// RenderObjects가 완료된 시간을 얻는다.
glQueryCounter(GL_TIMESTAMP, queries[2]);

// HUD를 렌더링한다.
RenderHUD();

// 모든 것이 완료된 시간을 얻는다.
glQueryCounter(GL_TIMESTAMP, queries[3]);

// 세 개의 질의에 대한 결과를 얻고, 값들을 빼서 차이값을 얻는다.
glGetQueryObjectuiv(queries[0], GL_QUERY_RESULT, &start_time);
glGetQueryObjectuiv(queries[1], GL_QUERY_RESULT, &world_time);
glGetQueryObjectuiv(queries[2], GL_QUERY_RESULT, &objects_time);
glGetQueryObjectuiv(queries[3], GL_QUERY_RESULT, &HUD_time);
HUD_time -= objects_time;
objects_time -= world_time;
world_time -= start_time;
```

```
// 완료. world_time, objects_time, hud_time 등은 이제 원하는 값을 갖는다.
// 질의를 정리한다.
glDeleteQueries(4, queries);
```

보다시피 위 코드는 앞의 [예제 11-7]과 많이 다르지는 않다. 여기서는 세 개가 아닌 네 개의 질의 객체를 생성해야 한다. 최종 결과에서 각 값을 빼면 시간 차이를 얻을 수 있다. 하지만 **glBeginQuery( )**와 **glEndQuery( )** 쌍을 호출할 필요는 없다. 즉, 총 OpenGL 호출 개수가 더 적어진다. 두 예제의 결과는 똑같지 않을 것이다. GL_TIMESTAMP 질의를 요청하면, 질의가 OpenGL 파이프라인의 끝에 도달하는 시간이 기록된다. 하지만 GL_TIME_ELAPSED 질의를 요청하면, OpenGL은 내부적으로 **glBeginQuery( )**가 파이프라인의 시작에 도달한 타임스탬프와 **glEndQuery( )**가 파이프라인의 끝에 도달한 타임스탬프를 확인한다. 따라서 결과는 완전히 동일하지 않을 것이다. 하지만 어떤 방식이든 일관되게 사용한다면 의미 있는 결과를 얻을 수 있을 것이다.

타이머 질의에 관해 언급할 중요한 점은, 그 값들이 나노초 단위로 측정되기 때문에 짧은 시간 간격에 대해서도 매우 큰 값일 수 있다는 것이다. 단일 부호 없는 32비트값은 4초보다 조금 많은 나노초 값을 가질 수 있다. 만약 이보다 더 오래 걸리는 작업이라면(아마도 여러 프레임에 걸치는 경우), 질의 객체들이 내부적으로 유지하는 형식인 완전한 64비트 결과를 얻어야 할 수도 있다.

```
void glGetQueryObjectui64v(GLuint id,
                           GLenum pname,
                           GLuint64 * params);
```

glGetQueryObjectuiv( )와 마찬가지로, id는 얻고자 하는 질의 객체의 이름이며, pname은 GL_QUERY_RESULT나 GL_QUERY_RESULT_AVAILABLE로 설정하여 각각 질의 결과를 얻거나 질의 결과가 가용한지 여부를 얻을 수 있다.

마지막으로, 엄밀하게 질의는 아니지만, 다음 함수를 통해 OpenGL로부터 즉각적인 동기식 타임스탬프를 얻을 수 있다.

```
GLint64 t;
void glGetInteger64v(GL_TIMESTAMP, &t);
```

이 코드가 실행된 후 t는 OpenGL의 현재 시간을 갖게 된다. 이 타임스탬프를 얻은 다음에 바로 타임스탬프 질의를 요청하여 얻은 타임스탬프 질의 결과에서 t를 빼면, 그 결과는 해당 질의가 파이프라인의 끝에 도달하는 데 걸린 시간이다. 이 시간은 파이프라인의 **지연 시간**이라고 하며, 애플리케이션이 커맨드를 요청하고 OpenGL이 수행을 완료할 때까지 걸리는 시간의 양과 대략적으로 동일하다.

11.1.3 변환 피드백 질의

버텍스 쉐이더에서 변환 피드백은 사용하지만 지오메트리 쉐이더는 사용하지 않는 경우, 버텍스 쉐이더의 출력이 기록되어, 변환 피드백에 저장된 버텍스 개수는 OpenGL에 보낸 버텍스 개수와 동일할 것이다. 단, 변환 피드백 버퍼에 가용한 공간이 있을 경우에 한한다. 하지만 지오메트리 쉐이더가 있다면 쉐이더가 버텍스들을 생성하거나 폐기할 수 있기 때문에, 변환 피드백에 써지는 버텍스 개수는 OpenGL에 보낸 버텍스 개수와 다를 수 있다. 또한 테셀레이션이 활성화되어 있다면 생성한 지오메트리의 양은 테셀레이션 컨트롤 쉐이더가 생성한 테셀레이션 인자에 의존적이다. OpenGL은 질의 객체를 통해 변환 피드백 버퍼에 쓴 버텍스 개수를 확인할 수 있다. 애플리케이션은 이 정보를 사용하여 결과 데이터를 그리거나, 변환 피드백 버퍼로부터 얼마만큼의 데이터를 읽을지 결정할 수 있다.

이전 장에서 질의 객체를 오클루전 질의로 사용하는 예를 소개한 바 있다. OpenGL에 할 수 있는 다른 질문들도 많다. 생성한 프리미티브의 개수뿐 아니라 실제로 변환 피드백 버퍼에 쓰여진 프리미티브의 개수를 질의할 수도 있다.

앞에서처럼 질의 객체를 생성하려면 다음과 같이 호출한다.

```
GLuint one_query;
glGenQueries(1, &one_query);
```

또는 여러 질의 객체를 얻기 위해 다음과 같이 호출할 수 있다.

```
GLuint ten_queries[10];
glGenQueries(10, ten_queries);
```

질의 객체를 만들었으면, OpenGL에 GL_PRIMITIVES_GENERATED나 GL_TRANSFORM_FEEDBACK_PRIMITIVES_WRITTEN 질의 타입으로 질의를 시작하여 생성하는 프리미티브 개수를 세도록 요청할 수 있다. 질의를 시작하려면 다음과 같이 호출하거나

```
glBeginQuery(GL_PRIMITIVES_GENERATED, one_query);
```

다음과 같이 호출한다.

```
glBeginQuery(GL_TRANSFORM_FEEDBACK_PRIMITIVES_WRITTEN, one_query);
```

glBeginQuery( )를 GL_PRIMITIVES_GENERATED나 GL_TRANSFORM_FEEDBACK_PRIMTIVES_WRITTEN 으로 호출하면, OpenGL은 아래 함수로 질의를 끝낼 때까지 얼마나 많은 프리미티브가 프론트엔드에서 생성되었는지 또는 실제로 변환 피드백 버퍼에 얼마나 많이 쓰여졌는지 확인할 수 있다.

```
glEndQuery(GL_PRIMITIVES_GENERATED);
// 또는
glEndQuery(GL_TRANSFORM_FEEDBACK_PRIMITIVES_WRITTEN);
```

`glGetQueryObjectuiv()`에 GL_QUERY_RESULT 인자와 질의 객체의 이름을 넣어 호출하면 질의 결과는 읽을 수 있다. 다른 OpenGL 질의와 마찬가지로, 결과를 바로 확인하지 못할 수도 있는데, 그 이유는 OpenGL이 파이프라인처럼 동작하기 때문이다. 결과가 가용한지 확인하려면 `glGetQueryObjectuiv()`를 GL_QUERY_RESULT_AVAILABLE 인자와 함께 호출해야 한다. 질의 객체에 관한 내용은 이 장 앞부분의 '질의 결과 얻기' 절에 더 자세히 나와 있다.

GL_PRIMITIVES_GENERATED와 GL_TRANSFORM_FEEDBACK_PRIMITIVES_WRITTEN 질의 사이에는 몇 가지 차이가 있다. 첫 번째는 GL_PRIMITIVES_GENERATED 질의는 프론트엔드에 의해 출력되는 프리미티브의 개수를 세지만, GL_TRANSFORM_FEEDBACK_PRIMITIVES_WRITTEN 질의는 성공적으로 변환 피드백 버퍼에 쓰여진 프리미티브의 개수만 센다. 프론트엔드가 생성한 프리미티브 개수는 실제 작업 내용에 따라 OpenGL에 보낸 프리미티브의 개수보다 많거나 적을 수 있다. 일반적으로 이러한 두 종류의 질의 결과는 동일할 테지만, 변환 피드백에 충분한 공간이 없을 경우, GL_PRIMITIVES_GENERATED는 계속 개수를 세지만, GL_TRANSFORM_FEEDBACK_PRIMITIVES_WRITTEN은 개수 세기를 멈출 것이다.

질의를 동시에 수행하여 결과를 비교하면 애플리케이션이 생성한 모든 프리미티브를 변환 피드백 버퍼로 캡처했는지 확인할 수 있다. 만약 동일하다면 모든 프리미티브가 성공적으로 써진 것이다. 만약 다르다면 아마도 변환 피드백 버퍼에 사용한 버퍼가 너무 작은 경우일 것이다.

두 번째 차이점은 변환 피드백이 활성화되었을 때만 GL_TRANSFORM_FEEDBACK_PRIMITIVES_WRITTEN이 의미가 있다는 것이다. 이것이 GL_PRIMITIVES_GENERATED에는 없는 TRANSFORM_FEEDBACK이라는 이름이 들어 있는 이유다. 변환 피드백이 비활성화되었을 때 GL_TRANSFORM_FEEDBACK_PRIMITIVES_WRITTEN 질의를 수행하면 결과는 0이 된다. 하지만 GL_PRIMITIVES_GENERATED 질의는 아무 때나 사용해도 OpenGL에 의해 생성된 프리미티브의 개수를 제대로 세어준다. 이 점을 활용하면 지오메트리 쉐이더에서 얼마나 많은 버텍스가 생성되거나 폐기되는지 확인할 수 있다.

인덱스 사용 질의

변환 피드백에 버텍스들을 저장할 때 하나의 스트림만 사용한다면, GL_PRIMITIVES_GENERATED나 GL_TRANSFORM_FEEDBACK_PRIMITIVES_WRITTEN 타깃으로 `glBeginQuery()`와 `glEndQuery()`를 호출하면 된다. 하지만 파이프라인에 지오메트리 쉐이더가 있다면, 쉐이더는 최대 네 개까지의 출력 스트림에 대한 프리미티브를 생성할 수 있다. 이 경우 OpenGL이 제공하는 **인덱스 사용**indexed 질의 타깃을 사용하면 각 스트림에 대해 얼마나 많은 데이터가 생성되었는지 확인할 수 있다. `glBeginQuery()`와 `glEndQuery()` 함수는 인덱스가 0인 첫 번째 스트림의 질의를 처리하는 것이다. 다른 스트림에 대한 질의를 시작하고 끝내려면 `glBeginQueryIndexed()`와 `glEndQueryIndexed()`를 호출한다. 프로토타입은 다음과 같다.

```
void glBeginQueryIndexed(GLenum target,
                         GLuint index,
                         GLuint id);

void glEndQueryIndexed(GLenum target,
                       GLuint index);
```

이 두 함수는 다른 비인덱스 버전과 유사하게 동작한다. target과 id 인자는 동일한 의미다. 사실 **glBeginQuery()**는 **glBeginQueryIndexed()**의 index를 0으로 설정하여 호출하는 것과 동일하다. **glEndQuery()**와 **glEndQueryIndexed()**의 경우도 마찬가지다. target이 GL_PRIMITIVES_GENERATED인 경우, 질의는 index로 지정한 스트림에 대한 지오메트리 쉐이더가 생성한 프리미티브들의 개수를 셀 것이다. 마찬가지로 target이 GL_TRANSFORM_FEEDBACK_PRIMITIVES_WRITTEN인 경우, 질의는 index로 지정한 지오메트리 쉐이더의 출력 스트림에 연관된 버퍼에 실제로 쓴 프리미티브의 개수를 셀 것이다. 지오메트리 쉐이더가 없는 경우에도 이러한 함수를 사용할 수 있지만, 스트림 0에 대한 개수만 셀 것이다.

실제로 인덱스 사용 질의 함수들을 다른 질의 타깃(예를 들면 GL_SAMPLES_PASSED나 GL_TIME_ELAPSED)에 대해 사용할 수도 있지만, 이러한 타깃에 대해 사용할 수 있는 인덱스는 0뿐이다.

프리미티브 질의 결과 사용하기

지금까지 버퍼에 저장된 프론트엔드의 결과를 얻었고, 질의 객체를 사용하여 버퍼에 얼마나 많은 데이터가 있는지 확인할 수 있었다. 이제 이 값들을 다음 렌더링에 사용할 차례다. 프론트엔드의 결과는 변환 피드백을 사용하는 버퍼에 들어간다는 것을 기억하자. 버퍼를 변환 피드백 버퍼로 만들기 위해서는 GL_TRANSFORM_FEEDBACK_BUFFER 바인딩 포인트들 중 하나로 바인딩하기만 하면 된다. 하지만 OpenGL에서 버퍼는 일반적인 데이터 묶음이며 다른 용도로 사용할 수도 있다.

일반적으로 데이터를 변환 피드백 버퍼에 넣는 렌더링 패스를 수행한 다음에는, 버퍼 객체를 GL_ARRAY_BUFFER 바인딩 포인트에 바인딩하여 버텍스 버퍼로 사용할 수 있도록 한다. 만약 정해지지 않은 양의 데이터를 생성할 수 있는 지오메트리 쉐이더를 사용하는 경우, GL_TRANSFORM_FEEDBACK_PRIMITIVES_WRITTEN 질의를 사용하면 얼마나 많은 버텍스가 두 번째 패스에 렌더링하는지 확인할 수 있다. [예제 11-9]는 이러한 작업에 대한 예다.

예제 11-9 변환 피드백 버퍼에 쓰여진 데이터 그리기

```
// 두 개의 버퍼 buffer1과 buffer2가 있다.
// 우선 buffer1을 드로우 작업(GL_ARRAY_BUFFER)의 데이터 원본으로 바인딩한다.
// buffer2는 변환 피드백(GL_TRANSFORM_FEEDBACK_BUFFER)의 대상으로 바인딩한다.
glBindBuffer(GL_ARRAY_BUFFER, buffer1);
glBindBuffer(GL_TRANSFORM_FEEDBACK_BUFFFER, buffer2);
```

```
// 이제 질의를 시작하여 얼마나 많은 버텍스가 변환 피드백 버퍼에
// 쓰여지는지 확인한다.
glBeginQuery(GL_TRANSFORM_FEEDBACK_PRIMITIVES_WRITTEN, q);

// 이제 변환 피드백을 시작한다.
glBeginTransformFeedback(GL_POINTS);

// 변환 피드백 버퍼에 데이터를 받기 위해 뭔가 그린다.
DrawSomePoints();

// 변환 피드백 완료
glEndTransformFeedback();

// 질의를 끝내고 결과를 받는다.
glEndQuery(GL_TRANSFORM_FEEDBACK_PRIMITIVES_WRITTEN);
glGetQueryObjectuiv(q, GL_QUERY_RESULT, &vertices_to_render);

// 이제 buffer2(방금 변환 피드백 버퍼로 사용한)를 버텍스 버퍼로 바인딩하여
// 점을 더 그린다.
glBindBuffer(GL_ARRAY_BUFFER, buffer2);
glDrawArrays(GL_POINTS, 0, vertices_to_render);
```

OpenGL로부터 질의 결과를 받으려면 현재 수행 중인 작업을 완료해야 한다. 그래야 정확한 개수를 받을 수 있다. 다른 질의 타입처럼 변환 피드백 질의에 대해서도 마찬가지다. [예제 11-9]와 같은 코드를 실행하면, **glGetQueryObjectuiv( )**를 호출하자마자 OpenGL 파이프라인에 부하가 떨어지고 그래픽스 프로세서가 유휴 상태로 전환될 것이다. 이러한 버텍스 개수를 세는 작업은 GPU에서 애플리케이션으로 그리고 또 다시 반대로 왕복하는 작업이다. 이와 같은 작업을 위해 OpenGL은 두 가지 방법을 제공한다. 첫 번째는 변환 피드백 스테이지의 상태를 나타내는 **변환 피드백 객체**를 사용하는 방법이다. 지금까지는 기본 변환 피드백 객체를 사용해왔다. 하지만 **glGenTransformFeedbacks( )**와 **glBindTransformFeedback( )** 함수를 순서대로 사용하면 자신만의 변환 피드백 버퍼를 생성할 수 있다.

```
void glGenTransformFeedbacks(GLsizei n,
                             GLuint * ids);

void glBindTransformFeedback(GLenum target,
                             GLuint id);
```

glGenTransformFeedbacks( )에서 n은 예약할 객체 이름의 개수며, ids는 새로운 이름들이 써질 배열에 대한 포인터다. 일단 새로운 이름을 얻었다면, **glBindTransformFeedback( )**을 사용하여 바인딩한다. 첫 번째 인자 target은 GL_TRANSFORM_FEEDBACK이어야 하며, 두 번째 인자 id는 바인딩할 변환 피드백 객체의 이름이다. **glDeleteTransformFeedbacks( )**를 사용하면 변환 피드백 객체를 삭제할 수 있고, **glIsTransformFeedback( )**을 호출하면 특정 이름이 변환 피드백 객체의

이름인지 확인할 수 있다.

```
void glDeleteTransformFeedbacks(GLsizei n,
                                const GLuint * ids);
GLboolean glIsTransformFeedback(GLuint id);
```

일단 변환 피드백 객체가 바인딩되면, 변환 피드백에 관련된 모든 상태는 해당 객체에 들어 있다. 이 상태에는 변환 피드백 버퍼 바인딩 정보와 각 변환 피드백 스트림에 얼마나 많은 데이터가 써졌는지 관리하는 개수 정보가 포함되어 있다. 이 정보는 변환 피드백 질의로 얻는 값과 동일한 것이어서, 이 값들을 사용하면 변환 피드백으로 캡처한 버텍스 개수만큼 자동적으로 그리게 할 수 있다. 이러한 방식은 해당 기능을 위해 OpenGL이 제공하는 두 번째 방법으로 다음 네 개의 함수로 구성되어 있다.

```
void glDrawTransformFeedback(GLenum mode,
                             GLuint id);

void glDrawTransformFeedbackInstanced(GLenum mode,
                                      GLuint id,
                                      GLsizei primcount);

void glDrawTransformFeedbackStream(GLenum mode,
                                   GLuint id,
                                   GLuint stream);

void glDrawTransformFeedbackStreamInstanced(GLenum mode,
                                            GLuint id,
                                            GLuint stream,
                                            GLsizei primcount);
```

네 함수 모두에 대해, mode는 **glDrawArrays( )**나 **glDrawElements( )**와 같은 드로잉 함수와 함께 사용할 수 있는 프리미티브 모드 중 하나고, id는 개수를 포함하는 변환 피드백 객체의 이름이다.

- **glDrawTransformFeedback( )**을 호출하는 것은 **glDrawArrays( )**를 호출하는 것과 동일하다. 단, 처리할 버텍스 개수가 id로 지정한 이름을 갖는 변환 피드백 객체의 첫 번째 스트림에서 온다는 차이뿐이다.

- **glDrawTransformFeedbackInstanced( )**는 **glDrawArraysInstanced( )**와 동일하다. 역시 버텍스 개수는 id로 지정한 이름을 갖는 변환 피드백 객체의 첫 번째 스트림에서 오며, primcount에 인스턴스 개수를 지정한다.

- **glDrawTransformFeedbackStream( )**은 **glDrawTransformFeedback( )**을 호출하는 것과 동일하다. 단, stream에 지정한 스트림이 count의 원본으로 사용된다.

- **glDrawTransformFeedbackStreamInstanced( )**는 **glDrawTransformFeedbackInstanced( )**를 호출하는 것과 동일하다. 단, stream에 지정한 스트림이 count의 원본으로 사용된다.

stream 인덱스를 인자로 취하는 함수를 사용할 때는, 지오메트리 쉐이더를 사용하여 0이 아닌 스트림에 연관된 변환 피드백 버퍼에 데이터를 기록해야 한다. 이 내용은 8.2.7절 '스토리지 다중 스트림'에서 다룬 적 있다.

11.2 OpenGL 동기화하기

고급 애플리케이션에서는 OpenGL의 연산 순서와 파이프라인 특성이 중요할 수도 있다. 이러한 애플리케이션의 예는 다중 콘텍스트 및 다중 스레드를 사용하는 경우, 또는 OpenGL과 다른 API (즉, OpenCL 등) 간에 데이터를 공유하는 경우 등이다. 이때 OpenGL로 전송된 커맨드가 끝났는지, 그러한 커맨드의 결과가 준비되었는지 확인할 필요가 있다. 이 절에서는 OpenGL 파이프라인의 여러 부분을 동기화하는 여러 방법을 논의할 것이다.

11.2.1 파이프라인 배출시키기

OpenGL에는 커맨드가 강제로 시작되게 하거나 지금까지 요청된 모든 커맨드를 완료하는 두 개의 커맨드가 존재한다.

```
glFlush();
```

와

```
glFinish();
```

이 두 커맨드는 미묘한 차이가 있다. **glFlush()** 는 지금까지 요청된 커맨드들을 적어도 OpenGL 파이프라인의 시작에 위치시켜 실행될 수 있도록 한다. **glFlush()** 는 요청된 커맨드들의 실행 상태에 대한 정보를 아무것도 얻을 수 없게 한다. 단순히 실행시키기만 한다. 한편 **glFinish()** 는 실제로 모든 커맨드가 완전히 실행되어 OpenGL 파이프라인이 비워지도록 한다. **glFinish()** 를 통해 모든 커맨드가 완전히 처리되어 OpenGL 파이프라인을 비울 수는 있지만, 결과적으로 **실망하게** 될 것이며 성능 저하를 (때로는 아주 크게) 야기할 수 있다. 일반적으로 **glFinish()** 는 어떤 목적으로든 권장하지 않는다.

11.2.2 동기화와 펜스

때로는 파이프라인을 강제로 비우지 않고 OpenGL이 특정 지점까지의 커맨드 실행을 완료했는지 확인하고 싶은 경우가 있다. 특히 OpenGL과 OpenCL 간에 또는 두 콘텍스트 간에 데이터를 공유하는 경우에 특히 유용하다. 이런 식의 동기화는 **동기화 객체**라고 하는 것에 의해 관리된다. 다른 OpenGL 객체와 마찬가지로, 사용하기 전에 생성되어야 하고 필요 없으면 해제되어야 한다. 동기화 객체는 **시그널드**signaled와 **언시그널드**unsignaled 두 가지 상태를 갖는다. 처음에는 언시그널드 상태였다가 특정 이벤트가 들어오면 시그널드 상태로 전이한다. 언시그널드에서 시그널드로 전이하게 만드는 이벤트는 타입에 따라 다르다. 동기화 객체의 타입은 펜스 동기화fence sync, 경계 동기화라고 부르며, 다음과 같이 생성한다.

```
GLsync glFenceSync(GL_SYNC_GPU_COMMANDS_COMPLETE, 0);
```

첫 번째 인자는 기다리는 이벤트를 지정할 값이다. 이 경우 GL_SYNC_GPU_COMMANDS_COMPLETE는 동기화 객체의 상태를 시그널드로 설정하기 전에 GPU가 파이프라인의 모든 커맨드를 처리하도록 하라는 것이다. 두 번째 인자는 플래그 필드로서 이러한 종류의 동기화 객체에 대해서는 아무 플래그도 필요하지 않기 때문에 0이다. **glFenceSync( )** 함수는 새로운 GLsync 객체를 리턴한다. 펜스 동기화가 생성되자마자 OpenGL 파이프라인에 들어가서(언시그널드 상태로) OpenGL을 멈추거나 많은 리소스를 소비하지 않고 다른 명령어와 함께 처리된다. 파이프라인의 끝에 도달하면 다른 커맨드처럼 '실행'된다. 그리고 그 상태를 시그널드로 변경한다. 이는 OpenGL의 순서 특성에 따라 **glFenceSync( )** 전에 호출된 OpenGL 커맨드들이 완료되었다는 것을 말해준다. **glFenceSync( )** 후에 요청된 커맨드들은 파이프라인의 끝에 도달하지 않았을 수도 있다.

일단 동기화 객체가 생성되면(결과적으로 OpenGL 파이프라인에 들어가고), 그 상태를 질의하여 파이프라인의 끝에 도달했는지 확인할 수 있다. 그리고 OpenGL에 그 객체가 시그널드 상태가 될 때까지 애플리케이션으로 돌아오기 전에 기다리도록 할 수도 있다. 동기화 객체가 시그널드 상태가 되었는지 확인하려면 다음을 호출한다.

```
glGetSynciv(sync, GL_SYNC_STATUS, sizeof(GLint), NULL, &result);
```

glGetSynciv( )가 리턴할 때, 동기화 객체가 시그널드 상태였다면 result(GLint 타입인)는 GL_SIGNALED가 되고, 그렇지 않다면 GL_UNSIGNALED가 된다. 이를 통해 애플리케이션이 동기화 객체의 상태를 폴링할 수 있으며, 이 정보를 사용하여 GPU가 이전 커맨드들을 수행하느라 바쁜 경우에도 유용한 작업을 수행할 수 있다. 예를 들어 [예제 11-10]과 같은 코드를 보자.

예제 11-10 동기화 객체를 기다리는 동안 작업하기

```
GLint result = GL_UNSIGNALED;
glGetSynciv(sync, GL_SYNC_STATUS, sizeof(GLint), NULL, &result);
while (result != GL_SIGNALED)
{
    DoSomeUsefulWork();
    glGetSynciv(sync, GL_SYNC_STATUS, sizeof(GLint), NULL, &result);
}
```

이 코드는 루프를 돌면서, 동기화 객체가 시그널드 상태가 될 때까지 각 반복마다 작은 양의 유용한 작업을 수행한다. 만약 애플리케이션이 각 프레임의 시작 부분에 동기화 객체를 생성했었다면, 애플리케이션은 두 프레임 전의 동기화 객체를 기다릴 수 있으며, GPU가 해당 프레임의 커맨드들을 처리하는 데 얼마나 걸리는지에 따라 가변적인 양의 작업을 수행할 수 있다. 이를 통해 애플리케이션은 GPU의 속도에 따라 CPU 작업량(동시에 믹싱할 수 있는 사운드 효과의 개수라든가 물리 시뮬레이션의 반복 횟수 등)을 조절할 수 있다.

동기화 객체가 시그널드될 때까지 OpenGL을 기다리도록 할 때(결국 동기화가 끝나기 전에 그 커맨드가 파이프라인에 들어가게 된다) 사용할 수 있는 두 가지 함수가 있다.

```
glClientWaitSync(sync, GL_SYNC_FLUSH_COMMANDS_BIT, timeout);
```

또는

```
glWaitSync(sync, 0, GL_TIMEOUT_IGNORED);
```

두 함수 모두 첫 번째 인자는 **glFenceSync( )**가 리턴한 동기화 객체의 이름이다. 두 함수의 두 번째 및 세 번째 인자는 동일한 이름이지만 다르게 설정해야 한다.

glClientWaitSync( )에 대해, 두 번째 인자는 비트필드로 함수의 추가적인 행동양식을 지정한다. GL_SYNC_FLUSH_COMMANDS_BIT를 설정하면 동기화 객체가 시그널드되기를 기다리기 전에 해당 동기화 객체가 이미 OpenGL 파이프라인에 들어가 있다는 것을 **glClientWaitSync( )**에 보장하는 것이다.

이 비트가 없으면 OpenGL이 파이프라인에 아직 들어가지 않은 동기화 객체를 기다리므로 애플리케이션이 영원히 기다리기만 하고 멈춰 있을 수 있다. 특별한 다른 이유가 없다면 이 비트는 설정하는 것이 좋다. 세 번째 인자는 기다릴 타임아웃값으로, 나노초 단위다. 만약 동기화 객체가 이 시간 내에 시그널드되지 않는다면 **glClientWaitSync( )**는 해당 상태 코드를 리턴한다. **glClientWaitSync( )**는 동기화 객체가 시그널드되거나 타임아웃되기 전에는 리턴하지 않는다.

glClientWaitSync( )가 리턴하는 상태 코드는 네 종류가 있다. [표 11-1]에 요약했다.

표 11-1 glClientWaitSync()의 가능한 리턴값

리턴 상태	의미
GL_ALREADY_SIGNALED	**glClientWaitSync()**가 호출될 때 동기화 객체가 이미 시그널드되었기 때문에 함수는 바로 리턴한다.
GL_TIMEOUT_EXPIRED	timeout 인자에 지정한 시간이 지났다. 즉, 동기화 객체가 정해진 시간 내에 시그널드 상태가 되지 않았다.
GL_CONDITION_SATISFIED	동기화 객체가 지정한 타임아웃 시간 내에 시그널드 상태가 되었다 (**glClientWaitSync()**가 호출될 당시에 이미 시그널드였던 것은 아니다).
GL_WAIT_FAILED	오류가 발생했다(예를 들면 유효한 동기화 객체가 아니다). 추가 정보를 위해서는 사용자가 **glGetError()**의 결과를 직접 확인해야 한다.

timeout값에 대해서는 몇 가지 더 언급할 것이 있다. 첫 번째로 측정 단위가 나노초지만, OpenGL에 정확도 요구사항은 없다. 1나노초로 지정한다고 해도, OpenGL은 이 값을 다음 밀리초나 그 이상으로 올림할 수 있다. 두 번째로 timeout값을 0으로 지정하면 **glClientWaitSync( )**는 호출 당시 동기화 객체가 시그널드 상태라면 GL_ALREADY_SIGNALED를 리턴하고, 그렇지 않으면 GL_TIMEOUT_EXPIRED를 리턴한다. 절대로 GL_CONDITION_SATISFIED를 리턴하지 않는다.

glWaitSync( )는 행동양식이 약간 다르다. 애플리케이션이 동기화 객체가 시그널드되기를 실제로 기다리지 않는다. 오직 GPU만 기다린다. 따라서 **glWaitSync( )**는 애플리케이션에 바로 리턴한다. 결과적으로 두 번째 및 세 번째 인자를 다소 의미 없게 만든다. 애플리케이션이 함수 리턴을 기다리지 않기 때문에, 애플리케이션이 멈출 위험도 없고, GL_SYNC_FLUSH_COMMANDS_BIT도 필요 없다. 실제로 이 값을 지정하면 에러가 발생한다. 따라서 명확히 하려면 특별한 timeout값인 GL_TIMEOUT_IGNORED를 지정한다. 원한다면 **glGetInteger64v( )**에 GL_MAX_SERVER_WAIT_TIMEOUT 인자를 사용하여 구현이 어떤 timeout값을 사용하지는 확인할 수 있다.

'동기화 객체가 파이프라인의 끝에 도달할 때까지 GPU에 기다리라고 하는 이유가 뭘까?'라고 생각할 수도 있다. 결국 동기화 객체는 파이프라인의 끝에 도달하면 시그널드 상태가 될 것이다. 따라서 파이프라인의 끝에 도달할 때까지 기다린다면, 물론 시그널드될 것이다. 그렇다면 **glWaitSync( )**는 하는 일이 없지 않은가? 오직 하나의 OpenGL 콘텍스트만을 사용하고 다른 API는 사용하지 않는 단순한 애플리케이션의 경우라면 사실이다. 하지만 동기화 객체는 다중 OpenGL 콘텍스트를 사용하는 경우에 힘을 발휘한다. 동기화 객체는 OpenGL 콘텍스트 간에 공유될 수도 있고 OpenCL과 같은 호환 가능한 API 간에 공유될 수도 있다. 즉, 한 콘텍스트에 대해 **glFenceSync( )**를 호출하여 생성한 동기화 객체는 다른 콘텍스트 상에서 **glWaitSync( )**(또는 **glClientWaitSync( )**)를 사용하여 기다릴 수 있다.

다음과 같은 상황을 고려하자. 다른 OpenGL 콘텍스트가 작업을 완료할 때까지 현재 콘텍스트에 대한 그리기를 중단하라고 요청할 수도 있다. 이를 통해 두 콘텍스트 간에 동기화를 수행할 수 있다. 애플리케이션이 두 개의 스레드와 두 개의(또는 더 많은) 콘텍스트를 가질 수 있다. 만약 각 콘텍스트에 대해 하나의 동기화 객체를 생성한 상황에서, 각 콘텍스트에 대해 **glWaitSync( )**나 **glClientWaitSync( )**를 사용하여 다른 콘텍스트의 동기화 객체를 기다리는 경우, 각 함수가 리턴할 때 해당 콘텍스트들이 서로 동기화된다는 것을 알 수 있다. 운영체제에서 지원하는 스레드 동기화 객체(세마포어 같은)와 함께 사용하면 여러 윈도우에 대한 렌더링도 동기화할 수 있다.

이러한 방식의 사용예는 버퍼가 두 콘텍스트에 대해 공유되는 경우를 들 수 있다. 첫 번째 콘텍스트는 변환 피드백을 사용하여 버퍼에 쓰기를 하려 하고, 다른 콘텍스트는 그 변환 피드백의 결과를 그리기 원한다. 첫 번째 콘텍스트는 변환 피드백 모드를 사용하여 그리게 된다. **glEndTransformFeedback( )**을 호출한 뒤, 바로 **glFenceSync( )**를 호출한다. 이제 애플리케이션은 두 번째 콘텍스트를 현재로 설정하고 `glWaitSync( )`를 호출하여 동기화 객체가 시그널드되기를 기다린다. 그 다음에는 OpenGL에 추가 커맨드들을 요청하고(새로운 콘텍스트에 대해), 그 커맨드들이 드라이버에 의해 큐에 쌓이면 실행할 준비가 된다. GPU가 첫 번째 콘텍스트에 대해 데이터를 변환 피드백 버퍼에 기록하는 작업을 완료하는 경우에만 두 번째 콘텍스트의 데이터를 사용하는 커맨드들에 대한 작업을 시작할 수 있다.

버퍼에 대해 비동기 쓰기를 허용하는 OpenCL 같은 API 기능이나 확장이 존재한다. `glWaitSync( )`를 사용하여 버퍼의 데이터가 유효할 때까지 GPU에 기다리라고 요청할 수 있다. 이때 데이터가 유효한지 확인하기 위해서는 데이터를 생성하는 콘텍스트에 대한 동기화 객체를 생성한 다음에 그 데이터를 소비할 콘텍스트 상에서 그 동기화 객체가 시그널드되기를 기다리면 된다.

동기화 객체들은 언시그널드 상태에서 시그널드 상태로만 변한다. 동기화 객체를 수동으로 다시 언시그널드 상태로 돌리는 메커니즘은 없다. 동기화 객체를 수동으로 전환하면 경쟁 상태를 만들거나 애플리케이션을 멈추게 할 수도 있기 때문이다. 이러한 상황을 생각해보자. 동기화 객체가 생성되어 파이프라인의 끝까지 도달해서 시그널드 상태가 되었는데, 애플리케이션이 다시 언시그널드로 되돌렸다. 애플리케이션이 동기화 객체를 언시그널드 상태로 만든 후에 다른 스레드가 그 동기화 객체를 기다린다고 하면, 아마 영원히 기다려야 것이다. 따라서 각 동기화 객체는 하나의 짧은 이벤트를 의미하며, 동기화가 필요한 경우에 `glFenceSync( )`로 새로운 동기화 객체를 생성해야 한다. 사용 후에는 항상 객체를 직접 삭제해야 한다. 매 프레임에 여러 개의 새로운 객체들을 생성하는 경우에는 특히 더 중요하다. 동기화 객체를 삭제하려면 다음 함수를 호출한다.

```
glDeleteSync(sync);
```

이렇게 하면 동기화 객체가 삭제된다. 그렇다고 바로 삭제되는 것은 아니다. 동기화 객체가 시그널드되기를 기다리는 모든 스레드가 일정 타임아웃 시간 동안 기다리다가 아무도 기다리지 않는 상태가 되면 그때 삭제된다. 따라서 동기화 객체가 아직 OpenGL 파이프라인에 있는 경우에도 `glWaitSync( )` 다음에 `glDeleteSync( )`를 호출해도 전혀 문제없다.

11.3 마치며

이 장에서는 커맨드가 파이프라인 상에서 어떻게 수행되는지 모니터하고 그 진행상황에 대해 피드백을 받는 방법에 대해 논의했다. 여러분의 커맨드가 완료되는 시간을 어떻게 측정하는지 살펴봤고, 그래픽스 파이프라인의 지연 시간을 측정할 때 필요한 도구들도 살펴봤다. 이를 통해 애플리케이션 복잡도를 수행될 시스템에 맞게 조정할 수 있다. 13장 '디버깅 및 성능 최적화'에서 실제 성능 개선 사례에 이러한 도구들을 사용할 예정이다. 또한 어떻게 애플리케이션을 OpenGL 콘텍스트에 동기화시켜 수행할 수 있는지, 어떻게 다중 OpenGL 콘텍스트들의 수행을 동기화시키는지 확인했다.

OpenGL 실전

Part III

OpenGL 실전

CHAPTER 12

렌더링 테크닉

이 장에서 다루는 내용

◆ 장면의 픽셀에 라이트를 부여하는 방법

◆ 가능한 한 늦게 쉐이딩을 지연하는 방법

◆ 한 삼각형도 사용하지 않고 전체 장면을 렌더링하는 방법

지금까지는 OpenGL의 기본에 대해 공부했다. OpenGL의 대부분 기능을 살펴봤으며, 그 기능들을 사용하여 렌더링 알고리즘을 구현할 수 있게 되었다. 이 장에서는 몇 가지 알고리즘, 특히 실시간 렌더링 관련 알고리즘들을 살펴보겠다. 우선 몇 가지 기본 라이팅 기법에 대해 다룰 텐데, 이 라이팅 기법들을 사용하면 장면의 객체들에 대해 그럴듯한 쉐이딩을 적용할 수 있을 것이다. 그 다음에는 비사실적 렌더링 방식에 대해서도 살펴보겠다. 마지막으로 전통적인 포워드 렌더링 지오메트리 파이프라인이 아닌 기법으로 버텍스나 삼각형을 사용하지 않고 전체 장면을 렌더링하는 방식에 대해서도 살펴볼 것이다.

12.1 라이팅 모델

논쟁의 여지는 있지만, 그래픽스 렌더링 애플리케이션의 목적은 라이트의 시뮬레이션이다. 단순히 회전하는 정육면체든, 아니면 아주 복잡한 영화 특수 효과든, 우리가 원하는 것은 사용자에게 실세계 혹은 그와 유사한 것을 보여주는 것이다. 이를 위해서는 빛이 사물의 서피스와 상호 작용하는 방식을 모델링해야 한다. 빛의 속성을 물리적으로 최대한 정확하게 근사해내는 매우 고급 모델링도 존재한다. 하지만 대부분 실시간 구현에는 무리가 있기 때문에, 우리는 물리적으로는 정확하지 않더라도 그럴듯한 결과를 만드는 근사적인 방법을 사용해야 한다. 이 절에서는 실시간 애플리케이션에서 구현할 수 있는 몇 가지 라이팅 모델을 살펴보겠다.

12.1.1 퐁 라이팅 모델

가장 일반적인 라이팅 모델 중 하나는 퐁^{Phong} 라이팅 모델이다. 이 모델은 단순한 원칙에 기반한다. 단순한 원칙이란 객체는 엠비언트^{ambient}, 디퓨즈^{diffuse}, 스페큘러 반사율$^{specular\ reflectivity}$ 등 세 가지 재질 속성을 갖는다는 것이다. 이러한 속성들은 색상값에 포함된다. 밝은 색상은 높은 반사율을 갖는다. 광원도 이러한 세 가지 속성을 가지며, 빛의 밝기를 표현하는 색상값에 포함된다. 최종 색상값은 빛과 재질이 이러한 속성들에 대해 상호 작용한 결과의 총합이다.

엠비언트 라이트

엠비언트 라이트는 특정 방향을 갖지 않는다. 어딘가에 광원이 있지만, 광선들은 장면이나 방 이곳 저곳으로 튀어서 방향이 없게 된다. 엠비언트 라이트에 영향받는 객체는 모든 방향에 대해 고르게 빛을 받는다. 엠비언트 라이트를 광원당 적용되는 전역 '밝기' 요소라고 생각할 수 있다. 이러한 라이팅 요소는 광원으로부터 나와 환경에 산란된 빛을 대략적으로 표현한다.

엠비언트 광원이 최종 색상에 영향을 주는 값을 계산하기 위해서는 엠비언트 재질 속성을 엠비언트 라이트값으로 곱한다(두 색상값을 단순히 곱한다). 이 값이 결과적으로 엠비언트 색상이 된다. GLSL 쉐이더에서는 다음과 같이 한다.

```
uniform vec3 ambient = vec3(0.1, 0.1, 0.1);
```

디퓨즈 라이트

디퓨즈 라이트는 광원의 방향성 요소를 말하며, 이전의 라이팅 쉐이더 예제에서 이야기한 바 있다. 퐁 라이팅 모델에서, 엠비언트 요소와 마찬가지로 디퓨즈 재질과 라이팅값을 함께 곱한다. 하지만 이 값은 서피스 노말 벡터와 라이트 벡터 간의 내적만큼 스케일된다. 이때 라이트 벡터는 쉐이딩되는 점에서 광원을 향하는 벡터다. 쉐이더 관점에서는 다음과 같다.

```
uniform vec3 vDiffuseMaterial;
uniform vec3 vDiffuseLight;
float fDotProduct = max(0.0, dot(vNormal, vLightDir));
vec3 vDiffuseColor = vDiffuseMaterial * vDiffuseLight * fDotProduct;
```

여기서 단순히 두 벡터를 내적한 것만은 아니고, max라는 GLSL 함수를 적용했다. 내적은 음수도 될 수 있지만, 우리는 음수 라이팅값이나 색상값을 사용하지 않기 때문이다. 0보다 작은 값은 모두 0이 된다.

스페큘러 라이트

디퓨즈 라이트처럼, 스페큘러 라이트도 방향성이 있는 속성을 갖는다. 하지만 서피스에 대해 더 강하게 상호 작용하며 특히 방향에 대해 더 그렇다. 스페큘러 속성은 비추는 서피스에 대해 더 밝은 부분을 만드는 경향이 있는데, 이 부분은 **스페큘러 하이라이트**라고 부른다. 높은 방향성을 갖는 속성 때문에 뷰어의 위치에 따라 스페큘러 하이라이트가 전혀 보이지 않을 수도 있다. 스포트라이트 와 햇빛은 강한 스페큘러 하이라이트를 만드는 광원의 좋은 예다. 하지만 물론 '반짝거리는' 객체에 빛을 비추는 경우에 한한다.

스페큘러 재질과 라이팅 색상에 기여하는 색상은 좀 더 복잡한 계산을 통한 값으로 스케일된다. 우선 서피스 노말에 대한 반사 벡터와 라이트 벡터의 역벡터를 구한다. 이 두 벡터를 내적한 뒤 '반짝거림'에 대한 값으로 멱승한다. 반짝거림값이 클수록 더 작은 스페큘러 하이라이트가 된다. 이러한 작업에 대한 기본적인 쉐이더 코드는 다음과 같다.

```
uniform vec3 vSpecularMaterial;
uniform vec3 vSpecularLight;
float shininess = 128.0;

vec3 vReflection = reflect(-vLightDir, vEyeNormal);
float EyeReflectionAngle = max(0.0, dot(vEyeNormal, vReflection));
fSpec = pow(EyeReflectionAngle, shininess);
vec3 vSpecularColor = vSpecularLight * vSpecularMaterial * fSpec;
```

반짝거림 인자도 다른 인자들처럼 유니폼을 사용하면 간단하다. 전통적으로(고정 함수 파이프라인 시절부터), 가장 높은 스페큘러 멱승값은 128로 설정한다. 이 값보다 큰 수는 거의 영향을 미치지 않는다.

이제 서피스에 대한 라이팅 효과를 모델링할 수 있는 완전한 공식을 만들었다. 엠비언트항 k_a, 디퓨즈항 k_d, 스페큘러항 k_s, 반짝거림 인자 α를 갖는 재질과 엠비언트항 i_a, 디퓨즈항 i_d, 스페큘러항 i_s를 갖는 라이트가 있을 때, 완전한 라이팅 공식은 다음과 같다.

$$I_p = k_a i_a + k_d (\vec{L} \cdot \vec{N}) i_d + k_s (\vec{R} \cdot \vec{V})^{\alpha} i_s$$

이 공식은 여러 벡터 $\vec{N}$, $\vec{L}$, $\vec{R}$, $\vec{V}$로 이루어진 함수다. 이 벡터들은 서피스 노말, 쉐이딩되는 점에서 라이트까지의 단위 벡터, $\vec{N}$으로 정의되는 평면에 대해 라이트 벡터 $\vec{L}$을 **반대 방향**으로 반사한 벡터, 뷰어에 대한 벡터 $\vec{V}$로 이루어진다. 이해를 위해 [그림12-1]의 벡터들을 참조하자.

[그림 12-1]에서 $-\vec{L}$은 라이트로부터 **멀어지는** 방향이다. 이 벡터를 서피스 노말 $\vec{N}$으로 정의된 평면에 대해 반사시키면 그림에서 보는 $\vec{R}$이 된다. 이 벡터는 광원이 서피스에 대해 반사되는 방향을 나타낸다. $\vec{R}$이 뷰어로부터 멀어지면 반사가 눈에 보이지 않을 것이다. 하지만 $\vec{R}$이 뷰어를 직접 가리키면 반사가 가장 밝아진다. 이때 내적(두 정규화된 벡터들 간의 코사인 각으로 계산된다는 것을 기억하자)이 가장 큰 값이 된다. 이것이 바로 스페큘러 하이라이트며, 보는 방향에 의존적이다.

그림 12-1 퐁 라이팅에 사용된 벡터들

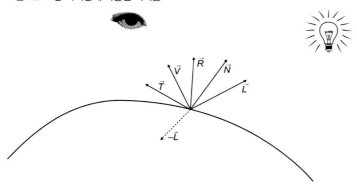

디퓨즈 쉐이딩의 효과는 [그림 12-1]을 보면 더 명확하다. 광원이 서피스를 직접 비출 때, 벡터 $\vec{L}$ 은 서피스에 수직이며 따라서 $\vec{N}$ 과 같은 평면에 놓인다. 이때 $\vec{N}$ 과 $\vec{L}$ 의 내적은 가장 큰 값을 갖는다. 빛이 서피스를 비스듬하게 스치듯이 비추면, $\vec{L}$ 과 $\vec{N}$ 은 거의 서로 수직이며, 그 내적은 0에 가까워진다.

보다시피 점 $p\,(I_p)$ 는 여러 항의 합으로 계산된다. **반사 벡터** $\vec{R}$ (쉐이더에서는 R로 표현)은 시점 공간 기준 노말에 대한 빛 벡터를 반사시켜(노말 기준으로 들어오는 벡터를 노말 기준면으로 접어서 얻어 내는 방식으로) 계산해낸다.

phonglighting 예제 프로그램은 이와 같은 내용의 쉐이더를 사용한다. 예제는 **고라우드 쉐이딩** Gouraud Shading이라고도 하는 **고라우드** 기법을 구현한다. 이 기법에서는 버텍스당 라이팅값을 계산하고, 버텍스 간 결과 색상들을 보간하여 쉐이딩에 사용한다. 이 기법을 사용하면 전체 라이팅 공식을 버텍스 쉐이더에서 구현할 수 있다. 버텍스 쉐이더의 완전한 내용은 [예제 12-1]에 있다.

예제 12-1 고라우드 쉐이딩 버텍스 쉐이더

```
#version 420 core

// 버텍스당 입력
layout (location = 0) in vec4 position;
layout (location = 1) in vec3 normal;

// 사용할 행렬들
layout (std140) uniform constants
{
    mat4 mv_matrix;
    mat4 view_matrix;
    mat4 proj_matrix;
};

// 라이트 및 재질 속성
uniform vec3 light_pos = vec3(100.0, 100.0, 100.0);
```

```glsl
uniform vec3 diffuse_albedo = vec3(0.5, 0.2, 0.7);
uniform vec3 specular_albedo = vec3(0.7);
uniform float specular_power = 128.0;
uniform vec3 ambient = vec3(0.1, 0.1, 0.1);

// 프래그먼트 쉐이더로의 출력
out VS_OUT
{
    vec3 color;
} vs_out;

void main(void)
{
    // 뷰 공간 좌표 계산
    vec4 P = mv_matrix * position;

    // 뷰 공간 노말 계산
    vec3 N = mat3(mv_matrix) * normal;

    // 뷰 공간 라이트 벡터 계산
    vec3 L = light_pos - P.xyz;

    // 뷰 벡터 계산(간단히 뷰 공간 위치의 반대로 계산)
    vec3 V = -P.xyz;

    // 세 벡터를 모두 정규화
    N = normalize(N);
    L = normalize(L);
    V = normalize(V);

    // N으로 정의된 평면을 중심으로 -L을 반사시켜 R을 계산
    vec3 R = reflect(-L, N);

    // 디퓨즈 및 스페큘러항 계산
    vec3 diffuse = max(dot(N, L), 0.0) * diffuse_albedo;
    vec3 specular = pow(max(dot(R, V), 0.0), specular_power) *
                    specular_albedo;

    // 색상 출력을 프래그먼트 쉐이더로 전달
    vs_out.color = ambient + diffuse + specular;

    // 각 버텍스의 절단 공간 위치 계산
    gl_Position = proj_matrix * P;
}
```

고라우드 쉐이딩의 프래그먼트 쉐이더는 매우 단순하다. 각 프래그먼트의 최종 색상은 버텍스 쉐이더에서 계산되어 프래그먼트 쉐이더로 전달되기 전에 보간된다. 프래그먼트 쉐이더에서 할 일은 단순히 입력 색상을 프레임버퍼에 쓰는 것뿐이다. 완전한 소스 코드는 [예제 12-2]에 있다.

```
#version 420 core

// 출력
layout (location = 0) out vec4 color;

// 버텍스 쉐이더로부터의 입력
in VS_OUT
{
    vec3 color;
} fs_in;

void main(void)
{
    // 입력 색상을 프레임버퍼에 쓴다.
    color = vec4(fs_in.color, 1.0);
}
```

매우 높은 수준의 테셀레이션을 사용하지 않는다면, 삼각형에 대해 세 개의 버텍스만 존재하며, 대부분 더 많은 개수의 프래그먼트가 삼각형을 채운다. 이러한 버텍스당 라이팅을 사용하기 때문에, 고라우드 쉐이딩은 매우 효율적이다. [그림 12-2]는 phonglighting 예제 프로그램의 출력이다.

그림 12-2 버텍스당 라이팅(고라우드 쉐이딩)

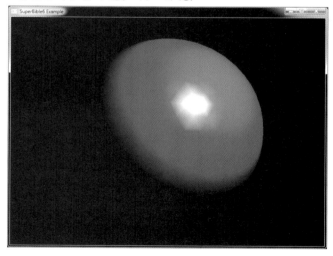

퐁 쉐이딩

고라우드 쉐이딩의 단점은 [그림 12-2]에 명확히 드러난다. 스페큘러 하이라이트 부분에 별모양의 패턴이 보일 것이다. 정지 영상에서는 아티스트가 의도한 것이라고 여길 지도 모른다. 하지만 예제 프로그램을 실행하여 구를 회전시켜보면 깜박거리는 현상이 발생하고 의도하지 않은 현상이라는 것을 알게 된다. 원인은 삼각형 간의 불일치 때문에 발생하는 것인데, 색상값들이 색상 공간 내에서 선형적으로 보간되기 때문이다. 밝은 선은 삼각형 사이에 있는 경계에서 발생한다. 이 효과를 감소시키기 위한 방법 중 하나는 더 많은 버텍스를 사용하는 것이다.

더 높은 퀄리티를 낼 수 있는 다른 방법은 **퐁 쉐이딩**이다. 퐁 쉐이딩과 퐁 라이팅 모델은 서로 다른 것이다. 두 용어가 모두 동일한 사람에 의해 같은 시기에 발명된 것이긴 하다. 퐁 쉐이딩에서는, 버텍스 간에 색상값을 보간하는 것이 아니라, 버텍스 간의 서피스 노말을 보간한 다음에 그 결과 노말을 사용하여 버텍스가 아닌 픽셀에 대해 전체 라이팅 계산을 수행한다. phonglighting 예제 프로그램은 버텍스별 라이팅 공식을 수행(즉, 고라우드 쉐이딩을 구현)하는 모드와 프래그먼트별 라이팅 공식을 수행(퐁 쉐이딩을 구현)하는 모드를 전환할 수 있다. [그림 12-3]은 프래그먼트당 쉐이딩을 수행하는 phonglighting 샘플 프로그램의 결과다.

그림 12-3 프래그먼트당 라이팅(퐁 쉐이딩)

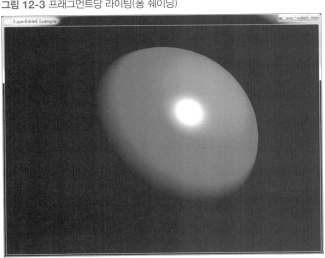

물론 퀄리티는 좋아지지만, 프래그먼트 쉐이더에서 훨씬 더 많은 작업을 하게 된다. 프래그먼트 쉐이더는 버텍스 쉐이더보다 더 많이 호출된다. 기본 코드는 고라우드 쉐이딩 예제와 동일하지만, 쉐이더 코드의 배치가 많이 달라졌다. [예제 12-3]은 새로운 버텍스 쉐이더다.

예제 12-3 퐁 쉐이딩 버텍스 쉐이더

```
#version 420 core

// 버텍스당 입력
layout (location = 0) in vec4 position;
layout (location = 1) in vec3 normal;
```

```glsl
// 사용할 행렬들
layout (std140) uniform constants
{
    mat4 mv_matrix;
    mat4 view_matrix;
    mat4 proj_matrix;
};

// 버텍스 쉐이더 입력
out VS_OUT
{
    vec3 N;
    vec3 L;
    vec3 V;
} vs_out;

// 라이트 위치
uniform vec3 light_pos = vec3(100.0, 100.0, 100.0);

void main(void)
{
    // 뷰 공간 좌표 계산
    vec4 P = mv_matrix * position;

    // 뷰 공간 노말 계산
    vs_out.N = mat3(mv_matrix) * normal;

    // 라이트 벡터 계산
    vs_out.L = light_pos - P.xyz;

    // 뷰 벡터 계산
    vs_out.V = -P.xyz;

    // 각 버텍스의 절단 공간 위치 계산
    gl_Position = proj_matrix * P;
}
```

모든 라이팅 계산은 서피스 노말, 라이트 방향, 뷰 벡터에 의존적이다. 버텍스별로 계산된 색상값을 전달하는 대신, 이 세 벡터를 vs_out.N, vs_out.L, vs_out.V 출력에 전달한다. 이제 프래그먼트 쉐이더가 이전보다 훨씬 더 많은 작업을 수행한다. 그 내용은 [예제 12-4]에 있다.

예제 12-4 퐁 쉐이딩 프래그먼트 쉐이더

```glsl
#version 420 core

// 출력
layout (location = 0) out vec4 color;
```

```glsl
// 버텍스 쉐이더 입력
in VS_OUT
{
    vec3 N;
    vec3 L;
    vec3 V;
} fs_in;

// 머티리얼 속성
uniform vec3 diffuse_albedo = vec3(0.5, 0.2, 0.7);
uniform vec3 specular_albedo = vec3(0.7);
uniform float specular_power = 128.0;

void main(void)
{
    // 입력 N, L, V 벡터를 정규화한다.
    vec3 N = normalize(fs_in.N);
    vec3 L = normalize(fs_in.L);
    vec3 V = normalize(fs_in.V);

    // 로컬 좌표 상에서 R을 계산
    vec3 R = reflect(-L, N);

    // 각 프래그먼트별로 디퓨즈 및 스페큘러 요소 계산
    vec3 diffuse = max(dot(N, L), 0.0) * diffuse_albedo;
    vec3 specular = pow(max(dot(R, V), 0.0), specular_power) *
                    specular_albedo;

    // 프레임버퍼에 최종 색상 출력
    color = vec4(diffuse + specular, 1.0);
}
```

오늘날의 하드웨어에서는, 실제로 퐁 쉐이딩 같은 고품질의 렌더링을 많이 선택하곤 한다. 비주얼 퀄리티는 훨씬 높지만, 성능은 약간 떨어진다. 여전히 저전력 하드웨어(임베디드 장치 등) 또는 이미 다른 부분에서 부담이 큰 상황에서는 고라우드 쉐이딩이 최적의 선택일 수 있다. 일반적인 쉐이더 최적화 규칙은 프래그먼트 쉐이더의 처리 부하를 최대한 줄이고 가능한 한 버텍스 쉐이더에서 많은 작업을 수행하도록 하는 것이다. 이 예제를 통해서 그 이유를 알 수 있을 것이다.

퐁 라이팅 공식에 전달되는 주요 인자(버텍스당 계산되었거나 아니면 프래그먼트당 계산되었거나)는 디퓨즈 및 스페큘러 **알베도**albedo, 반사율와 스페큘러 멱승이다. 처음 두 인자는 디퓨즈와 스페큘러 라이팅 효과의 색상으로, 모델링된 재질에 의해 만들어지는 값이다. 일반적으로 이 값들은 동일한 값을 사용하거나, 디퓨즈 알베도는 재질의 색상을 스페큘러 알베도는 흰색을 사용하기도 한다. 하지만 스페큘러 알베도와 디퓨즈 알베도에 완전히 다른 색상을 사용하는 것도 가능하다. 스페큘러 멱승은 스페큘러 하이라이트의 선명도를 결정한다. [그림 12-4]는 재질의 여러 스페큘러 인자의 효과를 보인다(컬러 화보 참조). 장면에 하나의 흰색 포인트 라이트$^{point\ light, 점광원}$가 있다. 왼쪽에서 오른쪽으로 스페큘러 알베도가 거의 검은색에서 완전히 흰색으로 변하는 것(결과적으로 스페큘러 영향이 커진다)을 볼 수 있고, 위에서 아래로 스페큘러 멱승이 4.0에서 256.0으로 각 행마다 두 배씩 기하급수적으로 증가하는 것을 볼 수 있다. 보다시피 왼쪽 위의 구는 탁해 보이고, 골고루 빛을 받는다. 반면 오른쪽 아래의 구는 매우 반짝반짝해 보인다.

그림 12-4 여러 가지 스페큘러 인자를 사용한 재질(컬러 화보 참조)

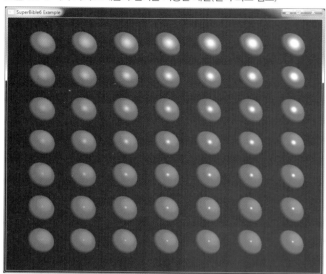

[그림 12-4]의 이미지는 장면의 흰색 라이트 효과만 보여주지만, 라이트의 색상을 각 프래그먼트 색상의 디퓨즈 및 스페큘러 요소에 단순히 곱해주면 색상이 들어간 라이트도 계산할 수 있다.

12.1.2 블린-퐁 라이팅

블린-퐁$^{Blinn-Phong}$ 라이팅 모델은 퐁 라이팅 모델의 확장이나 최적화라고 할 수도 있다. 퐁 라이팅 모델에서는, 각 쉐이딩되는 점마다(또는 버텍스나 프래그먼트마다) $\vec{R} \cdot \vec{N}$을 계산한다. 하지만 대략적으로 $\vec{R} \cdot \vec{N}$을 $\vec{N} \cdot \vec{H}$로 대체할 수 있다. 여기서 $\vec{H}$는 라이트 벡터 $\vec{L}$과 시점 벡터 $\vec{E}$ 사이의 중간 벡터다. 이 벡터는 다음과 같이 계산된다.

$$\vec{H} = \frac{\vec{L} + \vec{E}}{|\vec{L} + \vec{E}|}$$

기술적으로는 퐁 공식을 적용하는 계산이라면 어디에든 이 계산을 사용할 수 있다. 단, 각 단계마다 정규화가 필요하다(위 공식에서 벡터의 크기로 나누는 작업). 단, 벡터 $\vec{R}$이 필요 없기 때문에 reflect 함수를 호출할 필요가 없다. 현대의 그래픽스 프로세서들은 충분히 강력해서 $\vec{H}$를 계산하기 위해 정규화를 하는 작업과 reflect 함수를 호출하는 작업이 비용면에 있어서 크게 차이가 없다. 하지만 삼각형이 표현하는 기반 서피스의 곡률이 상대적으로 작고, 서피스에서 라이트와 뷰어 사이의 거리에 비해 삼각형이 상대적으로 작다면, $\vec{H}$ 의 값은 큰 차이가 없으며, $\vec{H}$ 를 버텍스(또는 지오메트리나 테셀레이션) 쉐이더에서 계산해서 프래그먼트 쉐이더에 flat 입력으로 전달해도 문제없다. 결과가 부정확해지더라도, 반짝거림(또는 스페큘러) 인자를 늘리면 해결할 수 있다. [예제 12-5]는 프래그먼트당 블린-퐁 라이팅을 구현하는 프래그먼트 쉐이더다. 이 쉐이더는 blinnphong 예제 프로그램에 포함되어 있다.

예제 12-5 블린-퐁 프래그먼트 쉐이더

```
#version 420 core

// 출력
layout (location = 0) out vec4 color;

// 버텍스 쉐이더 입력
in VS_OUT
{
    vec3 N;
    vec3 L;
    vec3 V;
} fs_in;

// 재질 속성
uniform vec3 diffuse_albedo = vec3(0.5, 0.2, 0.7);
uniform vec3 specular_albedo = vec3(0.7);
uniform float specular_power = 128.0;

void main(void)
{
    // 입력 N, L, V 벡터를 정규화
    vec3 N = normalize(fs_in.N);
    vec3 L = normalize(fs_in.L);
    vec3 V = normalize(fs_in.V);

    // 반벡터 H를 계산
    vec3 H = normalize(L + V);

    // 각 프래그먼트에 대해 디퓨즈 및 스페큘러 요소 계산
    vec3 diffuse = max(dot(N, L), 0.0) * diffuse_albedo;

    // N.H로 (퐁 공식의) R.V 계산을 교체
    vec3 specular = pow(max(dot(N, H), 0.0), specular_power) * specular_albedo;

    // 최종 색상을 프레임버퍼에 출력
    color = vec4(diffuse + specular, 1.0);
}
```

[그림 12-5]는 일반적인 퐁 쉐이딩(왼쪽)과 블린-퐁 쉐이딩(오른쪽)을 사용한 결과다. [그림 12-5]에서 보면, 퐁 렌더링에 사용된 스페큘러 지수는 128인 반면, 블린-퐁 렌더링에 사용된 스페큘러 지수는 200이다. 보다시피 스페큘러 멱승을 조절하면 결과가 매우 비슷하다.

그림 12-5 퐁 라이팅(왼쪽)과 블린-퐁 라이팅(오른쪽) 비교

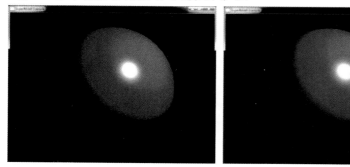

12.1.3 림 라이팅

림 라이팅rim lighting, 테두리 라이팅은 백 라이팅back-lighting이라고도 하는데, 객체 뒤에 광원이 있을 때 사물 '주위'로 빛이 번지는 현상을 시뮬레이션하는 효과다. 광원이 뒤에 있지 않은 경우에는 쉐이딩에 영향을 주지 않는다. 림 라이팅이라고 부르는 이유는 빛을 받는 객체의 외곽선 주위로 빛의 밝은 테두리가 만들어지기 때문이다. 사진술에서는 사물의 뒤에 광원을 물리적으로 위치시켜 원하는 사물을 카메라와 광원 사이에 있도록 해서 이 효과를 얻는다. 컴퓨터 그래픽스에서는 뷰 방향이 서피스를 얼마나 비스듬히 지나는지 결정하여 이 효과를 시뮬레이션한다.

구현 시 필요한 것은 서피스 노말과 뷰 방향뿐이다. 두 값 모두 지금까지 다룬 어느 라이팅 모델에서나 쉽게 얻을 수 있는 것들이다. 뷰 방향이 서피스를 정면으로 바라본다면, 뷰 벡터는 서피스 노말과 동일선상에 있으며, 림 라이팅의 효과는 최소가 된다. 뷰 방향이 서피스를 스치듯 빗겨 나가는 경우, 서피스 노말과 뷰 벡터는 서로 수직에 가까워지며 림 라이팅 효과는 최대가 된다.

이것은 [그림 12-6]에서 확인할 수 있다. 객체의 가장자리 주위에서 벡터 $\vec{N}_1$과 $\vec{V}_1$은 거의 수직이며, 이때가 객체의 뒤쪽 라이트에서 객체 주위로 빛이 가장 많이 새어 나오는 경우다. 반면 객체의 중심에서는 $\vec{N}_2$와 $\vec{V}_2$가 거의 동일한 방향을 가리킨다. 라이트는 객체에 의해 완전히 가려지며, 새어 나오는 빛의 양은 최소가 된다.

그림 12-6 림 라이팅 벡터들

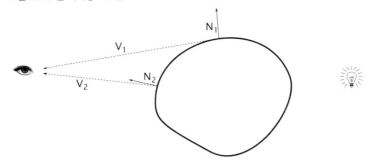

두 벡터 사이의 각에 비례하는 양을 쉽게 계산해내는 방법은 내적을 사용하는 것이다. 두 벡터가 동일선상에 있다면, 그 내적은 1이 된다. 두 벡터가 서로 수직이 되면, 내적은 0에 가까워진다. 따라서 뷰 방향과 서피스 노말 간의 내적을 취한 다음에, 림 라이트의 강도를 그 내적의 역에 비례하도록 하면 림 라이트 효과를 만들 수 있다. 림 라이트를 더 세밀하게 제어하려면 스칼라 밝기와 지수적 선명도 인자를 추가한다. 림 라이팅 공식은 다음과 같다.

$$L_{rim} = C_{rim}(1.0 - \vec{N} \cdot \vec{V})^{P_{rim}}$$

여기서 $\vec{N}$과 $\vec{V}$는 일반적인 노말 벡터와 뷰 벡터며, C_{rim}과 P_{rim}은 각각 림 라이트의 색상값과 지수값이고, L_{rim}은 림 라이트의 결과 영향도값이다. 이 기법을 구현하는 프래그먼트 쉐이더는 매우 단순하다. [예제 12-6]과 같다.

예제 12-6 림 라이팅 쉐이더 함수

```
// 림 라이트 효과를 제어하는 유니폼들
uniform vec3 rim_color;
uniform float rim_power;

vec3 calculate_rim(vec3 N, vec3 V)
{
    // 림 인자들을 계산
    float f = 1.0 - dot(N, V);

    // smoothstep 함수를 사용하여 0에서 1 사이로 제한
    f = smoothstep(0.0, 1.0, f);

    // 림 지수만큼 멱승 계산
    f = pow(f, rim_power);

    // 최종으로 림 색상을 곱한다.
    return f * rim_color;
}
```

[그림 12-7]은 이 장의 앞부분에서 설명한 퐁 라이팅 모델에 림 라이팅 효과를 적용한 이미지다. 이 이미지를 생성하는 코드는 rimlight 예제 프로그램에 들어 있다. 왼쪽 위 이미지는 비교를 위해 림 라이트를 비활성화한 이미지다. 오른쪽 위 이미지는 적당한 감소 지수를 사용하고 중간 강도의 림 라이트를 적용한 이미지다. 왼쪽 아래 이미지는 라이트의 지수와 강도를 모두 높인 이미지다. 결과적으로 테두리가 날카롭고 선명하다. [그림 12-7]의 오른쪽 아래 이미지는 라이트 강도를 낮추고 림 지수도 낮춘 경우다. 그 결과 빛이 더 번지게 되어 모델 주위에 엠비언트 효과가 더 많이 생성된다. [그림 12-7]의 이미지는 컬러 화보에도 있다.

그림 12-7 림 라이트 예제의 결과(컬러 화보 참조)

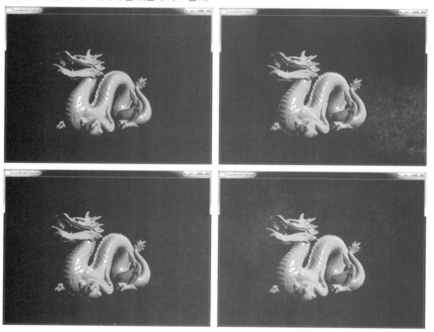

특정 장면에서는 림 라이트의 색상이 고정적일 수도 있고, 아니면 월드 공간의 함수에 의해서 변하는(그렇지 않다면 서로 다른 객체가 서로 다른 라이트에 의해 빛을 받아서 이상하게 보일 것이다) 값일 수도 있다. 하지만 림 라이트의 멱승값은 기본적으로 빛이 새어 나오는 정도에 대한 추정값이며, 재질에 따라 다를 수 있다. 예를 들어 머리칼, 털처럼 부드러운 재질이나 대리석과 같은 반투명 재질은 빛이 매우 많이 새어 나올 수 있다. 반면 나무나 바위 같은 딱딱한 재질은 그렇게 많은 빛이 새어 나오지 않을 수도 있다.

12.1.4 노말 매핑

지금까지의 예제에서는, 고라우드 쉐이딩의 경우에는 각 버텍스마다 라이팅 기여도를 계산했고,

퐁 쉐이딩의 경우에는 버텍스별 속성을 통해 계산된 벡터들을 각 삼각형 내에서 부드럽게 보간한 값을 각 픽셀별로 계산했다. 서피스를 세밀하게 표현하려면 원본 모델을 세밀하게 만들어야 한다. 대부분의 경우, 그렇게 하려면 OpenGL에 전달하는 지오메트리의 양이 어마어마해지고 삼각형은 매우 작아져서 하나의 삼각형은 매우 적은 개수의 픽셀만 차지하게 된다.

실제로 더 많은 버텍스를 모델에 추가하지 않고 디테일 정도를 높일 수 있는 방법 중 하나는 **노말 매핑**normal mapping을 사용하는 것이다. 이 기법은 때로는 **범프 매핑**bump mapping이라고도 불린다. 노말 매핑을 구현하려면 각 텍셀에 서피스 노말을 저장하는 텍스처가 필요하다. 이 텍스처는 나중에 모델에 적용하여 프래그먼트 쉐이더에서 각 프래그먼트마다 지역적인 서피스 노말을 계산하는 데 사용된다. 그리고 각 프래그먼트마다 여기에서 논의한 라이팅 모델에 적용할 수 있다. 노말 텍스처는 [그림 12-8]처럼 생겼다.

그림 12-8 노말 맵 예제

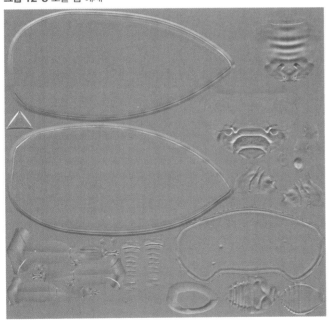

노말 맵에 가장 일반적으로 사용되는 좌표 공간은 탄젠트 공간tangent space, 접선 공간이다. 이는 양의 z 축 이 서피스 노말 방향으로 정렬된 지역 좌표계다. 이 좌표 공간의 다른 두 벡터는 **탄젠트** 벡터와 **바이탄젠트**bitangent, 이중접선 벡터다. 최적의 결과를 위해, 이 벡터들은 텍스처의 u 좌표와 v 좌표의 방향을 향하는 것이 좋다. 탄젠트 벡터는 보통 지오메트리 데이터의 일부로 인코딩되어, 버텍스 쉐이더의 입력으로 제공된다. 좌표계에서 직교 기저를 만드는 두 벡터가 주어진 경우, 세 번째 벡터는 단순한 외적으로 계산할 수 있다. 즉, 노말 벡터와 탄젠트 벡터가 제공될 때, 바이탄젠트 벡터는 외적으로 계산할 수 있다.

노말, 탄젠트, 바이탄젠트 벡터를 사용하면 표준 카테시안 공간을 이 세 벡터로 구성된 프레임으로 변환하는 회전 행렬을 구성할 수 있다. 간단히 이 세 벡터를 행렬의 각 행에 설정하면, 다음 행렬을 구할 수 있다.

$$\vec{N} = \text{노말}$$

$$\vec{T} = \text{탄젠트}$$

$$\vec{B} = \vec{N} \times \vec{T}$$

$$TBN = \begin{bmatrix} \vec{T}.x & \vec{T}.y & \vec{T}.z \\ \vec{B}.x & \vec{B}.y & \vec{B}.z \\ \vec{N}.x & \vec{N}.y & \vec{N}.z \end{bmatrix}$$

여기서 생성한 행렬은 보통 TBN 행렬이라고도 부른다. TBN은 탄젠트[Tangent], 바이탄젠트[Bitangent], 노말[Normal]을 의미한다. 한 버텍스에 대한 TBN 행렬이 주어진 경우, 카테시안 공간의 어떤 벡터라도 그 버텍스의 지역 좌표계로 변환할 수 있다. 이것이 중요한 이유는 우리의 라이팅 계산에 사용하는 내적 연산은 이 두 벡터에 상대적이기 때문이다. 이 두 벡터가 동일한 좌표계에 있어야 결과가 맞는다. 퐁 쉐이딩에서 하던 것처럼, 각 버텍스에 대해 뷰 벡터와 라이트 벡터를 이 지역 좌표계로 변환한 다음에 각 폴리곤에 대해 보간하면, 각 프래그먼트에 대해 노말 맵의 노말 벡터와 동일한 공간에 있는 뷰 벡터와 라이트 벡터를 구할 수 있다. 그리고 나서 각 프래그먼트의 지역 노말 벡터를 읽은 다음 평소처럼 라이팅 계산을 수행하면 된다.

한 버텍스에 대한 TBN 행렬을 계산하고, 라이트 벡터와 뷰 벡터를 결정하고, 거기에 TBN 행렬을 곱한 다음에 프래그먼트 쉐이더에 전달하는 버텍스 쉐이더가 [예제 12-7]에 있다. 이 쉐이더를 포함한 나머지 코드는 bumpmapping 예제 애플리케이션에 들어 있다.

예제 12-7 노말 매핑을 위한 버텍스 쉐이더

```
#version 420 core

layout (location = 0) in vec4 position;
layout (location = 1) in vec3 normal;
layout (location = 2) in vec3 tangent;
layout (location = 4) in vec2 texcoord;

out VS_OUT
{
    vec2 texcoord;
    vec3 eyeDir;
    vec3 lightDir;
} vs_out;
```

```
uniform mat4 mv_matrix;
uniform mat4 proj_matrix;
uniform vec3 light_pos = vec3(0.0, 0.0, 100.0);

void main(void)
{
    // 뷰 공간의 버텍스 위치를 계산한다.
    vec4 P = mv_matrix * position;

    // 입력 객체 공간 벡터들을 통해 노말 벡터(N)와 탄젠트 벡터(T)를 계산한다.
    vec3 N = normalize(mat3(mv_matrix) * normal);
    vec3 T = normalize(mat3(mv_matrix) * tangent);

    // 노말과 탄젠트 벡터를 통해 바이탄젠트 벡터(B)를 계산한다.
    vec3 B = cross(N, T);

    // 라이트 벡터(L)는 관심 지점에서 라이트 방향의 벡터다.
    // 벡터를 계산하고 TBN 행렬을 곱한다.
    vec3 L = light_pos - P.xyz;
    vs_out.lightDir = normalize(vec3(dot(V, T), dot(V, B), dot(V, N)));

    // 뷰 벡터는 관심 지점에서 뷰어를 향하는 벡터다. 뷰 공간에서 이 벡터는
    // 단순히 위치값의 음수로 계산할 수 있다.
    // 이 벡터를 계산하고 TBN 행렬을 곱한다.
    vec3 V = -P.xyz;
    vs_out.eyeDir = normalize(vec3(dot(V, T), dot(V, B), dot(V, N)));

    // 텍스처 좌표를 그대로 전달하여 프래그먼트 쉐이더가
    // 노말과 색상 텍스처로부터 읽어올 수 있게 한다.
    vs_out.texcoord = texcoord;

    // 뷰 위치에 프로젝션 행렬을 곱하여 클립 공간 좌표를 계산한다.
    gl_Position = proj_matrix * P;
}
```

[예제 12-7]의 쉐이더는 각 버텍스의 지역 좌표 공간상의 뷰 벡터와 라이트 벡터를 계산하고, 버텍스의 텍스처 좌표와 함께 프래그먼트 쉐이더로 전달한다. [예제 12-8]의 프래그먼트 쉐이더에서는 단순히 프래그먼트당 노말 맵을 읽어 와서 쉐이딩 계산에 사용한다.

예제 12-8 노말 매핑을 위한 프래그먼트 쉐이더

```
#version 420 core

out vec4 color;

// 색상 맵과 노말 맵
layout (binding = 0) uniform sampler2D tex_color;
```

```glsl
layout (binding = 1) uniform sampler2D tex_normal;

in VS_OUT
{
    vec2 texcoord;
    vec3 eyeDir;
    vec3 lightDir;
} fs_in;

void main(void)
{
    // 입력 뷰 방향 벡터와 라이트 방향 벡터를 정규화한다.
    vec3 V = normalize(fs_in.eyeDir);
    vec3 L = normalize(fs_in.lightDir);

    // 노말 맵으로부터 노말을 읽어 와서 정규화시킨다.
    vec3 N = normalize(texture(tex_normal, fs_in.texcoord).rgb * 2.0
    - vec3(1.0));

    // 퐁 라이팅에 사용할 R을 계산한다.
    vec3 R = reflect(-L, N);

    // 텍스처의 디퓨즈 알비도를 읽어온다.
    vec3 diffuse_albedo = texture(tex_color, fs_in.texcoord).rgb;

    // 단순히 N과 L의 내적으로 디퓨즈 색상을 계산한다.
    vec3 diffuse = max(dot(N, L), 0.0) * diffuse_albedo;

    // 디퓨즈 쉐이딩을 끄려면 아래 주석을 푼다.
    // diffuse = vec3(0.0);

    // 스페큘러 알비도는 흰색이며 텍스처로부터 읽을 수도 있다.
    vec3 specular_albedo = vec3(1.0);

    // 퐁 스페큘러 하이라이트를 계산한다.
    vec3 specular = max(pow(dot(R, V), 5.0), 0.0) * specular_albedo;

    // 스페큘러 하이라이트를 끄려면 아래 주석을 푼다.
    // specular = vec3(0.0);

    // 최종 색상은 디퓨즈 + 스페큘러다.
    color = vec4(diffuse + specular, 1.0);
}
```

이 쉐이더를 사용한 모델을 렌더링하면, 모델 데이터의 지오메트리에는 없고 노말 맵에서만 나타나는 부분에 대해 스페큘러 하이라이트를 선명하게 보일 수 있다. [그림 12-9]를 보면, 왼쪽 위 이미지는 디퓨즈 쉐이딩된 결과며, 오른쪽 위 이미지는 스페큘러 쉐이딩 결과다. 왼쪽 아래는 이 두 결과를 혼합한 이미지다. 참고를 위해 [그림 12-9]의 오른쪽 아래 이미지는 노말 맵은 사용하지 않고 OpenGL로 보간한 노말만을 사용한 픽셀당 퐁 쉐이딩을 적용한 결과를 보인다. 왼쪽 아래 이미지와 오른쪽 아래 이미지를 비교하면 노말 매핑을 사용하는 디테일 차이가 분명하게 보인다. [그림 12-9]의 왼쪽 아래 이미지는 컬러 화보에도 있다.

그림 12-9 노말 매핑 예제의 결과(컬러 화보 참조)

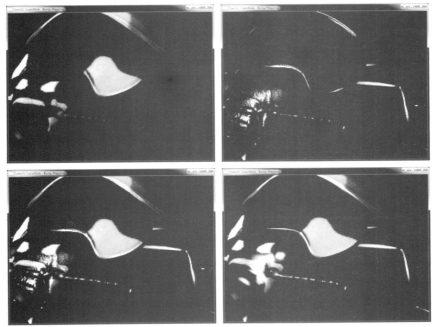

12.1.5 환경 매핑

이전 절들에서는 객체의 서피스에 대한 라이팅 효과를 계산하는 방법을 배웠다. 라이팅 쉐이더는 매우 복잡해질 가능성이 있으며, 결국에는 성능에 영향을 줄 수 있다. 뿐만 아니라 임의의 환경에 대해서도 동작하는 공식을 만드는 것은 거의 불가능하다. 이때 **환경 매핑**이 필요하다. 실시간 그래픽스 애플리케이션에서 일반적으로 사용되는 환경 매핑에는 몇 가지 종류가 있다. 구 환경 맵, 정방 환경 맵, 큐브 환경 맵 등이 있다. 구 환경 맵은 시뮬레이션된 주위 사물에 의해 조명을 받는 구 형태 이미지로 표현한다. 구 맵이 환경을 하나의 반구로 표현하는 반면, 정방 맵은 표현할 환경을 완전한 360° 뷰가 가능하도록 구 좌표를 사각형에 매핑한다. 반면 큐브 맵은 가운데에서 밖으로 주위를 투명하게 볼 수 있는 박스 안에 있다고 가정하고 이 박스를 표현하는 6개 면으로 구성된 특수한 텍스처다. 이 세 가지 환경 시뮬레이션 방식을 살펴보자.

구 환경 맵

앞서 논의했듯이, 구 환경 맵spherical environment map은 시뮬레이션할 재질에 대해 그 주위 환경에 의해 만들어지는 라이팅을 표현하는 텍스처 맵이다. 쉐이딩되는 지점에 대해 뷰 방향과 서피스 노말을 구한 다음에 이 두 벡터를 사용하여 텍스처 좌표를 계산하고, 그 텍스처 좌표를 통해 텍스처를 참조하여 라이팅 계수를 얻는다. 가장 간단한 경우에는 특정 상황에서의 서피스의 색상을 그대로 얻어올 수도 있다. 하지만 텍스처 맵에는 여러 가지 인자를 저장할 수 있다. 환경 맵의 몇 가지 예[1]를 [그림 12-10]에 나타냈다.

그림 12-10 몇 가지 구 환경 맵(컬러 화보 참조)

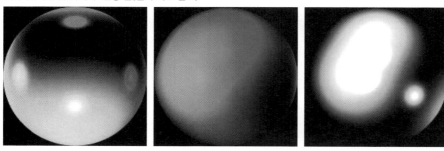

구 환경 맵의 첫 단계는 입력 노말을 뷰 공간으로 변환하고, 시점-공간 뷰 방향을 계산하는 것이다. 이러한 벡터들을 프래그먼트 쉐이더에서 사용하여 환경 맵을 참조할 텍스처 좌표를 구한다. 해당 버텍스 쉐이더는 [예제 12-9]다.

예제 12-9 구 환경 매핑 버텍스 쉐이더

```
#version 420 core

uniform mat4 mv_matrix;
uniform mat4 proj_matrix;

layout (location = 0) in vec4 position;
layout (location = 1) in vec3 normal;

out VS_OUT
{
    vec3 normal;
    vec3 view;
} vs_out;

void main(void)
```

---

1 [그림 12-10]의 이미지는 유명한 POVRay라는 레이트레이서(ray tracer, 광선추적기)를 사용하여 다른 재질과 라이팅 조건에 대해 단순히 구를 레이트레이싱하여 생성한 이미지다.

```
{
    vec4 pos_vs = mv_matrix * position;

    vs_out.normal = mat3(mv_matrix) * normal;
    vs_out.view = pos_vs.xyz;

    gl_Position = proj_matrix * pos_vs;
}
```

이제 프래그먼트당 노말 방향과 뷰 방향을 얻었으니, 이를 통해 텍스처 좌표를 계산하여 환경 맵을
참조할 수 있다. 우선 입력 노말로 정의되는 평면에 대해 입력 뷰 방향을 반사시킨다. 그리고 나서
단순히 이 반사 벡터의 x와 y 요소를 스케일링하고 이동시킨 다음에, 이 좌표를 사용하여 환경 맵을
참조하고, 프래그먼트의 쉐이딩을 계산할 수 있다. 해당 프래그먼트 쉐이더는 [예제 12-10]이다.

예제 12-10 구 환경 매핑 프래그먼트 쉐이더

```
#version 420 core

layout (binding = 0) uniform sampler2D tex_envmap;

in VS_OUT
{
    vec3 normal;
    vec3 view;
} fs_in;

out vec4 color;

void main(void)
{
    // u는 정규화된 뷰 벡터
    vec3 u = normalize(fs_in.view);

    // u를 프래그먼트의 노말로 정의된 평면에 대해 반사시킨다.
    vec3 r = reflect(u, normalize(fs_in.normal));

    // 스케일 인자를 계산한다.
    r.z += 1.0;
    float m = 0.5 * inversesqrt(dot(r, r));

    // 스케일하고 이동시킨 텍스처 좌표를 통해 샘플링한다.
    color = texture(tex_envmap, r.xy * m + vec2(0.5));
}
```

[예제 12-10]의 쉐이더를 사용한 모델을 렌더링한 결과는 [그림 12-11]이다. 이 이미지는 [그림 12-10]의 가장 오른쪽 이미지의 환경 맵을 사용하여 envmapsphere 예제 프로그램으로 생성했다.

그림 12-11 구 환경 매핑으로 렌더링한 결과

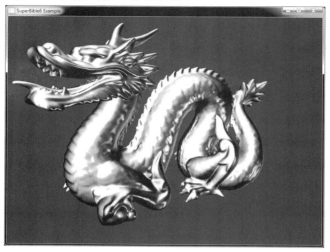

정방 환경 맵

정방 환경 맵equirectangular environment map은 구 환경 맵과 유사하다. 단, 구의 극단에서 샘플링할 때 생기는 늘어남 현상이 눈에 덜 띈다. 정방 환경 텍스처의 예는 [그림 12-12]에 있다. 역시 버텍스 쉐이더에서 계산된 뷰 공간 노말과 뷰 방향 벡터를 사용하며, 이 벡터들은 보간되어 프래그먼트 쉐이더로 전달된 다음에 프래그먼트 쉐이더는 입력 뷰 방향을 지역 노말에 의해 정의된 평면에 대해 반사시킨다. 이제 반사 벡터의 x와 y 요소를 스케일하고 이동시켜 직접 사용하는 대신, y 요소를 뽑아내고, 그 벡터의 y 요소를 0으로 설정하여 xz 평면에 대해 투영하고 다시 정규화시킨다. 이 정규화된 벡터에 대해 x 요소를 뽑아, 두 번째 텍스처 좌표를 설정한다. 이렇게 뽑은 x와 y 요소를 통해 정방 텍스처를 참조할 고도altitude와 방위각azimuth을 구한다.

그림 12-12 정방 환경 맵의 예

정방 환경 매핑을 구현한 프래그먼트 쉐이더는 equirectangular 예제 애플리케이션에 포함되어 있으며 [예제 12-11]에 보인다. 이 쉐이더를 통해 렌더링한 결과는 [그림 12-13]이다.

예제 12-11 정방 환경 매핑 프래그먼트 쉐이더

```
#version 420 core

layout (binding = 0) uniform sampler2D tex_envmap;

in VS_OUT
{
    vec3 normal;
    vec3 view;
} fs_in;

out vec4 color;

void main(void)
{
    // u는 정규화된 뷰 벡터
    vec3 u = normalize(fs_in.view);

    // u를 프래그먼트의 노말로 정의되는 평면에 대해 반사시킨다.
    vec3 r = reflect(u, normalize(fs_in.normal));

    // 반사 벡터로부터 텍스처 좌표를 계산한다.
    vec2 tc;

    tc.y = r.y; r.y = 0.0;
    tc.x = normalize(r).x * 0.5;

    // 텍스처 좌표를 반사 벡터의 방향에 기반해서
    // 스케일하고 이동시킨다.
    float s = sign(r.z) * 0.5;

    tc.s = 0.75 - s * (0.5 - tc.s);
    tc.t = 0.5 + 0.5 * tc.t;

    // 스케일되고 이동된 텍스처 좌표를 통해 샘플링한다.
    color = texture(tex_envmap, tc);
}
```

그림 12-13 정방 환경 맵의 렌더링 결과

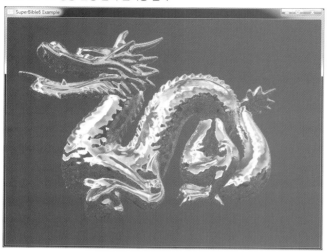

큐브 환경 맵

큐브 환경 맵cube environment map은 단일 텍스처 객체처럼 다루지만, 여섯 개의 정방형(꼭 정방형이어야 한다!) 2D 이미지들이 한 큐브의 여섯 면을 구성한다. 큐브 맵을 사용하는 응용 분야는 3D 라이트 맵부터 반사 및 고 정밀도 환경 맵까지다. [그림 12-14]는 여섯 개의 정방형 이미지가 어떻게 큐브 맵을 구성하는지 보인다. 이 큐브 맵은 Cubemap 예제 프로그램[2]에서 사용했다. 이미지들은 십자가 모양으로 구성되어 있으며 인접 이미지와 맞물려 있다. 이미지를 잘라서 큐브 형태로 접어보면 경계면이 들어맞는 것을 확인할 수 있다.

그림 12-14 Cubemap 예제 프로그램에 사용된 여섯 개 큐브 면의 배치

---

2 cubemap 예제 프로그램에 사용된 여섯 개의 이미지는 The Game Creators, Ltd.(www.thegamecreators.com)에서 제공한 것이다.

큐브 맵 텍스처를 로딩하려면, 새로운 이름을 GL_TEXTURE_CUBE_MAP 타깃에 바인딩하여 텍스처 객체를 생성하고, **glTexStorage2D( )**를 호출하여 텍스처 저장 차원을 지정한 다음에, 큐브 맵의 각 면에 대해 한 번씩 **glTexSubImage2D( )**를 사용하여 텍스처 객체에 큐브 맵 데이터를 로딩하면 된다. 큐브 맵의 면들은 각각 다음과 같은 특수한 타깃 이름을 가진다. GL_TEXTURE_CUBE_MAP_POSITIVE_X, GL_TEXTURE_CUBE_MAP_NEGATIVE_X, GL_TEXTURE_CUBE_MAP_POSITIVE_Y, L_TEXTURE_CUBE_MAP_NEGATIVE_Y, GL_TEXTURE_CUBE_MAP_POSITIVE_Z, GL_TEXTURE_CUBE_MAP_NEGATIVE_Z. 이 순서대로 숫자값이 할당되어 있으며, 단순히 루프를 돌며 차례대로 각 면을 갱신할 수 있다. 관련 예제 코드는 [예제 12-12]에 있다.

예제 12-12 큐브 맵 텍스처 로딩하기

```
GLuint texture;

glGenTextures(1, &texture);
glBindTexture(GL_TEXTURE_CUBE_MAP, texture);

glTexStorage2D(GL_TEXTURE_CUBE_MAP,
               levels, internalFormat,
               width, height);

for (face = 0; face < 6; face++)
{
    glTexSubImage2D(GL_TEXTURE_CUBE_MAP_POSITIVE_X + face,
                    0,
                    0, 0,
                    width, height,
                    format, type,
                    data + face * face_size_in_bytes);
}
```

큐브 맵도 밉맵을 지원한다. 따라서 큐브 맵에 밉맵 데이터가 있다면, [예제 12-12]의 코드는 추가 밉맵 레벨을 로딩하도록 수정해야 한다. 크로노스 텍스처 파일 포맷은 큐브 맵 텍스처를 자체 지원하므로, 이 책의 .KTX 파일 로더도 이 작업을 자동으로 처리해준다.

큐브 맵은 2D 이미지들의 집합이지만, 큐브 맵의 텍스처 좌표는 3차원이다. 처음 보면 좀 이상하게 느껴질 수도 있다. 진정한 3차원 텍스처와는 달리 S, T, R 텍스처 좌표는 텍스처 맵의 중심에서 바깥 방향으로의 부호 있는 벡터를 표현한다. 이 벡터는 큐브 맵의 여섯 면 중 하나의 면과 교차한다. 이 교차점 주위의 텍셀들을 샘플링하여 텍스처의 필터링된 색상값을 생성한다.

큐브 맵을 사용하는 가장 일반적인 예로 주위를 반사하는 객체를 생성하는 경우를 들 수 있다. 큐브 맵을 구에 적용하여 거울처럼 반사된 서피스를 표현할 수 있다. 마찬가지로 큐브 맵을 스카이 박스에도 적용할 수 있는데, 이것으로 반사되는 배경 화면을 만들 수 있다.

스카이 박스는 하늘의 그림이 그려진 큰 박스에 지나지 않는다. 다른 방식으로 본다면 큰 박스에 있는 하늘의 그림(박스에 그림을 그릴 수 있다는 의미)이라고 할 수 있다! 간단하지 않은가? 효과적인 스카이 박스는 장면의 중심에서 여섯 개의 축 방향을 따라 보이는 여섯 개의 이미지를 갖는다. 이제 큐브 맵이 쉽게 이해되었을 것이라 믿는다.

큐브 맵을 렌더링하려면, 뷰어 주위에 큰 큐브를 그리고, 큐브 맵 텍스처를 적용하기만 하면 된다. 하지만 더 쉬운 방법도 있다! 뷰포트 밖에 있는 가상 큐브의 부분은 클리핑되어 보이지 않지만, 우리가 원하는 것은 보이는 전체 뷰포트를 그리는 것이다. 이때 풀스크린 사각형을 렌더링하는 방식을 사용할 수 있다. 필요한 것은 뷰포트의 각 네 모서리의 텍스처 좌표를 계산하고, 그 좌표를 사용하여 큐브 맵을 렌더링하는 것뿐이다.

이제 큐브 맵 텍스처가 직접 가상 큐브에 매핑되었다면 큐브의 버텍스 위치가 바로 텍스처 좌표가 된다. 큐브의 버텍스 위치를 얻어, 그 x, y, z 요소를 뷰 행렬의 회전 부분(부분 행렬의 왼쪽 위 3×3에 해당)으로 곱해서 적당한 방향을 가리키도록 하고, 큐브를 월드 공간상에 렌더링하면 된다. 월드 공간에서, 보이는 면은 직접 보는 방향에 있는 면이다. 즉, 풀스크린 사각형을 렌더링하고 뷰 행렬로 각 모서리를 변환하면 원하는 방향으로 회전시킬 수 있다. 이 모든 작업은 버텍스 쉐이더에서 수행되며, 코드는 [예제 12-13]에 있다.

예제 12-13 스카이 박스 렌더링을 위한 버텍스 쉐이더

```
#version 420 core

out VS_OUT
{
    vec3 tc;
} vs_out;

uniform mat4 view_matrix;

void main(void)
{
    vec3[4] vertices = vec3[4](vec3(-1.0, -1.0, 1.0),
                               vec3( 1.0, -1.0, 1.0),
                               vec3(-1.0,  1.0, 1.0),
                               vec3( 1.0,  1.0, 1.0));

    vs_out.tc = mat3(view_matrix) * vertices[gl_VertexID];

    gl_Position = vec4(vertices[gl_VertexID], 1.0);
}
```

버텍스 좌표와 결과 텍스처 좌표가 버텍스 쉐이더에 하드코딩되어 있다는 점을 주목하자. 버텍스 속성이 필요 없기 때문에 버퍼에 저장할 필요도 없다. 원한다면 버텍스 데이터의 z 요소를 스케일하여 시야field of view를 스케일할 수도 있다. z 요소가 커질수록 x와 y는 정규화 후에 더 작아진다. 즉, 더 좁은 시야가 된다. 큐브 맵을 렌더링하는 프래그먼트 쉐이더도 역시 단순하며, 해당 코드는 [예제 12-14]에 전부 포함되어 있다.

예제 12-14 스카이 박스 렌더링을 위한 프래그먼트 쉐이더

```
#version 420 core

layout (binding = 0) uniform samplerCube tex_cubemap;

in VS_OUT
{
    vec3 tc;
} fs_in;

layout (location = 0) out vec4 color;

void main(void)
{
    color = texture(tex_cubemap, fs_in.tc);
}
```

일단 스카이 박스를 렌더링했다면, 장면 내에 스카이 박스를 반사하는 무언가를 렌더링할 차례다. 큐브 맵 텍스처에서 읽을 때 사용할 텍스처 좌표는 원점에서 큐브 바깥쪽을 향하는 벡터로 해석할 수 있다. OpenGL은 이 벡터가 충돌하는 면을 결정하고, 그 면 내에 교차하는 좌표를 계산하여 해당 위치의 데이터를 읽어온다. 각 프래그먼트에 대해 할 일은 이 벡터를 계산하는 것이다. 다시 말해, 입력 뷰 방향과 각 프래그먼트에서의 노말 벡터가 필요하다.

앞서와 마찬가지로, 이 값들은 버텍스 쉐이더에서 만들어져서 프래그먼트 쉐이더로 전달되며 정규화된다. 다시 말해, 입력 뷰 방향을 프래그먼트의 서피스 노말로 정의된 평면에 대해 반사시켜 출력 방향 반사 벡터를 계산한다. 스카이 박스에 보이는 경치가 충분히 멀리 있다는 가정 하에, 이 반사 벡터가 원점으로부터 발산하는 벡터라고 가정할 수 있다. 따라서 이 벡터를 스카이 박스에 대한 텍스처 좌표로 사용할 수 있다. 버텍스 및 프래그먼트 쉐이더는 [예제 12-15]와 [예제 12-16]에 있다.

예제 12-15 큐브 환경 맵 렌더링을 위한 버텍스 쉐이더

```
#version 420 core

uniform mat4 mv_matrix;
uniform mat4 proj_matrix;

layout (location = 0) in vec4 position;
layout (location = 1) in vec3 normal;

out VS_OUT
{
    vec3 normal;
    vec3 view;
} vs_out;

void main(void)
{
    vec4 pos_vs = mv_matrix * position;

    vs_out.normal = mat3(mv_matrix) * normal;
    vs_out.view = pos_vs.xyz;

    gl_Position = proj_matrix * pos_vs;
}
```

예제 12-16 큐브 환경 맵 렌더링을 위한 프래그먼트 쉐이더

```
#version 420 core

layout (binding = 0) uniform samplerCube tex_cubemap;

in VS_OUT
{
    vec3 normal;
    vec3 view;
} fs_in;

out vec4 color;

void main(void)
{
    // 프래그먼트의 노말로 정의된 평면에 대해
    // 뷰 벡터를 반사시킨다.
    vec3 r = reflect(fs_in.view, normalize(fs_in.normal));

    // 반사 벡터를 사용하여 큐브 맵 샘플링
    color = texture(tex_cubemap, r);
}
```

[예제 12-13]에서 [예제 12-16]까지의 쉐이더들을 사용한 스카이 박스로 둘러싼 객체를 렌더링한 결과는 [그림 12-15]다. 이 이미지는 cubemapenv 예제 프로그램을 사용해서 만들었다.

그림 12-15 스카이 박스로 큐브 환경 맵 렌더링(컬러 화보 참조)

물론 프래그먼트의 최종 색상을 환경 맵 색상 그대로 사용할 필요는 없다. 예를 들어 객체의 기본 색상에 반사 환경 색상을 곱할 수도 있다. 컬러 화보에 있는 그림은 금색 용을 렌더링한 결과다.

12.1.6 재질 속성

지금까지의 예제에서는 전체 모델에 대해 단일 재질을 사용했다. 즉, 용은 반짝거리고, 무당벌레는 약간 플라스틱 느낌이 난다. 하지만 모델의 모든 부분이 동일한 재질로 만들어질 필요는 없다. 사실 서피스당, 삼각형당 재질 속성을 할당할 수도 있고, 심지어 텍스처에 서피스 정보를 저장한다면 픽셀당 재질 속성을 할당할 수도 있다. 예를 들어 스페큘러 지수를 텍스처에 저장하여 렌더링 시 모델에 적용할 수도 있다. 이렇게 하면 모델의 일부분을 다른 부분보다 더 반사되게 할 수 있다.

모델에 거칠기 정도를 지정할 수 있는 다른 기법으로 환경 맵을 미리 블러시켜 광택 인자(역시 텍스처에 저장)를 사용하여 맵의 선명한 버전에서 블러된 버전으로 점진적으로 변화되도록 하는 방법이 있다. 이 예제에서는 단순한 구 환경 맵을 사용할 것이다. [그림 12-16]에는 두 개의 환경 맵과 그 둘 간에 블렌딩할 반짝거림 맵을 보인다. 왼쪽 이미지는 완전히 선명한 환경 맵이고, 중간 이미지는 동일한 환경의 미리 블러된 버전이다. 가장 오른쪽의 이미지는 광택 맵으로 환경 맵의 선명한 버전과 블러된 버전 사이에 필터로 사용된다. 광택 맵이 가장 밝은 부분에는 가장 선명한 환경 맵이 사용된다. 광택 맵의 가장 어두운 부분에는 가장 블러된 버전이 사용된다.

그림 12-16 미리 필터된 환경 맵(가운데)과 광택 맵(오른쪽) (컬러 화보 참조)

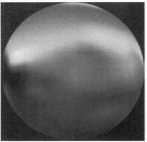

두 환경 텍스처를 합해서 두 텍셀의 깊이를 갖는 단일 3D 텍스처로 만들 수 있다. 그리고 광택 텍스처에서 샘플링한 텍셀값을 환경 맵에서 읽어올 텍스처 좌표의 세 번째 요소(처음 두 개는 노말로 계산됨)로 지정할 수 있다. 선명한 이미지는 3D 환경 텍스처의 첫 번째 레이어가 되고, 블러된 이미지는 3D 환경의 두 번째 레이어로 사용한다. OpenGL이 선명한 환경 맵과 블러된 환경 맵 사이를 부드럽게 보간할 것이다.

[예제 12-17]은 재질 속성 텍스처에서 읽어 픽셀당 광택을 결정하고 그 결과를 사용하여 환경 맵 텍스처를 읽는 프래그먼트 쉐이더다.

예제 12-17 프래그먼트당 반짝거림을 위한 프래그먼트 쉐이더

```glsl
#version 420 core

layout (binding = 0) uniform sampler3D tex_envmap;
layout (binding = 1) uniform sampler2D tex_glossmap;

in VS_OUT
{
    vec3 normal;
    vec3 view;
    vec3 tc;
} fs_in;

out vec4 color;

void main(void)
{
    // u는 정규화된 뷰 벡터
    vec3 u = normalize(fs_in.view);

    // u를 프래그먼트의 노말로 정의한 평면에 대해 반사시킨다.
    vec3 r = reflect(u, normalize(fs_in.normal));

    // 스케일 인자를 계산한다.
    r.z += 1.0;
    float m = 0.5 * inversesqrt(dot(r, r));
```

```
    // glossmap 텍스처에서 반짝거림 인자를 샘플링한다.
    float gloss = texture(tex_glossmap, fs_in.tc * vec2(3.0, 1.0) * 2.0).r;

    // 스케일되고 이동된 텍스처 좌표에서 샘플링한다.
    vec3 env_coord = vec3(r.xy * m + vec2(0.5), gloss);

    // 두 레벨 환경 맵에서 샘플링한다.
    color = texture(tex_envmap, env_coord);
}
```

[그림 12-17]은 perpixelgloss 예제로 만들었으며, 맵이 적용된 도넛 모양을 렌더링한 결과다.

그림 12-17 픽셀당 광택 예제의 결과(컬러 화보 참조)

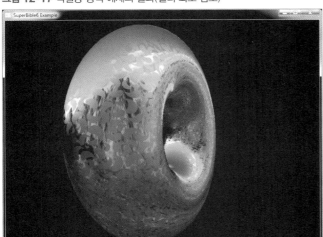

12.1.7 그림자 캐스팅하기

지금까지 설명한 쉐이딩 알고리즘들은 모두 각 라이트가 각 프래그먼트의 최종 색상에 기여한다고 가정했다. 하지만 많은 객체가 있는 복잡한 장면에서는 그렇지 않을 수 있다. 객체들은 서로 그림자를 캐스팅하고(드리우고) 자신에게도 캐스팅할 수 있다. 만약 이러한 그림자들이 생략되어 렌더링된다면 상당한 사실감이 결여된다. 이 절에서는 객체에 그림자를 캐스팅하는 효과를 시뮬레이션하는 기법에 대해 설명할 것이다.

그림자 매핑

그림자 계산에 있어서 가장 중요한 점은 관심 지점에 라이트가 도달하는지 결정하는 것이다. 쉐이딩하는 점에서 라이트까지, 즉 라이트에서 쉐이딩 지점까지 가시선이 형성되는지 결정해야 한다. 일종의 가시성 계산으로, 우리는 매우 빠른 하드웨어를 통해 시점 위치에서 지오메트리 일부가 보이는지 확인할 수 있다. 이것이 바로 깊이 버퍼다.

그림자 매핑은 광원의 시점에서 장면을 렌더링하여 가시성 정보를 만드는 기법이다. 깊이 정보만 필요하며, 깊이 어태치먼트가 있는 프레임버퍼 객체를 사용한다. 장면을 라이트의 입장에서 깊이 버퍼에 렌더링하면, 장면의 라이트에 가장 가까운 픽셀당 거리를 얻을 수 있다. 포워드 패스에서 지오메트리를 렌더링할 때, 각 점에 대한 라이트까지의 거리를 구하고 그 값을 깊이 버퍼에 저장된 거리와 비교한다. 이를 통해 (렌더링할 때 사용한) 뷰 공간상의 해당 점을 라이트의 좌표계로 투영하는 것이다.

일단 이 좌표를 구하면, 앞서 렌더링한 깊이 버퍼에서 읽어서 계산된 깊이값을 텍스처에 저장된 값과 비교한다. 만약 해당 텍스처에 대한 라이트까지 가장 가까운 점이 아니라면, 그림자 영역 안에 있는 것이다. 실제로 이와 같은 연산은 그래픽스에서는 매우 흔한 연산이며 OpenGL은 이를 위한 특별한 샘플러인 **그림자 샘플러**도 가지고 있다. GLSL에서는 이 샘플러를 2D 텍스처에 대한 **sampler2DShadow** 타입의 변수로 선언한다. 다음 예제에서는 이 변수를 사용할 것이다. 1D 텍스처(**sampler1DShadow**), 큐브 맵(**samplerCubeShadow**), 사각형 텍스처(**samplerRectShadow**)에 대한 그림자 샘플러도 생성할 수 있으며, 각 타입에 대한 배열에 대해서도 생성할 수 있다(물론 사각형 텍스처는 예외다).

[예제 12-18]은 그림자 맵을 렌더링할 깊이 어태치먼트만 있는 프레임버퍼 객체를 설정한다.

예제 12-18 그림자 매핑 준비

```
GLuint shadow_buffer; GLuint shadow_tex;

glGenFramebuffers(1, &shadow_buffer);
glBindFramebuffer(GL_FRAMEBUFFER, shadow_buffer);

glGenTextures(1, &shadow_tex);
glBindTexture(GL_TEXTURE_2D, shadow_tex);
glTexStorage2D(GL_TEXTURE_2D, 1, GL_DEPTH_COMPONENT32,
               DEPTH_TEX_WIDTH, DEPTH_TEX_HEIGHT);
glTexParameteri(GL_TEXTURE_2D, GL_TEXTURE_MIN_FILTER, GL_LINEAR);
glTexParameteri(GL_TEXTURE_2D, GL_TEXTURE_MAG_FILTER, GL_LINEAR);
glTexParameteri(GL_TEXTURE_2D, GL_TEXTURE_COMPARE_MODE,
               GL_COMPARE_REF_TO_TEXTURE);
glTexParameteri(GL_TEXTURE_2D, GL_TEXTURE_COMPARE_FUNC, GL_LEQUAL);

glFramebufferTexture(GL_FRAMEBUFFER, GL_DEPTH_ATTACHMENT,
                     shadow_tex, 0);

glBindFramebuffer(GL_FRAMEBUFFER, 0);
```

[예제 12-18]을 보면 **glTexParameteri()**를 GL_TEXTURE_COMPARE_MODE와 GL_TEXTURE_ COMPARE_FUNC로 두 번 호출한다. 첫 번째는 텍스처 비교를 활성화시키는 것이고, 두 번째는 사용할 함수를 설정한다. 일단 깊이 렌더링을 위한 FBO를 생성하고, 장면을 그 라이트의 시점에서 렌더링한다. 원점을 향하는 라이트의 위치 light_pos가 주어지면, 라이트에 대한 모델-뷰-투영 행렬을 생성할 수 있다. 이 과정은 [예제 12-19]에 있다.

예제 12-19 그림자 매핑을 위한 행렬 설정

```
vmath::mat4 model_matrix = vmath::rotate(currentTime, 0.0f, 1.0f, 0.0f);
vmath::mat4 light_view_matrix =
    vmath::lookat(light_pos,
                  vmath::vec3(0.0f),
                  vmath::vec3(0.0f, 1.0f, 0.0f);
vmath::mat4 light_proj_matrix =
    vmath::frustum(-1.0f, 1.0f, -1.0f, 1.0f,
                   1.0f, 1000.0f);
vmath::mat4 light_mvp_matrix = light_projection_matrix *
                               light_view_matrix *
                               model_matrix;
```

장면을 라이트의 위치에서 렌더링하면 라이트에서 프레임버퍼의 각 픽셀까지의 거리를 담는 깊이 버퍼를 얻을 수 있다. 가장 가까운 깊이값(0)을 검은색으로, 가장 먼 값을 흰색(1)으로 표현하면 이 내용을 가시화할 수 있다. [그림 12-18]은 앞서 쉐이더로 렌더링한 간단한 장면의 깊이 버퍼 내용이다.

그림 12-18 라이트에서 본 깊이

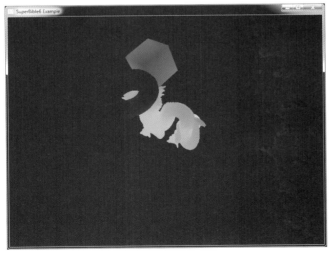

저장된 깊이 정보를 사용하여 그림자를 생성하려면 렌더링 쉐이더를 약간 수정해야 한다. 우선 그림자 샘플러를 지정하여 읽어야 한다. 흥미로운 부분은 깊이 텍스처에서 읽을 좌표를 결정하는 부분이다. 사실 이것은 매우 단순하다. 버텍스 쉐이더에서는 일반적으로 클립 좌표의 출력 위치를 계산한다. 이때 버텍스의 월드 공간 좌표를 가상의 카메라의 뷰 공간과 절두체에 투영한다. 마찬가지로 동일한 연산을 라이트의 뷰와 절두체 행렬에 대해 수행하면 된다. 결과 좌표는 보간되어 프래그먼트 쉐이더로 전달된다. 프래그먼트 쉐이더는 이제 각 프래그먼트의 라이트 클립 공간 좌표를 갖는다.

좌표 공간 변환뿐 아니라 결과 클립 좌표도 스케일하고 이동시켜야 한다. OpenGL의 일반적인 클립 좌표계는 x와 y 축에 대해 −1.0에서 1.0 사이에 있고, z 축에 대해 0.0에서 1.0 사이에 있다. 버텍스들을 객체 공간에서 라이트의 클립 공간으로 변환하는 행렬은 **그림자 행렬**이라고 하며, 그 계산 코드는 [예제 12-20]에 있다.

예제 12-20 그림자 행렬 설정

```
const vmath::mat4 scale_bias_matrix =
    vmath::mat4(vmath::vec4(0.5f, 0.0f, 0.0f, 0.0f),
                vmath::vec4(0.0f, 0.5f, 0.0f, 0.0f),
                vmath::vec4(0.0f, 0.0f, 0.5f, 0.0f),
                vmath::vec4(0.5f, 0.5f, 0.5f, 1.0f));

vmath::mat4 shadow_matrix = scale_bias_matrix *
                            light_proj_matrix *
                            light_view_matrix *
                            model_matrix;
```

그림자 행렬은 유니폼 형태로 버텍스 쉐이더에 전달된다. 이 쉐이더의 간략한 버전이 [예제 12-21]에 있다.

예제 12-21 간략화된 버전의 그림자 매핑 버텍스 쉐이더

```
#version 420 core

uniform mat4 mv_matrix;
uniform mat4 proj_matrix;
uniform mat4 shadow_matrix;

layout (location = 0) in vec4 position;

out VS_OUT
{
    vec4 shadow_coord;
} vs_out;
```

```
void main(void)
{
    gl_Position = proj_matrix * mv_matrix * position;
    vs_out.shadow_coord = shadow_matrix * position;
}
```

버텍스 쉐이더에서 보낸 shadow_coord 출력은 보간되어 프래그먼트 쉐이더로 전달된다. 이 좌표는
앞에서 만든 그림자 맵을 참조할 때 사용하기 위해 정규화된 디바이스 좌표계로 **투영**되어야 한다.
일반적으로 이러한 작업은 전체 벡터를 그 벡터의 w 요소로 나누는 것을 의미한다. 하지만 이러한
방식으로 좌표를 투영하는 것은 일반적인 작업이므로 textureProj라는 텍스처 함수로 대신할 수
있다. 그림자 샘플러에 textureProj를 사용하면, 우선 텍스처 좌표의 x, y, z 요소를 그 w 요소로
나누고, 그 결과 x, y 요소를 사용해서 텍스처에서 값을 읽어온다. 그리고 나서 선택한 비교 함수를
통해 읽어온 값을 계산한 z 요소와 비교한다. 테스트가 성공했는지 실패했는지에 따라 각각 1.0 또
는 0.0의 값을 리턴한다.

만약 해당 텍스처에 대해 선택한 텍스처 필터링 모드가 GL_LINEAR이거나 다중 샘플들을 필요로 한
다면, OpenGL은 이 테스트를 각각의 샘플에 대해 수행하여 평균을 낸다. 따라서 textureProj 함
수의 결과는 얼마나 많은 샘플이 비교를 통과했는지에 기반하여 0.0에서 1.0 사이의 값을 갖게 된
다. 우리가 할 일은 보간된 그림자 텍스처 좌표를 사용하여 깊이 버퍼를 갖는 그림자 샘플러에 대해
textureProj를 호출하는 것뿐이다. 그 결과를 사용하여 해당 점이 그림자 안에 있는지 밖에 있는
지 판별할 수 있다. 매우 간략화된 그림자 매핑 프래그먼트 쉐이더가 [예제 12-22]에 있다.

예제 12-22 간략화된 버전의 그림자 매핑 프래그먼트 쉐이더

```
#version 420 core

layout (location = 0) out vec4 color;

layout (binding = 0) uniform sampler2DShadow shadow_tex;

in VS_OUT
{
    vec4 shadow_coord;
} fs_in;

void main(void)
{
    color = textureProj(shadow_tex, fs_in.shadow_coord) * vec4(1.0);
}
```

물론 [예제 12-22]의 쉐이더로 장면을 렌더링한 결과는 실제 라이팅이 적용된 것은 아니고 모든 내용이 흑백으로만 그려진다. 하지만 쉐이더 코드에서 보다시피 vec4(1.0)을 그림자 맵 샘플의 결과에 곱했을 뿐이다. 더 복잡한 쉐이더에서는 일반적인 쉐이딩 및 텍스처링을 적용하여 그림자 맵 샘플의 결과에 의해 계산된 값을 곱한다. [그림 12-19]의 왼쪽은 그림자 정보만으로 렌더링된 장면이고, 오른쪽은 모든 라이팅 계산이 포함된 결과다. 이 이미지는 shadowmapping 예제를 통해 렌더링되었다.

그림 12-19 그림자 맵으로 렌더링한 결과

그림자 맵은 장점과 단점이 있다. 각 라이트가 자신만의 그림자 맵을 가져야 하기 때문에 메모리 소비가 매우 크다. 각 라이트는 장면을 렌더링하는 패스가 필요하기 때문에 성능에도 영향이 있다. 애플리케이션이 쉽게 느려질 수 있다. 그림자 맵의 단일 텍셀이 실제 라이팅 계산이 수행되는 화면 좌표 상에서 여러 픽셀에 해당될 수 있기 때문에 매우 고해상도가 필요할 수 있다. 마지막으로 자체 그림자의 경우 그림자 영역에 띠 혹은 지글거림 현상이 나타날 수 있다. 이 현상을 줄이려면 **폴리곤 오프셋**polygon offset을 사용한다. 작은 오프셋을 주어 OpenGL이 자동적으로 모든 폴리곤(삼각형)을 뷰어에서 멀어지거나 가까워지게 조정할 수 있다. 폴리곤 오프셋을 설정하려면 다음과 같이 호출한다.

```
void glPolygonOffset(GLfloat factor,
                     GLfloat units);
```

첫 번째 인자인 factor는 화면 영역에 상대적인 폴리곤의 깊이 변화에 곱해지는 스케일값이며, 두 번째 인자인 units는 깊이 버퍼에 다른 값을 저장하기에 필요한 가장 작은 값으로 곱할 수 있는 구현 내부에 정의된 스케일값이다. 설명이 부족하다고 생각할지도 모르지만, 사실 그렇다. 깊이 파이팅 문제가 해결될 때까지 이 값들을 조정해보아야 할 것이다. 일단 폴리곤 오프셋 스케일 인자를 설정했다면, **glEnable()**을 GL_POLYGON_OFFSET_FILL로 호출하여 그 효과를 활성화시키고, **glDisable()**에 동일한 인자를 사용하여 다시 비활성화시킬 수 있다.

12.1.8 대기 효과

일반적으로 컴퓨터 그래픽스에서의 렌더링은 주위 환경과 상호 작용하는 빛을 모델링하는 것이다. 지금까지 다룬 모든 렌더링은 빛이 이동하는 매체를 고려하지 않았다. 그 매체는 일반적으로 공기다. 주위의 공기는 완벽하게 투명하지는 않다. 빛이 이동할 때 입자, 증기, 가스 등을 통해 빛이 흡수되고 산란된다. 우리는 세상을 볼 때 이 산란과 흡수를 통해 깊이를 측정하고 거리를 예측할 수 있다. 정확하지는 않더라도 이를 모델링하면 장면에 사실감을 훨씬 더 불어넣을 수 있다.

안개

안개가 무엇인지는 잘 알고 있을 것이다. 안개 낀 날에는 전방 몇 미터 앞도 잘 안 보이는 경우가 있다. 심한 안개는 위험을 동반한다. 하지만 안개가 심하지 않더라도 멀리 떨어져서 보면 보인다. 안개는 수증기가 공기 중에 떠 있거나, 연기나 대기오염에 따른 다른 가스나 입자들 때문에 생긴다. 빛이 공기를 통해 이동할 때 두 가지 일이 발생한다. 어떤 빛은 입자들에 의해 흡수되기도 하고, 튕기기도 한다(또는 이러한 입자들에 의해 다시 발산하기도 한다). 빛이 안개에 의해 흡수되면 소멸extinction이라고 해서 결과적으로는 모든 빛이 흡수되어 사라진다. 하지만 빛은 일반적으로 안개 입자들에 의해 튕기고 흡수되고 다시 발산하여 안개 밖으로 나갈 길을 찾게 된다. 이를 **내부 산란**inscattering이라고 부른다. 소멸과 내부 산란에 대한 단순한 모델을 만들어 간단하지만 효과적인 안개 시뮬레이션을 수행할 수 있다.

이번 예제에서는 8장 '프리미티브 프로세싱'의 테셀레이션된 지형 예제를 사용할 것이다. [그림 8-12]를 다시 확인해보면, 하늘을 검은색으로 하고 쉐이딩 정보가 담긴 간단한 텍스처만 사용해서 지형을 렌더링한 것을 알 수 있다. 이렇게 렌더링된 결과를 보면 깊이감이 좋지 않다. 따라서 이 예제에 안개를 적용해보겠다.

예제에 안개 효과를 추가하기 위해 테셀레이션 이벨류에이션 쉐이더를 수정하여 각 점의 월드 공간 좌표와 시점 공간 좌표를 프래그먼트 쉐이더에 전달한다. 수정된 테셀레이션 이벨류에이션 쉐이더는 [예제 12-23]과 같다.

예제 12-23 변위 맵 테셀레이션 이벨류에이션 쉐이더

```
#version 420 core

layout (quads, fractional_odd_spacing) in;

uniform sampler2D tex_displacement;

uniform mat4 mv_matrix;
uniform mat4 proj_matrix;
```

```
uniform float dmap_depth;

out vec2 tc;

in TCS_OUT
{
    vec2 tc;
} tes_in[];

out TES_OUT
{
    vec2 tc;
    vec3 world_coord;
    vec3 eye_coord;
} tes_out;

void main(void)
{
    vec2 tc1 = mix(tes_in[0].tc, tes_in[1].tc, gl_TessCoord.x);
    vec2 tc2 = mix(tes_in[2].tc, tes_in[3].tc, gl_TessCoord.x);
    vec2 tc = mix(tc2, tc1, gl_TessCoord.y);

    vec4 p1 = mix(gl_in[0].gl_Position,
                  gl_in[1].gl_Position, gl_TessCoord.x);
    vec4 p2 = mix(gl_in[2].gl_Position,
                  gl_in[3].gl_Position, gl_TessCoord.x);
    vec4 p = mix(p2, p1, gl_TessCoord.y);
    p.y += texture(tex_displacement, tc).r * dmap_depth;

    vec4 P_eye = mv_matrix * p;

    tes_out.tc = tc;
    tes_out.world_coord = p.xyz;
    tes_out.eye_coord = P_eye.xyz;

    gl_Position = proj_matrix * P_eye;
}
```

프래그먼트 쉐이더에서 평소와 같이 지형 텍스처를 읽은 다음에, 단순한 안개 모델을 결과 색상에 적용했다. 시점 공간 좌표의 길이를 사용하여 뷰어에서 렌더링되는 점까지의 거리를 계산했다. 이를 통해 대기 라이트가 관심 지점에서 보는 이의 눈까지 이동해야 하는 거리를 알 수 있다. 이 값이 바로 안개 공식의 입력 항이다. 장면에 지수적exponential 안개를 적용할 것이다. 소멸 항과 내부 산란 항은 다음과 같다.

$$f_e = e^{-zd_e}$$
$$f_i = e^{-zd_i}$$

여기서 f_e는 소멸 항이고, f_i는 내부 산란 항이다. 마찬가지로 d_e와 d_i는 안개 효과를 제어할 소멸 계수와 내부 산란 계수다. z는 눈에서 쉐이딩되는 지점까지의 거리다. z가 0에 가까울수록 지수적 항은 1에 가까워진다. z가 증가할수록(즉, 쉐이딩되는 점이 뷰어에서 멀어질수록) 지수적 항은 점점 더 작아지고, 0에 가까워진다. 이러한 곡선은 [그림 12-20]의 그래프에 표시되어 있다.

그림 12-20 지수적 감쇠 그래프

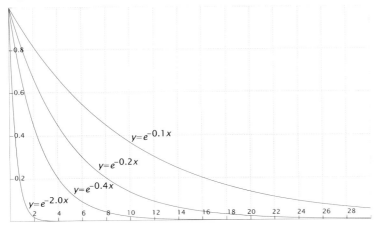

안개를 적용하도록 수정한 프래그먼트 쉐이더는 [예제 12-24]에 있다.

예제 12-24 프래그먼트 쉐이더에서 안개 적용

```
#version 420 core

out vec4 color;

layout (binding = 1) uniform sampler2D tex_color;

uniform bool enable_fog = true;
uniform vec4 fog_color = vec4(0.7, 0.8, 0.9, 0.0);

in TES_OUT
{
    vec2 tc;
    vec3 world_coord;
    vec3 eye_coord;
} fs_in;

vec4 fog(vec4 c)
{
    float z = length(fs_in.eye_coord);

    float de = 0.025 * smoothstep(0.0, 6.0,
                                  10.0 - fs_in.world_coord.y);
```

```
    float di = 0.045 * smoothstep(0.0, 40.0,
                                  20.0 - fs_in.world_coord.y);

    float extinction = exp(-z * de);       // 소멸 항
    float inscattering = exp(-z * di);     // 내부 산란 항

    return c * extinction + fog_color * (1.0 - inscattering);
}

void main(void)
{
    vec4 landscape = texture(tex_color, fs_in.tc);

    if (enable_fog)
    {
        color = fog(landscape);
    }
    else
    {
        color = landscape;
    }
}
```

프래그먼트 쉐이더에서 fog 함수는 입력 프래그먼트 색상에 안개를 적용한다. 먼저 안개의 소멸 및 내부 산란에 대한 안개 인자를 계산한다. 그러고 나서 원본 프래그먼트 색상에 소멸 항을 곱한다. 소멸 항이 0에 가까워진다는 것은 이 항이 검은색에 가까워진다는 것이다. 그 다음에 안개 색상에 1 빼기 내부 산란 항을 곱한다. 뷰어로부터의 거리가 증가할수록 내부 산란 항은 0에 가까워진다(소멸 항처럼). 1 빼기 이 값을 취하면 뷰어로부터의 거리가 증가할수록 1에 가까워진다. 즉, 뷰어로부터 멀리 있는 장면일수록, 그 색상은 안개 색상에 가까워진다. 테셀레이션된 지형을 이 쉐이더로 렌더링한 결과는 [그림 12-21]이다. 왼쪽 이미지는 안개가 적용되지 않은 원본 화면이고, 오른쪽 이미지는 안개가 적용된 화면이다. 오른쪽에는 장면의 깊이감이 많이 향상된 것을 볼 수 있다.

그림 12-21 안개를 테셀레이션된 지형에 적용

12.2 비실사 렌더링

일반적으로 렌더링 및 컴퓨터 그래픽스의 목표는 가능하면 사실적으로 보이는 이미지를 생성하는 것이다. 하지만 어떤 애플리케이션에 있어서는 또는 예술적인 이유로, 전혀 사실적이지 않은 이미지를 렌더링해야 할 경우도 있다. 예를 들어 연필 스케치 효과나 완전히 추상적인 방식을 사용하여 렌더링하고 싶은 경우가 있다. 이러한 기법을 비실사 렌더링non-photo-realistic rendering (NPR)이라고 한다.

12.2.1 셀 쉐이딩 – 텍셀을 라이트로

지난 장들에서는 대부분의 텍스처 매핑 예제에서 2D 텍스처를 사용했다. 2차원 텍스처는 일반적으로 가장 단순하고 이해하기 쉬운 방식이다. 대부분의 사람은 2D나 3D 지오메트리의 한쪽 면에 2D 그림을 붙이는 것은 직관적으로 이해할 수 있다. 이제 1차원 텍스처 매핑 예제에 대해서 생각해보자. 이 방식은 컴퓨터 게임에서 만화 풍으로 등장하는 지오메트리를 렌더링할 때 자주 사용되는 기법이다. 툰 쉐이딩toon shading은 셀 쉐이딩cell shading이라고도 하며, 1차원 텍스처 맵을 참조 테이블lookup table로 사용하여 텍스처 맵에서 읽어온 단일 색상(GL_NEAREST)으로 지오메트리를 칠한다.

기본 개념은 디퓨즈 라이팅 밝기(시점 공간 서피스 노말과 라이트 방향 벡터의 내적)를 텍스처 좌표로 사용하여 점진적으로 밝아지는 색상 테이블을 담는 1차원 텍스처를 참조한다는 것이다. [그림 12-22]는 이러한 텍스처로, 네 단계로 서서히 증가하는 밝고 붉은 텍셀들로 구성되어 있다(RGB 부호 없는 바이트 색상 요소로 구성되어 있다).

그림 12-22 1차원 색상 참조 테이블

디퓨즈 라이트 내적은 밝기가 없을 때는 0.0이고 완전한 밝기일 때는 1.0이라는 것을 기억하자. 운좋게도 1차원 텍스처 좌표의 범위와도 맞아 떨어진다. 이 1차원 텍스처를 읽는 것은 아래와 같이 직관적이다.

```
static const GLubyte toon_tex_data[] =
{
    0x44, 0x00, 0x00, 0x00,
    0x88, 0x00, 0x00, 0x00,
    0xCC, 0x00, 0x00, 0x00,
    0xFF, 0x00, 0x00, 0x00
};

glGenTextures(1, &tex_toon);
glBindTexture(GL_TEXTURE_1D, tex_toon);
glTexStorage1D(GL_TEXTURE_1D, 1, GL_RGB8, sizeof(toon_tex_data) / 4);
```

```
glTexSubImage1D(GL_TEXTURE_1D, 0,
                0, sizeof(toon_tex_data) / 4,
                GL_RGBA, GL_UNSIGNED_BYTE,
                toon_tex_data);
glTexParameteri(GL_TEXTURE_1D, GL_TEXTURE_MAG_FILTER, GL_NEAREST);
glTexParameteri(GL_TEXTURE_1D, GL_TEXTURE_MIN_FILTER, GL_NEAREST);
glTexParameteri(GL_TEXTURE_1D, GL_TEXTURE_WRAP_S, GL_CLAMP_TO_EDGE);
```

이 코드는 툰 쉐이딩 효과가 적용된 회전하는 도넛 모양을 렌더링하는 toonshading 예제 프로그램에서 발췌한 것이다. 비록 도넛 모양을 생성할 때 사용한 모델 파일에는 2차원 텍스처 좌표가 포함되어 있지만, [예제 12-25]의 버텍스 쉐이더에서는 무시하고 입력 위치와 노말만을 사용한다.

예제 12-25 툰 버텍스 쉐이더

```
#version 420 core

uniform mat4 mv_matrix;
uniform mat4 proj_matrix;

layout (location = 0) in vec4 position;
layout (location = 1) in vec3 normal;

out VS_OUT
{
    vec3 normal;
    vec3 view;
} vs_out;

void main(void)
{
    vec4 pos_vs = mv_matrix * position;

    // 눈 공간 노말 및 위치 계산
    vs_out.normal = mat3(mv_matrix) * normal;
    vs_out.view = pos_vs.xyz;

    // 클립 공간 위치를 프리미티브 어셈블리에 전달
    gl_Position = proj_matrix * pos_vs;
}
```

변환된 지오메트리 위치 외에, 이 쉐이더의 출력은 프래그먼트 쉐이더로 전달되는 보간된 눈 공간 노말과 위치다. 프래그먼트 쉐이더는 [예제 12-26]에 있다. 디퓨즈 라이팅 요소를 계산하는 것은 이전의 디퓨즈 라이팅 예제와 거의 동일하다.

```
#version 420 core

layout (binding = 0) uniform sampler1D tex_toon;

uniform vec3 light_pos = vec3(30.0, 30.0, 100.0);

in VS_OUT
{
    vec3 normal;
    vec3 view;
} fs_in;

out vec4 color;

void main(void)
{
    // 픽셀당 노말 및 라이트 벡터 계산
    vec3 N = normalize(fs_in.normal);
    vec3 L = normalize(light_pos - fs_in.view);

    // 단순한 N과 L의 내적을 사용하는 디퓨즈 라이팅
    float tc = pow(max(0.0, dot(N, L)), 5.0);

    // 셀 쉐이딩 텍스처에서 샘플링한다.
    color = texture(tex_toon, tc) * (tc * 0.8 + 0.2);
}
```

툰 쉐이더의 프래그먼트 쉐이더는 평소대로 디퓨즈 라이팅 계수들을 계산하지만, 직접 사용하지 않고 대신 네 개의 셀 색상을 담는 텍스처를 참조하는 데 사용한다. 전통적인 툰 쉐이더에서는, 디퓨즈 계수들은 텍스처 좌표로 그대로 사용되고 결과 색상은 직접 프래그먼트 쉐이더의 출력으로 보내진다. 하지만 여기에서는 디퓨즈 계수에 작은 멱승을 적용하고 디퓨즈 라이팅 계수에 의해 램프 텍스처ramp texture[3]에서 얻어온 색상을 스케일한 결과를 출력한다. 이를 통해 툰 하이라이트를 보다 날카롭게 만들 수 있고, 툰 램프 텍스처만 사용하는 것보다 더 입체감 있는 이미지를 만들 수 있다.

결과 출력은 [그림 12-23]과 같다. 툰 쉐이더 때문에 생긴 띠와 하이라이트를 볼 수 있다. 컬러 화보에서는 툰 쉐이딩 도넛 모양에 빨간색 램프 텍스처가 적용된 그림을 볼 수 있다.

---

3 역주_ 색상값이 점진적으로 커지거나 작아지는 텍스처

그림 12-23 툰 쉐이딩된 도넛 모양(컬러 화보 참조)

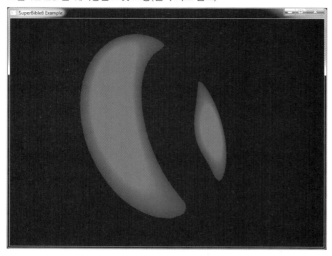

12.3 다른 렌더링 방식

전통적인 포워드 렌더링은 버텍스 쉐이더에서 시작하여 다른 여러 일련의 스테이지를 거쳐 프래그먼트 쉐이더에서 끝나는 완전한 그래픽스 파이프라인을 수행한다. 프래그먼트 쉐이더는 프래그먼트의 최종 색상을 계산하고,[4] 각 드로잉 커맨드가 수행되면 프레임버퍼의 내용이 점진적으로 완성된다. 하지만 이러한 방식을 고수할 필요는 없다. 이 절에서 다루겠지만, 쉐이딩 정보의 일부만 계산하고 모든 객체가 렌더링된 후에 장면을 완성하거나 심지어 전통적인 버텍스 기반의 지오메트리 표현 방식을 사용하지 않고 **프래그먼트 쉐이더**에서 지오메트리 프로세싱을 수행할 수도 있다.

12.3.1 디퍼드 쉐이딩

지금까지의 모든 예제에서는 프래그먼트 쉐이더를 사용하여 렌더링하는 프래그먼트의 최종 색상을 계산했다. 이제는 화면에 이미 그려진 무언가를 가리게 되는 객체를 렌더링할 때 어떤 일이 일어나는지 알아보자. 이것을 오버드로우overdraw라고 한다. 이 경우, 이전 계산의 결과는 새로운 렌더링으로 교체된다. 기본적으로 첫 번째 프래그먼트 쉐이더가 수행한 일을 모두 버리게 된다. 만약 프래그먼트 쉐이더의 비용이 비싸다면, 또는 많은 오버드로우가 있다면, 성능에 큰 영향을 미칠 수 있다. 이를 해결하려면 **디퍼드 쉐이딩**deferred shading이라고 부르는 기법을 사용할 수 있다. 이 방식을 사용하면 프래그먼트 쉐이더를 통해 수행하는 복잡한 처리를 최대로 지연시킬 수 있다.

----

4 아직 포스트 프로세싱이 남아 있기는 하다.

이를 위해서는 먼저 장면을 매우 간단한 프래그먼트 쉐이더로 렌더링한다. 이 쉐이더는 나중에 쉐이딩 계산에 필요한 각 프래그먼트의 인자들을 프레임버퍼에 출력한다. 대부분의 경우, 다중 프레임버퍼 어태치먼트가 필요하다. 라이팅에 관한 이전 절을 공부했다면, 장면의 라이팅을 위해 필요한 정보는 프래그먼트의 디퓨즈 색상, 서피스 노말, 월드 공간 위치 등이라는 것을 기억할 것이다. 마지막의 월드 공간 위치는 화면 공간과 깊이 버퍼를 통해 재구성할 수 있지만, 각 프래그먼트의 월드 공간 좌표를 프레임버퍼 어태치먼트에 단순히 저장하는 것이 더 간편하다. 이러한 중간 정보를 담는 프레임버퍼를 흔히 **G버퍼**라고 한다. 여기서 G는 이미지 속성이 아닌 해당 점에서의 지오메트리의 정보를 담기 때문에 지오메트리^{geometry}를 의미한다.

일단 G버퍼를 생성하면 화면의 모든 각 점을 하나의 풀스크린 사각형으로 쉐이딩할 수 있다. 이 최종 패스는 복잡한 최종 라이팅 알고리즘을 전부 적용하지만, 각 삼각형의 각 픽셀에 대해 적용하는 것이 아니라 프레임버퍼의 각 픽셀에 정확히 한 번씩만 적용된다. 따라서 프래그먼트 쉐이딩의 비용을 감소시킬 수 있다. 특히 많은 라이트가 존재한다든가 복잡한 쉐이딩 알고리즘이 사용될 때 더욱 그러하다.

G버퍼 생성하기

디퍼드 렌더러의 첫 번째 스테이지는 G버퍼를 생성하는 것이다. G버퍼는 여러 어태치먼트를 사용하는 프레임버퍼 객체를 사용하여 구현된다. OpenGL에서는 프레임버퍼가 8개까지의 어태치먼트를 사용할 수 있다. 각 어태치먼트는 최대 4개의 32비트 채널을 가진다(예를 들어 GL_RGBA32F 내부 포맷을 사용). 하지만 각 어태치먼트의 각 채널은 일정량의 **메모리 대역폭**을 차지하기 때문에, 프레임버퍼에 쓰는 데이터의 양에 신경 쓰지 않으면, 이 모든 정보를 저장하기 위해 드는 메모리 대역폭의 추가 비용 때문에 디퍼드 쉐이딩을 쓰는 장점을 상쇄시켜 버릴 수도 있다.

일반적으로 16비트 부동소수점값은 색상[5]과 노말을 저장하기에 충분하다. 정밀도를 유지하기 위해 월드 공간 좌표를 저장할 때는 32비트 부동소수점값을 선호한다. 재질에서 얻어오는 쉐이딩에 필요한 추가 요소들도 저장할 수 있다. 예를 들어 스페큘러 지수(또는 반짝거림 계수)도 각 픽셀에 저장할 수 있다. 해당 데이터들에 대해 다양한 정밀도 요구사항 및 메모리 대역폭의 효율 등을 고려하여 데이터를 함께 패킹할 수 있다. 그렇지 않으면 더 큰 크기의 프레임버퍼 포맷을 사용해야 할 것이다.

예제에서는 3개의 16비트 요소를 사용하여 각 프래그먼트에 노말을 저장하고, 3개의 16비트 요소를 사용하여 알베도^{albedo}(단순 색상)를 저장하고, 3개의 32비트 부동소수점 요소를 사용하여 프래그먼트의 월드 공간 좌표를 저장[6]하고, 1개의 32비트 요소로 픽셀당 객체 또는 머티리얼 인덱스를

---

5 HDR로 렌더링할 때도, 최종 패스를 더 높은 정밀도로 처리하기만 한다면, G버퍼의 색상을 8비트값으로 저장할 수 있다.
6 화면 공간 좌표로부터 프래그먼트의 월드 공간 좌표를 재구성하는 방법은 여러 가지가 있다. 하지만 이 예제에서는 프레임버퍼에 직접 저장한다.

저장하고, 1개의 32비트 요소로 픽셀당 스페큘러 멱승 인자를 저장한다.

여기에 사용된 전체 비트 수는 6개의 16비트 요소와 5개의 32비트 요소다. 이 전부를 하나의 프레임버퍼로 저장할 수 있는 포맷이 과연 존재할까? 실제로는 매우 단순하다. 6개의 16비트 요소를 전부 패킹하여 합치면 GL_RGBA32UI 포맷 프레임버퍼의 처음 3개의 32비트 요소에 넣을 수 있다. 네번째 요소에는 32비트 객체 ID를 담을 수 있다. 이제 4개의 32비트 요소를 저장하면 된다(월드 공간 좌표에 대해 3개의 요소, 그리고 스페큘러 멱승이다). 이 값들은 GL_RGBA32F 포맷 프레임버퍼 어태치먼트에 패킹하면 된다. G버퍼 프레임버퍼를 생성하는 코드는 [예제 12-27]에 있다.

예제 12-27 G버퍼 초기화하기

```
GLuint gbuffer;
GLuint gbuffer_tex[3];

glGenFramebuffers(1, &gbuffer);
glBindFramebuffer(GL_FRAMEBUFFER, gbuffer);

glGenTextures(3, gbuffer_tex);
glBindTexture(GL_TEXTURE_2D, gbuffer_tex[0]);
glTexStorage2D(GL_TEXTURE_2D, 1, GL_RGBA32UI,
               MAX_DISPLAY_WIDTH, MAX_DISPLAY_HEIGHT);
glTexParameteri(GL_TEXTURE_2D, GL_TEXTURE_MIN_FILTER, GL_NEAREST);
glTexParameteri(GL_TEXTURE_2D, GL_TEXTURE_MAG_FILTER, GL_NEAREST);

glBindTexture(GL_TEXTURE_2D, gbuffer_tex[1]);
glTexStorage2D(GL_TEXTURE_2D, 1, GL_RGBA32F,
               MAX_DISPLAY_WIDTH, MAX_DISPLAY_HEIGHT);
glTexParameteri(GL_TEXTURE_2D, GL_TEXTURE_MIN_FILTER, GL_NEAREST);
glTexParameteri(GL_TEXTURE_2D, GL_TEXTURE_MAG_FILTER, GL_NEAREST);

glBindTexture(GL_TEXTURE_2D, gbuffer_tex[2]);
glTexStorage2D(GL_TEXTURE_2D, 1, GL_DEPTH_COMPONENT32F,
               MAX_DISPLAY_WIDTH, MAX_DISPLAY_HEIGHT);

glFramebufferTexture(GL_FRAMEBUFFER, GL_COLOR_ATTACHMENT0,
                     gbuffer_tex[0], 0);
glFramebufferTexture(GL_FRAMEBUFFER, GL_COLOR_ATTACHMENT1,
                     gbuffer_tex[1], 0);
glFramebufferTexture(GL_FRAMEBUFFER, GL_DEPTH_ATTACHMENT,
                     gbuffer_tex[2], 0);

glBindFramebuffer(GL_FRAMEBUFFER, 0);
```

이제 G버퍼에 대응하는 프레임버퍼를 만들었다. 이제 렌더링할 차례다. 여러 개의 16비트 요소를 그 반만큼의 32비트 요소에 패킹한다고 했었다. 이를 위해서는 packHalf2x16이라는 GLSL 함수를 사용할 수 있다. 프래그먼트 쉐이더에 모든 필요한 정보가 있다고 가정하면 [예제 12-28]처럼 모든 데이터를 2개의 색상 출력으로 보낼 수 있다.

예제 12-28 G버퍼에 쓰기

```
#version 420 core

layout (location = 0) out uvec4 color0;
layout (location = 1) out vec4 color1;

in VS_OUT
{
    vec3 ws_coords;
    vec3 normal;
    vec3 tangent;
    vec2 texcoord0;
    flat uint material_id;
} fs_in;

layout (binding = 0) uniform sampler2D tex_diffuse;

void main(void)
{
    uvec4 outvec0 = uvec4(0);
    vec4 outvec1 = vec4(0);

    vec3 color = texture(tex_diffuse, fs_in.texcoord0).rgb;

    outvec0.x = packHalf2x16(color.xy);
    outvec0.y = packHalf2x16(vec2(color.z, fs_in.normal.x));
    outvec0.z = packHalf2x16(fs_in.normal.yz);
    outvec0.w = fs_in.material_id;

    outvec1.xyz = fs_in.ws_coords;
    outvec1.w = 60.0;

    color0 = outvec0;
    color1 = outvec1;
}
```

[예제 12-28]에서 보디시피 packHalf2x16 함수를 많이 사용했다. 비록 코드가 많아 보이기는 하지만, 이 데이터들을 저장하는 메모리 대역폭 비용에 비해서는 '공짜'나 다름없다. 일단 G버퍼에 장면을 렌더링했다면, 이제 프레임버퍼의 각 픽셀에 대한 최종 색상을 계산할 차례다.

G버퍼 사용하기

G버퍼에 디퓨즈 색상, 노말, 스페큘러 멱승, 월드 공간 좌표 등의 정보가 있을 때, 이 정보를 읽어서 [예제 12-28]에서 패킹한 원본 데이터를 재구성해야 한다. 기본적으로는 패킹하는 코드의 역작업을 수행하고, unpackHalf2x16과 uintBitsToFloat 함수를 사용하여 텍스처에 저장된 정수 데이터를 부동소수점 데이터로 변환해야 한다. 언패킹하는 코드가 [예제 12-29]에 있다.

예제 12-29 G버퍼에서 데이터 언패킹하기

```
layout (binding = 0) uniform usampler2D gbuf0;
layout (binding = 1) uniform sampler2D gbuf1;

struct fragment_info_t
{
    vec3 color;
    vec3 normal;
    float specular_power;
    vec3 ws_coord;
    uint material_id;
};

void unpackGBuffer(ivec2 coord,
                   out fragment_info_t fragment)
{
    uvec4 data0 = texelFetch(gbuf_tex0, ivec2(coord), 0);
    vec4 data1 = texelFetch(gbuf_tex1, ivec2(coord), 0);
    vec2 temp;

    temp = unpackHalf2x16(data0.y);
    fragment.color = vec3(unpackHalf2x16(data0.x), temp.x);
    fragment.normal = normalize(vec3(temp.y, unpackHalf2x16(data0.z)));
    fragment.material_id = data0.w;

    fragment.ws_coord = data1.xyz;
    fragment.specular_power = data1.w;
}
```

G버퍼의 내용을 가시화하려면 어태치된 결과 텍스처를 읽어서 원본 데이터로 언팩하고 원하는 부분을 일반 색상 프레임버퍼에 출력하는 간단한 프래그먼트 쉐이더를 사용하면 된다. 간단한 장면을 G버퍼로 렌더링하여 가시화한 결과는 [그림 12-24]다.

그림 12-24 G버퍼의 요소들을 가시화하기

[그림 12-24]의 왼쪽 위는 디퓨즈 알베도를, 오른쪽 위는 서피스 노말을, 왼쪽 아래는 월드 공간 좌표를, 오른쪽 아래는 각 픽셀에 대한 머티리얼 ID를 회색 값으로 구별하여 표현했다.

일단 G버퍼의 내용을 쉐이더에서 언팩했다면, 남은 것은 프래그먼트의 최종 색상을 계산하는 것뿐이다. 이 장 앞부분에서 설명한 기법들 중에서 아무 것이나 사용하면 된다. 이 예제에서는 표준 퐁 쉐이딩을 사용할 것이다. [예제 12-29]의 fragment_info_t 구조체를 언팩하고, 그 라이팅 정보를 사용하여 직접 프래그먼트의 최종 색상을 계산하는 라이팅 함수에 전달하면 된다. 그러한 함수는 [예제 12-30]에 있다.

예제 12-30 G버퍼에서 얻어온 데이터를 사용하여 프래그먼트 라이팅하기

```
vec4 light_fragment(fragment_info_t fragment)
{
    int i;
    vec4 result = vec4(0.0, 0.0, 0.0, 1.0);

    if (fragment.material_id != 0)
    {
        for (i = 0; i < num_lights; i++)
        {
            vec3 L = fragment.ws_coord - light[i].position;
            float dist = length(L);
            L = normalize(L);
            vec3 N = normalize(fragment.normal);
```

```
            vec3 R = reflect(-L, N);
            float NdotR = max(0.0, dot(N, R));
            float NdotL = max(0.0, dot(N, L));
            float attenuation = 50.0 / (pow(dist, 2.0) + 1.0);

            vec3 diffuse_color = light[i].color * fragment.color *
                                 NdotL * attenuation;
            vec3 specular_color = light[i].color *
                                    pow(NdotR, fragment.specular_power)
                                    * attenuation;

            result += vec4(diffuse_color + specular_color, 0.0);
        }
    }
    return result;
}
```

디퍼드 쉐이딩을 사용하여 장면의 라이팅을 계산한 최종 결과는 [그림 12-25]다. 장면에서 200개
이상의 객체 복사본이 인스턴싱을 사용하여 렌더링된다. 프레임의 각 픽셀은 오버드로우overdraw, 덧그림
된다. 장면 위에 그리는 최종 패스는 64개의 라이트들에 대한 기여도를 계산한다. 장면의 라이트
개수를 증가시키거나 감소시키면 어느 정도 성능에 영향을 줄 것이다. 사실, 장면을 렌더링하는 데
있어서 가장 비용이 비싼 부분은 처음에 G버퍼를 생성하고 라이팅 쉐이더에서 그 내용을 읽고 언
패킹하는 단계다. 이 예제에서는 장면의 라이트 개수에 상관없이 이 단계를 한 번만 수행했다. 이 예
제에서는 이해를 돕기 위해 상대적으로 비효율적인 G버퍼 표현 방식을 사용했다. 이 방식은 메모리
대역폭을 꽤 많이 소비하기 때문에, 버퍼의 스토리지 크기를 줄인다면 프로그램의 성능도 어느 정도
좋아질 것이다.

그림 12-25 디퍼드 쉐이딩을 사용한 최종 렌더링

노말 매핑과 디퍼드 쉐이딩

이 장 앞부분에서 노말 매핑에 대해 이야기했다. 노말 매핑이란 지역 서피스 노말을 텍스처에 저장하여 렌더링할 모델의 정교함을 증가시키는 기법이다. 이를 위해서는, 대부분의 노말 매핑 알고리즘(이 장 앞부분에서 소개한 방식도 포함)은 **탄젠트 공간 노말**tangent space normal을 사용하고, 모든 라이팅 계산을 그 좌표 공간에서 계산한다. 이때 버텍스 쉐이더에서는 라이트 벡터 $\vec{L}$과 뷰 벡터 $\vec{V}$를 계산하고 TBN 행렬을 사용하여 탄젠트 공간으로 변환하고, 라이팅 계산을 수행할 프래그먼트 쉐이더로 전달한다. 하지만 디퍼드 렌더러에서는 G버퍼에 저장하는 노말은 일반적으로 월드 공간이거나 뷰 공간이다.

디퍼드 쉐이딩을 위해 G버퍼에 저장되는 뷰 공간 노말[7]을 생성하려면, 탄젠트 공간 노말을 노말맵에서 읽어서 G버퍼 생성 단계에서 뷰 공간으로 변환해야 한다. 이를 위해서는 노말 매핑 알고리즘을 약간 수정해야 한다.

우선 $\vec{V}$나 $\vec{L}$을 버텍스 쉐이더에서 계산하지 않고, 또한 TBN 행렬도 버텍스 쉐이더에서 구성하지 않는다. 대신 뷰 공간 노말 $\vec{N}$과 탄젠트 벡터 $\vec{T}$를 계산하여 프래그먼트 쉐이더로 전달한다. 프래그먼트 쉐이더에서는 $\vec{N}$과 $\vec{T}$를 다시 정규화하고 그 외적을 구해 바이탄젠트bitangent 벡터 $\vec{B}$를 생성한다. 이 벡터는 프래그먼트 쉐이더에서 쉐이딩되는 프래그먼트에 상대적인 TBN 행렬을 생성할 때 사용한다. 평소처럼 노말 맵에서 탄젠트 공간 노말을 읽지만, TBN 행렬의 역(이 행렬은 회전만을 포함하기 때문에 단순히 전치만 하면 된다)을 통해 변환시킨다. 이를 통해 노말 벡터를 탄젠트 공간에서 뷰 공간으로 변환시킨다. 그 다음에 노말은 G버퍼에 저장된다. 라이팅 계산을 수행하는 쉐이딩 알고리즘의 나머지 부분은 앞의 것과 동일하다.

노말 매핑이 적용된 G버퍼를 생성하는 버텍스 쉐이더는 노말 매핑을 사용하지 않는 버전과 거의 동일하다. 수정된 프래그먼트 쉐이더는 [예제 12-31]이다.

예제 12-31 노말 매핑을 사용한 디퍼드 쉐이딩(프래그먼트 쉐이더)

```
#version 420 core

layout (location = 0) out uvec4 color0;
layout (location = 1) out vec4 color1;

in VS_OUT
{
    vec3 ws_coords;
    vec3 normal;
    vec3 tangent;
    vec2 texcoord0;
```

---

7 일반적으로 월드 공간에 비해 뷰 공간은 라이팅 계산에 있어서 이점이 있다. 뷰어의 위치에 독립적인 정밀도를 유지할 수 있기 때문이다. 뷰어가 원점에서 멀리 떨어져 있는 경우, 뷰어에 가까울수록 월드 공간 정밀도가 떨어지기 때문에 라이팅 계산의 정밀도에 영향을 줄 수 있다.

```
        flat uint material_id;
} fs_in;

layout (binding = 0) uniform sampler2D tex_diffuse;
layout (binding = 1) uniform sampler2D tex_normal_map;

void main(void)
{
    vec3 N = normalize(fs_in.normal);
    vec3 T = normalize(fs_in.tangent);
    vec3 B = cross(N, T);
    mat3 TBN = mat3(T, B, N);

    vec3 nm = texture(tex_normal_map, fs_in.texcoord0).xyz * 2.0 - vec3(1.0);
    nm = TBN * normalize(nm);

    uvec4 outvec0 = uvec4(0);
    vec4 outvec1 = vec4(0);

    vec3 color = texture(tex_diffuse, fs_in.texcoord0).rgb;

    outvec0.x = packHalf2x16(color.xy);
    outvec0.y = packHalf2x16(vec2(color.z, nm.x));
    outvec0.z = packHalf2x16(nm.yz);
    outvec0.w = fs_in.material_id;

    outvec1.xyz = floatBitsToUint(fs_in.ws_coords);
    outvec1.w = 60.0;

    color0 = outvec0;
    color1 = outvec1;
}
```

마지막으로 [그림 12-26]은 장면에 노말 맵을 적용한 것(왼쪽)과 보간된 버텍스당 노말을 사용한 것(오른쪽)의 차이를 보인다. 보다시피 노말 맵이 적용된 왼쪽 이미지에서는 상당한 세밀함을 볼 수 있다. 관련 코드는 이 이미지를 생성한 deferredshading 예제에 모두 들어 있다.

그림 12-26 노말 맵을 사용한/사용하지 않은 디퍼드 쉐이딩

디퍼드 쉐이딩 – 단점

디퍼드 쉐이딩이 애플리케이션의 수행에서 복잡한 라이팅이나 쉐이딩 계산의 영향을 줄일 수는 있지만, 모든 문제를 해결해주진 않는다. 큰 대역폭을 소비하고, G버퍼에 어태치시키는 텍스처들의 많은 메모리뿐만 아니라, 디퍼드 쉐이딩에는 다른 여러 단점이 있다. 노력을 좀 하면 이들 문제를 피해갈 수는 있지만, 새로운 멋진 디퍼드 렌더러를 작성하기 전에 다음 내용을 고려하는 것이 좋다.

우선 디퍼드 쉐이딩 구현의 대역폭을 신경 써야 한다. 이 예제에서는 G버퍼의 각 픽셀에 대해 256 비트의 정보를 사용했지만, 아주 효율적으로 사용한 것은 아니다. 월드 공간 좌표를 직접 G버퍼에 패킹해서 96비트의 공간을 소비했다(3개의 32비트 부동소수점을 사용했다는 것을 기억하자). 하지만 최종 패스를 렌더링할 때는 각 픽셀의 화면 공간 좌표를 사용한다. 이 좌표는 gl_FragCoord 의 x와 y 요소, 그리고 깊이 버퍼의 내용을 통해 구할 수 있다. 월드 공간 좌표를 얻으려면, 뷰포트 변환(단순히 스케일과 바이어스로 구성된)을 원 상태로 돌리고, 프로젝션 행렬과 뷰 행렬(보통 월드 공간에서 뷰 공간으로의 좌표 변환을 수행하는)의 역을 적용하여 결과 좌표를 클립 공간에서 월드 공간으로 이동시킨다. 뷰 행렬은 보통 이동과 회전만 저장하기 때문에 역변환하기 쉽다. 하지만 프로젝션 행렬과 그 다음의 동차 나눗셈은 역변환하기가 좀 어렵다.

뿐만 아니라 한 노말당 3개의 16비트 부동소수점에 해당하는 총 48비트를 사용하여 G버퍼의 서피스 노말을 저장했다. 대신 노말의 x와 y 요소만 저장하고 z 좌표는 노말이 단위 길이 벡터라는 지식을 활용하여 재구성할 수 있다. 즉, $z = \sqrt{x^2 + y^2}$ 이다. z의 부호도 계산해야 한다. 하지만 뷰 공간에서 음의 z 요소를 갖는 서피스는 절대 렌더링되지 않는다고 가정한다면 상관없다. 마지막으로 스페큘러 멱승과 머티리얼 ID 요소들은 완전한 32비트값으로 저장된다. 장면에 60,000개 이상의 재질을 사용하지 않을 것이므로, 머티리얼 ID로 16비트를 사용하면 될 것 같다. 뿐만 아니라 스페큘러 멱승을 로그로 저장하여 라이팅 쉐이더에서 반짝거림 인자만큼 2의 멱승을 시키면 될 것이다. 이렇게 하면 매우 적은 비트 수를 사용하여 G버퍼의 스페큘러 멱승 인자를 저장할 수 있다.

디퍼드 쉐이딩 알고리즘의 다른 단점은 일반적으로 안티에일리어싱과 잘 동작하지 않는다는 것이다. 일반적으로 OpenGL이 멀티 샘플 버퍼를 **리졸브**resolve[8]할 때, 픽셀의 샘플들의 평균(가중치를 적용한)을 취한다. 깊이값, 노말, 특히 머티리얼 ID와 같은 복합 데이터를 평균하면 문제가 생긴다. 따라서 안티에일리어싱을 구현하려면 G버퍼에 어태치된 모든 오프스크린 버퍼에 대해 멀티 샘플 텍스처를 사용해야 한다. 더 심각한 것은, 최종 패스가 전체 장면을 포함하는 하나의(어쩌면 두 개의) 큰 폴리곤으로 구성되기 때문에, 내부 픽셀들은 전혀 경계선 픽셀로 간주되지 않고 멀티 샘플 안티에일리어싱에 문제가 생긴다. 특별한 리졸브 쉐이더를 통해 리졸브 패스를 수행하거나, 샘플 개수만큼 전부 수행하면 되는데, 그렇게 하면 장면의 라이팅 비용이 엄청나게 증가할 것이다.

---

8 역주_ 여러 샘플을 하나의 값으로 조정한다는 의미

마지막으로 대부분의 디퍼드 쉐이딩 알고리즘은 투명도를 지원하지 않는다. G버퍼의 각 픽셀에 대해 단일 프래그먼트의 정보만 저장하기 때문이다. 투명도를 제대로 지원하기 위해서는 뷰어에서 가장 가까이에 있는 프래그먼트부터 불투명 프래그먼트까지 모든 프래그먼트에 대한 정보를 알고 있어야 한다. 이러한 작업을 수행하는 알고리즘들이 있는데, 이러한 알고리즘들은 예를 들면 순서 독립적 투명도라는 방식을 사용한다. 다른 방식은 단순히 모든 비투명 서피스를 디퍼드 쉐이딩을 사용하여 렌더링하고, 나중에 장면의 투명 재질을 두 번째 패스에서 렌더링한다. 이를 위해서는 장면을 탐색할 때 생략했던 투명 서피스들의 리스트를 유지하거나, 아니면 장면을 두 번 탐색해야 한다. 두 번째 옵션은 비용이 매우 비싸다.

요약하면 디퍼드 쉐이딩은 그 제약사항에 대해 주의하고 이 알고리즘이 잘 처리하는 분야에 국한시킨다면 애플리케이션의 성능을 상당히 개선할 수 있다는 것이다.

12.3.2 화면 공간 기법

지금까지 이 책에서 설명한 대부분의 렌더링 기법은 프리미티브별로 렌더링하도록 구현되어 있다. 하지만 앞 절에서 다룬 디퍼드 쉐이딩에서는 적어도 일부 렌더링을 화면 공간에서 수행한다. 이 절에서는 쉐이딩을 화면 공간에서 수행하는 몇 가지 알고리즘을 논의할 것이다. 어떤 기법은 화면 공간 렌더링이 필수인 경우도 있고, 또는 모든 지오메트리가 렌더링된 후에 처리를 하면 성능상의 이점이 있는 경우도 있다.

엠비언트 오클루전

엠비언트 오클루전ambient occlusion, 주변 가림은 글로벌 일루미네이션의 요소 중 하나를 시뮬레이션하는 기법이다. **글로벌 일루미네이션**global illumination, 전역 광원은 장면의 객체들 간에 산란하는 빛의 효과를 표현하기 때문에, 서피스는 인접 서피스에서 반사된 빛에 의해 간접적으로 빛을 받는다. 엠비언트 라이트는 이러한 산란한 빛에 대한 근사치며, 작은 고정값이 라이트 계산에 더해진다. 하지만 객체들 간에 깊은 주름이나 빈틈이 있다면, 광원을 **가리는** 인접 서피스 때문에 빛이 덜 비춰질 것이다. 이것이 바로 **엠비언트 오클루전**이다. 실시간 글로벌 일루미네이션은 현재의 연구 주제며, 매우 인상적인 연구가 발표되기는 했어도 아직 미해결 분야다. 하지만 임시 처리 및 근사치 방식을 사용하면 꽤 괜찮은 결과를 만들 수 있다. 근사치 방식 중 하나가 **화면 공간 엠비언트 오클루전**screen space ambient occlusion (SSAO)이며, 여기에서 다룰 예정이다.

이 기법을 설명하기 위해 2차원에서 시작해보자. 대량의 작은 포인트 라이트로 둘러싸인 경우, 엠비언트 라이트는 서피스의 한 점을 지나는 라이트들의 양이라고 할 수 있다. 완전히 평면인 서피스의 경우, 모든 점은 서피스 위의 모든 라이트를 볼 수 있다. 하지만 울퉁불퉁한 서피스의 경우, 모든 라이트가 서피스의 모든 점에 보이지는 않는다. 서피스가 거칠수록 더 적은 개수의 라이트만 보일 것이다. 이 과정을 [그림 12-27]에 보인다.

그림 12-27 울퉁불퉁한 서피스에 가려지는 점들

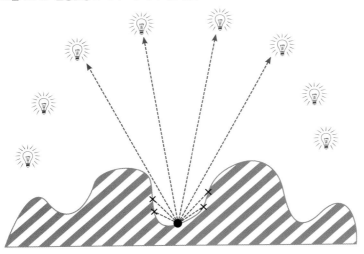

위 그림을 보면, 서피스에 균일하게 분산된 여덟 개의 포인트 라이트가 보인다. 고찰 점에서 여덟 개의 라이트 방향으로 선을 그려보자. 울퉁불퉁한 서피스 아래쪽에 있는 고찰 점에서는 보이는 라이트의 개수가 적다. 하지만 서피스의 가장 위쪽에서는 전부는 아니더라도 거의 모든 라이트를 볼 수 있다. 서피스의 울퉁불퉁함으로 인해 굴곡의 아래쪽에서는 라이트가 가려지고, 엠비언트 라이트를 받게 된다. 완전한 글로벌 일루미네이션 시뮬레이션을 한다면, 각 점에 대해 수백 아니 수천 개의 방향으로 라인(또는 광선)을 추적해서, 어디에 충돌했는지 확인해야 한다. 하지만 실시간 애플리케이션에서는 비용이 너무 크기 때문에 화면 공간에서 직접 점의 가려짐^{occlusion} 여부를 계산하는 방법을 사용한다.

이 기법을 구현하려면, 화면 공간의 각 점에서 임의의 방향을 따라 선을 진행시키고, 각 점에서 그 선에 대해 얼마나 가려졌는지 계산한다. 우선 장면을 FBO에 어태치된 깊이 및 색상 버퍼에 렌더링한다. 이때 각 프래그먼트별 노말과 뷰 공간의 선형적 깊이[9]를 동일한 FBO의 두 번째 색상 어태치먼트에 들어가도록 렌더링한다. 두 번째 패스에서는 이 정보를 사용하여 각 픽셀에 대한 가려짐 수준을 계산한다. 이 패스에서는 엠비언트 오클루전 쉐이더를 사용하여 풀스크린 사각형을 렌더링한다. 이 쉐이더는 첫 번째 패스에서 렌더링한 깊이값을 읽고, 임의의 방향을 결정한 다음에, 그 방향으로 몇 단계 진행시킨다. 각 점에서 방향에 따라 선을 진행시키면서, 깊이 버퍼의 값이 선을 따라 계산된 깊이값보다 작은지 계산한다. 만약 작다면, 그 점은 가려진 점으로 간주한다.

....

9 선형적 뷰 공간 깊이를 첫 번째 패스에서 만들어진 깊이 버퍼의 내용으로 재구성할 수도 있다. 시점 공간 z를 역으로 하여 0.0에서 1.0 범위의 깊이 버퍼에 저장하면 된다. 하지만 여기서는 단순함을 위해 프레임버퍼 어태치먼트에 추가 채널을 사용하는 방식을 선택한다.

임의의 방향을 선택하기 위해 단위 반지름 구 상의 여러 임의 벡터를 담은 유니폼 버퍼를 미리 초기화시켜 놓는다. 임의의 벡터들은 아무 방향이나 가리킬 수 있지만, 우리가 원하는 것은 서피스의 **밖**을 향하는 벡터들이다. 즉, 점의 서피스 노말을 중심으로 해서 반구 내에 있는 벡터들만 고려한다. 이 반구 내에 있는 임의의 벡터들을 얻기 위해 서피스 노말(이미 색상 버퍼에 렌더링된)과 선택한 임의의 방향을 내적한다. 그 결과가 음수라면, 선택한 방향 벡터는 서피스 내부를 향하는 벡터이기 때문에 부호를 반대로 하여 반구 방향을 향하도록 돌린다.

[그림 12-28]은 이 기법에 대한 그림이다. [그림 12-28]에서 V_0, V_1, V_4 벡터는 이미 노말 벡터와 같은 방향의 반구에 놓여 있다. 즉, 이 벡터들과 N을 내적하면 양의 부호라는 의미다.

그림 **12-28** 방향성 반구에 대한 임의의 벡터들을 선택

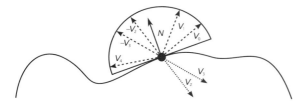

하지만 V_2와 V_3는 해당 반구를 벗어나 있기 때문에, 이 두 벡터의 N과의 내적이 음수라는 것을 확실히 알 수 있다. 이 경우에는 단순히 V_2와 V_3의 부호를 반대로 하여 방향을 바꾸면 원하는 반구 내에 들어온다.

일단 임의의 벡터들을 구했다면, 이제 그 벡터들을 따라 이동할 차례다. 먼저 서피스의 점에서 시작하여 선택한 거리 벡터를 따라 작은 거리를 단계적으로 이동한다. 그러면 x, y, z 좌표의 새로운 점이 생성된다. 이 x와 y 요소를 사용하여 선형 깊이 버퍼를 읽는다. 이 깊이 버퍼는 앞에서 렌더링한 것으로 이 버퍼에 저장된 값을 참조한다. 이 깊이를 보간된 위치 벡터의 값과 비교하여 만약 보간된 값보다 가깝다면(즉, 작다면), 보간된 점이 이미지 상에서 시점에 대해 보이지 않는다. 즉, 알고리즘의 입장에서 가려진 것으로 판단한다. 사실 이것이 그리 정확한 것은 아니지만, **통계적으로** 보면 잘 동작한다. 선택할 임의 방향의 개수, 각 방향을 따라 진행할 단계의 수, 얼마나 많은 단계까지 멀리 수행할지 등이 출력 이미지 품질을 제어할 때 선택할 수 있는 모든 인자다. 더 많은 방향을 선택할수록, 더 먼 거리의 단계를 수행할수록, 각 방향에 대해 더 많은 단계를 취할수록, 출력 이미지 품질은 더 좋아진다. [그림 12-29]는 엠비언트 오클루전 알고리즘의 결과에 더 많은 샘플 방향을 추가한 것이다.

[그림 12-29]에서, 왼쪽 위에는 하나의 방향, 오른쪽 위에는 4개의 방향, 왼쪽 아래에는 16개의 방향, 오른쪽 아래에는 64개의 방향을 사용했다. 방향은 왼쪽에서 오른쪽으로, 위에서 아래로 추가되었다. 보다시피 64개의 방향을 사용하기 전까지는 이미지가 부드럽지 않아 보인다. 더 적은 방향을

사용할수록 이미지에 심각한 띠가 보인다. 이 현상을 줄이기 위해 사용할 수 있는 많은 접근 방식이 존재하지만, 가장 효율적인 방식은 각 샘플에 대해 취하는 가려짐 계산용 선 각각에 대한 거리를 **임의로** 조정하는 것이다. 이를 통해 이미지에 노이즈가 추가되지만, 결과를 부드럽게 하여 전체적인 품질은 높아진다. [그림 12-30]은 이러한 임의성을 이미지에 추가한 결과다.

그림 12-29 엠비언트 오클루전에 방향 개수를 증가시킨 효과

그림 12-30 엠비언트 오클루전에 노이즈를 추가한 효과

[그림 12-30]에서 보다시피 가려짐 계산용 선의 단계에 대한 임의성을 추가한 결과 이미지 품질이 매우 좋아진 것을 볼 수 있다. 다시 말하지만, 왼쪽에서 오른쪽으로, 위에서 아래 방향으로 각각 1, 4, 16, 64개의 방향을 사용했다. 선을 따라 이동하는 속도를 무작위로 설정하면, 하나의 선만 사용한 깨져 보였던 이미지가 노이즈가 들어갔지만 더 정확한 결과를 보인다. 4방향을 사용한 결과(그림 12-30의 오른쪽 위)도 만족할 수준의 결과를 보이는 반면, [그림 12-29]의 해당 이미지는 꽤 큰 띠가 보인다. [그림 12-30]의 왼쪽 아래 16-샘플 이미지는 [그림 12-29]의 64-샘플 이미지만큼 좋은 품질을 보인다. [그림 12-30]의 64-샘플 이미지는 더 이상 개선이 눈에 띄지 않을 정도다. 이 방식에 의해 생긴 노이즈를 상쇄시키는 방법도 있지만, 이 예제의 범위를 넘어서므로 생략한다.

엠비언트 오클루전 항이 만들어졌으면, 이제 렌더링된 이미지에 그 항을 적용할 수 있다. 엠비언트 오클루전은 단순히 엠비언트 라이트가 가려지는 정도다. 즉, 쉐이딩 공식에서 엠비언트 라이트 항에 오클루전 항을 곱해주면 된다. 이 오클루전 항은 모델의 움푹 들어간 곳이 엠비언트 라이팅을 덜 받도록 한다. [그림 12-31]은 렌더링된 장면에 화면 공간 엠비언트 오클루전 알고리즘을 적용한 결과다.

그림 12-31 렌더링된 장면에 엠비언트 오클루전이 적용된 결과

[그림 12-31]을 보면, 왼쪽 이미지는 라이팅 모델의 디퓨즈와 스페큘러 항만 보인다. 용이 실제로는 바닥에 딱 닿아 있지만 이미지만으로는 판단하기 힘들다. 오른쪽 이미지는 화면 공간 엠비언트 오클루전이 적용된 것이다. 보다시피 용이 더 세밀해진 것뿐 아니라 주위에 부드러운 그림자도 만들기 때문에, 깊이감이 증가했다.

첫 번째 패스에서는 평소처럼 간단히 디퓨즈와 스페큘러 항을 하나의 색상 어태치먼트에 렌더링하고, 서피스 노말과 선형 시점 공간 깊이를 두 번째 색상 어태치먼트에 렌더링했다. 이러한 쉐이더는 꽤 직관적이고 지금까지 다른 쉐이더와 별반 다르지 않다. 알고리즘의 두 번째 패스가 중요한 부분이다. 여기에서 엠비언트 오클루전 효과를 적용한다. 그 내용은 ssao 예제 애플리케이션의 일부에 해당하며 [예제 12-32]에 모두 들어 있다.

```glsl
#version 430 core

// 미리 렌더링된 색상, 노말, 깊이에 대한 샘플러
layout (binding = 0) uniform sampler2D sColor;
layout (binding = 1) uniform sampler2D sNormalDepth;

// 최종 출력
layout (location = 0) out vec4 color;

// SSAO 효과를 제어하는 여러 유니폼
uniform float ssao_level = 1.0;
uniform float object_level = 1.0;
uniform float ssao_radius = 5.0;
uniform bool weight_by_angle = true;
uniform uint point_count = 8;
uniform bool randomize_points = true;

// 256개의 무작위 방향(x, y, z, 0)과 256개의 완전 무작위 벡터를
// 담는 유니폼 블록
layout (binding = 0, std140) uniform SAMPLE_POINTS
{
    vec4 pos[256];
    vec4 random_vectors[256];
} points;

void main(void)
{
    // gl_FragCoord에서 텍스처 좌표를 얻는다.
    vec2 P = gl_FragCoord.xy / textureSize(sNormalDepth, 0);
    // ND = 노말과 깊이
    vec4 ND = textureLod(sNormalDepth, P, 0);
    // 노말과 깊이를 뽑아낸다.
    vec3 N = ND.xyz;
    float my_depth = ND.w;

    // 임시 지역 변수들
    int i;
    int j;
    int n;

    float occ = 0.0;
    float total = 0.0;

    // n은 프래그먼트 좌표와 깊이로 생성한 의사-무작위 수다.
    n = (int(gl_FragCoord.x * 7123.2315 + 125.232) *
        int(gl_FragCoord.y * 3137.1519 + 234.8)) ^
        int(my_depth);
```

```
// 무작위 벡터들 중에서 하나를 뽑는다.
vec4 v = points.random_vectors[n & 255];

// r은 무작위 반지름이다.
float r = (v.r + 3.0) * 0.1;
if (!randomize_points)
    r = 0.5;

// 각 무작위 점(또는 방향)에 대해
for (i = 0; i < point_count; i++)
{
    // 방향 구하기
    vec3 dir = points.pos[i].xyz;

    // 반구에 올바르게 들어가게 함
    if (dot(N, dir) < 0.0)
        dir = -dir;

    // f는 이 방향으로 지금까지 진행한 거리며,
    // z는 보간된 깊이다.
    float f = 0.0;
    float z = my_depth;

    // 4개의 단계를 취한다 - 설정 가능하게 할 수 있다.
    total += 4.0;

    for (j = 0; j < 4; j++)
    {
        // 방향대로 진행한다.
        f += r;
        // 뷰어 쪽으로 진행하면 z가 감소한다.
        z -= dir.z * f;

        // 현재 프래그먼트에서 깊이를 읽는다.
        float their_depth =
            textureLod(sNormalDepth,
                    (P + dir.xy * f * ssao_radius), 0).w;

        // 이 프래그먼트의 오클루전에 대한 기여도인 가중치(d)를 계산한다.
        float d = abs(their_depth - my_depth);
        d *= d;

        // 가려진다면 오클루전을 누적시킨다.
        if ((z - their_depth) > 0.0)
        {
            occ += 4.0 / (1.0 + d);
        }
    }
}
```

```
    // 오클루전 값을 계산한다.
    float ao_amount = vec4(1.0 - occ / total);

    // 색상 텍스처에서 객체 색상을 얻는다.
    vec4 object_color = textureLod(sColor, P, 0);

    // 엠비언트 색상을 SSAO 레벨만큼 스케일하여 혼합한다.
    color = object_level * object_color +
        mix(vec4(0.2), vec4(ao_amount), ssao_level);
}
```

12.3.3 삼각형 없이 렌더링하기

앞 절에서는 화면 공간에서 적용할 수 있는 기법들을 설명했다. 이들은 모두 풀스크린 사각형을 이미 렌더링된 지오메트리 위에 그리는 방식이다. 이 절에서는 더 나아가서 전체 장면을 하나의 풀스크린 사각형만을 사용하여 렌더링하는 방법을 보이겠다.

줄리아 프랙탈 렌더링하기

이번 예제에서는 텍스처 좌표 외에는 아무 것도 없는 데이터로부터 이미지 데이터를 만드는 **줄리아 집합**Julia set을 렌더링한다. 줄리아 집합은 전구처럼 생긴 프랙탈인 **만델브로트 집합**Mandelbrot set과 관련 있다. 만델브로트 이미지는 다음 공식을 반복하여 생성한다.

$$Z_n = Z_{n-1}^2 + C$$

Z의 크기가 한계치를 넘어설 때까지 반복하고 그 반복 횟수를 계산한다. 만약 Z의 크기가 허용된 반복 개수 내의 한계치를 넘지 않는다면, 그 점은 만델브로트 내부에 있는 것으로 판단하고 기본 색상으로 칠한다. 만약 Z가 허용된 반복 개수 내의 한계치를 넘는다면, 그 점은 집합 바깥에 존재한다. 만델브로트 집합을 가시화하는 일반적인 방법은 집합의 바깥에 존재하는 점을 발견한 시점의 반복 개수의 함수를 사용하여 그 점의 색상을 칠하는 방법이다. 만델브로트 집합과 줄리아 집합의 주된 차이점은 Z와 C의 초깃값이다.

만델브로트 집합을 렌더링할 때, Z는 $(0 + 0i)$로 설정하고, C는 반복을 수행할 점의 좌표로 정한다. 한편 줄리아 집합을 렌더링할 때 Z는 반복을 수행할 점의 좌표로 설정하고, C는 애플리케이션에서 지정한 상수로 설정한다. 따라서 만델브로트 집합은 단 하나뿐이지만, 줄리아 집합은 무한하다. C에 허용되는 값만큼 있다. 따라서 줄리아 집합은 인자로 설정할 수 있으며 애니메이션도 가능하다. 이전의 다른 예제처럼 풀스크린 사각형을 그릴 때 모든 프래그먼트에 대해 이 쉐이더를 호출한다. 하지만 이미 프레임버퍼에 존재할 수도 있는 데이터를 읽어서 포스트프로세싱하는 대신 직접 최종 이미지를 생성한다.

텍스처 좌표만을 포함하는 입력 블록을 갖는 프래그먼트 쉐이더를 설정하자. C의 값을 담는 유니폼도 필요하다. 재미있는 색상을 결과 줄리아 집합에 적용하기 위해 그래디언트가 들어간 1차원 텍스처를 사용한다. 집합을 벗어나는 점까지 반복했을 때, 반복 횟수를 사용하여 이 텍스처에 인덱싱하여 출력 프래그먼트의 색상을 결정한다. 마지막으로 수행할 최대 반복 횟수를 담는 유니폼을 정의한다. 이를 통해 결과 이미지의 세밀함 정도와 성능을 균형 있게 조절할 수 있다. [예제 12-33]은 줄리아 렌더러의 프래그먼트 쉐이더를 설정하는 내용이다.

예제 12-33 줄리아 집합 렌더러 설정하기

```
#version 430 core

in Fragment
{
    vec2 tex_coord;
} fragment;

// C값
uniform vec2 c;

// 색상 그래디언트 텍스처
uniform sampler1D tex_gradient;

// 해당 점이 집합 밖에 있는지 결정하기 전에 수행될 최대 반복 횟수
uniform int max_iterations;

// 이 프래그먼트의 출력 색상
out vec4 output_color;
```

이제 쉐이더에 입력을 설정했으니, 줄리아 집합을 렌더링할 차례다. C의 값은 애플리케이션에서 제공한 유니폼으로 설정한다. Z의 초깃값은 버텍스 쉐이더에서 제공한 입력 텍스처 좌표로 설정한다. 반복 루프는 [예제 12-34]에 있다.

예제 12-34 줄리아 렌더러의 내부 루프

```
int iterations = 0;
vec2 z = fragment.tex_coords;
const float threshold_squared = 4.0;

// 반복이 남아 있지만 아직 집합을 벗어나지 못한 경우
while (iterations < max_iterations &&
        dot(z, z) < threshold_squared)
```

```
{
    // Z의 값을 Z^2 + C로 하여 반복
    vec2 z_squared;
    z_squared.x = z.x * z.x - z.y * z.y;
    z_squared.y = 2.0 * z.x * z.y;
    z = z_squared + c;
    iterations++;
}
```

허용된 최대 반복 개수에 도달하거나(iterations == max_iterations), Z의 크기가 한계치를 넘으면 루프는 종료한다. 이 쉐이더에서는 Z의 크기 제곱(내적을 사용해서 계산했다)을 한계치의 제곱(threshold_squared 유니폼)과 비교한 것을 주목하자. 두 연산은 동일하지만 그렇게 하면 쉐이더에서 제곱근을 사용하지 않아도 되기 때문에 성능을 향상시킬 수 있다. 만약 루프의 끝에서 반복 횟수가 max_iterations가 되면, 이제 반복이 끝나고 그 점이 집합의 안쪽에 있다고 판단한다. 색은 검은색으로 지정한다. 반대로, 반복이 끝나기 **전**에 점이 집합을 벗어나면 그 점의 색상을 그에 따라 변경시킨다. 전체 허용 반복 횟수의 소수점 부분을 계산해서 이 값으로 그래디언트 텍스처를 참조한다. 해당 코드는 [예제 12-35]다.

예제 12-35 줄리아 집합의 색상을 결정하기 위해 그래디언트 텍스처 사용

```
if (iterations == max_iterations)
{
    output_color = vec4(0.0, 0.0, 0.0, 0.0);
}
else
{
    output_color = texture(tex_gradient,
                           float(iterations) / float(max_iterations));
}
```

이제 남은 일은 그래디언트 텍스처를 전달하고 적절한 c값을 결정하는 것뿐이다. 이 애플리케이션에서는 렌더 함수에 전달되는 currentTime 인자의 함수를 사용하여 매 프레임마다 c를 갱신한다. 이를 통해 프랙탈을 애니메이션시킬 수 있다. [그림 12-32]는 julia 예제 프로그램을 사용한 줄리아 애니메이션의 몇 프레임에 대한 이미지다(컬러 화보에 다른 예를 추가했다).

그림 12-32 줄리아 집합 애니메이션의 몇 프레임(컬러 화보 참조)

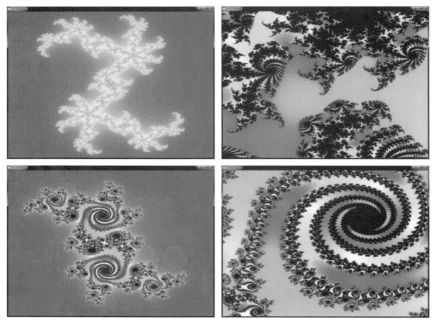

프래그먼트 쉐이더에서 레이트레이싱

OpenGL은 보통 래스터라이제이션을 사용하여 선, 삼각형, 점과 같은 프리미티브에 대한 프래그먼트를 생성하는 방식으로 동작한다. 지금까지 설명한 방식이 이러한 방식이다. 지오메트리를 OpenGL 파이프라인에 보내고, 각 삼각형에 대해 OpenGL은 어떤 픽셀이 영역을 차지하는지 판별하고, 쉐이더를 수행하여 어떤 색상을 적용할지 결정한다. 레이트레이싱ray tracing, 광선추적은 이와는 반대로 수행한다. 여러 픽셀(실제로는 광선으로 표현한다)을 파이프라인에 집어넣고, 각 광선에 대해 어떤 지오메트리 영역이 그 픽셀에 해당하는지(즉, 픽셀별로 광선이 특정 지오메트리와 충돌하는지) 판별한다. 전통적인 래스터라이제이션에 비해 이 방식의 가장 큰 단점은 OpenGL이 직접 지원하지 않는다는 것이다. 즉, 모든 작업을 직접 쉐이더에서 수행해야 한다. 하지만 많은 이점도 있다. 특히 점, 선, 삼각형에 국한되지 않으며,[10] 광선이 객체에 충돌한 다음에 어떻게 되는지 알 수 있다. 카메라에서 어떤 것들이 보이는지 확인할 때 사용하는 기법을 약간의 추가 코드만 있으면 반사, 그림자, 심지어 굴절에도 똑같이 적용할 수 있다.

이 절에서는 프래그먼트 쉐이더를 사용하여 단순한 재귀적 레이트레이서ray tracer, 광선추적기를 만들 예정이다. 여기에서 만들 레이트레이서는 단순한 구와 무한 평면 등으로 구성된 이미지를 렌더링할 수 있다. 전통적인 '박스 안에 반짝거리는 구' 이미지를 만들기에 충분하다. 훨씬 더 고급의 구현 기

---

10 사실 점, 선, 삼각형도 레이트레이서에서는 꽤 복잡한 도형이라고 할 수 있다.

법도 존재하지만, 이 정도면 기본 기법을 설명하는 데 충분하다. [그림 12-33]은 단순화된 2D 형식으로, 단순한 레이트레이서의 기본을 설명한다.

그림 12-33 레이트레이싱을 2D로 단순화시킨 그림

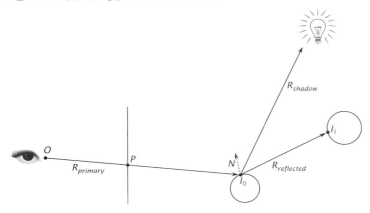

[그림 12-33]에서는 눈 위치가 광선 O의 원점이 되고, 광선은 이미지 평면(즉, 디스플레이)상의 점 P를 통과한다. 이 광선을 1차 광선이라고 하며 여기에는 $R_{primary}$ 라고 표기한다. 광선은 점 I_0에서 첫 번째 구와 교차한다. 이 점에서 두 개의 추가 광선을 생성한다. 첫 번째는 광원 쪽으로 이동하며 R_{shadow} 라고 표기했다. 만약 이 광선이 광원 쪽으로 이동하다가 어떤 곳에 충돌한다면, 점 I_0는 그림자에 있다고 할 수 있다. 그렇지 않다면, 그 점은 빛을 받는다고 할 수 있다. 그림자 광선 외에도 입력 광선 $R_{primary}$를 I_0 상의 서피스 노말 N을 중심으로 반사시켜 두 번째 광선인 $R_{reflected}$를 쏜다.

레이트레이싱의 쉐이딩은 이 책에서 앞서 설명한 쉐이딩 및 라이팅 알고리즘과 크게 다르지 않다. 여전히 디퓨즈와 스페큘러 항을 계산하고, 노말 맵과 텍스처 등을 적용한다. 하지만 다른 방향으로 쏘는 광선들의 기여도도 고려해야 한다. $R_{primary}$를 뷰 벡터, N을 노말 벡터, R_{shadow}를 라이트 벡터로 사용해서 I_0에 대한 쉐이딩을 수행한다. 그 다음에 I_1($R_{reflected}$) 쪽으로 광선을 쏘아 그 서피스를 쉐이딩한다. 그리고 그 기여도(I_0의 서피스 반사도로 스케일한)를 다시 P의 색상에 누적시킨다. 그 결과로 또렷하고 깔끔한 반사를 얻을 수 있다.

일반적으로 뷰 공간의 원점인 원점(O)과 점 P가 주어지면 광선 $R_{primary}$의 방향을 계산하여 레이트레이싱 작업을 시작할 수 있다. 이 작업에는 장면에서의 선(광선을 의미)과 객체(구)의 교차 계산이 필요하다. 광선과 구의 교차 판정은 다음과 같이 이루어진다.

원점 O와 방향 $\vec{D}$로 이루어진 광선 R이 있을 때, 시간 t에서 광선의 점은 $O + t\vec{D}$로 표현한다. 또한 중심이 C고 반지름이 r인 구가 있을 때, 그 서피스 상의 점은 C에서 r 거리만큼 떨어져 있으며, C와 구의 서피스 상의 점과의 제곱 거리는 r^2이다. 이때 자신 벡터의 내적을 하면 제곱 거리를 쉽

게 계산할 수 있다. 즉, $O + t\vec{D}$ 에서의 점 P를 다음과 같이 표현할 수 있다.

$$(P - C) \cdot (P - C) = r^2$$

P를 치환하면 다음과 같다.

$$(O + t\vec{D} - C) \cdot (O + t\vec{D} - C) = r^2$$

이를 확장시키면 다음과 같은 t에 관한 2차 방정식을 얻는다.

$$(\vec{D} \cdot \vec{D})t^2 + 2(O - C) \cdot \vec{D}t + (O - C) \cdot (O - C) - r^2 = 0$$

친숙한 $At^2 + Bt + C = 0$의 형태로 표기하면 다음과 같다.

$$A = \vec{D} \cdot \vec{D}$$
$$B = 2(O - C) \cdot \vec{D}$$
$$C = (O - C) \cdot (O - C) - r^2$$

간단한 2차 방정식이므로 t에 대한 해를 풀면 해가 없거나, 하나이거나, 두 개일 수 있다.

$$t = \frac{-B \pm \sqrt{B^2 - 4AC}}{2A}$$

벡터 $\vec{D}$가 정규화되어 있다는 것을 알기 때문에, 그 길이는 1이고 A도 1이다. 문제가 더 간단해져서 t에 대한 해를 다음과 같이 표현할 수 있다.

$$t = \frac{-B \pm \sqrt{B^2 - 4C}}{2}$$

만약 $4C$가 B^2보다 크다면, 제곱근이 음수라는 뜻이므로 t에 대한 해가 존재하지 않는다. 즉, 광선과 구 사이에 교차가 없다. 만약 B^2이 $4C$와 같다면, 오직 하나의 해가 존재하며, 광선이 구에 아주 비스듬히 교차한다는 의미다. 만약 해가 양수라면, 뷰어의 전방에서 교차가 발생하며 교차점을 구할 수 있다는 의미다. 만약 t에 대한 하나의 해가 음수라면, 교차점은 뷰어의 뒤쪽에 있다. 마지막으로 두 개의 해가 존재한다면 t에 대해 가장 작은 음수가 아닌 해를 교차점으로 취한다. 간단히 이 값을 $P = O + t\vec{D}$ 에 넣으면 3D 공간상의 교차점 좌표를 얻을 수 있다.

이 교차 판정을 수행하는 쉐이더 코드는 [예제 12-36]이다.

```
struct ray
{
    vec3 origin;
    vvec3 direction;
};

struct sphere
{
    vec3 center;
    float radius;
};

float intersect_ray_sphere(ray R,
                           sphere S,
                           out vec3 hitpos,
                           out vec3 normal)
{
    vec3 v = R.origin - S.center;
    float B = 2.0 * dot(R.direction, v);
    float C = dot(v, v) - S.radius * S.radius;
    float B2 = B * B;

    float f = B2 - 4.0 * C;

    if (f < 0.0)
        return 0.0;

    float t0 = -B + sqrt(f);
    float t1 = -B - sqrt(f);
    float t = min(max(t0, 0.0), max(t1, 0.0)) * 0.5;

    if (t == 0.0)
        return 0.0;

    hitpos = R.origin + t * R.direction;
    normal = normalize(hitpos - S.center);

    return t;
}
```

광선과 구 구조체가 주어진 경우, [예제 12-36]의 intersect_ray_sphere 함수는 광선이 구와 교차하지 않는 경우에는 0.0을 리턴하고, 교차하는 경우에는 t의 값을 리턴한다. 교차점을 발견한 경우, 그 교차 위치는 출력 인자인 hitpos에 리턴된다. 교차점의 서피스 노말은 출력 인자 normal에 리턴된다. t의 리턴값을 사용하여 각 광선을 따라 가장 가까운 교차점을 구할 수 있다. 먼저 광선 길이에 허용되는 가장 큰 값으로 임시 변수를 초기화하고, 장면의 각 구에 대해 intersect_ray_sphere
가 리턴하는 거리와 그 변숫값에서 최솟값을 취하면 된다. 관련 코드는 [예제 12-37]에 있다.

예제 12-37 가장 가까운 교차점 결정

```
// 구를 저장할 유니폼 블록 선언
layout (std140, binding = 1) uniform SPHERES
{
    sphere S[128];
};

// 광선 원점과 방향에 대한 텍스처
layout (binding = 0) uniform sampler2D tex_origin;
layout (binding = 1) uniform sampler2D tex_direction;

// 두 텍스처를 사용하여 광선을 구성한다.
ray R;

R.origin = texelFetch(tex_origin, ivec2(gl_FragCoord.xy), 0).xyz;
R.direction = normalize(texelFetch(tex_direction,
                        ivec2(gl_FragCoord.xy), 0).xyz);

float min_t = 1000000.0f;
float t;

// 각 구에 대해
for (i = 0; i < num_spheres; i++)
{
    // 교차점을 찾는다.
    t = intersect_ray_sphere(R, S[i], hitpos, normal);

    // 만약 교차가 발생하면
    if (t != 0.0)
    {
        // 그리고 교차점이 현재값보다 작다면
        if (t < min_t)
        {
            // 그 값을 기록한다.
            min_t = t;
            hit_position = hitpos;
            hit_normal = normal;
            sphere_index = i;
        }
    }
}
```

만약 구 하나가 있는 장면에 대해 각 점에서 뭔가 충돌하면 흰색을 쓰도록 하여 광선들을 추적시키면 [그림 12-34]와 같은 이미지를 얻을 수 있다.

그림 12-34 처음 만들어본 구 레이트레이싱 결과

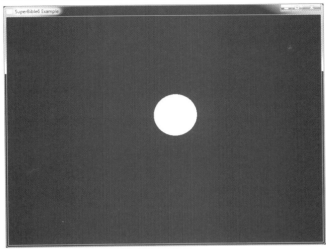

하지만 결과는 그리 인상적이지 않다. 우선 점에 라이팅을 추가해야겠다. 이미 알겠지만, 서피스 노말은 라이팅 계산에 있어서 매우 중요하다. 서피스 노말은 교차 함수가 리턴하기 때문에 얻을 수 있다. 기존 방식대로 노말을 사용하여 라이팅 계산을 수행한다. 서피스 노말, 뷰 공간 좌표(교차 테스트 중에 계산된다), 재질 인자를 얻어 점의 쉐이딩을 계산한다. 지금까지 배운 라이팅 공식을 적용하면 [그림 12-35]의 이미지를 얻을 수 있다.

그림 12-35 라이트가 적용된 레이트레이싱 구

비록 노말이 라이팅 계산에 사용되기는 하지만, 레이트레이서의 다음 몇 단계는 더욱 중요하다. 장면의 각 라이트에 대해, 서피스의 쉐이딩에 대한 기여도를 계산하고 누적하여 최종 색상을 계산한다. 이때 레이트레이싱의 첫 번째 이점이 발견된다. 서피스 점 P와 라이트 좌표 L이 주어졌을 때, 원점 O를 P로 설정하고 방향 $\vec{D}$를 P에서 L로의 정규화된 벡터 $\frac{L-P}{|L-P|}$로 설정한 새로운 광선을 생성한다. 이 광선은 **그림자 광선**(그림 12-33의 R_{shadow})이라고도 한다. 그 다음에 장면에서 객체들에 대해 라이트가 해당 점에서 보이는지 테스트한다. 만약 광선이 아무것에도 충돌하지 않는다면, 그 점에서 쉐이딩되는 라이트까지의 시야가 확보된다는 의미다. 그렇지 않다면 가려지고 그림자에 있다는 뜻이다. 그림자는 레이트레이서가 매우 잘 수행할 수 있는 기능 중 하나다.

하지만 여기서 끝이 아니다. 교차점에서 시작해서 광원 쪽을 향하는 새로운 광선을 구성한 것처럼, 아무 방향이나 향하는 광선을 구성할 수 있다. 예를 들어 구에 대한 광선 교차점에서의 서피스 노말이 주어지면, GLSL의 reflect 함수를 사용하여 이 노말로 정의된 평면을 중심으로 입력 광선 방향을 반사시킬 수 있다. 이 방향으로 평면을 벗어나는 새로운 광선을 쏜다. 이 광선은 그대로 레이트레이싱 알고리즘의 입력이 되고, 그 교차점을 쉐이딩시킨 최종 색상을 장면에 단순히 더하면 된다.

[예제 12-37]에서 각 픽셀에 대해 원점과 방향을 텍스처에서 읽은 것을 기억할 것이다. 레이트레이싱은 재귀적인 알고리즘이다. 광선을 추적하고, 점을 쉐이딩시키고, 새로운 광선을 생성하고, 그 광선을 추적하고, 계속 같은 식이다. GLSL은 재귀를 허용하지 않는다. 그러므로 텍스처 배열로 구성된 스택을 사용하여 구현해야 한다.

레이트레이서에 필요한 모든 데이터를 유지하려면, 프레임버퍼 객체의 배열을 생성하고, 각각에 대해 네 개의 텍스처를 색상 어태치먼트로 어태치시킨다. 프레임버퍼의 각 픽셀에 대해 최종 조합 색상, 광선의 원점, 광선의 현재 방향, 누적된 광선의 반사 색상 등이 저장된다. 이 애플리케이션에서 각 광선은 다섯 번의 바운스bounce, 부딪혀 튕김를 허용하기 때문에 다섯 개의 프레임버퍼 객체가 필요하다. 각 프레임버퍼 객체에는 네 개의 텍스처가 어태치되어 있다. 첫 번째(조합 색상)는 모든 프레임버퍼 객체에 공통적인 것이지만, 다른 세 개는 각 프레임버퍼에 고유한 것이다. 각 패스에 대해 일련의 텍스처를 읽어 프레임버퍼 객체를 통해 다음 텍스처에 쓴다. 이 작업을 설명한 것이 [그림 12-36]이다.

그림 12-36 프레임버퍼 객체를 사용하여 스택을 구현

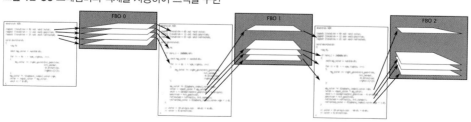

레이트레이서를 초기화하기 위해, 시작 원점과 광선 방향을 첫 번째 원점 및 방향 텍스처에 쓰는 쉐이더를 수행한다. 또한 누적 텍스처를 0으로 초기화하고, 반사 색상 텍스처를 모두 1로 초기화한다. 그 다음에는 추적할 광선들의 각 바운스에 대해 한 번씩 풀스크린 사각형을 그려 실제 레이트레이싱 쉐이더를 수행한다.

각 패스에 이전 패스에서 얻은 원점, 방향, 반사된 색상 텍스처를 바인딩한다. 또한 나가는 방향의 원점, 방향, 반사 텍스처 등을 갖는 프레임버퍼를 색상 어태치먼트로 바인딩한다. 이 텍스처들은 다음 패스에서 사용된다. 그리고 각 픽셀에 대해 쉐이더는 처음 두 텍스처에 저장된 원점과 방향을 사용하여 광선을 구성하고, 장면에 대해 추적하고, 교차점에 라이팅을 계산하고, 그 결과를 반사 색상 텍스처에 저장된 값으로 곱한 다음에, 그 결과를 첫 번째 출력으로 보낸다.

최종 출력 텍스처에 합성을 하기 위해, 각 프레임버퍼 객체의 첫 번째 색상 어태치먼트에 그 출력 텍스처를 어태치시키고, 그 어태치먼트에 대한 블렌딩을 활성화시킨다. 이때 블렌딩 함수는 원본 및 대상 인자를 모두 GL_ONE으로 설정한다. 그렇게 하면 출력이 간단히 기존 어태치먼트 내용에 더해진다. 다른 출력에는 교차점, 반사 광선 방향, 광선의 교차점에 사용할 재질의 반사도 계수 등을 쓴다.

장면에 구를 더 추가하면, 이 기법을 적용하여 각각 서로 반사하게 할 수 있다. [그림 12-37]은 몇 개의 구를 장면에 추가하여 각 광선의 바운스 개수를 증가시킨 것이다.

그림 12-37 광선 바운스를 증가시켜 레이트레이싱한 구

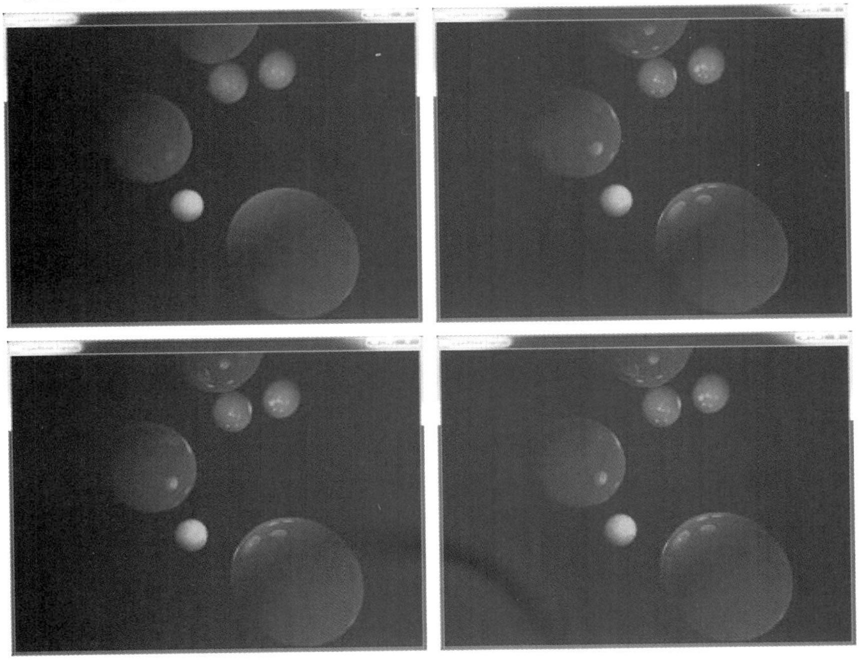

[그림 12-37]에서 볼 수 있듯이, 왼쪽 위 이미지(두 번째 광선이 없는)는 너무 단순하다. 오른쪽 위 이미지에서처럼 첫 번째 바운스가 추가되면, 구에 반사가 보이기 시작한다. 왼쪽 아래 이미지처럼 두 번째 바운스를 추가하면, 구의 반사에 다른 구가 보인다. 오른쪽 아래의 세 번째 바운스에서는, 크게 두드러지지는 않지만, 자세히 들여다보면 구 안에 구의 반사가 보인다.

이제 구만으로 만들어진 장면은 별로 재미가 없다. 이번에는 더 많은 객체 타입을 추가해보자. 이론적으로는 어떤 객체라도 레이트레이싱될 수 있지만, 간단히 교차 판정을 할 수 있는 평면을 추가해보자. 평면을 표현하는 방식 중 하나는 노말(평면에 대한 상수)과 노말 주위에 있는 평면상의 점들의 원점에서의 거리다. 노말은 삼차원 벡터고, 거리는 스칼라값이다. 따라서 평면을 하나의 4요소 벡터로 표현할 수 있다. 노말을 벡터의 x, y, z 요소에 넣고, 원점으로부터의 거리는 w 요소에 넣는다. 사실 평면 노말 N과 원점에서의 거리 d가 주어졌을 때 평면의 음함수 방정식^{implicit equation}은 다음과 같다.

$$P \cdot N + d = 0$$

여기서 P는 평면상의 점이다. P라는 점이 있을 때, 광선상의 점은 다음과 같이 정의된다.

$$P = O + t\vec{D}$$

P의 값을 음함수 방정식에 넣으면 다음을 얻을 수 있다.

$$(O + t\vec{D}) \cdot N + d = 0$$

t에 대해 풀면 다음 결과를 얻을 수 있다.

$$O \cdot N + t\vec{D} \cdot N + d = 0$$
$$t\vec{D} \cdot N = -(O \cdot N + d)$$
$$t = \frac{-(O \cdot N + d)}{\vec{D} \cdot N}$$

공식에서 보다시피 만약 $\vec{D} \cdot N$이 0이라면 분수의 분모는 0이며 t에 대한 해는 없다. 이 경우는 광선 방향이 평면에 수평일 경우에 발생한다(즉, 평면의 노말에 수직이며 내적이 0이 되는 경우). 따라서 절대 교차하지 않는다.

그렇지 않은 경우에는 t의 실수값을 구할 수 있다. 다시 말해, t의 값을 알기만 하면 다시 광선 공식 $P = O + t\vec{D}$에 넣어 교차점을 구할 수 있다. T가 0보다 작다면, 광선이 뷰어의 **뒤**에 있는 평면을 교차한다는 것을 알 수 있다. 즉, 충돌이 실패했다고 간주한다. 이 교차 판정을 수행하는 코드는 [예제 12-38]이다.

```
float intersect_ray_plane(ray R,
                          vec4 P,
                          out vec3 hitpos,
                          out vec3 normal)
{
    vec3 O = R.origin;
    vec3 D = R.direction;
    vec3 N = P.xyz;
    float d = P.w;

    float denom = dot(N, D);

    if (denom == 0.0)
        return 0.0;

    float t = -(d + dot(O, N)) / denom;

    if (t < 0.0)
        return 0.0;

    hitpos = O + t * D;
    normal = N;

    return t;
}
```

구 뒤에 평면을 추가하면 [그림 12-38]의 왼쪽 이미지를 얻을 수 있다. 장면에 깊이감이 느껴지기는 하지만, 레이트레이서의 기능을 제대로 보여주지는 않는다. 몇 번의 바운스를 추가하면, 평면에 대한 구의 반사와 구에 대한 평면의 반사를 확인할 수 있다.

그림 12-38 레이트레이싱한 평면 추가

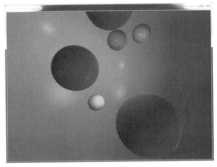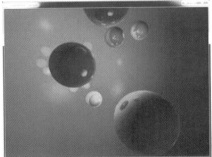

몇 개의 평면을 더 추가하면, 전체 장면을 박스로 감쌀 수 있다. 결과 이미지는 [그림 12-39]의 왼쪽 위에 있다. 광선의 바운스를 더 추가할수록 반사 효과가 점점 더 명확해진다. [그림 12-39]에서 바운스를 점차 추가한 이미지들을 왼쪽에서 오른쪽으로 위에서 아래로 확인할 수 있다. 각각 바운스 없는 이미지, 한 번의 바운스, 두 번의 바운스, 세 번의 바운스가 적용된 이미지다. 네 번의 바운스를 적용한 고해상도 이미지는 컬러 화보에 있다.

그림 12-39 박스 안에 레이트레이싱한 구(컬러 화보 참조)

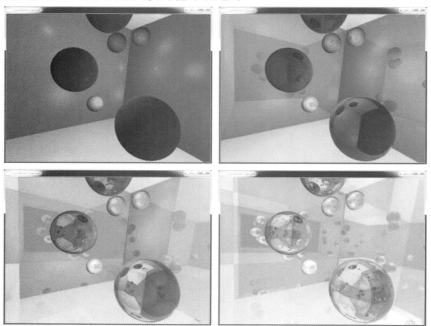

앞서 소개한 방식 및 raytracer 예제 애플리케이션에서 사용하는 레이트레이싱 구현은 매 객체에 대해 모든 광선을 교차시키는 **단순하고 직접적인**brute force 방식을 사용했다. 객체가 더 복잡하고 장면에 많은 객체가 있는 경우, **가속 구조체**를 사용해야 한다. 여기서 가속 구조체란 어떤 객체가 원점과 방향이 주어진 광선에 충돌하는지 빨리 확인할 수 있는 메모리상의 데이터 구조를 말한다. 이 예제에서 확인한 것처럼, 레이트레이싱은 프리미티브의 교차 알고리즘만 알면 사실 쉽게 구현할 수 있다. 레이트레이싱에서는 그림자, 반사, 굴절까지 모두 거저인 셈이다. 하지만 레이트레이싱은 전용 하드웨어 지원이 없다면 그리 비용이 싼 연산은 아니다. 쉐이더에서 많은 작업을 수행해야 한다. 몇 개의 구와 평면만이 아닌 훨씬 더 많은 장면을 실시간으로 레이트레이싱하려면 가속 구조체가 필수다. 현재 레이트레이싱 분야의 연구는 주로 효과적인 가속 구조체를 정의하고 생성하고 저장하고 탐색하는 데 초점이 맞추어져 있다.

12.4 마치며

이 장에서는 지금까지 배운 기본적인 내용들을 토대로 여러 가지 렌더링 기법을 구현해봤다. 첫째로, 라이팅 모델을 사용하여 객체의 음영을 처리하는 내용을 다뤘다. 퐁 라이팅 모델, 블린-퐁 모델, 림 라이팅에 대해서도 논의했다. 또한 노말 맵, 환경 맵 등 텍스처를 사용하여 라이팅 효과를 더 세밀하게 만드는 법을 다뤘다. 그림자를 처리하는 방법, 기본 환경 효과를 시뮬레이션하는 방법을 배웠다. 또한 비사실적 기법도 다뤘다.

마지막 절에서는 지오메트리를 렌더링하면서 렌더링하는 방식이 아닌 화면 공간에서 적용할 수 있는 기법들을 다뤘다. 디퍼드 쉐이딩을 통해 쉐이딩 계산을 지오메트리를 렌더링하는 첫 패스에서 하지 않도록 했다. 위치, 노말, 색상, 기타 서피스 속성들을 프레임버퍼 어태치먼트에 저장하여 매우 복잡한 쉐이딩 알고리즘을 효율적으로 처리할 수 있었다. 우선 이 기법을 표준 라이팅 기법을 보이는 픽셀에 대해서만 적용했다. 그리고 인접 픽셀 화면 공간 엠비언트 오클루전을 사용하여 인접 픽셀들의 정보를 활용하는 기법도 배웠다. 궁극적으로는 레이트레이싱 기법을 소개했으며, 전체 장면을 단일 삼각형만을 사용하여 렌더링하는 방식의 구현을 사용했다.

디버깅 및 성능 최적화

지금까지 OpenGL에 대해 많은 것을 배웠다. 그럼에도 어느 정도 복잡한 프로그램을 작성해보면, 한 번에 동작하지 않는 경험을 하게 될 것이다. 또한 동작이 되더라도 바라는 만큼 빠르게 작동하지 않을 수도 있다. 이 장에서는 두 개의 중요한 기술인 디버깅과 성능 조정을 살펴본다. 디버깅은 애플리케이션을 **정확하게** 실행되게 만드는 데 도움을 준다. 성능 조정은 애플리케이션을 좀 더 **빨리** 실행되게 하는 조력자다. 두 기술 모두 가능한 한 넓은 영역의 하드웨어에서 실행되어야만 하는 애플리케이션의 상용화 품질을 위해선 중요하다.

13.1 애플리케이션 디버깅

어떤 것을 렌더링하기 위해 새로운 멋진 알고리즘을 고안해낼 때 흔히 사용하는 시나리오(모든 텍스처와 버텍스, 프레임버퍼, 그리고 그 외 필요한 데이터를 설정한다. 그리기 명령을 호출한다. 그리고 어떤 것도 보지 못하거나 기대했던 것과 다른 것을 본다)가 있다. 이 절에서는 애플리케이션의 디버깅을 도와줄 수 있는 두 개의 매우 강력한 자산을 다룬다. 첫째는 OpenGL API의 사용에 대한 피드백과 에러 검증을 충분히 제공하는 OpenGL 모드인 **디버그 콘텍스트**다. 둘째는 애플리케이션 디버깅을 도와주는 무료로 사용 가능한 여러 가지 툴이다. 이런 툴에서 애플리케이션을 실행해보면 OpenGL 사용과 작동 방식에 관한 훌륭한 통찰력을 가질 수 있고, 심지어 어떤 툴은 애플리케이션을 좀 더 빨리 동작시키려면 어떻게 변경해야 하는지 조언도 해준다.

13.1.1 디버그 콘텍스트

OpenGL 콘텍스트를 생성할 때 여러 모드 중 하나를 선택할 수 있는 옵션이 있다. 그런 모드 중 하나가 **디버그 콘텍스트**다. 디버그 콘텍스트를 생성하면, OpenGL은 애플리케이션과 드라이버 그리고 최종 GPU에 이르는 보통의 통로 사이에 추가 레이어를 설치한다. 이 추가 레이어가 상용화 제품에 넣기에는 너무 비싼 그리고 성능 저하가 수반되는 엄밀한 에러 검증과 인자 분석, 에러 기록 등 수많은 기능을 수행한다. 디버그 콘텍스트를 생성하는 방법은 플랫폼에 특화되어 있으므로 14장에서 다루겠다. 지금은 sb6 애플리케이션 클래스로 디버그 콘텍스트를 생성할 수 있다. 디버그 콘텍스트를 명시하여 생성하려면 sb6::application::init() 함수를 재정의하고, [예제 13-1]에서 보이는 대로 application의 info 구조체에 debug 플래그를 설정한다.

예제 13-1 sb6 프레임워크에서 디버그 콘텍스트 생성하기

```
void my_application::init()
{
    sb6::application::init();

    info.flags.debug = 1;
}
```

디버그 빌드 시 sb6 기본 클래스는 자동으로 이 비트를 설정하고, 디버그 콘텍스트가 가능하다면 그것을 생성한다. 이때 따로 처리할 일은 없다. 애플리케이션의 배포 빌드에서 디버그 콘텍스트를 생성하려면(또는 디버그 빌드에서 강제로 디버그 콘텍스트가 아닌 다른 것으로 생성하려면) [예제 13-1]의 init() 함수를 재정의한다.

일단 디버그 콘텍스트를 생성하면, 잘못된 일이 발생했을 때 애플리케이션에 통지해주는 방법을 제공할 필요가 있다. 이를 위해 OpenGL은 함수 포인터를 사용해서 특정 콜백 함수를 처리한다. 콜백 함수 포인터형의 정의는 다음과 같다.

```
typedef void (APIENTRY * GLDEBUGPROC)(GLenum source,
                                      GLenum type,
                                      GLuint id,
                                      GLenum severity,
                                      GLsizei length,
                                      const GLchar* message,
                                      void* userParam);
```

위 함수는 OpenGL API 함수와 같은 호출 규약으로 정의한다. 이것이 컴파일되는 플랫폼별 코드가 정확히 동작되게 하기 위해 OpenGL 헤더 파일에서 정의한 APIENTRY 매크로의 목적이다. 디버그 콜백을 구현하기 위해 적합한 표식의 함수를 생성하고 **glDebugMessageCallback()**을 호출한

다. 프로토타입은 다음과 같다.

```
void glDebugMessageCallback(GLDEBUGPROC callback,
                            void * userParam);
```

여기서 callback 인자는 디버그 출력을 받을 콜백 함수의 포인터고, userParam 인자는 OpenGL에 의해 단순히 저장되어 콜백 함수의 userParam 인자로 되돌려 받는 용도다. 이 예제는 [예제 13-2]에서 볼 수 있다.

예제 13-2 디버그 콜백 함수 설정

```
static void APIENTRY simple_print_callback(GLenum source,
                                           GLenum type,
                                           GLuint id,
                                           GLenum severity,
                                           GLsizei length,
                                           const GLchar* message,
                                           void* userParam)
{
    printf("Debug message with source 0x%04X, type 0x%04X, "
           "id %u, severity 0x%0X,  '%s'\n",
           source, type, id, severity, message);
}

void initialize_debug_output()
{
    glDebugMessageCallback(&simple_print_callback, NULL);
}
```

일단 디버그 콜백 함수를 설정하면, OpenGL은 애플리케이션에 정보를 전달할 필요가 있을 때마다 그 함수를 호출한다. 콜백 함수 내부에서 어떤 OpenGL 함수도 호출하지 않게 주의해야 한다. 이것은 규칙에 위반될 뿐 아니라 OpenGL 코드가 에러를 발생할 수 있어(그렇게 되면 결국 다시 콜백 함수를 호출한다) 무한루프가 발생하고, 프로그램을 죽인다. [예제 13-2]의 간단한 예제에서는 C의 printf 함수로 몇 개의 인자에 대한 기본값과 함께 메시지를 출력했다. 다시 말하지만, 디버그 빌드에서 sb6 애플리케이션 프레임워크는 단순히 받은 메시지를 출력하는 기본 디버그 콜백 함수를 설치한다. 그렇지만 메시지를 좀 더 형식화하는 발전된 제어를 하거나 sb6 애플리케이션 프레임워크를 사용하지 않는다면, 목적에 맞는 콜백 함수의 인자를 사용할 수도 있다.

콜백 함수에서 source 인자는 메시지가 발생한 OpenGL의 부분을 지칭한다. 다음에 나오는 값 중하나가 된다.

- GL_DEBUG_SOURCE_API는 메시지가 OpenGL API 사용 중에 발생했음을 표시한다. 예를 들면 인자에 부적합한 값을 넣었을 때다. 이 메시지는 어떤 인자에 값이 부적합한 이유와 가능한 값의 범위가 무엇인지 말해준다.

- GL_DEBUG_SOURCE_SHADER_COMPILER는 보통 OpenGL이 컴파일 중에 발생한 경고와 에러 메시지를 애플리케이션에 전달하기 위해 사용한다. 대부분은 쉐이더와 프로그램 정보 로그에 저장되어 있는 정보와 동일하다.

- GL_DEBUG_SOURCE_WINDOW_SYSTEM은 문제가 윈도우 시스템 혹은 아마 운영체제와 어떤 상호 작용 중에 일어났음을 나타낸다.

- GL_DEBUG_SOURCE_THIRD_PARTY는 메시지가 툴이나 유틸리티 라이브러리, 또는 OpenGL 드라이버 외부의 다른 소스로부터 발생했음을 표시한다.

- GL_DEBUG_SOURCE_APPLICATION은 메시지가 **애플리케이션**에서 나온 것임을 표시한다. 바로 그렇다. 애플리케이션은 로그에 메시지를 삽입할 수 있고, 그 순간의 정보를 잡을 수 있다.

- GL_DEBUG_SOURCE_OTHER는 위에서 말한 것 중 어디에도 속하지 않은 분류의 메시지임을 표시한다.

type 인자는 메시지가 무엇을 위한 것인가에 관한 좀 더 자세한 정보를 제공한다. 다음 값 중 하나가 된다.

- GL_DEBUG_TYPE_ERROR는 에러가 발생했음을 의미한다. 예를 들어 소스가 OpenGL API라면 **glGetError( )**는 아마도 에러 코드를 리턴한다. 소스가 쉐이더 컴파일러라면 아마 쉐이더 중에 컴파일 실패한 것이 존재함을 의미한다.

- GL_DEBUG_TYPE_DEPRECATED_BEHAVIOR는 사용되지 않을 것이라고 표시된 기능(OpenGL의 미래 버전에서는 제거될 기능)을 사용하려 했다는 것을 나타낸다.

- GL_DEBUG_TYPE_UNDEFINED_BEHAVIOR는 애플리케이션이 시도했던 작업이 정의되지 않은 결과를 산출하게 되었음을 나타낸다. 만약 **특정** OpenGL 구현물에서 동작된다 할지라도 표준이 아니기 때문에 다른 컴퓨터에서는 실행 시 오류가 발생할 수 있다.

- GL_DEBUG_TYPE_PERFORMANCE 메시지는 OpenGL에서 하려고 하는 동작이 잘 수행되지 않을 수 있다는 경고를 주기 위해 생성된다. 이 메시지는 그 대신에 사용해볼 수 있는 방법에 관한 정보를 포함하기도 한다.

- GL_DEBUG_TYPE_PORTABILITY는 잘 정의된 방식으로 OpenGL을 사용하고 있지만, 사용하고 있는 구현물에서만 동작될 수 있음을 나타낸다. 다시 말해, 이식성이 없는 코드일 수 있음을 의미한다.

- GL_DEBUG_TYPE_MARKER는 툴이나 별도의 디버깅 지원에서 사용할 수 있게 OpenGL 명령 스트림에 이벤트를 삽입하기 위해 사용한다.

- GL_DEBUG_TYPE_PUSH_GROUP과 GL_DEBUG_TYPE_POP_GROUP 메시지는 이 절에서 나중에 설명하게 될 **glPushDebugGroup( )**과 **glPopDebugGroup( )** 함수를 사용할 때 생성된다.

- GL_DEBUG_TYPE_OTHER는 전술한 카테고리에 적합하지 않은 임의의 메시지를 위해 사용한다.

severity 인자는 GL_DEBUG_SEVERITY_LOW, GL_DEBUG_SEVERITY_MEDIUM, 또는 GL_DEBUG_SEVERITY_HIGH값 중 하나를 설정하여 각각 낮은, 중간, 높은 심각성을 나타내는 메시지임을 표시한다. 메시지가 정보 목적이거나 어떠한 함축된 부정의 의미를 가지지 않는다면 GL_DEBUG_SEVERITY_NOTIFICATION도 사용할 수 있다.

메시지는 source, type, severity 속성과 더불어, 콜백 함수에서 id 인자로 전달되는 유일 식별자를 가진다. 그것의 실제값은 구현물에서 정의되지만, 특정한 메시지를 참조하기 위해 사용할 때도 있다. 디버그 콜백 함수의 다른 인자로는 메시지 문자열의 길이(length 인자), 문자열 자체의 포인터(message 인자), 그리고 **glDebugMessageCallback( )**에 넣을 userParam이 있다. 원하는 방식으로 이 인자들을 사용하면 된다. 예를 들어 클래스의 인스턴스, 파일 핸들, 혹은 포인터로 나타낼 수 있는 임의 형태의 객체에 포인터를 넣을 수 있다.

glDebugMessageControl( ) 함수를 호출하여 받고자 하는 메시지의 형태를 OpenGL에 전달할 수 있다. 프로토타입은 다음과 같다.

```
void glDebugMessageControl(GLenum source,
                           GLenum type,
                           GLenum severity,
                           GLsizei count,
                           const GLuint * ids,
                           GLboolean enabled);
```

source, type, severity 인자가 합쳐져서 함수가 영향을 받는 디버깅 메시지의 그룹을 선택하는 필터로 사용된다. 각 인자는 전술한 디버그 메시지 콜백 함수에서 넣었던 것과 동일한 이름을 가진, 각 인자에 해당하는 값들 중 하나의 값을 가진다. 게다가 이 인자의 임의 조합을 GL_DONT_CARE로 설정할 수 있다. 인자 중 하나가 GL_DONT_CARE라면, 효율적인 필터링을 위해 해당하는 인자를 무시한다. 반대로 source, type, 혹은 severity 필터 인자에 값이 있다면 해당하는 메시지만 거른다. 나아가, ids 인자가 NULL이 아니라면 count 메시지 식별자의 배열에 대한 포인터로 취급한다. 이 리스트에 있는 식별자를 가진 메시지만 필터에서 걸러지는 부분으로 간주한다.

필터를 형성했다면, 메시지의 출력 결과 그룹은 enabled 인자가 GL_TRUE라면 활성화되고, GL_FALSE라면 비활성화된다. **glDebugMessageControl( )** 호출로, 쉽게 특정 형식의 메시지 출력을 막거나 처리되게 할 수 있다. 예를 들어 높은 심각성을 가진 메시지는 모두 출력하는 동시에 쉐이더에서 나온 어떤 형태의 메시지도 출력하지 않으려면 아래와 같이 호출할 수 있다.

```
// 높은 심각성을 가진 모든 메시지 활성화
glDebugMessageControl(GL_DONT_CARE,            // Source
                      GL_DONT_CARE,            // Type
                      GL_DEBUG_SEVERITY_HIGH,  // Severity
                      0, NULL,                 // Count, ids
                      GL_TRUE);                // Enable

// 쉐이더 컴파일로부터의 메시지는 비활성화
glDebugMessageControl(GL_DEBUG_SOURCE_SHADER_COMPILER,
                      GL_DONT_CARE,
                      GL_DONT_CARE,
                      0, NULL,
                      GL_FALSE);
```

OpenGL 구현에서 나오게 되는 디버그 메시지 외에도, 고유의 메시지를 디버그 출력 스트림에 삽입할 수 있다. 이것을 실행할 때 디버그 콜백 함수를 호출하게 되며, 일반 디버그 메시지를 구현하는 것과 같은 로그 방식대로 이 메시지를 출력한다. 고유의 메시지를 디버그 출력 로그에 넣기 위해서는 다음과 같이 호출한다.

```
void glDebugMessageInsert(GLenum source,
                          GLenum type,
                          GLuint id,
                          GLenum severity,
                          GLsizei length,
                          const char * message);
```

반복되는 source, type, id, severity 인자는 디버그 콜백 함수에서와 같은 의미를 가진다. 사실 이 인자에 GL_DEBUG_SOURCE_SHADER_COMPILER 같은 값을 source로 넣을 수도 있지만, 애플리케이션 사용에선 GL_DEBUG_SOURCE_APPLICATION이, 툴과 유틸리티 라이브러리를 위해선 GL_DEBUG_SOURCE_THIRD_PARTY가 준비되어 있다. OpenGL은 source에 해당하는 메시지는 생성하지 않는다. 대부분의 디버그 메시지는 잘못된 동작을 경고하는 의도를 가지므로, GL_DEBUG_TYPE_MARKER는 정보용 메시지를 위해 예약된다. 툴에서 이 메시지 스트림을 가로채어 특별히 취급하기도 한다. length 인자는 message가 가리키는 문자열의 길이다. length가 0이면 message는 null 종료된 문자열로 간주된다.

디버그 그룹이라 불리는 계층구조 집합으로 메시지를 묶어서 그룹화할 수 있다. 디버그 출력을 담는 툴에서, 예를 들면 메시지 그룹을 들여쓰기하거나, 로그 뷰어에서 다른 색상으로 구분할 수도 있다. OpenGL이 시작될 때는 기본 그룹을 사용한다. 더욱이 그룹을 생성하여 디버그 그룹 스택에 넣기도 한다. 이것을 위해서는 다음과 같이 호출한다.

```
void glPushDebugGroup(GLenum source,
                      GLuint id,
                      GLsizei length,
                      const char * message);
```

이것을 실행하면 현재의 디버그 상태의 복사본을 디버그 스택의 최상위 위치에 만들어 넣는다. 그와 동시에 디버그 메시지를 생성하여 콜백 함수로 보낸다. 이때 형식은 GL_DEBUG_TYPE_PUSH_GROUP으로, 심각도는 GL_DEBUG_SEVERITY_NOTIFICATION로 설정된다. source와 id 인자는 각각 지정한 발생지와 구분자를 가진다. **glDebugMessageInsert()**와 같이, message와 length 인자에는 메시지 문자열의 주소와 그 길이를 각각 지정한다. length가 0이라면 message 인자는 null 종료 문자열을 가리키는 것으로 간주한다.

디버그 그룹에서 빠져나오려면 다음을 호출한다.

```
void glPopDebugGroup(void);
```

glPopDebugGroup()은 또 다른 디버그 메시지를 만든다. 이때 type 인자로는 GL_DEBUG_TYPE_POP_GROUP이 설정되나, 다른 모든 인자는 그룹이 스택에 넣어졌을 때에 해당하는 메시지의 인자와 동일하게 설정된다.

OpenGL이 디버그 메시지를 만들 때 텍스처, 버퍼, 프레임버퍼 등의 객체를 보통 번호(OpenGL 함수에 넣었던 name)로 참조한다. 만약 특정 텍스처 사용에 대한 로그를 보기 위해 수백 라인을 살펴봐야 한다면 이것은 다소 혼동을 줄 수 있다. 이런 작업을 보다 쉽게 하기 위해 **glObjectLabel()** 또는 **glObjectPtrLabel()**을 호출하여 사람이 쉽게 인지할 수 있는 이름을 객체에 할당할 수 있다. 프로토타입은 다음과 같다.

```
void glObjectLabel(GLenum identifier,
                   GLuint name,
                   GLsizei length,
                   const char * label);

void glObjectPtrLabel(void * ptr,
                      GLsizei length,
                      const char * label);
```

glObjectLabel() 호출 시 identifier 인자에 name(객체의 이름)으로 참조되는 객체의 형을 넣어야 한다. identifier는 다음 중 하나가 된다.

- name이 버퍼 객체의 이름일 때는 GL_BUFFER
- name이 프레임버퍼 객체의 이름일 때는 GL_FRAMEBUFFER
- name이 프로그램 파이프라인 객체의 이름일 때는 GL_PROGRAM_PIPELINE

- name이 프로그램 객체의 이름일 때는 GL_PROGRAM

- name이 질의 객체의 이름일 때는 GL_QUERY

- name이 렌더버퍼 객체의 이름일 때는 GL_RENDERBUFFER

- name이 샘플러 객체의 이름일 때는 GL_SAMPLER

- name이 쉐이더 객체의 이름일 때는 GL_SHADER

- name이 텍스처 객체의 이름일 때는 GL_TEXTURE

- name이 변환 피드백의 이름일 때는 GL_TRANSFORM_FEEDBACK

- name이 버텍스 배열 객체의 이름일 때는 GL_VERTEX_ARRAY

glObjectPtrLabel( )에선 객체를 포인터형으로 나타낸다. 이 함수는 OpenGL 내에 포인터 형식을 가진 객체에서 사용된다. 이런 객체는 현재 동기화 객체뿐이다.

두 함수 모두에서 label과 length 인자는 객체의 이름과 이름의 길이를 각각 표시한다. 다시 말하지만, length가 0이라면 label은 null 종료 문자열의 포인터로 간주된다. 객체의 이름이 제공되면 OpenGL은 디버그 메시지에 원래 번호 대신 문자 이름을 사용한다. 예를 들어 텍스처 객체의 디버그 객체 표식으로 로드했던 파일의 이름을 설정할 수 있다.

13.2 성능 최적화

애플리케이션이 올바르게 동작하면 성능 최적화와 조정을 하고 싶을 것이다. 애플리케이션의 성능 향상을 위해서는 다음 두 가지를 행한다.

- 잠재적 사용자의 폭을 넓히기 위해 애플리케이션이 실행될 컴퓨터의 최소사양을 낮춘다.

- 더 많은 특수 효과를 적용하거나, 더 많은 기하 처리, 또는 보다 복잡한 쉐이더를 실행하기 위해 주어진 프레임 내에서 더 많은 시간을 할애한다.

이 절에서는 애플리케이션이 시간을 어디에 사용하는지 측정하고, 원하는 대로 컴퓨팅 리소스의 활용도를 증가시킬 수 있는 곳이 어느 영역인지 강조해주는 성능 분석 툴을 다룬다. 그 다음에는 애플리케이션이 잘 동작하는지 확인하는 몇 가지 척도에 대해 살펴본다.

13.2.1 성능 분석 툴

이 절에서는 어떠한 유료 툴과도 관련이 없는 무료로 사용 가능한 몇 가지 성능 분석 툴에 대해 다룬다. 다시 말하면, 지금 즉시 다운로드 받아 설치해볼 수 있다! 첫 번째 툴은 마이크로소프트에서 제공하는 Windows Performance Toolkit의 부분인 GPUView다. 두 번째는 AMD의 GPU PerfStudio 2다. 이 두 툴은 해당 제조업체 웹사이트에서 다운로드 받을 수 있다.

Windows Performance Toolkit과 GPUView

마이크로소프트의 Windows Performance Toolkit(WPT)은 Windows 운영체제의 다양한 부분의 성능 측정을 위해 적합한 툴이다. CPU 사용과 이벤트, 메모리와 디스크 접근, 네트워크 작업 외에도 다양한 측면에서 측정을 할 수 있다. 여기서 가장 관심이 있는 부분은 GPU 작업이다.

최신의 그래픽 프로세서는 애플리케이션(혹은 이 책에선 OpenGL 드라이버)으로부터 그래픽 카드로 보내지는 압축된 형태의 바이트 코드로 된 명령의 나열인 **명령 버퍼**를 처리하면서 동작한다. 그래픽 카드로 명령 버퍼를 보내는 것은 대개 명령 제출^{submission}이라고 알려져 있다. GPU가 명령 버퍼를 받아서 내용을 해석하고, 포함된 지시를 수행한다. 명령 버퍼는 하나 혹은 그 이상의 큐에 저장된다. 드라이버가 실행을 위해 명령 버퍼를 처음 제출했을 때, 운영체제(혹은 어떤 컴포넌트)가 그 큐를 관리하여 하드웨어로 보내기 전까지 대기하는 순환고리 형태의 명령 버퍼를 유지한다. 이 **큐를 소프트웨어 큐** 혹은 **CPU 큐**라고 한다. 하드웨어가 새 명령 버퍼를 실행할 준비가 되면, 그래픽 드라이버의 저수준 컴포넌트는 GPU가 큐에서 가장 앞에 있는 명령 버퍼를 취할 수 있게 신호를 보낸다. GPU는 보통 하나 이상의 실행 준비가 된 명령 버퍼를 순서대로 취하는 동시에, 그 전에 큐에서 얻은 버퍼 명령을 수행할 수 있다. 하드웨어로 이미 보내졌으나 실행 대기 중인 명령 버퍼는 **하드웨어 큐**에 유지된다.

GPUView는 하드웨어와 소프트웨어 큐의 활동과 명령 버퍼 제출을 시각화하기 위해 설계된, WPT에 포함된 툴이다. 이는 애플리케이션이 만들어서(OpenGL 드라이버를 통해) 운영체제 큐에 제공하는 모든 명령 제출을 검사하여, 어떤 형태의 명령 제출이 만들어졌는지, 어떻게 실행 흐름이 구성되어 하드웨어로 보내지고 실행되는지 보여준다. 소프트웨어 큐로 보내진 각 명령 버퍼

가 하드웨어로 보내지기 전에 얼마나 대기하는지, 하드웨어 큐에서 얼마나 오래 존재하는지, 실행 시 소비되는 시간이 어느 정도인지 살펴볼 수 있다. 설명이 곁들여진 GPUView 실행 스크린샷이 [그림 13-1]에 나와 있다.

그림 13-1 실행 중인 GPUView

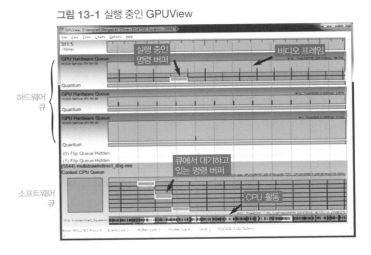

[그림 13-1]에서 분석 중인 애플리케이션은 [그림 7-9]의 스크린샷에서 볼 수 있는 소행성에 대한 예제다. 이 특별한 예제는 가능한 모든 GPU 시간을 거의 사용한다. 이 화면을 찍기 위해 사용한 시스템에는 여섯 개의 CPU 코어가 있는 AMD Phenom X6 1050T와 두 개의 화면이 연결된 NVIDIA GeForce GTX 560 SE 그래픽 카드가 장착되어 있다. 애플리케이션은 한쪽 화면에서 풀스크린으로 실행되고 있고, 다른 쪽 화면에서 개발 툴을 사용한다. 최상위 하드웨어 큐는 시험 실행 중인 애플리케이션에서 실행된다. 두 번째 큐로 제공된 작은 명령은 두 번째 화면에서 수행되는 Windows의 데스크톱 윈도우 매니저^{Desktop Window Manager}(DWM)의 구성 명령이다. 검사 추적 화면에서 보이는 수직선은 화면과 연관된 수직 갱신 이벤트다. 이 애플리케이션에서 수직 갱신 동기화(vsync로 알려진)는 하지 않는다. 이제 [그림 13-2]를 살펴보자.

그림 13-2 GPUView에서 보여지는 수직 동기화

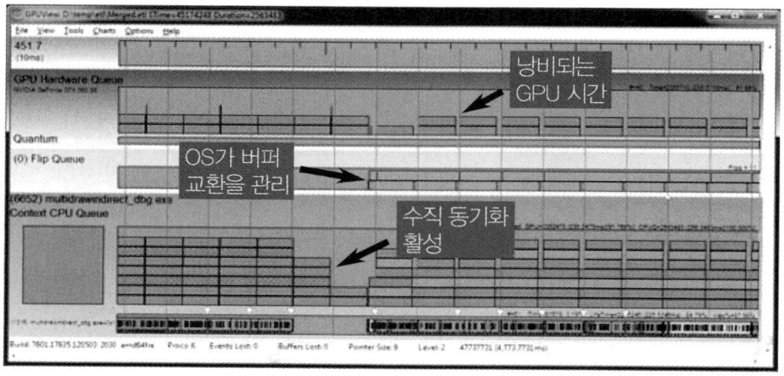

[그림 13-2]는 수직 갱신 동기화(vsync)를 끈 상태(기본 설정)인 풀스크린 모드로 애플리케이션을 시작한 상황이다. 실행 중에는 수직 갱신 동기화를 켰다. GPUView의 그림에서 이 점을 명확히 볼 수 있다. 수직 갱신 동기화가 이루어질 때, 소프트웨어 큐와 하드웨어 큐는 비워지고, 운영체제에서는 렌더링된 프레임을 보여주는 작업이 발생한다. 수직 갱신 동기화가 꺼질 때는 OpenGL이 그래픽 하드웨어에 렌더링이 끝났으니 사용자에게 가능한 결과를 보여주라고 요청한다. 수직 갱신 동기화가 켜질 때는 사용자에게 프레임을 보이기 전에 운영체제가 그래픽 하드웨어를 잠시 대기시켰다가 수직 갱신 이벤트까지 기다리게 한다. 이 상황이 되면 GPU가 각 프레임 사이에 잠시 동안 휴면 상태가 되고, 툴에서 보이는 하드웨어 큐의 간격으로 나타난다. 이것은 사실 낭비되는 시간이다. 여기서는 애플리케이션이 화면 처리에 너무 많은 부담을 가지지 않도록 하기 위해(그리고 툴에서 이것이 어떻게 보이는지 확인하기 위해) 낭비되는 시간을 고의로 가지게 했다. 그렇지만 유의할 점은 GPU가 기다려야만 하는 상황을 만들면 결국 GPU 시간을 낭비한다는 것이다.

WPT를 설치하면 program 디렉터리에 GPUView 툴이 들어 있는 `gpuview` 폴더가 있다. 같은 디렉터리에 들어 있는 이벤트 추적 로그인 ETL 파일 `log.cmd`는 이벤트에 관한 시작부터 종료까지의 기록이 남겨진 스크립트다. 이것은 GPUView 툴에서 해석되는 원시 데이터다. ETL 파일은 엄

청나게 커질 수 있다. 기록을 시작하기 위해서는 관리자 권한으로 명령 프롬프트에서 log.cmd를 실행하고, 멈추려면 다시 log.cmd 명령을 실행한다. 간단한 애플리케이션을 수분 동안 실행한다고 하더라도 기가바이트 정도의 데이터가 생성될 수 있다. 그래서 기록 시간을 짧고 효율성 있게 정해야 한다. 실행되고 있는(특히 그래픽 출력이 있는) 다른 애플리케이션의 수를 최소화시키고, Aero 사용자 인터페이스의 비활성화(DWM 구성 기능을 끄는 것) 또한 권장사항이다. 더불어 애플리케이션에서 렌더링을 하지 않기 위해 멈춤 기능을 지원할 수도 있다. 그러면 애플리케이션을 멈추고, 로그 기록을 시작하고, 애플리케이션이 잠시 동안 실행되게 한 후, 다시 멈추고, 로그 기록도 정지시킨다. 로그가 활성화될 때 수많은 ETL 파일이 로그가 시작된 디렉터리에 작성된다. 몇 가지 주요 Windows 서브시스템별로 각 파일이 생성되고, 로그가 종료되면 Merged.etl이라 불리는 하나의 파일로 전부 합쳐진다. 그 파일을 GPUView에서 로딩한다.

흔히 제공되는 명령 버퍼(CPU 큐의 **기본 큐 패킷** 그리고 하드웨어로 전해진 **기본 DMA 패킷**으로서 GPUView에서 참조됨)와 더불어, 그래픽 파이프라인으로 삽입되는 수많은 이벤트를 툴에서 확인할 수 있다. 예를 들어 **present 패킷**은 운영체제에 렌더링 결과를 화면에 표시하라고 하는 이벤트(`SwapBuffers()` 명령에 의해 트리거됨)로, GPUView에서 십자교차선 패턴으로 표시된다. 패킷을 클릭하면 [그림 13-3]과 유사한 대화상자를 보여준다.

그림 13-3 GPUView에서 볼 수 있는 패킷 대화상자

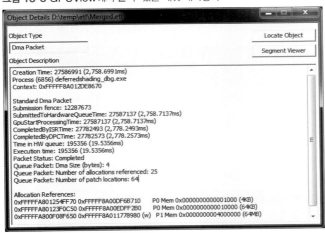

[그림 13-3]의 대화상자에는 많은 유용한 정보가 나와 있다. 먼저 몇 개의 타임스탬프를 살펴보자. 첫 번째는 명령 버퍼를 할당한 시각인 패킷 생성 시각이다(OpenGL이 처음 그곳에 명령을 채워 넣은 때다). 다음에는 하드웨어에서 처리될 패킷이 보내진 시각인 `SubmittedToHardwareQueueTime`이 있다. 그 후 `GpuStartProcessingTime`에서 하드웨어가 패킷을 받는다. GPU가 패킷을 처리하면 Interrupt Service Routine(ISR)에서 다루어지는 인터럽트가 발생한다. ISR에서 인터럽트가 다루어지는 시각은 `CompletedByISRTime`이다. 다음은 그래픽 서브시스템이 Deferred

Procedure Call(DPC)에서 패킷을 처리하고, 이 처리가 완료되는 시각이 CompletedByDPCTime 이다. 명령 버퍼가 하드웨어로 보내지는 시각(SubmittedToHardwareQueueTime)으로부터 명령 버퍼가 완전히 처리되어 ISR에 신호를 보내는 시각까지 경과된 총 시간은 HW 큐 안에 Time으로 전해진다. 사실 이 시간은 GPU가 명령을 실행하는 데 걸린 총 시간이고, 주어진 프레임 내에서 이 패킷의 총 수는 애플리케이션의 프레임 수에 의해 한계가 정해진다.

GPUView는 애플리케이션이 그래픽 프로세서를 어떻게 활용하는지에 관해 여기서 언급된 것보다 좀 더 많은 정보를 제공한다. 애플리케이션이 점점 더 복잡해질수록 GPUView 같은 툴에서만 제공하는 기능을 활용해야 처리 과정을 볼 수 있는 부분이 발생한다. 성능을 조절하려는 목적에는 양면이 있다.

- GPU가 가능한 한 효율성 있게 처리할 수 있는 작업량만큼 지연되지 않고 수행되고 있는지 확인해야 한다.
- 마지막 장면을 표현하기까지 GPU가 필요 이상으로 하지 않는 일이 존재하는지 확인해야 한다.

이 장의 나머지 부분에서는 애플리케이션을 분석하고, 성능 조정에 대한 조언과 그 효과를 보여주는 데 GPUView를 사용한다.

GPU PerfStudio 2

GPU PerfStudio 2는 OpenGL이나 다른 그래픽 API로 작성된 그래픽 애플리케이션을 분석하기 위해 설계된 AMD에서 제공하는 무료 툴이다. GPU PerfStudio 2는 세 개의 주요 동작 모드를 지원한다. API 추적 툴, 프레임 디버거, 그리고 프레임 프로파일러다. 프레임 프로파일러는 AMD 하드웨어에서만 사용할 수 있지만, API 추적 툴과 프레임 디버거는 다른 협력업체의 하드웨어에서도 잘 작동한다. [그림 13-4]는 8장에서 변위 예제를 실행한 결과를 GPU PerfStudio의 API 추적 툴로 본 스크린샷이다.

그림 13-4 변위 매핑 예제를 실행한 GPU PerfStudio 2

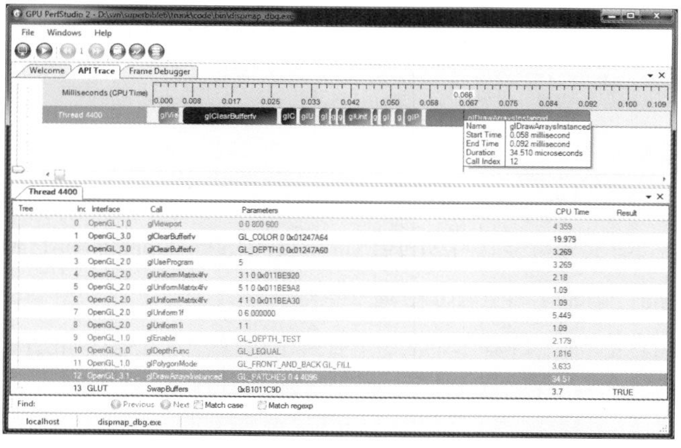

그림에서 볼 수 있듯이, GPU PerfStudio는 애플리케이션에서 실행하는 모든 OpenGL 관련 호출을 잡아내고, 그 호출이 만들어진 애플리케이션의 시각표를 만들어낸다. 각 OpenGL 명령과 함께, 호출을 실행하는 데 소요되는 CPU 시간을 시각표와 함수 호출 리스트 양쪽에서 보여준다. 함수 호출 리스트는 각 명령으로 보내지는 인자의 로그도 기록한다. GPU PerfStudio 2의 프레임 디버거 윈도우는 [그림 13-5]에서 볼 수 있다.

그림 13-5 GPU PerfStudio 2 프레임 디버거

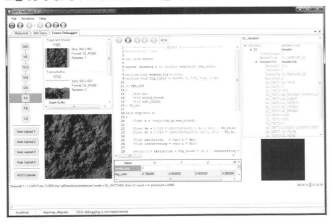

GPU PerfStudio 2 프레임 디버거에서는 [그림 13-5]와 같이 버텍스 배열 객체(VAO), 버텍스 쉐이더(VS), 테셀레이션 컨트롤과 이벨류에이션 쉐이더(TCS와 TES), 프래그먼트 쉐이더(FS), 그리고 프레임버퍼(FB)로 OpenGL 파이프라인을 볼 수 있다. 이 특별한 그리기 명령에서는 지오메트리 쉐이더 또는 컴퓨트 쉐이더(GS 또는 CS) 스테이지를 사용하지 않고 있기도 하다. 프래그먼트 쉐이더 스테이지를 선택하고 메인 윈도우를 보면, 렌더링되는 텍스처와 현재의 프래그먼트 쉐이더 코드가 함께 나타난다.

마지막으로 그리기 명령의 시간, 처리되는 리소스, 그리고 쉐이더에 사용되는 코드에 관한 정보를 보여주는 기능에 더해서, GPU PerfStudio는 **애플리케이션**의 데이터를 추가로 보여줄 수 있는 기능도 있다. 프레임 디버거의 HUD 제어 버튼을 클릭하면 [그림 13-6]과 같은 윈도우를 볼 수 있다.

그림 13-6 GPU PerfStudio 2 HUD 제어 윈도우

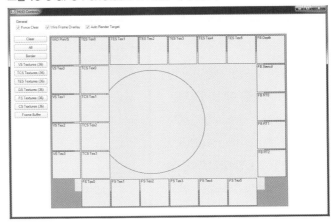

[그림 13-6]에서 보인 HUD 제어 윈도우를 사용하면, 애플리케이션이 실행을 잠시 멈추게 될 때마다 애플리케이션 화면 내에 있는 특정 텍스처를 선택할 수 있다. 8장의 풍경 예제와 사용 중인 텍스처에 대한 스크린샷이 [그림 13-7]에 나와 있다. 그림의 왼쪽 위에는 테셀레이션 평가 쉐이더에서 사용되는 하이트 맵이 있다. 스크린샷의 오른쪽 위에서는 깊이 버퍼(여기서는 1.0으로 초기화되어 있어 전부 흰색이다)와 프레임버퍼의 내용을 볼 수 있다. 왼쪽 아래에는 땅의 명암을 표시하기 위해 프래그먼트 쉐이더에서 사용한 텍스처가 있다.

그림 13-7 GPU PerfStudio 2의 오버레이 정보

AMD 하드웨어와 연결할 수 있다면, GPU PerfStudio 2는 애플리케이션에서 그리기 명령의 영향을 측정하기 위한 OpenGL로부터의 수많은 하드웨어 **성능 계수기**를 읽어낼 수 있다. 여기에는 처리되고 있는 기초 요소 등의 측정치, 읽어낸 텍스처 데이터의 양, 프레임버퍼에 쓰여진 정보의 양 등이 포함된다. 이 기능을 Frame Profiler라고 하고, 이 모드로 실행된 GPU PerfStudio의 스크린샷은 [그림 13-8]에 있다.

이 모드는 보통 사용 가능하지 않으므로, 이 기능을 더 살펴보려는 AMD 사용자는 스스로 연습해보기 바란다. GPU PerfStudio 2에는 훌륭한 도움말이 있으며, 온라인에서도 더 많은 도움을 얻을 수 있다.

그림 13-8 AMD 성능 계수기를 보여주는 GPU PerfStudio 2

13.2.2 애플리케이션 속도 향상을 위한 조정

이 절에서는 애플리케이션이 보다 효율성 있게 동작하고, OpenGL 드라이버가 해야 할 일의 양을 최소화하며, GPU에서 처리할 수 있는 일의 양을 최대화하기 위한 작업에 대해 논한다.

OpenGL에서 얻는 데이터 혹은 상태 읽기

보통은 OpenGL로부터 데이터를 되돌려받거나 상태를 읽는 것은 바람직하지 않다. 한 가지 충고를 하자면 OpenGL 파이프라인을 교착상태로 만드는 어떤 작업도 하면 안 된다. 이런 작업에는 `glReadPixels()`로 프레임버퍼를 읽는 일, 오클루전에 대한 질의 결과 읽기,[1] 변환 피드백 질의, 렌더링 결과에 의존하는 어떤 객체, 끝나지 않을 듯한 작업을 기다리는 처리가 포함된다. 특히 `glFinish()` 호출을 필요로 하는 일을 해서는 안 된다.

게다가 명확해 보이지 않아 피해야 하는 처리도 있다. 예를 들어 `glGetError()`, `glGetIntegerv()`, `glGetUniformLocation()` 같은 함수는 GPU 작업을 교착시키지는 않지만, 멀티 스레드 드라이버를 자주 지연시킬 수 있어 애플리케이션 성능 저하를 발생시킬 수 있다. 이름에 'Get' 또는 'Is'가 들어 있는 함수는 사용을 자제하는 것이 최선이다. 또한 애플리케이션이 작업을 하는 동안 빈번하게 객체의 할당과 해제를 하지 않는 것이 상식인 것처럼, 다양한 'Gen' 함수를 통해 이름을 생성하는 일은 피해야 한다.

OpenGL로부터 클라이언트 메모리로 데이터를 읽을 때, 교착상태 없이 할 수 있는 방법이 있다. 대부분은 데이터를 읽기 전에 필요한 정보 수집이 거의 확실히 끝날 때까지 애플리케이션 뒤로 GPU 시간을 충분히 지연시킨다.

첫 번째 주제는 `glReadPixels()`를 사용하여 프레임버퍼로부터 데이터를 읽는 방법이다. 다른 목적을 위해 OpenGL에서 처리된 데이터를 사용하기 위한 의도라면 GL_PIXEL_PACK_BUFFER로 정한 버퍼에 단순히 연결시킨 후, 그곳에 픽셀 데이터를 읽게 한 후, 사용하고자 하는 어느 곳이든 이 버퍼를 다시 연결해서 사용한 다음에 렌더링을 계속하게 한다. 픽셀 데이터가 그래픽 카드의 메모리에서 벗어나야 한다거나, CPU가 그것을 봐야 할 이유는 없다. 그렇지만 애플리케이션에서 그 데이터가 정말 꼭 필요하다면, 그것을 할 수 있는 방법은 여러 가지다.

먼저 OpenGL이 `glReadPixels()`를 데이터를 넣을 수 있는 애플리케이션의 메모리 영역 주소를 인자로 하여 호출하는 것이 가장 간단한 방법이다. 이 방식은 거의 OpenGL 파이프라인에서 부풀려진 헛동작을 발생시킨다. 그 효과가 [그림 13-9]에 나와 있다.

---

1 11.1.1절의 'OpenGL을 사용해서 판단하기'에서 언급한대로, 오클루전 질의 결과를 읽지 않기 위해 조건부 렌더링을 사용할 수 있다.

그림 13-9 glReadPixels()로 시스템 메모리에 데이터 전달 시 발생하는 효과를 보여주는 GPUView

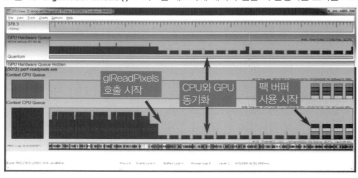

[그림 13-9]에서, 애플리케이션에 **glReadPixels()** 호출이 없는, 그림의 왼쪽에서 보이는 시작 부분에선 GPU가 잘 동작하고 있으며, 교착상태도 보이지 않고, 항상 렌더링을 하기 위한 큐 처리가 최소 한 프레임에 한 번은 발생한다. **glReadPixels()** 호출이 일어나자마자 CPU와 GPU는 동기화 작업을 시작하고, GPU에서는 해야 할 일을 기다리면서 실행 큐에 커다란 간격을 만들어내는 것을 확인할 수 있다. 물론 [그림 13-9]의 끝부분에서 결과로 보여지는 동작으로, 데이터를 픽셀 팩 버퍼에서 얻어올 수 있게 GL_PIXEL_PACK_BUFFER를 **glReadPixels()** 호출 전에 연결시킬 수 있다. 비록 상당한 동작의 개선이 된 듯하지만, 큐 내부에선 여전히 원치 않는 간격이 발생한다.

여기서는 여전히 **glReadPixels()**를 호출하지만, GL_PIXEL_PACK_BUFFER용으로 엮어진 버퍼와 연동되고 있다. 이런 방식은 GPU가 렌더링을 끝마친 후 결과 데이터를 버퍼 객체에 복사하게 하므로 중단 동작이 발생하지 않는다. 하지만 **데이터를** 애플리케이션으로 **되돌려 전달**할 때 **glMapBufferRange()**를 호출하게 되고, 이것은 곧 OpenGL이 프레임버퍼의 데이터를 버퍼 객체로 복사할 때까지 기다린 후에야 애플리케이션이 다음 동작을 진행할 수 있다는 의미다. 더욱 안 좋은 상황이다! GPU를 교착상태에 빠뜨릴 뿐 아니라, 각 교착상태 사이에는 실제 **더 많은** 일이 행해진다. 이제 [그림 13-10]을 보자.

그림 13-10 glReadPixels()로 버퍼에 데이터 전달 시 효과를 보여주는 GPUView

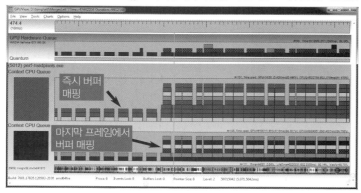

이 새로운 검증에서는 흥미로운 진행을 보여준다. 처음엔 버퍼 객체에 데이터를 얻기 위해 다시 **glReadPixels()**를 호출하고, 즉시 데이터를 애플리케이션으로 넘기기 위해 매핑한다. 이렇게 하면 교착상태의 원인이 되고 GPU를 효율성 없이 사용한다. 하지만 [그림 13-10]의 부분에서 보이듯이, 뒤에선 프레임버퍼로부터 버퍼 객체로의 데이터 전달을 **glReadPixels()**로 여전히 호출하는 반면, **이전 프레임**의 버퍼를 매핑하는 전략으로 변경하였다. 복수의 버퍼 객체를 생성하고, 최소한 프레임 시간 내에는 쓰이지 않는 버퍼에만 매핑하기 때문에, GPU가 따라오는 데 필요한 시간을 확보해줄 수 있다. 진행해나갈 상당량의 작업이 여전히 있다 해도, GPU는 완전히 활용할 수 있는 상태로 있게 되고, 애플리케이션의 성능엔 큰 영향을 주지 않는다.

효율성 있는 버퍼 매핑

glBufferData() 호출을 통해 할당된 데이터 스토어를 가진 버퍼 객체가 있다면, **glMapBuffer()** 호출로 애플리케이션의 메모리로 전체 버퍼를 매핑할 수 있다. 그렇지만 이 함수를 사용하려면 몇 가지 주의사항이 있다. 우선 버퍼의 일부분만 수정하기 원한다면, 버퍼의 나머지 부분에는 영향이 없게 해야 한다는 것이다. 즉, OpenGL이 그 데이터를 유지하게 해야 한다. 두 번째로 버퍼 자체가 엄청 커지면 버퍼를 나타낼 연속된 하나의 메모리 영역에 대한 포인터를 제공해 줄 수 없어 OpenGL에서 실패 처리가 되는 상황이 발생한다는 것이다. 마지막으로 버퍼에 쓰기 처리를 할 때, OpenGL이 포인터를 넘겨주기 전에 GPU에서 읽기 처리가 완료될 때까지 대기해야 하거나, 혹은 GPU에서 사용하지 않는 복사본 중 하나에 대한 포인터를 줄 수 있도록 복수 개의 복사 데이터를 유지시켜야 한다는 것도 유념해야 한다.

위에서 언급한 문제를 적절히 다루기 위해서는 애플리케이션으로 버퍼의 **일부분**만 매핑할 수 있게 해주는 **glMapBufferRange()** 함수를 사용하여 데이터 매핑을 제어할 수 있는 좀 더 많은 플래그를 제공함으로써 OpenGL 파이프라인의 나머지 영역과 동기화 수행을 처리하게 할 수 있다. **glMapBufferRange()**의 프로토타입은 다음과 같다.

```
void *glMapBufferRange(GLenum target,
                       GLintptr offset,
                       GLsizeiptr length,
                       GLbitfield access);
```

target 인자는 **glMapBuffer()**와 **glBindBuffer()** 같은 다른 버퍼 함수에서와 같이, 매핑하려 하는 버퍼와 연동될 목표 버퍼다. offset과 length 인자는 매핑하는 버퍼 영역을 지정한다. 단위는 바이트고, offset값 0의 의미는 버퍼의 첫 번째 바이트를, length는 바이트 단위의 매핑 영역의 크기를 말한다. 버퍼의 작은 부분을 매핑할 수 있을 뿐 아니라, **glMapBufferRange()**는 마지막 인자 access를 통해 매핑의 수행 제어를 수많은 플래그를 특정함으로써 해낼 수 있다. [표 13-1]은 access에 전달할 수 있는 가능한 비트필드값을 보여준다.

표 13-1 맵 버퍼 접근 형태

접근 플래그(GL_MAP_*)	사용
READ_BIT	버퍼를 읽기 위한 용도로 사용될 포인터를 리턴
WRITE_BIT	버퍼를 수정하기 위한 용도로 사용될 포인터를 리턴
INVALIDATE_RANGE_BIT	매핑된 영역의 전 내용물을 버릴 수 있게 OpenGL이 신호를 줌. 애플리케이션에서 갱신하지 않으면 영역 내의 데이터값은 정의되지 않음
INVALIDATE_BUFFER_BIT	전체 버퍼의 전 내용물을 버릴 수 있게 OpenGL이 신호를 줌. 애플리케이션에서 갱신하지 않으면 버퍼 내의 데이터값은 정의되지 않음
FLUSH_EXPLICIT_BIT	GL_MAP_WRITE_BIT와 이 비트를 사용하면 애플리케이션이 **glFlushMappedBufferRange()**를 호출하여 버퍼의 영역을 갱신하는 명확한 호출에 의해서만 버퍼가 정리됨. 이 비트를 사용하지 않으면 **glUnmapBuffer()**가 호출되었을 때 전체 매핑된 영역에서 버퍼 정리가 발생됨.
UNSYNCHRONIZED_BIT	매핑되기 전에 이 버퍼에 어떤 대기 중인 GPU의 쓰기 처리 동기화를 시도하지 말라고 OpenGL에 알려줌

위에서 살펴본 것과 같이 **glMapBufferRange()**는 OpenGL이 요청받은 매핑 처리 수행 방식에 관한 몇 가지 제어를 할 수 있게 한다. GL_MAP_READ_BIT와 GL_MAP_WRITE_BIT 플래그는 이름 자체로 설명이 된다. 읽기 비트를 설정하는 것은 버퍼에서 읽기를 원한다는 것을 의미하고, 쓰기 비트를 설정하는 것은 버퍼에 쓰기를 원한다는 것을 의미한다. 그렇지만 비슷하게 **glMapBuffer()**에 GL_READ_ONLY와 GL_WRITE_ONLY 인자를 설정하는 것보다는 **glMapBufferRange()**에 좀 더 강한 강제를 한다. 따라서 잘못 된 사용은 애플리케이션을 죽일 수 있으므로 바르게 사용해야 한다! 당연하지만, 간단하게 OR 연산으로 GL_MAP_READ_BIT와 GL_MAP_WRITE_BIT 플래그를 동시에 설정할 수도 있다.

GL_MAP_INVALIDATE_RANGE_BIT와 GL_MAP_INVALIDATE_BUFFER_BIT는 OpenGL에 더 이상 버퍼에 있는 데이터에 관심이 없으니 스스로 적당한 시기에 해제하라고 알려주는 역할을 한다. 매핑시킨 이후 버퍼에 있는 오래된 데이터가 필요 없다면 위 비트 중 하나를 설정하는 것이 중요하다.[2] 그렇게 하지 않으면 매핑을 해제한 후에도 OpenGL이 유효한 데이터를 가진 버퍼에 어떤 데이터도 쓰지 않는다는 것을 확인하는 일을 해야 한다. GL_MAP_INVALIDATE_RANGE_BIT 설정은 OpenGL에 매핑된 영역의 데이터를 버릴 것을 요청하는 반면, GL_MAP_INVALIDATE_BUFFER_BIT 설정은 매핑된 영역 외에도 버퍼 내의 모든 데이터를 버리라고 요청하는 역할을 한다. 매핑 영역 설정을 offset은 0으로, length는 버퍼 객체의 크기로 하여 전 영역으로 하면, 이 두 비트 설정 기능은 동일하다.

GL_MAP_FLUSH_EXPLICIT_BIT 플래그로 버퍼의 일부분을 덮어쓰기 하려 할 때, **glMapBufferRange()**를 호출하는 시점에는 어느 부분을 덮어쓰려 하게 될지 모른다. 이 비트는 OpenGL에 버퍼의 전체

---

2 두 개의 비트를 동시에 사용할 수 있으나, GL_MAP_INVALIDATE_BUFFER_BIT는 GL_MAP_INVALIDATE_RANGE_BIT의 의미를 포함한 상위 비트 설정이다.

영역, 혹은 단순히 1바이트만 덮어쓰게 될지 나중에 내용이 정해질 때 알려주겠다고 선언한다. 요청을 하기 위해서는 **glFlushMappedBufferRange()**를 호출한다. 이 함수의 프로토타입은 다음과 같다.

```
GLvoid glFlushMappedBufferRange(GLenum target,
                                GLintptr offset,
                                GLsizeiptr length);
```

또한 버퍼 내 여러 독립된 영역을 갱신하고 싶을 때 **glMapBufferRange()**를 여러 번 호출하지 않고 **glFlushMappedBufferRange()**를 대신 사용할 수 있다. **glFlushMappedBufferRange()** 호출의 또 다른 이점은 매우 큰 버퍼를 매핑하고 반복하여 그 안의 다른 영역을 갱신하려 할 때 OpenGL에 갱신 영역을 처리했다고 알려주는 역할을 수행할 수 있는 **glFlushMappedBufferRange()** 호출이다. 이렇게 하면 OpenGL에 애플리케이션이 파일에서 데이터를 읽는 것과 같은 작업을 처리하는 동안, GPU에서 메모리로 데이터를 전송하는 일과 같은 작업을 중복 처리하게 해준다. GL_MAP_FLUSH_EXPLICIT_BIT를 설정하고 **glFlushMappedBufferRange()**를 적절히 호출하지 않는 것은 생성한 데이터를 사용하지 않는 것과 같은 결과이므로 주의해야 한다.

마지막으로 GL_MAP_UNSYNCHRONIZED_BIT는 버퍼 메모리의 포인터를 얻기 전에 버퍼 안의 데이터 사용이 끝날 때까지 기다리지 않아도 된다고 OpenGL에 알려준다. 이 플래그를 설정하지 않으면, OpenGL은 그전에 제출된 명령에 의해 사용되려 하고 있는 같은 메모리 주소의 포인터를 전해줄 준비로 인해, 명령 수행이 끝날 때까지 대기한 후에야 포인터를 돌려주게 되어, 애플리케이션의 속도가 느려지게 한다. 그렇지만 사용되지 않은 어떤 데이터도 덮어쓰지 않을 것이라면, 동기화를 하지 않기 위해 이 비트를 설정할 수 있고, 그렇게 했다면 자신만의 방식으로 동기화 처리를 해야 한다. 동기화를 위해 제공되는 방법은 **glFinish()**를 호출하는 것에서부터(쐐기를 박는 것과 비슷한 것이므로, 이 함수는 호출하지 말자) 11장에서 다루었던 '동기화와 펜스'에서의 펜스 동기화 객체까지 여러 가지다.

정리하면, offset에 0값, length에 매핑할 버퍼 객체의 크기를 설정하고, GL_MAP_READ_BIT와 GL_MAP_WRITE_BIT 플래그를 적절히 설정하여 **glMapBufferRange()**를 호출하는 것은 정확히 **glMapBuffer()**를 호출하는 것과 같다. 하지만 살펴본 대로 **glMapBufferRange()**는 읽기나 쓰기, 무효화, 동기화 플래그를 적절히 설정할 수 있어서 다양한 상황에 유연하게 사용될 수 있으므로, **glMapBuffer()**보다는 **glMapBufferRange()** 사용을 선호하라고 추천하는 바이다.

OpenGL이 제공하는 기능 사용

OpenGL은 대규모의 기능 함축 프로그래밍 인터페이스다. 몇몇 부분은 다른 곳에 비해 보다 정교한 반면, 어떤 부분은 최적화가 되어 있지 않기도 하다. 이런 부분은 결과물을 쉽고 빠르게 구현해볼 수 있는, 상대적으로 용이한 이점이 있다. 물론 OpenGL 프로그램을 만드는 데 있어서 모든 API의 고급 기능까지 전부 알아야 할 필요가 있다는 단점이 있기는 하다.

OpenGL이 지원하는 것 중 하나는 **컨테이너 객체**다. 상태 블록을 대표하는 이 객체의 예로는 버텍스 배열 객체, 프레임버퍼 객체, 변환 피드백 객체가 있다. 보통 수많은 상태를 수정하기보다는 컨테이너 객체를 이용하는 것이 좋다. 예를 들어 OpenGL이 제어하고 있는 버텍스 배열의 모든 상태는 버텍스 배열 객체가 담고 있다. 여기에는 연동되는 버퍼 스토어, 버텍스 속성 형식, 스트라이드, 스토어 내의 오프셋이 포함된다. 그리고 속성의 활성 여부도 있다. `glBindVertexArray()`의 한 번 호출로 완전한 정보 집합체 간의 빠른 교환이 가능하다. sb6::object라는 내부 객체를 감싼 객체에서는 모든 버텍스 배열 상태를 대표하는 버텍스 배열 객체를 사용한다. sb6::object::render 함수 호출 시 그 안에서 단순히 버텍스 배열 객체를 연동하여 적합한 그리기 명령을 호출하므로 매우 적은 소프트웨어 부하만 발생한다.

프레임버퍼 상태도 마찬가지로, 프레임버퍼 객체가 현재 프레임버퍼와 연결된 색상, 깊이, 스텐실을 설명하는 모든 인자를 내포하고 있다. 렌더링하기 바로 전에 하나의 프레임버퍼 객체에 현재 연결할 구성을 명시하여 재구성시키는 것보다는 초기화 시에 프레임버퍼를 한 번 생성하고 렌더링 전에 연동하게 하는 것이 훨씬 효율이 좋다.

마지막으로 변환 피드백 객체는 OpenGL의 변환 피드백 스테이지를 나타내려 할 때 필요한 모든 상태를 내포한다. `glDrawTransformFeedback()` 혹은 비슷한 변형 함수를 사용하기 위해서는 변환 피드백 객체 사용이 요구되고, 이 또한 사용 전에 변환 피드백 관련 상태를 직접 재구성하는 것보다 `glBindTransformFeedback()` 함수 호출 한 번으로 처리하는 것이 훨씬 효율이 좋다.

필요한 데이터만 사용하기

버텍스 쉐이더의 입력이 부동소수점이라서, 혹은 GLSL 텍스처 함수의 리턴값이 부동소수점이라서, 메모리에 데이터를 부동소수점으로 저장해야 할 이유는 없다. 실제 사용하는 데이터를 표현할 때 더 작은 데이터 형식으로도 충분할 때가 많이 있다. 필요 이상으로 데이터를 사용하면 두 가지 효과가 나타날 수 있다.

- 애플리케이션이 실제 필요한 것 이상으로 메모리를 사용하게 되고, 그것은 OpenGL이 메모리에서 최적합한 영역 안에 모든 데이터를 맞추어 넣을 수 없게 됨을 의미한다. 더욱 안 좋은 것은, 객체를 위한 데이터 할당을 완전 실패할 수도 있다.

- OpenGL이 버퍼로부터 더 많은 데이터를 읽어야 할수록, 캐시나 메모리 컨트롤러 등의 리소스에 대한 사용에 더욱 압박을 받는다. 이 때문에 완전한 성능 감소가 일어날 수 있다. 게다가 GPU와 메모리를 연결하는 버스는 막대한 전력 소비자이므로, 이로 인해 보다 많은 메모리 접근이 발생하여 장치의 전력 소모량을 증가시키고, 배터리를 더욱 빨리 소모하게 할 수 있다.

예를 들어 위치 데이터(보통 객체 공간 기준으로 저장)를 위해 전부 완전한 정밀도의 부동소수점일 필요는 거의 없다. 전처리 과정에서 객체 공간 데이터를 −1.0부터 1.0 영역 사이로 놓이게 하는 것과 같은 정규화를 할 수 있다. 이렇게 하면 부호가 있는 정규화 데이터로 좌표를 저장할 수 있다. 예를 들어 **glVertexAttribPointer()**에 GL_SHORT를 넣고 normalized 인자에 GL_TRUE를 설정하여 사용할 수 있다. 이제 객체의 본래 스케일로 돌리기 위해 모델 행렬 안에 스케일 요소를 쉽게 포함시킬 수 있다. 이로써 완전한 정밀도의 부동소수점 데이터인 32비트가 아닌 16비트만으로 요소를 표현할 수 있으면서도, 동시에 16비트 반정밀도 부동소수점에서 제공되는 것보다 훨씬 정밀한 계산을 제공한다.

더군다나 객체 공간 데이터의 w 요소는 항상 가상의 1.0 값이므로 군이 저장할 이유는 없다. 세 개의 요소만 저장하고, 네 번째 요소는 1.0으로 가정하면 된다. 객체의 법선과 접선도 같은 방식으로 처리할 수 있다. 객체 파일에서 법선(그리고 접선)은 보통 객체 공간에 저장된다. 법선과 접선을 이용하는 노말 매핑, 범프 매핑, 혹은 어떤 기술을 처리하려 할 때(12.1.4절 '노말 매핑' 참조), 법선과 접선의 외적을 취해서 종법선을 계산한 후 TBN 행렬을 이 접선, 법선, 종법선으로 생성한다. 접선과 법선에 요구되는 정밀도는 보통 그리 높지 않다. 사실 10비트 정도면 거의 충분하므로 압축 데이터를 사용해도 된다. 이것을 사용하려면 **glVertexAttribPointer()**의 type 인자에 GL_INT_2_10_10_10_REV를 넣는다. 다시 말해, 여기에 부호 있는 정규화 데이터를 사용하면(normalized 인자는 GL_TRUE로 설정) −1.0에서 1.0 영역 내의 16비트 반정밀도 부동소수점 데이터만큼의 정밀도 수준을 제공한다.

법선을 텍스처에 저장하려고 할 때, 법선이 탄젠트 공간에서는 모든 방향이 서피스로부터 **나가게** 되어 법선의 z 요소 값이 항상 양수임을 고려하면, 앞서 언급한 것보다 한 걸음 더 진행할 수 있다. 더욱이 노말 맵에 저장된 법선은 항상 단위 길이임을 고려하면(즉, 정규화되어 있음), 다음과 같은 식을 유도할 수 있다.

$$x^2 + y^2 + z^2 = 1.0$$
$$z^2 = 1.0 - x^2 - y^2$$
$$z = \sqrt{1.0 - x^2 - y^2}$$

위 식을 사용하면 노말 맵의 탄젠트 공간 법선에서 x, y 요소만 저장하고, z 요소는 프래그먼트 쉐이더에서 계산할 수 있다. ALU(연산 논리 장치) 성능으로 텍스처 연산 성능을 개선한다고 생각하면 된다. 보통 그래픽 프로세서는 메모리 트랜잭션 처리보다 일반 수학 연산을 수행하는 처리 능력이 실제 뛰어나다. 메모리의 대역폭 소모를 피할 수 있다면 쉐이더에서 수학 연산을 좀 더 하는 것이 좋은 방법임이 흔히 판명되고 있다. 노말 맵에 적합한 형식은 두 개 요소에 8비트 부호 있는 정규화된 값을 사용하는 것이다. 이 형식으로 x와 y는 7비트 정밀도(1비트는 부호)로 저장하고, z 요소 값은 사용된 x와 y 요소로 계산하여 얻어낸다.

노말 맵에 텍스처 압축을 사용하는 것은 흔히 좋지 않은 결과로 이어진다. 법선 데이터를 다룰 수 있게 고안된 텍스처 압축 형식이 몇 가지 존재하지만, 하나같이 모두 법선 사이에 불연속 구간이 너무 많이 보인다. 그렇지만 디퓨즈와 스페큘러 반사계수 같은 다른 데이터는 압축된 텍스처로 잘 표현할 수 있다. 항상 압축된 텍스처로 데이터를 적합하게 나타낼 수 있는지 여부를 잘 고려해봐야 한다.

지금까지 기술한 내용은 OpenGL이 읽게 될 데이터에 초점을 두었으나, OpenGL에 의해 **쓰여질** 데이터도 당연히 존재한다. 예를 들면 오프스크린 텍스처에 FBO 렌더링을 하고, HDR 사용을 원한다면, 프레임버퍼와 연결된 모든 것에 GL_RGBA32F 내부 형식을 사용하게 하고 그대로 동작되기를 바랄 수 있다. 하지만 이 과정은 매우 엄청난 양의 메모리를 스토리지와 대역폭 관점 모두에서 소비한다. 렌더링되는 텍스처에서 알파 채널을 가질 필요가 없다면 할당하지 않는다! 즉, GL_RGB32F를 사용한다. 아주 좋지는 않지만 완전한 32비트 정밀도가 필요 없다면 GL_RGBA16F 사용도 고려해본다.

쉐이더에서 이미지로 쓰기 동작을 하거나, 변환 피드백을 사용하는 것 같은 작업을 할 때도 비슷한 상황이 발생한다. 비록 이런 함수들로 쓸 수 있는 형식이 프레임버퍼를 통해 쓸 수 있거나 사용자 화면 단말기에서 읽을 수 있는 형태만큼 많지 않다는 것을 알고 있더라도 말이다. 심지어 그렇더라도 대부분 쉐이더에서 데이터를 생성하고, GLSL 압축 함수로 정수 이미지나 버퍼 형식에 쓰기 처리가 가능하다.

쉐이더 컴파일 성능

OpenGL은 그래픽 처리를 잘할 뿐 아니라 완전한 컴파일 환경도 포함하고 있다! 물론 이 책 전반에 걸쳐서 이것을 사용해왔고, GLSL이 상당히 복잡하므로, GLSL 컴파일러가 쉐이더를 정확하게 컴파일하고, 설치된 그래픽 하드웨어에서 효율성 있게 동작하는 것을 보장하기 위해 상당히 많은 작업을 수행해야 함을 이해할 수 있게 지금까지 설명해왔다. 쉐이더 컴파일 수행 성능은 애플리케이션의 실행 시간에 영향을 주지 않는다고 생각할 수 있지만(어쨌든 렌더링 중에는 쉐이더를 컴파일하지 않는다... 그렇지 않나?), 애플리케이션을 실행할 때 사용자 경험에 영향을 주는 것은 사실이다.

먼저 가장 명백한 예로, 애플리케이션의 시작 시간은 모든 쉐이더가 실행할 준비를 얼마나 빨리 마치느냐에 의해 영향을 받게 된다. 어떤 OpenGL 구현에서는 쉐이더를 컴파일하기 위해 별도의 CPU 스레드를 사용하거나 복수의 쉐이더를 각각 병행하여 컴파일할 수도 있다. 그러나 OpenGL 파이프라인을 정체하지 않게 하는 기능으로 간주한다면, OpenGL 드라이버와 구현물을 파이프라인으로 생각할 수 있다. 심지어 GPU가 관여되기 전에도 그렇다. 그래서 `glCompileShader()`로 쉐이더를 컴파일하고, 즉시 `glGetShaderiv()`를 호출하여 컴파일 상황이나 쉐이더 정보 로그를 얻고자 한다면, 쉐이더 컴파일이 끝날 때까지 결과를 얻기 위해 구현물은 교착상태가 된다. 애플리케이션에서 필요한 모든 쉐이더를 단순히 실행하기보다는, 쉐이더를 하나씩 컴파일하여 컴파일 결과를 질의하는 게 낫다. 다음 과정으로 처리할 수 있다.

- 컴파일하려 하는 쉐이더의 리스트를 돌며 실행하여 쉐이더 객체를 생성하고, 각각에 대해 `glCompileShader()`를 호출한다. 그러나 컴파일 결과에 대한 질의는 하지 않는다.

- 애플리케이션의 **디버그** 혹은 **개발** 빌드에서는 모든 쉐이더가 컴파일된 후 컴파일 결과와 정보 로그를 질의하거나 단지 로그를 보내는 디버그 출력에 의존해서 결과를 확인한다. 이 기능을 사용하지 않는 방법 또한 알고 있어야 한다. 아마 쉐이더가 디버깅되고 애플리케이션이 출시될 준비가 되면, 항상 잘 실행될 것이라고 가정할 수 있어, 컴파일 상태 정보를 알 필요가 없다.

- 마찬가지로 프로그램 객체에도 적용하여 애플리케이션에 필요한 프로그램 객체의 모든 리스트를 돌며 실행하여 쉐이더를 연결하고 `glLinkProgram()`을 호출한다. 그러나 링크 결과에 대해서는 질의하지 않는다. 위와 같은 방식으로 지연시키거나 애플리케이션의 디버그 빌드에만 포함되게 할 수 있다.

규모가 큰 애플리케이션에선 당연히 프로그램 객체와 연결되어야 할 매우 많은 쉐이더와 쉐이더의 엄청난 조합 가능 경우의 수가 존재한다. 이것을 다루는 순수한 방법은 각 조합별로 쉐이더 객체의 집합을 단순히 생성하고 그것이 참조하는 각 쉐이더를 재컴파일하여 그 결과를 일대일 관계로 프로그램 객체에 연결시키는 것이다. 그렇지만 복수의 프로그램 객체에 하나의 쉐이더를 연결할 수 있음을 생각하면, 필요한 모든 쉐이더를 로드하고 한 번에 컴파일한 후, 프로그램 객체에 필요한 컴파일된 쉐이더를 연결해서 사용하는 것이 더 타당하다. 이런 방식에선 OpenGL 구현물이 쉐이더 객체 안에 컴파일된 쉐이더 데이터를 캐싱하게 하여 여러 번 재생성할 필요가 없게 만들어야 한다.

커다란 프로그램 객체 단일체를 사용하면 GPU 측면에서 성능에 이점이 발생할 수 있으나, 대부분 잘 작성된 쉐이더는 이로부터 많은 이득을 얻지 못한다. 그래서 많은 수의 쉐이더가 있다면 **분리 가능한 프로그램 객체**에서 나누어 컴파일과 링킹을 할 것을 고려해본다. 사용할 것 같은 프론트엔드 쉐이더의 각 조합용으로 하나의 프로그램 객체가 있고, 백엔드 전용 프래그먼트 쉐이더만을 가진 하나의 프로그램 객체가 별도로 존재하기를 원할 수 있다. 그러면 프론트엔드와 백엔드의 인터페이스를 분리하여 가짐으로써 OpenGL 구현물이 예를 들어 테셀레이션 제어와 검증 쉐이더를 함께 최적화하거나 버텍스와 지오메트리 쉐이더를 함께 최적화할 수 있다.

쉐이더 객체를 분리하여 별개의 모드로 프로그램에 연결시키려고 할 때, **프로그램 파이프라인 객체**라고 하는 별도의 컨테이너 객체와 연동한다. 이 객체는 현재 파이프라인의 스테이지에 해당하는 유효한 정보를 저장하고 있으므로 쉐이더를 전환하고자 할 때 하나의 프로그램 파이프라인 객체를 재설정하는 것보다 복수의 프로그램 파이프라인 객체 간 전환을 하는 것이 보다 효율이 좋다. 애플리케이션이 사용하려는 쉐이더의 각 조합마다 프로그램 파이프라인 객체를 생성하면 파이프라인 객체의 같은 조합이 여러 번 발생하므로 100여 개 정도의 객체 리스트를 유지하여 캐시로 사용하는 것이 좋은 방법이 될 수 있다. 필요한 파이프라인 객체가 캐시 안에 있다면 거기서 얻어 사용한다. 그렇지 않다면 캐시에 새 객체를 추가하거나 캐시에서 하나를 얻어 용도에 맞게 재구성한다. 이렇게 함으로써 각 조합 상태별 파이프라인 객체를 꼭 유지하지 않고도 프로그램 스테이지별 조합들 간에 빠른 전환이 가능하다.

애플리케이션의 쉐이더 관리를 좋은 상태로 유지하기 위해 최선의 노력을 아끼지 않았다면, 쉐이더 자체의 복잡함으로 관심을 돌릴 차례다. 쉐이더 컴파일은 많은 부분으로 구성된다. 먼저 전처리기가 실행되어 매크로를 확장하고 주석을 제거하는 등의 작업을 한다. 그 다음에는 쉐이더를 토큰화하여 자르고, 문법을 검사하여 내부에서 사용되는 형식으로 최종 컴파일한다. 이 과정에서 최적화와 코드 생성이 이루어진다. 흔히 코드 최적화 동작은 한 부분의 코드 경로를 형성하며, 지역 최적화를 최대한 수행하고 결과를 저장하는 방식으로 이루어진다. 이 과정을 더 이상 최적화가 될 수 없거나 최대 경로 수만큼 수행될 때까지 경로를 따라가며 반복 처리한다. 최적화 동작이 끝나면 다음 두 가지 작업 중 하나가 처리된다.

- 최적화 처리기가 코드에서 더 이상의 변환 가능한 부분을 찾을 수 없어 진행을 멈추게 되면 실행 파일은 아마 최대한 효율 있는 결과물이 되겠지만, 최적화 처리기가 쉐이더의 많은 경로를 진행해야 하기 때문에 최적화 시간이 길어진다.
- 가용한 경로가 다해서 최적화 처리기가 멈추었다면 코드가 완전히 최적화되지 않을 수도 있다. 더불어 최적화에 할당된 모든 시간을 낭비해버린다.

위와 같은 상황에서 개발자로서 최고의 흥미는 쉐이더 컴파일러가 할 수 있는 최적의 처리를 어떻게 할 수 있느냐다. 우선 명백하지만 쉐이더 코드를 효율성 있게 작성하는 노력을 해야 한다. 여기서 더 나아가 OpenGL 쉐이더 컴파일러의 실행 성능 향상을 위해 여러 다른 방법도 수행할 수 있다. 먼저, 애플리케이션 출시에 앞서 오프라인에서 전처리기를 통해 컴파일러를 실행할 수 있다. 이 과정에서 매크로, 전처리기 정의문, 그 외 전처리기 기능을 수행하게 되어 쉐이더 컴파일러가 이에 대한 부담 없이 최종 쉐이더를 생성한다.

조금 더 진행하고자 한다면 쉐이더를 **전처리 최적화**pre-optimize 과정으로 처리되게 할 수 있다. 쉐이더 코드를 오프라인 컴파일러를 통해 전처리하고 코드 분해한 후 컴파일한 중간 결과물로 많은 일반 최적화를 수행하는 과정을 포함하여 효과 있게 처리한다(필요 없는 코드 제거, 상수 폴딩과 전달 처리, 공통 보조 표현 삭제 등의 처리). 그리고 그 최적화 코드를 GLSL로 되돌린다. 실행 시간 GLSL 컴파일러는 이 쉐이더를 최적화하려 할 때, 처리해야 할 일이 많지 않음을 발견하고 빠르게 작업을 끝낸다.

마지막으로 6장에서 다루었던 **프로그램 바이너리**를 살펴보겠다. 프로그램 바이너리는 쉐이더를 컴파일하고, 프로그램 객체에 바로 연결시켜, 결과물을 파일로 저장하게 하는 방법을 제공한다. 프로그램이 다시 필요할 때 소스 코드로 다시 컴파일하기보다는 간단히 프로그램 바이너리를 로드해서 OpenGL이 사용할 수 있게 만들 수 있다. OpenGL은 제공된 바이너리에서 캐싱된 정보를 가지고, 컴파일 과정의 전부는 아니더라도 대부분 생략할 수 있다. 프로그램 바이너리가 쉐이더 컴파일을 완전히 하지 않게 만들 수 있거나, 최소한 컴파일에 걸리는 시간을 많이 줄일 수 있다.

복수의 GPU 사용하기

일부 사용자는 하나의 머신에 복수의 그래픽 카드를 설치한 **멀티 GPU** 시스템이라 불리는 장치를 사용한다. AMD는 이런 장치를 CrossFire라고 하고, NVIDIA에서는 SLI라고 한다. 명칭이 어떠하든 복수의 그래픽 카드로 성능을 개선하기 위해 사용하는 이 기술은 보통 **교차 프레임 렌더링**(혹은 AFR) 모드로 불리는 방식으로 렌더링을 한다. 이 방식은 하나의 GPU에서 한 프레임을 렌더링한 후, 다음 GPU에서 다음 프레임을 렌더링하는 과정을 시스템에 있는 GPU 개수만큼 반복한다. 이런 시스템의 대부분은 두 개의 GPU만을 가지지만, 서너 개 이상을 가지는 시스템도 있을 수 있다. 게다가 AFR은 복수의 GPU를 사용하는 곳에서만 수용할 수 있는 방법이 아니라 통용될 수 있다.

AFR 시스템으로 최적화할 때 흔히 적용하는 하나의 방침이 있다. 하나의 GPU에서 생성한 데이터를 다른 곳에서 사용하는 것을 피해야 한다. 여기에는 두 가지 이유가 있다. 첫째, 두 GPU를 동기화시키는 부담이 있다. 다른 곳의 출력에 의존하므로 GPU 간 병행 처리를 할 수 없고, 한 시스템에서 두 개 이상의 GPU를 사용해서 얻게 되는 성능상의 이점을 잃어버린다. 둘째, 하나의 GPU에서 다른 곳으로 데이터를 실제 전송해야 하는 비용이 일반적으로 버스(PCI-express 같은)를 경유해야 하므로 그래픽 카드의 메모리를 사용하는 것보다 매우 낮은 전송률로 인해 비싸진다.

이러한 방침은 얼핏 당연한 듯 보이지만, 어떤 형태의 처리가 OpenGL로 하여금 하나의 GPU에서 다른 곳으로 데이터를 전송하게 하는지 한눈에 명확히 구분하기는 힘들다. 아래에 하나의 GPU로부터 다른 곳으로 복사 동작을 일으키는 행동을 나열했다.

- 텍스처로 렌더링을 한 후 다음 프레임에 그것을 사용함. 이것은 GPU 간에 텍스처를 전송할 필요가 있는 아마도 가장 명백한 이유다. 예를 들어 동적 환경 맵을 만들고, 또 다른 프레임에선 환경을 갱신하는 것만으로 최적화를 하는 애플리케이션을 작성한다면 싱글 GPU 시스템에선 확실히 더 빨리 동작한다는 것이 확인된다. 하지만 환경이 렌더링된 이후에 데이터가 버스로 이동해야 하는 멀티 GPU 시스템에서는 GPU 동기화가 필요하다. 이렇게 되면 매 프레임마다 새로운 환경 맵을 생성하게 하여 복사를 하지 않는 것이 더 좋다. 리소스를 재사용해야 한다면 두 개의 GPU 시스템에서 실행할 때는 항상 **두** 프레임 전에 리소스를 재사용한다.

- 초기화를 먼저 하지 않고 텍스처에 렌더링함. 1990년대 말에 사용하던 흔한 조작으로 항상 프레임 끝에서 전체를 덮어쓴다는 사실을 아는 애플리케이션 개발자가 프레임버퍼의 초기화에 대한 메모리 대역폭 비용을 줄이기 위해 사용했다. 이것을 현재의 그래픽 하드웨어에서 광범위하게 적용하기엔 보통 좋지 않다. 먼저 최근에 설계된 어떤 하드웨어든 프레임버퍼를 **매우** 빠르게 초기화할 수 있는 프레임버퍼의 어떤 형태든 압축을 구현하고 있다. 프레임버퍼를 초기화하지 않으면 압축 과정을 생략하게 되어, 애플리케이션이 싱글 GPU 시스템에서도 느리게 동작한다. 멀티 GPU 시스템에서는 더욱 악화된다. 프레임버퍼를 초기화하지 않으면 OpenGL은 새로운 것으로 전체를 갱신하기 위해 언제 다시 그리기 명령을 시작하려는지 알 수 없다. 이것은 첫 번째 그리기 명령을 실행하기 전에, 갱신되지 않는 어떤 부분에도 유효한 데이터가 존재해야 하므로 전 프레임 동작이 완료되어 새로운 GPU로의 결과 전송이 되기를 기다려야(다른 GPU에서) 한다는 것을 의미한다.

- 한 프레임에서 버퍼 객체에 쓴 내용을 다른 프레임에서 사용하려면 동기화와 전송이 필요하다. 예를 들어 이 책의 초반에서 소개한 물리 시뮬레이션 알고리즘 중 하나를 구현한다고 할 때, 각 알고리즘의 단계가 전 프레임에서 만들어낸 데이터를 사용하므로 애플리케이션이 조정할 여지가 없음을 알 수 있다. 애플리케이션이 두 개의 GPU에서 동작하는 것을 알고 있다면, 물리 시뮬레이션이 병행 처리되게 두 개의 복사본을 실행하여, 각 단계를 전반과 후반으로 분리하여 때때로 동기화시킬 수도 있다.

- 하나의 GPU에서 생성한 오클루전 질의 결과로 다른 GPU에서 실행 명령을 결정하기 위한 조건부 렌더링을 사용하는 것은 동기화 발생의 원인이 된다. 오클루전 질의 결과를 전송하기 위해 만들어진 데이터의 양은 많지 않더라도, 동기화는 성능에 커다란 영향을 준다. 할 수 있다면 프레임 내에서 아주 초반에 오클루전 질의를 하고, 끝부분에서 결과를 사용하거나, 두 프레임 전에 처리한 질의 결과를 사용하기 위해 오클루전 질의를 위한 두 개의 집합을 번갈아 사용한다. 주의할 점은 더 많은 GPU가 있다면 이를 위해 더 긴 지연 시간이 필요할 수도 있다는 것이다.

불행히도 애플리케이션이 멀티 GPU 시스템에서 실행되는지 혹은 몇 개의 GPU가 존재하는지 알 수 있는 표준 방법은 없다. 이런 목적으로 존재하는 몇 가지 확장 기능이 있는 반면, 멀티 GPU 집합의 GPU 중 하나를 명시하여 렌더링하는 콘텍스트를 생성하게 하는 확장 기능도 있다. 이런 기능이 가능하여 좀 더 진행해보고자 하면 서로 다른 GPU에서 장면의 각기 다른 부분을 렌더링하고 결과를 명시하여 합침으로써 애플리케이션의 성능을 조절할 수 있는 방법을 생각해볼 수 있다.

복수의 스레드 사용하기

OpenGL은 완전 멀티 스레딩으로 처리되고, 잘 정의된 스레딩 모델을 가진다. 각각의 스레드는

`wglMakeCurrent()`, `glXMakeCurrent()`, 혹은 그 스레드로부터 플랫폼용 등가의 함수를 호출함으로써 스레드용 콘텍스트를 교환하여 '현재의 콘텍스트'를 소유한다. 콘텍스트가 스레드에서 활성화되면, 그 스레드는 객체를 생성하고, 쉐이더를 컴파일하고, 텍스처를 렌더링하고, 심지어 동시에 윈도우로 렌더링을 할 수도 있다. 이것은 OpenGL 드라이버가 내부에서 사용자 편의를 위해 구현한 멀티 스레드 부가 기능이다. 사실 애플리케이션을 디버거나 프로파일링 툴에서 실행해보면 그래픽 카드용 OpenGL 드라이버 안에 각 진입 함수를 가지는 복수의 스레드를 확인할 수 있다.

OpenGL이 멀티 스레딩 시스템을 잘 지원하고, 다른 스레드 간에 활성화되는 복수의 콘텍스트를 다루며, 같은 객체의 집합을 사용하기 위한 공유 객체 모델이 잘 정의되어 있을지라도, 그것이 원하는 대로 동작하지 않을 수 있다. 예를 들어 다른 스레드에서 렌더링을 하는 동안 텍스처 로딩과 쉐이더 컴파일을 다른 한 스레드에서 처리하기 위해 두 개의 콘텍스트를 생성한 후 각각의 스레드에서 하나만 활성화하여 단순히 결정하게 하는 것은 매우 끌리는 작업이다. 그러나 이렇게 처리해도 생각만큼 성능 조정이 되지 않는다. 결국에는 하나의 GPU와 하나의 명령 버퍼가 있고, OpenGL이 잘 정의된 순서로 모든 것을 렌더링한다. 즉, OpenGL에 대한 모든 접근은 직렬화되어 있고, 복수의 스레드로부터의 OpenGL에 대한 접근을 동기화하고 조절하는 부하가 복수 CPU가 애플리케이션에서 작동할 때 생기는 이점을 상쇄시킨다.

직렬화 문제를 피하기 위해 싱글 스레드에서 `wglMakeCurrent()`(혹은 그에 해당하는 플랫폼 함수)로 두 개 이상의 콘텍스트를 생성한 후 교환하는 방식 또한 생각할 수 있다. 하나의 콘텍스트에서 다른 것으로 전이 시 상태 전환을 분리하는 데 이 방식이 도움은 되지만, 콘텍스트 교환은 비용이 많이 드는 작동일 수 있다. 특히 연동하는 대부분의 윈도우 시스템에서 콘텍스트 교환은 내재된 플러시 동작이 동반된다.

전에도 언급했지만 OpenGL 애플리케이션에서 복수의 스레드를 사용하는 많은 방법이 있다. 먼저 대부분의 복잡한 애플리케이션은 다른 스레드에 처리를 분산시켜 동작하게 할 비그래픽 작업(인공지능, 사운드 효과, 객체 관리, 입력과 네트워크 처리, 물리 시뮬레이션 등)들을 가진다. 그리고 하나의 OpenGL 콘텍스트를 생성하여 주 '렌더링' 스레드에 활성화시킨다. 이 스레드는 실제 OpenGL과 통신하는 유일한 객체다. 그래픽 관련 모든 처리의 결정권자다.

이제 임의의 텍스처 데이터를 파일에서 텍스처 객체로 업로드하는 상황을 가정하자. 주 OpenGL 스레드는 버퍼 객체를 만들고, `GL_PIXEL_UNPACK_BUFFER`에 연결하고, 쓰기용으로 매핑한다. 버퍼가 쓰기용으로 준비되었음을 작업 스레드에 알려주고, 쓰여질 곳의 포인터를 전송한다. 작업 스레드는 파일로부터 텍스처 데이터를 읽기 시작하고, 메인 스레드에서 받은 이 포인터를 통해 버퍼 객체로 옮긴 후, 텍스처 로딩이 끝났을 때 메인 스레드로 그 사실을 알려준다. 이때 메인 스레드는 버퍼로부터 지금 로딩된 데이터를 목표 텍스처 객체로 복사하기 위해 `glTexSubImage2D()`를 호출할 수 있다.

버텍스와 인덱스 데이터, 유니폼 블록에 저장된 쉐이더 상수, 텍스처와 이미지를 위한 이미지 데이터, 그리고 심지어 GL_DRAW_INDIRECT_BUFFER 대상으로 전해지는 그리기 명령 인자들을 포함하여, 버퍼 객체에 저장되는 어떤 데이터에도 같은 방식을 적용할 수 있다. 특히 **데이터 주도** 렌더링 엔진을 만들려 할 때 이 방식을 사용할 수 있다. 렌더링 스레드에서 애플리케이션에 의해 실시간 갱신될 모든 버퍼에 대한 두 개의 집합을 생성한다. 프레임을 렌더링하기 전에, **다음 프레임**을 위해 모든 버퍼를 매핑해놓는다. 당연히 다음 프레임을 위한 버퍼가 매핑되는 동안 렌더링을 위한 새 버퍼를 연결할 수 있다. 이제 하나 이상의 스레드에서 다음 프레임을 위한 모든 데이터(CPU 컬링 수행, 실시간 버텍스 생성 구현, 상수 갱신, 그리기 인자 설정)를 준비한다. 각 그리기 실행 처리는 임의의 균일 버퍼 내의 새로운 오프셋에 있는 상수를 사용해야 한다. CPU의 어토믹 연산 덧셈 처리를 이용하여 스레드에서 안전한 방식으로 이 버퍼에 공간을 할당할 수 있다.

작업 스레드가 다음 프레임에 대한 준비로 바쁘게 동작할 동안, OpenGL 스레드는 현재의 프레임을 렌더링한다. 이 스레드는 작업 스레드에서 생성한 그리기 관련 리스트를 돌아다니며, 그리기에 필요한 객체, 예를 들면 텍스처, 버퍼(또는 비슷한 종류) 등을 연결하며, 그리기 명령을 처리한다. 텍스처를 텍스처 배열에 합치고 유니폼 블록 내의 배열 안에 오프셋을 저장할 수 있다면, 데이터 준비 과정조차도 다른 스레드에서 처리될 수 있다. 정리하면, 장면 처리, 컬링, 데이터 준비 등의 과정을 작업 스레드로 완전히 넘겨서 복수의 CPU 코어에서 멋지게 분담 처리해야 하고(물론 일부 CPU 시간은 사운드, AI, 물리, 통신 따위의 처리를 위해 보존해야 함을 주의하라), 주 OpenGL 스레드는 실제 OpenGL 명령만 처리하게 해야 한다는 것이 결론이다. 그렇지만 버퍼 매핑과 매핑 해제, 기본 상태 변경과 그리기만 수행하고, 그 사이에 아무 작업도 하지 않는다면 실제 주 스레드가 가지는 부담은 너무 적다. 대부분의 OpenGL 드라이버에서 구현된 멀티 스레딩의 효율성과 위처리 사이에 복수의 CPU 코어 사용에 대한 적절한 조절이 이루어져야 한다.

필요 없는 것은 버리기

그래픽 애플리케이션은 엄청난 양의 메모리를 사용할 수 있다. 텍스처, 프레임버퍼 연결, 그리고 버텍스와 별도 데이터를 위한 버퍼 등은 모두 많은 리소스를 소비할 수 있다. 앞 절에서 렌더링을 시작하기 전에 항상 프레임버퍼를 초기화하는 것이 좋다고 했다. 이것은 프레임버퍼 압축 같은 최적화가 효율성 있게 하기 위해서다. 이것은 프레임버퍼의 내용을 처리하고 그 외 다른 것을 위한 메모리 재사용이 자유로워질 수 있게 OpenGL에 주는 신호이기도 하다. 결국 필요하다면 OpenGL에 초기화된 프레임버퍼 연결을 재생성하게 하는 것은 매우 쉬운 작업이다.

좋은 일이기는 하지만, 최적화를 위해 제안이나 힌트에 기대는 것은 바람직하지 않다. 사실 OpenGL에서 어떤 리소스는 보존해야 하고, 어떤 리소스는 자유로이 없애도 되는지 좀 더 명시하여 지정할 수 있다. 먼저 텍스처를 보면 glInvalidateTexImage()와 glInvalidateTexSubImage() 두 개의 함수가 있고, 프로토타입은 다음과 같다.

```
void glInvalidateTexImage(GLuint texture,
                          GLint level);

void glInvalidateTexSubImage(GLuint texture,
                             GLint level,
                             GLint xoffset,
                             GLint yoffset,
                             GLint zoffset,
                             GLsizei width,
                             GLsizei height,
                             GLsizei depth);
```

첫 번째 함수 **glInvalidateTexImage( )**는 OpenGL에 텍스처의 특정 밉맵 수준 모두에 대해 처리함을 알린다. texture 인자에는 텍스처 객체의 이름을, level에는 밉맵 레벨을 주어야 한다. 이 함수가 호출되면 OpenGL이 이미지 내의 데이터를 자유롭게 처리할 수 있다(비록 텍스처 자체는 할당된 상태로 남아 있다 할지라도). 이 함수 호출로 인해 텍스처의 해당 밉맵 내용물은 정의되지 않은 값이 된다. 멀티 GPU 설정에서 사용할 때는, 예를 들면 OpenGL에 시스템 동기화를 위해 텍스처를 유지시켜 하나의 GPU에서 다른 곳으로 데이터를 복사할 필요가 없음을 알려준다. 두 번째 함수인 **glInvalidateTexSubImage( )**는 xoffset, yoffset, zoffset, width, height, depth 인자로 특정한 영역만 무효화 처리를 할 수 있다는 점에서 보다 섬세하다. 처음 세 번째 인자까지는 영역의 시작점이고, 마지막 세 인자는 크기에 관련된다. 이 인자들은 **glTexSubImage3D( )**에서 사용되는 인자와 같은 의미를 가진다.

버퍼 객체에 대해서도 비슷한 함수 **glInvalidateBufferData( )**와 **glInvalidateBufferSubData( )**가 존재한다. 프로토타입은 다음과 같다.

```
void glInvalidateBufferData(GLuint buffer);

void glInvalidateBufferSubData(GLuint buffer,
                               GLintptr offset,
                               GLsizeiptr length);
```

glInvalidateTexImage( )와 마찬가지로, **glInvalidateBufferData( )**는 buffer 인자로 넘겨준 이름에 해당하는 버퍼 객체 안에서 임의의 데이터를 날려버린다. 이 함수를 호출한 후, 버퍼의 전체 내용물은 정의되지 않은 값을 가지나 아직 할당된 상태로 OpenGL에 의해 소유된다. 아마도 예를 들면 변환 피드백을 사용하는 중간 매개 버퍼로 데이터를 저장하고, **glDrawTransformFeedback( )** 함수를 호출하여 버퍼의 내용을 즉시 그리려 할 때 이 함수를 호출한다. 즉, **glDrawTransformFeedback( )** 함수를 호출한 후, OpenGL에 데이터 처리가 완료되었으니 필요하다면 다른 곳에 버퍼를 재사용할 수 있다고 알려주기 위해 **glInvalidateBufferData( )**를 호출할 수 있다. 두 번째 함수 **glInvalidateBufferSubData()**는 보다 세밀한 제어가 가능한 버전으로 offset과 length 인자로 한정된 버퍼의 내용물만 지워버린다.

마지막 두 함수는 연결된 프레임버퍼를 대상으로 해서 같은 원칙의 동작을 기본적으로 수행한다. **glInvalidateFramebuffer()**와 **glInvalidateSubFramebuffer()**가 그 대상이다. 프로토타입은 다음과 같다.

```
void glInvalidateFramebuffer(GLenum target,
                             GLsizei numAttachments,
                             const GLenum * attachments);

void glInvalidateSubFramebuffer(GLenum target,
                                GLsizei numAttachments,
                                const GLenum * attachments,
                                GLint x,
                                GLint y,
                                GLint width,
                                GLint height);
```

두 함수 모두 target은 작용의 대상, 즉 GL_FRAMEBUFFER, GL_DRAW_FRAMEBUFFER, 또는 GL_READ_FRAMEBUFFER다(여기서 GL_FRAMEBUFFER는 GL_DRAW_FRAMEBUFFER와 같이 취급된다). numAttachments 인자는 attachments가 가리키는 배열 요소의 수다. attachments는 무효화할 어태치 장치의 리스트다. 배열의 요소는 GL_COLOR_ATTACHMENT0, GL_DEPTH_ATTACHMENT, 또는 GL_STENCIL_ATTACHMENT 같은 값이어야 한다.

glInvalidateFramebuffer() 함수는 attachments 배열에서 각 어태치 장치의 전체 내용을 날려버린다. 반면 **glInvalidateSubFramebuffer()** 함수는 이전에 언급한 함수들의 관계처럼 좀 더 상세한 제어가 가능해서 어태치된 프레임버퍼의 일부 영역만 무효화시킬 수 있다. 이 영역은 x, y, width, height 인자에 의해 정해진다.

리소스 무효화는 그렇게 하지 않으면 나쁜 영향이 발생하는 많은 일을 OpenGL이 하도록 해준다. 예를 들면 다음과 같다.

- 무효화되어 더 이상 사용하지 않는 버퍼 또는 텍스처의 메모리를 재활용할 수 있다.
- 특히 멀티 GPU 시스템에서 리소스 간 데이터 복사를 피할 수 있다.
- 내용물을 반드시 채울 필요 없이 압축 상태로 프레임버퍼 어태치 장치를 리턴받을 수 있다.

보통 리소스의 내용을 다 사용하고도 나중에 어딘가에서 다시 사용하려고 할 때, 위에서 언급한 무효화 함수 중 하나를 호출해야 한다. 최악의 상황에는 함수를 무시하여 아무 일도 일어나지 않고, 최선의 상황에는 호출하지 않으면 발생하는 비싼 복사 작업, 초기화 작업, 페이징 처리, 또는 메모리 부족 현상을 피할 수 있다.

13.3 마치며

이 장에서는 문제 해결을 도와줄 수 있는 몇 가지 툴과 애플리케이션 디버그 콘텍스트의 사용을 포함한 많은 디버깅 기술에 대해 소개했다. 그리고 애플리케이션의 성능을 분석하는 몇 가지 방법과 더 빠른 실행을 가능하게 하는 방법의 이해와 가능한 한 효율성 있게 그래픽 프로세스 리소스를 사용하는 방법에 대해 논의했다. 애플리케이션이 어떤 에러도 발생하지 않고, 디버그 콘텍스트로 실행 시 어떤 경고도 나오지 않으며, 가능한 최대 성능을 발휘함을 보증함으로써, 실행될 수 있는 하드웨어의 범위를 넓히고 결국엔 더 많은 잠재 사용자층을 확보할 수 있다.

CHAPTER 14

플랫폼 세부사항

> **이 장에서 다루는 내용**
>
> ◆ OpenGL로 주요 운영체제 및 윈도우 시스템과 상호 작용하는 방법
>
> ◆ 책에서 나온 프레임워크를 사용하지 않고 애플리케이션을 제작하는 방법
>
> ◆ OpenGL이 태블릿이나 스마트폰 같은 모바일 장치에서 해석되는 방법

이 책 전반에 걸쳐서 우리가 작성한 예제 프로그램을 임의의 한 운영체제에서 또 다른 운영체제로 쉽게 이식하기 위해 간단한 애플리케이션 프레임워크를 사용했다. 이 프레임워크는 윈도우 시스템 그리고 OpenGL과 상호 작용을 하기 위해 결국 몇 개의 도움이 되는 라이브러리에 의존한다. 이 장에서는 여러 층의 레이어를 벗겨내고 순전한 금속 재질, 즉 여러분이 좋아하는 운영체제의 내부 작업을 보여준다. Windows, Linux, Mac OS X를 살펴볼 것이며, 또한 **확장 기능**(OpenGL의 주요 특징 중 하나로, 새로운 하드웨어의 특성이 사용 가능하게 됨에 따라 그 특성을 활용할 수 있도록 접근하는 방법)을 보여준다. 마지막에는 모바일 플랫폼에서 사용되는 OpenGL과 OpenGL ES API에 대해 살펴본다.

14.1 OpenGL에서 확장 기능 사용하기

지금까지 이 책에서 소개한 모든 예제는 OpenGL의 핵심 기능에 의존했다. 하지만 OpenGL의 가장 강력한 힘 중 하나는 OpenGL이 확장될 수 있고, 하드웨어 제조업체, 운영체제 개발회사, 심지어 각종 툴이나 디버거 공급업체에 의해서도 발전될 수 있다는 것이다. 확장 기능은 OpenGL 기능에 많은 다른 효과를 추가할 수 있다.

확장 기능은 OpenGL의 핵심 기능에 어떤 기능을 추가한 것이다. 확장 기능은 OpenGL 웹

사이트의 OpenGL 확장 등록소[1]에 나열되어 있다. 이러한 확장 기능에는 확장하는 데 사용한 OpenGL의 사양명세 번호(버전)와 그 사양명세와의 차이점이 기재된다. 다시 말해, 확장 기능 설명은 OpenGL의 핵심 사양명세에 확장 기능을 적용시키면 어떻게 변화될지 서술한다. 그런데 몇몇 인기 있고 유용하게 사용되는 확장 기능은 보통 OpenGL의 핵심 사양명세(버전)로 '승급'된다. 이것은 여러분이 가장 최신의 높은 사양명세 번호를 가진 OpenGL을 사용한다 하더라도 흥미로운 많은 OpenGL의 확장 기능이 핵심 사양명세에 실제 없을 수도 있다는 것을 의미하기도 한다. OpenGL 각 사양명세(버전)에서 승급된 확장 기능의 총 목록과 그들의 기능에 대한 간단한 개요는 OpenGL 사양명세 뒤에 포함되어 있다.

확장 기능에 대한 주요 세 가지 분류 기준은 공급업체, EXT, ARB다. 공급업체 확장 기능은 하나의 공급업체의 하드웨어에서 기술되고 구현된다. 보통은 특정 공급업체를 대표하는 머리글자가 확장 기능 이름의 일부가 된다. 예를 들어 'AMD'는 Advanced Micro Devices라는 공급업체를 의미하고, 'NV'는 NVIDIA라는 공급업체를 의미한다. 만약 확장 기능이 폭넓게 수용될 수 있다면, 하나 이상의 공급업체가 그 특정 확장 기능에 대한 지원을 하는 것도 가능하다. EXT 확장 기능은 두 개 이상의 공급업체가 함께 기술한 것이다. 확장 기능은 흔히 공급업체의 확장 기능으로 처음 탄생된다. 그러다가 다른 공급업체가 비록 사소한 변경이라도 그 확장 기능 구현에 대해 관심이 생기면, 확장 기능의 원 제작자와 EXT 확장 기능판을 만들기 위해 협력한다. ARB 확장 기능은 OpenGL 이사회 Architecture Review Board(ARB)에서 승인을 받아야 하기 때문에 OpenGL의 공식화된 부분이다. 이들 확장 기능은 거의 모든 주요 하드웨어 공급업체에 의해 주로 지원되고, 공급업체 확장 기능이나 EXT 확장 기능으로 처음 만들어지기도 한다.

처음엔 이런 확장 기능의 과정이 혼란스러울지도 모른다. 현재도 수많은 확장 기능을 구할 수 있다! 그러나 이런 확장 기능 중에 프로그래머들이 유용하다고 판단하는 기능들로부터 자주 OpenGL의 새 형태(버전)가 만들어진다. 각각의 확장 기능은 지금까지 서술한 방식으로 빛을 본다. 그중에서 빛나는 것들은 핵심 기능으로 선정되기도 한다. 덜 유용하다고 판정된 것들은 무시된다. 이런 '자연 선택' 과정은 정말 중요하고 유용한 특징들로만 OpenGL의 핵심 형태(버전)가 만들어지도록 일조한다.

Realtech VR의 OpenGL Extensions Viewer는 컴퓨터에서 지원되는 OpenGL의 확장 기능을 확인해보는 유용한 툴이다. Realtech VR의 웹사이트에서 무료로 이용 가능하다(그림 14-1 참조).

---

1 OpenGL 확장 기능 등록 명세는 http://www.opengl.org/registry에서 확인할 수 있다.

그림 14-1 Realtech VR의 OpenGL Extensions Viewer

14.1.1 확장 기능으로 OpenGL 발전시키기

확장 기능을 사용해보기 전에, 여러분의 애플리케이션이 구동되는 OpenGL 구현물이 확장 기능을 지원하는지 확인해보아야 한다. OpenGL의 확장 기능 지원 여부를 확인하기 위해 사용할 수 있는 두 개의 함수가 있다. 하나는 **glGetIntegerv()** 함수로서, GL_NUM_EXTENSION 인자를 사용하면 지원되는 확장 기능의 **수**를 결정할 수 있다. 다른 하나는 **glGetStringi()** 함수로서, 다음과 같이 호출하여 지원되는 확장 기능의 이름을 알아낼 수 있다.

```
const GLubyte* glGetStringi(GLenum name,
                            GLuint index);
```

name 인자에는 GL_EXTENSIONS를 사용하고, index 인자에는 0부터 시작해서 지원되는 확장 기능의 수보다 하나 작은 수 사이의 값을 집어넣어야 한다. 이 함수는 확장 기능의 이름을 스트링(문자열)으로 반환한다. 특정 확장 기능 지원 여부를 보려면 확장 기능의 수를 간단하게 질의하고, 지원되는 확장 기능과 찾고자 하는 확장 기능의 이름을 각각 비교해보는 반복 구문(루프)을 사용한다. 책의 소스 코드에서 이 구문을 행하는 간단한 함수를 볼 수 있다. **sb6IsExtensionSupported()** 함수의 프로토타입은 다음과 같다.

```
int sb6IsExtensionSupported(const char * extname);
```

이 함수는 <sb6ext.h>에 확장 기능의 이름을 인자로 하고, 현재 OpenGL 환경에서 지원되면 0이 아닌 값으로, 그렇지 않으면 0을 리턴하는 형태로 선언되어 있다. 애플리케이션에서는 확장 기능을 사용하기 전에 지원 여부를 항상 확인해야 한다.

확장 기능은 대개 네 가지 서로 다른 방식의 조합으로 OpenGL에 추가된다.

- OpenGL 명세로부터 제한조건을 단순히 제거함으로써 전에는 그렇지 않던 것들을 규정으로 만듦.
- 이미 존재하는 함수에서 인자의 값 범위를 확장하거나 표식(토큰)을 추가함.
- 기능을 더하거나, 내부 함수, 변수, 또는 자료 형식을 추가하여 GLSL을 확장함.
- OpenGL 자체에 완전히 새로운 함수를 추가함.

첫 번째 방식에선 오류로 간주되었던 것들이 이제는 아니기 때문에, 애플리케이션에서 새로 허가된 행동을 사용하기 시작하기만 하면 다른 처리는 필요 없다(물론 확장 기능이 지원되는 것을 허용하기로 했다면 말이다). 두 번째 방식도 유사하게, 새로운 표식(토큰)에 대한 값이 있다면, 그와 관계있는 함수에 그 값을 사용하면서 시작할 수 있다. 새로운 표식의 값들은 시스템 헤더 파일에 포함되지 않았을 때를 대비하여 검색해볼 수 있도록 확장 기능 명세가 존재한다.

GLSL에서 확장 기능을 사용하기 위해서는 컴파일러에 그 기능을 사용하게 될 것이라고 알려줘야 하기 때문에 쉐이더의 시작부분에 먼저 한 줄의 구문을 포함시켜줘야 한다. 예를 들어 GLSL에서 GL_ABC_foobar_feature라는 가상의 확장 기능을 사용하려면 쉐이더 시작부분에 다음과 같은 구문을 포함시킨다.

```
#extension GL_ABC_foobar_feature : enable
```

위 구문은 쉐이더 안에서 확장 기능을 사용한다고 컴파일러에 선언한 것이다. 컴파일러가 확장 기능을 알고 있다면 하드웨어가 그 기능을 지원하지 않을 지라도 컴파일러는 쉐이더를 컴파일할 수 있다. 하드웨어 미지원 기능일 때는, 컴파일러는 그 확장 기능을 실제 사용할 것인지에 대한 경고 메시지를 보여줘야 한다. 대개 GLSL에 대한 확장 기능은 그들의 존재를 표시하기 위해 전처리 표식을 추가한다. 예를 들어 GL_ABC_foobar_feature는 아래 상수를 암묵적으로 포함한다.

```
#define GL_ABC_foobar_feature 1
```

이 말은 코드를 아래와 같이 쓸 수 있다는 것을 의미한다.

```
#if GL_ABC_foobar_feature
    // foobar 확장 기능의 함수들을 사용한다.
#else
    // 없는 기능에 대한 에뮬레이션 또는 다른 작업을 한다.
#endif
```

이런 방식으로 하위 OpenGL 구현에서의 지원 여부에 상관없이 확장 기능의 부분이 되는 기능을 조건에 따라 컴파일 혹은 실행되도록 할 수 있다. 쉐이더가 확장 기능을 반드시 필요로 하고, 그것 없이는 동작할 수 없다면, 위 방식 대신에 더 강한 주장문을 포함시킬 수 있다.

```
#extension GL_ABC_foobar_feature : require
```

OpenGL 구현이 GL_ABC_foobar_feature 확장 기능을 지원하지 않으면, 쉐이더 컴파일이 실패하게 되고, **#extension** 지시자가 포함된 줄 위에서 오류 메시지를 발생한다. 실제로 GLSL 확장 기능들이 내포되어 있어서, 애플리케이션은 사용하고자 하는 확장 기능을 컴파일러에 먼저 공표해야 한다.[2]

다음은 OpenGL에서 새로운 함수를 확장 기능으로 만드는 방식을 알아본다. 대부분의 플랫폼에선 OpenGL 드라이버에 직접 접근을 하지 않으면 애플리케이션에서 호출하는 확장 기능이 요술처럼 활용 가능하게 되지 않는다. 정확히 말해, 호출하기 원하는 함수를 대신하는 **함수 포인터**를 OpenGL 드라이버에 요청해야 한다. 함수 포인터는 대개 두 부분으로 선언된다. 첫 번째 부분은 함수 포인터 형태에 대한 정의고, 두 번째 부분은 함수 포인터 변수 그 자체다. 다음 코드를 살펴보자.

```
typedef void
(APIENTRYP PFNGLDRAWTRANSFORMFEEDBACKPROC) (GLenum mode,
                                            GLuint id);
PFNGLDRAWTRANSFORMFEEDBACKPROC glDrawTransformFeedback = NULL;
```

위 구문은 GLenum과 GLuint 인자를 가진 함수 포인터를 PFNGLDRAWTRANSFORMFEEDBACKPROC 형식으로 선언한다. 그 다음에 glDrawTransformFeedback 변수를 그 형식의 인스턴스로 선언한다. 사실 많은 플랫폼에서 **glDrawTransformFeedback()** 함수의 선언문은 실제 위 구문과 같다. 매우 복잡해보이지만 다행히도 아래 헤더 파일들이 등록된 OpenGL의 모든 확장 기능에 의해 소개된 모든 프로토타입, 함수 포인터 형식, 그리고 표식값의 선언문을 포함한다.

```
#include <glext.h>
#include <glxext.h>
#include <wglext.h>
```

이 파일들은 OpenGL 확장 등록소 웹사이트에서 찾을 수 있다. glext.h 헤더 파일은 기본 OpenGL 확장 기능과 많은 공급업체 특수의 OpenGL 확장 기능을 포함한다. wglext.h 헤더 파일은 Windows 특수의 수많은 확장 기능을 포함한다. 그리고 glext.h 헤더 파일은 X 특수의 정의를 포함한다(X란 Linux나 많은 다른 Unix 계열, 계통에서 사용되는 윈도우 시스템을 말한다).

확장 기능 함수의 주소를 질의하는 방법은 플랫폼별로 특수하다. 이 책의 애플리케이션 프레임워크는 이런 복잡한 과정을 <sb6ext.h> 파일 안에 선언된 편리한 함수로 표현할 수 있도록 감싸서 처리한다. **sb6GetProcAddress()** 함수의 프로토타입은 다음과 같다.

```
void * sb6GetProcAddress(const char * funcname);
```

---

2 실제로 많은 애플리케이션이 몇 개의 확장 기능에 포함되어 있는 기능들을 디폴트로 활성화시켜 놓고, 쉐이더에서 이러한 지시자를 포함시키길 요구하지 않는다. 그렇지만 이런 행위를 전제로 한다면 애플리케이션이 다른 OpenGL 드라이버에서는 작동되지 않을 수 있다. 때문에 사용하기로 계획되어진 확장 기능은 항상 명시하여 활성화시켜야 한다.

여기서 funcname은 사용하고자 하는 확장 기능의 함수 이름이다. 리턴값은 지원한다면 함수의 주소고, 지원하지 않으면 NULL이다. OpenGL이 사용하려는 확장 기능의 함수에 해당하는 유효한 함수 포인터를 리턴할지라도, 그것이 확장 기능이 존재한다는 것을 의미하지는 않는다. 때로는 같은 함수가 하나 이상의 확장 기능의 부분일 수도 있고, 공급업체의 배포 드라이버 속에 확장 기능의 일부 구현이 존재하기도 한다. 확장 기능의 지원 여부를 알기 위해서는 sb6IsExtensionSupported() 함수를 사용하거나 공식화된 방식을 사용해서 항상 검사하도록 한다.

14.2 Windows 환경에서의 OpenGL

OpenGL은 강력한 API다. 그것의 저수준 특질은 애플리케이션 개발자의 손에서 모두 제어될 수 있는 여지가 존재한다. 또한 핵심 OpenGL 코드는 다른 많은 플랫폼과 운영체제에 이식될 수 있다. 모든 운영체제는 각기 다른 윈도우 관리 수단을 가지기 때문에, 각 운영체제는 OpenGL과 접속하는 애플리케이션의 인터페이스를 위해 다른 계층(레이어)을 가진다. 이것은 각 특정 인스턴스에서 특정 형태의 버퍼와 색을 나타내는 포맷과 그 외 특징을 사용해야 하는 드라이버 구현을 이해하는 데 도움을 준다.

마이크로소프트 Windows 데스크톱 운영체제(넷북, 랩톱, 데스크톱, 서버 등)에서 Windows API에 특수하게 엮여 있는 함수들의 모임을 WGL(Windows-GL)이라고 부른다. WGL 함수는 함수 이름 앞에는 wgl, 표식 이름 앞에는 WGL_이라는 Windows와 OpenGL 사이의 인터페이스임을 상징하는 접두어를 가진다. 접두어로 인해서 **위글**^{Wiggle} 함수라 불리기도 한다. 이제부터는 애플리케이션 프레임워크 대신 Windows와 OpenGL 드라이버를 직접 WGL 함수로 연결하겠다. 이 프레임워크는 간단한 애플리케이션을 작성하고 실행하기에는 훌륭하지만, 부족한 제어 능력과 유연성이 떨어지는 단점이 있다.

이 절에서는 WGL로 시스템의 능력을 진단하거나, 윈도우를 생성하고 관리하거나, 적용된 시스템 메시지를 다루는 방법을 배운다. Windows에 특수한 OpenGL을 지원하기 위한 프레임워크를 제공하는 OpenGL 프로그램 모델을 만들어가면서 이 장의 개념들이 점차적으로 소개된다. 이 책에선 지금까지 3D 그래픽스나 OpenGL의 지식이나 경험이 요구되지 않았다. 그러나 이 장에선 Windows 프로그래밍에 대한 최소한의 기초지식이 있다고 가정한다. 그렇게 하지 않으면 이 책의 두께가 두 배로 두꺼워질 것이다. OpenGL보다 Windows 프로그래밍에 관한 내용을 쓰는 데 보다 많은 시간을 할애하게 된다. Windows 애플리케이션을 작성하는 방법에 관해서는 Windows 프로그래밍 상세 설명을 담고 있는 다른 많은 좋은 책과 자료를 참고하기 바란다.

14.2.1 Windows에서 OpenGL 구현하기

원래 OpenGL은 Windows NT 3.5 버전부터 Win32 플랫폼에 사용 가능했다. 나중엔 Windows 95에서 부가 기능으로 배포되다가, OSR2 배포판으로 Windows 95 운영체제의 부분으로 공급되기 시작했다. 지금 OpenGL은 모든 Windows 플랫폼(Windows XP, Vista, Win7, Server 2003, Server 2008 등) 위에서 user32.dll 내에 지원하는 컴포넌트와 opengl32.dll 라이브러리에서 노출된 함수들을 가진 자연스러운 API다. 소프트웨어로 구현된 OpenGL 부속이 있는 칩셋에서부터 초보자용 비디오 카드, 엄청나게 빠른 워크스테이션급의 카드에 이르기까지 많은 다양한 수준의 OpenGL 하드웨어가 Windows 플랫폼에서 사용 가능하다. 우리는 이들 플랫폼 중 어느 사양에서 애플리케이션을 구동시킬지 알아야 한다.

마이크로소프트의 OpenGL

현재 마이크로소프트는 운영체제와 같이 디폴트 버전으로 OpenGL 범용 구현을 공급한다. 시스템에 3D 하드웨어가 없거나 적당한 하드웨어 드라이버가 설치되어 있지 않다면 마이크로소프트에서 구현한 OpenGL 버전이 사용된다. 마이크로소프트는 OpenGL 명세에 기여하기도 하고, ARB의 일원임에도 불구하고 많은 시간 동안 OpenGL을 등한시했다. 대부분의 마이크로소프트 운영체제에서 지원되는 OpenGL 버전은 1.1이다. 이는 현재 어떤 3D 애플리케이션이든지 충분하지 않다. 더욱이 소프트웨어적으로 구현된 것은 흔히 의미 있는 그래픽 결과를 지원하기 충분할 정도로 빠르지 않다. 이런 이유로 많은 OpenGL 애플리케이션은 지원되는 OpenGL 버전을 확인하고, OpenGL의 새로운 버전의 명세가 지원되지 않는다면 구동되지 않도록 처리한다. 특히 마이크로소프트가 디폴트로 설치하는 OpenGL 초기 버전은 이 책의 모든 샘플이 의존하고 있는 코어 프로파일 콘텍스트를 지원하지 않는다.

최신의 그래픽 드라이버

Installer Client Driver(ICD)는 Windows NT에서 제공하는 본래의 하드웨어 인터페이스였다. ICD는 그것이 사용된 특정 하드웨어와 소프트웨어의 조합을 가지고 전체 OpenGL 파이프라인을 구현해야 한다. 아무 것도 없는 상태에서 ICD를 만들려면 공급업체가 엄청난 양의 일을 해야 한다.

공급업체에서 제공하는 ICD와 마이크로소프트의 OpenGL 구현과의 협력의 모습은 예를 들면 웹 브라우저를 위한 플러그인의 관계와 흡사하다. opengl32.dll을 링크한 애플리케이션이 하나의 콘텍스트를 만들려 할 때, 라이브러리가 공급업체에서 제공된 드라이버의 사용 가능 여부를 검사하고, 그렇다면 드라이버를 로드하고, 그것을 통해 OpenGL 호출을 수행한다. 공통의 인터페이스가 존재하므로, 드라이버와 애플리케이션은 그것이 변경된다 하더라도 시스템의 OpenGL 하드웨어를 사용하기 위해 재컴파일될 필요는 없다.

ICD는 디스플레이 드라이버의 실제 한 부분이고, opengl32.dll 시스템 DLL에 영향을 주지 않는다. 드라이버의 이름은 하드웨어 공급업체가 전적으로 결정하고, 다른 협력업체들은 그들 고유의 작명규칙을 사용한다. 예를 들면 Windows용 AMD의 OpenGL 드라이버는 atioglxx.dll로 묶였고, NVIDIA의 OpenGL 드라이버는 nvoglv32.dll로 묶였다. 특정 디스플레이 어댑터를 위한 ICD의 이름은 Windows 시스템 레지스트리에 저장되고, opengl32.dll에서 주어진 그래픽 디바이스에 적합한 OpenGL 드라이버를 이 값을 사용해서 찾은 후 로딩한다. ICD는 opengl32.dll이 이해하는 공통의 인터페이스를 노출한다. AMD와 NVIDIA에서 노출하는 인터페이스들은 [그림 14-2]에서 볼 수 있다. 보는 바와 같이 두 ICD는 공통의 함수 집합을 노출한다.

그림 14-2 AMD와 NVIDIA의 OpenGL 드라이버들

이런 드라이버 모델은 공급업체에 자신의 드라이버와 하드웨어의 연동 작업을 최적화시킬 최고의 기회를 제공한다. 모든 하드웨어 공급업체는 현재 ICD 모델을 사용한다. 하드웨어의 어떤 특정부분이 OpenGL의 일부 기능을 기본적으로 지원하지 않는다면,[3] ICD는 그 기능을 에뮬레이션 형태로 구현해야 한다. 이런 방식으로 모든 ICD 드라이버는 그 드라이버에서 산출되는 OpenGL 버전의 모든 특징을 지원해야 한다.

OpenGL 호출 스택인 opengl32.dll이 하는 몫은 전적으로 운영체제에 달려 있으므로 애플리케이션과 드라이버는 주어진 운영체제와 함께 배포된 라이브러리를 사용해야 한다. 마이크로소프트의 소프트웨어 구현은 OpenGL 1.1만 지원하므로, opengl32.dll에서 노출된 함수들은 같은 버전의 OpenGL만 지원한다. 이 점이 OpenGL이 성장하고, 진화하고, 새로운 기능이 추가됨에 따라 딜레마가 생성되는 원인이다. OpenGL 1.1이 탄생된 이후로 긴 시간이 지나버렸다.

디스플레이 드라이버는 현재 버전의 새로운 특징을 추가하기 위해 opengl32.dll을 수정할 수 없으므로, OpenGL은 애플리케이션이 opengl32.dll에서 노출되지 않은 부분을 사용하게 하는 방법이 필요했다. 이것은 확장 방식으로 행해지거나 애플리케이션이 특정 지원되는 인터페이스의 함수 주소를 얻도록 하는 방식을 통해 이루어졌다. 이런 작업은 OpenGL의 새 버전을 지원하기 위한 것

---

3 실제로 모든 공급업체에서 생산되는 현재의 모든 하드웨어는 핵심 OpenGL^{CGL} 명세의 모든 부분을 지원하니, 이 부분은 걱정하지 않아도 된다.

만이 아니라 이 장의 다음에서 보게 되겠지만 하드웨어 공급업체들이 OpenGL의 기능 집합을 확장하기 위해서도 사용한다.

Windows Vista 이상에서 작동하는 OpenGL

Windows Vista 이상에서 작동하는 OpenGL은 기존의 운영체제에서의 방식과 거의 비슷하다. opengl132.dll의 한 버전을 여전히 사용하고, 애플리케이션은 유사한 방식으로 OpenGL 함수를 호출한다. 그러나 이 운영체제들은 데스크톱 구성이라는 기술을 사용하여 사용자가 볼 수 있는 마지막 화면을 생성한다. 이전의 운영체제들은 각각의 윈도우가 점유한 데스크톱 픽셀들로 렌더링했다. 그러나 Windows Vista 이후의 운영체제들은 각각의 윈도우가 데스크톱 윈도우 매니저^{Desktop Window Manager}(DWM)라는 새로 추가된 컴포넌트로 이관된 메모리 영역에 렌더링한다. 이 컴포넌트는 예를 들면 윈도우 작업 전환 시 윈도우의 경계를 투명화하고, 저해상도 프리뷰를 볼 수 있도록 하는 Aero 유저 인터페이스를 사용 가능하게 만드는 역할을 한다.

각각의 윈도우는 하나의 **서피스**로서, DWM에 전달된다. DWM은 DXGI라 불리는 그래픽 커널 드라이버를 직접 연결한다. DWM은 각각의 실행되는 2D와 3D 애플리케이션을 모두 모아서 GPU를 통해 데스크톱 구성물로 합쳐 사용자가 보는 최종 이미지를 생성한다. 이 새로운 방식은 각각의 윈도우를 위한 렌더링 서피스를 분리해서, 운영체제로 하여금 진보된 GPU 능력을 활용하여 멋진 블렌딩이나 3D 효과를 발생하게 한다.

Windows Vista 이후의 opengl132.dll 버전은 아직 OpenGL 1.4만 지원한다. 그렇지만 오래된 애플리케이션에 어느 정도 하드웨어 가속 기능을 제공하기 위해 마이크로소프트는 OpenGL 1.4 버전 기능을 D3D 에뮬레이터에 구현했다. 이것은 ICD 같이 보이기도 하나, 실제 ICD가 설치되지 않았을 때만 동작한다. Windows Vista는 XP와 마찬가지로 ICD 드라이버를 배포 시 포함시키지 않는다. 사용자가 공급업체의 웹사이트로부터 새로운 디스플레이 드라이버를 한 번은 다운로드 받고 진정한 ICD 기반의 드라이버를 설치한 후에야 창 모드와 풀스크린 모드 게임에서 완전한 OpenGL 지원을 받는다.

14.2.2 기본 윈도우 환경 구성

이제 WGL을 사용하는 애플리케이션 환경 구성 주제로 돌아갈 시간이다. 이 책의 애플리케이션 프레임워크는 단 하나의 윈도우를 제공하고, OpenGL 함수 호출은 항상 그 윈도우 위에서 행해진다(그들이 어디로 갈 수 있겠는가?). 하지만 실제로 만드는 Windows 애플리케이션들은 보통 한 개 이상의 윈도우를 가진다. 사실 대화상자, 제어판, 메뉴조차도 저수준으로 보면 모두 실제 윈도우다. 단 하나의 윈도우로 쓸 만한 프로그램을 만드는 것은 거의 불가능하다(아, 아마 게임은 중요한 예외일 수도 있다!) 게다가 책의 애플리케이션 프레임워크는 애플리케이션의 메인 루프를 소유하고, 렌더링 함수 안에 모든 드로잉 코드를 작성하도록 요구한다. 간단한 애플리케이션에선 잘 작동하겠지만, 라이브러리로 작업하지 않으면 코드로 메인 이벤트 루프를 제어할 수 없다. 윈도우와 콘텍스트를 좀 더 유연하게 관리할 수 있는 방법을 살펴보자.

GDI 디바이스 콘텍스트

마이크로소프트 운영체제에선 윈도우에 그림을 그리는 수많은 방법이 있다. 가장 오래되고, 폭넓은 지원을 하는 것은 Windows GDI$^{Graphics Device Interface}$다. GDI는 GDI+로까지 업데이트되었다. GDI는 엄밀히 2D 그림용 인터페이스고, Windows Vista 이전에는 폭넓게 하드웨어 가속이 되었다. 여전히 Windows Vista 이후에도 GDI는 사용 가능하지만, 더 이상 같은 방식으로 하드웨어 가속은 되지 않는다. Windows Presentation Foundation(WPF)이라 불리는 .NET 프레임워크에 기초한 고수준의 그리기 기술이 더 선호된다. Windows XP에선 WPF를 다운로드해서 사용 가능하다. 수년 동안 Direct3D의 많은 공적뿐 아니라, 2D API도 약간의 사소한 변화가 생겼다가 사라졌다. Windows Vista에선 새로운 저수준 렌더링 인터페이스를 Windows Graphics Foundation(WGF)이라 일컬었고, 그것이 바로 다름 아닌 Direct3D 10이다.

모든 버전의 Windows(Windows 모바일 포함)에 유일한 공통 순수 렌더링 API는 GDI다. 다행히도 GDI는 모든 버전의 Windows에서 OpenGL을 초기화하고 상호 작용하는 방법 그 자체다(단, Windows 모바일은 마이크로소프트에서 OpenGL을 기본 지원하지 않는다). Windows Vista 이후 운영체제에서 GDI는 하드웨어 가속되지 않지만, 그리기 명령을 수행하기 위해 실제적으로 GDI를 사용할 일은 절대 없으므로 어쨌든 큰 영향은 없다(최소한 OpenGL을 사용할 때는).

GDI를 사용할 때 각 윈도우는 그래픽 출력을 실제로 받는 **디바이스 콘텍스트**$^{device context}$(DC)를 가진다. 그리고 각 GDI 함수는 영향을 주길 원하는 콘텍스트를 지정하기 위해 인자로서 디바이스 콘텍스트를 받는다. 복수의 디바이스 콘텍스트를 가질 수 있으나, 각 윈도우당 한 개만 지정할 수 있다.

OpenGL도 비슷한 방식으로 작동해야 한다는 결론에 도달하기 전에, GDI는 Windows에만 사용된다는 것을 기억하자. OpenGL은 어떤 환경이나 하드웨어 플랫폼에서도 완전히 호환 가능하도록 설계되었다(Windows에서 시작되지도 않았다!). 디바이스 콘텍스트 인자를 OpenGL 함수에 더하는 것은 OpenGL 코드를 Windows가 아닌 다른 환경에선 사용하지 못하게 만든다.

OpenGL은 콘텍스트 구분자를 가지며, 그것을 **렌더링 콘텍스트**$^{rendering context}$(RC)라고 한다. Windows에서 디바이스 콘텍스트가 지금 사용되는 브러시 또는 펜 색상을 유지하고 있듯이, 렌더링 콘텍스트는 현재의 묶음정보나 상태 설정값 등을 기억한다는 점에서 둘은 많은 유사점을 가진다.

윈도우 생성하기

렌더링하기 전에 OpenGL 콘텍스트가 필요하고, OpenGL 콘텍스트를 생성하기 전에 GDI 콘텍스트가 있어야 하며, 그전에 윈도우(결국은 Windows라 불리는 운영체제)가 존재해야 한다. 윈도우를 만들기 위해 CreateWindowsEx 함수를 이용하고 어떤 형태의 윈도우를 사용할지 그 함수에 전달한다. 윈도우를 생성하기 위해선 그 윈도우에서 사용하는 메시지들을 어떤 함수에서 처리한다는 내용을 Windows에 알려주는 윈도우 클래스가 다른 무엇보다 필요하다. 윈도우 클래스를 완비하려면 RegisterClass 함수를 호출한다. 프로토타입은 다음과 같다.

```
ATOM WINAPI RegisterClass(const WNDCLASS *lpWndClass);
```

RegisterClass 함수는 WNDCLASS 구조체의 포인터를 취해서 클래스를 정의한다. 클래스 내부의 모든 필드값을 사용하지는 않지만, 몇 가지 필드값의 설정은 중요하다. [예제 14-1]은 새로운 윈도우 클래스를 등록하는 예다.

예제 14-1 윈도우 클래스 등록하기

```
WNDCLASS cls;

::ZeroMemory(&cls, sizeof(cls));

cls.style = CS_HREDRAW | CS_VREDRAW | CS_OWNDC;
cls.lpfnWndProc = &WindowProc;
cls.hInstance = ::GetModuleHandle(NULL);
cls.lpszClassName = TEXT("OPENGL");

::RegisterClass(&cls);
```

[예제 14-1]에서는 먼저 구조체의 내용을 ZeroMemory를 사용하여 0으로 초기화한다(memset과 유사하지만, C 런타임 라이브러리에 의존하지 않는다). 이것은 채우지 않은 구조체의 어떤 필드값도 0이 됨을 의미한다. 그리고 그것은 대체로 원하는 결과다. 구조체의 스타일 멤버를 CS_HREDRAW | CS_VREDRAW | CS_OWNDC로 정했다. 이것은 Windows에 창의 넓이나 높이가 변할 때 다시 그리라고 요구하며, 이 클래스를 가진 각각의 윈도우에 자신이 소유한 디바이스 콘텍스트(DC)를 넘겨주라고 알려준다. WindowProc은 우리가 작성하게 될 메시지 처리 함수고, hInstance 필드는 애플리케이션의 인스턴스를 저장하며, lpszClassName 필드는 새 클래스를 참조할 수 있도록 하는 문자열의 주소. 이 값을 "OPENGL"로 하겠다.

이제 CreateWindowEx를 호출함으로써 윈도우를 생성할 수 있다. CreateWindowEx의 프로토타입은 다음과 같다.

```
HWND WINAPI CreateWindowEx(DWORD dwExStyle,
                           LPCTSTR lpClassName,
                           LPCTSTR lpWindowName,
                           DWORD dwStyle,
                           int x,
                           int y,
                           int nWidth,
                           int nHeight,
                           HWND hWndParent,
                           HMENU hMenu,
                           HINSTANCE hInstance,
                           LPVOID lpParam);
```

dwExStyle과 dwStyle은 윈도우의 스타일이다. lpClassName 인자는 윈도우 클래스 이름이고, 방금 등록한 "OPENGL"로 지정할 수 있다. x, y, nWidth, nHeight 인자는 윈도우의 위치와 크기를 지정한다. hWndParent는 부모 윈도우의 핸들이다. 생성한 윈도우를 다른 윈도우의 자식으로 하고 싶다면 이 값을 사용하게 될 것이나, 지금은 최상위 윈도우를 생성하니 NULL값으로 하겠다. 마찬가지로 생성할 윈도우에는 메뉴가 없으므로 hMenu도 NULL로 한다. hInstance는 애플리케이션의 인스턴스다. lpParam은 사용하길 원하는 어떤 것의 포인터 변수도 허용한다. 윈도우가 생성될 때, Windows는 이 윈도우 함수를 호출하며, 거기서 이 인자를 다룰 수 있다. 이 예제에서는 lpParam을 사용하지 않으므로 NULL값으로 하겠다. 좀 더 복잡한 애플리케이션에서는 클래스 인스턴스의 포인터로 또는 다른 목적으로 이 인자를 활용할 수 있다. 윈도우를 생성하고 디바이스 콘텍스트를 얻는 코드는 [예제 14-2]에서 볼 수 있다.

예제 14-2 간단한 윈도우 생성

```
HWND hWnd = ::CreateWindowEx(WS_EX_APPWINDOW | WS_EX_WINDOWEDGE,
                             TEXT("OPENGL"),
                             TEXT("OpenGL Window"),
                             WS_CLIPSIBLINGS | WS_CLIPCHILDREN |
                             WS_OVERLAPPEDWINDOW | WS_VISIBLE,
                             0, 0,
                             800, 600,
                             NULL,
                             NULL,
                             hInstance,
                             NULL);

HDC dc = ::GetDC(hWnd);
```

[예제 14-2]에서 윈도우를 생성했으므로, 디바이스 콘텍스트를 GetDC 함수로 얻어낸다. 이제 OpenGL로 렌더링하기 위한 DC를 제공할 준비가 되었다.

픽셀 형식

Windows GDI 디바이스 콘텍스트는 2D 그래픽스 애플리케이션을 위해 설계되었기 때문에 3D 그래픽스의 개념은 제한되어 있다. Windows에선 주어진 윈도우의 디바이스 콘텍스트 식별자를 사용한다. 디바이스 콘텍스트의 특질은 디바이스 특질을 따른다. 데스크톱이 16비트 색상으로 설정되어 있다면 Windows가 알려준 디바이스 콘텍스트는 16비트 색상만 이해하고 알아듣는다. 예를 들면 Windows에 한 윈도우는 16비트 색상으로 하고, 다른 윈도우는 32비트 색상으로 해달라고 요청할 수 없다. 프로그래머는 윈도우 디바이스 콘텍스트에 내재된 특징을 제어할 수 없다.

3D 그래픽을 렌더링할 어떤 윈도우나 디바이스도 단순한 색상 깊이$^{color\ depth}$ 정도의 특징을 가질 뿐이다. 지금까지 애플리케이션 프레임워크는 이러한 상세 설정에 주의를 기울여왔다. 애플리케이션 프레임워크를 초기화할 때, 사용하길 원하는 OpenGL의 버전, 풀스크린을 사용하는지 여부, 그리고 프레임워크 자신에 관한 것을 프레임워크에 전달했다. 나머지 처리는 감춰져 있었다.

OpenGL을 윈도우로 렌더링하기 전에 렌더링에 필요한 설정을 윈도우에 해주어야 한다. 싱글 버퍼를 사용할 것인가 더블 버퍼를 사용할 것인가? 깊이 버퍼가 필요한가? 스텐실이나 알파 설정은 어떻게 할 것인가? 이런 인자들을 윈도우에 설정하고 난 후에는 값을 변경할 수 없다. 깊이와 색상 버퍼만을 가진 윈도우를 스텐실과 색상 버퍼만을 가진 윈도우로 변경하기 위해선 처음 윈도우를 파괴하고, 필요한 특징을 가진 새 윈도우를 생성해야 한다.

Windows에서 OpenGL은 그룹화된 형태로 가용 정보를 감싼 **픽셀 형식**을 사용한다. 그러므로 애플리케이션에 적합한 특징과 가용 능력을 가진 픽셀 형식을 찾아낼 필요가 있다. 이 픽셀 형식은 OpenGL 렌더링 콘텍스트를 생성하는 데 사용한다. 픽셀 형식을 찾아내는 두 가지 방법이 있다. 첫 번째 방법은 OpenGL에서 직접 노출된 절차를 활용하는 것으로 좀 더 선호된다. 두 번째 방법은 Windows에서 OpenGL을 지원하는 한 계속 존재해왔던 Windows 본래의 인터페이스를 사용하는 것이다.

픽셀 형식 선택하기

Windows는 OpenGL 픽셀 형식을 알아내기 위해 사용하는 몇 개의 함수를 제공한다. 그렇지만 OpenGL에서 새롭게 제공되는 멀티 샘플 버퍼 같은 사양은 구 픽셀 형식 선택 방식을 사용해서는 얻어낼 수 없다. 이런 형식을 얻어내는 방법을 간단히 소개하겠다.

윈도우의 3D 특징은 보통 윈도우가 생성된 이후에 한 번 결정된다. 이런 설정의 묶음에 대한 이름이 픽셀 형식이다. Windows는 PIXELFORMATDESCRIPTOR라는 이름의 픽셀 형식을 지칭하는 구조체를 제공한다. 이 구조체는 [예제 14-3]에 정의되어 있다.

```
typedef struct tagPIXELFORMATDESCRIPTOR
{
    WORD nSize;              // 이 구조체의 크기
    WORD nVersion;           // 구조체의 버전(1이어야 함)
    DWORD dwFlags;           // 픽셀 버퍼 속성
    BYTE iPixelType;         // 픽셀 데이터의 형식(RGBA 혹은 색상 번호)
    BYTE cColorBits;         // 색상 버퍼 내의 색상 비트 평면의 수
    BYTE cRedBits;           // 빨간색 비트 수
    BYTE cRedShift;          // 빨간색 비트의 시프트 횟수
    BYTE cGreenBits;         // 녹색 비트 수
    BYTE cGreenShift;        // 녹색 비트의 시프트 횟수
    BYTE cBlueBits;          // 파란색 비트 수
    BYTE cBlueShift;         // 파란색 비트의 시프트 횟수
    BYTE cAlphaBits;         // 목적지 알파 비트 수
    BYTE cAlphaShift;        // 목적지 알파의 시프트 횟수
    BYTE cAccumBits;         // 축적 버퍼의 비트 수
    BYTE cAccumRedBits;      // 축적 버퍼 내의 빨간색 비트 수
    BYTE cAccumGreenBits;    // 축적 버퍼 내의 녹색 비트 수
    BYTE cAccumBlueBits;     // 축적 버퍼 내의 파란색 비트 수
    BYTE cAccumAlphaBits;    // 축적 버퍼 내의 알파 비트 수
    BYTE cDepthBits;         // 깊이 버퍼의 비트 수
    BYTE cStencilBits;       // 스텐실 버퍼의 비트 수
    BYTE cAuxBuffers;        // 보조 버퍼의 수
    BYTE iLayerType;         // 안 쓰임. 무시
    BYTE bReserved;          // 오버레이와 언더레이 평면 수
    DWORD dwLayerMask;       // 안 쓰임. 무시
    DWORD dwVisibleMask;     // 언더레이 평면의 투명 색상
    DWORD dwDamageMask;      // 안 쓰임. 무시
} PIXELFORMATDESCRIPTOR;
```

주어진 OpenGL 디바이스(하드웨어 또는 소프트웨어)에서 위 멤버들의 값을 임의로 넣을 순 없다. 특정 윈도우에서 제한되어진 픽셀 형식만 사용 가능하다. 픽셀 형식은 OpenGL 드라이버에 의해 노출될 것이라고 선언된다. 적합한 형식을 찾으려면 이 구조체의 인스턴스를 생성하고 필요한 만큼 필드값을 채운 후(나머지는 0으로 설정한 채) ChoosePixelFormat 함수를 호출한다. 프로토타입은 다음과 같다.

```
int ChoosePixelFormat(HDC hdc,
                    const PIXELFORMATDESCRIPTOR *ppfd);
```

ChoosePixelFormat 함수는 설치된 OpenGL 드라이버에서 지원되는 픽셀 형식으로부터 가장 적합한 형식의 번호를 리턴한다. 이 번호로 **SetPixelFormat( )**을 호출하면 OpenGL 애플리케이션을 렌더링할 디바이스 콘텍스트의 픽셀 형식을 설정할 수 있다. [예제 14-4]에서 이 과정을 하는 코드를 볼 수 있다.

```
PIXELFORMATDESCRIPTOR pfd;

::ZeroMemory(&pfd, sizeof(pfd));

pfd.nSize             = sizeof(pfd);
pfd.nVersion          = 1;
pfd.dwFlags           = PFD_DRAW_TO_WINDOW |
                        PFD_SUPPORT_OPENGL |
                        PFD_GENERIC_ACCELERATED |
                        PFD_DOUBLEBUFFER;
pfd.iPixelType        = PFD_TYPE_RGBA;
pfd.cColorBits        = 24;
pfd.cRedBits          = 8;
pfd.cGreenBits        = 8;
pfd.cBlueBits         = 8;
pfd.cDepthBits        = 32;

int iPixelFormat = ::ChoosePixelFormat(dc, &pfd);
::SetPixelFormat(dc, iPixelFormat, &pfd);
```

PIXELFORMATDESCRIPTOR 구조체의 본래 내용은 **SetPixelFormat( )** 함수 기능에는 영향을 주지 않는다. hDC 인자에는 윈도우 디바이스 콘텍스트 핸들을 넘겨주고, nPixelFormat 인자에는 선택한 픽셀 형식 번호를 지정한다. **SetPixelFormat( )**은 주어진 DC에 단 한 번만 호출 가능하다. 픽셀 형식을 바꾸려면 윈도우를 파괴한 후 재생성해야만 한다.

14.2.3 OpenGL 렌더링 콘텍스트

전형적인 Windows 애플리케이션은 많은 윈도우로 구성되어 있다. 원한다면 각각의 윈도우에 픽셀 형식을 지정할 수 있다(윈도우의 디바이스 콘텍스트를 통해서)! OpenGL 명령을 호출할 때 드라이버는 어떤 윈도우에 그것의 출력을 전달할지 어떻게 알 수 있을까? 앞 장에서는 애플리케이션 프레임워크를 사용했고, 그 프레임워크가 OpenGL 출력을 보여주기 위한 하나의 윈도우를 제공했다. 보통의 Windows GDI 기반의 그리기 기능에서는 각 윈도우가 자신이 소유한 디바이스 콘텍스트를 가지게 됨을 상기하라.

핵심 OpenGL 함수들의 호환성을 확보하기 위해서는 OpenGL 명령을 실행하기 전에 현재 렌더링되는 윈도우를 특징짓는 몇 개의 수단을 각 환경에서 구현해야 한다. Windows GDI 함수가 윈도우 디바이스 콘텍스트를 사용하듯이, OpenGL에선 **렌더링 콘텍스트**라 불리는 환경이 설정되어야 한다. 렌더링 콘텍스트는 OpenGL 설정과 상태를 기억한다.

Windows 콘텍스트에 렌더링되는 OpenGL의 데이터 형식은 HGLRC고, **wglCreateContext()**를 호출하여 생성할 수 있다. 모든 과정이 성공하면 새로운 콘텍스트 핸들이 리턴되고, **wglMakeCurrent()**를 호출하면 그 콘텍스트를 활성화시킬 수 있다. 이 과정의 코드는 다음과 같다.

```
HGLRC rc = wglCreateContext(dc);
wglMakeCurrent(dc, rc);
```

현재 콘텍스트를 활성화시켜서 애플리케이션의 **메인 루프**에 들어갈 준비를 했다. Windows에서는 각 윈도우가 메시지 큐의 타깃이 되어 있는 상태에서, 메시지를 전달하는 패러다임이 기반을 이룬다. 이로 인해 애플리케이션은 각 윈도우에서 해당 메시지가 큐 안에 존재하는지 조사하고, 그렇다면 그것을 처리하는 루프 구문을 포함해야 한다. 간단한 Windows 애플리케이션을 위한 메시지 루프는 [예제 14-5]에서 볼 수 있다.

예제 14-5 Windows 메인 메시지 루프

```
for (;;)
{
    if (::PeekMessage(&msg, hWnd, 0, 0, PM_REMOVE))
    {
        if (msg.message == WM_QUIT)
        {
            break;
        }
        ::TranslateMessage(&msg);
        ::DispatchMessage(&msg);
    }
    DrawScene();
    ::SwapBuffers(dc);
}
```

일반적으로 애플리케이션은 [예제 14-5]에서처럼 TranslateMessage와 DispatchMessage 함수를 호출함으로써 메시지를 다룬다. 이 함수들은 결국 윈도우 클래스와 관련된 함수를 호출한다(이전에 윈도우 클래스 구조체의 멤버인 lpfnWndProc을 WindowsProc으로 지정한 바로 그 함수다).

이중 버퍼링

앞 절의 예제 프로그램(예제 14-4)에서는 **ChoosePixelFormat()** 함수로 픽셀 형식을 찾을 때 PIXELFORMATDESCRIPTOR 내부의 PFD_DOUBLEBUFFER를 특정지어 이중 버퍼 형식의 픽셀 형식을 요청했다. 지금까지 이중 버퍼 처리된 수많은 애플리케이션을 보아왔다. 사실 이 책의 애플리케이션 프레임워크는 이중 버퍼 콘텍스트 설정이 기본으로 되어 있다. 하지만 다시 어떻게 픽셀 형식을 할당하며, 프로그램이 어떻게 제어되는지에 대한 주제를 간단히 살펴보려 한다. 이중 버퍼링되는 픽셀 형식을 사용하면 윈도우 크기만큼의 서피스가 두 개 할당되어야 한다. 하나는 전면 버퍼로 사용되고, 다른 하나는 후면 버퍼로 사용된다. GL_FRONT 또는 GL_BACK 인자로 **glDrawBuffers()**를 호출함으로써 그 위에 그릴 수 있다. 그렇지만 최신의 합성 데스크톱 기능이 있는 윈도우 시스템 (Windows의 DWM)은 전면 버퍼에 렌더링하는 것을 실제 허용하지 않는다. 때문에 모든 콘텍스트는 아랫단에서 이중 버퍼화된다.

이중 버퍼 기술은 화면 위에 중간 결과를 보여주는 것 없이 후면 버퍼에 전체 장면을 OpenGL로 하여금 그리도록 해준다. 이로 인해 보다 부드럽고 좀 더 멋진 장면을 보여줌으로써 사용자에게 유쾌한 경험을 줄 수 있다.

하지만 어떻게 사용자가 볼 수 없는 버퍼 위에 렌더링된 것을 항상 보게 할 수 있을까? 답은 쉽다. 단지 OpenGL에 그리기를 다했고, 버퍼들이 서로 교체될 때가 되었다고 알려주면 된다. 이것은 윈도우의 디바이스 핸들로 **SwapBuffers()**를 단순히 호출하기만 하면 된다. 이 호출이 이루어지면 후면 버퍼는 화면에 보이고, 프로그램은 새로운 후면 버퍼와 작용한다.

```
// 버퍼를 교환하라.
SwapBuffers(dc);
```

[예제 14-5]에서 **SwapBuffers()**를 호출하는 부분을 보았다. 그것이 Windows에서 OpenGL로 기본 렌더링을 위해 수행하는 작업이다. 하지만 실제론 더 많은 일이 존재한다. 더 진행하기 전에, WGL 인터페이스가 어떻게 확장되는지 살펴볼 필요가 있다.

WGL 확장하기

앞서 서술한대로 OpenGL이 발전되는 중요 절차는 확장 기능으로 부터다. 사용 가능한 확장 기능의 일부는 OpenGL의 함수로 추가되고, 이것은 WGL에서도 마찬가지다. Windows OpenGL 구현에서는 **wglGetProcAddress()** 함수가 드라이버에서 지원되는 OpenGL 함수의 포인터를 얻을 수 있도록 해준다. 이 함수의 프로토타입은 다음과 같다.

```
PROC wglGetProcAddress(LPSTR lpszProc);
```

이 함수는 OpenGL 함수의 이름을 받아서 우리가 그것을 직접 호출할 수 있도록 함수 포인터를 리턴한다. 이것은 **sb6GetProcAddress()** 함수가 하는 일과 유사한데, Windows에서 **sb6GetProcAddress()**의 구현이 단순히 **wglGetProcAddress()**를 감싸는 정도이기 때문이다.

WGL도 확장 기능을 지원한다. 그러나 그것을 사용하기 전에, 설치된 OpenGL 드라이버에서 어떤 확장 기능이 지원되는지 살펴볼 필요가 있다. 이 과정은 보통 확장 기능 중의 한 함수를 호출하는 것으로 행한다. 순환되는 것처럼 보이지만, 이럴 때 종속성을 끊어낼 수 있는 특별한 예외 처리가 있다. 문제의 함수는 **wglGetExtensionsStringARB()**다. 이 함수는 OpenGL 드라이버에서 지원하는 모든 WGL 확장 기능의 이름을 포함한 문자열을 리턴한다. **wglGetProcAddress()**가 **wglGetExtensionsStringARB()**를 위해 유효한 포인터를 리턴한다면 WGL_ARB_extensions_string 확장 기능이 존재하고 지원된다. 이것의 사용은 다음과 같다.

```
PFNWGLGETEXTENSIONSSTRINGARBPROC wglGetExtensionsStringARB;

wglGetExtensionsStringARB = (PFNWGLGETEXTENSIONSSTRINGARBPROC)
                        wglGetProcAddress("wglGetExtensionsStringARB");

const char * extension_string = wglGetExtensionsStringARB();
```

이 코드를 실행한 후, extension_string 변수가 가진 값은 OpenGL 드라이버에서 지원하는 모든 확장 기능을 스페이스 문자로 구분한 리스트로 되어 있는 문자열 포인터다. 이 문자열이 WGL_ARB_Create_context를 포함한다면, 이제 시작할 준비가 된 것이다! 이것은 발전된 콘텍스트 생성 함수가 존재한다는 의미고, **wglCreateContext()**에서 제공하는 기본 기능보다 발전된 콘텍스트 버전을 생성하여 확장 기능을 사용할 수 있다. 마찬가지로 WGL_ARB_pixel_format은 발전된 픽셀 형식을 선택할 수 있다는 얘기다. PIXELFORMATDESCRIPTOR에서 멀티 샘플 같은 기능이 생략된 것을 알아차렸을지 모르겠다. WGL_ARB_pixel_format은 이것을 수정한 것이다.

이런 확장 기능은 [표 14-1]에서 보이는 것처럼, 콘텍스트와 관련된 많은 속성의 긴 리스트를 정의한다.

표 14-1 픽셀 형식 속성

상수(WGL_*)	설명
NUMBER_PIXEL_FORMATS_ARB	이 디바이스용 픽셀 형식의 수
DRAW_TO_WINDOW_ARB	이 윈도우에 사용될 수 있는 픽셀 형식이라면 0이 아닌 값
DRAW_TO_BITMAP_ARB	Device Independent Bitmap(DIB) 메모리에서 사용될 수 있는 픽셀 형식이라면 0이 아닌 값
DEPTH_BITS_ARB	깊이 버퍼의 비트 수
STENCIL_BITS_ARB	스텐실 버퍼의 비트 수
ACCELERATION_ARB	하드웨어 가속이 요구되어 WGL_FULL_ACCELERATION_ARB로 설정해야 함
NEED_PALETTE_ARB	팔레트가 요구되면 0이 아닌 값
NEED_SYSTEM_PALETTE_ARB	하드웨어가 단지 256색 모드의 하나의 팔레트를 지원한다면 0이 아닌 값
SWAP_LAYER_BUFFERS_ARB	하드웨어가 레이어 평면들의 교환을 지원한다면 0이 아닌 값
SWAP_METHOD_ARB	이중 버퍼 픽셀 형식에서 버퍼 교환을 하는 방법으로, [표 14-2]에서 보이는 값들 중 하나임
NUMBER_OVERLAYS_ARB	오버레이 평면의 수
NUMBER_UNDERLAYS_ARB	언더레이 평면의 수
SAMPLES_ARB	멀티 샘플에서 픽셀당 샘플링하는 수. 기본값은 1

상수(WGL_*)	설명
TRANSPARENT_ARB	투명 기능이 지원되면 0이 아닌 값
TRANSPARENT_RED_VALUE_ARB	투명 빨간색 채널 색상
TRANSPARENT_GREEN_VALUE_ARB	투명 녹색 채널 색상
TRANSPARENT_BLUE_VALUE_ARB	투명 파란색 채널 색상
TRANSPARENT_ALPHA_VALUE_ARB	투명 알파 채널 색상
SHARE_DEPTH_ARB	레이어 평면이 메인 평면과 깊이 버퍼를 공유하면 0이 아닌 값
SHARE_STENCIL_ARB	레이어 평면이 메인 평면과 스텐실 버퍼를 공유하면 0이 아닌 값
SHARE_ACCUM_ARB	레이어 평면이 메인 평면과 누적 버퍼를 공유하면 0이 아닌 값
SUPPORT_GDI_ARB	GDI 렌더링이 지원되면 0이 아닌 값(전면 버퍼만)
SUPPORT_OPENGL_ARB	OpenGL이 지원되면 0이 아닌 값
DOUBLE_BUFFER_ARB	이중 버퍼링되면 0이 아닌 값
STEREO_ARB	왼쪽과 오른쪽 버퍼를 지원하면 0이 아닌 값
PIXEL_TYPE_ARB	RGBA 색상 모드를 위해선 TYPE_RGBA_ARB. 색상 인덱스 모드를 위해선 TYPE_COLORINDEX_ARB
COLOR_BITS_ARB	색상 버퍼에서 비트 평면의 수
RED_BITS_ARB	색상 버퍼에서 빨간색용 비트 평면의 수
RED_SHIFT_ARB	빨간색용 비트 평면의 시프트 횟수
GREEN_BITS_ARB	색상 버퍼에서 녹색용 비트 평면의 수
GREEN_SHIFT_ARB	녹색용 비트 평면의 시프트 횟수
BLUE_BITS_ARB	색상 버퍼에서 파란색용 비트 평면의 수
BLUE_SHIFT_ARB	파란색용 비트 평면의 시프트 횟수
ALPHA_BITS_ARB	색상 버퍼에서 알파용 비트 평면의 수
ALPHA_SHIFT_ARB	알파용 비트 평면의 시프트 횟수

표 14-2 WGL_SWAP_METHOD_ARB를 위한 버퍼 교환값

상수(WGL_*)	설명
SWAP_EXCHANGE_ARB	전면 버퍼와 후면 버퍼를 서로 교환함
SWAP_COPY_ARB	후면 버퍼가 전면 버퍼로 복사됨
SWAP_UNDEFINED_ARB	후면 버퍼가 전면 버퍼로 복사되나, 후면 버퍼의 내용이 버퍼 교환 이후에도 정의되지 않은 채로 남겨짐

wglChoosePixelFormatARB() 함수는 [표 14-1]의 속성을 가지고 적합한 픽셀 형식을 찾을 수 있는 **ChoosePixelFormat()**의 발전된 버전이다. 프로토타입은 다음과 같다.

```
BOOL wglChoosePixelFormatARB(HDC hdc,
                    const int *piAttribIList,
                    const float *pfAttribFList,
                    UINT nMaxFormats,
                    const int *piFormats,
                    UINT *nNumFormats);
```

이 함수에 'ARB'라는 접미어가 있음에 주목하라(중요하다). `wglChoosePixelFormatARB()`는 `ChoosePixelFormat()`과 같지 않다. 대부분의 애플리케이션에선 `wglChoosePixelFormatARB()`를 항상 사용한다. 또한 이 확장 기능을 사용하기 전에 OpenGL 콘텍스트가 생성되어야 하고, `wglChoosePixelFormatARB()`가 호출되어야 함을 주의한다. 이것을 하기 위해 더미 콘텍스트를 생성하고 필요한 픽셀 형식을 찾은 후 바로 삭제할 수도 있다.

다뤄야 할 많은 인자가 있다. 첫 번째 인자인 hdc는 픽셀 형식이 사용될 윈도우의 디바이스 콘텍스트다. 두 번째와 세 번째 인자는 찾으려는 속성을 지정하기 위해 쓰인다. 두 인자는 속성의 리스트-값 쌍이다. piAttribIList는 정수값의 리스트고, pfAttribIList는 부동소수점값의 리스트다. 몇몇 속성은 정수대신 부동소수점으로 보다 잘 정의된다. 이 속성들을 사용하기 위해 한 형식의 배열을 생성하고, 특정지으려는 제일 처음 속성의 값을 첫 번째 요소에 지정한다. 두 번째 요소에는 요구하는 최소사양 값을 지정한다. 세 번째 요소에는 두 번째 속성을 지정하고, … 이 과정을 반복한다. 모든 속성이 지정되면 배열의 마지막 요소에 0을 넣는다. WGL_DRAW_TO_WINDOW_ARB와 WGL_SWAP_METHOD 같은 속성은 정확한 값을 입력하는 반면, WGL_COLOR_BITS_ARB와 WGL_ALPHA_BITS_ARB는 최소로 수용되는 값을 지정한다.

검색 결과를 보관할 두 번째 배열을 할당해야 한다. 할당된 배열의 크기를 nMaxFormats에 넣고, 정수 배열의 포인터를 piFormats에 대입한다. 결과 배열에 채워진 포맷의 실제 개수는 nNumFormats 인자로 돌려받는다. 보통은 찾아낸 형식의 수와 같으나 배열의 크기가 너무 작거나 nNumFormats와 nMaxFormats가 같다면 드라이버는 리턴되는 결과 배열에 적당한 수보다 더 많은 적합한 형식을 찾아낸다. piAttribIList나 pfAttribIList에 속성을 지정하지 않으면, 함수는 적합한 형식을 찾아도 무시한다. 기본값은 사용되지 않는다. piAttribIList나 pfAttribIList가 NULL이라면 모든 형식을 얻어낼 수 있다.

`wglChoosePixelFormatARB()` 함수에서 piFormats 속성으로 리턴된 결과값은 '가장' 적합한 형식을 리스트의 시작부분에 정렬한다. '가장' 적합한 결과는 함수 구현에 의해 정의되고, 디바이스에 따라 다르다. 애플리케이션 요구사항에 가장 적합하다고 함수 구현이 판단한 픽셀 형식을 선택하는 것이 보통 유용하다.

몇 가지 속성은 유용한 픽셀 형식을 결과로 얻으려는 대부분의 질의에서 요구된다. 대부분의 프로그램은 WGL_SUPPORT_OPENGL_ARB, WGL_DRAW_TO_WINDOW_ARB, 그리고 WGL_ACCELERATION_ARB 속성을 요청해야 한다. 이 속성들은 다음 절에서 보다 자세히 알아본다. 이 모든 정보가 다소 혼란스럽더라도, 픽셀 형식을 찾는 것은 의외로 쉽다. [예제 14-6]에서 픽셀 형식을 선택하는 방법을 예제로 보여준다.

```
int nPixCount = 0;

// 관심 있는 중요 속성을 지정한다.
int pixAttribs[] = {
            WGL_SUPPORT_OPENGL_ARB, 1,    // OGL 렌더링을 지원해야 한다.
            WGL_DRAW_TO_WINDOW_ARB, 1,    // 윈도우에서 실행할 수 있는 pf(픽셀 형식)
            WGL_RED_BITS_ARB, 8,          // 최소 8비트의 빨간색 채널
            WGL_GREEN_BITS_ARB, 8,        // 최소 8비트의 녹색 채널
            WGL_BLUE_BITS_ARB, 8,         // 최소 8비트의 파란색 채널
            WGL_DEPTH_BITS_ARB, 16,       // 최소 16비트의 깊이 버퍼
            WGL_ACCELERATION_ARB,
            WGL_FULL_ACCELERATION_ARB,    // 하드웨어 가속이 필요
            WGL_PIXEL_TYPE_ARB,
            WGL_TYPE_RGBA_ARB,            // 픽셀 형식(pf)이 RGBA 형식이어야 함
            0} ;                          // 0 종료

// 필요한 속성에 가장 적합한 연관 형식을 찾으라고 GL에 요청.
// 단 하나의 형식만 돌려받음.
wglChoosePixelFormatARB(dc,
                        &pixAttribs[0],
                        NULL,
                        1,
                        &nPixelFormat,
                        (UINT*)&nPixCount);

if (nPixelFormat == -1)
{
    // 형식을 찾을 수 없다면 3D 하드웨어나 드라이버가 설치되지 않았다고 가정함.
    g_hDC = 0;
    g_hDC = 0;
    bRetVal = false;
    printf("!!! An error occurred trying to find a pixel format with "
        "the requested attributes.\ n");
}
```

픽셀 형식 열거하기

wglChoosePixelFormatARB( )가 요구하는 픽셀 형식을 선택할 수 있더라도, 지원되는 모든 형식의 리스트를 OpenGL 드라이버에 요청하고 그들의 속성을 질의하는 것이 필요할 때도 있다. **wglGetPixelFormatAttribivARB( )**와 **wglGetPixelFormatAttribfvARB( )** 함수는 이런 목적으로 사용될 수 있다. 프로토타입은 다음과 같다.

```
BOOL wglGetPixelFormatAttribivARB(HDC hdc, int iPixelFormat,
                             int iLayerPlane, UINT nAttributes,
                             const int *piAttributes, int *piValues);

BOOL wglGetPixelFormatAttribfvARB(HDC hdc, int iPixelFormat,
                             int iLayerPlane, UINT nAttributes,
                             const int *piAttributes, float *pfValues);
```

같은 함수의 이 두 가지 변형체는 특정 픽셀 형식 인덱스의 성질을 질의하고 속성 데이터를 가진 배열을 얻어낼 수 있게 한다. 첫 번째 인자인 hdc는 픽셀 형식이 사용될 윈도우의 디바이스 콘텍스트고, iPixelFormat에는 픽셀 형식 인덱스를 지정한다. iLayerPlane 인자는 질의할 레이어 평면을 지정한다(Windows Vista 이후에는 0이고, 다른 곳에선 레이어 평면을 지원하지 않는다). 이제 nAttributes에는 이 픽셀 형식에 대해 질의하는 속성의 수를 지정하며, 배열 piAttributes는 질의될 속성 이름의 리스트를 포함한다. 지정할 수 있는 속성이 [표 14-1]에 나열되어 있다. 마지막 인자인 pfValues는 해당 픽셀 형식 속성이 채워질 배열이다.

[표 14-1]에서 **wglGetPixelFormatAttribivARB( )**와 **wglGetPixelFormatAttribfvARB( )**에 질의 가능한 값 중 하나인 WGL_NUMBER_PIXEL_FORMATS_ARB를 소개했다. 지원하는 형식의 총 수를 알기 위해 **wglGetPixelFormatAttribivARB( )**를 최초 호출하고, 여기서 얻은 정보의 전체 리스트를 하나씩 돌면서 사용 가능한 각 픽셀 형식에서 궁금한 정보를 질의할 수 있다. [예제 14-7]은 이런 과정의 코드를 보여준다.

예제 14-7 Windows 픽셀 형식의 열거

```
GLint pfAttribCount[]= { WGL_NUMBER_PIXEL_FORMATS_ARB };
GLint pfAttribList[] = { WGL_DRAW_TO_WINDOW_ARB,
                         WGL_ACCELERATION_ARB,
                         WGL_SUPPORT_OPENGL_ARB,
                         WGL_DOUBLE_BUFFER_ARB,
                         WGL_DEPTH_BITS_ARB,
                         WGL_STENCIL_BITS_ARB,
                         WGL_RED_BITS_ARB,
                         WGL_GREEN_BITS_ARB,
                         WGL_BLUE_BITS_ARB,
                         WGL_ALPHA_BITS_ARB };

int nPixelFormatCount = 0;
wglGetPixelFormatAttribivARB(g_hDC, 1, 0, 1, pfAttribCount,
                             &nPixelFormatCount);
for (int i = 0; i < nPixelFormatCount; i++)
{
    GLint results[10];
    printf("Pixel format %d details:\n", i);
```

```
        wglGetPixelFormatAttribivARB(g_hDC, i, 0, 10, pfAttribList, results);
        printf("    Draw to Window  = %d:\n", results[0]);
        printf("    HW Accelerated  = %d:\n", results[1]);
        printf("    Supports \GL    = %d:\n", results[2]);
        printf("    Double Buffered = %d:\n", results[3]);
        printf("    Depth Bits      = %d:\n", results[4]);
        printf("    Stencil Bits    = %d:\n", results[5]);
        printf("    Red Bits        = %d:\n", results[6]);
        printf("    Green Bits      = %d:\n", results[7]);
        printf("    Blue Bits       = %d:\n", results[8]);
        printf("    Alpha Bits      = %d:\n", results[9]);
    }
```

이 코드는 픽셀 형식을 출력하지만, **wglChoosePixelFormatARB()**에서 자동으로 제공하는 기능을 원하지 않는다면 필요한 픽셀 형식만 선택하는 함수로 사용할 수도 있다.

발전된 콘텍스트 생성 방법

서로 다른 많은 버전의 OpenGL이 지난 20년간 공개되었다. 몇몇은 다른 것과 호환되지 않는다. 이런 이유로 애플리케이션이 사용할 OpenGL의 특정 버전을 고를 수 있다. 만일 OpenGL이 이렇게 하지 않았다면, 애플리케이션은 구현 당시에 사용했던 버전과 호환되지 않는 OpenGL의 새 버전이 배포되면 동작을 멈출 것이다. **wglCreateContext()** 함수로 콘텍스트를 생성했다면 OpenGL 1.0과 하위 호환되는 콘텍스트를 얻는다. 그렇지만 하위 호환을 깨는 콘텍스트를 얻기 원한다면(아마 이런 방식으로 새 기능을 더해왔을 것이다), 이 함수는 그렇게 하지 못한다. 대신 **wglCreateContextAttribsARB()** 함수를 호출하여 OpenGL 렌더링 콘텍스트를 생성할 필요가 있다. 이 부분이 WGL_ARB_create_context라 불리는 WGL 확장 기능이다. 프로토타입은 다음과 같다.

```
    HGLRC wglCreateContextAttribsARB(HDC hDC,
                                     HGLRC hShareContext,
                                     const int *attribList);
```

attribList 인자는 새 콘텍스트에 요청할 수 있는 속성의 이름-값 쌍 리스트다. 먼저, 배열에 속성 이름을 지정하고 속성값을 지정한다. OpenGL의 특정 콘텍스트 버전을 명시하여 요청하기 위해 속성 WGL_CONTEXT_MAJOR_VERSION_ARB와 WGL_CONTEXT_MINOR_VERSION_ARB를 사용할 수 있다. 예를 들어 애플리케이션이 OpenGL 3.3으로 만들어졌다면 주버전에 3, 부버전에 3을 전달한다.

애플리케이션이 OpenGL 4.0 콘텍스트를 필요로 한다면 위와 유사하게 요청할 수 있다. 하지만 OpenGL 드라이버는 요청한 버전과 100% 하위 호환되는 특정 버전을 리턴한다. OpenGL 버전을 지정하지 않거나 1.0 버전을 요청하면, 드라이버는 아마 OpenGL 3.1 콘텍스트나 혹은 보다 최신의 호환되는 프로파일 콘텍스트를 생성한다. 정확한 행동은 공급업체별로 다르다. 가장 좋은 방법은 애플리케이션이 요구하는 최소한의 사양을 가진 OpenGL 버전을 요청하는 것이다. 새로 만드는 애플리케이션을 위해 OpenGL 3.3이나 이후 버전을 사용하는 것이 안전한 선택이다.

attrib_list를 통해 요청할 수 있는 속성에는 다른 여러 형식이 있다. WGL_CONTEXT_PROFILE_ MASK_ARB 속성 다음엔 WGL_CONTEXT_CORE_PROFILE_BIT_ARB 또는 WGL_CONTEXT_COMPATIBILITY_ PROFILE_BIT_ARB를 포함한 비트필드의 값이 따른다. 한 번에 단지 한 비트만 사용할 수 있다. WGL_ CONTEXT_CORE_PROFILE_BIT_ARB를 설정하면 드라이버는 더 이상 쓰이지 않을 기능이 없는 핵심 기능들만 포함한 콘텍스트를 리턴한다. 필요 없는 기능을 제외한 OpenGL의 다음 버전용 애플 리케이션을 준비한다면 이 비트를 설정하는 것은 좋은 방법이다. WGL_CONTEXT_COMPATIBILITY_ PROFILE_BIT_ARB 비트 설정을 하면, 드라이버에 OpenGL의 모든 과거 버전과 하위 호환 가능한 콘텍스트를 요청한다. 즉, 쓰이지 않는 기능을 제거하지 않는다. 이 비트로 설정해서 생성된 콘텍스트는 추가로 상태와 기능이 추적되어야 하므로 코어 프로파일 콘텍스트만 존재하는 것보다 느리게 동작할 수 있다.

WGL_CONTEXT_FLAGS_ARB 속성은 콘텍스트 생성을 위한 또 다른 플래그 설정에 사용할 수 있다. 현재 WGL_CONTEXT_DEBUG_BIT 플래그만 지원한다. 이 비트를 설정하면 개발 중인 애플리케이션에서 사용할 수 있는 부가적인 디버깅 정보를 가진 콘텍스트를 생성한다. 어떤 정보를 가지고, 그 정보에 어떻게 접근하는지는 공급업체별로 특화되어 있다.

필요하다고 지정한 속성들 중에서 여러분 시스템의 OpenGL 드라이버가 지원하지 않는 것이 있다면 **wglCreateContextAttribsARB( )**는 NULL을 리턴하고 에러가 발생한다. 전술한 호환 가능한 콘텍스트 비트의 주버전과 부버전이 유효한 OpenGL 버전이 아니라면 WGL_ERROR_INVALID_ VERSION_ARB 에러가 발생한다. WGL_CONTEXT_PROFILE_MASK_ARB로 지정한 비트 중에서 지원되지 않는 것이 있다면 WGL_ERROR_INVALID_PROFILE_ARB 에러가 발생한다.

OpenGL은 콘텍스트들 간에 객체(텍스처, 버퍼, 동기화 객체 등)를 공유할 수 있다. 객체를 두 개 이상의 콘텍스트에서 공유하려면 첫 번째 콘텍스트를 생성하고 생성된 콘텍스트의 핸들을 **wglCreateContextAttribsARB( )** 함수의 hShareContext 인자로 넘겨준다. 새로운 콘텍스트에 이 인자값으로 NULL이 넘겨졌다면 이미 존재하는 다른 콘텍스트와 새 콘텍스트 간에 공유되는 데이터는 없다. **wglCreateContextAttribsARB( )**를 사용해서 객체를 공유하는 두 개의 OpenGL 4.2 코어 프로파일 콘텍스트의 생성 방법을 보여주는 간단한 예가 [예제 14-8]에 있다.

```
GLint attribs[] =
{
    WGL_CONTEXT_MAJOR_VERSION_ARB, 4,
    WGL_CONTEXT_MINOR_VERSION_ARB, 2,
    WGL_CONTEXT_PROFILE_MASK_ARB, WGL_CONTEXT_CORE_PROFILE_BIT_ARB,
    0
};
HGLRC oglRC1 = wglCreateContextAttribsARB(g_hDC, 0, attribs);
HGLRC oglRC2 = wglCreateContextAttribsARB(g_hDC, oglRC1, attribs);
```

발전된 픽셀 형식

윈도우의 픽셀 형식은 1부터 시작되는 정수 번호로 구분된다. 구현 시 번호를 선택할 수 있도록 수많은 픽셀 형식이 노출된다. OpenGL의 Windows 인터페이스는 OpenGL 성장에 맞추어 발전되지 않았다. 전통적인 Windows 함수로 다룰 수 없는 OpenGL의 특징이 생겨났다. 감사하게도 OpenGL은 이런 새로운 특징을 다룰 수 있는 방법을 추가했다. 이 새로운 방식은 또한 애플리케이션이 정확한 픽셀 형식을 찾아내는 데 시간을 절약해줄 발전된 찾기 기술도 제공한다.

이제 WGL에서 아마 가장 중요한 첫 번째 확장 기능을 사용할 시간이다. `WGL_ARB_pixel_format` 확장 기능은 Windows가 접근을 제공할 수 없는 픽셀 형식 특징을 조사하고 선택할 수 있는 방법을 제공한다. 예를 들어 이 확장 기능으로 멀티 샘플 렌더링을 지원하는 픽셀 형식을 찾아낼 수 있다.

픽셀 형식 속성

애플리케이션이 한 번 픽셀 형식을 선택했거나, 전체 리스트에서 한 픽셀 형식을 검사하고 있을 때, **wglGetPixelFormatAttribivARB()** 함수로 그 픽셀 형식의 특정 속성에 대한 정보를 얻어낼 수 있다.

그렇지만 다른 모든 OpenGL 확장 기능과 위 과정 사이에는 모순이 있다. 대부분의 OpenGL 함수의 **wglGetProcAddress()** 또는 **glGetString()**을 호출하기 전에 유효한 OpenGL 렌더링 콘텍스트가 존재해야 한다. 이것은 윈도우를 처음 임시로 생성하고 픽셀 형식을 지정해야 **wglGetPixelFormatAttribARB()** 함수에서 포인터값을 얻을 수 있다는 것을 의미한다(실제로 거짓 픽셀 형식인 1을 지정할 수 있고, 그것은 첫 번째 하드웨어 가속 형식이 된다). 이 과정을 편하게 할 수 있는 곳은 아마 사용자에게 제공될 초기 옵션 대화상자나 스플래시 화면이다. 주의해야 할 점은 애플리케이션이 소유하지 못하는 Windows 데스크톱을 이용하려 하면 안 된다는 것이다!

다음의 간단한 예제는 얼마만큼의 형식을 살펴봐야 하는지 알기 위해 하나의 속성(지원되는 픽셀 형식의 수)을 질의하였다.

```
int attrib[] = { WGL_NUMBER_PIXEL_FORMATS_ARB } ;
int nResults[1] = { 0} ;
int pixFmt = 1;
wglGetPixelFormatAttribivARB (hDC, pixFmt, 0, 1, attrib, nResults);
// nResults[0]은 이제 노출된 픽셀 형식의 수를 담는다.
```

OpenGL을 위해 취한 모든 진입점은 현재 OpenGL 콘텍스트에서만 유효함을 아는 것 또한 중요하다. 콘텍스트를 삭제하고 다른 것을 생성했다면 진입점을 다시 채워 넣어야 한다. 콘텍스트 간 진입점이 다를 수도 있다. 특히 OpenGL의 다른 버전을 지원하는 콘텍스트를 생성하거나 복수의 그래픽 카드에 의해 구동되는 서로 다른 모니터가 있는 경우에 그러하다.

14.2.4 풀스크린 렌더링

OpenGL로 만드는 창 모드 애플리케이션도 훌륭하다. 그러나 풀스크린 모드가 아닌 굉장한 게임을 만들기는 어려운 일이다! 가장 흔한 개발자 질문 중 하나는 'OpenGL로 어떻게 풀스크린 렌더링을 하는가?'다. 사실 이 장을 열심히 읽었다면 OpenGL로 풀스크린 렌더링을 하는 방법을 이미 알고 있을 것이다. 다른 윈도우로 렌더링하는 것과 같다! 실제 질문은 '전체 화면을 차지하고 테두리가 없는 윈도우를 어떻게 생성하는가?'와 같다. 이것이 된다면 OpenGL 드라이버는 우리가 무엇을 하려 하는지 알게 되어, 애플리케이션이 전체 화면을 완전히 제어할 수 있게 한다. 애플리케이션이 이 윈도우에 렌더링하는 것과 이 책의 모든 예제에서 보여준 그 어떤 윈도우로 렌더링하는 것은 다르지 않아 보인다. 그렇지만 이 과정에서 OpenGL은 애플리케이션을 풀스크린 모드에서 실행하기 위해 필요한 작업을 수행한다.

엄밀히 말해 이 주제는 OpenGL과 직접 관련이 없지만, 매우 다양한 독자들의 흥미를 끌 수 있어 여기서 언급했다. 풀스크린 윈도우를 생성하는 것은 (0, 0)에서 시작하는 화면 크기만큼의 평범한 윈도우를 만드는 것으로, 정말 간단하다. 제목 줄과 테두리가 보일 필요 없으므로 다른 윈도우 스타일을 지정한다. [예제 14-9]의 코드는 바로 이 일을 한다.

예제 14-9 풀스크린 윈도우 설정하기

```
if(bUseFS)
{
    // 요청되는 해상도 모드 설정을 준비한다.
    DEVMODE dm;
    memset(&dm,0,sizeof(dm));
    dm.dmSize=sizeof(dm);
    dm.dmPelsWidth = nWidth;
    dm.dmPelsHeight = nHeight;
    dm.dmBitsPerPel = 32;
    dm.dmFields = DM_BITSPERPEL | DM_PELSWIDTH | DM_PELSHEIGHT;
```

```
        long error = ChangeDisplaySettings(&dm, CDS_FULLSCREEN);

    if (error != DISP_CHANGE_SUCCESSFUL)
    {
        // 윽, 뭔가 잘못되었으니 사용자에게 알리자.
        if (MessageBox(NULL, "Could not set full-screen mode.\ n"
            "Your video card may not support the requested mode.\ n"
            "Use windowed mode instead?", g_szAppName,
            MB_YESNO | MB_ICONEXCLAMATION) == IDYES)
        {
            g_InFullScreen = false;
            dwExtStyle = WS_EX_APPWINDOW | WS_EX_WINDOWEDGE;
            dwWindStyle = WS_OVERLAPPEDWINDOW;
        }
        else
        {
            MessageBox(NULL, "Program will exit.",
                        "ERROR", MB_OK|MB_ICONSTOP);
            return false;
        }
    }
    else
    {
        // 모드 설정이 되었으니, 풀스크린이 되도록 스타일을 설정한다.
        g_InFullScreen = true;
        dwExtStyle = WS_EX_APPWINDOW;
        dwWindStyle = WS_POPUP;
        ShowCursor(FALSE);
    }
}

AdjustWindowRectEx(&g_windowRect, dwWindStyle, FALSE, dwExtStyle);

// 윈도우를 다시 만든다.
...
```

시각 결함 제거하기

애플리케이션이 빨리 그릴 수 있고, 모니터의 화면 갱신 주기보다 더 빠르게 SwapBuffers를 호출할 수 있다면 티어링tearing이라 불리는 보기 싫은 현상이 발생한다. 이전 프레임이 아직 다 처리되지 않았는데 애플리케이션이 SwapBuffers를 호출하면, 사용자는 화면의 일부에선 현재 프레임을, 나머지 부분에선 그 다음 프레임을 동시에 보게 된다.

넓게 지원되는 확장 기능인 WGL_EXT_swap_control이 구원하러 온다! 이것으로 OpenGL에 많은 비디오 프레임 처리, 즉 수평 동기화 과정에서 교환 함수 호출이 최소한의 간격 단위로 되도록 요청할 수 있다. 간격을 지정하기 위해서는 다음 함수를 사용하면 된다.

```
BOOL wglSwapIntervalEXT(GLint interval);
```

interval을 0으로 하면 SwapBuffers는 위 확장 기능이 없을 때와 같이 제한 없이 호출된다. 그러나 interval을 1로 하면 모니터 수평 동기화 시(모든 비디오 프레임당) 단지 한 번의 SwapBuffers를 호출한다. 원하는 대로 티어링을 없앴다. 애플리케이션에서 버퍼 교환 처리가 마무리되기를 기다리는 동안 나머지 모든 CPU 시간을 다른 일을 하는 데 할애할 수 있다.

버퍼 교환 사이의 더 많은 프레임을 기다리도록 **wglSwapIntervalEXT()**에 더 큰 interval값을 지정할 수 있으나, 애플리케이션이 상당히 느리게 동작하는 것처럼 보인다.

14.2.5 해제, 정리하기

애플리케이션의 동작을 끝낼 때(최소한 OpenGL을 끝낼 때), 우리 스스로 해제, 정리하기를 원할 것이다. RegisterClass로 클래스를 등록했고, CreateWindowEx로 윈도우를 생성했으며, 디바이스 콘텍스트(DC)를 GetDC로 얻어냈다. 또한 **wglCreateContextAttribsARB()** 함수로 OpenGL 콘텍스트를 생성한 후 그것을 사용했다. OpenGL을 해제, 정리하기 위해 생성했던 어떤 OpenGL 객체(텍스처, 버퍼 등)라도 먼저 파괴시킬 필요가 있다. 그 후 모든 윈도우 시스템 객체를 소멸시킨다.

먼저 **wglDeleteContext()**를 호출하여 OpenGL 콘텍스트를 삭제한다.

```
BOOL wglDeleteContext(HGLRC hglrc);
```

그 다음에는 ReleaseDC 함수로 디바이스 콘텍스트(DC)를 해제한다.

```
int ReleaseDC(HWND hWnd, HDC hDC);
```

그리고 나서 DestroyWindow로 윈도우를 삭제한다.

```
BOOL DestroyWindow(HWND hWnd);
```

마지막으로 UnregisterClass를 이용해서 윈도우 클래스를 등록 제외시킬 수 있다.

```
BOOL UnregisterClass(LPCTSTR lpClassName, HINSTANCE hInstance);
```

대응되는 생성 혹은 설정 함수를 호출했던 역순으로 위 함수를 호출하여 운영체제에 자원을 돌려주고, 스스로 해제 정리한다.

14.3 Mac OS X에서의 OpenGL

OpenGL은 Mac OS X 플랫폼에서 원래 선호되는 3D 렌더링 API다. 사실 OpenGL은 데스크톱, GUI, Mac OS X의 2D 그래픽스 API와 조합되는 엔진(Quartz)의 운영체제에서 저수준 레벨로 사용되었다. Mac 플랫폼에서 OpenGL의 중요성은 몇 번을 얘기해도 지나치지 않는다. 애플의 확실한 지원과 투자를 받으며, 애플의 눈에 드는 상태를 유지하기 위해(마이크로소프트의 Direct3D 상황과 유사함) 끊임없이 API의 조정과 확장을 한다. 그럼에도 불구하고 최신의 명세를 애플이 구현하려 할 때 OpenGL의 급격한 진보를 반영하여 적용하려는 데 지체해왔다는 것은 부인할 수 없다. 새로운 GPU 특성이 확장 기능으로 OS X에 노출되는 동안, 공식적인 OpenGL 3+ 구현은 OS X 10.7이 될 때까지 OS X에 포함되지 않았다. 그때 OpenGL 버전은 3.2였다. 그 당시 Windows에서는 OpenGL 4.x가 이미 널리 사용되고 있었다. 현 시점에서도 OS X 10.8(마운틴 라이온)은 아직 OpenGL 3.2 코어 프로파일만 지원한다.

거기엔 나름 이유가 있다. 애플은 자신의 동기를 가지고, 자신의 방식대로 항상 일을 처리해왔기 때문이다. Mac OS X는 Windows도 Linux도 아니다. 애플은 다른 것보다 사용자의 경험을 중시하고, 그들이 출시한 현재의 모든 하드웨어에서 동일하게 동작하는 애플리케이션을 중요시한다. 우리가 출시하는 OpenGL 애플리케이션이 드라이버 버전과 그래픽 카드 등의 걱정 없이(거의 걱정 없이) 모든 사용자가 가진 Mac에서 동작되길 원한다면 Mac 플랫폼은 적당한 대상이다. OpenGL의 최신 기능과 그것이 가능한 그래픽 하드웨어를 활용한 기술을 애플리케이션에 담으려 한다면 Mac은 적당한 대상이 아니다. 애플에서 과감한 조치로 간주하는 OpenGL 3.2 사용도 단지 핵심 콘텍스트로만 가능하다. OpenGL 호환 콘텍스트는 나중에 하드웨어 기능으로 흡수된 몇몇 확장 기능이 포함된 OpenGL 2.1만 지원한다. 그럼에도 발전한 쉐이더를 구동하기 위해 OpenGL 3.2 사용을 정말 원한다면 코어 프로파일 렌더링 콘텍스트를 생성해서 사용해야 한다.

이 책에선 호환 콘텍스트를 사용하는 방법은 사용하지 않으므로, 애플의 기술로 OpenGL 3.2를 사용하는 방법에 초점을 맞추겠다. 전부는 아니지만, 이 책에서 소개하는 대부분의 예제는 약간의 수정만으로 OS X에서 구동이 가능하게 만들어졌다. OpenGL은 하나의 C API고, 애플의 기술 또한 C를 기본으로 한다. 보다 정확하게 말하면 Objective-C다. 다행히 Objective-C는 C의 확대판이다. 때문에 Objective-C에서 OpenGL을 사용하는 것은 C++에서 OpenGL을 사용하는 것과 크게 다르지 않다.

14.3.1 Mac에서 OpenGL의 모습

4개의 사라지지 않은 오래된 OpenGL 프로그래밍 기술(특히 카본Carbon 프로그래머들에게 유명한 64비트 세상에 대해 고려하지 않은 AGL 인터페이스)이 Mac에서 사용 가능하다. 각각 자신의 개성과 역사와 사용법을 가진다. 어떤 기술을 사용하는가는 Mac에서 어떻게 애플리케이션을 생성하고 필요로 하는 렌더링이 어떤 것이냐에 따라 크게 다르다. OS X OpenGL 프로그래밍의 세상을 살피다보면 이 4개의 기술을 만나게 되고, 이 기술들이 실제 동시에 사용되거나, 서로 보충되고 있음을 깨닫는다. 이 4개의 기술을 [표 14-3]에 열거했다.

표 14-3 OS X에서의 OpenGL 기술

이름	설명
GLUT	간단한 애플리케이션을 위해 완전하고 이식 가능한 프레임워크를 제공함. 이 인터페이스는 OS X에서 NSOpenGL의 상위 레이어임. GLUT는 많은 세월 동안 존재해왔고, 멀티 플랫폼에서 사용 가능함.
NSOpenGL	개발자들에게 그들의 애플리케이션을 위한 코코아 객체 지향 프레임워크용 OpenGL 인터페이스를 제공함.
CGL	모든 애플리케이션 기술에서 사용 가능한 저수준의 OpenGL 인터페이스.
GLKit	iOS에서 사용 가능한 OpenGL '보조' 라이브러리로, 몇 개의 기능은 OS X에서도 사용 가능함.

윈도우 혹은 디스플레이 디바이스에서 OpenGL을 설정하기 위해 위 인터페이스를 사용한다. 이것이 끝난 후 OpenGL은 단지 OpenGL일 뿐이다! GLUT는 사실 구시대의 오래된 프레임워크다 (그것은 이 책의 이전 판이나 많은 다른 OpenGL 책에서 만들어진 모든 샘플 프로그램에 사용되었다). 그러므로 이 장의 끝에서 아주 짧게만 언급할 것이다. 이 장에서의 주 초점은 코코아 기반의 OpenGL 프로그래밍이다. 보통 애플리케이션 프레임워크를 구축하고 OpenGL 초기화하는 수단으로 코코아를 많이 사용하기 때문이다. CGL은 코코아 기반 프로그램의 콘텍스트 안에서 풀 스크린 예제를 만드는 데 사용하면서 언급될 것이다. GLKit은 OpenGL ES 2.0 애플리케이션을 쉽게 개발하기 위한 의도로 만든 iOS의 라이브러리다. 특히 OpenGL ES 1.x에서 가능했던 오래된 고정 함수 파이프라인을 사용하고 있던 프로그래머들을 위해서 만들어졌다. GLKit의 몇 가지는 데스크톱으로 이주해왔다. 특히 3D 수학 함수와 유틸리티는 잘 사용된다. 이 장에서는 이 책의 나머지 부분에서 사용했던 vmath 수학 클래스 라이브러리보다는 GLKit 수학 함수를 그들의 사용법을 보여주기 위해 사용한다.

그래서 거기에 뭐가 있나요?

프로그래밍 부분을 시작하기 전에, Mac이 가진 OpenGL의 버전이 무엇이며, OpenGL의 어떤 확장 기능이 사용 가능한지 아는 것은 매우 유용하다. 현재 OpenGL 구현물에 X-ray 투사를 하는 가장 쉬운 방법은 전에 언급했던 Mac용 OpenGL Extensions Viewer를 다운로드 받는 것이다 (그림 14-3을 보라). 앱스토어에서 무료로 사용 가능하다. 설치한 OS X를 업그레이드하거나 그래픽 카드를 교환할 때마다 이 프로그램을 돌려보기 권장한다(Mac Pro 사용자만 해당).

그림 14-3 Mac 앱스토어에서 무료인 OpenGL Extensions Viewer

14.3.2 코코아에서의 OpenGL

Mac OS X에서 개발자가 사용 가능한 언어는 많다. Mac에서 매우 인기 있는 언어 중 하나는(다른 곳에서는 별로 인기가 없지만) Objective-C다. 익숙하지 않은 사람들에게 Objective-C는 거의 완전히 새로운 구문으로 이루어진 C와 C++의 이상한 조합처럼 보인다. 그러나 Objective-C는 또한 코코아로 불리는 애플 내의 매우 흔한 애플리케이션 개발 기술의 근본이기도 하다.

코코아란 애플리케이션 프레임워크 클래스와 시각화 프로그래밍 패러다임을 합친 것으로 가장 잘 설명된다. 개발자들은 인터페이스 빌더^{Interface Builder}(XCode의 부분으로서 현재 합쳐짐) 안에서 사용자 인터페이스를 설계하고, 속성을 지정하며, 심지어 이벤트들 간의 연결을 만드는 등 상당히 많은 작업을 한다. Objective-C 클래스들은 제어 메뉴로부터 자식 클래스화되거나, 애플리케이션의 기능을 추가하기 위해 무에서부터 만들어진다. 다행히 OpenGL은 이 개발 환경에서 제일 중요한 구성원이다.

코코아 프로그램 생성하기

코코아 기반의 프로그램은 XCode에서 New Project Assistant를 사용해서 생성할 수 있다. [그림 14-4]는 OpenGL과 GLKit 프레임워크를 더한 후 새로 생성한 CocoaGL 프로젝트를 보여준다.

그림 14-4 CocoaGL 프로젝트 초기 설정

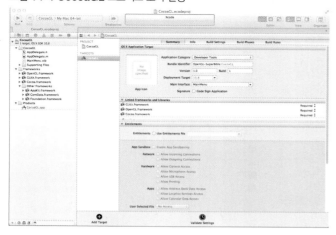

OpenGL 뷰 추가하기

코코아 애플리케이션은 리소스와 GUI 배치를 XIB 파일(구 NIB 파일의 컴파일된 버전. NEXTSTEP Interface Builder의 약어가 예전의 관례로 사용됨) 안에 저장한다. Resources 폴더 아래의 MainMenu.xib 파일을 선택한다. 이것은 XCode 환경으로 통합된 인터페이스 빌더 부분을 시작하고, XIB 파일을 편집용으로 연 것이다. 오른쪽에 있는 유틸리티 뷰를 확장하면 [그림 14-5]와 유사한 화면을 볼 수 있다.

그림 14-5 인터페이스 빌더가 OpenGL 애플리케이션을 빌드할 준비를 마친 모습

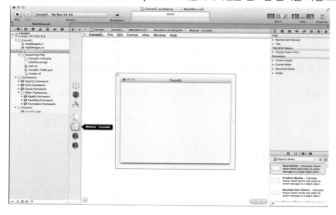

또한 이 .xib 파일에 포함된 새로운 애플리케이션의 메인 윈도우를 보기 위해 세로로 놓인 툴바에서 Window 아이콘을 선택할 필요가 있다. object library 창에서 OpenGL View 객체가 보일 때까지 스크롤을 내린다. 이 뷰를 클릭한 후 드래그해서 메인 윈도우에 끌어다놓고, 크기를 메인 윈도우에 맞도록 재조정한다. 원한다면 메인 윈도우 크기를 재조정할 수도 있다. [그림 14-6]에 보

인 것처럼, 이제 거의 OpenGL을 사용할 수 있는 윈도우를 가졌고, 실행할 준비를 마쳤다. 이제 이 뷰는 NSOpenGLView에서 상속된 코코아 클래스와 연결될 필요가 있다. 더 쉬울 순 없지 않은 가? 그렇지만 이제 복잡해질 시간이 되었다.

그림 14-6 실행 준비가 된 OpenGL 윈도우

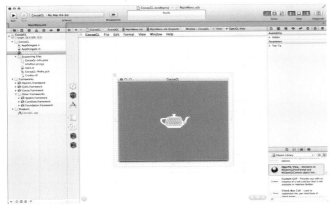

코코아에서 코어 프로파일 지원 기능

OpenGL 뷰 창으로 속성 감시창을 가져와서 사용하면, OpenGL 렌더링 콘텍스트를 구성하여 소 중한 콘텐츠에 사용할 수 있는 모든 종류의 설정창과 체크박스를 볼 수 있다. 하지만 한 가지 없는 것이 있는데(적어도 이 책을 쓰고 있는 시점에 존재하는 XCode 4.5.2까지는) 호환성 프로파일이 아닌 OpenGL 코어 프로파일을 사용하기 위한 체크박스다. OS X에서 사용되는 OpenGL 3.2는 코어 프로파일만 있으므로 구 OpenGL 기능 중 하나를 사용해보려 해도 할 수 있는 방법이 없다. 더욱이 코어 프로파일이 없다면 OpenGL 3+의 새 기능을 사용할 수도 없다. 인터페이스 빌더에 서는 코어 프로파일을 선택할 수 있는 옵션이 존재하지 않으므로 손수 설정하는 수밖에 없다. 물론 그렇게 많이 복잡하지는 않다!

NSOpenGL 덮어쓰기

[그림 14-7]에서처럼, NSView를 상속받은 Objective-C 뷰 클래스를 생성하는 것에서부터 시 작한다. 이 과정에서 GLCoreProfile.h와 GLCoreProfile.m 두 개의 파일이 생성되고 프로젝트에 추가된다. 이제 NSView 클래스에 OpenGL 렌더링이 지원되도록 하는 기능을 직접 추가시킬 수 있다(이 경우에는 인터페이스 빌더에 일반적인 뷰만 가질 수 있다). 그렇지 않으면 우리가 생성한 NSOpenGLView로부터 상속된 클래스를 수정할 수도 있다. 후자를 선택하면 부모 클래스의 기 능 중 약간만 재구현하면 된다. 만약 애플이 코어 프로파일 기능을 미래에 추가한다면, 이 선택은 코드를 현대화시키는 데 필요한 리펙토링의 양을 줄여준다.

그림 14-7 기본 NSView 뷰 클래스 생성하기

[예제 14-10]은 새로 만든 뷰 클래스를 보여준다. XCode가 파일을 생성해주면 NSView 대신 NSOpenGLView로부터 상속되도록 코드를 수정한다. 그리고 뷰가 보이고 실행될 수 있도록 하는 핵심 콘텍스트 구조 구현과 기능 재정의가 필요한 네 개의 주요 함수를 작성한다.

예제 14-10 Objective-C GLCoreProfileView 클래스의 정의

```
@interface GLCoreProfileView : NSOpenGLView
{

}

- (id)    initWithCoder:(NSCoder *)aDecoder;
- (void) drawRect:(NSRect) bounds;
- (void) prepareOpenGL;
- (void) reshape;

@end
```

당연히 완전한 애플리케이션에서는 뷰 클래스가 이보다 상당히 더 구체화되기를 원한다. 여기선 OpenGL 뷰를 잘 보여줄 수 있는 최소한의 구조만 보여준다. 이제 재정의된 함수를 보도록 하자. 이 중에서 제일 중요한 것은 initWithCoder로, [예제 14-11]에서 보여주듯이 뷰와 OpenGL 콘텍스트를 초기화시킨다.

예제 14-11 핵심 콘텍스트 OpenGL 뷰의 초기화

```
-(id)initWithCoder:(NSCoder *)aDecoder
{
```

```
NSOpenGLPixelFormatAttribute pixelFormatAttributes[] =
    {
    NSOpenGLPFAColorSize,      32,
    NSOpenGLPFADepthSize,      24,
    NSOpenGLPFAStencilSize,     8,
    NSOpenGLPFAAccelerated,
    NSOpenGLPFAOpenGLProfile, NSOpenGLProfileVersion3_2Core,
    0
    };

NSOpenGLPixelFormat *pixelFormat = [[[NSOpenGLPixelFormat alloc]
             initWithAttributes:pixelFormatAttributes] autorelease];
NSOpenGLContext* openGLContext = [[[NSOpenGLContext alloc]
             initWithFormat:pixelFormat shareContext:nil] autorelease];

[super initWithCoder:aDecoder];
[self setOpenGLContext:openGLContext];
[openGLContext makeCurrentContext];

return self;
}
```

OpenGL이 윈도우에서 초기화되기 전에, 적당한 픽셀 형식을 먼저 선택해야 한다. 픽셀 형식은 3D 렌더링을 위한 하드웨어 버퍼의 형태, 즉 색상 버퍼의 깊이, 스텐실 버퍼의 크기, 버퍼가 화면 위의 것인가(디폴트) 또는 화면 밖의 것인가 등을 서술한 것이다. 픽셀 형식은 코코아 데이터 형식인 NSOpenGLPixelformat으로 서술된다.

적합한 픽셀 형식을 선택하기 위해 NSOpenGLPixelFormatAttribute형의 정수 속성 배열을 먼저 생성한다. 예를 들어 초기화 코드에 있는 배열은 32비트(보통 빨간색, 녹색, 파란색, 알파가 8비트씩) 색상 버퍼, 24비트 깊이 버퍼, 8비트 스텐실 버퍼, 실패 처리[fallback]로서 애플에서 제공하는 소프트웨어 OpenGL 렌더러를 쓰지 않는 하드웨어 가속 지원 픽셀 형식을 요청한다. 마지막 두 요소는 OpenGL 3.2 코어 콘텍스트 프로파일을 특정지어 요청한다. 또한 다른 속성도 요청할 수 있으나, 위에서 언급한 것이 정말 주의해야 할 요청의 전부다.

```
NSOpenGLPixelFormatAttribute pixelFormatAttributes[] =
    {
    NSOpenGLPFAColorSize,      32,
    NSOpenGLPFADepthSize,      24,
    NSOpenGLPFAStencilSize,     8,
    NSOpenGLPFAAccelerated,
    NSOpenGLPFAOpenGLProfile, NSOpenGLProfileVersion3_2Core,
    0
    };
```

배열은 반드시 0 또는 nil로 끝나야 함을 주의하라. 그 다음에 이 속성 배열을 사용하여 픽셀 형식을 할당한다. 픽셀 형식이 생성될 수 없다면, 할당 루틴은 nil을 리턴하니 적절한 조치를 취해야 한다. OpenGL 렌더링에 관한 한 더 이상 진행할 수 없기 때문이다.

```
NSOpenGLPixelFormat *pixelFormat = [[[NSOpenGLPixelFormat alloc]
                    initWithAttributes:pixelFormatAttributes] autorelease];
```

대부분의 속성이 불리언 플래그 또는 정수값으로 되어 있다. 불리언 플래그는 속성에 그대로 단순히 대입하기만 하면 된다. 예를 들면 이전 예제에서 NSOpenGLPFAAccelerated가 그렇다. 반면에 NSOpenGLPFADepthSize와 같은 정수 플래그는 다음에 원하는 깊이 버퍼의 비트 수를 특정할 정수값이 오기를 기대한다. 사용 가능한 속성과 의미가 [표 14-4]에 나열되어 있다.

표 14-4 코코아 픽셀 형식 속성

속성(NSOpenGLPFA*)	설명
AllRenderers	모든 사용 가능한 렌더러가 고려되어야 한다는 불리언 속성
OpenGLProfile	NSOpenGLProfileVersion3_2Core 혹은 NSOpenGLProfileVersionLegacy(기본) 중 하나
DoubleBuffer	이중 버퍼 픽셀 형식이 필요하다고 요구하는 불리언 속성
Stereo	오직 스테레오(왼쪽/오른쪽) 픽셀 형식만 고려될 것을 요구하는 불리언 속성
ColorSize	색상 버퍼에 요구되는 깊이값을 지정하는 수치 속성. 이 속성이 없으면 색상 버퍼는 화면의 색상 깊이와 언제나 같은 값이 됨
AlphaSize	알파 색상 채널에 요구되는 깊이값을 지정하는 수치 속성
DepthSize	깊이 버퍼에 요구되는 깊이값을 지정하는 수치 속성
StencilSize	스텐실 버퍼에 요구되는 깊이값을 지정하는 수치 속성
MinimumPolicy	이전에 지정한 속성의 크기보다 같거나 큰 색상, 깊이, 스텐실 버퍼만 선택해야 한다고 픽셀 형식 선택 방침을 지정한 불리언 속성
MaximumPolicy	0이 아닌 값이라면 색상, 깊이, 스텐실 버퍼의 값을 가능한 한 최댓값으로 선택하라는 픽셀 형식 선택 방침을 지정한 불리언 속성
OffScreen	오프스크린 버퍼를 고려해서 렌더링할 수 있는 렌더러만 나타내라는 불리언 속성
FullScreen	풀스크린 렌더링을 할 수 있는 렌더러만 나타내라는 불리언 속성
SampleBuffers	요구되는 멀티 샘플 버퍼의 수를 지칭하는 치수 속성
Samples	멀티 샘플 버퍼당 샘플의 개수를 지칭하는 수치 속성
ColorFloat	부동소수점 색상 버퍼를 사용하는 형식만 고려해서 나타내라는 불리언 속성. 노트: NSOpenGLPFAColorSize의 값은 16비트 부동소수점half-float 픽셀 컴포넌트에선 64, 32비트 부동소수점 컴포넌트에선 128이어야 함. 모든 하드웨어가 이 형식을 지원하지 않음. null 픽셀 형식이 리턴되는지 검사하고 확인해야 함
Multisample	NSOpenGLPFASampleBuffers와 NSOpenGLPFASamples가 사용될 때 OpenGL에 슈퍼 샘플링보다 멀티 샘플링을 하라고 알려주는 불리언 속성
Supersample	NSOpenGLPFASampleBuffers와 NSOpenGLPFASamples가 사용될 때 OpenGL에 슈퍼 샘플링을 하라고 알려주는 불리언 속성
SampleAlpha	NSOpenGLPFASampleBuffers와 NSOpenGLPFASamples가 사용될 때 OpenGL에 알파값도 멀티 샘플링 연산에 포함되어야 한다고 알려주는 불리언 속성

속성(NSOpenGLPFA*)	설명
RendererID	특정 OpenGL 렌더러 ID를 지칭하는 수치 속성. 애플 소프트웨어 렌더러를 선택하는 잘 알려진 예로 kCGLRendererGenericID가 있음
SingleRenderer	단지 하나의 렌더러만 사용될 수 있게 하는 불리언 속성. 다른 그래픽 가속 카드가 구동되고 있을 때, 다른 화면으로 렌더링할 수 있는 OpenGL의 기능을 비활성화시킴
NoRecovery	리소스 부족으로 인해 렌더링 가속이 실패할 때 대체 렌더러로 교환하는 OpenGL의 기능을 막는 불리언 속성
Accelerated	하드웨어 가속이 되는 렌더러만 고려해서 나타내라는 불리언 속성
ClosestPolicy	디바이스에서 지원되는 실제 색상 버퍼 깊이와 상관없이 요청한 값과 가장 가까운 색상 버퍼를 선택하라고 지시한 불리언 속성
Robust	실패 모드가 없는(리소스가 부족할 때) 렌더러만 고려해서 나타내라는 불리언 속성
BackingStore	전면 색상 버퍼와 같은 크기의 후면 스토어를 가진 렌더러만 나타내라는 불리언 속성
MPSafe	멀티 프로세서에서 안전한 렌더러만 고려해서 나타내라는 불리언 속성
Window	윈도우에 렌더링할 수 있는 렌더러만 고려해서 나타내라는 불리언 속성
MultiScreen	복수의 화면에서 구동될 수 있는 렌더러만 고려해서 나타내라는 불리언 속성
Compliant	OpenGL 호환의 렌더러만 고려하라고 요구하는 불리언 속성. NSOpenGLPFAAllRenderers 속성으로 지정하지 않으면 자동으로 설정됨
ScreenMask	지원되는 물리 화면의 비트 마스크를 가리키는 수치 속성
AllowOfflineRenderers	오프라인 렌더러들을 고려하여 나타내라는 불리언 속성
AcceleratedCompute	OpenCL을 지원하는 렌더러만 사용되어야 한다고 표시하는 불리언 속성
VirtualScreenCount	이 형식의 가상 화면 수를 지칭하는 수치 속성

다음은 원하는 픽셀 형식과 부합되는 렌더러를 선택하여 OpenGL 콘텍스트를 실제 생성하는 예다.

```
NSOpenGLContext* openGLContext = [[[NSOpenGLContext alloc]
    initWithFormat:pixelFormat shareContext:nil] autorelease];
```

이것의 nil 여부를 체크하는 것이 모범 실전 사례지만, 축약된 코드를 위해 뷰를 위한 콘텍스트를 실제 설정하고 활성화시키는 과정으로 바로 넘어가겠다.

```
[self setOpenGLContext:openGLContext];
[openGLContext makeCurrentContext];
```

대부분의 플랫폼에서는 한 개 이상의 OpenGL 렌더링 콘텍스트를 사용하게 되지만, 주어진 스레드에선 한 번에 오직 '하나'만 활성화될 수 있다. 그 스레드에서 활성화된 렌더링 콘텍스트가 모든 OpenGL의 명령을 받는다. 물론 복수의 스레드로 복수의 콘텍스트를 가질 수도 있지만, 하나의 콘텍스트로 복수의 스레드를 렌더링하는 것은 완전히 금지된 것은 아니나 추천되지는 않는다. 스레드 동기화의 부가적 부하는 얻게 되는 다른 이점만큼의 가치가 없다. 반면에 복수의 렌더링 콘텍스트로 복수의 스레드 사용은 기꺼이 행해진다. 예를 들면 두 개의 콘텍스트가 복수의 화면 체계에서 서로 다른 그래픽 카드를 참조해야 한다면, 이 접근 방법은 확실히 유용하다. 게다가 복수의 콘텍스트가 리소스들을 '공유'할 수도 있다. 이렇게 되면 다른 스레드가 우위에 있는 콘텍스트를 제어

하는 동안, 텍스처를 다른 데이터를 공유된 OpenGL 콘텍스트로 로딩하는 백그라운드 스레드를
따로 가질 수 있다.

두 개 이상의 연결 작업

작성한 상속 클래스 내의 어떤 코드를 호출하기 전에, 인터페이스 빌더의 뷰 밖으로 클래스를 끄집
어내야 한다. 그리고 이것을 선택된 OpenGL 윈도우의 identity inspector 안에 놓는다. 클래스
이름은 NSOpenGLView일 것이지만, GLCoreProfileView로 바꾸겠다. 마지막으로 One Shot
메모리 기능을 사용하지 않기 위해 부모 윈도우를 변경해야 한다. 이 플래그는 기본으로 켜져 있
고, 자식 윈도우 객체들이 도크Dock에 붙기 위해 최소화되거나 숨겨질 때, 부모 윈도우에 삭제시켜
도 된다고 말하는 역할을 한다. OpenGL 윈도우에서 이런 행동은 뷰와 OpenGL 콘텍스트 사이
의 연결을 끊어, 불행히도 더 이상의 렌더링 작업이 화면에 보이지 않는 부작용이 발생되도록 한
다. [그림 14-8]은 속성 탭에서 One Shot 체크박스가 비활성화된 것을 보여준다. 이 화면을 보려
면 주 윈도우의 제목을 클릭한다.

그림 14-8 One Shot 메모리 속성을 비활성화시킴

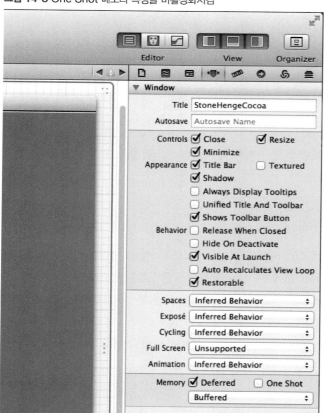

먼저 해야 할 것!

일반적으로 OpenGL 렌더링 작업은 한 번의 설정을 요구하는 것이 몇 가지 있다. 반복되는 렌더링 작업 수행 중에 사용될 모든 텍스처, 쉐이더, 기하 데이터 등은 먼저 로딩되어야 한다. NSOpenGLView 클래스는 또 다른 렌더링 작업 수행이 발생하기 전에 호출되는 prepareOpenGL이라 불리는 함수를 가진다. [예제 14-12]에서 선택된 렌더링 콘텍스트에 관한 정보를 콘솔창에 단순히 출력하고, 색상 버퍼에 매우 어두운 회색을 초기화 색으로 설정하는 예를 볼 수 있다.

예제 14-12 OpenGL 콘텍스트에 관한 정보 출력

```
- (void)prepareOpenGL
    {
    glClearColor(0.1f, 0.1f, 0.1f, 1.0f);

    printf("Version: %s\r\n", glGetString(GL_VERSION));
    printf("Renderer: %s\r\n", glGetString(GL_RENDERER));
    printf("Vendor: %s\r\n", glGetString(GL_VENDOR));
    printf("GLSL Version: %s\r\n",
                    glGetString(GL_SHADING_LANGUAGE_VERSION));
    }
```

저자의 MacBook Pro에서의 OpenGL 핵심 콘텍스트 검증 결과 출력을 아래에 나타냈다.

```
Version: 3.2 NVIDIA-8.0.61
Renderer: NVIDIA GeForce 9400M OpenGL Engine
Vendor: NVIDIA Corporation
GLSL Version: 1.5
```

뷰포트 관리하기

NSOpenGLView에서 상속된 뷰가 생성되거나, 크기가 변경될 때, 재형성 함수가 호출된다. [예제 14-3]에서 볼 수 있듯이, 뷰포트 크기를 재조정하기 적합한 때가 바로 이때다. 더욱이 대부분의 투영 매트릭스는 윈도우 크기를 고려할 필요가 있으므로 이 매트릭스를 생성하는 코드를 작성하기 좋은 곳이기도 하다. 풀스크린(나중에 설명함)을 사용하더라도 렌더링이 시작되기 전에 최소 한 번은 이 함수가 호출된다.

예제 14-13 뷰의 크기가 변할 때마다 호출되는 코드

```
- (void) reshape
  {
  NSRect bounds = [self bounds];
  glViewport(0, 0, NSWidth(bounds), NSHeight(bounds));
  }
```

이제 그려라!

마침내 모든 행동이 발생하는 지점까지 왔다. 일반적인 NSView(혹은 NSOpenGLView 같은 상속된 클래스)는 뷰를 채우기 위해 drawRect 함수를 호출한다. 여기가 OpenGL 렌더링 코드를 넣을 수 있는 곳이다. [예제 14-14]는 색상 버퍼를 초기화하는 일밖에 하지 않는 짧은 예제 렌더링 코드를 보여준다.

예제 14-14 뷰가 변할 때마다 호출되는 코드

```
- (void)drawRect:(NSRect)bounds
  {
  glClear(GL_COLOR_BUFFER_BIT);
  glFlush();
  }
```

이중 혹은 단일 버퍼 사용?

이쯤에서 눈치 빠른 독자는 노면 위에서 타이어 긁히는 소리를 상상할지도 모르겠다. [예제 14-14]에 보인 **glFlush( )**는 어떤 종류의 버퍼 교환 함수 호출 대신 존재하는 것일까? 실제로 그렇게 하고 있고, 이것이 Mac OS X에서 OpenGL의 미묘하면서 흥미 있는 차이를 가져다준다.

Mac OS X에서 전체 데스크톱은 실제 OpenGL 가속화되어 있다. OpenGL로 렌더링하고 있는 어느 때든지 오프스크린 버퍼에 렌더링을 하고 있는 것이다. 버퍼 교환은 렌더링 부분이 데스크톱의 나머지와 조합될 준비가 되어 있다는 신호를 OS에 알려줄 뿐이다. 데스크톱 구성 엔진을 화면에 그려지는 전면 버퍼라고 생각해도 된다. 그런 이유로 창 모드인 OpenGL 애플리케이션에서(코코아와 현재는 안 쓰이는 카본 둘 다에 적용됨) 모든 OpenGL 윈도우는 실제로 단일 버퍼다. 어떤 관점으로 보느냐에 달려 있지만, 데스크톱 구성 엔진이 전면 버퍼라고 가정하면 모든 OpenGL 윈도우는 실제 이중 버퍼링된다고 말해도 과언이 아니다. 어떤 개념을 선택하든 밤에 잠을 푹 잘 수 있을 것이다! 사실은 **glDrawBuffer( )**에 GL_FRONT 인자를 넣어 실행할 때 Mac용 드라이버들이 실제 삼중 버퍼 모드로 전환시킨다. 실제 Mac에서 모든 OpenGL 윈도우는 단일 버퍼로 취급

되어야 한다. 풀스크린 콘텍스트로 작업하는 것이 아니라면 버퍼 교환 호출은 단지 **glFlush()**를 호출하는 것만으로도 된다. 그러므로 OpenGL 렌더링이 모두 완료될 때까지 코코아 뷰 안에서 **glFlush** 호출을 피해야 한다(최소한 플러시할 때 드라이버 자신이 생각한 좋은 뜻을 무시하고 싶은 생각이 없다면). OpenGL 명령 버퍼가 가득차서 자동으로 플러시되는 일이 발생하는 것에 대해 걱정할 필요는 없다. 데스크톱 구성 엔진은 **glFlush()** 함수가 호출될 때까지 '후면' 버퍼에 내용을 보이면 안 된다는 것을 안다. 14.3.6절 '풀스크린 렌더링'에서 진짜 버퍼 교환으로 순수 이중 버퍼링되는 콘텍스트를 어떻게 생성하는지 보여주겠다.

14.3.3 GLKit 소개

GLKit은 OpenGL ES 1.x 고정 함수 파이프라인에서 새로운 OpenGL ES 2.0 쉐이더 기반의 파이프라인으로 전환을 쉽게 하고자 만든 프레임워크다. 원래 iOS 5.0에서 사용하기 시작했으나, OS X 10.8 때 이주된 GLKit부터 데스크톱 애플리케이션에서도 사용 가능하다. GLKit에는 네 가지 중요한 영역이 있다. 텍스처 로딩, 수학 라이브러리, 효과, 뷰/컨트롤러다. 이 네 가지 중에서 뷰/컨트롤러 클래스는 iOS에서만 사용 가능하여 이 장에서는 다루지 않는다. 또한 이펙트 클래스는 고정 함수 파이프라인의 영역을 쉐이더와 호환 가능하게 연동 기능을 만든 것으로 이 책의 목적 (쉐이더를 쓰는 최신 OpenGL)에서 벗어난 부분이라 역시 다루지 않겠다. 이 책에서는 남아 있는 몇 가지 텍스처 로딩 유틸리티와 최적화된 수학 함수 집합을 OpenGL에 직접 사용하는 방법에 대해 다룬다.

모든 3D 프로그래머에게는 벡터와 매트릭스 같은 연산을 위해 3D 수학 함수 집합이 필요하다. 이 책의 다른 부분에서는 OpenGL 쉐이딩 언어에서 사용되는 수학 연산을 모방하여 편리하게 만든 C++ 클래스 라이브러리인 vmath를 사용했다. 이 장에선 스톤핸지라는 3D 예제 프로그램을 만들 때 GLKit만을 사용한다. GLKit을 완벽하게 사용하길 원한다면 애플 개발자 관련 웹사이트에서 'Introduction to GLKit'이라는 문서를 보길 바란다.

GLKit에서 데이터 형식은 이름 규약이 OpenGL과 매우 닮았다. 예를 들면 GLKMatrix3은 3×3 행렬이고, GLKMatrix4는 4×4 행렬이다. 또한 GLKVector2, GLKVector3, GLKVector4는 각각 2, 3, 4개의 요소를 갖는 벡터를 의미한다. 일반적으로 필요로 하는 모든 연산, 벡터의 내적과 외적, 행렬곱, 전치 행렬 계산, 벡터 변환, 심지어 카메라 행렬을 생성하기 위한 GLKMatrix4MakeLookAt 함수 등 수많은 함수가 제공된다. 행렬의 계층적인 변환을 매우 유용하게 따라갈 수 있는 GLKMatrixStack도 존재한다.

GLKit 내에 텍스처의 로딩과 관리를 담당하는 두 개의 클래스가 있다. GLKTextureLoader 클래스는 GLKTextureInfo라는 형식의 객체를 리턴하는 텍스처 로딩 작업을 다룬다. 이들 클래스는 2D

텍스처와 큐브 맵을 로딩하는 데 사용할 수 있으며, GLKTextureLoader 클래스는 다른 스레드와의 공유 OpenGL 콘텍스트를 가지고 비동기적으로 텍스처를 백그라운드 로딩할 수 있다.

GLKTextureInfo 클래스는 로딩된 텍스처와 그것의 크기, OpenGL 타깃 형식 등에 관한 모든 유용한 정보를 포함한다. 이것의 읽기 전용 속성을 [표 14-5]에서 설명하고 있다.

표 14-5 GLKTextureInfo 클래스의 읽기 전용 속성

속성	설명
alphaState	알파 정보가 이미지 픽셀 데이터에 어떻게 저장되어 있는지 설명함. GLKTextureInfoAlphaState 형식의 속성은 GLKTextureInfoAlphaStateNone, GLKTextureInfoAlphaStateNonPremultiplied, 또는 GLKTextureInfoAlphaStatePremultiplied이어야 함
containsMipmaps	밉맵의 존재 여부를 가리키는 불리언값
height	로딩된 텍스처 픽셀들의 높이
name	콘텍스트에 텍스처를 연동시키기 위해 **glBindTexture()**에 사용되는 텍스처의 GLuint형 '이름'
target	텍스처의 타깃. GL_TEXTURE_2D와 GL_TEXTURE_CUBEMAP만 현재 지원됨
textureOrigin	소스 이미지의 원점 위치. GLKTextureInfoOriginUnknown, GLKTextureInfoOriginTopLeft, 또는 GLKTextureInfoOriginBottomLeft임. GLKTextureLoader 클래스 호출에 의해 설정되고, 로딩 시 뒤집어야 하는지 여부를 가리킴
Width	로딩된 텍스처 픽셀들의 너비

이 장의 주요 예제 프로그램인 3D 스톤헨지 프로그램을 진행해 가면서 그 콘텍스트에서 가장 중요한 GLKit 클래스와 함수를 보여줄 것이다.

스톤헨지

OpenGL이 Windows NT에 Windows 플랫폼용으로 처음 등장했을 때, 스톤헨지의 3D 뷰를 렌더링하는 예제 프로그램이 있었다. 소프트웨어로 렌더링했고, 텍스처나 특수 효과는 당연히 없는, 지금 기준으로 보면 간단하고 투박한 데모였다. Non-SGI 플랫폼 위에서 OpenGL의 데모를 만들던 처음의 정신을 기려, 이 장의 렌더링 예제 프로그램에서는 원래의 스톤헨지를 재창조하겠다. 크게 아티스트의 신념으로, 그 모델이 최소한 본래의 자연 구조물을 어느 정도 생각할 수 있게 제작하도록 하겠다. 실제 예제 프로그램을 작성해보면 Mac 특유의 OpenGL에 대한 미묘한 특성을 이해하는 데 더 많은 도움이 될 것이다. 이 모델의 기하 데이터는 다른 프로젝트를 위해 저자가 몇 년 전에 Ed Womack에게 의뢰해서 만든 것이다.

모델의 생성, 텍스처와 쉐이더의 로딩, 모델 내부의 내비게이션을 관리하는 단일 C++ 클래스로 스톤헨지 예제를 만들어가겠다. 필요한 모든 3D 수학 함수와 텍스처 로딩을 위해 GLKit을 사용하겠다. 그리고 Objective-C 코코아 뷰 기반 예제인 C++ 렌더링 엔진을 포함시킨 후, 풀스크린 모드를 실행하고, 마지막으로 완전성을 위해 GLUT 기반의 프레임워크 안에 이것을 집어넣겠다. 완성된 스톤헨지 데모의 모습은 [그림 14-9]와 같다.

그림 14-9 코코아 뷰 창에서 이 장의 데모를 렌더링한 장면

GLStonehenge 클래스는 다음 5개의 공개 인터페이스를 사용해서 어떤 애플리케이션 프레임워크로도 이식될 수 있다.

모델, 쉐이더, 텍스처 등을 로딩하고, 렌더링하기 위한 월드를 구성한다.

```
void GLStonehenge::initModels(void);
```

정확한 뷰포트와 투영 행렬 설정을 위해 윈도우 크기가 변화될 때마다 다음 함수를 호출한다.

```
void GLStonehenge::resized(int w, int h);
```

현재 카메라 위치로부터 정면의 장면을 업데이트하기 위해 이 함수를 호출한다.

```
void GLStonehenge::render(void);
```

환경 안에서 카메라 위치를 전진한다.

```
void GLStonehenge::moveForward(float distance);
```

카메라를 왼쪽/오른쪽으로 회전시킨다(라디안 기준).

```
void GLStonehenge::rotateLocalY(float angle);
```

'스톤헨지' 안에서는 하나의 평면 주위로만 걸어 다닐 수 있다.

이 책의 대부분은 쉐이더를 어떻게 작성하고 로딩하는가, 버퍼 객체를 생성해서 어떻게 사용하는 가 등에 관한 내용이다. OpenGL 안에서 전체 장면을 어떻게 맞추는지에 관해 주저리주저리 책의 공간을 낭비해가며 여기서 기초에 대한 얘기를 하진 않겠다. 대신 GLKit이 텍스처를 관리하고 3D 수학의 핵심을 처리하기 위해 어떻게 사용되는가에 초점을 두겠다.

스톤헨지 엔진이 C++로 작성되었지만, GLKit 클래스는 Objective-C 클래스고, 그 외 Objective-C 프레임워크를 사용한다. 이 두 프로그래밍 언어가 얼마나 쉽게 섞이는지 보여주기 위해 GLStonehenge 클래스를 GLStonehenge.mm 파일로 구현한다. .mm 파일은 Objective-C++ 확장자고, 단순한 Objective-C의 C++ 호환 버전이다. 사실 우리 프로젝트에서 C++를 사용하기 위해 모든 C++ 호환의 Objective-C 모듈을 .mm 파일 확장자로 이름 지어서 만든다.

GLKit으로 텍스처 로딩하기

3D 환경에선 단지 .png 파일로 저장된 5개의 텍스처만을 가진다. 각각의 텍스처는 GLKTextureInfo 의 인스턴스에서 파악할 수 있다. GLStonehenge.h 파일 내에 다섯 개의 텍스처를 선언한 구문은 다음과 같다.

```
GLKTextureInfo      *textureStones;
GLKTextureInfo      *textureNormalMap;
GLKTextureInfo      *textureSky;
GLKTextureInfo      *textureGround;
GLKTextureInfo      *textureGroundDetail;
```

보다 크고 많은 것이 있는 환경에서는 GLKTextureInfo 포인터의 배열을 만드는 것이 당연하지 만, 데모 코드의 목적으로는 따라가기 쉽기 때문에 위와 같이 선언한다.

GLStonehenge.mm 파일에서는 initModels라는 멤버 함수가 환경에 대한 모든 모델 정보를 로딩 하기 위해 호출된다. 일반적으로 Mac에서 앱 번들의 애플리케이션 리소스들은 /Resources 폴더 에 저장된다. .PNG 파일의 경로를 코코아 NSString형으로 만들 필요가 있다. 다음 코드는 첫 번째 로 로딩하려는 텍스처의 리소스 파일 경로를 리턴한다.

```
NSString *path = [[NSBundle mainBundle] pathForResource:@"rock" ofType:@"png"];
```

다음에는 정적 함수를 이용하여 GLKTextureLoader 클래스에 다음처럼 요청된 텍스처를 로딩할 것 인지 물어본다.

```
NSError *error = nil;
textureStones = [GLKTextureLoader textureWithContentsOfFile:path options:nil
error:&error];
[textureStones retain];

if(!textureStones)
    NSLog(@"Texture load failure: %@", error);
```

textureWithContentsOfFile 함수는 텍스처 로딩 시 디폴트 설정으로 파일을 로딩한다. nil이 리턴되면 에러가 발생한 것이므로 NSError 객체를 이용하여 어떤 것이 잘못되었는지 세부사항을 알아볼 수 있다.

GLKTextureLoader는 알파 채널이 있든 없든 Mac 고유의 Quartz 그래픽 엔진에서 지원되는 어떤 형식의 텍스처도 로딩 가능하다. 이런 식으로 텍스처가 로딩되었을 때, 필터 모드는 GL_LINEAR로, 에지 처리 모드는 GL_CLAMP_TO_EDGE로 된다. 우리의 목적에 맞게, 단일 해상도인 .PNG 파일에서 밉맵을 생성하기 원하고, 반복되는 텍스처 좌표 방식을 필요로 한다. 우리의 모든 텍스처는 이 규약을 따를 것이고, 다음 코드는 원하는 대로 텍스처를 설정한다.

```
glBindTexture(GL_TEXTURE_2D, textureStones.name);
glTexParameteri(GL_TEXTURE_2D, GL_TEXTURE_WRAP_S, GL_REPEAT);
glTexParameteri(GL_TEXTURE_2D, GL_TEXTURE_WRAP_T, GL_REPEAT);
glTexParameteri(GL_TEXTURE_2D, GL_TEXTURE_MIN_FILTER,
                               GL_LINEAR_MIPMAP_NEAREST);
glTexParameteri(GL_TEXTURE_2D, GL_TEXTURE_MAG_FILTER, GL_LINEAR);
glGenerateMipmap(GL_TEXTURE_2D);
```

렌더링하는 동안 이 텍스처를 다시 활성화시킬 필요가 있을 때마다 GLKTextureInfo 객체로부터 공급된 텍스처 객체 이름을 다시 사용한다.

```
glBindTexture(GL_TEXTURE_2D, textureStones.name);
```

GLKit의 3D 수학

스톤헨지 데모에 필요한 3D 수학은 비교적 간단하다. 쉐이더를 위해 원근 투영 행렬, 카메라 변환, 빛 계산에 쓰이는 정규 행렬, 그리고 빛 벡터를 시야 좌표계로 변환시키는 것 등이 필요한 정도다.

4×4 투영 행렬은 헤더 안에 다음과 같이 정의된다.

```
GLKMatrix4 mProjection;
```

뷰가 만들어질 때, 즉 결과적으로 크기가 변경될 때, resized 멤버 함수가 호출될 필요가 있다. 여기서 뷰포트를 설정하기 위한 윈도우의 너비와 높이를 인자로 해서 적당한 원근 투영 행렬을 GLKMatrix4MakePerspective라는 GLKit 유틸리티 함수로 생성한다.

```
void GLStoneHenge::resized(int w, int h)
    {
    glViewport(0, 0, w, h);

    mProjection = GLKMatrix4MakePerspective(GLKMathDegreesToRadians(60.0f),
                                    float(w)/float(h), 0.1f,
                                    1000.0f);
    }
```

이 예제에서 모델-뷰model-view 행렬은 단순한 카메라 변환에 지나지 않는다. mCamera라 불리는 하나의 GLKMatrix4 인스턴스가 이 행렬이다. 공간에서 카메라 위치와 방향을 대표할 수 있는 간단한 기준계 방식을 사용할 것이므로, 헤더 파일에 이 구조체를 아래와 같이 정의한다.

```
struct CAMERA_FRAME {
    GLKVector3 vWhere;          // 카메라의 위치
    GLKVector3 vUp;             // 카메라의 업 벡터
    GLKVector3 vForward;        // 카메라의 전진 벡터
    };
```

이 인스턴스를 cameraFrame이라고 한다. 카메라의 위치와 방향 데이터는 GLKMatrix4MakeLookAt 함수로 카메라 변환 행렬을 만드는 데 사용된다.

```
// 카메라 변환 설정
GLKVector3 vLooking = GLKVector3Add(cameraFrame.vWhere, cameraFrame.vForward);
mCamera = GLKMatrix4MakeLookAt(
cameraFrame.vWhere.x, cameraFrame.vWhere.y, cameraFrame.vWhere.z,
vLooking.x, vLooking.y, vLooking.z,
cameraFrame.vUp.x, cameraFrame.vUp.y, cameraFrame.vUp.z);
```

GLKMatrix4MakeLookAt은 카메라가 보는 곳의 방향이 아닌 위치를 원한다는 것을 주의하라. 이 벡터는 GLKVector3Add 함수를 사용하여 단순히 카메라의 위치와 바라보는 방향 벡터(벡터의 길이는 1.0이라 가정한다)를 더하여 계산한다.

$\text{mvp}^{\text{model(모델)}-\text{view(뷰)}-\text{projection(투영)}}$ 행렬이 쉐이더 유니폼으로 요구될 때마다 GLKMatrix4Multiply 함수로 이 두 행렬을 단순히 곱하면 쉽게 얻어낼 수 있다.

```
GLKMatrix4 matrixMVP = GLKMatrix4Multiply(mProjection, mCamera);
```

마지막 행렬 마술로 카메라 행렬에서 3×3 정규화 행렬을 얻어낸다. 정규화 행렬은 모델-뷰 변환에서 회전 요소만 포함한 것이고, 쉐이더에서 적당한 빛 계산을 위해 빛 벡터를 회전시키는 데 사용된다. 4×4 행렬에서 위쪽의 3×3 행렬 요소를 추출하는 데 사용되는 것은 GLKMatrix4GetMatrix3 라는 하나의 함수다.

```
GLKMatrix3 mNormal = GLKMatrix4GetMatrix3(mCamera);
```

스톤헨지 예제에서 카메라 움직임은 두 개의 함수로 다룬다. 하나는 카메라를 전진 또는 후진시키고, 다른 하나는 왼쪽 또는 오른쪽으로 회전시킨다. 벡터 기반의 카메라에서 직진 움직임은 쉽다. 전진 벡터에 움직이려는 거리를 곱해서(후진하려면 음수의 거리를 곱해서) 나온 결과를 카메라 위치에 더하면 된다. 다음은 짧은 전진 이동 함수 전체다.

```
/////////////////////////////////////////////////////////////////////////
// 전진은 전진 벡터를 따라 단순한 덧셈을 한다.
void GLStoneHenge::moveForward(float distance)
    {
    // 거리만큼 전진 벡터 길이를 조정한다.
    GLKVector3 vForward =
        GLKVector3MultiplyScalar(cameraFrame.vForward, distance);

    // 결과를 위치값에 더한다.
    cameraFrame.vWhere = GLKVector3Add(cameraFrame.vWhere, vForward);
    }
```

예제 프로그램은 매우 간소화된 카메라 시스템을 사용한다. 시선을 따라 전진 또는 후진하는 것에 더하여(덧붙이면, 이 기능이 화살표키로 작동되도록 하겠다), 왼쪽 또는 오른쪽으로 회전할수도 있다. 이 회전은 카메라 공간에서 y 축 기준이고, 단순히 전진 벡터를 적당하게 회전시킴으로써 작동한다. GLKMatrix4MakeRotation으로 적당한 회전 행렬을 만들고, 회전하려는 벡터를 GLKMatrix4MultiplyVector3로 변환시키면 된다. 다음은 이 짧은 함수의 완전한 소스다.

```
/////////////////////////////////////////////////////////////////////////
// 카메라는 왼쪽 또는 오른쪽으로만 회전 가능하다.
void GLStoneHenge::rotateLocalY(float angle)
    {
    // 카메라의 업 벡터를 기준으로 회전 행렬을 만든다.
    GLKMatrix4 rot = GLKMatrix4MakeRotation(angle,
        cameraFrame.vUp.x, cameraFrame.vUp.y, cameraFrame.vUp.z);

    // 이 벡터 기준으로 카메라의 z 축을 회전시킨다. 이것이 전부다.
    GLKVector3 vNewForward =
            GLKMatrix4MultiplyVector3(rot, cameraFrame.vForward);

    cameraFrame.vForward = GLKVector3Normalize(vNewForward);
    }
```

GLKit 벡터와 행렬을 쉐이더에 고정 변수로 넣는 것은 쉽다. GLKVectorX 데이터 형식은 벡터 요소를 담은 배열의 포인터인 하나의 .v 멤버 변수를 가지고, 마찬가지로 GLKMatrixX 데이터 형식은 부동소수점값들의 적절한 배열을 담은 하나의 .m 멤버를 가진다.

코코아 안에 합치기

GLKit으로 스톤헨지 모델을 어떻게 다룰 수 있는지 보았으므로, 이전에 언급했던 코코아 예제 프로그램으로 돌아가자. 이번에는 스톤헨지 렌더링 클래스와 약간의 또 다른 윈도우 꾸미기를 가지고, 이전과 달리 그것을 상당히 확장시킨다. 새로운 프로젝트의 생성부터 시작하여, 이전에 CocoaGL 예제 프로그램에서 했던 것과 같이 진행한다. 이 예제를 StonehengeCocoa라고 부를 것이고, 이전처럼 NSOpenGLView 기반의 뷰 클래스를 생성한다. 여기에 Stonehenge 클래스 파일을 더하고, 몇 개의 모델 파일, 텍스처, 그리고 쉐이더 같은 이 프로젝트에서 필요한 리소스들도 포함시킨다. 애플 OpenGL 예제에서 새로운 코어 프로파일과의 연동을 위해 OpenGL 문자 출력 코드를 약간 수정했었다. 이 코드를 초당 프레임 수를 보여주기 위해 사용하겠다. 모든 추가된 파일을 가진 전체 프로젝트 파일은 [그림 14-10]에서 볼 수 있다.

그림 14-10 지원하는 파일을 포함한 코코아 예제

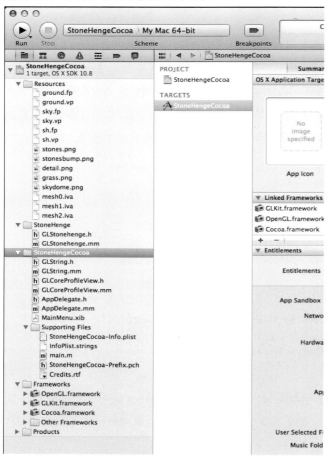

스톤헨지 코드를 작성하고 GLOpenGLCoreProfileView 클래스에 자연스러운 움직임을 추가하는 것은 매우 간단하다. 헤더 파일 안에 단순히 GLStonehenge 클래스의 인스턴스를 추가하면 된다.

```
GLStonehenge    stonehenge;
```

중심 코드 안에 약간의 별도 코코아 연결 장치가 필요하나 그것이 전부다. 전에 prepareOpenGL 함수에 대해 언급할 때 스톤헨지 엔진에 initializer를 호출하고, 장면이 연속적으로 갱신되도록 타이

머를 설정했다. 이번에는 가능한 최대 프레임율을 얻기 위해 갱신 주기를 0.0초로 설정한다. 이것을 1.0/60.0으로 설정하는 것은 60fps로 렌더링하겠다는 의미다. 나중에 프레임율을 제한하는 다른 방법에 대해 살펴볼 것이다. 지금은 이 프로젝트를 다루면서 프레임율의 변화를 보기 바란다. 그래서 당분간 가능한 한 짧게 그것을 유지하겠다. 타이머에선 장면 갱신을 위한 함수를 간단히 호출만 하는 idle 함수를 호출한다.

```
- (void)prepareOpenGL
    {
    stonehenge.initModels();
    NSTimer *pTimer =
            [NSTimer timerWithTimeInterval: 0.0f target:self
            selector:@selector(idle:) userInfo:nil repeats:YES];

    [[NSRunLoop currentRunLoop]addTimer:pTimer forMode:NSDefaultRunLoopMode];
    }
- (void)idle:(NSTimer*)pTimer
    {
    [self drawRect:[self bounds]];
    }
```

이제 reshape 함수는 화면 크기가 변경되었음을 엔진에 알려준다.

```
- (void) reshape
    {
    NSRect bounds = [self bounds];
    stonehenge.resized(NSWidth(bounds), NSHeight(bounds));
    }
```

화살표키 사용하기

이동 기능을 약간 포함시키자. 카메라 전진과 후진을 위해 키보드의 화살표키를 사용하고, 왼쪽과 오른쪽 회전도 구현한다. 키가 눌려질 때마다 카메라를 약간씩 움직이고, 카메라의 위치 갱신이 얼마나 빨리 될지는 컴퓨터의 키보드 입력 주기 체크율을 사용하겠다. 이것이 이상적인 결과는 아닐 수 있다. 프레임율이 매우 높더라도, 키보드 입력 주기 체크율은 일반적으로 훨씬 느리므로, 프레임율이 제한되어 애니메이션이 끊겨 보이는 결과를 만들기도 한다.

더 좋은 방법은 이동키에 대한 플래그 배열을 설정하는 것이다. 키가 눌려질 때 플래그를 켜고, 놓일 때 끈다. 최초의 키 눌림은 키보드 반응 시간에 여전히 의존하지만, 결과적으로 빠른 프레임율은 키가 눌려졌음을 체크하여 움직임을 부드럽게 만든다. GLCoreProfileView.mm의 윗부분에서 moveFlags라는 비트 필드를 만들었고, 비트 집합의 정의는 환경에서 움직이는 다양한 자유도로 하였다.

```
#define MOVE_NONE_BIT          0X00
#define MOVE_FORWARD_BIT       0x01
#define MOVE_BACKWARD_BIT      0x02
#define MOVE_LEFT_BIT          0x04
#define MOVE_RIGHT_BIT         0x08
GLuint moveFlags = 0x0;
```

코코아의 자식 윈도우는 기본적으론 키보드 신호를 받지 않는다. 그들을 처리하기 위해선, 뷰가 acceptsFirstResponder에 응답하고, TRUE를 리턴해야 한다. 또한 자기 자신을 새로운 첫 번째 응답자로 등록해야 한다. 첫 번째 응답자란 키보드 반응 같은 윈도우 이벤트에 응답할 기회를 가지게 되는 계층 윈도우 구조 상에서 단순히 첫 번째 뷰를 뜻한다.

```
- (BOOL)acceptsFirstResponder
    {
    [[self window] makeFirstResponder:self];
    return YES;
    }
```

다음으로 keyUp과 keyDown 메시지에 응답하여, 키가 눌려질 때와 놓일 때에 기초한 적당한 플래그들을 토글시킬 필요가 있다. 이때 drawRect 함수에서 어떤 키 플래그가 켜져 있느냐에 따라 그에 해당하는 카메라를 움직일 것이다. [예제 14-5]에서 이 모든 과정을 볼 수 있다.

예제 14-15 키보드 비트 플래그와 타이머를 가지고 움직임을 부드럽게 제어하기

```
///////////////////////////////////////////////////////////////////////
// 키를 놓으면 해당 비트를 끈다.
- (void)keyUp:(NSEvent *)event
    {
    int key = (int)[[event characters] characterAtIndex:0];

    switch(key)
        {
        case NSUpArrowFunctionKey:
            moveFlags &= ~MOVE_FORWARD_BIT;
            break;
        case NSDownArrowFunctionKey:
            moveFlags &= ~MOVE_BACKWARD_BIT;
            break;
        case NSLeftArrowFunctionKey:
            moveFlags &= ~MOVE_LEFT_BIT;
            break;
        case NSRightArrowFunctionKey:
            moveFlags &= ~MOVE_RIGHT_BIT;
            break;
        }
    }
```

```
/////////////////////////////////////////////////////////////////
// 키를 누르면 해당 비트를 켠다.
- (void)keyDown:(NSEvent*)event
    {
    int key = (int)[[event characters] characterAtIndex:0];

    switch(key)
        {
        case NSUpArrowFunctionKey:
            moveFlags |= MOVE_FORWARD_BIT;
            break;
        case NSDownArrowFunctionKey:
            moveFlags |= MOVE_BACKWARD_BIT;
            break;
        case NSLeftArrowFunctionKey:
            moveFlags |= MOVE_LEFT_BIT;
            break;
        case NSRightArrowFunctionKey:
            moveFlags |= MOVE_RIGHT_BIT;
            break;
        }
    }


- (void)drawRect:(NSRect)bounds
    {
    static float fDistance = 0.025f;
    static CStopWatch cameraTimer;
    float deltaT = cameraTimer.GetElapsedSeconds();
    cameraTimer.Reset();

    if(moveFlags & MOVE_FORWARD_BIT)
        stonehenge.moveForward(fDistance * deltaT);

    if(moveFlags & MOVE_BACKWARD_BIT)
        stonehenge.moveForward(fDistance * -deltaT);

    if(moveFlags & MOVE_LEFT_BIT)
        stonehenge.rotateLocalY(fDistance * 30.0f * deltaT);

    if(moveFlags & MOVE_RIGHT_BIT)
        stonehenge.rotateLocalY(fDistance * -30.0f * deltaT);
    stonehenge.render();
    glFlush();
    }
```

drawRect 함수에서는 타이머 클래스인 CStopWatch(이 타이머에 대한 코드 또한 이 프로젝트에 포함되어 있다)의 사용을 주목하라. 이 클래스는 초 단위의 흘러간 시간을 부동소수점값으로 리턴한다. 움직임이 부드럽게 되기를 원할 뿐 아니라 전진, 후진, 우회전, 좌회전 모두에서 시간 기반의 움직임을 원하기도 한다. 카메라 위치를 적절히 갱신한 후에는, 스톤헨지 엔진에 렌더링하라고 하고, 이 프레임을 끝내기 위한 **glFlush( )**를 호출한다.

14.3.4 레티나 화면

2012년도에 애플은 '레티나' 화면을 가지고 랩톱을 출시했다. 이 장치는 월등한 고해상도의 화면이었고, 픽셀의 크기가 매우 작고, 서로 가까이 붙어 있어 사람의 눈으로 일반적인 거리에선 더 이상의 해상도 증가를 구분할 수 없을 정도라 하여 '레티나(망막)'라고 명명되었다. 이 개념은 애플의 유명한 iOS 디바이스들에 의해 처음 소개되었다.

애플이 이 기술에 대해 취했던 접근 방식은 매우 흥미롭다. 화면 장치의 해상도가 단순히 두 배가 된다면 애플리케이션, GUI 요소, 폰트, 그리고 문자가 화면 위에서 그들의 실제 크기의 반으로 보이게 된다. 그 대신 장치 독립적인 좌표를 픽셀에 기반한 좌표계에 있었던 값의 반이 되게 만들었다. 그로 인해 폰트와 GUI 요소는 완전한 해상도로 렌더링되며, 모든 것이 '정상'처럼 보이게 된다. 하지만 추가된 픽셀 밀도로 인해 산뜻해진다.

완전한 픽셀 해상도로 렌더링되는 OpenGL 애플리케이션은 상당히 많은 픽셀을 채워 넣어야 하므로 성능을 매우 최적화해야 한다. 전에 보인 것처럼, 후면 버퍼의 크기를 반으로 쉽게 감소시킬 수 있고, 그렇게 하면 채워 넣어야 할 픽셀의 수를 4분의 1로 만든다. 이런 방식과 유사하게 동작하는 것이 레티나가 장착된 컴퓨터에서의 기본 행동이다. 이런 행위는 기존의 애플리케이션이 4배의 픽셀 채우기로 인한 부담이 생기지 않도록 하면서, 렌더링된 결과는 레티나가 아닌 시스템에서와 같도록 해준다.

만약 추가된 고해상도의 이점을 살리고 싶다면(예를 들면 멀티 샘플링의 대체와 같은 기능) NSOpenGLView를 설정할 때 다음 함수를 호출하여 고해상도 서피스에 '적합'화시켜야 한다.

```
[self setWantsBestResolutionOpenGLSurface:YES];
```

위 함수는 그것이 호출된 뷰에만 영향을 미친다. 렌더링 콘텍스트는 이 함수가 호출될 바로 당시의 기준으로 연동된다. StonehengeCGL 예제 프로그램은 레티나 장착 하드웨어에서 전체 해상도로 구동될 수 있게 작성되었다. 잘 알려진 **glViewport( )** 같은 몇 개의 OpenGL 함수는 픽셀 단위로 작동한다. 화면 사각 영역을 위한 일반적인 코코아 함수들은 픽셀 단위가 아닌, 점 단위의 값을 리턴한다. 일반적으로 이 값들은 서로 같지만, 레티나 화면에서는 그렇지 않다. GLStonehenge의 resized 함수를 호출하기 전에 뷰에 대한 픽셀 단위의 크기를 알 필요가 있다. 이것을 하는 함수가 NSOpenGLView의 convertRectToBacking 함수다. 다음은 새로운 레티나 지원 reshape 함수다.

```
- (void) reshape
  {
  // 화면 크기를 얻는다.
  NSRect bounds = [self bounds];

  // 레티나 화면이 준비되었고... 모든 픽셀 영역 크기를 원한다.
  NSRect backRect = [self convertRectToBacking:bounds];
  stonehenge.resized(NSWidth(backRect), NSHeight(backRect));
  }
```

14.3.5 핵심 OpenGL

CGL(Core OpenGL^{핵심 OpenGL})은 OS X에서 OpenGL로 가장 직접 접근할 수 있는 저수준 레이어다. 또한 끊임없이 모든 다른 OpenGL 기술 그리고 API들과 작동한다. 그래서 이것을 스톤헨지 예제 렌더링에도 사용할 수 있다. 여기서는 짧고 쉽게 언급될 것이지만, 코코아 기반의 애플리케이션에서 유용한 도구임은 틀림없다. 그중 몇몇은 코코아에 동일한 기능이 존재하겠지만, CGL 버전은 GLUT 기반이나 우리가 사용하려고 선택한 다른 고수준의 써드파티 애플리케이션 프레임워크에도 적용될 수 있다는 장점이 있다. NSOpenGLView 없이 CGL만으로도 풀스크린 콘텍스트를 생성하고 필요한 부분을 그곳에 렌더링할 수 있다. 하지만 최신 OS X에서는 반드시 필요하지 않다.

우리가 흥미로워 하는 모든 CGL 함수는 활성화된 CGL 콘텍스트를 하나의 인자로 받기를 요구한다. OpenGL 애플리케이션의 어디에서든 CGLGetCurrentContext를 호출함으로써 현재의 CGL 콘텍스트를 얻어낼 수 있다.

```
CGLContextObj;
CGLGetCurrentContext(void);
```

14.3.6 풀스크린 렌더링

많은 OpenGL 애플리케이션은 윈도우 영역 안에 남아 있는 것보다, 전체 화면에 렌더링될 필요가 있다. 많은 게임, 미디어 플레이어, 키오스크 중심 애플리케이션, 그리고 특수한 형태의 애플리케이션이 그러하다. 이것을 달성해내는 한 가지 방법은 단순히 전체 화면 크기의 큰 윈도우를 만드는 것이다. OS X 10.6 버전(설범^{Snow Leopard}) 이전에는 이 방법이 가장 적합한 것이 아니었고, 좋은 결과를 얻기 위해선 풀스크린 렌더링을 위해 화면을 '캡처'하는 CGL 함수를 사용하는 것이 필수였다.

설범과 그 이후에 나온 버전에서는 이런 API가 여전히 지원되기는 하나 더 이상 필수는 아니다. 사실 애플에서는 화면 캡처 기능을 권장하지 않는다. 풀스크린 윈도우를 렌더링할 때 우리는 특수 콘텍스트 플래그를 얻어, 예전에 화면 캡처링 기술이 그랬던 것처럼 OS X가 자동으로 렌더링 출력 결과의 최적화를 시도하게 한다. 그럼에도 불구하고 화면을 캡처하지 않을 경우에는 치명적인 UI 메시지나 다른 윈도우가 풀스크린 윈도우 위에 나타날 수도 있다. 최신 기준에 의한 화면 캡처링은 다소 다루기가 부담스럽다. 화면 해상도를 변화시킬 필요도 없이 해상도 채우기 성능 향상을 위해 좀 더 작은 후면 버퍼로 렌더링하는 간단한 방법까지 존재한다. 이제 StonehengeCocoa 예제로 풀 스크린 버전 만들기를 시작하자.

단지 두 가지 예외를 제외하고 StonehengeCocoa를 위한 설정과 코드를 가지고 StonehengeCGL을 시작할 수 있다. MainMenu.xib 파일은 전혀 고치지 않겠다. GLCoreProfileView 클래스는 여전히 사용되고 두 개의 변화만 빼면 동일하다. 첫 번째 변화로, 이번에는 외부에서 픽셀 형식을 설정할 수 있다는 점에서 initWithCoder 함수를 클래스에서 완전히 제거한다. 다음 변화는 drawRect 함수 에서 **glFlush()** 호출이 아닌 정말로 버퍼 교환을 한다.

```
[[self openGLContext] flushBuffer];
```

OpenGL 뷰가 이제 '수동'으로 만들어진다. 말하자면 인터페이스 빌더 .xibs를 사용하지 않는다. 뷰 생성 코드는 AppDelegate.mm 파일의 applicationDidFinishLaunching 함수 안에 놓인다. [예제 14-16]은 이중 버퍼링 렌더링 콘텍스트를 가진 풀스크린 윈도우를 생성하는 모든 과정을 보 여준다.

예제 14-16 풀스크린 윈도우 생성과 초기화

```
- (void)applicationDidFinishLaunching:(NSNotification *)aNotification
  {
  // 여기에 애플리케이션 초기화 코드를 작성한다.
  NSRect mainDisplayRect = [[NSScreen mainScreen] frame];

  NSWindow *fullScreenWindow = [[NSWindow alloc]
                 initWithContentRect:mainDisplayRect
                 styleMask:NSBorderlessWindowMask
                 backing:NSBackingStoreBuffered defer:YES];

  [fullScreenWindow setLevel:NSMainMenuWindowLevel+1];
  [fullScreenWindow setOpaque:YES];
  [fullScreenWindow setHidesOnDeactivate:YES];

  NSOpenGLPixelFormatAttribute pixelFormatAttributes[] =
  {
      NSOpenGLPFAColorSize,       32,
      NSOpenGLPFADepthSize,       24,
      NSOpenGLPFAStencilSize,     8,
      NSOpenGLPFAAccelerated,
      NSOpenGLPFADoubleBuffer,
      NSOpenGLPFAOpenGLProfile, NSOpenGLProfileVersion3_2Core,
```

```
        0
    };

    NSOpenGLPixelFormat* pixelFormat =
            [[NSOpenGLPixelFormat alloc]
            initWithAttributes:pixelFormatAttributes];

    NSRect viewRect = NSMakeRect(0.0, 0.0,
                                 mainDisplayRect.size.width,
                                 mainDisplayRect.size.height);

    GLCoreProfileView *fullScreenView = [[GLCoreProfileView alloc]
  initWithFrame:viewRect
                pixelFormat: pixelFormat];
    [fullScreenWindow setContentView: fullScreenView];
    [fullScreenWindow makeKeyAndOrderFront:self];

    makeFirstResponder:fullScreenView];
    }
```

[예제 14-16]은 애플 OpenGL 프로그래밍 가이드에서 거의 그대로 발췌했다. OS X는 자동으로 풀스크린 윈도우를 검출하고, 그 애플리케이션 또는 게임의 최대 성능을 위해 렌더링과 버퍼 교환을 최적화한다. 화면을 잠그는 CGL의 함수들을 더 이상 쓰지 않아 얻게 되는 장점은 중요한 시스템 메시지와 윈도우를 여전히 보여줄 수 있다는 것이다. 예를 들면 랩톱 유저에게 '절전 모드를 실행하고 있어요'라고 말할 수 있다. 그리고 그것은 매우 유용하다.

14.3.7 프레임율 동기화

이전 예제 프로그램에서는 이벤트 루프가 가능한 한 초당 많은 프레임을 처리할 수 있도록 최대 속도로 렌더링했고 실행했다. 렌더링 또는 실행 코드의 성능 테스트를 할 때, 초당 프레임은 코드가 얼마나 빨리 실행되는지에 대한 간단한 척도가 되므로, 유용한 방법이다. 그렇지만 출시하는 애플리케이션에서는 이 방법에 두 가지 큰 단점이 있다. 첫째, GPU의 과도한 사용뿐 아니라 CPU 코어 중 하나(최소한!)의 모든 사이클을 점유한다. 일반적으로 초당 60프레임으로 화면이 갱신된다는 사실을 고려한다면, 초당 60프레임 이상으로 화면을 보여줄 필요 혹은 목적은 정말로 없다. GPU의 넘치는 성능을 보다 멋진 렌더링 이펙트를 생성하는 데 사용하거나, CPU 성능을 다른 애플리케이션의 처리 효율을 개선하는 데 사용하거나, 애플리케이션 혹은 게임에서 보다 나은 묘사나 기능을 추가하는 데 사용하는 것이 아마 더 유용할 것이다.

둘째, 화면은 초당 할 수 있는 만큼 갱신되기 때문에, 화면이 보여줄 수 있는 초당 프레임보다 더 많이 렌더링을 하게 되면 티어링이 발생한다. 티어링이라는 화상 결함 현상은 화면의 수직 주사율과 다르게 버퍼 교환이 일어나는 어떤 시점에서 발생한다. 필연적으로, 동시에 한 화면에 보여지는 서로 다른 두 개의 프레임이 존재한다. 오래된 프레임은 현재 화면 갱신 위치 위쪽 영역에 있고, 화면 아래쪽은 새로운 버퍼 내용으로 채워진다. 이것은 뷰가 장면 내 수평적인 움직임이 생길 때 특히 거슬리게 된다. [그림 14-11]은 화면에서 서로 다른 프레임이 짧게 보이는, 일반적인 티어링 예제를 보여준다.

그림 14-11 비동기 버퍼 교환으로 인한 티어링

이전의 풀스크린 예제와 같이 이중 버퍼링이 되는 애플리케이션에서는 버퍼 교환이 발생하기 전에 발생하는 수직 주사선 귀한율로 교환 주기를 설정한다. 이 값을 1로 설정하는 것은 수직 주사선 교환 시 오직 한 프레임만 처리하겠다고 한 것이고, 2로 설정하는 것은 버퍼 교환 사이에 두 개의 수직 주사선 귀환을 허락한다는 의미다. 예를 들어 교환 주기를 1로 하고, 화면 갱신율을 60(거의 일반적인 값)으로 했다면 60fps 이상으로 할 수 없다. 교환 주기를 2로 하면 최대 30fps가 되는 등의 의미인 것이다. 교환 주기는 CGL 함수인 CGLSetParameter로 설정한다.

```
GLint sync = 1;
CGLSetParameter(CGLGetCurrentContext(), kCGLCPSwapInterval, &sync);
```

이것이 모니터 갱신 주기와 같도록 프레임율을 '고정'시키는 것이 아님을 주의해야 한다. 렌더링 작업이나, 어떤 처리에 대한 CPU 코드가 상당한 양의 시간을 소비한다면, 모니터의 완전한 갱신 주기보다 더 적은 갱신 처리를 한다. 그러나 여기서 다시 말하지만, 버퍼 교환이 갱신 시에만 발생한다면 티어링 문제는 제거된다. 백그라운드 스레드가 다른 처리해야 할 중요한 작업을 하려고 활성화되면서, 주 렌더링 스레드가 대기 상태로 멈춰 있게 될 수 있는 상황 또한 이 접근 방식을 사용했을 때 고려해야 한다. 이 인자는 언제든 설정 가능하고, 그 즉시 효과가 발생한다.

픽셀 채우기 성능 증가시키기

픽셀 채우기 성능이란 프레임버퍼의 픽셀에 데이터를 채워 넣는 데 소비되는 시간과 특별히 관련되는 렌더링에서의 성능 부하를 말한다. 픽셀 채우기 성능을 개선하기 쉬운 방법 중 하나는 단순히 작은 윈도우를 렌더링하거나, 게임 같은 풀스크린 애플리케이션이라면 화면 해상도를 작게 변화시키면 된다. 설범 이전에는, 예를 들면 실행하기 전에 화면 해상도를 변화시키고, 그 화면을 캡처하는 등의 작업은 풀스크린 OpenGL 게임에서 흔히 사용되었다. 이젠 더 이상 화면을 캡처하는 방법을 사용하지 않아도 되므로, 화면 해상도를 변화시키는 대신 후면 버퍼의 크기를 변화시키는 CGL의 기능을 사용할 수 있다. 후면 버퍼의 크기를 전면 버퍼보다 작게 하는 것은 화면 모드를 변화시킬 필요가 없으면서도 픽셀 채우기 성능면에서 부가적인 이익을 가져다준다. 후면 버퍼의 내용물은 버퍼 교환이 일어날 때 자동적으로 전체 화면을 채우도록 확장된다.

후면 크기를 설정하려면 CGL 인자인 kCGLCPSurfaceBackingSize를 원하는 정수형 크기 범위로 정한다. 추가로 kCGLCESurfaceBackingSize를 CGLEnable로 하여 기능을 활성화시켜야 한다. 다음 코드는 원하는 newWidth와 newHeight 크기를 위해 어떻게 해야 하는지 보여준다.

```
GLint dim[2] = { newWidth, newHeight };
CGLSetParameter(CGLGetCurrentContext(), kCGLCPSurfaceBackingSize, dim);
CGLEnable(CGLGetCurrentContext(), kCGLCESurfaceBackingSize);
```

이런 식으로 더 작은 후면 버퍼를 사용할 때, **glViewport()** 호출에서 사각 영역의 크기 또한 조정해야 함을 기억하라. 예를 들어 StonehengeCGL 예제에서는 다음 코드처럼 후면 버퍼 저장량을 반으로 감소시킨다.

```
- (void) reshape
  {
  // 화면 크기를 얻는다.
  NSRect bounds = [self bounds];

  // 후면 버퍼 크기를 반으로 감소시킨다.
  GLint dim[2] = { int(NSWidth(bounds)) / 2,
                   int(NSHeight(bounds)) / 2 };

  CGLSetParameter(CGLGetCurrentContext(),
                  kCGLCPSurfaceBackingSize, dim);

  CGLEnable(CGLGetCurrentContext(), kCGLCESurfaceBackingSize);

  stonehenge.resized(NSWidth(bounds)/2, NSHeight(bounds)/2);
  }
```

14.3.8 멀티 스레드 OpenGL

OpenGL 드라이버는 렌더링 데이터가 렌더링을 통해 하드웨어에서 결국 보여지기 전까지 상당한 양의 작업을 수행한다. OS X 10.5나 그 이후 버전에서는 이런 작업 중 몇 가지가 또 다른 스레드에서 별도 처리될 수 있는 멀티 스레드 OpenGL 코어를 활성화할 수 있다. 멀티 코어 시스템에서는 이 기능이 성능에 좋은 영향을 미칠 수 있다. 이 기능은 `kCGLCEMPEngine` 플래그로 `CGLEnable` 함수를 호출해서 활성화시킬 수 있다.

```
CGLEnable(CGLGetCurrentContext(), kCGLCEMPEngine);
```

위 함수가 항상 성능 향상을 시키는 것은 아니며, 사실 때때로 성능을 떨어뜨리기도 한다! 예를 들면 OpenGL 코드가 CPU 처리에 부담을 주지 않는다면, 이것은 렌더링 성능에 거의 효과가 없는 것이다. 반면에 렌더링 코드가 파이프라인의 정체를 만들어내는 함수 호출(**glGetFloatv()**, **glGetIntegerv()**, **glReadPixels()** 등)을 많이 한다면 위와 같은 최적화가 꼭 필요하다.

14.3.9 GLUT

GLUT는 OpenGL Utility Toolkit의 약어고, OpenGL 프로그램을 작성함에 있어서 윈도우 시스템에 독립적인 도구다. GLUT는 1994년 말 최초로 공개된 이래 긴 역사를 가진다. GLUT는 Mark J. Kilgard가 Silicon Graphics에서 일할 때 간단한 데모나 프레임워크를 익히기 위한 목적으로 만들었다. 세월이 지나면서 GLUT는 기초적인 게임 프로그래밍 기능을 지원할 정도로 확장되면서 자신의 존재를 유지해왔다. GLUT는 이 책의 5판까지 포함하여 수많은 OpenGL 책에서 프레임워크를 가르치는 용도로 사용되었다.

GLUT는 완전히 포기되지 않은 채 어느 정도 적절히 오래 남겨졌고, 수년 동안 심각하게 유지보수되는 일은 없었다. 여전히 많은 훌륭한 프로그램과 프로그래머들이 그것을 자주 사용하지만, 애플이 OS X를 위해 어느 정도 확장을 구현할 거라고 말하긴 어렵다.

OS X 10.7이 OpenGL 코어 프로파일 3.2 지원과 함께 출시될 때, GLUT 프레임워크는 갱신되지 않았다. 그래서 최신의 OpenGL 기능을 사용할 수 있는 예제로 유용하고 간단한 OpenGL 프로그램을 생성하거나, 그 상태로 GLUT를 사용하는 것은 가능하지 않다. 하지만 OS X 10.8(Mountain Lion)에서는 애플이 GLUT 구현에 `GLUT_32_CORE_PROFILE`이라는 새로운 식별자를 추가했다. 이 식별자가 init 구문에 추가되면 OpenGL 3.2 코어 콘텍스트 프로파일을 생성한다.

XCode에서 GLUT 기반 프로그램을 생성하기 위해 새 코코아 기반의 애플리케이션에서 시작하자(GLUT는 실제 코코아 프레임워크 위에서 만들어진다).

AppDelegate.m/.h와 main.m 파일을 제거하고, OpenGL과 GLUT 프레임워크를 추가한다(지금쯤이면 이것을 어떻게 하는지 알아야 한다).

GLUT C와/또는 C++ 파일을 추가하면 준비가 된 것이다. 짧은 예제를 살펴보자. 일반적인 GLUT 프로그램의 main 함수를 [예제 14-17]에 나타냈다.

예제 14-17 OpenGL 설정을 위한 GLUT main 함수

```
/////////////////////////////////////////////////////////////////////////////////////////
// GLUT 기반 프로그램의 메인 진입점
int main(int argc, char* argv[])
    {
    glutInit(&argc, argv);
    glutInitDisplayMode(GLUT_DOUBLE | GLUT_RGBA | GLUT_DEPTH |
                                        GLUT_STENCIL | GLUT_3_2_CORE_PROFILE);

    glutInitWindowSize(800, 600);
    glutCreateWindow("GLUT Core Profile Demo");

    glutReshapeFunc(ChangeSize);
    glutKeyboardFunc(KeyPressFunc);
    glutDisplayFunc(RenderScene);

    SetupRC();

        printf("Version: %s\r\n", glGetString(GL_VERSION));
        printf("Renderer: %s\r\n", glGetString(GL_RENDERER));
        printf("Vendor: %s\r\n", glGetString(GL_VENDOR));
        printf("GLSL Version: %s\r\n", glGetString(GL_SHADING_LANGUAGE_VERSION));

        glutMainLoop();
        return 0;
        }
```

렌더링 작동을 임시로 무시한 채 콘솔창(또는 XCode의 출력창)에서 프로그램의 출력은 다음과 같다.

```
Version: 3.2 NVIDIA-8.0.61
Renderer: NVIDIA GeForce 9400M OpenGL Engine
Vendor: NVIDIA Corporation
GLSL Version: 1.50
```

저자의 랩톱에서 특정 OpenGL 렌더러, OpenGL의 버전, 지원되는 GLSL의 버전을 볼 수 있다.

낡은 프레임워크로 인정되는 GLUT는 OS X 플랫폼에서 쉽게 사용 가능한 렌더링 프레임워크로서, 남은 생명을 아직까지 유지하고 있다. 더 이상 GLUT 프로그래밍의 세부내용은 들어가지 않겠다. 이 장의 예제 디렉터리에서 완전한 StonehengGLUT 예제 프로그램을 볼 수 있다.

14.4 Linux에서의 OpenGL

OpenGL의 뛰어난 점 중 하나는 서로 다른 많은 플랫폼을 지원하는 것이다. Windows와 Mac에서 OpenGL을 사용하는 방법은 이미 살펴보았고, 이제 오픈소스 플랫폼인 Linux에서의 3D 렌더링에 대해 알아보도록 하자.

이 절에선 Linux가 어떻게 OpenGL을 지원하고, OpenGL의 특정 버전을 얻어오며, 개발자를 위해 어떤 인터페이스를 제공하고, 애플리케이션의 설정을 어떻게 하는지에 대해 알아본다. 또한 X Windows가 윈도우들을 어떻게 할당하고 렌더링시키며 처리하는지, 그리고 콘텍스트 관리와 GLUT도 살펴본다.

14.4.1 기초

OpenGL은 Linux와 UNIX 계열의 3D 렌더링이 가능한 거의 모든 플랫폼에서 3D 렌더링을 위한 독보적 API다. Linux는 OpenGL에 접근하기 위한 다양한 방법을 제공한다. 대부분의 주요 그래픽 하드웨어 공급업체는 어떤 형태든 가속 기능을 지원한다. 하드웨어에 의존하지 않는 소프트웨어 구현물인 Mesa3D도 대부분의 X 서버 구성에서 설치할 수 있다.

14.4.2 간단한 역사

1980년대 말, 실리콘 그래픽스^{Silicon Graphics}(SGI)는 IRIS GL^{Integrated Raster Imaging System Graphics Library}이라는 자신들의 워크스테이션에서 동작하는 2D와 3D 그래픽스를 위한 고유의 API를 소개했다. 1992년, SGI는 명세를 수정하여 그것을 OpenGL이라 명명한 후 공개 산업표준으로 출시했다. 1993년, Brain Paul은 특정 하드웨어 공급업체 기능에 제한되지 않고, 3D 렌더링을 넓게 지원할 수 있는 구현물 개발의 지평을 열게 될, Mesa3D라 불리는 소프트웨어만으로 구현물을 만드는 OpenGL 프로젝트를 시작했다. Mesa의 최신 버전은 하드웨어 가속 기능이 구현된 Gallium3D 아키텍처를 사용하게 됨으로써, Mesa에 기반한 OpenGL 하드웨어 가속 구현물들이 널리 사용되고 있다.

오늘날 대부분의 컴퓨터 시스템은 어떤 종류로든 3D 가속 기능을 가진다. 최신 3D 하드웨어 공급업체들은 Mesa를 활용하거나, 다른 오픈소스 프로젝트를 이용하거나, 출시하였거나 혹은 자신이 등록한 그래픽 드라이버를 통해 최신 OpenGL 버전을 지원한다. 일반적으로 자신들이 등록한 그래픽 드라이버가 OpenGL의 가장 최신 버전을 지원한다. 예를 들면 현재 AMD와 NVIDIA는 OpenGL 4.3을 지원하는 Linux OpenGL 드라이버를 제공하는 반면, Mesa의 가장 최신 출시 버전인 9.0x는 OpenGL 3.1을 지원한다.

14.4.3 X란 무엇인가?

X 윈도우 시스템은 마이크로소프트 Windows나 Mac OS 같이 명령 프롬프트보다 유저에게 이해하기 쉬운 환경을 제공하는 그래픽 사용자 인터페이스다. X 윈도우 세션들은 지역 시스템에서만 사용되도록 제한되지는 않는다. 예를 들어 어딘가에 있는 슈퍼컴퓨터에 접근하려는 컴퓨터에서 X 서버 세션을 시작할 수 있다. 이것은 마치 그 앞에 앉아 있는 것처럼 원격 컴퓨터 조작을 할 수 있게 해준다. X 윈도우에서 유저에게 화면을 보여주는 서비스를 제공하는 컴퓨터를 X Window 서버라고 하고, 실제 애플리케이션을 구동하는 컴퓨터를 클라이언트라고 한다. 일반적으로 알려진 클라이언트와 서버의 역할과 서로 반대인 것처럼 보인다. 슈퍼컴퓨터 예제에서는 슈퍼컴퓨터의 쉘을 열고 그곳에 애플리케이션을 구동시킨다. 그것은 (서버로 동작하는) 데스크톱 컴퓨터로 되돌아가서 (클라이언트 역할로) 연결될 것이고, 무엇을 렌더링할지 알려준다. OpenGL 렌더링 전체 과정은 우리 머신에서 처리되며, 그동안 슈퍼컴퓨터는 모든 어려운 작업 처리를 수행한다.

우리는 X Windows 안에서 Linux OpenGL 애플리케이션을 실행시킨다. 대부분의 Linux 배포판에선 X 윈도우 시스템의 XFree86 구현물이나, 그것의 파생물인 X.Org 서버 둘 중 하나를 사용한다. 기본적인 X Windows 소프트웨어 위에서 실행되어, 윈도우의 이동, 크기 조절, 프로그램 구동시키기, 그리고 다른 기초적인 작동을 비롯한 사용자 상호 작용을 제공하는 KDE나 Gnome 같은 서로 다른 많은 데스크톱 관리자가 존재한다. 최근에 X에서 데스크톱 관리자를 조합 구성하는 기능을 대신하여 나오게 된 Wayland는 고성능을 발휘하고 있어 Linux 데스크톱 배포자에게 큰 인기를 누릴 듯하다.

14.4.4 시작하기

OpenGL 애플리케이션을 컴파일하고 실행하기 위해서는 몇 가지 컴포넌트 설정이 필요하다. 당연하게, 제일먼저 Linux 시스템이 필요하다. OpenSUSE, Fedora, Ubuntu 같은 여러 종류의 Linux 배포판을 무료로 다운로드 받아 이용 가능하다. 다음으로 OpenGL 현재 버전을 지원하는 그래픽스 칩을 장착한 최신 그래픽 카드나 시스템을 보유하기를 적극 추천한다. 최신 드라이버가 이용 가능하거나 설치되어 있는 것 또한 중요하다. 비록 OpenGL을 소프트웨어 구현으로 실행되게 할 수 있다고 해도, OpenGL의 모든 기능을 지원할 수는 없고 상당히 느리다. 또한 OpenGL과 GLX를 위한 헤더 파일과 라이브러리가 필요하다. 애플리케이션의 컴파일을 위해 필요하기 때문이다.

OpenGL을 위한 점검

시스템이 OpenGL을 지원하는지 확인하는 방법을 짧게 살펴보자. 지원이 안 된다면 이 장의 나머지 부분은 전혀 의미가 없다. 아래 glxinfo 명령을 실행해보자.

```
glxinfo | grep rendering
```

두 개의 응답 중 하나를 얻는다.

```
direct rendering: Yes
```

또는

```
direct rendering: No
```

yes라면 좋은 소식! 3D 렌더링을 지원하는 하드웨어다. no라면 OpenGL을 지원하는 하드웨어가 아니거나 OpenGL용 드라이버가 설치되어 있지 않다. 하드웨어 지원이 되지 않으면 다음을 실행해본다.

```
glxinfo | grep "OpenGL vendor"
glxinfo | grep "OpenGL version"
```

현재 설치된 OpenGL 드라이버 정보가 출력된다. 대소문자에 주의해야 함을 기억하라! 하드웨어 드라이버가 없으나 Mesa가 설치되어 있다면 Mesa 드라이버 정보가 표시된다. Mesa 프로그램이 지원하는 OpenGL의 현재 버전 또한 확인할 수 있다.

glxinfo 명령이 실패하거나 협력업체/버전 정보를 확인할 수 없다면 Linux 배포판에 OpenGL 렌더링 설정을 할 수 없다. 몇 가지 옵션은 있다. 첫째, Mesa를 설치할 수 있다. 또는 3D 렌더링을 지원하는 비디오 카드를 연결하고 Linux용 드라이버를 설치한다. 대부분의 Linux 배포판은 설치된 소프트웨어를 관리하기 위해 (RPM 혹은 deb 파일에 기반한) 몇 가지 패키지 관리자 중 하나를 사용한다. Linux 시스템이 OpenGL 자체, OpenGL 하드웨어 드라이버, 또는 설치된 OpenGL 개발용 헤더나 라이브러리를 가지고 있지 않다면, 그것들을 얻고 설치하기 위해 패키지 매니저를 활용할 필요가 있다. Mesa3D, GLUT, GLEW 같은 부가 컴포넌트도 배포판에 패키지로 쉽게 설치하고 사용할 수 있다. 그렇지만 이런 툴들은 패키지로 배포된 버전이 예전 것일 수도 있으니 프로젝트 웹사이트에서 직접 다운로드 받는 것이 좋다.

Mesa 설치하기

Mesa의 최신 버전은 Mesa3D 웹사이트에서 다운로드 받을 수 있다. 링크는 부록 A에 있다. SourceForge에서 Mesa 프로젝트의 다운로드 링크를 찾을 수 있다. 다운로드했다면 파일의 압축을 푼다(아래는 Mesa 7.7의 압축을 푸는 예다).

```
gunzip MesaLib-7.7.tar.gz
tar xf MesaLib-7.7.tar
```

이제 압축 해제된 소스 파일을 컴파일한다. tar 압축 파일로부터 생성된 디렉터리로 가서 다음을 실행한다.

```
make linux-x86
```

시스템에서 Mesa 소프트웨어를 빌드하는 시간이 좀 걸린다. 빌드가 끝나면 수많은 라이브러리가 생성된다. 이제 운영체제가 사용할 수 있도록 라이브러리와 헤더를 설치하고, 필요할 때 찾을 수 있도록 환경을 조성한다. 설치를 하기 위해 다음 명령을 실행한다.

```
make install
```

라이브러리와 헤더가 포함되는 위치는 보통 다음 디렉터리에 존재한다.

```
Libraries: /usr/X11R6/lib
Includes: /usr/include/
```

Mesa 설치를 끝냈다. Mesa 설치나 구성에 대한 더 많은 질문이 있다면 Mesa3D 웹사이트를 방문한다.

하드웨어 드라이버 설치하기

최신 그래픽 하드웨어가 있다면, 드라이버가 설치되었고 최신 버전인지 확인해보길 바란다. Linux용 드라이버는 하드웨어 공급업체에 따라 다르다. AMD와 NVIDIA는 해당 웹사이트에서 다운로드 받을 수 있는 그들 고유의 드라이버 패키지를 제공한다. 설치 과정은 보통 간단하여, 다운로드 받은 패키지를 실행한 후 프롬프트를 따라하면 된다. 특별한 설치 설명은 제조사 웹사이트에서 찾아볼 수 있다.

몇몇 하드웨어 공급업체는 디스플레이 드라이버의 공개 소스 버전을 제공하기도 한다. 드라이버 빌드용 소스가 있다는 것은 종종 유용하기는 하나, 이런 드라이버는 대부분 느리고, 갱신이 자주 안 되며, 등록된 드라이버보다 제한된 기능과 성능을 가진다. 어떤 배포판에서는 압축된 드라이버를 가지고 있을 수도 있다. 이러한 드라이버는 오래된 버전일 수 있으니 압축된 버전을 설치하지 말고, 새로운 최신의 협력업체 드라이버를 설치하는 것이 간단하고 쉬운 방법이 될 수 있으니 숙고하기 바란다.

GLFW와 GL3W 설정하기

이 책의 애플리케이션 프레임워크는 운영체제와 윈도우 시스템 간 상호 작용을 위해 GLFW를 사용한다. X에서 직접 실행되는 OpenGL 애플리케이션을 작성하는 것은 당연히 가능하지만, X는 상당히 복잡하므로 고된 상세설정 작업이 상당부분 추상화되어 있는 GLFW 같은 간소한 레이어를 설치하는 것이 보다 편하다.

GLFW는 다른 운영체제뿐 아니라 Linux에서도 다운로드 받아 설치 가능하다. 그러므로 GLFW를 사용하는 애플리케이션 코드는 Windows, Mac, Linux 모두에서 컴파일할 수 있다. 또한 윈도우 관리를 요구하지 않아서 애플리케이션을 빨리 구동하여 실행시키는 좋은 방법이기도 하다.

GLFW는 X Server의 직접적인 인터페이스 접근을 하지 않는다. 다시 말해, OS나 X Server와 직접 통신해야 하는 작업들은 GLFW를 사용하면 불가능하거나 아주 어렵다.

OpenGL 함수 포인터를 로딩하고 초기화하기 위해 이 책의 애플리케이션 프레임워크는 GL3W 라이브러리도 사용한다. GL3W는 파이선 스크립트를 사용해서 공식 OpenGL 헤더 파일로부터 직접 생성한 단일 소스 파일이다. GLFW처럼 GL3W도 서로 다른 많은 운영체제와 플랫폼에서 사용된다. GL3W를 사용하면 애플리케이션은 3D 렌더링에만 집중할 수 있고, 애플리케이션이 다른 플랫폼에서 동작되도록 하기 위해 많은 신경을 쓰지 않아도 된다.

GLFW 설치하기

GLFW가 시스템에 설치되어 있지 않을 수도 있다. 이 경우에는 다운로드해서 GLFW 디렉터리로 이동한 후 다음 명령을 수행한다.

```
sh ./compile.sh
make x11
make x11-install
```

첫 번째 명령은 코드를 컴파일하기 위해 사용하는 메이크파일을 생성한다. 메이크파일은 각자의 시스템에 각 리소스가 각기 다른 위치에 있기 때문에 특화되게 만들어진다. 두 번째 명령이 실제 코드를 컴파일하며, 세 번째 명령은 그 결과물을 설치한다.

애플리케이션에서 GLFW를 사용하려면 GLFW 라이브러리를 다음 링크 명령을 사용해서 추가한다.

```
-lglfw
```

GL3W 설치하기

GL3W는 매우 간결하며 파이선 스크립트로 생성되는 단일 소스 파일로 만들어진다. 미리 생성된 gl3w.c 파일이 이 책의 독자를 위해 배포한 소스 파일 안에 들어 있다. 이 소스 파일을 마음대로 프로젝트에 포함시켜도 된다. 포함시킨 후 애플리케이션을 시작할 때, OpenGL의 어떤 호출이 발생하기 전에 gl3wInit( )를 호출한다. 가장 최신의 OpenGL 버전에서 지원되는 핵심 기능에 대한 모든 함수 포인터가 자동적으로 설정된다. gl3wInit 함수가 실패하면, 에러를 리턴하고, 확장 기능 포인터들이 초기화되지 않는다.

14.4.5 OpenGL 애플리케이션 빌드하기

이제 모든 설정이 완료되었으니 시스템이 OpenGL 프로그램을 컴파일하고 실행할 준비가 되었다. 그럼 이 프로그램을 빌드하는 방법에 대해 살펴보자. Linux를 많이 사용해봤다면, 아마 메이크파일을 생성하는 데 이미 익숙하리라 생각한다. 그렇다면 이번 절은 건너뛰어도 된다.

메이크파일은 소스 코드를 컴파일하고 링크하여 실행 파일을 만들기 위해 Linux 시스템이 사용하는 파일이다. 메이크파일은 컴파일러와 링커에 관한 지시문을 가지고 있고, 그들에게 파일이 어디에 있으며, 그것을 어떻게 다룰지에 대한 내용을 말해준다. 메이크파일에 대한 예제가 아래에 있다. 새로운 프로젝트에 적용하기 위해 수정하거나 확장해서 사용하면 된다.

```
LIBDIRS = -L/usr/X11R6/lib -L/usr/X11R6/lib64 -L/usr/local/lib
INCDIRS = -I/usr/include -L/usr/local/include

CC = gcc
CFLAGS = $(COMPILERFLAGS) -g $(INCDIRS)
LIBS = -lX11 -lXi -lXmu -lglfw -lGL -lm

example : example.o
    $(CC) $(CFLAGS) -o example $(LIBDIRS) example.c $(LIBS)
clean:
    rm -f *.o
```

첫 번째 줄은 포함될 라이브러리를 위한 링크 인자가 들어 있는 변수를 생성한다. 여기서 사용된 것은 X11용 스탠더드 라이브러리 디렉터리와 64비트 특정 라이브러리 버전 둘 다이다. 두 번째 줄은 헤더 파일을 찾으려 할 때 컴파일러가 사용해야 할 포함 디렉터리를 나열한다. CC = gcc로 사용할 컴파일러를 선택한다. 다음 줄은 이 인스턴스에 사용할 컴파일 플래그를 정한다. LIBS = 구문은 프로그램에서 링크될 필요가 있는 모든 라이브러리를 선택한다.

마지막으로 example.c로 불리는 이 예제의 단일 소스 파일을 컴파일하고 링크한다. 마지막 줄은 이 과정 동안 생긴 중간 객체 파일들을 정리한다. 스크립트에서 이 파일을 대체하면 이 예제를 다른 곳에서도 사용할 수 있다. 다른 파일들도 함께 컴파일할 수 있다. 많은 리소스와 강좌를 웹에서 찾을 수 있다. 시작하는 데 도움이 될 두 개의 좋은 메이크파일 본보기가 부록 A에 소개되어 있다.

X Windows에서의 GLX 인터페이스

이 책의 많은 예제에서 GLFW 같은 고수준의 추상 라이브러리를 사용하고 있지만, X 인터페이스로 직접 작성하는 것도 가능하다. X Windows에는 GLX라고 불리는 공통 인터페이스가 있고, OpenGL을 이용하는 애플리케이션에서 X Windows와 통신할 수 있게 해준다. 이 인터페이스는 Windows의 WGL, Mac의 AGL과 유사하다. GLX에는 많은 다른 버전이 있다. 버전 1.4가 가장 최신이다. GLX 1.4는 GLX 1.3과 유사하지만, 몇 개의 사소한 수정 내용이 있다. GLX 1.2는 꽤 오래 전 것이고, 새로운 버전의 많은 기능이 빠져 있다. 이런 이유로 우리 애플리케이션에서는 GLX 1.4를 사용한다.

GLX의 설치에 관한 보다 많은 정보를 얻으려면 glxinfo 명령을 다시 실행하면 된다. 다음을 시도해보자.

```
glxinfo | grep "glx vendor"
glxinfo | grep "glx version"
```

위 명령은 X Windows의 서버와 클라이언트 컴포넌트에 관한 GLX 정보를 보여준다. 사용할 수 있는 효과적인 버전은 서버와 클라이언트 버전 중 오래된 쪽이다. 클라이언트가 1.4로 표시되고, 서버가 1.3으로 표시된다면, GLX 1.3만 사용 가능하다. 클라이언트나 서버에서 GLX 1.4를 지원하지 않는다면, 이전에 전술한대로 디스플레이 드라이버를 업데이트할 수 있다.

또한 프로그램 내에서 **glXQueryVersion()**을 호출하여 GLX 버전을 얻을 수 있다.

```
Bool glXQueryVersion(Display * dpy, int *major, int *minor);
```

함수 호출은 다음과 같은 형태다.

```
int majorVer, minorVer;
glXQueryVersion(dpy, majorVer, minorVer);
```

X Windows와 화면 처리

GLX 사용에 대해 깊이 들어가기 전에, Linux(또는 다른 많은 UNIX 계열)에서 GLX의 동작법을 이해하기 위한 몇 가지 전제가 있다. OpenGL 애플리케이션은 X Server의 윈도우 안에서 실행된다. X Windows는 어느 곳에서든 데스크톱을 실행할 수 있기 위해 필연적으로 클라이언트와 서버 컴포넌트를 각각 다른 시스템에서 실행되는 것을 지원한다고 전에 언급했다. 더욱이 X Server는 복수의 화면을 활성화시킬 수 있고, 심지어 복수의 그래픽 카드도 가질 수 있다.

윈도우를 생성하기 전에, OpenGL이 어떤 화면에서 실행되는지 확인할 필요가 있다. 화면은 X Server가 어느 곳에 렌더링하는지 알 수 있도록 도와준다. 현재 화면을 얻기 위해 **XOpenDisplay()** 함수를 사용한다.

```
Display *dpy = XOpenDisplay(getenv("DISPLAY"));
```

위 함수는 기본 화면용 디스플레이 객체에 대한 포인터를 돌려준다. 이 포인터는 나중에 어느 화면인지 X Server에 알려주는 용도로 사용한다. 애플리케이션이 실행된 후 **XCloseDisplay()** 함수로 화면을 닫을 필요도 있다. 이 함수는 화면이 종료되었고, 연결을 닫아도 된다고 X Server에 알려주는 역할을 한다.

```
XCloseDisplay(Display * display);
```

구성 관리와 시각화

OpenGL 렌더링 콘텍스트나 윈도우를 생성하기 전에, 요구되는 몇 가지 특성을 알아야 한다. Linux의 구성 설정은 EGL의 구성 설정이나 Windows의 픽셀 형식과 유사하다. 하나의 구성은 X Windows나 OpenGL/GLX 드라이버에 의해 지원되는 속성들을 열거한 집합이다. 하나의 실행 파일은 대개 많은 윈도우와 렌더링의 조합을 지원하므로, 많은 수의 구성 설정이 필요하다. 구성 설정에 완전히 의존하는 많은 요소가 있으므로, 다룰 때 주의해야 한다.

glXGetFBConfigs() 인터페이스를 사용해서 지원하는 구성 설정에 대한 모든 정보를 얻는 것부터 시작할 수 있다.

```
GLXFBConfig *glXGetFBConfigs(Display * dpy,
                            int screen,
                            int *nelements);
```

XOpenDisplay() 호출로 얻은 디스플레이 핸들을 사용한다. screen 인자엔 기본 화면을 사용한다. 호출 후 nelements값으로부터 구성 설정의 개수를 알 수 있다.

각 구성엔 자신의 인덱스를 포함한 많은 속성이 있다. 각 구성 설정은 대표되는 특성 집합을 가진다. 개별 속성과 그에 대한 설명이 [표 14-6]에 나열되어 있다.

표 14-6 GLX 구성 설정의 속성 목록

속성(GLX_*)	설명
BUFFER_SIZE	색상 버퍼의 총 비트 수
RED_SIZE	색상 버퍼의 빨간색 채널의 비트 수
GREEN_SIZE	색상 버퍼의 녹색 채널의 비트 수
BLUE_SIZE	색상 버퍼의 파란색 채널의 비트 수
ALPHA_SIZE	색상 버퍼의 알파 채널의 비트 수
DEPTH_SIZE	깊이 버퍼의 비트 수
STENCIL_SIZE	스텐실 버퍼의 비트 수
CONFIG_CAVEAT	NONE, SLOW_CONFIG, NON_CONFORMANT_CONFIG 주의사항 값들 중 하나를 지정함. 구성 설정에서 문제가 될 수 있는 소지에 대한 경고임. slow 구성 설정은 하드웨어 사양보다 높은 경우 소프트웨어로 에뮬레이트함을 의미. nonconformant 구성 설정은 적합성 테스트를 통과하지 않음을 의미.
X_RENDERABLE	X Server에서 이 서피스를 렌더링할 수 있다면 TRUE로 설정됨.
VISUAL_ID	관련된 시각화 처리 형태에 대한 XID
X_VISUAL_TYPE	구성 설정에 의해 윈도우가 렌더링되는(적합한 시각 처리가 존재하여) X visual의 시각화 형태.
DRAWABLE_TYPE	지원하는 유효 서피스 타깃. WINDOW_BIT, PIXMAP_BIT, PBUFFER_BIT 중 하나이거나 전부일 수 있음.
RENDER_TYPE	연동될 수 있는 콘텍스트 형태를 가리키는 비트필드. RGBA_BIT이거나 COLOR_INDEX_BIT일 수 있음.

속성(GLX_*)	설명
FBCONFIG_ID	GLXFBConfig용 XID
LEVEL	프레임버퍼 레벨
DOUBLEBUFFER	색상 버퍼가 이중 버퍼링되면 TRUE
STEREO	색상 버퍼가 스테레오 렌더링을 지원하면 TRUE
SAMPLE_BUFFERS	멀티 샘플 버퍼의 수. 0 또는 1임
SAMPLES	멀티 샘플 버퍼에서 픽셀당 샘플링 수. SAMPLE_BUFFER가 0이라면 이 값도 0이 되어야 함.
TRANSPARENT_TYPE	투명 처리 지원 여부. NONE, TRANSPARENT_RGB, TRANSPARENT_INDEX 값 중 하나임. 투명 처리가 지원된다면, 해당하는 투명 RGB값과 픽셀의 모든 컴포넌트가 정확히 일치할 때 투명화 처리됨.
TRANSPARENT_RED_VALUE	투명화되어야 할 프레임버퍼 픽셀의 빨간색 값
TRANSPARENT_GREEN_VALUE	투명화되어야 할 프레임버퍼 픽셀의 녹색 값
TRANSPARENT_BLUE_VALUE	투명화되어야 할 프레임버퍼 픽셀의 파란색 값
TRANSPARENT_ALPHA_VALUE	투명화되어야 할 프레임버퍼 픽셀의 알파값
TRANSPARENT_INDEX_VALUE	색상 인덱스 구성 설정이 되어 있을 때 프레임버퍼에서 투명화되어야 할 인덱스값
AUX_BUFFERS	지원되는 보조 버퍼의 수
ACCUM_RED_SIZE	보조 버퍼의 빨간색 채널의 비트 수
ACCUM_GREEN_SIZE	보조 버퍼의 녹색 채널의 비트 수
ACCUM_BLUE_SIZE	보조 버퍼의 파란색 채널의 비트 수
ACCUM_ALPHA_SIZE	보조 버퍼의 알파 채널의 비트 수

특정 구성 설정에서 위 속성값을 찾기 위해 **glXGetFBConfigAttrib()** 함수를 사용할 수 있다.

```
int glXGetFBConfigAttrib(Display * dpy, GLXFBConfig config,
                         int attribute, int *value);
```

config 인자엔 질의할 구성 설정의 값을 대입하고, attribute 인자엔 물어볼 속성의 값을 대입한다. 결과값은 value 인자에 지정된다. **glXGetFBConfigAttrib()** 호출이 실패하면 요청한 속성이 존재하지 않는다는 GLX_BAD_ATTRIBUTE 에러값을 리턴한다.

GLX는 기준에 맞는 구성 설정의 부분집합을 얻어내는 함수도 제공한다. 이렇게 하면 애플리케이션에 맞는 구성 설정을 찾을 때, 관심 있는 부분으로 범위를 좁혀서 찾기 쉽도록 해준다. 예를 들어 윈도우로 렌더링하는 애플리케이션이 있을 때, 선택한 구성 설정은 윈도우로 렌더링하는 것을 지원할 필요가 있다.

```
GLXFBConfig *glXChooseFBConfig(Display * dpy,
                         int screen,
                         const int *attrib_list,
                         int *nelements);
```

screen 인자에 원하는 화면값을 입력하고, 구성과 부합하는 요소들을 지정한다. 지정하는 방법은 NULL로 끝나는 인자-값 쌍의 리스트로 행해진다. 속성은 [표 14-6]에 나열된 구성 속성과 같다.

```
static const int attrib_list[] =
{
    attribute1, attribute_value1,
    attribute2, attribute_value2,
    attribute3, attribute_value3,
    0
};
```

glXGetFBConfigs()와 유사하게, 속성 리스트와 부합하는 구성 설정의 수는 nelements값으로 돌려준다. 함수의 리턴값으로 부합하는 구성 설정의 리스트에 대한 포인터를 얻을 수 있다. **glXChooseFBConfig()** 호출 후 얻은 메모리는 **XFree()**를 사용해서 해제해주어야 함을 잊지 않도록 한다. 리턴받은 모든 구성 설정 리스트는 속성 리스트에 설정했던 최소한의 요구조건에 부합한다.

구성 설정을 만들 때, 몇 가지 중요 속성에 관심이 갈 수 있다. 예를 들면 GLX_X_RENDERABLE은 OpenGL이 렌더링을 수행하기 위해선 GLX_TRUE이어야 하고, 윈도우에 렌더링을 한다면 GLX_DRAWABLE_TYPE에 GLX_WINDOW_BIT가 포함될 필요가 있으며, GLX_RENDER_TYPE은 GLX_RGBA_BIT이어야 하고, GLX_CONFIG_CAVEAT는 GLX_NONE이거나, 최소한 GLX_SLOW_CONFIG 비트가 설정되어서는 안 된다. 이상이 만족된다면, 색상이나 깊이, 스텐실 버퍼의 채널들이 최소 요구 조건에 부합하는지 확인하길 바란다. pBuffer나 누적 버퍼, 투명값은 보통 사용되지 않는다.

지정하지 않은 속성은 **glXChooseFBConfig()** 함수 안에서 기본값으로 지정된다. 이 값들은 GLX 명세에 나열되어 있다. 정렬 방법은 자동적으로 우선순위가 높은 속성 순서대로 구성 설정 리스트를 돌려준다. 우선순위가 가장 높은 속성의 순서는 GLX_CONFIG_CAVEAT, 색상 버퍼 비트 깊이, GLX_BUFFER_SIZE, GLX_DOUBLEBUFFER다.

구성 설정에서 GLX_DRAWABLE_TYPE 속성이 GLX_WINDOW_BIT를 가진다면 관련된 X 비주얼이 존재한다. 다음 명령으로 비주얼에 대해 질의할 수 있다.

```
XVisualInfo *glXGetVisualFromFBConfig(Display * dpy,
                                      GLXFBConfig config);
```

관련된 X 비주얼이 없다면 NULL이 리턴된다. 리턴된 메모리를 **XFree()**로 해제하는 것을 잊지 않도록 한다.

14.4.6 윈도우와 렌더링 서피스

이제 지루한 일들을 끝냈으니, 윈도우를 생성하자. X server의 **XCreateWindow()** 함수를 호출함으로써 윈도우를 생성할 수 있다. 호출한 결과는 새로운 X Window의 핸들값이다. 이 함수는 부모 윈도우가 필요하지만, 메인 X Window를 부모로 사용해도 된다. Display 인자는 이제 익숙하리라 믿는다. 또한 만들고자 하는 윈도우의 크기와 어디에 놓을지 X에 알려줄 x, y 위치 변수와 width, height 인자를 사용해야 한다.

그리고 어떤 종류의 윈도우 클래스로 작업할 것인지 X Server에 알려줘야 한다. 이것은 InputOnly, InputOutput, CopyFromParent 세 개의 값 중 하나다. InputOnly 윈도우는 그래픽 요청을 하거나 대상이 되는 용도로 사용할 수 없고, CopyFromParent는 부모 윈도우에서 만들어진 값을 그대로 사용하겠다는 뜻이므로 InputOutput이 가장 적합한 값이다. attributes나 valuemask 필드값은 윈도우가 가져야 할 성질의 형태를 말해준다. attributes 필드는 값을 가지고 있고, valuemask 는 X가 처리해야 할 값에 대해 말해준다. attributes에 대한 보다 자세한 정보를 알고 싶다면 X server 문서를 참고하라. 전체 함수 선언은 다음과 같다.

```
Window XCreateWindow(Display * dpy,
                     Window parent,
                     int x, int y,
                     unsigned int width,
                     unsigned int height,
                     unsigned int border_width,
                     int depth,
                     unsigned int class,
                     Visual *visual,
                     unsigned_long valuemask,
                     XSetWindowAttributes *attributes);
```

적합한 값을 선택한 뒤 **XCreateWindow()**를 호출하여 윈도우를 생성하면 새로운 윈도우 핸들이 리턴된다. 이 윈도우 핸들로 그에 대응하는 GLX 윈도우를 생성할 수 있다. GLX 윈도우를 생성할 때 사용하는 구성 설정은 만들어진 X Window의 비주얼과 호환되어야 한다. **glXCreateWindow()** 로 새로 만든 XWindow와 연관된 새로운 온스크린 OpenGL 렌더링 영역을 생성한다.

```
GLXWindow glXCreateWindow(Display * dpy,
                          GLXFBConfig config,
                          Window win,
                          const int *attrib_list);
```

이제 Display 인자는 너무 익숙하다. config 인자에는 **glXGetFBConfigs()**나 **glXChooseFBConfig()** 를 사용해서 얻은 구성 설정을 넣으면 된다. 윈도우 핸들은 **XCreateWindow()**에서 얻어낸 핸들이다. attrib_list는 현재 어떤 값도 지원하지 않고, 미래의 확장용이다. NULL값을 넣어야 한다.

glXCreateWindow( )는, 구성 설정이 윈도우 비주얼과 호환되지 않을 때, 구성 설정이 윈도우 렌더링을 지원하지 않을 때, window 인자가 유효하지 않을 때, GLXFBConfig가 이미 그 윈도우에 연동될 때, GLXFBConfig가 유효하지 않을 때, 그 외 GLX 윈도우 생성 시 일반적인 실패가 발생할 때, 에러를 던지고 실패한다. **glXCreateWindow( )**는 GLX 1.3 이후 버전에서만 지원된다는 사실도 주의한다. 이전 버전에서는 동작하지 않는다. 터미널에서 glxinfo | grep "glx version"을 실행하여 GLX 버전을 확인했던 사실을 기억하라.

렌더링을 마친 후에는 생성했던 윈도우를 해제해야 한다. **glXCreateWindow( )** 호출 시 리턴받은 GLX 윈도우 핸들로 **glXDestroyWindow( )**를 호출하면 GLX 윈도우를 없앨 수 있다.

```
glXDestroyWindow(Display * dpy,
                 GLXWindow window);
```

마지막으로 처음에 생성했던 X Window를 파괴한다. 비슷한 이름의 **XDestroyWindow( )** 명령에 X Window 핸들을 넣으면 된다.

```
XDestroyWindow(Display * dpy, Window win);
```

14.4.7 GLX 문자열

다양한 GLX 문자열로 시스템이 무엇을 할 수 있는지 더 많은 정보를 얻기 위한 질의를 할 수 있다. 가장 중요한 문자열 중 하나는 확장 문자열이다. 이것은 GLX가 지원하는 현재 구현물에 대한 모든 확장 기능의 목록이다. 확장 문자열을 얻기 위해서는 다음과 같이 한다

```
const char *glXQueryExtensionsString(Display *dpy, int screen);
```

리턴되는 문자열, 혹은 문자 배열은 스페이스로 분리된 확장 명칭의 목록이다. 배열은 0으로 끝난다.

클라이언트 또는 서버 각각의 라이브러리 정보를 얻기 위해서는 **glXGetClientString( )** 또는 **glXQueryServerString( )**을 호출할 수 있다. name 인자에는 GLX_VENDOR, GLX_VERSION, GLX_EXTENSIONS 열거형값 중 하나를 대입한다.

```
const char *glXGetClientString(Display *dpy, int name);
const char *glXQueryServerString(Display *dpy, int screen, int name);
```

OpenGL 확장과 GLX

다른 주제로 넘어가기 전에, GLX 전체를 새 버전으로 갱신하지 않고 확장할 수 있는지 알아보자. 협력업체가 사용하는 애플리케이션에 새 기능을 추가하기 위해 GLX와 OpenGL용 새 확장 기능을 만들 수 있다. 이렇게 하면 애플리케이션이 협력업체에서 만든 특화 기능을 사용하거나, 추후

핵심 명세의 부분이 될 수 있는 기능을 미리 사용할 수 있다. 앞서 **glXQueryExtensionsString()**을 호출하여 GLX 확장 기능 목록을 얻는 방법을 알아보았다. 또한 앞 장에서 모든 OpenGL 확장 기능의 목록을 어떻게 얻을 수 있는지도 알아보았다. 새 확장 기능에 대한 설명은 OpenGL 확장 저장소 웹사이트에서 찾을 수 있다. 어떤 확장 기능이 사용 가능하고 무엇을 할 수 있는지 알았다면, 그들을 사용하기 위한 새 진입점을 얻어야 한다. GLX는 확장 기능에 대한 함수 메모리 주소를 찾아주는 **glXGetProcAddress()**를 제공한다.

```
void (*glXGetProcAddress(const ubyte *procname))();
```

14.4.8 콘텍스트 관리

콘텍스트란 하나의 핸들과 관련된 OpenGL 상태 집합이다. 상태가 설정되었거나 렌더링이 일어나게 되는 그릴 수 있는 객체(윈도우 같은)와 콘텍스트를 연결해야 한다. 여러 개의 콘텍스트를 생성할 수 있으나, 한 번에 단 하나의 그릴 수 있는 객체와 연결할 수 있다. 애플리케이션에서 렌더링을 하려면 최소한 하나의 콘텍스트를 생성해야 한다.

콘텍스트 생성

새로운 콘텍스트를 생성하는 하나의 방법은 **glXCreateNewContext()** 명령이다.

```
GLXContext glXCreateNewContext(Display * dpy,
                               GLXFBConfig config,
                               int render_type,
                               GLXContext share_list,
                               bool direct);
```

이 함수가 성공하면 렌더링 시 어떤 콘텍스트를 사용할 것인지 GLX에 알려줄 때 필요한 콘텍스트의 핸들을 리턴한다. 콘텍스트 생성 시 사용할 config 인자는 그리려는 렌더링 서피스와 호환되어야 한다. 보통은 GLX 윈도우 생성 시 사용했던 구성 설정을 사용하면 가장 쉽다.

render_type 인자엔 GLX_RGBA_TYPE이나 GLX_COLOR_INDEX_TYPE을 넣을 수 있다. 색상 인덱스 모드를 사용하지 않으므로 GLX_RGBA_TYPE을 사용한다. 대부분의 구현에서 더 이상 색상 인덱스 모드를 지원하지 않는다. 보통 share_list 인자엔 NULL을 넣어야 한다. 하지만 하나의 애플리케이션에서 여러 개의 콘텍스트를 사용하면서 텍스처, 버퍼 등의 OpenGL 객체를 공유하길 원한다면 두 번째 콘텍스트 생성 시 첫 번째로 만든 콘텍스트 핸들을 넣을 수 있다. 이렇게 하면 두 개의 콘텍스트가 동일한 이름 공간^namespace을 사용한다. direct 인자를 TRUE로 설정하면 지역 X 서버와 바로 연결되는 하드웨어 콘텍스트를 요청한다. FALSE는 X 서버를 거쳐서 렌더링하는 콘텍스트를 생성한다.

생성이 실패하면 함수는 NULL을 리턴한다. 한편으론 콘텍스트가 기본 OpenGL 상태로 초기화되기도 한다. 만약 share_list 인자로 잘못 된 핸들을 넣거나, config가 유효하지 않거나, 시스템에 리소스가 부족하게 되면 에러를 던진다.

구현물이 OpenGL 3.1이나 100% 하위 호환되는 어떤 새 콘텍스트 버전을 지원한다면 생성된 콘텍스트의 OpenGL 버전은 OpenGL 3.1까지다. **glXCreateNewContext( )**를 호출해서 얻으려는 OpenGL 콘텍스트 버전이 어떻게 될지 모르기 때문에 새 버전을 지원하기 위한 좋은 방법이 될 수 없다. 대신 **glXCreateContextAttribsARB( )**라는 새 버전을 사용한다.

glXCreateContextAttribsARB( )를 사용하기 전에 GLX 확장 기능 목록에서 GLX_ARB_create_context_profile 확장 문자열이 있는지 확인해야 한다. 있다면, 이 확장 기능의 함수 포인터를 얻을 필요가 있다. 그래야 선호하는 방법으로 콘텍스트를 생성할 모든 준비를 마쳤다고 할 수 있다.

```
GLint attribs[] = {
        GLX_CONTEXT_MAJOR_VERSION_ARB, 3,
        GLX_CONTEXT_MINOR_VERSION_ARB, 3,
        0 };
rcx->ctx = glXCreateContextAttribsARB(rcx->dpy, fbConfigs[0], 0,
                                      True, attribs);
glXMakeCurrent(rcx->dpy, rcx->win, rcx->ctx);
```

새 함수인 **glXCreateContextAttribsARB( )**는 정확히 원하는 콘텍스트를 선택할 수 있게 추가된 인자를 가진다.

```
GLXContext glXCreateContextAttribsARB(Display * dpy,
                                      GLXFBConfig config,
                                      int render_type,
                                      GLXContext share_list,
                                      bool direct,
                                      const int *attrib_list);
```

attrib_list 인자는 새로운 콘텍스트로 요청할 속성의 값-쌍 목록이다. 먼저 배열에 속성 이름을 지정하고, 다음에 속성값을 기록한다. OpenGL의 특정 콘텍스트 버전을 확실히 요청하기 위해 속성 GLX_CONTEXT_MAJOR_VERSION_ARB와 GLX_CONTEXT_MINOR_VERSION_ARB를 사용한다. 애플리케이션이 OpenGL 3.3으로 작성되었다면 주버전에 3, 부버전에 3을 입력하면 된다. 애플리케이션이 오래되었고, OpenGL 3.0 콘텍스트가 필요하다면, 유사하게 요청하면 된다. 그렇지만 OpenGL 드라이버는 요청한 버전과 100% 하위 호환되는 임의의 버전을 리턴하게 되어 있다. OpenGL의 버전을 명시하지 않았거나, 1.0 버전을 요청하면 드라이버는 아마 OpenGL 3.1 버전 콘텍스트를 생성해준다. 정확한 결과는 협력업체에 따라 다르다. OpenGL 버전을 지정해서 요청하는 것이 좋은 생각이다.

OpenGL 드라이버가 지원하는 버전까지만 콘텍스트를 생성할 수 있다. glGetString으로 GL_VERSION 열거값을 인자로 호출하면 지원되는 최신 버전을 얻을 수 있다.

```
ubyte *verString = glGetString(GL_VERSION);
```

또는 **glGetIntegerv()** 명령을 통해 정수 형식의 버전을 리턴받도록 질의할 수 있다.

```
int majorVer, minorVer;
glGetIntegerv(GL_MAJOR_VERSION, &majorVer);
glGetIntegerv(GL_MINOR_VERSION, &minorVer);
```

attrib_list를 통해 요청할 수 있는 몇 가지 다른 형태의 속성도 있다. GLX_CONTEXT_PROFILE_MASK_ARB 속성은 GLX_CONTEXT_CORE_PROFILE_BIT_ARB나 GLX_CONTEXT_COMPATIBILITY_PROFILE_BIT_ARB 중 하나의 비트필드값이 포함된다. 한 번에 하나만 지정할 수 있다. GLX_CONTEXT_CORE_PROFILE_BIT_ARB 비트 설정은 드라이버가 사용되지 않는 OpenGL 기능을 배제한 단지 핵심 기능만 지원하는 콘텍스트를 리턴한다. 사용되지 않는 기능이 삭제될 OpenGL의 다음 버전에 대비하여 이 비트를 설정하는 것은 좋은 선택이다. GLX_CONTEXT_COMPATIBILITY_PROFILE_BIT_ARB 비트는 OpenGL의 모든 구버전과 호환되는 콘텍스트를 생성하도록 드라이버에 요청한다. 다시 말해, 사용되지 않는 어떤 기능도 제거하지 않는다. 이 비트로 생성된 콘텍스트는 더 많은 상태와 기능을 추적해야 하므로 코어 프로파일 콘텍스트보다 느리게 동작할 수 있다.

콘텍스트 생성을 위한 별도 플래그는 GLX_CONTEXT_FLAGS_ARB 속성으로 설정한다. 지원되는 플래그는 GLX_CONTEXT_DEBUG_BIT 뿐이다. 이 비트를 설정하면 개발 중인 애플리케이션에 유용한 추가 디버깅 정보를 가지고 있는 콘텍스트를 생성한다. 어떤 정보가 있고, 어떻게 접근할 수 있는지는 협력업체별로 특화되어 있다.

지정한 속성 중 어느 하나가 시스템의 OpenGL 드라이버에서 지원되지 않는다면 에러가 발생한다. 주버전과 부버전의 조합으로 만든 상위 호환 콘텍스트 비트가 유효한 OpenGL 버전이 아니라면 GLXBadMatch 에러를 던진다. GLX_CONTEXT_PROFILE_MASK_ARB로 지정한 비트 중 어느 하나라도 지원되지 않는다면 GLXBadProfileARB 에러를 던진다.

콘텍스트 사용이 끝났을 때, 구현물이 모든 관련 리소스를 해제할 수 있도록 콘텍스트를 파괴하는 것이 중요하다. 콘텍스트를 파괴하기 위해선 **glXDestroyContext()** 명령을 사용한다.

```
glXDestroyContext(Display * dpy, GLXContext ctx);
```

콘텍스트가 어떤 스레드에 의해 묶여 있다면, 스레드가 활성화되지 않는 한 파괴되지 않는다. 무효한 콘텍스트 핸들을 인자로 사용했다면 위 함수는 에러를 던진다.

GLX가 제공하는 유용한 또 하나의 기능은 하나의 콘텍스트에서 얻은 데이터를 **glXCopyContext()**

를 호출하여 다른 곳으로 복사하는 능력이다. OpenGL 특정 상태에서 복사하려는 부분을 표시하는 마스크와 더불어 원래의 콘텍스트와 복사 대상의 콘텍스트 핸들을 인자로 사용한다. 모두 복사하기 위해서는 GL_ALL_ATTRIB_BITS값을 넣어도 된다. 클라이언트 쪽 상태는 복사되지 않는다.

```
glXCopyContext(Display * dpy, GLXContext source,
               GLXContext dest, unsigned long mask);
```

GLX에서 직접 콘텍스트란 지역 X 서버에 직접 렌더링을 지원하는 것을 말한다. 존재하는 콘텍스트가 직접 콘텍스트인지 알아보려면 **glXIsDirect( )**를 호출하면 된다. 직접 렌더링용 콘텍스트라면 true를 리턴한다.

```
glXIsDirect(Display * dpy, GLXContext ctx);
```

14.4.9 콘텍스트 사용하기

생성한 콘텍스트를 사용하기 위해서는 **glXMakeContextCurrent( )**를 호출한다.

```
glXMakeContextCurrent(Display * dpy, GLXDrawable draw,
                      GLXDrawable read, GLXContext ctx);
```

대부분 read 인자에 넣는 그릴 수 있는 객체와 콘텍스트용 draw 인자에 넣는 객체는 동일하게 지정한다. 읽기와 그리기 작업이 같은 콘텍스트를 사용한다는 의미다. 위 함수가 호출되기 전에 다른 콘텍스트가 사용되고 있었다면, 그 콘텍스트는 정리되고, 더 이상 사용되지 않는다. 인자에 넣은 콘텍스트가 유효하지 않거나 그릴 수 있는 객체 중 어느 하나가 유효하지 않다면, 함수는 에러를 던진다. 생성해야 할 그릴 수 있는 객체에서 사용하는 구성 설정이 콘텍스트의 구성 설정과 호환되지 않으면 역시 에러를 던진다. read 인자와 그릴 수 있는 객체인 draw 인자에 None을 넣고 context 인자에 NULL을 넣으면 콘텍스트를 스레드에서 해제시킬 수 있다. 그릴 수 있는 객체에 둘 다 None을 넣지 않으면 GLX는 에러를 던진다.

동기화

GLX는 다른 OS에 존재하는 것과 유사한 몇 가지 동기화 명령을 가진다.

```
void glXWaitGL(void);
```

glXWaitGL( )을 호출하면 윈도우에 대한 모든 GL 렌더링이 **glXWaitGL( )** 호출 후에 진행되는 다른 렌더링 처리 발생 전에 끝나게 됨을 보장한다. 이것은 애플리케이션에서 모든 렌더링이 올바른 순서로 처리되도록 만들어주어 렌더링이 부정확하게 겹치거나 덮어써지지 않도록 한다.

어떤 구현에서는 보여주는 렌더링 결과물 없이 **glXWaitGL()** 호출이 즉시 리턴될 수 있다. 이전 렌더링이 끝나기 전에 구현물이 다른 렌더링의 초기화를 기다릴 수 있다.

```
void glXWaitX(void);
```

마찬가지로 **glXWaitX()** 호출은 **glXWaitX()** 호출 전에 만든 모든 자신의 렌더링 작업이, 호출 후에 발생한 임의의 OpenGL 렌더링 작업 전에 끝남을 보장해준다.

```
void glXSwapBuffers(Display *dpy, GLXDrawable draw);
```

이중 버퍼 구성 설정이 사용될 때, **glXSwapBuffers()** 호출은 후면 버퍼의 내용을 윈도우로 전달하는 역할을 한다. 또한 이 호출은 버퍼 교환이 일어나기 전에 암묵적인 glFlush를 수행하기도 한다. 더불어 새로운 후면 버퍼의 내용은 정의되지 않는다. **glXSwapBuffers()** 호출 후, 새로운 후면 버퍼에 예전 후면 버퍼와 같은 내용, 전면 버퍼의 예전 내용, 또는 협력업체 사이에서 이식성이 있는 어떤 다르게 정의된 내용이 있으리라 가정하면 안 된다. 그릴 수 있는 객체 또는 화면이 유효하지 않거나, 윈도우가 더 이상 유효하지 않다면 GLX는 에러를 던진다.

GLX 질의

GLX는 또한 콘텍스트의 특정 속성에 대한 질의를 할 수 있게 한다. 콘텍스트와 관계된 GLX_FBCONFIG_ID, GLX_RENDER_TYPE, GLX_SCREEN 속성에 대한 질의를 하려면 **glXQueryContext()** 명령을 사용한다.

```
int glXQueryContext(Display * dpy, GLXContext ctx,
                    int attribute, int *value);
```

GLX에는 몇 가지 다른 콘텍스트 관련 명령이 있다. 이들 명령은 대부분 이름을 보면 그 의미를 알 수 있다. **glXGetCurrentReadDrawable()**은 현재 그림을 그릴 수 있는 읽기용 객체의 핸들을 리턴한다.

```
GLXDrawable glXGetCurrentReadDrawable(void);
```

더불어 현재의 콘텍스트, 그릴 수 있는 객체, 그리고 화면에 대해 다음 함수로 질의할 수 있다.

```
GLXContext glXGetCurrentContext(void);
GLXDrawable glXGetCurrentDrawable(void);
GLXDrawable glXGetCurrentReadDrawable(void);
Display glXGetCurrentDisplay(void);
```

아직 알아보지 않은 몇 가지 덜 알려진 GLX의 컴포넌트가 있다. 완전성을 위해, 그것들에 대해서도 잠시 살펴본다. **glXQueryDrawable()** 함수를 가지고 현재의 그릴 수 있는 객체로부터 특정 상태에 대한 질의가 가능하다. 대상이 되는 그릴 수 있는 객체와 물어봐야 할 속성 GLX_WIDTH, GLX_

HEIGHT, GLX_PRESERVED_CONTENTS, GLX_LARGEST_PBUFFER, 또는 GLX_FBCONFIG_ID를 인자로 한다. 결과는 value 인자로 돌려준다.

```
void glXQueryDrawable(Display *dpy, GLXDrawable draw,
                      int attribute, unsigned int *value);
```

pixmaps와 pBuffers를 생성하고 처리하고 삭제하는 함수의 집합 또한 있다. pixmaps와 pBuffer를 사용하지 않을 것이고, 사용을 추천하지도 않으므로 이것들에 대해선 다루지 않겠다.

14.4.10 종합 정리

이제 재미있는 부분을 시작한다! 지금까지 알아본 모든 GLX 관련된 지식을 모아서 GLFW 대신에 윈도우 생성과 관리를 GLX로 하는 애플리케이션을 만들어보자. GLFW는 간단한 애플리케이션을 빠르게 만들기엔 훌륭하나 GLX 환경 같은 정교한 제어는 할 수 없다. GLXBasics 예제는 처음부터 GLX로 작성된 애플리케이션이고, 마우스 위치를 얻어오는 방법을 포함한 GLX 콜백을 다루는 방법에 대한 예제 프로그램이다. 처음 시작은 X 서버와의 연결을 여는 것으로 한다.

```
rcx->dpy = XOpenDisplay(NULL);
```

그런 후, 뒤에 사용할 기능들을 지원하는지 알기 위해 지원되는 GLX 버전을 확인한다.

```
glXQueryVersion(rcx->dpy, &nMajorVer, &nMinorVer);
printf("Supported GLX version - %d.%d\ n", nMajorVer, nMinorVer);

if (nMajorVer == 1 && nMinorVer < 3)
{
    printf("ERROR: GLX 1.3 or greater is necessary\ n");
    XCloseDisplay(rcx->dpy);
    exit(0);
}
```

이제 진행해도 됨을 알았으니, 적합한 구성 설정을 찾는다. 애플리케이션이 전면 버퍼와의 복잡한 상호 작용은 하지 않을 것이므로 까다로운 설정은 하지 않는다.

```
GLXFBConfig *fbConfigs;
int numConfigs = 0;
static const int fbAttribs[] =
{
    GLX_RENDER_TYPE,    GLX_RGBA_BIT,
    GLX_X_RENDERABLE,   True,
    GLX_DRAWABLE_TYPE,  GLX_WINDOW_BIT,
    GLX_DOUBLEBUFFER,   True,
    GLX_RED_SIZE,       8,
    GLX_BLUE_SIZE,      8,
```

```
    GLX_GREEN_SIZE,      8,
    0
};
// 적합한 속성을 가진 새 fb 구성 설정값을 얻는다.
fbConfigs = glXChooseFBConfig(rcx->dpy, DefaultScreen(rcx->dpy),
                            fbAttribs, &numConfigs);
```

X 윈도우를 생성하기 위해선 비주얼도 필요하다. 구성 설정을 얻었으니, 그에 해당하는 비주얼값도 얻을 수 있다.

```
XVisualInfo *visualInfo;
visualInfo = glXGetVisualFromFBConfig(rcx->dpy, fbConfigs[0]);
```

비주얼값을 얻은 후, 새로운 X 윈도우를 생성하는 데 그 값을 사용한다. **XCreateWindow( )**를 호출하기 전에, 윈도우로 무엇을 하기 원하는지 정한다. 관심 있는 이벤트를 선택하고, 이벤트 마스크에 등록한다. 윈도우 마스크에도 같은 작업을 한다. 테두리 두께와 무게감 설정을 한다. 또한 윈도우가 사용할 색상 맵을 생성해야 한다. 그 맵으로 윈도우를 화면과 연결시킨다.

```
winAttribs.event_mask = ExposureMask | VisibilityChangeMask |
                        KeyPressMask | PointerMotionMask |
                        StructureNotifyMask ;

winAttribs.border_pixel = 0;
winAttribs.bit_gravity = StaticGravity;
winAttribs.colormap = XCreateColormap(rcx->dpy,
                    RootWindow(rcx->dpy, visualInfo->screen),
                    visualInfo->visual, AllocNone);
winmask = CWBorderPixel | CWBitGravity | CWEventMask¦ CWColormap;

rcx->win = XCreateWindow(rcx->dpy, DefaultRootWindow(rcx->dpy), 20, 20,
                        rcx->nWinWidth, rcx->nWinHeight, 0,
                        visualInfo->depth, InputOutput,
                        visualInfo->visual, winmask, &winAttribs);

XMapWindow(rcx->dpy, rcx->win);
```

훌륭하다! 윈도우를 만들었다! 아직 몇 가지 과정이 렌더링하기 전에 필요하다. 첫째, 콘텍스트를 생성하고 활성화시킨다. 윈도우를 만들기 위해 사용했던 비주얼과 대응하는 구성 설정이 콘텍스트를 만들기 위해서도 필요했다는 것을 기억하라.

```
// 렌더링을 위한 새로운 GL 콘텍스트를 생성한다.
GLint attribs[] =
{
    GLX_CONTEXT_MAJOR_VERSION_ARB, 3,
    GLX_CONTEXT_MINOR_VERSION_ARB, 3,
    0
} ;
```

```
rcx->ctx = glXCreateContextAttribsARB(rcx->dpy, fbConfigs[0], 0,
                                       True, attribs);
glXMakeCurrent(rcx->dpy, rcx->win, rcx->ctx);
```

콘텍스트가 활성화되면 GL 함수 호출을 할 수 있다. 먼저 뷰포트를 설정한다.

```
glViewport(0, 0, rcx->nWinWidth, rcx->nWinHeight);
```

다음에는 색상 버퍼를 초기화하고, 렌더링을 준비한다.

```
glClearColor(0.0f, 1.0f, 1.0f, 1.0f);
glClear(GL_COLOR_BUFFER_BIT);
```

[그림 14-12]에 보이는 간단한 예제 애플리케이션은 윈도우 주위의 마우스 포인터를 따라다니려고 최선을 다하는 두 개의 눈동자를 그린다. 마우스의 위치를 눈동자가 바라보기 위해서는 눈동자의 위치를 계산하는 몇 가지 수학이 필요하다. 어떻게 이것이 전부 작동하는지 보려면 GLXBasics 예제 프로그램의 나머지 부분을 보면 된다. 이 장에서 새로운 OpenGL 기능을 소개하고 있는 것은 아니므로 여기선 GLX의 중요한 부분만 나열하겠다.

그림 14-12 여기 당신을 본다!

이제 OpenGL 설정이 끝났으니, 무언가를 렌더링하는 데 집중할 수 있다. 윈도우가 변경되거나, 포인터의 위치 이동 같은 사용자 입력을 받았을 때, 윈도우의 내용이 다시 그려진다. 그 후엔 **glXSwapBuffers()**를 호출한다.

```
// 그리기 명령을 쏟아낸다.
glXSwapBuffers(rcx->dpy, rcx->win);
```

애플리케이션이 종료되기 전에 몇 가지 해제 과정을 거쳐야 한다. 애플리케이션을 시작했을 때, X 서버와의 연결을 열었고, X 윈도우를 생성했고, 콘텍스트를 만들어 연동시켰음을 상기하라. 이제 종료하기 전에, 이 할당된 모든 리소스를 해제해야 한다. 콘텍스트를 파괴하기 전에 연동을 먼저 끊어야 함을 주의하라.

```
glXMakeCurrent(rcx->dpy, None, NULL);

glXDestroyContext(rcx->dpy, rcx->ctx);
rcx->ctx = NULL;

XDestroyWindow(rcx->dpy, rcx->win);
rcx->win = (Window)NULL;

XCloseDisplay(rcx->dpy);
rcx->dpy = 0;
```

14.4.11 X에서 풀스크린으로 실행하기

다른 플랫폼에서처럼, 대부분의 Linux 데스크톱에서 사용되는 X 기반의 시스템도 애플리케이션이 전체 화면을 제어할 수 있다. 최신의 Linux 배포판들은 어떤 형태로든 똑똑한 윈도우 관리자를 제공하므로, 안정되고 예측 가능한 동작을 만들기 위해선 이것과 작업하는 것이 최선이다. X의 풀스크린을 얻기 위해 윈도우 관리자에게 화면 제어를 요청하는 이벤트를 보내겠다.

먼저 X 서버에 원하는 내용을 전달하기 위해 두 개의 문자열로 대표되는 atom을 만든다. "_NET_WM_STATE"와 "_NET_WM_STATE_FULLSCREEN"이 그것이다. 그런 후 그 문자열을 사용해서 XEvent 구조체를 만들고, 생성된 윈도우를 거쳐 X 서버에 클라이언트 이벤트로 그것을 보낸다. X 서버는 전체 화면을 덮도록 윈도우 크기를 재조정하여 응답한다. 이것을 하는 코드는 꽤 간단하며, 다음과 같다.

```
Atom wm_state = XInternAtom(rcx->dpy,
                            "_NET_WM_STATE",
                            False);
Atom fullscreen = XInternAtom(rcx->dpy,
                              "_NET_WM_STATE_FULLSCREEN",
                              False);

XEvent xev;
memset(&xev, 0, sizeof(xev));
xev.type = ClientMessage;
xev.xclient.window = rcx->win;
xev.xclient.message_type = wm_state;
xev.xclient.format = 32;
xev.xclient.data.l[0] = 1;
xev.xclient.data.l[1] = fullscreen;
xev.xclient.data.l[2] = 0;

XSendEvent(rcx->dpy, DefaultRootWindow(rcx->dpy), False,
           SubstructureRedirectMask | SubstructureNotifyMask, &xev);
```

이 이벤트를 받은 후 X 서버는 전체 화면을 채울 정도로 윈도우 크기를 재조정하고, 윈도우 테두리를 없애며, 애플리케이션이 전체 화면 모드로 실행되도록 한다. 윈도우를 종료하면(예를 들면 애플리케이션의 실행이 끝날 때) X 서버는 사용자의 데스크톱을 원래대로 돌려놓는다.

14.5 모바일 플랫폼에서 OpenGL

이 절에서는 OpenGL ES 렌더링의 세계를 살펴본다. 보통 리소스가 아주 많이 부족한 임베디드 환경에서 사용할 수 있도록 만드는 것이 이 API 집합의 목적이다. OpenGL ES는 다른 렌더링 API들이 꿈만 꾸었던 위치로 가려 한다.

다루어야 할 주제가 너무 많아, 처음 시작할 때 필요한 기초에 집중하겠다. 사용되는 OpenGL ES의 여러 버전이 있으나 최신의 가장 널리 쓰이는 OpenGL ES 3.0에 초점을 맞추겠다. OpenGL ES의 사용을 위해 고안된 윈도우용 인터페이스를 또한 다룰 것이며, 임베디드 환경을 다룰 때 나타나는 특정 문제에 대해 살펴본다. iOS뿐 아니라 안드로이드에서의 OpenGL ES 사용 시범도 보인다. 이 절에서 OpenGL ES 내용을 전부 살피지는 않는다. 대신 전체 OpenGL과 OpenGL ES의 주요 차이점을 보여주고, OpenGL ES 개발을 위한 시발점 역할을 하겠다.

14.5.1 OpenGL 간소화하기

OpenGL ES는 정규 OpenGL과 유사해 보인다. 이것은 우연이 아니다. OpenGL ES의 명세는 OpenGL의 다른 버전에서부터 개발되었다. 지금까지 보아온 대로 OpenGL은 3D 렌더링을 하는 데 훌륭한 인터페이스를 제공한다. 게임에서부터 완전한 CAD 워크스테이션, 의학용 이미지 처리까지 매우 유연하게 많은 애플리케이션에서 사용한다.

ES는 무엇을 위한 것인가?

세월이 흐르면서 OpenGL API는 새로운 기능을 지원하기 위해 확장되어 왔다. 이로 인해 오래된 OpenGL 애플리케이션의 프로그래밍 인터페이스들이, 같은 일을 하는 수많은 다른 방식이 제공되면서 점점 늘어나게 되었다. 예를 들어 한 점을 그리는 것을 살펴보자. OpenGL의 옛 버전에서는 즉시immediate 모드 안에서 하거나, 캡처된 화면 목록을 통해 즉시 모드 명령을 재실행하게 한다. 또한 버텍스 버퍼 객체 혹은 배열 안에서 점을 지정한 채 `glDrawArrays()`를 사용할 수도 있다.

점 하나를 그리는 간단한 행동을 각각의 장점을 가진 네 가지 서로 다른 방식으로 할 수 있다. 애플리케이션을 구현할 때 많은 선택지가 있다는 것이 좋긴 하나, 이 유연성 지원으로 인해 API는 매우 무거워졌다. 그 결과로 이것을 지원하기 위해 크고 복잡한 드라이버를 요구한다. 더욱이 특정 하드웨어에서는 각각의 경과가 빠르고 효율성 있게 동작될 것을 종종 요구받기도 한다. OpenGL API는 특정 기능과 관련된 OpenGL API 중 가장 흔하고 유용한 부분을 모아서 추출한 부분집합으로 기능 집합을 간소화한다. OpenGL의 최신 버전은 기능 중복을 엄청나게 줄여왔으나, 대부분의 OpenGL ES 하드웨어가 꿈만 꿀 수 있는 기능과 특성들을 포함하고 있다! OpenGL ES 3.0은 임베디드나 모바일 환경을 위해 이식성과 사용성에 대한 적절한 균형을 제공한다.

약력

하드웨어에 대한 비용은 점점 낮아졌고, 반도체의 집적도는 높아졌으며, 임베디드용 사용자 인터페이스는 더 복잡해졌다. 자동차가 바로 그러하다. 1980년도에 몇 줄 정도의 글자 형태로 제공되는 첫 번째 자동차용 피드백 시각 장치가 만들어졌다. 이 인터페이스는 안전벨트 사용 여부, 현재 연료 잔여량 등의 경고를 표시했다. 그 후 2차원 화면이 등장해서 널리 사용되었다. 이 장치는 2D 그래픽을 제공하기 위해 비트맵 같은 렌더링 기술을 주로 사용했다. 현재 최신의 3D 지원 시스템은 GPS 내비게이션, 환경 제어, 오락, 그리고 다른 그래픽 관련 기능을 제공하는 통합체계를 가진다. 사실 많은 새로운 모델의 장치들이 현재 OpenGL ES 2.0으로 렌더링한다. 우주항공용 기구나 휴대폰에서도 비슷한 기술 이력이 진행되었다.

초기의 임베디드 3D 인터페이스들은 하드웨어에서 제공하는 특정 기능에 의존하여 하드웨어에서 등록한 기능만 가능하였다. 지원할 기능 요구사항이 적고, 디바이스별로 특화되어 있을 때는 그 정도로도 충분하다. 그러나 각 협력업체별 3D 엔진의 복잡도가 증가하여, 애플리케이션을 협력업체와 장치별로 이식시키는 작업에 많은 시간이 소요되고, 어려운 과제가 되었다. 이를 위한 하나의 해결책이 표준 인터페이스다. 이런 생각을 가지고, 비록 임베디드 환경별로 다듬어져야 하고, 제한이 존재한다는 점을 고려해야 했으나, 이식성이 좋고 호환이 되는 인터페이스를 정의하려고 컨소시엄이 만들어졌다. 이 표준의 중심체가 크로노스^{Khronos} 그룹이다.

크로노스

크로노스 그룹은 2000년도 OpenGL ARB, 즉 OpenGL 관리 단체의 소속원들에 의해 최초로 형성되었다. PC 상에서 사용 가능한 많은 그래픽 API들이 있었으나, 크로노스 그룹의 목적은 개인용 컴퓨터 외의 장치에서도 적용할 수 있는 인터페이스 정의를 돕는 것이었다. 그렇게 개발된 첫 번째 임베디드 API가 OpenGL ES다.

크로노스는 하드웨어와 소프트웨어 양쪽 산업계의 많은 지도자들로 구성된다. 현재 구성원에는 AMD, 애플, ARM, 인텔, 구글, NVIDIA, 퀄컴이 포함되어 있다. 전체 명단은 길고 전부 잘 알려진 곳이다. 보다 많은 정보가 필요하면 크로노스 웹사이트를 방문한다(http://www.khronos.org).

버전 개발

OpenGL ES 1.0이라 명확히 불리며 첫 번째 출시되었던 OpenGL ES 버전에서는 전체 PC API 중에서 API 잔존 개수를 확실히 줄이는 시도를 했다. 이 출시버전은 OpenGL 1.3 명세를 기반으로 만들었다. OpenGL ES 1.0은 OpenGL 전체 명세 중에서 사용이 가능하더라도 잘 쓰이지 않거나, 매우 복잡한 부분을 상당수 제거하였다. 형제인 OpenGL 1.3처럼, OpenGL ES 1.0은 버텍스 변환이나 프래그먼트 처리용 고정 함수 파이프를 정의한다. OpenGL ES SC 1.0은 OpenGL ES 1.0에서 분화된 명세로, 정밀 신뢰성이 요구되는 환경에서 실행되도록 설계되었다. 이런 애플리케이션들은 '안전 필수Safety Critical', 다시 말해 SC 지정물로 간주된다. 보통 이런 애플리케이션은 우주항공, 자동차, 군사용 환경에서 쓰인다. 이런 영역에서는 3D 애플리케이션을 기계 장치, 지도 위치 표시, 지면 묘사 등을 하기 위해 사용한다.

ES 1.1은 첫 번째 명세가 출시된 후 곧바로 완성되었다. OpenGL ES 1.0과 유사하지만, 1.1 명세는 OpenGL 1.5 명세에 기반한다. ES 1.1은 좀 더 발전된 텍스처 경로 지원, 버퍼 객체, 텍스처 그리기 인터페이스가 더해졌다. 대체로 ES 1.1 출시버전은 ES 1.0 과 유사하지만, 몇 가지 흥미로운 기능이 추가되었다.

ES 2.0은 기존의 틀을 완전히 깼다. ES 1.x 버전과 하위 호환이 되지 않는다. 파이프라인에서 고정 함수 부분을 제거한 것이 가장 큰 차이점이다. 대신 프로그래밍으로 제어 가능한 쉐이더가 버텍스와 프래그먼트 처리 과정을 담당한다. ES 2.0 명세는 OpenGL 2.0 명세에 기반한다.

완전한 프로그래밍 가능한 쉐이더 지원을 위해 ES 2.0은 OpenGL ES 쉐이딩 언어를 포함시켰다. 이 언어는 OpenGL 2.0+에서 짝을 이루는 OpenGL 쉐이딩 언어와 유사한 고수준 쉐이딩 언어다. ES 2.0이 이렇게 많은 변화를 한 이유는 고정 함수 파이프라인 지원이 API에 더 이상 지장을 가져오지 않도록 하기 위함이다. 애플리케이션은 자신의 쉐이더에서 필요한 함수만으로 기능 구현을 할 수 있다.

OpenGL ES의 최신 버전은 3.0이다. OpenGL ES 2.0을 기반으로 하고, 하위호환이 된다. 이 버전에서는 OpenGL의 다양한 명세로부터 모바일 버전에 맞도록 수정해서 정리한 정제된 기능과 형식들의 목록이 추가되었다. 또한 새로운 ES SL 버전도 쉐이딩 언어를 사용할 수 있도록 확장 정의하였다. OpenGL ES 3.0은 ES SL 3.0뿐 아니라 이전 버전도 지원한다.

현재 정의된 OpenGL ES 버전과 그 버전이 기반으로 한 OpenGL 버전을 [표 14-7]에 나열했다.

표 14-7 OpenGL ES의 기반이 된 OpenGL 버전

OpenGL ES 버전	OpenGL 버전
OpenGL ES 1.0	OpenGL 1.3
OpenGL ES SC 1.0	OpenGL 1.3

OpenGL ES 버전	OpenGL 버전
OpenGL ES 1.1	OpenGL 1.5
OpenGL ES 2.0	OpenGL 2.0
OpenGL ES 3.0	OpenGL 4.0+

적합한 버전 찾기

종종 특정 API를 염두에 두고 하드웨어를 만들 때가 있다. 이런 플랫폼은 ES의 오직 단일한 가속 버전만 지원할 수도 있다. 때로는 ES의 각기 다른 버전을, 밑에 놓여 있는 하드웨어 기능을 대표하는 프로파일로 생각하는 것이 도움이 될 때도 있다.

OpenGL 전통엔, 가장 최신 버전을 사용할 수 있도록 지원하기 위해 보통 새 하드웨어를 설계한다. OpenGL ES는 약간 다르다. 새 하드웨어의 목적이 되는 기능 형태를 몇 가지 요소에 기반하여 선택한다. 목적 생산품의 비용, 일반 사용 목적, 그리고 시스템의 지원 같은 것들이다. 반도체 기술은 지난 5년간 크게 발전했다. 현재 아주 작고, 비용 대비 효과가 크고, 효율이 높은 칩을 만드는 것이 가능하다. 구글의 안드로이드폰이나 애플의 아이폰 같은 거의 모든 스마트폰이 OpenGL ES를 사용한다. 여기서는 ES의 오래된 버전을 소개하기보다는 OpenGL ES 3.0에 집중한다. 보다 많은 것을 얻어내려면 OpenGL 기능 집합에 거의 익숙해져 있어야 한다. 보통의 OpenGL과 OpenGL ES 사이의 중요한 차이점을 보여주는 데 더 많은 내용을 할애할 것이며 각각의 기능을 자세히 다시 설명하는 부분은 적다.

14.5.2 OpenGL ES 3.0

OpenGL ES 3.0과 OpenGL 4.3은 API 측면에서 놀랍도록 닮아 있다. 둘 다 낡고 못쓰는 것들을 제외하여 간편해진 인터페이스를 가진다. 그렇지만 OpenGL 4.3에는 임베디드에서 아직 사용할 수 없는 새로운 기능이 많이 포함되어 있다. 지오메트리 쉐이더, 테셀레이션, 컴퓨트 쉐이더, 부동소수점 버퍼, 그 외 많은 OpenGL의 새로운 기능들을 현재 존재하는 대부분의 모바일이나 임베디드 하드웨어 위에서 구현하기엔 너무 복잡하기 때문이다. 그렇지만 시간이 지나면 임베디드 하드웨어와 완전한 기능을 지원하는 데스크톱 그래픽 사이의 경계선은 점차 모호해질 것이라 믿는다. 태블릿 컴퓨터는 모바일 장치지만 랩톱과 좀 더 유사하지 않은가? 손에 들고 쓰는 게임용 장치나 자동차는 어떤가? 세월이 흘러, 임베디드 하드웨어에서 볼 수 있는 것들이 점점 많아져, OpenGL 전체 기능 집합의 모든 영역을 처리하게 될 날을 기대해본다.

버텍스 처리와 색 넣기

렌더링을 위한 시작 단계 중 하나는 기하 도형의 버텍스를 정의하는 것이다. 버텍스 명세는 버텍스 버퍼 객체 또는 클라이언트 쪽 버텍스 배열을 사용해야 한다. 버텍스 버퍼 객체는 OpenGL 4.3에서 지원하는 방식으로 연결할 수 있다. **glVertexAttribPointer( )**를 호출하여 버텍스 속성을 지정한다.

```
void glVertexAttribPointer(GLuint index,
                           GLuint size,
                           GLenum type,
                           GLboolean normalized,
                           sizei stride,
                           const void *ptr);
```

기하 도형을 그리기 위해선 **glDrawArrays( )**, **glDrawArraysInstanced( )**, **glDrawElements( )**, **glDrawElementsInstanced( )**, 그리고 **glDrawRangeElements( )**를 사용한다. OpenGL 4.3에는 **glMultiDrawArrays( )**, **glMultiDrawElements( )** 등 보다 특화된 명령들이 존재하나, OpenGL ES 3.0에서는 사용할 수 없다. 더군다나 OpenGL ES 3.0은 버텍스 배열 객체를 지원한다. 이 객체는 버텍스 처리 과정에서 사용되는 버퍼 객체를 정의하기 위해 필요하며, **glGenVertexArrays( )**, **glDeleteVertexArrays( )**, **glBindVertexArray( )**를 통해 조작한다. 버텍스 배열 객체는 이 책 초반에서 다루었다.

쉐이더

OpenGL ES 2.0과 3.0은 OpenGL 4.3과 거의 같은 방식의 프로그래밍 가능한 쉐이더를 사용한다. 그렇지만 버텍스와 프래그먼트 처리를 하는 두 개의 과정만을 지원한다. OpenGL ES 2.0과 3.0에서 사용하는 쉐이딩 언어는 OpenGL ES 쉐이딩 언어라 불리고 GLSL 언어 명세와 비슷하다. 이 버전은 임베디드 환경과 하드웨어에 특화된 변형을 가진다.

OpenGL ES 2.0이 인기를 얻기 몇 년 전에는, 모바일 플랫폼에 내재된 컴파일러는 드물었다. 이런 플랫폼은 애플리케이션을 개발하는 동안 사용하는 쉐이더를 컴파일하는 프로그램이 있고, 그 프로그램이 실행되는 모든 플랫폼별 바이너리를 배포하였다. 현재 대부분의 모바일 플랫폼은 내재된 컴파일러를 가진다. 몇몇 임베디드 환경에서는 아직 실시간 컴파일을 지원하지 않는다.

어느 쪽이든 OpenGL ES에서 사용하는 쉐이더는 전체 OpenGL과 매우 유사하다. 프로그램과 쉐이더는 의미를 같이 계속 공유하면서 관리된다. 프로그래밍 가능한 파이프라인을 만드는 첫 번째 과정은 필요한 쉐이더와 프로그램 객체를 생성하는 것이다. 이는 다음 명령으로 수행된다.

```
GLuint glCreateShader(GLenum type);
GLuint glCreateProgram(void);
```

그 후 쉐이더 객체를 프로그램 객체와 연결할 수 있다.

```
glAttachShader(GLuint program, GLuint shader);
```

다음에는 쉐이더 문자열을 직접 넣고, OpenGL 4.3에서 이미 보았던 익숙한 함수를 이용해서 실시간 컴파일한다.

```
void glShaderSource(GLuint shader,
                    GLsizei count,
                    const char **string,
                    const GLint *length);
void glCompileShader(GLuint shader);
```

바이너리 쉐이더만 지원하는 플랫폼에서 실행해야 한다면, 쉐이더 소스 대신 미리 컴파일한 바이너리를 어디서 로딩하는가가 중요하다. 실행 시간에 바이너리 쉐이더 지원 여부를 확인하는 한 방법은 GL_NUM_SHADER_BINARY_FORMATS로 질의하는 것이다. 이 형식이 어떠해야 하는지에 관한 보다 많은 정보를 얻기 위해선 장치 SDK를 참조한다. 외부에서 함께 컴파일했다면, 하나의 프래그먼트-버텍스 쌍으로 이루어진 단일 쉐이더 바이너리 파일도 로딩할 수 있다.

```
void glShaderBinary(GLsizei count,
                    const GLuint *shaders,
                    GLenum binaryformat,
                    const void *binary,
                    GLsizei length);
```

OpenGL ES를 지원하는 모든 플랫폼은 소스 혹은 바이너리 쉐이더를 지원해야 한다. OpenGL ES 3.0은 실행 시간 컴파일러의 존재를 요구하는 반면, 바이너리 쉐이더 지원은 선택이다. 플랫폼에서 어떤 선택이 최선인지 알아보려면 장치에 관한 문서를 확인한다. 안드로이드나 iOS 플랫폼을 선택할 거라면 소스 쉐이더를 사용하는 것이 좋다. 일단 쉐이더가 로딩되고 컴파일되면, 쉐이더 안에서 사용되는 속성 이름을 속성 채널과 연동시킨다.

```
glBindAttribLocation(GLuint program,
                     GLuint index,
                     const char *name);
```

이제 프로그램을 링크한다. 쉐이더 바이너리 인터페이스를 지원하려면 컴파일된 쉐이더의 쉐이더 바이너리 파일은 링크 함수를 호출하기 전에 로드해야 한다.

```
glLinkProgram(GLuint program);
```

프로그램 링크에 성공했다면 **glUseProgram( )**을 호출하고 활성화시켜 현재 실행해야 할 프로그램으로 설정한다. 또한 필요하다면 이 시점에 유니폼을 설정할 수 있다. 보통의 OpenGL 4.3에서 사용하는 속성과 유니폼 인터페이스 대부분을 사용할 수 있다. 그렇지만 유니폼 행렬을 설정하기 위한 전치 비트는 GL_FALSE이어야 한다. 이 기능은 프로그래밍 가능한 파이프라인에서는 필수가 아니다. 유효한 프로그램이 연결되지 않은 채 그리기를 시도한다면 정의되지 않은 결과가 발생한다. 다음 인터페이스를 통해 개별 유니폼에 대한 설정을 직접 할 수 있다.

```
void glUseProgram(GLuint program);
void glUniform{1234}{if}(GLint location, T values);
void glUniform{1234}{if}v(GLint location, GLsizei count, T value);
void glUniformMatrix{234}fv(GLint location, GLsizei count,
                           GLboolean transpose, T value);
```

그리고 유니폼 블록은 이제 OpenGL ES 3.0의 부분이다. 유니폼 블록을 사용하려면 다음과 같이 한다.

```
glGetUniformBlockIndex(GLuint program, const char *uniformBlockName);
glGetActiveUniformBlockName(GLuint program, GLuint uniformBlockIndex,
                            GLsizei bufSize, GLsizei *length,
                            char *uniformBlockName);
```

OpenGL ES 3.0과 짝을 이루는 쉐이더 언어는 GLSL 3.3과 매우 유사하다. 사실 ES 쉐이더를 PC 혹은 Mac에서 개발하는 것으로 시작하여 예상대로 동작하는 것을 확인한 후 ES로 이식하는 것도 가능하다.

OpenGL ES 3.0은 본래 기하 또는 테셀레이션 쉐이더는 지원하지 않으나, 변환 피드백 모드는 지원한다. 이 렌더링 모드는 버텍스 쉐이더의 출력을 잡아서 직접 버퍼 객체에 넣을 수 있다. 버텍스 데이터의 집합은 버텍스 쉐이더에서만 처리되도록 하거나, 나중에 리플레이를 위해 복잡한 버텍스 쉐이더를 잠시 저장할 수 있게 해준다. 7장에서 이미 변환 피드백에 대해 알아보았다. OpenGL ES 3.0에서 변환 피드백 모드를 사용하려면 다음과 같은 명령을 실행한다.

```
void glGenTransformFeedback(GLsizei n, GLuint *ids);
void glDeleteTransformFeedback(GLsizei n, const uint *ids);
void glBindTransformFeedback(GLenum target, GLunit id);
void glBeginTransformFeedback(GLenum primitiveMode);
void glEndTransformFeedback();
void glPauseTransformFeedback();
void glResumeTransformFeedback();
```

래스터화하기

안티에일리어싱된 선 그리기는 지원되지 않는다. OpenGL ES 3.0은 폴리곤 부드럽게 하기, 안티에일리어싱, 또는 복수의 폴리곤 모드 기능은 없다.

텍스처 입히기

OpenGL ES 3.0은 2D 텍스처, 2D 텍스처 배열, 3D 텍스처, 그리고 큐브 맵을 지원한다. 또한 샘플러 객체도 지원한다. 샘플러 객체는 텍스처 데이터를 추출하려는 상태와 텍스처로 되돌리는 데이터로 분리한다. 5장에서 샘플러 객체에 대해 다루었다. OpenGL ES는 또한 한 번에 텍스처 밉맵

사슬을 지정하는 새로운 방법을 소개한다. 이 방법은 드라이버가 새 텍스처를 로딩할 때 해야만 했던 유효성 검사 과정을 많이 줄이게 되면서, 텍스처 로딩 시간을 단축시켰다. 이 함수는 아래와 같은 호출을 통해 실행된다.

```
void glTextureStorage2D(GLenum target,
                        GLsizei levels,
                        GLenum internalformat,
                        GLsizei width,
                        GLsizei height);
```

OpenGL ES 3.0에서 지원하는 텍스처 형식의 수는 OpenGL ES 2.0보다 훨씬 많다. 그러나 여전히 OpenGL 4.3에서 지원하는 수보다는 상당히 적다. 텍스처 형식을 사용하기 전에 사용하려는 OpenGL API에서의 지원 여부를 확인해야 한다.

프레임버퍼

OpenGL 4.3 과 마찬가지로, OpenGL ES 3.0도 프레임버퍼와 렌더버퍼 객체를 지원한다. 애플리케이션은 오프스크린 렌더링을 하기 위한 렌더버퍼 혹은 텍스처를 연결한 고유의 프레임버퍼 객체를 생성하고 사용할 수 있다. OpenGL ES 2.0에서 발전하여, 현재 OpenGL 3.0에선 프레임버퍼 객체에서 사용할 수 있는 멀티 샘플링 렌더버퍼와 깊이 텍스처를 지원한다. 더불어 프레임버퍼 객체에 사용할 임의의 밉맵 텍스처의 수준도 지정할 수 있다.

프래그먼트 동작

OpenGL ES 3.0에서 쓰이는 프래그먼트별 동작에는 몇 가지 다른 부분이 있다. 깊이 버퍼와 스텐실 버퍼 두 가지 모두를 지원하는 구성 설정이 최소 하나는 존재할 것을 요구한다. 그래야만 OpenGL ES 3.0을 지원하는 어떤 구현물 위에서도 깊이 버퍼 정보와 스텐실 버퍼의 비교를 사용해야 하는 애플리케이션이 동작하는 것을 보장할 수 있다.

OpenGL 4.3 명세와 비교해서 몇 가지 제거된 것들이 있다. 첫째, 애플리케이션이 프래그먼트 쉐이더에서 알파 테스트 스테이지를 구현할 수 있게 되어 이 과정이 제거되었다. `glLogicOp()` 인터페이스는 더 이상 지원되지 않는다. 새 불리언 오클루전 질의 방식만이 OpenGL ES에서 수용된다. 불리언 오클루전 질의는 OpenGL 4.3 방식과 유사하게 동작하나, 파이프라인을 통과한 프리미티브의 수를 리턴하는 대신 OpenGL ES에선 단순히 통과 여부만을 알려준다.

블렌딩은 OpenGL 4.3과 같지만, 범위에 보다 많은 제한이 있다. 각각의 렌더링 타깃별 블렌딩 설정을 다르게 할 수 없고, 이중 소스 블렌딩은 지원하지 않는다.

상태

OpenGL ES 3.0 상태 질의는 OpenGL 4.3과 같은 방식이다. 상태 질의를 위해 **glGetBooleanv()**, **glGetIntegerv()**, 그리고 **glGetFloatv()**를 사용할 수 있다. OpenGL ES 3.0에서는 또한 **glGetInteger64v()**도 사용할 수 있다. 현재 상태를 되돌려 받을 수 있는 상당수의 질의 방식을 가진다. 이들 대부분은 OpenGL ES 2.0에서 존재하지 않았다. OpenGL 4.3에서 가능한 대부분의 질의는 OpenGL ES 3.0에서 또한 가능하다.

14.5.3 OpenGL ES 환경

전체 OpenGL 명세와의 주요 차이점을 알아보았으니, 이제 실례를 살펴볼 때가 되었다. 그러나 그 전에 OpenGL ES로 임베디드 환경에서 동작하는 구현물을 만들기 위해 알아야만 하는 임베디드 시스템 특유의 몇 가지 주의사항을 알아보겠다. [그림 14-13]은 휴대폰에서 OpenGL ES로 동작하는 게임이다. 이 그림은 컬러 화보에서도 볼 수 있다.

그림 14-13 휴대폰에서 OpenGL ES로 렌더링하기(컬러 화보 참조)

애플리케이션 설계상 주의할 점

임베디드 세계로 처음 들어오면, PC에서 작업할 때와 약간 다른 것들을 발견하게 된다. OpenGL ES는 상당히 다양한 하드웨어 프로필을 포괄한다. 이것들 중에는 Sony PlayStation 3 같이 광범위한 그래픽 전용 리소스를 처리하는 멀티코어 시스템도 있을 수 있고, 아마 거의 대부분일 테지만, 이식 혹은 개발하려는 시스템이 1-2GHz 프로세서와 1GB 메모리를 가진 초기의 스마트폰일 수도 있다.

자원이 한정된 시스템에서 좋은 성능을 얻기 위해서는 매 순환마다 처리되는 명령의 수에 특별히 신경을 써야 한다. 어떤 처리 동작은 매우 느릴 수 있다. sine 함수를 예로 들어 보겠다. math 라이브러리에 sin( ) 함수 호출 대신 거의 근사치의 값으로도 처리할 수 있다면 각도별로 먼저 계산된 값이 들어 있는 테이블에서 검색하는 것이 훨씬 빠른 계산을 할 수 있다. 일반적으로 PC 애플리케이션에서 사용하는 계산과 알고리즘 형태를 임베디드 시스템에 맞도록 개선해야 한다. 아주 비싼 물리 계산들이 그렇다. 휴대폰 같은 임베디드 시스템에서 사용하기 위해서는 간소화하여 근사치 계산을 하는 방법이 애용된다.

ARM CPU는 대부분의 임베디드 환경에서 사용되고, 거의 모든 휴대폰과 태블릿에 들어 있다. 이 때문에 모바일 플랫폼 간 이식을 할 때 어려움을 덜 수 있으나, 데스크톱 시스템과 다른 명령어 집합과 성능 측정으로 인한 어려움이 있다. ARM 프로세서와 모바일 시스템은 보통의 컴퓨터보다 전력 효율에 신경을 써서 한 번 충전에 하루 혹은 그 이상 사용 가능해야 한다. 애플리케이션이 사용하는 전력량에 대해 관심을 기울여야 한다는 의미다. 흔히 성능과 전력량은 트레이드오프의 관계를 가진다. 그렇지만 모바일 환경에서는 실행 시 낭비되는 것이 없도록 항상 주의를 하는 것도 게을리 할 수 없다. 보이지 않는 기하 도형을 처리할 때 도움이 되는 오클루전 질의 같은 기능을 사용하는 것은 전력 사용량을 줄일 수 있는 한 방법이다. 그 외에도 많은 방법이 있으나, 전력 사용 최적화는 이 장, 아니 이 책의 범위를 벗어난 주제다.

제한된 환경 다루기

임베디드 시스템으로 작업할 때, 리소스 환경이 제한될 뿐 아니라 그래픽 프로세스 능력 자체도 첨단 PC 그래픽과 동등하지는 않다. 이런 제한조건은 애플리케이션의 성능을 최적화하려 할 때, 리소스에 특히 관심을 기울이지 않으면, 겨우 로딩해서 실행하는 정도로밖에 성능이 나오지 않는다!

저장 공간에 대한 예산을 만드는 것이 도움이 될 수 있다. 이런 방식에선 최대 그래픽용 메모리와 시스템용 메모리를 각각의 밀집된 메모리 공간 범주로 분류하여 쪼갤 수 있다. 애플리케이션에서 각 특화 부분이 사용할 수 있는 데이터양에 대한 예측을 제공하여 어느 부분이 부족하게 동작하는지 찾으려 할 때 도움을 줄 수 있다. 가장 문제가 되는 영역 중 하나는 텍스처 사용이다. 크고, 세부 묘사가 된 텍스처는 PC용 애플리케이션이 풍부하고 상세한 환경 표현을 하는 데 도움을 준다. 사용자 경험 측면에서는 좋은 일이나, 대부분의 임베디드 시스템에서 텍스처는 거대한 리소스 소비자가 될 수 있다. 많은 프래그먼트가 텍스처 혹은 멀티 텍스처를 사용하려 할 때, 특히 겹쳐지는 기하 도형의 각 부분이 텍스처를 사용하고 잘못된 순서로 그려지게 되면, 엄청난 성능 저하가 발생한다.

또 하나의 핵심 하드웨어 텍스처 성능 부담은 텍스처 크기 제한이다. 3D와 큐브 맵 텍스처의 사용은 메모리 사용량을 급격히 늘릴 수 있다. 이런 이유로 OpenGL ES 2.0에서 3D 텍스처의 사용은 선택 요소였다. 그래픽이나 시스템 메모리양이 제한되어 있을 때, 보통은 화면 크기 또한 작다. 좀 더 작은 텍스처 사용으로도 같은 시각 효과를 낼 수 있다는 것을 의미한다. 더불어 멀티 텍스처의 사용은 보다 많은 텍스처 메모리를 사용할 뿐 아니라 여러 번의 텍스처 처리 과정을 요구하므로 사용을 자제할 필요가 있다.

버텍스 저장 공간도 텍스처와 유사하게 메모리 사용량에 영향을 준다. 버텍스를 위한 메모리 최대 사용량을 설정하는 것과 더불어 장면에서 중요한 부분을 결정하여 거기에 사용되는 부분만 버텍스를 분류하여 할당하는 것이 도움이 될 수 있다.

화면에 많은 객체가 있을 때, 렌더링이 부드럽게 연결되도록 하는 방법 중 하나는 카메라로부터의 거리에 따라 객체의 버텍스 수를 변화시키는 것이다. 이것을 기하 도형 관리에서 상세수준 설정이라고 한다. 예를 들면 숲을 만들고 싶을 때, 세 개의 서로 다른 나무 모델을 사용한다고 가정하자. 매우 적은 버텍스 수를 가진 수준은 가장 먼 곳의 나무를 렌더링하는 데 사용한다. 중간 버텍스 수를 가진 수준은 가운데에 있는 나무를 표현하는 데 사용하고, 가장 많은 버텍스 수를 가진 수준은 가장 가까운 거리에 있는 나무를 표현하는 데 사용한다. 이렇게 하면 모두 높은 상세수준의 나무를 렌더링할 때보다 훨씬 많은 나무를 렌더링할 수 있다. 가장 낮은 상세수준의 나무는 가장 멀리 있으므로, 부분적으로 오클루전되거나, 단지 몇 개의 픽셀 영역만 차지할 것이므로 상세수준이 낮다는 것을 눈치 채지 못한다. 반면에 그 결과로 버텍스 처리엔 상당한 부담을 덜 수 있다.

고정소수점 수학

'고정소수점 수학이 무엇이며, 왜 관심을 가져야 하는가?'라고 물어볼 지도 모른다. 사실 하드웨어에서 부동소수점을 지원하고, 사용하는 OpenGL ES가 그렇다면, 신경 쓰지 않아도 된다. OpenGL ES 3.0은 완전한 부동소수점을 지원한다. 오래된 몇몇 플랫폼에선 부동소수점을 지원하지 않는다. CPU 동작을 흉내 내어 부동소수점 연산을 하는 것은 매우 느리고 피해야 할 일이다. 이때 전체 수의 값이 아니더라도 부동소수점을 대체한 수를 연산에 사용할 수 있다. 프로세서와 GPU 하드웨어가 완전한 부동소수점을 처리할 수 있더라도, 적당한 고정소수점을 사용하면 상당한 양의 데이터 저장량을 줄일 수 있고, 빠른 데이터 로딩 처리와 그 외 많은 이익을 가져올 수 있다.

수학 클래스로 관심을 돌리자는 의도는 정확히 아니다! 그러나 어떤 것이 포함되어 있는지에 대한 영감을 주기 위해 고정소수점에 관한 몇 가지 기본사항을 짚고 넘어가겠다. 더 많은 것을 알고 싶다면 고정소수점 수학에 대해 깊이 서술한 많은 좋은 자료를 얻을 수 있다.

먼저 부동소수점 수의 동작 방식에 대해 살펴보자. 부동소수점 수에는 기본적으로 두 개의 요소가 있다. 가수^{mantissa}는 분수의 값을 의미하고, 지수^{exponent}는 배율 혹은 멱수에 해당한다. 이런 방식에서는 큰 숫자나 작은 숫자나 유효 숫자의 수가 같게 표시된다. $m \times 2^e$으로 표시할 수 있으며, m은 가수, e는 지수다.

고정소수점 표현은 다르다. 보통의 정수 표시와 유사하다. 비트는 두 부분으로 나누어진다. 한 부분은 정수 영역이고, 다른 부분은 분수 영역이다. 정수와 분수 요소 사이의 위치는 '가상점'이라고 한다. 또한 양, 음을 표시하는 비트도 있다. 이 조각들을 합치면 고정소수점 형식은 s15.16이다. s는 1비트의 양, 음 표시 비트고, 정수 표시는 15비트, 분수 표시는 나머지 16비트다. OpenGL ES에서는 고정소수점 수를 표현하는 데 있어서 이 형식을 고유 형식으로 사용한다.

두 개의 고정소수점 수의 덧셈은 간단하다. 고정소수점 수는 임의의 '가상점'이 있는 정수이므로 두 수를 보통의 덧셈 처리로 더할 수 있다. 뺄셈도 마찬가지다. 이 연산 수행 시 하나의 조건이 있다. 고정소수점 수가 같은 형식이어야 한다는 것이다. 그렇지 않다면 한 형식을 다른 형식으로 먼저 바꾸어야 한다. 만약 s23.8 형식의 고정소수점 수와 s15.16 형식의 고정소수점 수를 더하거나 빼려면, 하나의 형식을 선택해서 두 수의 형식을 일치시켜야 한다.

곱셈과 나눗셈은 좀 더 복잡하다. 두 고정소수점 수를 곱해서 나온 결과의 가상점은 두 피연산자의 가상점의 합이다. 예를 들어 s23.8 형식의 두 고정소수점 수를 곱하면 결과는 s15.16 형식이 된다. 그래서 좀 더 정확한 고정소수점 형식으로 결과를 얻으려면 먼저 피연산자를 그에 맞도록 형식을 전환하는 것이 좋다. 고정소수점 수가 1.0보다 크다면 아마 두 개의 s15.16 형식의 고정소수점 수의 곱셈을 원하지 않을 것이다. 결과 형식엔 정수를 위한 어떤 부분도 없다! 나눗셈도 나누는 수의 분수 컴포넌트의 크기를 나누려는 수의 분수 컴포넌트의 크기에서 뺀다는 것을 제외하면 유사하다.

고정소수점 수를 다룰 때 오버플로에 대해 특히 주의해야 한다. 보통의 부동소수점에서는 분수 컴포넌트에서 오버플로가 발생하면, 지수 부분에서 정확도를 유지하고 오버플로를 방지하도록 수정이 일어난다. 고정소수점에서는 이런 일이 없다. 문제가 발생할 수 있는 연산을 처리할 때, 고정소수점 수의 오버플로를 피하기 위해서는 형식을 바꿔야 한다. 고정소수점 수를 정수 요소가 좀 더 많은 형식으로 전환한 후, OpenGL ES에서 호출하기 전에 다시 형식을 원래대로 돌릴 수 있다. 곱셈일 때, 위와 같은 처리는 결과값을 피연산자 중의 한 형식으로 전환하면서, 동시에 분수 요소에 대한 정밀도를 잃어버린다. 고정소수점 형식 간의 전환을 도와줄 뿐 아니라 수학 연산도 할 수 있는 수학 패키지도 있다. 전체 애플리케이션에서 고정소수점을 이용할 때, 이 패키지를 사용하는 것이 고정소수점 연산을 다루기 위한 아마도 가장 쉬운 방법이다.

바로 그렇다! 이제 고정소수점 형식에서 사용하는 수학 연산에 대한 기초 지식을 얻었으니, 임베디드 시스템에서 활용하는 고정소수점값을 다루어야만 할 때 시작할 수 있는 토대를 얻었다. 고정소수점 수학에 관해 더 많은 것을 배울 수 있는 참고문서는 많다. 그중 하나는 James Van Verth와 Lars Bishop이 저술한 『Essential Mathematics for Games and Interactive Applications』 (Elsevier, Inc., 2004)다.

14.5.4 새로운 윈도우 환경: EGL

GLX와 AGL, WGL은 이미 설명했다. 각각 Linux, 애플의 Mac OS, 마이크로소프트 Windows 같은 운영체제를 위한 OpenGL 관련 시스템 인터페이스다. OpenGL이 사용하는 시스템 측 리소스들을 설정하고 관리하는 데 필요한 인터페이스다. 그래픽 하드웨어 협력업체는 또한 EGL 구현물도 제공한다. 다른 윈도우 인터페이스와 달리 EGL은 OS를 특정하지 않는다. Windows, Linux, 안드로이드나 iOS 같은 임베디드 OS에서도 동작하도록 설계된 인터페이스다. EGL과 OpenGL ES가 임베디드 시스템에 어떻게 들어 있는지 보여주는 블록 다이어그램이 [그림 14-14]에 나와 있다.

그림 14-14 보통의 임베디드 시스템 다이어그램

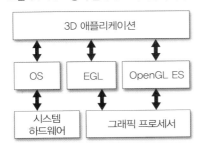

EGL은 OpenGL처럼 고유의 형식을 가진다. EGLBoolean은 OpenGL에서도 그렇듯이 상반되는 두 개의 값 EGL_TRUE와 EGL_FALSE를 가진다. EGLint 형식도 EGL에서 정의한다. 본래의 플랫폼에서 쓰이는 정수 형식과 같은 크기의 정수다. 이 글을 쓰고 있는 현재 EGL의 가장 최신 버전은 EGL 1.4다.

EGL 화면

대부분의 EGL 진입 함수는 EGLDisplay라는 인자를 취한다. 이 인자는 그리기를 할 수 있는, 렌더링의 목표가 되는 장치에 대한 참조다. 쉽게 생각하면 실제 모니터에 해당하는 장치다. EGL을 설정하는 첫 번째 과정으로 기본 화면값을 얻어야 한다. 다음 함수를 사용한다.

```
EGLDisplay eglGetDisplay(NativeDisplayType display_id);
```

인자로 취해지는 본래의 화면 ID는 시스템에 따라 다르다. 예를 들어 Windows에서 EGL 구현을 한다면 display_id 인자로 디바이스 콘텍스트를 넣어야 한다. 화면 ID가 없고, 기본 디바이스로 렌더링하겠다면, EGL_DEFAULT_DISPLAY값을 사용할 수 있다. EGL_NO_DISPLAY가 리턴된다면 에러가 발생했다는 의미다. 이제 화면 핸들을 얻었으므로 EGL을 초기화하는 데 그 값을 사용할 수 있다. 먼저 EGL을 초기화하지 않고, 다른 EGL 인터페이스를 사용하려 하면 EGL_NOT_INITIALIZED 에러가 발생한다.

```
EGLBoolean eglInitialize(EGLDisplay dpy, EGLint *major, EGLint *minor);
```

값을 리턴받는 두 개의 인자는 EGL 버전의 주번호와 부번호다. 초기화 명령으로 렌더링할 준비가 되었음을 EGL에 알린 후, 임의의 필요한 리소스들을 할당하고 값을 설정할 수 있다. 또한 EGL은 **eglBindAPI()**라는 인터페이스를 제공한다. 이 인터페이스는 애플리케이션으로 하여금 OpenGL, OpenGL ES, OpenVG 같은 서로 다른 렌더링 API 중에서 선택하여 사용할 수 있게 한다. 단지 하나의 콘텍스트만 각 스레드별 API로 활성화될 수 있다. 어떤 인터페이스를 사용할 것인지 EGL에 알려주기 위해 위 인터페이스를 사용하고, 스레드별로 **eglMakeCurrent()** 함수를 호출해야 한다. 정확한 API 지정을 위해선 EGL_OPENGL_API, EGL_OPENGL_ES_API, EGL_OPENVG_API 중 하나의 값을 입력한다. 잘못 된 열거값을 입력하면 호출은 실패한다. OpenVG란 몇 개의 오래 된 임베디드 시스템에서 사용한 벡터 그래픽 방식을 지원하는 다른 공개 API다.

```
EGLBoolean eglBindAPI(EGLenum api);
```

EGL은 현재 API가 어떤 것인지 질의할 수 있는 **eglQueryAPI()** 함수도 제공한다. 이 인터페이스는 전술한 세 개의 EGLenum 목록 EGL_OPENGL_API, EGL_OPENGL_ES_API, EGL_OPENVG_API 중 한 개의 값을 리턴한다.

```
EGLenum eglQueryAPI(void);
```

애플리케이션을 종료할 때나 렌더링을 마친 후, 할당된 모든 리소스를 해제하기 위해 해제하는 함수 호출을 다시 EGL을 통해서 한다. 이 호출 후 현재 화면에 있는 EGL 리소스에 대한 더 이상의 참조는 **eglInitialize()**를 다시 호출하여 초기화하지 않는 한 오류다.

```
EGLBoolean eglTerminate(EGLDisplay dpy);
```

또한 종료 시 스레드에서 렌더링을 마치면 **eglReleaseThread()**를 호출한다. 그러면 EGL이 그 스레드에서 할당한 모든 리소스를 해제해준다. 콘텍스트가 아직 연동되어 있다면, 이 또한 **eglReleaseThread()**로 해제할 수 있다. **eglReleaseThread()** 호출 후에도 EGL의 함수 호출을 여전히 할 수 있지만, 이렇게 하면 해제한 상태를 EGL이 다시 재할당해 버린다.

```
EGLBoolean \eglReleaseThread(EGLDisplay dpy);
```

윈도우 생성

대부분의 플랫폼에서처럼, 렌더링을 위한 윈도우의 생성은 복잡한 과정이다. 윈도우는 본연의 운영체제 방식으로 생성된다. 잠시 후에 원래 윈도우에 대해 EGL에 알리는 방법을 살펴본다. 고맙게도 이 과정은 Windows와 Linux에서 상당히 유사하다.

화면 구성 설정

EGL 구성 설정은 Windows에서의 픽셀 형식 설정이나 Linux에서의 비주얼 설정과 유사하다. 각 구성 설정은 렌더링 서피스 집합에 대한 속성 혹은 특성의 모음을 말한다. 이때 렌더링 서피스는 화면의 윈도우다. 구현물이 복수의 구성 설정을 지원하는 것은 흔한 일이다. 고유의 숫자로 각 구성 설정을 구분한다. 구성 설정의 속성과 관계된 서로 다른 상수들이 정의된다. 그 상수를 [표 14-8]에서 볼 수 있다.

표 14-8 EGL 구성 설정의 속성 목록

속성(EGL_*)	설명
BUFFER_SIZE	색상 버퍼 깊이의 총 비트 수
RED_SIZE	색상 버퍼의 빨간색 채널의 비트 수
GREEN_SIZE	색상 버퍼의 녹색 채널의 비트 수
BLUE_SIZE	색상 버퍼의 파란색 채널의 비트 수
ALPHA_SIZE	색상 버퍼의 알파 채널의 비트 수
DEPTH_SIZE	깊이 버퍼의 비트 수
LUMINANCE_SIZE	색상 버퍼의 휘도용 비트 수
STENCIL_SIZE	스텐실 버퍼의 비트 수
BIND_TO_TEXTURE_RGB	구성 설정이 RGB 텍스처와 연동되면 True
BIND_TO_TEXTURE_RGBA	구성 설정이 RGBA 텍스처와 연동되면 True
CONFIG_CAVEAT	EGL_NONE, EGL_SLOW_CONFIG, EGL_NON_CONFORMANT_CONFIG 경고 목록 중 하나를 값으로 설정함. 구성 설정에서 문제가 될 수 있는 소지에 대한 경고임. slow 구성 설정은 하드웨어 사양보다 높은 경우 소프트웨어로 에뮬레이트함을 의미. nonconformant 구성 설정은 적합성 테스트 통과를 하지 않음을 의미
CONFIG_ID	이 구성 설정에 대한 유일한 구분자
LEVEL	프레임버퍼 레벨
NATIVE_RENDERABLE	본래의 API가 이 서피스에 렌더링할 수 있으면 EGL_TRUE로 설정
NATIVE_VISUAL_ID	구성 설정이 윈도우를 지원하면 본래의 비주얼에 대한 ID값으로 사용할 수 있음. 그렇지 않으면 0
NATIVE_VISUAL_TYPE	구성 설정이 윈도우 렌더링을 지원할 때, 본래의 비주얼에 대한 형태
RENDERABLE_TYPE	비주얼의 본래 형태. EGL_OPENGL_ES_BIT거나 EGL_OPENVG_BIT임
SURFACE_TYPE	지원하는 유효 서피스 타깃. EGL_WINDOW_BIT, EGL_PIXMAP_BIT, EGL_PBUFFER_BIT 중 어느 하나이거나 전부임
COLOR_BUFFER_TYPE	색상 버퍼의 형태. EGL_RGB_BUFFER이거나 EGL_LUMINANCE_BUFFER임
MIN_SWAP_INTERVAL	eglSwapInterval() 호출에서 받을 수 있는 최소 인자값. 더 작은 값을 설정해도 이 값으로 한정됨
MAX_SWAP_INTERVAL	eglSwapInterval() 호출에서 받을 수 있는 최대 인자값. 더 큰 값을 설정해도 이 값으로 한정됨
SAMPLE_BUFFERS	지원하는 멀티 샘플 버퍼의 수. 0 또는 1이어야 함
SAMPLES	멀티 샘플 버퍼에서 픽셀당 샘플링 횟수. EGL_SAMPLE_BUFFERS가 0이라면 0이어야 함

속성(EGL_*)	설명
ALPHA_MASK_SIZE	알파 마스크의 비트 수
TRANSPARENT_TYPE	투명 처리 지원 여부. EGL_NONE이나 EGL_TRANSPARENT_RGB임. 투명 처리가 지원된다면, 해당하는 투명 RGB값과 픽셀의 모든 컴포넌트가 정확히 일치할 때 투명화 처리됨.
TRANSPARENT_RED_VALUE	투명화되어야 할 프레임버퍼 픽셀의 빨간색 값
TRANSPARENT_GREEN_VALUE	투명화되어야 할 프레임버퍼 픽셀의 녹색 값
TRANSPARENT_BLUE_VALUE	투명화되어야 할 프레임버퍼 픽셀의 파란색 값

렌더링 서피스를 생성하기 전에 구성 설정을 선택해야 한다. 하지만 가능한 속성의 조합을 모두 고려하면 이 과정이 매우 어렵게 보일 수 있다. EGL은 어떤 구성 설정이 요구한 기능을 최대한 지원할 수 있는지 가능 여부를 결정하는 데 도움을 줄 몇 가지 수단을 제공한다. 윈도우에서 필요하다고 생각한 기능의 종류를 정했다면 **eglChooseConfig( )**를 호출하여 EGL로 하여금 요구에 적합한 최선의 구성 설정을 선택하게 할 수 있다.

```
EGLBoolean eglChooseConfig(EGLDisplay dpy, const EGLint *attrib_list,
                           EGLConfig *configs,EGLint config_size,
                           EGLint *num_configs);
```

먼저 찾으려 하는 속성에 얼마나 많이 부합시킬지 결정하라. 그런 후 리턴될 구성 설정 핸들 저장용 메모리를 할당한다. configs 포인터에 부합한 구성 설정 핸들이 리턴된다. num_configs 포인터에는 부합된 구성 설정의 수가 리턴된다. 다음은 약간 신경을 써줘야 할 부분이다. 구성 설정의 기능 부분에서 어떤 인자가 중요한지 결정해야 한다. 그런 후 해당하는 값들을 가진 각각의 속성 목록을 생성한다. 간단한 애플리케이션일 때는 색상 버퍼와 깊이 버퍼의 비트 수, 서피스형이 중요한 속성이다. 목록은 EGL_NONE으로 끝나야 한다. 다음은 속성 목록에 대한 예다.

```
EGLint attributes[] = { EGL_BUFFER_SIZE,    24,
                        EGL_RED_SIZE,       6,
                        EGL_GREEN_SIZE,     6,
                        EGL_BLUE_SIZE,      6,
                        EGL_DEPTH_SIZE,     12,
                        EGL_SURFACE_TYPE,   EGL_WINDOW_BIT,
                        EGL_NONE} ;
```

배열에 표시하지 않는 속성들은 기본값을 사용한다. 부합하는 구성 설정을 찾을 때, 목록에 나열된 몇 개의 속성은 정확히 일치되는 값을 요구하고, 나머지는 아닐 수 있다. [표 14-9]에 기본값과 각각의 속성을 비교하는 방식을 나열했다.

표 14-9 EGL 구성 설정 속성 목록

속성 (EGL_*)	비교 연산	기본값
BUFFER SIZE	최솟값	0
RED_SIZE	최솟값	0
GREEN_SIZE	최솟값	0
BLUE_SIZE	최솟값	0
ALPHA_SIZE	최솟값	0
DEPTH_SIZE	최솟값	0
LUMINANCE_SIZE	최솟값	0
STENCIL_SIZE	최솟값	0
BIND_TO_TEXTURE_RGB	일치	EGL_DONT_CARE
BIND_TO_TEXTURE_RGBA	일치	EGL_DONT_CARE
CONFIG_CAVEAT	일치	EGL_DONT_CARE
CONFIG_ID	일치	EGL_DONT_CARE
LEVEL	일치	0
NATIVE_RENDERABLE	일치	EGL_DONT_CARE
NATIVE_VISUAL_TYPE	일치	EGL_DONT_CARE
RENDERABLE_TYPE	마스크	EGL_OPENGL_ES_BIT
SURFACE_TYPE	일치	EGL_WINDOW_BIT
COLOR_BUFFER_TYPE	일치	EGL_RGB_BUFFER
MIN_SWAP_INTERVAL	일치	EGL_DONT_CARE
MAX_SWAP_INTERVAL	일치	EGL_DONT_CARE
SAMPLE_BUFFERS	최솟값	0
SAMPLES	최솟값	0
ALPHA_MASK_SIZE	최솟값	0
TRANSPARENT_TYPE	일치	EGL_NONE
TRANSPARENT_RED_VALUE	일치	EGL_DONT_CARE
TRANSPARENT_GREEN_VALUE	일치	EGL_DONT_CARE
TRANSPARENT_BLUE_VALUE	일치	EGL_DONT_CARE

EGL은 부합되는 결과를 리턴하기 전에 정렬을 하기 위해 사용하는 규정 집합을 가진다. 기본적으로 주의사항caveat 필드, 색상 버퍼 채널 비트, 총 버퍼 크기, 샘플링 버퍼 정보 순으로 정렬된다. 그에 따라 가장 적합한 구성 설정이 첫 번째로 리턴된다. 적합한 구성 설정을 리턴받은 후, 최적의 선택을 하기 위해 숙고해본다. 대개 첫 번째 결과면 충분하다.

각 구성 설정의 속성을 분석하기 위해 **eglGetConfigAttrib()**를 사용할 수 있다. 한 번에 하나의 구성 설정에 대한 속성을 질의할 수 있다.

```
EGLBoolean eglGetConfigAttrib(EGLDisplay dpy, EGLConfig config,
                              EGLint attribute, EGLint *value);
```

구성 설정을 선택하기 위해 '수동' 접근을 선호한다면, 지원되는 구성 설정에 보다 직접적으로 접근할 수 있는 방법 또한 존재한다. EGL이 지원하는 모든 구성 설정을 얻을 수 있는 **eglGetConfigs( )**를 사용할 수 있다.

```
EGLBoolean eglGetConfigs(EGLDisplay dpy, EGLConfig *configs,
                         EGLint config_size, EGLint *num_configs);
```

이 함수는 **eglChooseConfig( )**와 리턴하는 목록이 몇 가지 전제 조건을 따르지 않아도 된다는 점을 제외하곤 유사하다. 리턴되는 구성 설정의 수는 사용 가능한 최대 구성 설정의 수와 config_size값으로 입력한 수 중 작은 값이다. 또한 여기서 형식의 수에 대한 기댓값에 기초하여 버퍼를 초기 할당해야 한다. 일단 목록을 얻으면 **eglGetConfigAttrib( )**로 각각을 조사하여 최선의 선택을 하는 것은 개발자의 몫이다. 복수의 서로 다른 플랫폼에서 같은 구성 설정이 되거나, 같은 순서로 구성 설정이 정렬되는 것은 드물다. 아무렇게나 구성 설정의 핸들을 사용하기보다는 적당한 구성 설정을 선택하는 것이 중요하다.

렌더링 서피스 생성하기

이제 필요한 기능을 지원하는 구성 설정을 얻는 방법을 알았으니, 실제 렌더링 서피스를 생성하는 방법을 살펴볼 때가 되었다. pBuffers나 pixmaps 같은 화면 표시가 되지 않는 서피스를 생성하는 것 또한 가능하지만, 윈도우 서피스에만 초점을 맞추겠다. 첫 번째 과정에선 선택한 구성 설정과 같은 속성을 가지는 본래의 윈도우를 생성하도록 한다. 그 다음에는 여기서 얻은 윈도우 핸들을 윈도우 서피스를 생성하는 데 사용할 수 있다. 윈도우 핸들의 형식은 사용하는 플랫폼이나 OS와 관계가 있다. 이 방식은 같은 인터페이스로 각 OS별 함수를 정의할 필요 없이 서로 다른 OS를 지원하게 할 수 있다.

```
EGLSurface eglCreateWindowSurface(EGLDisplay dpy,
                                  EGLConfig config,
                                  NativeWindowType win,
                                  EGLint *attrib_list);
```

호출이 성공하면 온스크린 서피스를 위한 핸들을 리턴한다. `attrib_list` 인자는 윈도우 속성을 지정하려는 목적이지만, 현재는 정의된 속성이 없다. 렌더링이 끝난 후에는 **eglDestroySurface( )** 함수를 호출하여 서피스를 소멸시켜주어야 한다.

```
EGLBoolean eglDestroySurface(EGLDisplay dpy, EGLSurface surface);
```

윈도우 렌더링 서피스를 생성했고, 하드웨어 리소스가 구성되었다면, 이제 본격적인 작업에 들어갈 준비가 된 것이다!

콘텍스트 관리

마지막 과정에선 사용할 렌더링 콘텍스트를 생성한다. 렌더링 콘텍스트는 렌더링에 사용할 상태의 집합이다. 모든 하드웨어에서 최소한 하나의 콘텍스트를 생성하도록 지원한다.

```
EGLContext eglCreateContext(EGLDisplay dpy,
                            EGLConfig config,
                            EGLContext share_context,
                            const EGLint *attrib_list);
```

콘텍스트를 생성하기 위해 지금까지 줄곧 사용해왔던 화면 핸들로 **eglCreateContext()**를 호출한다. 또한 렌더링 서피스를 생성하기 위해 사용했던 config 인자값을 넣는다. 콘텍스트 생성을 위해 사용하는 구성 설정은 윈도우 생성 시 사용한 구성 설정과 호환되어야 한다. share_context 인자는 콘텍스트 사이에서 텍스처와 쉐이더 같은 객체의 공유를 위해 사용한다. 공유하기 원하는 콘텍스트를 넣어라. 일반적으로 우리는 공유가 필요 없는 EGL_NO_CONTEXT값을 넣을 것이다. 콘텍스트 생성이 성공하면 콘텍스트 핸들을 되돌려준다. 그렇지 않으면 EGL_NO_CONTEXT값을 리턴한다.

이제 렌더링 서피스와 콘텍스트가 있으니, 준비가 다 되었다! 마지막으로 할 일은, EGL이 렌더링 용으로 복수 개의 콘텍스트를 가질 수 있으므로, 가장 먼저 사용하고자 하는 콘텍스트를 EGL에 알려주는 것이다. 콘텍스트를 활성화하려면 **eglMakeCurrent()**를 사용한다. 방금 생성한 서피스를 읽기와 그리기용 서피스로 사용할 수 있다.

```
EGLBoolean eglMakeCurrent(EGLDisplay dpy, EGLSurface draw,
                          EGLSurface read, EGLContext ctx);
```

읽기 또는 그리기용 서피스가 잘못 되었거나, 콘텍스트와 호환이 되지 않는다면 에러가 발생한다. 연동하고 있는 콘텍스트를 해제하려면 콘텍스트값에 EGL_NO_CONTEXT를 설정하여 **eglMakeCurrent()**를 호출한다. 콘텍스트를 해제하려 할 때 읽기와 쓰기 서피스값에는 EGL_NO_SURFACE를 사용해야 한다. 종료 시 콘텍스트를 소멸하기 위해선 **eglDestroyContext()**를 호출한다.

```
EGLBoolean eglDestroyContext(EGLDisplay dpy, EGLContext ctx);
```

버퍼 내보내기와 렌더링 동기화

렌더링을 위해서 부드럽게 실행을 유지하는 데 필요한 도움을 줄 수 있는 몇 개의 EGL 함수가 있다. **eglSwapBuffers()** 함수는 색상 버퍼를 윈도우로 내보내는 역할을 한다. 단지 내보내고 싶은 윈도우 서피스로 전달하면 된다.

```
EGLBoolean eglSwapBuffers(EGLDisplay dpy, EGLSurface surface);
```

eglSwapBuffers()를 호출한다고 해서 버퍼의 내용이 모니터에 실제 표시된다고 정확히 얘기할 수는 없다. **eglSwapBuffers()**를 호출하여 프레임을 표시하는 중간에 화면이 존재할 수 있다. 이렇게 되면 프레임의 수평주사선 위에 약간 왜곡되어 보이는 티어링이라 불리는 결함이 발생한다. EGL은 화면에 교환된 버퍼를 보내기 전에 현재 화면의 갱신이 끝날 때까지 기다려야 한다고 알려 주는 방법을 제공한다.

```
EGLBoolean eglSwapInterval(EGLDisplay dpy, EGLint interval);
```

교환 간격을 0으로 하면 EGL은 버퍼 교환 시 동기화하지 않고 **eglSwapBuffers()** 호출 즉시 버퍼를 내보낸다. 기본값은 1로, 버퍼 교환을 화면의 다음 갱신과 동기화한다. 간격은 EGL_MIN_SWAP_INTERVAL과 EGL_MAX_SWAP_INTERVAL 사이의 값으로 한정된다.

OpenGL ES와 EGL 이외의 다른 API로 윈도우에 렌더링하려면 렌더링이 올바른 순서로 놓이게 하기 위해 해야 할 일이 몇 가지 있다.

```
EGLBoolean eglWaitGL(void);
EGLBoolean eglWaitNative(EGLint engine);
```

OpenGL ES의 렌더링이 끝나기 전에 다른 API 렌더링이 윈도우 서피스 위에서 동작되지 않도록 하기 위해 **eglWaitGL()**을 사용한다. 본연의 API 렌더링이 끝나기 전에 OpenGL ES의 동작을 막으려면 **eglWaitNative()**를 사용한다. engine 인자를 구현물에서 특정한 EGL 확장 기능으로 정의할 수 있다. 그렇지만 EGL_CORE_NATIVE_ENGINE을 인자로 하여, OpenGL ES 이외에 대부분의 흔한 본연의 렌더링 엔진을 참조할 수도 있다. 이것은 구현물과 시스템에 따라 다르다.

14.5.5 EGL에 대해 좀 더 알아보기

지금까지 중요하고 흔히 사용되는 대부분의 EGL 인터페이스를 알아보았다. 보통의 실행 과정과는 좀 더 별개로 논할 수 있는 EGL 함수가 몇 개 더 있다.

EGL 에러

EGL은 실행 중 발생하게 되는 EGL 특정 에러를 받아오는 방법을 제공한다. 대부분의 함수는 성공 여부에 따라 EGL_TRUE 혹은 EGL_FALSE를 리턴하지만, 실패일 때는 불리언형의 정보만으로 어떤 것이 잘못 되었는지 확인하기 힘들다. 이럴 때는 보다 많은 정보를 얻기 위해 **eglGetError()**를 호출해야 한다.

```
EGLint eglGetError();
```

발생한 마지막 에러를 리턴한다. 이 값은 그 이름 자체가 설명인 아래 값 중 하나다.

EGL_SUCCESS, EGL_NOT_INITIALIZED, EGL_BAD_ACCESS, EGL_BAD_ALLOC, EGL_BAD_ATTRIBUTE, EGL_BAD_CONTEXT, EGL_BAD_CONFIG, EGL_BAD_CURRENT_SURFACE, EGL_BAD_DISPLAY, EGL_BAD_

SURFACE, EGL_BAD_MATCH, EGL_BAD_PARAMETER, EGL_BAD_NATIVE_PIXMAP, EGL_BAD_NATIVE_WINDOW, EGL_CONTEXT_LOST.

EGL 문자열 얻기

흥미로운 몇 가지 EGL 상태 문자열이 있다. 그것은 EGL 버전 문자열과 확장 기능 문자열을 포함한다. 이 값을 얻으려면 EGL_VERSION과 EGL_EXTENSIONS 나열값을 인자로 한 **eglQueryString()** 인터페이스를 사용한다.

```
const char *eglQueryString(EGLDisplay dpy, EGLint name);
```

EGL 확장하기

OpenGL과 마찬가지로, EGL은 다양한 확장 기능을 지원한다. 사용하는 플랫폼에 특정된 확장 기능일 수도 있고, 핵심 명세에는 없는 확장된 기능을 제공할 수도 있다. 시스템에서 사용할 수 있는 확장 기능을 알아보려면 전에 말한 **eglQueryString()** 함수를 사용한다. 특정 확장 기능에 대한 보다 많은 정보를 얻으려면 참고문헌에 나열된 크로노스 웹사이트를 방문한다. 이 확장 기능 중 몇 가지는 추가 진입 함수를 요구하기도 한다. 이 확장 기능의 진입 함수에 대한 주소값을 얻으려면 다음에 나오는 함수에 새로운 진입 함수의 이름을 넣는다.

```
void (*eglGetProcAddress(const char *procname))();
```

이 진입 함수의 사용 방법은 **wglGetProcAddress()**와 유사하다. 진입 함수가 없다면 NULL을 리턴한다. 그렇지만 NULL이 아닌 주소값을 리턴했다고 해도 그 함수를 실제 지원한다고 말할 수는 없다. 관계되는 확장 기능이 EGL 확장 기능 문자열이나 OpenGL ES 확장 기능 문자열 안에 존재해야 한다. **eglGetProcAddress()**를 호출한 후에 유효한 함수 포인터(NULL이 아닌)를 얻었는지 확인한다.

14.5.6 임베디드 환경에 대한 고찰

임베디드 시스템에서 OpenGL ES와 EGL이 어떻게 작동하는지 살펴보았으니, 임베디드 시스템 환경을 좀 더 자세히 살펴보고, OpenGL ES 애플리케이션에 어떤 영향을 주는지 알아보자. 환경은 ES 애플리케이션을 생성하는 방법에 중요한 영향을 미친다.

인기 있는 운영체제

OpenGL ES는 많은 3D API처럼 특정 플랫폼에 한정된 것이 아니라서, 다양한 OS에서 사용될 수 있다. 현재 가장 흔한 두 가지 모바일 플랫폼은 Google의 안드로이드와 애플의 iOS다. 대부분의 임베디드 시스템은 특정 OS를 사용하도록 설계되었고, 어떤 OS는 특정 하드웨어에서 사용할 목적으로 만들어졌으므로, 임의의 임베디드 플랫폼을 다루게 되면 선택의 자유가 없는 때도 많다.

협력업체 한정 확장 기능

각 OpenGL ES 협력업체는 보통 자신의 하드웨어와 구현물에 한정된 확장 기능의 집합을 가진다. 이 기능들은 흔히 사용 가능하게 될 형태의 종류와 수를 늘린다. 이 확장 기능들은 제한된 하드웨어 집합에서만 사용할 수 있으므로, 여기서는 다루지 않는다.

집에서 게임하기

하드웨어 그 자체나 에뮬레이터로 작업할 수 있는 행운이 없어도, OpenGL ES를 다루어보고 싶다면 다른 옵션이 존재한다. 몇 가지 OpenGL ES 구현은 데스크톱 운영체제에서 실행해볼 수 있다. 이 방법은 또한 초기 개발 과정에서도 매우 유용하다. NVIDIA와 AMD는 별개의 그래픽 카드에서 OpenGL 콘텍스트 생성 시 ES 프로필을 만들 수 있도록 해준다. 이 프로필을 이용하여 데스크톱 컴퓨터에서 OpenGL ES 2.0 또는 3.0 애플리케이션을 작성할 수 있다. 더욱이 구글과 애플은 자신의 플랫폼으로 개발을 시작하기 쉽도록 만들어준다.

안드로이드 이동기기 플랫폼

안드로이드는 스마트폰 시장 점유율 50% 이상을 차지한다. 애플리케이션을 안드로이드 플레이 마켓용으로 만들면, 수천만 대의 휴대폰과 태블릿에 노출된다. 안드로이드는 많은 제조회사에서 기기를 출시하므로, 서로 다른 수준의 하드웨어 능력과 성능을 지원하도록 계획을 잘 정립해야 한다. 안드로이드는 OpenGL ES 1.1과 ES 2.0을 안드로이드 버전 2.2 이상에서 지원한다. ES 3.0에 대한 지원도 추가 중이다. 안드로이드에서 OpenGL 애플리케이션을 개발하기 위해서는 최소한 안드로이드 2.2 이상을 지원하는 새 휴대폰이나 태블릿이 있어야 한다. 만약 없다면 구글 플레이 스토어에서 개발용으로 쓰이는 안드로이드 디바이스를 살 수 있다. http://play.google.com을 방문하여 Device 분류로 들어가 구글에서 직접 팔고 있는 넥서스 모바일 디바이스에 관해 더 자세히 알아볼 수 있다.

구글은 안드로이드 플랫폼에 대한 개발자 지원을 훌륭하게 해준다. 어떻게 시작할 수 있는지에 대한 많은 자료와 지식을 제공한다. 안드로이드 설정과 개발에 대한 기초지식은 이 책의 주제가 아니다. 안드로이드 개발에 관해 더 알고 싶다면 http://developer.android.com/index를 방문해보라. 안드로이드 애플리케이션 개발은 무료로 할 수 있고, 각자의 기기에서 실행해볼 수 있다. 그러나 안드로이드 마켓에 애플리케이션을 출시하려면 약간의 수수료를 내야 한다.

14.5.7 안드로이드 개발 환경

구글은 안드로이드 OS의 다양한 기능을 사용해볼 수 있도록 안내하는 많은 샘플 애플리케이션을 제공한다. 안드로이드를 개발하기 위해 사용할 수 있는 두 가지 개발킷이 있는데, 하나는 Native Development Kit(NDK)이고, 다른 하나는 Software Development Kit(SDK)이다.

NDK는 개발자들에게 C와 C++ 같은 언어를 사용할 수 있도록 한다. 이렇게 하면 C 또는 C++로 이미 쓰여진 소스 기반의 프로그램을 안드로이드로 이식하는 데 특히 유용하다. 특히 자바 라이브러리를 사용하지 않는 큰 게임 엔진에서는 이상적인 수단이 될 수도 있다. 또한 실행 시 얻을 수 있는 성능 향상의 이점도 있을 수 있다. 윈도우 시스템에 대한 좀 더 많은 제어 능력과 애플리케이션에 적합한 EGL 설정 관련 기능도 제공한다. 반면 NDK를 사용하면 코드 복잡도 증가와 애플리케이션의 이식 능력 부족이라는 단점이 생길 수 있다.

SDK는 애플리케이션 개발과 디버깅을 더 쉽게 해주는 API 라이브러리에 대한 편리한 접근을 제공한다. 또한 SDK는 안드로이드를 처음 개발하는 개발자가 시작하기에 좋은 환경이기도 하다. 더불어 이클립스 IDE로 개발할 수 있도록 툴과 컴포넌트를 포함한다. SDK 도움말엔 자바와의 연동을 통해 OpenGL ES 함수 호출을 직접 하지 않고도, EGL과 GL 설정을 다루는 방법에 대한 대부분의 상세 설명이 되어 있다. 거의 모든 안드로이드 애플리케이션은 SDK를 사용한다. 마찬가지로 우리 예제 애플리케이션에서도 SDK를 사용한다.

컴퓨터에 이클립스가 설치되어 있고, 안드로이드 SDK를 설치하여 환경 설정이 되어 있고, 안드로이드 디바이스가 있다는 가정 하에 예제를 진행하겠다.

안드로이드 프로젝트 설정

이클립스와 안드로이드 SDK를 설치했다면, 메뉴에서 File → Import → General → Existing Projects into Workspace를 선택하여 StonehengeES 프로젝트를 워크스페이스로 가져온다. 이 과정에서 요구하는 패키지 중 어느 하나라도 없다면, 코드의 어떤 부분에서든 에러가 발생한다. 없는 패키지를 얻어오기 위해서는 Window → Android SDK Manager 메뉴로 가서, 그 패키지를 갱신한다. 이 프로젝트에선 API 17을 사용했다. 아마 필요할 것이다.

안드로이드 디바이스에 프로그램을 실행시키려면 USB 디버깅용 드라이버가 설치되어 있어야 한다. 이것은 플랫폼별로 다르다. 보다 자세한 정보는 http://developer.android.com/tools/device.html에서 찾을 수 있다. 그 다음에는 디바이스에 USB 디버깅을 활성화한다. 대부분의 디바이스에서 설정 대화상자를 가져올 수 있고, Developer Options로 들어가서 USB Debugging을 선택한다. 만약 보이지 않는다면, 디버그 메뉴를 노출시키는 몇 가지 조작 방법[4]이

---

4 http://www.androidcentral.com/how-enable-developer-settings-android-42에서 이러한 몇 개의 조작을 볼 수 있다.

몇몇 디바이스에 존재하니 참고하기 바란다. 많은 제조회사가 안드로이드 설정 프로그램을 각자의 디바이스에 맞추어 수정하므로 약간씩 다를 수 있다. 디버깅을 활성화하기 위해 더 많은 정보가 필요하면 디바이스 설명서를 참조하기 바란다.

하드웨어 설정이 되었다면 애플리케이션을 실행시킬 차례다. 디바이스가 USB로 컴퓨터와 연결되어 있는지 확인한다. 이클립스에서 Run 메뉴를 선택하고 목록에서 연결된 디바이스를 찾는다. 다 되었다! 이제 [그림 14-15]에서 볼 수 있듯이, 디바이스에서 OpenGL ES로 렌더링되고 있는 StonehengeES 애플리케이션을 볼 수 있다.

그림 14-15 안드로이드폰에서 렌더링되고 있는 StonehengeES(컬러 화보 참조)

설정과 렌더링

안드로이드는 애플리케이션 실행 중에 발생하는 행위를 관리하기 위해 Activities를 사용한다. onCreate는 애플리케이션이 구동된 후 설정을 하기 위한 곳이다. onPause는 애플리케이션이 다른 애플리케이션이 시작되는 등의 이유로 비활성화된 때를 말한다. onResume은 사용자가 애플리케이션을 다시 활성화시킬 때 호출된다. 어떤 Activities가 있는지 자세한 설명은 예제의 범위에선 다루지 않는다. 보다 자세한 설명은 http://developer.android.com/에 있다. 이번 애플리케이션은 시스템의 많은 상태를 관리하기 위해 GLSurfaceView를 사용한다. GLSurfaceView는 EGL 화면 설정과 모든 EGL 상태를 관리할 수 있다. 원한다면 setEGLConfigChooser 함수로 구성 설정에 대한 선택을 조정할 수 있다. 또한 GLSurfaceView로 다른 상태도 제어할 수 있다.

[예제 14-18]은 GLview.java에서 GLSurfaceView를 설정하는 기본 방식을 통해 동작한다. 생성자 안에서 콘텍스트를 먼저 만든다. 그 다음에 GLSurfaceView 렌더러를 생성하고, setRenderer를 호출한다. 이 부분에서 렌더링 스레드를 만들고 렌더링을 시작한다.

[예제 14-18]의 아랫부분에선, onTouchEvent 클래스에서 터치 이벤트를 다룬다. 이 클래스는 이동 이벤트 발생 시 터치 위치를 기억한다. 사용자가 화면에서 터치하고 있는 곳을 계산하여, 그에 따라 뷰를 기울이거나 뷰어를 앞으로 보낸다. 사용자가 문지르는 중이라면 처음 화면을 터치한 시간의 위치와 비교하여 문지르는 방향으로 뷰가 회전한다.

예제 14-18 GLSurfaceView 확장

```
public class GLView extends GLSurfaceView {
    protected Context context = null;
    protected GLStoneHenge renderer = null;
    protected StopWatch stopwatch = new StopWatch();

    protected long controlLastTouchTime = 0;
    protected float controlLastX = 0.0f;
    protected float controlSensitivity = 150.0f;

    public GLView(Context context) {
        super(context);
        this.context = context;
        setEGLContextClientVersion(2);
        renderer = new GLStoneHenge(context);
        setRenderer(renderer);
        setRenderMode(GLSurfaceView.RENDERMODE_CONTINUOUSLY);
    }

    @Override
    public boolean onTouchEvent(MotionEvent touch) {
        float x = touch.getX();
        float y = touch.getY();
        long holdTime = touch.getEventTime() - touch.getDownTime();

        if (y < getHeight() / 3) {
                renderer.addTilt(-0.5f);
        } else if (y > getHeight() - (getHeight() / 3)) {
                renderer.addTilt(0.5f);
        } else {
                renderer.moveForward(0.5f);
        }

        float scaledX = x / getWidth();
```

```
            if (touch.getDownTime() != controlLastTouchTime) {
                    controlLastTouchTime = touch.getDownTime();
            } else {
                    float deltaX = scaledX - controlLastX;
                    renderer.rotateLocalY(controlSensitivity * deltaX);
            }
            controlLastX = scaledX;
            return true;
        }
    }
```

[예제 14-19]는 주 클래스인 GLStoneHenge 초기화에 대한 주요 부분을 보여준다. 몇 페이지씩 공간을 할애하지 않고 얘기하고자 하는 구성 요소에 집중하기 위한 함수의 일부분을 제거했다. 생성자에서 돌 텍스처를 가지는 모델을 위한 저장 공간을 할당한다. initModels 안에서 텍스처를 로딩하고, 버텍스 배열을 설정하고, 쉐이더를 로드하고, 필요한 모든 OpenGL 상태를 지정한다. onSurfaceChanged는 resized 호출에 의해 발생하는 크기 변화에 대한 대응을 한다. resized는 뷰포트와 모델-뷰 행렬이 적절하게 설정되도록 한다. onSurfaceCreated에선 initModels 호출을 통해 OpenGL 초기화를 수행한다.

예제 14-19 설정과 렌더링

```
class GLStoneHenge implements GLSurfaceView.Renderer {
...
    public GLStoneHenge(Context context) {
        this.context = context;
        for (int i = 0; i < OBJECT_LAST; i++) {
            models[i] = new GLModel();
        }
    }

    public void initModels() throws IOException {
        // 모델 로딩
...
        modelsInitialized = true;
    }

    public void resized(int w, int h) {
        GLES20.glViewport(0, 0, w, h);
        fScreenWidth = (float)w;
        fScreenHeight = (float)h;
        mProjection.perspective(
            45.0f,                              // 시야
            fScreenWidth / fScreenHeight,       // 종횡비
            1.0f,                               // 근접 절단면
            15000.0f                            // 원거리 절단면
```

```
                    );
        }

        public void onSurfaceChanged(GL10 arg0, int arg1, int arg2) {
            this.resized(arg1, arg2);
        }

        public void onSurfaceCreated(GL10 arg0, EGLConfig arg1) {
            try {
                Log.d("DebugTag", "initModels()");
                this.initModels();
            catch (IOException e) {
                e.printStackTrace();
            }
        }
}
```

안드로이드에서 실행되는 StonehengeES 프로그램의 핵심 컴포넌트 축약 버전을 보여주었다. 공간 제약으로 인해 여기서 보여주지 않은 부분에 대한 아쉬움이 있다면 실제 소스를 참조하기 바란다. 안드로이드용 OpenGL ES 애플리케이션 개발은 상당히 쉽고, 안드로이드 디바이스는 손쉽게 구할 수 있다. OpenGL ES 프로젝트를 모바일 디바이스로 가져와서 즐겨보자!

14.5.8 iOpenGL

애플에서 OpenGL ES의 도움을 받는 세 가지 주요 디바이스가 있다. 아이폰, 아이팟 터치, 아이패드다. 세 디바이스 모두 다양한 화면 해상도로 사용할 수 있고, OpenGL ES 2.0과 에뮬레이션을 통한 OpenGL ES 1.1 지원이 가능하다. OpenGL ES 3.0 명세는 아직 지원하지 않지만, 3.0 기능 중 많은 부분을 애플 디바이스에서 확장 기능으로 사용할 수 있다. OpenGL ES 1.1에 대해선 물론 더 이상 알아보지 않겠다.

이 장의 내용을 간단히 하기 위해 아이폰/아이팟 터치/아이패드에 관한 얘기를 자세히 하진 않겠다. 단지 iOS에 관해 알아볼 것이며, OpenGL ES 프로그래밍에 관해서는 모든 iOS 디바이스에서 똑같이 필요한 부분만 살펴보겠다. 이 책이 출판될 때 아이티브이, 아이와치, 아이마이크로웨이브가 포함되리라 예상한다!

애플의 iOS SDK는 OpenGL ES 2.0과 GLKit, 그리고 iOS 디바이스에서 동작하는 OpenGL 프로젝트의 생성을 쉽게 해줄 프레임워크를 포함한다. GLKit의 몇 가지 요소는 OS X의 데스크톱 버전에서도 동작하므로 Mac 개발을 위한 장에서 GLKit을 소개했었다. 여기서는 스톤헨지 예제 프로그램을 iOS 디바이스 위에 올리고, 실행해보는 연습을 한다.

iOS 프로젝트의 설정

먼저 애플의 개발자 관련 웹사이트 http://developer.apple.com에서 iOS SDK를 다운로드 받도록 한다. XCode(애플 개발 IDE)를 구동하면 [그림 14-16]에서 볼 수 있듯이 익숙한 환영 화면을 보여준다.

그림 14-16 Xcode 환영 화면

최근에 다른 프로젝트를 작업해왔다면, 오른쪽에 보이는 Recents 아래에 나열된다. Create a new Xcode project 버튼을 클릭하면 프로젝트 마법사 화면이 열린다. [그림 14-17]의 새 프로젝트 화면에서 iOS 그룹(어떤 디바이스도 없음에 유의, 모두 같기 때문에) 아래에서 Application을 선택한다. 위쪽 화면 창에 다양한 애플리케이션 템플릿이 있다. 그중 하나가 OpenGL Game이다. 반드시 게임을 만들 필요는 없더라도, 이 템플릿을 클릭해서 선택하고, Next를 누른 후, 새 프로젝트를 생성할 폴더를 정하고 Create 버튼을 클릭한다.

그림 14-17 OpenGL-ES 기반 게임(애플리케이션) 템플릿 선택하기

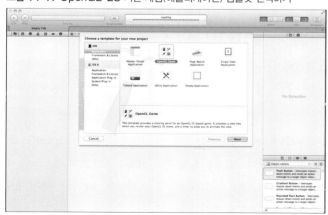

프로젝트를 생성했다면 [그림 14-18]과 유사한 화면이 보인다. 프로젝트를 구성하는 모든 파일과 프레임워크를 보여주기 위해 그룹을 확장했다. 왼쪽 위 콤보 박스를 선택해서 디바이스 옵션 중 하나가 아닌 시뮬레이터 옵션 중 하나를 선택하게 변경했는지도 확인한다. 애플리케이션을 디바이스에 올리고, 하드웨어 인증을 설정하는 것은 이 책의 범위를 상당히 벗어나므로, 시뮬레이터를 사용하도록 예제를 제한한다.

그림 14-18 OpenGL ES 애플리케이션을 선택해서 시작하기

XCode에서 흔히 사용하듯이, Command-R키를 누름으로써 프로그램을 컴파일하고, 링크하고, 시뮬레이터에서 실행되게 한다. 기본 OpenGL ES 애플리케이션에는 서로의 주위를 공전하면서, 움직이는 방향으로 회전하는 두 개의 정육면체가 있다. 시뮬레이터 출력은 [그림 14-19]에서 볼 수 있다.

그림 14-19 OpenGL ES 기본 코드 '춤추는 정육면체'

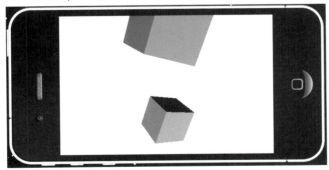

iOS에서 C++ 사용하기

본래의 iOS 프로그래밍 환경에서는 Objective-C 프로그래밍 언어를 사용한다. Mac을 다루는 프로그래머가 아닌 전 세계에 있는 대다수 프로그래머들은 C나 C++를 많이 사용하므로, 이에 대해

불만이나 거부감을 느끼기도 한다. 사실 많은 Mac 프로그래머도 알고 보면 C++를 사용하곤 한다. 덧붙이자면 애플의 프레임워크를 사용하지 않는 코드 부분에 C++를 사용하지 못할 이유도 없다. 그래서 스톤헨지 C++ 클래스 중 iOS로 옮기기 위해 필요한 부분에만 Objective-C를 사용하겠다. Mac 장에서 Objective-C 코코아 프레임워크로 이 클래스를 사용했고, GLKit도 이미 사용해보았으므로, 어렵지 않게 진행할 수 있다.

Objective-C는 객체를 가졌을 뿐 근본은 C다. 그러나 여기서의 객체는 C++에서의 객체와 같지 않아서, Objective-C와 C++는 Objective-C와 C만큼 잘 연동되지 않는다. 간단하고 약간 속임수 같아 보이는 이 문제의 해결책이 있긴 하다. 모든 Objective-C 파일의 확장자를 *.m에서 *.mm으로 바꾸는 것이다. 그러면 Objective-C++에서 사용할 수 있게 되고, 프로젝트에서 C++ 코드와 쉽게 연동할 수 있게 되어, Objective-C++에서 C++ 클래스를 만들어 사용하고, Objective-C++ 모듈로부터 C++ 함수를 호출할 수 있다.

GLKit

GLKit은 초기에 OpenGL ES 1.1의 고정 함수 파이프라인을 새로운 쉐이더 기반의 ES 2.0으로 쉽게 변경할 의도로 만들어진 도우미 프레임워크다. GLKit의 일부분이 OS X 데스크톱 버전으로 이주하여 iOS 5.0에서 소개된 후, 그 후의 OS 버전에서 계속 지원하고 발전시켜 왔다. GLKit의 완전하고 완벽한 해설은 애플 개발자 관련 웹사이트의 'Introduction to GLKit' 문서에 있다. 또한 Mac OS 절에서 GLKit의 몇 가지 설명, 특히 3D 수학 관련 함수와 텍스처 로딩 코드를 살펴보았고, 이 부분은 iOS에서도 동일하다.

iOS에서 달라지는 점은 메인 뷰 클래스가 코코아 `NSOpenGLView`로부터 상속되지 않고, 대신 `GLKView`를 바탕으로 한다는 것이다. 그리고 iOS에서 흔히 사용하는 모델-뷰-컨트롤러 구조를 위해 `GLKViewController`에 기반한 뷰 컨트롤러를 사용한다. XCode 프로젝트 마법사가 이 모든 처리를 하면, `GLKViewController`를 직접 상속한 뷰 컨트롤러 클래스가 있는 `ViewController.h` 파일이 보인다.

```
@interface ViewController : GLKViewController
```

[예제 14-20]은 렌더링하게 될 실제 OpenGL ES 콘텍스트를 포함한 `GLKView` 객체 생성을 보여준다. nib 파일 초기 로딩 과정에서 이 객체를 생성하고, 기본값으로 색상 버퍼와 24비트 깊이 버퍼만을 가진다.

```
- (void)viewDidLoad
    {
    [super viewDidLoad];

    self.context = [[[EAGLContext alloc]
                        initWithAPI:kEAGLRenderingAPIOpenGLES2]
                                        autorelease];
    if (!self.context) {
        NSLog(@"Failed to create ES context");
        }

    GLKView *view = (GLKView *)self.view;
    view.context = self.context;
    view.drawableDepthFormat = GLKViewDrawableDepthFormat24;

    [self setupGL];
    }
```

GLKView에서의 버퍼 구성 설정은 iOS 디바이스 구성 설정의 수가 한정된 관계로 선택할 사항이 거의 없어 데스크톱에서보다 훨씬 간단하다. drawableDepthFormat값은 깊이 버퍼가 없을 때는 GLKViewDrawableDepthFormatNone으로 선택하거나, 16 또는 24 비트 형식의 깊이 버퍼를 설정하려면 각각 GLKViewDrawableDepthFormat16과 GLKViewDrawableDepthFormat24를 사용한다. 버퍼 형식과 각 버퍼를 위한 유효한 플래그의 완전한 목록이 [표 14-10]에 나와 있다.

표 14-10 GLKView를 위한 구성 설정 요소와 플래그

요소	가능한 플래그
drawableColorFormat	GLKViewDrawableColorFormatRGBA888, GLKViewDrawableColorFormatRGB565
drawableDepthFormat	GLKViewDrawableDepthFormatNone, GLKViewDrawableDepthFormat16, GLKViewDrawableDepthFormat24
drawableStencilFormat	GLKViewDrawableStencilFormatNone, GLKViewDrawableStencilFormat8
drawableMultisample	GLKViewDrawableMultisampleNone, GLKViewDrawableMultisample4X

ES에서의 핵심

데스크톱용으로 만든 스톤헨지 예제 프로그램의 코어 프로파일을 iOS 디바이스로 바로 가져올 수 있다. 클라이언트 코드로 시작한 후, 쉐이더의 다른 점에 대해 살펴보겠다. 필요한 리소스와 소스

코드를 프로젝트에 추가하는 데엔 Mac OS X 절에서 한 것과 거의 같은 코드를 사용한다. [그림 14-20]은 이 과정이 끝난 후의 Xcode를 보인 것이다.

그림 14-20 스톤헨지 모델 코드가 추가된 Xcode 프로젝트

코어 프로파일 함수 호출 중에서 몇 개는 ES에서 사용되는 방식으로 수정해야 했고, GLSL 쉐이더 코드를 약간 변경했다. 사용했던 코어 프로파일 함수 중 몇 가지는 OpenGL ES 2.0에서는 지원하지 않지만 iOS에서 지원하는 확장 기능이거나 OpenGL ES 3.0부터 사용할 수 있는 기능이다. OpenGL ES Working Group에서 이 확장 기능을 정의하고 그 구분자를 'OES'로 하였다. 예를 들어 OpenGL ES 2.0은 버텍스 배열을 제공하지 않으나, 확장 기능을 사용하면 데스크톱 환경에서와 마찬가지로 쓸 수 있다. 끝에 OES 접미사로 끝나게 되어 있어 이름만으로 구분할 수 있다.

```
glGenVertexArraysOES(...
glBindVertexArrayOES(...
glDeleteVertexArraysOES(...
```

디스크에서 기하 데이터를 로딩할 때, 버퍼와의 연결을 위해 **glMapBuffer()** 함수 호출을 사용했다. 이것 또한 OES 확장 기능이다. 단, 연결 시 GL_WRITE_ONLY 방식만 허용되는 제한 조건이 있다. 물론 확장 기능 열거형인 GL_WRITE_ONLY_OES를 사용해야 한다.

```
float *pData = (float *)glMapBufferOES(GL_ARRAY_BUFFER, GL_WRITE_ONLY_OES);
...
glUnmapBufferOES(GL_ARRAY_BUFFER);
```

iOS에서 GLSL

OpenGL ES 2.0에서의 쉐이더는 대응하는 데스크톱 OpenGL 코어 프로파일과 비교하면 몇 가지 특이한 점을 가진다. OpenGL ES 3.0 GLSL 코드는 첫 번째 실행 라인에

```
#version 300 ES
```

가 있어야 한다. 반면 iOS의 OpenGL ES 2.0은 이 전처리 지시문을 이해하지 못한다. 대신 iOS
의 ES 2.0용 GLSL은 예전 OpenGL 2.0에서 쓰던 GLSL의 구 데스크톱 버전을 기반으로 한다.
OpenGL ES와 ES 특정 GLSL에 관한 자세하고 친절한 몇 가지 참고 내용이 부록 A에 있다. 스톤
헨지 예제 프로그램의 데스크톱 버전과 모바일 버전에서 사용되는 쉐이더를 비교해보는 것이 차이
를 이해하는 좋은 시작점이 될 수 있다.

먼저 쉐이더 스테이지 사이에 데이터 인자를 전달할 때 **in**과 **out**은 사용하지 않는다. ES 2.0 GLSL
은 예전에 두 개의 쉐이더 스테이지만 있었던 간단한 시절의 구현을 기반으로 한다. 따라서 버텍스
프로그램으로 인해 발생하는 어떤 것도 하나의 속성이고 다음과 같이 선언한다.

```
attribute vec4 vVertexPos;
```

버텍스 쉐이더로부터 프래그먼트 쉐이더로 전달하는 데이터는 '변경'될 수 있어서, **varying**으로 버
텍스 쉐이더나 프래그먼트 쉐이더 양쪽에 선언한다.

```
varying vec2 vTexCoordVary;
```

varying 간에 미세 조정하는 보간 기능은 없으므로 **smooth**나 **centroid** 같은 키워드 사용은 하지
않는다.

프래그먼트 쉐이더에서의 상황은 조금 더 재미있다. 초보자들을 위해 버텍스 프로그램의 출력으로
내재된 gl_Position이 있듯이, 프래그먼트에서 출력하는 색을 대표하는 내재된 gl_FragColor가
있음을 알려준다. 거기에 텍스처를 샘플링하는 texture( )의 재정의 함수 버전이 없는 관계로 텍스
처의 형태를 명시해서 샘플링해야 한다. 예를 들어 2D 텍스처를 샘플링하여 프래그먼트 색을 뽑아
내려면 다음과 같은 처리를 해주어야 한다.

```
gl_FragColor = texture2D(colorMap, vTexCoordVary.st);
```

마지막으로, 프래그먼트 프로그램 안에서 사용할 부동소수점 변수에 대한 기본 정밀도를 정해야 한
다. 데스크톱 GLSL에도 현재 정밀도 조정기가 있지만 원래는 OpenGL ES 2.0에서 처음 등장했
다. 모바일용 디바이스를 위한 프래그먼트 프로그램은 float로 정해진 기본 정밀도를 사용한다. 보
통 쉐이더 윗부분에 한 줄의 코드로 나타낸다.

```
precision mediump float;
```

흔히 medium 정밀도가 부동소수점에 적합하다. 특히 색상값 계산 시 프래그먼트 프로그램을 위해
고정밀도로 기본 설정을 하면 성능 저하가 발생한다. 정밀도 조정치는 변수의 사용의도에 관해서 구
현물에 '단서'를 제공하는 것에 지나지 않지만, iOS 디바이스가 기반으로 하고 있는 PowerVR 하
드웨어에서는 이점이 있으므로 주의해서 적용하면 상당한 성능 향상을 시킬 수 있다.

코드 작성하기

OS X 절에서 보여준 예시와 같이, GLStonehenge 클래스의 인스턴스를 생성한다. 그러나 이번에는 GLKViewController가 소유하도록 ViewController.h 파일 안에 놓는다.

```
#import <UIKit/UIKit.h>
#import <GLKit/GLKit.h>
#import "GLStonehenge.h"

@interface ViewController : GLKViewController
    {
    GLStonehenge stoneHenge;
    }
@end
```

GLKViewController 클래스는 OpenGL 렌더링 유지와 렌더링 코드에 관련된 네 가지 주요 함수 setupGL, teardownGL, update, drawInRect를 가진다.

setupGL 함수에선 처음으로 OpenGL 콘텍스트가 활성화된다. 텍스처, 기하 데이터, 쉐이더 등의 리소스를 먼저 로딩해놓기 좋은 곳이기도 하다. 예제 코드에서는 기본으로 만들어진 설정 코드를 제거하고, Stonehenge 클래스의 GLStonehenge::initModels(void) 함수를 호출한다.

```
- (void)setupGL
    {
    [EAGLContext setCurrentContext:self.context];

    stoneHenge.initModels();
    }
```

역으로, OpenGL 콘텍스트와 관련된 동적 할당 메모리와 리소스를 해제시키도록 한다.

```
- (void)tearDownGL
    {
    [EAGLContext setCurrentContext:self.context];

    stoneHenge.cleanupModels();
    }
```

OpenGL 리소스 해제 처리를 위한 작업이 유효하게 처리되기 전에 콘텍스트를 활성화시키는 것에 주의한다.

매 프레임마다 모델을 갱신한다. update 함수에서는 간단하게 GLStonehenge::resized() 함수를 호출하여 현재의 투영 행렬을 설정한다. 디바이스의 방향이 바뀌었을 때, 디바이스의 새로운 위치에 걸맞은 적당한 높이와 너비를 함수의 인자로 하여 호출한다.

```
- (void)update
    {
    stoneHenge.resized(self.view.bounds.size.width,
        self.view.bounds.size.height);
    }
```

마지막으로 아마 제일 중요한 과정은 장면을 렌더링하는 OpenGL 코드를 실행하는 부분이다. drawInRect 함수는 GLView 클래스의 위임^{delegate} 함수다. 여기서 간단히 GLStonehenge::render( )를 호출한다.

```
- (void)glkView:(GLKView *)view drawInRect:(CGRect)rect
    {
    stoneHenge.render();
    }
```

데스크톱에서 iOS 디바이스로 이식하여 작동시키기 위해 정말로 해야 할 하나의 과정이 남아 있다. 쉐이더 파일의 위치를 찾아 파일을 열 수 있도록 현재의 기본 작업 디렉터리를 변경시켜 주어야 한다. 다음의 main.mm에 대한 '조작'은 데스크톱 OS X와 iOS에서 동시에 작동할 수 있는 애플리케이션이 되도록 해준다.

예제 14-21 현재 디렉터리를 리소스가 있는 곳으로 재설정

```
int main(int argc, char *argv[])
    {
    static char szParentDirectory[255];

    /////////////////////////////////////////////////////////////////////////
    // .exe가 있는 디렉터리를 얻는다.
    char *c;
    strncpy( szParentDirectory, argv[0], sizeof(szParentDirectory) );
    szParentDirectory[254] = '\0'; // NULL 종료임을 확인한다.

    c = (char*) szParentDirectory;

    while (*c != '\0')        // 마지막으로 간다.
        c++;

    while (*c != '/')         // 부모 디렉터리로 되돌아간다.
        c--;

    *c++ = '\0';              // 마지막 부분(바이너리 이름)을 자른다.

    /////////////////////////////////////////////////////////////////////////
    // 디렉터리를 변경한다. 프로젝트에 추가된 모든 데이터 파일은
    // 여기에 놓인다.
    chdir(szParentDirectory);
```

```
    @autoreleasepool {
        return UIApplicationMain(argc, argv, nil,
                                 NSStringFromClass([AppDelegate class]));
    }
}
```

[예제 14-21]에서 사용하는 코드는 스톤헨지 객체의 main 함수를 Windows, Mac OS X, Linux 같은 데스크톱과 모바일 iOS 사이에 이식성이 좀 더 좋아지게 만들기 위한 목적으로 작성되었다. 다른 3D API보다 OpenGL을 사용하여 얻는 최대의 이점 중 하나는 결국 이식성이다. 그런 이유로, 제공되는 OpenGL ES 프로그램 템플릿으로부터 얻는 샘플 코드의 상당부분을 제거했다. 이 샘플 코드에서는 이식성을 고려하지 않은 채 'iOS 방식'으로 내부의 리소스로부터 쉐이더 파일을 로딩하게 되어 있기 때문이다. 스톤헨지 예제 모델의 최종 출력은 [그림 14-21]에 나와 있다.

그림 14-21 iOS 디바이스에서 완성된 스톤헨지 모델

터치 이벤트를 받아서 카메라를 움직이고, 모델 주위를 돌아볼 수 있게 만드는 방법이 들어 있는 전체 프로젝트를 살펴보는 것은 여러분의 몫으로 남기겠다.

14.6 마치며

이 장에서는 OpenGL을 사용하는 각 플랫폼별 애플리케이션을, Windows에서는 Win32 API를 바로 호출했고, Mac OS X에서는 인터페이스 빌더와 코코아를 이용했으며, Linux에서는 X에 직접 함수 호출을 통해 빌드하는 방법에 대해 다루었다. Windows 절에선 OpenGL과 윈도우 시스템 간 연동의 갱신이 부족한 부분을 어떻게 처리할 수 있는지 다루었다. Mac 절에서는 아직 오래된 GLUT 프레임워크가 여전히 사용되고 있지만, Objective-C 본연의 애플리케이션 프레임워크를 가지고 OpenGL-활용 Mac 애플리케이션을 생성할 수 있는 방법을 보여주었다. 또한 OS X 10.6 과 GLKit에서 소개되었거나, OS X 10.8에서 나온 새로운 기술로 전보다 고성능의 풀스크린 애플

리케이션을 쉽게 제작하는 방법을 알려주었으며, 새 레티나 화면에 적합하거나 혹은 적합하지 않은 처리가 어떤 것이지 살펴보았다. 마지막으로 Mac에서 저수준의 OpenGL 인터페이스인 CGL을 가져와서 사용하는 몇 가지 간단한 조작 방법을 소개했다.

OpenGL은 매킨토시를 위한 핵심이자 기본 기술이다. OpenGL에 관한 기초 지식과 OpenGL이 애플리케이션과 본연의 상호 작용을 하는 방법에 대한 이해는 Mac OS X 개발자로서 가져야 할 필수 능력이다. 이 장에서는 잠재된 깊고 복잡한 주제에 대해 겉핥기 소개만 하였다. 이 훌륭한 플랫폼에서 OpenGL로 가능한 한 많은 실험을 하고 더 빨리 발전할 수 있도록 하기 위해, 의도적으로 맛보기만 하였다. 부록 A에서 이 흥미로운 주제에 대해 추가한 몇 가지 멋진 도전과제를 찾을 수 있다.

더 나아가 OpenGL은 공통으로 지원이 가능한 유일한 하드웨어 3D API이기 때문에 Linux에서도 중요한 부분이다. Linux에서 GLUT를 사용할 수 있는 방법을 살펴보았으나, 버퍼 리소스를 정의하거나 윈도우 관리, 그 외에 Linux 전용 OpenGL 인터페이스에는 GLX를 직접 사용해야만 했었다. Mac에서처럼 GLUT가 Linux의 윈도우 관리를 할 수 있으나, GLX 1.4와 그와 관련된 확장 기능을 사용해야 새 콘텍스트를 생성할 때 OpenGL의 특정 버전을 선택할 수 있는 고급 제어를 애플리케이션이 할 수 있다. GLX는 본연의 Windows와 Mac 인터페이스와 유사하게 OS 차원에서 렌더링 동기화를 해주는 방법을 제공한다.

모든 플랫폼별, 렌더링 요구 조건에 적합한 구성 설정을 찾아내는 방법에 대해 배웠다. 또한 OpenGL 특정 버전을 지원하도록 콘텍스트를 생성하는 방법도 알게 되었다. 마지막으로 애플리케이션을 종료할 때 윈도우 시스템 상태를 정리하는 방법도 확인했다.

끝으로 OpenGL의 친사촌격인 모바일 플랫폼에서 가장 중요한 그래픽스 API, OpenGL ES를 살펴보았다. Mac에서 iOS, 혹은 안드로이드로 애플리케이션을 이식하는 예제를 제시했다.

참고문헌

실시간 3D 그래픽과 OpenGL은 인기 있는 주제다. 한 권의 책으로는 담아낼 수 없는 많은 정보가 존재하며, 또한 많은 기술이 실전에 쓰이고 있다. 아래에 지식과 경험을 쌓아가는 데 도움이 될 참고 문헌들을 나열하였다.

A.1 다른 OpenGL 관련 책

McReynolds, T., Blythe, D. 공저 『Advanced Graphics Programming Using OpenGL』 (2005, Morgan Kaufmann)

Angel, E., Shreiner, D. 공저 『Interactive Computer Graphics: A Top-Down Approach with Shader-Based OpenGL (6th Edition)』(2011, Addison-Wesley)

Astle, D. (ed.) 저 『More OpenGL Game Programming』(2006, Thomson Course Technology)

Munshi, A., Ginsburg, D., Shreiner, D. 공저 『OpenGL ES 2.0 Programming Guide』 (2008, Addison-Wesley)

Shreiner, D., Sellers, G., Kessenich, J., Licea-Kane, B. 공저 『OpenGL Programming Guide, 8th Edition: The Official Guide to Learning OpenGL, Version 4.3』(2013, Addison-Wesley)

Cozzi, P., Riccio, C. (eds.) 공저 『OpenGL Insights』(2012, CRC Press)

Wolff, D. (ed.) 저 『OpenGL 4.0 Shading Language Cookbook』(2011, Packt Publishing)

A.2 3D 그래픽 책

Watt, A. 저 『3D Computer Graphics, 3rd Edition』(1999, Addison-Wesley)

Dunn, F., Parberry, I. 공저 『3D Math Primer for Graphics and Game Development, 2nd Edition』(2011, A.K. Peters / CRC Press)

Van Verth, J., Bishop, L. 공저 『Essential Mathematics for Games and Interactive Applications, 2nd Edition』(2008, Morgan Kaufmann)

Foley, J. D., et al. 공저 『Introduction to Computer Graphics』(1993, Addison-Wesley)

Lengyel, E. 저 『Mathematics for 3D Game Programming & Computer Graphics, 3rd Edition』(2011, Course Technology PTR)

Akenine-Moller, T., Haines, E., Hoffman, N. 공저 『Real-Time Rendering, 3rd Edition』(2008, A.K. Peters)

Engel, W. (ed.) 저 『Shader X 4: Advanced Rendering Techniques』(2006, Charles River Media)

A.3 웹사이트

- 『OpenGL® SuperBible, 개정6판』 웹사이트
  http://www.openglsuperbible.com/

- 공식 OpenGL 웹사이트
  http://www.opengl.org/

- OpenGL SDK(많은 예제와 툴)
  http://www.opengl.org/sdk/

위 세 개의 웹사이트는 OpenGL 정보에 관한 웹 내의 진입문이자 모든 OpenGL과 SuperBible 관련 공식 정보를 얻을 수 있는 곳이다. 다음에 나오는 사이트는 이 책에 관한 정보와 협력업체 특화된 OpenGL 지원, 예제, 시범, 소식 등을 다룬다.

- 크로노스 그룹 OpenGL ES 홈 페이지
  http://www.khronos.org/opengles/.

- The OpenGL 확장 기능 등록소
  http://www.opengl.org/registry/

- AMD 개발자 홈페이지
  http://www.amd.com/developer/

- NVIDIA 개발자 홈페이지
  http://developer.nvidia.com/

- Mesa 3D OpenGL 'work-alike'
  http://www.mesa3d.org

- GLView OpenGL 확장 뷰어
  http://www.realtech-vr.com/glview

SBM 파일 포맷

SBM 모델 파일 포맷은 이 책을 위해 특별히 고안된 간단한 기하 데이터 파일 포맷이다. 이 포맷은 청크 기반으로, 이 책의 예제에서 사용을 위해 여러 개의 청크 형태로 정의했듯이 확장 가능한 형태다. 여기서는 파일 포맷을 설명한다. SBM 파일은 파일 헤더부터 시작하여, 각각의 헤더로 시작되는 수많은 청크와 청크에서 참조되는 순수 데이터로 구성된다. 구조체의 멀티 바이트 필드는 리틀엔디안 바이트 순서로 정의된다. 모든 구조체는 꽉 채워져 있다.

B.1 파일 헤더

모든 SBM 파일은 다음 형태의 헤더로 시작한다.

```
typedef struct SB6M_HEADER_t
{
    union
    {
        unsigned int    magic;
        char            magic_name[4];
    };
    unsigned int        size;
    unsigned int        num_chunks;
    unsigned int        flags;
} SB6M_HEADER;
```

magic과 magic-name 필드는 유니언 구조체에 있으므로 파일 헤더의 4바이트를 차지한다. SBM 파일은 마술숫자 0x4d364253으로 시작한다. 이 숫자는 리틀엔디안 32비트 워드로 변조될 때 magic_name 필드로 문자열 {'S', 'B', '6', 'M'}(SuperBible 6 Model)을 포함한다.

size 필드는 바이트 단위의 파일 헤더의 크기다. 파일 헤더의 시작부터 다음 절에서 소개할 첫 번째 청크 헤더의 시작까지의 바이트 단위 오프셋을 의미하기도 한다. SB6_HEADER 구조체의 크기는 16바이트로 정해져 있어 size값은 보통 0x10이 된다. 그렇지만 헤더와 첫 번째 청크 사이에 데이터를 저장하는 것도 가능하므로, 로딩 시 파일 헤더의 위치에서 첫 번째 청크 위치를 찾으려면 반드시 size값을 더해야 한다.

num_chunks 필드는 SBM 파일 내에 포함된 청크의 수를 나타낸다. 로딩 시 인식되지 않는 청크를 무시하는 것도 가능하다. 때문에 청크 리스트를 전부 파싱할 때 유효한 마지막 청크 다음에 오는 청크 ID가 버려지지 않았는지 확인하기 위해 num_chunks 필드가 필요하다.

마지막 flags 필드는 SB6M 파일을 좀 더 상세히 정의하는 플래그값을 정하는 비트필드다. 여기서 플래그로 정의한 것은 없으므로 이 값은 0이어야 한다.

B.2 청크 헤더

파일 헤더 다음에는 청크 리스트가 있다. 각 청크는 다음 형태의 청크 헤더로 시작한다.

```
typedef struct SB6M_CHUNK_HEADER_t
{
    union
    {
        unsigned int    chunk_type;
        char            chunk_name[4];
    };
    unsigned int        size;
} SB6M_CHUNK_HEADER;
```

chunk_type과 chunk_name 필드는 또한 유니언 구조체의 멤버로 메모리의 저장 공간을 공유한다. chunk_type 필드는 청크 형태별 유일한 청크의 형태 표시고, 이에 관한 설명은 다음 절에서 하겠다. size 필드에는 **헤더를 포함한** 청크의 바이트 수를 저장한다. 파일 안에서 다음 청크는 현재 청크 헤더의 시작 위치부터 size 바이트 뒤에서 시작된다. 로딩 시 인식되지 않는 청크는, 나중에 로딩이나 렌더링의 문제가 생길 수 있지만, 현재의 파일 포인터에서 size 바이트만큼의 크기를 단순히 더하여 건너뛸 수 있다.

B.3 정의된 청크

여기서는 지금까지 정의된 청크에 대해 설명한다.

B.3.1 인덱스 데이터 청크

인덱스 데이터 청크는 파일에 있는 데이터 청크(파일 내 마지막 청크)에 저장된 인덱스 데이터를 참조하는 값을 가진다. 구조체는 다음과 같다.

```
typedef struct SB6M_CHUNK_INDEX_DATA_t
{
    SB6M_CHUNK_HEADER    header;
    unsigned int         index_type;
    unsigned int         index_count;
    unsigned int         index_data_offset;
} SB6M_CHUNK_INDEX_DATA;
```

청크의 첫 번째 멤버(다른 모든 청크와 같이)는 청크 헤더다. 인덱스 데이터 청크 헤더의 chunk_type 필드는 0x58444e49고, chunk_name 필드는 {'I', 'N', 'D', 'X'}다. 보통 인덱스 데이터 청크의 크기는 20바이트이므로 헤더의 size 필드는 0x14지만 청크 사이에 임의의 데이터를 저장하는 것도 가능하다.

다음에 오는 필드는 인덱스 데이터다. index_type 필드는 형식을 나타내는 OpenGL의 구분자 값을 넣는다. 인덱스 형식으로 유효한 값은 0x1401(GL_UNSIGNED_BYTE), 0x1403(GL_UNSIGNED_SHORT), 0x1405(GL_UNSIGNED_INT)다. 다른 값을 이 필드에 설정할 수 있으나, 지원하지 않는 독자 형식으로 간주된다. 보통 SBM 파일 로딩에 실패하거나, OpenGL에 그대로 값을 전달하여 확장되지 않은 구현물에서는 올바르게 렌더링되지 않는 결과가 발생한다.

index_count 필드는 파일에 들어 있는 인덱스의 수를 저장한다. 인덱스 데이터의 총 크기는 index_type 필드에서 결정된 인덱스의 요소 크기와 index_count 필드의 곱으로 정해진다. index_data_offset 필드는 첫 번째 데이터 청크의 시작 위치부터 인덱스 데이터가 시작되는 오프셋값을 바이트 단위로 저장한다.

B.3.2 버텍스 데이터 청크

순수 버텍스 데이터는 SBM 파일에 저장되고, 버텍스 데이터 청크에서 참조된다. 구조체는 다음과 같다.

```
typedef struct SB6M_CHUNK_VERTEX_DATA_t
{
    SB6M_CHUNK_HEADER    header;
    unsigned int         data_size;
    unsigned int         data_offset;
    unsigned int         total_vertices;
} SB6M_CHUNK_VERTEX_DATA;
```

버텍스 데이터 청크의 header는 chunk_type이 0x58545256이고, chunk_name은 {'V', 'R', 'T', 'X'}에 해당한다. 버텍스 데이터 청크의 크기는 보통 20(0x14)바이트다. data_size 멤버는 버텍스 데이터의 바이트 단위 순수 크기를 의미하고, data_offset 필드는 버텍스 데이터의 첫 번째 데이터 청크 시작 위치에서 바이트 단위의 오프셋을 나타낸다. 버텍스 데이터 청크에 나타난 버텍스의 총 수는 total_vertices에 저장된다.

B.3.3 버텍스 속성 청크

버텍스 속성 청크는 버텍스 속성에 대한 정의를 저장한다. 버텍스 속성의 **가변 크기** 배열 선언으로 헤더를 구성한다. 구조체는 다음과 같다.

```
typedef struct SB6M_VERTEX_ATTRIB_CHUNK_t
{
    SB6M_CHUNK_HEADER         header;
    unsigned int              attrib_count;
    SB6M_VERTEX_ATTRIB_DECL   attrib_data[1];
} SB6M_VERTEX_ATTRIB_CHUNK;
```

버텍스 속성의 chunk_type 필드는 0x42525441이고, chunk_name은 {'A', 'T', 'R', 'B'}에 해당한다. 버텍스 속성 청크의 크기는 청크에 포함된 버텍스 속성의 수에 따라 변하고, 그 수는 attrib_count 필드에 저장된다. 여기서 attrib_data 필드를 크기가 1인 배열로 선언했지만, 사실은 attrib_count 요소만큼의 가변 길이다. 최소한 하나의 버텍스 속성이 파일에 있다고 가정하고 최소 크기로 선언했다.

attrib_data 필드는 SB6M_VERTEX_ATTRIB_DECL 구조체의 배열이고, 구조체의 정의는 다음과 같다.

```
typedef struct SB6M_VERTEX_ATTRIB_DECL_t
{
    char             name[64];
    unsigned int     size;
    unsigned int     type;
    unsigned int     stride;
    unsigned int     flags;
    unsigned int     data_offset;
} SB6M_VERTEX_ATTRIB_DECL;
```

각 속성은 name 필드에 마지막 NULL까지 포함하여 최대 64개의 문자로 만들어진 이름을 가지고 있다. size 필드는 속성에서 정해진 버텍스당 요소의 수를 나타내고, type은 속성의 데이터 타입을 표시하는 OpenGL 구분자값을 가진다. 그 예로는 0x1406(GL_FLOAT), 0x1400(GL_BYTE), 0x140B(GL_HALF_FLOAT)가 있으며, 그 외에도 OpenGL 변수형을 표시하는 구분자로 사용될 수 있는 값이면 설정 가능하다. 로딩 시에 이 필드를 GLenum형의 구분자로 전환하여 OpenGL에 수정 없이 그대로 건네줄 수 있다. stride 필드는 각 요소 시작 위치 사이의 바이트 수를 표시한다. OpenGL에서 stride값이 0이라면 데이터에 빈 공간이 없도록 채워졌음을 뜻한다. 이 또한 OpenGL로 수정 없이 바로 전달될 수 있다.

flags 필드는 버텍스 속성에 관한 정보를 비트필드로 코드화한 것이다. 현재 정의된 플래그값은 아래와 같다.

```
#define SB6M_VERTEX_ATTRIB_FLAG_NORMALIZED    0x00000001
#define SB6M_VERTEX_ATTRIB_FLAG_INTEGER       0x00000002
```

flags가 SB6M_VERTEX_ATTRIB_FLAG_NORMALIZED라면, 속성은 정규화된 정수 데이터로 간주되어 이 정보 그대로 OpenGL로 전달하려면, 예를 들어 **glVertexAttribPointer()** 함수 호출 시 normalized 인자값을 GL_TRUE로 설정해야 한다. flags가 SB6M_VERTEX_ATTRIB_FLAG_INTEGER값을 가진다면, 버텍스 속성은 정수형 속성으로 간주되어, 예를 들어 로딩 시 버텍스 속성을 초기화하기 위해 **glVertexAttribPointer()** 대신 **glVertexAttribIPointer()** 같은 함수를 사용해야 한다.

마지막으로 data_offset 필드는 파일에서 첫 번째 데이터 청크의 시작 위치에서부터 버텍스 속성 데이터의 시작 위치까지의 바이트 단위 오프셋을 나타낸다.

B.3.4 주석 청크

주석 청크에는 SBM 파일 내에 저장할 임의의 데이터를 넣을 수 있다. 비록 모델 렌더링에 영향을 줄 목적으로는 확실히 결코 사용되지 않을 주석 청크라도 파싱을 굳이 할 필요는 없다.

```
typedef struct SB6M_CHUNK_COMMENT_t
{
    SB6M_CHUNK_HEADER        header;
    char                     comment[1];
} SB6M_CHUNK_COMMENT;
```

주석 청크의 헤더 필드는 chunk_type 필드가 0x544E4D43이고, chunk_name이 {'C', 'M', 'N', 'T'}에 해당한다. 파서는 비록 주석 청크에 문장 구문, 메타 데이터, 심지어 고유 청크 안에 렌더링 정보가 있다 하더라도 건너뛸 수 있다.

B.3.5 객체 리스트 청크

객체 리스트 청크는 하나의 SBM 파일 내에 존재하는 하위 객체를 나타낸다. 각 SBM 파일은 여러 개의 하위 객체를 가질 수 있다. 하위 객체 간 버텍스 선언문을 공유하고, 각 버텍스와 인덱스 데이터는 동일한 버퍼 안에 포함된다.

```
typedef struct SB6M_CHUNK_SUB_OBJECT_LIST_t
{
    SB6M_CHUNK_HEADER          header;
    unsigned int               count;
    SB6M_SUB_OBJECT_DECL       sub_object[1];
} SB6M_CHUNK_SUB_OBJECT_LIST;
```

하위 객체 청크의 헤더 필드는 chunk_type 필드가 0x54534C4F고, chunk_name이 {'O', 'L', 'S', 'T'}에 해당한다. count 필드는 SBM 파일 내에 포함된 하위 객체의 수를 나타낸다. count 필드 다음에는 하나 이상의 SB6M_SUB_OBJECT_DECL 구조체의 배열이 온다. 그것의 정의는 다음과 같다.

```
typedef struct SB6M_SUB_OBJECT_DECL_t
{
    unsigned int               first;
    unsigned int               count;
} SB6M_SUB_OBJECT_DECL;
```

각 하위 객체는 first와 count 필드에 각각 저장된, 첫 번째 버텍스와 객체에 있는 버텍스의 개수로 구성된다. 객체의 데이터가 인덱스로 색인되어 있다면, first와 count 필드는 하위 객체에 있는 첫 번째 인덱스와 인덱스의 개수를 나타낸다. 객체에 인덱스 데이터가 없다면, first와 count 필드는 하위 객체의 첫 번째 버텍스와 버텍스의 개수를 나타낸다.

B.4 예

그림 B-1 SBM 파일 덤프 예

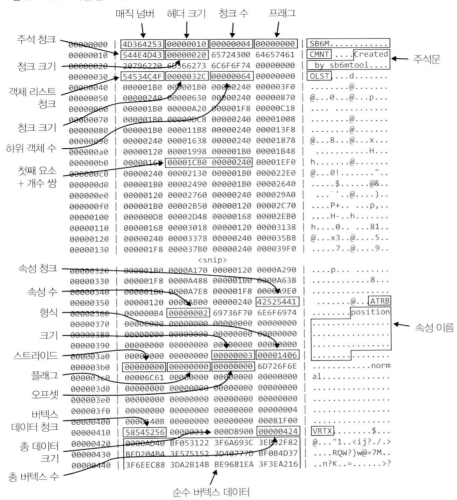

슈퍼바이블 툴

이 책의 소스 코드에는 책에서 소개하고 있는 대부분의 예제가 많은 플랫폼에 호환되는 형태로 있을 뿐 아니라 그 예제에서 사용하는 .SBM과 .KTX 파일을 생성하기 위해 사용하는 많은 툴도 존재한다. 이 툴로 애플리케이션에서 사용할 .SBM과 .KTX 파일을 생성하고 다룰 수 있다.

C.1 ktxtool 유틸리티

ktxtool 프로그램은 .KTX 파일을 처리하는 유틸리티다. 사용법은 다음과 같다.

```
ktxtool -i <inputfile> [-i <inputfile>*] [-o output file] {options}
```

ktxtool로 보낼 입력 파일은 -i 옵션으로 지정한다. 하나 이상의 입력 파일은 간단하게 복수의 -i 옵션으로 지정하면 된다.

--info 옵션은 읽어야 할 입력 파일에 관한 정보를 출력한다. 예를 들어 5장에서 'Alien Rain' 예제의 작은 몬스터에서 사용된 텍스처 배열을 가지고 있는 aliens.ktx 텍스처 파일에는 다음과 같은 내용이 들어 있다.

```
$ ktxtool.exe -i aliens.ktx --info
endianness              = 0x04030201
gltype                  = 0x00001401 (GL_UNSIGNED_BYTE)
gltypesize              = 0x00000001
glformat                = 0x000080E1 (GL_BGRA)
glinternalformat        = 0x00008058 (GL_RGBA8)
glbaseinternalformat    = 0x000080E1 (GL_BGRA)
pixelwidth              = 0x00000100
pixelheight             = 0x00000100
```

```
pixeldepth          = 0x00000000
arrayelements       = 0x00000040
faces               = 0x00000000
miplevels           = 0x00000001
keypairbytes        = 0x00000000
```

ktxtool의 출력에서 볼 수 있듯이, aliens.ktx는 unsigned 바이트로 저장한 GL_BGRA 데이터를 가진 텍스처의 배열이다. 크기는 0x100 × 0x100(256 × 256) 텍셀이고, 0x40(64)개의 조각으로 이루어진 배열이다. 텍스처의 밉맵은 없고 키-값 쌍으로 된 추가 데이터도 없다.

--fromraw 옵션은 본래의 데이터에서 .KTX 파일을 만들기 위해 사용한다. 본래의 데이터 앞에 놓일 파일 헤더에 포함될 모든 인자를 지정한다. 먼저 입력 파일에 있는 본래의 데이터를 로딩하고 하나로 합쳐서 큰 덩어리로 만든다. 다음에는 아래에 나오는 인자를 사용하여 출력 파일에 대한 특성을 지정한다.

--width
텍셀 단위의 출력 텍스처 너비를 정함.

--height
텍셀 단위의 출력 텍스처 높이를 정함.

--depth
텍셀 단위의 출력 텍스처 깊이를 정함.

--slices
출력 텍스처 배열의 구성 조각 수를 정함.

--glformat
OpenGL 포맷을 정하고 헤더의 glformat 필드에 그 값을 넣음.

--gltype
OpenGL 형식을 정하고 헤더의 gltype 필드에 그 값을 넣음.

--glinternalformat
OpenGL 형식을 정하고 헤더의 glinternalformat 필드에 그 값을 넣음.

예를 들면 다음 구문은 원시 데이터 data.raw 파일을 GL_R32F 데이터 포맷인 256 × 256 2D 배열 텍스처 32개 조각으로 전환하여 array.kts 출력 파일로 저장한다.

```
$ ktxtool.exe -i data.raw --fromraw -o array.ktx --width 256 --height 256 \
--slices 32 --glformat GL_RED --gltype GL_FLOAT --glinternalformat GL_R32F
```

ktxtool은 데이터의 기본 내부 포맷과 필요한 크기를 자동으로 알아낸다. 단, ktxtool이 어떤 데이터 처리나 인자의 유효성 검사는 하지 않으므로 유의한다. 설정한 어떤 값이든 단순히 헤더에 기록하므로 잘못된 .KTX 파일이 만들어질 수 있다.

--toraw 옵션은 다른 방식으로 데이터를 처리한다. 파일에서 .KTX 헤더를 단순히 제거하고, 원시 데이터를 출력에 기록한다.

다음으로 --makearray, --make3d, --makecube 옵션은 각각 텍스처 배열, 3D 텍스처, 큐브 맵을 별도의 .KTX 파일로 만들어낸다. 이 옵션을 사용하기 위해서는 입력 텍스처와 출력 결과가 서로 호환되어야 한다.

먼저 --makearray는 연속된 1D 또는 1D 텍스처 배열을 받아서 새로운 1D 텍스처 배열을 만들거나, 연속된 2D 혹은 2D 텍스처 배열을 받아서 새로운 2D 텍스처 배열을 만든다. 1D 텍스처라면 너비는 모두 같아야 하고, 2D 텍스처라면 너비와 높이가 모두 같아야 한다. 모든 입력 텍스처는 같은 데이터 포맷을 가져야 한다. 입력 텍스처 데이터는 입력된 순서대로 연결되고, 입력으로 텍스처 배열이 들어온다면, 출력 텍스처 배열의 끝에 단순히 배열 요소가 연결된다. 예를 들어 다음 구문은 slice1.ktx, slice2.ktx, slice3.ktx를 입력으로 받아서 세 개의 요소를 가진 배열 텍스처를 만들어 array.ktx 파일을 생성한다.

```
$ ktxtool.exe -i slice1.ktx -i slice2.ktx -i slice3.ktx -o array.ktx  - makearray
```

다시 말해, ktxtool에는 포맷 간 변환 기능은 없다. 파일의 포맷이 일치하지 않으면 ktxtool은 출력 파일을 만들어내지 않는다. --make3d 옵션은 --makearray 옵션과 흡사하나, 텍스처 배열이 아닌 3D 텍스처를 생성하는 점이 다르다. 2D 또는 3D 텍스처 입력만 허용되며, 각 텍스처는 같은 너비, 높이, 데이터 포맷을 가져야 한다. 입력 텍스처의 모든 부분은 입력된 순서로 스택에 쌓인다.

C.2 dds2ktx 유틸리티

dds2ktx 유틸리티는 .DDS 포맷 파일을 .KTX 파일로 변환시키는 툴이다. .DDS는 DirectX 애플리케이션의 텍스처 저장용으로 많은 콘텐츠 생성 툴에서 사용하는 파일 포맷이다. DDS는 DirectDraw Surface의 약어다. DirectDraw API는 이제 사용되지 않지만, 그 포맷은 Direct3D에서 사용하는 거의 모든 텍스처 포맷을 나타낼 정도로 활용되고 있다. 사실 모든 Direct3D 텍스처 형식과 포맷을 OpenGL에서도 또한 사용 가능하고, .KTX 파일로 표시할 수 있다.

dds2ktx는 두 개의 인자를 취한다. 입력 파일 이름과 출력 파일 이름이다. .DDS 파일을 .KTX 파일로 자동 변환을 시도한다.

dds2ktx는 .DDS 파일 헤더를 읽어 .KTX 파일 헤더 인자에 맞게 변조한 후, .DDS 파일 데이터를 .KTX 파일로 이전한다. 에러 검증이나 유효성 체크는 거의 하지 않는다. 그렇지만 몇 가지 텍스처 압축을 지원하는 보통의 콘텐츠 생성 툴에서 만들어내는 .DDS 파일을 이 책에 나오는 .KTX 로더에서 사용하는 .KTX 파일로 대부분 변환 가능하다.

C.3 sb6mtool 유틸리티

sb6mtool 유틸리티는 이 책에서 사용하는 .SBM 모델 파일을 다루기 위한 목적으로 만든 범용 툴이다. 명령행 인자와 구문은 ktxtool 유틸리티와 유사하다. 하나 이상의 입력 파일은 --input 또는 -i 인자 뒤에 각 파일 이름을 지정하여 사용한다.

--info 인자로 객체에 관한 정보를 모아오도록 sb6mtool에 지시할 수 있다. 예를 들어 7장의 소행성 필드 예제에서 사용한 asteroids.sbm 객체 파일에 관한 정보를 얻어오도록 하기 위해 다음과 같이 명령을 내릴 수 있다.

```
$ sb6mtool --input asteroids.sbm --info
FILE: asteroids.sbm
Raw data size: 888100 bytes
No indices
Vertex count = 44352, data offset = 0x00000424
Attribute count: 2
    Attribute 0:
        name       = position
        size       = 3
        format     = 0x1406 (GL_FLOAT)
        stride     = 0
        flags      = 0x00000000
        data_offset = 0x00000000
    Attribute 1:
        name       = normal
        size       = 4
        format     = 0x140B (GL_HALF_FLOAT)
        stride     = 0
        flags      = 0x00000000
        data_offset = 0x00081F00
Number of sub-objects: 100
    Sub-object 0: first 0, count 432
    Sub-object 1: first 432, count 576
    Sub-object 2: first 1008, count 576
    Sub-object 3: first 1584, count 576
    Sub-object 4: first 2160, count 432
    Sub-object 5: first 2592, count 504
```

```
Sub-object 6: first 3096, count 432
Sub-object 7: first 3528, count 576
Sub-object 8: first 4104, count 432
Sub-object 9: first 4536, count 576
<...>
Sub-object 89: first 39528, count 504
Sub-object 90: first 40032, count 576
Sub-object 91: first 40608, count 288
Sub-object 92: first 40896, count 432
Sub-object 93: first 41328, count 288
Sub-object 94: first 41616, count 504
Sub-object 95: first 42120, count 432
Sub-object 96: first 42552, count 432
Sub-object 97: first 42984, count 504
Sub-object 98: first 43488, count 288
Sub-object 99: first 43776, count 576
```

위에서 asteroids.sbm 파일은 거의 850K의 순수 데이터를 가지고 있다. position과 normal의 이름을 가진 두 개의 버텍스 속성이 있고, 인덱스 데이터는 없으며, 100개의 하위 객체를 포함하고 있다. 각 하위 객체별 버텍스 시작 위치와 버텍스의 수가 나열되어 있다. 이 특정 파일의 각 하위 객체는 예제 애플리케이션에서 등장하는 개별 소행성 중 하나를 나타낸다.

입력 파일로부터 단순히 정보를 출력하는 것 이상을 하려면 출력 파일을 지정하는 기능이 필요하다. --output 명령행 옵션으로 출력 파일을 지정하여 이 기능을 수행할 수 있다. --convertattrib 명령행 옵션을 사용하면 하나 이상의 모델 속성 포맷 변환도 가능하다. 이 옵션은 속성 이름(OpenGL 포맷 열거형 중 하나를 지정한)을 인자로 한다. 예를 들어 position 속성을 GL_RGB16F (16비트 반정밀도 부동소수점 데이터를 3요소로 가짐)로 전환해서 asteroids2.sbm 출력 파일로 다시 뽑아내고 싶다면 아래와 같이 실행한다.

```
$ sb6mtool --input asteroids.sbm --output asteroids2.sbm \
        --convertattrib position GL_RGB16F
```

한 가지 속성을 모두 날려버리고 싶다면 --deleteattrib 명령행 옵션을 사용한다. 지우고 싶은 속성의 이름을 지정하기만 하면 된다. 예를 들어 normal 속성을 지우고 싶다면 다음과 같이 실행한다.

```
$ sb6mtool --input asteroids.sbm --output asteroids2.sbm \
        --deleteattrib normal
```

sb6mtool 유틸리티는 여러 개의 객체를 같은 파일 내의 하위 객체로 만들 수도 있다. 이렇게 하려면 모든 입력 파일 내 속성 개수, 배치, 그리고 형식이 모두 같아야 한다. 명령행에서 모든 입력 파일을 각 --input 인자로 특정하고, 출력 파일을 지정한 후 --makesubobj 명령을 사용한다. 예를 들어한 무더기의 돌 모델을 합쳐서 asteroid 필드로 만들고자 하면 다음과 같이 한다

```
$ sb6mtool --input rock1.sbm \
           --input rock2.sbm \
           --input rock3.sbm \
           --input rock4.sbm \
           --input rock5.sbm \
           --input rock6.sbm \
           --input rock7.sbm \
           --output asteroids.sbm --makesubobj
```

툴에서 지정한 순서대로 각 파일의 모든 하위 객체를 받아서 하나의 큰 파일로 합친다. 같은 파일의 끝에 파일 읽기와 출력 과정을 반복하여 추가로 더 많은 데이터를 연결할 수도 있다. asteroid 필드 예제에서 asteroids.sbm 파일은 정확히 이런 과정을 거쳐서 만들어졌다.

용어 정리

ARB

Architecture Review Board^{구조 검토 위원회}의 약어다. 위원회 구성은 OpenGL 명세에 기여한 3D 그래픽스 하드웨어 협력업체로 이루어진다. 크로노스 그룹이 위원회 기능에 대한 책임을 맡는다.

FMA

곱셈과 덧셈의 융합된 처리를 일컫는다. 두 수의 곱셈을 하고 세 번째 수를 곱셈 중간 결과에 더하는 처리를 하드웨어의 한 부분에서 연산하도록 구현한 것으로, 보통 개별 곱셈 또는 덧셈 연산을 따로 하는 것보다 정밀한 결과값이 산출된다.

GLSL

C와 같은 고수준 쉐이딩 언어인 OpenGL 쉐이딩 언어의 약어다.

GPU

OpenGL용의 무겁고 비싼 작업을 대부분 처리할 수 있도록 만들어진 특화 프로세서로, graphics processing unit^{그래픽 프로세서 유닛}의 약어다.

가위 테스트

윈도우 정렬 사각형 영역 밖에 놓인 프래그먼트를 제외하기 위한 프래그먼트 테스트.

결합 법칙

연산 순서가 변해도(단, 연산 인자의 순서는 변하지 않음) 결과에 영향을 미치지 않는다는 연속된 연산에 관한 규칙을 일컫는다. 예를 들어 덧셈은 $a + (b + c) = (a + b) + c$이므로 결합 법칙이 성립한다.

경쟁 상태

프로그램 내의 스레드나 쉐이더에서의 호출과 같은 복수의 병렬 처리 프로세스가 상호 통신을 하려 하거나 어떤 방식으로든 서로 간의 종속성이 있지만, 실행 순서의 보장은 담보되지 않는 상태를 일컫는다.

교환 법칙

연산 인자의 순서 변화가 결과에 영향을 주지 않으면 그 연산은 교환 법칙이 성립한다고 말한다. 예를 들어 덧셈은 교환 법칙이 성립하나, 뺄셈은 그렇지 않다.

구현

OpenGL 렌더링 연산을 수행하는 소프트웨어나 하드웨어 기반의 장치를 일컫는다.

깜박거림 현상(신틸레이션)

폴리곤에 밉맵이 적용되지 않은 텍스처 맵을 사용했을 때, 적용된 텍스처 크기에 비해 훨씬 작은 크기에 폴리곤을 가진 객체에서 반짝거리거나 플래싱 효과가 발생하는 현상이다.

노말(법선)

평면이나 서피스에 대한 수직을 나타내는 방향 벡터다. 법선 표현 시 기하 프리미티브에서 각각의 버텍스에 지정한다.

눈(시야) 좌표계

뷰어 위치 기반의 좌표계를 지칭한다. 뷰어의 위치는 음의 z 축을 바라보며, 양의 z 축 위에 놓인다.

대상 색상

색상 버퍼 특정 위치에 저장된 색상을 지칭한다. 보통 블렌딩할 때 색상 버퍼에 이미 존재하는 색상과 색상 버퍼에 쓰이려는 색상(원본 색상)을 구분하기 위해 사용하는 용어다.

더블 버퍼드

OpenGL에서 사용하는 그리기 기법이다. 이미지를 보여주기 위해 기하 프리미티브를 화면 위에서 구성하는 것이 아닌, 메모리에 모아 놓았다가 한 번의 갱신 처리로 화면 위에 뿌린다. 더블 버퍼링은 훨씬 빠르고 부드러운 갱신 처리 연산으로 애니메이션 연출이 가능하다.

디더링

두 가지 색상 사이의 가상의 음영을 주는 패턴으로 서로 다른 픽셀을 합쳐서 색상 깊이의 넓은 영역을 시뮬레이션하기 위해 사용하는 방법이다.

디스패치

컴퓨트 쉐이더에서 실행을 시작하는 명령을 지칭하기 위해 사용하는 용어다.

래스터화

투영된 프리미티브와 비트맵을 프레임버퍼의 픽셀 프래그먼트로 변환하는 과정을 말한다.

렌더

객체 좌표계의 프리미티브를 프레임버퍼의 이미지로 변환하는 과정을 말한다. 렌더링 파이프라인 이란 OpenGL 명령문과 선언문을 화면의 픽셀이 되도록 하는 절차를 일컫는다.

리터럴(상수)

변수의 이름이 아닌 값 자체를 말한다. 소스 코드에서 직접 입력하는 특정 문자열이나 변하지 않는 수다.

명세

OpenGL 연산을 지정하고 구현이 작동되기 위해 반드시 필요한 방식을 완전하게 설명해놓은 설계 문서다.

모델-뷰 행렬

위치 벡터를 모델(혹은 객체) 공간에서 뷰(시야) 공간으로 전환시키는 OpenGL 행렬이다.

밉매핑

텍스처의 다양한 상세수준을 처리하는 기술이다. 이 기술은 이미지의 다양한 크기로부터 텍스처로 사용되는 것을 선택하거나, 최종 프래그먼트를 만들기 위해 적합한, 두 개의 가장 근접된 크기의 이미지를 어떻게 해서든 결합하여 텍스처로 만드는 역할을 수행한다.

반투명

객체의 투명화 정도를 일컫는다. OpenGL에서는 1.0(불투명)에서 0.0(투명)까지의 알파값 영역 으로 표시된다.

버텍스

공간에서의 한 점을 말한다. 점이나 선을 나타내는 프리미티브에서 정의하는 용어가 아닐 때는 폴리곤의 두 변이 만나는 점을 의미한다.

버텍스 쉐이더

입력되는 버텍스마다 한 번씩 실행하는 쉐이더다.

버퍼

이미지 정보를 저장하기 위해 사용하는 메모리 영역이다. 색상값이나 깊이값, 또는 블렌딩 정보를 채울 수 있다. 빨간색, 녹색, 파란색과 알파 버퍼를 모두 합쳐서 색상 버퍼라 부르기도 한다.

베리어

연산 순서의 재조정이 허가되지 않는 곳을 표시하기 위한 컴퓨터 프로그램 내의 이정표를 베리어라고 한다. 베리어 사이에서는 연산의 순서 이동이 프로그램의 논리적 동작을 변화시키지 않는 한 어떤 연산도 위치 교환이 허락된다.

베지어 곡선

곡선 위에 존재하는 점들의 집합으로만 정의되는 것이 아니라 곡선 근처의 제어점들에 의해서 모양이 정해지는 곡선을 말한다.

벡터

보통 x, y, z 요소로 대표되는 방향을 나타내는 양을 지칭한다.

변환

좌표계의 조작을 말한다. 회전, 이동, 크기 조절(균일하거나 균일하지 않은 것 모두), 원근 처리 부분을 포함할 수 있다.

분기 예측

프로세서가 조건 분기의 결과를 조건이 실제 충족되기 전에, 보다 발생할 확률이 높은 조건을 예측함으로써 분기 실행을 미리 시작하는 프로세서 최적화 전략의 하나다. 미리 실행한 분기 예측이 실제 맞는다면 명령 실행을 계속하고, 잘못된 예측이라면 미리 실행한 작업 처리를 버리고 조건에 맞는 실행을 재시작해야 한다.

뷰잉 볼륨(가시 영역)

윈도우에서 보이는 3D 공간의 영역이다. 가시 영역 밖에 있는 점이나 객체는 잘려나간다(보이지 않는다).

뷰포트

OpenGL 이미지를 화면에 나타내는 윈도우 내부 영역을 말한다. 일반적으로 전체 사용자 영역을 포괄한다. 뷰포트를 늘여 실제 윈도우 안에 출력을 확대하거나 축소할 수 있다.

비순차적 명령 실행

프로그램의 순서상 선행 지시된 명령보다 내부 명령의 의존 관계를 파악하여 먼저 입력에 대한 준비가 된 명령문을 실행하도록 결정하는 프로세서의 기능을 일컫는다.

비트플레인

화면 픽셀에 직접 매핑되는 비트 배열이다.

사변형

정확히 네 개의 변이 존재하는 폴리곤을 말한다.

사출

2D 이미지 혹은 모양의 서피스 위에 동일한 두께를 더해서 세 번째 차원을 만드는 과정을 말한다. 이 과정을 통해 2D 폰트를 3D 문자 형태로 변형할 수 있다.

쉐이더

그래픽 하드웨어에서 실행되는 작은 프로그램으로, 병행으로 처리되기도 하며, 개별 버텍스 및 픽셀 연산을 수행한다.

슈퍼 스칼라

같은 능력의 소유 여부와 상관없이, 복수의 프로세서 파이프라인에서 동시에 두 개 이상의 독립된 명령을 수행할 수 있는 기능을 가진 프로세서 구조에 대한 통칭이다.

스플라인

곡선 주위의 제어점이 끌어당기는 영향으로 인해 모양이 형성되는 임의의 곡선을 지칭하는 공통 용어. 자신의 길이를 따라 위치해 있는 여러 점에 압력이 작용되면 변형되는 물질의 반응과도 유사하다.

쓰레기값

컴퓨터 프로그램에서 읽거나 사용할 때 초기화되지 않은 데이터를 지칭하는 용어로, 보통 프로그램의 오류나 크래시 혹은 정의되지 않은 동작의 원인이 된다.

안티에일리어싱

직선과 곡선 그리고 폴리곤 테두리를 부드럽게 표현하는 데 사용하는 렌더링 방식이다. 선에 근접한 픽셀의 색상을 평균화하는 기술이다. 선 안에 있는 픽셀에서 선 주위의 픽셀로의 전이를 부드럽게 하는 시각 처리로 인해 부드러운 외형이 표현된다.

알파

객체 색상의 투명화 정도를 나타내는 네 번째 색상 요소 값이다. 0.0 알파값은 완전한 투명을 의미하고 1.0은 투명도가 없음, 즉 불투명을 의미한다.

어토믹 연산

올바른 연산 처리를 위해 더 이상 나눌 수 없는 연산의 한 흐름을 일컫는다. 보통 한곳의 메모리 위치에서 읽기 연산-수정 연산-쓰기 연산의 흐름 단위를 지칭한다.

에일리어싱(계단 현상)

일부 제한된 해상도에서 재생되는 이미지의 신호 정보 손실 현상을 일컫는 기술 용어다. 보통 점이나 선, 혹은 폴리곤 주위에 픽셀 크기의 제한으로 자연스럽게 발생하는 날카로운 계단 형태의 테두리 모양으로 묘사된다.

엠비언트 라이트(주변광)

장면에서 점광원이나 방향광에 연유하지 않은 빛을 의미한다. 모든 서피스에 같은 강도의 빛을 모든 방향에서 비춘다.

오버로딩

컴퓨터 언어에서 오버로딩이란 같은 이름을 가지지만 함수 기능 식별 표식이 다른 두 개 이상의 함수를 생성하는 기술이다.

오클루전(차폐) 질의

오클루전 질의는 가려진(혹은 좀 더 정확히 말하면, 보이는) 픽셀의 수를 헤아리고, 애플리케이션으로 그 수를 넘겨주는 그래픽 연산을 일컫는다.

와이어프레임

안이 채워진 폴리곤이 아니라 선들로 구성된 메시로 고형의 객체를 표현하는 기법이다. 와이어프레임 모델은 보통 렌더링이 빠르며, 객체의 전면과 후면을 동시에 보여줄 수 있다.

원근 투영

뷰어로부터 먼 객체는 가까운 객체보다 작아 보이게 하는 그리기 모드의 하나다.

원본(소스) 색상

색상 버퍼에 이미 존재하는 색상(대상 색상)에 반대되는 개념으로 입력 프래그먼트의 색상을 의미한다. 이 용어는 흔히 블렌딩 연산에서 원본 색상과 대상 색상을 혼합하는 방법을 묘사할 때 사용된다.

절두체

원근 뷰(가까운 객체는 크게, 먼 객체는 작게 보임)를 만들어내는 피라미드 모양의 뷰 볼륨을 의미한다.

점묘

프레임버퍼에서 픽셀 형성 시 걸러내는 기능에 사용하는 바이너리 비트 패턴을 일컫는다. 흑백 단색 비트맵과 유사하나, 1차원 패턴은 선에 사용하고, 2차원 패턴은 폴리곤에 사용한다.

정규화

법선을 단위 법선으로 만든다. 단위 법선이란 정확히 1.0의 길이를 가진 벡터다.

정사영(직교)

원근법이나 축소가 일어나지 않도록 한 그리기 모드의 일종이다. 평행 사영이라고도 한다. 모든 기하 프리미티브의 길이와 부피가 관찰자로부터의 거리나 방향에 상관없이 왜곡되지 않는다.

종횡비

윈도우의 높이 대 폭의 비율을 말한다. 특히 픽셀 단위의 윈도우 가로 길이를 세로 길이로 나눈 값을 지칭한다.

지오메트리 쉐이더

기하 프리미티브당 사용하는 쉐이더로 프리미티브를 구성하는 모든 버텍스 처리를 한다.

짐벌락

연속된 회전의 결과로 하나의 축에 붙어버린 상태를 지칭한다. 연속된 회전 중 초반 회전 결과의 하나로, 한 카테시안 축이 다른 축에 겹쳐질 때 발생한다. 그 후 겹쳐진 축 중 어느 것으로도 회전의 결과가 모두 같아져서 고정된 상태를 벗어날 수 없다.

카테시안

서로 90°만큼 회전되어 있는 세 개의 직선 축으로 이루어진 좌표계다. 좌표는 x, y, z로 명명된다.

컨벡스(볼록)

폴리곤 형태에 대한 묘사다. 볼록 폴리곤은 들어간 모양 부분을 가지지 않아, 자신과 두 번(하나의 들어간 점과 하나의 나오는 점) 이상의 교차점을 가지는 직선을 그릴 수 없다.

컨케이브(오목)

폴리곤 형태에 대한 묘사다. 폴리곤으로 들어간 직선이 통과해서 나올 때 한 번 이상(최소 두 번) 그 폴리곤과 만나면 그 폴리곤은 오목하다고 말한다.

컨텐션(경합)

두 개 이상의 실행 스레드가 하나의 공유 자원을 사용하려고 하는 상태를 표현하기 위한 용어다.

컬링(선별)

렌더링할 때 보이지 않는 그래픽 기하 프리미티브의 제거를 일컫는다. 후면 선별은 기하 프리미티브의 후면 혹은 전면을 그리지 않기 위해 제거하는 작업이다. 절두체 선별은 뷰잉 절두체 외부로 떨어져 있는 객체 전체를 제거하는 작업이다.

컴퓨트 쉐이더

지역 작업 그룹의 부분으로서 호출당 하나의 작업 단위를 처리하는 쉐이더를 일컫는다. 이 쉐이더가 뭉쳐서 그룹화되면 전역 작업 그룹을 형성한다.

크로노스 그룹

OpenGL 명세의 보존과 발전을 관리하고 도모하는 산업계의 컨소시엄이다.

클리핑

하나 혹은 그룹화된 기하 프리미티브 도형의 부분 제거를 의미한다. 클리핑 영역 혹은 공간 밖에서 렌더링되어야 할 점은 그려지지 않는다. 클리핑 공간은 보통 투영 행렬로 특정된다. 잘려진 기하 프리미티브는 클리핑 영역 밖에 놓이지 않은 모서리와 같은 것으로 재구성된다.

클립 좌표

모델-뷰와 투영 행렬 변환의 결과로 나온 2D 기하 좌표계를 말한다.

테셀레이션

복잡한 폴리곤이나 분석적 서피스를 볼록한 폴리곤 메시로 분해해서 구성하는 과정을 일컫는다. 이 과정은 복잡한 곡선을 분리하여 연속된 좀 더 작은 복합선으로 구성하는 과정에도 적용될 수 있다.

테셀레이션 쉐이더

테셀레이션 컨트롤 쉐이더나 테셀레이션 이벨류에이션 쉐이더 중 하나를 언급하는 용어다.

테셀레이션 이벨류에이션 쉐이더

테셀레이션 고정 함수 후에 실행하는 쉐이더를 지칭한다. 테셀레이션에 의해 형성된 버텍스마다 한 번씩 실행된다.

테셀레이션 컨트롤 쉐이더

테셀레이션 고정 함수 전에 실행하는 쉐이더를 지칭한다. 패치 프리미티브 내의 제어점마다 한 번씩 실행되어 테셀레이션 인자와 프리미티브 출력을 위한 새로운 제어점의 집합을 형성한다.

텍셀

픽셀^{picture element}과 유사하게, texture element의 약어다. 텍셀은 프레임버퍼 픽셀에 적용되는 텍스처에서 나온 색상을 지칭한다.

텍스처

프리미티브 서피스에 적용하는 색상의 이미지 패턴이다.

텍스처 매핑

텍스처 이미지를 서피스에 입히는 과정이다. 서피스가 평면(평평한) 모양일 필요는 없다. 텍스처 매핑은 휘어진 객체 주위에 이미지를 입히거나, 나무 혹은 대리석 같은 패턴화된 서피스를 생성하는 데 자주 사용된다.

토큰(구분자)

인자를 지칭하기 위해 OpenGL에서 사용하는 상수값이다. 예를 들면 GL_RGBA와 GL_COMPILE_STATUS가 있다.

투영

시야 좌표계에서 화면 위 클립 좌표계로 점, 선, 폴리곤을 변환하는 것을 말한다.

폴리곤

임의의 변들로 그려지는 2D 모양을 말한다(변의 수는 최소 세 개여야 한다).

프래그먼트

이미지 내의 픽셀 색상값 결과에 기여하는 데이터의 한 부분을 뜻한다.

프래그먼트 쉐이더

프래그먼트당 한 번 실행되고 보통 프래그먼트의 최종 색상값을 계산하는 쉐이더를 말한다.

프리미티브

OpenGL에서 점, 선, 혹은 삼각형 같은 하나 이상의 버텍스 그룹으로 형성한 기하 모양을 일컫는다. 모든 객체와 장면은 이러한 프리미티브의 다양한 조합으로 구성된다.

픽셀

picture element의 약어다. 컴퓨터 화면에서 볼 수 있는 가장 작은 분류 요소다. 픽셀은 열과 행으로 나열되어 있고, 주어진 어떤 이미지를 렌더링하기 위해 적당한 색상을 개별로 설정하는 역할을 한다.

픽스맵

색상 이미지를 구성하는 색상값들의 이차원 배열을 말한다. 각 그림의 요소가 화면 픽셀에 해당하므로 픽스맵이라고 한다.

해저드(문제)

메모리 연산에 대한 참조 중 메모리에서 트랜잭션이 정의되지 않은 순서로 발생하여 원하지 않거나 예측 불가능의 결과가 되어버리는 상태를 일컫는다. 흔한 예로는 쓰기 후 읽기^{read-after-write} (RAW) 해저드, 쓰기 후 쓰기^{write-after-write} (WAW) 해저드, 읽기 후 쓰기^{write-after-read} (WAR) 해저드가 있다.

행렬

수로 이루어진 2D 배열이다. 행렬로 수학 연산을 처리할 수 있고, 좌표계 전환을 수행하는 역할을 한다.

호출

하나의 쉐이더 실행을 말한다. 거의 대부분 컴퓨트 쉐이더를 지칭하나, 어떤 쉐이더 스테이지에도 적용 가능하다.

INDEX

INDEX

INDEX

INDEX

INDEX

INDEX

INDEX

INDEX

INDEX

INDEX

INDEX

그림 9-5 블렌딩 함수의 모든 가능한 조합

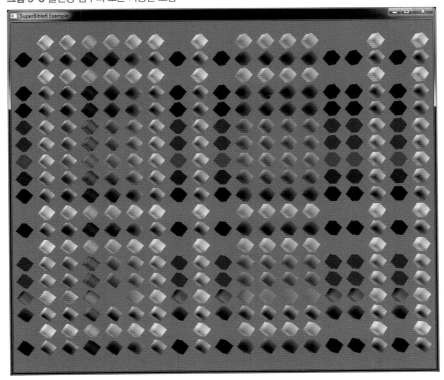

그림 9-7 레이어 렌더링 예제의 결과

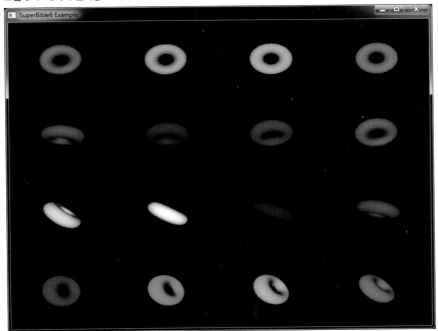

그림 9-15 한 HDR 이미지의 여러 뷰

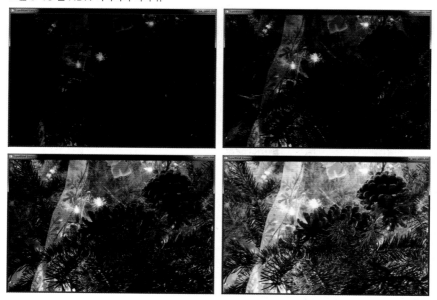

그림 9-19 적응적 톤매핑

그림 9-23 블룸 필터링: 적용하지 않음(왼쪽)과 적용함(오른쪽)

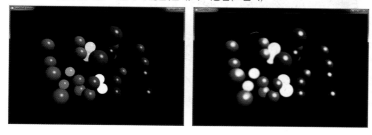

그림 10-10 이미지에 피사계 심도 적용하기

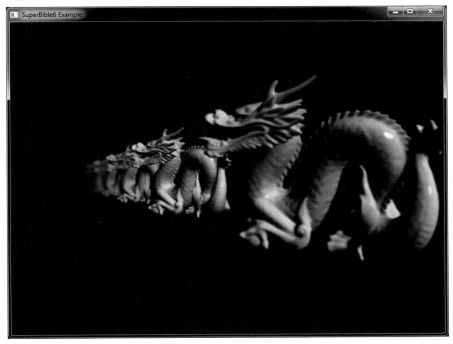

그림 12-4 여러 가지 스페큘러 인자를 사용한 재질

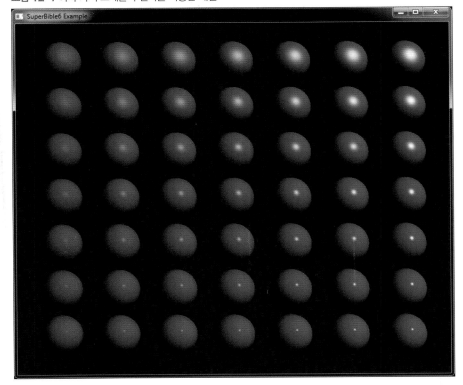

그림 12-7 림 라이트 예제의 결과

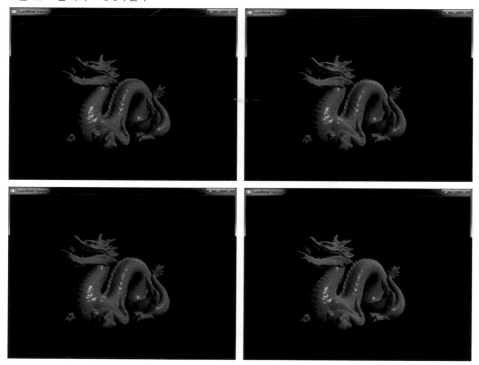

그림 12-9 노말 매핑 적용 예제

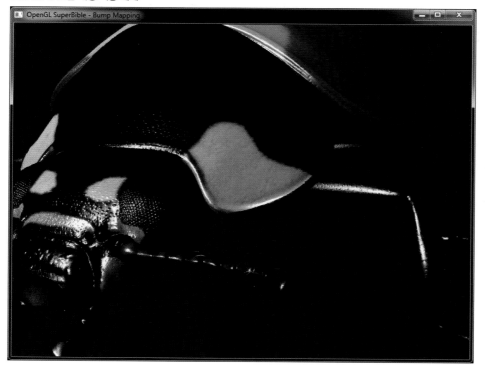

그림 12-10 몇 가지 구 환경 맵

그림 12-15 환경 매핑을 적용한 금색 용

그림 12-16 미리 필터된 환경 맵(가운데)과 광택 맵(오른쪽)

 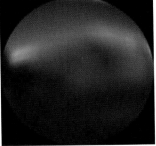 

그림 12-17 픽셀당 광택 예제의 결과

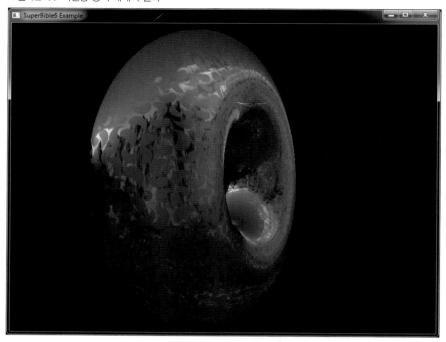

그림 12-23 색상 램프를 활용한 툰 쉐이딩 결과

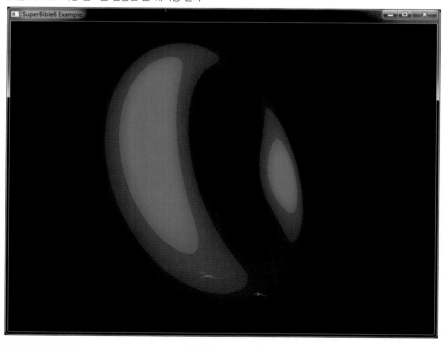

그림 12-32 줄리아 집합의 실시간 렌더링

그림 12-39 네 번의 바운스를 적용한 레이트레이싱

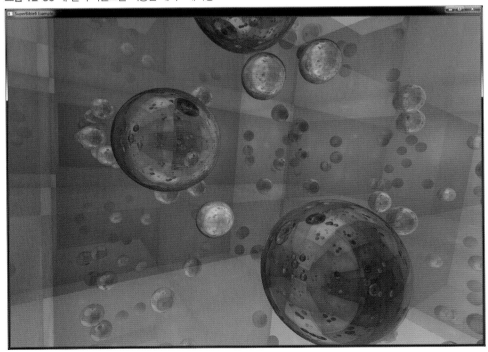

그림 14-13 OpenGL ES로 렌더링한 휴대폰 화면

그림 14-15 안드로이드폰에서 렌더링되고 있는 StonehengeES